U0601399

国家社科基金西部项目"10—13世纪中国北方少数民族的宗教思想与文化认同研究"（批准号：18XZJ014）结项成果

西北大学学术著作出版基金资助

袁志伟 著

辽夏金元时代的宗教思想与文化认同

上 册

中华书局

图书在版编目(CIP)数据

辽夏金元时代的宗教思想与文化认同/袁志伟著. —
北京:中华书局,2024.1
ISBN 978-7-101-16364-3

Ⅰ.辽… Ⅱ.袁… Ⅲ.①宗教史-思想史-中国-辽宋
金元时代②民族文化-文化史-研究-中国-辽宋金元时代
Ⅳ.①B929.2②K280.04

中国国家版本馆 CIP 数据核字(2023)第 196246 号

书　　名	辽夏金元时代的宗教思想与文化认同(全二册)	
著　　者	袁志伟	
责任编辑	高　天	
责任印制	陈丽娜	
出版发行	中华书局	
	(北京市丰台区太平桥西里 38 号　100073)	
	http://www.zhbc.com.cn	
	E-mail:zhbc@zhbc.com.cn	
印　　刷	三河市中晟雅豪印务有限公司	
版　　次	2024 年 1 月第 1 版	
	2024 年 1 月第 1 次印刷	
规　　格	开本/920×1250 毫米　1/32	
	印张 31⅝　插页 4　字数 790 千字	
国际书号	ISBN 978-7-101-16364-3	
定　　价	188.00 元	

目　录

序　言

　　《辽夏金元宗教思想与文化认同》是志伟研究佛教哲学与中国少数民族宗教思想的阶段性总结。

　　志伟在西北大学本科学习期间，就有志于从事佛教哲学和少数民族宗教史的研究。后来在西北大学攻读中国思想史硕士学位，其硕士学位论文选题为《辽代华严思想研究》，开始把注意力聚焦在辽夏金元宗教思想史研究。2011年我与他讨论其博士论文选题时，确定以10—12世纪中国西北地区的少数民族宗教思想为研究对象，初拟以《10—12世纪中国西北的思想与社会》为题，研究契丹民族与辽朝佛教、党项民族与西夏佛教、高昌回鹘佛教和喀喇汗朝伊斯兰教思想，以"宗教思想和文化认同"作为研究和讨论的主要线索。他经过两年的辛勤写作，完成了二十余万字的博士论文《10—12世纪中国北方民族的佛教思想与文化认同》。在西北大学任教工作后，他按照在博士阶段就已确定的研究计划，继续对辽夏金元时代这一中国历史上重要的民族和文化融合时期的宗教思想进行研究。2018年他主持的国家社科基金项目"10—13世纪中国北方少数民族的宗教思想与文化认同研究"获得立项，以此为契机，终于初步完成了对辽、西夏、金、元和高昌回鹘、喀喇汗朝等10—14世纪中国主要少数民族政权宗教思想与文化认同的研究，取得一系列学术成果。呈现在大家面前的这部约八十万字的学术专著就是其多年研究的集成。

　　10—14 世纪中国北方的契丹、党项、女真、回鹘、蒙古等民族相继建立了辽朝、西夏、金朝、高昌回鹘、喀喇汗朝和元朝等少数民族政权,佛教、道教、伊斯兰教等则是其主要宗教信仰。这些民族政权的宗教思想与当时各民族的社会存在之间存在着互动的关系。从社会存在对宗教思想的影响来说,各民族的宗教思想在本质上是对当时"社会与文化秩序重建"这一时代课题的解答,即为"如何吸收先进文化以促进本民族发展与社会进步,并为民族政权的巩固提供理论支持"这一时代课题提供思想方案,这正是各民族宗教思想发展演变的主要社会背景。

　　志伟认为,自南北朝以来,汉族政权的统治者和思想家往往利用少数民族的"夷狄"身份否定其政权的合理性,并以此彰显汉族政权的正统,这在两宋时代表现得尤其突出。而与强调"华夷之别"的儒学相比,佛教所宣扬的"人人皆有佛性""人人皆可成佛"的佛性论、"众生平等"的业报和缘起论,则在很大程度上打破了种族和阶级的界限。在佛教信仰者的视域下,汉族与少数民族拥有共同的"众生"身份,以及作为佛教信徒("居士"与"僧尼")修行佛法的平等权利,因此其民族和阶层差异也被相对淡化或消解。此外,佛教哲学如华严学所提倡的"圆融法界""事理无碍"等思想,则从哲学层面为不同民族间矛盾对立的消泯提供了理论依据,即从"法界圆融"的平等角度来看,不同民族与文化的差异都有其内在本质的统一性。佛教及其思想文化更能为各少数民族政权的稳定和民族认同提供理论依据。这是自南北朝以来佛教就受到少数民族及其政权所接受的重要思想原因,也是辽夏金元及高昌回鹘等政权推崇佛教思想的深层原因。因此,相比于儒家的"纲常伦理"与"君臣之义",辽、西夏、元朝等政权的统治者更愿意采用"佛法"教化和统治帝国的臣民。究其原因,佛教所提倡的众生平等和宏大世界观,也在思想上突破了传统儒家政治文化中"夷夏之辨"和华夏中心论的界限,更有利于论证少数民族君主对中原的合法性统治,并且为政权的对外扩张提供理论依据。

宗教思想文化是辽夏金元时代各民族思想文化的主体,契丹、党项、女真、回鹘、蒙古等民族在吸收佛教、伊斯兰教、道教思想文化的基础上,建构了具有民族个性、独立统一的思想文化体系。这既是各民族政权文化个性的表现,也为其民族政权的巩固提供了理论支撑。其中,辽朝建立了以华严学为核心、以"显密圆融"即华严和密宗结合为特点的统一佛教思想体系,并在"重教轻禅""融禅入教"等方面表现出与北宋思想界的对立;西夏则在华严与禅宗思想结合、中原大乘佛教与藏传佛教思想结合的基础上,建构了汉藏融合的佛教思想体系,并表现出与宋辽佛教界的鲜明差异;金朝在继承辽宋佛道教的基础上,构建了以"三教圆融"为特点的佛教体系和以全真教为代表的新道教;高昌回鹘政权在继承唐代佛教和藏传佛教文化、建立综合性佛教思想的同时,也在心性思想及净土信仰等方面体现出自己的特色;而喀喇汗朝思想界则围绕伊斯兰教思想,建立了综合伊斯兰和中原文化的独特思想体系。元朝则在政治统一的基础上,对上述民族政权的宗教思想文化进行了新的综合和重构,从而建构了以佛教文化为核心,"三教合一""汉藏圆融"的宗教文化格局。

宗教思想对各民族政权的社会产生了深刻的影响。在现实政治方面,宗教思想通过神化君主而为统治者的合法性提供了论证,并通过提倡忠君护国思想以巩固政权、提倡圆融和平等思想以缓解社会和民族矛盾,从而为北方各民族政权的政治和社会稳定发挥了积极作用,并提供了社会秩序重建的方案;在精神观念方面,宗教思想作为各民族建设自身思想文化体系的主要资源,塑造了各民族的哲学思想,提升了各民族的理论思维水平,并为各族民众提供了精神归宿和人生目标,发挥了精神支柱与道德准则的积极作用,从而提供了文化秩序重建的方案。宗教思想发挥的这些积极影响,正是对各民族社会的时代课题的解答。

从整体上看,10—14世纪的辽夏金元时期是"多元一体"中华文化的重要发展阶段,宗教思想文化则在其中发挥了不可替代的作用。辽夏金元和高昌回鹘、喀喇汗朝等民族政权的宗教思想体系,是契丹、党项、女真、回鹘、蒙古等民族思想文化创新的代表与主要成果和文化个性的重要标志。在促进这一时期中国各少数民族文化多元化发展的同时,各民族政权的宗教思想文化也表现出鲜明的共性。作为汉文化重要组成部分的中原宗教文化在契丹、党项、女真、回鹘、蒙古等民族中的广泛传播与深入发展,推动了多元一体的中国思想文化格局的丰富与发展,并强化了各民族与汉族之间的文化认同。它们与儒家文化、各民族原有文化等一起,共同丰富和发展了这一时期中华文化的"多元一体"格局。

本书首次从文化认同的角度,对辽夏金元时代的宗教思想文化进行了整体研究,在国内外学界首次较为系统地梳理了该时期各王朝的主体宗教思想与中原汉族之间文化认同的细节、路径与特点,在相关领域中进行了开拓性研究。同时,本书还比较深入系统地考察了这一时期各主流宗教思想文化的具体内涵和理论特点,探讨了各种宗教形态、思想与辽夏金元社会的互动,及其与文化认同的关系。本书对辽、金、西夏、高昌回鹘等代表性宗教典籍和思想理论的系统整理和释读,具有宗教学、历史学、文献学、社会学等多方面的学术参考价值,这将在很大程度上弥补中国思想史、宗教史,特别是辽夏金元宗教哲学、思想文化研究的不足。

　　将文献学考证与哲学宗教学分析结合,将传世经典与出土文献结合,将文字资料与造像建筑等文物资料结合,是本书研究方法的特点。本书的史料涵盖各类代表性宗教文献:一是传世辽朝华严宗、密教经论疏钞,以及现存的重要辽代佛教发愿文、经幢碑刻等文献;二是传世及黑水城出土的西夏佛学论疏(含西夏华严宗、禅宗及藏传佛教噶举派、萨迦派著作等),以及西夏时代的佛经发愿文等文献;三是传世金朝佛教禅宗、全真教的重要著述,涉及三教关系的金朝儒家著述,以及金朝佛道教碑刻等文献;四是传世元朝禅宗、华严宗、净土宗及藏传佛教萨迦派等的重要宗教著述,以及反映元朝宗教发展情况的宗教史传、碑刻等文献;五是与高昌回鹘佛教相关的出土文献,以及反映喀喇汗朝伊斯兰教思想的《福乐智慧》等论著。可以看出志伟博士对侯外庐学派所提倡的“文献考证为基础,关注社会思潮,重视学术史考察”等学术方法的继承。

　　深刻和全面认识中国历史上宗教思想对少数民族文化认同和民族融合的推动作用,中国古代宗教思想文化的内涵以及特点,对于当前探索马克思主义的中国宗教文化研究、佛教中国化研究、整理和继承中国优秀传统文化等,也具有一定的参考价值。志伟还制定了更为长远和全面的研究计划,即以公元3—9世纪的宗教思想为研究对象,考察魏晋南北朝和隋唐时代这一重要历史时期的佛道教思想及其与文化认同的关系。期待在不久的将来,我们可以看到志伟新的研究成果面世。

方光华

2022 年 8 月

绪　论

一、"宗教思想与文化认同"的研究缘起

中国历史上"多元一体"中华文化和中华民族的形成,始终伴随着汉民族与少数民族之间不断的文化与民族融合,文化认同则是民族融合的重要组成部分。探讨"多元一体"中华文化的形成过程,以及文化认同和民族融合的历史演进和理论经验,无疑具有重要的理论和现实意义。具体来说,本书选择辽夏金元时代的"宗教思想与文化认同"作为研究对象,主要是出于对以下问题的思考,及其研究意义的探寻。

(一)"宗教思想与文化认同"研究问题的思考与追问

在中华文化和中华民族"多元一体"化的长期过程中,哪些思想文化促进了各少数民族与汉民族的文化认同? 宗教思想文化为何成为历史上各民族实现文化认同的主要思想资源和推动力? 宗教思想文化具体以何种途径和方式促进各民族间的文化交融与认同? 宗教思想文化与当时的政治、观念和社会的关系如何? 历史上有关文化与民族认同的史实和思想创见,能够为当前提供哪些历史经验和理论参考? 对于这些问题的思考和追问,正是本书的主要研究缘起。

在探索这些问题的同时,少数民族及其政权的思想文化需要更加关注。现有的中国哲学史、思想史或宗教史论述,主要都以

汉、唐、宋、元、明、清等中原王朝和大一统政权的宗教和学术思想
为研究主题,对于同时代周边少数民族政权及其思想的研究和讨
论则颇为不足。以今天的眼光来看,这里的"中国"哲学或思想,
实际上主要是"中原王朝"和汉民族的哲学与思想文化;但中国历
史上如北魏、辽、金、西夏、吐蕃等少数民族政权亦有其思想上的创
新,其思想文化也属于中国思想文化的重要组成部分。在研究和
论证中国多民族融合和大一统国家的历史真实性和现实合理性,
以及中华文化的"多元一体"内涵时,少数民族及其政权的思想文
化需要得到更多关注,并进行更为深入的研究。

　　此外,宗教思想文化值得更加关注。在中国哲学史和思想史
的研究中,学术界一般按照历史顺序及思想内容,将中国哲学与思
想史视为以下几大思潮的发展演变历史:即先秦诸子思想、两汉经
学、魏晋南北朝玄学、隋唐佛学、宋明理学、清代考据学、近现代新
学等思潮的历史①,而相关研究著作的写作一般也围绕这些代表
性思潮而展开。这种研究视角虽然注意到中国历史上各时代最具
创新性及代表性的思潮,但却在某种程度上忽略了另外一部分值
得关注和具有重要研究价值的思想。虽然学术界不乏中国佛教、
道教等宗教思想史的研究成果,但通观此类通史性质的中国哲学
史和思想史著作,其主体依然是儒学思想(如经学、理学等)。在论
证中华文化的丰富性和多样性时,宗教思想文化作为中国传统思

① 参见梁启超撰,夏晓虹导读:《论中国学术思想变迁之大势》(上海:上海古
　籍出版社 2001 年),钱穆:《国学概论》(北京:商务印书馆 1997 年),冯友
　兰:《中国哲学史》(上海:华东师范大学出版社 2000 年),侯外庐主编:《中
　国思想通史》第一至五卷(北京:人民出版社 1957—1960 年)及侯外庐:
　《中国近代启蒙思想史》(北京:人民出版社 1993 年),张岂之主编,方光华、
　肖永明、范立舟分卷主编:《中国思想学说史》(明清卷)(桂林:广西师范大
　学出版社 2008 年)等论著。

想文化的重要组成部分,其理论内涵及价值仍需进行深入发掘和研究。

(二)"宗教思想与文化认同研究"的理论与现实意义

研究"辽夏金元时代的宗教思想与文化认同"的理论意义是:

第一,有助于拓展中国哲学史和思想史研究的视野。对于辽夏金元时代(10—14世纪)的中国哲学史与思想史研究,学术界传统上都将关注重点放在两宋王朝的理学思想(如北宋五子、南宋朱熹的理学思想等)、佛教禅宗思想等方面,并且侧重于哲学史或学术史角度的研究。对于辽夏金元及高昌回鹘、喀喇汗朝等少数民族政权的思想文化,及其与各民族政权和社会之间的互动,学术界的研究颇显薄弱,如该时段北方少数民族政权的思想创新及其理论价值,其主体思想与当时政治、经济、社会之间的关系等重要问题,仍然有深入探讨的必要。实际上,这些问题的探讨与解决,对于我们更为全面和深入地了解中国哲学史的全貌,尤其是理清隋唐佛学与宋明理学之间思想过渡的具体细节,中原儒家思想文化与周边少数民族思想文化之间的关系,中国思想文化的整体发展趋势和"多元统一"的内涵等问题,都具有重要的理论意义。

第二,有助于丰富中国宗教思想史研究的内容。中国宗教思想史是中国思想史、哲学史的重要组成部分,宗教及其思想文化作为中国传统文化的主要内容和重要组成部分之一,值得进行深入研究。就辽夏金元时代的中国宗教思想史研究来说,学术界主要关注北宋禅宗、天台宗等中原佛教及其思想的研究,虽然对辽金元佛教、西夏佛教、喀喇汗朝伊斯兰教、回鹘佛教等领域也有较多探讨,但其研究内容主要以历史脉络梳理、文献考察为主,对这些宗教的思想内涵和理论创新、宗教思想与各民族社会发展的关系等问题尚需深入研究。因此,对辽夏金元宗教思想进行哲学、宗教和社会维度的深入考察,将有助于丰富学术界对中国宗教思想史全貌的理解。

第三,有助于弥补中国民族史研究的不足。10—14 世纪的中国先后出现了辽、西夏、金、元及高昌回鹘、喀喇汗朝、西夏等少数民族建立的政权,存在着汉、契丹、党项、女真、回鹘、蒙古、吐蕃等众多民族。历史上的佛教、伊斯兰教、道教、摩尼教、景教等宗教思想都曾对这些民族产生过或大或小的影响,可以说宗教思想文化是这些少数民族思想文化的主体。目前学术界在 10—14 世纪中国民族史的研究方面,主要侧重于探讨相关民族的族源、发展演变历史、社会组织、政治制度、语言文字、风俗等问题,而对这些民族的文化理念、思想创新以及文化认同等方面的研究尚显薄弱。因此,对辽夏金元宗教思想与文化认同的深入研究,将有助于丰富学界对中国民族融合、文化交融和中华民族发展历史的认识,弥补相关研究的不足。

第四,有利于更加清晰地认识"多元一体"中华文化的发展过程与丰富内涵。辽、西夏、喀喇汗、金等各少数民族政权与两宋政权之间展开了深入的文化交流与融合,元朝则在政治和文化上进行了更为广泛和深入的融合和统一,因此辽夏金元时代也成为继魏晋南北朝之后,文化认同、民族融合、"多元一体"中华文化等深入发展的又一重要时期。其中,宗教思想文化的交流融合则是其核心内容和主要组成部分。在 10—14 世纪各民族政权并立和交流的同时,各少数民族一方面学习和吸收了中原政治制度、生产技术和物质文明,另一方面也接受了中原及西域地区的佛教、道教及伊斯兰教等思想文化,并由文化交流、融合走向文化认同和统一。因此,对于宗教思想与文化认同的关系、中华文化"多元一体"内涵的研究,也具有重要的理论意义。

对于辽夏金元宗教思想与文化认同的研究,虽然属于哲学史与宗教学的考察,但对于当前中国的民族、宗教和社会治理等问题也具有一定的现实借鉴意义:

首先,可以为当前妥善处理中国民族关系提供历史的经验。"多民族并存"是中国的重要历史现象及当前的国情之一,"多民族并存"在历史上、当前以及未来的相当长时间内都将存在。如何处理好各民族之间的关系,在各民族团结和共同繁荣的前提下谋求全社会的发展,这是当前和今后都需要特别关注和谨慎处理的重要课题。中国自古是一个多民族统一的国家,在解决民族矛盾、协调民族关系等方面积累了众多宝贵经验和教训,而以辽夏金元等少数民族政权的宗教思想文化研究为切入点,揭示中国古代解决民族矛盾和社会关系问题的历史经验,也将有助于我们更好地处理当前及未来的民族关系。

其次,可以为促进宗教与社会的积极互动提供可资借鉴的案例。中国宗教思想文化作为中国传统文化的重要组成部分,在中国历史上的学术文化、艺术创作、社会管理、民众教育、道德教化等方面均曾发挥过重要和积极作用。而就中国当前的宗教状况来说,如何更好发挥宗教的积极作用以促进社会的和谐发展,则是一项值得特别重视和研究的课题。中国历史上不乏促进宗教与社会积极互动的成功经验,因此,对辽夏金元宗教思想与文化认同、民族融合的考察,也可以为这一课题的解决提供可资参考的历史案例。

再次,有助于为中国当前和未来的文化建设和发展走向提供参考经验。多民族国家的统一需要具有核心凝聚力的主流文化作为其思想保证,这是中国历史提供的宝贵经验,中国历史上的两汉经学、宋明理学等思想就发挥了这种作用。而10—14世纪的佛教等宗教思想文化,也曾在辽、西夏、元和高昌回鹘等少数民族政权中发挥了主体文化的作用,汉传大乘佛教思想文化等更成为联系和促进各民族文化交融和认同的重要媒介。因此,探讨辽夏金元时代的宗教思想与文化认同的关系,将为中国在当前和未来建立更具凝聚力的主体文化,进而促进民族团结、国家统一和社会发展等,提供一定的历史经验及理论参考。

综上所述,本书选择"辽夏金元时代的宗教思想与文化认同"作为研究对象,正是出于对以上问题和答案的思考和探索,及其理论和现实意义的追寻和讨论。

二、"宗教思想与文化认同"的主要研究内容

(一)"宗教思想与文化认同"的概念界定

首先,本书研究的时间范围是公元 10—14 世纪,对应于中国历史上的辽、西夏、金、元时代(或五代宋元时期)。以此时段为研究时间坐标的原因是:自唐帝国崩溃至元朝大一统帝国的再次出现,这五百年间是中国哲学史、宗教思想史和民族史上的重要过渡期,中古时期少数民族思想文化发展和创新的重要时期,也是中国民族融合和中华文化进一步发展的重要阶段,因此具有研究时段上的典型性。

其次,这里所说的"辽夏金元时代",主要是指以 10—14 世纪中国出现的主要少数民族政权及其思想文化为研究对象,具体包括契丹族建立的辽朝、党项族建立的西夏、女真族建立的金朝,以及蒙古族建立的元朝等重要少数民族政权。此外,本书在研究中还涉及这一时期回鹘族建立的高昌回鹘和喀喇汗朝,以及吐蕃、大理等少数民族政权和北宋、南宋王朝。对上述具有代表性的主要少数民族政权思想文化的考察,将丰富对于整体意义上的"中国宗

教思想史"和"中国哲学史"的认识。与此同时,这些少数民族政权所在的中国西北、华北、东北、西南等地区,也是本书所确定的研究空间范围。

最后,这里所说的"宗教思想与文化认同",是指研究佛教、道教、伊斯兰教等宗教思想与辽夏金元时代民族和文化认同的关系,即宗教思想如何促进各少数民族认同中原汉文化[①],并与汉民族实现文化的交融和统一。一方面,佛教、道教、伊斯兰教等宗教思想是当时各少数民族思想文化的主要代表或重要组成部分,对于了解 10—14 世纪宗教思想与文化认同的具体内容和特点具有代表性;另一方面,上述宗教思想对各少数民族及其政权的政治管控、社会观念及精神文化产生了重要影响,在探讨和揭示宗教思想对文化认同和民族融合的重要作用时,也具有典型性意义。

（二）"宗教思想与文化认同"的具体研究对象

10—14 世纪的中国先后出现了辽、西夏、金、元及高昌回鹘、喀喇汗朝等少数民族政权,流行传播着汉传佛教（中原大乘佛教）、藏传佛教、道教、伊斯兰教、景教、摩尼教、萨满信仰等多种宗教信仰。本书将采用整体考察与个案研究相结合的方式,力求对长时段和大地域内的宗教思想与文化认同的关系进行通贯研究:一方面以时间、地域、著作为三大坐标,选取最具代表性的少数民族政权、宗教思想流派、思想家、理论著作等为切入点,探讨当时宗教思想与少数民族政权及其社会之间的互动;另一方面,则从宏观角度把握辽夏金元时代主要宗教及其思想文化的发展演变趋势、理论

---

① 这里的"中原"主要指广义上的中原文化,即以中原地区为基础形成的物质文化和精神文化的总称,其意义与汉文化等同。而在本书的论述中,则具体指唐宋时代的汉文化,包括精神文化（如哲学、宗教、政治制度、艺术）及物质文化等方面。

创新,进而探讨宗教思想与文化认同的关系。全书将主要围绕以下几方面内容展开论述:

第一,以代表性宗教思想文献的研究分析为基础,探讨辽夏金元时代的宗教思想内涵及其理论创新。

本书将选取现存的辽夏金元等少数民族政权的代表性宗教文献(含传世典籍及出土文献等),对其进行文献学的整理与哲学史和宗教学的考察。具体来说,需要对以下几类代表性宗教文献进行重点整理与研究:一是传世辽朝华严宗、密教经论疏钞,以及现存的重要辽代佛教发愿文、经幢碑刻等文献;二是传世及黑水城出土的西夏佛学论疏(含西夏华严宗、禅宗及藏传佛教噶举派、萨迦派著作等),以及西夏时代的佛经发愿文等文献;三是传世金朝佛教禅宗、全真教的重要著述,涉及三教关系的金朝儒家著述,以及金朝佛道教碑刻等文献;四是传世元朝禅宗、华严宗、净土宗及藏传佛教萨迦派等的重要宗教著述,以及反映元朝宗教发展情况的宗教史传、碑刻等文献;五是与高昌回鹘佛教相关的出土文献,以及反映喀喇汗朝伊斯兰教思想的《福乐智慧》等论著。本书将通过对这些代表性宗教著述及相关文献的梳理,及其核心概念范畴的分析,发掘其中所反映的思想内涵和理论创新。

第二,在宗教文献及其思想内涵分析的基础上,揭示辽夏金元时代宗教思想发展的历史脉络和总体趋势。

在综合文献研究成果的基础上,本书还将在宏观视域下,对辽夏金元时代宗教思想的总体发展趋势和历史脉络进行研究和揭示:一是对辽夏金元时代的宗教思想进行学术史考察,研究这一时期主要的宗教组织、宗派分支和学派传承等,明晰其历史脉络;二是厘清中原大乘佛教思想(以辽朝华严和密宗、西夏华严宗和禅宗、金朝禅宗、元朝禅宗和华严宗等思想为主)、藏传佛教思想（以西夏噶举派和萨迦派、元朝萨迦派等思想为主）、道教思想（以金元全真教思想为主）、伊斯兰教思想（以喀喇汗朝伊斯兰思想为主）等进行哲学与宗教学的分析研究，揭示其思想发展理路；三是阐述10—14世纪中国宗教思想的总体发展规律，如"三教合一""佛教诸宗融合""汉藏圆融""佛道合一"等思潮的产生与演变过程。

第三，研究辽夏金元等少数民族政权的时代课题及其宗教思想与社会的互动。

宗教思想本质上是社会存在的反映，辽夏金元等少数民族政权的主要宗教思想及其理论创见，在本质上也是对其时代课题与社会发展问题的理论解答。以这一认识为基本线索，本书将研究以下内容：一是揭示10—14世纪的辽、西夏、金、元等主要少数民族政权所共同面对的，以"社会与文化秩序的重建"为核心的时代主题；二是探讨宗教思想与各民族政权的关系，即佛道等宗教思想为辽夏金元等政权提供的统治合法性论证，为巩固现实统治和社会稳定所提供的思想和理论支持等；三是宗教发展与各民族政权及社会之间的互动关系，即各民族主流宗教思想对共同思想主题的解答，宗教思想对各民族文明化、社会发展进步及政治稳定等现实需求的回应等。本书一方面以此展示当时中原大乘佛教、藏传佛教、道教、伊斯兰教等宗教思想在各民族中流行的深层原因、历史过程及现实影响；另一方面则借此阐明，宗教思想并非是思想家或宗教信徒自身的理论创造，而是一种与当时各民族的社会发展需要、政治需求等密切相关的社会产物。

第四，考察各民族宗教思想与文化认同的关系，揭示宗教思想文化对中华文化"多元一体"发展的重要作用。

10—14世纪的辽夏金元时代是中国历史上民族融合的重要

阶段,各少数民族在与汉族进行经济和文化交流的同时,逐渐形成了文化上的认同和统一。在这一文化认同的过程中,宗教思想文化发挥了重要的促进作用,并成为"多元一体"中华文化的重要组成部分。对此,本书将研究和探讨以下内容:一是通过对宗教思想内涵及其理论特色的研究,揭示出辽夏金元宗教思想中包含的共同思想主题、共同思想资源、共同思想路径等文化共性;二是通过考察宗教思想与各少数民族政权和社会的互动,梳理出各民族宗教思想所解决的共同时代课题、所造就的共同观念、所产生的共同社会影响等;三是通过考察各少数民族宗教思想文化所包含的汉文化属性,揭示辽夏金元时代宗教思想与民族文化认同、中华文化"多元一体"的统一关系。

总之,本书将围绕"时代课题及其解答"这一基本线索,选取10—14世纪最具代表性和影响力的辽夏金元等少数民族政权,及其主要宗教如佛教、道教、伊斯兰教等典型性宗教思想,进行宏观与微观结合的通贯性研究。在此基础上,本书将进一步探讨辽夏金元时代的宗教思想文化与汉、契丹、党项、女真、回鹘、蒙古等民族文化的统一关系,进而揭示宗教思想在文化和民族认同中所发挥的主要作用和巨大推动力,以及作为"多元一体"中华文化重要组成部分的宗教文化的地位和价值。

三、"宗教思想与文化认同研究"的学术史回顾

从整体上看,对于10—14世纪的两宋、辽、夏、金、元及喀喇汗朝、高昌回鹘等民族政权的宗教思想研究,虽然学术界对其宗教演变历史、理论内容、社会影响等已有较多的专门研究,并涉及政权之间(如辽宋、夏宋、西夏吐蕃、金元等)宗教思想与文化交流的考察。但就"宗教思想与文化认同"这一角度来看,学术界的相关

研究尚待深入。对此,本书将就学术界的相关研究成果进行择要回顾。

（一）辽朝宗教思想研究

学术界对于辽朝宗教思想的研究主要集中于对辽朝佛教的探讨上,并取得了较多的研究成果,具体可以分为辽朝佛教著述研究、佛教宗派(以华严和密宗为主)研究、佛教与社会生活关系研究等几类:

第一,辽朝佛教概论及佛教文献研究。

一是辽朝佛教史研究。对于辽朝帝王的崇佛政策、佛教宗派、寺院、《大藏经》等佛教史的考察,学术界已经取得了较多成果。其中,日本学者在此方面进行了开拓性的研究[①],有关辽朝佛教的代表性研究成果主要有神尾弌春的《契丹仏教文化史考》(满洲文化协会1937年)和野上俊静的《遼金の仏教》(京都:平乐寺书店1953年)两书,《契丹仏教文化史考》内容分七篇,讨论了契丹民族兴亡及其佛教文化源流、契丹寺院、佛塔、契丹《大藏经》、契丹高僧及其思想、契丹佛教文献东传、契丹佛教对金元佛教的贡献等问题,虽然这些文章在内容上多为概要性质的叙述,但在研究对象方面却具有开拓性。《遼金の仏教》由十六篇论文组成,辽代篇包括八篇论文:《遼朝と仏教》《遼代に於ける仏教研究》《〈龍龕手鑑〉雑考》《遼代社会に於ける仏教》《遼代燕京の仏教》《遼代の邑会について》《契丹人と仏教》等,对于辽朝佛教史概况、辽朝佛学研究、佛教邑会、佛经雕印、佛教与辽朝政治等问题都进行了更为深入和全面的探讨,至今对辽金佛教的研究仍然具有重要参考

---

① 参见[日]松森幸秀:《日本关于辽代佛教的研究》,《佛学研究》总第17期,2008年;杨曾文:《日本野上俊静的辽代佛教研究》,怡学主编:《辽金佛教研究》,北京:金城出版社2012年,第2—4页。

价值①。

　　就中国学者的相关研究成果来说，主要有李家祺的《辽朝佛寺分布研究》、王吉林的《今存辽文献中有关佛教史料之研究》〔张曼涛主编：《现代佛教丛刊》之《中国佛教史论集》（宋辽金元编），台北：大乘文化出版社 1957 年〕、郑恩淮的《辽燕京佛寺考——应县木塔辽刻经、写经题记所见辽燕京寺庙》（《辽金史论集》第四辑，1989 年）、朱子方、王承礼的《辽代佛教的主要宗派和学僧》（《世界宗教研究》1990 年第 1 期）、黄凤岐的《辽代契丹族宗教述略》（《社会科学辑刊》1994 年第 2 期）、张践的《中国宋辽金夏宗教史》（人民出版社 1994 年）、黄震云的《论辽代宗教文化》（《民族研究》1996 年第 2 期）等论文和著作，这些论著对辽朝佛教史的基本脉络、辽朝重要佛教寺院及主要佛教宗派等内容进行了论述。

　　二是辽朝佛教文献研究。现存的辽朝文献主要是佛教著述，学术界对这些佛教典籍进行了较为详细的整理和研究，并以房山辽刻石经和《契丹藏》的研究为主。就日本学者的研究成果来说，塚本善隆的《石經山雲居寺と石刻大藏經》（《東方学報》第 5 号，1935 年）是相关领域的早期成果；此外，气贺泽保规主编的《中国阿北における刻経事業の総合的研究—房山雲居寺石経を中心に—》（富山大学，1993—1994 年）一书收录了中纯夫、藤本幸夫、谷井俊仁等学者关于应县木塔所出契丹藏经、房山辽金刊刻石经、高

----

① 近年日本学者藤原崇人所著的《契丹仏教史の研究》（京都：法藏館 2015 年）一书是值得注意的辽朝佛教研究专著，其中包括《契丹帝后の崇仏の場》《契丹皇帝と学僧》《契丹皇帝と菩薩戒》《契丹の授戒儀と不空系密教》《契丹仏塔に見える密教の様相》《立体曼荼羅としての契丹仏塔》等六篇论文，对辽朝帝王的崇佛、佛教高僧、辽朝律学、辽朝密教等内容进行了更为深入的研究。

丽《大藏经》和契丹《大藏经》等辽金佛教经典的研究论文,具有一定的代表性。

中国学者的相关成果如下:朱子方、王承礼的《辽代佛学著译考》(《辽金史论集》第二辑,1987年)、王薇的《辽代著述研究》(《辽金史论集》第六辑,2001年)二文系统梳理了已知辽朝佛教著述的基本情况;高华平的《〈全辽文〉与辽代佛教》〔《郑州大学学报》(哲学社会科学版)2006年第5期〕指出与佛教相关的文献在《全辽文》中占据了主要位置,这显示出佛教在辽朝社会的巨大影响力;阎文儒、傅振伦、郑恩淮的《山西应县佛宫寺释迦塔发现的〈契丹藏〉和辽代刻经》(《文物》1982年第6期)、王尧的《辽刻〈契丹藏〉发微》(《中国历史博物馆馆刊》第5期,1983年)则根据山西应县木塔发现的辽朝刻经,探讨了《契丹藏》的内容等问题。

李亚泉的《从高丽义天大师的著述考察辽和高丽的佛教文化交流》(《辽金史论集》第六辑,1987年)、严耀中的《述论辽宋时期〈法华经〉及天台教义在北方的流传》(《中原文化研究》2019年第3期)、武海龙、彭杰的《吐鲁番博物馆所藏〈契丹藏〉佛经残片考释——从〈囉嚩拏说救疗小儿疾病经〉看〈契丹藏〉传入高昌回鹘的时间》(《西域研究》2019年第4期)、秦桦林的《P.2159V〈妙法莲华经玄赞科文〉写卷重探——兼论辽国通往西域的"书籍之路"》(《敦煌写本研究年报》第13卷,2019年)等文,则从佛教文献流传的角度入手,探讨了辽与高丽、北宋、西夏、高昌回鹘等周边政权的佛教文化交流。

第二,佛教与辽朝社会关系的研究。

一是佛教对辽朝政治影响的研究。佛教作为辽王朝的主要宗教信仰,与当时的政权具有密切的关系,这种宗教与现实政治社会的关系问题,得到学术界较广泛的关注。日本学者野上俊静的《胡族国家と仏教》(《真宗同学会年报》第 1 辑,1943 年)较早探讨了佛教与辽王朝之间的密切关系;韩国学者李龙范的《辽金佛教之二重体制与汉族文化》〔张曼涛主编:《中国佛教史论集》(宋辽金元编),1957 年〕则从辽政权“胡汉二重体制”的角度出发,探讨了辽朝佛教兼具胡汉文化的特色。就国内相关研究来说,王月珽的《辽朝皇帝的崇佛及其社会影响》一文〔《内蒙古大学学报》(哲学社会科学版)1994 年第 1 期〕论述了辽帝崇佛的主要表现及佛教的社会影响;刘浦江的《辽金的佛教政策及其社会影响》(《佛学研究》总第 5 期,1996 年)一文系统地考察了辽金两朝佛教政策的不同,探讨了辽朝佞佛之风的消极后果及金朝利用与限制并重的佛教政策;陈晓伟的《辽以释废:少数民族社会视野下的佛教》(《世界宗教研究》2010 年第 1 期)则主要从佛教的消极作用出发,探讨了佛教与辽朝封建化之间的关系。

　　二是佛教与辽朝社会生活关系的研究。佛教作为辽朝的主要宗教信仰,对辽朝社会和民众生活也产生了巨大的影响。白文固的《辽代的寺院经济初探》(《社会科学》1981 年第 4 期)对辽朝佛教寺院土地、邑社制和二税户等问题做了辨析;张国庆的相关研究具有代表性,他的《辽代燕云地区佛教文化探论》(《民族研究》2001 年第 2 期)一文探讨了佛教在辽朝燕云地区社会生活中发挥的作用,《论辽代家庭生活中佛教文化的影响》〔《北京师范大学学报》(社会科学版)2004 年第 6 期〕一文则从思想、家庭财产处置、日常行为、生活习俗等方面探讨了佛教文化在辽朝家庭生活中的广泛影响。此外,刘远《辽代燕云地区民间佛事活动与社会秩序——以〈辽代石刻文编〉为例》(《民族史研究》第十五辑,2019 年)、高福顺《辽代佛学教育运行机制述论》(《契丹学研究》第一辑,2019年)等文也从社会秩序整合和教育角度讨论了佛教与辽朝社会的关系。

国内外学者在研究辽朝佛教的社会影响时,普遍认识到佛教自上而下浸润到整个辽朝社会的突出现象。野上俊静在其《遼金の仏教》一书中就较为全面地论述了辽朝佛教"千人邑会"及其社会影响,塚本善隆、田村实造、神尾式春等日本学者都对这一由佛教信仰推动形成的社会组织进行了深入探讨。

第三,辽朝佛教思想研究。

一是辽朝华严宗及其思想研究。华严宗是辽朝佛教的主要宗派之一,日本学者在 20 世纪前期就已经取得了许多辽朝佛学思想(华严宗和密教)研究成果[①]。就辽朝华严思想的研究来说,镰田茂雄、木村清孝等人的论著颇具代表性,镰田茂雄的《中国華厳思想史の研究》(东京:东京大学出版会 1965 年)和《華厳学研究資料集成》(东京:东京大学东洋文化研究所 1983 年)等通史著作中包含了对辽朝华严思想的讨论;木村清孝则在其《中国華厳思想史》(京都:平乐寺书店 1992 年)第八章中专节论述了辽朝鲜演、觉苑的华严思想;吉川太一郎的《鮮演の真妄論》(《印度学仏教学研究》104 号,2004 年)及《〈釈摩訶衍論賛玄疏〉における華厳思想の影響》(《印度学仏教学研究》111 号,2007 年)则专门探讨了辽朝华严学匠鲜演以及法悟《释摩诃衍论赞玄疏》的思

---

① 参见尤李:《辽代佛教研究评述》,《中国史研究动态》2009 年第 2 期,第 12—18 页;王德朋:《20 世纪 50 年代以来辽代佛教研究述评》,《史学月刊》2019 年第 8 期,第 105—118 页。

想①；吉田睿礼的《辽朝佛教与其周边》(《佛学研究》总第 17 期，2008 年)则揭示了辽朝佛教义学概况及其发展脉络，华严思想在佛教界的主体地位，以及辽朝佛教义学对高丽、西夏、北宋等周边政权的影响。

在中国学者的研究成果方面，魏道儒的《辽代佛教的基本情况和特点》(《佛学研究》总第 17 期，2008 年)一文对辽朝佛教包括华严宗的情况做了概要性论述，并提出辽朝华严学是在密教刺激下发展的；赖永海主编的《中国佛教通史》(南京：江苏人民出版社 2010 年)第十卷中也对辽朝华严宗、密宗思想的主要内容和基本情况进行了介绍；陈永革的《论辽代佛教的华严思想》(《西夏研究》2013 年第 3 期)、袁志伟的《辽朝鲜演的华严思想》〔《湖南大学学报》(社会科学版)2013 年第 5 期〕等文对辽朝鲜演等人的华严学内涵及思想特点进行了研究和述评；王颂的《十一世纪中国北方广泛流行的华严禅典籍与人物》(《世界宗教文化》2018 年第 4 期)一文则述及辽及西夏等地区流行的华严禅经典及代表人物。

二是辽朝密宗(密教)及思想研究。在辽朝密宗及其思想的研究中，国内外许多学者注意到了辽朝佛教中华严与密宗结合的独特现象，并讨论了辽代密宗著作中包含的华严思想。相关的论著主要有：日本学者胁谷扨谦在《遼代の密教》(《無尽灯》1912 年号)一文中，通过研究辽朝密宗学匠觉苑的《大日经义释演密钞》

---

① 吉川太一郎于 2009 年完成的博士学位论文《遼代仏教思想の研究》是近年日本学界关于辽朝佛教思想研究的专门性著作。因客观条件限制，笔者当时未能看到这一研究成果。几乎与此同时，笔者于 2010 年完成了同样以辽朝佛教思想为研究对象的硕士学位论文《辽代华严思想研究》；2014 年该文经修改扩充，成为笔者博士学位论文《10—12 世纪中国北方民族的佛教思想与文化认同》的重要组成部分，这也是本书第一章《辽朝佛教思想与文化认同》的主要内容。

和道殿的《显密圆通成佛心要集》等文献,指出辽朝华严思想中包含密教;镰田茂雄的《華厳思想史よりみた遼代密教の特質》(《印度学仏教学研究》16 号,1960 年)、多田孝正的《顕密円通成仏心要集の六字大明をめぐって》(《印度学仏教学研究》36 号,1988年)等文,也通过对上述辽朝密教文献的分析,对觉苑、道殿等人的"显密圆融"思想进行了探讨。国内学者的研究成果方面,吕建福在其《中国密教史》(北京:中国社会科学出版社 1995 年)一书中述及辽朝密宗和华严宗的融合现象,以及觉苑、道殿等人的著作和思想;蓝吉富的《〈显密圆通成佛心要集〉初探》(杨曾文、方广锠编:《佛教与历史文化》,北京:宗教文化出版社 2001 年)及唐希鹏的《中国化的密教——〈显密圆通成佛心要集〉思想研究》(四川大学 2004 年硕士学位论文)则围绕准提信仰,专门探讨了道殿《显密圆通成佛心要集》一书的内容和思想特色。日本学者吉川太一郎的《覚苑の〈大日経〉理解》(《仏教文化研究論集》)12 号,2008 年)、远藤纯一郎的《覚苑撰〈大日経義釈演密札〉に於ける華厳と密教の関係性について》(《蓮花寺仏教研究所紀要》2008 年号)二文,则对觉苑《大日经义释演密钞》的思想内容进行了更深入的研究。

此外,在辽朝禅宗、律宗等宗派的研究方面,黄春和的《辽燕京禅宗传播史迹考述》(《佛学研究》总第 8 期,1999 年)探讨了辽朝后期临济宗和曹洞宗在燕京地区传播的历史;温金玉的《辽金律宗发展大势》(《世界宗教文化》2008 年第 4 期)和《辽金佛教政策与律学发展》(《佛学研究》总第 17 期,2008 年)、彭瑞花的《论辽代菩萨戒的流行》(《宗教学研究》2018 年第 1 期)等文,则论述了辽朝律宗和律学的基本情况及发展脉络。

综上所述,对于辽朝佛教宗派、寺院、邑社、《大藏经》雕印、代表高僧及其著作的主要情况,以及辽朝帝王的崇佛政策、佛教对辽朝民间社会生活的影响等方面,国内外学者已经取得了较多研究成果。但从总体上看,这些成果多关注史实的考证,对于辽朝佛学思想的理论内涵及其与辽朝社会、契丹与汉民族文化认同的研究则较为薄弱,尚需深入。

(二)西夏宗教思想研究

学术界对西夏宗教思想的研究主要集中于西夏佛教的研究上,可分为西夏佛教文献释读、西夏印经与版本、西夏佛教史、西夏与周边佛教关系、西夏石窟艺术与考古等五个方面。其中,对西夏文佛教典籍的搜集、整理、刊布、甄别与释读是西夏佛教研究的主要内容[①],国内外学者在这一领域已经取得了许多研究成果,如苏联时期及当代俄罗斯学者聂历山、克恰诺夫、孟列夫,日本学者石滨纯太郎、西田龙雄,中国学者周叔迦、王静如、史金波、李范文等人都有相关的重要论著问世[②]。此外,学者还在文献释读的基础上,对西夏佛教思想、佛教与西夏社会的关系等方面进行了研究,并取得了一定的成果。相关论著可以分为以下几类:

第一,佛教与西夏社会研究。

一是西夏佛教史概论。史金波的《西夏佛教史略》(银川:宁夏人民出版社1988年)一书是国内最早对西夏佛教进行整体性和系统研究的著作,该书对西夏佛教概况、寺院、佛经、僧人、宗派、佛教艺术等内容进行了较全面的介绍,具有重要参考价值;此外,史金波的《西夏佛教新探》(《宁夏社会科学》2001年第5期)一文则

---

① 参见杨富学、张海娟:《新世纪初国内西夏佛教研究的回顾与展望》,杜建录主编:《西夏学》第六辑,上海:上海古籍出版社2010年,第226—241页。

② 参见崔红芬:《20世纪西夏佛教研究概述》,《西北第二民族学院学报》(哲学社会科学版)2004年第2期,第23—28页。

利用新见西夏文献和文物,对西夏佛教史研究的一些问题做了新的探讨:包括西夏帝师制度的形成、西夏的主要帝师、西夏对元代帝师制度的影响、西夏皇室发愿文的学术价值、西夏佛教信仰的多民族融合风格等研究。

二是西夏佛教管理制度研究。随着西夏法典如《天盛改旧新定律令》等文献的发现,学术界对西夏佛教的僧团组织、佛教管理制度等内容也展开了较深入的研究,如俄罗斯学者克恰诺夫著、徐悦译《西夏国和僧侣》(《西夏学》第五辑,2010年)一文,就依据黑水城出土的西夏法典等文献探讨了西夏佛教的地位、僧侣组织、宗教制度等问题;韩小忙的《〈天盛改旧新定律令〉中所反映的西夏佛教》(《世界宗教研究》1997年第4期)以及崔红芬的《〈天盛律令〉与西夏佛教》(《宗教学研究》2005年第2期)、《试论西夏寺院经济的来源》(《宁夏社会科学》2008年第1期)等文,也从西夏法典《天盛改旧新定律令》和其他汉文资料出发,对西夏佛教管理机构和管理制度做了论述,并重点讨论了赐衣、封号、度僧和籍帐等制度,揭示了佛教在西夏政治、社会生活中的重要地位。

三是佛教与西夏文化研究。对于西夏佛教文化的地位,及其与西夏儒学等思想文化的关系,学者也有较多的讨论。如史金波的《关于西夏佛与儒的几个问题》(《江汉论坛》2010年第10期)等文认为,佛教并非西夏国教,儒学是西夏占统治地位的官方意识形态;而李华瑞的《论儒学与佛教在西夏文化中的地位》(《西夏学》第一辑,2006年)、李吉和、聂鸿音的《西夏番学不译九经考》(《民族研究》2002年第2期)等文则分析了儒学与佛教在西夏文化中的分野,指出在西夏文化中占主导地位并产生深远影响的是佛教而非儒学。此外,艾红玲的《论西夏宗教信仰对其礼制的影响》(《兰州学刊》2009年第3期)初步分析了佛教与西夏礼制建设之间的关系,而张迎胜的《佛教与西夏文字的创制》(《兰州学刊》2009 年第 3 期)一文则从"基于佛教信仰的佛经译写是西夏文字创制的重要动因",以及"西夏文字创制中佛教理念渗入"等方面,探讨了佛教对西夏文字创制及西夏文化的重要影响。

第二,西夏汉传佛教及其佛学思想研究。

一是西夏汉传佛教(中原大乘佛教)研究。就目前所见资料可知,华严宗是西夏最具影响力的汉传佛教宗派之一,并对西夏佛教思想产生了重要影响。相关的研究成果主要有:俄罗斯学者索罗宁的《西夏佛教的"真心"思想》(《西夏学》第五辑,2010 年)及《白云释子〈三观九门〉初探》(《西夏学》第八辑,2011 年)等文则通过对黑水城出土的华严宗及禅宗文献的分析,提出西夏佛教形成了一种以华严思想为基础的"真心"思想,指出该思想是西夏佛教特殊性的表现,而西夏禅宗也是一种附属于华严宗的"华严禅"。白滨的《元代西夏一行慧觉法师辑汉文〈华严忏仪〉补释》(《西夏学》第一辑,2006 年)一文对元代慧觉法师所辑《华严忏仪》一书做了考证,并探讨了华严学在西夏传播的概况;马格侠的《西夏地区流传宗密著述及其影响初探》(《宁夏社会科学》2007 年第 3 期)一文主要论述了西夏地区流传的宗密著作,并在此基础上研究了这些作品的内容及其对西夏禅宗、华严宗的影响;孙伯君《元代白云宗译刊西夏文文献综考》(《文献》2011 年第 2 期)及《西夏文〈修华严奥旨妄尽还源观〉考释》(《西夏学》第六辑,2010 年)等文则确定了俄藏西夏文文献中的华严学著作,并探讨了黑水城文献的来源以及华严宗在西夏、元代的传译;崔红芬的《西夏〈金光明最胜王经〉信仰研究》(《敦煌研究》2008 年第 2 期),探讨了《金光明最胜王经》在西夏信众中的重要地位,以及此经流行的社会原因。

　　二是西夏佛教与周边佛教交流的研究。对于西夏佛教与周边宋、辽、金等政权的佛教交流研究,主要成果有:聂鸿音《黑城所出〈续一切经音义〉残片考》(《北方文物》2001 年第 1 期)及冯国栋、李辉的《〈俄藏黑水城文献〉中通理大师著作考》(《文献》2011 年第 3 期)等文,考订出俄藏黑水城佛典中包含有辽朝高僧希麟及通理大师恒策的佛学著作,揭示出西夏与辽朝佛教之间的密切联系;陈爱峰、杨富学的《西夏印度佛教关系考》(《宁夏社会科学》2009 年第 2 期)一文,探讨了西夏与印度之间的佛教联系,即印度高僧入西夏讲经与西夏高僧赴印度求法等,并指出了西夏在沟通中印佛教交流中起到的桥梁作用。

　　第三,西夏藏传佛教及其佛学思想研究。

　　一是西夏藏传佛教的概论性论著。在西夏佛教的研究中,国内外学者对藏传佛教在西夏后期的传播及其重要影响也给予了较多关注。对此,史金波的《西夏的藏传佛教》(《中国藏学》2002 年第 1 期)一文从西夏与吐蕃的民族渊源、历史基础、政治关系以及西夏的帝师制度、藏族僧人在西夏的活动、藏传佛教文物遗存等方面,探讨了藏传佛教对西夏佛教乃至整个西夏文化的重要影响,以及西夏对于藏传佛教东传发挥的重要作用;沈卫荣的《重构十一至十四世纪的西域佛教史——基于俄藏黑水城汉文佛教文书的探讨》(《历史研究》2006 年第 5 期)及《论西夏佛教之汉藏与显密圆融》(《中华文史论丛》2020 年第 1 期)等文,依据黑水城发现的罕见汉文佛典,以及西夏和元朝时期翻译、流通的汉译藏传佛教文献,提出 11—14 世纪在高昌回鹘、西夏等西域地区的宗教信仰中占主导地位是藏传密教,而且西夏佛教具有“汉藏圆融”和“显密圆融”的重要特色。

　　二是西夏帝师制度研究。帝师制度是西夏的重要宗教制度之一,并对元朝产生了重要影响,西夏帝师制度的起源及其影响也是较早受到学术界关注的问题。学术界的相关成果主要有:美国学者邓如萍著、聂鸿音等译《党项王朝的佛教及其元代遗存——帝师制度起源于西夏说》(《宁夏社会科学》1992年第5期)一文探讨了西夏统治者与吐蕃高僧之间的特殊关系,以及西夏帝师制度的产生和该制度对元代的影响;陈庆英的《西夏大乘玄密帝师的生平》〔《西藏大学学报》(社会科学版)2000年第3期〕及《大乘玄密帝师考》(《佛学研究》总第9期,2000年)则通过对藏密佛典《大乘要道密集》的研究,考证了西夏高僧大乘玄密帝师的生平、西夏帝师制度、西夏王朝自称"中国"的历史缘由、贺兰山"五台山"与山西五台山的关系等问题;聂鸿音的《西夏帝师考辨》(《文史》2005年第3期)则考证出了四位西夏帝师的姓名及其简要生平;崔红芬的《再论西夏帝师》(《中国藏学》2008年第1期)也对学界的西夏帝师制度的研究观点做了部分补充和修正。

　　三是西夏藏传佛教思想研究。对西夏藏传佛教文献进行宗教学和思想史的解读分析是近年来西夏佛教研究的热点之一。对此,陈庆英的《西夏及元代藏传佛教经典的汉译本——简论〈大乘要道密集〉(〈萨迦道果新编〉)》〔《西藏大学学报》(社会科学版)2000年第2期〕及《〈大乘要道密集〉与西夏王朝的藏传佛教》(《中国藏学》2003年第3期)两文通过对藏密佛典《大乘要道密集》中所收的西夏及元代汉译文的研究,探讨了藏传佛教对西夏的影响以及宋元时期民族间宗教文化的广泛交流;袁志伟的《西夏大手印法与禅宗关系考——以〈大乘要道密集〉为中心》〔《陕西师范大学学报》(哲学社会科学版)2016年第6期〕一文,则通过对比《大乘要道密集》与中原唐宋禅宗文献,指出西夏藏传佛教大手印法受到中原禅宗思想的重要影响。此外,学者还展开了对西夏与藏文文献的对读研究。林津英在其《西夏语译〈真实名经〉释文研究》①一书中,对西夏文译本《真实名经》与汉藏文本进行了对勘研究及阐释,并借此探讨了西夏藏传佛教的传播地域及历史;黄杰华的《黑水城出土藏传佛教实修文书〈慈乌大黑要门〉初探》(《中国藏学》2009 年第 3 期)探讨了西夏流行的藏传密教大黑天信仰,以及该信仰在西夏藏传佛教中的地位。

从整体上看,学术界的研究成果已经基本涵盖了西夏佛教思想的主要方面,在内容上主要关注西夏佛经版本的文献学考证,以及夏汉、夏藏文佛经对勘的语言学研究;对主要佛教宗派、高僧及帝师、佛教史等方面也进行了学术史的考察。但由于资料限制和学术关注点等方面的原因,学界对西夏佛教思想的哲学内涵、理论特色、思想创新等方面的研究相对薄弱,对于宗教思想与西夏社会、党项与汉民族文化认同之间关系的研究则更显欠缺。因此,有必要在这些领域展开更为深入的研究,从而使学术界更加清晰地认识到西夏佛教思想文化的全貌。

(三)金朝宗教思想研究

对于金朝宗教思想的研究,学术界主要关注金朝佛教(以禅宗和万松行秀思想为主)和道教(以全真教思想为主)的研究,其内容则以金朝宗教发展史、基本义理及代表性宗教著作的研究为主,此外还关注探讨金朝的鬻卖寺观名额、度僧等宗教管理问题。相关的主要成果包括以下几类:

第一,金朝佛教及佛学思想研究。

首先,对于金朝佛教的通论性研究,日本方面较早展开了相

---

① 收入李范文主编:《西夏研究》第八辑,北京:中国社会科学出版社 2008 年,第 647—1113 页。

关研究。胁谷挌谦《遼金仏教の中心》（《六条学報》135 号，1913年）是日语世界辽金佛教研究的奠基之作，野上俊静也在金朝佛教研究领域做了开拓性研究，他的《遼金の仏教》（京都：平乐寺书店 1953 年）一书《金代篇》由《金帝室と仏教》《金李屏山考》《金の財政策と宗教々団》《「二税戸」考》《「全真教」発生の一考察》《宋人の見た金初の仏教》《「金代の仏教」に関する研究について》等八篇论文组成，研究内容涵盖了金朝佛教与帝王统治者、佛教与金朝财政政策的关系、宋人眼中的金初佛教、金朝著名居士李屏山思想，以及道教全真教的发展史等。而就国内相关研究来说，主要有宋德金的《金代宗教简述》（《社会科学战线》1986 年第 1期）、王德朋的《金代佛教政策新议》（《世界宗教研究》2013 年第6 期）、《论金代佛教的历史渊源》（《兰州学刊》2018 年第 9 期）等文，这些成果从相对宏观的角度梳理了金朝佛教的发展脉络和主要问题。

其次，具体到金朝佛教宗派、人物及其思想等方面的研究，学术界主要关注作为金朝佛教主体的禅宗，以及金朝佛学代表人物万松行秀等人的著作和思想。对此，日本学者忽滑谷快天在其《禅学思想史》（东京：玄黄社 1925 年）下卷的第六编《禅道变衰の代》中就曾述及万松行秀的禅学思想；此外，阿部肇一的《万松行秀伝と〈湛然居士集〉—金代曹洞禅の発展》（《アジア諸民族における社会と文化：岡本敬二先生退官記念論集》，东京：国书刊行会 1984 年）、木村清孝著、戴燕译《万松行秀的禅世界——万松行秀与华严思想的关系》（《中国文化》1992 年第 1 期）等文，较早对金元之际万松行秀及其曹洞禅思想进行了阐发。就国内的相关研究来说，则以程群、邱秩浩的《万松行秀与金元佛教》（《法音》2004 年第 4 期）、刘晓的《万松行秀新考——以〈万松舍利塔铭〉为中心》(《中国史研究》2009 年第 1 期)、段玉明的《万松行秀〈请益录〉研究》(《宗教学研究》2012 年第 4 期)、蒋青的《圆融与会通：万松行秀禅学思想研究》(南京大学 2017 年硕士学位论文) 等论著较具代表性,这些论著对万松行秀的生平经历、代表著作及其禅学思想的内容和特色等进行了较为深入的讨论。

此外,日本学者竺沙雅章的《遼金代燕京の禅宗》(《禅学研究》88 号,2010 年) 对以燕京为中心的辽金禅宗传播进行了研究；刘晓的《金元北方云门宗初探——以大圣安寺为中心》(《历史研究》2010 年第 6 期) 和李辉的《金朝临济宗源流考》(《世界宗教研究》2011 年第 1 期) 二文也利用佛教史传等文献资料,梳理了金朝临济宗和云门宗的法脉传承和发展脉络,厘清了金朝禅宗(曹洞为主,临济和云门次之) 的基本格局；扈石祥、扈新红的《〈赵城金藏〉史迹考》(《世界宗教研究》2000 年第 3 期)、方殿春的《金代〈通慧圆明大师塔铭〉再证》(《北方文物》2007 年第 1 期)、管仲乐的《房山石经研究》(东北师范大学 2019 年博士学位论文)、王新英的《从石刻史料看金代佛教信仰》(《东北史地》2010 年第 1 期)等文,则围绕现存的《赵城藏经》及房山石经、碑刻塔铭等金朝佛教文献入手,讨论了金朝佛教经典的内容、金朝民众的奉佛情况等问题。

第二,金朝道教及其思想研究

学界对于金朝宗教的研究,除了佛教禅宗之外,还集中于全真教历史及其教义思想的讨论上。首先,对于金朝全真教的通论性研究,日本金元道教专家窪德忠于 20 世纪中叶就撰有《初期全真教団の一性格》(《東方学》1 号,1951 年)、《全真教団成立に関する一考察》(《宗教研究》157 号,1959 年)、《宋代の新道教教団——全真教を中心に》(《歴史教育》12 号,1964 年)、《全真教の成立》

（《東洋文化研究所紀要》42 号,1966 年）、《全真教の清規につい
て》（《東京大学宗教学年報》13 号,1995 年）等一系列论文,涉及
全真教的产生与发展史、全真教的基本教义等问题,在相关领域
进行了开拓性研究;近年的日本学界也有金朝道教的研究成果问
世①。国内的相关重要论著则有高良荃的《试论金元时期全真教兴
盛的原因》〔《山东大学学报》（哲学社会科学版）2001 年第 2 期〕、
王德朋的《金代道教述论》（《中华文化论坛》2004 年第 3 期）、
李洪权的《全真教与金元北方社会》（吉林大学 2008 年博士学位
论文）、赵建勇的《金元大道教史新考》（《道教学刊》2018 年第 2
期）、张方的《金元全真道》（郑州:中州古籍出版社 2018 年）等
论著。

　　其次,学者还围绕丘处机、王重阳等全真教代表人物,讨论了
金元全真教的发展历史及教义特点。对此,如日本学者桂华淳祥
《金末の全真道士孙伯英》（《東方宗教》53 号,1979 年）、钟海连
《金元之际全真道兴盛探究——以丘处机为中心》（南京:江苏人
民出版社 2018 年）、高丽杨《试论王重阳对时代精神的融摄与金元
全真旨趣的形成》（《中华文化论坛》2018 年第 9 期）、张广保《全
真教史家姬志真及元仁宗延祐六年〈云山集〉的史料价值》（《世
界宗教研究》2018 年第 4 期）、倪博洋《论金代全真道士长筌子词》
（《宗教学研究》2019 年第 1 期）等论著,对金元全真教的代表人物

---

① 值得一提的是,2019 年出版的古松崇志、臼杵勲、藤原崇人、武田和哉编
　《金·女真の歴史とユーラシア東方》一书,汇集了日本学界较为前沿的金
　朝政治制度、社会文化等方面的研究。其中,藤原崇人《金代の仏教》、阿
　南·ヴァージニア·史代《金代燕京の仏教遺跡探訪記》等文探究了金代
　佛教的概况,松下道信《金代の道教—「新道教」を越えて》则探究了金代
　道教的概况。

进行了个案研究。

再次,就全真教思想的研究来说,重要论著有日本学者松下道信的《宋金元道教内丹思想研究》(东京:汲古书院2019年),其中第二篇《金代の全真教における性命説とその諸相性命説》讨论了全真教的"性命说"及相关教理思想;杨大龙的《金元全真道功行思想研究》(河南大学2019年硕士学位论文)、高丽杨《金元全真道的戒学思想及戒律传授》(《中国道教》2019年第12期)等文,则就全真教的功行和戒律等思想进行了专门讨论。此外,西方学者如姚道中(Tao-chung Yao)、Pierre Marsone(马颂仁)、J.Lagerwey(劳格文)等人对于全真教的研究工作虽然多为介绍性质,但也出现了一些具有特色的研究论著。

第三,金朝儒学及三教观思想研究

除了佛道教之外,学界对于金朝宗教思想的研究也涉及金儒的宗教思想及其三教观等问题。对此,早期研究成果有日本学者窪德忠的《金代の新道教と仏教—三教調和思想からみた》(《東方学》25号,1963年)等论文。金朝著名儒家士大夫与佛道教之间多有交往,其儒学思想及三教观也受到佛道教的重要影响,这可以耶律楚材、元好问、赵秉文、李纯甫等人为代表。国内外相关成果主要有:日本原田弘道的《耶律楚材と万松行秀》(《驹沢大学仏教学部研究纪要》55号,1997年)、孟广耀的《论耶律楚材的佛教思想——兼释他的"以佛治心,以儒治国"的济世方针》(《内蒙古社会科学》1981年第6期)、王月珽的《论耶律楚材的宗儒重禅》〔《内蒙古大学学报》(哲学社会科学版)1990年第4期〕、朋·乌恩的《耶律楚材儒释道观评析》(《内蒙古社会科学》2001年第2期)与《耶律楚材与孔门禅》〔《江苏大学学报》(社会科学版)2011年第1期〕等文,都重点关注并探讨了金元之际著名儒家士大夫及政治家耶律楚材的佛教、儒学思想和三教观。

　　姚乃文的《元好问与佛教》(《五台山研究》1986 年第 4 期)、孟繁清的《赵秉文〈道德真经集解〉与金后期的三教融合趋势》〔《河北师范大学学报》(哲学社会科学版)2003 年第 6 期〕、李正民、牛贵琥的《试论佛教对元好问的影响》(《民族文学研究》2005 年第 3 期)、方旭东的《儒耶佛耶:赵秉文思想考论》(《学术月刊》2008 年第 12 期)、霁虹、史野的《李纯甫儒学思想初探》(《社会科学战线》2006 年第 2 期)等论著,则对金朝儒学代表人物元好问、赵秉文、李纯甫等人的三教观或宗教思想进行了个案研究。

　　此外,刘达科的《佛禅与辽金文人》〔《江苏大学学报》(社会科学版)2009 年第 6 期〕、李洪权的《论金元时期全真教对孝道伦理的维护》(《贵州社会科学》2013 年第 6 期)、申喜萍的《汉文化作为他者——以金元儒家与全真教的关系为例》(《孔子研究》2015 年第 5 期)、刘辉的《金代儒学研究》(中国社会科学出版社 2017 年)等文,则从宏观视域考察了佛道教对于金朝儒学和文人士风的影响。

　　第四,金朝宗教与社会关系研究

　　首先,金朝曾长期推行出卖紫衣师号及僧道度牒、寺观员额的制度,这也反映出金朝宗教与现实政治之间的密切关系。对此,日本学者的研究开始较早,如前述野上俊静《遼金の仏教》一书中的《金の财政策と宗教々団》(最早发表于 1939 年)、今井秀周的《金朝に於ける寺観名額の発売》(《東方宗教》45 号,1975 年)和《金大定二十年の寺観等存留制限》(《印度学仏教学研究》27 号,1979 年)、桂华淳祥的《金代邑会の一考察》(《竜谷大学における第 31 回日本印度学仏教学会学术大会纪要》,1981 年)等论著。国内学术界的相关研究成果则有白文固的《金代官卖寺观名额和僧道官政策探究》(《中国史研究》2002 年第 1 期)、冯大北的《金代官卖寺观名额考》(《史学月刊》2009 年第 10 期)、王德朋的《金代度僧制度初探》(《文史哲》2014 年第 2 期)、祝贺的《金代宗教管理研究》(吉林大学 2019 年博士学位论文)等论著。

其次,学者也关注到金朝佛道教与女真民族和金朝社会的密切关系,前述日本学者窪德忠的《全真教団成立に関する一考察》(《宗教研究》157 号,1959 年)、《宋代の新道教教団—全真教を中心に》(《歴史教育》12 号,1964 年)、《全真教の成立》(《東洋文化研究所紀要》42 号,1966 年)等文,较早讨论了全真教与金朝社会的关系。而就国内学者的研究来说,李洪权的《金元之际全真教的政治参与和政治抉择》(《史学集刊》2013 年第 5 期)及赵玉玲的《金元全真道社会功能探析》〔《河南师范大学学报》(哲学社会科学版)2013 年第 6 期〕等文,也讨论了全真教在政治参与、精神慰藉、社会教化和文化整合等方面所发挥的重要作用。

由上可知,国内外学界在金朝宗教的整体情况、金朝禅宗与全真教的历史脉络和代表人物、金朝佛道教主要著作和教义思想、金儒三教观和三教关系、金朝宗教管理制度、宗教对金朝社会的影响等研究领域取得了较多成果。海外研究则以日本方面为主,欧美学者主要侧重于文献学、语言学研究,真正与宗教、社会与民族相关的研究并不多见。虽然这些成果在某些方面涉及宗教与民族融合关系的讨论,但对于佛道教思想和女真民族文化认同关系的具体研究,尚待进一步拓展和深入。

(四)回鹘宗教思想研究

喀喇汗朝和高昌回鹘是回鹘民族在今中国新疆等地区建立的重要少数民族政权,但限于研究材料等方面的限制,对于其思想及社会的研究相对比较薄弱,学术界已有的研究成果主要体现在以下几方面：

第一，佛教与高昌回鹘研究。

10—14 世纪信仰佛教的少数民族政权，除了上述的契丹辽王朝、党项西夏王朝（包括五代宋初的甘肃地区的敦煌归义军政权、甘州回鹘，后归西夏统治），以及云南的白族大理国政权、西藏地区的吐蕃地方政权、青海地区的吐蕃唃厮啰政权（后归北宋统治）等；而就今新疆地区来说，则主要是高昌回鹘政权。

对于高昌回鹘佛教的研究，在早期有关西域或新疆佛教的通论性著作中都有涉及，如日本羽溪了谛著、贺昌群译的《西域之佛教》（北京：商务印书馆 1956 年）、高永久的《西域古代民族宗教综论》（北京：高等教育出版社 1997 年）、周菁葆、邱陵《丝绸之路宗教文化》（乌鲁木齐：新疆人民出版社 1998 年）、杨富学的《西域敦煌宗教论稿》（兰州：甘肃文化出版社 1998 年）、才吾加甫的《新疆古代佛教研究》（北京：社会科学文献出版社 2011 年）、耿世民的《佛教在古代新疆和突厥、回鹘人中的传播》（《新疆大学学报》1978 年第 2 期）等论著。不过，这些成果多为概述性质的史实描述，对包括高昌回鹘等少数民族政权的佛教思想的具体内涵，研究还不够深入。

就高昌回鹘佛教的专门研究领域来说，国外学者目前已取得了较多的研究成果。其中，德国学者在这一领域进行了开拓性研究，德国突厥学家 Annemarie von Gabain（葛玛丽，1901—1993）是世界公认的维吾尔学奠基人，她从 20 世纪 40 年代开始，就发表了许多与回鹘佛教研究相关的成果，代表作如 *Das Uigurische Konigtum von Chotscho*（《高昌回鹘王国》）等；此外，德国学者 Peter Zieme（茨默）的《佛教与回鹘社会》（原题为《高昌回鹘王国的宗教与社会——中亚出土古回鹘语佛教文献之尾跋与施主》）一书,也是西方学界回鹘佛教研究的重要成果①。

　　就国内学者的研究成果来说,杨富学的《回鹘之佛教》(乌鲁木齐:新疆人民出版社 1998 年)及《回鹘文献与回鹘文化》(北京:民族出版社 2003 年)等书依据传统文献记载及考古发掘所得资料,较为全面地梳理论述了回鹘佛教的历史发展脉络及佛经翻译、宗派、信仰,以及回鹘与周边民族(如汉、吐蕃、契丹、女真、蒙古等)的佛教关系等问题;此外,孟凡人的《略论高昌回鹘的佛教》(《新疆社会科学》1982 年第 1 期)一文探讨了高昌回鹘佛教简史、主要佛教遗迹、回鹘文佛经、佛教信仰等内容;高士荣、杨富学的《汉传佛教对回鹘的影响》(《民族研究》2000 年第 5 期)一文通过对出土回鹘佛教文献的研究,指出回鹘佛教实际上可视为汉传佛教在西域的一种翻版;田卫疆的《试析高昌回鹘内部的三次宗教传入及其后果》(《西北民族研究》2003 年第 1 期)论述了高昌回鹘时期摩尼教、佛教、伊斯兰教及景教等宗教的传播演变历史,并探讨了回鹘社会、文化背景在宗教演变过程中的作用;李泰玉的《新疆佛教由盛转衰和伊斯兰教兴起的历史根源》(《新疆社会科学》1983年第 1 期)则论述了新疆佛教逐渐衰落与伊斯兰教兴起的历史过程;赖永海主编《中国佛教通史》(南京:江苏人民出版社 2010 年)第十卷中的《回鹘佛教》,也对回鹘佛教的基本情况进行了介绍。

　　此外,学术界对回鹘佛教的研究还集中于出土回鹘佛教文献的文字对勘、语法、语音等语言学研究方面,如对回鹘文《弥勒会见记》《金光明经》《阿毗达磨俱舍论》《阿含经》等佛教文献的释读与研究,耿世民、杨富学、牛汝极、张铁山等学者在此方面取得了

① 参见[德]茨默著,桂林、杨富学译:《佛教与回鹘社会》,北京:民族出版社 2007 年。

较多成果 ①，如耿世民《新疆文史论集》（北京：中央民族大学出版
社 2001 年）和《维吾尔古代文献研究》（北京：中央民族大学出版
社 2003 年）两部论文集中收录有许多与回鹘佛教文献研究相关的
成果；牛汝极《回鹘佛教文献——佛典总论及巴黎所藏敦煌回鹘文
佛教文献》（乌鲁木齐：新疆大学出版社 2000 年）则对西域、敦煌
等地出土的回鹘文文献进行了系统整理。

　　第二，伊斯兰教与喀喇汗朝研究。

　　对于 10—12 世纪喀喇汗王朝伊斯兰教的通论性研究，主要
有魏良弢的《喀喇汗王朝史稿》（乌鲁木齐：新疆人民出版社 1986
年）、李兴化等编著的《中国伊斯兰教史》（北京：中国社会科学出
版社 1998 年）、《中国新疆地区伊斯兰教史》编写组编《中国新疆
地区伊斯兰教史》（乌鲁木齐：新疆人民出版社 2000 年）、高永久
的《西域古代伊斯兰教综论》（北京：民族出版社 2001 年）、李进新
的《新疆宗教演变史》（乌鲁木齐：新疆人民出版社 2003 年）等著
作，但从内容上看，这些著作对新疆早期伊斯兰教的研究多为历史
脉络及重要史实的概述。

　　此外，华涛的《萨图克布格拉汗与天山地区伊斯兰化的开始》
（《世界宗教研究》1991 年第 3 期）和刘正寅的《和卓家族兴起前伊
斯兰教派在西域的活动及其政治背景》（《世界宗教研究》1991 年
第 4 期）探讨了伊斯兰教在喀喇汗朝早期的传播过程以及清代以
前新疆伊斯兰教派的活动；赵荣织的《论伊斯兰教在新疆兴起的社
会根源》（《西域研究》2001 年第 3 期）及李进新的《新疆宗教演变
的基本特点》（《新疆社会科学》2001 年第 5 期）等文，则从政权的

---

① 参见杨富学：《西域敦煌回鹘佛教文献研究百年回顾》，《敦煌研究》2001 年
　　第 3 期，第 161—171 页；杨富学：《新世纪初国内回鹘佛教研究的回顾与展
　　望》，《西夏研究》2013 年第 2 期，第 57—77 页。

利用扶持、地理人文环境、文化交融等方面概述了伊斯兰教在新疆传播的原因。

第三,《福乐智慧》与喀喇汗王朝研究。

学术界对喀喇汗朝思想文化的研究,主要集中于对 11 世纪维吾尔文学和哲学名著《福乐智慧》的探讨上 ①。目前学界对《福乐智慧》的研究主要集中于以下几方面:一是文学角度的研究,包括文献版本和语音词义考订,以及诗歌修辞、象征意义、美学内涵等问题的研究;二是哲学和思想史角度的研究,包括对该书的哲学、宗教、伦理、历史、政治、法律思想等内容的研究;三是比较文化史角度的研究,在中西对比的视野下,侧重探讨了该书所反映的中原汉文化及希腊、伊斯兰文化,以及这些文化体系之间的交融情况。

首先,学者对该书的哲学思想进行了较为深入的讨论,如吴昌年的《论〈福乐智慧〉的哲学思想》(《新疆社会科学》1985 年第 6期)论述了该书所反映的自然哲学,以及其中表现的客观唯心主义的宇宙观及辩证的发展观;阿布都秀库尔·穆罕默德依明著、马德元译《〈福乐智慧〉中的自然哲学观念》〔《新疆大学学报》(哲学社会科学版)1990 年第 4 期〕一文探讨了书中泛神论基础上的自然哲学观念,集中评介了玉素甫·哈斯·哈吉甫关于物质、精神、天体、人的自然基础等思想,并认为其中具有朴素唯物主义辩证法和自然辩证法的内容。帕林达的《〈福乐智慧〉中所反映的早期苏非》

---

① 据笔者的不完全统计,与《福乐智慧》相关的研究论文有 260 多篇;学术著作主要有郎樱的《福乐智慧与东西方文化》(乌鲁木齐:新疆人民出版社1992 年)、蔡灿津的《〈福乐智慧〉哲学思想初探》(北京:东方出版社 1992年)、热依汗·卡德尔的《〈福乐智慧〉与维吾尔文化》(呼和浩特:内蒙古人民出版社 2003 年)等书。此外,学术界对同属喀喇汗朝时代的《突厥语大词典》和《真理的入门》等著作亦有研究,但相关成果较少。

(《西北民族研究》2006 年第 3 期)、郎樱的《试论〈福乐智慧〉中的佛教思想》(《新疆社会科学》1986 年第 1 期)等文,讨论了伊斯兰苏非思想和佛教思想对《福乐智慧》的影响。

其次,《福乐智慧》一书并非纯哲学著作,其写作目的是为了解决当时的现实政治与社会问题,并为求得幸福提供门径,因此书中包含了丰富的政治、法律、伦理等社会思想,这些思想也为学术界所关注。买买提明·玉素甫著、张宏超、刘宾译《〈福乐智慧〉与玉素甫·哈斯·哈吉甫的哲学社会学思想》(《民族文学研究》1984 年第 3 期)、吴昌年的《论〈福乐智慧〉的政治法律思想》(《新疆社会科学》1986 年第 2 期)、蔡灿津的《论述〈福乐智慧〉中的法制思想》(《新疆社科论坛》1991 年第 6 期)等文都侧重探讨了该书中"法制"思想的内涵及价值;刘志霄的《11 世纪维吾尔社会思想与〈福乐智慧〉》(《西域研究》1994 年第 1 期)则从喀喇汗王朝的社会和历史背景出发,将该书视为对当时社会政治问题的回应与解答。

再次,《福乐智慧》一书中包含了中国儒家文化及古希腊、伊斯兰、佛教等多种文化成分,因此许多学者注意从文化比较的研究角度探讨该书的思想价值,并取得了较多成果:郎樱的《试论〈福乐智慧〉的多层文化结构》(《中央民族学院学报》1987 年第 1 期)一文论述了该书中包含的佛教、儒家文化、古希腊、维吾尔及突厥传统文化相融合的多元文化;刘宾的《〈福乐智慧〉与东西方思想史背景》(《西域研究》1994 年第 1 期)则围绕"智慧"观念探讨了该书的古希腊和佛教文化背景;张凤武的《试论〈福乐智慧〉的中国文化背景——兼论玉素甫·哈斯·哈吉甫的人道理想》〔《西北师大学报》(社会科学版)1987 年第 4 期〕一文论述了该书所蕴含的人道主义思想同中原儒家思想文化传统的内在渊源,并认为《福乐智慧》主要是在中国传统文化的历史背景上孕育并产生的；陈恒富的《〈福乐智慧〉与祖国传统文化》(《新疆社会科学》1990年第4期)则比较了该书与中国传统箴言书之间的相似性，指出玉素甫继承了与中原文化关系密切的回鹘民族文化精神。此外，还有学者将维吾尔与儒家文化进行比较研究，并对比了《福乐智慧》与同时期北宋儒学的关系①。

就《福乐智慧》的研究来说，研究者多从哲学分析的视角，对该书中体现的自然哲学、朴素辩证法、宗教哲学、伦理观、法制观等思想内容进行了梳理；并从文化史角度对比研究了该书体现的多元文化；但对《福乐智慧》思想与喀喇汗朝社会、回鹘民族文化认同的研究尚待深入。此外，对喀喇汗朝社会与伊斯兰思想的关系，新疆佛教衰落与当时思想演变的联系等问题，也需要做更全面的探讨。

（五）元朝宗教思想研究

学术界对元朝宗教思想的研究集中于元朝佛道教历史、元初佛道教关系与"佛道之争"、元朝藏传佛教与帝师制度等方面。在内容上则以宗教发展史和代表人物的学术史梳理为主，较为关注元朝宗教格局的调整，以及汉藏佛教关系、佛道关系、禅教关系等方面的研究，相关的研究成果主要有：

第一，元朝汉地佛道教研究。

元朝统一中国之后，原金朝及南宋的汉传大乘佛教及道教在元朝得到了继续发展，学界对于元朝禅宗、华严宗、净土宗等汉传

---

① 参见热依汗·卡德尔的《〈福乐智慧〉与北宋儒学》(《民族文学研究》2007年第2期)、《〈福乐智慧〉与〈四书〉的可比性》〔《中央民族大学学报》(哲学社会科学版)2008年第6期〕、《〈福乐智慧〉与〈庄子〉》〔《中央民族大学学报》(哲学社会科学版)2003年第5期〕等文。

佛教宗派,以及全真教等道教派别也进行了较为深入的研究。日本学者忽滑谷快天在其《禅学思想史》(东京:玄黄社 1925 年)下卷第六编《禅道变衰の代》论述了雪岩祖钦、天目中峰、元叟行端、天如惟则、石屋清珙、楚石梵琦等元朝禅宗代表人物的思想,是相关领域的早期代表成果;日本学者竺沙雅章的《宋元時代の慈恩宗》(《南都仏教》50 号,1983 年)介绍了宋元时期唯识宗的基本发展演变情况,中村淳的《クビライ時代初期における華北仏教界——曹洞宗教団とチベット仏僧パクパとの関係を中心として》(《駒沢史学》54 号,1999 年)、朱建路的《元代北方临济宗的法脉传承》(《法音》2020 年第 3 期)则对以曹洞宗和临济宗为代表的金元北方禅宗教团情况进行了论述。竺沙雅章的《元代華北の華厳宗——行育とその後継者たち》(《南都仏教》74 号,1997 年)、杨维中的《元代大都以宝集寺为核心的华严宗传承考述》(《佛学研究》2017 年第 2 期)等文则梳理了元朝北方华严宗的基本发展脉络。而就元朝全真教的研究来说,李洪权《全真教与金元北方社会》(吉林大学 2008 年博士学位论文)以北方社会与全真教发展演变的关系为研究对象,从经济形态、政治状况、伦理道德和社会救济等角度,阐释了全真教对金元北方社会的重要影响,以及全真教的演变原因;李玉用的《论元代南方地区全真道教的新发展——以儒佛道三教融合为视角》(《求索》2014 年第 3 期)则梳理了元朝南方全真教的基本情况及其教义思想特点;日本学者松下道信的《宋金元道教内丹思想研究》(东京:汲古书院 2019 年)一书也述及元朝全真教等道教派别的教义思想。

　　第二,元朝佛道之争与禅教关系研究。

　　元朝佛教与现实政治之间有着密切的关系,忽必烈等统治者出于巩固元政权的目的进行了一系列的宗教管控及调整,元朝的佛道二教之争、禅教论诤等就是其主要体现,这也较早被研究元朝宗教的中外学者所关注。对此,日本学者忽滑谷快天《禅学思想史》(东京:玄黄社 1925 年)下卷第六编第一章《元初の仏教と仏道二教の争》专门论述了这一问题;日本学者野上俊静的《元代道·仏二教の確執》(《大谷大学研究年报》第 3 辑,1943 年)、滋贺高义的《元の世祖と道教—特に正一教を中心として》(《大谷学报》46 号,1966 年)、中村淳的《モンゴル時代の「道仏論争」の実像—クビライの中国支配への道》(《東洋学报:東洋文库和文纪要》75 号,1994 年)等文,都以忽必烈时期的"佛道之争"为研究对象,讨论了元朝统治者的宗教管控政策,及其防止全真教、禅宗等汉人宗教集团势力过于强大的现实政治目的。此外,中国学者杨曾文的《少林雪庭福裕和元前期的佛道之争》(《法音》2005 年第 3 期)梳理了曹洞宗领袖雪庭福裕组织和参与第一次和第二次"佛道之争"的情况;陈高华的《元代江南禅教之争》(《隋唐辽宋金元史论丛》第二辑,2012 年)和李辉的《至元二十五年江南禅教廷诤》(《浙江社会科学》2011 年第 3 期)则关注元初南北方汉地佛教之间的矛盾冲突,论述了至元时期江南禅宗僧人与天台宗、唯识宗等"教门"僧人论诤的内容,以及忽必烈的"崇教抑禅"政策。

第三,元朝宗教制度和社会影响研究。

对于元朝宗教制度和社会影响研究,日本学者野上俊静于 20 世纪 50 年代发表了《元の宣政院に就いて》(《東洋史論叢:羽田博士頌寿記念》1950 年)、《元の上都の仏教》(《仏教史学》2 号,1950 年)、《元代僧徒の免囚運動》(《大谷学报》38 号,1959 年)等文章,讨论了元朝设立的宣政院等宗教管理机构以及元朝保护佛教的相关政策;佐藤达玄的《元代叢林の経済生活—勅修百丈清規を中心として》(《印度学仏教学研究》16 号,1967 年)则探讨了元朝的寺院经济、僧人生活及其社会影响。中国学者邓锐龄的《元代杭州行宣政院》(《中国史研究》1995 年第 2 期)、赖天兵的《关于元代设于江淮 / 江浙的释教都总统所》(《世界宗教研究》2010 年第 1 期)等文,也从历史学角度厘清了元朝行宣政院、江南释教都统所等南方佛教管理机构的产生原因及兴废演变的脉络。此外,学者还注意到元朝宗教政策中所体现的政治性、民族性,以及宗教宽容、信仰自由等内容,如张践的《元代宗教政策的民族性》(《世界宗教研究》1996 年第 4 期)一文提出,元朝的崇佛压道、崇教压禅等宗教政策虽然体现出统治者的政治意图,但也具有加强中华民族多元统一的意义;任宜敏的《元代宗教政策略论》(《文史哲》2007 年第 4 期)则肯定了元朝宗教政策中体现的宗教信仰自由,及其对各种宗教的宽容和优礼。

第四,元朝藏传佛教与帝师研究

作为日本辽金元佛教研究的代表学者,野上俊静在元代佛教史方面尤其关注喇嘛教(藏传佛教)研究,他曾于 20 世纪发表《元代仏教に关する一问题—喇嘛教と汉人佛教》(《塚本博士颂寿记念仏教史论集》1961 年)等论文,较早讨论了元初汉藏佛教的关系等问题;国内学者才让的《蒙元统治者选择藏传佛教信仰的历史背景及内在原因》〔《西北民族大学学报》(哲学社会科学版)2004 年第 1 期〕一文,则指出藏传佛教是蒙、藏民族双方关系互动,以及藏传佛教密法与其社会文化相适应的结果;陈高华《元成宗与佛教》(《中国史研究》2014 年第 4 期)则讨论了元成宗时期藏传佛教和汉传佛教的发展情况;能仁《元代“藏—汉”佛教体制的形成》(《佛学研究》2017 年第 2 期)认为元朝统治者对汉藏佛教的支持,促使“藏汉”融合的统一佛教体制的形成。

作为元朝重要宗教制度的帝师制度,以及作为元朝佛教重要代表的帝师,也受到学者的普遍关注。日本学者稻叶正就的《元の帝師に関する研究—系統と年次を中心として》(《大谷大学研究年報》17号,1966年)、西尾贤隆的《元末帝師の事績》(《大谷学報》48号,1969年)是这一领域的早期成果。陈庆英的《元代帝师制度及其历任帝师(上、下)》〔《青海民族学院学报》(社会科学版)1991年第1、2期〕、日本学者中村淳的《元代法旨に見える歴代帝師の居所—大都の花園大寺と大護国仁王寺》(《待兼山論叢》27号,1993年)、《モンゴル時代におけるパクパの諸相—大朝国師から大元帝師へ》(《駒沢大学文部研究紀要》68号,2010年)等文,都对元朝帝师的产生、历史作用、历任帝师沿革等问题进行了梳理。此外,朱丽霞的《白马寺与元朝帝师关系述略》(《西藏研究》2008年第2期)与《和合共生——元代帝师与汉地佛教的关系》(《西藏研究》2015年第2期)等文,则讨论了元朝帝师管理汉地佛教的史事,以及元朝汉藏佛教的融合情况。

此外,陈庆英的《西夏及元代藏传佛教经典的汉译本——简论〈大乘要道密集〉(〈萨迦道果新编〉)》〔《西藏大学学报》(社会科学版)2000年第2期〕、沈卫荣的《序说有关西夏、元朝所传藏传密法之汉文文献——以黑水城所见汉译藏传佛教仪轨文书为中心》(《欧亚学刊》第七辑,2007年)等文,则围绕现存的《大乘要道密集》(汉译噶举派、萨迦派佛教文献)和黑水城出土文献,讨论了藏传佛教在西夏与元朝的流传,以及西夏对元朝藏传佛教的影响;陈高华的《元代内迁畏兀儿人与佛教》(《中国史研究》2011年第1期)一文较为系统地梳理了接受藏传佛教、成为佛教高僧或元廷高级官员的元朝回鹘裔民的情况,展示了佛教对于元朝少数民族融合统一的重要影响。

由上可知,学界对元朝宗教的研究多集中于佛教史的考察、经典文献的考证、宗教政策的述评等方面。虽然学者在研究中也关注到元朝宗教政策对于中华民族多元统一的意义,但尚未围绕"文化认同"和"多元统一"的角度,系统梳理元朝的汉藏佛教、道教等宗教的思想文化内涵及其社会意义。

(六)"宗教思想与文化认同"的研究必要性

总体来说,20 世纪 90 年代之前,日本学者是辽金元宗教研究的主要力量,并做出了很多开创性的工作;他们从佛教文化史的角度,试图打通唐、宋、辽、金、元佛教的传承关系,这对本书也具有一定的启发和参考意义。而在 20 世纪 90 年代之后,国内学术界在辽夏金元宗教思想研究的广度和深度上都取得了重要进展,国内中青年学者也成为这一学术研究领域的主流群体。与此同时,英语、德语、法语世界也有许多相关论著问世,涉及社会、政治、经济、文化等方面,但多属于学术史论述或个案考察。本书在此通过对辽朝、西夏、金朝、喀喇汗朝、高昌回鹘、元朝宗教思想研究相关成果的简要学术史回顾[①],可以得出以下几点认识:

第一,对辽夏金元宗教思想与文化认同的整体性研究尚待补充。

通过以上的学术史回顾,可知关于"辽夏金元时代的宗教思想与文化认同"这一研究课题,目前学术界并无系统性和整体性的研究成果问世。就 10—14 世纪的宗教思想研究来说,学者在研究对象上主要以思想家或某一宗教的个案考察为主,如辽朝华严宗与密教思想、西夏汉传与藏传佛教思想、金朝禅宗思想、喀喇汗朝《福

[①] 需要指出的是,以上文献综述并非对辽夏金元宗教研究的全面回顾,而仅是针对与本书研究相关的学术成果的梳理和综述,由于笔者能力及篇幅叙述等的限制,上述文献综述难免"挂一漏万",许多成果未能在此一一列出。对此,本书将在下文的具体阐述和讨论中,进一步随文标注。

乐智慧》的研究等,缺乏不同宗教思想体系之间的综合对比与整体考量;在地域上则多以少数民族政权为单位进行局部研究,虽然也关注到辽、西夏、金、喀喇汗朝及高昌回鹘等政权内部思想与社会的互动,但缺乏各民族政权及其宗教思想文化间的整体比较与宏观考察;虽有部分论著涉及相邻政权间(如辽宋、夏宋、西夏吐蕃等)的思想与文化交流,但整体性的研究仍显不足。

第二,在研究内容上以史实考述为主,对宗教思想内涵及理论特点尚需深入发掘。

从以上研究成果的具体内容来看,对于宗教思想的研究主要可分为宗教著述的文献学考察和思想家的学术史探讨两类:前者以版本辨别、文字校勘、语音语法辨析、佛典译文等研究为主,这在如辽金佛教典籍、西夏文佛教文献、喀喇汗朝《福乐智慧》等文献的研究中较为普遍;后者以思想家生平、重要活动、著述、师承关系考辨等研究为主,这在如辽金佛教高僧、元朝帝师等研究中较为普遍。从整体上看,这些研究多属于具体史实的考述,对于其中所包含的思想内涵、理论特点及其宗教和哲学史价值,在研究深度及广度上仍显不足。这在辽朝华严和密宗思想、西夏汉传和藏传佛教思想、回鹘宗教思想等方面的研究中表现较为突出。

第三,在宗教思想研究中以概念辨析为主,缺乏思想与文化认同关系的深入考察。

在辽夏金元宗教思想的研究中,学术界目前主要关注其中的哲学概念及理论体系的辨析,但对于宗教思想的社会原因及其现实影响等方面,相关的研究尚待进一步深入和完善。而在辽夏金元宗教文化与中华文化的"多元一体"关系,宗教思想对10—14世纪中国民族融合和文化认同的作用等方面,学界的相关研究则更显薄弱。需要指出的是,上述研究成果虽有所不足,但都属于相关领域的重要成果,并体现出严谨的治学与深刻的思考。这些个案、局部或微观研究,正为本书的研究提供了文献资料、研究方法、学术视野等方面的重要借鉴。

综上所述,学界对于辽夏金元宗教思想的研究,在整体上多属于宏观的历史脉络梳理,或宗教学和文献学的个案和微观研究。在此基础上,有必要在辽夏金元时代中国民族融合进一步发展的历史背景下,从宏观和微观研究结合的角度,深入探讨宗教思想与社会的双向互动关系、各少数民族文化与汉文化的交流和融通关系、宗教思想文化与中华文化的"多元一体"关系等重要问题。因此,"辽夏金元时代的宗教思想与文化认同"具有研究的必要性,这既有利于展现 10—14 世纪中国思想史、宗教史、民族史的全貌,揭示"多元一体"中华文化的丰富内涵,也将对当下的相关理论和现实问题讨论提供有意义的参考与启示。

第一章　辽朝佛教思想与文化认同

第一节　佛教与辽朝社会的时代课题

这里所说的"时代课题",是指 10—14 世纪辽、西夏、金、元和高昌回鹘、喀喇汗朝等中国主要少数民族政权思想界所要面对和解决的政治、文化和社会问题。具体来说,它们所面对的共同时代课题是"社会和文化秩序的重建",也就是为"如何吸收先进文化以促进本民族发展与社会进步,并为民族政权的巩固提供理论支持"这一课题提供思想文化方面的解答方案,而辽、西夏、金、元和高昌回鹘的佛教思想,以及喀喇汗朝的伊斯兰教思想等,就为各民族政权时代课题的解决提供了重要的思想答案。就辽朝来说,契丹民族及辽政权对佛教的尊崇,以及对佛教文化的吸收,本质上也与其时代课题的解答有关。

辽朝(907—1125),又称大契丹国或大辽国,是中国历史上由契丹人建立的少数民族政权。辽朝全盛时期的疆域东到日本海,西至阿尔泰山,西南与西夏为邻;北到额尔古纳河、大兴安岭一带,南到河北省南部的白沟河,与北宋为界。其统治范围包括今中国东北地区的黑龙江、吉林、辽宁,华北地区的河北、北京、天津、山西及西北地区的内蒙古等省市。

契丹族的族源可以上溯至鲜卑族,早期聚居于中国东北的辽河上游一带,自称青牛白马之后。唐太宗曾于贞观二十二年(648)在契丹人住地设立松漠都督府,委任当地酋长任都督,并赐李姓。至晚唐时代,契丹迭剌部崛起,其首领耶律阿保机统一契丹各部,并于后梁开平元年(907)即可汗位。后梁贞明二年(916),耶律阿保机登基称"大圣大明天皇帝",国号"契丹",改元神册,正式建立辽(契丹)政权。

契丹神册三年(918)耶律阿保机定都临潢府(今内蒙古自治区赤峰市巴林左旗),后改称上京。天显元年(926)灭渤海国,同年阿保机病逝,庙号太祖。耶律德光即位后,于天显十一年(936)帮助石敬瑭攻灭后唐,建立后晋。石敬瑭为报答契丹之恩,割幽云十六州给契丹,从此契丹拥有汉族聚居的幽云地区。会同十年(947)耶律德光攻灭后晋,正式改国号为"大辽"。同年,耶律德光病逝,庙号辽太宗。此后,辽朝经历了世宗耶律阮(947—951年在位)、穆宗耶律璟(951—969年在位)、景宗耶律贤(969—982年在位)、圣宗耶律隆绪(982—1031年在位)、兴宗耶律宗真(1031—1055年在位)、道宗耶律洪基(1055—1101年在位)、天祚帝耶律延禧(1101—1125年在位)等朝。其中,1005年(辽圣宗统和二十二年,北宋真宗景德元年),辽圣宗与宋真宗在河北澶州订立和约,史称"澶渊之盟",此后辽宋之间不再有大规模的战争发生,保持了一百多年的和平状态。辽朝自建国至1125年为女真族建立的金朝所灭,前后计九帝,历时二百余年。辽朝灭亡后,宗室耶律大石率部西迁到中亚楚河流域建立政权,定都虎思斡耳朵(今吉尔吉斯斯坦托克马克),国号"辽",史称西辽,1218年被蒙古灭亡。

一、"崇佛"与"正统"：辽政权对佛儒思想文化的接受

辽朝自建立之初，统治者就开始广泛吸收汉文化以促进政权的发展。而就所吸收引进的汉文化来说，主要包括官制、法律、礼乐制度等为主的政治文化（史称辽朝"颇取中国典章礼义"[①] "治国建官，一同中夏"[②]），以及建筑、服饰等物质文化（"至于典章文物、饮食服玩之盛，尽习汉风"[③]）；而在精神文化方面，则主要吸收了中原大乘佛教尤其是唐代的佛教文化；伴随着政治文化的引进，儒学也对契丹民族和辽政权产生了较大的影响力。契丹民族和辽政权对包括宗教思想在内的中原精神文化的引进与吸收，以及宗教思想与辽朝社会之间的互动关系，正是本书所要探讨的主要内容之一。

在探讨辽朝对中原佛教和儒家文化的引进吸收之前，本书有必要对当时中国思想文化的发展状况和背景做简易的交代。辽朝所处的 10—12 世纪即五代和北宋时期，三教合一思潮是当时中国思想界的主流。就佛教思想来说，隋唐时代是佛教中国化完成的时期，唐代禅宗、华严宗、天台宗、净土宗等中原大乘佛教宗派思想，正是印度佛教与儒家思想、道家思想等中国传统思想融合的产物，而五代北宋时期则是三教融合和佛教中国化进一步发展的阶

[①]（宋）李焘撰，上海师范大学古籍整理研究所、华东师范大学古籍整理研究所点校：《续资治通鉴长编》卷二百八十四"熙宁十年八月己丑"，北京：中华书局 2004 年，第 6952 页。

[②]（宋）李焘撰，上海师范大学古籍整理研究所、华东师范大学古籍整理研究所点校：《续资治通鉴长编》卷一百三十八"庆历二年十月戊辰"，北京：中华书局 2004 年，第 3319 页。

[③]（宋）李焘撰，上海师范大学古籍整理研究所、华东师范大学古籍整理研究所点校：《续资治通鉴长编》卷一百四十二"庆历三年七月甲午"，北京：中华书局 2004 年，第 3412 页。

段。就儒家思想来说,北宋时期兴起的理学思想也吸收了佛教及道教的思想,也可以视为三教合一的产物。这种三教合一的思想综合思潮,以及佛教中国化的完成,正是 10—12 世纪中国思想界的重要背景。这一思想文化背景对于我们理解辽朝的宗教思想文化具有重要的意义,可以说,当时的中原大乘佛教文化已经是中原汉文化的重要组成部分,而契丹民族对中原大乘佛教的接受与崇信,与其对儒学思想的引进与学习一样,都属于引进吸收中原精神文化的重要组成部分①。同时,中原大乘佛教宗派吸收融合了儒家的忠孝观及性善论等思想理论,建构了佛儒融合的思想体系;契丹民族在接受中原大乘佛教文化时,儒家的伦理道德及哲学思想也随之影响到契丹民族和辽朝社会。

　　与中原政治文化的吸收相比,辽政权和契丹民族对于中原精神文化的吸收与融合呈现出阶段性和渐进性的特点。但这种思想文化的吸收与融合,并非仅仅出于对先进文化的仰慕,其背后的真正动力则是辽朝社会自身发展所要面对的时代课题。其中,辽朝统治者作为政权及契丹民族的代表,他们对待佛教的态度及其正统观念的发展演变②,分别反映出他们对宗教文化和儒家政治文化

----

① 需要指出的是,从现有的史料来看,中原道教思想对于契丹民族和辽朝社会的影响较小。

② 与辽朝正统观相关的还包括"中国观""夷夏观"等问题,对此,学术界已经取得了较多的研究成果,参见马赫:《辽代文化与"华夷同风"》,《民族研究》1987 年第 3 期;宋德金:《辽朝正统观念的形成与发展》,《传统文化与现代化》1996 年第 1 期;郭康松:《辽朝夷夏观的演变》,《中国史研究》2001 年第 2 期;刘浦江:《德运之争与辽金王朝的正统问题》,《中国社会科学》2004 年第 2 期;刘扬忠:《辽朝"中国"化的历史进程及其文学书写》,《华夏文化论坛》第二辑,2007 年;赵永春:《试论辽人的"中国"观》,《文史哲》2010 年第 3 期。

的吸收与认同①,并与契丹民族学习引进中原精神文化的历程相一致。与此同时,辽朝统治者的崇佛与正统观的发展演变,也与辽政权和契丹民族的政治和社会需要密切相关,在很大程度上正是辽朝社会时代主题的反映。因此,本书在此将以辽朝的崇佛活动和正统观为例,探讨辽政权和契丹民族引进和吸收中原先进文化的社会背景。

（一）辽前期的佛教与正统观的初建

这里所说的辽前期是指辽太祖、太宗、世宗、穆宗、景宗五朝（907—982）,这也是辽政权初建及辽朝佛教和正统观初步发展的时期。夷夏观和正统观是中国传统政治文化和儒家政治思想中的重要观念,两者的基本内容都是将居住在中原地区的汉族视为文明的华夏族,汉族政权是正统王朝;而居于周边地区的少数民族是文化落后的"蛮夷",他们建立的政权属非正统的伪政权,存在着明显的民族偏见与狭隘性。对此,梁启超在其《新史学·论正统》中总结了中国历史上"正统"的六项标准,其中之一就是"以中国种族为正,其余为伪也"②。因此,辽朝统治者对于正统观的接受,正与契丹民族对儒家政治文化的吸收与认同密切相关。

在契丹政权建立以后,太祖耶律阿保机、太宗耶律德光就开始在政权建设中广泛吸收中原的政治文化,尤其是唐代的政治制度。对此,《辽史·仪卫志》称:"辽太祖奋自朔方,太宗继志述事,以成其业。于是举渤海,立敬瑭,破重贵,尽致周、秦、两汉、隋、唐文物

---

① 对此,学者普遍将辽朝正统观的发展演变视为中原文化在辽朝传播的反映,参见宋德金:《辽朝正统观念的形成与发展》,《传统文化与现代化》1996年第1期;郭康松:《辽朝夷夏观的演变》,《中国史研究》2001年第2期。

② 梁启超著,吴松、卢云昆、王文光、段炳昌点校:《饮冰室文集点校》第3集,昆明:云南教育出版社2001年,第1640页。

之遗余而居有之。"①而在精神文化领域,辽朝则主要引进了中原的佛教与儒教,针对佛教与儒教的地位,神册元年(916)阿保机与皇太子耶律倍之间曾有过如下著名的讨论:

　　　　时太祖问侍臣曰:"受命之君,当事天敬神。有大功德者,朕欲祀之,何先?"皆以佛对。太祖曰:"佛非中国教。"倍曰:"孔子大圣,万世所尊,宜先。"太祖大悦,即建孔子庙,诏皇太子春秋释奠。②

　　有学者认为,自此以后儒教逐渐成为辽王朝的国教③。但需要指出的是,这里的儒教并不能与中原王朝的儒教等同,后者是一个包含儒家经学学术、哲学思想以及礼乐制度在内的综合文化体系;而从"建孔子庙"及"春秋释奠"来看,阿保机所尊崇的儒教主要表现为对孔子的崇拜,具有宗教的性质,正如前辈学者指出的,契丹统治者引进儒学"绝不是作为一种学术来引进,而几乎是作为一种宗教来引进的"④。实际上,这种对儒教和孔子的宗教化理解与尊崇,正是契丹民族初步接受中原精神文化的反映。

　　在辽太宗耶律德光时期,汉文化的影响力进一步加深,太宗在会同年间(938—947)开始使用汉服作为朝服,并在攻灭后晋后进

① (元)脱脱等:《辽史》卷五十五《仪卫志一》,北京:中华书局1974年,第899页。
② (元)脱脱等:《辽史》卷七十二《义宗倍传》,北京:中华书局1974年,第1209页。
③ 参见李申:《中国儒教史》,上海:上海人民出版社2000年,第508页。
④ 舒焚:《辽史稿》,武汉:湖北人民出版社1984年,第289页。

一步引进唐朝及五代的礼仪和服制，"唐、晋文物，辽则用之"①。不过，辽太祖、太宗等辽前期帝王依然以少数民族王朝自居，还没有形成以辽朝为中原正统王朝的观念。例如，大同元年（947）辽太宗耶律德光灭后晋入汴京后，"德光服靴、袍，御崇元殿，百官入阁，德光大悦，顾谓左右曰：'汉家仪物，其盛如此！我得于此殿坐，岂非真天子耶！'"②从中可见，耶律德光在占据中原、接受后晋百官朝贺时，并未理所当然地将自己视为正统中原帝王（"真天子"），反映出此时辽朝统治者仍然以番夷政权自居，正统观念还比较薄弱。此后的世宗、穆宗、景宗等朝的情况也基本相同。

　　以上史料说明，与儒家政治思想关系密切的正统观在辽前期发展缓慢，实际上反映出辽朝对儒家文化的吸收与学习还不够深入。与之相比，中原佛教文化在辽朝的发展更为迅速，影响力也更为广泛和深入。佛教在辽朝经历了一条逐渐上升的发展路线③，辽朝建立前契丹人的信仰以萨满教为主，后逐渐接受佛教。辽太祖耶律阿保机于唐天复二年（902）"以兵四十万伐河东代北，攻下九郡，获生口九万五千，驼、马、牛、羊不可胜纪。九月，城龙化州，于潢河之南，始建开教寺"④，开教寺的建立被认为是辽朝建佛寺的开始。太祖三年（909）阿保机还命左仆射韩知古"建碑龙化州大广

---

① （元）脱脱等：《辽史》卷五十六《仪卫志二》，北京：中华书局1974年，第907页。

② （宋）欧阳修撰，（宋）徐无党注：《新五代史》卷七十二《四夷附录一》，北京：中华书局1974年，第898页。

③ 参见韩道诚：《契丹佛教发展考》及王吉林：《今存辽文献中有关佛教史料之研究》，张曼涛主编：《现代佛教丛刊》之《中国佛教史论集》（宋辽金元编），台北：大乘文化出版社1957年，第141—199页。

④ （元）脱脱等：《辽史》卷一《太祖纪上》，北京：中华书局1974年，第2页。

寺以纪功德",神册三年(918)又"诏建孔子庙、佛寺、道观"①,并且于天赞四年(925)十一月"幸安国寺,饭僧,赦京师囚"②,这种建寺、饭僧、建功德碑的行动,在很大程度上反映出契丹统治者对佛教的接受。阿保机建立佛寺的最初目的是为了在精神上安抚被掳掠来的汉民,使其能够在迁徙地稳定生活并接受统治③,这种行动主要是政治策略而非信仰佛教的表现。此外,他本人从政治文化的角度出发,认为"佛非中国教",而将孔子列为祭祀首位,表现出对佛教只是利用而非信仰的态度。值得注意的是,在上文所引的对话中,当阿保机询问应该首先祭祀哪位"有大功德者"时,众多大臣"皆以佛对",这也向我们透露出如下的信息:在当时契丹官僚的认识中,普遍将佛陀视为最有"大功德"的神灵,这同时说明契丹政权建立之初,佛教在契丹民族中已经具有重要的影响力。而在神册四年(919)秋八月,阿保机在亲自"谒孔子庙"的同时,"命皇后、皇太子分谒寺观"④,反映出他在尊崇儒教的同时,仍然对佛教等宗教给予了重视。

辽太宗耶律德光时期,幽云十六州(今北京市、天津市北部,河北省和山西省北部地区)地区纳入辽朝统治之下,这一地区的佛教具有悠久的传播历史,并且毗邻作为唐代佛教中心之一的五台山,幽云佛教保留着唐代佛学的遗风,并注重佛教义学的研究,这对于辽朝佛教的发展产生了重要的影响。辽朝佛教以唐代华严宗和密宗为主体,正与幽云地区的佛教传统有关。此后,幽云地区的佛教

---

① (元)脱脱等:《辽史》卷一《太祖纪上》,北京:中华书局1974年,第13页。
② (元)脱脱等:《辽史》卷二《太祖纪下》,北京:中华书局1974年,第21页。
③ 参见[日]野上俊静著,杨曾文译:《辽朝与佛教》,怡学主编:《辽金佛教研究》,北京:金城出版社2012年,第5~23页。
④ (元)脱脱等:《辽史》卷二《太祖纪下》,北京:中华书局1974年,第15页。

开始在辽境内广泛传播,进一步渗透到契丹人的精神生活中,并与其原有的宗教信仰相互融合。这种宗教融合的代表事件,就是辽太宗在契丹民族的祖山木叶山建造供奉观音的"菩萨堂",并把白衣观音"尊为家神"。史载:"太宗援石晋主中国,自潞州回,入幽州,幸大悲阁,指此像曰:'我梦神人令送石郎为中国帝,即此也。'因移木叶山,建庙,春秋告赛,尊为家神。兴军必告之,乃合符传箭于诸部。"[①]辽太宗把幽州的白衣观音尊为家神之后,"于拜山仪过树之后,增'诣菩萨堂仪'一节,然后拜神"[②],即在传统的民族礼仪"拜山仪"后加入礼佛的新内容,这正反映出辽朝统治者试图对契丹族传统的萨满信仰和佛教信仰进行融合,并支持佛教的发展。此外,会同五年(942)太宗"闻皇太后不豫,上弛入侍,汤药必亲尝。仍告太祖庙,幸菩萨堂,饭僧五万人"[③],从辽太宗为祈祷其母康复而礼拜观音、饭僧五万人的行动来看,佛教已经成为辽朝统治者的宗教信仰。世宗、穆宗和景宗三朝,统治者延续了辽朝建国以来保护和扶持佛教的政策,使得佛教在辽朝继续发展,如景宗于保宁六年(974)十二月"以沙门昭敏为三京诸道僧尼都总管,加兼侍中"[④],开辽朝僧人兼官先河。

(二)辽圣宗、兴宗时期的佛教与正统观念的确立

辽圣宗统和二十二年(1004),北宋与辽朝签订"澶渊之盟",双方友好往来并结为"兄弟之国",自此开始了辽宋百余年的和平交往状态,这进一步促进了辽朝对汉文化的吸收引进。辽圣宗耶律隆绪在位期间(982—1031)整顿吏治、"诏开贡举",圣宗朝也成为

①(元)脱脱等:《辽史》卷三十七《地理志一》,北京:中华书局1974年,第446页。
②(元)脱脱等:《辽史》卷四十九《礼志一》,北京:中华书局1974年,第835页。
③(元)脱脱等:《辽史》卷四《太宗纪下》,北京:中华书局1974年,第52页。
④(元)脱脱等:《辽史》卷八《景宗纪上》,北京:中华书局1974年,第94页。

辽朝政治的全盛时期;圣宗子耶律宗真(辽兴宗)即位后,乘北宋与
西夏开战、内外交困之际,又迫使宋朝增加岁币,史称"重熙增币"。
辽圣宗、兴宗朝是辽朝正统观的形成时期,辽圣宗深受汉文化的熏
陶,他力图与北宋建立起"南北朝"的对等关系,如在宋辽外交文
书中以"北朝"和"南朝"代指辽朝与北宋,"通和所致书,皆以南、
北朝冠国号之上"[1],同时开始以华夏正统王朝自居;而辽兴宗借
"重熙增币"的成功,更谋取超越北宋之上的正统王朝地位。圣宗、
兴宗二帝对"传国玺"的重视正是其正统思想的重要反映,后晋末
帝石重贵曾将所谓的"传国玺"献给辽太宗,但当时并未引起辽
朝统治者的重视。辽圣宗则试图利用这枚"传国玺"证明辽朝是
华夏正统王朝的继承者,史载圣宗开泰十年(1021)"驰驿取石晋
所上玉玺于中京"[2],据宋人记载,当时辽朝帝王还作《传国玺诗》
"一时制美玉,千载助兴王。中原既失守,此宝归北方。子孙皆慎
守,世业当永昌"[3],以此证明得到玉玺的辽朝是正统王朝。兴宗继
承了其父圣宗的"以得玉玺为正统"的政治观念,并以此为科举考
试的题目,他于重熙七年(1038)"以《有传国宝者为正统赋》试进
士"[4],意在向包括汉人和契丹人在内的全体辽朝民众宣称辽朝是

①(宋)李焘撰,上海师范大学古籍整理研究所、华东师范大学古籍整理研究
　所点校:《续资治通鉴长编》卷五十八"景德元年十二月辛丑",北京:中华
　书局2004年,第1299页。
②(元)脱脱等:《辽史》卷五十七《仪卫志三》,北京:中华书局1974年,第
　914页。
③陈述辑校:《全辽文》卷一,北京:中华书局1982年,第18页。需要指出的
　是,文献中并没有明确记载《传国玺诗》的作者是辽朝的哪位帝王,但周春
　《增订辽诗话》、陈衍《辽诗纪事》、陈述《全辽文》及当代学者刘扬忠、宋德
　金、郭康松等都将此诗列于辽圣宗名下。
④(元)脱脱等:《辽史》卷五十七《仪卫志三》,北京:中华书局1974年,第
　914页。

当之无愧的正统王朝。从文化引进的角度来说,圣宗、兴宗正统观的建立,正是对中原政治思想的学习与理解日益加深的结果。

与此同时,作为中原文化重要组成部分的中原大乘佛教及其思想文化,也在圣宗、兴宗二朝得到了迅速发展。据圣宗统和二十三年(1005)《盘山甘泉寺新创净光佛塔记》称:"今乃岁值安康,人皆丰足,重空门者雾集,慕释典者云屯。"[1] 这正是对当时社会稳定和佛教兴盛情况的写照。而就统治者对佛教的态度来看,辽圣宗"锐志武功,留心释典"[2],他一方面大力支持佛教的发展,礼遇高僧,并进行建寺饭僧的崇佛活动,如统和四年"诏上京开龙寺建佛事一月,饭僧万人"[3],并多次巡幸南京延寿寺、兴王寺、甘露寺、开泰寺等佛寺,表现出对佛教的大力支持;另一方面出于政治的考虑,辽圣宗也对佛教采取了信而不佞的态度,理智地限制私度、滥度僧尼,如统和十五年"禁诸山寺毋滥度僧尼"[4],并且禁止"燃身炼指"等狂热行为。

相比之下,辽兴宗的佛教信仰更为虔诚,对于佛教的支持也更加有力。史载当时"僧有正拜三公、三师兼政事令者,凡二十人,以致贵戚望族化之,多舍男女为僧尼"[5]。兴宗还于重熙七年(1038)

---

① (辽)□庭用:《盘山甘泉寺新创净光佛塔记》,阎凤梧主编:《全辽金文》(上),太原:山西古籍出版社 2002 年(下引同书版本同,不再重复标注),第 138 页。"□"表示作者姓名残缺,下文同此。

② (辽)赵遵仁:《涿州白带山云居寺东峰续镌成四大部经记》,阎凤梧主编:《全辽金文》(上),第 356 页。

③ (元)脱脱等:《辽史》卷十一《圣宗纪二》,北京:中华书局 1974 年,第 123 页。

④ (元)脱脱等:《辽史》卷十三《圣宗纪四》,北京:中华书局 1974 年,第 150 页。

⑤ (宋)叶隆礼撰,贾敬颜、林荣贵点校:《契丹国志》卷八《兴宗文成皇帝》,上海:上海古籍出版社 1985 年,第 82 页。

十二月幸佛寺,并接受佛戒①,这表明辽兴宗完全以佛弟子的身份
自居;而在契丹传统的木叶山祭祀中,兴宗"先有事于菩萨堂及木
叶山辽河神,然后行拜山仪,冠服、节文多所变更,后因以为常"②,
即将礼佛仪式放在首位,超越了建国初期最为重要的"祭山仪"。
这说明在辽朝统治者看来,佛教已然是最重要的宗教信仰。对于
兴宗皇帝的崇佛,赵遵仁撰《涿州白带山云居寺东峰续镌成四大部
经记》称颂说:"迨及我兴宗皇帝之绍位也,孝敬恒专,真空夙悟。
菲饮食致丰于庙荐,贱珠玉惟重其法宝。"③重熙十三年(1044)张
轮翼撰《罗汉院八大灵塔记》也颂扬兴宗皇帝的文治武功和崇佛
行动,并将他比为佛教传说中的"金轮圣王",文称:"恒怀宵旰,肯
构灵祠。系玉豪尊,恢八万四千定慧之力;继金轮职,威尘数万类
束手而降。威加海表既如彼,恢张佛刹又若此。"④可见,圣宗、兴宗
朝既是辽朝国势强盛时期,也是统治者正统意识觉醒、佛教全面发
展的时期。而佛教的发展与正统观念的确立都是契丹民族和辽政
权对汉文化深入引进与学习的反映⑤。

①（元）脱脱等:《辽史》卷六十八《游幸表》,北京:中华书局1974年,第
　　1065页。
②（元）脱脱等:《辽史》卷四十九《礼志一》,北京:中华书局1974年,第
　　835页。
③（辽）赵遵仁:《涿州白带山云居寺东峰续镌成四大部经记》,阎凤梧主编:
　　《全辽金文》(上),第356页。
④（辽）张轮翼:《罗汉院八大灵塔记》,阎凤梧主编:《全辽金文》(上),第
　　187页。
⑤ 对此,正如日本学者野上俊静所指出的:"辽作为国家全面跃进的事实,意
　　味着拥有浓厚的汉族色彩,不应忘记佛教是与汉文化平行进出辽国而兴盛
　　起来的。"[日]野上俊静著,杨曾文译:《辽朝与佛教》,怡学主编:《辽金佛
　　教研究》,北京:金城出版社2012年,第14页。

（三）辽道宗的崇佛与辽朝佛教的鼎盛时代

辽道宗、天祚帝二朝是辽朝正统观表现最鲜明的时期，在圣宗、兴宗等帝王对辽政权正统性不断肯定的基础上，辽道宗同样将辽朝作为继承华夏礼乐文明和政权合法性的正统王朝，并明确将辽朝与"中国"等同。史载辽道宗听汉人讲解《论语》，"至'北辰居其所而众星拱之'，帝曰：'吾闻北极之下为中国，此岂非其地耶？'又讲至'夷狄之有君'，疾读不敢讲。又曰：'上世獯鬻、猃狁荡无礼法，故谓之夷；吾修文物，彬彬不异中华，何嫌之有？'卒令讲之"[1]。从中可知，道宗皇帝认为辽朝在地理上就处于中国的范围，更重要的是，辽朝继承中原的礼乐文物，在文化上已经与中国没有区别。这种以具备华夏文明作为正统王朝的主要标准，无疑比圣宗、兴宗时期的思想认识更为深刻。此外，辽道宗及其皇后萧观音分别作有《君臣同志华夷同风诗》及《君臣同志华夷同风应制诗》，这里的"华夷同风"实际上是说辽朝已经完全具备华夏文化，并且其影响力扩展到周边四夷地区。这反映出辽朝统治者对其政权的自信，以及对汉文化的充分肯定。

辽政权的"中国"及"正统"地位在当时的辽朝官员、民众及佛教信徒中也得到了普遍承认，如汉臣刘辉在道宗大安末年的上书中称："西边诸番为患，士卒远戍，中国之民疲于飞挽。"[2] 这里的"中国"就是指辽王朝。此外，太康七年（1081）释行阐撰《义丰县卧如院碑记》称："伏维今皇帝璿衡御极，……礼乐交举，车书混同；行大圣之遗风，钟兴宗之正体。东韩西夏，贡土产而输诚；南宋

---

① （宋）叶隆礼撰，贾敬颜、林荣贵点校：《契丹国志》卷九《道宗天福皇帝》，上海：上海古籍出版社1985年，第95页。

② （元）脱脱等：《辽史》卷一百四《刘辉传》，北京：中华书局1974年，第1455页。

北辽,交星轺而继好。"① 这里提到的"礼乐交举,车书混同",是对
道宗继承华夏礼乐文化的赞誉,同时也是对辽朝作为文化和政治
的正统继承者的肯定;而"东韩西夏,贡土产而输诚;南宋北辽,交
星轺而继好",则是将辽朝视为与北宋并驾齐驱,并且使高丽和西
夏臣服的中央王朝。此外,道宗大安九年(1093)释志延撰《景州
陈公山观鸡寺碑铭并序》称:"我巨辽启运,奄有中土。始武功以
勘乱世,力拯乾纲;中文德以葺王猷,□恢帝业。"② 则将辽朝视为
统治中原地区("中土"),具备文治武功的正统王朝。

　　辽末天祚帝时期,以辽政权为正统王朝依然是当时辽朝民众
及佛教信徒的普遍认识。如天祚帝乾统三年(1103)王企中撰《崇
圣院故华严法师刺血办义经碑铭并序》文称:"永锡天之正命者,其
为帝辽乎。祖功宗德,恢起土宇,圣子神孙,绍隆宝构。"③ 将辽朝视
为"承天正命"的正统王朝;乾统七年(1107)王鉴撰《三河县重修
文宣王庙记》文称:"粤若北方开统,尊居天地之中;燕壤割都,雄
据尾风之分。"④ 也将辽朝视为处于"天地之中"的中央王朝。与此
同时,统治者仍然有着强烈的正统观念,直到天祚帝沦为阶下囚,
投降金朝时,仍然不忘辽朝的正统王朝地位,天祚帝在《降金表》中
称:"奄有大辽,权持正统。拓土周数万里,享国逾二百年。"⑤

①(辽)释行阐:《义丰县卧如院碑记》,阎凤梧主编:《全辽金文》(上),第
　　437页。
②(辽)释志延:《景州陈公山观鸡寺碑铭并序》,阎凤梧主编:《全辽金文》
　　(上),第514页。"□"代表原文中此字残缺,以下引文同此。
③(辽)王企中:《崇圣院故华严法师刺血办义经碑铭并序》,阎凤梧主编:《全
　　辽金文》(上),第585页。
④(辽)王鉴:《三河县重修文宣王庙记》,阎凤梧主编:《全辽金文》(上),第
　　611页。
⑤(辽)耶律延禧:《降金表》,阎凤梧主编:《全辽金文》(上),第706页。

虽然道宗、天祚帝时期辽朝国势每况愈下，但却是辽朝佛教的鼎盛时期，期间涌现出了众多的高僧和佛学著作，这正是佛教在辽朝境内长期传播、佛教义学成果不断积累的结果。辽朝帝王中最崇信佛教、佛学造诣最高的皇帝为道宗耶律洪基（1055—1101年在位），他推崇佛教的目的之一是以"十善治民，五常训物"①，即通过弘扬佛教来辅助统治。道宗一方面在辽境内广建佛寺，大量度僧，在物质上支持佛教的发展，如大安五年（1089）刘惟极等人为道宗皇帝所建的《安次县祠垡里寺院内起建堂殿并内藏碑记》②称："我国家尊居万乘，道贯百王；恒崇三宝之心，大究二宗之理；处处而敕兴佛事，方方而宣创精蓝，盖圆于来果也。"③ "处处而敕兴佛事，方方而宣创精蓝"正是对道宗朝佛教兴盛、广建寺院盛况的写照。另一方面，道宗本身具有很高的佛学造诣，并重视佛教义学的发展，他尊宠鲜演、法悟、志福、法均等义学高僧，并授予他们司徒、司空、太傅等官爵，下令搜集佛典、刊印《大藏经》，并资助续雕房山石经，可以说佛教在道宗朝得到了全面的发展。天祚帝时期辽朝国势虽然已经衰落，但佛教依然延续了道宗时期的兴盛，如乾统十年（1110）释行鲜撰《涿州云居寺供佛塔灯邑记》文称："自炎汉而下，迄于我朝，城邑繁富之地，山林爽垲之所，鲜不建于塔庙，兴于佛像。欲令居人，率奉常享，实古今之大务也。"④

---

① （辽）赵孝严：《神变加持经义释演密钞序》，阎凤梧主编：《全辽金文》（上），第444页。

② 此碑额题"奉为天祐皇帝特建此碑记"，按："天祐皇帝"为辽道宗尊号。

③ 《安次县祠垡里寺院内起建堂殿并内藏碑记》，阎凤梧主编：《全辽金文》（上），第767页。（此文作者不详，以下所引《全辽金文》等中的无名作者文献，格式同此）

④ （辽）释行鲜：《涿州云居寺供佛塔灯邑记》，阎凤梧主编：《全辽金文》（上），第632页。

　　不过,辽道宗在位期间的佛事活动往往规模巨大,如太康四年(1078)"秋七月甲戌,诸路奏饭僧尼三十六万"[1],这种大规模的崇佛活动耗资巨大,从政治角度来说,确实给辽朝统治带来了一定的消极影响[2],因此受到后世史家的批评,如《辽史》称:"一岁而饭僧三十六万,一日而祝发三千。徒勤小惠,蔑计大本。尚足与论治哉?"[3] 表现出对道宗崇佛的否定。但从另一方面来说,佛教在促进汉文化传播和民族认同、推进契丹民族的文明化、消除民族矛盾等方面则发挥了巨大的作用,而道宗皇帝的崇佛行动也有其积极的意义。对此,下文将做进一步的探讨。

　　辽朝统治者的正统观及崇佛态度都经历了不断深化的发展过程,其中,正统观是儒家政治思想的重要内容,而佛教思想文化则是中原宗教文化的重要组成部分,两者在很大程度上反映出契丹民族和辽政权对中原精神文化的接受,以及契丹民族与汉族之间的思想文化认同。但从辽朝帝王对佛教的崇信和支持来看,佛教文化无疑在辽朝思想文化领域占据了更为重要的位置。

二、"显密圆融":辽朝佛教的兴盛及主要义学流派

　　在探讨辽朝统治者崇佛活动的同时,有必要对辽朝佛教的发展状况做进一步的论述。事实上,辽朝佛教的兴盛不只表现在造像、建寺、饭僧等宗教实践层面上,同时也反映在佛教义学的繁荣

---

① (元)脱脱等:《辽史》卷二十三《道宗纪三》,北京:中华书局1974年,第281页。
② 对于辽朝佛教消极影响的探讨,参见刘浦江:《辽金的佛教政策及其社会影响》,《佛学研究》总第5期,1996年。
③ (元)脱脱等:《辽史》卷二十六《道宗纪六》,北京:中华书局1974年,第314页。

上,辽朝佛教基本继承了隋唐佛教的各种宗派,如华严、密宗、唯识、天台宗等,并涌现出了众多佛教高僧和理论著作[1]。但辽朝佛教各派的发展情况不同,密宗和华严宗是辽朝佛教的主流[2],此外,唯识宗和律宗也较为兴盛。辽朝佛教义学的发达,正是契丹民族和辽政权引进和深入吸收中原大乘佛教文化的重要表现。

（一）辽朝的华严宗和密宗

华严宗和密宗是辽朝最为兴盛、影响力最大的两大佛教宗派,现存的辽朝佛教著作基本都是华严宗和密宗的著作。就华严学即华严宗义学来说,辽朝涌现出思孝、鲜演、志福、法悟、守臻等众多的华严学大师,并有鲜演《华严经玄谈决择记》、法悟《释摩诃衍论赞玄疏》、志福《释摩诃衍论通玄钞》等华严学著作存世。辽朝佛教义学界的特点之一,是特别重视对《释摩诃衍论》(《大乘起信论》的注释书)一书的研究,许多辽朝高僧都撰有此书的疏文,如中京报恩传教寺法悟(号"诠圆通法大师")撰有《释摩诃衍论赞玄疏》五卷、《释摩诃衍论赞玄科》三卷、《释摩诃衍论赞玄大科》一卷;燕京永泰寺守臻(号"崇禄大夫守司徒通慧大师")撰有《释摩诃衍论通赞疏》十卷(已佚)、《释摩诃衍论通赞科》三卷(已佚)[3]、《释摩诃衍论通赞大科》一卷(已佚);闾山慈行志福撰有《释摩诃衍论通玄钞》四卷、《释摩诃衍论通玄科》三卷、《释摩诃衍论通玄大科》一

---

① 参见王巍:《辽代著述研究》,张畅耕主编:《辽金史论集》第六辑,北京:社会科学文献出版社 2001 年,第 169—184 页。

② 参见吕建福:《中国密教史》第五章,北京:中国社会科学出版社 1995 年,第 463—489 页;魏道儒:《辽代佛教的基本情况和特点》,《佛学研究》总第 17 期,2008 年。

③ 应县木塔发现有《释摩诃衍论通赞疏》(卷十)及《释摩诃衍论通赞疏科》(卷下)残卷,为辽道宗咸雍七年燕京弘法寺雕印。

卷；鲜演撰有《释摩诃衍论显王疏》（已佚）等疏文，辽朝佛教界对此论的重视，实际上正与当时华严宗和密宗的兴盛有关。

辽朝密宗在帝王贵族及普通民众中具有巨大的影响力，而在辽朝密宗经典的翻译方面，则以慈贤的译经为主。慈贤（经录中称其为"宋中天竺三藏慈贤"或"摩揭陀国三藏慈贤"）来自中印度摩揭陀国，大约活动于圣宗到道宗时期，据房山石经目录和《至元法宝勘同总录》记载，慈贤共翻译了九部十三卷密教经典：陀罗尼经典五部五卷，即《大摧碎陀罗尼经》一卷、《大佛顶陀罗尼经》一卷、《大随求陀罗尼经》一卷、《大悲心陀罗尼经》一卷、《尊胜佛顶陀罗尼经》一卷；新译瑜伽密典四部八卷，即《妙吉祥平等观门大教王经》五卷、《大教王经略出护摩仪》一卷、《妙吉祥平等观身成佛仪轨》一卷、《如意轮莲华心观门仪》一卷等 [①]。辽朝密宗兴盛的另一表现是密宗义学的发展，辽朝密宗义学可以说是唐代密宗义学的传承与发展，其主要代表人物是觉苑和道㲀。觉苑活动于兴宗和道宗时期，长住于燕京圆福寺，被授予燕京右街检校太保大卿、崇禄大夫、行崇禄卿等职衔。他曾奉辽兴宗旨参加《大藏经》校勘工作，发现并宣扬唐代一行所撰的《大日经义释》，觉苑著有《大日经义释演密钞》十卷、《大日经义释科文》五卷、《大日经义释大科》一卷等疏文解释此书。道㲀是五台山金河寺僧人，主要活动于辽道宗时期，他以弘扬密宗为主，但也精通华严学，现存著作主要是《显密圆通成佛心要集》一书，着重阐发准提信仰。关于辽朝华严宗、密宗高僧，及其思想内容及特点理论，下文将进行详细论述，在此从略。

---

① 参见（元）庆吉祥等集：《大元至元法宝勘同总录》卷六，《乾隆大藏经》第150册，北京：中国书店 2009 年，第 200、201、207、208 页。

　　除了华严宗与密宗,唯识宗、律宗、禅宗、天台宗等唐代佛教宗派也在辽朝得到了传播与发展。由于相关佛学著作的佚失与残缺,使我们难以深入了解这些佛教宗派的思想内涵。所幸现存的辽代碑文、经幢记等石刻文献中保留着部分信息,有助于我们窥探这些宗派的概况。

（二）辽朝的唯识宗与律宗

　　在辽朝的佛教义学宗派中,唯识学的影响力仅次于华严学,当时人将两者并称为"性相二宗"（性宗指华严宗,相宗则指法相宗即唯识宗）。无碍大师诠明（又名诠晓,为避辽穆宗耶律明名讳而改）则是辽朝唯识宗的代表人物之一,诠明为辽圣宗时代高僧,曾受命主持校订《大藏经》,对此,希麟撰《续一切经音义序》称:"伏以抄主无碍大师,天生睿智,神授英聪,总讲群经,遍糅章抄,传灯在念,利物为心。"[1]诠明的著作多已散失,只有一些残篇保留下来。据高丽义天《新编诸宗教藏总录》（以下简称《义天录》）记载,诠明的唯识学著作主要有《成唯识论详镜幽微新钞》十七卷、《成唯识论应新钞科文》四卷、《成唯识论应新钞大科》一卷、《百法论金台义府》十五卷、《百法论科》二卷、《百法论大科》一卷等著作[2];其中,山西应县佛宫寺释迦塔中发现的辽朝佛教文献中,有诠明所著《成唯识论述纪应新抄科文》残卷（卷三）。诠明对天台宗、净土宗经典也有研习,著有《法华经会古通今钞》十卷、《弥勒上生经疏会古通今新钞》四卷及《续开元释教录》三卷、《金刚般若经宣演会古通今钞》六卷等著作,可见诠明的确是一位"总讲群经,遍糅章

①（辽）希麟集:《续一切经音义》,《大正新修大藏经》第54册,台北:新文丰出版公司1983年修订版（下引同书版本同,不再重复标注）,第934页。

②［高丽］义天录:《新编诸宗教藏总录》,《大正新修大藏经》第55册,第1175页。

抄"的佛学大师。其中,山西赵城(今山西省洪洞县)广胜寺金版
《大藏经》中存有诠明所集的《上生经疏会古通今钞》卷二、卷四及
《上生经疏随新抄科文》等残卷;应县木塔发现有诠明所著《上生
经疏科文》卷一、《法华经会古通今钞》卷二、卷六等残卷,卷首有
"燕京悯忠寺沙门诠明改定"的题名①,而敦煌写经《金刚般若依天
亲菩萨论赞略释三》中则有"燕台悯忠寺沙门诠明科定"的题记,
从中可知燕京名寺悯忠寺曾是诠明的主要住锡地,并且其著作曾
流传到河西一带。

　　此外,在现存的辽朝碑石文献中,也记载有一些研习唯识学的
辽朝僧人:

　　云居寺法明、法式、去息,在北京房山云居寺辽道宗时期的石
经题记中,保存有一些唯识宗僧人的题名,如太康十年(1084)《牛
温仁等造经题记》、大安二年(1086)《齐毂等造经题记》、大安四年
(1088)《张识造经题记》等中,多次出现"奉宣校勘讲《百法论》沙
门法明""奉宣校勘讲《百法》《唯识论》沙门法式""尚座讲《百
法论》沙门去息"等人的题名②,《百法论》(《大乘百法明门论》)及
《唯识论》(《成唯识论》)为唯识宗的主要论典,则法明、法式、去息
等人应为唯识宗僧人,并且是雕造石经的主要校勘人,这证明唯识
学在辽朝具有很大的影响力,而云居寺应当也是燕京地区传习唯
识学的重要寺院。

　　论主大德义景,据天祚帝乾统三年(1103)韩温教撰《金山演
教院千人邑记》记载,涞水县金山演教院曾"专请到燕京悯忠寺论

①　阎文儒等:《山西应县佛宫寺释迦塔发现的〈契丹藏〉和辽代刻经》,《文物》
　　1982年第6期。
②　参见《牛温仁等造经题记》《张识造经题记》《齐毂等造经题记》,阎凤梧主
　　编:《全辽金文》(上),第762、764、766页。

主大德义景在中开演。师时在褐衣,两次是院,启《唯识论》讲。八方学人,云会而至。不数年间,京师内外义学,共举师为在京三学论主"①。可知这位悯忠寺论主大德义景也是一位精通唯识学的义学高僧,而结合"悯忠寺沙门诠明"的题名来看,可知燕京悯忠寺也是辽朝重要的唯识学传播中心。

　　玄枢法师,据乾统十年(1110)李检所撰《宝胜寺前监寺大德遗行记》记载,玄枢俗姓梁氏,安次县(今河北省廊坊市安次区)人,生于兴宗重熙十一年(1042),九岁时师从圣利寺讲《法华经》义隆上人出家;清宁二年(1056)受具足戒,后因"戒、定、慧学杰出人表"而被安次宝胜寺大众推举担任该寺提点和监寺,并与该寺的演妙大师办造千部《大华严经》,于寺内经藏、三圣殿、舍利塔三处绘制表现《华严经》内容的"七处九会"壁画;太康二年(1076)玄枢于寺中大讲《唯识论》和《梵网经》;大安元年(1085)又"召集徒众,发菩提心,诵观音、弥陀、梵行、大悲、心密、多心②等经,历数十年间,各不啻万卷"③;乾统十年(1110)卒,终年六十九岁。由玄枢的生平可知,他是一位以唯识为主,兼通华严、天台、密宗的僧人。

　　据道宗大安三年(1087)《登州福山县洪福寺寿公法师灵塔铭》记载,有僧人法寿,俗姓随氏,早年出家,后至东莱法庆门下学

---

① (辽)韩温教:《金山演教院千人邑记》,阎凤梧主编:《全辽金文》(上),第589页。

② 此处断句标点应为"诵《观音》《弥陀》《梵行》《大悲心》《密多心》等经",原书标点断句误。

③ (辽)李检:《宝胜寺前监寺大德遗行记》,阎凤梧主编:《全辽金文》(上),第630页。

习唯识学，"研昧教乘，唯识因明，深得旨趣"①；清宁六年（1060）《沙门志果为亡师造塔幢记》提到沙门志果之师法莹"讲《唯识论》"②，他们也属于唯识学僧人。

辽朝义学高僧大多皆学各宗义学，而兼学华严学和唯识学则是较为突出的现象，辽朝鲜演、法悟等华严宗大师都对唯识学深有研究，如鲜演就著有《唯识论掇奇提异钞》。此外，道宗时期的澄方法师也同时研习唯识和华严经论，"博究群言，因明百法、唯识、摩诃衍论，《花严》等经"③；道宗、天祚帝时期的崇昱大师早年先研习唯识论，"年二十四，于本寺启《唯识瑜伽论》"，次年"回相归性"，由唯识学转向华严学，"开讲《华严》大经"及华严宗经论④。

辽朝律学较盛，也出现了许多弘传律学的高僧⑤，可考者主要有以下几位：

传戒大师法均，法均是辽朝最为著名的律学大师，据道宗大安七年（1091）王鼎撰《法均大师遗行碑铭并序》载，法均早年师从燕京紫金寺非辱律师。他一方面研习律学和禅学，"虽行在毗尼，而志尚达摩"，"善传佛戒，惊破聋瞽"，"岭南江西，牛头虎溪。一隐高行，名与之齐"⑥；另一方面对义学也深有研究，"以致名数相应、税

---

①（辽）释休尘道人：《登州福山县洪福寺寿公法师灵塔铭》，阎凤梧主编：《全辽金文》（上），第502页。
②《沙门志果为亡师造塔幢记》，阎凤梧主编：《全辽金文》（上），第747页。
③（辽）释即祁：《上方感化寺故监寺遗行铭并序》，阎凤梧主编：《全辽金文》（上），第518页。
④《崇昱大师坟塔记》，阎凤梧主编：《全辽金文》（上），第807页。
⑤参见温金玉《辽金律宗发展大势》（《世界宗教文化》2008年第4期）及《辽金佛教政策与律学发展》（《佛学研究》总第17期，2008年）等文。
⑥（辽）王鼎：《法均大师遗行碑铭并序》，阎凤梧主编：《全辽金文》（上），第509页。

金、吼石等论,宗旨明白,义类条贯",后任三学寺论主。咸雍五年
(1069)带领弟子整修燕京慧聚寺,并新建戒坛(即今北京戒台寺戒
坛);咸雍六年(1070)开坛演戒,同年十二月道宗皇帝召见法均,
并授予其崇禄大夫、守司空、传戒大师、传菩萨戒主等职衔和德号。
此后,法均在云中、柳城等地传戒饭僧,"前后受忏称弟子者五百余
万,所饭僧尼称于是"①,太康元年(1075)卒,弟子有裕窥等人。道
宗咸雍八年(1072)段温恭撰《特建葬舍利幢记》赞颂法均称:"燕
京西紫金寺前三学寺论主、崇禄大夫、守司空、传戒大师讳法钧(引
者注:即法均),钟普贤之灵,孕凡夫之体。早识归依之路,幼达苦
乐之宜。以智为刃,烦恼潜摧;以惠为灯,暗迷洞照。其行高,千尺
碧松森岳顶;其戒洁,一轮明月印天心。"②对法均的修行持戒给予
了很高的评价。

　　澄渊,辽兴宗时期的燕京律学高僧,被封为"国师圆融大师",
职衔为"燕台奉福寺特进守太师兼侍中国师圆融大师赐紫沙门"
(《奉福寺尊胜陀罗尼石幢记》),因此又被称为"太师大师"③,可知
他在辽朝佛教界具有很高的地位。澄渊撰有《四分律删繁补阙行
事钞详集记》十四卷、《四分律钞评集记科》三卷等律学著作。

　　非浊,澄渊弟子,兴宗及道宗朝著名律学大师。据辽道宗清宁
九年(1063)释真延撰《非浊禅师实行幢记》记载,非浊俗姓张氏,
范阳(今北京市)人,活动于兴宗、道宗两朝。兴宗重熙年间"礼故
守太师兼侍中圆融国师为师",兴宗皇帝还授予其紫衣及"上京管

①(辽)王鼎:《法均大师遗行碑铭并序》,阎凤梧主编:《全辽金文》(上),第
　　508页。
②(辽)段温恭:《特建葬舍利幢记》,阎凤梧主编:《全辽金文》(上),第
　　412页。
③(辽)□奎:《鲜演大师墓碑》,阎凤梧主编:《全辽金文》(上),第666页。

内都僧录""燕京管内左街僧录"等官职;道宗皇帝即位后,授予非浊"崇禄大夫""检校太保""检校太傅""太尉"等职衔。其著作有《首楞严经玄赞科》三卷、《三宝感应要略录》三卷、《随愿往生集》二十卷等。

仪范大师非觉,为辽朝著名律宗高僧,据太康九年(1083)《非觉大师塔记》等文献记载,非觉俗姓刘氏,师从于归义寺义从上人,特别重视对《四分律》及律学的研习("励力四分一宗,罔辞寒暑")。咸雍年间受到道宗皇帝的召见,并受赐紫方袍及"仪范大师"师号,"至若弘阐律藏,独步幽燕,依禀之徒,遍□海内"①,后圆寂于燕京大昊天寺,终年七十二岁。

严惠大德等伟,俗姓李氏,律学高僧非觉弟子,道宗授予紫方袍及"严惠"师号,后任燕京三学殿主。他于寿昌三年(1097)以"律主"身份在惠济寺讲律,"宣毗尼诸部于惠济寺,京师义学辈亦以律主许之"②,也是当时著名的律学僧人。

此外,在律学方面有成就的高僧还有以下几位:志延,撰有《四分律尼戒略示科》一卷;守道、志远,曾于道宗时在内廷设置戒坛。而华严宗高僧思孝也撰有《近住五戒仪》《近住八戒仪》《自誓受戒仪》各一卷、《发菩提心戒本》三卷、《大乘忏悔仪》四卷(以上诸书皆佚)等律学著作。此外,天庆二年(1112)《释迦定光二佛舍利塔记》文中的"觉华岛海云寺业律沙门志全"③,乾统六年(1106)《沙门即空造陀罗尼经幢记》文中提到的"大昊天寺讲四分律沙门

①《非觉大师塔记》,阎凤梧主编:《全辽金文》(上),第761页。
②(辽)南抃:《普济寺严惠大德塔记铭》,阎凤梧主编:《全辽金文》(上),第603页。
③(辽)释慧材:《释迦定光二佛舍利塔记》,阎凤梧主编:《全辽金文》(上),第643页。

即空"①等人应当也属于律学僧人。

总体上来看,辽朝唯识宗和律宗较完整地继承了唐代唯识学和南山律宗的规模,唐代唯识宗和律宗的主要著作、思想体系和仪轨得到了传承。其中,《成唯识论》《百法明门论》是辽朝唯识学僧人研习的主要经典;而律学方面则以《四分律》的传习为主。

(三)辽朝禅宗的传播

自中唐时代开始,以慧能南宗禅为代表的禅宗得到了迅速发展,而在晚唐五代时期的中原地区,华严宗、天台宗、唯识宗等义学宗派衰落的同时,禅宗逐渐发展成为中国佛教思想界的主流,这在北宋佛教界有着突出的表现。而从现有资料看,与北宋佛教界不同的是,禅宗并未在辽朝佛教界取得主体地位。但禅宗作为唐宋时代最具影响力的佛教宗派,仍然在辽朝境内得到了一定的传播与发展②,这在现存的辽代金石碑刻文献中有所反映,可考的禅宗高僧主要有以下几位:

智辛禅师,据辽穆宗应历二年(952)张明所撰《感化寺智辛禅师塔记》(《盘山辛禅师塔记》)记载,智辛禅师为慧能南宗禅法的传人,"禅师洎传六祖之衣,将付一真之理",早年随盘山(今天津市蓟州区盘山)感化寺彻禅师出家,并曾至江南及两湖地区参禅学法("访真侣于江南,礼名山于湖外"),又于山东青州传禅法("曾届青州,为四众以开禅")③,后返回幽州(今北京市),于天禄五年(951)圆寂,葬于幽州城北,有弟子崇德、崇信等九人。从智辛禅师的生平经历来看,他接受的主要是五代后期中原及江南地区的禅宗,这

①(辽)释悟理:《沙门即空造陀罗尼经幢记》,阎凤梧主编:《全辽金文》(上),第598页。

②参见黄春和:《辽燕京禅宗传播史迹考述》,《佛学研究》总第8期,1999年。

③(辽)张明:《感化寺智辛禅师塔记》,阎凤梧主编:《全辽金文》(上),第35页。

也说明辽初禅宗主要是晚唐五代禅宗的余续。

圆空国师（生卒年不详），据开泰二年（1013）辽圣宗《赐圆空国师诏》记载，圆空国师受到圣宗皇帝的礼遇，并被称为"大禅师"，文称："今睹大禅师识超券内，心出环中，撒甘露于敬田，融葆光于实际，总持至理，开悟众迷，朕何不师之乎！"①

辽朝前期的禅宗在整体上比较沉寂，这一情况至辽朝晚期的道宗、天祚帝时期才有所改变。受到北宋禅宗的影响，辽朝出现了通理恒策、通圆法颐、寂照大师等禅宗高僧，据天庆五年（1115）《大安山莲花峪延福寺观音堂记碑》记载："洎至康安二号，南宗时运，果有奇人来昌大旨。遂以寂照大师、通圆、通理此三上人捷生间出。……唯三上人乃曹溪的嗣，法眼玄孙，为此方宗派之原，传心之首者矣。"② 可知三人为南宗禅法眼宗的传人。

由于相关资料的缺乏，寂照大师的生平较难考证；所幸《大安山莲花峪延福寺观音堂记碑》对通圆、通理二人的事迹 ③ 有所记载。

通圆大师法颐，为辽道宗、天祚帝时高僧，俗姓郑氏，早年以"《花严》为业"，后在燕京紫金寺开坛，为信徒受忏灭罪，道宗皇帝"美其道风，愿一瞻礼……特赐紫袍、通圆之号"；后来"因倦学律，寻访山水"，与通理大师恒策一起隐居燕京西大安山习禅，天祚帝时被宣请为"内殿忏悔主"，并加赐"特进守太师，辅国通圆大师"

①（辽）耶律隆绪：《赐圆空国师诏》，阎凤梧主编：《全辽金文》（上），第204页。
②《大安山莲花峪延福寺观音堂记碑》，向南、张国庆、李宇峰辑注：《辽代石刻文续编》，沈阳：辽宁人民出版社2010年，第286页。
③ 参见包世轩《辽〈大安山莲花峪延福寺观音堂记〉疏证》（《北京文博》1997年第3期）及黄春和《〈大安山莲花峪延福寺观音堂记〉通理实行考补》（《北京文博》1998年第3期）等文。

的称号,乾统四年(1104)逝世,弟子遍布五京。从法颐的生平来看,他是一位华严宗和禅宗并弘的高僧。

通理大师恒策,俗姓王氏,七岁从宝峰寺崇谨出家,早年研习《百法论》(即《大乘百法明门论》,唯识宗的主要论典之一),"百法为业,十六启讲,后习性相,靡不圆通"①,后来师从永泰寺守臻(华严学大师,曾注疏《释摩诃衍论》),道宗皇帝及宗天皇太后(道宗母)"赐紫袍,号通理焉",可知他早年是以唯识和华严学闻名的义学高僧。后来通理恒策到大安山莲花峪与寂照大师、通圆法颐等人一起习禅,德业大进,道宗皇帝宣请为内殿忏悔主、赐封检校司空,寿昌四年(1098)圆寂。俄藏黑水城西夏文献中发现有恒策所著《究竟一乘圆通心要》《无上圆宗性海解脱三制律》《立志铭心戒》等著作②,反映出恒策在辽夏佛教界都具有较大的影响力。通理恒策的重要事迹之一是续造云居寺石经,据天庆八年(1118)释志才撰《涿州涿鹿山云居寺续秘藏石经塔记》记载,通理恒策曾于道宗大安九年至十年间在今北京市房山云居寺主持雕造石刻《大藏经》,文称:

> 师因游兹山,寓宿其寺,慨石经未圆,有续造之念。兴无缘慈,为不请友。至大安九年正月一日,遂于兹寺开放戒坛。仕庶道俗,入山受戒。……所获施钱,乃万余镪。付门人、见右街僧录、通慧圆照大师善定,校勘刻石。石类印板,背面俱用,镌经两纸。至大安十年,钱已费尽,功且权止。碑

①《大安山莲花峪延福寺观音堂记碑》,向南、张国庆、李宇峰辑注:《辽代石刻文续编》,沈阳:辽宁人民出版社2010年,第287页。

② 参见冯国栋、李辉:《〈俄藏黑水城文献〉中通理大师著作考》,《文献》2011年第3期。

四千八百片,经四十四帙。①

从中可知,通理大师恒策通过开戒坛筹集造经费用,并嘱托其弟子善定具体负责石经的雕造。结合该文末尾的石经目录,可知在一年多时间里,善定主持雕造佛经共六十二部,四十四帙,石碑四千八百片。这些石经的主要部分是佛教各宗论典,如作为般若学和三论宗主要论典的《百论》《中论》《十二门论》等,唯识宗的《成唯识论》《瑜伽师地论》,以及《大智度论》《大乘阿毗达摩集论》《摩诃衍论》等重要的论典②。此外,据《崇昱大师坟塔记》记载,通理恒策曾住锡王家岛,并且向崇昱传授禅法,文称:(崇昱)"遐访孤征,首抵王家岛。先有通理策师住止于此,师受以达摩传心之要"③,此后,崇昱还追随通理恒策一起到云居寺续造石经。

　　结合以上的记载可知,辽朝初年的禅宗主要是唐代禅宗的余续,此后逐渐沉寂。到辽朝晚期,禅宗虽然得到一定程度的复兴,但没有出现严格意义上的以南宗禅为业的禅僧,而只是作为修行实践而被部分兼学各宗的辽朝高僧所弘扬。可以说,辽朝禅宗在很大程度上是以"禅教结合"的形式,与华严、唯识等义学宗派有机结合而存在的。

（四）辽朝的天台宗与净土宗

　　天台宗在辽朝也具有一定的影响力,据辽穆宗应历十年（960）王鸣凤撰《大都崇圣院碑记》记载:"时有范阳僧人惠诚,俗姓张,

---

① （辽）释志才:《涿州涿鹿山云居寺续秘藏石经塔记》,阎凤梧主编:《全辽金文》（上）,第659页。
② （辽）释志才:《涿州涿鹿山云居寺续秘藏石经塔记》,阎凤梧主编:《全辽金文》（上）,第659页。
③ 《崇昱大师坟塔记》,阎凤梧主编:《全辽金文》（上）,第807页。

母孙氏,丱岁礼惠华寺玉藏主为师,授以天台止观。"[1] 这里提到的"天台止观"即天台宗教法的主要内容之一,可知惠诚及其师玉藏主都属于辽朝初年的天台宗僧人。此外,辽朝还存在着许多以讲习《法华经》为业的僧人,如辽兴宗重熙十三年(1044)《罗汉院八大灵塔记》中提到"沙门首座诵《法华经》绍凝,行超俗表,道冠权门"[2],寿昌六年(1100)《玄福墓碑铭》文记载有"顺孝寺前木叶山兴王论主圆慧大师赐紫沙门玄福""常弘《妙法莲花上生经》"[3],辽道宗清宁二年(1056)刘师民撰《涿州超化寺诵法华经沙门法慈修建实录》提到的"诵《法华经》沙门"法慈[4],道宗寿昌二年(1096)《蓟州玉田县东上生院无垢净光佛舍利塔铭并序》中的"诵《法华经》沙门省孝"[5],太康十年(1084)《牛温仁等造经题记》中提到的涿州云居寺"奉宣提点诵《法华经》沙门法选"[6],以及应县木塔辽藏《称赞大乘功德经》题记中的"燕台圣寿寺慈氏殿主讲《法华经》传菩萨戒忏悔沙门道撰"等人,都以研习《法华经》为主业,《法华经》为天台宗的根本经典(天台宗因此也称"法华宗"),天台宗的《法华玄义》等著作也是注疏《法华经》的主要论典,由此推测,这些人应当都属于研习天台义学的僧人。

---

① (辽)王鸣凤:《大都崇圣院碑记》,阎凤梧主编:《全辽金文》(上),第50页。
② (辽)张轮翼:《罗汉院八大灵塔记》,阎凤梧主编:《全辽金文》(上),第187页。
③ 《玄福墓碑铭》,刘凤翥、唐彩兰、青格勒编著:《辽上京地区出土的辽代碑刻汇辑》,北京:社会科学文献出版社2009年,第135页。
④ (辽)刘师民:《涿州超化寺诵法华经沙门法慈修建实录》,阎凤梧主编:《全辽金文》(上),第351页。
⑤ (辽)袁孝卿:《蓟州玉田县东上生院无垢净光佛舍利塔铭并序》,阎凤梧主编:《全辽金文》(上),第535页。
⑥ 《牛温仁等造经题记》,阎凤梧主编:《全辽金文》(上),第762页。

从现有资料来看,辽朝净土宗主要表现为对净土经典(如"弥陀三部""弥勒三部")的义理注疏,以及僧人和民众的往生净土信仰。辽朝佛教界本来就具有兼学各宗义学和思想的风气,净土信仰更受到各派僧人的普遍重视,这可以纯慧大师非浊为例,非浊除了律学著作之外,还著有反映净土信仰的《随愿往生集》二十卷(已佚)及《三宝感应要略录》等书。此外,以唯识学大师著称的诠明撰有《弥勒上生经疏会古通今新钞》四卷、《上生经疏随新抄科文》一卷(存残卷)等净土思想著作;而海山大师思孝也著有《观无量寿经直释》一卷等著作。

综观辽朝各宗派的发展传播情况,我们可以得到这样的基本认识:首先,兴宗、道宗和天祚帝三朝是辽朝佛教的全盛时期,辽朝的佛学大师多活动于这一时期,重要的佛教理论著作也产生于这三朝,这正与兴宗、道宗、天祚帝等辽朝统治者的崇佛政策有着密切的关系。其次,辽朝佛教基本继承了唐朝佛教的传统,各主要佛教宗派在辽朝都得到了传播与发展,尤其是以华严宗和唯识宗为代表的义学宗派。而从辽朝涌现出的众多佛教高僧及佛学著作来看,辽朝佛教文化取得了重要的成果,并在很大程度上代表了辽朝思想文化的面貌。

三、辽朝的文化选择及其时代课题

从辽朝历代统治者的崇佛活动、正统观及辽朝佛教义学的兴盛中,我们可以得到以下几点认识:

第一,从辽朝统治者的正统观及辽朝的政治体制来看,辽政权试图在契丹文化与汉文化之间谋求综合与统一。

辽朝正统意识的确立与其巩固政权的需要密切相关,但相比于北宋和后来的金朝,辽朝统治者的正统观念并不强烈。以同属于少数民族政权的金朝为例,其统治者曾深入讨论过与正统观密切相关的德运问题[①],即金政权究竟应坚持传统的"金德"说,还是承宋火德的"土德"说,或承辽水德的"木德"说,反映出女真政权对汉文化的全面接受[②]。而在现存的史料中,虽然不乏辽朝标榜自身正统的史料,但却看不到辽朝对于德运问题的争论。这反映出辽朝统治者并不打算完全以中国帝制王朝自居,而更愿意保持北方民族王朝的地位,即坚持草原文化的立场。辽金"中国观"的差异也可以反映出这一倾向,就现有的资料来看,辽朝在自称"中国"的同时并没有否认北宋的"中国"地位,而是以"南北朝"的方式保持双方的平等[③];而金朝占领中原后,则自视为唯一的中国正统政权,并将南宋视为藩属。这种既称"中国正统"而又不排斥北宋"中国"地位的思想,实质上正说明辽朝统治者及契丹民族试图在契丹文化与汉文化之间谋求综合和统一。此外,辽政权在政治体制上并没有完全采用中原官制,而是结合本民族的原有制度"因俗而治",如"南北面官制""捺钵制""宫卫制"等政治制度,从而"始终带有北方游牧民族的某些特殊性"[④]。这也反映出辽朝统治者

① 对于金朝"德运之争"的研究,参见[美]陈学霖《金国号之起源及其释义》(陈述主编:《辽金史论集》第三辑,北京:书目文献出版社1987年,第279—309页)及刘浦江《德运之争与辽金王朝的正统问题》(《中国社会科学》2004年第2期)等文。

② 对此,刘浦江指出:"金德、土德之争,其实质是保守女真传统文化还是全盘接受汉文化的分歧。摒弃木德说,更是标志着金朝统治者文化立场的转变:从北方民族王朝的立场彻底转向中国帝制王朝的立场。"刘浦江:《德运之争与辽金王朝的正统问题》,《中国社会科学》2004年第2期,第196页。

③ 参见赵永春《试论辽人的"中国观"》(《文史哲》2010年第3期)及其《"中国多元一体"与辽金史研究》〔《中央民族大学学报》(哲学社会科学版)2011年第3期〕等文。

④ 李锡厚:《论辽朝的政治体制》,《历史研究》1988年第3期。

和契丹民族在吸收引进汉文化的同时,试图对原有民族文化进行保留与传承,同时建设一种有别于中原王朝的"契汉结合"的文化体系。

第二,在精神文化领域,辽朝统治者更为重视佛教思想文化,反映出与中原王朝不同的文化选择。

由上文的论述可知,辽朝统治者的正统观及其对待佛教的态度都经历了不断深化的发展过程。其中,正统观属于儒家政治思想的重要内容,而佛教及其思想文化也是中原汉文化的重要组成部分。可以说,佛教与儒学在辽朝的传播发展都是辽政权及契丹民族学习先进中原汉文化的重要表现,但佛教在辽朝社会具有更大的影响力,并成为包括帝王贵族和普通民众在内的辽朝民众的普遍信仰。与之相比,儒学在辽朝的影响则主要限于政治文化领域,契丹民族对儒家思想文化的吸收也不够深入。自圣宗以后,辽朝帝王开科举,读儒家经典,促进了儒学在辽朝的传播,而辽朝统治者的正统观及中国观的发展也与此有关。其中,辽道宗采取了一系列鼓励儒学的措施,如"诏设学养士,颁《五经》传疏,置博士、助教各一员"[1],"诏求乾文阁所阙经籍,命儒臣校雠"[2],"诏有司颁行《史记》《汉书》"[3]等,因此有学者认为道宗时期是儒学大盛的时期,儒家的政治思想在当时辽朝的统治思想中已占据主要地

---

[1]（元）脱脱等:《辽史》卷二十一《道宗纪一》,北京:中华书局1974年,第253页。

[2]（元）脱脱等:《辽史》卷二十二《道宗纪二》,北京:中华书局1974年,第264页。

[3]（元）脱脱等:《辽史》卷二十三《道宗纪三》,北京:中华书局1974年,第276页。

位①。但需要补充和进一步说明的是,虽然儒家政治思想占据了重要地位,但儒学在辽朝的发展主要表现为训诂章句的"汉唐经注之学",并局限于上层的士大夫阶层中;与此同时,辽朝思想界未出现有代表性的儒学思想家及著作,而代表儒学发展新成就的北宋理学也基本未对辽朝社会产生影响。但从传播范围及社会影响的角度来看,佛教无疑更受辽朝统治者和契丹民族的青睐。这种现象反映出,在精神文化领域,辽朝统治者和契丹民族选择中原大乘佛教文化作为主体,而与北宋政权以儒学为核心的思想文化体系不尽相同。

第三,辽朝对佛教文化的选择在本质上是其社会现实及时代课题的反映。

契丹民族与辽政权选择中原大乘佛教文化而非儒学思想文化作为其精神文化的主体,在很大程度上是由契丹民族本身的社会发展水平所决定的。辽朝建立之前,契丹民族经济生活的主体是游牧经济,没有城市和定居生活;在精神文化上,契丹民族的主要宗教信仰是原始的萨满信仰,文化发展水平较低,例如,契丹建国后依然保留有"祭山仪"(祭祀天地)、"瑟瑟仪"(祈雨仪式)、"拜日仪"(礼拜太阳)、"岁除仪"(拜火神)等仪式,属于原有萨满信仰的遗存。中原大乘佛教文化中虽然包含着具有深刻理论思辨的哲学思想,但也存在着大量神灵崇拜、法术仪式、净土天国与地狱世界等思想。与儒学思想相比,佛教文化更接近契丹民族原有的萨满信仰及文化传统。儒家文化中虽然也包含有祭祀祖先和天地、宣扬天命等内容,但儒学思想在整体上更具理性色彩,属于哲

---

① 参见郭康松:《辽朝夷夏观的演变》,《中国史研究》2001年第2期。

学而非宗教思想①；儒家文化对于家族血缘和忠君孝亲等道德伦理的强调,也是与农耕经济、定居生活和集权制国家相适应的。因此,对于处于游牧经济向农耕经济过渡阶段并保留着原始萨满信仰的契丹民族来说,佛教思想文化无疑更适合于该民族在精神文化方面的需要。

　　实际上,辽朝统治者将佛教文化作为精神文化的主体,与其政治文化上"因俗而治"的目的是一致的,即在国家体制和行政管理方面学习儒家的政治文化,而在精神文化方面学习中原大乘佛教文化,并与原有的部落制和萨满信仰遗存相适应。可以说,两者都是辽朝社会时代课题的反映:即如何学习和引进先进文化以促进本民族和政权的发展,同时在兼容并包的基础上建设具有个性的民族文化体系,并为巩固政权服务。佛教思想文化的引入正与这一时代课题的解答有关,具体来说,辽朝佛教思想的主要内容和特点如何,佛教思想与辽朝社会之间具有怎样的互动关系,佛教思想最终为辽朝社会的时代课题做出了怎样的解答,对此下文将做进一步的论述。

----

① 对此,任继愈提出了"儒学是宗教"的观点,他在佛道儒三教及中外宗教详细对比研究的基础上,认为南宋朱熹时最终完善的儒教,在崇拜对象、彼岸世界、教主、圣经、宗教态度等方面具备宗教的基本特征;在维护统治方面发挥着"政教合一"的"国教"作用;在宗教本质方面同样探讨内在超越性的神人交涉即"天人关系",而且儒教是一种"无神论"的宗教,"是人伦日用中的神学"〔参见任继愈《论儒教的形成》(《中国社会科学》1980年第1期)、《朱熹与宗教》(《中国社会科学》1982年第5期)、《儒教的再评价》(《社会科学战线》1982年第2期)等文〕。但本书认为,就儒学思想和儒家文化的主要内容来说,虽然其中包含有某些宗教的成分,并在为皇权服务等方面发挥了宗教的作用,但它在整体上属于哲学思想而非宗教。

第二节 辽朝华严学的内容与思想特点

辽朝佛教思想文化具有丰富的内涵,华严宗与密宗作为辽朝最具影响力的佛教宗派,华严思想理论可以视为辽朝佛教思想的代表,而现存的辽朝佛教著作也主要是华严宗和密宗的著作。而在考察辽朝华严学思想之前,需要指出的是,严格意义上的华严宗既是华严学者用以表明其理论流派的标志,又是现实存在的宗派组织;而就辽朝佛教界的情况来看,华严宗不具有如禅宗等宗派的系统和严密宗派组织,而更多以学派即华严学的面貌出现,表现为华严学思想理论的传承。因此,本节将通过对辽朝华严宗与密宗著作的分析,探讨辽朝华严学的代表人物、思想内涵及理论特点,这也有助于我们深入了解辽朝佛教思想的内容,以及佛教思想与辽朝社会之间的关系。

一、辽朝的华严学匠及主要著作

需要指出的是,相比于北宋佛教研究史料,与辽朝佛教和华严宗僧人相关的史料是相当缺乏的,并无专门的辽朝僧传或寺志存世,如明代释如惺的《大明高僧传》及明河的《补续高僧传》等涉及宋元佛教的僧史中都罕见辽僧的传记[1]。因此,本书在此将主要以现存的辽代佛教著作序文,及当时的碑铭、题记等碑石文献为讨论依据;试图通过这些有限的资料[2],勾勒出辽朝华严学匠的大致生

---

[1] 现存僧传中的辽僧传记,仅在《补续高僧传》卷十七中有辽传戒大师法均及其弟子裕窥的传记。此外,民国喻谦所辑的《新续高僧传》中则有辽僧法悟的传记。

[2] 需要指出的是,这些石刻资料或记载简略或残缺不全,这对我们了解辽朝华严学匠及其理论思想的具体情况造成了相当大的困难。

平及主要活动。

从现存的史料来看，辽朝前期（主要是太祖、太宗、世宗、穆宗、景宗五朝）几乎不见与华严学匠有关的记载。以当时佛教发展的情况来看，包括华严学在内的佛教义学可能并不兴盛，因此这一时期辽朝华严学匠的具体情况较难考察。圣、兴、道宗和天祚帝四朝的一百多年时间则是辽朝华严宗发展的鼎盛时期，其间涌现出众多的华严学高僧，尤以道宗朝为盛，现存与辽朝华严学匠有关的文献资料也多为这一时期的作品。目前所知的重要辽朝华严学匠主要有以下几位：

（一）海山大师思孝及其著作

海山大师思孝是辽兴宗时期重要的佛教思想家和华严学匠，被日本学者野上俊静称为"辽代第一流高僧"[1]。但现存的诸类僧传中都没有他的传记，只在金朝王寂所著的《辽东行部志》[2]中记述有他的大致生平经历，但遗憾的是没有其生卒年和师承关系的记录。王寂在金明昌元年（1190）二月十九日得到《海山文集》后追述了著书者海山大师思孝的经历，文称："是日得《海山文集》，乃辽司空大师居觉华岛海云寺时所制也。故目其集曰'海山'。"[3]此时距思孝所在的辽兴宗时代（1031—1055）已经有一百多年的时间，但思孝的文集和事迹仍然流传，由此可知他在辽朝佛教中的

---

① ［日］野上俊静著，金申译：《辽代高僧思孝——房山石经介绍之一》，金申：《佛教美术丛考续编》，北京：华龄出版社 2010 年，第 279 页。

② 按：金章宗初年设置提刑司，派官员定期按察诸路，并"兼劝农采访事，屯田，镇防诸军皆属焉"。王寂在金章宗时曾任大理评事，职掌刑狱。此书即为王寂于金章宗明昌元年（1190）"以使事出按部封"的行程记录。参见贾敬颜：《五代宋金元人边疆行记十三种疏证稿》，北京：中华书局 2004 年，第 255 页。

③ （金）王寂：《辽东行部志》，贾敬颜：《五代宋金元人边疆行记十三种疏证稿》，北京：中华书局 2004 年，第 264 页。

重要地位和巨大影响力。此文记载其大致生平为：

> 师姓郎名思孝，早年举进士及第，更历郡县。一日厌弃尘俗，祝发披缁，已而行业超绝，名动天下。当辽兴宗时，尊崇佛教，自国主以下，亲王贵主皆师事之，尝赐大师号，曰崇禄大夫、守司空、辅国大师。凡上章名而不臣。兴宗每万机之暇，与师对榻……师自重熙十七年离去海岛，住持缙云山，兴宗时，特遣阁门张世英赍御书并赐香与磨丝等物。①

根据此文的记载，思孝在当时的称号是"崇禄大夫守司空辅国大师"，这是辽兴宗皇帝的赐号，道宗时沙门广善所撰的《妙行大师碑铭并序》则称其为"海岛守司空辅国大师"②，金代王寂仍称其为"辽司空大师"，则后世所称的"海山大师思孝"，应当是受《海山文集》影响而后来出现的。

由此文的记载可知，思孝年轻时以儒学为业，并且参加科举"进士及第"，此后在相当长的时间里担任地方郡县的官员；从"早年举进士第，更历郡县""一日厌弃尘俗，祝发披缁"等文字推测，他大约是中年时才出家为僧；从"行业超绝，名动天下"可知，思孝对佛教义学及实践修持具有颇高的颖悟。当时正值辽统治者崇奉佛教的时代，所以有许多皇族宗室都成为思孝的弟子。

思孝传法的地点，现在可考的主要有三地：觉华岛海云寺、缙云山、上京。觉华岛海云寺为思孝最主要的驻锡地之一，思孝常住于海云寺，并自称为该寺僧人。思孝在其所撰《大藏教诸佛菩萨名号

---

① （金）王寂：《辽东行部志》，贾敬颜：《五代宋金元人边疆行记十三种疏证稿》，北京：中华书局 2004 年，第 264—267 页。

② （辽）释广善：《妙行大师碑铭并序》，阎凤梧主编：《全辽金文》（上），第 619 页。

集序文》中署名为："觉花岛海运（云）寺崇禄大夫守司空辅国大师
赐紫沙门思孝奉诏撰"①，在其所集的《毗奈耶藏近事优婆塞五戒本》
中也署名为"觉花岛海云寺崇禄大夫、守司空、辅国大师，赐紫沙门
孝思集"②（"孝思"为"思孝"之误），而他的称号"海山大师"及"海
岛大师"也得名于觉华岛及海云、龙宫寺，如王寂在《辽东行部志》
中便称："是日得《海山文集》，乃辽司空大师居觉华岛海云寺时所制
也。故目其集曰'海山'。"③而王寂文中也特别提到"重熙十七年离
去海岛"，可知觉华岛海云寺为思孝最主要的传教地之一。

　　海云寺位于兴城县觉华岛（今辽宁省兴城市觉华岛），为辽中
京地区重要的佛教寺院。据许亢宗《宣和乙巳奉使金国行程录》
记载："第十八程自来州八十里至海云寺。离来州三十里即行海东
岸，……寺去海半里许。寺后有温泉二池。望海东有一大岛，楼
殿宰堵波在，上有龙宫寺，见安僧十数人。"④海云寺在岸边，而与之
相邻的还有龙宫寺，坐落于岛上。此外，1956年于辽宁兴城县白塔
峪乡塔沟村出土了大安八年（1092）的《觉华岛海云寺空通山悟寂
院塔记》，可知海云寺在兴城地区还有其他下院，该碑铭记载了海
云寺僧人于空通山悟寂院佛塔地宫中奉安舍利的经过，称"镌诸杂

---

① 此书为思孝奉兴宗诏为《一切佛菩萨名集》所作的序文，刊刻于房山石经中。
　　参见［日］野上俊静著，金申译：《辽代高僧思孝——房山石经介绍之一》，金
　　申：《佛教美术丛考续编》，北京：华龄出版社2010年，第278—282页。
② 此书为1974年山西应县木塔发现的辽代写经，参见阎文儒等：《山西应县
　　佛宫寺释迦塔发现的〈契丹藏〉和辽代刻经》，《文物》1982年第6期。
③（金）王寂：《辽东行部志》，贾敬颜：《五代宋金元人边疆行记十三种疏证
　　稿》，北京：中华书局2004年，第264页。
④ 贾敬颜：《五代宋金元人边疆行记十三种疏证稿》，北京：中华书局2004
　　年，第265页。

陀罗尼造塔功德经九圣八明王八塔各名"①,明显属于密宗的仪轨;
又天庆二年(1112)释慧材所撰《释迦定光二佛舍利塔记》末载办
塔主僧为"觉华岛海云寺业律沙门志全"②,由此可知海云寺同时
存在密宗和律宗僧人,而非单纯的华严寺院,这一现象也符合辽朝
佛教诸宗融合的实际情况。

　　缙云山,据王寂《辽东行部志》记载,海山大师思孝"自重熙
十七年离去海岛,住持缙云山"③,缙云山又称缙阳山,位于儒州(今
北京市延庆区,辽时属西京道管辖),山中有缙阳寺。据寿昌元年
(1095)《添修缙阳寺功德碑记》记载,该寺古为禅院,创建于唐僖
宗光启二年(886),辽圣宗曾驻跸此寺,辽兴宗、道宗皇帝都曾巡幸
此寺,兴宗于太平年间赐寺名"缙阳"④,思孝住持的寺院应当就是
这里所说的缙阳寺。

　　虽然现存史料中未见思孝在辽首都上京等地活动的记录,
但从王寂文中"兴宗每万机之暇,与师对榻"一句可知,思孝经常
出入于宫廷,即活动于上京临潢府城内。辽兴宗重熙二十二年
(1053)思孝奉诏撰《大藏教诸佛菩萨名号集》(又称《一切佛菩萨
名集》),此后史料中未见其活动记载。两年后的清宁元年(1055)
辽道宗登基,道宗为辽代最为崇佛的皇帝,对高僧颇为尊宠。思孝
为兴宗国师,"名动天下",若道宗时仍然在世,史书中应当会有加

---

①《觉华岛海云寺空通山悟寂院塔记》,阎凤梧主编:《全辽金文》(上),第
　773页。

②(辽)释慧材:《释迦定光二佛舍利塔记》,阎凤梧主编:《全辽金文》(上),
　第643页。

③(金)王寂:《辽东行部志》,贾敬颜:《五代宋金元人边疆行记十三种疏证
　稿》,北京:中华书局2004年,第267页。

④(辽)郑□:《添修缙阳寺功德碑记》,阎凤梧主编:《全辽金文》(上),第
　533页。

封、召见之类活动的记载；此外，王寂文中记载兴宗皇帝与思孝往来的事迹很多，却无道宗皇帝与思孝往来的记录，由以上种种事迹分析，思孝有可能逝世于兴宗末年，即 1054 年前后。

思孝与兴宗皇帝的密切关系值得注意，其称号为"崇禄大夫守司空辅国大师"，其中"崇禄大夫"和"守司空"是荣誉性的职衔，辽朝的职官制度一部分承袭自中原官制，以太尉、司徒、司空为三公，以太师、太傅、太保为三师。赐高僧以三公、三师等高级职衔是辽朝的惯例（这一做法始自唐朝，如唐朝密宗高僧不空就曾被唐代宗敕赠"司空"）。辽兴宗经常封高僧以官职，如重熙十九年（1050）"春正月庚寅，僧慧鉴加检校太尉"①，史载当时"僧有正拜三公、三师兼政事令者，凡二十人，贵戚望族化之，多舍男女为僧尼"②。就现有资料来看，思孝是现在所知的兴宗时代被授以三公称号的两位高僧之一，由此可知统治者对他的尊宠。

据王寂《辽东行部志》记载，兴宗皇帝"每万机之暇，与师对榻"，还因为思孝不肯为其作诗，"先以诗挑之曰：'为避绮吟不肯吟，既吟何必昧真心，吾师如此过形外，弟子争能识浅深'"，思孝不得已和诗"为愧荒疏不敢吟，不吟恐忤帝王心。本吟出世不吟意，以此来批见过深"。后来在兴宗皇帝生日天庆节时，思孝还进呈《松鹤图》祝寿，并题诗"千载鹤栖万岁松，霜翎一点碧枝中。四时有变无此变，愿与吾皇圣寿同"③。这些事迹一方面反映出兴宗皇帝对佛教高僧的尊宠，另一方面也反映出思孝对皇权的巧妙利用，他深知"不

---

① （元）脱脱：《辽史》卷二十《兴宗纪三》，北京：中华书局 1974 年，第 241 页。
② （宋）叶隆礼撰，贾敬颜、林荣贵点校：《契丹国志》卷八《兴宗文成皇帝》，上海：上海古籍出版社 1985 年，第 82 页。
③ （金）王寂：《辽东行部志》，贾敬颜：《五代宋金元人边疆行记十三种疏证稿》，北京：中华书局 2004 年，第 265 页。

依国主,则法事难立"①的道理,即佛教只有得到皇权的支持才能发展。对思孝和辽兴宗的密切关系,王寂感慨道:"非当时道行有大过人者,安能使时君推慕如此。然亦千载一遇,岂偶然哉!"②

关于思孝的著作,高丽义天所编的《新编诸宗教藏总录》即《义天录》收录有多种,此外还在房山石经、应县木塔中发现其著作的残篇,现整理如下:

(1)《义天录》完成于 1090 年(宋哲宗元祐五年,辽道宗大安六年),是距离思孝时代最近,且收录辽朝华严宗作品最完备的一部佛教著作目录,其中著录的思孝著作有:

> 《大华严经》:《玄谈钞逐难科》一卷,《修慈分疏》两卷,《略钞》一卷,《略钞科》一卷;
>
> 《大涅槃经》:《后分节要》一卷;
>
> 《法华经》:《三玄圆赞》二卷,《圆赞科》一卷;
>
> 《般若理趣分科经》:《科》一卷;
>
> 《大宝积经》:《妙慧童女会疏》三卷,《科》一卷;
>
> 《观无量寿经》:《直释》一卷;
>
> 《报恩奉盆经》:《直释》一卷;
>
> 《八大菩萨曼陀罗经》:《疏》二卷,《科》一卷。③

---

① (梁)释慧皎撰,汤用彤校注:《高僧传·道安传》,北京:中华书局 1992 年,第 178 页。

② (金)王寂:《辽东行部志》,贾敬颜:《五代宋金元人边疆行记十三种疏证稿》,北京:中华书局 2004 年,第 267 页。

③ [高丽]义天录:《新编诸宗教藏总录》,《大正新修大藏经》第 55 册,第 1166—1172 页。

以上据该书卷一记载。

《发菩提心戒本》三卷,《大乘忏悔仪》四卷,《近住五戒仪》一卷,《近住八戒仪》一卷,《自誓受戒仪》一卷,《诸杂礼佛文》三卷,《自恣缘》一卷,《释门应用》三卷,《持课仪》一卷。①

以上据该书卷二记载。

（2）《大元至元法宝勘同总录》卷十录有思孝著作一种：

《一切佛菩萨名集》二十二卷,沙门思孝集。②

（3）金代王寂所著《辽东行部志》载思孝著作一种：《海山集》。

（4）1974年山西应县佛宫寺木塔佛像腹中发现的辽代写经中有思孝著作一种：

《毗奈耶藏近事优婆塞五戒本》（款题"觉花岛海云寺崇禄大夫、守司空、辅国大师,赐紫沙门孝思集","孝思"为思孝的倒误,卷数失载）。③

以上所列著作有二十六种,但绝大多数已经佚失不存,现存作品除应县木塔发现的《毗奈耶藏近事优婆塞五戒本》残卷外,思孝

---

① [高丽]义天录：《新编诸宗教藏总录》,《大正新修大藏经》第55册,第1174页。

② （元）庆吉祥等集：《大元至元法宝勘同总录》卷十,《乾隆大藏经》第150册,北京：中国书店2009年,第285页。

③ 参见国家文物局文物保护科学技术研究所等：《山西应县佛宫寺木塔内发现辽代珍贵文物》,《文物》1982年第6期。

的《发菩提心戒本》三卷和《一切佛菩萨名集》二十二卷曾刊刻入房山石经,现存于北京云居寺[①];此外,在黑水城出土有思孝所作《往生净土偈》残本[②]。

由这些著作的名称可知,思孝的著述涉及当时佛教义学的各个方面,而尤以华严学见长。他作为辽朝的华严学匠是当之无愧的,可惜的是这些华严学著作都已经散佚,使我们无法了解其具体的思想内容。

(二)圆通悟理大师鲜演及其著作

鲜演是活动于道宗和天祚帝时期的重要佛教义学高僧和华严学匠,现存的僧传中没有他的传记,所幸1986年鲜演大师的墓碑在内蒙古巴林左旗(原辽上京地区)被发现,这篇墓碑文成为研究鲜演大师生平经历的主要资料。该碑文[③]的撰者自称为"奎",但未书姓氏,他自称"乡系析津,职縻潢水",可知奎为析津(今北京市)人,任职于潢水(辽上京地区),此文即为他在上京地区任职时受托所作。

据碑文记载,鲜演大师籍贯为"怀美之州"(即辽上京怀州,今内蒙古自治区巴林右旗),俗姓"出于陇西之郡",姓李氏。碑文记其卒年为辽天祚帝天庆二年(1112),但未言其生年及具体年龄,但从文中"和光顺生,寿逾六纪;示相托疾,时过七旬"[④]可知,其年龄

---

① [日]野上俊静著,金申译:《辽代高僧思孝——房山石经介绍之一》,金申:《佛教美术丛考续编》,北京:华龄出版社2010年,第279页。

② 参见俄罗斯科学院东方研究所圣彼得堡分所、中国社会科学院民族研究所、上海古籍出版社编:《俄藏黑水城文献》第5册,上海:上海古籍出版社1998年,第86页。

③ 本书引用的是《全辽金文》一书所收碑文《鲜演大师墓碑》,参见阎凤梧主编:《全辽金文》(上),第665—667页。

④ (辽)□奎:《鲜演大师墓碑》,阎凤梧主编:《全辽金文》(上),第666页。

在七十二岁（六纪）以上，则其生年当在重熙九年（1040）或之前；碑文又称"清宁五年（1059），未及弱龄"，弱龄指二十岁，则其生年当在 1040 年或其后；综上可知，鲜演大师的生卒年大致为辽兴宗重熙九年（1040）至辽天祚帝天庆二年（1112）。

鲜演出身于一个信佛的家庭，其母杨氏"先以儒典诱师之性，次以佛书导师之情"，可知他幼年时受到过儒学和佛学的教育，并表现出很高的天赋。当时上京的太师大师见到幼年的鲜演大师后说："虽小藏器，用之太遂，乃方便诱化，自然省悟"①，对其佛学天赋表示肯定。因此鲜演拜太师大师为师，出家于上京大开龙寺。

碑文未记这位太师大师的僧名，太师为官号，辽朝皇帝多赐高僧以官爵，可知此太师大师亦为当时著名高僧。从碑文所记时间来看，太师大师当为兴宗时人，检索《全辽金文》等文献中的碑铭资料，此人应当就是《非浊禅师实行幢记》中提到的"守太师兼侍中圆融国师"②，即前述兴宗、道宗朝著名律学大师奉福寺澄渊，与道宗朝律学高僧非浊同门。而从非浊兼通律学和净土、鲜演兼通诸家佛教义学的思想特点来看，太师大师澄渊也是一位兼通律学及佛教各宗义学的高僧，这从其"圆融国师"的称号中也可见一斑。

综合上述碑志等史料的记载，可知鲜演大师的大致生平为：早年师从太师大师澄渊在辽上京开龙寺学习经论，清宁五年（1059）十九岁时"试经具戒，擢为第一"；此后他游历辽中京和南京地区，访师求学，参加佛学论场的讨论，在辽佛教界中的声名逐渐提高，当时秦楚国大长公主邀请鲜演入居燕京竹林寺"永为讲主"，他从此开始受到辽皇室的注意；清宁六年（1060）"声闻于上"，道宗皇

---

① （辽）□奎：《鲜演大师墓碑》，阎凤梧主编：《全辽金文》（上），第 665 页。
② （辽）释真延：《非浊禅师实行幢记》，阎凤梧主编：《全辽金文》（上），第 374 页。

帝特赐鲜演紫衣以及"慈惠"德号,成为辽佛教界的重要高僧,"自尔名驰独步,振于京师";辽道宗咸雍三年(1067)巡幸燕京时,高僧通赞疏主守臻 [①] 向皇帝荐扬鲜演,他因此得到皇帝的召见,并充任上京大开龙寺暨黄龙府讲主;开龙寺位于辽上京(今内蒙古自治区巴林左旗),为辽上京重要寺院,统和四年(986)辽圣宗在对宋战争胜利后,"又以杀敌多,诏上京开龙寺建佛事一月,饭僧万人" [②],可见开龙寺具有上京地区华严学和佛教义学中心的重要地位。大安五年(1089),道宗特授鲜演"圆通悟理"四字师号;大安十年(1094)冬,鲜演奏请将自己的籍贯系于兴中府兴中县;寿昌二年(1096),迁崇禄大夫、检校太保。鲜演与道宗皇帝关系密切,两人常讨论佛法,"常以冬夏,召赴庭阙,询颐玄妙,谋议便宜"。

天祚帝即位后"眷兹旧德,锡尔新恩",对鲜演大师继续尊宠,加官晋爵,恩荫其弟子及亲眷。乾统元年(1101)天祚帝加鲜演特进阶、守太保;乾统六年(1106)迁特进、守太傅;乾统四年(1104),追封鲜演父为太子左翊卫校尉,追封其母为弘农县太君;鲜演弟子兴操、兴义、兴密等人被赐以紫衣德号;鲜演俗弟李亨、俗侄李永安等人也恩荫得到官职,真可谓"缁徒爵号,庆萃一门;俗眷身名,光生九族" [③]。鲜演的显赫经历,实际上正是辽朝佛教兴盛及帝王佞佛的缩影。

---

① 守臻为辽道宗时名僧,但现存僧传中无其传记,1974年应县木塔出土的辽人写经中有《略示戒相仪》一卷,署名为"燕京永泰寺崇禄大夫守司徒通慧大师赐紫沙门守臻集",可知他被授以三公之一的司徒爵号,地位很高。据高丽义天《新编诸宗教藏总录》记载,守臻著有《释摩诃衍论通赞疏》十卷、《释摩诃衍论通赞科》一卷、《释摩诃衍论通赞大科》一卷。可知他精通《释摩诃衍论》,因其著作而称他为"通赞疏主"。

②(元)脱脱等:《辽史》卷十一《圣宗纪二》,北京:中华书局1974年,第123页。

③(辽)□奎:《鲜演大师墓碑》,阎凤梧主编:《全辽金文》(上),第666页。

　　此外,鲜演大师与高丽僧统义天的交往也值得注意[①],义天为高丽王朝文宗大王的第四子,后出家为僧,精通佛教诸宗义学,并旁及孔老百家之学。义天仰慕中国佛教文化,因此于 1085 年(宋神宗元丰八年、辽道宗大安元年)至 1086 年入宋巡礼问道,至汴京、杭州和天台山等地问学,还在杭州慧因寺拜见华严宗大师净源并执弟子礼[②]。义天归国后派人在北宋、辽和高丽等地收集佛教诸宗的经律论章疏,并撰成目录《新编诸宗教藏总录》(《义天录》),高丽《续藏经》即据此刊行,其中收录有许多辽僧的佛学著作。

　　《鲜演大师墓碑》文中有"高丽外邦,僧统倾心"的记载,高丽僧统即指义天(义天十三岁时被赐号"祐世僧统"),可知两人关系较为密切。从现有资料来看,鲜演与义天的主要交往形式是佛学著作交流。首先,据道宗寿昌三年(1097)辽御史中丞耶律思齐给义天的书信[③]记载,鲜演大师的《安乐伊集》曾在高丽及辽朝雕版印行,耶律思齐还曾将辽朝雕印本寄赠给义天,文称:"大保鲜演大师亦安乐伊记文,因彼处雕印进呈了后,亦令大朝雕印流通也。其鲜演大师过生,知感,不可俱陈。为此时将到本寻读了,被抄写人笔误、音同、错字不少,又令将新印行一部来献呈。"[④]可知鲜演在世

---

① 参见王承礼、李亚泉:《从高丽义天大师的著述考察辽和高丽的佛教文化交流》,张畅耕主编:《辽金史论集》第六辑,北京:社会科学文献出版社 2001 年,第 53—81 页。

② 参见王颂:《宋代华严思想研究》,北京:宗教文化出版社 2008 年,第 12—14 页。

③ 参见(辽)耶律思齐:《大辽御史丞耶律思齐书三首》(原载《大觉国师外集》卷十一),阎凤梧主编:《全辽金文》(上),第 552—553 页。

④ (辽)耶律思齐:《大辽御史丞耶律思齐书三首》,阎凤梧主编:《全辽金文》(上),第 553 页。

时其著作已经在高丽雕印流传,这说明鲜演在高丽佛教界也具有较大的影响力。其次,鲜演仅存的著作《华严经玄谈决择记》六卷通过高丽传入日本,从而得到保存并被收入日本《续藏经》;该书卷二末保存有早期写本题记:"高丽国大兴王寺寿昌二年丙子岁奉宣雕造"①(寿昌为辽道宗年号,寿昌二年为1096年)。这些证据表明,鲜演和义天之间的佛学交往颇为密切②,而这一交往本身也反映出鲜演本人在当时辽宋高丽三国佛教义学界中的重要地位。需要指出的是,虽然《义天录》是目前所知收录辽朝华严宗及其他宗派佛学著作最为完备的目录,但其中并无鲜演的著作。此书完成于1090年,因此可知义天与鲜演的佛学交往主要集中于1090—1101年(此年义天逝世)之间十年左右的时间,从现有资料看,鲜演大师应当有大量著作传入高丽,但遗憾的是未留下相关的目录和文献资料。

关于鲜演大师的著作,《鲜演大师墓碑》记录有多种(但多未记卷数),该碑文是了解鲜演著作情况的主要资料,其中著录的著作有:

《华严经玄谈决择记》、《仁王护国经融通疏》、《菩萨戒纂要疏》、《唯识论掇奇提异钞》、《摩诃衍论显正疏》、《菩提心戒》(暨《诸经戒本》)、《三宝六师外护文》十五卷。以上所列七种著作中只有《华严经玄谈决择记》存世,收入《大藏新纂卍续藏经》,但

①(辽)鲜演述:《大方广佛华严经谈玄决择》,《大藏新纂卍续藏经》第8册,石家庄:河北省佛教协会2006年(下引同书版本同,不再重复标注),第16页。

②参见王承礼、李亚泉:《从高丽义天大师的著述考察辽和高丽的佛教文化交流》,张畅耕主编:《辽金史论集》第六辑,北京:社会科学文献出版社2001年,第61页。

名字略有不同,称《大方广佛华严经谈玄决择》[①]。

　　从鲜演的生平及著作可知,他也是一位精通华严、密、律、唯识等各宗义学的佛教思想家,其现存的华严学著作《华严经谈玄决择》是了解辽朝华严思想的重要资料,对此下文将进行论述。

(三)道宗耶律洪基及其著作

　　从现存的辽朝佛教文献中可知,辽道宗耶律洪基也是一位对华严学深有研究的华严学匠。辽人赵孝严称颂道宗:"研释典,则该性相权实之宗。至教之三十二乘,早赜妙义;杂花之一百千颂,亲制雄词。修观行以精融,入顿乘而遂悟。肇居储邸,已学梵文。有若生知,殊非性习。通声字之根柢,洞趣证之源流。欲使玄风,兼扶盛世。"[②]虽然不乏溢美之词,但从中可知辽道宗对华严、唯识学及密宗经咒都有深入的研学。而据耶律孝杰撰《释摩诃衍论赞玄疏引文》称:"我天佑皇帝位联八叶,德冠百主,睿智日新,鸿慈天赋。儒书备览,优通治要之精;释典咸穷,雅尚性宗之妙。"[③]称颂道宗对儒学和佛学经典都有深入研究,并特别重视华严学("性宗");而道宗时代的华严学高僧法悟也在《释摩诃衍论赞玄疏》中称:

　　　　我圣文神武全功大略聪仁睿孝天佑皇帝,位纂四轮,道逾三古。蕴生知之妙慧,赋天纵之全才。性海深游,梁武帝空修福善;仁泽普洽,唐文皇自减音声。三乘八藏以咸该,六籍百

① 为避免论述混乱,本书下文除引文外,统一称该书为《华严经谈玄决择》。
②(辽)赵孝严:《神变加持经义释演密钞引文》,阎凤梧主编:《全辽金文》(上),第453页。
③(辽)法悟:《释摩诃衍论赞玄疏》卷一,《大藏新纂卍续藏经》第45册,第830页。

家而备究。……至于禅戒两行,性相二宗,恒切熏修,无辍披玩。①

这段文字指出,道宗不仅精通华严学和唯识学("性相二宗"),并且对律学和禅学("禅戒两行")也有修习。可见,在当时辽朝官僚和佛教界的心目中,道宗耶律洪基俨然是一位精通各宗义学的佛学大师,并且在很大程度上扮演了佛教领袖的角色。

而从正史的记载中,也可以发现辽道宗对《华严经》的重视及其华严学造诣。据《辽史·道宗本纪》载:咸雍四年(1068)二月,道宗"颁行《御制华严经赞》"②;咸雍八年(1072)七月又"以御书《华严经五颂》出示群臣"③。除《华严经》外,道宗对《大乘起信论》及其注释书《释摩诃衍论》也给予了特别的重视。

可考的辽道宗华严学著作主要有以下几种:

《大方广佛华严经随品赞》④;

《华严经五颂》(已佚);

《释摩诃衍论御解》⑤,即道宗对《释摩诃衍论》的注解,现部分

———————

① (辽)法悟:《释摩诃衍论赞玄疏》卷一,《大藏新纂卍续藏经》第45册,第839页。

② (元)脱脱等:《辽史》卷二十二《道宗纪二》,北京:中华书局1974年,第267页。

③ (元)脱脱等:《辽史》卷二十三《道宗纪三》,北京:中华书局1974年,第274页。

④ 该书收入高丽义天所编的《新集圆宗文类》中,并保存至今,现收入《大藏新纂卍续藏经》第58册。

⑤ 对此,耶律孝杰所撰《释摩诃衍论赞玄疏引文》称:"皇上听政之余,省方之际,历刊详而在手,咸印证以经心。于此论中先立御解四道,皆透识前古,信结后人。"(辽)法悟:《释摩诃衍论赞玄疏》卷一,《大藏新纂卍续藏经》第45册,第830页。

保存于法悟的《释摩诃衍论赞玄疏》一书中。

此外,据道宗寿昌三年(1097)耶律思齐写给高丽僧统义天的书信中记载,耶律思齐"又将到前庆录大师集到《靡诃行论记文》[①]一部及《御义》五卷"[②] 寄赠给义天,这里提到的《御义》五卷可能就是道宗耶律洪基对《释摩诃衍论》一书所作的注疏。而据《义天录》卷一记载,辽僧志实撰有《华严经随品赞科》一卷[③](已佚),该书可能是对道宗《华严经随品赞》的注释书。

总之,从辽道宗耶律洪基对华严宗的支持及其华严学造诣来说,他作为重要辽朝华严学匠的身份是没有疑问的。

(四)诠圆通法大师法悟及其著作

法悟也是一位精通华严学的义学大师,但现存史料的缺乏,使我们很难全面了解法悟的生卒年及经论、著述,所幸他所著的《释摩诃衍论赞玄疏》(以下简称《赞玄疏》)一书存世,这也是可考的唯一一部法悟著述。该书共五卷,现收入《大藏新纂卍续藏经》第45册,文前有耶律孝杰[④] 奉道宗敕命所作的《释摩诃衍论赞玄疏引文》(以下简称《引文》)一篇,此外,民国喻谦所辑的《新续高僧传》中也有辽僧法悟的传记。以上资料使我们可以窥探法悟的部分生平事迹及其思想梗概。

---

① 此处原文为"靡诃行",应为"摩诃衍",意为"大乘",原文误。

②(辽)耶律思齐:《大辽御史丞耶律思齐书三首》,阎凤梧主编:《全辽金文》(上),第553页。

③[高丽]义天录:《新编诸宗教藏总录》卷一,《大正新修大藏经》第55册,第1167页。

④ 耶律孝杰题名为:"贞亮翼赞同德致理功臣开府仪同三司守太保兼中书令兼修国史知枢密院事上柱国燕国公食邑七千五百户实封七百五十户臣耶律孝杰奉敕撰。"(辽)法悟:《释摩诃衍论赞玄疏》卷一,《大藏新纂卍续藏经》第45册,第830页。

　　法悟为道宗时义学高僧,曾应道宗皇帝旨意而作《释摩诃衍论》注疏五卷,书成后道宗皇帝赐名《释摩诃衍论赞玄疏》,该书的题名为:"中京报恩传教寺崇禄大夫守司空诠圆通法大师赐紫臣沙门法悟奉敕撰",从这一题名中,我们可以得到以下信息:一是法悟的主要传法和驻锡地为辽中京(号大定府,位于今内蒙古自治区赤峰市宁城县)的报恩传教寺,该寺也可能为当地的华严学传播中心;二是法悟具有"守司空""崇禄大夫"等地位很高的官衔,将司空、司徒等"三公"官衔授予高级僧侣是辽朝的常见现象,由此可见,法悟也在辽朝最高级别的僧人之列;三是法悟的《赞玄疏》一书是在辽道宗皇帝的亲自授意下创作的。

　　奉道宗皇帝敕命注疏《释摩诃衍论》是法悟的主要事迹之一,据耶律孝杰为《赞玄疏》所撰的《引文》中称:

　　　　守司空诠圆通法大师,学逾观肇,辩夺生融。屡陪内殿之谈,深副中辰之旨。会因众请,获达聪闻。旋特降于俞音,俾广求于隐义。由是精涤慧器,密淬词锋。研精甫仅于十旬,析理遂成于五卷。适当进奏,果见褒称,乃赐号曰赞玄疏。①

对于应诏注疏《释摩诃衍论》一事,法悟在该书中也自述说:

　　　　法悟叠承中诏,侍讲内庭。凡粗见于义门,幸仰符于睿意。因兹诸释,特沥恳词。欲别制于疏文,期载扬于论旨。暨达圣听,爰降前音。且挥尘传灯无足称者,而操觚染翰何敢当

_____

①（辽）法悟:《释摩诃衍论赞玄疏》卷一,《大藏新纂卍续藏经》第45册,第830页。

哉。勉副宸衷,聊述鄙见云尔。①

从这些记述中可知,法悟是深得道宗皇帝器重的义学高僧,并经常在皇宫内廷中讲说佛法。《释摩诃衍论》是辽道宗特别重视的一部经论,他选择法悟对该论进行注释,疏成后亲自审阅疏稿,并钦定书名为《赞玄疏》。从这些方面来看,法悟的学识及地位非同一般,他与鲜演、道弼、守臻、觉苑等高僧同属于道宗的高级佛学顾问。

(五)通圆慈行大师志福及其著作

志福是辽朝的另一位著名华严学大师,但与法悟等人一样,其具体生卒年及经历已不可考;现在可知的主要是他创作《释摩诃衍论》注释书《释摩诃衍论通玄钞》(以下简称《通玄钞》)的事迹。在志福的著述方面,《通玄钞》是其已知的唯一著作,该书共四卷,现收入《大藏新纂卍续藏经》第46册,全书最前还有辽道宗御制《释摩诃衍论通玄钞引文》一篇。

《通玄钞》的撰著者题名为"大辽医巫闾山崇禄大夫守司徒通圆慈行大师赐紫沙门志福撰",《通玄钞引文》则称志福为"东山崇仙寺沙门"。从中可知,志福的传法地主要在医巫闾山(今辽宁省北镇市医巫闾山)崇仙寺,并且也获得了"守司徒""崇禄大夫"等辽朝高级僧侣拥有的官衔。对于志福注疏《释摩诃衍论》的事迹,据辽道宗御制《通玄钞引文》称:

　　　　朕听政之余,留心释典,故于兹论尤切探赜。今东山崇仙

----

① (辽)法悟:《释摩诃衍论赞玄疏》卷一,《大藏新纂卍续藏经》第45册,第831页。

寺沙门志福,业传鹫岭,德茂鹏耆。乃谓斯文独善诸教,囊括妙趣,枢要实乘,期在宣扬,且资赞述。繇是寻原讨本,博采菁义,勒成《释摩诃衍论钞》四卷。爰削章而陈达,欲镂板以传通。虔沥恳悰,愿为标引,勉俞所请,聊笔其由,仍以通玄二字为题云尔。①

从这段序文中可知,志福的佛学造诣很高,并得到辽道宗肯定("业传鹫岭,德茂鹏耆"),他有见于道宗对《释摩诃衍论》的特别重视,因此创作了《释摩诃衍论通玄钞》四卷,并且恳请道宗为该书御制序文并赐名。从中可知,一方面辽朝统治者与佛教界的关系密切,道宗皇帝在很大程度上具有佛教界领袖的地位;另一方面,辽朝佛教界也注意为统治者和现实政治服务,佛教高僧善于迎合最高统治者的需要。

　　此外,据乾统八年(1108)耶律劭撰《兴中府安德州创建灵岩寺碑铭并序》记载,志福曾住锡于兴中府安德州(今辽宁省朝阳市朝阳县)的灵岩寺,并奏请朝廷为该寺铸钟,其文称:"有闾山忏悔、守司徒、通圆慈行大师志福,游憩于此。以其阙钟杵之音,失晨昏之警,飞奏为请。天旨下俞,征良冶于远方,贸精铜于异域,炉橐一故,大器告成。"②

　　除以上几位华严学匠外,辽代碑石文献中还保存着许多华严学者、华严学著述及华严寺院的片段信息,对此,下文将做简要整理和论述。

---

① (辽)志福:《释摩诃衍论通玄钞》卷一,《大藏新纂卍续藏经》第46册,第110页。
② (辽)耶律劭:《兴中府安德州创建灵岩寺碑铭并序》,阎凤梧主编:《全辽金文》(上),第623页。

二、石刻文献中所见的辽朝华严学僧及寺院

本书在此试图从文化历史地理的角度出发,对以下几方面内容进行研究:首先,通过辽代石刻文献的梳理,发掘更多辽朝华严学人物的史料;其次,通过辽境内华严寺院的考察,揭示华严学在辽境内的传播基地、范围及其分布特点;再次,在以上两方面考察的基础上,探讨辽朝华严学与地域环境的关系。需要指出的是,这里所说的华严寺院,并非严格意义上的专门弘传华严学的宗派基地,它既包括以华严学僧人为主的寺院,也包括兼容各宗派僧人的寺院,这是与辽朝佛教思想界兼学各宗的学术风气相应的。通过对相关资料的整理,我们发现辽朝华严学匠并非只有上述几位有著作传世或名声显赫的人物,相反,当时辽朝佛教界还存在着研习华严学的义学僧人群体。而且,从宗派思想传播史而非创造史的角度出发,对这些华严学研习者的考察,实际上有助于我们进一步了解辽朝华严学的传播与流行状况。

1. 妙行大师志智与燕京昊天寺

据乾统八年(1108)释即满撰《妙行大师行状碑》及释广善撰《中都大昊天寺妙行大师碑铭并序》等碑铭记载,妙行大师僧名志智,字普济,俗姓萧氏,为契丹族人,他也是现在所知的唯一一位契丹族华严学高僧。志智出身显赫,为"国舅、大丞相、楚国王之族"[①],楚国王萧孝惠和秦越国大长公主(名耶律塑古,圣宗皇帝女,兴宗皇帝妹)之子,道宗懿德皇后萧观音兄[②]。他生于辽圣宗

---

① (辽)释即满:《妙行大师行状碑》,阎凤梧主编:《全辽金文》(上),第 614 页。
② 参见阎万章:《辽道宗宣懿皇后父为萧孝惠考》,《社会科学辑刊》1979 年第 2 期;张畅耕等:《契丹仁懿皇后与应州宝宫寺释迦塔》,张畅耕主编:《辽金史论集》第六辑,北京:社会科学文献出版社 2001 年,第 103—126 页。

太平三年(1023),卒于辽道宗寿昌六年(1100),"师寿八十一,腊
五十八"。志智童年时便信佛,后遇海山大师思孝而决意出家,其
母秦越国大长公主不同意,志智便绝食数日以明志,公主最终允许
他随海山大师出家。志智先住于觉华岛海云寺(思孝驻锡地),重
熙十三年(1044),兴宗皇帝亲自批准其受戒;志智"精究律部,又
学经论,性相兼明",可知他对华严(性宗)、唯识(相宗)和律学都
有研习;同时"遍游名山,广参胜友"①,在辽东及燕京地区云游访
学,后于燕京募化钱三百万印造《大藏经》;清宁五年(1059)道宗
皇帝巡幸燕京时,其母秦越国大长公主奏请皇帝,愿舍其宅为志智
建寺,但不久后公主去世,道宗皇后萧观音为母还愿,施钱十三万
缗,道宗皇帝资助钱五万缗,敕令宣政殿学士王行已负责监造大昊
天寺,道宗御题寺额。昊天寺建成不久后便失火焚毁,道宗及皇后
又施钱重建。大安九年(1093)志智又在寺内建造了六檐八角、高
两百多尺的木塔,此塔至元代依然存在。碑文所记载的主要是妙
行大师建造寺塔、印经及神异(如浑河变清、鸟衔蛇出山、宝塔放光
等)等事迹,对于他的义学宗趣及佛学著作没有具体记载,但从文
中"定慧等学,经论俱通。□妄交彻,理事圆融"②的记载,以及受
学海山大师思孝等方面综合考察,妙行大师志智是一位精通华严
学的义学高僧。此外,广善撰《妙行大师碑铭并序》文末有妙行大
师门人及门孙十九人题名,其中十人有赐紫师号及提点、僧录等僧
官衔,从中可知辽末以燕京昊天寺为中心,曾存在有一个规模很大
的华严学及佛教义学僧团。

---

① (辽)释广善:《妙行大师碑铭并序》,阎凤梧主编:《全辽金文》(上),第
619页。
② (辽)释广善:《妙行大师碑铭并序》,阎凤梧主编:《全辽金文》(上),第
620页。

　　妙行大师所建的昊天寺位于燕京城内宣北坊,豪华壮丽雄冠全燕。据咸雍三年(1067)乾文阁学士王观所撰的《燕京大昊天寺碑》记载,此寺"雕华宏观,甲于都会","中广殿而崛起,俨三圣^①之睟容;傍层楼而对峙,龛八藏之灵编。重扉砑启,一十六之声闻列于西东;邃洞异舒,百二十之贤圣分其左右。或鹿苑龙宫之旧迹,或刻檀布金之遗芬。种种庄严,不可殚记"^②,该寺的豪华壮丽从文中可见一斑。昊天寺至元朝时依然是燕京城内的重要寺院,元世祖忽必烈、武宗海山等都曾于此寺大作佛事。

　　2.悟玄通圆大师道弼与兴中府华严寺

　　道弼为辽道宗时著名华严学高僧,著有《大华严经演义集玄纪》六卷、《大华严经演义逐难科》(《义天录》卷一著录)一卷等华严学著作,此外还有《诸宗止观》等著作,可惜的是这些著作都已佚失。据觉苑《神变加持经义释演密钞序》记载,道弼("守司空悟玄通圆大师弼公")曾与守卫尉卿牛铉及"僧首紫褐师德百有余人"一起致书觉苑,请他注疏钞解《神变经》^③。而据太康十年(1084)《重修古塔碑记》残文中有"大辽兴中府和龙山花严寺、崇禄大夫、守司空、悟玄通圆大师、赐紫沙门道弼等,奉为天祐皇帝万岁"^④,可知道弼曾受封崇禄大夫、守司空等官衔,并以和龙山华严寺(该寺位于兴中府和龙山,今辽宁省朝阳市东)为主要驻锡地,这也说明该寺为辽东京地区重要的华严寺院。

---

① 这里提到的"三圣"应当指华严宗所崇拜的"华严三圣"毗卢遮那佛、文殊与普贤菩萨,此类造像在现存的辽金佛教寺院及相关文物中较为常见。
② (辽)王观:《燕京大昊天寺碑》,阎凤梧主编:《全辽金文》(上),第285页。
③ (辽)释觉苑:《神变加持经义释演密钞序》,阎凤梧主编:《全辽金文》(上),第444页。
④ 《重修古塔碑记》,阎凤梧主编:《全辽金文》(上),第762页。

3. 慈智大师惟脈与燕京悯忠寺

据寿昌五年（1099）《燕京大悯忠寺故慈智大德幢记》记载，慈智大师为辽道宗时华严学高僧，僧名惟脈，俗姓魏氏，潞阴田阳（今北京市通州区）人，童年时便师从悯忠寺僧守净上人出家。他曾在辽上京创建寺院，大安九年（1093）道宗皇帝赐以"紫衣慈智"师号，寿昌四年（1098）逝世。惟脈"志在杂花[①]，行依四分"，在佛教义学方面以华严学为主，"讲说群经……读《杂花》啻一百遍"；他在宗教实践方面则以律学为主，"心行禅，身持律，起居动息，皆有常节"。此外，他对其他宗派的经典也有涉猎，碑文称"其他典论，有□力通"[②]，可知惟脈是一位以华严和律学为主而兼学各派的高僧。此外，大安十年（1094）《悯忠寺石函题名》中有"华严讲主、通法大德、赐紫沙门蕴□"[③]的题名，此蕴□（僧名残损）也是华严宗僧人。由此可知，悯忠寺是燕京城内重要的华严学传播基地。

悯忠寺位于燕京城内，即今天的北京法源寺。该寺始建于唐代，"本唐太宗为征辽阵亡将士所造"[④]，为北京地区历史最悠久的佛寺之一。寺中建有三层大阁，内供高达二十丈的白衣观音大像，为燕京城中的名胜。太平二年（1022）辽圣宗在该寺设灵位及道场百日以哀悼宋真宗，重熙十年（1041）辽兴宗曾"与皇太后素服，饭僧于延寿、悯忠、三学三寺"[⑤]，道宗皇帝也曾重修该寺大阁。从

[①] 辽代碑铭中常将《华严经》称为《杂花经》，又称《花严经》，都是《华严经》的异名。"《杂华经》，《华严经》之异名，万行譬如华，以万行庄严佛果谓之华严，百行交杂，谓之杂华，其意一也。"丁福保编纂：《佛学大辞典》，北京：文物出版社1984年，第1416页。

[②]《燕京大悯忠寺故慈智大德幢记》，阎凤梧主编：《全辽金文》（上），第777页。

[③]《悯忠寺石函题名》，阎凤梧主编：《全辽金文》（上），第881页。

[④]（元）脱脱等：《辽史》卷四十《地理志四》，北京：中华书局1974年，第496页。

[⑤]（元）脱脱等：《辽史》卷十九《兴宗纪二》，北京：中华书局1974年，第228页。

中可知,悯忠寺在辽燕京诸寺中地位显赫,这里同时也是辽燕京城内的佛教义学中心之一,辽朝唯识学大师诠明即为该寺僧人。

4. 辅国通圆大师法颐与燕京开悟寺

据天庆五年(1115)《大安山莲花峪延福寺观音堂记碑》记载,燕京开悟寺有沙门法颐,为辽道宗、天祚帝时华严学高僧。法颐俗姓郑氏,"《花严》为业"①,即以华严学的研习为主业。此外,他曾在燕京紫金寺开坛,为信徒受忏灭罪,道宗皇帝"美其道风,愿一瞻礼……特赐紫袍、通圆之号"。法颐晚年则偏重于习禅,曾与辽末禅宗高僧通理大师恒策一起隐居燕京西大安山。法颐虽无著作传世,但从其"燕京开悟寺内殿忏悔主、特进、守太师,辅国通圆大师"的称号中,可知其地位之高。而从法颐早年受学于燕京开悟寺并以"华严为业"的经历来看,开悟寺应当也是辽燕京城中重要的华严学传播地。

5. 华严法师与燕京弘法寺

据乾统三年(1103)王企中所作的《崇圣院故华严法师刺血办义经碑铭并序》记载,辽天祚帝乾统三年(1103)曾有"华严法师"于燕京弘法寺刺血抄写佛经。碑文未记其僧名和籍贯,只称其为"华严法师",可知他为华严宗僧人。华严法师俗姓李氏,为兴宗、道宗时僧人。他二十五岁进具,"时清宁始岁"(1055)。其父早亡,少年出家后曾师从孤树院僧道振及燕京宝塔寺的高僧学习佛法。进具后兼学华严宗和密宗,"日讲华严菩萨戒准提密课"②,对于华严学、唯识学及密宗经咒都有研习。大安七年(1091)为父

---

① 《大安山莲花峪延福寺观音堂记碑》,向南、张国庆、李宇峰辑注:《辽代石刻文续编》,沈阳:辽宁人民出版社2010年,第287页。
② (辽)王企中:《崇圣院故华严法师刺血办义经碑铭并序》,阎凤梧主编:《全辽金文》(上),第586页。

守墓,并造草庐于墓旁,反映出儒家的孝道思想对当时佛教徒的影响。乾统三年(1103)于弘法寺写血经,"臂焚万炷之香,血印一藏之教","唐梵兼语,显密圆宗。四句一偈,刊亦无遗"①。碑文题名为"崇圣院故华严法师",可知他于写经的当年去世,此崇圣院应当是附属于弘法寺的僧院。弘法寺为辽燕京城中的著名寺院,至金朝依然闻名燕京。据应县木塔发现的写经题记记载,该寺曾奉太后宣诏雕印佛经,为当时燕京城内重要的印经地②。

6. 奉航与燕京华严寺

燕京华严寺位于辽燕京城北安门外,据北宋路振《乘轺录》记载:"出北安门,道西有华严寺,即太宗皇帝驻跸之地也。"③该寺为燕京城中重要的华严教寺,至金熙宗天眷年间才改为禅寺,称为太平万寿寺。现存史料中对燕京华严寺的记载很少,据乾统八年(1108)释善坚撰《僧奉航塔记》记载,奉航俗姓李氏,涿州新城县(今河北省高碑店市)人,寿昌二年(1096)曾受燕京华严寺大众邀请而出任该寺提点④。

7. 诠悟大德法称与西京华严寺

华严寺位于辽西京大同府城(今山西省大同市平城区)内,该寺为辽西京地区主要的华严宗寺院。据《辽史》记载,辽道宗于清宁八年(1062)建西京华严寺,并且于寺内"奉安诸帝石像、铜

---

① (辽)王企中:《崇圣院故华严法师刺血办义经碑铭并序》,阎凤梧主编:《全辽金文》(上),第587页。

② 参见郑恩淮:《辽燕京佛寺考——应县木塔辽刻经、写经题记所见辽燕京寺庙》,陈述主编:《辽金史论集》第四辑,北京:书目文献出版社1989年,第146—148页。

③ (宋)路振:《乘轺录》,贾敬颜:《五代宋金元人边疆行记十三种疏证稿》,北京:中华书局2004年,第53页。

④ (辽)释善坚:《僧奉航塔记》,阎凤梧主编:《全辽金文》(上),第627页。

像"①,使该寺具备了皇家祖庙的性质;道宗还于当年十二月巡幸
西京及华严寺,足见该寺的重要性。结合道宗的佛学思想来看,他
建造华严寺是出于自身对华严学的偏好及发展华严宗的目的。不
过,华严寺现存有辽兴宗重熙七年(1038)建造的"薄伽教藏"殿
(保存佛经的殿堂),可知华严寺早已存在。但史书称"清宁八年建
华严寺"②,则有可能是道宗皇帝特别将此寺作为华严教寺而进行
了大规模的重建。此外,据寿昌五年(1099)马仲规撰《义冢幢记》
记载,寿昌初年,南京析津府昌平县(今北京市昌平区)众善迁建义
冢,"时西京大华严寺提点诠悟大德法称示化,游方挂锡,于北禅院
开大来菩萨戒坛"③,作为西京华严寺提点的法称,应当也属于当时
的华严宗僧人。

　　8. 崇昱大师与安次圣利寺

　　据天庆十年(1120)《崇昱大师坟塔记》④记载,崇昱大师俗
姓李氏,安次县人。二十一岁时拜义隆法师为师(此义隆法师即
李检撰《宝胜寺前监寺大德遗行记》中所提到的"圣利寺讲《法华
经》义隆上人");崇昱受具足戒后,至燕京永泰寺师从守臻(辽道
宗时名僧,号通慧大师、通赞疏主,官爵崇禄大夫,守司徒)学习《税
金论》;二十四岁时开讲《唯识瑜伽论》;二十五岁时"回相归性,

---

①（元）脱脱等:《辽史》卷四十一《地理志五》,北京:中华书局 1974 年,第
　　506 页。
②（元）脱脱等:《辽史》卷四十一《地理志五》,北京:中华书局 1974 年,第
　　506 页。
③（辽）马仲规:《义冢幢记》,阎凤梧主编:《全辽金文》（上）,第 565 页。
④《崇昱大师坟塔记》文字残损,未记崇昱所属寺院,但此碑铭原存河北安次,
　　可知寺在安次(今河北省廊坊市安次区)。文中提到的崇昱之师义隆为圣
　　利寺僧人,而且有崇昱"因还本寺,拜先师塔"的记载,可推知他所属的"本
　　寺"为圣利寺。

充杨令公大王讲主,开《华严大经》,周满三遍",研学重点由唯识宗(相宗)转向华严宗(性宗)。此外,崇昱对其他经论也有深入的研习,"《玄谈》七十席,《摩诃衍论》《菩萨戒》《金刚》《般若》等经,联绵不绝"①,这里的《玄谈》当即澄观的《华严经玄谈》。大安元年(1085)以后,崇昱先后在王家岛、佛岩山等地隐居,并且在范阳石经山云居寺(今北京市房山云居寺)与通理策师(恒策)一起造办石经数年,天庆四年(1114)圆寂,享年七十六岁。由传记可知,崇昱为兼通唯识、天台义学的华严学僧人。

9. 法□法师与易州开元寺

据乾统五年(1105)《□州开元寺故传□□□大师遗行塔记》记载(碑文残损很多,难以通读,只能从中了解此僧的大致生平),法□俗姓刘氏,易州人。早年曾在该寺学习《唯识论》,咸雍六年(1070)以后"励志《杂花》",研习华严学;大安初年经燕京悯忠寺司徒大师法制的推荐,道宗皇帝召见法□,并且"问《杂花》大惑,师剖析疑滞",得到道宗的嘉赏,授以报恩寺讲主,"受宠玉宫";大安四年(1088)返回易州故里;寿昌初年道宗皇帝又授其戒本"以敦勉之"。法□晚年"大作佛事,广饭僧伽。补圆大殿,金容彩绘"②,从事修复寺院和塑像等佛教功德活动,碑文未记其卒年,但综合全文的记载,他应当逝世于寿昌末年或乾统初年。

10. 澄方法师与蓟州感化寺

据大安六年(1090)释即祁撰《上方感化寺故监寺遗行铭并序》记载,道宗时曾有精通唯识学和《华严经》的澄方法师居于蓟州盘山(今天津蓟州区盘山)感化寺。此澄方法师俗姓孙氏,南京

---

① 《崇昱大师坟塔记》,阎凤梧主编:《全辽金文》(上),第807页。
② 《易州开元寺故传□□□大师遗行塔记》,阎凤梧主编:《全辽金文》(上),第783页。

道香河县(今河北省廊坊市香河县)人。少年时礼隆安寺慧通为师,十八岁时受戒,"博究群言,因明百法、《唯识》《摩诃衍论》《花严》等经"[1],对唯识宗著作和《华严经》都有研习[2];后受感化寺大众"状请永居",作为监寺而常住此寺,并于大安五年(1089)圆寂于此,享年七十岁。

11.守常与天开寺

据大安五年(1089)《六聘山天开寺忏悔上人坟塔记》记载,燕京城西六聘山(今北京市房山区上方山)天开寺有忏悔上人,僧名守常,俗姓曹氏,易县新安府(今河北省易县)人。十九岁受具足戒,咸雍六年(1070)卒,享年六十一岁。守常"就学无方,始讲名数税金吼石等论,次开《杂花经》,洎《大乘起信》等论",并且"日诵《大悲心咒》以为恒课"[3],可知他是一位以华严学为主,兼学诸多经论的僧人。

12.善信与金山演教院

据辽乾统三年(1103)韩温教《金山演教院千人邑记》记载,涞水县(今河北省保定市涞水县)西北金山演教院为当地的佛教义学中心,"从古多有名僧上士,在中栖隐"[4],辽末天祚帝时曾有沙门善信于此开讲《华严经》,并结千人念佛邑。善信俗姓许氏,板城里

---

[1] (辽)释即祁:《上方感化寺故监寺遗行铭并序》,阎凤梧主编:《全辽金文》(上),第518页。

[2] 从现有的资料来看,华严学和唯识学兼学并重是辽朝佛教义学界的普遍现象,这在华严学匠鲜演、法悟等人的传记及著作中也有明显的体现,对此,本书在本章第一节介绍辽朝唯识学的概况时已经指出。

[3] 《六聘山天开寺忏悔上人坟塔记》,向南编:《辽代石刻文编》,石家庄:河北教育出版社1995年,第413页。

[4] (辽)韩温教:《金山演教院千人邑记》,阎凤梧主编:《全辽金文》(上),第588页。

人,生于辽道宗清宁年间,十八岁出家,二十岁受具足戒,曾讲《华严经》二十四次;四十二岁时在金山演教院结千人念佛邑,以称念阿弥陀佛名号、求生极乐世界为主要活动。由此可见净土信仰在辽朝佛教界的盛行,以及华严义学与净土修持的融合。

此外,据乾统七年(1107)释志恒撰《宝胜寺僧玄照坟塔记》记载,该寺僧人玄照,俗姓李氏,为安次县长寿乡人,少年时师从宝胜寺讲经沙门奉缄出家,十五岁时受具足戒;乾统六年(1106)因病去世,年仅二十岁。玄照以《华严经》为主要研习经典,"一旦听读《大华严经》,玄谈方周,六载未曾有辍"①。另据天庆十年(1120)《易州马头山善兴寺华严座主塔记》记载,曾有被称为"华严座主"的僧人住于易州(今河北省易县)马头山善兴寺②,由其名号可知,该僧人也以华严学见长。

通过对辽朝华严学匠和华严寺院的考察和分析,我们可以得出以下几点认识:

第一,辽朝佛教界存在着研习华严学的僧人群体,这一群体的重要特点是以华严学为主而诸宗兼学。从上文的论述可知,辽朝华严学匠大多兼学佛教各宗义学,特别是兼习唯识学和密宗经咒是其一大特点。通过上文的论述可知,作为辽朝华严宗代表人物的思孝、鲜演等人对其他宗派经典也有注疏,以研习华严宗经论为主的僧人也大多兼学各宗经论,尤其是兼习唯识学经典。这正是辽朝佛教界义学兴盛以及诸宗派思想融合的反映。

以往学者论及辽朝华严学匠时,往往只举出思孝、鲜演等人,

①（辽）释志恒:《宝胜寺僧玄照坟塔记》,阎凤梧主编:《全辽金文》(上),第600页。
②《易州马头山善兴寺华严座主塔记》,阎凤梧主编:《全辽金文》(上),第808页。

实际上辽朝华严学匠远不止这几位,如开悟寺法颐("守太师,辅国通圆大师")和华严寺道弼("守司空,悟玄通圆大师")都有皇帝赐号和官爵,位同三公,其地位与思孝和鲜演不相上下;而昊天寺妙行大师志智、悯忠寺慈智大德惟脈也都是受皇帝尊宠的名僧。此外,诸如天开寺守常、金山演教院善信等研习华严学的普通僧人,在探讨辽朝华严学的传播方面也具有一定的研究意义。但上述人物在以往的辽朝佛教思想及华严学研究中或被遗忘,或没有得到重视,这与他们的历史地位是不相称的。

　　第二,辽朝华严寺院并非单纯的华严宗寺院,而是以诸宗派共存的形式存在。通过上面的考察可以发现,辽朝似乎并不存在严格意义上的华严宗寺院,即并无组织严密、单纯传播华严学的"教寺";相反,通过对众多碑铭资料的整理,我们发现与华严宗有关的辽朝寺院大多是诸宗派共存,并且兼传各宗义学。可以说,辽朝寺院是一种诸宗派共存互融而无森严壁垒的寺院,这也是辽朝寺院最大的特色之一。在同一所寺院里,可以有学习不同宗派经论的学僧,同一位法师也可以向弟子传授不同宗派的经论,在宗派方面则以唯识学和华严学、华严宗和密宗的共存最为普遍,如燕京悯忠寺、安次宝胜寺、金山演教院、五台山金河寺、觉华岛海云寺等都属于这种佛教诸宗共存的寺院。这种现象与辽朝僧人兼学佛教各宗义学的风气相应,同时也顺应了唐宋以后中国佛教诸宗派进一步融合的历史趋势。因此,本书在论述中多称之为"华严寺院"而非"华严宗寺院",意为与华严宗或华严学相关的寺院。

　　第三,辽境内华严寺院的分布区域以燕云地区为主。由以上的分析可知,燕云地区是华严寺院的主要分布地区,尤其以南京析津府(燕京)城及其周边地区为最,出现这一现象的原因是:燕云地区是辽境内主要的汉人聚居地区,燕京为隋唐五代时期的北方重镇并且是辽境内经济最为发达的地区,悠久的佛教传统、寺院遗存和物质基础促使这里佛教兴盛,此外,幽云地区与山西五台山接壤,而后者为唐代华严宗中心之一,因此华严宗在燕云地区流行的时间较早。唐朝以来华严宗的长期流传、经济的发达及帝王对佛教的扶持,都为燕云地区华严宗的兴盛提供了良好的基础和条件。

第四,辽朝华严学的兴盛主要在兴宗、道宗和天祚帝三朝。综观上述华严学匠的生活年代,基本都集中于辽晚期的兴宗、道宗和天祚帝三朝,尤其以道宗朝最多,这与辽朝帝王的崇佛程度是一致的,这也进一步证明统治者的支持是佛教义学发展的关键因素所在。

需要指出的是,以上的认识只是就现存的辽代石刻文献并结合相关史料做出的概述,碑铭资料并不足以反映辽朝华严学匠及华严寺院的全貌,实际上还有许多辽朝华严学匠和华严寺院因资料无存而难以考察其踪迹。笔者在此也期待新资料的出土和发现,以期对以上的结论做出进一步补充和完善。

三、鲜演《华严经谈玄决择》的内容与思想

辽朝华严学可以视为"唐朝华严学的复兴",这里所说的"复兴",并不是说辽朝华严学重现了唐朝义学的全盛局面,但唐代华严学尤其是以澄观为代表的华严理论在辽朝得到了较为完整的传承,而且其"融会诸宗"的基本精神得到进一步的发展和实践。此外,帝王的支持、佛教思想界的重视,都使华严学成为当时的显学。因此,相比于同时期的北宋及其后的王朝,这种"复兴"是名符其实的。本书在此将对辽朝华严学的代表著作进行思想分析,并在此基础上探讨辽朝华严学和佛教思想的内容与理论特点。

　　鲜演的《大方广佛华严经谈玄决择》①（以下简称《华严经谈玄决择》）是现存最重要的辽朝华严学著作之一，也是反映"华严学复兴"的代表作。该书共六卷，是对唐朝清凉国师澄观所著《华严经玄谈》②中的重要文句进行重新解释和论述的著作。此书现收入《大藏新纂卍续藏经》第 8 册，但只有第二至六卷（缺第一卷）；日本保存有日僧湛睿抄录的六卷完整本，现藏于日本金泽文库，该书的第一卷则收入《金沢文庫資料全書·仏典》第 2 卷而出版面世。鲜演复兴唐代华严学的主要表现在于对澄观等人思想的继承与发展，具体来说，他是在"融会诸宗"的思想主题下对华严、天台、唯识、禅宗等思想进行融合与改造，从而建构了新的理论体系，因此本书将从这四个宗派的角度对其思想进行论述。

　　（一）"真心"与"法界"——鲜演对华严宗学说的继承与发展

　　鲜演的这部著作是对澄观著作的注释，这本身反映出他对澄观思想的尊崇，而且以其作为自己华严思想的根基。他在书中对澄观赞叹不已，称："清凉大师……言言调契于佛心，字字无乖于经意。使造解而成观，根根顿证于真源；令涉有而□空，念念没同于

---

① 据前述 1986 年发现的《鲜演大师墓碑》碑文记载，此书被称为《华严经玄谈决择记》，但《大藏新纂卍续藏经》所收日本刊本则称为《大方广佛华严经谈玄决择》；为避免引文名称的混乱，本书在此采用《大藏新纂卍续藏经》的书名，并简称其为《华严经谈玄决择》。

② 按：《华严经玄谈》九卷，唐代澄观撰。又称《华严经疏钞玄谈》《华严悬谈》《清凉玄谈》，收入《大藏新纂卍续藏经》第 8 册。本书记述内容为唐译《华严经》的纲要，系将澄观撰述的《华严经疏》（卷一至卷三）及《华严经随疏演义钞》（卷一至卷十五）中有关玄谈的部分摘出，成为会本刊行。该书的注疏有《华严经谈玄决择》六卷（辽鲜演）、《悬谈会玄记》（元普瑞）等。参见慈怡编著：《佛光大辞典》，北京：北京图书馆出版社 2004 年，第 5242 页。

性海"①,"玩诸师之各别,势若星分;仰疏主之孤圆,形同月满。依一题而用四句,至妙至深;随一句而列十门,难思难议"②。

他在全书的最后将澄观著作中的华严教理总结为"教起因缘"、"藏教所摄"(辨性相二宗)、"五教开宗"(判教说)、"总相会通"(同教别教、四重法界、三重观门、十玄门)、"教体浅深"(与唯识等宗比较)、"宗趣通局"(华严宗总通诸教)、"部类品会"、"传译感通"等八门。在对澄观著作进行注释的同时,该书也全面继承了华严宗诸祖师特别是澄观的思想,例如对同别教、五教等判教说③,事、理、事理无碍、事事无碍四法界说的引述④;以及十玄门理论的阐释与应用,如以主伴圆融思想解释诸佛菩萨与十方世界的关系⑤,对同时具足相应门、广狭无碍、一多相容、隐显具成、因陀罗帝网门、一即多一摄多等思想的论述⑥等等,这些都反映出鲜演对唐代华严学核心理论的继承和深刻理解。

不过,鲜演对唐代华严学理论并非只是单纯的继承与引述,他对原有理论做了许多发挥与创造,而这种发挥创造正体现出辽朝华严学的特色,同时也是本书所要探讨的主要内容。从华严思想

---

① (辽)鲜演述:《大方广佛华严经谈玄决择》卷六,《大藏新纂卍续藏经》第8册,第87页。

② (辽)鲜演述:《大方广佛华严经谈玄决择》卷六,《大藏新纂卍续藏经》第8册,第88页。

③ 参见(辽)鲜演述:《大方广佛华严经谈玄决择》,《大藏新纂卍续藏经》第8册,第43、51、84页。

④ 参见(辽)鲜演述:《大方广佛华严经谈玄决择》卷五,《大藏新纂卍续藏经》第8册,第68页。

⑤ 参见(辽)鲜演述:《大方广佛华严经谈玄决择》卷二,《大藏新纂卍续藏经》第8册,第1—3页。

⑥ 参见(辽)鲜演述:《大方广佛华严经谈玄决择》卷二,《大藏新纂卍续藏经》第8册,第9—10页。

的角度来看,鲜演的创新主要体现在对"真心""法界"等核心概念的阐释以及融会佛教诸宗派的思想上。

　　首先,鲜演重视"真心"思想及其相关概念。《华严经》本身具有浓厚的唯心世界观,经中的"三界唯一心"[①] "若人欲了知,三世一切佛,应观法界性,一切唯心造""心如工画师,能画诸世间。五蕴悉从生,无法而不造"[②] 等名句广为人知。唐代华严宗祖师则对《华严经》中的这种唯心思想做了进一步的发挥,澄观便援用《大乘起信论》"一心二门"思想,将这里的"心"解释成为"真心",即具有佛性本体意义的"如来藏自性清净心"[③]。他在《华严经随疏演义钞》中提出"一切诸法真心所现"的命题,将"真心"作为万法生灭的本体:"初唯心现者,一切诸法,真心所现。如大海水举体成波,以一切法无非一心故,大小等相,随心回转,即入无碍。"[④]

　　鲜演继承了澄观的思想,同样重视"真心"这一核心概念,他在总结澄观思想的基础上,还吸收了宗密思想阐发"真心"学说,例如他在对澄观"一切诸法真心所现"这一重要命题进行阐释时,便引用了宗密《中华传心地禅门师资承袭图》中的摩尼珠比喻:宗

---

①（唐）实叉难陀译:《大方广佛华严经》卷三十七《十地品》,《大正新修大藏经》第 10 册,第 194 页。

②（唐）实叉难陀译:《大方广佛华严经》卷十九《夜摩宫中偈赞品》,《大正新修大藏经》第 10 册,第 102 页。

③ 按:疏文中有"若约一人心即总相,佛即本觉,众生即不觉。乃本觉随缘而成此二,为生灭门。下半此二体性无尽,即真如门"等句,反映出《大乘起信论》"一心二门"思想的影响。（唐）澄观:《大方广佛华严经疏》卷二十一《夜摩宫中偈赞品第二十》,《大正新修大藏经》第 35 册,第 658 页。

④（唐）澄观:《大方广佛华严经疏》卷二,《大正新修大藏经》第 35 册,第 516 页。

密以摩尼珠代表随缘而不变的本体真心,并以此合会禅门诸宗^①;鲜演则在引文末评价说"此约圆宗,随事相而终行布,据心性而本末圆融。顿圆之义旨虽殊,法喻之义趣罔别。以顿成圆妙之至矣。学者存心非不晓乎"^②,表现出对宗密观点的赞同。这也证明在"真心"的地位问题上,鲜演更倾向于宗密的"唯心缘起"解释,即将"真心"作为包含一切万象及佛性真如的解脱本体。

鲜演在《华严经谈玄决择》中对本体"真心"及其相关概念还有许多引述,例如对澄观《华严经疏》中"心是总相""皆从心造"等疏文的引述^③,主要侧重于本体"真心";而对具有"神解、暗钝二义"的"闻经之心",对由"解心"而发起"本觉性"等学说的阐释^④,则侧重于本体"真心"与主体性"解心"之间关系的探讨。

其次,鲜演重视"无障碍法界"的概念。众所周知,澄观建立的"四法界"理论是唐代华严宗的代表性学说之一,它以事(事象)和理(真理)两个范畴将诸法及世界分为事法界、理法界、理事无碍法界和事事无碍法界四种。这种四法界的划分主要是从现象界与真理界的二元角度分析诸法,而鲜演则更注重从"无障碍法界"的统一角度理解四法界及诸法世界,他在解释澄观疏文"尽宏廓之幽宗"时提出:"或宏者事法界,廓者理法界,二字相合者事理无碍法界,幽宗事事无碍法界。或四字相合,同诠一真无

① 参见(唐)裴休问,(唐)宗密答:《中华传心地禅门师资承袭图》,《大藏新纂卍续藏经》第63册,第34页。
②(辽)鲜演述:《大方广佛华严经谈玄决择》卷六,《大藏新纂卍续藏经》第8册,第79页。
③(辽)鲜演述:《大方广佛华严经谈玄决择》卷六,《大藏新纂卍续藏经》第8册,第74页。
④(辽)鲜演述:《大方广佛华严经谈玄决择》卷二,《大藏新纂卍续藏经》第8册,第11页。

障碍法界。"① 鲜演还认为"无障碍法界"是华严宗有别于其他宗派的核心概念，称"今我华严正以无障碍法界为宗"②，可见他对这一概念的重视。

那么，何为"无障碍法界"？其思想意义是什么？无障碍法界这一概念并非鲜演的创造。法藏在其《华严经探玄记》中提出五法界说，其中就有"无障碍法界"③，他主要是从诸法关系"圆融无碍"的角度定义"无障碍法界"④；澄观在其《华严经疏》卷五十四《入法界品》的疏文中引用了法藏的相关论述，但未提出新的解释⑤；但宗密在《禅源诸诠集都序》中却从"真如一心"的角度对"无障碍法界"做了新的诠释⑥。

---

① （辽）鲜演述：《大方广佛华严经谈玄决择》卷二，《大藏新纂卍续藏经》第8册，第1页。

② （辽）鲜演述：《大方广佛华严经谈玄决择》卷二，《大藏新纂卍续藏经》第8册，第6页。

③ 按：五法界为：一、有为法界；二、无为法界；三、亦有为亦无为法界；四、非有为非无为法界；五、无障碍法界。参见（唐）法藏述：《华严经探玄记》卷十八《入法界品第三十四》，《大正新修大藏经》第35册，第440页。

④ 法藏对"无障碍法界"的解释是："无障碍法界者亦有二门：一普摄门，谓于上四门随一即摄余一切故。是故善财或睹山海，或见堂宇，皆名入法界。二圆融门，谓以理融事故，全事无分齐。谓微尘非小，能容十刹，刹海非大，潜入一尘也。以事融理故，全理非无分。谓一多无碍，或云一法界，或云诸法界。"（唐）法藏述：《华严经探玄记》卷十八《入法界品第三十四》，《大正新修大藏经》第35册，第441页。

⑤ 参见（唐）澄观：《大方广佛华严经疏》卷五十四《入法界品第三十九》，《大正新修大藏经》第35册，第908页。

⑥ 宗密说："诸法是全一心之证法，一心是全诸法之一心。性相圆融，一多自在。故诸佛与众生交彻，净土与秽土融通。法法皆彼此互收，尘尘悉包含世界。相入相即，无碍镕融，具十玄门重重无尽，名为无障碍法界。"（唐）宗密述：《禅源诸诠集都序》卷下，《大正新修大藏经》第48册，第407页。

在宗密那里,无障碍法界实质上就是具有本体意义的"真心",即"如来藏自性清净心"。鲜演受宗密的影响,实质上也是从这一角度理解无障碍法界的,例如他在解释"唯是一心故名真如"时便提出"一心摄四法界,四法界归于一心"①,这种理解与他对"真心"的重视是一致的。

鲜演对"真心"与"无障碍法界"的重视在逻辑上是统一的,两者实质上都反映出他对主观心性本体的重视。鲜演提倡"摄五教为一教"②,他的意图是在华严宗的立场上,以这一内在的心性本体来融合统一天台、唯识和禅宗等宗派的理论。鲜演在这一点上继承了澄观尤其是宗密的思想,这也是他在《华严经谈玄决择》中引述澄观"会三为一"③、宗密"局之则皆非会之则皆是"(语出《禅源诸诠集都序》)④ 等语句的原因所在。不过,鲜演怎样以"真心"合会诸宗思想? 在合会的具体路径上,他对澄观、宗密的思想有何发展? 这些问题值得进一步探讨,本书下面将从天台宗、唯识宗、禅宗三个方面来探讨鲜演对这些宗派思想的融合。

(二)"性恶"与"止观"——鲜演对天台宗思想的吸收融合

澄观的华严思想中已经明显出现了引入天台思想的现象,他在《华严经疏》中多次引用天台宗的名相对经文进行解释,对此鲜

---

① (辽)鲜演述:《大方广佛华严经谈玄决择》卷五,《大藏新纂卍续藏经》第8册,第68页。
② (辽)鲜演述:《大方广佛华严经谈玄决择》卷五,《大藏新纂卍续藏经》第8册,第70页。
③ (辽)鲜演述:《大方广佛华严经谈玄决择》卷四,《大藏新纂卍续藏经》第8册,第47页。
④ (辽)鲜演述:《大方广佛华严经谈玄决择》卷五,《大藏新纂卍续藏经》第8册,第70页。

演也曾明白地指出过("暗用天台意")[1]。鲜演在"和会诸宗"的意图下,不仅继承了澄观的这一思路,并在深度上有更大的推进,这主要表现在以下四个方面:

第一,三止三观融为一心。澄观在其著作中曾将天台思想的三止、三观、三谛等概念引入华严思想,在"一心三观"的思想下将止观谛三者统一于"一心"。澄观在《华严经随疏演义钞》中注释"智周鉴而常静"时,提出"三止三观融为一心"[2]的观点。在此基础上,鲜演则用镜子比喻"一心",以镜子的明净、镜现好丑中三影等比喻对"三止三观融为一心"进行了解释:

> 言三止三观融为一心等者。……答如依一镜鉴现好丑中三影,影喻三谛,其理昭然。现好影之明,如空观。现好影之净,如体真止。现丑影之明,如假观。现丑影之净,如随缘止。现中影之明,如中道观。现中影之净,如离边止。三影三明三净,约义条别,究体唯是一镜。将喻对法,学者详悉。[3]

可见,鲜演在此准确地把握了天台宗思想,更加明确了三观、三止、三谛与"一心"的统一关系,即"真心"与止观是体用关系。他不仅

---

① (辽)鲜演述:《大方广佛华严经谈玄决择》卷六,《大藏新纂卍续藏经》第8册,第81页。

② 澄观说:"若作三观释者,以智鉴体空空观也,鉴用假观也,鉴相中观也。三谛齐观,故云周鉴。对此三观,常静之止,亦有其三:一体真故静,二方便随缘无取故静,三离二边分别故静。三止三观融为一心,契同三谛无碍之理,则心境融即,而常历然。"(唐)澄观述:《大方广佛华严经随疏演义钞》卷一,《大正新修大藏经》第36册,第8页。

③ (辽)鲜演述:《大方广佛华严经谈玄决择》卷二,《大藏新纂卍续藏经》第8册,第6页。

对天台止观思想有准确的把握,还主动运用这一思想对《华严经》进行诠释,例如,他在解释《大方广佛华严经》的经名时,在澄观解释的基础上又新增了"十义",第六义便是援用天台止观思想的"三谛止观释":

> 三谛止观释者,大方广者,无碍之三谛也。大者,真谛也,唯理法界;方者,中道谛也,具四法界;广者,俗谛也,多事法界。三谛互收,忘言绝虑,即所观行,证真俗无碍之境也。佛华严者,无碍之止观也。佛者,中观离边止也,妙觉之心离边邪故。花者,假观随缘止也,涉有化生,如花开敷故。严者,空观体真止也,离妄饰真,以智庄严故。止观相融,难思难议,即能观能证止观无碍之心也。欲令众生依兹圆教,遍修止观相融之心,顿契真俗无碍之境,故立斯题。①

由以上引文可知,鲜演将天台的止观学说与华严宗的四法界等学说进行了融合,以华严思想重新整合了三止三观学说,从而在吸收天台思想的深度上更进了一步。从文中明显可以看到鲜演对"能观能证"的"一心"的重视,他这种以"能观能证止观无碍之心"统摄止观的思路,实质上是对澄观"三止三观融为一心"思想的发展,这也是鲜演融合天台思想的基本出发点,即以"真心"或"一心"为基础来统摄诸宗思想。

第二,五重中道。鲜演在华严宗立场下融合天台思想的另一个例证是"五重中道"说的提出,他援引天台宗及《大乘起信论》的

---

① 《華厳経談玄决択》卷一,《金沢文庫資料全書·仏典》第2卷(华严篇),横浜:神奈川县立金泽文库1975年,第23—24页。

学说,将空假中三观、真俗义三谛和体用相三大、四法界等分别对应;并将作为三大所依的根本真理"第一义谛"与"一心"对应,从而以"一心(第一义谛)"为基础,以"三大"和"四法界"为媒介,用华严思想对天台宗中道论进行了新的诠释。原文如下:

> 言若作三观释等者。能观之心,分成三观;所观之境,开为三谛。对空观,开真谛,属体大。对假观,开俗谛,属用大。对中观,开义谛,属相大。……此言三谛,非取义谛,但取真俗及中道谛。但体大唯理法界,作真谛,生空观。用大多事法界,作俗谛,生假观。相大通四法界,作中道谛,生中道观。三大通所依,方是第一义谛,一心本法也。……幻有中道即事,真空中道即理,俱融中道双通事理。[1]

他将"中道"分为幻有中道、真空中道、真空成幻有中道、幻有成真空中道、俱融中道五重,并列有图示(图1-1《五重中道图》)。

综合鲜演的论述及图示,可知这种幻有(事)、真空(理)、真空成幻有(以理显事)、幻有成真空(以事显理)、俱融中道(理事圆融)的五重中道说,实质是在华严宗四法界思想的启发下对天台三谛说的改造。五重中道说的意义在于:它是华严与天台思想融合的重要产物,反映了辽朝华严思想在诸宗融合方面的新进展。它一方面丰富了华严思想的中道论,"由华严教学的立场来看,那可说是最被细密地分析、体系化的中道论"[2];另一方面则为华严宗的理

---

[1]（辽）鲜演述:《大方广佛华严经谈玄决择》卷二,《大藏新纂卍续藏经》第8册,第5—6页。

[2][日]木村清孝著,李惠英译:《中国华严思想史》,台北:东大图书股份有限公司1996年,第225页。

论革新做出了有益的尝试,即援用天台宗中道论对四法界等学说进行补充。

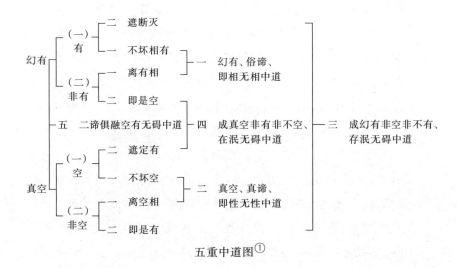

五重中道图①

第三,性恶思想。鲜演认为"如来不断性恶",而这一思想实际上来自澄观。受天台宗性恶思想的影响,澄观在解释六十卷《华严经》中的"心佛及众生,是三无差别"时提出了"如来不断性恶"②的命题。鲜演对这一命题做了进一步的阐发,他依据华严宗所判的五教,将五教的性恶义分别进行了解释:

①（辽）鲜演述:《大方广佛华严经谈玄决择》卷二,《大藏新纂卍续藏经》第 8 册,第 5 页。

②澄观说:"若依旧译。云心佛与众生,是三无差别。则三皆无尽,无尽即是无别之相。应云心佛与众生,体性皆无尽,以妄体本真故亦无尽。是以如来不断性恶,亦犹阐提不断性善。"（唐）澄观:《大方广佛华严经疏》卷二十一《夜摩宫中偈赞品第二十》,《大正新修大藏经》第 35 册,第 658 页。

言如来不断性恶者。小教有二义：一佛前十五界，是有漏
起他恶法故，生无比之贪，引央掘之嗔；二云示现，爱语罗睺，
叱呵调达故。始教示二义：一云真如，昔日与恶而为实性，今
至果位，恶法虽断，恶性常存故；二云示现，同前小教。终教亦
有二义：一云昔日真如随缘以作说法，今至果位，无明既断，恶
相虽无，随缘真性仍存故。如依静水，随风成波，风停波息，成
波三性恒存故，如龙树论独力随相非所断故。二云恶具二义，
一不坏相异真义（当缘生相有也），二称性即真义（当无性体空
义），今据后义，故云不断。顿教云：恶相本尽，更不待断，恶性
本现，非所断故。圆教云：称性之恶，如镜中火，现而常虚，非
所断故。虽通五教，正取能同终教事理无碍。故下钞云：如来
不恶性者，善恶同以心性为性。若断性恶，则断心性。性不可
断，亦犹阐提不断性善。[1]

　　从该段引文的内容中，可以看出鲜演在整体上继承了澄观的
性恶思想，并主要从真心本体的角度理解"性恶"。天台宗智顗认
为"性具善恶"及"性具实相"，性中本来具有善恶而不可能断灭，
"佛断修恶尽但性恶在"，"性之善恶但是善恶之法门，性不可改，历
三世无谁能毁，复不可断坏"[2]，因此"如来不断性恶"。这种心性
论实质一种"心性二元"论，而华严宗则以"如来藏真心缘起"说
为基础，并吸收了《大乘起信论》中"一心二门"的思想，其实质是
一种性善论。澄观、鲜演便从《大乘起信论》思想出发，认为本性

---

① （辽）鲜演述：《大方广佛华严经谈玄决择》卷二，《大藏新纂卍续藏经》第 8
　　册，第 6 页。
② （隋）智顗说，（隋）灌顶记：《观音玄义》卷上，《大正新修大藏经》第 34 册，
　　第 882 页。

"如来藏"无恶,恶只是"外相"(即"心生灭门")而非本体;但恶以"如来藏"为体,断恶则等于断体,而心性本体真实不可断绝,因此"如来不断性恶"。在鲜演看来,性之恶如明镜上的幻影虚无不实,但作为心性的产物,善恶与心性本体是一个不可分的整体,对性恶的断灭就是对心性本体的断灭,因此不能说"断"性恶;它对天台宗"性恶"思想的吸收,主要是要利用其学说来论证外相的虚幻不实,最终证明本体的"性善"。

此外,鲜演的创新之处在于,他不仅继承了华严宗的"性恶"说,更从积极的方面理解"性恶",认为"性恶"不仅无损于如来藏真心的纯净真实,而且具有彰显后者清净真实的作用:

> 清净法界,如净明镜。法界染用,镜现秽影,非直不污法界,亦表法界清净故。非直不污明镜,亦表明镜清净故。不以称性妄染不断,便难法界不清净耶。……良以妄染,乃具二义:一者可断,二者不可断。初义同常,后义当悉。故我世尊演教,随宜应权山根,说染妄之过患,则一向断。顺圆顿根,示染妄之功德,亦通不断。①

鲜演对"性恶"说的继承与改造,同样是在"真心"的基础上完成的,这种对"性恶"显善的德用功能的强调,实际上丰富了"真心"学说的内涵,同时呼应了融会诸宗的思想主题。

第四,无情无性说。天台宗湛然主张"无情有性",他依据《大乘起信论》中"万法皆是真如体现"的思想,提出山川、草木、大地、

---

① 《華厳経談玄决択》卷一,《金沢文庫資料全書·仏典》第 2 卷,横浜:神奈川县立金泽文库 1975 年,第 31 页。

墙壁、瓦石等无情也具有佛性,可以成佛①。但澄观却认为无情成佛论只是"约性相相融"而说,即只是就外相交融的角度来说,而实质上因"无情"没有觉性,不能成佛②。

鲜演继承了澄观"无情无性"的观点,他在《华严经谈玄决择》中除引用上段文字外③,还引用了澄观在《华严经疏》中的"无情者非众生"④及"非情非有佛性"⑤等论述,明确表示出对天台宗无情有性说的反对,这实质上与他重视"真心"的立场是一致的。虽然华严宗有"一切诸法真心所现"的说法,但这只是针对有思维能力而具备主观能动性的"有情众生"而言,实质上是强调成佛修行的主体在人本身。承认无思维之心的草木也有"真心"佛性,则在某种程度上削弱了人的主体地位,这是鲜演不能接受的。他的无情无性说虽然是对天台思想的批评,但也从消极方面反映出天台思想对华严宗的影响。

而从宗教实践的现实需要来看,"无情无性"与"性恶"说都具有积极的意义,前者的意义在于将宗教实践的主体局限于人本身,

---

① 参见(唐)湛然述:《金刚錍》,《大正新修大藏经》第46册,第781—786页。
② 澄观说:"无情成佛,是约性相相融。以情之性融无情相,以无情相随性融同有情之性,故说无情有成佛义。若以无情不成佛义融情之相,亦得说言诸众生不成佛也。……非谓无情亦有觉性同情成佛,若许成佛,此成则能修因。无情变情,情变无情,便同邪见。"(唐)澄观述:《大方广佛华严经随疏演义钞》卷八十,《大正新修大藏经》第36册,第628页。
③ (辽)鲜演述:《大方广佛华严经谈玄决择》卷六,《大藏新纂卍续藏经》第8册,第74页。
④ (辽)鲜演述:《大方广佛华严经谈玄决择》卷六,《大藏新纂卍续藏经》第8册,第81页。
⑤ (辽)鲜演述:《大方广佛华严经谈玄决择》卷二,《大藏新纂卍续藏经》第8册,第33页。

具有重视人的主观能动性的倾向；而后者的意义则在于正视了人性中的善恶矛盾，性中虽有恶的成分但并不妨碍成佛，这就为普通佛教信徒树立了更多的宗教信心。这两种思想实质上都是中国佛教日益入世化的产物。

（三）"性相合一"——鲜演对唯识宗思想的吸收融合

鲜演对唯识宗学说有相当深入的理解，这与他早年研学唯识学有关，他在《华严经谈玄决择》卷末自述研学经历称："鲜演首习唯识三能变，叵究其源；次览华严十所因，罔穷其邃。"[①] 他在该书中多次引用唯识学说解释疏文，例如对唯识五位、《成唯识论》自性身、种子八识义等学说的引用[②]。值得注意的是，鲜演在书中明确强调了唯识思想的重要价值及其对华严学者的重要性。他在解释澄观疏文中的"百法"时指出：

> 夫百法者，瑜伽经纬，唯识宗挑，具义何限于万重，出体无过于百数。若曾习于彼教，罔假区分虑，但炼于斯文，故伸标释。……法相要义不可不知，愿诸后学勿倦文繁。[③]

鲜演在此将唯识学（"法相要义"）视为"不可不知"的重要理论，他如此看重唯识思想，一方面出于他自己研学唯识的经历，以及唯识学在辽朝佛教界的显学地位（仅次于华严和密宗）；另一方面唯识

---

① （辽）鲜演述：《大方广佛华严经谈玄决择》卷六，《大藏新纂卍续藏经》第 8 册，第 88 页。

② 参见（辽）鲜演述：《大方广佛华严经谈玄决择》，《大藏新纂卍续藏经》第 8 册，第 23、34、54 页。

③ （辽）鲜演述：《大方广佛华严经谈玄决择》卷五，《大藏新纂卍续藏经》第 8 册，第 61、64 页。

学对诸法名相的细致分析,也有助于弥补华严学在理论思辨方面的不足。因此,鲜演在《华严经谈玄决择》中通过援引并重新诠释唯识思想,试图达到"性相二宗①合一"的目的,即在华严宗立场上融会唯识宗思想。具体来说,鲜演是通过"如来藏"和"三性"学说来会通唯识和华严思想的。

首先,阿赖耶识以如来藏为体。鲜演继承了摄论师的观点,将"如来藏"作为阿赖耶识的本体,即第九阿摩罗识。如来藏是清净无染的本体,而阿赖耶识则染净和合、随缘变现万法。也就是说,"如来藏"为体,"阿赖耶"为相,阿赖耶识只相当于真如的"随缘"作用。鲜演对阿赖耶识的这种认识,明显受到宗密"八识但是真心上随缘之义"②观点的影响。他在解释澄观疏文"更受变易者"时对此作了阐释,还以真金与金像比喻了"真心"与"阿赖耶"的关系:

> 又相宗但说阿赖耶为趣生报体,殊不知阿赖耶以如来藏为体。故《密藏经》云:如来清净藏,世间阿赖耶,如金与环,展转无差别。仍恐未晓,借以喻明。如一团金(真界本一),百炼不轻,千理不改(四相莫迁三世莫转),善随良工,作种种像(妙随众缘作一切法)。……论彼像体,本是一金,未作像时,一切皆具(论彼报体,本是一真,未作报时,一切皆具)。论彼像

---

① 按:宗密在《圆觉经略疏》中曾将大乘佛教判为法相、破相、法性三宗,法相宗指唯识宗,破相宗指三论宗,法性宗则相当于终、顿、圆等教,包括华严、天台二宗。鲜演在《华严经谈玄决择》中所称的"性宗"则主要指华严宗。

② (唐)宗密述:《禅源诸诠集都序》卷上,《大正新修大藏经》第48册,第401页。

相,遇缘方有前后不同(谈彼报果随缘,乃有前后不同)。但以相宗约相唯前后故,性宗彻性亦顿具故。[1]

经过鲜演的改造,唯识宗所说的"阿赖耶识"本体被归入华严宗的"如来藏缘起",而成为如来藏系统的一部分了。

其次,重申"三性一际同无异"。三性说(圆成实、依他起、遍计所执三性)是唯识宗的主要学说之一,法藏最早提出"三性一际同无异"的命题以会通唯识学,将三性统一于圆成实性[2]。鲜演在解释疏文"依他无性即是圆成者"时引用了法藏的论述,他依据《大乘起信论》"一心二门"的思想,对"无异"的原因做了进一步的阐述:

何者无异,且如圆成。虽随缘成于染净,而恒不失自性清净。只由不失自性清净,故能随缘成染净也。……当知真如道理亦尔,非直不动性净,成于染净,亦乃由成染净,方显性净。非直不坏染净,明于性净,亦乃由性净故,方成染净。是故二义全体相收,一性无二,岂相违也。此宗本真唯一圆成实性,但随缘故,成余二性。何者? 由诸识熏习故,举体成依他。因妄心分别故,举体作遍计。……据义有异,分成三种,其体无殊,故相即也。……又此三性,各具四句。真约不变,依他

①(辽)鲜演述:《大方广佛华严经谈玄决择》卷五,《大藏新纂卍续藏经》第 8 册,第 57 页。
②法藏说:"初三性同异说有二门,先别明后总说。别中亦二,先直说后决择。前中三性各有二义,真中二义者:一不变义,二随缘义。依他二义者:一似有义,二无性义。所执中二义者:一情有义,二理无义。由真中不变、依他无性、所执理无。由此三义故,三性一际同无异也,此则不坏末而常本也。"(唐)法藏述:《华严一乘教义分齐章》卷四,《大正新修大藏经》第 45 册,第 499 页。

就相,遍计据情,皆是其有。真约随缘,依他就性,遍计据理,
咸是其空,俱存双泯。[①]

鲜演认为"圆成实性"自性清净,但能随缘成净染而生成"依他起"
和"遍计所执"二性。"依他"是相有,"遍计"是情有,两者虽然属
于虚幻的"妄染",但都以自性清净的"圆成实性"为体,三者是"一
性无二"相即融通的关系。此外,"依他""遍计"二染性还具有以
染彰显性净的德用,这与"性恶"的意义是一样的。

　　我们不难发现,鲜演用以统一三性的圆成实性实质上就是《大
乘起信论》中所说的"真如",即"如来藏自性清净心",唯识宗的
"圆成实性"就这样被改造为华严宗的"如来藏真心"。从"真心"
这一本体出发,改造后的相宗(唯识)与性宗(华严)二宗自然可以
会通,因此鲜演称:"三性之义,二宗之要,一切性相,咸以为源。幸
希学者,勿咎文繁。"[②] 这是他围绕"真心"融会诸宗思想的又一
例证。

(四)"顿悟"与"一心"——鲜演对禅宗思想的批判与融会

　　禅宗在中晚唐以后成为中国佛教中最显赫的宗派,其思想学
说对当时佛教思想界的影响巨大。就华严宗来说,禅宗思想对澄
观、宗密等人都具有重要的影响,这一点已广为人知。虽然禅宗在
辽朝并非显学,但作为澄观思想继承者的鲜演不得不面对这样的
问题:即如何诠释澄观、宗密学说中的禅宗思想,以及如何在"融会
诸宗"的思想主题下对禅宗思想进一步吸收融合。

---

① (辽)鲜演述:《大方广佛华严经谈玄决择》卷五,《大藏新纂卍续藏经》第8
　册,第66页。
② (辽)鲜演述:《大方广佛华严经谈玄决择》卷五,《大藏新纂卍续藏经》第8
　册,第67页。

第一，对偏执禅教及争执顿渐的批判。鲜演作为佛教诸宗融合论者，自然不能容忍偏执于禅定而无视义理的"痴禅"，同时也不赞同纠缠于名相而轻视禅定的行为。在他看来，这两者都是"病"，他在解释"四病"中的"任病"时说道：

> 二者任病。生死既空，何劳除断。涅槃本寂，何假欣修。一切放纵身心，更不念其罪福。泯绝无寄，故成其病。差乎近代，多落此科。诵禅歌毁于法筵，虚寻名相说理性。非于塔寺，狂认福田，妄立宗途，误惑含识，断除佛种，良足悲哉！凡佛真子，当须屏远。①

鲜演随后还提出了对治"执禅"与"执法"二病的方法，即华严宗的"事理双修"："今此事理双修，依本智而求佛智，并除前病。所谓执禅则多落止任灭之三病，执法则唯堕作之一病，故此双行为真修矣。"②

从这些议论中可知，"执禅"与"执法"在当时的辽朝佛教界普遍存在③。禅教之争在理论上又表现为"顿渐之争"，鲜演对这种争执的局面表现出相当的关切，并且认为自己有义不容辞的调解争端、和会禅教的责任。他在解释"顿渐二教"时自述说：

---

① （辽）鲜演述：《大方广佛华严经谈玄决择》卷二，《大藏新纂卍续藏经》第8册，第7页。
② （辽）鲜演述：《大方广佛华严经谈玄决择》卷二，《大藏新纂卍续藏经》第8册，第8页。
③ 此外，鲜演在解释疏文"唯攻言说"时也表达了相同的观点，他说："心无妙解，口诵禅歌。念诸家章疏之文，状同瓶鸿。昧一心寂照之理，势若云朦。以此诲人，岂获义利。"（辽）鲜演述：《大方广佛华严经谈玄决择》卷二，《大藏新纂卍续藏经》第8册，第18页。

鲜演忝为佛使,滥作人师,丁迷昧之时,难嘿斐然之谈。是以时陈小喻,助显宏宗。但晓悟于童蒙,焉敢呈达识。本意乎欲提耳而告,拟指掌而示之,冀信心而受,获昭体而证之者欤。①

第二,以"如来藏真心"融合禅教。鲜演不仅从消极的方面对这一风气进行批判,他更从现实的需要出发,提出"禅教合一"的主张。具体来说,他主张华严宗与禅宗(主要指宗密所欣赏的荷泽禅)的合一,即"用禅门禅心之旨,开华严佛证之门"②。鲜演会通华严与禅的思路依然是以"一心(真心)"为基础,通过"心性论"统一禅宗和华严宗思想。

鲜演的这一思路主要受到宗密的影响,他在解释疏文时多次引用宗密的《禅源诸诠集都序》等著作,例如对"性宗空宗十异""四种顿渐"以及真空与妙有关系等问题的探讨,便直接引用了《禅源诸诠集都序》中的文字③。这也反映出:相比于澄观,宗密的具有禅化倾向的华严思想更适用于禅教思想的调和。在合会禅宗的理论问题上,鲜演对澄观和宗密思想的差异有深入的理解。在上文所举的"一切诸法真心所现"的释文中,他说:"释曰:彼约禅门,随见解而浅深泛异,据法理而南北源同。此约圆宗,随事相而终行布,据心性而本末圆融。顿圆之义旨虽殊,法喻之意趣罔

① (辽)鲜演述:《大方广佛华严经谈玄决择》卷五,《大藏新纂卍续藏经》第8册,第60页。
② (辽)鲜演述:《大方广佛华严经谈玄决择》卷二,《大藏新纂卍续藏经》第8册,第19页。
③ 参见(辽)鲜演述:《大方广佛华严经谈玄决择》卷五,《大藏新纂卍续藏经》第8册,第52、53、46页。

别,以顿成圆妙之至矣。学者存心非不晓乎。"①

同时,鲜演明显继承了宗密的合会禅教的观点。例如,他将禅宗所谓的"以心传心"之心解释为"一切众生本觉心":

> 言用以心传心之旨者,即达磨之旨,此心即是一切众生本觉心也。师资相望,立以传名。此意用禅门传心之旨,开华严佛证之门。②

实质上,这里的"本觉一心"即"如来藏真心",宗密及鲜演都按照《大乘起信论》"一心二门"的思想解释此心的染净妙用。在鲜演看来,"真心如来藏"本无不同,只是由于后来"机教不授"以及各宗派的学者领悟力的低下才造成了理解的偏差:

> 言谓以心传心等者,心即本觉一心也。心传者,师资相望也。故圭峰云:然达磨西来唯传心法,故自云我法以心传心,不立文字。此心是一切众生清净本觉,亦名佛性,或云灵觉。迷起一切烦恼,亦不离此心。悟起无边妙用,亦不离此心。妙用烦恼功过虽殊,在悟起迷此心不异。欲求佛道,唯悟此心故,历代祖宗唯传此也。然若感应相契,则虽一灯传百千灯,而灯灯无殊。若机教不授,则虽一音演法而各随解。故诸宗异说,过在后人,即其义也。③

---

① (辽)鲜演述:《大方广佛华严经谈玄决择》卷六,《大藏新纂卍续藏经》第8册,第79页。
② (辽)鲜演述:《大方广佛华严经谈玄决择》卷二,《大藏新纂卍续藏经》第8册,第19页。
③ (辽)鲜演述:《大方广佛华严经谈玄决择》卷五,《大藏新纂卍续藏经》第8册,第69页。

　　鲜演进而提出,在心性本体一致的基础上,禅门南北二宗及顿渐二教都可以得到统一。对于禅门南北二宗,他引用宗密的"知之一字,众妙之门"学说,认为南北二宗虽说法不同,但都是开发清净真心,"顿悟空寂之知"①。对于佛教顿渐之争的问题,鲜演认为顿渐二教的关系是"就体无别,约诠有异""权实有异,心体不殊":

　　　　就体无别,约诠有异(克体[不]随用分异)。一顺觉位,称实说故(一顺真门如如说故);一顺眠位,权假说故(一顺生门虚妄说故)。是故得知权实有异(由此应信顿渐迥别),虽眠觉之二位有异,然士夫之心体不殊(虽真生之二门有异,然法界而心性莫殊)。

鲜演在这里指出,顿渐两教所依据的本体是相同的,即都以"如来藏真心"为体(心体不殊),两教的目的都在于开发众生本有的佛性真如。两教的差别只在于修行诠释上的不同:顿教"顺觉位",是针对利根人,直指真如本性的如实说教;而渐教则"顺眠位",是针对钝根人的权变假说,但两者在本质上并无不同。

　　第三,重视华严宗自身的顿悟思想。受禅宗顿悟思想的影响,鲜演关注《华严经》中"初发信心时便成正觉"的说法。他在《华严经谈玄决择》中引用了宗密《禅源诸诠集都序》里关于"顿悟而渐修"的论述:

　　　　先须顿悟方可渐修者,此约解悟也(如孩子顿生,功业渐

---

① (辽)鲜演述:《大方广佛华严经谈玄决择》卷二,《大藏新纂卍续藏经》第8册,第19页。

成）。故《华严》说：初发心时即成正觉，然后三贤十圣次第修证。若未悟而修，非真修也。①

宗密将《华严经》中的"初发心时便成正觉"解释为"顿悟渐修"，但鲜演则更倾向于将此理解为不需要渐修的"顿悟成佛"：

> 《钞》如言初发心时便成正觉等者。初心成佛，因彻果海，称性深义。若能善修，顿成佛果，理定无疑。如不分教，却同权宗。但是如来接引劣根方便假说，致令行人不能正修。称性圆融，发菩提心，高推圣境，非自分故。殊不知自身包性德而为体，本是如来依智海以为源。随缘流浪，有何得而不本具，有何行而不能修。若云如此妙行贤圣所修，非我能辨者，即是欺诬自身本具法身真佛。不唯失其大利，抑又妄招过罪。……若谓久习无明云何顿成大智者。岂不闻冥室千年之暗，一灯倏忽顿除耶。②

这里的"初心成佛""顿成大智""冥室千年之暗，一灯倏忽顿除"等说法，正是其"顿悟顿修"思想的反映。如果说以"一心"会通禅宗是以华严思想改造禅宗，那么这里的"初发心时即成正觉"的顿悟成佛义则是援引禅宗思想对华严修行论的改造。顿悟说是禅宗得以广泛传播的重要理论支柱之一，也是中国佛教入世实践的重要理论产物。相比之下，华严思想虽然有相当精深而独具特

① （辽）鲜演述：《大方广佛华严经谈玄决择》卷四，《大藏新纂卍续藏经》第 8 册，第 46 页。
② （辽）鲜演述：《大方广佛华严经谈玄决择》卷四，《大藏新纂卍续藏经》第 8 册，第 43 页。

色的义理思辨,但在宗教实践方面却相对薄弱。鲜演试图吸收禅宗的这种更加入世化的宗教实践论,以弥补华严思想的不足,这与其融会诸宗以发展华严思想的目的是一致的。

鲜演的华严思想在后世产生了较大的影响,其《华严经谈玄决择》一书曾被南宋、元代及日本的华严学者所引用,如南宋时代以注释法藏《华严五教章》(全称《华严一乘教义分齐章》)著称的笑庵观复(主要活动时间为1141—1152年)、武林希迪(主要活动时间为1202—1218年)等人都引用了该书的内容,特别是观复在其《华严经大疏玄文随疏演义钞会解记》(即澄观《华严经随疏演义钞》的注释书)时大量引用鲜演《华严经谈玄决择》的内容,并在理论思想上受到鲜演的影响;元代普瑞在其《华严经随疏演义钞会玄记》中也多次引用了该书。这反映出鲜演的华严思想受到南宋及元代华严学匠的重视与传承,而《华严经谈玄决择》一书也被认可为唐代华严学著作的重要补充。这也从另一方面证明,鲜演及其华严思想在很大程度上被后世视为唐代华严学的传承与发展。

如果将鲜演思想放在9—12世纪的华严思想史中,我们就会对鲜演复兴唐代华严学的地位有更清晰的认识。这主要表现为:从中晚唐以来华严思想发展的内在理路来说,鲜演对“真心”的重视延续了澄观、宗密思想的内在逻辑线路,即对主观心性的日益重视,并进一步推进了唐代华严学内在矛盾的解决。

唐代华严思想发展的内在理路是日益重视心性论,以“真心”为基础组织诸法,并消泯修行主体与客观真理之间的对立。法藏建立的华严宗理论体系,重点在于从佛教立场探讨真理世界及诸法的缘起关系。作为法藏思想主体的“法界缘起”“十玄”“六相”及“理事”说等学说,都是针对外在于主体心性的本体界与现象界而论,他虽然也以“唯心回转善成门”表达了“如来藏(真心)缘起”

的思想 ①，但这种"真心"实际上更接近于客观唯心论 ②。因此，作为现实修证者主体的"觉心"与佛教解脱目标的"真心""法界"之间出现了明显的支离，即出现了"心"与"理"的矛盾，这是法藏思想的弱点与华严思想的内在矛盾。正如日本学者木村清孝指出："法藏的思想，简而言之，是缘起之真实彻底地被明示。但也因为如此，另一方面，其真实与现实人间的关系，就不那么被重视了。结果，由迷转悟之佛道的本来之姿，反而变得不清楚了。"③

因此，解决这种"心理矛盾"成为唐代华严思想发展的内在理路。作为法藏后继者的澄观与宗密都试图解决这一矛盾，他们的基本解决思路都是日益重视心性论并突出"真心"的主体地位。澄观提出"一切诸法真心所现""知即心体"等说，以"即凡心而见佛心" ④ 将修证者主观的"凡心"与客观真理的"佛心"会通，以"真心"思想消泯"心理矛盾"；而宗密则进一步融合禅宗的心性论，将"真心"作为根源和最高的存在，将"四法界"等客观性真理作为"真心"的附属物，从而消泯"心理矛盾"。与此同时，澄观与宗密也相应地围绕"真心"思想重新整理了华严宗的理论体系。

从现存辽朝华严学著作所反映的思想来看，以鲜演为代表的

① 法藏称："以上诸义，唯是一如来藏为自性清净心转也。……然一心亦具足十种德。"（唐）法藏述：《华严一乘教义分齐章》卷四，《大正新修大藏经》第 45 册，第 507 页。

② 按：冯友兰便持这种看法，他认为："法藏立一常恒不变之真心，为一切现象之根本；其说为一客观的唯心论。"冯友兰：《中国哲学史》（下册），上海：华东师范大学出版社 2000 年，第 165 页。

③ ［日］木村清孝著，李惠英译：《中国华严思想史》，台北：东大图书出版有限公司 1996 年，第 145 页。

④ （唐）澄观：《大方广佛华严经疏》卷一，《大正新修大藏经》第 35 册，第 503 页。

辽朝华严思想与唐代华严思想的内在理路也是一致的。鲜演对"真心"思想的重视,以及用"真心"对其他宗派(天台、唯识、禅宗)学说的会通,其思想根源也可以视为是对"心理矛盾"的回应。不过,在矛盾的具体解决上,鲜演更多援用了澄观和宗密的解决办法而少有更深入的发挥。他在华严思想的地位问题上坚持了澄观"独尊华严"的立场,但在"心""理"关系上却更多地援用了宗密的禅化思想。其原因可能在于,鲜演认为唐代华严大师的解决方案已经比较圆满,更重要的是,强化宗派观念的现实需要使其理论重点不得不放在如何以"真心"学说融合其他宗派思想的问题上。但这种理论重点的转向却反映了辽朝华严思想的发展脉络与时代特色。

此外,从华严学以及中国佛教的发展趋势来说,从中唐时代开始,诸宗派思想的融合就成为中国佛教思想发展的基本趋势,华严学也不例外,"和会诸宗"是澄观、宗密思想的基本精神之一,而鲜演很好地继承了这一精神,并在诸宗思想交融的方面更加深入。从这些方面来看,以鲜演为代表的辽朝华严学的确可以说是唐代华严学(澄观、宗密为代表的中晚唐华严学)的复兴。

值得注意的是,与宗密禅化华严思想的立场不同,鲜演特别重视澄观的思想,以及对华严思想主体地位的强调,对于禅宗思想,他只是将其作为华严思想之下与天台和唯识思想并列的附属思想来看待,这也是鲜演以澄观思想为根基的原因。以"和会诸宗"为基本精神并保持华严思想的主体地位,这是辽朝华严思想的主要特点之一。而这种对华严思想主体性的彰显,一方面是晚唐以来中国佛教宗派观念强化在理论上的表现,另一方面也是辽政权和契丹民族寻求文化和政治独立的思想反映。

四、《释摩诃衍论》辽朝注疏的内容与思想

《释摩诃衍论》是对《大乘起信论》的注释书，题名为龙树菩萨造，后秦筏提摩多译。作为《大乘起信论》的注疏，该书中包含有华严学、唯识学及密教咒语等复杂的内容，但自唐代开始，此论就被怀疑为伪论[①]，在中国《碛砂藏》《嘉兴藏》《龙藏》等《大藏经》中都没有收录此论，目前学术界也普遍认为此论为唐代时托名龙树的伪作[②]。例如，对于《释摩诃衍论》的真伪问题，《佛光大辞典》称：“《释摩诃衍论》凡十卷。印度龙树菩萨造，姚秦筏提摩多译。……本书相传为龙树所作，然其真伪论说不一。或谓本书乃

[①] 日本传教大师最澄（767—822）在其《守护国界章》中列举“七难”以论证《释摩诃衍论》为伪论：1. 翻译不分明，2. 隋唐目录不载，3. 真言之字不似梵字，4. 其义理与本论（起信论）相违，5. 秦译、梁译相同（译文相同，应是同一人所译，不应是二人所译），6. 疏师不引，7. 尾张大僧都已勘定为伪论。参见［日本］最澄：《守护国界章》，《大正新修大藏经》第74册。此外，唐僖宗光启元年（885，日本光孝天皇元庆九年）日本天台宗僧人安然所集的《诸阿阇黎真言密教部类总录》卷上便称：“释摩诃衍论十卷，龙树。或明初来之日，道俗判为伪论。次德溢师引用叡山本师破为伪论。仁和上问南大寺新罗僧珍聪，云：新罗中朝山月忠妄造。后海和上奏入真言三藏，流行天下。次福贵山道诠和上箴海，破古伪论，立为真论。”（［日］安然集：《诸阿阇黎真言密教部类总录》，《大正新修大藏经》第55册，第1116页）
[②] 对此，如印顺在《中观论颂讲记》中考证称：“后起的大乘学派，争以龙树为祖，这可见他的伟大，但也就因此常受他人的附会、歪曲。如有些论典，本不是他的作品，也说是他作的。……还有《释摩诃衍论》，是《大乘起信论》的注解，无疑的是唐人伪作；无知者，也伪托是龙树造的。”（参见印顺：《中观论颂讲记》，北京：中华书局2011年，第2页）傅伟勋在《大乘起信论义理新探》一文中考证称：“传说龙树所撰的《释摩诃衍论》十卷，可能是在法藏《义记》成立之后，在中土或在朝鲜成立的伪作。”（参见傅伟勋：《〈大乘起信论〉义理新探》，《中华佛学学报》第三期，1990年）

日僧圆仁根据新罗僧珍聪口传而成立者;或谓原撰者为新罗国大空山沙门月忠;或谓本论诸咒各种奇特之异字中,有类于武则天之文字者,故推论本书成立于武周时代。"①

　　虽然中国佛教界一直存在着对《释摩诃衍论》真伪问题的怀疑,但这并未影响到它的传播。相反,此论在辽朝佛教界受到了特别的重视,辽道宗皇帝特别推崇《释摩诃衍论》,在他的授意和提倡下,辽朝佛教界的许多义学高僧都对此论做了研习与注疏,保存至今的便有法悟的《释摩诃衍论赞玄疏》(以下简称《赞玄疏》)五卷及志福的《释摩诃衍论通玄钞》(以下简称《通玄钞》)四卷。

　　辽朝法悟和志福对该论的真实性似乎深信不疑,据《赞玄疏》的记载,《释摩诃衍论》只有一个译本,最初由"后秦中天竺三藏伐提摩多弘始三年奉敕于庄严寺译成十卷",并题名为《释摩诃衍论》,即翻译于与鸠摩罗什同时的后秦时代。此外,《赞玄疏》还指出《大乘起信论》有南朝梁和唐朝武则天时期的两个译本,分别是"梁朝西印度三藏波罗末陀承圣三年奉敕于建兴寺译成一卷",以及"大周于阗国三藏实叉难陀圣历三年奉敕于授记寺译成两卷"②,前者即法藏《大乘起信论义记》中所说的南朝梁承圣三年(554)真谛译本("波罗末陀"译名真谛),后者提到的实叉难陀为武周时期八十卷《华严经》的翻译者。

　　法悟认为三个译本是一个统一的整体,但实际上稍做分析,就会发现这些说法中存在的矛盾:首先,关于《释摩诃衍论》的译本并不见于唐代以前的经录,而伐提摩多其人及弘始三年(401)庄严寺译经的事也可能是后人的附会;而作为本论的《大乘起信论》,

―――――――――

① 慈怡编著:《佛光大辞典》,北京:北京图书馆出版社2004年,第6838页。
②(辽)法悟:《释摩诃衍论赞玄疏》卷一,《大藏新纂卍续藏经》第45册,第839页。

自隋唐时代起就被很多人怀疑为"伪论",梁朝真谛三藏的《大乘起信论》译本不见于真谛译经目录,实叉难陀的重译本也被认为只是对原作的改写①。其次,《释摩诃衍论》的内容综合了晚出的如来藏思想、唯识学、密宗经咒等,而与鸠摩罗什时代中国佛教思想界的情况不尽相同(当时以般若中观学、成实学、地论学为主),不大可能是当时的译本。第三,按照《赞玄疏》的说法,解释《大乘起信论》的《释摩诃衍论》译出在先,而本论则要晚一百五十多年之后才译出,这也明显有违常理。

对此,《赞玄疏》并未给予合理的解释,只是笼统地记述了辽道宗时此论被重新发现并流通的历史:

> 然斯《释论》,肇从秦代,迄至皇朝,仅七百年间未曾流布,遘一千运内方遂传通。……清宁纪号之八载,四方无事,五稼咸登。要荒共乐于升平,溥率皆修于善利。皇上万枢多暇,五教皆弘。乃下温纶,普搜坠典,获斯宝册,编入华龛。自兹以来,流通寖广。②

可知《释摩诃衍论》原本湮没无闻,是在辽道宗寻访佛教典籍("普搜坠典")的诏令下,才于清宁八年(1062)被重新发现并收入《大藏经》("编入华龛")的。

与北宋佛教界对此论的冷落相比,辽朝佛教界对《释摩诃衍论》的重视是一个值得注意的现象。而从《赞玄疏》及《通玄钞》

---

① 参见(梁)真谛译,高振农校释:《大乘起信论校释》序言,北京:中华书局1992年,第14—20页。
② (辽)法悟:《释摩诃衍论赞玄疏》卷一,《大藏新纂卍续藏经》第45册,第839页。

两部注疏的内容来看,法悟和志福所引用的佛教学说包括华严学、唯识学、天台宗及禅宗等众多宗派的思想,但其主要义理及基本思想立场都没有超出华严学的范围,这实际上反映出辽朝统治者试图以华严学统一佛教思想界的企图,这正是辽朝佛教思想和华严学的重要特点之一。对此,本书将通过对法悟《释摩诃衍论赞玄疏》及志福《释摩诃衍论通玄钞》的内容及思想的分析,进一步探讨辽朝华严思想的内容,该书的主要思想内容包括以下几方面:

(一)以澄观思想为主要的立论依据

法悟《赞玄疏》及志福《通玄钞》都将唐代华严宗祖师的著作和论述作为立论的主要根据。两书大量引用了唐代澄观、法藏等人对于法界、一心等名相概念的解释,以此来疏证《释摩诃衍论》的相关概念。法悟和志福的基本立场是,"用此论义门,成华严宗趣"[1],即通过对《释摩诃衍论》的注疏,显示华严宗的理论和境界。

据笔者统计,志福《通玄钞》中明确提及引自澄观的文字有45处之多:包括称引自"清凉云""清凉述""清凉释"(意为引自清凉国师澄观)的文字计32次,如对"三藏""四藏""十门礼""往复无际""十地为初地""入不二法门""真妄交彻""性相二宗之异""十界"等概念的解释;称引自"清凉疏""清凉大疏"或"华严经疏"(即澄观的《华严经疏》)的计9次,如对"十种报恩""十二入""体性广大""圆融始终"等概念的解释;称引自"略策"或"清凉小疏"(即澄观的《华严经略策》)的计4次,如对"一真法界""法界观""果海"的解释等;称引自"清凉钞"(即澄观的《华

严经随疏演义钞》)计 1 次(对"五教"的解释)。

明确提及引自法藏的文字则有 15 处:包括提到"贤首述""贤首云"(意为引自贤首大师法藏)的文字有 11 次,如对"真如""灭相""分别事识""变异细苦"的解释等;称引自"贤首疏""起信论疏"(即法藏的《起信论疏》)的计 3 次,如对"非有相非无相"的解释等;"贤首分齐"(即法藏的《华严一乘教义分齐章》)1 次("别教"解释);明确提及引自宗密的文字("圭峰云""草堂云""圆觉疏"等)则只有 4 处,主要是对宗密《圆觉经》疏的引用,如"修多罗""唱陀南""法义"等。此外,明确提到引自《华严经》(或称"杂华")的有 6 处。

法悟《赞玄疏》中明确提及引自澄观的文字则有 17 处:包括称引自"清凉云""清凉释"的文字计 8 次(如对"三藏""果海""初地成佛"等概念的解释),称引自"清凉大疏""华严大疏"(即澄观的《华严经疏》)的文字计 3 次(对于"四种法界因果""五重中道""九门决择"的解释等),称引自"略策"(即澄观的《华严经略策》)的 1 次,明确提及引自法藏的 3 处,分别是"探玄记"(即法藏的《华严经探玄记》)、"贤首""贤首疏"(即法藏的《大乘起信论疏》)。此外,还有"贤首清凉"(法藏和澄观)并举的计 2 次,没有明确提及引自宗密的文字。

以上只是就两疏中明确提到转引出处的文字进行的统计,实际上其中还有相当数量的疏文解释转引自澄观、法藏等人的著作,或是受到澄观等人思想的重要影响。与此同时,书中虽然也引用了唯识宗、禅宗等宗派的思想,但其数量及地位是无法与之相比的。而从这些引文的内容来看,对于本体论(如"真如一心""四法界"等)及修行论("理事双照""初地成佛")等关键思想的阐释上,都以澄观的论述为依据;两书引用的法藏观点则主要用于对澄观观点的补充,至于书中引用的宗密观点,则主要是一些基本概念和译名(如"修多罗""优陀那"等)的解释。这正反映出澄观思想在辽朝义学界的主体地位及巨大影响,以及对法藏、宗密等人思想的相对轻视。

从法悟和志福对《华严经》及唐代华严宗名相的引用等方面来看,两人的思想并未超出华严学的范围,他们同样将澄观思想作为主体和理论依据。此外,他们对于华严学主要创始人的法藏思想也给予了一定的重视,而对宗密思想的关注较少,这与鲜演的思想立场是相同的。值得注意的是,虽然《释摩诃衍论》中存在着大量的经咒字轮等密教内容,但两部注疏中对密教内容的解释只占很小的部分,如《赞玄疏》卷五中对于"持咒""字轮""阿呼门"等内容的简要解释①,这可能也是由法悟与志福的华严学匠身份和显教立场造成的。

(二)以如来藏真心为理论核心

"如来藏"和"真如一心"是法悟和志福用以阐释《释摩诃衍论》的理论核心。《赞玄疏》和《通玄钞》本身是对《释摩诃衍论》的注疏,而《释摩诃衍论》又是综合了华严、密宗和唯识思想而对《大乘起信论》进行解释的论书,因此《大乘起信论》所宣扬的如来藏思想及"一心、二门、三大"等名相,无疑成为《赞玄疏》和《通玄钞》所阐述的重点,而《大乘起信论》的如来藏思想与唐代华严学之间的密切关系,也决定了两部论疏以华严学为理论依据的合理性。对此,志福在其《通玄钞》中已经明确指出:"清凉云:用起信之文(终教),成华严之义(圆教),妙之至也。今用华严之文成起信

---

① 参见(辽)法悟:《释摩诃衍论赞玄疏》卷五,《大藏新纂卍续藏经》第45册,第918、920、922页。

之义,亦妙之至也。"① 意思是说,当年澄观是引用《大乘起信论》中的如来藏"真如一心"等思想来完善华严宗的教义,而现在则是利用华严宗的学说来解释《大乘起信论》(实际上是指《大乘起信论》的注疏书《释摩诃衍论》)的义理。具体来说,这种"华严之义"主要体现在《赞玄疏》和《通玄钞》对"真如一心"的特别重视上,这表现在以下几方面:

首先,《赞玄疏》将《释摩诃衍论》的核心内容总结为"四种根本大乘"。

此即"一心"和"体相用三大"四种,"开前根本大乘为四种:所谓一心及与三大",其中"一心"是本体,所谓"无为真如、本觉、始觉、虚空各具二体,通体皆以非有为非无为一心本法而为体","有为根本无明、生、住、异、灭各具二体,通体皆以非有为非无为一心本法为其体"②,这实际上正是对如来藏真心的本体地位的阐述。对此,《赞玄疏》进一步指出:"以此一藏无所不通,无所不当,圆满圆满,平等平等,一切所有诸如来藏无不以此而为根本"③,"一法界心,通一一心及多一心,通无尽一法界及纯白一法界,周遍凡圣,不可分离,唯一体相"④,这都是在反复强调"如来藏真心"的根本和唯一。

其次,将"信真如"作为"四信"的首要内容。

---

① (辽)志福:《释摩诃衍论通玄钞》卷二,《大藏新纂卍续藏经》第46册,第136页。

② (辽)法悟:《释摩诃衍论赞玄疏》卷一,《大藏新纂卍续藏经》第45册,第833页。

③ (辽)法悟:《释摩诃衍论赞玄疏》卷一,《大藏新纂卍续藏经》第45册,第831页。

④ (辽)法悟:《释摩诃衍论赞玄疏》卷一,《大藏新纂卍续藏经》第45册,第853页。

《赞玄疏》提出,证得大乘真理("摩诃衍法")的主要途径是"四信"和"五行",这里的"五行"指传统"六度"中的布施、禅定、精进、戒律,以及合二为一的智慧和般若,实际上就是"六度"的另一种说法,而"四信"说则具有新意。文称:

> 若谓证入摩诃衍法,当起四信及修五行能趣入。故言四信者:第一信真,令心平等;第二信佛,令心忻德;第三信法,令心进行;第四信僧,令心无诤。因斯四信能起五行,复凭五行还成四信。①

这里所说的"四信"即发起对真心、佛、法、僧的信心,而"信真"即对真如一心的虔信则被列于首位,高于传统的"佛、法、僧"三宝,这无疑是将真如一心作为修行觉悟的前提和基础。此外,《赞玄疏》多次强调"四信",如该书卷五有"信本、信佛、信法、信僧"等"四信"的内容("信本"即"信真"),并进一步强调"信真如为根本",文称:"一信本,达彼诸法,会归一实。以信真如为根本故,所信之境法界无穷,能信之心功德称性。"②也就是说,真如一心是了达各种佛法,并证悟最终佛性真理("一实")的根本途径。这实际上是从修行论的角度阐明真心的重要性,并且是对本体论方面的"如来藏真心"思想的呼应。

(三)以"本觉真心"为第十识——对唯识学思想的融会

除了以华严学思想为立论基础外,两部注疏同样采取了以华

---

① (辽)法悟:《释摩诃衍论赞玄疏》卷一,《大藏新纂卍续藏经》第45册,第837页。
② (辽)法悟:《释摩诃衍论赞玄疏》卷五,《大藏新纂卍续藏经》第45册,第915页。

严学（特别是真心思想）为中心，融会综合其他宗派思想的做法，这与鲜演《华严经谈玄决择》的思想内涵是一致的。其中，就华严学以外的各宗思想来说，两书对唯识学名相概念的引用最多，这一方面与《释摩诃衍论》本身的内容有关（其中包含对诸识内容的讨论），另一方面也是辽朝佛教义学界华严、唯识思想兴盛的反映。例如，《赞玄疏》一书就引用了大量唯识学概念来注解六识和七识之间的因果关系（"现识""分别事识""境界"）[1]，以及对"业识"和"妄心"熏习义等名相的解释等[2]。但在单纯的引用之外，两书还围绕真心思想对唯识学的概念做了改造与融合，这是其最具理论特点的地方。

首先，以本觉真心为十识。

唯识宗以阿赖耶识为第八本识，将其作为诸法根本以及一切万有缘起的种子，即"阿赖耶识缘起说"；而《大乘起信论》及华严学则主张如来藏缘起，即以如来藏真如一心为诸法根本和解脱的本体。对于阿赖耶识与如来藏真心的关系，《大乘起信论》即提出本觉真心即是阿赖耶识，即是如来藏；而鲜演在摄论学[3]及宗密思想的基础上，将"如来藏"作为高于阿赖耶识的本体，即第九阿摩罗识。但与《大乘起信论》及唯识学不同的是，《释摩诃衍论》的作者在第八识阿赖耶识、第九本觉识（阿摩罗识）之上，另立第十

---

[1] 参见（辽）法悟：《释摩诃衍论赞玄疏》卷四，《大藏新纂卍续藏经》第45册，第887、888、890页。

[2] 参见（辽）法悟：《释摩诃衍论赞玄疏》卷四，《大藏新纂卍续藏经》第45册，第896页。

[3] 摄论学为流行于南朝晚期至唐初的中国佛教学派，以传习、弘扬《摄大乘论》（简称《摄论》）而得名。其学者称摄论师。该学派主张如来藏缘起说，认为阿赖耶识并非佛性本体，而只是"染识"和一切烦恼之根本。并主张在前八识外加上阿摩罗识为第九识，前八识为虚妄，第九识为真如佛性。

识"真如一心",从而将传统的唯识八识扩展为"十识"。对此,法悟在《赞玄疏》中解释说:"合言一心等,以此十识乃是一心,乃是一心阿梨耶等",即十识以真如一心为根本。而对于第九和第十识的关系,法悟解释为:"释曰:九,九识。前八识加本觉识,唵摩罗者,此云本觉","释曰:十,十识。前九识上加多一心,故此十识包含无量"[①]。这种说法实际上是将第八识和第九识分别作为如来藏真心的"染"与"净"的变现,并将如来藏真心独立为第十根本识,从而融会了唯识学的八识说。

　　其次,以诸识为真心的变现。

　　辽朝华严学匠对于诸识的普遍认识是:以如来藏真心为本体,而将阿赖耶识及末那、六识都视为如来藏真心的变现,认为诸识都是真心不觉的表现。例如鲜演就继承了宗密"八识但是真心上随缘之义"[②]等观点的影响,认为如来藏是清净无染的本体,而阿赖耶识则染净和合、随缘变现万法,阿赖耶识只相当于真如的"随缘"作用。法悟在《赞玄疏》中也指出:"三界虚伪,究本唯真心所作。六尘幻化,推源亦真心能现。就末境从心起,不离于心故,分别境界即分别自心。"[③] 对比《赞玄疏》与《通玄钞》对八识的看法,可知两书的观点与鲜演是相同的。虽然两书中引用了大量唯识学的名相用来解释"八识"的具体内涵[④],但都认为作为诸识根本的是

---

① (辽)法悟:《释摩诃衍论赞玄疏》卷三,《大藏新纂卍续藏经》第45册,第869页。

② (唐)宗密述:《禅源诸诠集都序》卷上,《大正新修大藏经》第48册,第401页。

③ (辽)法悟:《释摩诃衍论赞玄疏》卷四,《大藏新纂卍续藏经》第45册,第891页。

④ 此外,《赞玄疏》中对"阿梨耶识""藏识""体依聚义"的解释,以及《通玄钞》中对"三细六粗"等,都引用了大量唯识学的概念。

"真如一心"而非阿赖耶识。可见,在对待诸识与如来藏关系的问题上,辽朝佛教界的认识是基本一致的。

但需要指出的是,《释摩诃衍论》所说的第十"一心"与第九"本觉"识都指真如佛性,两者在内涵上是相同的,未免有重复之嫌。此外,这种说法既违背了《大乘起信论》中以如来藏"一心二门"统一阿赖耶识的说法,也与宗密等唐代华严学大师所主张的如来藏九识说不同。但其积极意义是特别突出了"真如一心"的地位,并且试图以此统一关于诸识的各种争论(如唯识八识说、摄论九识说、如来藏说等),这正迎合了辽朝佛教界以"真心"思想统一佛教思想界的理论要求。这种"统一"思想也是《释摩诃衍论》受到辽朝统治者和华严学匠特别推崇的原因,同时也是辽朝佛教思想界理论主题的反映。

(四)对禅宗思想的吸收与会通

中晚唐以来,禅宗思想对中国佛教思想界产生了巨大的影响。在此思想背景下,澄观、宗密等唐代华严学祖师也自觉将禅宗思想融入华严学中。在对待禅宗的思想立场上,法悟与鲜演等人是一致的,即主要持批判态度对禅宗思想进行吸收融合;而从《赞玄疏》及《通玄钞》的内容来看,禅宗思想所占的比例也是相当小的,但却有以下几点值得注意:

首先,对于禅观修行论,法悟在《赞玄疏》中主张"止观双运""定慧双修"的方法,其主要内涵则是澄观的"事理双照"论即华严观法。对此,他在文中引用了澄观的相关说法:

> 清凉云:定慧虽多不出二种,一事二理。制之一处无事不辨,事定门也(《遗教经》意)。能观心性契理不动,理定门也(《涅槃经》意)。明达法相,事观也。善了无生,理观也。……

若说双运,谓即寂之照是也。所以局见之者,随嘱一文,互相非拨。偏修之者,随入一门,皆有克证,然非圆畅。今当事观对于理定,此是菩萨微妙行门。[1]

值得注意的是,志福在其《通玄钞》中也引用了同样的文字("修习止观门")[2]。可见,法悟和志福在继承澄观华严观法的同时,同样继承了澄观重华严之"教",并"融禅入教"的主张。他们一方面批评偏执于义理的"局见者"和偏执于禅定的"偏修者",另一方面提出只有按照华严宗"事观""理定"双运的观法,才能实现禅定与义理修行的"圆畅"。法悟还称:"故《涅槃经》云:定多慧少,不见佛性;慧多定少,见性不了。定慧等学,明见佛性。是知偏是偏慧,是愚是狂,若阙一门,无明邪见,此二双运,成两足尊。"[3]他在此引用《涅槃经》的说法,将"定慧等学""定慧双运"作为明见佛性、觉悟解脱的必要途径,实际上还是在强调华严学的修行观法。由上文可知,鲜演也持相同的观点,可见"重教轻禅"与"融禅入教"是辽朝佛教界的普遍思想。

其次,相比于鲜演及法悟的思想,志福在其《通玄钞》中对南宗禅思想给予了更多的关注,并试图积极融合华严宗与南宗禅、天台宗思想。这主要表现在对于"顿悟渐修"及"无念"思想的阐述上。志福认为华严宗主张的修行论为顿悟渐修论:"若华严诸会,

---

①（辽）法悟:《释摩诃衍论赞玄疏》卷五,《大藏新纂卍续藏经》第45册,第924页。

②（辽）志福:《释摩诃衍论通玄钞》卷四,《大藏新纂卍续藏经》第46册,第160页。

③（辽）法悟:《释摩诃衍论赞玄疏》卷五,《大藏新纂卍续藏经》第45册,第925页。

皆先顿悟同于佛果，后方渐修菩萨因行。"①并且他认为这与禅宗及
天台宗的修行论是一致的，文称：

> 又清凉云：禅非智无以穷其寂，智非禅无以深其照。又
> 天台止观经论云云，皆斯意也。由是圆正离彼偏邪之顿悟渐
> 修大要门故。止即顿悟，观即渐修，念念顿悟，念念渐修，二不
> 相离故。七祖云：顿悟渐修为圆妙也。斯则所修大节，故须双
> 行。②

志福在此一方面引述了澄观的"融禅入教"论，另一方面又将"止"
与"顿悟""观"与"渐修"相等同，主张顿悟渐修一体，并引用了禅
宗大师荷泽神会（"七祖"）的言论③，虽然这里的"七祖云：顿悟渐
修为圆妙也"一句实际上来自宗密的转述，但无疑属于唐代荷泽禅
的思想，反映出志福在修行论上融合华严、荷泽禅和天台思想的倾
向。此外，志福在"一心一念"的解释上，也同时引用了南宗禅及
澄观对于"无念"的说法：

> 一心一念生缚等者，即下文云：一切诸法唯依妄念而有差
> 别，若离心念则无一切境界之相。谓此门中"一切善恶都不思

---

①（辽）志福：《释摩诃衍论通玄钞》卷四，《大藏新纂卍续藏经》第46册，第
162页。

②（辽）志福：《释摩诃衍论通玄钞》卷四，《大藏新纂卍续藏经》第46册，第
162页。

③ 此语出宗密《华严经行愿品疏钞》，原文为："悟即刹那而登妙觉，一悟之
后，念念相应习气唯微，本智唯莹，具渐顿也。故荷泽大师开示：顿悟渐修
为圆妙也。"（唐）澄观别行疏，（唐）宗密随疏钞：《大方广佛华严经普贤行
愿品别行疏钞》卷一，《大藏新纂卍续藏经》第5册，第220页。

量,自然能入"而为行故。《达摩碑文》云:心有也,旷劫而滞
凡夫;心无也,刹那而登正觉。又如清凉云:欲了真如性,须忘
妄执情。有心生死路,无念涅盘(槃)城。烦恼谁为主,菩提尚
假名。不存分别见,佛道自然成。①

这里提到的"一切善恶都不思量,自然能入"出自《坛经》②,而"心
有也,旷劫而滞凡夫;心无也,刹那而登正觉"则出自传为梁武帝所
撰的《菩提达摩碑文》③,两者都是南宗禅思想的反映,但随后志福
又引用了澄观对于"无念"的看法,这反映出作者具有融合澄观与
南宗禅思想的意图④。

　　由上文可知,对于华严宗的修行论,鲜演倾向于"顿悟顿修"
说,并对传统的华严"顿悟渐修"说持保留意见;而志福则明确支
持华严宗"顿悟渐修"论。此外,除了晚唐宗密等人的禅宗著作
外,志福《通玄钞》特别引用了北宋禅宗文献《景德传灯录》(以下

---

① (辽)志福:《释摩诃衍论通玄钞》卷一,《大藏新纂卍续藏经》第46册,第
　　124页。
② 《坛经》中的原文为:"汝若欲知心要,但一切善恶都莫思量,自然得入清净
　　心体,湛然常寂,妙用恒沙。"(宋)宗宝编:《六祖大师法宝坛经》,《大正新
　　修大藏经》第48册,第360页。
③ 《菩提达摩碑文》被认为是中唐时代的伪作,而非南朝梁武帝时的作品(参
　　见纪华传:《菩提达摩碑文考释》,《曹溪禅研究》2003年第2期),但在现存
　　的文献中,澄观的《大方广佛华严经随疏演义钞》最早引用该碑文的内容,
　　并且两次引用过这句话,因此志福在这里所引用的《达摩碑文》可能也是转
　　引自澄观的《演义钞》。
④ 此外,志福在解释"真如门"时,也引用了《荷泽记》的内容,文称:"无念,
　　念者即念真如;无生,生者即生实相。无住而住,而住常住。涅槃无行,而
　　行即超彼岸。如如不动,动用无穷。念念无求,求本无念(此《荷泽记》)。"
　　(辽)志福:《释摩诃衍论通玄钞》卷二,《大藏新纂卍续藏经》第46册,第
　　125页。

简称《灯录》)的内容,一是在"堕于常边"的解释中,引用了《灯录》中"信州常禅师参六祖"的公案①;二是在"因言遣言"的解释中,引用了《灯录》中"唐相国杜鸿渐问无住禅师庭树鸦鸣"的公案②。虽然《通玄钞》对《灯录》的引用仅有 2 处,在全书中所占比例很小,但这在现存的辽朝佛教文献中也属于孤例(鲜演、法悟及密宗大师觉苑、道殿等人的著作中都未见北宋禅宗文献的引用),它一方面证明北宋禅宗对辽朝佛教产生了一定的影响力,另一方面也反映出志福与鲜演、法悟等人之间的思想差异:即在吸收融合禅宗思想方面,志福更为积极和主动。

(五)"三谛"与"三大"圆融——对天台宗思想的融合

《赞玄疏》和《通玄钞》对于天台宗的思想也有所吸收和综合,这主要表现为:

首先,将"真如一心"与"第一义谛","一心二门"与"一心三谛"等同。

在天台宗思想的吸收融合方面,两书的主要表现是将《大乘起信论》的"一心二门"思想与真、俗、第一义谛的"三谛"思想结合。对此,《赞玄疏》称:

> 谓虽纯白无尽有异,而一法界体性常同,唯是所入第一义谛,此为根本。其真如生灭二种因果即是真俗二谛,摄二因果之末归一法界之本,则知此论唯以第一义谛法界为宗。故第三法界因果分明,显示法界,即当第一义谛因果,即收

①(辽)志福:《释摩诃衍论通玄钞》卷二,《大藏新纂卍续藏经》第 46 册,第 127 页。
②(辽)志福:《释摩诃衍论通玄钞》卷二,《大藏新纂卍续藏经》第 46 册,第 127 页。

真俗二谛。①

这里将"法界体性"与"第一义谛"等同,并提出了"唯以第一义谛法界为宗"的说法,其主要内涵则是以如来藏真心为"第一义谛",而"真俗二谛"则是真心的"真如""生灭"二门的表现而已。此外,《赞玄疏》还提出:"此心为本,摄出世法为真如门,摄世间法为生灭门,所摄二门即真俗谛,能摄一心唯第一义"②,"能作一心即中道谛,所生之法即真俗谛"③。可见,《赞玄疏》反复强调"第一义谛"与如来藏真心是一体的,"一心三谛"与"一心二门"是统一的,这实际上正是利用真心思想对天台宗学说的改造与融合。此外,《赞玄疏》还将"一心"的体相用"三大"与真俗二谛对应,认为"一心三大"中各包含着真俗二谛两种意义,这样便将其推演为"八门"。文称:"此一心三大各具真俗,分成八门,以此八门化于上智"④,"一法之三大,于真俗谛各说三大。真谛门中虽有三大,无双立故;俗谛门中具明三大,无一阙故。二义之三大,后重能入。六门之内,约理亦有三重真俗二谛"⑤。

其次,坚持唐朝华严学立场,认为"无情无性"。

①(辽)法悟:《释摩诃衍论赞玄疏》卷一,《大藏新纂卍续藏经》第45册,第839页。
②(辽)法悟:《释摩诃衍论赞玄疏》卷二,《大藏新纂卍续藏经》第45册,第851页。
③(辽)法悟:《释摩诃衍论赞玄疏》卷三,《大藏新纂卍续藏经》第45册,第867页。
④(辽)法悟:《释摩诃衍论赞玄疏》卷二,《大藏新纂卍续藏经》第45册,第851页。
⑤(辽)法悟:《释摩诃衍论赞玄疏》卷一,《大藏新纂卍续藏经》第45册,第837页。

　　与鲜演相同的是,法悟等人也主张华严宗的"无情无性"说,并以此批判天台宗思想。法悟在《赞玄疏》中称:"生有心识,知有佛性。生具本觉,故具识耳。虽然觉体横竖咸周,在于有情名为佛性,在于非情名为法性,即拣非情不成觉者。"①也就是认为,只有具有觉性的有情众生才具有佛性,而如草木土石等没有觉性的无情是不能成佛的。结合鲜演《华严经谈玄决择》中的相同说法,可知"无情无性"说是辽朝华严学和佛教思想界的普遍看法,而鲜演、法悟等人对"无情无佛性"的强调,无疑是针对唐代天台宗湛然的"无情有性"说而提出的,其意义都在于提高修行者的能动性和积极性。

　　再次,调和禅宗与天台宗思想。

　　志福在《通玄钞》中解释天台三观时提出:"达摩大师以心传心,不带名数,直为上上根智,俾忘筌忘意,故与此教同而不同。智者禅师穷理尽性,备足之门,故与禅宗异而非异也。"②认为禅宗的达摩大师通过心传之法来启迪具有上上根智慧的人,而天台宗的智者禅师则通过穷尽义理来觉悟佛法,两者只是在修行途径上不同,而在解脱的最终目的上没有不同,这实际上是在会通禅宗与天台宗思想,或者说是一种站在天台宗立场上的"禅教合一"论。

　　综上所述,法悟《赞玄疏》及志福《通玄钞》反映出辽朝华严学及辽朝佛教思想的以下几个特点:首先,辽朝佛教界将《释摩诃衍论》视为诸宗思想融合的代表作,并将其作为统一佛教思想界的重要经典依据。应该说,从理论思辨的系统性与深刻性来说,

---

①（辽）法悟:《释摩诃衍论赞玄疏》卷四,《大藏新纂卍续藏经》第45册,第890页。

②（辽）志福:《释摩诃衍论通玄钞》卷三,《大藏新纂卍续藏经》第46册,第142页。

《释摩诃衍论》对华严、唯识、密宗等思想的杂糅并不值得特别称道,但对于辽朝佛教界来说,此论的出现正为诸宗思想的综合统一提供了权威经典(被视为龙树菩萨的作品)方面的依据;借此论以推进佛教思想统一也是辽道宗及法悟、志福等人的主要目的[①]。其次,辽朝佛教思想界以澄观思想为主要立论依据,并以如来藏真心思想兼容唯识学、天台宗思想。通过上文的论述可知,澄观的著作及其思想学说是两部注疏的主要立论根据,华严学的真心思想则得到特别重视,而法悟、志福用以融会唯识宗、天台宗思想的主要理论也是真心思想("十识说"及"第一义谛法界")。再次,提倡"顿悟渐修"论,并表现出"重教轻禅"的思想倾向。志福在其《通玄钞》中引用了大量南宗禅的文献,用以注疏《释摩诃衍论》,并解说华严宗观法和宗密的"顿悟渐修"论;虽然志福在南宗禅思想的引进上更为积极,但其基本立场与法悟和鲜演是一致的,即都是站在华严宗的思想立场上"重教轻禅"并"融禅入教"。

综合鲜演《华严经谈玄决择》、法悟《释摩诃衍论赞玄疏》及志福《释摩诃衍论通玄钞》的分析论述,我们可以对辽朝华严学的理论特点做出初步的总结:一是在学说基础上以澄观思想为主体,表现出对唐代华严学的选择性继承;二是在理论上以华严学的真心思想为核心,并将其作为融合各宗派思想的理论基础;三是以华严学的真心思想为理论核心,将统一佛教思想界作为理论主题;四是

---

① 对此,法悟在《赞玄疏》中对《释摩诃衍论》"包罗无阙""尽皆符会"的综合性赞颂不已,文称:"此论也,总十轴之妙释,穷五分之微诠。百亿契经,说示尽皆符会;一代时教,包罗无所阙疑。了自心之智灯,照本论之释镜。其功也大,讵可得而言矣。"(辽)法悟:《释摩诃衍论赞玄疏》卷一,《大藏新纂卍续藏经》第45册,第839页。

在禅教关系方面主张"重教轻禅"和"融禅入教",并在华严学的立场上完成"禅教合一"。

当然,这只是依据辽朝华严学著作所得出的结论,尚不足以代表辽朝佛教思想的全貌。而就现存的辽朝密宗著作来看,辽朝密宗思想中也包含有丰富的华严学思想,并表现出华严宗和密宗思想相结合的"显密圆融"特点。对此,下文将以现存辽朝密宗著作的分析为基础,探讨辽朝密宗的思想内涵和理论创新,并进一步揭示辽朝佛教思想的整体特点。

第三节 辽朝密宗及"显密圆融"思想

一、辽朝密宗的代表高僧及其著作

(一)总秘大师觉苑及其著作

觉苑为辽兴宗、道宗时著名的密宗高僧,同时是一位精通华严学的佛教思想家。他的著作现存有《大日经义释演密钞》(全称《大毗卢遮那成佛神变加持经义释演密钞》)十卷,是研究辽朝密宗思想的重要资料。觉苑虽为辽朝著名高僧,但传世僧传未见其生平事迹的记载。现在只能通过辽人赵孝严和觉苑本人为《大日经义释演密钞》所作的两篇序文中,大体了解他的一些事迹。赵孝严在序文中记载:

> 时有总秘大师赐紫沙门觉苑,细攻蚁术,长号鹏耆。学赡群经,业专密部。禀摩尼之善诱,穷瑜伽之奥诠。名冠京师,诏开讲会。最上乘之至理,由此发扬。因集科文五卷,通行于世。师自是谈演之暇,乘精运思,复撰成钞十卷。……亦既进

奏,亟命雕镂。①

觉苑在其自序中也记述了写作该书的经过:

> (引者注:道宗皇帝)爰命琐才,俾宣密咒。因咸雍初提总
> 中京大天庆寺,属以时缘,再兴未肆。……越大康三年,忽降
> 纶音,令进《神变经》疏钞科,则密教司南时至矣。②

综合以上记载,可知觉苑曾师从西域高僧摩尼学习密法。摩
尼不见于僧传,据赵孝严序文记载:"暨我大辽国有三藏摩尼者,从
西竺至,躬慕圣化,志弘咒典。然广传授,未遑论撰。历岁既久,逮
今方兴。"③可知此三藏摩尼为西天竺人,精通密法,但以教学传授
为主而无著述。觉苑在辽道宗时的佛教界知名度很高,所谓"名冠
京师,诏开讲会",他与鲜演大师一样,属于道宗皇帝的高级顾问僧
官。他在《大日经义释演密钞》中署名为"燕京圆福寺崇禄大夫检
校太保行崇禄卿总秘大师赐紫沙门觉苑"④,在《阳台山清水院创
造藏经记》中则署名为"燕京右街检校太保大卿沙门觉苑"⑤。由此

---

① (辽)赵孝严:《大日经义释演密钞引文》,《大藏新纂卍续藏经》第23册,第
523页。
② (辽)觉苑:《大日经义释演密钞序》,《大藏新纂卍续藏经》第23册,第
523页。
③ (辽)赵孝严:《大日经义释演密钞引文》,《大藏新纂卍续藏经》第23册,第
523页。
④ (辽)觉苑:《大日经义释演密钞》卷一,《大藏新纂卍续藏经》第23册,第
523页。
⑤ (辽)释志延:《阳台山清水院创造藏经记》,阎凤梧主编:《全辽金文》(上),
第512页。

可知,觉苑被道宗皇帝授以"总秘大师"的称号,以及检校太保、崇禄大夫、行崇禄卿等官衔,他常住于燕京的圆福寺,并于道宗咸雍初年任中京大天庆寺提总。在道宗皇帝的亲自授意下,觉苑为唐代一行禅师的《大日经义释》作注疏《大日经义释演密钞》,这正反映出他作为辽朝密宗代表人物的重要地位。值得注意的是,觉苑将辽道宗皇帝称为"密教司南",这说明辽朝佛教界确实将辽道宗视为"教主"。

觉苑在序文中还提到了他校订《大藏经》的重要事迹,称辽兴宗"志弘藏教,欲及迩遐,敕尽雕镂,须人详勘。觉苑持承纶旨,忝预校场"①。据吕澂、罗炤、李富华等学者的考证,觉苑受敕命校正的便是辽圣宗时完成的契丹版《大藏经》,并将圣宗时代的藏经505帙续补为579帙②,可知他在兴宗时代已经是著名高僧。而据《阳台山清水院创造藏经记》记载,道宗咸雍四年(1068),觉苑与居士邓从贵在燕京阳台山清水院(今北京市西山大觉寺)印造《大藏经》五百七十九帙,并"创内外藏而龛措之"③。此《大藏经》应当就是经他续补完成的《辽藏》(又称《契丹藏》),由校正《大藏经》的事迹可知,觉苑虽以密宗大师知名,但同时是一位精通各宗义学的高僧。

在佛教义学方面,觉苑虽然对密宗义学最为精通,但对华严学也有相当深入的研究,其《大日经义释演密钞》虽然是对密宗经典

---

① (辽)觉苑:《大日经义释演密钞》卷一,《大藏新纂卍续藏经》第23册,第527页。
② 参见李富华:《关于〈辽藏〉的研究》,杨曾文、方广锠编:《佛教与历史文化》,北京:宗教文化出版社2001年,第493—494页。
③ (辽)释志延:《阳台山清水院创造藏经记》,阎凤梧主编:《全辽金文》(上),第512页。

的注疏,但其中包含有许多华严宗的理论学说。关于该书具体思想内容及理论特色,将在下文进行论述。

(二)显密圆通法师道㲀及其著作

道㲀 ① 也是一位精通华严学的辽朝密宗高僧,其著作现存有《显密圆通成佛心要集》一书,该书序文称其为"显密圆通法师",可见注重显教华严学和密教思想的融合是其主要的思想特点。道㲀的事迹在传世僧传失载,可依据的传记资料只有《显密圆通成佛心要集》卷首辽人陈觉所作的序文,以及该书卷末道㲀弟子性嘉所作的后序。关于其生平,陈觉序文记载:

> 今显密圆通法师者,时推英悟,天假辩聪。髫龀礼于名师,十五历于学肆。参禅访道,博达多闻。内精五教之宗,外善百家之奥。利名不染,爱恶非交。既而厌处都城,肆志岩壑。积累载之勤悴,穷大藏之渊源。……因是错综灵编,纂集《心要》。文成一卷,理尽万途。②

性嘉在《显密圆通成佛心要集并供佛利生仪后序》中记载:

---

① 按:史籍中对道㲀僧名的记载不完全一致,或将其名写作"道㲀"(《大正新修大藏经》第 46 册《显密圆通成佛心要集》),或写作"道殿"(吕澂:《新编汉文大藏经目录》),或写作"道㲀"(《佛教大藏经》总目录、索引)。"道殿"为讹称,"道㲀"见于《碛砂藏》,为较早的写法,但该字偏旁"厄"与"辰"的草书写法相似,因此"道㲀"应为原本的僧名,这种情况的出现可能属于传抄中的笔误。除引文之外,本书在正文及脚注中采用学术界公认的写法,即"道㲀"。

② (辽)道㲀集:《显密圆通成佛心要集》卷上,《大正新修大藏经》第 46 册,第 989 页。《大正新修大藏经》第 46 册目录将道㲀所属时代误写为"元",将其僧名误写为"道殿",本书在脚注中订正为"(辽)道㲀",下引文献同。

今我亲教和尚，讳道殿 [①]，字法幢，俗姓杜氏，云中人也。家传十善，世禀五常。始从龆龀之年，习于儒释之典。天然聪辩，性自仁贤。博学则侔罗什之多闻，持明则具佛图之灵异。……由是寻原讨本，采异搜奇，研精甫仅于十旬，析理遂成于一卷，号之曰《显密圆通成佛心要》并《供佛利生仪》。[②]

陈觉和性嘉作序文时，道殿依然在世，因此两文并无其卒年的记载。陈觉为道宗时人，《辽史·道宗本纪》记载陈觉曾作为使臣吊祭宋英宗赵曙 [③]，咸雍五年（1069）撰有《秦晋国妃墓志铭》[④]。此外，道殿在《显密圆通成佛心要集》卷下末尾记："今居末法之中，得值天佑皇帝菩萨国王，率土之内流通二教，一介微僧幸得遭逢。"[⑤]天佑皇帝为辽道宗的尊号，可知道殿为活动于辽道宗时的高僧。他在《显密圆通成佛心要集》中署名为"五台山金河寺沙门道殿"，可知金河寺为其常住寺院。金河寺位于蔚州五台山（今河北省张家口市蔚县小五台山）[⑥]，今存遗址。历史上的金河寺为辽西

---

① 此为《大正新修大藏经》所收《显密圆通成佛心要集》中的原文写法，在尊重原始文献的前提下，写为"道殿"。

②（辽）道殿集：《显密圆通成佛心要集》，《大正新修大藏经》第46册，第1006页。

③ 参见（元）脱脱等：《辽史》卷二十二《道宗纪二》，北京：中华书局1974年，第266页。

④（辽）陈觉：《秦晋国妃墓志铭》，阎凤梧主编：《全辽金文》（上），第387页。

⑤（辽）道殿集：《显密圆通成佛心要集》卷下，《大正新修大藏经》第46册，第1004页。

⑥ 此五台山并非山西省五台山，而指河北省蔚县城东北的小五台山，又称东五台。辽朝曾仿北宋修五台山十寺的行动而在该山建造十寺，山中现存金河寺遗址。参见雷生霖：《河北蔚县小五台山金河寺调查记》，《文物》1995年第1期。

京地区的重要寺院和佛教义学中心,辽朝高僧行均①和道殿均为金
河寺僧人。据《辽史》记载,辽圣宗于统和十年(992)"九月癸卯,
幸五台山金河寺饭僧"②;辽道宗咸雍九年(1073)七月"幸金河
寺"③,可见西京蔚州金河寺在辽朝佛教界具有重要地位。

　　综合以上两文的记载,可知道殿为云中(今山西省大同市)人,
字法幢,俗姓杜氏。他出生于一个信奉佛教的家庭,童年时就礼拜
名师,学习儒家和佛教经典;出家后持戒谨严,参禅访学;并曾隐居
山林研习《大藏经》。相比于前述诸位高僧,他与皇室的关系似乎
较为疏远,序文中并无皇帝召见、赐号、加官之类的记载,似乎符合
"利名不染,爱恶非交"的记载。此外,据《燕京永安寺释迦舍利塔
碑记》④和《显密圆通建舍利塔记》⑤等碑铭记载,道殿曾于辽道宗
寿昌二年(1096)建造过舍利塔,可知道宗后期他依然在世。在佛
教义学方面,道殿精通显密两教,显教以华严学见长,密教则以准
提法门为主。他的主要著作有《显密圆通成佛心要集》一卷及《供
佛利生仪》(附于《显密圆通成佛心要集》后),前者是华严宗和密
宗思想结合的产物,集中反映了他的显密融通思想,对此下文将进
行论述。

---

① 行均为辽圣宗时义学高僧,撰有《龙龛手鉴》一书,为重要佛教字学著作。
② (元)脱脱等:《辽史》卷十三《圣宗纪四》,北京:中华书局1974年,第
　143页。
③ (元)脱脱等:《辽史》卷六十八《游幸表》,北京:中华书局1974年,第
　1072页。
④《燕京永安寺释迦舍利塔碑记》末题"大辽寿昌二年三月十五日,显密圆通
　法师道殿之所造也"。向南编:《辽代石刻文编》,石家庄:河北教育出版社
　1995年,第475页。
⑤《显密圆通建舍利塔记》末题:"时大辽寿昌二年三月望日,显密圆通法师道
　殿建,弟子性悟施。"向南、张国庆、李宇峰辑注:《辽代石刻文续编》,沈阳:
　辽宁人民出版社2010年,第233页。

（三）石刻文献中所见辽朝密宗僧人与"显密圆融"学风

在现存的辽代碑刻文献中，记载有另外一些密宗僧人的简要情况。据辽道宗咸雍八年（1072）王鼎撰《蓟州神山云泉寺记》记载，志秘上人俗姓李氏，蓟州人，先在盘山甘泉寺修行，后来到蓟州神山创建云泉寺，"正殿之中，实以本尊八菩萨，颇加严饰，以备归依"①。这里提到的"本尊八菩萨"应当是指密宗所崇奉的文殊菩萨、观世音菩萨、弥勒菩萨、虚空藏菩萨、普贤菩萨、金刚手菩萨、除盖障菩萨、地藏菩萨八大菩萨，其经典依据主要是唐代不空三藏所翻译的《八大菩萨曼陀罗经》。八大菩萨形象在现存的辽代佛教文物中也有发现，如辽宁朝阳北塔天宫北壁雕刻有八大菩萨曼陀罗，山西应县木塔五层塑有八大菩萨曼陀罗，皆为辽朝密宗遗迹②。因此，从建造"本尊八菩萨"像"以备归依"来看，志秘上人应当为密宗僧人。此外，据韩温教《金山演教院千人邑记》，沙门弘昇、志霞与居士田辛曾在涞水县金山演教院建有正堂五间，"正面画本尊八菩萨形象"③，则弘昇、志霞可能也属密宗僧人。

值得注意的是，从现有的资料来看，"显密圆融"即华严宗和密宗兼学并重是辽朝佛教界的普遍风气，这不仅在觉苑、道殿的著作中有鲜明的体现，在现存的辽代石刻文献中也有反映。据大安六年（1090）《为自身建塔记》记载，涿州（今河北省涿州市）广因寺沙门守恩以密宗修行为主，"持诸杂真言，大悲心小佛顶胜六字观音满愿金刚延寿文殊一字咒"及"《大方等经》"（即《大方等大集

---

① （辽）王鼎：《蓟州神山云泉寺记》，阎凤梧主编：《全辽金文》（上），第415页。
② 参见吕建福：《中国密教史》，北京：中国社会科学出版社1995年，第469—470页。
③ （辽）韩温教：《金山演教院千人邑记》，阎凤梧主编：《全辽金文》（上），第589页。

经》)、《大般若心经》"等经,可知守恩本人是一位以密宗为主,精通义学的僧人。但其后题名的法孙则有"讲《华严经》奉美""习《华严经》沙门奉成",可知两人为华严学僧,此外还有"讲经律论沙门奉昭""重孙持念沙门智觉"等题名①。守恩及其弟子对密宗、华严宗等显密宗派的兼学,应当是当时辽朝佛教界的普遍情况。

此外,据乾统七年(1107)《宝胜寺僧玄照坟塔记》记载,该寺僧人玄照以《华严经》为主要研习经典,"一旦听读《大华严经》,玄谈方周,六载未曾有辍"②;同时还将持念密宗经咒作为重要的宗教修行,"诵得《观音品》《般若经》《梵行品》《大准提陀罗尼》《灭罪陀罗尼》《佛顶心陀罗尼》《一字顶轮王陀罗尼》等"③。据天庆十年(1120)《易州马头山善兴寺华严座主塔记》记载,曾有被称为"华严座主"的僧人住于易州(今河北省保定市易县)马头山善兴寺。由其名号可知,该僧人虽以华严学见长,但该文又记载他曾念诵《大悲心》等密咒真言共一百三十六万遍④,可见他对密咒修持也颇为重视。

由此可见,华严宗和密宗兼学并存也是辽朝佛教界的普遍风气,这反映出辽朝华严宗和密宗的兴盛,以及两者相融合的"显密圆融"特点。这不仅体现出辽朝佛教的特色,同时也是辽朝佛教思想界的创新所在。对此,下文将从思想融合的角度对此做进一步阐述。

---

① 《为自身建塔记》,阎凤梧主编:《全辽金文》(上),第 768 页。

② 此处断句标点有误,应为"一旦听读《大华严经玄谈》,方周六载,未曾有辍",这里的《大华严经玄谈》即上文提到的唐代澄观的著作。

③ (辽)释志恒:《宝胜寺僧玄照坟塔记》,阎凤梧主编:《全辽金文》(上),第 600 页。

④ 《易州马头山善兴寺华严座主塔记》,阎凤梧主编:《全辽金文》(上),第 808 页。

二、辽朝密宗思想的内容与特点

密宗与华严宗作为辽朝佛教界最兴盛的两大宗派,两者之间的思想交融不可避免。但从现有资料来看,华严学对密宗义学的影响更大,觉苑的《大日经义释演密钞》及道㲀的《显密圆通成佛心要集》可称后者的代表。自中唐以来,禅宗及密宗的兴盛在很大程度上削弱了佛教义学的影响力,但觉苑及道㲀却引用华严学思想对密宗经典及仪轨进行了新的理论解读,反映出辽朝密宗对佛教义学思想的主动吸收,并以此完善其义学体系的意图。这种解读一方面反映了辽朝密宗及华严宗的兴盛,同时是唐宋以来佛教诸宗思想融合大趋势的具体例证;另一方面,从华严学自身的发展来看,密宗的华严化还代表着华严学发展的另外一种可能走向,即华严宗的密教化。下文将通过对觉苑《大日经义释演密钞》及道㲀《显密圆通成佛心要集》两书的分析,对此进行探讨。

(一)觉苑《大日经义释》的内容及思想

觉苑的《大日经义释演密钞》(以下简称《演密钞》)一书是对《大日经义释》的注释。《大日经》全称为《大毗卢遮那成佛神变加持经》,简称为《大毗卢遮那成佛经》《大毗卢遮那经》,由唐朝善无畏、一行等人翻译,为胎藏界密法的集成,并且是唐朝密宗的根本经典之一。《大日经义释》十四卷则是唐朝一行禅师为《大日经》所作的注疏。但由于"安史之乱"爆发及一行逝世等原因,此书在当时没有得到广泛流传。直至辽兴宗时才由觉苑重新发现,并注释流传,此事在《演密钞》中有较详细的记载:

禅师尚虑学者守文失意,搜阅大小相应之教,举显密二

释,会性相微言,勒成十四卷,目之曰《义释》。未及宣演,玄宗
幸蜀,禅师没化,斯文寻坠。洎我大辽兴宗御宇,志弘藏教,欲
及迩退。敕尽雕镂,须人详勘。觉苑持承纶旨,忝预校场,因
采群诠,访获斯本。今上继统,清宁五年,敕镂板流行。①

可知觉苑曾受兴宗之命校勘《大藏经》,并在校经中重新发现此书,
但直到道宗即位后,此书才受到统治者和佛教界的重视,于清宁
五年(1059)雕版印行。此后,觉苑还受命对此书做了进一步的注
疏,即现存的《演密钞》一书。

　　觉苑虽然为密宗高僧,但对华严学有相当精深的研究。与鲜
演相同的是,他也将澄观思想作为华严学的主体,并引用澄观《华
严经疏》等著作诠释《大日经义释》。觉苑在《演密钞》中明确提及
引自《华严经》的文字共有 29 处,如十心、七劝、转法轮十事、善财
入弥勒楼阁等内容;而明确提及引自澄观著作(称"清凉云""依清
凉"等)的文字则有 17 处之多,反映出他对《华严经》及澄观著作
曾有相当深入的研习。觉苑在《演密钞》中很明显地表现出依据
密宗观行和华严学(主要是澄观思想)建构密宗思想体系的意图,
这主要表现在以下几个方面:

　　第一,依据华严判教思想,视密教为"圆宗"。唐代的一行与温
古 ② 吸收华严等宗派的判教说,将《大日经》为代表的胎藏界密法
视为"圆宗"。觉苑继承了这一思想,并依据澄观思想做了进一步

① (辽)觉苑:《大日经义释演密钞》卷一,《大藏新纂卍续藏经》第 23 册,第
　　527 页。
② 温古为唐代密宗僧人,玄宗时曾作为笔授在资圣寺协助金刚智翻译《瑜伽念
　　诵法》《七俱胝》等四部佛经,他为一行的《大日经义释》作了序文。参见(辽)
　　觉苑:《大日经义释演密钞》卷一,《大藏新纂卍续藏经》第 23 册,第 528 页。

的发挥：

> 依清凉教类有五。……五圆教明一位即一切位，一切位
> 即一位。十信满心即摄五位，成正觉等。依普贤法界帝网重
> 重主伴具足，故名圆教，广如彼疏。今神变经典与此大同，但
> 显密为异耳，是故此经五教之中圆教所摄。故下序云此经乃
> 秘藏圆宗，深入实相为众教之源尔。①

觉苑同时承认华严与密宗为圆宗，但两者不能完全等同，其差
别在于：一方面显密有别，"显谓五性一乘该诸经论，密谓字轮观行
陀罗尼门"②；另一方面密宗高于华严，《大日经》中已经包含了显
教五宗的思想，他对此解释说：

> 言圆宗者，圆谓圆满，由含总故；宗谓宗主，由尊尚故。此
> 经总能含摄一切大小性相诸法故。下疏云：以此经者横统一
> 切佛教，如说唯蕴无我出世间心住蕴中，即摄诸部小乘三藏。
> 如说观蕴阿赖耶觉自心本不生，即摄诸经八识三无性义。如
> 说极无自心十缘生句，即摄华严般若，种种不思议之境界皆入
> 其中。如说如实知自心名一切种智，则佛性一乘如来秘密藏
> 皆入其中。如是于种种圣言无不统其精要，故曰圆宗。问：何
> 以得知？答：为此经也，语其广包具无量乘，论其深胜直归一
> 乘，同华严故。……斯乃即当华严十宗之内圆融具德宗，但显

————————

① （辽）觉苑：《大日经义释演密钞》卷一，《大藏新纂卍续藏经》第23册，第
525页。
② （辽）觉苑：《大日经义释演密钞》卷一，《大藏新纂卍续藏经》第23册，第
526页。

密有殊矣。①

　　觉苑将密宗作为"圆宗"并以其为包含佛教小乘、唯识、华严诸宗思想的最高教义，其目的依然是在密宗的立场下对佛教诸宗派思想进行融合与统一。他的"密圆"思想与鲜演的华严思想同样是唐代以后中国佛教思想界融合大趋势的具体反映。

　　第二，以"真心"本体思想解释"心曼荼罗"。真心本觉的心性论是澄观思想的核心内容之一，也是澄观、宗密等人用来会通佛教诸宗的理论基础。觉苑也继承和发挥了这一思想，围绕"一心"会通华严和密宗，这是他从修行本体角度对密宗的华严学解读。

　　觉苑对华严学的"真心"及其相关概念有相当深入的理解，他在书中多处引用《华严经》及《大乘起信论》中有关"心"的思想，例如对《华严经》"三界唯心"及"真心"说、《大乘起信论》"如来藏缘起"及"一心二门"等学说的引用②。在此基础上，他用"真心"思想对密宗本体论进行了新的诠释，以"真心（本觉心）"解释"漫荼罗"（曼荼罗）境界，将成佛视为对"心曼荼罗"即"真心"的觉悟。在觉苑看来，"曼荼罗"为密宗字轮观行的对象，通过对"曼荼罗"的观想觉悟便可以达到解脱的境界，因此"曼荼罗"实际上具有解脱本体的意义，而觉苑认为"曼荼罗"就是"真心（本觉自心）"：

　　　　漫荼罗是一切众生本觉自心，即此心漫荼罗中各各常有

_____

① （辽）觉苑：《大日经义释演密钞》卷一，《大藏新纂卍续藏经》第23册，第531页。

② 参见（辽）觉苑：《大日经义释演密钞》卷三，《大藏新纂卍续藏经》第23册，第558、553页。

无量诸佛、菩萨、缘觉、声闻、天龙八部，无量眷属之所集会，但以无始无明之所覆，闭不自知见。譬如贫家宝藏，常在自家，由处地下，不知不觉，知识告语，方始知觉。众生自心漫荼宝藏亦复如是，虽有不觉，诸佛知识方便示语，即得知之，名之为入漫荼罗，即本觉之体入是始觉之智。①

这里的"心曼（漫）荼罗"明显就是指"本觉真心"，即"如来藏真如一心"。而所谓觉悟成佛或"得果"也就是"始觉契同本觉"，即对这一"心曼荼罗"即"本觉真心"的觉悟开发，对此觉苑有明确的表述：

意处即心处也，离此心外更无一法而可得者。为令人易解故，诸佛如来强以名言分别说之，名漫荼罗，即是众生自心之漫荼罗也，但以无明所覆不自识知。……若行者依真言为门，即能了知。真言心位不异漫荼意处，即是始觉契同本觉，名为得果。②

这样，在修行的本体依据及对象上，觉苑实际上已经将华严学的"本觉真心"说作为密宗本体思想的核心，从而完成了华严学与密宗思想的融合。

第三，以"阿字门"为统一心与法界的"一心"。阿在梵文中具有无的意思，因此阿字代表"一切诸法本不生义"，被称为"心真

①（辽）觉苑：《大日经义释演密钞》卷三，《大藏新纂卍续藏经》第23册，第567页。
②（辽）觉苑：《大日经义释演密钞》卷八，《大藏新纂卍续藏经》第23册，第622页。

言",他说:"此阿字是一切法本不生义,名之为心真言。此心真言即是能遍生世出世间一切之法。"① 从这一角度讲,"阿字"具有佛教"第一义谛"的普遍真理意义,这就为会通其他宗派的思想提供了理论依据。"阿字门"虽然属于密宗特有的观行,但觉苑依然引用华严学对此做了新的诠释。

在觉苑看来,"阿字门"不仅包括"缘起性空"的"本不生义",同时具备统摄诸法的"真如一心"的意义。"阿字门"中的"阿字"代表真理"第一义谛",而且是具有"一心二门"意义的法界,"身同阿字等者,此阿字即是法界,本具染净二种体相"②。而所谓的"阿字门"为阿(上)、阿(引)、暗、恶、长声恶五字,通过对这五字的持诵并配以相应的观想和手印,身口意"三密"结合便可证得佛果。觉苑将这五字门视为具有觉悟"一切如来心"能力的"正等觉心":

> 此五字统收一切佛法,无有遗余,故名为正等觉心。又今且约一途修行次第,作浅深差别说其实。此五字各成一切如来智(即五方佛),各各统收一切佛法。是故下文修观行时,随学一心即见一切如来心,即是华严如来成正觉时,普见一切众生皆成正觉也。如是一心见一切心,旋转无碍,故名正等觉心也。③

---

① (辽)觉苑:《大日经义释演密钞》卷九,《大藏新纂卍续藏经》第23册,第640页。

② (辽)觉苑:《大日经义释演密钞》卷九,《大藏新纂卍续藏经》第23册,第638页。

③ (辽)觉苑:《大日经义释演密钞》卷二,《大藏新纂卍续藏经》第23册,第536页。

可见,这里的"阿字门"就是具有主观能动性、修行主体意义的正等觉心,也就是说,"阿字门观行"本身就是主体之心的全部觉悟修行活动。此外,在这段引文中可以发现华严学"一即一切,一切即一"的思想("随学一心即见一切如来心"),这一点在觉苑论述"华严四十二字门"① 的文字中也有反映,他说:"又如释字轮旋陀罗尼义,以一字摄一切字,一切字全是一字。初后相摄,横竖该罗。一切法门不离一字,即同华严四十二字。初一阿字具漫荼等,亦是四十二位,举一全收。疏文上下判为圆顿不思议神通之乘。"②

最重要的是,觉苑提出"阿字门"不仅具有菩提心的意义,它还是统摄法界、众生界、心界的"真如一心",文称:

> 复次法界等者。谓法界、众生界、心界由入阿字门故,而成相即。如是展转,心界即是第五本性净句,乃至即是第二句中最初阿字门为真言之体。是故以诸余字门,严成阿字菩提心本源也。③

他所说的"阿字门"实际上既包括了具有本体意义的"心曼荼罗"(真心),同时也包括具有修行主体意义的"正等觉心"(觉悟之心)。这样作为修行主体的"菩提心"与解脱本体的"如来藏"、

---

① 按:唐代不空曾译出《大方广佛华严经入法界品四十二字观门》,该经以《华严经·入法界品》中的四十二字为观行字门,其中便包括阿字,这也为华严与密宗的会通提供了经典上的依据。
② (辽)觉苑:《大日经义释演密钞》卷一,《大藏新纂卍续藏经》第23册,第526页。
③ (辽)觉苑:《大日经义释演密钞》卷五,《大藏新纂卍续藏经》第23册,第577页。

主观性的心与真理性的法界都被统一于这一总体性的"阿字门"中,这说明华严学的真心思想也被觉苑视为统一密宗思想的重要理论。

第四,以华严思想解释"阿字门"的具体观行实践。觉苑对密宗的华严学解读,表现在修行实践论上,便是"依显华严,依密字门"。在他看来,显教华严宗所说的成佛途径主要是依据"十地十心"等修行,而密宗则要通过其特有的"阿字门"字轮观行达到成佛,但觉苑依然引用华严思想对密宗的字轮观行做了一些新的诠释:

首先,在修行目标及解脱境界上,觉苑直接将"阿字门"观行所要达到的解脱境界描述为《华严经》中的"普贤行愿",提出要以"阿字门"菩提心,最终证得"普贤行愿",文称:

> 若真言行者,以阿字门见一切从缘生法皆是毗卢遮那法界身,同于虚空。尔时十方通同为一佛国,是名毕竟净菩提心。以此毕竟净菩提心,随无尽法界、无余众生界,感应因缘,一时普现色身,行菩萨道。于念念中供养无量善知识,悟入无量诸度门。如是于无量阿僧祇劫中恒殊胜进,严净一切佛刹,成就一切众生,所作佛事未曾休息,是名普贤行愿也。①

其次,觉苑的华严学解读,表现在具体的密宗观行实践中,则是以华严学的"四法界""十玄"思想解释"阿字门"的具体观行活动。他在解释瑜伽行法时称此为"法界字门观行",文称:

---

① (辽)觉苑:《大日经义释演密钞》卷四,《大藏新纂卍续藏经》第23册,第564页。

　　若密宗所明瑜伽行者,正是法界字门观行也。若以阿字本不生义观,即属理法界观。遍一切处与理相应故。……凡一切字皆揽阿字之所成故,若无开口之音,何有随宜之说。譬千里之程由初步而即,登九仞之山亏一篑而不立,即理成事也。……若观自心中佛为本尊时,即见如来在行者心圆明中。于佛心上亦有微细圆明种子,渐能增广,卷舒自在皆无障碍,互不相妨。故经云:乃至本所尊自身像皆现也。即因果交彻,生佛互收。上来四法界观义粗略释之。①

这里将"法界字门观行"与澄观的"四法界观"相等同,不同之处只在于观想对象上加入了密宗的本尊身像观。此外,"十玄"思想在"阿字门观行"中也有具体的反映:

　　如一菩萨为其中尊,大日如来却在上方位中,余诸眷属互为主伴,如是乃有十世界微尘悲生漫荼罗。此则平漫乃至同类异类世界,尘道客尘之处,及彼尘中所含重重无尽刹尘世界圣贤,亦具有主伴。如形色漫荼,既尔手印种智漫荼亦然。历历星布,互不相妨,自在圆明,重重无尽,如帝网境故。②

可见,觉苑在此是用华严宗所说的"重重无尽""主伴圆融"等"帝网境界观"来阐释大日如来本尊与其眷属之间的关系,从而将密宗特有的曼荼罗观想改造为深具理论思辨的华严观行。不过,

―――――――――

① (辽)觉苑:《大日经义释演密钞》卷一,《大藏新纂卍续藏经》第23册,第529、530页。

② (辽)觉苑:《大日经义释演密钞》卷五,《大藏新纂卍续藏经》第23册,第579页。

从《演密钞》中的叙述来看,密宗特有的字轮观行依然是"阿字门观行"的主要内容,但华严宗的法界观法却被觉苑大量引用,并被糅合成为字轮观想的组成部分,这实际上显示出觉苑尝试以华严学丰富密宗观法的意图。

第五,突出观行实践的"秘密不思议法界缘起"。《演密钞》中的"秘密不思议法界缘起"及法身说也是觉苑以华严学诠释密宗思想的重要表现,他援引华严学的法界缘起理论以及澄观"法界缘起不思议为宗"① 的学说,将密宗的宗趣称为"秘密不思议法界缘起",文称:

> 第五明经宗趣者。语之所上曰宗,宗之所归曰趣。此经即以秘密不思议法界缘起观行为宗。若以秘密不思议法界缘起为宗,即以观行为趣。或以观行为宗,即以秘密不思议法界缘起为趣。是宗之趣,或宗即趣,可以意得。由是疏文上下或归于不思议法界缘起,或归于甚深秘密观行,其文非一,不烦具出。②

这一"秘密不思议法界缘起"的特色在于,觉苑在这里所说的"法界缘起",主要是指具体的观行实践,而与华严学侧重分析诸法关系的理论思辨不同。在觉苑看来,法界缘起与观行实践是统一的,他甚至有将观行作为"秘密不思议法界缘起"主要内容的倾向,这从他对"秘密缘起之智"的论述中可以得到印证:

----

① (唐)澄观:《大方广佛华严经疏》卷三,《大正新修大藏经》第35册,第522页。
② (辽)觉苑:《大日经义释演密钞》卷一,《大藏新纂卍续藏经》第23册,第526页。

　　自然有缘起智生者,即法界不思议秘密缘起之智生也。谓行者以内自观行力为因,外感佛神通加持力为缘。由斯二力故,自然而有秘密法界缘起智生,即能得见不思议加持境界,是故不同寻常耳。[1]

也就是说,只有通过修行者自身观行实践("内观行力")的修炼,以及诸佛神通的加持力,才能生出"秘密法界缘起智"。可见,这些论述都强调了观行本身的重要性。因此,觉苑虽然借用了华严学的概念诠释"秘密法界缘起",但与华严学的法界缘起思想相比,这种"缘起"说却更强调了修行实践的重要性,这也反映出密宗重视宗教实践的特色。

　　此外,觉苑对于"法身"概念的诠释也较多地援用了华严学(主要是澄观)的思想,例如援引澄观对法性生身、功德法身、变化法身、实相法身、虚空法身等五法身的学说解释"本地法身",以及"华严十身之智身"的概念等[2]。

　　第六,以密宗和会禅宗的思想。在当时中国佛教诸宗派融合的思想背景下,觉苑在《演密钞》中对唯识、天台、禅宗等宗派的思想也有所吸收,例如对天台宗"三智一心,一心三止"思想的引述[3],以及唯识学"两种烦恼"说的引用[4]等等。但与华严学的巨

①(辽)觉苑:《大日经义释演密钞》卷四,《大藏新纂卍续藏经》第23册,第566页。
②(辽)觉苑:《大日经义释演密钞》卷二,《大藏新纂卍续藏经》第23册,第540页。
③(辽)觉苑:《大日经义释演密钞》卷七,《大藏新纂卍续藏经》第23册,第607页。
④(辽)觉苑:《大日经义释演密钞》卷三,《大藏新纂卍续藏经》第23册,第555页。

大影响相比,这些思想的影响则几乎微不足道。但在对待禅宗的立场上,觉苑与鲜演、法悟等人一样采取了批评的态度,这一点值得注意。他站在重视仪轨秘咒及字轮观行的密宗立场上,对禅宗所谓"泛参禅理"的空讲颇不以为然,并在疏文中引用了宗密《禅源诸诠集都序》批评"执禅者"的言论①。觉苑认为禅宗虽然讲空法和"不著相",但不从"有相"入门而企图直入"空相",结果却是着于空法;而且禅宗的顿悟思想和对佛教经学的轻视,又助长了俗僧不习佛教义学的风气,对此,他在注释"著是空法多生异见"时说:

> 著是空法多生异见等者。如上凡观察时,先从有相入于无相,若不从有相直尔入空,即失大悲万行,依何方便而得入空。若著如是空法,多生异见。颇见今时僧俗之流,不能广披教藏。闻说顿宗,便拨次第,不依门庭,又顺懒恣染恚之心,展转学习,如犬橹吠。故我天祐皇帝圣哲在躬,睿摸出俗,穷性相二教,擅南北两宗。戒勖斯流,须示佳句曰:欲学禅宗先趣圆,亦非著有离空边;如今毁相废修行,不久三途在目前。乐道之流宜书诸绅尔,故曰著是空等。②

值得注意的是,这段引文显示出"重教轻禅"不仅是辽朝华严与密宗僧人的认识,而且作为佛教保护者的辽道宗皇帝也持相同的看法。文称道宗对华严、天台、唯识及禅宗都有深入的了解,并

---

① 参见(辽)觉苑:《大日经义释演密钞》卷三,《大藏新纂卍续藏经》第23册,第551页。

② (辽)觉苑:《大日经义释演密钞》卷十,《大藏新纂卍续藏经》第23册,第657页。

以华严（圆教）义理的研习为学禅的前提，体现出对佛教义学尤其
是华严学的重视。由此可知，"重教轻禅"是从上层的辽朝统治者
到佛教义学思想界的普遍认识。

　　由于《大日经义释》的作者一行禅师为禅宗"北宗之师"，是神
秀高足普寂禅师的弟子①，因此觉苑对禅宗并不完全排斥。相反，
他继承了一行融合禅宗的思想，试图"和会南北二宗同入法界字
门"，而这种和会的基础依旧是"心性论"，即上述的"阿字菩提心"
思想：

　　　　若但从阿字菩提心不假长阿等行之次第，直趣暗字大空
　　之理，即是顿顿，失于圆顿之道理也。以我禅师造此义释，弘
　　阐秘藏，意为和会南北二宗，同入法界字门。舍染无染之异，
　　离拂不拂之殊。②

觉苑认为"阿字门"所代表的"大空之理"也就是禅宗所说的空
理，二者在根本真理的层面上是一致的，而且密宗的"法界字门"
（实质上是华严思想的产物）足以包涵禅宗思想。当然，从《演义
钞》本身来看，觉苑并未将禅宗作为融合的主要对象。其原因在
于，禅宗"派遣名相"的学说并不重视诸法的细致分析、名相的诠
释以及复杂理论体系的建构，但这些却是辽朝密宗及觉苑所需要
的。这可能也是澄观思想倍受觉苑重视，而宗密思想相对冷落的
原因。

---

① 参见（辽）觉苑：《大日经义释演密钞》卷一，《大藏新纂卍续藏经》第23
　　册，第532页。
②（辽）觉苑：《大日经义释演密钞》卷十，《大藏新纂卍续藏经》第23册，第
　　657页。

　　通观觉苑《大日经义释》所反映的辽朝密宗思想，我们可以得出以下几点结论：

　　首先，觉苑对密宗修行论进行了华严学解读，并表现出"显密圆融"的特点。觉苑对《大日经》的华严学解读，一方面反映了华严学在辽朝佛教思想界的主流地位，另一方面则是辽朝华严学与密宗思想融合的重要表现。其次，觉苑思想表现出宗派观念的强化，并与诸宗思想的融合趋势相应。强调密宗的独立性与至高唯一，这正是觉苑标榜《大日经》为"密圆"经典的原因所在。他大量援引华严宗学说的主要目的是完善密宗的理论体系，弥补密宗思想在心性论、境界论、判教论等方面的不足；与此同时，他又在反复强调《大日经》统摄诸宗思想的至高地位，并且保留了密宗最具特色的字轮观行、咒诵坛法等内容。可见诸宗思想融合与宗派观念强化是统一的，后者是前者的目的，前者则是实现后者的途径。再次，从理论层面来说，觉苑重视心性论。他继承了澄观的"真心"学说并以此为基础统一密宗和华严思想。不论是"阿字门观行""心曼荼罗"还是"秘密法界缘起"，都反映出华严学心性论的重要影响，觉苑在这一点上也呼应了中国佛教思想界日益重视心性论的整体发展趋势。

　　而从辽朝华严学的角度来看，觉苑对密宗经典的华严学解读似乎预示了华严宗发展的另一种可能，即抛开禅化的途径而密教化。与禅宗、密宗、天台宗相比，唐代华严思想在修行实践论方面相对薄弱，其观法则过于抽象和理想化。信徒怎样通过现实而简易的修证实践洞见圆融无碍的"真如法界"、除染显净而觉悟"真心"？唐代华严大师似乎并未很好地解决这一问题。觉苑的观行论则为此提供了可能，例如重视观行实践的"不思议秘密法界缘起"学说，即通过系统而较为简易的观法修证落实对"真如法界"

的体悟。对修证实践(观法)的补充是唐代以后华严宗发展的一个重要特点,在宋代华严思想中也有这一现象①。但从现有资料看,这种密教化的可能性只存在于辽朝而未成为中国华严思想的主流。

(二)道㲀《显密圆通成佛心要集》的显密融合思想

道㲀是辽朝密宗的另一位代表人物,年代稍晚于觉苑,代表作为《显密圆通成佛心要集》(以下简称《心要集》)。他的主要思想依然是以显教(主要是华严学)诠释密宗思想,并且更为鲜明地反映出辽朝密宗"显密圆融"的思想特色。与觉苑不同的是,他以"准提法门"作为密教的代表,将其作为"密教心要"而与"显教心要"的华严学并立。道㲀写作该书的目的在于调和当时显密两教的对立,这也是"显密圆通"的主要意义所在。因此,他在书中批评了当时辽朝佛教界显密对立的现状,并提出了自己"和会显密"的愿望:

> 法无是非之言,人析修证之路。暨经年远,误见弥多。或习显教,轻诬密部之宗;或专密言,昧黩显教之趣;或攻名相,鲜知入道之门;或学字声,罕识持明之轨。遂使甚深观行变作名言,秘密神宗翻成音韵。今乃不揆琐才,双依显密二宗,略宗成佛心要,庶望将来悉得圆通。②

从文中可知,当时的密宗与探讨义理的显教诸宗都存在教条

---

① 参见王颂:《宋代华严思想研究》第三章《宋代华严观法的研究与弘传》,北京:宗教文化出版社2008年,第91—138页。

② (辽)道㲀集:《显密圆通成佛心要集》卷上,《大正新修大藏经》第46册,第989页。

化的严重倾向,并且在宗派观念下互相攻击,这种情况与禅教的对立颇有相似的地方。但在鲜演及觉苑的书中却并没有发现显密对立的记载,这也许与作者关注角度的不同有关。在华严与密宗并盛的背景下,道殿依然延续了援引华严学诠释密教的方法。具体来说,这种诠释主要表现在以下几方面:

第一,对"真心"思想的重视及"五法界"说的提出。道殿对华严思想的援引中,最突出的是对华严学"真心"思想的重视,这也是他将华严学称为显教"心要"的意义所在。他在论述华严宗的修行论"初悟毗卢法界,后修普贤行海"时,对"真心"的概念做了详细的阐述,并引用了《华严经》及澄观著作中有关"真心"的文字:

> 今依圆教修行略分为二:初悟毗卢法界,后修普贤行海。且初悟毗卢法界者,谓《华严经》所说一真无障碍法界或名一心。于中本具三世间、四法界一切染净诸法,未有一法出此法界,此是一切凡夫圣人根本之真心也。泛言真心而有二种:一同教真心,二别教真心。于同教中复有二种:一终教真心,二顿教真心。①

道殿在此列出了同教真心和别教真心、终教真心和顿教真心几种"真心"的意义,并将其全部统一于"真如一心",实际上他就是将"真心"等同于华严宗修证的对象"毗卢法界",这反映出他对华严学心性论的熟悉和重视。除此之外,道殿对"真心"的重视集中体现为"五法界观"学说的提出。他将澄观的"四法界观"及宗

① (辽)道殿集:《显密圆通成佛心要集》卷上,《大正新修大藏经》第46册,第990页。

密"无障碍法界即一心"说总结为"五法界观",并且对应有"五法界":

> 今就观行略示五门:一诸法如梦幻观,二真如绝相观,三事理无碍观,四帝网无尽观,五无障碍法界观。且初诸法如梦幻观者(即当事法界观)。……二真如绝相观者(即当理法界观)。……三事理无碍观者(即当事理无碍法界观)。……四帝网无尽观者(即当事事无碍法界观)。于中略示五门:一礼敬门,二供养门,三忏悔门,四发愿门,五持诵门。……五无障碍法界观者(即当四法界所依总法界观),谓常观想一切染净诸法,举体全是无障碍法界之心。此能观智,亦想全是法界之心。……今此无障碍法界中,本具三世间、四法界一切染净诸法,未有一法出此法界。而此法界全此全彼互无障碍,则知根根尘尘全是无障碍法界。①

道㲀在文中列出了诸法如梦幻观(事法界观)、真如绝相观(理法界观)、事理无碍观(事理无碍法界观)、帝网无尽观(事事无碍法界观)、无障碍法界观五观,对应的则是事、理、事理无碍、事事无碍四法界及"一真无障碍法界(真心)"。他将"无障碍法界观"作为统摄四法界观的"总法界观",实质上就是将四法界观统一于"一心",将"法界之心"作为万法生灭及出世解脱的根源所在。这种思想是从心性论的角度对四法界说的补充,其核心是突出"真心"的重要性,而源头则是澄观等人"一切诸法唯心所现"的唯心

---

① (辽)道㲀集:《显密圆通成佛心要集》卷上,《大正新修大藏经》第46册,第991—993页。

思想,并且与鲜演的"一心摄四法界,四法界归于一心"① 思想一致。此外,道殿认为密宗"三密"修行的本体就是华严宗所说的"无障碍法界(一心)",提出"今密宗坛法手印真言,即体便是无障碍法界也"②,这与觉苑以"真心"阐释"阿字门观行"的思路是一致的。

对比鲜演、觉苑与道殿的真心思想,可以发现三人思想的一致性:即都是以"真心"为本体,以心性论为基础组织理论体系,并以此统摄其他宗派思想,表现出对华严学真心思想的特别重视。但道殿的"五法界观"更加明确了"真心"的本体地位及主观心性的重要,从某种程度上说,它是日益重视心性论的辽朝华严思想的反映。

第二,"密圆"判教说与显密融合的观行修证论。道殿继承了觉苑在《大日经义释演密钞》中的判教说,也将密教解释成"密圆":

> 二密教心要者,谓《神变疏钞》,曼荼罗疏钞,皆判陀罗尼教,是密圆也。前显教圆宗,须要先悟毗卢法界,后依悟修满普贤行海,得离生死,证成十身无碍佛果。……今密圆神咒,一切众生并因位菩萨,虽不解得,但持诵之,便具毗卢法界普贤行海,自然得离生死,成就十身无碍佛果。……合云圆宗有二:一显圆,二密圆。贤首但据显教,正判《华严》为圆。今神变疏钞,曼荼罗疏钞,类彼显圆,判斯密教亦是圆宗。显密既

---

① (辽)鲜演述:《大方广佛华严经谈玄决择》卷五,《大藏新纂卍续藏经》第 8 册,第 68 页。
② (辽)道殿集:《显密圆通成佛心要集》卷上,《大正新修大藏经》第 46 册,第 996 页。

异,乃诸师无违也。①

　　道殿在这里指出,显教圆宗在修行解脱中需要先解悟深奥的"毗卢法界",难度较大;相比之下,密教圆宗则不需解悟,只要诵持陀罗尼经咒就可以证得"普贤行海",更为简易,可见他认为"密圆"比"显圆"更高明。值得注意的是,他还将《神变疏钞》(即觉苑的《大日经义释演密钞》)作为"密圆"说的经典依据,并且与华严宗祖师法藏(贤首)的经典著述等同,这说明觉苑及其判教说在当时具有重要影响力。在此基础上,他还依据华严学的"五种判教"说,将各经中的密咒做了判教式的划分:

　　　　例知五教下亦各有密咒也。如诸《阿含经》中咒,即是小教;诸《般若经》中咒,即是始教;《金光明经》中咒,即是终教;《楞伽经》中咒,即是顿教;《大乘庄严宝王经》中《六字大明准提神咒》即是圆教。……又贤首清凉以义判教,一经之中容有多教,即知一切经中真言皆是圆教。②

　　以上引文显示:道殿一方面认为经咒有高低之别,并将《六字大明准提神咒》作为密咒中的"圆教";另一方面又从"一即一切,一切即一"的华严思想出发,将所有的经咒视为整体。他以此突出"神咒"在密教诸修行法门中的地位,将其作为成就佛果的主要途径,这与觉苑依据华严学和《大日经》建立复杂理论体系的做法是

————————

①(辽)道殿集:《显密圆通成佛心要集》卷上,《大正新修大藏经》第46册,第993—994页。

②(辽)道殿集:《显密圆通成佛心要集》卷下,《大正新修大藏经》第46册,第1004页。

不同的。相比于觉苑对密宗经学化的细致分析，道殿的"准提真言法门"是一种更简易化的修证理论，两者正好走着相反的道路，这一点在修行实践方面有更明显的体现。

在修行实践论上，道殿认为通过诵持密宗神咒、"三密加持"以及五法界观想，便可以证得"普贤行海"而成佛得果，这种修证论相比华严宗要简便易行许多。他以"准提法门"作为"密教心要"及修证手段，并且认为"《准提真言》总含诸部神咒"①，即《准提六字真言》具有统摄其他密咒的地位，这比觉苑的"阿字门字轮观行"等密教修证法门更为简易②。这种简易化表现在具体的观行修证实践中，就是道殿提倡的"双依显密二宗"的修证论，即"心造法界帝网等观，口诵准提六字等咒"：

> 若双依显密二宗修者，上上根也。谓心造法界帝网等观，口诵准提六字等咒。此有二类：一久修者，显密齐运；二初习者，先作显教普贤观已，方乃三密加持。或先用三密竟，然后作观，二类皆得。余虽下材，心尚显密双修。……又《华严经字轮仪轨》云：夫欲顿入一乘，修习毗卢遮那法身观者，先应发起普贤行愿，复以三密加持身心，则能悟入文殊师利大智慧海。③

① （辽）道殿集：《显密圆通成佛心要集》卷上，《大正新修大藏经》第46册，第998页。
② 参见（辽）道殿集：《显密圆通成佛心要集》卷上，《大正新修大藏经》第46册，第993—998页。
③ （辽）道殿集：《显密圆通成佛心要集》卷下，《大正新修大藏经》第46册，第999页。

道㲀的这种"显密双修"观行说是对觉苑思想的继承和发展，它以华严宗的"五法界观"及"显教普贤观"为观行对象，然后配以密宗的诵咒、手印、观想等"三密加持"，从而"悟入文殊师利大智慧海"。从中可以发现，他将华严与密宗的观想组合在一起使用，但密宗观行显然居于次要地位，实际上这里的华严观法已经代替了密宗的"意密"观行。这种观行与觉苑观行论的差异在于，后者以密宗的字轮观行为主并保持了自身的特色，而前者则反映出明显的华严化倾向。此外，与觉苑的"秘密不思议法界缘起"观行相比，这种观行说将法界缘起的繁琐思辨简化为"五法界观"，将复杂的"阿字门字轮观行"简化为准提六字真言。从这一点上说，道㲀的观行论更加简易化和入世化。

第三，以"真心"思想会通禅教。从鲜演、觉苑等人的著作中都可以发现当时佛教界"禅教对立"的现象，他们对此也做了专门探讨。道㲀写作此书的思想背景虽然是"显密对立"，但从中也可以发现"禅教对立"的问题，如禅宗对密宗"著相"的批评，而他对此则发表了针锋相对的议论：

> 今有闲僧儒士，泛参禅理者，厌见相以为妖异。此则非但毁谤最上乘教，亦是舍相取性之邪见也，不知其相本来是性耳。①

道㲀对这一问题的回答是：从本质上说性与相是统一的，只有借助"相"才能洞见本体的"性"，"见相"是修行中不可缺少的过

①（辽）道㲀集：《显密圆通成佛心要集》卷上，《大正新修大藏经》第46册，第998页。

程。因此他认为禅宗所谓"见相为妖异"的说法不仅偏执错误,而且简直是对最上乘佛法的毁谤,这种观点与觉苑是基本一致的①。作为积极的回应,道㲀同样提出了以"真心"和会禅教的方案:

> 达磨云:我法以心传心不立文字,即传此心。曹溪云:明镜本清净,何假出尘埃,亦是此心也。……若了真心本无诸相,如虚空中本无诸华。……今顿教中空华之喻甚为切要。今时缁素宗禅者,极广洎乎开示,此心多不入神,如叶公好龙,真龙现前愕然不顾。若未悟此心,非是真禅。是故欲修禅行,先须了悟此一心也。②

　　道㲀的这种禅宗传心之心即"真心"的说法出自宗密,并在"融禅入教"的阐释思路方面与鲜演相同。他与鲜演同为生活在辽道宗时代的高僧,可见以"真心"和会禅教是当时辽朝佛教界的普遍思想。不过与觉苑、鲜演等人相比,道㲀对待禅宗思想的态度更为积极,这表现为他在《心要集》中对禅宗名相的大量引用,例如在论述"真如绝相观"时对慧能等人的"无念"学说,以及禅宗"心要三门"(见性门、安心门、发行门)的引述等,都以禅宗思想为其理论依据,这反映出在道㲀的思想里,禅宗学说的地位仅次于华严学和密宗学说,这与志福的思想比较接近。需要指出的是,道㲀的禅学不同于当时北宋地区流行的禅宗学说,而主要反映出中晚唐

① 参见(辽)觉苑:《大日经义释演密钞》卷十,《大藏新纂卍续藏经》第23册,第657页。
②(辽)道㲀集:《显密圆通成佛心要集》卷上,《大正新修大藏经》第46册,第990页。

禅学,尤其是荷泽禅法的影响①,而他对密宗修证理论的简易化,可能也与禅宗的影响有关。

　　与"显密圆融"的理论思想相比,《显密圆通成佛心要集》一书对后世影响最大的是其准提法修持仪轨。在密法修持的具体仪轨方面,道殿新编了"准提法仪轨"。他并未完全沿用唐代所译经典中的准提法,如金刚智所译《七俱胝佛母准提大明陀罗尼经》所附念诵法,以及善无畏所译《七俱胝独部法》及《准提别法》等准提法修持仪轨;而是在原有准提法的基础上做了进一步的修订,如强化净法界真言的功用,还在修持仪轨中增加了护身真言、《六字大明咒》及《大轮一字咒》等真言,并且在息灾、出世间、降伏法的仪轨方面都有所改变,这都表现出道殿对唐代密法的继承与创新②。

　　总体来看,道殿继承了觉苑以华严学诠释密宗思想的方法,同样在判教论、心性论、解脱境界及观行实践等方面援引华严学诠释密宗,同样以澄观的华严思想作为义学理论的主体③。可以说,道殿思想的主要特点是注重显密思想的圆融以及密宗修行理论的简易化。

---

① 道殿的禅学思想对于西夏佛教尤其是西夏禅宗思想产生了较大的影响,对此部分的论述,可参见本书第二章《西夏佛教思想与文化认同》第二节《西夏佛教思想的内容与理论特点》中的相关内容。

② 对此,蓝吉富指出:"《显密圆通》的思想方向,以及修持准提法之不沿用唐译仪执,可以看出作者站在辽代中国佛教徒的立场所作的'文化再创造'。单就准提法的新编而言,也可以说它是'密教中国化'的象征。如果说唐译本所传的是'印度式的准提法',则《显密圆通》一书所提倡的准提法仪执,就是'中国式的准提法'。"参见蓝吉富:《〈显密圆通成佛心要集〉初探》,杨曾文、方广锠编:《佛教与历史文化》,北京:宗教文化出版社2001年,第478页。

③ 道殿在《心要集》一书中明确提到引自澄观(称为"清凉云")的文字有7处之多。

从密宗的角度来说,《显密圆通成佛心要集》一书简洁明了地反映出辽朝密宗与华严思想融合的特点,以及密宗通过吸收华严学完善自身修证理论的意图。就道殿与觉苑的密宗思想来说,两者相映成辉而同中有异。从同的方面说,道殿进一步明确了以下几点认识:密宗与华严宗在"真心"本体论上是相通的,密宗与华严宗拥有同等的圆教地位,华严观法属于密宗观法的一部分,华严学的"普贤行海"等解脱境界就是密教的解脱境界和修证目标等等。从异的方面说,虽然同样是融合华严思想的产物,但修证论不同,觉苑较完整地保留了密宗字轮观行的内容,而道殿提倡的"准提法门"则更为简易化;判教说不同,觉苑以《大日经》为密圆的代表,道殿则以准提真言为密圆;此外,道殿对禅宗思想也更为重视。

而从华严学的角度来说,道殿思想的最大特点在于:它从侧面反映了辽朝华严学对心性论的日益重视(以"五法界观"说为代表),而且华严学的"真心"思想成为和会佛教诸宗派的思想基础。此外道殿的"准提法门"作为简易化的修证论,既是密宗思想华严化的产物,同时又符合中国佛教思想的入世化思潮。相反,我们也可以将其视为华严思想转化发展(密教化)的产物,它与觉苑思想一起反映了华严学发展的另一种可能走向。

三、辽朝佛教思想的理论特点

通过对辽朝华严宗和密宗思想的探讨,我们可以从中窥探出辽朝佛教思想的一些理论特点。应该说,华严宗和密宗的理论思想并不足以反映辽朝佛教思想的全部,但二者作为辽朝佛教界的主流思想,可以在很大程度上代表辽朝佛教思想的主要内涵和理论特点。具体来说,辽朝佛教思想的理论特点主要有以下几点:

第一，辽朝佛教在整体上是对唐代佛教的选择性继承，并体现出与北宋佛教不同的发展路径。

从辽朝佛教的总体格局上看，辽朝基本继承了盛唐时代以来的唐代佛教传统，唐代华严宗、密宗、唯识学、律宗、天台宗、禅宗等主要宗派在辽朝都得到了流传。而佛教思想成为辽朝思想界的主体，这也与唐代思想界的状况是一致的。更重要的是，辽朝佛教在继承唐代传统的同时，还对唐朝佛教宗派进行了有意识的选择性继承，这表现为：一是唐代华严宗、唯识宗在辽朝得到了传承与复兴，而与之相关的义学思想体系也得到了较完整的保留与发展，这与同时期北宋佛教华严宗、唯识宗等义学宗派的衰微不振形成了鲜明的对比；二是辽朝佛教尊崇唐朝华严宗和密宗，并表现出"融禅入教""重教轻禅"的思想倾向，这也与五代两宋以后以禅宗为佛教主体的中原佛教有着很大的差异。可见，虽然北宋与辽朝佛教在理论及宗派等方面都可以视为唐代佛教的继承与发展，但两者对唐代佛教宗派思想的具体选择却是不同的，这种不同的选择正代表着辽朝佛教的独特发展路径。其原因一方面与唐代佛教宗派的区域分布及辽朝境内的佛教传统有关[①]；另一方面，这种独特路径也可以视为辽朝佛教界和辽政权追求独立性的思想体现。

第二，辽朝佛教思想界以华严学为主体，并表现出对澄观思想的特别重视。

从鲜演、法悟、志福、觉苑、道殿等人的著作中可以发现，华严

---

① 唐代佛教宗派思想的传播在地域分布上具有较明显的差异，如华严宗以关中地区（长安及周边）和山西中北部（五台山及周围）为传播中心，南宗禅以江南及湖广地区为主要传播地，天台宗则以天台山及江浙地区为主要传播地区，这是学者早已经指出的。而辽朝统治区域所在的山西、河北北部及辽东地区，则主要受到华严宗、密宗等宗派的影响。

学是辽朝佛教界的主体思想,而澄观的学说则被视为华严学的主体和主要的立论依据。除了辽朝华严学的代表人物,澄观思想的主体地位在一般义学僧人中也有体现,这表现为佛教界对澄观著作《华严经玄谈》的重视,并将其视为最重要的华严学著作之一,如《澄湛等为师善弘建陀罗尼幢记》记载善弘"启读《华严经》,大讲《玄谈》数席"[1];此外,还有专门研习《华严经玄谈》的僧人,如《僧思拱墓幢记》中的"习学《华严经玄谈》沙门文超"[2];而在应县木塔中发现的辽代华严宗经论,几乎全都是澄观的著作[3],这都反映出澄观思想在辽朝佛教界的巨大影响。出现这种现象的原因可能在于:一方面澄观对《华严经》的注疏最为完备,是了解华严宗义理思想和研习华严学必不可少的经典著述;另一方面澄观的著作符合辽朝华严学发展的基本思路,即在融合其他宗派思想的同时坚持华严宗的独立和至高地位。此外,这也与澄观长期在山西五台山传播华严宗学说有关,因此其著作在中国北方的燕云地区流传较广。

第三,辽朝佛教思想界的宗派观念强化与诸宗思想融合互为表里,顺应了中国佛教思想的融合趋势。

强调各宗思想的综合与统一是辽朝佛教思想的重要特点,这在鲜演、法悟、志福、觉苑、道殿的思想中都有突出的体现,可以说辽朝佛教界继承了中晚唐以来佛教诸宗思想融合的基本精神,并

---

①《澄湛等为师善弘建陀罗尼幢记》,向南、张国庆、李宇峰辑注:《辽代石刻文续编》,沈阳:辽宁人民出版社 2010 年,第 224 页。

②《僧思拱墓幢记》,向南、张国庆、李宇峰辑注:《辽代石刻文续编》,沈阳:辽宁人民出版社 2010 年,第 211 页。

③ 阎文儒等:《山西应县佛宫寺释迦塔发现的〈契丹藏〉和辽代刻经》,《文物》1982 年第 6 期。

且与中国佛教思想的发展趋势相一致①。而这种思想融合和重构的目的则是为了现实的宗派需要，即强化各宗派的独立性和思想至高地位。以鲜演思想为例，他主张"性相合一""禅教合一"，并试图在融合唯识、天台、禅宗思想的基础上建构新的华严理论体系，从而巩固华严宗的"圆教"地位；而法悟、志福以华严学注疏《释摩诃衍论》，也是以华严学统一各宗思想的重要表现。由于相关史料的缺乏，辽朝华严宗的宗派组织、传法世系及寺院建置等情况并不十分清晰；但从现存的辽朝华严学著作来看，至少在佛教义学的层面，辽朝华严宗的宗派观念的确存在，并且有强化的趋势。当然，这种宗派思想的融合及宗派观念的强化并非只表现在辽朝华严宗中，上述觉苑、道殿对密教经典的华严学诠释，其目的也在于强调密宗的至高地位；而鲜演、法悟、觉苑等人著作中反映的"禅教之争"与"显密之争"也是这一思想趋势的反映。可以说，宗派观念强化和诸宗思想融合在这里互为表里，前者是后者的目的，而后者是前者的手段。同时，这些思想鲜明地表现出对本宗派至上、唯一地位的肯定。结合当时的历史背景来看，辽朝佛教界的这一思想趋势也可以视为辽政权追求"正统"和"中国"地位的思想反映。

　　第四，辽朝佛教继承了唐代以来中国佛教发展的内在理路，将"真心"思想作为理论核心及诸宗融合的基础。

　　唐代以来中国佛教发展的内在理路是日益重视心性论的探讨，这在华严宗、禅宗、天台宗等宗派的思想中都有突出体现。作

---

① 对此，日本学者木村清孝说："若从大方向来看，中国佛教思想的潮流，可看出几乎是以中唐时代为界线，而开始改变方向，朝着全佛教的总和、融和方向变化。……在鲜演的《决择》思想中，我们可看出中国的融合佛教之一典型。"［日］木村清孝著，李惠英译：《中国华严思想史》，台北：东大图书出版公司 1996 年，第 231 页。

为唐代佛教继承者的辽朝佛教也延续了这一内在理路，而其最重要的表现就是辽朝佛教界对"真心"思想的重视，以及以此为理论核心而综合融会各宗思想。通过对辽朝华严学匠鲜演、法悟、志福著作的分析可知，他们都对"真如一心"及其相关概念给予了特别重视，并以此为中心和会唯识（如九识如来藏、十识"一心"等）、天台（如第一义谛法界缘起说）、禅宗等思想；而觉苑、道㲀等密宗学匠也以华严学的"真心"思想诠释"阿字门观行""密教心要"等密宗修行论，并且将"真如一心"视为解脱的本体依据。可见，"真心"思想是包括华严宗和密宗在内的辽朝佛教思想界的共同理论核心。辽朝佛教界重视"真心"思想的主要原因在于，这一思想具有较强的包容性，有利于对佛教各宗思想进行综合统一，而这种综合与统一又迎合了辽朝统治者对于思想和政治统一的要求（对此下文将做进一步论述）。而从更长远的视角来看，辽朝佛教思想对心性论的重视，也是对唐宋以来中国佛学及儒学心性论思潮的一种呼应。

第五，辽朝佛教思想具有入世化及简易化的倾向，并以华严和密宗思想的"显密圆融"为主要表现。

佛教思想尤其是修证实践的简易化与入世化也是唐宋以来中国佛教发展的趋势之一。自中唐以来，禅宗的"易行法门"日益受到佛教信徒的广泛欢迎，同时也对其他宗派产生了巨大的影响。相比于唯识、华严、天台等经院化的宗派，密宗也因其相对易行的"秘密法"而吸引了众多信徒。禅宗与密宗的产生与兴盛可以说是中国佛教简易化与入世化趋势的典型例证。受此影响，辽朝佛教思想也出现了简易化和入世化的倾向，这种倾向以"显密圆融"即华严和密宗思想的结合为代表。例如，觉苑的"不思议秘密法界缘起"观行与道㲀的"准提法门"虽然是融合华严思想的密教法门，但从辽朝华严宗的角度来看,也可以说是华严宗在宗教实践方面吸收了密宗的易行修证方法,从而弥补了法藏以来理论思辨与现实修证之间的支离。这正是华严思想由繁琐的经院哲学向更加入世化的宗教思想的转移,这种转移既反映了佛教各宗派融合的思想趋势,同时也揭示出华严学思想发展的另一条路径,即以显密融合(密教化)为形式的新华严思想,而与中原地区华严宗禅化 ① 的路径不同。而这种简易化趋势的出现,也与辽朝汉文化的广泛传播和契丹民族的信仰需要有着密切的关系。

　　不过,从现有的资料来看,辽朝的佛教思想家并未站在华严宗的立场上完成这一转化,或者说这种密教化的华严学并未在辽朝以后广泛流传下去。其原因可能在于,首先,辽朝华严宗和密宗兴盛的时间较短(主要是辽后期兴宗、道宗、天祚帝三朝的近百年时间,而黄金时期是道宗朝),虽然辽朝佛教思想界出现了显密融合的发展趋势,但被辽王朝的灭亡所打断;其次,金朝统治者虽然继续信奉并支持佛教,但金朝佛教更多地继承了北宋的佛教系统而重视禅宗。对此,日本学者野上俊静曾指出:"金代的佛教继承了辽代和北宋两个系统并继续发展","作为金代佛教的经学研究,颇以华严宗学为重,但在实践方面却是以禅学为主"②。相比之下,辽朝的情况则是经学研究以华严学为主,而实践方面以密宗为主。金朝华严宗和密宗虽然继续存在,但却不复辽朝的兴盛,这就抑制了华严思想密教化的发展。而从中国佛教史的整体情况来看,禅宗是中唐以后中国佛教的主流,禅化也是华严思想发展的主要趋

---

① 参见魏道儒:《中国华严宗通史》,南京:凤凰出版社 2008 年,第 166 页。
② [日]野上俊静著,方红象译:《辽金的佛教》,《黑龙江文物丛刊》1981 年创刊号,第 82 页。

势。相比之下,辽朝禅宗的相对沉寂、华严思想的密教化则属于个别现象,而这种现象的出现则与契丹民族和辽朝社会有着密切的关系,对此,下文将做进一步的分析与探讨。

第四节　佛教思想对辽朝社会的影响

在探讨佛教思想与辽朝社会的关系之前,首先有必要明确佛教思想与佛教信仰、上层佛教与民间佛教的关系。本书所探讨的辽朝佛教思想是一个整体的概念,它一方面包括理论思维意义上的佛教哲学,如佛性论、解脱修行论、境界论等;另一方面也包括信仰崇拜意义上的宗教观念,如主尊崇拜、佛经崇拜、净土信仰等。上文所讨论的辽朝华严宗和密宗思想,其主要内容就属于理论思维方面的佛教哲学。但不可否认的是,这些思想并非完全出于佛教思想家的理论思辨,它们一方面与辽朝佛学自身的发展演变有关,另一方面也与当时的社会存在有着密切的关系:辽朝统治者的政治诉求、民族关系,以及辽朝的民间信仰、社会需要等因素,都对辽朝佛教的思想内涵与理论特色的形成产生了重要影响,可以说,辽朝佛教思想是与社会存在互动的产物。这种互动可以从佛教思想对上层统治者和辽朝政治的影响,以及对契丹民族和下层辽朝民众的影响等两方面进行理解。

一、佛教思想与辽朝统治者的政治诉求

佛教思想与统治者的互动关系,一方面表现为统治者对佛教思想的重视,如尊宠佛教界著名的佛教高僧,支持佛教义学及佛教宗派的发展等;另一方面则表现为佛教思想对统治者的影响,即统治者利用佛教思想对辽朝政治诉求及时代课题的解决等,而辽朝

佛教思想特色的产生也与此有关。

自南北朝时代以来,中国佛教界已经逐渐取得了这样的共识:即佛教在弘法传教的同时,应当发挥"忠君利国"、巩固统治的政治作用。辽朝也不例外,如辽朝初期的佛教高僧谦讽就曾提出:"夫人入仕,则竭忠以事君,均赋以利国,平征以肃民;出家,则庄严以奉佛,博施以待众,斋戒以律身。尽此六者,可谓神矣!"[①] 将从政忠君利国和出家修身奉佛结合与等同起来,都作为人生在世的主要准则。而就辽朝佛教思想对辽朝政治的影响来说,"重教轻禅""显密圆融"等佛学思想特点的出现,正与辽朝统治者的巩固政权与统治、统一思想与社会、消解民族矛盾等政治诉求有关。

(一)"重教轻禅"思想与辽朝政治意识的体现

由上文的论述可知,"重教轻禅"是辽朝佛教界的普遍思想倾向。同时,作为最高统治者和佛教保护者的辽朝皇帝,也表现出对佛教义学宗派的支持,及对南宗禅思想的轻视,这实际上正是辽朝统治者利用佛教彰显其政治独立的思想反映。辽圣宗皇帝焚毁南宗禅典籍的事件可以说是这一政治诉求的典型反映。对此,高丽义天在他为北宋戒珠禅师《别传心法议》所撰的跋文中称:

> 甚矣!古禅之与今禅,名实相辽也。古之所谓禅者,藉教习禅者也。今之所谓禅者,离教说禅者也。说禅者,执其名而遗其实。习禅者,因其诠而得其旨。救今人矫诈之弊,复古圣精醇之道。珠公论辨,斯其至焉。
>
> 近者大辽皇帝诏有司,令义学沙门诠晓等再定经录,世所

---

① (辽)王正:《重修范阳白带山云居寺碑》,阎凤梧主编:《全辽金文》(上),第53页。

谓《六祖坛经》《宝林传》等皆被焚。除其伪妄,条例则《重修
贞元续录》三卷中载之详矣。有以见我佛付嘱之心,帝王弘护
之志。而比世中国所行禅宗章句,多涉异端,此所以海东人师
疑华夏无人。及见飞山高议,乃知有护法菩萨焉。昨奉王旨
刊诸翠琰,而恐流通未广,勒之方板。噫! 百世之下,住持末
法者,岂不赖珠公力乎? 高丽王子僧统义天。[1]

　　该文第一段是义天对戒珠《别传心法议》的评价,并表达了对
"藉教习禅"的"古圣精醇之道"的赞许,以及对"离教说禅"的"今
人矫诈之弊"的批评,反映出义天的"禅教合一"思想。而在第二
段中,义天则记述了辽朝皇帝下诏令"义学沙门诠晓"(即辽朝唯
识学高僧无碍大师诠明)整理《大藏经》目录,以及将南宗禅经典
《坛经》《宝林传》等视为"伪妄"并加以焚毁的行动。诠明为辽圣
宗时人,其校定《大藏经》之事在圣宗统和年间(983—1012)[2],
则这里所说的"大辽皇帝"应当指辽圣宗耶律隆绪。义天作为辽道
宗时代的高丽佛教领袖,距圣宗统和年间不远(因此称"近者"),其
记述应当是可信的。值得注意的是,义天对圣宗的行动表示了支持
和认可("有以见我佛付嘱之心,帝王弘护之志"),同时还直接批评
了北宋的禅宗典籍多属于异端思想("而比世中国所行禅宗章句,
多涉异端,此所以海东人师疑华夏无人"),圣宗的禁毁禅典行动与
义天的议论,无疑都是对北宋禅宗(即以"文字禅"为特点的北宋禅

---

① (宋)戒珠:《别传心法议》,《大藏新纂卍续藏经》第 57 册,第 57 页。笔者
　　引用时对原文的标点和断句错误做了部分订正。
② 参见李富华《关于〈辽藏〉的研究》(杨曾文、方广锠编:《佛教与历史文
　　化》,北京:宗教文化出版社 2001 年,第 481—513 页)及罗炤《有关〈契丹
　　藏〉的几个问题》(《文物》1992 年第 11 期)等文。

宗)的轻视与否定。此外,从中可知主张"重教轻禅""融禅入教",
是包括辽朝、高丽以及西夏在内的东北亚佛教界的普遍认识①。

　　辽朝统治者及佛教界"重教轻禅"的风气在道宗朝更为明显。
在当时的辽朝佛教界,道宗皇帝无疑具有"教主"的身份,如密宗
大师觉苑就称辽道宗皇帝为"密教司南"②,而道殿在《显密圆通成
佛心要集》中也称道宗为"天佑皇帝菩萨国王"③(天佑皇帝为辽道
宗的尊号),这里的"司南"和"菩萨国王"都是对道宗"教主"身
份的肯定。而辽道宗作为辽朝政界和佛教界的共同领袖,其"重
教轻禅"态度更能代表辽朝佛教界的整体认识及其背后的政治诉
求。道宗对待禅宗的态度,觉苑在《大日经义释演密钞》中已经明
确指出:

　　　　颇见今时僧俗之流,不能广披教藏。闻说顿宗,便拨次
第,不依门庭,又顺懒恣染恚之心,展转学习,如犬橹吠。故我
天祐皇帝圣哲在躬,睿摸出俗,穷性相二教,擅南北两宗。戒
勖斯流,须示佳句曰:欲学禅宗先趣圆,亦非著有离空边;如今
毁相废修行,不久三途在目前。乐道之流宜书诸绅尔。④

----

① "重教轻禅"及"禅教合一"也是西夏佛教思想界的主流认识,从现有的资
　料可知,西夏佛教界同样对华严学给予了特别的重视,并且主张以华严学为
　中心而融会禅宗思想。参见本书第二章《西夏佛教思想与文化认同》第二
　节《西夏佛教思想的内容与理论特点》中的相关内容。
②(辽)觉苑:《大日经义释演密钞序》,阎凤梧主编:《全辽金文》(上),第
　444页。
③(辽)道殿集:《显密圆通成佛心要集》卷下,《大正新修大藏经》第46册,
　第1004页。
④(辽)觉苑:《大日经义释演密钞》卷十,《大藏新纂卍续藏经》第23册,第
　657页。

道宗在这里明确表示,修行圆宗(华严宗)是禅宗修行的前提,只有先通达华严圆宗的义理思想,才能在禅学修行方面取得成果;修禅"体空"不能离开对"法相"(义理)的体悟思辨。道宗的这段"佳句"明白地显示出对华严教学的尊崇,以及对抛离华严学而修禅的批判,可以说这是鲜明的"重教轻禅"和"融禅入教"论。

　　从政治层面来说,辽圣宗禁毁南宗禅著作的行动,以及道宗皇帝的"重教轻禅""融禅入教"思想,都明显反映出辽朝统治者对于南宗禅思想的否定,而结合禅宗在北宋佛教中的主体地位来看,这种否定表明辽政权希望建立一种不同于北宋佛教的独特佛教体系,并且以此为辽朝的正统性和政权的巩固提供思想文化方面的支持。由上文的论述可知,圣宗时代辽朝统治者的正统观念初步建立,而道宗朝则是辽朝正统观全面建立的时期;与此同时,"重教轻禅""融禅入教"也是辽朝统治者和佛教界的普遍认识。从这一角度来说,辽朝佛教思想界正顺应了辽朝政治上的巩固政权的现实需要,而佛教思想本身也成为辽政权追求正统和独立地位的理论依据和重要标志。同时,辽朝统治者对于禅教的不同态度,也极大地推动了辽朝佛教界思想特点的形成,这正是佛教思想与辽朝社会互动的表现。

(二)"真心"思想与统一思想界的政治诉求

　　通观辽宋时代的中国思想界,北宋政权试图通过重振儒学以恢复社会纲常秩序,巩固集权统治,而北宋思想家则通过提倡理学、批判及融合佛道思想来实现思想界的统一;而辽朝政权自建立以后,也面临着统一思想界、强化中央集权的需要。但与北宋不同的是,辽朝统治者更倾向于借助佛教而非儒学达到这一目的。其主要原因在于,自辽朝初年开始,佛教已逐步发展成为辽朝思想界和精神文化的主体,这种主体性及佛教的巨大影响力在道宗朝表现得最为突出。同时,辽朝统治者选择佛教而非儒学思想作为统一思想界的理论工具,在某种程度上也是为了标示辽朝文化的独特个性。具体来说,道宗皇帝对华严学思想的重视,以及辽朝佛教界的"显密圆融"与"禅教合一"等思潮正是这一政治诉求的典型反映。

在现存的史籍中,对于道宗皇帝的崇佛行为,只有对某些重要事件的概要记载,如召见高僧、制《华严经赞》、饭僧、建寺等;后世史学家对此多持批评的态度,将之视为劳民伤财并导致辽朝灭亡的佞佛行为[①]。但对于道宗皇帝崇佛的深层政治意图及其积极意义,似乎还值得进一步发掘和探讨。由于相关史料的缺乏,我们在正史资料中很难看到相关的明确记载。所幸辽道宗的《华严经赞》和部分《释摩诃衍论》注疏现存,前者主要是对《华严经》的颂词,思想内涵有限;而后者则包含有道宗皇帝统一辽朝思想界的政治意图。因此,本书在此试图通过对道宗《释摩诃衍论》注疏的解读,试析佛教对辽朝统治者及其政治诉求的影响。

首先,辽道宗将《释摩诃衍论》视为统一佛教各宗思想的理论依据。道宗皇帝重视《释摩诃衍论》的主要原因在于,他认为该论具有包容佛教各宗派思想的圆融性,从而可以作为统一佛教各宗派思想的经典依据。他在《释摩诃衍论通玄钞引文》(即辽道宗为志福《释摩诃衍论通玄钞》一书所作的御制序文)中称赞该论说:

[①] 关于后世史家对道宗崇佛的批评,以及崇佛的消极影响等问题,参见刘浦江:《辽金的佛教政策及其社会影响》,《佛学研究》总第 5 期,1996 年;陈晓伟:《辽以释废:少数民族社会视野下的佛教》,《世界宗教研究》2010 年第 1 期;张国庆:《论佛教对辽代经济的负面影响》,马永真、王学俭、钱荣旭主编:《论草原文化》第五辑,呼和浩特:内蒙古教育出版社 2008 年,第 437—453 页。

次有菩萨号曰龙树,思报师恩,广宣论意,造《释论》十卷行于世。其义显灿兮若三辰之丽天,咸睹其光彩;其言博浩乎如四溟之纪地,莫测其涯涘。……朕听政之余,留心释典,故于兹论尤切探赜。今东山崇仙寺沙门志福,业传鹫岭,德茂鹏者,乃谓斯文独善诸教,囊括妙趣,枢要实乘,期在宣扬。①

耶律孝杰所撰《释摩诃衍论赞玄疏引文》也称:"我天佑皇帝……尝谓曰:《释摩诃衍论》者,包一乘之妙趣,括百部之玄关。"② 道宗皇帝在这里所说的"独善诸教,囊括妙趣""包一乘之妙趣,括百部之玄关",都明确指出该论书具有包含佛教整体的圆融性和综合性。此外,道宗皇帝还将《释摩诃衍论》归为华严五教中最高的"顿教",从而使此论获得了与《华严经》等华严宗经典同等的地位。对此,法悟在《赞玄疏》中称:"今主上亲示谕云:归敬颂后,龙树既云欲开隔檀门,权显往向位。准此所陈,故知斯论正属顿教,亦兼终教。"③ 可见,道宗皇帝认为该论在内容及价值方面都可以与华严宗的"圆教"经典与著述媲美。而相比于卷帙浩繁、内容深奥的唐代华严学著作,《释摩诃衍论》出自佛教权威人物(龙树菩萨)之手,并且内容与思想相对简明扼要,更易于引证和传播,这也是道宗皇帝"故于兹论尤切探赜"的原因所在。

其次,辽道宗试图用华严学的真心思想作为统一思想的核心

---

①(辽)志福:《释摩诃衍论通玄钞》卷一,《大藏新纂卍续藏经》第46册,第110页。
②(辽)法悟:《释摩诃衍论赞玄疏》卷一,《大藏新纂卍续藏经》第45册,第830页。
③(辽)法悟:《释摩诃衍论赞玄疏》卷一,《大藏新纂卍续藏经》第45册,第838页。

理论。

　　法悟的《释摩诃衍论赞玄疏》中引用了道宗皇帝对于该论的四段解释("御解四道"),其一为"立义分解":

　　　　皇上解立义分云:法门名数总三十三,其不二大乘,深妙独尊,离言果海,绝根宜故,故下论云性德圆满海是焉。余三十二,若门若法,俱属因分,又下论云修行种因海是焉。其十六所入、两重根本俱属第一义谛,皆是总体。其十六能入、两重枝末不出真俗二谛,皆是别义。故《释论》云:此一总言于两处中,是总体故。①

　　道宗此段"御解"相当于对《释摩诃衍论》全文内容的总括性概述,他运用华严学的总义、别义,天台宗的第一义谛、真俗二谛,唯识学的能入、所入三对名相,将该论三十三门内容进行了归纳总结,将十六门归为"所入""第一义谛"和"总义",另十六门归为"能入""真俗二谛"和"别义"。虽然从表面上看,这只是纯粹佛教义学的讨论和辨析,但从华严、天台、唯识学概念的综合运用,以及对众多法门的归纳中,我们可以发现:道宗皇帝试图利用华严学的概念综合佛教各宗思想,并寻求思想的统一性。

　　那么,用以统一各宗思想的核心理论是什么? 对此,道宗皇帝的第二道"御解"称:

　　　　皇上解云:一心即是所入本法,一念则属能入行门。是心

————————

① (辽)法悟:《释摩诃衍论赞玄疏》卷一,《大藏新纂卍续藏经》第45册,第831页。

及念,从法而来,本不生长,众生障缚,如是之念,即是真门寂静妙行。①

　　道宗在这里强调了真如一心的本体地位("所入本法"),指出真心是从本初开始就寂静清净的觉悟本体,只是众生因为外部业缘妄念的污染束缚,而不能觉悟真如一心而解脱。这虽然是华严学真心思想的故有说法,但我们可以推知,真如一心的本体思想正是道宗用以统一思想界的核心理论,这也是他重视《大乘起信论》②《释摩诃衍论》及华严学的主要原因之一。

　　从道宗皇帝的以上论述中,我们可以做出以下的推论:第一,道宗皇帝《释摩诃衍论御解》的核心内容是追求思想的圆融统一,这与他提倡华严"显圆"和密宗"密圆"的目的是一致的,即都是希望通过建立一个综合性的佛教体系来实现诸宗思想的融合统一。第二,结合辽朝统治者巩固政权的政治需要,道宗皇帝在佛学上的一系列举动(如为《华严经》撰写赞文,推崇《释摩诃衍论》并亲自注疏等),已经超越了单纯的佛教义学探讨的意义,实际上反映出道宗皇帝意图统一辽朝思想界和辽朝社会的政治诉求。第三,辽道宗试图用华严学的真心思想作为思想统一的理论核心,这与辽朝佛教思想界的看法是完全一致的。这种一致并非偶然,它是统治者的政治需要与思想界的理论创新互相影响的结果。也就是

① (辽)法悟:《释摩诃衍论赞玄疏》卷二,《大藏新纂卍续藏经》第45册,第860页。
② 对于《大乘起信论》的重要价值和推崇,辽道宗在《御制释摩诃衍论通玄钞引文》中称:"维《起信论》可得而称焉,辞简而邃,理该而通,派五分之指归,辟二门之蕴奥,是一代之灵编也。"(辽)志福:《释摩诃衍论通玄钞》卷一,《大藏新纂卍续藏经》第46册,第110页。

说,辽朝佛教界的"真心"思想为辽政权的思想和政治统一提供了本体论方面的依据,而辽朝统治者的政治诉求也促进了佛教思想界对真心思想的重视。

(三)"圆融"思想与辽朝社会矛盾的消解

佛教思想对辽朝政治及社会产生重要影响的另一表现,就是辽朝统治者试图利用华严学"圆融"思想作为消泯民族矛盾的理论依据,以此实现巩固政权的政治目的。由契丹族建立的辽王朝属于少数民族政权,虽然契丹族在政治上属于主体民族,但在人口数量及经济、文化方面的主体民族依然是汉族。因此,作为少数民族的契丹统治者,怎样统治在数量、文明程度、经济水平上都占据优势地位的汉族臣民,这关乎政权的稳定和国家的统一,也是自耶律阿保机建国以来就要面对的根本政治问题之一,并在辽太宗取得汉族聚居的幽云十六州之后变得更为重要。实际上,解决这一问题的关键就在于如何消泯民族矛盾:即契丹统治阶层与汉族被统治者之间的矛盾,经济水平及习俗文化不同的契丹族民众与汉族民众之间的矛盾等。因此,辽朝统治者从一开始就认识到,要达到消泯民族矛盾、巩固政权的目的,除了军事镇压及行政统制外,更重要的是利用精神文化来促成契汉民族矛盾的消解。

在辽朝政权所处的时代(五代及北宋),理学逐渐成为儒家思想文化的代表及中原思想界的主流。主张恢复"三纲五常"的伦理道德规范以稳定宋王朝的统治秩序,是理学家的重要目的。而北宋思想家对于传统儒学中"夷夏之辨"和"夷夏之别"的强调,也为北宋王朝对抗辽夏等民族政权的政治威胁提供了理论支持[1]。

---

[1] 张岂之主编:《中国思想史》(下卷),西安:西北大学出版社2012年,第585页。

不可否认的是,儒家的政治思想中存在着明显的民族偏见和狭隘性,以"夷夏观"和"正统观"为例,它用"华夏"和"蛮夷"区分中原汉族和周边少数民族,并以汉族政权为"正统"、少数民族政权为"伪朝"。自南北朝以来,汉族政权的统治者和思想家往往利用少数民族的"夷狄"身份否定其政权的合理性,并以此彰显汉族政权的"正统",这在与辽朝并立的北宋思想界表现得尤其突出[①],如北宋思想家石介著有《中国论》,提出"居天地之中者曰中国,居天地之偏者曰四夷",并主张清理汉族与少数民族的关系,使"四夷处四夷,中国处中国,各不为乱"[②];而著名思想家欧阳修也著有《正统论》,同样强调中原王朝在文化及政治上的正统及"夷夏之别"。虽然儒家思想中也不乏"天下一家"等具有积极意义的思想,但其主要内容也主张以汉族为中心而实现各民族的融合和统一。而从宋辽对立的政治形势和理学家的现实目来看,以理学为代表的北宋儒家思想文化具有较浓的汉民族色彩和政治上的排他性。

　　虽然辽朝初年阿保机出于政治目的提出"佛非中国教"[③],并确定了先孔后释的祭祀原则,其目的一方面与安抚汉人和树立辽朝"中国正统"的形象有关,另一方面也与辽初佛教处于起步阶段的情况有关。但通观辽朝历史,"儒教"存在的形式主要表现为国家对孔子的祭祀,以及忠君孝亲等道德伦理的传播;与此同时,

<hr/>

[①] 参见葛兆光《宋代"中国"意识的凸显——关于近世民族主义思想的一个远源》(《文史哲》2004年第1期)及刘扬忠《北宋的民族忧患意识及其文学呈现》(《长江学术》2006年第4期)等文。

[②] (宋)石介著,陈植锷点校:《徂徕石先生文集》卷十《中国论》,北京:中华书局1984年,第116页。

[③] (元)脱脱等:《辽史》卷七十二《义宗倍传》,北京:中华书局1974年,第1209页。

辽朝在儒学方面则以传统的汉唐经注之学为主,并停留在学习而非创造的层面,几乎未见重要的儒学著作及代表人物,而北宋理学对辽朝思想界的影响更是微乎其微。与同时代的北宋相比,这种"儒教"不仅影响力较小,而且似乎徒具形式。此外,同属于中原宗教文化之一的道教文化也没有被辽朝统治者采纳,道教在辽朝的影响力也很小①。其原因之一,也在于道教对"夷夏之别"的强调。

事实表明,在儒学、佛教、道教等中原文化体系中,辽朝统治者选择了佛教作为思想文化的主体。其主要原因是,与强调"华夷之别"的儒家思想相比,佛教所主张的"众生平等""人人皆可成佛"等教义,在很大程度上超越了不同民族与政权的界限;而融合中印思想文化的中国佛教思想可以说是一种包容性更强的文化体系,也更符合契丹民族巩固自身政权的需要。

其中,华严学提倡的"圆融法界""事理无碍"等思想,从哲学层面为民族矛盾及不同阶层政治对立的消泯提供了理论依据,即从"法界圆融"的平等角度来看,不同民族与文化的差异都有其内在本质的统一性;而"事理无碍"说对现象界与本体界的和谐统一,也从某种程度上论证了现实存在的合理性。华严思想的唯心化倾向,主张从内在心性方面消解对立与矛盾,这对现实的民众反抗也具有一定的消解作用。此外,密宗修行仪轨中的真言密咒、手印、曼荼罗观想、火供仪式等内容,与契丹民族原始的萨满信仰和

---

① 据陆游《家世旧闻》载,其祖父陆佃于宋哲宗元符三年(1100)出使辽朝,曾向契丹人耶律成询问辽朝道教情况,"公又问:'道观几何?'曰:'中京有集仙观而已。'以知北房道者流,为尤寡也。先君言:高丽之俗,亦不喜道教"。(宋)陆游:《家世旧闻》卷上,北京:中华书局1993年,第192页。

巫术活动①存在着一定的相似性。辽朝密宗更吸收了华严学等中原佛教义学思想，以"显密圆融"的"密圆"宗派自居，从而成为联系契丹民族原有文化与汉文化的纽带；辽朝密宗在契丹族和汉族民众中的广泛流行，也有助于消除彼此间的文化隔阂。

　　正是出于上述原因，华严学和密宗成为最受辽朝统治者青睐的思想体系，以辽道宗耶律洪基为例，他"颁行《御制华严经赞》"②，以华严思想注疏《释摩诃衍论》；并礼遇鲜演、法悟、志福等华严学匠，以及觉苑等密宗高僧；此外，道宗皇帝赐予当时著名高僧的德号，多为"圆通""诠圆""通圆"等。结合辽政权的政治课题来看，作为辽朝最高统治者，辽道宗对于"圆融"思想的重视，并非出于单纯的宗教信仰，还与消泯民族矛盾、巩固统治的政治诉求有关。

　　而从现实的政治作用来看，辽朝佛教确实发挥了国教的作用，即论证政治和思想的统一、现存统治秩序的"正统"与合理以及消解民族和社会矛盾等，这也正是辽道宗以佛教"十善治民"③的用意所在。同时，这种统一思想及消解民族矛盾的政治需要，也在很大程度上促进了辽朝佛教思想的发展，并加速了各宗派思想的融合统一趋势。从这里，我们正可以发现佛教思想与辽朝社会之间的互动。

---

① 参见朱子方：《辽代的萨满教》，《社会科学辑刊》1986 年第 6 期；张国庆：《辽代契丹贵族的天灵信仰与祭天习俗》，《北方文物》1988 年第 4 期；张国庆：《辽代契丹人"祈禳"活动的形式、特点及其影响》，《内蒙古大学学报》（哲学社会科学版）1994 年第 1 期。

②（元）脱脱等：《辽史》卷二十二《道宗纪二》，北京：中华书局 1974 年，第 267 页。

③（辽）赵孝严：《神变加持经义释演密钞序》，阎凤梧主编：《全辽金文》（上），第 444 页。

二、佛教信仰与辽朝民众的社会生活

在讨论过佛教思想与辽朝政治的互动关系之后,本书将围绕辽朝民众和契丹民族的华严信仰、密教信仰及"显密圆融"思潮等内容,考察华严宗、密宗等主流佛教思想对辽朝民众的影响,并进一步探讨佛教思想与辽朝社会之间的互动关系。在中国传统的佛教史研究中,民间佛教信徒及其信仰状况并非史家所关注的重点,因此史传中的民间佛教史料较少,而与辽朝相关的史料则更为缺乏。针对这种情况,本书将主要依据现存的石刻文献(碑铭、墓志、经幢记等)对辽朝佛教思想与社会生活的关系试做探讨。

(一)辽朝民间的华严信仰及显密融合思想

鉴于华严宗在辽朝佛教界的主体地位和巨大影响力,本书在此试图通过对辽朝民间华严信仰的考察,探讨佛教思想与辽朝社会之间的关系。这里要解决的问题是:辽朝民间华严信仰的情况如何? 辽朝华严学密教化和入世化现象的社会原因何在?

现存的辽朝佛教文献显示,理论层面的华严思想在辽朝民间的影响力是有限的。不可否认的是,辽朝华严学的主体是精深的理论思辨和抽象的名相概念,其所具有的浓厚经院哲学性质,决定了它始终只能被少数的精英阶层及佛教思想家所理解和研习,而很难被最广大的普通佛教信徒所理解和接受。而从普通信徒的角度来看,华严思想对民间的影响主要表现为普通民众对《华严经》和"华严三圣"等佛菩萨的崇拜,这在某种程度上可以称为与华严宗有关的"华严信仰"。需要指出的是,这里所说的华严信仰虽然是辽朝民众佛教信仰的一个组成部分,但在形式上并不具有如净土信仰那样的系统性和普遍性。不过,这些信仰在很大程度上与作为佛学理论的辽朝华严学相关,属于辽朝佛教思想的组成部分,西夏、金等民族政权社会的华严信仰也是如此。其具体内容包括:

第一,《华严经》崇拜及经文的密咒化。

从现有资料来看,《华严经》的崇拜在辽朝民众中流行较广,其主要表现是:辽朝民众认为通过诵持《华严经》或经中的某些字句,可以获得消灾增福及灭罪升天等不可思议的宗教功德。这种佛经崇拜可以上溯到魏晋南北朝时期,但在辽朝更为兴盛。除了辽朝华严宗的兴盛外,密宗及其经咒的广泛流行也是重要的原因,许多信徒实际上将《华严经》中的个别文句当作密教经咒使用,例如乾统五年(1105)《涿州固安县刘绍村沙门□惠为亡祖父造陀罗尼经幢记》记载:

> 《大方广佛华严经》一偈之功,能破地狱。古□□记云,京兆人,□王失其名。本无戒行僧,不修善因,患致死。被二人引至地狱门前,见一僧,云是地藏菩萨。乃教诵偈□□□□□□□□□三世一切佛,应观法界性,一切惟心造。……王遂放免。当诵□偈时,声所至,受苦之人,皆得解脱。后□□□□忆持政偈,向诸道俗说之。参验偈文,方知是《华严经》。夜摩天宫无量菩萨□□□□即觉林菩萨偈,意明地狱心□了,心造地狱自空尔。①

这篇经幢记中引用了唐代法藏所撰《华严经传记》中的一则

---

① 《涿州固安县刘绍村沙门□惠为亡祖父造陀罗尼经幢记》,阎凤梧主编:《全辽金文》(上),第782页。

故事,记载了京兆王氏沙门念诵《华严经》名句"应观法界性,一切惟心造"而解脱地狱之苦的灵异传说,原文如下:

> 文明元年,京师人,姓王,失其名。既无戒行,曾不修善。因患致死,被二人引至地狱门前。见有一僧,云是地藏菩萨,乃教王氏诵一行偈,其文曰:若人欲求知,三世一切佛。应当如是观,心造诸如来。菩萨既授经文,谓之曰:诵得此偈,能排地狱。王氏尽诵,遂入见阎罗王。王问此人有何功德,答云唯受持一四句偈,具如上说,王遂放免。当诵此偈时,声所及处,受苦人皆得解脱。王氏三日始苏,忆持此偈,向诸沙门说之。参验偈文,方知是《华严经》第十二卷《夜摩天宫无量诸菩萨云集说法品》,王氏自向空观寺僧定法师说,云然也。①

对比两段文字,可知《华严经传记》原文中所引的偈文出自晋译六十卷《华严经》,为"若人欲求知,三世一切佛。应当如是观,心造诸如来";而辽朝经幢记文则改为唐译八十卷《华严经》中的相应偈文,并在文末又加入了密教真言,可见《华严经》的这段名句在当时已被认为具有密教真言的祈福灭罪功能。此外,乾统元年(1101)的《宝禅寺建幢记》中也有相似的文字:

> 《大方广佛花严经·夜摩天宫偈赞品》觉林菩萨偈云:若人欲了知三世一切佛法,应观法界性一切惟心造。奉为亡夫特建梵幢一座,所冀灵乘五色云,速登极乐间,一音法面奉弥陀,一切如来白伞盖天佛顶陀罗尼启请云云。……妻张阿梁、长男

---

① (唐)法藏集:《华严经传记》卷四,《大正新修大藏经》第51册,第167页。

　　张公亮、悉妇张阿安、出家男中京大镇国寺讲经沙门性澄。①

　　这里也将《华严经》中的偈文作为灭地狱罪的密教真言使用,而且文末有寺院僧人(亡者之子)的题名,说明当时的僧人也持相同的看法。这篇幢记出自辽宁省建平县,上一篇幢记则出自河北省固安县,由此可见,辽朝境内从民间信徒至一般僧侣都将这些《华严经》偈文等同于密教真言。此外,道宗寿昌二年(1096)《易州善兴寺经幢记》文,在发愿文后列有《大乘起信论》"立义分"的内容②,似乎也认为《大乘起信论》具有增福灭罪的功能。

　　这种现象说明:辽朝民间信仰中也存在着"显密圆融"的现象,《华严经》的密咒化正是这种融合的表现;同时也表明密宗对辽朝民间的影响力更大,在普通信徒眼中,《华严经》的神圣地位主要取决于它灭罪祈福的宗教功德,而非义理思想的深刻与丰富。

　　第二,将诵读《华严经》作为重要的宗教功德。

　　辽朝民众还将诵读《华严经》经文(个人亲自诵读或请僧人代诵)视为重要的宗教功德和修行途径,这在辽朝石刻文献中也有较多的例证。如道宗、天祚帝朝的韩师训,据天庆元年(1111)《韩师训墓志》记载:"公自幼及耆,志崇佛教。延供苾刍,读经六藏。……躬读《大花严经》五十部。"③他将诵读《华严经》作为宗教修行的重要内容;据太康十年(1084)《清河公女坟记》记载:清河公之女"与父同兴善道,于重熙二十二年,去当村开化院内,独办

────────────

①《宝禅寺建幢记》,向南、张国庆、李宇峰辑注:《辽代石刻文续编》,沈阳:辽宁人民出版社2010年,第240页。

②《易州善兴寺经幢记》,阎凤梧主编:《全辽金文》(上),第775页。

③《韩师训墓志》,向南、张国庆、李宇峰辑注:《辽代石刻文续编》,沈阳:辽宁人民出版社2010年,第280页。

法堂一坐。兼请到十方高上法师,于冬夏开《花严》《法花经》约三十余席"①。即延请僧人读诵《华严经》,并作为重要的宗教功德("善道")。这种读诵《华严经》也属于《华严经》崇拜的一种形式,与辽朝民众对《华严经》偈文的神秘化和密咒化类似,这种《华严经》经文的诵读实际上也具有密咒信仰的内涵,两者共同组成了辽朝《华严经》崇拜及华严信仰的内容。

第三,"华严三圣"崇拜及"华严"邑会。

"华严三圣"为华严宗所崇拜的主尊,澄观在《三圣圆融观门》中称:"三圣者,本师毗卢遮那如来、普贤文殊二大菩萨是也。"② 因此,"华严三圣"崇拜属于华严信仰的重要内容之一③。从现存的辽朝佛教遗迹以及辽朝石刻文献中可知,在许多辽朝寺院中都设置有"华严三圣"造像,即以毗卢遮那佛为中心,左右布置文殊菩萨和普贤菩萨造像。据辽穆宗应历十年(960)《大都崇圣院碑记》记载,该寺"营理大殿三间,中塑释迦牟尼佛像,左大智文殊师利菩萨,右大行普贤菩萨"④,可知"华严三圣"崇拜在辽朝初年就已经流行;实物遗存则有辽道宗清宁二年(1056)的山西应县木塔(佛宫寺释迦塔)"华严三圣"造像(位于该塔第二和四层)等,可见"华严三圣"等华严信仰在辽朝民间是相当流行的;华严信仰在民间兴盛的另一重要表现是"华严千人邑"的出现,如太康四年(1078)的《积谷山院读藏经之记碑》文中就记载有"华严七处九会千人邑会",该邑会由道

①《清河公女坟记》,阎凤梧主编:《全辽金文》(上),第763页。
②(唐)澄观述:《三圣圆融观门》,《大正新修大藏经》第45册,第671页。
③ 参见[日]镰田茂雄著,杨曾文译:《华严三圣像的形成》,杨曾文、方广锠编:《佛教与历史文化》,北京:宗教文化出版社2001年,第362—368页。
④(辽)王鸣凤:《大都崇圣院碑记》,阎凤梧主编:《全辽金文》(上),太原:山西古籍出版社2002年,第50页。

宗时著名高僧守臻主持,其内容为组织信徒建寺造经,及"请众僧侣读《大藏经》"①等宗教活动,但其邑名"华严七处九会"则来自《华严经》②,反映出华严信仰的影响。

　　综上所述,《华严经》经文的密咒化与广泛传播、"华严三圣"崇拜的流行、"华严千人邑"的出现等是辽朝华严信仰兴盛的主要表现,"显密圆融"和华严宗的密教化则是辽朝华严信仰的重要特点,这实际上正与辽朝华严宗和密宗的兴盛以及佛教义学界的"显密圆融"思想相一致,而且两者之间存在着互动关系。从辽朝华严宗的社会影响来说,华严宗的兴盛促进了华严信仰(如《华严经》与"华严三圣"崇拜等)在民间佛教信徒中的广泛流行;而显密融合的华严信仰的出现,也与华严宗和密宗思想融合有关。与此同时,辽朝民间所流行的华严信仰具有简易化和世俗化的特征,并且不可避免地受到密教信仰的影响,这也对辽朝华严学的简易化和"显密圆融"产生了影响。此外,华严信仰作为辽朝民间佛教的重要内容,发挥了祈福禳灾、超度亡者等宗教功能,从而为辽朝民众提供了精神慰藉和归宿。

(二)辽朝民间的密教陀罗尼信仰及净土信仰

　　密宗与华严宗并列为辽朝最具影响力的佛教宗派,但在辽朝民间的影响力更大。与华严宗相同的是,民间密宗信仰与上层的密宗义学之间也存在着较大差异。受到传法仪轨、财力及知识水平等条件的限制,普通民众很难接触和理解金刚乘、无上瑜伽等密法的核心内容;与此同时,密宗真言经咒所宣扬的禳灾祈福等神秘

---

①《积谷山院读藏经之记碑》,向南、张国庆、李宇峰辑注:《辽代石刻文续编》,沈阳:辽宁人民出版社2010年,第164页。
② 所谓"七处九会",来自唐译八十卷本《华严经》,是指讲说《华严经》的九次法会和七处宣讲地。

功能则被辽朝民众广泛接受,并表现为对陀罗尼真言①的信仰与崇拜。对陀罗尼的诵持是辽朝密宗的主要内容之一,如道㲀在其《显密圆通成佛心要集》中称:"显谓诸乘经律论是也,密谓诸部陀罗尼是也。"②而从现有的辽朝石刻文献等资料中,我们也可以发现大量与密宗陀罗尼信仰有关的发愿文、墓碑铭等文献,通过对这些文献的分析,我们正可以发现辽朝民间密宗信仰的内容与特点,这主要包括以下几方面:

第一,将建造陀罗尼经幢和诵持陀罗尼经咒作为重要的宗教功德。

辽朝佛教信徒建造佛塔、经幢的风气很盛,其中尤以密宗陀罗尼经幢的建造为多。据学者统计,仅收录于《全辽文》中的"陀罗尼幢记"或"陀罗尼塔记"类题记就有83篇(尚不包括实为"陀罗尼幢"的所谓"灭罪真言幢"),占到《全辽文》所收810篇文章的10%还强③,其中多数为普通佛教徒所造。辽朝民众普遍认为陀罗尼真言具有灭罪增福的神奇力量,对此,现存的辽朝陀罗尼幢记文中有许多例证,如辽圣宗统和十八年(1000)李翊撰《特建尊胜陀罗尼幢记》文称:"讽之者福不唐捐,诵之者功超远劫。若乃轻埃沾处,微影覆时,非惟获果于未来,兼亦除殃于过去者,莫若佛顶尊胜陀罗尼矣。"④道宗大安六年(1090)《吴德迁造幢序》文称:

① 陀罗尼为梵语 dhāranī 的音译,意译为总持、能持、能遮。原意指能令善法不散失,令恶法不起的作用,后世则主要指密宗的真言密语与明咒。
②(辽)道㲀集:《显密圆通成佛心要集》卷上,《大正新修大藏经》第46册,第989页。
③ 高华平:《〈全辽文〉与辽代佛教》,《郑州大学学报》(哲学社会科学版)2006年第5期。
④(辽)李翊:《特建尊胜陀罗尼幢记》,阎凤梧主编:《全辽金文》(上),第125页。

"切以《尊胜陀罗尼》者,必百难□,凡言则罕。谛讽则灾障俄殄,揣思则罪垢速丘。道不虚行,如旭日烁于霜露;利有攸往,□□□剖于虚空。"[①] 大安八年(1092)张纶撰《再建佛顶尊胜陀罗尼经幢记文》称:"镌梵本《波若波罗密多心经》,弗□□□陀罗尼神咒,有以示密法之流通,众俗之所归仰也。寄影以灭罪,资尘而蒙益。"[②] 可见,陀罗尼密咒信仰主要来自民众对其宗教功能的崇信。

此外,持念各种真言密咒也是辽朝民众的重要宗教修行实践,如大安六年(1090)《为自身建塔记》中提到的沙门守恩"持诸杂真言,大悲心小佛顶胜六字观音满愿金刚延寿文殊一字咒,……共十二道,约持四十余年"[③];大安五年(1089)《六聘山天开寺忏悔上人坟塔记》文称,天开寺忏悔上人守常"住持本山三十年,倡导外,日诵《大悲心咒》以为恒课"[④];太康元年(1075)《行满寺尼惠照建陀罗尼幢记》文称:"乃建妙幢,上刊密印。托难思之句义,变无尽之光明。秾增圣道之缘,兼塞妄情之恋。"[⑤] 主要是祈求通过建造经幢而获得成佛证道的功德。受此影响,辽朝民间的佛教信徒也将诵持密咒作为重要的宗教功德,据辽兴宗重熙五年(1036)王纲撰《王泽墓志铭并序》记载,王泽为辽朝官员,晚年崇信佛教,并将诵读陀罗尼经咒作为每天必备的宗教修行,其文称:"研达性相之宗,薰练戒慧之体。间年,看《法华经》千三百余部,每日持陀

---

① (辽)张君儒:《吴德迁造幢序》,阎凤梧主编:《全辽金文》(上),第520页。
② (辽)张纶:《再建佛顶尊胜陀罗尼经幢记文》,阎凤梧主编:《全辽金文》(上),第527页。
③《为自身建塔记》,阎凤梧主编:《全辽金文》(上),第768页。
④《六聘山天开寺忏悔上人坟塔记》,向南编:《辽代石刻文编》,石家庄:河北教育出版社1995年,第413页。
⑤ (辽)王□:《行满寺尼惠照建陀罗尼幢记》,阎凤梧主编:《全辽金文》(上),第421页。

罗尼数十本。"①

第二,将建造陀罗尼经幢作为表达孝行的重要内容。

为亡者建造经幢或墓幢本来是佛教僧人的葬俗,受佛教的影响,辽朝民众也普遍为亡故的父母亲人建造陀罗尼经幢,希望借此使亡灵超度解脱,并将其作为表达孝行的重要途径②,这在辽朝初期到末期的陀罗尼经幢记文中都有明显体现。

辽朝民众普遍认为建造经幢、刊刻密教真言是表达孝行的重要手段,如天庆元年(1111)《奉为先内翰侍郎太夫人特建尊胜陀罗尼幢记》就明确指出:"伏以欲报昊天鞠育之鸿恩,惟仗诸佛宣传之密教。刻之贞琰,树于先茔。"③也就是说,要想报答父母的养育之恩,只有凭借密教经咒真言的力量。此外,乾统十年(1110)李枢撰《赵公议为亡考造陀罗尼幢记》记载了赵公议为报答亡父恩德,而在其父墓旁建造了一座陀罗尼经幢,文称:"粤有白衣信士赵公议,常念哀哀父母,生我劬劳,欲报之德,善莫大焉。□乃□建佛顶尊胜陀罗尼幢一坐,□于先茔先考之墓侧。伏此不可思议大神咒一□潜加救护,庶几尘尘不绝,影影相续。"④同年《朔州李谨建幢记》记载了李谨"为先翁祖母、叔祖、考妣已建高幢一座,刻诸佛密语",并表达了对父母亲人的哀思和报恩之情:"观夫法幢高树,空增不侍之悲;神咒明刊,愿报罔极之德。"⑤通观这些经幢记

①(辽)王纲:《王泽墓志铭并序》,阎凤梧主编:《全辽金文》(上),第271页。

② 参见张国庆:《论辽代家庭生活中佛教文化的影响》,《北京师范大学学报》(社会科学版)2004年第6期。

③《奉为先内翰侍郎太夫人特建尊胜陀罗尼幢记》,阎凤梧主编:《全辽金文》(上),第796页。

④(辽)李枢:《赵公议为亡考造陀罗尼幢记》,阎凤梧主编:《全辽金文》(上),第629页。

⑤《朔州李谨建幢记》,阎凤梧主编:《全辽金文》(上),第794页。

文,其主要内容都是借建造经幢表达对父母师长的哀思与孝心,并祈求亡故亲人解脱轮回苦难,这既是辽朝密宗兴盛的表现,同时也反映出中国固有的孝道观念与佛教思想的深入结合,可以说是辽宋时代佛教中国化的一个例证。

第三,以建造陀罗尼经幢作为往生净土的主要途径。

净土信仰是包括僧俗二界在内的辽朝佛教信徒的普遍信仰,中原佛教所流行的通过称念阿弥陀佛名号而求生弥陀净土等信仰活动在辽朝境内也得到了传承。如乾统三年(1103)《金山演教院千人邑记》记载,沙门善信以《华严经》为业,后来至金山演教院组织了以念佛求生净土为内容的千人"念佛邑","为报四种之恩,遂结千人之友。为念佛邑,每会称念阿弥陀佛名号,庶尽此报,同生极乐世界,是其愿也"①。道宗咸雍七年(1071)王世永撰《为先祖建佛法碑》文称:"成造已毕,即将上来造佛造法功德,回向真如实际,回向无上菩提,回施和尚阇黎。亦愿上资七祖,咸证天宫;下荐群生,悉除地狱。"②这些都是辽朝净土信仰的反映,而净土信仰与建造陀罗尼经幢相结合,则是辽朝净土信仰的重要特点,这在辽朝石刻文献中有大量反映。

辽朝民众认为,在坟前或寺院中为死者建造经幢,可以保佑死者脱离地狱之苦并往生净土佛国。如辽道宗大安八年(1092)《水井村邑人造香幢记》文称,建造"《无动如来陀罗尼》经幢",可使建造者"临命终时,十方圣众,各持宝盖来迎。生于净土,佛舒金色

---

①(辽)韩温教:《金山演教院千人邑记》,阎凤梧主编:《全辽金文》(上),第589页。

②(辽)王世永:《为先祖建佛法碑》,阎凤梧主编:《全辽金文》(上),第395页。

臂；摩顶受记，速成无上菩提"①，也就是相信建造陀罗尼经幢可以使信徒死后往生净土，并证得菩提佛果。辽穆宗应历十六年（966）《李崇菀为亡父彦超造经幢记》记载，易州刺史李彦超死后，其子李崇菀为超度父亲亡灵而建造了一座陀罗尼经幢，"特立法幢，上祷金仙，福佑慈父"②；辽景宗保宁元年（969）《再建经幢记》记载，都亭驿使王公荣为亡母在奉福寺及坟前建造了两座经幢，并以此祈祷其母解脱升天，文称："就奉福寺文殊殿前，又建经幢于灏村之坟，京东之墓，各置《佛顶尊胜陀罗尼》幢一所。……皇妣灵鉴，欲表□诚。如游六欲之宫，永固五云之状。所冀飞花宝雨，时来观刊石之功；执伞持幡，却去上摩尼之殿。"③辽道宗咸雍七年（1071）《为亡父母造幢记》记载李晟出家为尼的女儿法广为其父母及祖父母建造墓幢，祈祷亡者脱离地狱之苦，并且"茔石勒经，兴幢表志"，文称："奉为先亡父母、耶耶、娘娘等，特建《尊胜陀罗尼》幢子一坐于此茔内。亡过父母先亡等，或在地狱，愿速离三途；若在人间，愿福乐百年。"④此外，道宗太康七年（1081）张景运撰《为先亡祖翁考妣建经幢记》、咸雍三年（1067）《赵文祐造幢记》、寿昌五年（1099）《史遵礼造陀罗尼经幢记》等建经幢记文，都记载了辽人为超度其去世父母或祖父母而建造陀罗尼经幢的事迹。可见，凭借建造陀罗尼经幢而求生净土是辽朝民众的普遍观念。

这在辽朝墓葬的考古发现中也得到了印证，辽朝墓葬中经常出土有上刻密教真言经咒的石经幢，如北京市斋堂辽墓的墓顶附近发现有石质墓幢一座，上刻密教《破地狱真言》和《佛顶心真

---

①《水井村邑人造香幢记》，阎凤梧主编：《全辽金文》（上），第773页。
②《李崇菀为亡父彦超造经幢记》，阎凤梧主编：《全辽金文》（上），第728页。
③《再建经幢记》，阎凤梧主编：《全辽金文》（上），第729页。
④《为亡父母造幢记》，阎凤梧主编：《全辽金文》（上），第751页。

言》①；辽宁朝阳辽代龚祥墓也出土有石经幢，上刻《大悲佛顶尊胜陀罗尼》②。此外，辽朝人还在墓室及棺椁上书写密咒真言，以祈求死者灭罪升天，并免除地狱之苦。如卒于咸雍十年（1074）的张文藻（墓位于河北宣化），其木棺上写满梵文陀罗尼，而在棺盖的四刹则用汉文墨书："陀罗尼棺以其影覆之功冀济魂归之"，"质不闻地狱承受天身"，"谅尘墨良因与乾坤而等固谨记"等字样③；其子张世古棺盖上的字样也与此基本一致。在内蒙古敖汉旗喇嘛沟辽代壁画墓中也发现有类似的题记，该墓室北侧穹隆顶中部墨书四竖行七言诗一首："真言梵字觔尸骨，亡者即生净土中。见佛闻法亲授记，连□无上大菩萨。"④这些文献和考古资料都从不同方面展现了密教信仰在辽朝民间的巨大影响力。

（三）辽朝佛教遗存中反映的"显密圆融"思想

伴随着佛教的广泛流行及崇佛政策的实行，辽朝帝王、贵族及普通信徒建造了大量的寺院、佛塔及佛教造像，至今在山西、京津、内蒙古及东北等原辽统治地区还有大量的相关佛教文物遗存，并且具有重要的研究价值。对这些遗存进行探讨的目的在于：一方面作为现实的宗教活动场所或纪念物，这些遗存与民间佛教信徒及佛教思想的社会影响有直接的关系，可以从中了解辽朝华严宗、密宗等宗派的传播情况及现实影响；另一方面，许多佛教遗存尤

---

① 北京市文物事业管理局门头沟区文化办公室发掘小组：《北京市斋堂辽壁画墓发掘简报》，《文物》1980年第7期，第24页。
② 尚晓波：《辽宁省朝阳市发现辽代龚祥墓》，《北方文物》1989年第4期，第30页。
③ 河北省文物研究所等：《河北宣化辽张文藻壁画墓发掘简报》，《文物》1996年第9期，第29页。
④ 敖汉旗博物馆：《敖汉旗喇嘛沟辽代壁画墓》，《内蒙古文物考古》1999年第1期，第92页。

其是造像的设置，又受当时的佛学思想尤其是"显密圆融"思想的深刻影响，以其为证据和切入点，也可以使我们更加全面地认识辽朝佛教的思想特色及其社会影响。本书在此主要选取了晋北地区（辽西京道辖地）的朔州应县木塔和大同善化寺等辽朝佛教遗存进行探讨，其原因在于，相比于其他辽朝统治区域，晋北地区保存的辽朝佛教寺院和造像更为完整和系统，思想内涵更为丰富[①]；此外，晋北地区是辽朝陪都和佛教重镇西京大同府的核心地区，本身具有悠久的佛教传统和佛教文化积淀，与华严宗和密宗相关的佛教文物也更为集中和典型。

第一，应县木塔及其佛教造像所反映的佛教思想。

应县木塔位于山西省朔州市应县城内西北隅的佛宫寺内，称为佛宫寺释迦塔，俗称为应县木塔。该塔建于辽道宗清宁二年（1056），由道宗皇后萧观音出资建造[②]，金明昌六年（1195）进行了增修。它是我国现存年代最久且最高的一座木结构楼阁式塔，为全国重点文物保护单位。应县木塔位于佛宫寺中央，前为山门、后为大殿，保留了中国古代以塔为中心及"前塔后殿"的寺院布局。木塔建造在4.4米高的台基上，通高67.31米，平面呈八角形[③]。外观为五层六檐，第一层重檐，以上各层均为单檐，各层间设暗层，实为九层。整体比例适当、稳重庄严。这与《妙行大师碑铭并序》中

① 通观目前所知的辽朝佛教文物遗存，原属辽上京道的内蒙古东部，原属东京道、中京道的辽宁地区的佛教遗存主要是砖石结构的佛塔，与其配套的原有寺院建筑及内部造像则大多毁坏无存；而较完整的寺院建筑和造像遗存则主要集中于今山西省朔州市、大同市等原西京道地区，其所保留的佛教思想信息更为丰富。
② 参见张畅耕等：《契丹仁懿皇后与应州宝宫寺释迦塔》，张畅耕主编：《辽金史论集》第六辑，北京：社会科学文献出版社2001年，第103—126页。
③ 陈明达编著：《应县木塔》，北京：文物出版社2001年，第48页。

记载的燕京昊天寺"六檐八角"①木塔的样式是相同的。

　　除了建筑本身的价值外，应县木塔内还保存有二十六尊辽代彩塑，遗憾的是这些塑像大多被后世重妆，而且曾受到严重破坏，已失去辽塑风采，但整体造型仍保留了辽代形制。这些造像所表现的宗教思想内涵则与辽朝华严宗及密宗有着密切的关系，实际上，它们是按照密宗及华严宗的仪轨精心布置而成。木塔第一层为释迦牟尼造像（图1-2），该像结跏趺坐于莲台之上，身披袈裟，右手置胸前，左手下伸，作与愿印。全像虽经后代彩绘妆金，但保留了辽朝彩塑的风貌；第二层的五尊造像表现的是"华严三圣"（图1-3），中央为卢舍那佛坐像，右手结触地降魔印，左手结禅定印；佛像左右有二胁侍菩萨立像，左前方为普贤菩萨坐像，莲座下塑白象；右前方为四臂文殊菩萨坐像，又号敏捷文殊，莲座下塑青狮。

　　第三层塑密宗五方佛中的东西南北四方佛（图1-4），四佛结跏趺坐于莲台上，按东西南北四方排列，分别为东方阿閦佛（宝幢如来），表大圆镜智，莲座下塑宝象，表坚力无碍；南方宝生佛（开敷华王如来），表平等性智，莲座下塑宝马，表具吉祥；西方阿弥陀佛（无量寿佛），表妙观察智，莲座下塑孔雀，表华丽明慧；北方不空成就佛（天鼓雷音如来），表成所作智，莲座下塑迦楼罗（大鹏金翅鸟），表随摄归无有违者②。值得注意的是，该层只设置了密宗五佛中的四佛，而缺少中央大日如来的造像。第四层七尊造像表现的依然是"华严三圣"（图1-5），中央为释迦牟尼佛造像，趺坐莲台上，佛左右塑大迦叶及阿难两弟子立像，前方塑文殊与普贤两菩萨像。但与第二层的坐像不同，文殊及普贤分别骑乘在青毛狮子及六牙

---

① （辽）释广善：《妙行大师碑铭并序》，阎凤梧主编：《全辽金文》（上），第619页。
② 参见丁福保编纂：《佛学大辞典》，北京：文物出版社1984年，第663页。

图1-2　应县木塔一层释迦佛牟尼造像①

图1-3　应县木塔二层华严三圣造像②

① 笔者自摄。
② 陈明达编著:《应县木塔》,北京:文物出版社 2001 年,第 165 页,图 75。

图1-4　应县木塔三层四方佛造像①　图1-5　应县木塔四层华严三圣造像②

图1-10　应县木塔五层"八大菩萨曼荼罗"造像③

① 陈明达编著：《应县木塔》，北京：文物出版社2001年，第184页，图96。
② 陈明达编著：《应县木塔》，北京：文物出版社2001年，第201页，图113。
③ 陈明达编著：《应县木塔》，北京：文物出版社2001年，第218页，图130。

白象身上,此外还有两尊牵狮及象的侍从像;第五层九尊造像为密宗的"八大菩萨曼荼罗"(图1-10),九像皆结跏趺坐于莲台上,中央为大日如来造像,两手于胸前结智拳印;其四周布列观自在、金刚手、虚空藏、大悲、地藏、普贤、妙吉祥、弥勒八菩萨,这与辽朝密宗的八大菩萨崇拜是一致的[①]。

　　通观应县木塔内的佛教造像模式(图1-11),可以说它们正表现了辽朝佛教"显密圆融"即华严与密宗的融合。第二与第四层的"华严三圣"像表现的是华严宗的崇拜对象,反映的是华严信仰的内容;第三层的四方佛与第五层的"八大菩萨曼荼罗"则是密宗的崇拜对象,将这两层的造像以及第一层的释迦牟尼佛造像结合在一起来看,则成为五方佛与八菩萨组合的曼荼罗,这一五佛八菩萨曼荼罗正与慈贤《妙吉祥平等秘密最上观门大教王经》中记载的曼荼罗一致[②],代表了辽朝密宗的信仰对象。此外,第二层的主尊卢舍那佛、四层的主尊释迦牟尼佛与五层主尊毗卢遮那佛正好构成了报身、应身、法身等"三身佛",释迦牟尼是佛教创始人和最受崇拜的佛陀,而且是佛造像中最普遍的题材,因此一层的释迦大像代表佛法及"信"的意义。而从总体上看,应县木塔造像的设计者正是依据"显密圆融"的思想,以佛的"三身"为中心,将华严宗与密宗的崇拜对象统一起来,并试图建立一种具有综合性和创新性的造像组合模式。可以说,应县木塔的造像模式正是辽朝佛教界"显密圆融"思想在社会生活和信仰活动中的实践。

[①] 按:辽朝慈贤所译的《妙吉祥平等秘密最上观门大教王经》中便记载有"八大菩萨曼荼罗",本书依据此经记载的八菩萨名称对应县木塔五层造像做了定名。参见(辽)慈贤译:《妙吉祥平等秘密最上观门大教王经》,《大正新修大藏经》第20册,第912页。

[②] 参见(辽)慈贤译:《妙吉祥平等秘密最上观门大教王经》,《大正新修大藏经》第20册,第910—920页。

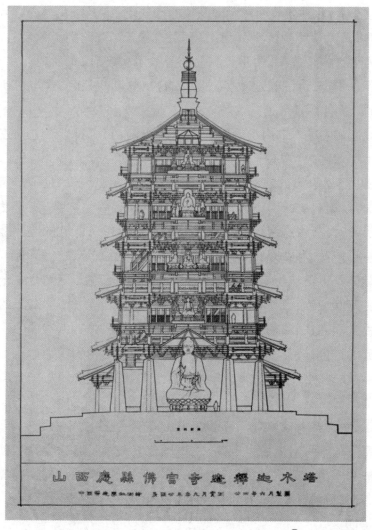

图1-11 应县木塔内部结构及造像布置图①

---

① 梁思成:《中国古建筑调查报告》,北京:生活·读书·新知三联书店2012年,第580页,图D-1。

第二,大同善化寺造像所反映的"显密圆融"思想。

华严宗与密宗结合的造像模式是辽朝佛教中一种较为普遍的现象,现存的大同善化寺与华严寺造像也是这种模式的例证。善化寺位于山西省大同市平城区,原辽金西京大同府城内,因坐落于明代府城南门内侧,当地俗称为南寺。据寺内碑文记载,该寺创建于唐代,唐玄宗时赐名为开元寺,五代后晋时更名大普恩寺,明正统十年(1445)改名善化寺。该寺现存金代天会六年至皇统三年间(1128—1143)重建的天王殿、三圣殿及东西配殿、普贤阁,以及建于辽朝、金朝重修的大雄宝殿等建筑。山门内保存有明代四大天王像,三圣殿内存金代华严三圣塑像及金、明清石碑四通,大雄宝殿内现存辽金时代五方佛、金代二十四诸天塑像及清代壁画等珍贵佛教文物,1961年该寺与华严寺、应县木塔等列入国务院公布的第一批全国重点文物保护单位名录。

大同为辽朝陪都西京,虽然善化寺在辽末金兵攻占西京的战争中大部分被毁,但据金朝重修碑记记载,当时寺内"前日栋宇所仅存者,十不三四"[①],即仍然有辽朝的部分建筑幸存下来,如大雄宝殿及殿内五方佛造像等。此后,金朝初年在圆满大师的主持下,大普恩寺(善化寺)历经十六年的时间重修完工。虽然该寺现存的建筑和造像主要为金初所建,但时间距辽很近,而且又是在原有的辽朝寺院基础上重建的,因此其造像布置可以在很大程度上反映辽朝佛教尤其是辽后期佛教的特色。善化寺大雄宝殿内现存辽金时代佛教造像三十三尊:大殿正中为金刚界五方佛及弟子、胁侍菩萨造像九尊,坐北面南,五佛结跏趺坐于莲台上,自西向东依次为

---

① (宋)朱弁:《大金西京大普恩寺重修大殿记》,张焯:《云冈石窟编年史》,北京:文物出版社2006年,第260页。

西方阿弥陀佛、北方不空成就佛、中央毗卢遮那佛、南方宝生佛、东方阿閦佛；两旁塑大迦叶、阿难二弟子及二协侍菩萨。这些造像表现的是密宗的五方佛及护法诸天，实际上代表的也是密宗曼荼罗的立体形象。

此外，在寺院的中轴线上有山门、三圣殿、大雄宝殿三座主要殿堂，而位于全寺中心的三圣殿内供奉的则是华严宗的崇拜对象"华严三圣"，该殿内有塑像五尊，中为毗卢遮那佛（两侧立二胁侍菩萨），东为文殊菩萨，西为普贤菩萨造像，三像皆趺坐于莲台上。在大雄宝殿东西两侧又建有文殊阁和普贤阁，同样表现的是华严宗的"华严三圣"崇拜。不过，与应县木塔的环形布置及立体组合不同，因为要适应寺院殿堂的中轴对称排列、殿堂的长方形平面以及信徒礼拜等需要，善化寺大雄宝殿、三圣殿等处的造像被设计成直线排列的形式，但两者表现的都是密宗曼荼罗崇拜与"华严三圣"崇拜的结合，同样是辽朝佛教"显密圆融"思想的体现。

我们从辽朝佛教遗物的考察中，同样可以看到辽朝佛教的"显密圆融"特色。应县木塔及大同善化寺造像所表现的"显密圆融"信仰内涵，正与辽朝佛教界的这一思潮一致。同时与密宗相关的"五方佛""诸天"等造像被奉为寺院中的主尊，并安置于最重要的殿宇或位置上，而与华严信仰相关的华严三圣等造像则被安排于次要位置。这种造像模式虽然是华严宗与密宗融合的产物，但在整体上却反映出密宗主尊具有更重要的地位。这也说明，在辽朝民众的佛教信仰中，密宗的影响力最大，其次才是华严宗。而就其原因来说，除了密宗所宣传的灭罪增福等信仰易于为普通民众接受外，密宗的流行也反映出契丹民族对本民族文化的有意识保留与传承。

（四）佛教思想对契丹民族的影响

由于相关史料的不足,我们现在所看到的契丹族佛教信徒大多是辽朝帝王以及耶律氏、萧氏等契丹贵族的成员,虽然他们的佛教信仰并不能反映契丹民族宗教信仰的全貌,但在很大程度上可以作为典型例证来探讨佛教信仰对契丹民族的深刻影响。

上文所述辽朝诸帝的礼佛、饭僧、做佛事、刻经、礼遇高僧等崇佛活动,都是佛教对契丹民族产生深刻影响的重要表现。而契丹贵族奉佛的情况在现存的辽代石刻文献中也有大量的反映[1]。例如,据《耶律羽之墓志铭》记载,辽朝开国重臣耶律羽之"于辅政之余,养民之暇,留心佛法,耽味儒书。入萧寺则荡涤六尘,退庙堂则讨论五典","儒释庄老之文,尽穷旨趣"[2],可知他对佛学和儒学都有较深入的理解。据《耶律琮神道碑》记载,曾为"处三公之首,为帝王之师"的耶律琮,"长以释教为事,……改玉馔为香馔,不辍参禅。……欲寤无为之理,大崇有相之因"[3],可知他以参禅修道为事,是一位虔诚的佛教徒。皇族耶律弘世妻秦越国妃萧氏"敏慧博知,尤通内学……惟奉佛延僧为施,以荐冥福"[4];贵族耶律弘益妻萧氏"筵僧营佛,莫尽其称量;育老赈贫,孰测其涯溁。造次而往想佛国,斯须而留心圣经"[5];耶律昌允妻萧氏"以焚香礼佛为事,以

---

① 参见王善军:《从石刻资料看辽代世家大族与佛教的关系》,王善军:《阳都集》,北京:中国社会科学出版社 2012 年,第 36—54 页。

② 盖之庸:《耶律羽之墓志铭考证》,《北方文物》2001 年第 1 期,第 40、41 页。

③ 李逸友:《辽耶律琮墓石刻及神道碑铭》,东北考古与历史编辑委员会:《东北考古与历史》第一辑,北京:文物出版社 1982 年,第 182 页。

④《皇弟秦越国妃萧氏墓志》,盖之庸编著:《内蒙古辽代石刻文研究》,呼和浩特:内蒙古大学出版社 2002 年,第 442 页。

⑤《耶律弘益妻萧氏墓志》,向南编:《辽代石刻文编》,石家庄:河北教育出版社 1995 年,第 591 页。

济僧施贫为念,读诵经典,日不暇给"①。以上的文献显示,契丹贵族普遍信仰佛教,并将礼佛、饭僧、诵经等宗教修行实践作为日常生活的重要组成部分。由此可见,佛教已经成为契丹民族最主要的宗教信仰。此外,出于考察宗教思想与社会互动关系的目的,本书在此将主要围绕华严和密教信仰对契丹民族的影响,来窥探佛教思想对辽朝社会的影响:

第一,华严信仰在契丹民族及统治阶层中的表现。

自辽王朝建立以来,契丹贵族及平民都逐渐接受了佛教,同时接受了华严信仰及华严学。在华严学方面,上文提到的辽道宗及妙行大师等都是契丹族华严学匠的代表;而相比于辽朝民间的普通佛教信徒,作为统治阶层的契丹贵族与士大夫具有较高的文化水平,这也使他们有能力和兴趣去了解深奥的华严义理。而在华严信仰方面,《华严经》崇拜、"华严三圣"崇拜等也流行于契丹民族中。

以华严信仰为例,由于辽朝长期以来重视对汉文化尤其是中原佛教文化的吸收,因此契丹贵族普遍具有较高的文化水平,他们的华严信仰主要表现为重视《华严经》等经典的诵读与研学,并将其作为重要的宗教功德。代表人物如辽道宗耶律洪基,他不仅在佛教义学上推崇唐代华严学,并亲自为《华严经》撰写赞文,表现出对《华严经》的崇拜。此外,道宗皇帝于清宁八年(1062)建西京华严寺,并且于寺内"奉安诸帝石像、铜像"②,从而将华严寺与皇家祖庙合二为一,并于当年十二月巡幸该寺,这也是辽朝统治者

①《耶律昌允妻萧氏墓志》,盖之庸编著:《内蒙古辽代石刻文研究》,呼和浩特:内蒙古大学出版社2002年,第285页。

②(元)脱脱等:《辽史》卷四十一《地理志五》,北京:中华书局1974年,第506页。

华严崇拜的重要体现。此外,契丹贵族的《华严经》崇拜在现存的石刻文献中也有反映,如皇族耶律氏永清公主就将诵读《华严经》作为重要的佛教修行,据寿昌元年(1095)《永清公主墓志》记载:"父宗熙,齐国王弟三子。……尤精浮图氏之宗旨,常必读《花严经》为意。……有大丈夫器节,加以好习理性,多以《金刚》《圆觉经》属于贵念。"① 华严信仰及华严学作为中国佛教文化的重要组成部分而被文化习俗不同的契丹族与汉族共同接受,这本身就是契丹民族与汉民族文化认同及民族融合的表现。从这种角度看,辽朝华严思想正发挥了促进民族融合的积极作用。

第二,密教信仰与契丹民族的葬俗。

佛教思想深刻影响契丹民族的另一重要表现是葬俗的改变,即佛教葬仪和密教信仰被引入契丹民族的葬礼,并成为普遍的习俗。据《新五代史·四夷附录》记载:契丹人"父母死,以不哭为勇,载其尸深山,置大木上,后三岁往取骨而焚之,酹而咒曰:'夏时向阳食,冬时向阴食,使我射猎,猪鹿多得。'"② 可知契丹族的原有葬俗主要是火葬,并且在葬礼中有献酒、念咒等祭祀活动。佛教成为契丹民族的主要宗教信仰以后,佛教的葬仪也被契丹民族广泛接受,并与其原有的葬俗相结合,这主要表现为将持念密咒真言作为葬礼佛事的主要内容,以及毗荼法(火葬)的流行等方面。

从现存的辽代石刻文献可知,契丹民族普遍将佛事活动作为葬礼的主要内容,这可以契丹贵族萧闛的葬礼为例,据道宗咸雍七

---

①《永清公主墓志》,向南、张国庆、李宇峰辑注:《辽代石刻文续编》,沈阳:辽宁人民出版社2010年,第227页。

②(宋)欧阳修撰,(宋)徐无党注:《新五代史》卷七十二《四夷附录一》,北京:中华书局1974年,第888页。

年（1071）《萧阁葬礼做佛事碑》记载，萧阁出身于契丹后族萧氏家族，曾任检校国子祭酒、监察御史等职，他去世后举办了饭僧、诵经、持念密咒等规模宏大的佛事活动，并将其作为葬礼的重要组成部分。文称：

> 所请龙象高德，办集胜事，具录如后：起建道场六十二昼夜，斋僧四千四百人。维持开菩萨戒经讲三席。看却经二大戒《明王经》七十三部，《华严经》六百七十卷，《金光明经》二百三十五部，《阿弥陀经》二千卷，《无量寿经》二百二十六遍，《菩萨戒经》一千一百四十遍，《诸经要集》二十八秩，《药师经》四十九遍，《法华经》七十三部。诵《观音经》四百二十六卷、《多心经》一千二百三十六遍。念《大悲心陀罗尼》七千四百二十卷、《生天陀罗尼》五万八千四百六十遍、《破地狱真言》三千一百八十遍、《灭外障真言》一千八十遍、《灭内障真言》一千八十遍、《灭罪真言》三千一百八十遍、《文殊五髻真言》一千八十遍、《无量寿真言》一千八十遍、《满愿真言》一千八十遍、《无垢净光真言》四十九遍、《一切如来真言》七十遍、《大佛顶真言》五千二百遍、《阿閦如来真言》一万九千六十遍、《天门真言》七遍、《护身真言》六千二百六十遍、《大随求真言》一千四百遍、《佛顶尊胜陀罗尼》四千四百五十遍、《梵本心真言》四千二百遍、《大轮真言》一千八十遍、《圆三聚真言》一千八十遍、《摧碎真言》四千二百遍、《百字明真言》四百八十五遍、《摩利支天真言》四万六千六百遍、《如意轮真言》八千四百遍、《灭恶业真言》一万一千八十遍、《观音应愿真言》一千八十遍、《炽盛光真言》一千四百遍、《六字真言》三万二千四百遍、《五字真言》一千

遍、《一字真言》一千遍、诸杂真言并佛名一十万遍。持课两个月。念诸佛名号二百四十五万四千四百口。①

　　就这篇碑文所记载的佛事内容来看，萧闛的葬礼"道场"主要包括为僧人供斋（"斋僧"），以及念诵大乘经典和密咒。其中，道场上所念诵的《华严经》《菩萨戒经》《阿弥陀经》《无量寿经》《般若波罗蜜多心经》《金光明经》《法华经》等经典，都属于当时最具影响力的大乘经典；而就念诵的次数来看，《阿弥陀经》《菩萨戒经》《般若波罗蜜多心经》《华严经》最受重视，这应当与往生净土的信仰及上述经典的"灭罪"功能有关。而通观全文，可知该"道场"最突出的特点就是重视密教真言的持念，全文共列举出三十种真言的名称，其念诵的遍数由数十至数万，远超出大乘经典的诵念遍数，可见各种真言密咒的持念才是这一葬礼佛事的主要内容。其中，持念次数最多的是《生天陀罗尼》《摩利支天真言》《六字真言》《阿閦如来真言》《灭恶业真言》等，都在一万遍以上。从这些真言密咒的内容及其宗教功能来看，主要反映出佛教信徒希冀保佑亡者免除罪恶和地狱之苦，以及解脱升天，这正是葬礼佛事大量诵持以上密咒的原因②。

①《萧闛葬礼做佛事碑》，刘凤翥、唐彩兰、青格勒编著：《辽上京地区出土的辽代碑刻汇辑》，北京：社会科学文献出版社2009年，第161页。
② 这类陀罗尼密咒在辽朝民间具有广泛的影响力，并在辽代墓葬考古中也得到了印证。如山西大同卧虎湾辽代壁画墓石棺内就书写有《净法界真言》《护身真言》《六字大明陀罗尼真言》《智炬如来破地狱真言》等，北京辽代董庠墓则书写有《灭罪真言》《智炬如来破地狱真言》《生天真言》，辽宁朝阳西上台辽墓墓室石板上刻有《一切如来心陀罗尼》《阿閦如来灭轻重咒》《三昧耶密言》《佛顶尊胜陀罗尼》《大悲心陀罗尼》等真言。参见霍杰娜：《辽墓中所见佛教因素》，《文物世界》2002年第3期。

此外,据咸雍五年(1069)《萧闍妻耶律骨欲迷已娘子墓志铭》记载,出身于契丹皇族耶律氏的耶律骨欲迷已(萧闍妻)去世后:

> 日饭苾刍不减数十人,敬设道场,精诵神咒,分阅贝典,仅逾半稔,登登不绝,引卷还秩,难可胜计。成就种种之功德,率为资荐。仍于窀穸之前匠梵幢一所,庶期沾一尘,覆一影。或往生于慈氏天宫,或托质于弥陀佛国。[①]

耶律骨欲迷已去世后也举行了规模较大的葬礼佛事活动,包括饭僧、诵持密咒、显密经典等内容;并且在墓前树立了陀罗尼经幢以祈求往生于弥勒净土("慈氏天宫")或弥陀净土("弥陀佛国")。从这些葬礼内容中可以看到,密教信仰在萧氏夫妇的葬礼中扮演了重要的角色,而佛教所宣扬的净土世界也成为他们所追求的死后归宿。

契丹民族中普遍流行"火葬"习俗,这一方面是其原有葬俗("取骨而焚之")的余续,另一方面更是佛教"毗荼"(火葬)葬法影响的结果。根据现有的考古发现可知,火葬墓在辽墓中占据很大的比例,具体形式包括真容骨灰葬[②]及以罐、棺、床以及宠等盛殓或放置骨灰,这类墓葬遍布辽朝全境[③],可知包括契丹族和汉

---

① 《萧闍妻耶律骨欲迷已娘子墓志铭》,刘凤翥、唐彩兰、青格勒编著:《辽上京地区出土的辽代碑刻汇辑》,北京:社会科学文献出版社 2009 年,第 164 页。

② 真容骨灰葬是按照死者的外貌,用木、石等材料雕造成偶像,内部则填充死者骨灰。这种葬俗起源于唐代,是佛教和中国传统葬俗结合的产物。参见颜诚:《辽代真容偶像葬俗刍议》,《文物春秋》2004 年第 3 期。

③ 霍杰娜:《辽墓中所见佛教因素》,《文物世界》2002 年第 3 期。

族在内的辽朝民众普遍接受了这一葬俗。学术界也普遍认为,这些火葬墓反映出的是佛教对契丹民族和辽朝人生活习俗的巨大影响①。

　　透过萧氏夫妇的葬礼佛事、陀罗尼经咒崇拜及契丹民族的火葬习俗,我们正可以发现佛教对契丹民族所产生的重要影响,以上的史料显示出:契丹民族已经深入地吸收了中原的佛教文化,并将其作为生活习俗的重要组成部分。而从文化认同与融合的意义上说,佛教发挥了汉文化传播桥梁的重要作用,契丹民族正是通过佛教而接受了中原文化,并逐步实现了契汉民族之间的文化和民族认同。

三、佛教思想与辽朝社会的关系

　　上文考察了佛教思想与辽朝统治者政治诉求之间的互动关系,辽朝华严、密宗信仰及“显密圆融”思想的表现,佛教思想对辽朝民众和契丹民族的影响等内容,我们可以从中得到以下几点认识:

(一)佛教思想为辽朝的政治发展提供了理论依据

　　一是为政治和文化独立提供了理论依据。由上文的论述可知,辽圣宗禁毁南宗禅著作的行动,以及道宗皇帝的“重教轻禅”“融禅入教”思想,都表现出辽朝统治者建立独立佛教体系的意图,而结合圣宗、道宗时代辽朝正统观念的确立,可知辽朝统治者要求佛教思想为辽朝的政治独立和正统意识提供思想文化方面的支持。以“重教轻禅”“融禅入教”为重要特点的辽朝佛教正顺

---

① 参见杨晶:《辽代火葬墓》,陈述主编:《辽金史论集》第三辑,北京:书目文献出版社1987年,第213—219页。

应了这种政治诉求,并成为辽政权追求政治和文化独立的理论依据和重要标志。与此同时,现实的政治需要也是辽朝佛教思想特色形成的重要原因。

二是为中央集权政治的发展提供了理论依据。从道宗皇帝提倡华严圆宗及其《释摩诃衍论御解》的核心内容来看,其主要意图是希望建立一个综合性的佛教体系,并以此实现诸宗思想的圆融统一。而结合辽朝统治者巩固中央集权的政治需要来看,道宗皇帝实际上是利用佛教思想来实现统一辽朝思想界和辽朝社会的政治目的。辽朝佛教界的"真心"思想为思想和政治的统一提供了本体论方面的理论依据,而辽朝统治者的政治诉求也促进了辽朝佛教思想界对"真心"思想的重视。

三是为民族和社会矛盾的缓和提供理论依据。从消泯民族矛盾、巩固辽政权统治的政治作用来看,辽朝佛教思想发挥了国教的作用,如华严学的圆融思想论证了不同民族和阶层之间的平等、现存统治秩序的合理性等,而密宗思想则成为联系契丹民族文化和汉文化的纽带。辽朝帝王利用佛教思想消泯民族矛盾、巩固统治的现实政治需要,也在很大程度上促进了辽朝佛教思想"显密圆融"及重视心性论等特点的形成。

总而言之,辽朝佛教思想与现实政治需要之间彼此影响,关系密切,这正是宗教思想与社会存在之间互动的重要反映。

(二)佛学思想与民间佛教信仰之间存在着彼此促进的关系

一是辽朝社会华严信仰的兴盛与华严学的流行互相影响。这种华严信仰主要表现为《华严经》崇拜及经文的密咒化、"华严三圣"崇拜、华严千人邑的出现等。华严信仰作为连接上层华严学理论与辽朝民间社会的纽带,它一方面揭示了华严学对辽朝社会的现实影响,反映出理论思想在现实社会中的存在状况及影响力;另一方面,它揭示出辽朝华严思想产生的社会原因,即辽朝民间佛教信徒中广泛的华严信仰,正为华严学的传承及其理论思想创新提供了重要的社会基础和信仰保障。

二是辽朝密宗义学的发达与密教信仰的流行有着密切的关系。从上文的论述可知,密宗是辽朝民间最具影响力的宗派,其具体表现为陀罗尼经咒崇拜的盛行,即民间信徒广泛建造陀罗尼经幢,诵持陀罗尼经咒,并以此达到祈福禳灾、超度亡者往生等宗教目的。这些信仰的流行,一方面为密宗义学的发展和创新提供了信仰群体和物质基础,另一方面则推动了密宗义学的发展,促使密宗学匠吸收华严学思想以完善其相对薄弱的修证理论,实现简易化和入世化以争取信徒。

三是辽朝华严信仰的密教化与辽朝佛教界的"显密圆融"思想相一致。通过考察辽朝《华严经》的密咒化以及华严与密宗融合的造像模式等,我们可以做出这样的推断:在"显密圆融"思想方面,辽朝民间佛教界与上层佛教义学界的思想倾向是一致的,即华严与密宗思想的融合,以及华严学的密教化。这也证明辽朝佛教界在整体思想上是统一的。

由此可见,辽朝的佛学理论思想与民间佛教信仰之间存在着彼此促进的关系,两者共同组成辽朝精神文化的主要内容,并对现实社会产生了深刻影响。

(三)佛教思想为契丹民族和辽朝民众提供了精神支柱

首先,佛教信仰成为契丹民族和辽朝民众祈福禳灾的重要途径。从现存的辽代石刻文献中可知,密教陀罗尼经咒崇拜是最受辽朝民众崇信、最具影响力的民间佛教信仰之一,辽朝民众普遍通过建造陀罗尼经幢及持念真言为生者灭罪增福,为死者祈求解脱升天,并以此表达对亲属的孝敬之情。这证明佛教信仰已经与契丹民族和辽朝民众的生活紧密结合在一起,并在很大程度上成为辽朝民众的主要精神慰藉。

其次,成佛证道成为辽朝民众和契丹民族的重要精神追求。伴随着佛教的广泛传播,佛教所宣扬的成佛证道等思想也成为辽朝民众和契丹民族所追求的人生终极目标,如大安十年(1094)释守琼散施《大方广佛华严经》回向偈称:"依经行愿行,广大无有尽。灭除恶业罪,速证佛菩提。"[①] 为了实现这一目标,诵经、持戒、饭僧等佛教宗教修行也成为辽朝民众日常生活的重要组成部分。

最后,往生净土被辽朝民众视为所追求的死后归宿。由上文的论述可知,佛教对辽朝社会生活的另一重要影响,就是契丹族及汉族民众普遍为亡者建立陀罗尼经幢,并将持念密咒等佛事活动作为葬礼的主要部分,其目的则是为了祈求亡者脱离地狱之苦、往生弥陀或弥勒净土,这说明佛教所宣传的净土佛国已经被辽朝民众视为主要的死后归宿。

从这些方面来说,佛教无疑发挥了辽朝民众的精神支柱的作用。而就契丹民族来说,成佛证道、往生净土以及通过佛教祈福禳灾等观念的流行,也证明佛教的轮回转世及地狱天堂观念已经被该民族广泛接受,并成为其世界观的重要组成部分,这也是契丹民族深入吸收中原思想文化及文明化的重要表现。

综上所述,佛教思想对辽朝社会产生了深刻影响,在巩固政权、稳定社会、提供精神支柱、促进契丹民族文明化等方面发挥了重要作用,从而为辽朝社会时代课题的解决提供了重要答案。

---

① 俄罗斯科学院东方研究所圣彼得堡分所、中国社会科学院民族研究所、上海古籍出版社编:《俄藏黑水城文献》第二册,上海:上海古籍出版社1996年,第325页。

第五节　佛教思想对辽朝时代课题的解答

对佛教思想文化的引进与综合创新,正是辽朝政权和契丹民族对其时代课题的重要解答,即如何利用佛教思想文化促进本民族和政权的发展,同时在兼容并包的基础上建设独立的民族文化体系,并为政治和民族独立服务。这种解答可以从以下几方面理解:

一、辽朝佛教文化与契丹民族的文明化

通观辽朝政权和契丹民族的发展历史,一直伴随着对先进汉文化持续而主动的引进和吸收,而就精神文化领域来说,中原的佛教文化则是其中的主体。与此同时,佛教对契丹民族的精神世界和现实生活产生了深刻影响,可以从以下几方面理解:

(一)佛学思想促进了契丹民族思想文化的进步

通观契丹民族对中原汉文化的吸收引进,在官制、礼仪、法律等政治文化领域,儒家政治文化占据了主体地位;而在宗教、哲学等精神文化领域,则以佛教文化为主,而其具体内容主要是唐宋时代的中原大乘佛教思想,如华严宗、密宗、唯识宗、律宗、净土宗等佛教宗派及其思想。从这一角度来说,辽朝佛教文化在整体上是唐宋中原佛教文化的重要组成部分,契丹民族对佛教文化的接受,也就成为其引进吸收先进汉文化的重要组成部分。与此同时,佛教思想对契丹民族的思想文化也产生了深刻影响:

首先,佛学思想提升了契丹民族的理论思维水平。华严宗、唯识宗等佛学思想体系具有深刻的理论思辨性,它们被契丹民族接受这一事实(如对华严学、唯识学的研习等),正是契丹民族理论

思辨水平提升和深入吸收汉文化的表现。以辽道宗耶律洪基为例，他在为《释摩诃衍论》所作注疏中就综合运用华严学的总义、别义，天台宗的第一义谛、真俗二谛，唯识学的能入、所入等哲学概念，将该论的三十三门内容进行了归纳总结[①]，体现出深刻的理论思辨性，以及对佛教哲学的精深造诣。

其次，契丹民族在接受佛教文化的同时，也接受了中原传统的儒家思想。通过上文的论述可知，辽朝佛教在很大程度上是对唐朝佛教的选择性继承与发展。而印度佛教自两汉时代传入中国后，经过南北朝以来的长期中国化，至唐朝形成的中国宗派佛教已经融合了中国传统的儒家哲学及思维方式，并成为汉文化的重要组成部分。例如，华严宗、天台宗等宗派所宣扬的佛性论吸收了儒学性善论的内容，反映出与儒家文化的融合，而契丹民族对这些佛学思想的接受，实际上就是对中原传统思想文化的接受与认同。

再次，佛教促进了中原传统道德观念的传播。佛教中国化的重要标志之一，就是佛教对"忠孝"等儒家伦理道德的吸收融合。随着辽朝民众和契丹民族接受中原大乘佛教文化，佛教的孝道观念也被辽朝民众所接受。其重要表现之一，就是陀罗尼经咒崇拜与孝道的结合，如天庆元年（1111）《奉为先内翰侍郎太夫人特建尊胜陀罗尼幢记》文称："伏以欲报昊天鞠育之鸿恩，惟仗诸佛宣传之密教。刻之贞琰，树于先茔。"[②] 即主张通过刊刻密咒真言报答父母的恩德。可见，辽朝人借建造经幢而表达对父母师长的哀思

---

① （辽）法悟：《释摩诃衍论赞玄疏》卷一，《大藏新纂卍续藏经》第 45 册，第 831 页。

② 《奉为先内翰侍郎太夫人特建尊胜陀罗尼幢记》，阎凤梧主编：《全辽金文》（上），第 796 页。

与孝心,并祈求亡故亲人解脱轮回苦难,正反映出中国固有孝道观念对辽朝社会的深刻影响。

就这些积极的作用来说,佛学思想文化在促进契丹民族文化的发展进步方面,确实发挥了重要作用。

(二)佛教信仰发挥了契丹民族精神支柱的作用

一是将佛教净土作为生命永恒的归宿。通过对辽代石刻文献的梳理可知,契丹民族在对死后彼岸世界的认识方面,普遍将佛教宣扬的净土世界作为归宿。如咸雍五年(1069)《萧闍妻耶律骨欲迷已娘子墓志铭》文称:"仍于窀穸之前匠梵幢一所,庶期沾一尘,覆一影。或往生于慈氏天宫,或托质于弥陀佛国。"[1] 记载了契丹贵族通过在坟墓前修建陀罗尼经幢,以此祈求死者往生弥勒净土或弥陀净土。

二是在生命永恒的追求方面,将成佛证道作为终极目标。契丹民族信仰佛教之后,普遍将佛教所追求的解脱目标——成佛证道,作为人生的终极目标及对生命永恒的追求。如清宁五年(1059)《秦晋国大长公主墓志铭》记载,辽景宗长女耶律观音女崇信佛教,并"薰修胜因,回向于佛道"[2],也就是将成佛得道作为重要的精神目标。

三是在现实世界的生活需要方面,将佛法作为祈福禳灾的主要手段。这在辽代文献中也有大量的反映,如辽太宗耶律德光就通过礼拜观音、饭僧来祈祷其母康复,史载会同五年(942)太宗

---

① 《萧闍妻耶律骨欲迷已娘子墓志铭》,刘凤翥、唐彩兰、青格勒编著:《辽上京地区出土的辽代碑刻汇辑》,北京:社会科学文献出版社 2009 年,第 164 页。
② 郑绍宗:《契丹秦晋国大长公主墓志铭》,《考古》1962 年第 8 期,第 430 页。

"闻皇太后不豫,上弛入侍,汤药必亲尝。仍告太祖庙,幸菩萨堂,饭僧五万人"①;而秦晋国大长公主病重弥留之际,"诸孙在旁,恻恻恳祷,焚香祝无边佛,设供饭无遮僧"②,公主的子孙亲族通过焚香拜佛、祷告、饭僧祈求其病愈。

　　这些例证都反映出,佛教已经成为包括汉族和契丹族在内的辽朝人的主要精神支柱。与此同时,佛教的成佛、因果报应、轮回转世等观念也被契丹民族广泛接受,并成为其世界观的重要组成部分。

(三)佛教深刻影响到契丹民族的社会生活

　　首先,佛教节日成为辽朝的全民性节日。在佛教流行的同时,以佛诞日为代表的佛教节日也成为辽朝民间的重要节日。据《契丹国志》记载,四月八日佛诞日为辽朝重要节日,每到此日"京府及诸州,各用木雕悉达太子一尊,城上舁行,放僧尼、道士、庶民行城一日为乐"③,值得注意的是,这里提到"道士"即道教徒也参与这一节日,可见佛诞日在辽朝已经成为包括契丹民族在内的全民节日。佛诞日会举行众多的庙会和祭祀活动,辽朝帝王也会参与其中,如应历十五年(965)《重修范阳白带山云居寺碑》记载,范阳云居寺(今北京市房山区云居寺)举办佛诞日庙会时"香车宝马,藻野缛川",是时"自天子达于庶人,归依福田"④;这既是对佛诞日盛况的写照,同时也反映出佛教对辽朝社会生活的深刻影响。

①(元)脱脱等:《辽史》卷四《太宗纪下》,北京:中华书局1974年,第52页。
②郑绍宗:《契丹秦晋国大长公主墓志铭》,《考古》1962年第8期,第430页。
③(宋)叶隆礼撰,贾敬颜、林荣贵点校:《契丹国志》卷二十七《岁时杂记》,上海:上海古籍出版社1985年,第251页。
④(辽)王正:《重修范阳白带山云居寺碑》,阎凤梧主编:《全辽金文》(上),第53页。

其次,佛教深刻影响到契丹民族和汉族的葬俗。这种影响主要体现在葬礼佛事及火葬习俗中。将佛事活动引入葬礼在汉族和中原地区早已有之,这一习俗也随着中原佛教的传播而为契丹民族所接受,如出身于契丹皇族的耶律骨欲迷已去世后,"日饭苾刍不减数十人,敬设道场,精诵神咒,分阅贝典,仅逾半稔,登登不绝,引卷还秩,难可胜计"①。受到佛教"毗茶"(火葬)葬法的影响,契丹民族中也普遍流行"火葬"习俗,这在考古发现的辽代墓葬中有大量的例证②。

第三,佛教邑社大量出现,成为辽朝民间社会组织的重要组成部分。建立"千人邑"等宗教组织是辽朝民间佛教的一个重要特点。所谓"千人邑"是指以某一寺院为中心,由民间信徒自发组织的佛教社团,其目的是兴建佛教工程(如建造寺塔佛像)和举行佛事活动。"千人邑"首次出现在辽代,虽不见于《辽史》等官方文献,但广见于辽代的碑铭石刻③。从现存资料来看,"千人邑"组织在辽境内分布广泛,而在汉族为主的燕云地区为最多。"千人邑"一般隶属于某一寺院,其"邑长"多由寺院住持充任,但也有俗人信徒充当。成员按自愿原则组织,义务是按照规定向寺院施舍钱物,所有的捐献财物储备于寺库,以供寺用。"社邑"的名称多以兴办的佛事命名:如"念佛邑"以定期聚会念诵阿弥陀佛名号、祈求

---

① 《萧閤妻耶律骨欲迷已娘子墓志铭》,刘凤翥、唐彩兰、青格勒编著:《辽上京地区出土的辽代碑刻汇辑》,北京:社会科学文献出版社2009年,第164页。

② 参见杨晶:《辽代火葬墓》,陈述主编:《辽金史论集》第三辑,北京:书目文献出版社1987年,第213—219页;霍杰娜:《辽墓中所见佛教因素》,《文物世界》2002年第3期。

③ 按:《全辽文》中现有十四篇作品提及"千人邑",如韩温教《金山演教院千人邑》、王正《重修范阳白带山云居寺碑》等文。

往生西方极乐世界为主要内容，"舍利邑"以举办安置佛舍利的法事及兴建寺塔为主要活动，"太子诞邑"是为举办每年一度纪念佛诞辰活动而组织的邑社，"经寺邑"是为镌刻石经和修整寺院而组织的邑社，"兜率邑"是信仰往生兜率天的信徒为共同修行而组织的邑社，"供灯塔邑"是为供养寺院佛塔等建筑而组织的邑社，等等。另外，寺院印刷和保存《大藏经》，由于规模和耗资较大，有时也组织邑社造办。可见，佛教邑社在辽朝民间广泛流行，并对当时的民众生活产生了重要影响①。

与佛教思想文化相比，儒学、道教等中原思想文化在辽朝文化建构中并没有发挥主导作用②，其影响力是十分有限的。虽然辽朝初年太祖阿保机出于政治目的而尊崇孔子，但其主要行动是为孔子立庙并举行国家祭祀，这实际上是将孔子神化，并作为神灵去崇拜，而非真正对儒家思想学说的尊崇。以孔子庙为例，自辽朝初期引进"儒教"以后，辽朝文宣王庙即孔庙不仅数量很少（仅设置在重要的京道州县城内），并且一直扮演着祈福禳灾的"神庙"角色，如辽末天祚帝乾统七年（1107）王鉴撰《三河县重修文宣王庙记》文称："行盖毕，凡支坏补缺，垒溃覆漏，赭垩之饰尽善，可以固士民祈福之所。莫不阐扬儒教，辅助国风。"③从中可知，文宣王庙在当时是辽朝士大夫及民众祈福的重要场所，而孔子也被等同于神灵。在某种程度上可以说，除了政治文化之外，儒家文化在辽朝民间带

---

① 参见［日］野上俊静：《遼代の邑会について》，《大谷学报》20 卷 1 号；张国庆：《论辽代家庭生活中佛教文化的影响》，《北京师范大学学报》（社会科学版）2004 年第 6 期。

② 参见黄震云：《辽代的宗教文化（续）》，《民族研究》1996 年第 3 期。

③（辽）王鉴：《三河县重修文宣王庙记》，阎凤梧主编：《全辽金文》（上），第613 页。

有某些宗教的性质①。

因此,我们可以得出这样的结论:佛教思想文化是辽朝思想文化的主体,并对契丹民族的思想和社会生活产生了重要的影响。辽朝佛教文化作为唐朝佛教文化的继承与发展,也成为契丹民族吸收引进先进汉文化的重要桥梁:即中原佛学思想在辽朝的发展与创新,提升了契丹民族的理论思维水平;佛教节日、葬俗等佛教文化的引入,也推动了契丹民族与汉民族在文化习俗方面的趋同。总之,佛教文化作为先进汉文化的组成部分,促进了契丹民族的发展进步和文明化,这正是佛教对"如何吸收先进外来文化以促进本民族的发展进步"这一辽朝社会时代主题的重要解答。

二、辽朝佛教思想与契丹民族的文化自觉

辽政权建立以后,出于巩固政权和民族独立的现实政治需要,辽朝统治者和契丹民族也试图在契汉文化融合创新的基础上建构一种新的民族文化体系。这种文化建构是辽朝社会时代课题的主要内容之一,辽朝佛教思想的发展演变正与这一课题的解答有关,这主要表现在以下几方面:

(一)佛学思想是辽朝思想文化独特性与创新性的主要代表

从辽朝佛学的思想内涵及理论成果来说,佛学思想是辽朝思想文化的创新性和独立性的主要代表:

第一,"重教轻禅"与"融禅入教"思想是辽朝佛教思想文化独特性的主要体现。辽朝佛教界在继承唐朝佛教的同时,并未重视

---

① 需要指出的是,这种宗教性在中原地区的儒家文化中也是存在的。儒家文化中的祭祀礼仪(如郊祀天地、祭祖)、天命思想都具有宗教色彩,而北宋理学也吸收了佛教与道教的思想(如理学家主张的"修养功夫""静坐"等),带有宗教的成分。

中晚唐以来的禅宗思想,而是有选择地延续和复兴了唐朝密宗及华严宗、唯识宗等佛教思想,并表现出"重教轻禅""融禅入教"的思想特色。与此同时,北宋佛教以禅宗为主流,并出现了天台宗的复兴;西夏佛教界则同时重视华严宗和禅宗,后期更引入了藏传佛教。相比之下,辽朝佛教表现出与北宋佛教及西夏佛教的显著差异,这种差异正是辽朝佛教思想文化独特性的体现。

第二,"显密圆融"思想是辽朝佛教创新性的主要体现。辽朝佛教界虽然继承了唐朝华严宗和密宗的理论体系及内在理路(融会诸宗思想并强调宗派的独立性),但又表现出与唐朝佛教的不同,即根据自身的需要而对华严宗、密宗等思想进行了选择性的继承:即在华严学方面以澄观思想为主体,而对其他宗师尤其是宗密的禅化华严思想有所保留(坚持澄观"融禅入教"的立场并贬斥南宗禅);在密宗思想方面,则大量引用华严学思想对密宗观行论和解脱境界论进行改造(提出"心曼荼罗""法界字门"思想等),在密咒仪轨上进行简化(以"准提法"为代表)。更重要的是,辽朝华严宗与密宗并称为"显圆"和"密圆",两者在思想融合的基础上形成了"显密圆融"的新思想体系。这种选择性继承与新思想体系的形成,正是辽朝佛学思想创新性的主要表现。

此外,在佛经典籍的整理(如契丹版《大藏经》的编纂雕印、房山云居寺石经的雕造)、僧人赐号与授官等方面,辽朝佛教也建构了一套完整而独特的制度[1],并与其理论思想一起组成为与中原佛教不同的独立佛教思想体系,从佛教文化的主体地位来看,这一体系同时也是辽朝思想文化独特性的代表。

---

[1] 参见李富华:《关于〈辽藏〉的研究》,杨曾文、方广锠编:《佛教历史与文化》,北京:宗教文化出版社2001年,第481—513页。

（二）佛教思想反映了契丹民族的文化独立意识

从契丹民族的角度来说，辽朝佛教思想的独特性与创新性是其追求民族文化个性的重要体现，这主要表现为：

第一，契丹民族对佛教文化的吸收是其文化自觉性与主动性的重要表现。

契丹民族将佛教作为主要宗教信仰的同时，还对佛教思想文化进行了主动的引进与吸收，这主要表现为对佛学理论的深入理解和发展创新。如道宗耶律洪基就是一位精通华严学的佛教大师，辽僧法悟在《释摩诃衍论赞玄疏》中称道宗皇帝："三乘八藏以咸该，六籍百家而备究。……至于禅戒两行，性相二宗，恒切熏修，无辍披玩。"[1] 指出道宗不仅精通华严学和唯识学（"性相二宗"），并且对律学和禅学也有很深的造诣。结合现存的道宗著作，可知这种评价并不过誉。另一位契丹族义学大师志智也"精究律部，又学经论，性相兼明"[2]，即对佛教律学、华严学、唯识学都有深入的研究；出身于皇族的耶律氏永清公主也精通佛学，"尤精浮图氏之宗旨，常必读《花严经》为意。……有大丈夫器节，加以好习理性，多以《金刚》《圆觉经》属于贵念"[3]。由此可见，华严学、唯识学等中原佛学思想也成为契丹民族思想文化的重要组成部分。实际上，契丹民族的思想文化正是以佛教为媒介，在综合契汉文化的基础上形成的。而这种对佛教思想的深入理解，一方面体现出契丹民

---

[1]（辽）法悟：《释摩诃衍论赞玄疏》卷一，《大藏新纂卍续藏经》第45册，第839页。

[2]（辽）释广善：《妙行大师碑铭并序》，阎凤梧主编：《全辽金文》（上），第619页。

[3]《永清公主墓志》，向南、张国庆、李宇峰辑注：《辽代石刻文续编》，沈阳：辽宁人民出版社2010年，第227页。

族自身思想文化的发展与进步,另一方面则体现出契丹民族在接受与改造外来先进文化方面的主动性与自觉性[①]。

第二,"显密圆融"思想反映了契丹民族对原有文化的传承与保留。

密宗修行仪轨中的真言密咒、手印、曼荼罗观想、火供仪式等内容,与契丹民族原始的萨满信仰和巫术活动[②]存在着一定的相似性。以葬俗为例,契丹民族原有的葬俗主要是火葬,并且在葬礼中有献酒、念咒等祭祀活动,史载契丹族"父母死,以不哭为勇,载其尸深山,置大木上,后三岁往取骨而焚之,酹而咒曰:'夏时向阳食,冬时向阴食,使我射猎,猪鹿多得。'"[③]这与佛教的毗荼葬法(火葬)及葬礼佛事中的持念密咒有着很大的相似性。可见,密宗的流行实际上反映出契丹民族对本民族文化的有意识保留与传承。

---

① 需要指出的是,就现有的资料来看,精通佛教义学思想的辽朝佛教高僧多为汉族,体现辽朝佛教思想创新的也主要是汉族高僧的著作,如鲜演《华严经谈玄决择》、道㲀《显密圆通成佛心要集》等,而从现有的辽朝佛教经论及金石碑刻资料来看,契丹族僧人在数量及影响力上逊于汉族僧人。此外,据学者研究,根据对有关辽代家庭佛教文化影响的石刻文字资料的分析统计,从民族分布上看,辽朝的主体民族契丹人家庭受佛教文化影响的大约占 10%,而汉族家庭大约占 90%;从地域分布上看,长城以北的辽朝腹地受佛教文化影响的家庭大约占 20%,而长城以南燕云地区的此类家庭大约占 80%,可见佛教对于燕云地区的汉族民众影响最大。这实际上与契丹民族接受汉文化的程度,以及辽朝佛教的传播过程有关。参见张国庆:《论辽代家庭生活中佛教文化的影响》,《北京师范大学学报》(社会科学版)2004 年第 6 期。

② 参见朱子方《辽代的萨满教》(《社会科学辑刊》1986 年第 6 期)及张国庆《辽代契丹贵族的天灵信仰与祭天习俗》(《北方文物》1988 年第 4 期)等文。

③ (宋)欧阳修撰,(宋)徐无党注:《新五代史》卷七十二《四夷附录一》,北京:中华书局 1974 年,第 888 页。

第三,辽政权对中原大乘佛教的选择性继承反映了契丹民族对文化个性的追求。

契丹民族和辽政权并没有全面接受唐朝佛教,而只是有意识地选择继承了华严宗、密宗等宗派及其思想文化,但却有意排斥禅宗及其思想,从而表现出与北宋佛教文化的鲜明差异。这表明契丹民族在继承唐代佛教遗产的同时,又通过宗教文化的选择而追求文化上的自主性与独特个性。

从辽政权所面对的时代课题来看,辽政权和契丹民族对佛教思想的选择性继承与吸收,并非仅仅出于宗教信仰的需要,还与民族文化的建构有着密切的关系。在很大程度上说,辽朝佛教思想的独特性与创新性正是契丹民族文化自觉的重要表现:即在符合本民族需要的前提下,对中原先进思想文化进行综合和创新,并将其融合改造为具有民族个性的文化体系。从这些方面来说,辽朝佛教思想正是对"如何在兼容并包的基础上建设独特民族文化体系"这一辽朝社会时代课题的重要解答。

三、辽朝佛教思想与契丹民族的政治自觉

从思想文化与现实政治的关系来说,辽朝统治者已自觉地认识到,建构具有独特性的思想文化体系,正可以为民族政权的巩固提供思想上的支持与依据。而这一目的的实现,主要是通过佛教思想来完成的,这主要表现为以下几方面:

(一)佛教思想为辽政权的合法性提供了理论依据

首先,"重教轻禅"思想是辽政权标示其独立地位的思想反映。

与北宋中原佛教相比,辽朝佛教在理论渊源上主要承袭了唐代的佛教传统,重视具有理论思辨色彩的华严宗、唯识宗等佛教义学宗派,并且尊崇以胎藏界密法为主的密宗。与此同时,对于晚唐

以来逐渐成为中国佛教主流的禅宗思想,辽朝佛教界进行了有意识的批判与贬斥,表现出"重教轻禅"的思想倾向,从而表现出与以禅宗为主流的北宋佛教的差异。由上文的论述可知,辽圣宗在位时实施了禁毁南宗禅著作的行动,而道宗皇帝则具有明确的"重教轻禅"的思想,"重教轻禅""融禅入教"也是辽朝佛教思想的重要特点。结合当时辽宋并立并以"南北朝"形式对等交往的政治形势来看,辽朝统治者必然要求在思想文化方面为辽朝的独立政治地位提供理论支持,而辽朝佛教界的上述思想正顺应了这种政治诉求。

其次,佛教思想对辽朝正统及中国地位的承认。

辽圣宗、兴宗、道宗及天祚帝时代是辽朝正统观念和中国观由确立到不断强化的时期①,同时也是辽朝佛教不断发展并走向鼎盛的时期。在此过程中,辽朝佛教思想也提供了相应的思想依据:即强化宗派观念并重视对诸宗派思想的融合。以华严宗和密宗为例,辽朝的华严学匠和密宗学匠都强调本宗派是包容佛教各宗、并超越其上的最高"圆宗",并试图围绕本宗派的思想融会其他宗派思想,鲜明地表现出对本宗派至上、唯一地位的肯定。结合当时的历史背景来看,辽朝佛教界的这一思想趋势正是辽政权追求"正统"和"中国"地位的抽象反映。此外,佛教界也对辽朝"正统"及"中国"地位给予了充分的肯定,如太康七年(1081)释行阐撰《义丰县卧如院碑记》称:"伏维今皇帝璿衡御极,……礼乐交举,车书混同;行大圣之遗风,钟兴宗之正体。东韩西夏,贡土产而输诚;南宋北辽,交

---

① 参见宋德金:《辽朝正统观念的形成与发展》,《传统文化与现代化》1996年第1期;郭康松:《辽朝夷夏观的演变》,《中国史研究》2001年第2期;刘扬忠:《辽朝"中国"化的历史进程及其文学书写》,《华夏文化论坛》第二辑,2007年;赵永春:《试论辽人的"中国"观》,《文史哲》2010年第3期。

星轺而继好。"①这里提到的"礼乐交举，车书混同"，既是对道宗继承华夏礼乐文化的赞誉，同时也是对辽朝作为中华文化和政治的正统继承者的肯定；而"东韩西夏，贡土产而输诚；南宋北辽，交星轺而继好"，则是将辽朝视为与北宋并驾齐驱，并且使高丽和西夏臣服的中央王朝。从现实的政治作用来看，辽朝佛教思想为辽政权与北宋之间的政治平等地位、辽朝的"正统"及"中国"地位提供了重要的理论支持，从而为辽政权提供了"合法性"论证。

（二）提倡佛教文化是巩固多民族政权的重要措施

从民族构成上看，辽政权是一个以契丹民族为统治民族的多民族国家，如何妥善地处理好境内各民族之间的关系并保证政权的稳定，是辽政权的重要政治课题。而佛教文化的开放性与包容性正利于多民族政权的巩固与发展，这也是契丹民族大力提倡佛教的重要原因②。对此可从以下几方面理解：

---

① （辽）释行阐：《义丰县卧如院碑记》，阎凤梧主编：《全辽金文》（上），第437页。

② 对此，日本学者野上俊静曾指出："原来对辽朝来说最重大的课题是如何加强国内诸民族的融合。特别是作为国家中心的契丹人和掌握文化才能的汉人之间，如何达成结合的问题。在这种场合，如果采用作为中国本来宗教思想的儒教、道教的话，就会出现意想不到的结果。这是因为儒教、道教拥有必须分辨中夏和夷狄之间优劣差别的思想。六朝以来儒教、道教方面对佛教责难的有力根据之一，就是说佛教是夷狄之教，是低劣的。认为儒教、道教是汉族的宗教思想。因此，作为夷狄国家的辽，如果采用儒、道二教作为指导理论的话，以契丹人为国家中心的局面必然遭到批判。这将导致辽朝最大的自我矛盾。总之，作为世界宗教的佛教，在这一方面是极其适合辽的需要的。佛教没有民族的阶级的差别观。不仅如此，佛教还有顺应各民族国家的性格。对容易发生民族对立意识的辽这种复合国家，具备最适宜传播性格的宗教只有佛教。"〔［日］野上俊静著，杨曾文译：《辽朝与佛教》，怡学主编：《辽金佛教研究》，北京：金城出版社2012年，第23页〕对（转下页）

首先，"真心"思想为辽政权的思想和政治统一提供了理论依据。

"真心"思想是辽朝佛教思想界的核心理论，它在理论内涵上具有很强的包容性，并为华严宗、天台宗、唯识宗、禅宗等佛教各宗派思想的综合统一提供了重要的理论基础。而从现实作用上说，"真心"思想的这一特征正迎合了辽朝统治者对于思想和政治统一的要求，这在辽道宗的佛学思想中有着集中的体现，从道宗对华严圆宗的提倡，及其《释摩诃衍论御解》的核心内容来看，他的主要意图是以真心思想为核心，建立一个综合性的佛教体系，并以此实现诸宗思想的圆融统一。结合辽朝统治者的现实政治需要来看，道宗皇帝试图利用佛教思想来实现统一辽朝思想界和辽朝社会的政治目的，而"真心"思想则为此提供了本体论方面的理论依据。

其次，"圆融"思想为社会矛盾缓和与民族融合提供了理论依据。

从消泯民族矛盾、巩固辽政权统治的政治作用来看，辽朝佛教发挥了国教的作用，以辽朝华严学为例，华严学所主张的"法界圆融"及"理事无碍"等"圆融"思想，为消除民族间的文化差别及不同社会阶层的对立提供了理论依据；华严思想强调万法在真理本体层面是统一的，并且佛教的各种法门和宗派思想都是一个彼此联系的整体，这也有利于论证不同民族尤其是少数民族与汉族之间的平等和统一。从这些方面来说，契丹民族和辽朝政权选择佛教思想文化作为其精神支柱和主体文化，正与佛教思想的平等性

（接上页）于野上俊静将儒家文化的"儒教"称为"宗教"，并将辽朝称为"复合国家"等说法，似乎还有继续探讨的必要，但他对于佛教对促进民族融合的作用以及儒道思想的狭隘性等方面的结论，却是值得肯定的。

和包容性有关。而辽朝统治者对于佛教的支持,其现实目的正在于以佛教文化为桥梁,实现政权的巩固和境内各民族的团结。

再次,辽朝佛教所提倡的"忠君护国"等思想发挥了稳定统治的作用。

中国化佛教主张对世俗政权的服从与合作,这在思想上突出表现为对忠孝思想的吸收融合。这在辽朝经幢记文及佛教题记中也有许多例证,如辽圣宗开泰二年(1013)王桂撰《佛顶尊胜陀罗尼石幢记》称:"奉为神赞天辅皇帝、齐天彰德皇后万岁,亲王公主千秋,文武百僚恒居禄位。风调雨顺,海晏河清,一切有情,同沾利乐。"[①] 即祈求国泰民安,以及统治者的长寿,并强调佛教在护国护家方面的重要作用。更为重要的是,华严信仰和密宗信仰作为契丹与汉族的共同信仰,在"众生平等"的精神下,具有消解民族矛盾和促进民族文化认同的积极作用。而佛教的"圆融"思想还与契丹民族和辽政权的"中国"观相应,在思想上消除了"华夷之别"的界限,促使契丹民族以华夏民族自居,辽政权以中原王朝自居,从而实现了契汉民族的文化认同和融合。

综上所述,辽朝的佛教思想文化具有鲜明的独特性和创新性,而从辽朝与北宋、西夏等政权并立的历史背景来看,辽朝的独特佛教思想体系与统治者的正统意识和巩固政权的现实需要互为表里,在很大程度上为辽政权的合法性论证和社会矛盾的消解提供了理论依据。这也证明,佛教等宗教思想文化对于民族政权的巩固具有重要作用,这正是对"如何吸收先进文化以巩固民族政权"这一辽朝社会时代课题的解答。同时,契丹民族和辽政权对中原

---

① (辽)王桂:《佛顶尊胜陀罗尼石幢记》,阎凤梧主编:《全辽金文》(上),第169页。

佛教思想文化的接受与吸收,也与它们对儒家政治文化的引进与学习相辅相成,共同推动了中原汉文化在契丹民族中的传播,并在宗教信仰、社会思想、观念习俗等方面促进了契丹民族与汉民族之间的文化认同。

第二章　西夏佛教思想与文化认同

第一节　西夏政权的时代课题与佛教文化发展历程

一、西夏政权及党项民族的时代课题

在西夏政权建立与发展的过程中，如何吸收汉文化以促进党项民族和西夏社会的发展，同时保存民族文化个性，一直是西夏统治集团需要面对与解决的重要问题。同时，这也是西夏社会及西夏思想界所要解答的时代课题。西夏宗教思想的发展创新及其理论特点的产生，正是对这一时代课题的回应。

（一）西夏政权的建立与灭亡

西夏政权自称大夏（或白高大夏国、白上国），宋人及后世史家称其为西夏。西夏国的领土最大时东到黄河，西至玉门关，北到大漠，南至湟水河流域，其疆域包括今中国西北的宁夏、甘肃及陕西北部、内蒙古中西部、青海省东部等地区。西夏政权的前身为党项族于陕北地区建立的夏州地方政权。唐僖宗中和元年（881）党项族首领拓跋思恭因帮助唐朝平叛有功，而被唐僖宗封为定难军节度使，赐姓李，治所夏州（今陕西省靖边县统万城遗址），夏州割据地方政权自此开始。夏州政权先后臣属于唐，以及五代后梁、后唐、后晋、后汉、后周等中原王朝。宋太宗太平兴国七年（982），夏

州政权首领李继捧率党项部落酋领及民户献土归宋,向宋朝献出夏、银、绥、宥四州地。与此同时,李继捧族弟李继迁叛宋,并依附契丹(辽朝)攻扰宋边境。宋太宗至道三年(997)继迁向宋请和,被宋朝授予定难军节度使,后重新占据夏、银、绥、宥等州,并攻占灵州、凉州等地,重建夏州割据政权。宋景德元年(1004)李继迁死(后被追封为夏太祖),子李德明继位,德明在位期间与宋朝基本上保持和平,但向西攻占瓜、沙、甘、凉等州,全部占据河西地区,并且将政权治所迁至兴州(今宁夏银川市,即后来的西夏首都兴庆府),为西夏政权的建立奠定了基础。

宋仁宗明道元年(1032)李德明死(后被追封为夏太宗),子元昊继位(1032—1048年在位)。宋仁宗宝元元年(1038)十月,元昊更名曩霄,称皇帝,"遂以十月十一日郊坛备礼,为世祖始文本武兴法建礼仁孝皇帝,国称大夏,年号天授礼法延祚"①,正式建立西夏国。北宋随即发兵讨伐,元昊连续在三川口、好水川、定川砦等地大败宋军,迫使宋妥协。西夏天授礼法延祚七年(1044)十月,夏宋和议成,元昊对外向宋称臣,宋朝册封元昊为夏国主,岁赐银、绢、茶二十五万五千两、匹、斤;元昊对内则仍称皇帝,"帝其国中自若也"②,从此西夏政权得到北宋的正式承认。同年,辽兴宗皇帝亲征西夏,为元昊所败。西夏自此成为与北宋、辽及南宋、金王朝并立的中国西北地区重要的少数民族政权③。

---

① (元)脱脱等:《宋史》卷四百八十五《夏国传上》,北京:中华书局1977年,第13996页。

② (元)脱脱等:《宋史》卷四百八十五《夏国传上》,北京:中华书局1977年,第13999页。

③ 参见吴天墀:《西夏史稿》附录三《西夏大事年表》,北京:商务印书馆2010年,第283—295页。

西夏天授礼法延祚十一年（1048），元昊为太子宁凌噶剌伤而死，庙号景宗。子谅祚继位，是为夏毅宗（1048—1068年在位），毅宗时期宋夏之间基本维持和平状态。夏惠宗秉常在位期间（1068—1086年在位），西夏与宋朝又爆发大规模战争，1070年西夏大举进攻宋朝延边地区；1081年宋神宗则以西夏发生政变、秉常被其母囚禁为借口，发动五路大军，目的是一举攻灭西夏，虽最终失败退兵，但取得了兰州等战略要地。夏崇宗乾顺（1086—1139年在位）时期，北宋实行开边政策，沿宋夏边境修筑堡寨，对西夏形成了战略包围，双方在边境一线频繁发生战争，西夏被迫请辽国出面向宋请和。乾顺统治时期经历了金灭辽朝、北宋的朝代更替（1125年金灭辽，1127年金灭北宋），而金朝也代替北宋成为西夏新的宗主国。夏仁宗仁孝（1139—1193年在位）、夏桓宗纯佑（1193—1206年在位）时期，西夏臣服金朝，双方基本保持着和平状态，而夏仁宗在位的半个世纪则是西夏政治和文化发展的鼎盛时期。但自夏襄宗安全（1206—1211年在位）时期开始，西夏频频受到蒙古成吉思汗的进攻，并于1209年被迫对蒙古"献女请和"。夏神宗遵顼（1211—1223年在位）时期，西夏配合蒙古的侵金战争，连年侵掠金朝边境，使西夏国力受到很大削弱。夏献宗德旺（1223—1226年在位）即位后改变附蒙侵金的国策，与金休战，但因此受到蒙古的报复。1226年成吉思汗发动灭夏战争，德旺惊悸而死，其侄南平王末帝睍即位，1227年成吉思汗围困中兴府，末帝睍投降并被杀，西夏政权灭亡。自1038年元昊称帝建国，至蒙古灭夏，西夏政权共历十帝，历时190年①。

---

① 参见吴天墀：《西夏史稿》附录三《西夏大事年表》，北京：商务印书馆2010年，第295—321页。

从西夏建国到灭亡的发展历程可知,从西夏政权诞生之日起,就面临着北宋、辽朝及金朝等强大政权的威胁。因此,如何保证政治上的独立,并为党项民族及国家的发展提供更为广阔的空间、和平的环境,以及丰富的物质与精神文化资源,就成为西夏统治者需要解决的基本问题,而从西夏历史上看,除了发展生产、战争、贸易、外交等手段,引进吸收中原文化成为解决这一问题的重要途径。

(二)西夏政权对中原文化的吸收引进

西夏政权在建设独立政权并与北宋军事对抗的同时,却大规模引入中原文化以促进政权组织的完善,其中又以学习引进中原的政治文化(官僚制度、军制、礼仪等)和宗教思想文化为核心。对此,《宋史·夏国传》称:"夏之境土,方二万余里,其设官之制,多与宋同。朝贺之仪,杂用唐、宋,而乐之器与曲则唐也。"[1]

李继迁在与北宋对抗的同时,就开始学习引进中原的官制,并任用儒士,"潜设中官,全异羌夷之体;曲延儒士,渐行中国之风"[2];而在正式称帝建国之前,元昊仿照中原建立了西夏的官制礼仪,宋明道二年(1033)元昊建官制,"其官分文武班,曰中书,曰枢密,曰三司,曰御史台,曰开封府,曰翊卫司,曰官计司,曰受纳司,曰农田司,曰群牧司,曰飞龙院,曰磨勘司,曰文思院,曰蕃学,曰汉学。自中书令、宰相、枢使、大夫、侍中、太尉已下,皆分命蕃汉人为之"[3],基本上是对宋朝官制的模仿与复制。景祐三

①(元)脱脱等:《宋史》卷四百八十六《夏国传下》,北京:中华书局1977年,第14028页。

②(宋)李焘撰,上海师范大学古籍整理研究所、华东师范大学古籍整理研究所点校:《续资治通鉴长编》卷五十"咸平四年十二月丁卯",北京:中华书局2004年,第1100页。

③(元)脱脱等:《宋史》卷四百八十五《夏国传上》,北京:中华书局1977年,第13993页。

年（1036）元昊完备军制，仿宋制设十二监军司，并立军名（如黑山威福军司、左厢神勇军司等）；景祐四年（1037）改革礼乐制度。宝元二年（1039）增设尚书令，改宋制二十四司为十六司。对于继迁、德明、元昊等人对中原政治文化的学习引进，富弼在庆历四年（1044）曾有过如下总结评价：“拓跋自得灵、夏以西，其间所生豪英，皆为其用。得中国土地，役中国人力，称中国位号，仿中国官署，任中国贤才，读中国书籍，用中国车服，行中国法令。”① 除了“土地”和“人力”等立国基础外，“位号”“官署”“法令”“车服”都属于官制、法律、礼仪等政治文化的领域，但从现有的史料可知，在西夏建国初期，作为中原精神文化主要内容之一的儒学并未受到元昊等人的重视，他们所重视的只是“中国贤才”的政治能力、与政治文化有关的“中国书籍”以及中原大乘佛教文化。而在官员选拔方面，西夏在仁宗人庆四年（1147）才“策举人，始立唱名法”，开始通过科举考试选拔官员，这与西夏后期才开始广泛推行儒学教育有关。

　　与政治领域积极吸收中原官僚制度和政治文化不同的是，西夏对作为中原精神文化主体的儒学思想文化的学习和推广较晚。夏崇宗乾顺贞观元年（1101，北宋建中靖国元年），西夏御史中丞薛元礼上书乾顺提倡汉学，“乾顺始建国学，设弟子员三百，立养贤务以廪食之”② 。直到西夏后期的夏仁宗仁孝时期，儒学才在西夏境内得到较为广泛的推行。大庆四年（1144）夏仁宗“始建学校于国

---

① （宋）李焘撰，上海师范大学古籍整理研究所、华东师范大学古籍整理研究所点校：《续资治通鉴长编》卷一百五十“庆历四年六月戊午”，北京：中华书局2004年，第3641页。
② （元）脱脱等：《宋史》卷四百八十六《夏国传下》，北京：中华书局1977年，第14019页。

中,立小学于禁中,亲为训导"①;人庆二年(1145)建太学,人庆三年(1146)"尊孔子为文宣帝",令州郡立庙祭祀;人庆五年(1148)建立内学,并选著名儒者主持。

　　与儒学相比,西夏统治者最为重视和持续引进的则是中原的大乘佛教文化,自德明开始的历代党项统治者都注意扶持佛教,并通过向北宋求取佛经等方式引进佛教文化,佛教的影响也遍及党项统治集团及西夏普通民众(对此下文将做详细论述)。相比之下,中原儒学在西夏后期才开始大范围传播并局限于西夏上层社会,儒学在西夏传播的影响力是逊于佛教的②。这也反映出,党项民族在引进中原文化时有其自觉的选择,即选择中原大乘佛教文化作为精神文化的主体,这与西夏追求政治自主和民族文化个性有着密切的关系,同时也与党项民族的社会发展水平和现实需要相适应。在党项民族从游牧到定居、从部落联盟到集权制国家的过渡中,相比于儒学思想文化,佛教文化更接近于党项民族的原有文化传统,更容易为党项民族所接受,这与前述的契丹民族和辽政权的情况是相似的。

(三)巩固政权的需要与民族文化个性的诉求

　　西夏是以党项民族为统治民族的多民族国家,这一政权自建立之日起,就与中原的北宋政权及北方的辽、金政权并立,一直处

---

① (元)脱脱等:《宋史》卷四百八十六《夏国传下》,北京:中华书局1977年,第14024页。

② 参见李华瑞:《论儒学与佛教在西夏文化中的地位》,杜建录主编:《西夏学》第一辑,银川:宁夏人民出版社2006年,第22—27页;李华瑞:《关于西夏儒学研究中的几个问题》,杜建录主编:《西夏学》第六辑,上海:上海古籍出版社2010年,第109—115页;李吉和、聂鸿音:《西夏番学不译九经考》,《民族研究》2002年第2期;聂鸿音:《西夏译〈诗〉考》,《文学遗产》2003年第4期。

于和平与战争交织的状态中。在与周边强大政权并存的同时,如何巩固政权并保持自身的政治独立性,无疑是西夏统治者及党项民族需要解决的首要课题。在面对北宋及辽、金等政权的军事威胁时,军事防御与战争无疑是最直接的保障手段;而在和平时期,建设具有民族个性的独特文化体系,则是党项民族巩固政权、彰显自身独立性的主要手段。这里试举几例:

第一,政治独立的象征:"更名""秃发"与"改元""蕃书"。

西夏政权的创建者元昊在正式独立建国之前,就采取一系列措施显示其政治上的独立性,主要行动包括:一是"更名",宋仁宗明道元年(1032)宋朝授元昊为定难军节度使,封西平王,当年元昊就废除唐宋等中央王朝赐予的李、赵等姓,而改称嵬名氏,并自称"兀卒"(又称"乌珠""吾祖"),"始衣白窄衫,毡冠红里,冠顶后垂红结绶,自号嵬名吾祖"[①];二是"秃发",明道二年(1033)元昊下秃发令,"元昊初制秃发令,先自秃发。及令国人皆秃发,三日不从令,许众杀之"[②],此外还建立新官制和服制;三是"改元",宋仁宗景祐元年(1034),元昊自建年号,称当年为开运元年,后改广运元年,"是岁,改元开运,逾月,或告以石晋败亡年号也,乃改广运"[③];四是创制"蕃书"即西夏字,景祐三年(1036)元昊颁行蕃书(西夏文字),又用西夏字翻译汉文典籍《孝经》《尔雅》等书,"元昊自制蕃书,命野利仁荣演绎之,成十二卷,字形体方整类八分,而画

---

① (元)脱脱等:《宋史》卷四百八十五《夏国传上》,北京:中华书局1977年,13993页。

② (宋)李焘撰,上海师范大学古籍整理研究所、华东师范大学古籍整理研究所点校:《续资治通鉴长编》卷一百一十五"景祐元年十月丁卯",北京:中华书局2004年,第2704页。

③ (元)脱脱等:《宋史》卷四百八十五《夏国传上》,北京:中华书局1977年,第13994页。

颇重复。教国人纪事用蕃书,而译《孝经》《尔雅》《四言杂字》为蕃语"①。景祐四年(1037)元昊又设立夏、汉二字院,这标志着建构独立文化体系的开始。此后,元昊于天授礼法延祚二年(1039)建立蕃学,以野利仁荣主持②。元昊正是以这些措施为标志,向北宋显示西夏国的政治及文化独立地位。

第二,政治平等意识的反映:"金德"与"西朝"。

西夏政权追求政治独立和平等的另一个重要表现是吸收中原王朝的"五德终始说"和正统观念,建立自身的德运观。西夏将其王朝的德运定为"金德",如在夏仁宗时期的官方义书《圣立义海》中,在解释"年末腊日"时称:"国属金,土日,君出射猎,备诸食。"③以此显示出与北宋"火德"、辽朝"水德"、金朝"土德"的不同④。与辽、北宋、金等政权不同的是,西夏并不以"中国"或"中央"自居,而是自称"西朝",称宋朝为"中国"或"南朝",称辽朝为"北朝"。在西夏统治者看来,西夏与辽、宋是三足鼎立的平等关系。夏毅宗时《夏国皇太后新建承天寺碑瘗佛顶骨舍利碑》中则称:"我国家纂隆丕构,锴启中兴,雄镇金方,恢拓河右。"⑤这里的"雄镇金方"就指西夏以具有"金德"的西方之国自居。这种以"西方"

---

① (元)脱脱等:《宋史》卷四百八十五《夏国传上》,北京:中华书局1977年,第13995页。
② 参见吴天墀:《西夏史稿》附录三《西夏大事年表》,北京:商务印书馆2010年,第291—293页。
③ [俄]克恰诺夫、李范文、罗矛昆:《圣立义海研究》,银川:宁夏人民出版社1995年,第55页。
④ 参见刘浦江:《德运之争与辽金王朝的正统问题》,《中国社会科学》2004年第2期。
⑤ 史金波:《西夏佛教史略》附录一,《夏国皇太后新建承天寺碑瘗佛顶骨舍利碑》,银川:宁夏人民出版社1988年,第233页。

而非"中央"王朝自居,并未影响西夏对于自身独立地位和正统性的自信,相反,这正是西夏民族个性的体现。与此相似的是,元昊曾自称"兀卒"("乌珠""吾祖"),据《续资治通鉴长编》载:"兀卒者,华言青天子也,谓中国为黄天子。"[1] 青指苍天,而黄指"地",元昊自视为"天德"而将中原帝王视为"地德",这正表现出与宋朝皇帝和中原王朝分庭抗礼的政治平等意识[2]。此外,一个值得注意的现象是,西夏人在其编纂的义书或辞书中大量引用了中原地区的历史及典故,但往往不列出原有的人名,而以"某人"代称或只称姓氏与性别(如《圣立义海》),这在某种程度上也是其独立性的体现。

但不可否认的是,包括金德、西朝、改元、称帝等用以彰显西夏政权独立意识的符号,无不来自中原汉文化。也就是说,西夏政权用以彰显政治与文化个性的主要工具依然是中原的政治文化。这也反映出西夏统治者和党项民族所面对的时代课题:即如何吸收利用先进的汉文化以巩固政权并独立与发展。

第三,蕃汉文化的抉择:"蕃汉礼"的改易。

在西夏王朝历史上,全面学习汉文化与保持民族文化个性之间始终存在着一定的矛盾,"蕃汉礼"的改易就是一个典型的例证。在西夏的政治文化中,是选择具有党项民族特色的礼仪制度,还是中原的礼仪制度,西夏统治集团在两者之间曾经历过摇摆与变动。奲都五年(1061,宋嘉祐六年),夏毅宗谅祚擒杀权臣没藏讹庞父子后开始亲政。相比其父元昊,谅祚更为仰慕中原文物制度,他下

---

① (宋)李焘撰,上海师范大学古籍整理研究所、华东师范大学古籍整理研究所点校:《续资治通鉴长编》卷一百二十二"宝元元年九月庚子",北京:中华书局2004年,第2881页。

② 吴天墀:《西夏史稿》,北京:商务印书馆2010年,第30页。

令"去蕃礼,从汉仪",废止党项的蕃礼,改行汉礼,并上书宋朝"自言慕中国衣冠"①;韡都六年(1062,宋嘉祐七年)谅祚又上表宋朝"求太宗御制诗章隶书石本,且进马五十匹,求九经、唐史、《册府元龟》及宋正至朝贺仪"②,并且在给宋朝的上表中多自称其旧姓李氏。这些都表现出他在西夏政治文化的抉择上,更倾向于全面学习中原汉文化。夏惠宗秉常继位初期,梁太后(谅祚皇后)及其母舅梁乙埋秉政,于乾道二年(1069,宋熙宁二年)重新实行旧蕃礼,上表宋朝并得到允许。此后西夏在军事上频频进攻宋朝,两国间战争不断,表现出与北宋抗衡的独立姿态。与梁太后及梁乙埋不同,夏惠宗本人则更倾向于汉文化,他于西夏大安六年(1080,宋元丰三年)下令国中悉去蕃仪,复行汉礼。而到夏崇宗乾顺时期,统治者开始提倡儒学,在汉文化的引入上更深入一步;但夏崇宗贞观十二年(1112,宋政和二年)御史大夫谋宁克任依然上疏反对大规模引进汉文化,主张保存党项旧俗。这些史实反映出西夏统治集团内部一直存在着这样的担忧:大规模引入汉文化将对西夏的政治独立和党项民族的文化特性产生威胁。因此,在西夏政权建立与发展的过程中,如何在吸收汉文化的同时保持政治独立,并保存民族文化个性,一直是西夏统治集团需要面对与解决的重要问题,同时,这也是西夏政权及其社会的时代课题。

需要指出的是,西夏在广泛学习引进中原文化的同时,也在政治制度、礼仪、文字、风俗以及哲学、宗教、艺术等方面表现出本民族的特色。而在精神文化方面,西夏政权和党项民族选择了佛教

---

① (元)脱脱等:《宋史》卷四百八十六《夏国传上》,北京:中华书局 1977 年,第 14001 页。

② (元)脱脱等:《宋史》卷四百八十六《夏国传上》,北京:中华书局 1977 年,第 14002 页。

文化作为其思想文化的核心,并将其视为民族文化个性的主要代表。因此,对于西夏佛教思想文化的具体内容、创新性及其社会影响的探讨,一方面有助于我们更深入地了解党项民族和西夏政权对其时代课题的解答方式,另一方面也有助于我们更全面地了解西夏政权及党项民族思想文化的全貌。

二、西夏佛教发展的历史进程

（一）中原佛教经典的引进与西夏前期佛教

　　西夏境内佛教、道教、原始宗教等多种宗教流传和并存,但以佛教的影响力最大、地位最高,这已经是学术界的共识①。自元昊建国至北宋灭亡是西夏政治史上的前期时代,即夏景宗元昊、夏毅宗谅祚、夏惠宗秉常及夏崇宗乾顺前期,这也是西夏佛教逐步发展,并构建其自身思想体系的准备阶段,其主要表现为中原佛教经典的引入与西夏文佛教经典的翻译。

　　从现有史料来看,从李德明时期开始,夏州定难军政权及西夏的历代统治者都重视并崇信佛教。李德明曾遣使山西五台山供佛,而开国君主元昊更"晓浮图学,通蕃汉文字"②。在西夏人看来,尊崇佛教是元昊的重要德政之一,如西夏大庆三年(1038)《大夏国葬舍利碣铭》称:"我圣文英武崇仁至孝皇帝陛下,敏辩迈唐尧,英雄□汉祖,钦崇佛道,撰述蕃文,奈苑莲宫,悉心修饰,金乘宝界,合掌护持。"③而夏崇宗时期的《重修护国寺感通塔碑汉文碑铭》也

---

① 参见史金波:《西夏佛教史略》,银川:宁夏人民出版社 1988 年,第 216—229 页。

②（元）脱脱等:《宋史》卷四百八十五《夏国传上》,北京:中华书局 1977 年,第 13993 页。

③ 史金波:《西夏佛教史略》附录一《大夏国葬舍利碣铭》,银川:宁夏人民出版社 1988 年,第 231 页。

记载了西夏前期历代统治者对佛教的尊崇,文称:"今二圣临御,述继先烈,文昭武肃,内外大治。天地禋祀,必庄必敬,宗庙祭享,以时以思。至于释教,尤所崇奉。近自畿甸,远及荒要,山林溪谷,村落坊聚,佛宇遗址,只椽片瓦,但仿佛有存者,无不必葺。"①

综观西夏前期的佛教史,西夏统治者发展佛教的最主要举措为"求经"和"译经":

"求经"即赎买或求取佛教《大藏经》,西夏以此作为创建佛教思想体系的理论资源。据《宋史》等文献记载,西夏统治者曾五次向宋朝求取汉文《大藏经》:一是宋仁宗天圣八年(1030)李德明向宋朝乞赐《大藏经》,十二月"丁未,定难军节度使、西平王赵德明遣使来献马七十匹,乞赐佛经一藏,从之"②;二是宋仁宗景祐元年(1034)元昊献马求经,十二月己巳,"赵元昊献马五十匹,以求佛经一藏,诏特赐之"③;此外,宋仁宗至和二年(1055),北宋还主动赐予西夏《大藏经》以作为政治上的抚慰,四月"庚子,赐夏国《大藏经》"④,谅祚母没藏氏还新建承天寺以贮藏这部佛经;三是宋仁宗嘉祐三年(1058,夏毅宗奲都二年)谅祚遣使宋朝求购《大藏

①《重修护国寺感通塔碑汉文碑铭》,史金波:《西夏佛教史略》附录一,银川:宁夏人民出版社1988年,第252页。

②(宋)李焘撰,上海师范大学古籍整理研究所、华东师范大学古籍整理研究所点校:《续资治通鉴长编》卷一百九"天圣八年十二月丁未",北京:中华书局2004年,第2549页。

③(宋)李焘撰,上海师范大学古籍整理研究所、华东师范大学古籍整理研究所点校:《续资治通鉴长编》卷一百一十五"景祐元年十二月己巳",北京:中华书局2004年,第2708页。

④(宋)李焘撰,上海师范大学古籍整理研究所、华东师范大学古籍整理研究所点校:《续资治通鉴长编》卷一百七十九"至和二年四月庚子",北京:中华书局2004年,第4330页。

经》及经帙签牌,仁宗"赐夏国主《大藏经》";四是宋仁宗嘉祐七年
(1062,夏毅宗奲都六年)谅祚再次向宋朝"乞赐《大藏经》";五是
宋神宗熙宁五年(1072,夏惠宗天赐礼盛国庆三年)秉常向宋遣使
献马以乞赐《大藏经》,"十二月,遣使进马赎《大藏经》,诏赐之而
还其马"①,这是见于史籍的最后一次西夏向宋求经。由此可以推
测,通过向宋朝的数次求经,至迟到夏惠宗秉常时期,西夏用以翻
译佛经的汉文底本已经基本完备。

"译经"即将佛经翻译为西夏文(蕃字)。与中原王朝将印度梵
文经典译为汉文类似,西夏前期的译经活动主要是将汉文《大藏
经》译为西夏文,并延请回鹘僧人主持或参与译经,此外还将少量
的梵文经典直译为西夏文。西夏后期则将相当部分的藏文佛教经
典译为西夏文和汉文,翻译者则包括藏族和党项族僧人。其中,汉
文《大藏经》的西夏文翻译是其中最主要的工作。对于西夏翻译
佛教《大藏经》的历史,国家图书馆藏元皇庆元年(1312)《过去庄
严劫千佛名经》发愿文称:

> 夏国风帝新起兴礼式德。戊寅年中,国师白法信及后禀
> 德岁臣智光等,先后三十二人为头,令依蕃译。民安元年,
> 五十三岁,国中先后大小三乘半满教及传中不有者,作成
> 三百六十二帙,八百十二部,三千五百七十九卷。②

据此发愿文记载,西夏翻译《大藏经》始于开国君主元昊("夏

①（元）脱脱等:《宋史》卷四百八十六《夏国传下》,北京:中华书局1977年,
第14009页。
② 史金波:《西夏佛教史略》,银川:宁夏人民出版社1988年,第66页。

国风帝"指元昊尊号"风角城皇帝")称帝之初,戊寅年为1038年(天授礼法延祚元年)。对此,《西夏书事》记载元昊于天授礼法延祚十年(1047)"于兴庆府东一十五里役民夫建高台寺及诸浮图,俱高数十丈,贮中国所赐《大藏经》,广延回鹘僧居之,演释经文,易为蕃字"①。民安元年指夏崇宗乾顺天祐民安元年(1090),至此年西夏文《大藏经》基本翻译完成。其间历时五十三年("五十三岁"),共译经八百二十部,总卷数三千五百七十九卷,分为三百六十帙。此后又经过夏仁宗仁孝("护城帝")的大规模重新校对,至此最终完成了西夏文《大藏经》的"蕃译"。

　　可考的佛经翻译主持人则是国师白法信及白智光,据国家图书馆藏《现在贤劫千佛名经》所附《西夏译经图》可知,白智光被称为"安全国师",主要活动于夏惠宗时②。由于夏景宗元昊在位时间较短,夏毅宗谅祚、夏惠宗秉常和夏崇宗乾顺三朝为西夏译经的主要时期。夏毅宗福圣承道三年(1055),谅祚母没藏氏继续元昊的崇佛政策,建承天寺并请回鹘僧译经,"没藏氏好佛,因中国赐《大藏经》,役兵民数万,相兴庆府西偏起大寺,贮经其中,赐额承天,延回鹘僧登座演经,没藏氏与谅祚时临听焉"③。在现存的西夏文佛经中,还有惠宗秉常与其母梁太后题名所译的《过去庄严劫千佛名经》《悲华经》《经律异相》《慈悲道场忏法》《维摩诘经》等经典,以及崇宗乾顺与其母梁太后(惠宗母梁太后侄女)题名翻译的《佛说宝雨经》等经典,从中可见西夏统治者对翻译佛教经典的积极参与和高度重

---

① (清)吴广成:《西夏书事》卷十八,徐蜀编:《宋辽金元正史订补文献汇编》
　　第2册,北京:北京图书馆出版社2004年,第13页。
② 参见史金波:《〈西夏译经图〉解》,《文献》1979年第1期。
③ (清)吴广成:《西夏书事》卷十九,徐蜀编:《宋辽金元正史订补文献汇编》
　　第2册,北京:北京图书馆出版社2004年,第23页。

视。此外,从西夏文《大藏经》的卷帙数目及已经发现的西夏文佛经来看,"蕃译"佛经是对汉文《大藏经》(以北宋《开宝藏》为主要底本)有目的的选译而非全译。遗憾的是,完整的西夏文《大藏经》现已无存,这使我们很难了解这种选译的标准及具体内容。但可以确定的是,这种选译本身正是西夏佛教独立性的体现。

从夏惠宗秉常、夏崇宗乾顺等统治者向宋求经,以及用"御译"的名义主持佛经翻译来看,这些活动已经不仅是单纯的宗教信仰行为,而在很大程度上成为西夏政权建设的重要举措,即与独立文化体系的建设密切相关。而汉文《大藏经》的引入及西夏文《大藏经》翻译的完成,一方面为西夏佛教及其义学思想的发展提供了基本的思想资源,另一方面也为西夏人吸收佛教思想以建构其自身的文化体系提供了条件。西夏后期佛教的鼎盛,以及藏传佛教在西夏的流传也是以此为基础的。

(二)西夏后期佛教与藏传佛教的传播

1127 年金灭北宋,西夏随后臣服金朝。以此为界,西夏进入与南宋和金朝鼎立的后期时代:即夏崇宗乾顺后期、夏仁宗仁孝、夏桓宗纯佑、夏襄宗安全、夏神宗遵顼、夏献宗德旺、末帝睍等时期。其中,夏仁宗在位的 55 年(1139—1193)间为西夏佛教和文化的鼎盛时期。仁孝即位以后一方面尊崇儒学,发展文教,尊孔子为"文宣帝",建太学和各州县学校,并开科取士;另一方面继续大力扶持佛教的发展,使西夏佛教进入全盛阶段。从现有资料来看,以华严学为主体的西夏佛教思想体系正是在夏仁宗朝建构完成,并随着藏传佛教的大规模传播而出现了汉藏佛教融合的新佛教思想。夏仁宗之后的夏桓宗、夏襄宗等朝,随着西夏国势的衰落和蒙古的入侵,西夏佛教不复往日兴盛,但藏传佛教和华严学继续得到传承,汉藏佛教思想的融合也有所发展。

从现存的夏仁宗御制佛经发愿文中,可见他对于佛教的重视。如《圣观自在大悲心总持并胜相顶尊总持》御制后序发愿文(俄TK165①)称:

> 朕亦躬亲而[仰]服,每当竭意而诵持,欲遂良缘,广修众善。开阐真乘之大教,烧结秘密之坛仪。读经不绝于诵声,披典必全于大藏。应干国内之圣像,悉令恳上于金妆,遍施设供之法筵,及集斋僧之盛会。放施食于殿宇,行法事于尊容。然斯敬信之心,悉竭精诚之恳。今略聊陈于一二,岂可详悉而具言。②

从文中可知,夏仁宗作为虔诚的佛教信徒,一方面"躬亲"实践各种佛教修行仪轨,"读经不绝于诵声,披典必全于大藏";另一方面大规模修复全国的佛像("应干国内之圣像,悉令恳上于金妆"),并举行"法筵""斋会""烧结坛仪"③等众多汉传和藏传佛教

---

① 此次及下文出现的:俄TKxxx、俄ИНВ.No.xxx、俄Tang.xxx等,为俄罗斯科学院东方文献研究所(原俄罗斯科学院东方学研究所圣彼得堡分所)所藏中国黑水城西夏文献的编号,本书在引用相关西夏文献时也随文标注相应编号,下文同此,并以《俄藏黑水城文献》书中的编号为准。参见俄罗斯科学院东方研究所圣彼得堡分所、中国社会科学院民族研究所、上海古籍出版社:《俄藏黑水城文献》第1—12册,上海:上海古籍出版社1996—2006年。
② 俄罗斯科学院东方研究所圣彼得堡分所、中国社会科学院民族研究所、上海古籍出版社编:《俄藏黑水城文献》第4册,上海:上海古籍出版社1997年,第51页。
③ "烧结秘密之坛仪"指密宗的烧施法,梵文音译称"护摩",原为印度婆罗门教燃烧大火、焚烧供物以祭天神的仪式。后来这些仪式为密宗所吸收,密宗用火表示智慧,薪木表示烦恼,设火炉焚烧香木等表示除魔去障。

法事,他对于佛教的热情和重视可见一斑。

此外,乾祐十五年(1184)夏仁宗在其御制《佛说圣大乘三归依经》发愿文(俄 TK121)中称:

> 朕闻:能仁开导,允为三界之师;圣教兴行,永作群生之福。欲化迷真之辈,俾知入圣之因。故高悬慧日于昏衢,广运慈航于苦海。仗斯秘典,脱彼尘笼。含生若恳于修持,至圣必垂于感应。用开未喻,以示将来。睹兹妙法之希逢,念此人身之难保。若匪依凭三宝,何以救度四生。①

从"圣教兴行,永作群生之福""若匪依凭三宝,何以救度四生"等句来看,夏仁宗认为佛教可以在巩固政权、教化民众、守护国家方面发挥主要的作用。这既是佛教信徒宗教情感的反映,同时也是当时佛教兴盛的反映。从这些发愿文所反映的情况来看,夏仁宗时代佛教已经成为西夏民众的主体信仰和西夏社会的精神支柱。

夏仁宗时期西夏佛教的另一个显著特点就是藏传佛教的广泛流行②。就现有的西夏佛教文献来看,西夏前期所流行的佛教经典主要是汉文佛经和译自汉文《大藏经》的西夏文经典,目前尚未发现译自藏文的早期西夏佛经;而从佛经题记及《天盛改旧新定律

----

① 俄罗斯科学院东方研究所圣彼得堡分所、中国社会科学院民族研究所、上海古籍出版社编:《俄藏黑水城文献》第 3 册,上海:上海古籍出版社 1996 年,第 51 页。
② 参见史金波《西夏的藏传佛教》(《中国藏学》2002 年第 1 期)、陈庆英《西夏与藏族的历史、文化、宗教关系初探》(《藏学研究论丛》第 5 辑,拉萨:西藏人民出版社 1993 年,第 1—55 页)、孙昌盛《试论在西夏的藏传佛教僧人及其地位、作用》(《西藏研究》2006 年第 1 期)等文。

令》的内容可知,在仁宗朝前期藏传佛教僧人的地位还处于党项和汉族僧人之下。因此,学术界普遍认为藏传佛教的广泛传播主要是在夏仁宗朝的中后期,即12世纪中叶以后①。藏传佛教的兴盛可从现存的夏仁宗朝佛经发愿文及西夏译藏文经典中得到反映。天盛十九年(1167)《佛说圣佛母般若波罗蜜多心经》御制后序(俄TK128)称:

> 于神妣皇太后周忌之辰,开板印造,番汉共二万卷,散施臣民。仍请觉行国师等,烧结灭恶趣中围坛仪,并拽六道,及讲演《金刚般若经》《般若心经》。作法华会、大乘忏悔、放神幡、救生命、施贫济苦等事。恳申追荐之仪。②

乾祐十五年(1184)《佛说圣大乘三归依经》御制发愿文(俄TK121)称:

> 朕适逢本命之年,特发利生之愿。恳命国师、法师、禅师,暨副判、提点、承旨、僧录、座主、众僧等,遂乃烧施结坛,摄瓶持咒,作广大供养,放千种施食,读诵大藏等尊经,讲演上乘等妙法。亦致打截截、作忏悔、放生命、喂囚徒、饭僧设贫诸多法事。仍敕有司,印造斯经番汉五万一千余卷,彩画功德大小

---

① 参见聂鸿音《大度民寺考》(《民族研究》2003年第4期)及史金波《西夏佛教史略》第三章《西夏佛教发展概述》(银川:宁夏人民出版社1988年,第36—57页)。

② 俄罗斯科学院东方研究所圣彼得堡分所、中国社会科学院民族研究所、上海古籍出版社编:《俄藏黑水城文献》第3册,上海:上海古籍出版社1996年,第76页。

五万一千余帧,数珠不等五万一千余串,普施臣吏僧民,每日
诵持供养。①

乾祐二十年(1189)夏仁宗印施《观弥勒菩萨上生兜率天经》
发愿文(俄 TK58)称:

> 谨于乾祐己酉二十年九月十五日,恭请宗律国师、净戒国
> 师、大乘玄密国师、禅法师、僧众等,就大度民寺作求生兜率
> 内宫弥勒广大法会。烧结坛作广大供养,奉大施食,并念佛诵
> 咒,读西番、番、汉藏经及大乘经典。②

从这几篇发愿文的记载来看,与藏传佛教有关的佛教仪式“烧
结灭恶趣中围坛仪”“烧施结坛”“摄瓶持咒”“打截截”等成为西
夏皇家佛事的重要内容之一,但在天盛十九年的发愿文中还没有
看到藏传佛教的显著影响。而在仁宗后期的《观弥勒菩萨上生兜
率天经》发愿文中则提到“读西番藏经”即读诵藏文《大藏经》(西
夏称吐蕃为西番、羌或西羌),以及藏传佛教噶举派高僧大乘玄密
国师③,这正反映出仁宗朝后期藏传佛教地位的上升。

① 俄罗斯科学院东方研究所圣彼得堡分所、中国社会科学院民族研究所、上
　海古籍出版社编:《俄藏黑水城文献》第3册,上海:上海古籍出版社1996
　年,第52页。
② 俄罗斯科学院东方研究所圣彼得堡分所、中国社会科学院民族研究所、上
　海古籍出版社编:《俄藏黑水城文献》第2册,上海:上海古籍出版社1996
　年,第48页。
③ 对于大乘玄密国师的师承及生平,参见陈庆英:《大乘玄密帝师考》,《佛学
　研究》总第9期,2000年。

夏桓宗天庆元年（1194）罗太后印施西夏文《仁王护国般若波罗蜜多经》发愿文（ИНВ.No683）称：

> 谨以元年亡故之日，请工刊刻斯经，印制番一万部、汉二万部，散施臣民。又请中国大乘玄密国师并宗律国师、禅法师，做七日七夜广大法会。又请演义法师并慧照禅师，做三日三夜地水无遮清净大斋法事。①

天庆三年（1196）罗太后印施《大方广佛华严经普贤行愿品》发愿文（俄TK98）称：

> 大法会烧结坛等三千三百五十五次。大会斋一十八次。……度僧西番、番、汉三千员，散斋僧三万五百九十员。放神幡一百七十一口。散施八塔成道像净除业障功德共七万七千二百七十六帧。②

从这两篇愿文可知，玄密国师在罗太后恭请的诸高僧中已经列于首位，而剃度的三千位西番（吐蕃）、番（党项）、汉僧人中，吐蕃僧人也列于首位，这些都反映出西夏仁宗朝中期以后藏传佛教的兴盛及其地位的上升。

此外，呱呱等印施《佛说父母恩重经》发愿文（俄TK120）称：

---

① 聂鸿音：《〈仁王经〉的西夏译本》，《民族研究》2010年第3期，第45页。
② 俄罗斯科学院东方研究所圣彼得堡分所、中国社会科学院民族研究所、上海古籍出版社编：《俄藏黑水城文献》第2册，上海：上海古籍出版社1996年，第372—373页。

男儿呱呱等,遂以亡考中书相公累七至终,敬请禅师、提点、副判、承旨、座主、山林戒德、出在家僧众等七千余员,烧结灭恶趣坛各十座。开阐番汉《大藏经》各一遍,西番《大藏经》五遍。作法华、仁王、孔雀、观音、金刚、行愿经、乾陀、般若等会各一遍。[①]

其中提到"开阐番汉《大藏经》各一遍,西番《大藏经》五遍",讲诵藏文(西番)《大藏经》的数量远多于番(西夏文)汉《大藏经》,这也说明了藏传佛教影响力的巨大。而据元延祐元年(1314)《故释源宗主宗密圆融大师塔铭》的记载,元初西夏故地的佛教信仰情况为"时西北之俗,笃信密乘"[②]。这里的"密乘"主要指藏传佛教,这也证明藏传佛教在西夏后期得到了广泛传播并在西夏境内拥有众多信众。

另外,对比夏崇宗、夏仁宗和夏桓宗朝对于吐蕃僧人的称谓,我们也可以发现藏传佛教地位的逐渐上升,在夏崇宗天祐民安五年(1094)《重修凉州护国寺感通塔碑铭》和夏仁宗前期的《天盛改旧新定律令》等文献中都称吐蕃僧人为"羌僧人",而在夏仁宗后期的乾祐二十年(1189)《观弥勒菩萨上生兜率天经》发愿文中则称其为"西番",夏桓宗天庆元年(1194)的《仁王护国般若波罗蜜多经》发愿文更将吐蕃族高僧玄密国师称为"中国大乘玄密国师"。从西夏后期的佛教文献来看,经论题记中的"中国"往往指佛教盛

---

① 俄罗斯科学院东方研究所圣彼得堡分所、中国社会科学院民族研究所、上海古籍出版社编:《俄藏黑水城文献》第3册,上海:上海古籍出版社1996年,第48页。

② 洛阳市地方史志编纂委员会编:《洛阳市志》第15卷《白马寺·龙门石窟志》,郑州:中州古籍出版社1996年,第100页。

行的地区,而非中原王朝①。这里出现的"中国大乘玄密帝师"以及
"西番中国法师禅巴"等佛教经论题名中的"中国"都指崇信佛教
的吐蕃地区②。由此可见,对于吐蕃僧人的称谓经历了由纯粹表示
族属的"羌"到尊为"中国"的过程,这正是藏传佛教影响增加和吐
蕃族僧人地位提高的反映。而帝师制度的设立,以及西夏后期众
多藏传佛教高僧受封帝师、国师的史实,也是藏传佛教受到推崇的
重要体现③。

　　不过我们也应当看到,西夏后期的佛教史并非完全是藏传佛
教流行的历史,西夏前期传入的中原大乘佛教继续得到传播和流
行,这以义学方面的华严学和信仰方面的净土宗为代表。就西夏
华严学来说,黑水城等地所发现的大量华严学著作都属于夏崇宗
及夏仁宗以后的时代,而元初西夏裔僧人慧觉在其著述中所列的
西夏国弘传华严诸师谱系④也显示,华严学的传播与兴盛贯穿整个
西夏王朝(详见下文论述);至于西夏的净土信仰,现存的净土宗著
作和佛经发愿文等资料显示,求生佛教净土等信仰是西夏民族的

---

① 参见孙昌盛:《西夏文佛经〈吉祥遍至口和本续〉题记译考》,《西藏研究》
　2004年第2期。

② 对此,史金波研究指出:"'中国'二字在这里不是指中原地区的王朝,也不
　是指距中原地区很近的西夏王朝,而是专指吐蕃民族。在黑水城的很多佛
　教文献作、译者题款前冠有'中国'二字者,都不是党项人,而是吐蕃人。"
　(史金波:《西夏的藏传佛教》,《中国藏学》2002年第1期,第40页)。

③ 参见邓如萍《党项王朝的佛教及其元代遗存——帝师制度起源于西夏说》
　(《宁夏社会科学》1992年第5期)、史金波《西夏佛教新探》(《宁夏社会科
　学》2001年第5期)及《西夏的藏传佛教》(《中国藏学》2002年第1期)、
　孙昌盛《试论在西夏的藏传佛教僧人及其地位、作用》(《西藏研究》2006
　年第1期)等文。

④ 参见(元)慧觉辑:《大方广佛华严经海印道场十重行愿常遍礼忏仪》卷
　四十二,《大藏新纂卍续藏经》第74册,第356页。

普遍信仰,并且在中原显教和藏传密教中都具有相关的内容①。对此下文将做进一步的探讨。

第二节　西夏佛教思想的内容与理论特点

一、西夏的主要佛教义学流派

学界已经逐渐认识到,西夏佛教虽然受到同时代北宋中原佛教的重要影响,但在主流义学思想及代表性宗派等方面却表现出了鲜明的自身特点。北宋时代中原佛教的主流是禅宗,在佛教义学方面则以天台宗最盛。而从现存的西夏佛教文献来看(包括黑水城以及甘肃、宁夏等地所出西夏文及汉文佛教文献),华严宗在西夏境内广泛流行并影响巨大,西夏汉传佛教义学的主流是华严学以及与之密切相关的华严禅思想,并以澄观和宗密的思想为核心②。此外,藏传佛教噶举派及萨迦派在西夏后期也具有较大的影响力。

(一)西夏华严学及其义学主体地位

从现存的西夏佛教文献来看,西夏佛教界对《华严经》给予了

---

① 对于西夏华严学和净土信仰内容的探讨,可参见本章第二节和第四节的相关内容。

② 学术界的相关讨论及观点参见史金波《西夏佛教史略》第七章《佛教宗派的影响》(银川:宁夏人民出版社1988年,第156—158页)、束锡红《西夏禅宗文献的多样性和禅教的融合》(马明达主编:《暨南史学》第六辑,广州:暨南大学出版社2009年,第211—221页)、[俄]K.J.索罗宁《西夏佛教的"真心"思想》(杜建录主编:《西夏学》第五辑,上海:上海古籍出版社2010年,第163—172页)、孙伯君《西夏文〈修华严奥旨妄尽还源观〉考释》(杜建录主编:《西夏学》第六辑,上海:上海古籍出版社2010年,第57—69页)等文。

特别的重视,东晋佛驮跋陀罗译《大方广佛华严经》(六十卷,即《六十华严》)、唐实叉难陀译《大方广佛华严经》(八十卷,即《八十华严》),唐般若译《大方广佛华严经入不思议解脱境界普贤行愿品》(四十卷,即《四十华严》)三种都被翻译为西夏文。西夏及元代的《华严经》西夏文及汉文刻本在俄罗斯科学院东方文献研究所和中国国家图书馆等处都有收藏,而俄藏黑水城文献中有 24 件《大方广佛华严经入不思议解脱境界普贤行愿品》(包括残页在内),包括多种刻本及写本佛经,为数量最多的西夏佛经之一①。此外,与华严学关系密切的《大乘起信论》(俄 TK142,汉文刻本)、《首楞严经》(俄 A20V,汉文写本)、《释摩诃衍论》(俄 TK77,俄 TK78,俄 A38,汉文写本)等在黑水城也有发现。最重要的是,在俄藏黑水城文献中还发现有西夏佛教思想家所创作的华严学著作,其内容体现出西夏佛教思想的创新性与独特性。相比之下,天台宗、唯识宗、三论宗等宗派的义学思想在西夏的影响力都逊于华严学。由此可见,西夏佛教界是以华严学为义学思想的主体。具体来说,西夏华严学的兴盛及其义学主体地位的形成与以下原因有关:

第一,五台山崇拜的流行。

五台山位于今山西省北部,被中国佛教徒认为是文殊菩萨的道场。该山自北魏以来就是中国北方的佛教中心之一,唐代五台山佛教更达到鼎盛,其名声广传至全国乃至日本、朝鲜、印度等地,并逐渐形成了与文殊崇拜相关的五台山崇拜。最晚到五代时,五台山崇拜已经影响到甘肃河西走廊等中国西北地区,今敦煌莫高

---

① 参见俄罗斯科学院东方研究所圣彼得堡分所、中国社会科学院民族研究所、上海古籍出版社编:《俄藏黑水城文献》第 6 册《叙录》,上海:上海古籍出版社 2000 年,第 1—66 页。

窟保存的五代时期《五台山图》巨型壁画就是这一崇拜的反映；而晚唐五代时期西北地区也出现了前往五台山朝拜文殊菩萨的热潮①。受此影响，五台山崇拜在西夏也广泛存在，并具有很大的影响②。早在西夏正式建国之前，宋景德四年（1007）夏州节度使李德明之母罔氏死，"及葬，请修供五台山十寺，乃遣阁门祗候袁瑀为致祭使，护送所供物至山"③。宋宝元元年（1038）元昊又"表遣使诣五台山供佛宝，欲窥河东道路"④。在西夏与北宋的官方佛教交流中，前往五台山供佛是仅次于求赎《大藏经》的重要活动，它在很大程度上反映出西夏统治者对于五台山的崇拜。此外，西夏还仿照山西五台山而于贺兰山中建立"北五台山"，并建有"大清凉寺"等寺院。《圣立义海·山之名义》所列各圣山中就有"五台净宫"，该名义称："众神、菩萨生化，寺显合禅修经，民庶依归处也，寺庙野兽，见人不骇。"⑤而标有"北五台山大清凉寺"某僧的题名也屡见于西夏佛教文献中，如天庆二年（1195）西夏僧人智广、慧真所集《密咒圆因往生集》题记中有"北五台山大清凉寺出家提点沙门慧真编集"，西夏僧人慧忠翻译的《解释道果语录金刚句记》（收入《大乘要道密集》）中也有"北山大清凉寺沙门慧忠译"的题名。

---

① 据荣新江研究，这一热潮始于后唐同光二年（924）沙州归义军节度使曹议金遣使入朝。参见荣新江：《敦煌文献和绘画反映的五代宋初中原与西北地区的文化交往》，《北京大学学报》（哲学社会科学版）1988 年第 2 期。
② 参见杨富学：《西夏五台山信仰刍议》，《西夏研究》2010 年第 1 期。
③（元）脱脱等：《宋史》卷四百八十五《夏国传上》，北京：中华书局 1977 年，第 13990 页。
④（元）脱脱等：《宋史》卷四百八十五《夏国传上》，北京：中华书局 1977 年，第 13995 页。
⑤［俄］克恰诺夫、李范文、罗矛昆：《圣立义海研究》，银川：宁夏人民出版社 1995 年，第 58—59 页。

　　西夏的五台山崇拜实质上反映的是对文殊菩萨的信仰与崇拜,而五台山作为文殊菩萨道场的说法则与《华严经》关系密切,《大方广佛华严经·菩萨住处品》称:"东北方有菩萨住处,名清凉山,过去诸菩萨常于中住。彼现有菩萨,名文殊师利,有一万菩萨眷属,常为说法。"①这为五台山的文殊道场地位提供了经典上的依据,在南北朝末年至隋朝初年,五台山已经被佛教界普遍视为《华严经》所载的文殊菩萨道场清凉山。而至唐宋时代,五台山成为中国乃至朝鲜、日本等地文殊崇拜的中心②。

　　文殊菩萨及普贤菩萨崇拜在现存的西夏文物中也有表现。以西夏时期的文殊变壁画为例,敦煌莫高窟现存 16 铺(莫高窟共有历代文殊变壁画 131 铺),安西榆林窟 3 处,肃北五个庙石窟 2 处,东千佛洞 1 处,安西旱峡石窟 1 处。西夏时期的普贤变壁画,莫高窟 7 处,榆林窟 2 处,肃北五个庙石窟 2 处,东千佛洞 1 处,安西旱峡石窟 1 处③。两者往往绘制于同一石窟中,并且壁画中有表现文殊菩萨道场五台山的内容,如安西榆林窟第 3 窟文殊和普贤变壁画。

　　五台山在唐代成为与终南山并立的华严宗传播中心,华严宗创始人之一的法藏明确将五台山和《华严经》中所说的清凉山等同起来,他在其《华严经探玄记》中称:"清凉山则是代州五台山是也。于中现有古清凉寺,以冬夏积雪故以为名。"④唐代华严学者李

①（晋）佛驮跋陀罗译:《大方广佛华严经》卷二十九《菩萨住处品》,《大正新修大藏经》第 10 册,第 590 页。
② 参见杨曾文:《唐宋文殊菩萨信仰和五台山》,《五台山研究》1990 年第 1 期。
③ 参见王艳云:《西夏晚期七大经变画探析》,首都师范大学 2003 年博士学位论文,第 50—51 页。
④（唐）法藏述:《华严经探玄记》卷十五,《大正新修大藏经》第 35 册,第 391 页。

通玄在此创作《新华严经论》,而华严宗四祖澄观也在五台山完成了著名的《华严经疏》及《华严经随疏演义钞》等华严学著作,并称五台山为清凉山:"清凉山,即代州雁门郡五台山也。于中现有清凉寺。以岁积坚冰,夏仍飞雪,曾无炎暑,故曰清凉。五峰耸出,顶无林木,有如垒土之台,故曰五台。"①唐代华严学大师的相关论述,使五台山在华严宗及佛教中的地位空前提高,华严学也成为五台山佛教的显学和信仰中心②。唐代以后五台山依然是华严学传播与研究的重镇,北宋华严学匠、注疏法藏《华严金狮子章》的"华藏大师"承迁等人曾驻锡山中。此外,华严宗也将文殊菩萨作为主要的崇拜对象之一,其与普贤菩萨和毗卢遮那佛并称为"华严三圣"。从五台山崇拜、文殊崇拜与华严学的密切关系来看,西夏统治者的相关信仰无疑为华严宗提供了信仰方面的基础,并在很大程度上推进了华严学在西夏的传播与发展。

第二,辽朝佛教的影响。

经过元昊和辽兴宗时期的辽夏战争,辽道宗以后辽夏间基本保持着和平状态。双方遣使不断,期间西夏与辽之间的佛教交往也日益密切。据《辽史·西夏传》记载,夏毅宗谅祚于辽道宗清宁三年(1057)十一月,"遣使进回鹘僧、金佛、《梵觉经》"③,西夏将僧人、佛像、佛经作为重要贡物,正与辽朝统治者笃信佛法、佛教盛行有关。道宗时代正是辽朝佛教及华严学发展的鼎盛时期,辽夏间的和平交往及佛教交流也有利于辽朝佛教及华严学在西夏的传

① (唐)澄观:《大方广佛华严经疏》卷四十七《菩萨住处品》,《大正新修大藏经》第35册,第859页。

② 方立天:《略谈华严学与五台山》,《五台山研究》1988年第1期。

③ (元)脱脱等:《辽史》卷一百一十五《西夏传》,北京:中华书局1974年,第1527页。

播。自李德明时期开始,西夏便依附辽朝以对抗北宋,道宗时期西夏还多次求请辽朝协助向宋朝请和,如道宗清宁八年,"夏为宋所侵,遣使乞援。寿隆三年六月,以宋人置壁垒于要地,遣使来告。四年六月,求援。十一月,遣枢密直学士耶律俨使宋,讽与夏和。夏复遣使来求援"①。这种政治上的依附关系也会在很大程度上增强辽朝佛教对西夏的影响。

现存的西夏佛教文献更为直接地反映出辽夏佛教界之间的密切交流。黑水城出土有许多辽朝高僧的佛学著作,属于典型的辽朝华严学著作便有鲜演的《华严经谈玄决择》(俄ИНВ.No.7211,西夏文写本,第四卷部分);与华严禅思想有关的著作有通理恒策的《究竟一乘圆通心要》(俄A6V,汉文写本)、《无上圆宗性海解脱三制律》(俄A26,汉文写本)、《立志铭心戒》(俄TK134,汉文刻本)②;属于显密融合(主要是华严学与密教学融合)的著作有道殿的《显密圆通成佛心要集》(俄TK270,汉文本,卷上部分)、《镜心录》,法悟的《释摩诃衍论赞玄疏》(原名《龙论》,俄TK79及俄TK80);此外,还有佛教音韵学方面的著作如辽僧希麟的《续一切经音义》(俄F64∶W1,汉文刻本)③,净土思想方面的著作如思孝的《往生净土偈》(俄TK323,汉文刻本,题"出思孝法师释门应用仪")④等辽朝佛教文献。可以说辽朝佛教的主要宗

---

① (元)脱脱等:《辽史》卷一百一十五《西夏传》,北京:中华书局1974年,第1528页。

② 参见冯国栋、李辉:《〈俄藏黑水城文献〉中通理大师著作考》,《文献》2011年第3期。

③ 参见聂鸿音:《黑城所出〈续一切经音义〉残片考》,《北方文物》2001年第1期。

④ 俄罗斯科学院东方研究所圣彼得堡分所、中国社会科学院民族研究所、上海古籍出版社编:《俄藏黑水城文献》第5册,上海:上海古籍出版社1998年,第86页。

派尤其是华严宗的著作都在西夏得到了翻译与流传,这正说明辽朝佛教对西夏产生了重要影响。这种影响不仅体现在佛学著作的传播上,还表现为西夏与辽朝佛教思想之间的相似性,即都以华严学为佛教义学思想的主体,以及推崇澄观和宗密的华严思想、以华严宗为主而"重教轻禅"的宗派立场等等,对此下文将做进一步的论述。

第三,北宋佛教的影响。

自李德明时期开始,夏州定难军政权及西夏国就与北宋王朝之间开展了密切的佛教交流,北宋佛教不可避免地影响到西夏佛教,其中就包括北宋的华严学。这在现存的西夏佛教文献中也有反映,如元初西夏裔僧慧觉所辑《大方广佛华严经海印道场十重行愿常遍礼忏仪》(以下简称《华严忏仪》)卷四十二中,就列有西域(印度)、东土(唐朝)和大夏(西夏)传译《华严经》和华严宗的祖师名称,显示出西夏对唐代及宋初华严学的继承。

该书"初西域流传华严诸师"条中列有龙树大师菩萨、天亲菩萨;"次东土传译华严诸师"中列有"晋觉贤三藏法师""唐于阗实叉难陀法师""日照三藏法师",为六十卷及八十卷等版本《华严经》的翻译者;"次东土正传华严诸师"中列有"第三祖造法界观帝心法顺法师""第四祖造十玄门云华智俨法师""第五祖造探玄记贤首法藏法师""第六祖造大疏钞清凉澄观法师""清凉门下得如来知见者三十八大师等千余法师""第七祖造华严纶贯注观文圭峰宗密禅师""造观注记者广智大师"[1]等。

这里所列"第三祖"至"第七祖"的杜顺("法顺")、智俨、法

———————

[1]（元）慧觉辑:《大方广佛华严经海印道场十重行愿常遍礼忏仪》卷四十二,《大藏新纂卍续藏经》第74册,第356页。

藏、澄观、宗密为传统的唐代华严宗"五祖"。但这里则采用了华严"七祖"说,这源自北宋华严学匠净源(1011—1088)的"华严七祖"谱系,即在中土"五祖"之前增加了印度的马鸣和龙树为初祖和二祖。不过,《华严忏仪》中的"初西域流传华严诸师"只列龙树和天亲而无马鸣,与净源的说法不完全相同。"第五祖造探玄记贤首法藏法师"是指法藏著有《华严经探玄记》,"第六祖造大疏钞清凉澄观法师"是指澄观著有《华严经疏》和《华严经随疏演义钞》,"第七祖造华严纶贯注观文圭峰宗密禅师"是指宗密著有《注华严法界观门》等著作。值得注意的是,法藏、澄观、宗密等唐代华严祖师的著作在俄藏黑水城西夏文献及国内所藏西夏文献中都有发现,除了汉文本外,重要的唐代华严学著作还被译为西夏文(对此下文将作进一步介绍)。其中,宗密著作的汉文及西夏文刊本是目前所发现数量最多的西夏华严学文献①。结合这些祖师的题名和西夏译传华严学著作的情况,可知西夏与唐宋中原华严学之间确实存在着理论传承。

此外,"次东土正传华严诸师"中还列有"清凉门下得如来知见者三十八大师等千余法师"以及"造观注记者广智大师"等祖师,前者将澄观的众多弟子列为"正传华严祖师",实际上突出了澄观的影响力和地位;后者"广智大师"名尚贤,号广智,为北宋时代僧人,世称"广智尚贤"。尚贤生卒年不详,他曾师从天台宗僧人四明知礼(960—1028)学天台教观,并于天圣六年(1028)接替知礼担任四明延庆寺住持。最后一位"东土"祖师的时代接近西夏初期,而紧接于"次东土正传华严祖师"之后的就是"次大夏国弘扬

---

① 参见马格侠:《西夏地区流传宗密著述及其影响初探》,《宁夏社会科学》2007年第3期。

华严诸师",即西夏境内的华严学大师,这反映出西夏与北宋华严学之间可能存在着一定的传承关系。而从东土祖师谱系中出现北宋净源的"华严七祖"说以及吴越僧人广智尚贤来看,西夏的华严学也应该与北宋中原及吴越地区的华严学存在着一定联系。虽然《华严忏仪》集成于元初,但其作者慧觉是西夏裔僧和华严学匠,这一追述在一定程度上能够较真实反映出西夏华严学传承的历史情况。

北宋时期中原地区依然有唐代华严学的传承,而北宋的许多华严学著作也传入西夏,如黑水城出土有北宋华严学者晋水净源所著《金狮子章云间类解》,以及北宋元丰六年(1083)杨据璞等印施的《佛说竺兰陀心文经》(俄 Φ337),其后的发愿文中有"卫州管内副正仁化寺净土院主讲华严经传法界观僧贤熙校勘"的题名[1],可知该经为中原地区刊印,并且由卫州(今河南省卫辉市)华严学僧人校勘。此外,天盛四年(1152)刘德真印施《注华严法界观门》发愿文(俄 TK242)称:"今者德真,幸居帝里,喜遇良规。始欲修习,终难得本。以至口授则音律参差,传写者句文脱谬,致罢学心,必成大失。是以恭舍囊资,募工镂板,印施流通,备诸学者。……皇朝天盛四年岁次壬申八月望日,污道沙门释法随劝缘及记,邠州开元寺僧西安州归义刘德真雕板印文,谨就圣节日散施。"[2] 由发愿文可知,刘德真原为关中邠州(今陕西省彬州市)开

[1] 俄罗斯科学院东方研究所圣彼得堡分所、中国社会科学院民族研究所、上海古籍出版社编:《俄藏黑水城文献》第 6 册,上海:上海古籍出版社 2000 年,第 130 页。

[2] 俄罗斯科学院东方研究所圣彼得堡分所、中国社会科学院民族研究所、上海古籍出版社编:《俄藏黑水城文献》第 4 册,上海:上海古籍出版社 1997 年,第 295 页。

元寺的僧人,夏仁宗时期来到西夏①。德真所传写雕印的是华严宗五祖宗密的重要著作《注华严法界观门》,而从序文"始欲修习,终难得本"一句来看,此前该书在西夏境内并未得到广泛流行,这也说明西夏华严学在仁宗时代才开始广泛盛行。这些佛教文献都表明,在华严学经典的引入等方面,西夏华严学曾受到北宋的重要影响。

上述史料证明,华严学在西夏流行并成为西夏佛教义学的主流,与统治者的文殊崇拜以及与辽宋的佛教交流有关。而从更深层次的原因来看,西夏华严学的流行是历史传统及当时政治环境影响的结果。也就是说,一方面在佛教传统上,西夏佛教接受了唐代北方佛教的影响,即以华严学为代表的佛学思想体系,这与辽朝以及高丽佛教界的情况是类似的②;另一方面,在与辽朝和北宋政权并立的政治形势之下,在文化和政治军事方面都处于弱势的西夏政权,必然会学习引进相对先进的辽朝和北宋佛教文化。因此,西夏华严学的流行并非是单纯的信仰选择,还与历史背景和社会环境有着密切的关系。

(二)西夏的华严宗学匠

由于西夏佛教文献长期湮没、西夏佛教不受中原佛教界重视等原因,现存的僧传等佛教历史文献中未载西夏华严学僧的生平,这为我们了解西夏华严学的内容及历史造成了困难,所幸现存的慧觉《华严忏仪》一书中记载有西夏华严学高僧的传承谱系,为我们勾勒出了西夏华严学传承发展的大致脉络,该书卷四十二中"次

---

① 夏崇宗乾顺时北宋灭亡,关中随后被金朝占领,刘德真至西夏可能与此有关。

② 参见本书第二章《辽朝佛教思想与文化认同》第二节《辽朝华严学的内容与思想特点》中的相关内容。

大夏国弘扬华严诸师"条称：

南无大方广佛华严经中讲经律论重译诸经正趣净戒鲜卑真义国师；

南无大方广佛华严经中传译经者救脱三藏鲁布智云国师；

南无大方广佛华严经中令观门增盛者真国妙觉寂照帝师；

南无大方广佛华严经中流传印造大疏钞者新圆真证帝师；

南无大方广佛华严经中开演疏钞久远流传卧利华严国师；

南无大方广佛华严经中传译开演自在唅咩海印国师；

南无大方广佛华严经中开演流传智辩无碍颇尊者觉国师；

南无大方广佛华严经中西域东土依大方广佛华严经十种法行劝赞随喜一切法师；

南无大方广佛华严经中兰山云岩慈恩寺流通忏法护国一行慧觉法师。[①]

这里列举的西夏"弘扬华严诸师"包括二位帝师和五位国师，"帝师"位属最高级别的僧人封号，"国师"其次，可见华严学在西夏具有巨大的影响力。对于第一位"讲经律论重译诸经正趣净戒

[①]（元）慧觉辑：《大方广佛华严经海印道场十重行愿常遍礼忏仪》卷四十二，《大藏新纂卍续藏经》第74册，第356页。

鲜卑真义国师"，从名号中可知鲜卑真义国师在华严学传播中的主要贡献是讲演经律论及重新翻译佛经。安西榆林窟第 29 窟西壁南侧第一身西夏高僧供养人像壁画有榜题："真义国师鲜卑智海。"此窟为西夏仁宗乾祐二十四年（1193）瓜州监军司赵麻玉一家所建造①。可知鲜卑真义国师的活动时期在西夏后期的夏仁宗时代，而其重译佛经的事迹应该与夏仁宗时期对西夏文《大藏经》的大规模校订有关。

对于第二位"传译经者救脱三藏鲁布智云国师"，可知鲁布智云国师的主要贡献是传译包括华严经典在内的佛经。国家图书馆藏西夏文《现在贤劫千佛名经》所附《西夏译经图》中有"鲁布智云"的题名，该图中心人物为"都译勾管作者安全国师白智光"，白智光两侧为"相佑助译者，僧俗十六人"，即协助翻译佛经者，鲁布智云即为八位助译僧人之一，这与其"传译经者"的身份相合。而且从《西夏译经图》的题榜可知，作为"相佑助译"的鲁布智云并非国师，其地位远低于主译者安全国师白智光。据史金波考证，此图反映的是西夏惠宗秉常时期的译经活动②。以此推断，则鲁布智云的活动时期也应当在夏惠宗以及夏崇宗时代，与鲜卑真义国师基本处于同一时期，而《华严忏仪》中的国师称号可能为夏仁宗时代所封。

对于第三位"令观门增盛者真国妙觉寂照帝师"，由名号可知其主要贡献为传播和发展了华严宗的观法（"令观门增盛"）。俄藏黑水城文献中的西夏文《求生净土法要门》（或译《净土生求顺要论》，俄 И Н В .No.6904）署名"寂照国师传"，可知寂照对于净

---

① 王静如：《敦煌莫高窟和安西榆林窟中的西夏壁画》，《文物》1980 年第 9 期。

② 参见史金波：《〈西夏译经图〉解》，《文献》1979 年第 1 期。

土思想也有深入研究。值得注意的是,该文献最后列有寂照国师的师承谱系:"师次者:西辩上人传寂入禅师(孔禅师也),寂入禅师传法慧国师(郭国师也),法慧国师传寂照国师(良卫国师)。"①由此可知,寂照国师姓良卫(良卫、鲜卑皆为党项姓氏),其师承为西辩上人——寂入孔禅师——郭法慧国师——寂照良卫国师。其中,郭法慧的题名曾出现于俄藏黑水城文献《伏藏变化钥匙》中,称"监国寺知解三藏辨番羌语法师沙门郭法慧番译",从该文献的名称("伏藏"为藏传佛教经典用语)及"辨番羌语"(指精通西夏和吐蕃语言文字)、"番译"等来看,《伏藏变化钥匙》一书为郭法慧译为西夏文的藏文经典。现在学术界普遍认为夏仁宗中期以后藏传佛教开始在西夏广泛传播与流行,则郭法慧及寂照国师的活动时间应当在夏仁宗朝及其以后。至于西辩上人与寂入孔禅师,由于相关文献资料的缺乏而难以了解其具体生平及佛学师承情况②。

对于最后一位传承华严学的西夏高僧"兰山云岩慈恩寺流通

---

① 孙伯君:《元代白云宗译刊西夏文文献综考》,《文献》2011年第2期,第149页。

② 孙伯君在其《元代白云宗译刊西夏文文献综考》(《文献》2011年第2期)一文中提出:寂入孔禅师即北宋白云宗创始人白云清觉,西辩上人即清觉师"汝州龙门山宝应寺海慧大师",而且"寂照无疑是属于白云宗并曾被尊奉为帝师的西夏裔僧人","西夏文《求生净土法要门》亦翻译于元代"。不过,他的主要根据是北宋白云宗清觉与寂入禅师同姓孔氏以及宋元白云宗与寂照都推崇华严学。但从《华严忏仪》所列的谱系次序(称"大夏国",仅次于鲜卑真义国师与鲁布智云之后,应属于西夏时期而非元代)、寂照的华严宗立场(白云宗与华严宗并不能简单等同,这里称"弘扬华严诸师"而非"白云宗")以及郭法慧对于藏传佛教的熟谙(称"辨番羌语法师"并以西夏文译藏文佛典,这与清觉的中原汉传佛学背景不同)等方面来看,西辩上人与寂入孔禅师当另有其人,孙伯君的观点似值得进一步商榷。

忏法护国一行慧觉法师",学术界对其生平已经有较多讨论①。据洛阳白马寺《故释源宗主宗密圆融大师塔铭》等文献记载,慧觉俗姓杨氏,河西姑臧(今甘肃省武威市)人,生年不详,卒于元仁宗皇庆二年(1313),其著作现存有四十二卷《大方广佛华严经海印道场十重行愿常遍礼忏仪》及《涤罪礼忏要文》残篇②。其父为西夏显官,西夏灭亡后出家为僧,受其父影响,慧觉少年时亦剃发出家,早年修行密宗教法;后至洛阳白马寺师从释源宗主、龙川大师行育学习华严学,并协助行育修复白马寺,后被元世祖忽必烈任命为河南僧录、白马寺释源宗主,最终圆寂并葬于该寺。此外,慧觉还三次回到河西地区弘法,并参与编订《至元法宝勘同总录》。由此可见,慧觉为元初华严宗高僧③,并在中原及河西地区具有较大的影响力④。

从该谱系所显示的西夏华严学传承来看,我们可以得到以下几点认识:一是西夏华严学的传承者多为国师及帝师,地位崇

① 对于元代西夏裔僧慧觉生平及著述的研究,参见白滨:《元代西夏一行慧觉法师辑汉文〈华严忏仪〉补释》,杜建录主编:《西夏学》第一辑,银川:宁夏人民出版社2006年,第76—80页;崔红芬:《僧人"慧觉"考略——兼谈西夏的华严信仰》,《世界宗教研究》2010年第4期;李灿、侯浩然:《西夏遗僧一行慧觉生平、著述新探》,杜建录主编:《西夏学》第六辑,上海:上海古籍出版社2010年,第176—190页。

② 参见史金波:《西夏佛教新证四种》,《世界宗教研究》1989年第1期;白滨:《元代西夏一行慧觉法师辑汉文〈华严忏仪〉补释》,杜建录主编:《西夏学》第一辑,银川:宁夏人民出版社2006年,第76—80页。

③ 按:慧觉为元初华严学高僧,而且其华严学师承于金元之际华严学大师行育,而非西夏故地的华严学匠。因此,慧觉的思想虽然可以在一定程度上反映西夏晚期佛教的情况,但与西夏时期的华严学之间还存在着较大差距,故本书在此暂不讨论其思想。

④ 参见本书第五章《元朝宗教思想的多元统一与文化认同》第一节《"崇教抑禅":元朝对汉地佛教的南北整合》。

高,这显示出华严学作为佛教义学主体的重要地位;二是华严学的传承发展贯穿西夏佛教史始终,华严学不仅在西夏前期佛教界广泛传播,并且在西夏后期藏传佛教兴盛流传的同时,依然受到西夏佛教界的重视;三是西夏后期的华严学传承者多为显密兼通的高僧,这显示出西夏华严学与藏传佛教思想之间存在着融合的情况。

(三)已知的西夏华严学文献

由于战争等历史原因导致的文献散佚,以及中原王朝对西夏佛教的相对轻视,除前述元初西夏遗僧慧觉所辑录的《大方广佛华严经海印道场十重行愿常遍礼忏仪》(简称《华严忏仪》)之外,现存各版本的《大藏经》中都未收录西夏人的华严学论著。直到20世纪以来黑水城文书等西夏文献的发现,才使得学术界逐渐了解到西夏佛教及华严学著作的概貌,据俄藏黑水城文献、国家图书馆藏西夏佛经等已知的西夏佛教文献,可知现存的西夏华严学文献主要有以下几类:

第一,西夏流传的唐代华严学著作,主要有以下几种:

1.法藏《修华严奥旨妄尽还源观》(俄 ИНВ.No.6174,俄ИНВ.No.2850,俄 ИНВ.No.7689,西夏文刻本)

此书为法藏的重要华严学著作之一(曾被认为是杜顺的作品),内容为对华严观法的阐述。此书的西夏译本1909年发现于内蒙古额济纳旗黑水城遗址,现存俄罗斯科学院东方文献研究所。纸质刊本,蝴蝶装。除首尾部分外,主要内容保存完整,而西夏文本也与通行汉文本字句基本相同[1]。

---

① 孙伯君:《西夏文〈修华严奥旨妄尽还源观〉考释》,杜建录主编:《西夏学》第六辑,上海:上海古籍出版社2010年,第57—69页。

2. 澄观《大方广佛华严经随疏演义钞》（俄 И Н В .No.7211，西夏文写本）

该书为华严宗四祖澄观的代表作之一，内容是对其所著六十卷《华严经疏》的进一步演义阐发，全书九十卷。此书的西夏文译本现藏俄罗斯科学院东方文献研究所。纸质写本，卷子装。仅残存 1 页，为《大方广佛华严经随疏演义钞》卷十三的片段 ①。

3. 宗密《禅源诸诠集都序》（俄 И Н В .No.735，俄 И Н В .No.800，西夏文刻本）

《禅源诸诠集都序》为宗密所编禅藏《禅源诸诠集》的序文，至宋代原书已佚，仅存序文，其内容主要是对当时各家禅宗思想的介绍，但也包括宗密本人的华严思想，对于研究晚唐华严学及华严禅思想具有重要价值。该书的西夏文译本 1909 年出土于黑水城遗址，现藏俄罗斯科学院东方文献研究所。纸质刻本，蝴蝶装。今存上卷 80 叶，保存完整，下卷仅残存 20 叶。此西夏译本所依据的汉文底本比现存的《禅源诸诠集都序》诸版本要早，在文献学方面具有重要校勘价值 ②。

4. 宗密《注华严法界观门》（俄 TK241，俄 TK242，汉文刻本）

该书为宗密对传为杜顺所著的《华严法界观门》的注疏，1909 年出土于黑水城遗址，现藏俄罗斯科学院东方文献研究所。纸质刻本，卷轴装，两卷，共 46 纸，文末题记中有："皇朝天盛四年岁次壬申八月望日，污道沙门释法随劝缘及记，邠州开元寺僧西

---

① 孙伯君：《鲜演大师〈华严经玄谈决择记〉的西夏译本》，《西夏研究》2013 年第 1 期。
② 聂鸿音：《〈禅源诸诠集都序〉的西夏译本》，杜建录主编：《西夏学》第五辑，上海：上海古籍出版社 2010 年，第 23—28 页。

安州归义刘德真雕板印施。"① 正文上有小字科文,下有双行小字
注释。

5. 宗密《大方广圆觉修多罗了义经略疏》(俄 TK251,汉文
刻本)

该书为宗密对《圆觉经》所作的注疏,亦属于宗密的主要华严
学著作之一。现藏俄罗斯科学院东方文献研究所。纸质刻本,经
折装,残存 2 面。经考证为该书卷二上的部分内容②;另有《大方
广圆觉修多罗了义经略疏》(俄 TK303),纸质写本,现存残片十
片,据考证其为该书卷下的部分内容③。

6. 宗密《注清凉心要》(俄 TK186,汉文刻本)

该书为宗密对澄观《答顺宗心要法门》一文的注疏。1909 年
出土于黑水城遗址,现藏俄罗斯科学院东方文献研究所。纸质刻
本,经折装,存 10 折半,21 面,封面阴文刻本题签:"注清凉心要",
正文前端有版画三面,右侧为华严疏主清凉国师澄观,旁有侍者捧
盂;下首为唐顺宗皇帝,旁有大臣侍立,文末附《心要法门颂》以及
"善友施""李丑儿宅经记"等印文④。

---

① 俄罗斯科学院东方研究所圣彼得堡分所、中国社会科学院民族研究所、上
海古籍出版社编:《俄藏黑水城文献》第 4 册,上海:上海古籍出版社 1997
年,第 295 页。

② 俄罗斯科学院东方研究所圣彼得堡分所、中国社会科学院民族研究所、上
海古籍出版社编:《俄藏黑水城文献》第 4 册,上海:上海古籍出版社 1997
年,第 321 页。

③ 宗舜:《〈俄藏黑水城文献〉汉文佛教文献拟题考辨》,《敦煌研究》2001 年
第 1 期,第 87 页。

④ 俄罗斯科学院东方研究所圣彼得堡分所、中国社会科学院民族研究所、上
海古籍出版社编:《俄藏黑水城文献》第 4 册,上海:上海古籍出版社 1997
年,第 166、167、173 页。

7. 宗密《中华传心地禅门师资承袭图》(俄 TK254, 俄 И Н В. No.2010, 汉文刻本)

原名《裴休拾遗问》,此书为宗密的重要著作,其西夏刻本现存俄罗斯科学院东方文献研究所。残存 2 个半页 [1],另存残页 2 片,纸质刊本,两者可缀合 [2]。

8.《禅源诸诠集都序纲文》(俄 И Н В.No.646, 西夏文写本)及《禅源诸诠集都序择炬记》(俄 И Н В.No.625、626、749, 西夏文写本)

这两部文献都是对宗密《禅源诸诠集都序》一书的注疏解说,但其汉文原本未发现,可能为西夏人所作的佛学著述,现存于俄罗斯科学院东方文献研究所。

第二,辽朝与北宋的华严学著作及其西夏译本,主要有以下几种:

1. 鲜演《华严经谈玄决择》(俄 И Н В.No.7211, 西夏文写本)

该书为辽朝华严大师鲜演《大方广佛华严经谈玄决择》[3] 的西夏文译本,1909 年出土于黑水城遗址,现藏俄罗斯科学院东方文献研究所。纸质写本,卷子装,现仅存 2 页残纸,一为前述唐澄观的

---

[1] 俄罗斯科学院东方研究所圣彼得堡分所、中国社会科学院民族研究所、上海古籍出版社编:《俄藏黑水城文献》第 4 册,上海:上海古籍出版社 1997 年,第 323 页。

[2] 宗舜:《〈俄藏黑水城文献〉汉文佛教文献续考》,《敦煌研究》2004 年第 5 期。

[3] 此书共六卷,内容是对清凉国师澄观所著《华严经疏》(卷一至卷三)及《华严经随疏演义钞》(卷一至卷十五)中的重要文句进行重新解释和论述的著作。《华严经谈玄决择》《显密圆通成佛心要集》《释摩诃衍论赞玄疏》等辽朝佛教著作的内容及思想,参见本书第一章《辽朝佛教思想与文化认同》中的相关内容。

《大方广佛华严经随疏演义钞》，另一纸即为鲜演所著《华严经谈玄决择》第四卷的西夏文译本①。

2. 道殿《显密圆通成佛心要集》（俄 TK270，汉文刻本）

该书为辽朝华严宗及密宗高僧道殿的代表作，是反映辽朝密宗义学特色和"显密圆融"思想的重要著述。黑水城遗址出土有此书的西夏时期汉文写本，现藏俄罗斯科学院东方文献研究所。纸质刻本，经折装，残存 7 页，为《显密圆通成佛心要集》卷上的部分②。

3. 道殿《镜心录》（西夏文写本）

1909 年出土于黑水城遗址，现藏俄罗斯科学院东方文献研究所。该书为道殿的重要著作之一，但其汉文本已佚。

4. 恒策《究竟一乘圆通心要》（俄 A6V，汉文写本）

通理恒策为前文所述辽朝律学及禅宗高僧，黑水城发现有他所著的《究竟一乘圆通心要》《立志铭心戒》《无上圆宗性海解脱三制律》等多种著作。其中，《究竟一乘圆通心要》反映的主要是华严学的真心思想。该文献现藏俄罗斯科学院东方文献研究所。纸质写本，线订册页装，楷书，与《大乘起信论》等经论抄写在一起，题为"《究竟一乘圆通心要》，通理大师集"③。

---

① 孙伯君：《鲜演大师〈华严经玄谈决择记〉的西夏译本》，《西夏研究》2013 年第 1 期。

② 俄罗斯科学院东方研究所圣彼得堡分所、中国社会科学院民族研究所、上海古籍出版社编：《俄藏黑水城文献》第 4 册，上海：上海古籍出版社 1997 年，第 358—359 页。

③ 俄罗斯科学院东方研究所圣彼得堡分所、中国社会科学院民族研究所、上海古籍出版社编：《俄藏黑水城文献》第 5 册，上海：上海古籍出版社 1998 年，第 165—171 页。

5. 法悟《释摩诃衍论赞玄疏》（俄 TK79，俄 TK80，汉文写本）

此书为辽朝华严学高僧志福奉辽道宗之命对《释摩诃衍论》一书所作的注疏。此书的西夏汉文抄本 1909 年出土于黑水城，现藏俄罗斯圣彼得堡东方文献研究所①。纸质写本，蝴蝶装，残存 98 页，原题《龙论》，据学者考证其内容为《释摩诃衍论赞玄疏》卷二的部分②。

6. 净源《金狮子章云间类解》（俄 ИНВ.No.739，西夏文刻本）

此书为北宋华严学代表人物晋水净源（1011—1088）所著，是对法藏《华严金狮子章》的注疏，完成于北宋神宗元丰三年（1080），为《华严金狮子章》最重要的注疏之一。该书的西夏文译本 1909 年出土于黑水城遗址，现藏圣彼得堡东方文献研究所。纸质刻本，蝴蝶装。

7. 本嵩《注华严法界观门通玄记》（俄 ИНВ.No.942，西夏文写本）

该书为北宋"夷门广智大师"本嵩于元祐戊辰年（1088）在开封宣讲华严法界观法的记录，相当于《注华严法界观门》的一种注疏。1909 年出土于黑水城遗址，现藏俄罗斯科学院东方文献研究所。纸质写本，蝴蝶装，现存 44 叶。该书的汉文原本已佚，仅有西夏文译本存世，题名"妙喜寺沙门慧海译校"③。

---

① 俄罗斯科学院东方研究所圣彼得堡分所、中国社会科学院民族研究所、上海古籍出版社编：《俄藏黑水城文献》第 2 册，上海：上海古籍出版社 1996年，第 208—256 页。

② 宗舜：《〈俄藏黑水城文献〉汉文佛教文献拟题考辨》，《敦煌研究》2001 年第 1 期，第 83 页。

③ 聂鸿音：《华严"三偈"考》，杜建录主编：《西夏学》第八辑，上海：上海古籍出版社 2011 年，第 1—8 页。

第三,西夏的华严学著作,主要有以下几种:

1.《三观九门枢钥》(俄 И Н В .No.2551,西夏文写本)

题名为"白云释子"所作,1909 年发现于黑水城遗址,现藏俄罗斯科学院东方文献研究所。纸质写本,蝴蝶装。此书对于了解西夏华严学的主要内容及特点具有重要研究价值。

2.《解行照心图》(俄 A4V,汉文写本)

作者佚名,1909 年发现于黑水城遗址,现藏俄罗斯科学院东方文献研究所。纸质写本,蝴蝶页黏连成经折装,存 8 个整页和 1 个半页,末题"《解行照心图》一本"①。《俄藏黑水城文献》等书著录此文献名为《照心图一本》,依文末题名,应当命名为《解行照心图》。

3.《诸法一心定慧圆满不可思议要门》(俄 И Н В .No.4824,西夏文写本)

1909 年发现于黑水城遗址,现藏俄罗斯科学院东方文献研究所。该文献题名为"沙门释子普及造",内容是对真心、定慧、戒行、智慧等佛学名相和修行理论的阐述。对于研究西夏的华严学及禅宗思想具有较高参考价值。

4.《众生心法图》(俄 Д x591,汉文写本)

1909 年发现于黑水城遗址,现藏俄罗斯科学院东方文献研究所。该文献由数块残片拼接而成,楷书,上部抄《大乘起信论》中的部分文字,下部抄注释文字,并且有小字双行注释,中部则以文字排列为直径 39 厘米的圆形,并顺时针方向标有"众生心法""相

---

① 俄罗斯科学院东方研究所圣彼得堡分所、中国社会科学院民族研究所、上海古籍出版社编:《俄藏黑水城文献》第 5 册,上海:上海古籍出版社 1998年,第 134 页。

大义""用大义""体大义"等大字,两侧分列七言偈颂①。该书的主要内容是对《大乘起信论》所说"真如一心"的"体""相""用"三大佛学名相的解释。

5.《大方广佛华严经海印道场十重行愿常遍礼忏仪》

西夏裔元代僧人慧觉辑录,全书共四十二卷,收入《嘉兴大藏经》及日本《续藏经》。据该书的题记及序文可知,此书原存云南鸡足山,明末由丽江土司木增请苏州中峰禅院住持读彻、天台寺沙门正止等校订,并请著名学者钱谦益、藏书家毛晋作序,常熟毛凤苞汲古阁雕印,后收入明版《嘉兴大藏经》,但校订及作序者都将作者误认为唐代的一行禅师。此《华严忏仪》成书于元初,对于研究元初华严学思想,尤其是华严学与藏传佛教思想的融会,具有较高参考价值。

第四,西夏的禅宗及华严禅著作,主要有以下几种:

在黑水城等地发现有几种被认为是禅宗著作的西夏文献,相比于华严学文献来说数量很少,但对于了解西夏佛教思想的内容与特色也具有参考价值,这些西夏禅宗文献主要包括以下几种:

1.《坛经》(国图夏 H232,西夏文写本)

纸质写本,现存于中国国家图书馆等地②。该书为南宗禅的根本经典,在唐宋以来的中原佛教界影响巨大,但目前并未发现其西

---

① 俄罗斯科学院东方研究所圣彼得堡分所、中国社会科学院民族研究所、上海古籍出版社编:《俄藏黑水城文献》第 3 册,上海:上海古籍出版社 1996年,第 131 页。

② 对于西夏文《坛经》的版本问题,自 20 世纪 30 年代以来学术界就已经展开了研究,目前学界基本认为西夏本《坛经》在内容上与敦煌本《坛经》接近。参见史金波《西夏文六祖坛经残页译释》(《世界宗教研究》1993 年第3 期)等文。

夏文刊本,抄本的数量也很少,这似乎反映出《坛经》在西夏并不具有其在中原地区的影响力。

2.《洪州宗师教仪》(俄 ИНВ.No.715,西夏文写本)及《洪州宗师趣注开明要记》(俄 Tang112.No.2540,西夏文写本)

纸质写本,1909 年发现于黑水城遗址,现藏俄罗斯科学院东方文献研究所。从题目上看,两文为唐代洪州禅祖师马祖道一的语录,但其内容则经过西夏人的改写,反映的是华严禅而非原有的洪州禅思想。

3.《南阳慧忠住光宅寺时佛理大众二十五问答》(俄 Tang.186.No.253,西夏刻本)

纸质刻本,现藏俄罗斯科学院东方文献研究所。该文献内容为唐朝禅宗高僧慧忠国师对于佛理的二十五个问答,但从其思想内涵来看,该文可能也经过了西夏人的改写,与现存的《南阳慧忠国师语录》等汉文文献所反映的思想不尽相同。

4.《达摩大师观心论》(俄 Tang435,西夏文刻本)

纸质刻本,现藏俄罗斯科学院东方文献研究所。又名《达摩大师观心本母》,夏仁宗乾祐四年(1173)刊行。此书虽题名达摩大师所作,但目前学术界认为是唐代禅宗北宗神秀的作品。

此外,自中原地区传入西夏的汉文禅宗文献还有:《景德传灯录》(俄 Ф229),汉文写本,为该书第十一卷的部分内容;《灯要三》(Tang368),西夏文译本,残存卷三部分,该书为《景德传灯录》的略本,相当于该书的第五卷;《真州长芦了和尚劫外录》(俄 TK133),宋徽宗宣和四年(1122)汉文刻本,为禅宗僧人"长芦了和尚"的语录,包括机锋法语、法要、机缘、诵偈等,末题"宣和癸卯宴堂自赞";《佛印禅师心王战六贼出轮回表》(俄 A20V),汉文写本,为佛经背裱残纸;《佛果圆悟禅师碧岩录》(俄 ИНВ.

No.1044），汉文写本，为西夏文《大般若波罗蜜多经》卷八十八封套裱纸及《碧岩录》卷一残片等①。值得注意的是，许多中原禅宗文献被废弃改为其他经书的裱褙或包装纸，这似乎表明中原禅宗及其经典著述在西夏的影响力有限。

在这些禅宗文献中，有些著作虽然为中原禅宗著作的译本，但在思想内容上却明显受到华严学或华严禅思想的重要影响，如《洪州宗师教仪》《洪州宗师趣注开明要记》《南阳慧忠住光宅寺时佛理大众二十五问答》等。因此，这些文献对于研究西夏华严学尤其是华严禅思想也具有重要的参考价值。

现存的西夏华严学文献在数量及内涵上都是较为丰富的，其中既包括中晚唐华严宗的经典著作，也包括与西夏同时期的辽朝及北宋的华严学著作。此外，还存在数量较多的西夏华严学著作，后者对于了解西夏华严学的理论特色及西夏佛教的思想创新具有重要的研究价值。下文对于西夏华严学等义学思想的阐述，便主要围绕这些文献的分析与研究而展开。

二、西夏华严思想的内容及理论特点

（一）西夏华严学的发展与创新

　　　　——《三观九门枢钥》及《诸法一心定慧圆满不可思议要门》思想解读

1.《三观九门枢钥》的内容及其思想

《三观九门枢钥》（或译为《三观九门关键文》《三观九门钥匙文》）对于研究西夏的华严学及佛教思想具有重要的价值。该文献

---

① 参见俄罗斯科学院东方研究所圣彼得堡分所、中国社会科学院民族研究所、上海古籍出版社编：《俄藏黑水城文献》第6册《叙录》，上海：上海古籍出版社2000年，第1—66页。

为西夏文写本,发现于黑水城遗址,现藏于圣彼得堡俄罗斯科学院东方文献研究所。该文献共 22 页,蝴蝶装,第 1 至 11 页即为现在所要讨论的"白云释子"所作《三观九门枢钥》。虽然目前学术界对于该文献的具体年代和思想内涵还有争议①,但从西夏华严宗兴盛的事实,以及此论在西夏的流传等方面来看,虽然《三观九门枢钥》的抄写年代为西夏或元代,我们依然可以从中窥探出西夏华严学及佛教思想的某些理论特点。下面将就此文②的主要内容及思想内涵逐段进行概要性的分析:

三观九门枢钥

白云释子集

　　夫真空寂湛,本自无生。清净虚寂,诸多功尽。故理事和

---

① 需要指出的是,对于该文献的具体年代及作者,学术界目前还存在着一些争议,孙伯君在《元代白云宗译刊西夏文文献综考》(《文献》2011 年第 2 期)及《西夏文〈三观九门枢钥〉考补》(《宁夏社会科学》2019 年第 4 期)等文中提出,黑水城出土西夏佛教文献中的"白云释子"即北宋白云宗祖师"白云清觉",《三观九门》为白云清觉的作品,而"黑水城出土的与白云宗有关联的佛经,可能就是元刊《河西藏》的遗存",也就是说,《三观九门》等文献可能是元初刊印的中原白云宗作品,而非西夏时期的本地佛教著作。俄罗斯学者索罗宁在其《白云释子〈三观九门〉初探》(杜建录主编:《西夏学》第八辑,上海:上海古籍出版社 2011 年,第 9—22 页)等文中则研究指出,《三观九门》并非白云清觉的作品,反映的是西夏时期的华严宗思想,其主要理由是:从思想内涵上看,该文献属于华严宗"圆教"主流,探讨"一心"思想以及华严和天台观法的融合,受到宗密思想的重要影响,并且与辽朝佛教思想的特色比较接近等;而白云清觉的思想则主要源于《华严经》的十地修行概念,主张"渐修"及"十地游行",而且其著作中未见讨论天台宗及宗密观法思想的内容等。总之,两者思想间存在着较大的差异。

② 该西夏文献的汉译文引自孙伯君:《西夏文〈三观九门枢钥〉考补》,《宁夏社会科学》2019 年第 4 期,第 179—183 页。

合双灭,色空中道非灭。故寂乱俱乖,殑沙总持。故刹尘自相互入,劫念周相重入。故万缘皆假,智愚非真,广大神通,因此显现。夫趣三玄门,难以会通,因此差别,人心止之。因求众教旨,皆共发愿。撮此九门,会聚成三。此一心内,九门顿现,不揣愚陋之心也。权成一说,乞诸神通,洞察遥鉴。

本段为该文作者的序言,他对于"真心"("一心")的本体地位,以及对法界圆融、相即相入的无碍关系进行了概要论述,标明其以华严思想为本、融合其他宗派思想的"圆教"立场。作者首先说明"真空"(即"真如一心")具有清净无染的本原地位("真空寂湛,本自无生"),并且可以表现出众多功用("清净虚寂,诸多功尽"),这种功用表现为理事、色空、生灭等关系之间的圆融不二("故理事和合双灭,色空中道非灭")。作者接着描述了华严宗的法界缘起和圆融无碍思想,国土和微尘相即相入、万念相包相入("故刹尘自相互入,劫念周相重入"),因为真如本空,所以因缘所生的万法和智愚的分别都虚假不实,都只是真如一心的显现("故万缘皆假,智愚非真,广大神通,因此显现")。

最后,作者指出自己写作此文的目的,就是以"真心"思想为基础,试图建立一种综合性的整体佛教思想体系。在作者看来,华严法界三观、天台三观、宗密圆觉三观三种观法思想之所以难以会通,原因在于世人只见其间的差别,未能深入探究三者相通之处("夫趣三玄门,难以会通,因此差别,人心止之")。因此作者抱着综合各宗派思想的意图,试图围绕"一心"思想,融会和重新诠释三种观法,以凸显"真如一心"的妙用("因求众教旨,皆共发愿。撮此九门,会聚成三。此一心内,九门顿现,不揣愚陋之心也")。由此可见,这篇序言实际上是作者对如来藏缘起及法界缘起思想的一种概要性阐述,反映出鲜明的华严学立场,以及以华严学融会天台观法的"圆教"思想。

　　　此《枢钥》中略分四条:一依名解流;二分辨浅深;二依类系出;四摄列一念。先,依名解流者,名,法界三观中(依此《华严》导引而立):第一真空观(本来不妄,无思无察。常明常湛,言说证灭);第二理事无碍观(寂幽法体,十方刹遍。双泯双显,圆通自在);第三周遍含容观(刹尘相入,万念相周。重重影现,难思难想)。次,天台之三观者(天台智者,依《莲华》立):一从假入空观(世缘无法,体皆遍空。从假入真,空空无相);二从空入假观(觉体亦空,从空显用。用或成多,万类等显);三中道正止观(真空摄假,幻假摄空。假各自空,空时即假)。次圆觉三观(圭峰大师,从《圆觉》解):一泯相澄神观(众愚无相,万思者宜。一道通明,显化无数);二起幻销尘观(行门宜行,惑业宜除,修减惑行,行心明现);二绝待灵心观(无方无属,本自幽渐。其多寂乱,空神不惑)。

　　作者将《三观九门枢钥》的主要内容分为"依名解流""分辨浅深""依类系出""摄列一念"四个方面进行论述。这一段的内容为"依名解流",也就是对杜顺华严法界三观、智顗天台三观、宗密圆觉三观三种观法进行概要性的解说。

　　具体来说,所谓"杜顺华严法界三观"是指杜顺禅师依据《华严经》建立的华严法界三观,出自传为杜顺所著的《法界观门》一书,为唐代华严宗的基本观法。"法界观"的内容为真空观、理事无碍观、周遍含容观等三重观门,分别对应于"理法界""理事法界"

和"事事无碍法界"①。对于华严法界观的创立者是否为杜顺,以及
《法界观门》一书的真正作者,学术界一直存在着争议,目前学界基
本认为这一观法的形成不早于法藏时期,杜顺只是《法界观门》的
托名作者。但自澄观、宗密以来,华严宗内部及佛教界普遍认为华
严法界观为杜顺依据《华严经》所作,《三观九门枢钥》的作者"白
云释子"也不例外。所谓"天台三观"是指天台宗创始人智顗所建
立的"从假入空观"(二谛观)、"从空入假观"(平等观)和"中道正
观"等三门观法,分别对应于"体真止""方便随缘止"和"中道第
一义"②,此观法为天台宗最基本的修习止观法门。所谓"圆觉三
观",是指宗密结合禅宗观法,在《圆觉经略疏》中提出的三门观法:
"正示观门三:一泯相澄神观,二起幻销尘观,三绝待灵心观。然禅
观纲领已具悬谭,修习菩提非此不证。"③ 对比《三观九门枢钥》所
列三种观法的名称与解释,可知"白云释子"对三观的解释并未完
全搬用原文,而是依据其思想内涵重新进行了解说。而从三观九
门的整体结构上看,最显著的特点是突出了宗密思想的重要地位,
即将宗密观法思想与华严和天台的两大根本观法相提并论,反映
出白云释子对宗密思想的尊崇。

　　　　第二分辨浅深,复分两条:一者法有差别,二者结趣不同。
　　前一条,为法界圆法之根本。天台者,了法之宗趣;圆觉者,了

① 参见(唐)宗密注:《注华严法界观门》,《大正新修大藏经》第 45 册,第
　684 页。
②(隋)智顗述:《修习止观坐禅法要》,《大正新修大藏经》第 46 册,第
　469 页。
③(唐)宗密述:《大方广圆觉修多罗了义经略疏》卷下,《大正新修大藏经》
　第 39 册,第 557 页。

顿之方便。彼第一能摄二三,二三难摄此一。又二二相等,亦
复如此也。二结趣不同,复解两条:一总观故别,二别门差异。
前头一解是平行融;二乃从多解而说;三乃从多行阐发。二
别门差异者,而法界真空空也;二与观为别(故因真空者,全等
同,全绝待也。二空观乃多等同属,三谓观乃多绝待属,皆差
异也)。第二天台观中,假观者,与前含容异;含容者,与后起
幻异(幻观者,事事和融,与起幻销尘异也)。又圆觉寂观者,
与前理事无碍观,乃至中道观异也(故天台无非中道,非理事
心也)。

第三段为作者对三种观法主要差别及其意趣进行论述。作者
的思想立场是以华严学的法界缘起思想为基础以融合天台思想,
因此,对于三种观法的关系,作者总结为:"(华严法界观)为法界圆
法之根本。天台者,了法之宗趣;圆觉者,了顿之方便。彼第一能
摄二三,二三难摄此一。"也就是说,华严法界观是修行的基础,而
天台三观是认识真理的途径,圆觉三观则是解脱觉悟的根本,这再
一次说明了白云释子对宗密思想的特别重视,并将其观法思想作
为主体。

第三同类系出,中分两条:一与名相和,二图画令显。前
法界真空,与净空同(故因真空,与彼幻空无异,顺应净真空之
方便门也)。复天台假观,先台至后与起幻同也(先公皆最深,
复为假幻第二也)。圆觉寂观者,与前理事中道观同(□双之
亦应融顺也)。

二图画令显者,属前文中杂融,因悟之难,今画两图,后复
成列。

一观九门本末图

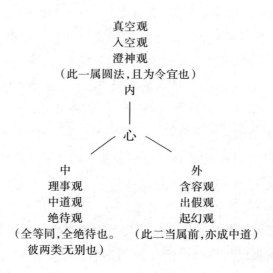

二列名系出图

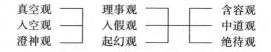

　　第四段是该文的核心内容,作者以简要文字和图示,围绕"一心"而将三种九门观法进行了融合统一,揭示九门观法的共同之处,即三种观法都以真心为修行的本体依据,并以证悟真如一心为解脱目的。同时,作者认为"真空观""从假入空观""泯相澄神观"三者在思想内涵上是一致的,它们都是对色心诸法内在自性即"真空"的观想体认;"周遍圆融观""从空出假观""起幻销尘观"是对心外万相本质的了解,而"理事无碍观""中道正观""绝待灵心观"则都是对解脱真理即"不二中道"的证悟。由此可见,作者

对于华严、天台思想及三种观法的内涵有着深刻的理解,而且表现出将三者综合融会而建构新观法体系的意图。

　　白云释子的这种思想实际上是对唐代华严学发展趋势的一种继承,即以华严学为中心而融会其他宗派思想。唐代澄观、宗密等人就已经重视华严思想与天台观法的融合,并且对辽朝鲜演、道殷等华严学匠也产生了重要影响①。澄观在其著作中就曾将天台思想的三止、三观、三谛等概念引入华严思想,在"一心三观"的思想下将止观谛三者统一于"真如一心",提出"三止三观融为一心"②的观点。辽朝鲜演则在此基础上进一步探讨了天台观法与华严思想的相同性,他援引天台宗及《大乘起信论》的学说,将空假中三观、真俗义三谛和体用相三大、四法界等分别对应;并将作为三大所依的根本真理"第一义谛"与"一心"对应,从而以"一心(第一义谛)"为基础,以"三大"和"四法界"为媒介,用华严思想对天台宗中道论进行了新的诠释③。

---

① 参见本书第一章《辽朝佛教思想与文化认同》第二节《辽朝华严学的内容与思想特点》中的相关内容。

② 澄观说:"若作三观释者,以智鉴体空空观也,鉴用假观也,鉴相中观也。三谛齐观,故云周鉴。对此三观,常静之止,亦有其三:一体真故静,二方便随缘无取故静,三离二边分别故静。三止三观融为一心,契同三谛无碍之理,则心境融即,而常历然。"(唐)澄观述:《大方广佛华严经随疏演义钞》卷一,《大正新修大藏经》第36册,第8页。

③ 对此,鲜演在《华严经谈玄决择》中提出:"言若作三观释等者。能观之心,分成三观。所观之境,开为三谛。对空观,开真谛,属体大。对假观,开俗谛,属用大。对中观,开义谛,属相大。……但体大唯理法界,作真谛,生空观。用大多事法界,作俗谛,生假观。相大通四法界,作中道谛,生中道观。三大通所依,方是第一义谛,一心本法也。……幻有中道即事。真空中道即理。俱融中道双通事理。"见(辽)鲜演述:《大方广佛华严经谈玄决择》卷二,《大藏新纂卍续藏经》第8册,第5—6页。

辽朝道殿则围绕"真心"进一步综合和发展了华严观法,提出了"五法界观"学说,即将澄观的"四法界观"及宗密"无障碍法界即一心"说总结为"五法界观",并且对应有"五法界"①,实质上就是将澄观的四法界观统一于"一心"("法界之心"),从心性论角度对四法界说进行了补充,其源头则是澄观、宗密等人"一切诸法唯心所现"的唯心思想。

由此可见,从白云释子"三观九门融为一心"的内容来看,其理论思路正来自晚唐及辽朝的华严学,除了作为理论基础的唐代佛教义学之外,辽朝佛教对其思想也有着重要影响。

> 四,摄列一念,中有两条:一总观,贯九门;二邪解之治。前头圆(具足义)明(觉明义)心之(三观九门之本境)妄灭本空(真空观也),理事无碍(理事观也),根之事明(含容观也)。故以假俱能入真(入空观也),俱真假中入也(入假观)。得真假双融(中道观),则成圆明大悟也(鲜明正解)。性海本境亦(本觉真心)迷波多生(不觉昧心),觉者解亦(佛道不行,故不觉也)跉蹒不变(道行不修),无始迷波应澄(无断之断)。用三乘胜行(无修以修,前有断以断者,通澈无修也。修者起幻观,此者乃真断真修也)。为独通宗,无绝待绝(绝待灵心观也)。

第五段从"真如一心"本体出发,探讨观法间的相互关系和修

---

① 道殿将诸法如梦幻观、真如绝相观、事理无碍观、帝网无尽观、无障碍法界观五观,与事、理、事理无碍、事事无碍四法界及"一真无障碍法界(真心)"对应,并将"无障碍法界观"作为统摄四法界观的"总法界观"。参见(辽)道殿集:《显密圆通成佛心要集》卷上,《大藏新纂卍续藏经》第46册,第991—993页。

行次第,实际上阐述了如何运用三观九门达到修行解脱的方法和次第。在作者看来,华严观法是修行的根本和基础,首先应当从"真如一心"的体认出发,所谓"圆明之心"是"三观九门之本境",参悟万法真空的"空观"("妄灭本空,真空观也")及理事无碍及相即相入的"理事观"和"含融观",这样才能对一切真理和现象有完整深入的认识。在此基础上,才能理解天台宗的空假中三观并进而觉悟,"故以假俱能入真(入空观也),俱真假中入也(入假观)。得真假双融(中道观),则成圆明大悟也(鲜明正解)",而在具体的实践领域,则需要领悟《大乘起信论》中所说的"一心"的真如本觉("性海本境亦本觉真心")和生灭执迷("迷波多生不觉昧心"),用圆觉三观来指导修行,证悟真心。

作者在此较为明确地向我们指出,华严法界观侧重于对万法的认识,天台三观侧重于对"第一义谛"的体悟,宗密圆觉观则侧重于具体的修行实践,这可以说是对"第二浅深分别"中"(华严法界观)为法界圆法之根本。天台者,了法之宗趣;圆觉者,了顿之方便"一句的深入阐述。同样是以华严法界观和天台三观为基础,而将宗密圆觉三观作为最重要的修行观法。

> 诸法(五法)禅门(南北二宗)皆此中摄(所属融会),二者无禅学之劝,莫沉无为。习学此法者,修有波中莫乱。夫谓"有",则千世常见;谓"无",则万劫空中沉没。往昔诸圣,皆亦双解。习末法者,怎除执着,譬如生死抉择,邪宗莫堕,益之益之。

《三观九门枢钥》竟

以此善根,一切我等,法界众生,共成佛道。

　　作者在全文的最后部分提出以华严学为主、禅教双修的修行论。作者的立场是会通禅教而统一于华严思想,所谓"诸法(五法)禅门(南北二宗)皆此中摄(所属融会)",这实际上是祖述唐代澄观的思想,澄观称:"会南北二宗之禅门,撮台衡三观之玄趣。使教合亡言之旨,心同诸佛之心。"①即在坚持华严宗主体地位的立场上融会禅宗及天台宗的思想。此后,宗密进一步发挥了这种和会禅教的思想,但他作为荷泽禅的重要传承者,将华严学与荷泽禅法进行了综合,开启了华严学禅化的发展道路②。

　　白云释子接着从偏执于禅观或义学名相的两种修行者出发,列举了"有修"与"无修"、"无禅学者"与"学法教者"的错误("无禅学之劝,莫沉无为。习学此法者,修有波中莫乱。夫谓'有',则千世常见;谓'无',则万劫空中沉没"),并提出正确的修行方式应当去除偏执,禅与教双学并重("往昔诸圣,皆亦双解。习末法者,怎除执着,譬如生死抉择,邪宗莫堕,益之益之")。这表明"执禅"或"执法"的现象在当时的佛教界普遍存在,禅教双修也是各佛教宗派普遍提倡的修行途径。对此,澄观就曾提出"理事双修"(理为禅,事为法):"事理双修,依本智而求佛智者,二不碍两存。……亦由惑者执禅,则依本性无作无修,镜本自明不拂不莹。执法之者须起事行当求如来。"③

　　深受澄观影响的辽朝鲜演也对偏执于禅定而无视义理的"痴

---

① (唐)澄观述:《大方广佛华严经随疏演义钞》卷二,《大正新修大藏经》第36册,第17页。

② 宗密的荷泽禅思想对西夏佛教也产生了较大的影响,对此下文将作进一步阐述。

③ (唐)澄观述:《大方广佛华严经随疏演义钞》卷一,《大正新修大藏经》第36册,第9页。

禅",以及纠缠于名相而轻视禅定的行为进行了批评,将其视为"四病"中的"任病",并称:"差乎近代,多落此科。诵禅歌毁于法筵,虚寻名相说理性。非于塔寺,狂认福田,妄立宗途,误惑含识,断除佛种,良足悲哉。凡佛真子,当须屏远。"① 在他看来,"真心如来藏"本无不同,只是由于后来"机教不授"以及各宗派学者领悟力的低下才造成了理解的偏差 ②。辽朝密宗高僧觉苑也认为,禅宗虽然讲空法和"不著相",但不从"有相"入门而企图直入"空相",结果却是着于空法 ③。由此可知,与北宋佛教尊崇禅宗的情况不同,"重教轻禅"是辽朝佛教思想界的普遍认识,而这种风气也直接影响到与辽朝佛教关系密切的西夏佛教思想界,白云释子对于"无学禅者"与"学法教者"的批评就是这种思想的表现。

通过对以上文献思想内涵的分析,我们可以得出以下几点认识:

第一,从《三观九门枢钥》的总体内容来看,白云释子延续了唐代华严学的基本思想,并围绕"一心"思想而融合天台、禅宗等宗派思想,试图建立综合性的佛教思想体系。

从以上的分析可知,白云释子的理论基础建立在唐代华严学之上,即"真如一心""法界缘起"以及华严法界观等思想。作者将华严法界三观、智顗天台三观与宗密圆觉三观相融合,将三者统一于"真心"("圆明心体"),并试图建构一种新的观法体系,这是《三

---

① (辽)鲜演述:《大方广佛华严经谈玄决择》卷二,《大藏新纂卍续藏经》第8册,第7页。

② (辽)鲜演述:《大方广佛华严经谈玄决择》卷五,《大藏新纂卍续藏经》第8册,第69页。

③ (辽)觉苑:《大日经义释演密钞》卷十,《大藏新纂卍续藏经》第23册,第657页。

观九门枢钥》的创新性所在。这种思路可上溯至唐代澄观等人,即以华严学的"真如一心"思想为基础,吸收天台宗观法及禅宗修行论等思想,最终建立综合性的华严义学体系。这既是唐代华严学发展的内在思路,同时也与唐宋以来中国佛教宗派融合的思想趋势相应,西夏华严学也不例外。

第二,从《三观九门枢钥》的思想内容来看,西夏华严学受到辽朝佛教的重要影响。

从《三观九门枢钥》的思想内容来看,在禅教关系方面,白云释子对"无学禅者"与"学法教者"进行了批评,表明其"重教轻禅"的思想立场,这与辽朝鲜演、觉苑等人的立场是一致的;而在融会天台思想等方面,《三观九门枢钥》也与鲜演等人的观点存在着相似性,这既说明西夏与辽朝佛教界都继承了唐代的华严学,同时也反映了辽朝佛教及华严学对西夏的重要影响。从现有资料来看,唐朝灭亡后,唐代华严学在辽朝统治下的中国北方地区继续流传和发展,并成为辽朝佛教思想界的主流[①];同时期北宋佛教界的情况则是禅宗作为主流,并且出现了天台宗的复兴。由此可见,西夏汉传佛教更多地受到辽朝而非北宋佛教的影响。

第三,从《三观九门枢钥》反映的观法思想来看,白云释子更加重视宗密的华严思想。

通过上文的分析可知,白云释子将宗密的"圆觉三观"与华严宗和天台宗的基本观法并立,并作为解脱的主要法门("圆觉是竟顿之理门"),反映出对宗密思想的特别重视。对比同时代的辽朝华严学,澄观思想最受尊崇,并被作为辽朝华严学的核心理论;而

---

① 参见本书第一章《辽朝佛教思想与文化认同》第二节《辽朝华严学的内容与思想特点》。

对宗密和会禅教、禅化华严的思想则有所批评和保留。但白云释子却更加重视宗密思想。这种对待澄观、宗密思想的不同态度正是西夏华严学与辽朝华严学的重要差异之一,其原因可能在于,西夏佛教界不仅接受了晚唐及辽朝的华严学,同时还受到北宋华严学的影响①。

2.《诸法一心定慧圆满不可思议要门》的内容及其思想

《诸法一心定慧圆满不可思议要门》(以下简称《要门》)1909年出土于内蒙古额济纳旗黑水城遗址,今藏俄罗斯科学院东方文献研究所。其为西夏文本,据题名可知作者为"沙门普及(普就)",《要门》的主要内容是对四种"不可思议"的解释与阐述,包括"真心不思议""不思议定慧""不思议戒行""不思议智慧"四部分,每部分之下又有细分的条目。该文献在内容上虽然是对禅修方法的论述,但其核心思想是华严学的"真心"理论,对该文献的解读有助于进一步了解西夏华严学的内涵及特点。全文如下:

诸法一心定慧圆满不可思议要门

沙门释子普及造

不思议者,有四种。一,真心[不]思议,昭昭常知,诸法具足,色心无碍,缘观俱寂,直显真心,一物不有。万相俱离,万相俱摄,真体无相,法界不动是法;万相昭然,各自乃显,心法不二是僧;万相相虚,虚空乃显是佛。一会皆道,不违本行,中道一心,二边不住,直显真心,故云不思议。

---

① 北宋华严学的特点之一,就是继承和发展了宗密的华严思想,如对禅宗思想的重视(新判教说)、以"一心""真心"思想融会禅法以及华严五祖说等。参见王颂:《宋代华严思想研究》,北京:宗教文化出版社 2008 年,第 33—36 页。

　　二，不思议定慧，法体不动则定，诸法分明则慧。显定于定，定者以空寂至法界，了万法空寂，一一俱定。澄则能显诸定，诸定无碍则显于一定，一一显定各自无碍。显慧于慧，慧乃定之用，诸法显明，事事自慧。慧显明则诸慧显于一慧，一慧尽显诸慧。显慧于定，显定于慧，定无慧则沉，慧无定则乱。不动，昭昭不昧，则显慧于定，显现不动，则显定于慧。定慧不二，所尽皆绝。又曰：心识不生则闲（心识自寂），大闲无作则境，境处无心则定，定处显明则慧。定慧平等，诸法直显，故云不思议定慧。

　　三，不思议戒行。戒即无著，行即应行，万行合心，内心自寂，外境显明，万相不著（故云戒行）。

　　四，不思议智慧，有四种。一，分别智，染断净存，权智也。悟妄无相则云断，生灭自尽，念念不住，智心常存，心智不生，昏尘灭则镜体明朗。诸相皆显，各自无碍，毁相空往，为首觉智，故云分别智。二，无分别智，会权智入于实智，以先智智，了悟不得我相，解智空法，诸法空无相，虚空正等成真智，分别迹绝，直显真空，万相一真智，故云无分别智。三，分别慧，真空自尽，明其四有，以一心染净，互相无碍，以有显无，真心分明，俱离空寂，何有实心。以无显有，云诸法无空寂，明其无惑，染谓染著、染法、染净法。如金作器，器器皆金，故云分别慧。四，无分别慧，直显一心，皆无修证，圆融法界。前三皆有修证，摄时齐等，显慧齐等，具足禅那，遍至法界。一声万籁寂（夫以声说一切皆是）。一真尘尘皆真（一悟皆悟），一真尘尘显于心，一心尘尘显于真（一真法界理事无碍）。真心尘尘显于事，尘尘事法显一心（理事无碍）。尘尘显于法事（事事无碍），无碍法界显种种。

《诸法一心定慧圆满不可思议要门》竟①

通观全文的论述,我们可以从中看到华严思想对作者的重要影响,这主要表现在以下几个方面:

第一,将真心"三宝"与如来藏"体相用"三大对应。

该文作者提出:"真心不思议,昭昭常知,诸法具足,色心无碍,缘观俱寂,直显真心,一物不有。"也就是说,本体真心具有宣明常知、圆满无碍、超越名相分别的不可思议妙用,这是对"真心"本体意义的描述。这与《大乘起信论》对"真如一心"的描述是相似的,《大乘起信论》称:"心真如者,即是一法界大总相法门体。……是故一切法从本以来,离言说相,离名字相,离心缘相,毕竟平等,无有变异,不可破坏,唯是一心,故名真如。"②

该文认为,"真心"不可思议的内涵包含了"三宝"即"法""僧""佛"三方面的内容,实际上这就是指"一心"的"体相用"三大,即三方面的内涵,首先,《要门》中"万相俱离,万相俱摄,真体无相,法界不动是法"一句,重在论述真心本体包容万象,并且作为一切现象和真理依据的本体地位,这无疑是指"真心"("如来藏")之体,此即《大乘起信论》所说"体大":"一者体大,谓一切法真如平等不增减故。"③其次,《要门》中"万相相虚,虚空乃显是佛"一句,是说万象在本性上是真空,这与佛性真如是统一的,此即

① 引自孙颖新:《西夏文〈诸法一心定慧圆满不可思议要门〉考释》,《宁夏社会科学》2016年第5期,第213—217页。
②（梁）真谛译,高振农校释:《大乘起信论校释》,北京:中华书局1992年,第17页。
③（梁）真谛译,高振农校释:《大乘起信论校释》,北京:中华书局1992年,第12页。

"相大"："二者相大，谓如来藏具足无量性功德故。"再次，《要门》中"万相昭然，各自乃显，心法不二是僧"一句，是说如来藏真心可变现生出万法，色法与心法在本体上是一致的，而且都是如来藏一心的妙用，此即"用大"："三者用大，能生一切世间出世间善因果故。"①

作者进一步提出："一会皆道，不违本行，中道一心，二边不住，直显真心，故云不思议。"也就是说，在了解"佛、法、僧"三方面内涵的基础上，便可证悟不住两边的"中道一心"，继而使真心佛性显现而解脱得道。由此可见，作者在修行本体的论证方面，主要受到《大乘起信论》中如来藏思想的影响。

第二，将"定慧不二"与"真心"和"法界缘起"思想相结合。

《要门》的第二部分主要是阐述"定慧不二"及"定慧平等"的修行论，从表面上看，这与禅宗所提倡的修行论是一致的，如《坛经》中便有"定慧不二""定慧等"的说法："定惠（慧）体一不二。即定是惠体，即惠是定用。即惠之时定在惠，即定之时惠在定。善知识！此义即是定惠等。"②但《要门》所述"定慧等"的内涵则与南宗禅思想不同，从"法体不动则定，诸法分明则慧"一句可知，所谓"定"是指清净不动的真心本体（"法体不动"），而"慧"则是指本体含摄万法的功用（"诸法分明"）。由此可知，作者在这里所指的定慧并非一般意义上的禅修方法，而是指"真心"的体与用两方面，也就是说，这是用华严学改造后的定慧说。

作者进一步对定慧的关系做了阐释，"诸定无碍则显于一定，一一显定各自无碍"一句，重在说明诸定也就是诸法间的互相包容，彼此无碍；而"诸法显明，事事自慧""慧显明则诸慧显于一慧，

———————

① （梁）真谛译，高振农校释：《大乘起信论校释》，北京：中华书局1992年，第12页。

② （唐）慧能著，郭朋校释：《坛经校释》，北京：中华书局1983年，第26页。

一慧尽显诸慧"等句,则是说诸慧间存在着"一即一切,一切即一"的相即相入的关系,这些正是华严学的法界缘起思想。

第三,四种智慧与"四法界"思想。

作者在"智慧不可思议"中列举了"分别智""无分别智""有分别慧""无分别慧"四种智慧。从行文的结构来看,四种智慧间存在着递进的关系,代表着一种逐渐升高的修行阶位。该段最后的总结性语句称:"一声万籁寂(夫以声说一切皆是)。一真尘尘皆真(一悟皆悟),一真尘尘显于心,一心尘尘显于真(一真法界理事无碍)。真心尘尘显于事,尘尘事法显一心(理事无碍)。尘尘显于法事(事事无碍),无碍法界显种种",是说真心本体包含于万法之中,万法是一心的体现("理事无碍"),作为整体的事中显现万法和真理("事事无碍"),这是对华严学"四法界"思想的一种概述。由此可知,这里的四种智慧相当于华严学的"四法界"说。

作者对第一种"分别智"的解释为:"染断净存,权智也""生灭自尽,念念不住,智心常存""诸相皆显,各自无碍",这些是对万法生灭的原因、各种现象的包容无碍关系等真理的体认,这正对应于华严学的"事法界"说,即对色心诸法差别、分齐及存在关系的认识。

第二"无分别智"的解释为:"无分别智,会权智入于实智,以先智智,了悟不得我相,解智空法,诸法空无相,虚空正等成真智,分别迹绝,直显真空,万相一真智。"也就是说,无分别智是对诸法万相的统一性根源,即真空、平等、无分别等本质真理的体认,这正对应于"理法界",即对色心诸法的统一体性和真理(真如、佛性)的认识。

第三"有分别慧"为:"空白尽,明其四有,以一心染净,互相无碍,以有显无,真心分明,俱离空寂,何有实心。以无显有,云诸法无空寂,明其无惑,染谓染著、染法、染净法。"是说真空与妙有、染法与净法在真心的本体角度是平等无差别的,这正对应于"理事无碍法界",即了悟真理由外相显现,外相以真理为依据,理事互相交融而不相妨碍。

第四"无分别慧"为:"直显一心,皆无修证,圆融法界。"则对应于最高的"事事无碍法界",即在真心本体的角度,万法互相包容,平等无碍,并且"一多相即,大小互融,重重无尽"。

从总体上看,《要门》所阐述的"真心不可思议"主要是《大乘起信论》的如来藏思想,而这一思想正是唐代华严学心性论的主要内容;"不思议定慧"的内容则主要是真心的体用思想及法界缘起思想;而"不思议智慧"的内涵则是华严学的"四法界说"。而从该文献的题目《诸法一心定慧圆满不可思议要门》可知,华严学的"真心"思想是其理论核心。因此,《要门》中的修行理论实际上是对华严思想的继承与综合,反映出唐代华严学对西夏佛教思想界的深刻影响。

不过,值得注意的是,虽然《要门》在思想内涵上完全继承了唐代华严学思想,但作者沙门普及并未完全采用华严学的名相来组织其修行理论,而是采用了"真心""定慧""戒行""智慧"等为佛教界普遍采用的名相概念,这反映出:一方面《要门》受到禅宗修行论的影响(如"定慧不二"),作者试图将华严学与禅宗思想进行融合;另一方面在佛教简易化、世俗化的发展趋势下,作者试图以更为简洁明了的方式阐述深具理论思辨性的华严学理论,而这些尝试本身也是西夏华严学发展创新的表现。

(二)华严与禅宗思想的融会
　　——《解行照心图》及《洪州宗师教仪》的内容与思想解读

华严学与禅宗的融合是中晚唐以来华严学的主要发展趋势之

一。这在澄观、宗密等华严学代表人物那里有明显的表现。澄观作为唐代华严学的一代宗师,对于天台及禅宗思想都有着深入研究,例如,他在《华严经随疏演义钞》中就表达了"和会禅教"的愿望:"用以心传心之旨,开示诸佛所证之门。会南北二宗之禅门,撮台衡三观之玄趣。使教合亡言之旨,心同诸佛之心。无违教理之规,暗蹈忘心之域。"[1] 即在真心思想的基础上融会南北宗禅。此后宗密在澄观思想与荷泽禅法的基础上,进一步围绕心性本体而融合禅宗与华严思想,对于"灵心"("真心")给予了特别重视。而从现有的资料来看,西夏佛教思想界更多地继承了宗密的思路,这在现存的《解行照心图》(汉文写本)及《洪州宗师教仪》(西夏文写本)等西夏佛教文献中有明显的表现。而从禅宗的角度来说,西夏佛教界可能并未形成中原那样的独立禅宗,西夏禅学是一种附属于华严宗的华严禅[2]。这在《解行照心图》及《洪州宗师教仪》等西夏佛教文献中有较突出的反映。

1.《解行照心图》内容及思想分析

　　夫见性者,复有二种:一者真见,二者妄见。何名妄见,见物逐物,住生心。古人云:"随物生心,即落魔界。"何者?有物有见,无物无见,故云妄见。或有人云:"开眼有见,合眼无

---

① (唐)澄观述:《大方广佛华严经随疏演义钞》卷二,《大正新修大藏经》第36册,第17页上。

② 参见[俄]索罗宁《禅宗在辽与西夏:以黑水城出土〈解行照心图〉和通理大师〈究竟一乘圆明心义〉为例》(怡学主编:《辽金佛教研究》,北京:金城出版社2012年,第294—319页)及《西夏佛教的"真心"思想》(杜建录主编:《西夏学》第五辑,上海:上海古籍出版社2010年,第163—172页)、束锡红《西夏禅宗文献的多样性和禅教的融合》(马明达主编:《暨南史学》第六辑,广州:暨南大学出版社2009年,第211—221页)等文。

见。"何以故？为所转故。颂曰：

> 妄见元是非正理，碓里捣沙要作米。石人踏碓何曾动，木女扇糠早晚起。

> 对物见者是缘心，众生迷妄以言真。随物□□。①

作者首先阐述"见性"即觉悟照见本有佛性的意义，他将"见"分为两种：一是追逐外物色相的世俗的"妄见"，二是觉悟佛性的"真见"。本段主要是论述"妄见"的内容，所谓"见物逐物""有物有见，无物无见"，也就是说，"妄见"是随外物色相而产生的见，随物生灭而虚幻不实。其中的偈颂属于宋代禅宗语录中常见的文体，用比喻方式对上文的内容进行概括或发挥，"石人木女"为晚唐以来禅宗的常见禅语，如《林泉老人评唱投子青和尚颂古空谷集》中就有"木女石人颇传音耗"的语句，在这里则用以比喻外物和妄见的虚幻不实。

> 真见者，见物之时，见不随物。何以故？见物同体，无差别故。问曰："见无生灭，物有生灭，岂有同体？"答曰："众生不了，妄见生灭，了知万法当体即空，本无生灭。"《佛顶经》云："见与见缘，并诸想相，如虚空花，本无所有。见与及缘，元是菩提妙□明体。"②

---

① 俄罗斯科学院东方研究所圣彼得堡分所、中国社会科学院民族研究所、上海古籍出版社编：《俄藏黑水城文献》第 5 册，上海：上海古籍出版社 1998 年，第 130—131 页。

② 俄罗斯科学院东方研究所圣彼得堡分所、中国社会科学院民族研究所、上海古籍出版社编：《俄藏黑水城文献》第 5 册，上海：上海古籍出版社 1998 年，第 131 页。

众生不了,妄见生灭。□悟露明,顿同佛体,交谁生灭?《荷泽记》云:"知即知心空寂,见即见性无生。"肇公云:"若无知,无所不知。真心无见,无所不见。"故云真见是也。

本段接着对"真见"的意义进行了解释,所谓"见物之时,见不随物""见物同体,无差别故",是说"真见"脱离了差别变化的外相而深入无差别和永恒的境界,也就是对无生灭的佛性本体的洞见和觉悟。这里的《佛顶经》即《大佛顶如来密因修证了义诸菩萨万行首楞严经》(简称《首楞严经》),此经卷二的对应文字为:"佛告文殊及诸大众,十方如来及大菩萨。于其自住三摩地中,见与见缘并所想相,如虚空花本无所有。此见及缘,元是菩提妙净明体。"①从这段文字的思想内涵来看,这里所说的"菩提妙净明体"实际上是指如来藏真如一心,而"见"及"见缘"都是其功用的体现。

此处所引的《荷泽记》指唐代荷泽神会禅师所著的《荷泽大师显宗记》(一卷,收入《景德传灯录》卷三十及《全唐文》卷九百一十六),但其中并无与此完全相同的文字,比较接近的则是"空即无相,寂即无生"及"夫真如无念非想念而能知,实相无生岂色心而能见"等句②。"肇公云"一句应当指僧肇的《肇论》,其中也没有与此完全对应的语句。《般若无知论》中有:"故知有所知者,则有所不知也。以圣心无知无所不知者。……不知之知,乃曰

①(唐)般剌蜜帝译:《大佛顶如来密因修证了义诸菩萨万行首楞严经》卷二,《大正新修大藏经》第19册,第112页。
②(宋)道原纂:《景德传灯录》卷三十《荷泽大师显宗记》,《大正新修大藏经》第51册,第458页。

一切知"①,与此处语义较为接近。值得注意的是,作者将《般若无知论》原文的"圣心"改为"真心",从而将原来"双遣双非"的般若中观思想变为如来藏的真心思想。

> 真见本自离言语,善财顾草尽是药。冬瓜圆圆谁人抟,瓠子弯弯甚人曲。
> 真见本自无言说,随缘见物无分别。见与见缘并想相,脱体全空似朗月。②

此偈颂是对上文"真见"思想的总结,用善财顾草、冬瓜和瓠子譬喻"真见"是内心的体悟,难以言说和分别;而"见性"的境界则如朗月当空,是对"第一义空"真理的彻底觉悟。

> 二安心门者,须要止观双融。言止者,但心不起名止;观者,了性相俱空故名观。独有止即昏,单有观即乱。止观双融,昏乱不生,故曰定惠。定即寂也,惠即照也。寂照双融,故曰平等。何名定中惠,惠中定?答曰:心寂不昏名定中惠,照中不乱名惠中定。寂照俱泯,本自圆成。③

---

① (晋)僧肇撰,(唐)元康疏:《肇论疏》卷中,《大正新修大藏经》第45册,第177页。

② 俄罗斯科学院东方研究所圣彼得堡分所、中国社会科学院民族研究所、上海古籍出版社编:《俄藏黑水城文献》第5册,上海:上海古籍出版社1998年,第132页。

③ 俄罗斯科学院东方研究所圣彼得堡分所、中国社会科学院民族研究所、上海古籍出版社编:《俄藏黑水城文献》第5册,上海:上海古籍出版社1998年,第132页。

在"见性"即体认佛性的基础上，作者在这里提出了修行实践的"安心门"，其核心内容为"止观双融"，这是天台、华严、禅宗等宗派的共同认识，但具体内容则不完全相同。这里解释"止"为"心不起"，意为不为外物扰心，这与澄观的"心不起，止也，知不起，观也"的说法相似；而"观"为"了性相俱空"，意为觉知体性与外相皆空，则主要是般若中观思想，可见这里的"安心"主要指"不动心"。此外，文中提出"定即寂""惠即照""寂照双融""寂照俱泯"等概念，反映出作者将"安心"视为对无分别的真心的体认。在惟则、传灯《楞严经圆通疏》中就有与此相似的表述，《楞严经圆通疏》卷五中有："即达妄本空处便是了真有体。即了真有体处便是达妄本空。是则即寂而即照，即照而即寂。寂照双融，寂照俱泯。"①《首楞严经》主张如来藏说，此经受到宗密的特别重视，而惟则的会解虽完成于元代，但其中包含了许多前人的注疏，由此可以推测，这种"安心"说应当与华严学和禅宗思想有较密切的关系。

　　古人云：寂寂本寂，照照本照。若起寂照，何时得了。《金刚三昧经》云："千思万虑，不依道理，徒为动乱，法失本心王。"问曰："何名理行？"答曰："道即理也，禅即行也。禅无忆想，道绝功熏，故曰理行。"《佛顶经》云："狂性自歇，歇即菩提，胜净妙明，体同法界。"忠国师云："无功之功，功不虚契。"六祖云："一切善恶，都莫思量，自然得入。"荷泽云："不思一物，即是汝心。"故名安心门。□□本是亦勤修，惑元空而须迷，要须备修万行矣。

---

① (元)惟则会解,(明)传灯疏：《楞严经圆通疏》卷五,《大藏新纂卍续藏经》第12册,第801页。

颂曰:达理修行有何为,石马铁牛尽要行。闷来吃尽千山草,晚夜归来无肚皮。万心无作须要修,能即□□□□□。无念为宗全为体,纵修万行有何为。①

此段通过引证经论来对"安心"门的意义作进一步的阐释。文中所引的《金刚三昧经》和《首楞严经》与原经文有所差异,《金刚三昧经》的相应语句为:"千思万虑,不益道理。徒为动乱,失本心王。"而《首楞严经》(《佛顶经》)的相应语句为:"狂性自歇,歇即菩提。胜净明心,本周法界,不从人得。"文中所称的"忠国师"应当指南阳慧忠禅师,但"无功之功,功不虚契"不见于已知的慧忠著作中,而在北宋永明延寿禅师所著的《心赋注》中则有基本相同的表述:"故云:有功之功,功归败坏。无功之功,功不虚弃。"②"六祖云"一句出自北宋契嵩本《坛经》,原文为:"汝若欲知心要,但一切善恶都莫思量,自然得入清净心体,湛然常寂,妙用恒沙。"③通观这些引文,其核心意思在于,证悟真心本体("本心王""清净心体""胜净明心")的途径是超越分别妄想和不动心,这也正是"安心"的核心意义所在。

心无能所,不望福报,故名无念。《承袭图》云:"遇善修而无修,遇恶迷而无迷。"问曰:"先说见性,复及安心,亦言无作,何须万行?"答曰:"众生见性,虽本无作,从无始以来,妄

---

① 俄罗斯科学院东方研究所圣彼得堡分所、中国社会科学院民族研究所、上海古籍出版社编:《俄藏黑水城文献》第5册,上海:上海古籍出版社1998年,第133页。

② (宋)延寿述:《心赋注》卷四,《大藏新纂卍续藏经》第63册,第144页。

③ (宋)宗宝编:《六祖大师法宝坛经》,《大正新修大藏经》第48册,第360页。

认四大为我,性以习成,卒难顿尽①。前所说见性,皆是解悟,未是证悟。须要内即安心,外即备修万行。"②

作者在本段中提出,在"见性"和"安心"之后还需要"万行",其原因在于:一是众生的迷妄很难消除,需要实际行动加以纠正;二是"见性""安心"只是内心的证悟,还应该辅助以现实的修行活动,"内即安心,外即备修万行"才是实现解脱的理想途径。该文的核心思想就是通过"解"与"行"的统一完成对真心本体的觉悟,这也正是该文题目中"解行照心"的含义。

实际上,在辽朝道殿的《显密圆通成佛心要集》(黑水城文献中保存有该书的汉文写本,俄 TK270)中就有这种"安心""万行"与"见性"结合的说法,文称:

虽然备修万行,于万行中心无所寄。又禅宗东夏七代祖师,所传心要而有三门,摄尽无遗。一见性门,先须了悟绝待真心,一切妄相本无,真心本净。即心是佛非假外求,即前顿教一心是也。二安心门,如上所说想念真如等三门是也。三发行门,须备修菩萨六度万行。具依三门即是正禅,随阙一门便成偏见。③

① 唐译《首楞严经》中有类似的表述:"一切众生,从无始来,迷己为物,失于本心,为物所转。"(唐)般剌蜜帝译:《大佛顶如来密因修证了义诸菩萨万行首楞严经》卷二,《大正新修大藏经》第 19 册,第 110 页。

② 俄罗斯科学院东方研究所圣彼得堡分所、中国社会科学院民族研究所、上海古籍出版社编:《俄藏黑水城文献》第 5 册,上海:上海古籍出版社 1998年,第 133 页。

③ (辽)道殿集:《显密圆通成佛心要集》卷上,《大正新修大藏经》第 46 册,第 992 页。

道殿在这里指出,禅宗最重要的心要就是"见性""安心"与"发行"三门,"见性"是了悟真心是本体,自心即佛,"安心"是对真如的具体证悟途径,"发行"则是实践菩萨行,三者并行才是真正的禅法,否则就成偏见。对比两者的说法,可知《解行照心图》与《心要集》的思想是一致的。因此,我们可以推测《解行照心图》受到道殿思想的影响,并对其修行论做了继承与发挥。

　　　　故经云,颂曰:

　　　　止观双修无所用,钩线挽起沤波动。意在深潭少人知,不动干戈本自平。

　　　　寂本不乱照不昏,寂照双融理何穷。非寂即照无言说,灵知不昧理行真。

　　　　修行门者,须□备修万行,唯以无念为宗。问何名无念?凡作一切万行。①

　　对于"灵知不昧"的概念,在唐澄观撰、宗密注《答顺宗心要法门》中有:"至道本乎其心(诸佛众生迷悟本也),心法本乎无住(万法之宗,本乎无住。即心体也。《净名经》云:依无住本立一切法)。无住心体,灵知不昧(莹净之理)。"② 这里的"灵知不昧"实际上是指平等不变的真心本体。这里提到的"无念为宗"最早出自《坛经》,但被认为是荷泽禅的主要思想,《荷泽大师显宗记》中便称:

①　俄罗斯科学院东方研究所圣彼得堡分所、中国社会科学院民族研究所、上海古籍出版社编:《俄藏黑水城文献》第5册,上海:上海古籍出版社1998年,第134页。

②　(唐)澄观撰,(唐)宗密注:《答顺宗心要法门》,《大藏新纂卍续藏经》第58册,第426页。

"无念为宗，无作为本；真空为体，妙有为用。"① 而宗密《禅源诸诠集都序》论述荷泽禅法时也称："念起即觉，觉之即无。修行妙门唯在此也。故虽备修万行，唯以无念为宗。"② 即将"无念为宗"作为荷泽禅修行论的核心。对比可知，《解行照心图》的语句实际上引自宗密的《禅源诸诠集都序》。

通过以上的解读可知，此文虽然在整体上未偏离南宗禅"明心见性"的立场，但在对修行依据的论述及修行途径上却表现出与南宗禅主流思想的不同，即以华严学的真心思想及荷泽禅思想为理论依据，反映出对宗密思想的继承与发展。

首先，该文将"真心"思想作为其修行论的核心。

该文作者在"见性门"的探讨中，将"见性"作为修行解脱的基础，而其主要内容就是对真心本体的觉悟，如引用"见与及缘，元是菩提妙□明体"③，及"真心无见，无所不见"等文句。从其意义上看，这里的"菩提妙净明体"与"真心"都是指如来藏真如一心；而在"安心门"中，作者则通过大量经典文献的印证，将"安心"视为对真心佛性（"本心王""清净心体""胜净明心"）的证悟，而其途径则是超越分别妄想和不动心。这说明《解行照心图》将真心视为修行和解脱的本体，并围绕真心思想而展开其修证理论。

其次，该文对华严学和荷泽禅思想进行了综合，反映出对宗密思想的继承。

从该文所引经典来看，在佛经方面，与如来藏思想和晚唐华严

---

① （宋）道原纂：《景德传灯录》卷三十《荷泽大师显宗记》，《大正新修大藏经》第 51 册，第 458 页。

② （唐）宗密述：《禅源诸诠集都序》卷上之二，《大正新修大藏经》第 48 册，第 403 页。

③ 根据此句引文所引证的原文可知，这里的残缺字应为"净"。

宗密切相关的《大佛顶首楞严经》受到重视,反映出作者对唐代华严学的继承。该文所引用的中国论疏则以晚唐以前的禅宗著作为主,如《坛经》《荷泽大师显宗记》《中华传心地禅门师资承袭图》等,这些著作实际上正显示出唐代荷泽禅的思想谱系,即慧能开创的南宗禅思想、慧能弟子神会的荷泽禅思想,以及晚唐荷泽禅代表人物宗密的思想。从整体上看,《解行照心图》的思想是华严学与荷泽禅思想的结合,而这正是宗密思想的特色,即以真心、灵心思想为基础而融会禅宗和华严学思想,或者说禅化华严学。这再一次证明宗密思想对西夏佛教思想界及华严学有着重要的影响。

再次,该文在修行途径上强调"见性""安心"与"修万行"的契合,反映出辽朝华严学的重要影响。

该文强调"解行结合",即内心证悟与外在宗教践行相结合,并提出了"见性""安心"与"万行"的三门修行方法,这与辽朝华严学和密宗高僧道㲀《显密圆通成佛心要集》中的说法是完全一致的。从这一方面来说,《解行照心图》在理论基础上继承了晚唐宗密的思想,但在具体修证途径上则接受了辽朝华严学的修行论。而通过这一例证,我们也可以窥见辽朝对西夏佛教思想界的重要影响。

2.《洪州宗师教仪》内容及思想分析

洪州宗师教仪

师谓:"我之宗趣,有一切皆真,已有诸法,起于真一。心外无法,岂有非真? 一遇皆道,不逆本行。随乐外往,合与法界。若人令悟,住于真而非究竟也。"大众疑,觉慧问谓:"何以故?"答谓:"妄无所语,由谁思量真? 不可思议,谁敢口解?"此随得句外禅[之]名。

　　觉慧禅师,悟于心,立便即说:"达摩大师以心传心,不立文字,此语可?"大人寂谓:"如此语可。随体现功,言说皆肯。日常语说,三身四智,自古已有。八解脱,六通本来皆全。最上三宝即是一。未曾离戒定慧三常菩提。"此随得句外禅[之]名。

　　觉慧至悟,问信智:"大师先谓:'最上一道,离与言语。'何以故曰:'句随安立?'"答曰:"诸法不可说,无说中即说,可说不可说,自古因此显明。顺说不同,根源不同。真体无边,于佛前有,用现无尽,面目显明。"此随得太古宝印禅名。

　　三禅圆满,无一形相。自各不同,不肯为定。心地法门,师子传授,世中知识,皆住此。未来众生,随仪令悟。

　　马祖大师问仪道,宗师坐时,问信智:"大师之究竟说者,何也?"答谓:"非一非异,无所余。"洪州理解大寂禅师宗趣所来。丈山问:"大师,汝之宗趣,何所来?""佛不能显,世尊举华,迦叶不晓。眼前微笑,不肯不言,口中说问。曹溪有物,相山毁谤。我之宗趣所来一也。"丈山悟信拜礼而去。德山问:"大师岂所住?"答谓:"我所住处无足迹,我不住足迹处。"德山行起。马祖不说心外法,随悟皆真[而]不往。密行(境)问顿修道。问答谓:"一异皆无。世尊举华,师微笑,显来顺。"竟①

　　这篇文献的篇幅不大,但对于研究西夏华严与禅宗思想的融会具有一定的参考价值。虽然从标题上看,此文属于南宗禅马祖

---

①[俄]K. J.索罗宁:《西夏佛教的"真心"思想》,杜建录主编:《西夏学》第五辑,上海:上海古籍出版社2010年,第166页。

道一洪州宗的文献,但其内容却与正统的洪州宗思想不同,而反映出较鲜明的华严思想,这主要体现在以下几方面:

首先,该文认为"真心"具有修行本体的意义。

该文开篇处"洪州宗师"就提出:"我之宗趣,有一切皆真,已有诸法,起于真一。心外无法,岂有非真?"也就是说,"真一"与"心"为诸法的本原与依据,色心诸法不出此心与"真一";从"随乐外往,合与法界。若人令悟,住于真而非究竟也",则说明此"真一之心"具有与外界发生普遍联系的功用,并与法界相统一,可见这里的"真一"与"心"具有本体意义。这种意义上的"真一"与"心",实际上就是《大乘起信论》及华严宗所说的"真如一心",如《大乘起信论》称:"一切境界,本来一心,离于想念。……心真实故,即是诸法之性。"[1] 即"一心"是诸法和一切境界的本原。

其次,该文中的"三禅"与"体相用"三大的意义接近。

洪州宗师所说的宗趣具体包括"句随禅"[2] "句外禅""太古宝印禅"等三禅。从其内容看,"句随禅""句外禅"与"太古宝印禅"分别对应于《大乘起信论》所说的"真如一心"之"体""相""用"三大。首先,"句随禅"的意义为:"妄无所语,由谁思量真? 不可思议,谁敢口解? 此随得句外禅[之]名",似指真心超越分别、平等真实的"不可思议"的体性,这对应于真心的"体大"义;对此,《大乘起信论》称:"一者体大,谓一切法真如平等不增减故。"其次,

---

① (梁)真谛译,高振农校释:《大乘起信论校释》,北京:中华书局 1992 年,第154 页。

② 从该文的具体内容来看,第一段提到的"句外禅"与第二段提到的"句外禅"含义与所指不同。而从"句随安立"及"三禅圆满"等语推测,在"句随禅"和"太古宝印禅"之外,还应该有一种禅,但文中没有明确指出其名,这里暂时命名为"句随禅"。

"句外禅"的意义为"随体现功，言说皆肯。日常语说，三身四智，自古已有。八解脱，六通本来皆全。……此随得'句外禅'[之]名"，这里陈说的是真心本体随缘不变而能生起万法的功德（"随体现功"），以及作为戒定慧修行的依据，这对应于真心的"相大"义；对此，《大乘起信论》称："二者相大，谓如来藏具足无量性功德故。"第三，"太古宝印禅"的意义为："真体无边，于佛前有，用现无尽，面目显明，此随得太古宝印禅名。"是说真体具有显现万法的无边业用，这是指真心的"用大"义；对此，《大乘起信论》称："三者用大，能生一切世间出世间善因果故。"①

作者还提出："最上三宝即是一，未曾离戒定慧三常菩提"，也就是说三宝归于"一"即"一心"，这里的三宝应当指佛、法、僧，但也可能是指"句随禅""句外禅"与"太古宝印禅"三种禅法。结合上文的论述可知，这种将禅宗名相和华严学"真如一心"思想相结合的思路，在西夏佛教文献《诸法一心定慧圆满不可思议要门》中也有突出的反映，两者都属于华严学与禅宗思想相结合的产物。但两篇文献的区别在于，《要门》在思想内容上更多地吸收了华严学的内涵，基本属于华严学文献；而《洪州宗师教仪》则在形式上更多保留了禅宗文献的特色。从上文的分析可知，此文并非严格意义上的南宗洪州禅作品，而可能是受宗密"禅教合一"思想影响的产物，即西夏佛教界利用华严学的"真心"思想进行改写后的洪州禅文献。

从上述西夏禅学著作的内容及思想来看，我们可以做出以下推断：即西夏佛教界并未出现如北宋禅宗一样的纯正南宗禅思想，

---

① （梁）真谛译，高振农校释：《大乘起信论校释》，北京：中华书局1992年，第12页。

而是继承了晚唐华严学和会禅教的思路,即以宗密的华严和荷泽禅思想为基础,而形成了一种附属于华严学的禅宗思想①。

(三)西夏华严思想的理论特色

第一,西夏华严学以"真心"本体论为华严学的理论核心,并以此融会天台、禅宗思想,反映出晚唐华严学的传承与复兴。

由上文的分析可知,西夏华严学继承了晚唐华严学的理论思路,即以华严学为核心融会其他宗派思想。首先,西夏华严宗和禅宗文献的一个共同思想特点就是将"真如一心"视为世间与出世间的本体,并将其作为理论核心。如《三观九门枢钥》以"一心"为统摄三大观法的思想核心;《诸法一心定慧圆满不可思议要门》则围绕"真心"思想组织其修行论,阐述定慧平等及四种智慧等名相概念;而《解行照心图》及《洪州宗师教仪》等文献也普遍承认真心的本体地位。此外,这种真心本体论也是西夏佛教界的普遍认识,如在王简印施《大方广佛华严经梵行品》发愿文(俄 TK185)中就称:"粤以灵灵不昧,是万行之本源;了了常知,乃一真之心境。夫《梵行品》者,意不外此。"② 即认为真心是万法本原及修行的本体。其次,西夏华严学重视吸收融合天台、禅宗等宗派思想,反映

---

① 对此,俄罗斯学者索罗宁研究指出:"甚至可说'真心'思想是很多黑水城文献的共同内容特色。考虑此点以及圭峰宗密著作在黑水城文献之中流行程度之庞大,学术界有足够的理由假设黑水城出土的西夏文的和中文的资料所代表的'禅思想'的来源,大部分不在于与西夏同时代的北宋时期中原佛教,而是在于晚唐的华严学以及与其相应的清凉澄观(738—839)和圭峰宗密(780—841)的禅思想。"[俄]索罗宁:《禅宗在辽与西夏:以黑水城出土〈解行照心图〉和通理大师〈究竟一乘圆明心义〉为例》,怡学主编:《辽金佛教研究》,北京:金城出版社 2012 年,第 294 页。

② 俄罗斯科学院东方研究所圣彼得堡分所、中国社会科学院民族研究所、上海古籍出版社编:《俄藏黑水城文献》第 4 册,上海:上海古籍出版社 1997年,第 165 页。

了晚唐以来中国佛教诸宗思想融合的理论趋势。如《三观九门枢钥》就以华严学的真心思想为核心而组织法界三观、天台三观、圆觉三观等观法,吸收综合天台宗的观法思想;而《解行照心图》《洪州宗师教仪》等文献中则包含了唐代慧能及荷泽宗的禅法思想,反映出对宗密"和会禅教"思想的继承。从这些方面来说,西夏华严学可以说是晚唐华严学的传承与复兴。

第二,在禅教关系上,西夏华严学受到辽朝华严学的重要影响,表现出一定的"重教轻禅""融禅入教"倾向。

与北宋中原佛教相比,辽朝佛教对西夏佛教思想界的影响更大,尤其是辽朝的华严学及其"重教轻禅"的思想倾向。首先,辽夏佛教思想界都以华严学为佛教义学的主体,尊崇澄观、宗密的华严思想,代表了中晚唐华严学的传承与复兴。在思想立场上,两者都以华严学的真心思想为核心,融合天台宗及禅宗思想,这在《三观九门枢钥》《解行照心图》等西夏佛教文献中有明显的反映。其次,辽朝与西夏佛教界都站在华严"教"学的立场上,对禅宗提出了不同程度的批评,表现出对于禅宗尤其是南宗禅的轻视。《解行照心图》一文就继承了辽朝道殿的思想,以"见性""安心"和"修万行"为证悟"真心"佛性的主要途径,表现出对辽朝禅学而非北宋禅学的重视。虽然从《宋史》等史书中,可以看到西夏与北宋之间存在着密切的佛教交流,但这种交流似乎主要限于佛教经典的引入,相比之下,北宋佛教思想在西夏佛教界并不占主体地位,尤其是作为北宋佛教主流的南宗禅与天台宗思想。

第三,西夏华严学受晚唐及宋初中原华严学的影响,继承和发展了宗密的华严思想,表现出与辽朝和北宋不同的理论特色。

西夏华严学虽然与辽朝华严学存在着较多的相似性,但也表现出一些自身的特点。这些特点主要表现为:首先,与辽朝特别尊崇澄观思想相比,西夏佛教界更为重视宗密思想,尤其是宗密融合华严与禅宗的思想,这在《解行照心图》及《洪州宗师教仪》等文献中有较明显的表现。这实际上反映出五代和北宋中国北方佛教思想界的影响,即重视宗密思想,以及华严和禅宗思想的融会趋势①。由此可见,与辽朝全面继承澄观思想、较多保持唐代华严学的思想特色不同,西夏在一定程度上接受了五代北宋中原华严学的影响。其次,在对待禅宗的立场上,与辽朝基本否定和贬斥南宗禅的立场②不同,西夏佛教界继承和发展了以宗密为代表的荷泽禅思想,并将其作为禅宗思想的主流,而且依据华严学的真心思想改造了唐代的南宗禅思想,这在《解行照心图》及西夏文《洪州宗师教仪》等文献中有明显的表现。由此可见,西夏佛教思想界在吸收引进中原佛教思想的同时,对于华严学和禅宗具体思想流派做出了不同于辽宋的选择性继承。

总之,西夏华严学兼采唐、辽、北宋的佛教义学,但又未完全照搬前者的思想体系,而是有选择性地进行了继承与综合。与此同时,西夏佛教思想界在融合和创新的基础上,建立了以宗密华严学为基础,以"真心"本体论为理论核心,并兼容晚唐荷泽禅、天台等宗派思想的新佛教义学体系。从当时西夏与辽朝、北宋等政权并

① 对于五代及北宋华严学与禅宗的融合现象,以及对宗密思想的重视,魏道儒研究指出:"宋代禅宗各派僧人多方面创用华严学,是华严学说在两宋思想界保持一定活力的重要原因。宋代士人直接阅读华严典籍者极少,基本通过禅典籍和禅僧的传教接受唐代华严学的遗产。存在于禅学中的华严教理,是他们接受华严学的内容。从一定意义上说,他们接受的是禅化的华严学,是澄观,特别是宗密之后的华严学。"魏道儒:《中国华严宗通史》,南京:凤凰出版社2008年,第201页。
② 对此,可参见本书第一章《辽朝佛教思想与文化认同》第四节《佛教思想对辽朝社会的影响》中的相关内容。

立和竞争的历史背景来观察,这种兼具独特性和创新性的华严学的构建,在很大程度上正是西夏王朝及党项民族巩固民族政权和追求文化个性的思想反映。

三、西夏藏传佛教思想的内容与特点

(一)藏传佛教义学在西夏兴盛的原因

与金朝及南宋并立的西夏后期(1140—1227),即夏崇宗乾顺、夏仁宗仁孝、夏桓宗纯佑、夏襄宗安全、夏神宗遵顼、夏献宗德旺、末帝睍时期,华严学、净土宗、禅宗等汉传佛教进一步传播和发展;与此同时,以噶举派"大手印法"和萨迦派"道果教法"为主的藏传佛教也成为西夏佛教的重要组成部分。西夏佛教界的这一变化,除了统治者的提倡,以及西夏民众对于藏传佛教的信仰外,还有其深刻的社会及思想原因:

第一,辽、北宋的灭亡和金朝的建立,使西夏失去了佛教思想发展的重要资源。

自西夏政权建立开始,西夏佛教的发展就与当时的政治形势有着密切的关系,西夏前期与北宋和辽朝并立,在政治对立与和平交往的同时,西夏吸收与引进了北宋和辽朝佛教,对此上文已有论述。但辽、宋、金之间改朝换代的战争,在很大程度上破坏了燕云和中原地区原有的佛教中心。女真族建立的金朝,虽然同时继承了辽与北宋的佛教体系,但金朝统治者更为推崇儒学,金朝佛教的主体也只是继承和延续了北宋的曹洞禅、临济禅,并未特别地发展与创新 [1],这些都影响到西夏对金朝佛教思想的引进与吸收。《宋

---

[1] 参见本书第三章《金朝佛道教思想与文化认同》第一节《金朝对辽宋宗教的继承与整合》。

史·夏国传》《金史·夏国传》等正史中罕见西夏与金朝之间佛教交往的记载①,在某种程度上也是这一情况的反映。与此同时,由于西夏疆域的东北、东、东南等方向都被金朝统治区所包围,使得西夏与南宋间的交往受阻,这也影响到西夏对南宋佛教思想的吸收引进。这种新的政治形势,促使西夏佛教界开始将目光转向佛教历史悠久、佛教思想发达的吐蕃地区,并大规模地引进藏传佛教。

第二,西夏境内吐蕃民族地位的上升,促进了藏传佛教的传播。

党项族与吐蕃族之间具有深厚的历史渊源,两者同属羌族系,早期的语言风俗和居住地域(党项族早期居住于青海东南部)也比较接近②。早在唐代两者之间就存在着佛教交流,而在西夏建国后两者之间的宗教往来更加密切③。西夏建国初期占据的甘肃河西走廊、青海湟水河领域等地,自唐末开始就有众多吐蕃族聚居(如凉州至宋初仍为吐蕃六谷部占据),这使西夏境内存在着众多吐蕃族属民,而且凉州(今甘肃省武威市)、甘州(今甘肃省张掖市)、肃州(今甘肃省酒泉市)、沙州(今甘肃省敦煌市)等地也是较早受藏

①《金史》卷六十《交聘表上》中记载 1154 年(西夏天盛六年,金贞元二年)
　　"九月辛亥朔,夏使谢恩,且请市儒、释书"〔(元)脱脱等撰:《金史》卷六十
　　《交聘表上》,北京:中华书局 1975 年,第 1408 页〕,即夏仁宗派使者到金朝
　　请求购买儒学和佛教书籍,这是正史中仅见的关于夏金佛教交流的记载。
　　但严格来说,这次求购的书籍包括儒书和佛书,只是广义上的书籍采购,与
　　北宋时代大规模和专门的求取佛教《大藏经》并不能相提并论。
② 参见吴天墀:《西夏史稿》,北京:商务印书馆 2010 年,第 3 页。
③ 参见黄颢:《藏文史书中的弭药(西夏)》,《青海民族学院学报》(社会科学
　　版)1985 年第 4 期;张云:《论吐蕃文化对西夏的影响》,《中国藏学》1989
　　年第 2 期。

传佛教影响的地区。金朝灭北宋后,西夏于崇宗大德三年(1137)取得西宁州及积石、乐、廓州(今青海省湟水河流域)等地,这里原为吐蕃唃厮罗等部的聚居地区,使西夏的吐蕃属民进一步增加,为藏传佛教的传播提供了信众基础(西夏境内信仰藏传佛教者以藏族和党项族为主,汉族则主要信仰汉传佛教)[1],从而推动了藏传佛教在西夏境内的广泛传播。与此同时,藏传佛教经过后弘期的发展,于11至12世纪之际已经形成了较为完善的佛教思想体系,并出现了以噶玛噶举派和萨迦派为代表的佛教宗派[2],这也为藏传佛教在西夏后期的传播奠定了坚实的教义理论基础。

第三,西夏佛教界的思想传统有助于藏传佛教思想的传播。

通过上文对西夏华严学和禅宗思想的分析可知,西夏佛教思想界普遍重视心性论的探讨,而"真心"本体论则是其核心理论。而心性论也是西夏后期藏传佛教思想的主要内容,如噶举派的代表思想"大手印法"就以心性论("观心")为核心,可以说"大手印法"等藏传佛教思想的流行在很大程度上接续了西夏佛教界的心性论传统,对此下文将做进一步的阐述。此外,西夏前期佛教受到辽朝佛教的重要影响,而"显密圆融"(以华严宗和密宗的融会为代表)则是辽朝佛教思想界的主要倾向,西夏藏传佛教的流行及佛教的"汉藏圆融"也接续了这一"显密圆融"的思想传统。

(二)西夏的藏传佛教高僧

从现有的资料中可知,西夏前期河西凉州等地区已经有大量吐蕃族僧人存在,如夏崇宗天祐民安五年(1094)《重修凉州护国

---

① 参见史金波:《西夏的藏传佛教》,《中国藏学》2002年第1期。
② 参见王森:《西藏佛教发展史略》,北京:中国藏学出版社2010年,第35—38页。

寺感通塔碑铭》中就有"感通塔下羌汉二众提举赐绯和尚王那征遇"的题名,反映出吐蕃族聚居的河西地区有大量吐蕃族(羌)僧众,并且寺院中还设置有相应的管理者①。不过,这些吐蕃族僧人的出现主要与当地吐蕃族群的存在有关,尚不能说明藏传佛教对整个西夏佛教界产生了重要影响力。但到了夏仁宗后期,统治者则给予藏传佛教大力支持,弘传藏传佛教的僧人也主要是吐蕃族人,如西夏王朝封设的贤觉帝师波罗显胜、慧宣帝师和大乘玄密帝师等三位帝师,觉照国师法狮子等人都为吐蕃族②。在已知的西夏藏传佛教僧人中,不乏帝师、国师等地位尊崇的僧人③,但目前尚不能完全确定每一位高僧的教派归属,就现有的资料来看,明确属于噶举派和萨迦派的高僧主要有以下几位:

1. 大乘玄密帝师

玄密帝师为夏仁宗及夏桓宗时代地位最高的噶举派高僧之一。关于他所属的教派及师承,《大乘要道密集》所收的《大手印伽陀支大要门》一文中有关于噶举派"大手印法"传承次第的记载:"然此要门师承次第者,真实究竟明满传与菩提勇识大宝意解脱师,此师传与萨啰曷师,此师传与萨啰巴师,此师传与哑斡诺帝,此师传与辢麻马巴,此师传与铭移辢啰悉巴,此师传与辢麻辢征,

---

① 参见史金波:《西夏佛教史略》,银川:宁夏人民出版社1988年,第52页。
② 参见史金波:《西夏佛教新探》,《宁夏社会科学》2001年第5期。
③ 对于起源于西夏的帝师制度,学术界已经有较多的研究成果,如邓如萍《党项王朝的佛教及其元代遗存——帝师制度起源于西夏说》(聂鸿音、彭玉兰译,《宁夏社会科学》1992年第5期)、史金波《西夏的藏传佛教》(《中国藏学》2002年第1期)及《西夏佛教史略》第六章(银川:宁夏人民出版社1988年,第135—155页)、陈庆英《大乘玄密帝师考》(《佛学研究》总第9期,2000年)及崔红芬《再论西夏帝师》(《中国藏学》2008年第1期)等文。

此师传与玄密帝师,此师传与大宝上师,此师传与玄照国师。"① 其
中,"辣麻马巴"与"铭移辣啰悉巴"即藏传佛教噶举派祖师玛尔巴
(1012—1097)和米拉日巴(1040—1123),可知大乘玄密帝师为塔
波拉杰索南仁钦(1073—1153)或热穷巴多吉扎巴(1083—1161)
的弟子,米拉日巴的再传弟子,塔波噶举派教法传人。另据《解释
道果语录金刚句记》(收入《大乘要道密集》)中"中国大乘玄密帝
师传"的题名,可知他也是藏传佛教萨迦派道果法的传人,可能曾
师从萨迦派祖师萨钦·贡噶宁波(1092—1158)。从大乘玄密帝
师的师承和所传教法来看,西夏后期的藏传佛教主要是噶举派"大
手印法"和萨迦道果法,并且两者之间并行不悖,互相配合②。此
外,根据《无生上师出现感应功德颂》(收入《大乘要道密集》)的
记载,大乘玄密帝师名当巴悉京铭,汉文法名慧辨,其父为医生和
藏传佛教僧人;七岁时能讲经论,出家后在西藏及印度北部学习
密法,并曾到西域伊吾(今新疆维吾尔自治区哈密市)、高昌(今新
疆维吾尔自治区吐鲁番市)等地游学和传法,"通达禅密显教化群
迷";此后受夏仁宗迎请"化利夏国大臣民",最晚在1189年已经
被封为国师,并于夏桓宗时晋升为帝师,1206年则因桓宗被废而避
居河西地区,不久圆寂③。

---

① 俞中元、鲁郑勇:《大乘要道密集评注》,西安:陕西摄影出版社1994年,第
494页。

② 参见陈庆英:《大乘玄密帝师考》,《佛学研究》总第9期,2000年。

③ 对于大乘玄密帝师生平的考证,参见陈庆英《大乘玄密帝师考》(《佛学研
究》总第9期,2000年),该文认为《无生上师出现感应功德颂》中提到的
"西番中国"指西夏,并认为大乘玄密帝师出生在西夏境内,实际上这里的
"西番中国"应该指代的是吐蕃地区。

2. 智金刚国师

据《大乘要道密集》所收《新译大手印金璎珞等四种要门》记载,此"要门"的传授次第为"此师传与玄密帝师,此师传与智金刚师,此师传与玄照国师"[①],可知智金刚是大乘玄密帝师在西夏的传法弟子,噶举派祖师日琼巴的再传弟子,玄照国师之师,因此他也属于噶举派僧人。此外,宁夏贺兰县拜寺沟方塔所出《吉祥上乐轮略文等虚空本续》中有"国师知金刚"的题款,可知智金刚(知金刚)曾受封为国师。

3. 玄照国师慧贤

《大乘要道密集》所收的《新译大手印不共义配教要门》《新译大手印顿入要门》《大手印伽陀支大要门》《新译大手印金璎珞等四种要门》等篇有"果海密严寺玄照国师沙门慧贤传"的题名,可知玄照国师的僧名为慧贤。此外,《大手印伽陀支大要门》中有"此师传与玄密帝师,此师传与大宝上师,此师传与玄照国师"[②]的师承记载,可知慧贤为大宝上师及智金刚国师的弟子,大乘玄密帝师的再传弟子,同样藏传佛教噶举派僧人,并且是西夏"大手印法"的重要弘传者。

4. 西番中国法师禅巴

禅巴法师是萨迦派"道果教法"著作《解释道果语录金刚句记》及《解释道果逐难记》的传译者,据《解释道果逐难记》文中题记称:"此敬礼词者是大禅巴师于自师——康法师处而敬礼也。康

① 俞中元、鲁郑勇:《大乘要道密集评注》,西安:陕西摄影出版社1994年,第525页。相关考证参见谢继胜:《吐蕃西夏历史文化渊源与西夏藏传绘画》,《西藏研究》2001年第3期。
② 俞中元、鲁郑勇:《大乘要道密集评注》,西安:陕西摄影出版社1994年,第494页。

萨悉结瓦者,乃极喜真心师之易名也。"① 这里的康法师(康萨悉结瓦者),就是指萨迦五祖中的初祖萨钦·贡噶宁波,可知禅巴法师为萨钦贡噶宁波的弟子,而沙门宝昌为禅巴弟子,他们都属于藏传佛教萨迦派僧人。

5. 四续善巧国师米啰不动金刚

米啰不动金刚为西夏文藏传佛教经典《吉祥遍至口和本续》的传译者之一,宁夏贺兰县拜寺沟方塔出土的《吉祥遍至口和本续之要文》《吉祥遍至口和本续之广义文下半》和《吉祥遍至口和本续之解生喜解疏》中有"蕃中国大善知识俄愤怒金刚师集,四续善巧国师米啰不动金刚师传"的题款,据考证《吉祥遍至口和本续》中的《要文》《广义文》《解疏》为噶举派高僧俄·愤怒金刚(吐蕃人)集著,可知米啰不动金刚应为在西夏传法的吐蕃族噶举派僧人,但其具体事迹无考②。

6. 格西藏波瓦

据藏文史书《贤者喜宴》记载,藏传佛教噶玛噶举派初祖都钦松巴(1110—1193)曾受西夏泰呼王(夏仁宗)邀请到西夏传法,都钦松巴自己未往,但派弟子格西藏波瓦至西夏传法。关于格西藏波瓦入西夏的时间,据考证为夏仁宗乾祐二十年(1189)③。

---

① 俞中元、鲁郑勇:《大乘要道密集评注》,西安:陕西摄影出版社1994年,第288页
② 参见孙昌盛:《西夏文佛经〈吉祥遍至口和本续〉题记译考》,《西藏研究》2004年第2期。
③ 参见谢继胜:《西夏唐卡中的双身图像内容与年代分析》,中山大学艺术学研究中心编:《艺术史研究》第二辑,广州:中山大学出版社2000年,第443—488页。

7. 通古哇·旺久扎西

据藏文史书《红史》记载,通古哇·旺久扎西为蔡巴噶举派创始人贡塘香喇嘛尊哲扎巴的再传弟子,于西夏晚期受邀来西夏弘传密法,并被西夏皇帝尊为上师[①]。

8. 觉本

据藏文史书《萨迦世系史》记载,觉本为萨迦派三祖扎巴坚赞的弟子,后到西夏传法并成为西夏"佳告王"的供应喇嘛,并被封为国师。这里的"佳告王"可能指夏桓宗纯佑(1193—1206 年在位)[②]。

(三)西夏"大手印法"的代表性著作

藏传佛教体系庞大,内涵丰富,在现存的西夏藏传佛教文献中,与实修有关的各种密法仪轨占据了主要的部分,如与"金刚亥母修法"相关的《金刚亥母禅定》(俄 A19)、《金刚亥母修习仪》(俄 Ф249)、《金刚亥母略施食仪》(俄 ИНВ.No.274.1)等;与"大黑天修法"相关的《大黑根本命咒》(俄 TK262)、《大黑求修并作法》(俄 B59)及《慈乌大黑要门》(俄 A7)等。其内容多属于具体的实修方法,如坛场仪轨、咒语、手印、禅定观想等,而包含的佛教义学思想则较少。不可否认的是,这些经论在研究西夏藏传佛教信仰方面具有重要的研究价值[③],但本书的主要目的是探讨西

---

① 参见黄颢:《藏文史书中的弼药(西夏)》,《青海民族学院学报》(社会科学版)1985 年第 4 期。

② 参见卢梅、聂鸿音:《藏文史籍中的木雅诸王考》,《民族研究》1996 年第 5 期。

③ 参见黄杰华《大黑根本命咒:西夏大黑天信仰的一个侧面》(《西夏研究》2010 年第 3 期)及《黑水城出土藏传佛教实修文书〈慈乌大黑要门〉初探》(《中国藏学》2009 年第 3 期)等文。

夏藏传佛教思想的理论特点，并试图明晰西夏华严学与藏传佛教义学、西夏佛教思想与汉藏文化认同之间的内在联系，因此主要以理论思辨色彩较浓的大手印法思想作为探讨对象①。并且，"大手印法"作为噶举派根本法门，本身属于西夏最为流行的藏传佛教法门，在很大程度上可以视为西夏后期藏传佛教思想的代表。

现存的西夏时期"大手印法"文献主要保存在《大乘要道密集》一书中，并且在俄藏黑水城文献中也有发现，这些著作主要包括：

1.《新译大手印不共义配教要门》

收入《大乘要道密集》，题款："大巴弥怛铭得哩斡师集，果海密严寺玄照国师沙门惠贤传，果海密严寺沙门慧幢译"②，玄照国师慧贤为西夏国师，噶举派大宝上师和智金刚师的弟子，大乘玄密帝师的再传弟子，可知此篇为西夏时期作品。

2.《新译大手印顿入要门》

收入《大乘要道密集》，题款："果海密严寺玄照国师沙门慧贤传，果海密严寺沙门慧幢译"③，玄照国师为西夏国师，噶举派大宝

---

① 学术界对于"大手印法"的研究成果，相关论著主要有李冀诚《藏传佛教噶举派的"大手印法"》〔《西藏民族学院学报》（社会科学版）1991年第2期〕，石世梁、克珠群佩《"大手印"与"那饶六法"记述》（《中国藏学》1992年第2期），李冀诚《西藏佛教萨迦派及其"道果教授"》（《中国藏学》1990年第4期），袁志伟《西夏大手印法与禅宗关系考——以〈大乘要道密集〉为中心》〔《陕西师范大学学报》（哲学社会科学版）2016年第6期〕，孙伯君《藏传佛教"大手印"法在西夏的流传》（杜建录主编：《西夏学》第十四辑，兰州：甘肃文化出版社2017年，第139—150页）等文。

② 俞中元、鲁郑勇：《大乘要道密集评注》，西安：陕西摄影出版社1994年，第463页。

③ 俞中元、鲁郑勇：《大乘要道密集评注》，西安：陕西摄影出版社1994年，第483页。

上师和智金刚师的弟子,大乘玄密帝师的再传弟子,可知此篇为西夏时期作品。

3.《大手印伽陀支大要门》

收入《大乘要道密集》,无传译者题款,据文中有关于本要门的师承记载"然此要门师承次第者,真实究竟明满传与菩提勇识大宝意解脱师,此师传与萨啰曷师,此师传与萨啰巴师,此师传与哑斡诺帝,此师传与辣麻马巴,此师传与铭移辣啰悉巴,此师传与辣麻辣征,此师传与玄密帝师,此师传与大宝上师,此师传与玄照国师"①,指出该大手印法来自噶举派,并由西夏的大乘玄密帝师、大宝上师及玄照国师等人传承,从传承人的帝师、国师及上师身份,可见噶举派大手印法在西夏佛教界具有重要影响力。

4.《新译大手印金璎珞等四种要门》

收入《大乘要道密集》,无传译者题款,但该篇中记载此要门的师承为:"其师承者,萨斡哩巴师传与铭得哩斡师,此师传与金刚手师,此师传与巴彼无生师,此师传与末孤噜师,此师传与玄密帝师,此师传与智金刚师,此师传与玄照国师。"②可知此篇与《大手印伽陀支大要门》同为玄密帝师、玄照国师等人传承,属于西夏时期噶举派"大手印法"经论。

5.《大手印引定》

又名《大手印赤引定》《大手印无文字理》《传理要门》《大手印一种主》《大手印金刚无比主》,收入《大乘要道密集》。此篇无传译者题款,但该篇的西夏文节译本曾在黑水城遗址出土发现,名

---

① 俞中元、鲁郑勇:《大乘要道密集评注》,西安:陕西摄影出版社1994年,第494页。

② 俞中元、鲁郑勇:《大乘要道密集评注》,西安:陕西摄影出版社1994年,第525页。

为《大手印定引导略文》,现存俄罗斯科学院东方文献研究所(俄ИНВ.No.0875,俄ИНВ.No.6775),可知此篇可能为西夏时期的"大手印法"作品①。

6.《于大手印渐入顿入要门》

收入《大乘要道密集》,无传译者题款,但篇中有"玄密帝师云:吾师辣征作如是说"②,引用了西夏著名噶举派高僧玄密帝师对于大手印法的论述,可知此篇内容也与西夏时期的大手印法相关。

此外,《大乘要道密集》中所收的《大手印顿入真智一决要门》《大手印顿入要门》《心印要门》《大手印纂集心之义类要门》《大手印四种收心》,以及《大手印静虑八法》《大手印九喻九法要门》《大手印除遣增益损减要门》《于大手印十二种失道要门》《大手印湛定鉴慧觉受要门》《大手印八镜要门》《大手印九种光明要门》《大手印十三种法喻》《大手印修行人九法》《大手印三种法喻》等篇,在思想内容及行文风格上与以上诸篇一致,可能也属于西夏时期的大手印法作品③。

---

① 参见孙伯君:《黑水城出土西夏文〈大手印定引导略文〉考释》,《西夏研究》2011年第4期。

② 俞中元、鲁郑勇:《大乘要道密集评注》,西安:陕西摄影出版社1994年,第497页。

③ 此外,在《大乘要道密集》一书中,除了大手印法著作之外,还收录有几部萨迦派"道果教法"的重要著作:

1.《解释道果语录金刚句记》,篇首题款为"北山大清凉寺沙门慧忠译,中国大乘玄密帝师传,西番中国法师禅巴集"。由题记可知,该文为西夏时期沙门慧忠根据藏文原本翻译。对于该文具体的译传年代,陈庆英研究指出,慧忠与编集《密咒圆因往生集》的慧真同为北山大清凉寺的沙门,两人应处于同一时期,《密咒圆因往生集》编于夏桓宗天庆七年(1200),则《解释道果语录金刚句记》也应当在1200年前后完成。而该文还有西夏文译本存世,现存俄罗斯科学院东方文献研究所,译名《道果语录金刚(转下页)

（四）"大手印法"的主要内容及思想

大手印法被噶举派视为最高大法,其核心则是"观心"思想,该法以证得空乐不二的解脱境界为目标,以"乐""明""无念"(果乘)为主要修行内容。与强调具体实修仪轨的"道果教法""那若六法"等藏传佛教密法相比,大手印法具有较深刻的理论思辨色彩。虽然在西夏后期流行的大手印法和道果教法等藏传佛教思想中都包含着心性论思想,但前者无疑最具系统性和思辨性。从现有的资料来看,大手印法在西夏佛教界产生了重要影响,这不仅表现为噶举派高僧受到西夏统治者的尊崇,更反映在大手印法著作的广泛译传与流布上,如《大手印引定》等著作被译为西夏文,正反映出党项民族对这一思想的深入学习与吸收;而在《大乘要道

(接上页)句解用记》(参见陈庆英:《〈大乘要道密集〉与西夏王朝的藏传佛教》,《中国藏学》2003年第3期)。

2.《解释道果逐难记》,本篇题名为"甘泉大觉圆寂寺沙门宝昌传译"。文中题记称:"此敬礼词者是大禅巴师于自师——康法师处而敬礼也。康萨悉结瓦者,乃极喜真心师之易名也",这里的康法师(康萨悉结瓦者)就是指萨迦五祖中的初祖萨钦·贡噶宁波,可知禅巴法师为萨钦·贡噶宁波的弟子,而沙门宝昌为禅巴弟子,他们都属于藏传佛教萨迦派僧人。

此外,《大乘要道密集》中所收题名为"大瑜伽士名称幢师"传述的10篇经论也被认为是西夏时期的作品(参见史金波:《西夏的藏传佛教》,《中国藏学》2002年第1期),"名称幢师"实际上是指"萨迦五祖"中的第三祖扎巴坚赞(1147—1216),据俄藏黑水城西夏文佛经《吉有恶趣令净本续之干》(俄 ИНФ.No.7909)中有"羌中国大默有者幢名称师集,瑞云山慧净国师沙门法慧译",这里的"幢名称师"即"名称幢师",证明扎巴坚赞的著作在西夏时期已经广泛流传,因此这些篇章也可能属于西夏时期的萨迦派教法。它们分别是:《含藏因续记文》《四量记文》《引上中下三机仪》《道时受灌仪》《摄受承不绝授灌记文》《除影瓶法》《截截除影法》《座等略文》《赎命法》(以上署名"大瑜伽士名称幢师述")及《大乘密藏现证本续摩尼树卷》(署名"大萨思嘉知宗巴上师造")。

密集》中所收的西夏时期藏传佛教经论中,大手印法著作也占据多数①。

需要在这里特别指出的是,《大乘要道密集》中所收录的西夏大手印法著作都为汉文本而非藏文本,并且都题名为西夏"某国师传""某帝师传",说明这些著作可能并非是对噶举派著作及思想的完全复制,而在传译过程中存在改写的可能。这些文献的传译者采用创新性的"格义",即用中原佛教的名相概念来重新解释藏传佛教思想。从这一角度来说,《大乘要道密集》中的大手印法著作可以视为"西夏大手印法"著作而非"在西夏流传的"大手印法著作,反映的是具有西夏特色的藏传佛教思想。认识到这一点,对于我们理解西夏佛教思想的理论特色是很重要的。

对于大手印法的主要内容,西夏大手印法重要著作《新译大手印顿入要门》(果海密严寺玄照国师慧贤传)将其分为"见解宗"(修行理论依据)、"依宗修行"(修行论)、"所生觉受"(解脱境界)三部分,这可视为西夏大手印法的总纲和基本结构。实际上综合《大乘要道密集》中的相关著作来看,西夏大手印法基本上可以概括为"见解宗"和"依宗修行"两方面,即"解悟"和"修行"两部分。因此,本书也将从"解"和"行"的角度对大手印法的主要内容与基本思想进行论述:

1. "见解宗"——大手印法的修行理论依据

在"见解宗"即修行的理论依据方面,西夏大手印法主要提出了以下观点:

---

① 参见陈庆英:《〈大乘要道密集〉与西夏王朝的藏传佛教》,《中国藏学》2003年第3期;孙伯君:《藏传佛教"大手印"法在西夏的流传》,杜建录主编:《西夏学》第十四辑,兰州:甘肃文化出版社2017年,第139—150页。

第一,以真心为觉悟本体。

从成佛解脱的本体依据来说,大手印法将本心作为觉悟的根本。这表现为:

一是提出心是万法根本,心是觉解之体。如《大手印引定》称:"即以刹那大胜慧,觉了任持一切法,现前了解一切法,牟尼实际最上意,不动极善净自体"①,即"极善净自体"是修持和了解一切法的根本;《大手印引定》称:"三世明满② 体是一,彼之自性即自心","心是出生真智因,不应余处求明满"③,是说自心(本心、真心)是出生真智、觉悟解脱的根本;《大手印静虑八法》称:"所见诸法,从心性起,还摄心中,应当了解一味平等"④,《大手印顿入要门》称:"欲了自性之理者,虽说八万四千法门,一切诸法摄在一心"⑤,则在于说明一心(真心)是色心万法的本原。这些说法都是对真心(本心)本体意义的阐述。

二是提出正见、觉解、禅定等修行途径皆为心生,以本心为依据。如《于大手印渐入顿入要门》称:

　　玄密帝师云:吾师辣征作如是说:一切诸法不离于心,若了本心离生灭者,名之为见;其无灭理内心现者,名之为解;

①《大手印引定》,俞中元、鲁郑勇:《大乘要道密集评注》,西安:陕西摄影出版社 1994 年,第 487 页。
② 明满:密教术语,指佛及觉悟。
③《大手印引定》,俞中元、鲁郑勇:《大乘要道密集评注》,西安:陕西摄影出版社 1994 年,第 489 页。
④《大手印静虑八法》,俞中元、鲁郑勇:《大乘要道密集评注》,西安:陕西摄影出版社 1994 年,第 501 页。
⑤《大手印顿入要门》,俞中元、鲁郑勇:《大乘要道密集评注》,西安:陕西摄影出版社 1994 年,第 521 页。

于所解理专心缘者,名之为定;即于彼理不乱住者,名之为
行。……理俱生者,心与明显俱生,觉解与心俱生,空与心俱
生,乐与心俱生也。①

从成佛解脱的实现标准来说,大手印法将体悟心佛不二、真心
自性视为成佛解脱的重要标志之一。《大手印引定》称:"心与明
满本来无二相,了达之时无见无所得,了解不二即是大手印。"②《于
大手印十二种失道要门》称:"若不了解自心即佛,则失其道也。"③
这种以众生皆具的自心(本心)为佛性,以证悟自心即佛的说法,在
思想内涵上与中原禅宗是接近的,如以慧能为代表的唐代南宗禅
就将"自心即佛"作为其主要思想之一,《坛经》称:"迷人若悟解
心开,与大智人无别。故知不悟,即是佛是众生;一念若悟,即众生
是佛。故知一切万法,尽在自身中,何不从于自心顿现真如本性。
《菩萨戒经》云:'我本元自性清净。'识心见性,自成佛道。"④ 由此
可见,大手印法与禅宗思想间存在着一致性。

第二,以证悟"真心义"为解脱的标志。

大手印法将"真心义"作为其主要思想,如《新译大手印不共
义配教要门》称:"准《文殊真实名》云:决定出于三乘者,住在于
波一乘果后以真心义,为利上根堪解脱者,演说不共大手印无比

---

① 《于大手印渐入顿入要门》,俞中元、鲁郑勇:《大乘要道密集评注》,西安:
　 陕西摄影出版社 1994 年,第 497—498 页。
② 《大手印引定》,俞中元、鲁郑勇:《大乘要道密集评注》,西安:陕西摄影出
　 版社 1994 年,第 490 页。
③ 《于大手印十二种失道要门》,俞中元、鲁郑勇:《大乘要道密集评注》,西安:
　 陕西摄影出版社 1994 年,第 504 页。
④ (唐)慧能著,郭朋校释:《坛经校释》,北京:中华书局 1983 年,第 58 页。

要门。"① 也就是说,该法以清净心性为本体佛性,并以证悟本心为解脱的重要标志。此外,该文又称:"果乘炼身以为其道,如治目翳,由了心性本清净故,现身成佛也。"② 即以证悟心性本净为现身成佛;而《大手印引定》称:"最上大乐刹那中,具真心者灭过咎"。"若能了解内心体性,一念得证究竟圆满"③,也以了悟本心体性即佛性为圆满解脱。由此可见,证悟本心正是大手印法追求的解脱境界。

第三,将"真心义"的内容视为心性与空性的合一。

西夏大手印法将心性空性的统一称为"真心义",对于心性(本心自性)的具体内容,大手印法在承认心为解脱及修行根本的同时,认为心性即空性,心性的内容为般若真空。对此,《新译大手印顿入要门》"见解宗"中提出了"法及法性""心及心性""虚空自性"三组重要的概念,其文称:

> 然此要门大分三段:初、见解宗,本分三分:法及法性(法者,坚等四大,及依四大所成之法也。法性者,色等诸法,虽是有像而无实体,离戏边论,无生无灭,即真空性也)。次心及心性(心者,种种分别、计度之心也。心性者,不追过去,不思未来,不缘现在,不可识认,离于色相,元是真空,无生性也)。后虚空自性(斯乃即是前二之喻,谓如虚空,广大周遍,无生无

①《新译大手印不共义配教要门》,俞中元、鲁郑勇:《大乘要道密集评注》,西安:陕西摄影出版社1994年,第463页。

②《新译大手印不共义配教要门》,俞中元、鲁郑勇:《大乘要道密集评注》,西安:陕西摄影出版社1994年,第464页。

③《大手印引定》,俞中元、鲁郑勇:《大乘要道密集评注》,西安:陕西摄影出版社1994年,第487页。

灭,无去无来,法性真如亦复如是,普遍诸法广大无涯,如虚空也)。①

　　这里列举的"法"指"地、水、风、火"四大及其组成的万物,即色法;"心"指思虑之心即思维意识;"法性"和"心性"则指色心二法皆空、无真实自性,即中道般若的真空之性。而第三种"虚空自性"并非独立于色心二法之外的另一自性,而是对虚空广大的色心二法本性的一种比喻("后虚空自性,斯乃即是前二之喻"),即指真空自性具有本体性的意义。在此意义上,三性是统一的整体。该文又称:"师曰:'此见宗者,若依果乘,是大手印;若据因乘,无住中道以为宗本。'又二真性喻等三法,本性一味,自体无殊。"②也就是说,大手印法的理论依据就是色心二法及其真空本性("无住中道")。因此,心性(真心佛性)和空性(虚空自性)在本体角度是统一的,两者都是指般若真空之性。

　　与此同时,大手印法又强调"本心"的本体地位,这实际上包含有综合般若学"性空缘起"与如来藏"真如缘起"的思想。这一思想在南宗禅中也有体现,如《坛经》就一方面强调《金刚经》的般若性空思想在引导修行觉悟方面的重要作用,另一方面又反复强调"佛性""真心""自心"的修行本体地位。从这种心性论的思想内涵上看,西夏大手印法的真心思想反映出《大乘起信论》思想与禅宗思想的综合,而这又与西夏华严学的思想内涵具有相似性。

────────────

① 《新译大手印顿入要门》,俞中元、鲁郑勇:《大乘要道密集评注》,西安:陕西摄影出版社1994年,第483页。

② 《新译大手印顿入要门》,俞中元、鲁郑勇:《大乘要道密集评注》,西安:陕西摄影出版社1994年,第483页。

2.“依宗修行”——以无念为核心的禅观修行论

西夏大手印法中的“依宗修行”即主要的修行途径为：通过禅定观心而觉悟真如佛性（真空之性）。对于禅定观心的具体方法，《新译大手印顿入要门》将其总结为“加行方便”和“禅定正体”两部分，其文称：

> 次依宗修行，分二：初、加行方便；后、禅定正体。初加行方便分三：初、坐如大柱。……次、语离谈说。……后、目不开合。……后、禅定正体者，谓心直如枪；若枪邪曲，用不的中，须要端正。修习行人亦复如是，一切善恶、邪曲、妄念都莫思量，离诸妄想，寂绝而住，称顺本心。①

根据文意可知，这里的“依宗修行”主要指的是修行禅观的方法，“加行方便”指禅定前的坐姿、不语、闭目等准备行动，而“禅定正体”则指对“心性”和“空性”真理的观想体认。所谓“一切善恶、邪曲、妄念都莫思量，离诸妄想，寂绝而住，称顺本心”的说法，在思想上近似于唐代南宗禅的“无念”思想，如《坛经》便称：“汝若欲知心要，但一切善恶都莫思量，自然得入清净心体，湛然常寂，妙用恒沙。”② 从两者都将“一切善恶都莫思量”作为证悟真心佛性的方法来看，西夏大手印法的修行论受到唐代南宗禅的重要影响。这种以“无念”为主要内容的观想方法具体包括以下几方面内容：

---

① 《新译大手印顿入要门》，俞中元、鲁郑勇：《大乘要道密集评注》，西安：陕西摄影出版社 1994 年，第 484 页。
② （宋）宗宝编：《六祖大师法宝坛经·宣诏第九》，《大正新修大藏经》第 48 册，第 360 页。

第一，"念虚空"和"无妄念"。

无念为西夏大手印法所强调的最主要修法之一，其内容为"观真空"，即证悟般若第一义空。对于无念的具体内涵，包括了"念虚空"与"无妄念"两个方面，这与中原的禅宗思想比较接近。

一是"念虚空"，即思维觉悟万法本性真空，觉悟"第一义谛"，这是肯定意义上的表述。对此《大手印八镜要门》称："无念即是真空，是故无念犹如虚空，即于无念无念起者，如空中起云雾虹霓，体性是一，用即差别。"[1] 是说无念即是对真一体性、真空真理的体悟。《大手印引定》称："《般若经》云：若念胜慧到彼岸者，是念虚空。不念有体，不念无体，不念有相，不念无相也。"[2] 是说无念是对虚空自性的思维，但超越了有体无体、有相无相的差别对立。《新译大手印不共义配教要门》称："夫禅定者，了一切法如幻如梦，于一切法不作意也"，"又《圣教》云：若能安住无念界，于思念中最为上"，"着空成缚，住有亦缚，是故不应住空有也"[3]，是说禅定的主要目的，就是安住于无念界，即不住空有两边的中道境界。

二是"无妄念"，指去除分别妄想之念，了达清净自性，这是否定意义上的表述。《大手印顿入真智一决要门》称："了达本心离于思念，不随外境，自性离于有无妄念，即是法身之禅定。"[4] 是说"法身禅定"就是不随外境而有杂念，没有妄想分别。《大手印引

①《大手印八镜要门》，俞中元、鲁郑勇：《大乘要道密集评注》，西安：陕西摄影出版社1994年，第508页。

②《大手印引定》，俞中元、鲁郑勇：《大乘要道密集评注》，西安：陕西摄影出版社1994年，第487页。

③《新译大手印不共义配教要门》，俞中元、鲁郑勇：《大乘要道密集评注》，西安：陕西摄影出版社1994年，第474页。

④《大手印顿入真智一决要门》，俞中元、鲁郑勇：《大乘要道密集评注》，西安：陕西摄影出版社1994年，第519页。

定》称：

> 又《圣教》云：一切明满之真智，从无妄念流出，是故应须
> 舍妄念。……虽起妄念，过去不追，未来不引。过去不追者，
> 前念不寻；未来不引者，后念不思。若能住于现在新识，即是
> 法身。①

《心印要门》中也有类似的说法："自性清净，应依真空无念
而住。当此之时，心无所缘，亦无所思，善恶、邪正都莫思量；又不
思有，亦不思空；过去不追，未来不引，现在不思，妄念起灭一切皆
无。"② 这里将不思空有、善恶，超越分别妄想的"无妄念"视为证得
"法身"、出生觉悟真智的主要途径，也就是说将"无念"作为修行解
脱的主要方法。

综合以上的分析可知，大手印法将"无念"的内涵规定为觉悟
真空自性（"念虚空"）和无分别妄想（"无妄念"），并将其视为主要
的解脱方法。若追溯其理论渊源，我们在唐代慧能《坛经》中就可
以看到与此相似的表述，其文称：

> 无念者，于念而不念；……于一切境上不染，名为无念；
> 于自念上离境，不于法上生念。……即缘迷人于境上有念，
> 念上便起邪见，一切尘劳妄念，从此而生。故此教门，立无念
> 为宗。

---

① 《大手印引定》，俞中元、鲁郑勇：《大乘要道密集评注》，西安：陕西摄影出
　版社 1994 年，第 488 页。
② 《心印要门》，俞中元、鲁郑勇：《大乘要道密集评注》，西安：陕西摄影出版
　社 1994 年，第 522 页。

　　　　世人离见,不起于念,若无有念,无念亦不立。无者无何
　　事? 念者念何物? 无者,离二相诸尘劳;真如是念之体,念是
　　真如之用。自性起念,虽即见闻觉知,不染万境,而常自在。①

　　前一段所说的"无念",就是指无妄念,所谓"境上不染""自念上
离境""不于法上生念"都是指无分别妄想,不执着于外境及概念
名相;后一段所说的"无念"则指念真如(佛性),所谓"真如是念之
体""自性起念"等,都指应当专注于觉悟真如佛性。对比大手印
法"无念"说与《坛经》的"无念"思想,可以推测前者应当受到后
者的重要影响。

　　第二,乐、明、无念三均等。

　　西夏大手印法认为,通过禅定观想"心"中可以生起乐、明、无
念三法。《新译大手印不共义配教要门》称:"然修习正体者,于寂
静处,端身正坐,归依三宝,发菩提心,一刹那顷。起本佛慢而应安
住,现空双融,或身语意离于修整,顿遣妄念,于乐、明、无念而无作
意了知之心。……若如是住,生乐、明、无念。"②

　　而从思想内涵上看,西夏大手印法将乐、明、无念都视为禅定
空观,三者属于大手印禅观中的不同方面,并统一于"无念"。《新
译大手印不共义配教要门》称:"然乐是定根,切须依仗,能增盛缘;
明是本定,离诸妄念而应住于无念真空;无念即是定之行相,无作
意住。此三均等,是一味故,不可阙一。"③是说"乐"是禅定的根

────────────────

①(唐)慧能著,郭朋校释:《坛经校释》,北京:中华书局1983年,第32页。
②《新译大手印不共义配教要门》,俞中元、鲁郑勇:《大乘要道密集评注》,西
　安:陕西摄影出版社1994年,第472页。
③《新译大手印不共义配教要门》,俞中元、鲁郑勇:《大乘要道密集评注》,西
　安:陕西摄影出版社1994年,第473页。

本，"明"是禅定的核心，"无念"则是禅定的内涵。

　　同时，该法强调三者地位平等。在修行中不可偏执其中的某一种，而应当平等对待乐、明、无念，所谓"此三均等而无取着，是真正道"。大手印法提出无念本身即是乐，乐即明照，乐明即无念之乐，三者一体无异。对此，《大手印伽陀支大要门》称："无念之体者，有体、无体，一切苦乐俱不思念，即是乐也。乐即无念，乐即明照，明照即是无念之乐。即此乐、明、无念，无别异故，名为无念也。"①《新译大手印不共义配教要门》则从证得"三身"的角度论述了乐、明、无念三平等的思想，文称："由前无念，即得法身；乐感报身；明得化身；如是三身或三身不异自性身等四身、五身也。"②

　　第三，"纵任身心"而"无住"。

　　西夏大手印法还提出了"纵任身心"的说法，即不执着于空有、断常等等分别和思虑，而进入中道双融的自由境，这也是大手印法"观空"的重要方面之一。西夏大手印著作中经常出现的"意不修整，心无所住也"③"纵放六根，如鸟飞空，无迹而住"④等说法，就是指这种境界。其具体内涵为：

　　一方面，大手印法认为修习者应觉悟万法真空平等，即不能住于名相分别，也不能住于"无念"等观想境界的表象，否则将被迷惑而不能解脱，因此要保持"纵放无住"的境界。对此，《大手印引

---

① 《大手印伽陀支大要门》，俞中元、鲁郑勇：《大乘要道密集评注》，西安：陕西摄影出版社 1994 年，第 495 页。

② 《新译大手印不共义配教要门》，俞中元、鲁郑勇评注：《大乘要道密集评注》，西安：陕西摄影出版社 1994 年，第 476 页。

③ 《大手印伽陀支大要门》，俞中元、鲁郑勇：《大乘要道密集评注》，西安：陕西摄影出版社 1994 年，第 495 页。

④ 《大手印引定》，俞中元、鲁郑勇：《大乘要道密集评注》，西安：陕西摄影出版社 1994 年，第 490 页。

定》称："大手印法本自元成者,明了无思无勤而纵放。不成断见觉受自增成,不成常见无著而双融","勤求缘趣咸皆应弃舍,当于不思不念而不住"①。也就是说,大手印法要求修行者去除断、常二见,即了达真空妙有的中道真理,不为外相和杂念干扰。《心印要门》称："修习行人上则不求佛果,下则不怖轮回,应念真空一味平等,于彼无念亦不应住。"②是说修行者应当体悟真空佛性的平等真实,不能住于无思无念的禅观之中。《大手印引定》称："不修整者,正是法身;修整是过,不获圣道。心不整则自明,水不动则自澄,道不谬则自近,果不缘则自证。"③是说在修行实践中,不能过分刻意地束缚身、心,否则将无法解脱得道。

　　另一方面,西夏大手印法提出,修习者也应安住于本心,安住于禅观修习所取得的平等无分别的解脱境界,这也是无念修法的内容之一。对此,《大手印引定》称："不动显照界中而纵放,无念平等而住应勤进。"④《新译大手印金璎珞等四种要门》称："一切遍计无益苦恼因,而应住于无念昔成体","大手印者然虽法尔自然成,住于不思不了不勤修之体"⑤。这里所说的"无念平等而住""住于无念昔成体""住于不思不了不勤修之体"等,都是指觉悟真空

①《大手印引定》,俞中元、鲁郑勇:《大乘要道密集评注》,西安:陕西摄影出版社1994年,第491页。
②《心印要门》,俞中元、鲁郑勇:《大乘要道密集评注》,西安:陕西摄影出版社1994年,第523页。
③《大手印引定》,俞中元、鲁郑勇:《大乘要道密集评注》,西安:陕西摄影出版社1994年,第486页。
④《大手印引定》,俞中元、鲁郑勇:《大乘要道密集评注》,西安:陕西摄影出版社1994年,第491页。
⑤《新译大手印金璎珞等四种要门》,俞中元、鲁郑勇:《大乘要道密集评注》,西安:陕西摄影出版社1994年,第525页。

自性而无分别妄想的境界。这种修行论实际上与南禅宗的"无住"及"无念"思想接近,《坛经》称:"无念法者,见一切法,不著一切法,遍一切处,不著一切处,常净自性。"① 其意义主要是说:为了知佛法真理就不能执着于一切概念名相,这样才能超越分别束缚而觉悟自性(佛性)。

第四,在修行实践上主张"见行双具"。

在具体的修行实践上,西夏大手印法也主张"见"(解悟)与"行"(践行)相结合,即在禅观解悟真空佛性的同时,修习外在的善行。如《新译大手印不共义配教要门》称:"有见无行其见不究竟,有行无见即非出离行,见行双具即是胜势行。"② 是说只有解悟而无实行,只有实践而无证解,都不能称为解脱,"见行双具"才是正确的修行方法。《新译大手印不共义配教要门》称:"虽了不可思议之法相,于有为善勤修不应舍。"③ 即在了达无为的法相真理之后,还要辅助有为的善行。《大手印引定》称:"见解明了,自然出生;禅定明了,自然显现;行行明了,自然解脱也。"④ 则提出应将见解(慧)、禅定(定)、行行(行)相结合,以达到解脱的目的。

结合以上的分析可知,西夏大手印法的主要内容为:大手印法将证悟真心佛性作为解脱目标,而其"真心"本体的内涵则是心性与空性的统一,具体的修证途径则是"无念"禅观。而在思想内涵

① (唐)慧能著,郭朋校释:《坛经校释》,北京:中华书局1983年,第60页。
② 《新译大手印不共义配教要门》,俞中元、鲁郑勇:《大乘要道密集评注》,西安:陕西摄影出版社1994年,第465页。
③ 《新译大手印不共义配教要门》,俞中元、鲁郑勇:《大乘要道密集评注》,西安:陕西摄影出版社1994年,第472页。
④ 《大手印引定》,俞中元、鲁郑勇:《大乘要道密集评注》,西安:陕西摄影出版社1994年,第488页。

上,西夏大手印法与唐代南宗禅思想之间存在着很大的相似性,这在"无念"思想上有着突出表现。慧能便将"无念"作为其禅法的主要内容之一,提出"我此法门,从上已来,顿渐皆立无念为宗,无相为体,无住为本"①,其弟子神会创立的荷泽宗也继承了这一思想,《荷泽大师显宗记》开篇便提出:"无念为宗,无作为本,真空为体,妙有为用。"②而作为晚唐荷泽宗代表人物的宗密也继承了这一思想。由上文的分析可知,西夏汉传佛教继承了宗密的荷泽禅思想,并将其作为主要的禅学思想;而西夏大手印法与荷泽禅法在修行论上也具有很大的相似性,这也是促使西夏后期藏传佛教及大手印法流行的思想原因之一。

(五)大手印思想的理论特点

第一,西夏大手印法以"本心"思想为理论核心,与西夏华严学的真心思想具有相似性。

在现存的西夏时期大手印著作中,我们随处可见对于"本心""一心"及其解脱本体意义的阐述,从心性本体论的角度来看,西夏大手印法实际上就是一种以观心为主要内容的修行法门。如《大手印引定》就提出:"心与明满本来无二相,了达之时无见无所得,了解不二即是大手印。"③将觉悟"心佛不二"作为大手印法的核心内容。此外,《心印要门》一文还将"以心印心"作为大手印法历代传承的核心,文称:

---

① (唐)慧能著,郭朋校释:《坛经校释》,北京:中华书局1983年,第31页。
② (宋)道原纂:《景德传灯录》卷三十《荷泽大师显宗记》,《大正新修大藏经》第51册,第458页。
③ 《大手印引定》,俞中元、鲁郑勇:《大乘要道密集评注》,西安:陕西摄影出版社1994年,第490页。

　　　　昔有大师,号"风卷轮回",于天竺国诸胜住处成就师等前听受要门,皆依此宗修习;又,大寒林及金刚座南吉祥山成就佛等,亦依此宗修习;西番中国布当捞巴等处殊胜师等,亦依此宗修习;又,康斡隆迎所说师等,亦依此宗修习,是故师资相承,以心印心,正谓此也。①

　　由此可见,心性论正是大手印法的核心思想所在,其本体论、修行论都以此为中心而展开。西夏大手印法对于"本心"本体地位的强调,将本心佛性的内涵视为心性与空性的统一,具有综合般若学"性空缘起"与如来藏"真如缘起"的思想倾向,或者说反映出《大乘起信论》思想与禅宗思想的综合,这与西夏华严学的"真心"思想具有相似性。

　　第二,西夏大手印法以"无念""无住"禅观为主要修行途径,受到中原唐代禅宗思想的重要影响,并与西夏佛教界流行的荷泽禅思想相呼应。

　　在修行依据上,西夏大手印法重视"自心",提倡"即心成佛",又将般若空性与真心本体相统一,这与中原禅宗尤其是慧能南宗禅的思想在基本思想上是一致的。而在修行观法上,西夏大手印观法的主要内容是"无念"观,包括"念虚空"和"无妄念";与之相应的"无住"观则主张不住虚假外境,安住真空佛理等,这些观法及其思想内涵也与南宗禅思想近似。我们由此可以推测,西夏大手印法应当受到唐代南宗禅的重要影响。从现有资料来看,禅宗思想在中唐时代就传入吐蕃地区,并产生了较大影

<hr />

①《心印要门》,俞中元、鲁郑勇:《大乘要道密集评注》,西安:陕西摄影出版社1994年,第523页。

响。据敦煌文书《顿悟大乘正理决》及藏文史书《布顿佛教史》等文献记载,河西禅宗名僧摩诃衍于唐德宗建中二年(781)被吐蕃赞普赤松德赞(742—797)迎请至拉萨传法,并取得了众多信徒的支持。摩诃衍禅法中就包括与南宗禅一致的"无念"思想,后来摩诃衍本人因与印度僧人莲花戒辩论失败而返回河西(即吐蕃佛教史上著名的"顿渐之争")[①],但禅宗思想却在吐蕃地区继续得到传播,并成为大手印法观心思想和修行论的理论渊源之一[②]。同时,在以"无念"为主要内容的修行论方面,西夏大手印法与中原禅学,尤其是唐代荷泽禅的思想也是一致的。结合宗密思想及其荷泽禅法在西夏佛教界的流行情况,可知西夏大手印法的流行在很大程度上顺应了之前西夏佛教界的佛学传统。此外,在西夏大手印法传译的过程中,传译者可能借用了唐代南宗禅著作(以慧能和荷泽禅著作为主)中的名相概念及其思想,而对大手印法进行了创新性的翻译与改写。

　　第三,强调解行结合,与西夏和辽朝的禅学修行论具有一致性。

　　大手印法在修证理论上强调解行结合,主张将内心证悟与外在实修相结合。在目前已知的西夏华严学和禅宗文献中也有相似

---

① 参见[法]戴密微著、耿昇译《吐蕃僧诤记》(兰州:甘肃人民出版社1984年),以及杨富学、王书庆《关于摩诃衍禅法的几个问题》(杜文玉主编:《唐史论丛》第十辑,西安:三秦出版社2008年,第228—247页)等论著。

② 对此,早在12世纪时萨迦派宗师萨迦·班智达(1182—1251)就在其著作《三律仪分别》中指出,噶举派米拉日巴的"大手印"法实际上是摩诃衍的教法;此外,内巴·班智达也论证指出,噶举派"大手印"法与摩诃衍的禅法实际上是相同的。参见杨富学、秦才郎加:《摩诃衍禅法对吐蕃佛教的影响》,敦煌研究院编:《敦煌吐蕃文化学术研讨会论文集》,兰州:甘肃民族出版社2009年,第482—486页。

的表述,如前述西夏佛教文献《解行照心图》就提出了"见性""安心""修万行"三者相结合的修行论。《解行照心图》的这一修证思想则与辽朝道殿的修行论一致①,可能是受到辽朝佛教及其佛学思想影响的产物。对比大手印法与西夏、辽朝佛教思想界的"解行结合"修证思想,我们可以发现大手印法与西夏华严学和禅宗思想之间的一致性,以及辽与西夏、汉传佛教与藏传佛教思想之间的传承与联系。

综上所述,从整体上看西夏大手印法在心性论、修证论等方面与西夏华严学和华严禅思想,以及辽朝华严学和禅学之间存在着相似性。这种相似性向我们透露出这样的信息:一是西夏后期大手印法的流传与兴盛并非偶然,而与西夏前期的华严学等佛教思想的建构和流传有着密切关系,两者都将"真心"或"本心"作为理论核心,在心性论方面都受到唐代南宗禅(包括宗密的荷泽禅思想)的影响;二是西夏佛教思想界有其自身的传统,即以心性论("真心"本体论)为理论核心,以华严学为义学思想的主体,并且具有"禅教融合""显密圆融"的思想倾向,而大手印法在西夏流传并成为西夏佛教思想的重要组成部分,其思想原因就在于顺应了这一思想传统。

四、西夏佛教思想的理论特点

第一,以华严学为佛教义学思想的主体。

华严学是西夏佛教义学思想的主流,这主要表现在以下几方面:首先,华严学的发展贯穿西夏佛教史始终,并受到佛教界的普遍重视。从慧觉《华严忏仪》所列的华严传承谱系可知,从西夏前

---

① 参见本节第二部分中关于《解行照心图》及西夏华严禅思想的分析探讨。

期至夏末元初,华严学在西夏一直流传不断,并且传承者多为国师及帝师,地位崇高,显示出华严学作为西夏佛教义学主体的重要地位。

其次,华严学著作反映了西夏佛教思想的创新。在现存西夏佛教文献中,西夏华严学文献在数量及内涵上都是较为丰富的,其中既包括中晚唐华严学的经典著作(法藏、澄观、宗密等人的论著),也包括与西夏同时期的辽朝及北宋的华严学著作(辽朝鲜演、道殿及北宋净源等人的论著)。此外,还存在数量较多的西夏华严学著作,如《三观九门枢钥》《诸法一心定慧圆满不可思议要门》等,这些著作集中反映了西夏佛教思想界的理论创新。

再次,西夏佛教继承和复兴了晚唐的华严学,并受到辽朝华严学的重要影响。从西夏华严学著作的内容来看,西夏佛教界在整体上继承了澄观、宗密等人的华严思想,在很大程度上代表着中晚唐华严学的传承与复兴。这与辽朝佛教界的情况是相似的,即在宗派思想选择上,都以华严学为佛教义学的主体;而在思想内涵上,两者都以华严学的真心思想为核心,这在西夏佛教文献《三观九门枢钥》《解行照心图》等文献中有明显反映。

第二,西夏佛教思想界以“真心”思想为核心而建构了独立的佛教思想体系。

综观西夏的佛教思想,可知西夏佛教界建立了以华严学为主的佛学思想体系。这一思想体系的主要内容包括:首先,以“真心”思想为华严学核心,并以此为基础而融会其他宗派思想。通过对西夏华严宗和禅宗文献的分析可知,其共同思想特点就是将“真如一心”视为世间与出世间的本体,并将其作为理论核心;如《三观九门枢钥》将华严法界三观、宗密圆觉三观与智顗天台三观相融合,将三者统一于“真心”(“圆明心体”),并试图建构一种新的观法体系。这种思路源自唐代澄观等人,即以华严学的"真如一心"思想为基础吸收天台宗观法及禅宗修行论等思想,最终建立综合性的华严义学体系。这既是唐代华严学发展的内在思路,同时也与唐宋以来中国佛教宗派融合的思想趋势相应,西夏华严学也不例外。

其次,西夏禅宗思想受到宗密荷泽禅及辽朝禅学的重要影响,提出了以证悟"真心"为核心的修行论。西夏佛教文献《诸法一心定慧圆满不可思议要门》围绕"真心"思想及法界缘起理论,将禅宗名相与华严学四法界说进行综合,反映出宗密荷泽禅思想的影响;而《解行照心图》提出了"见性""安心"与"修万行"的三门修行论,将证悟"真心"佛性作为解脱的标志,并且与辽朝华严学和密宗高僧道殿《显密圆通成佛心要集》中的说法一致。可以说西夏禅宗思想在修行的理论基础上受到宗密思想的影响,而在具体的修证途径方面则接受了辽朝道殿等的修行论,而两者的相同之处在于都是以证悟"真心"本体为解脱目标。

再次,西夏大手印法以"观心"为主要内容,以证悟"本心""心性"为理论核心。大手印法将"本心""自心"作为修行依据,以体悟本心(自心)佛性为解脱目的,这实际上与西夏华严学的"真心"思想是一致的。这反映出重视"真心"("本心")思想并以其为理论核心,也是西夏佛教思想的重要特点。

第三,西夏佛教界更为重视宗密思想及荷泽禅法,表现出与辽朝和北宋佛教不同的思想特点。

从西夏华严学和禅学著作的内容及思想来看,虽然西夏与北宋之间存在着密切的佛教交流,但西夏佛教界并没有继承北宋禅宗流派及其思想,而是承袭了晚唐华严学"和会禅教"的思路,即以宗密的华严和荷泽禅思想为基础,形成了一种附属于华严学的

禅宗思想("华严禅思想"),并表现出与北宋和辽朝不同的思想特点。这主要表现在以下几方面:

首先,西夏佛教思想界在继承唐代华严学的同时,更为重视宗密的华严思想。现存的西夏华严学文献明显表现出对宗密思想的推崇,如《三观九门枢钥》一文便将宗密的"圆觉三观"与华严宗和天台宗的基本观法并立,而且将其视为解脱的主要法门("圆觉是竟顿之理门"),表现出对宗密思想的特别重视。而《解行照心图》则将华严学与荷泽禅思想结合,即以真心、灵心思想为基础而融会禅宗和华严学思想,而这正是宗密思想的特色。此外,宗密著述的西夏文译本或汉文抄本的数量和种类,在现存的西夏华严宗和禅宗文献中都是最多的。这些事实证明,西夏佛教界对宗密思想给予了特别的重视。

其次,西夏佛教界接受了晚唐宗密的荷泽禅法,表现出与辽朝佛教界的不同特点。从《解行照心图》及西夏文《洪州宗师教仪》等文献中可知,在对待禅宗的立场上,与辽朝基本否定和贬斥唐代南宗禅的立场不同,西夏佛教界继承和发展了以宗密为代表的荷泽禅思想,并在华严学和南宗禅思想融合的基础上,形成了一种附属于华严学的禅学体系("华严禅思想")。此外,与辽朝特别尊崇澄观思想相比,西夏佛教界更为推崇宗密思想,这在《解行照心图》及《洪州宗师教仪》等文献中都有较明显的反映。这说明与辽朝全面继承澄观思想、保持华严学主体性的思想特色不同;西夏佛教思想界在吸收引进唐代华严学的同时,更多接受了晚唐以来的宗密思想及荷泽禅思想。

再次,西夏佛教界受到辽朝佛教界的影响,表现出"重教轻禅"的倾向,反映出与北宋佛教界的不同思想立场。就目前所知的西夏佛教情况来看,西夏禅宗并不具有在宋金中原地区那样的主体地位,影响力始终有限;而在禅教关系方面,西夏佛教思想界也表现出"重教轻禅"的思想立场。这一特点与辽朝佛教高僧鲜演、觉苑、道殿等人对禅教关系的看法是一致的,反映出西夏佛教界在很大程度上受到辽朝佛教界的影响,而与北宋佛教界尊崇禅宗、融教入禅的立场不同。由此可见,对于汉传佛教的具体思想体系和佛学流派,西夏佛教界做出了不同于辽朝和北宋的选择性继承。这种选择一方面是西夏佛教独立性的体现,另一方面也反映出西夏佛教思想界的理论创新。

第四,以心性论为佛教思想界的核心命题,顺应了中国佛教思想的发展趋势,并以此实现了汉藏佛学思想的并存与融合。

通观西夏佛教思想的主要内容,可知心性论是西夏佛教思想界的核心理论命题,这一方面顺应了唐宋以来中国佛教和儒学思想界的发展趋势,另一方面西夏佛教界以此为基础对汉传佛教宗派思想和藏传佛教思想进行了融合。这主要表现为:

首先,心性论是西夏华严学与西夏大手印法的主要思想。西夏大手印法重视"本心"佛性及"观心"修法,而西夏华严学则将"真心"思想作为理论核心,两者虽然在"心"的具体内涵上不完全一致(大手印法之心以般若学的真空自性为主要内涵,华严学之心则属如来藏说的真如一心),但在思想的基本内涵上都是将心性论作为理论主体,这也是中原大乘佛教与藏传佛教在西夏后期并存与盛行的主要思想原因之一。

其次,西夏大手印法的流行与西夏华严学的传播和影响有关。通过对大手印法著作的分析可知,该法以"本心""观心"思想为修行理论的核心,这与西夏华严学的真心思想具有相似性。从思想内涵上看,大手印法对于"本心"本体地位的强调,以及将本心佛性的内涵视为心性与空性的统一,具有综合般若学"性空缘起"与如来藏"真如缘起"的思想倾向,这与西夏华严学融会"真心"思想与荷泽禅法的思路具有相似性。由此可见,西夏大手印法在很大程度上顺应了西夏已有的佛教思想传统即重视以真心思想为核心的心性论,从这一方面来说,西夏后期大手印法的流行正与华严学的传播和深刻影响有关。

再次,西夏大手印法以"无念"为主要的禅修方法,与西夏佛教界流行的荷泽禅思想相呼应。由上文的分析可知,大手印法将"无念""无住"等作为其修行论的主要内容,这与唐代南宗禅特别是荷泽禅思想间存在着一致性。结合宗密思想及其荷泽禅法在西夏佛教界的流行情况,可知西夏大手印法的流行在很大程度上顺应了西夏佛教界的禅学传统,即以宗密思想为基础的、华严学与荷泽禅结合的禅学宗趣。此外,从西夏大手印法著作中的名相概念来看,存在着西夏传译者借用南宗禅(荷泽禅)思想改造原有大手印法的可能。通过大手印法思想和南宗禅、华严学思想之间的对比考察,我们可以发现西夏后期的佛教思想界确实存在着汉藏佛教思想并存并互相融合的情况[①],这种融合无疑也是西夏佛教思想的创新及特色之一。

综上所述,西夏佛教思想内涵丰富,并具有其自身的思想特点和创新性。这些特点和创新性反映出这样的事实:西夏政权及其佛教思想界在引进中原宗教文化的同时,还结合其自身政治与文化需要,有选择性地对汉文化思想资源进行了吸收与创新,并有意识地体现出自身的独立性与创新性,西夏对藏传佛教思想文化的吸收也是如此。这种佛学思想的独立性与创新性,正是西夏政权

① 这在元初慧觉《华严忏仪》中有较明显的表现,除了书中对藏传佛教思想的吸收融会之外,其西夏华严学传承谱系也显示出这样的情况,即西夏后期的华严学传承者多为显密兼通的高僧。

及党项民族从宗教文化角度对西夏社会时代课题的一种解答,即吸收中原先进汉文化以促进自身的发展,同时保持本民族的文化特色。

第三节　佛教思想与党项民族的世界观

从现存的西夏文献资料中,我们可以发现许多反映西夏人及党项民族哲学思想的文献,其中包含着他们对世界、人类起源及其本质的认识,对人性起源及其内涵的认识等等,这些思想正属于世界观的内容,是其哲学思想的组成部分。西夏人及党项民族的世界观主要来源于佛教与儒学思想,而佛教思想占据了主要地位。因此,本书将主要从以下两方面出发探讨党项民族世界观的内容、特点,以及佛教思想对其产生的深刻影响:一是党项民族对物质世界及其起源的认识(宇宙论),二是对人类起源及人本性的认识(人性论)。世界观既是党项民族和西夏人理论思维的体现,同时也是对西夏现实社会的抽象反映。从这一角度来说,对党项民族世界观思想的探讨,有助于我们从哲学角度进一步认识党项民族的思想创新,以及佛教思想文化对党项民族和西夏社会的深刻影响。

一、佛教思想与党项民族的宇宙论

讨论西夏哲学思想的主要文献资料是西夏人所编辑的《圣立义海》《番汉合时掌中珠》《碎金置掌文》《三才杂字》等出土文献,本书将通过对这些文献的思想分析,探讨西夏人和党项民族对生活于其中的世界、人类自身起源及其本质的独特认识,并研究佛教思想在党项民族世界观形成中的重要作用。在上述书籍中,《圣立义海》对于研究党项民族的世界观具有重要价值[1]，此书共五集十五卷，内容分一百四十二类，但大部分残缺，现存部分约占原书的四分之一[2]。此书的具体撰著者不可考，但从书名"圣立"可知此书为西夏帝王钦定；另外书序[3]中有"臣等才疏智力少，确意尚待后智补"等句，也证明此书是西夏朝臣依据皇帝指令而编撰的；书中有"乾祐壬寅十三年五月十日刻字司重新刻印"的题款，表明此书在夏仁宗乾祐十三年（1182）由官方机构刻字司重新刻印，书中所反映的哲学思想至迟在夏仁宗朝已经形成。这些都证明《圣立义海》属于西夏统治者钦定的百科义书，书中的思想在某种程度上具有法典的性质，并可以在很大程度上反映当时党项民族的主流哲学和思想认识。

（一）宇宙万物生成与元气生化论

《圣立义海》吸收融会了儒学的"元气说"以及佛教的"四大说"，将世界的产生解释为基质元素运动结合的结果。此书根据元气生化论来解释世间万物的起源。首先，该书认为世间万物都有统一的根源。如《圣立义海》序中有如下表述："昔出异象本根同，

---

① 《圣立义海》思想的相关研究成果主要有：[俄]克恰诺夫、李范文、罗矛昆《圣立义海研究》（银川：宁夏人民出版社1995年）、罗矛昆《〈圣立义海〉与西夏人的哲学思想》（李范文主编：《首届西夏学国际学术会议论文集》，银川：宁夏人民出版社1995年，第188—194页）、朱海《西夏孝观念研究——以〈圣立义海〉为中心》（《宁夏社会科学》2006年第3期）等文。

② 本书所采用的《圣立义海》汉译文引自[俄]克恰诺夫、李范文、罗矛昆《圣立义海研究》一书，译文分为对译（直译）、意译两种，本书主要采用意译文字，个别采用对译文字。

③ 该文位于全书最前，仅存末尾部分，其后为全书目录，从其位置及内容可知为序文。

后成依形分种名。世有色相多至亿,凡界有情遮无情。"① 是说世界上各种物体与现象虽纷繁杂多,但其背后都有一个统一的本原(本根)。其次,将世界万物的生成视为阴阳二气的运动和合。《圣立义海·天之名义》中说:"天属阳:一切日星,光净寰宇,阳气下降,阴气和合,尽成诸物。"② 也就是说,万物是下降的阳气与阴气运动和合而生成的。这种元气生成论在同时期的其他西夏文献中也有反映,西夏字书《新集碎金置掌文》一书开篇也称:"天地世界初,日月尔时现。明暗左右转,热冷上下合。"③ 描述的也是阴阳和合产生万物的过程。另一方面,《圣立义海》采用了佛教的"四大"说,认为地、水、火、风四种基质和合构成万物,对此,《圣立义海·地之名义》称:"诸物为载:诸物众生,一切成四大体,依大地为载。"④

元气生化论产生很早,《周易·系辞》中就提出"天地氤氲,万物化醇;男女构精,万物化生"的理论。与西夏政权同时期的宋代儒学思想家就普遍持元气("太极")生化的宇宙论。北宋理学代表人物之一的张载在其《正蒙》中提出:"浮而上者阳之清,降而下者阴之浊,其感通聚结,为风雨,为霜雪,万品之流行,山川之融结,糟粕煨烬,无非教也","其阴阳两端循环不已者,立天地之大义"⑤,也

① [俄]克恰诺夫、李范文、罗矛昆:《圣立义海研究》,银川:宁夏人民出版社1995年,第46页。
② [俄]克恰诺夫、李范文、罗矛昆:《圣立义海研究》,银川:宁夏人民出版社1995年,第50页。
③ 《新集碎金置掌文》汉译文引自聂鸿音、史金波:《西夏文本〈碎金〉研究》,《宁夏大学学报》(社会科学版)1995年第2期,第14—15页。
④ [俄]克恰诺夫、李范文、罗矛昆:《圣立义海研究》,银川:宁夏人民出版社1995年,第57页。
⑤ (宋)张载著,章锡琛点校:《张载集》,北京:中华书局1978年,第8、9页。

就是将风雨霜雪山川万物的生成视为阴阳二气的"感通聚结"。北宋理学另一代表人物周敦颐则在其《太极图说》中提出："太极动而生阳,动极而静,静而生阴。静极复动。一动一静,互为其根;分阴分阳,两仪立焉。阳变阴合,而生水、火、木、金、土。五气顺布,四时行焉。五行,一阴阳也;阴阳,一太极也;太极,本无极也。五行之生也,各一其性。"[①] 他认为太极因动静而生阴阳二气和天地("两仪"),阳变阴合产生五行之气和春夏秋冬四季的运行,进而产生世界万物。

这些例证都反映出西夏的元气生化论与宋朝理学的宇宙论之间存在着相似性,而从西夏政权积极吸收中原文化并与北宋开展广泛文化交流等历史事实中,可以推断出西夏思想界的宇宙论受到中原儒学尤其是宋朝理学的重要影响。

(二)天地观与儒家天道观

《圣立义海》特别列出了"天之名义"与"地之名义",并对天地有如下的认识:

第一,天、地具有永恒性,并具有本体真性。《圣立义海·天之名义》中说:"合一性安:上清为天,常安不毁者,合真性。"[②]《地之名义》残缺,但从文意上推断,地也应具有与天相同的永恒性。

第二,天、地具有自然性。一方面天地有规律性,由阴阳二气主宰,《圣立义海》序中有"阳力下晒除寒性,阴气上和暖充盈。年季四时显异稔,节义宜生盛衰明。"《圣立义海·天之名义》中有:"东高西低:日、月、星辰运转者,西落也。""天道开合:春夏诸物齐

① (宋)周敦颐著,陈克明点校:《周敦颐集》,北京:中华书局1990年,第4—5页。

② [俄]克恰诺夫、李范文、罗矛昆:《圣立义海研究》,银川:宁夏人民出版社1995年,第50页。

放,秋冬诸物熟藏。""天道恒劳:始已行,遍常转。诸子生长,勿有衰竭。""天行有信:四季轮回,诸物自成。"① 也就是说,寒暑四季的变换,日月星辰的运转,都具有固定不变的规律("天道")。另一方面天地是世界的二种基质。与中原地区的五行说不同,《圣立义海》认为世界由天、地、风、水四大基本元素组成,天、地是其中的两种基质,如《地之名义》中有:"世间为大:世界之天、地、风、水四种中,地名为大"②,这与印度佛教的"地、水、风、火"四大说不同,西夏人将四大中的火改为天。

第三,天、地具有人格性,具有德性和赏善罚恶的意志。《圣立义海》序中有:"上清有德皆覆利,下浊厚孝广载恩。"③《圣立义海·天之名义》中有如下条目:"昊天:世间主宰。""知玄析理:天君不言命,为定寿命也。""现相于天:若吉凶相出时,君之行仪定相合,曰[现]也。""善恶分明:天若人做恶行,则使遭祸殃。做善行,则获福佑也。""世界丰稔:天慈,使风雨依节降。""常生德心:天慈,以正行育下,施恩也。""施恩不计:天依孝育众生,故使成诸宝,不计恩功。"④ 也就是说,天是世间及人类祸福的主宰,他具有仁、慈、孝等德性,养育众生并主持世间的赏善罚恶,这样的"天"无疑具有至上神的地位。

此外,党项民族还将佛教的圣山崇拜列入其世界认识中。《圣

① [俄]克恰诺夫、李范文、罗矛昆:《圣立义海研究》,银川:宁夏人民出版社1995年,第46、50页。
② [俄]克恰诺夫、李范文、罗矛昆:《圣立义海研究》,银川:宁夏人民出版社1995年,第56页。
③ [俄]克恰诺夫、李范文、罗矛昆:《圣立义海研究》,银川:宁夏人民出版社1995年,第46页。
④ [俄]克恰诺夫、李范文、罗矛昆:《圣立义海研究》,银川:宁夏人民出版社1995年,第51页。

立义海·山之名义》所列第一圣山即为佛教的须弥山,并将须弥山视为柱天镇地的神山,文称:"柱天镇地:山本昊天圣根,上柱青天,下镇大地。彼青峰山,佛法中称须弥山,亦叫妙高山。"其后又列有"八界金峰"("八界者,佛显处山名。金峰者,金刚座是也")"五台净宫"("众神、菩萨生化,寺显合禅修经,民庶依归处也")"神化德山"("玉体神化身,佛则显,乃民庶之求福处也")"沙州神山"("山刻佛像,寺庙,众神居处多有")[①]等圣山,这既是党项民族传统山岳崇拜的延续,也反映出在党项民族对外部客观世界的理论认识中,佛教有着巨大的影响。

这种兼具"自然之天"与"主宰之天"内涵的天道观,与春秋以来儒家的天道思想相似。但在具体内容上又吸收了佛教思想(如四大说、佛教圣山)及党项民族原始的天地崇拜信仰(如天君、山岳崇拜)。这也是党项民族试图吸收外来的佛、儒等思想文化,并建构综合性思想体系的表现。

(三)人类产生与元气论、五蕴说

《圣立义海》一书对人类产生作出了如下的解释:人的"身"即肉体的产生与天地万物相同,都属于元气自然生化的结果,或由"地、水、风、火"四大基质构成,《圣立义海·人之名义》中说:"阴阳和顺:因阳力盛起,阴根和顺生","依天地德:人者,上荫蔽于天德,下坚依于地藏"[②],是说人是禀受阴阳二气而生,并生存于天地之间。这种说法与中原理学家的看法是类似的,周敦颐就提出"无极之真,二五之精,妙合而凝。'乾道成男,坤道成女',二气交感,

---

①[俄]克恰诺夫、李范文、罗矛昆:《圣立义海研究》,银川:宁夏人民出版社1995年,第58—59页。

②[俄]克恰诺夫、李范文、罗矛昆:《圣立义海研究》,银川:宁夏人民出版社1995年,第62页。

化生万物。万物生生,而变化无穷焉。惟人也,得其秀而最灵"[1]的观点,将人的产生归于阴阳二气的交感化生。北宋张载也提出"游气纷扰,合而成质者,生人物之万殊"[2],认为人产生于元气的运动与合成。不过,该书又有"地、水、火、风,依四大成身也"[3]的说法,认为人的身体是由地、水、火、风四种元素组成,这基本继承了佛教的"四大"说。此外,西夏仁宗乾祐二十一年(1190)骨勒茂才编纂的夏汉文对照辞书《番汉合时掌中珠》也有类似的说法,该书在"人相中"条目中就有"阴阳和合,得成人身"[4]的说法,将人身体的产生视为阴阳二气运动的结果。

关于人的"心"即感官认识和心理活动的产生,《圣立义海》则主要采用了佛教的五蕴缘起说,将人视为有情众生("人者,天下地上一切有情中初始也"),并认为人心由五蕴组成,"依大蕴荫:色、受、想、行、识,依五蕴诸法皆集,善恶才艺显现"[5],即人的心理活动及认识主要来自色、受、想、行、识五蕴的集合变化,善恶才性也由此显现。

因此,在人类生成的认识方面,《圣立义海》中的相关思想是儒家元气说与佛教五蕴说的融合。这种思想实际上也来自中原佛教思想,唐朝宗密在其《原人论》中就提出了类似的说法:"气则顿具

[1]（宋）周敦颐著,陈克明点校:《周敦颐集》,北京:中华书局1990年,第6页。

[2]（宋）张载著,章锡琛点校:《张载集》,北京:中华书局1979年,第9页。

[3][俄]克恰诺夫、李范文、罗矛昆:《圣立义海研究》,银川:宁夏人民出版社1995年,第62页。

[4]（西夏）骨勒茂才著,黄振华、聂鸿音、史金波整理:《番汉合时掌中珠》,银川:宁夏人民出版社1989年,第40页。

[5][俄]克恰诺夫、李范文、罗矛昆:《圣立义海研究》,银川:宁夏人民出版社1995年,第62页。

四大渐成诸根,心则顿具四蕴渐成诸识。十月满足生来名人,即我
等今者,身心是也。故知身心各有其本,二类和合方成一人。"① 此
外,宗密还提出:"谓此身本因色心和合为相。今推寻分析,色有地
水火风之四大,心有受(能领纳好恶之事)想(能取像者)行(能造
作者念念迁流)识(能了别者)之四蕴。"② 他认为人的身体是由气
及四大组合而成的,而心识则由四蕴(受、想、行、识)集合而成。不
过,宗密还进一步从大乘佛教的立场出发,将此说法视为小乘佛教
的粗浅认识,称其为"第二小乘教"的说法,属于"佛教法中小乘浅
浅之教"。但《圣立义海》对元气说与五蕴说的综合融会,反映的却
是西夏思想界试图融会佛儒思想并进行创新的意图。

（四）人性本原与如来藏缘起说

对于人性及福禄贵贱命运的产生原因,《圣立义海》与宋朝理
学家的解释不同,主要采用了佛教的业报缘起说及如来藏缘起说。

关于福禄贵贱命运的产生,《圣立义海》序提出:"俱壮昔缘福
高低,依业众类禄莫等。人同禄异有贵贱,九品才性种族分。"③ 将
"缘"和"业"作为人福禄贵贱高低的主要依据。《为人立名》条中
提出:"人修善行,则世间得正名,后世达乐道。行恶行,则现世人
皆憎,后世受贫苦也。"④将善恶因果报应作为今生及来世祸福的依
据。这些思想都符合佛教对人生祸福的基本认识,例如宗密在《原
人论》中便指出:"是以此身或有无恶自祸、无善自福、不仁而寿、

①(唐)宗密述:《原人论》,《大正新修大藏经》第 45 册,第 710 页。
②(唐)宗密述:《原人论》,《大正新修大藏经》第 45 册,第 709 页。
③[俄]克恰诺夫、李范文、罗矛昆:《圣立义海研究》,银川:宁夏人民出版社
　1995 年,第 46 页。
④[俄]克恰诺夫、李范文、罗矛昆:《圣立义海研究》,银川:宁夏人民出版社
　1995 年,第 62 页。

不杀而夭等者,皆是前生满业已定。"①

　　对于人性的产生,《圣立义海》认为人本来具有"真实性"(即清净无染的佛性或善性),但因为出生后五蕴与外缘的接触,因业缘和烦恼而产生善恶智愚不同的性气,该书《为人立名》条中说:"依真实性:人本有真净性,生后方依因缘烦恼,染诸种性气也。"②这实际上接近于佛教的如来藏缘起说。对此,《大乘起信论》称:"是心从本已来,自性清净而有无明,为无明所染,有其染心,虽有染心,而常恒不变。"③是说如来藏真心从来本性清净,但因为有无明(迷惑不觉)生起而产生烦恼迷惑的不净"染心",但真心本体却永恒清净不变。宗密也有类似的观点,他在探讨"第五一乘显性教"时说:"说一切有情皆有本觉真心。无始以来常住清净,昭昭不昧,了了常知,亦名佛性,亦名如来藏。从无始际,妄相翳之不自觉知,但认凡质故,耽著结业受生死苦。"④认为包括人在内的"一切有情"都有清净无染的本性(即"本觉真心""佛性""如来藏"),但因为无明迷惘而不能觉悟自知,因此产生生死等苦恼。

　　从思想渊源上推断,西夏的人性论思想受到《大乘起信论》及宗密如来藏思想的重要影响,并反映出华严学的重要影响(《大乘起信论》是唐代华严学所依据的重要经论之一,宗密是晚唐华严学的主要代表人物,其著作在西夏广泛流行)。结合华严学在西夏的传播历史来看,我们可以认为这一思想的出现正与西夏佛教及华

---

① (唐)宗密述:《原人论》,《大正新修大藏经》第51册,第710页。
② [俄]克恰诺夫、李范文、罗矛昆:《圣立义海研究》,银川:宁夏人民出版社1995年,第62页。
③ (梁)真谛译,高振农校释:《大乘起信论校释》,北京:中华书局1992年,第61页。
④ (唐)宗密述:《原人论》,《大正新修大藏经》第51册,第710页。

严学的广泛传播和深刻影响有关。不过，在本体论上，宗密最终将元气也归为真心的变现，从而回归于佛教的唯心论，称："然所禀之气，展转推本，即混一之元气也。所起之心，展转穷源，即真一之灵心也。究实言之，心外的无别法，元气亦从心之所变。"[1] 而西夏人则部分肯定了儒家的元气说，将元气视为具体和真实的存在。

从现有的西夏佛教文献来看，这种人性论思想至迟在夏崇宗乾顺时期就已成为西夏佛教界的主流思想。著名的西夏文《重修护国寺感通塔碑铭》（夏崇宗天祐民安五年，1094）碑文中便有："坎性上古不动虽然为，风起摇击波浪荡漾常不绝。正体本于不变虽然为，随缘染著烦祸沉沉永不息。如化迷愚，六道轮回众生得名；圣合尘埃，三界流转有情生受。"[2] 也就是说，对于有情众生来说，存在不动不变的真实本体，但随着外缘善恶的染着而迷愚不能觉悟，从而陷入六道生死轮回。这与如来藏缘起论所说的真如随缘有染心但本体恒常清净的说法是相似的。而到夏仁宗时期，这一思想的影响则由宗教界扩展至俗界，进一步上升为西夏统治者钦定的人性论思想。《圣立义海》认为人具有的"真实性"是人的本性，这种本性在本体意义上清净无染，等同于如来藏即佛性。从这一角度来说，党项民族的人性论实质上是一元的性善论，并且是对佛教如来藏佛性说的改造。

通观《圣立义海》所反映的世界观思想，可知西夏思想界在宇宙论方面主要是以儒学的元气论为依据，而在人性论方面则选择如来藏说及业感缘起说等佛教思想作为主要依据。可见西夏人并未完全固守一说，而是综合了佛儒二家思想，形成了气本论与缘起

① (唐)宗密述：《原人论》，《大正新修大藏经》第51册，第710页。
② 史金波：《西夏佛教史略》附录一，《重修护国寺感通塔碑西夏文碑铭译文》，银川：宁夏人民出版社1988年，第247页。

说并存的"二元"宇宙论与人性论,这正是西夏思想界兼采各家思想而融合创新的表现。

二、佛教思想与党项民族的才性论

"九品才性"说是《圣立义海》一书中的重要思想之一。该书根据人的真实本性被业缘性气熏染的不同,将人分成高低不同的九等:上上品"圣人",上次品"仁人",上中品"智人",以上为"上三品";次上品"君人",次次品"人人",次中品"廉人",以上为"次三品";中上品"士人",中次品"俗人",中中品"奴人",以上为"中三品",构成了一个由圣贤到奴仆的等级制才性论。需要指出的是,"九品才性"并非"九品人性",《圣立义海》认为人具有的"真实性"即佛性才是人的本性,清净纯善;而"九品才性"则主要是针对后天熏染而成的"才质"而言,有善有恶。"九品才性"论是党项民族人性论的一个重要组成部分,内涵丰富,因此有必要对其具体内容及思想渊源做进一步的分析和研究,以此探讨佛教思想对党项民族世界观的深刻影响。

(一)"九品才性"论的主要内容

《圣立义海》第十三卷是对"人之名义"的解释,包括"立人""圣人""仁人""智人""君人""人人""清人""士人""俗人""奴人"等部分,其主要内容即为"九品才性"论,具体内容为:

第一品(上上品)才性为"圣人"。此节前半部分残缺,现存七条名义,其思想内容多与佛教有关。例如,"言辞成句:集文法,知诸言根,出语成句,不为杂言"一条,一方面与儒家的"非礼勿言"说相似,另一方面则也可理解为佛教的"不妄语"。如"邪技知违:见世间邪,皆知恶行莫为"与"莫为恶行:皆去众生之恶害,依慈莫为也"两条,都重在说明人应具备辨别世间善恶的能力,以及不为恶行的重要性,这实际上是佛教"诸恶莫作,众善奉行"的教义。
"修有善法:多念圣文,常敬善法,出语有典,行处无恶,念念寂静,
做作谓德"①一条,提出善行的主要内容包括诵经、礼佛、不为恶行、
念佛坐禅等内容,则完全是在描述佛教信徒的修行实践。

　　值得注意的是,"上和佛法:上与诸佛、圣贤品行性气顺和"一
条,在于说明"圣人"应当具备佛的"品行性气",也就是说"圣人之
性"等同于"佛性";"下与民依:下与庶民依顺,觅福为恤,使得利
益也"②一条,则完全是站在统治者的立场上,要求君王按照佛的标
准去体恤庶民和普度众生。由此可见,《圣立义海》所说的"圣人"
的主要标准,是具备佛性、身处君王之位、信仰佛法并具有"普度
众生"的责任,这实质上是用"佛"境界改造了的儒家"内圣外王"
境界。

　　第二品(上次品)才性为"仁人"。"仁人名义"包括十五条名
义。"上次品人"条首先解释说:"仁人,与世界中圣近边,乃上品。
孝性气者,与菩萨性气和。"③是说仁人属于"中圣",应当具备"孝
性气",也就是"菩萨性",属于"菩萨"境界,而这里将"孝性"与
"菩萨性"等同,也是儒佛思想融合的反映。接下来,该书列举了
众多与菩萨境界相关的"仁人名义":"与菩萨合:仁者常怀慈心,
常与众生性气依顺"条,在于说明仁人应当具备菩萨悲悯众生的
慈心;"对下慈愍:在下常有慈愍庶民心,施物济贫,救济困苦"条,

①［俄］克恰诺夫、李范文、罗矛昆:《圣立义海研究》,银川:宁夏人民出版社
　1995年,第63页。
②［俄］克恰诺夫、李范文、罗矛昆:《圣立义海研究》,银川:宁夏人民出版社
　1995年,第63页。
③［俄］克恰诺夫、李范文、罗矛昆:《圣立义海研究》,银川:宁夏人民出版社
　1995年,第63页。

则从上层统治者的角度说明应当慈愍救济下层贫苦民众,这些说法都近似于佛教"菩萨行"的内容;"智人义明:智慧明敏,诸事皆知,内怀天光,土安国平"与"地上皆悉:分辨地上智行、国事、诸种善恶,尽皆解知"①两条,则说明仁人应具备超凡智慧,洞察世间善恶,并且国事、诸事都能通晓,这实际上接近于佛教所说的佛菩萨才具备的"一切智";而"觉慧报德:觉慧,明敏,知报善恶,不念邪行,常报德道"与"义德常做:身依德践行,心依义为忠,三业和合,常做善事"②两条,则在于说明仁人具备了达因果报应、去恶从善的佛教觉悟。

除此之外,"耿直如正""语辞有孝""孝顺父母""念四恩功""平平行行"等条则属于儒家的伦理道德标准,而"亲不讲情""疏不为憎""怀众庶愍"等条既包含有儒家的仁政、爱民、孝行思想,也包含有佛教的"众生平等"等思想成分。可见"仁人"的主要内容是具备菩萨性,身处君王之位,以及爱民和慈愍众生等,并突出了"慈悲"与"孝行",总之,这里所说的实际上是菩萨化了的"仁人"。

第三品(上中品)为"智人"。"智人名义"包括十三个条目。第一"上品中人"指出:"智名智者,世界中与圣近边,乃名上。明性气者,与天性气合也。"③是说"智人"属于上品才性,并且具备"明性气"也就是"天性气"。那么何为"天性"?从"清明同天:身

---

① [俄]克恰诺夫、李范文、罗矛昆:《圣立义海研究》,银川:宁夏人民出版社1995年,第64页。
② [俄]克恰诺夫、李范文、罗矛昆:《圣立义海研究》,银川:宁夏人民出版社1995年,第63页。
③ [俄]克恰诺夫、李范文、罗矛昆:《圣立义海研究》,银川:宁夏人民出版社1995年,第64页。

心清净,性明齐天"一条可知,智人的才性清明、身心清净如"天";
而"睿明如行:智慧广大,如资君①睿明,诸事皆知晓,性气明敏"
条,则是说"智人"与天神"资君"一样,具有通晓诸事的超凡智慧;
"意常念善:意觉明敏,喜乐向善,见作恶憎,与天仙合"条,则指出
"智人"应具有与天仙相同的向善憎恶的品德。由此可见,结合上
文所说的圣人"佛性"、仁人"菩萨性"来看,这里所说的"天性"指
的是"天神性"或"天仙性"。

　　此外,"心忠于君:勤奉吏事,诸事侍忠,信守君业,安乐为治"
条,以及"勤孝恭敬:于君孝养,果勤恭敬,恭敬谨行,常行不倦"②
条,则从臣子的角度出发,特别强调"智人"应具备奉事君王的忠
孝品德。此外,"身践行儒:依身力知晓己才,依德行判言事也"
条,以及"尽知国礼:国家古法,大小高低,顺行诸事,尽皆知晓"③
条,则强调智人应具备处理政务的知识与能力。而"陈说言是"
(意为言语诚实)、"不怀骄心""尊敬师长""永习德行"等条,都与
儒家的道德要求有关。综上所述,"智人才性"的主要内涵是具备
"天神之性",处于臣子之位,拥有忠、孝、诚、恭、敬等品德,以及处
理国家政务的知识与能力。从这些道德标准和技能的内容来看,
都与儒家思想有关,这也反映出,相比于佛教思想,儒家思想在政
治领域对党项民族产生了更重要的影响。

---

① 据西夏谚语《新集锦合辞》及辞书《义海》《音同》等文献记载,"资君"为
　党项民族所敬仰的神明之一。
② [俄]克恰诺夫、李范文、罗矛昆:《圣立义海研究》,银川:宁夏人民出版社
　1995年,第64页。
③ [俄]克恰诺夫、李范文、罗矛昆:《圣立义海研究》,银川:宁夏人民出版社
　1995年,第64页。

第四品（次上品）为"君人"（君子）。该名义包括二十三个条目。"次上品人"条称："名为君子，世俗人中，心净行明，性气畅达，才情深邃，论辩无碍者也。"[1] 是说君子的心性、品行、才情、智慧都属于世俗人中的上品。具体来说，"君人"的标准包括三方面内容：第一是信仰佛道等宗教并从善去恶。如"秉持佛法：常念佛之德正心慧，敬奉三宝，诵经解意，秉持执要，代供不绝"[2]，即君人应当供养三宝、诵经、持戒、念佛，完全以虔诚佛教徒的标准要求自己；"解善恶道：知善因，悟达业道。解恶缘，知堕恶道"，即深刻明了佛教的因果业报说；"济法仙道：君守济法解业，行五行性，上仙天尊，供奉恭敬"条以及"择珍虚体：君子珍之真性体，清明恭顺，免被惑，亦修长寿道也"[3] 条，则要求君子同时供养道教天尊等神灵，并且要修持道教的长生之道，珍爱保存自己的身体。这些条目一方面反映出佛道等宗教在西夏的巨大影响力，另一方面也是西夏人兼容并包中原宗教思想、佛道皆修的证明。

第二是具备孝顺、正直、诚实、勤勉等品德。如"孝逆分明：孝顺父母，柔声奉侍，不为逆行，为人厌恶"条强调"孝顺"，"唯恶心除：不畏势人，不怀亲心，不谓私亲，不厌他恶，依罪断决"条强调刚正不阿和秉公办事；"信言不妄"条强调诚信，"诸侍勤做"条则强调勤勉等[4]。

① [俄]克恰诺夫、李范文、罗矛昆：《圣立义海研究》，银川：宁夏人民出版社1995年，第65页。
② [俄]克恰诺夫、李范文、罗矛昆：《圣立义海研究》，银川：宁夏人民出版社1995年，第65页。
③ [俄]克恰诺夫、李范文、罗矛昆：《圣立义海研究》，银川：宁夏人民出版社1995年，第65页。
④ [俄]克恰诺夫、李范文、罗矛昆：《圣立义海研究》，银川：宁夏人民出版社1995年，第65页。

第三是具备具体的文书写作、辞令辩论、法律审判、了解民情等处理政务的能力。如"辩才无碍：文业辩才无碍，吟诗、作赋、辩论、喻对皆通晓"① 条，以及"皆知文业""善于辞令""王法礼仪""判案律事""皆知民事""人节根情""测意知凡"等条，都属于这方面的内容。由此可见，在"次三品"才性中，君人（君子）主要指信仰佛法仙道，具备处理文书、辞令、律法等民事政务的人。实际上君人可能指代的是西夏的文官群体。

第五品（次次品）为"人人"。包括十七个条目。"人人"的主要标志包括以下几方面：一是具备非凡的谋略、武艺、体魄等作战能力，如"谋略韬深：如波 ② 大略，能拓广土"③ 条强调谋略和攻城略地的能力，"勇捷善战""争斗敏捷""匕利寻战""张破射敌"等条则指具备勇敢善战的精神以及骑射战斗的武艺，"体魄刚勇"条指具备强健的身体素质；二是具备指挥军队作战的军事领导才能，如"委吏选将""治理军马""能治吏役""战略皆晓"等条。此外，还包括守卫京城皇宫的职责，如"居奉宫室"条称："京师司事，依礼执勤，勿失吏职，奉诸宫室。"④ 可见"人人"的主要标准是具备非凡的军事谋略和作战技能，实际上可能指代的是西夏的武将群体。值得注意的是，该品中除了"次次品人"与"九品中间"条外，唯一与军事才能无关的条目是"敬仰三宝：人敬仰三宝：见佛行礼，

① ［俄］克恰诺夫、李范文、罗矛昆：《圣立义海研究》，银川：宁夏人民出版社1995 年，第 65 页。
② 党项民族传说中的先祖名字。
③ ［俄］克恰诺夫、李范文、罗矛昆：《圣立义海研究》，银川：宁夏人民出版社1995 年，第 66 页。
④ ［俄］克恰诺夫、李范文、罗矛昆：《圣立义海研究》，银川：宁夏人民出版社1995 年，第 66—67 页。

闻法随喜,恭敬僧侣"①,这也说明佛教是包括军事将领在内的西夏社会各阶层的普遍信仰,并发挥着行为准则和精神支柱的重要作用。

第六品(次中品)为"洁人"。此名义只残存三个条目。这些条目为:"次中品人:洁人名洁者,世界中净心明行,志性中能勤艺增要也","计强勇捷:谋多力长,志向勇捷,洁行勤仇,为艺得达","刚仆做事"②(解释内容缺),根据这些残存的论述来看,"洁人"的标准主要有"净心明行""勤艺增要""为艺得达""谋多力长""志向勇捷""刚仆做事"等,指心性明净,勤劳敏捷,具有较高技能的人。仅从这些条目来看,"洁人"亦具备较高的道德水平和能力,应该属于较善的才性,这似乎与"人人名义"中"下四品恶"的说法有矛盾,但由于内容残缺,其具体意义难以完全了解。

第七品(中上品)为"士人"。《圣立义海》此名义全缺,内容难以了解。

第八品(中次品)为"愚人"。该名义残存后半部分中的五条,其内容皆为各种恶的道德或行为,如"喜说利我"指趋利自私,"心腹愚顽"指心胸狭窄和昏愚,"为业懈怠"指愚蠢并荒废学习,"心妒目嫉"指嫉妒与自大,"恚怒言弱"指易怒和口齿不清③。

第九品(中中品)为"奴人"。该名义包括二十个条目,内容也都与道德败坏和昏愚无智有关。"中中品人"条概况说:"奴名奴

①〔俄〕克恰诺夫、李范文、罗矛昆:《圣立义海研究》,银川:宁夏人民出版社1995年,第67页。
②〔俄〕克恰诺夫、李范文、罗矛昆:《圣立义海研究》,银川:宁夏人民出版社1995年,第67页。
③〔俄〕克恰诺夫、李范文、罗矛昆:《圣立义海研究》,银川:宁夏人民出版社1995年,第68页。

者,行愚,为业不聪,不解礼仪,性气愚钝,昼夜思财,念念俗业。"[1]具体包括以下几方面:一是不信佛教,不了解佛法,"莫解三宝"条称:"有佛不信,闻法不解,不敬僧众,从事奴技";二是愚钝(主要指不分善恶),如"愚钝心浊:未解德行,善恶痴迷""不思后语:以丑为美,指恶为善,认虚为实""吉凶迷惑:言吉举凶端,谓奸诈为诚实"[2]等;三是不孝,如"羞辱父母""常害亲人""与亲不等"等;四是贪婪吝啬,如"见色逐色""见财忘命""吝啬常念""见哺弃羞"等;五是怯懦和昏聩(主要指言语行为粗俗、不做善事、思维混沌、甘愿受人役使等),如"怯弱昏聩""不敢作为""懵懂意念""昏聩技俗""心胸颠污"等[3]。由此可见,"愚人"与"奴人"的判断标准主要是人的道德水平(如信佛、孝亲、为善、谦逊)和才智(如有智慧、知吉凶善恶、言语得当、懂礼仪等)。

(二)"九品才性"论与佛教"十界"说

通过上文对《圣立义海》"九品才性"论的解读,我们可以发现佛教与儒家思想在其中占据着重要地位,此外,"十界"思想及佛性说也对九品才性论产生了巨大影响。根据《圣立义海》的说法,人因其所具备的性气不同,可以被分为"圣贤人"和"世俗人"两大部分:该书在解释"次三品者"条时指出第四品"君人"、五品"人人"[4]、六品"洁人"等次三品人"智慧高低,圣贤人稀少,世俗人众

---

[1] [俄]克恰诺夫、李范文、罗矛昆:《圣立义海研究》,银川:宁夏人民出版社1995年,第68页。

[2] [俄]克恰诺夫、李范文、罗矛昆:《圣立义海研究》,银川:宁夏人民出版社1995年,第68页。

[3] [俄]克恰诺夫、李范文、罗矛昆:《圣立义海研究》,银川:宁夏人民出版社1995年,第68页。

[4] [俄]克恰诺夫、李范文、罗矛昆:《圣立义海研究》,银川:宁夏人民出版社1995年,第65页。

多",也就是说上三品"圣人""仁人"和"智人"属于圣贤人,具备佛、菩萨、天等才性;而次三品(包括中品的"士人""愚人"和"奴人")则以世俗人为主,其才性为"人性"。而从佛、菩萨、天、人的划分中,也可以看到佛教"十界"思想的影响。天台宗智顗大师曾根据觉悟境界的高低而提出了六凡四圣的"十法界"说,《法华玄义》称:"约十法界谓六道四圣也。"[1] 四圣指佛界、菩萨界、缘觉界、声闻界,已证得解脱而脱离六道轮回和生死之苦;六凡(又称六道、六趣)指天界、人界、阿修罗界、畜生界、恶鬼界、地域界,六道众生依旧处于轮回生死之苦中。《圣立义海》中的才性说,可能在很大程度上正是对十界思想的融合与改造。值得注意的是,俄藏黑水城文献中有名为《十界心图注》的西夏佛教文献,其内容与《圣立义海》的记载有部分相似之处,本书在此试做对比分析。

　　《十界心图注》(俄 ИНВ.No.2538),纸本版刻,现藏俄罗斯圣彼得堡艾尔米塔什博物馆。中部为"十界图"版画,四周为西夏文注文(图2-1)[2]。所谓"十界心图",是通过图画和文字结合的形式来阐述"应观法界性,一切唯心造"的"唯心"思想,即围绕"一心",按照觉悟层次的高低,而对应于佛、菩萨直至饿鬼、地狱等不同的境界。需要指出的是,虽然"十法界"说来自天台宗,但西夏的《十界心图注》以"心"为核心,并特别引用了《华严经》的内容:"《华严经》中言:'心如工画师,能画诸世间,五蕴皆从生,无法而不造。'又言:'若人行知义,一切欲知悟,应观法界性,一切唯心

---

[1]（隋）智顗说:《妙法莲华经玄义》卷二,《大正新修大藏经》第33册,第693页。

[2]《十界心图注》的西夏文汉译文及原始文献图片,引自刘景云:《西夏文〈十界心图注〉考》,杜建录主编:《西夏学》第八辑,上海:上海古籍出版社2011年,第90、91、98页。

造。"① 这种将十界统一于"一心"的说法,实际上也是华严思想在西夏广泛流行的反映。注文中的第一"佛界"、第二"菩萨界"、第三"缘觉界"残损较甚,难以解读,而第四"声闻界"内容在《圣立义海》中并未出现,在此不做探讨。第五"天界"的内容为:

> 若心念念,勤修十善,为君习功;厌世间苦,降贪嗔痴;宝物中等,无有争斗;常爱行施,自退他进;永修福业,广造治事;心常安柔,礼乐谦和;盛衰厌世,上天乐爱;居相化行,随以求施,故谓天界。②

"天界"可对应于具备"天神性"的"智人才性"。这里提到处于"天"境界的众生应当勤修十善,广行布施,并在思想上去贪嗔痴、心柔谦和等,《圣立义海》"智人名义"中的"意常念善""永习德行""不怀骄心"等条目的意义与此相近。此外,除了佛教修行的内容,文中还提到"为君习功",这与"智人名义"中"心忠于君"的要求是一致的。

第六"人界"的内容为:

> 若心念念,愿爱善法,修诸福业;如礼五戒,佑行十善;仁理□重,言行正直;恒自爱护,不愿他□;敬上念下,无心侵凌;盲时求明,弱时自集;敬施三宝,身孝父母;岁不以厌,世(无)

---

① 刘景云:《西夏文〈十界心图注〉考》,杜建录主编:《西夏学》第八辑,上海:上海古籍出版社 2011 年,第 91 页。
② 刘景云:《西夏文〈十界心图注〉考》,杜建录主编:《西夏学》第八辑,上海:上海古籍出版社 2011 年,第 90 页。

　　贪求,故谓人界。①

　　"人界"可对应于具备"人性"的次三品才性("君人""人人""洁人"),其内容主要是践行佛教的善业以及儒家的忠孝仁爱等道德。"愿爱善法,修诸福业;如礼五戒,佑行十善"及"敬施三宝"都指崇信佛法及行善业,而"君人名义"的"秉持佛法""解善恶道"条,"人人名义"的"敬仰三宝"条都属于这方面的内容。"身孝父母"则属于佛教中国化的思想,而"孝"在"九品才性"论中也属于重要内容,如"君人名义"中的"孝逆分明","人人名义"中的"以孝教化"等。

　　《十界心图注》第七"修罗界"中既包括"众善乐愿,布施修业"等善行,也包括"心生嫉妒""不知谦卑""纵慢不敬"等恶行,但注文指出:"令自持也,行次福业,故为修罗界。"②也就是说,如果能够严格自律而从善去恶,"修罗界"依然可以得到福业。第八"蛾鬼界"、第九"畜生界"、第十"地狱界"的内容则都与各种恶行有关。《圣立义海》中的"洁人""士人""愚人"都有残缺,但在残存的"愚人名义"与"奴人名义"中,我们也可以看到相似的内容:

　　一是不信佛法和因果报应。"蛾鬼界"称"不避祸福,无知因果;不信佛法,心多诈伪","畜生界"称"不受教旨,不悟因果","地狱界"称"不云因果""不知福罪"③。《圣立义海》的"奴人名义"中

————————————

① 刘景云:《西夏文〈十界心图注〉考》,杜建录主编:《西夏学》第八辑,上海:上海古籍出版社2011年,第90页。

② 刘景云:《西夏文〈十界心图注〉考》,杜建录主编:《西夏学》第八辑,上海:上海古籍出版社2011年,第91页。

③ 刘景云:《西夏文〈十界心图注〉考》,杜建录主编:《西夏学》第八辑,上海:上海古籍出版社2011年,第91页。

则有"莫解三宝：有佛不信，闻法不解，不敬僧众"①。

二是贪婪吝啬。"蝱鬼界"称"求贪不足""常生贪吝"，"畜生界"称"日积月累，又无厌足；积聚非道，负命劫财"，"地狱界"称"贪嗔痴等，十恶五逆"②。《圣立义海》"愚人名义"中则有"喜说利我""心妒目嫉"条，"奴人名义"中则有"吝啬常念""见财忘命""见色逐色"条③，都指的是对财物的贪婪与悭吝。

三是昏聩愚钝，不知礼节。"畜生界"称"不知善恶，礼节皆无；非聋如痴，畜类相同"，"地域界"称"不知贤善，又无高下"④。而《圣立义海》的"愚人名义"中则有"心腹愚顽：乖违正言，邪行遂逸"，"奴人名义"中有"愚钝心浊：未解德行，善恶痴迷""心胸颠污：心胸颠狂，莫辩善恶"以及"小大无知"等⑤，两者所指恶行相同。

四是不忠不孝，"地狱界"称"家中不孝，邦国不忠"⑥；《圣立义海》"奴人名义"中有"羞辱父母""常害亲人""与亲不等"等条⑦，皆指不孝等恶行。可见，"十界"与"九品"都是将道德水平

---

① ［俄］克恰诺夫、李范文、罗矛昆：《圣立义海研究》，银川：宁夏人民出版社1995年，第69页。
② 刘景云：《西夏文〈十界心图注〉考》，杜建录主编：《西夏学》第八辑，上海：上海古籍出版社2011年，第90页。
③ ［俄］克恰诺夫、李范文、罗矛昆：《圣立义海研究》，银川：宁夏人民出版社1995年，第68页。
④ 刘景云：《西夏文〈十界心图注〉考》，杜建录主编：《西夏学》第八辑，上海：上海古籍出版社2011年，第91页。
⑤ ［俄］克恰诺夫、李范文、罗矛昆：《圣立义海研究》，银川：宁夏人民出版社1995年，第68、69页。
⑥ 刘景云：《西夏文〈十界心图注〉考》，杜建录主编：《西夏学》第八辑，上海：上海古籍出版社2011年，第91页。
⑦ ［俄］克恰诺夫、李范文、罗矛昆：《圣立义海研究》，银川：宁夏人民出版社1995年，第69页。

Инв.No.2538　　《十界心图注》

图2-1　西夏文《十界心图注》①

① 刘景云:《西夏文〈十界心图注〉考》,杜建录主编:《西夏学》第八辑,上海:上海古籍出版社2011年,第98页。

的高低作为主要划分标准。

通过《圣立义海》与《十界心图注》的对比可知,两者在划分品级或境界的标准方面存在着许多一致的内容。由此可见,"九品才性"论的具体内容及品级划分的标准中渗透着浓厚的佛教思想,鲜明地反映出佛教思想对党项民族人性论产生的深刻影响。

(三)"九品才性说"反映的儒佛融合思想与西夏等级社会

首先,"九品才性论"表现出西夏思想界对儒家思想的吸收与综合,是一种儒佛思想融合的人性说。

西夏"九品才性论"在形式上继承了先秦两汉时期儒家的人性论思想及道德标准。东汉班固在其《汉书·古今人表》中就列有上上"圣人"、上中"仁人"、上下"智人"、下下"愚人"以及未命名的其他五等共"三科九品"人物①。《圣立义海》中的九品才性分类,在形式上正是受此影响而形成的。此外,《圣立义海》在解说第五品(次次品)"人人"条时称:"人者乃九品之间,与上四品依顺,下四品性异。"② 即"人人"处于九品的中间,并且与上四品接近,而且根据自身为善为恶的不同,"人人"可以与上四品或下四品发生联系,"九品中间"条称:"知人间善智,则与上四品依顺,知恶行则与下四品依顺。"③ 由此可见,"人人"属于"中人"并具有改变才性的可能。而从上四品善、下四品恶及品级间的严格区分来看,党项民族的"九品才性"说还受到儒家"性三品"说的较大影响。孔子

---

① 参见(汉)班固著,(唐)颜师古注:《汉书》卷二十《古今人表》,北京:中华书局1962年,第861—863页。
② 克[俄]克恰诺夫、李范文、罗矛昆:《圣立义海研究》,银川:宁夏人民出版社1995年,第66页。
③ 克[俄]克恰诺夫、李范文、罗矛昆:《圣立义海研究》,银川:宁夏人民出版社1995年,第66页。

曾说:"中人以上,可以语上也;中人以下,不可以语上也"①,"唯上知与下愚不移"②。西汉董仲舒则提出了"性三品"说,将人的才性分为"圣人之性"(性善)、"中民之性"(性有善恶)与"斗屑之性"(性恶),"圣人之性"与"斗屑之性"不可改变,而"中民之性"则可以因教化不同而为善或为恶③。《圣立义海》将"九品才性"分为"上四品"(善)、"中人"(有善有恶)、"下四品"(恶),应当就是受到中原儒家人性思想影响的结果。而通观九品才性的内容,"孝"及"五常"等儒家伦理道德也是划分不同才性的重要评判标准。

　　其次,"九品才性"论并非完全是理论化的思维创造,它在很大程度上是对当时西夏官僚机构及社会等级阶层的反映。

　　从上文的分析可知,所谓具备"佛性"的"圣人"与具备"菩萨性"的"仁人",都是处于帝王君主等地位的统治者;而具备"天性"的"智人"与具备"人性"的"君人"与"人人",都居于文武官员的臣僚地位。相比之下,属于"圣贤人"的"智人"品级较高,而"君人"和"人人"则分别指代一般的文职官员和军事将领。

　　这种等级制的才性论在很大程度上是对西夏官僚制度及等级社会的一种反映。同属于夏仁宗时期的《天盛改旧新定律令》(以下简称《律令》)、《官阶封号表》(以下简称《封号表》)等文献中就有关于西夏官僚等级的记载,如《封号表》在太皇帝、皇帝、皇太子之下列有上、次、中、下、末、第六、第七品等七品官阶封号,《律令》

① 杨伯峻译注:《论语译注·雍也篇第六》,北京:中华书局1990年,第61页。
② 杨伯峻译注:《论语译注·阳货篇第十七》,北京:中华书局1990年,第181页。
③ 参见(清)苏舆撰,钟哲点校:《春秋繁露义证·实性篇》,北京:中华书局1992年,第310—313页。

第十章《司次行文门》则列有上、次、中、下、末品等五品司。其中，《封号表》上品列有"大国王"《律令》上品则列有分掌军政大权的"中书""枢密"；《律令》次品官有御史、三司、中兴府、大都督府、功德司等中央部门职官及西凉府、富夷州等陪都重镇的职官；《律令》中品官为等级低一级的典礼司、农田司、审刑司、都转运司等中央职官，以及鸣沙州、五原郡、华阳县和伏羌军、鞑靼军、宣威军等重要地方州、郡、军的职官；《律令》下品及末品依次列有等级更低的京府和地方职官①。

对比"九品才性"和西夏的官阶等级，我们可以发现，"圣人"与"仁人"才性应该对应于太皇帝、皇帝、皇太子等最高统治者的等级，"智人"才性则对应于上品"中书""枢密"等执掌文武大政的臣僚，"君人"与"人人"对应于次品和中品的高级文武官僚，由于"洁人""士人"内容残缺，尚不能完全确定这些品级属于官吏还是庶民，但从"愚人"和"奴人"的内容来看，他们指代的都是无官品的一般庶民百姓。

这种才性论对社会等级的映照，也说明《圣立义海》的九品才性论并非只是单纯的理论思辨与哲学思维，它在很大程度上是西夏社会现实在上层思想中的反映，即等级森严的官僚体制，以及从君主、官僚、贵族到庶民、奴仆的等级性社会阶层。

三、党项民族世界观的特点

第一，在西夏人和党项民族对人本性的认识中，佛教思想占据主体地位。

《圣立义海》的人性论以佛教如来藏缘起说为基础，将人的本

---

① 参见李范文：《西夏官阶封号表考释》，《社会科学战线》1991年第3期。

性视为真实不变的善性(佛性),将心理活动的产生视为五蕴集合的结果,这些思想反映出唐代华严学尤其是宗密思想的影响。通过"九品才性论"与《十界心图注》的对比,可知九品才性的内在划分标准与佛教的"六凡四圣"十界说之间存在着相似性;该书的"九品才性"说在内在思想上是以"佛性""菩萨性""天性""人性"等作为划分才性高低的本性依据。这些都表现出西夏人和党项民族对中原佛教思想,特别是佛性论的深入吸收与改造。此外,《圣立义海》将人生祸福命运的原因归结为佛教的因果业报说,并将信仰佛法、尊崇三宝等作为评判才性高度的重要标准。从总体上看,相比于儒家思想,佛教思想是党项民族人性论和人生观的主要思想渊源和理论基础。

第二,在西夏人和党项民族对天地等外在世界性质的认识中,儒家思想产生了重要影响。

《圣立义海》以中原的元气生化论为基础,将天地万物的产生视为阴阳二气运动交融的结果。而在天地的认识中,又吸收了传统儒学天道观中的"主宰之天""自然之天"等内容,认为天具有主宰人间祸福、赏善罚恶的人格性,以及四季变化、自然运动的规律性。此外,《圣立义海》也将人的物质身体的产生归因于阴阳交感和元气运动,以及四大(天地风水)和合的结果。从整体上看,在对外在世界及人的物质身体的起源及性质的认识方面,西夏思想界及党项民族主要采用了儒家思想中的元气说,并结合了佛教的四大缘起等相关学说。同时,针对人的后天才性和道德伦理,西夏人接受了儒学的影响,提出了"九品才性"说。其理论渊源可以上溯至东汉班固的《人物志》及董仲舒的"性三品"说,并且可能受到魏晋时期"才性论"和"九品中正制"等思想和制度的影响。总而言之,儒家思想对西夏人和党项民族的宇宙观和才性论思想产生了重要影响,在西夏人的世界观中也占据着重要的位置。

第三,西夏人和党项民族在对宇宙观和人性论的探讨中,围绕佛性思想和如来藏缘起对儒佛思想进行了融合和创新。

《圣立义海》认为人具有清净无染的真实本性,但由于迷愚不觉和外缘的熏染而产生各种善恶、贤愚不同的才性,从而形成了高低各异的人品与才智,这是西夏思想界用以解释人性本质和人生祸福原因的主要理论。这种人性论的主要理论渊源就是佛教的佛性思想和如来藏缘起说。佛性问题自南北朝以来就成为中国佛教思想界的核心理论问题,"人人皆有佛性"逐渐成为佛教界的共识,这实际上是承认人性本善。随着唐宋以来儒学对佛教思想的吸收融合和理学的发展,儒学思想家也普遍重视心性论,主张性善论。正是在唐宋时代佛儒融合的思想背景下,西夏的人性论思想受到中原佛教佛性论和儒家性善论的深刻影响,也可以视为两者的结合。但与中原地区以先秦儒学为理论渊源而建构人性论的思路不同,西夏人和党项民族主要围绕佛教的佛性思想和如来藏说建构其人性论思想,并吸收了儒学的才性论、性善论等内容。这也反映出西夏思想界追求思想文化独立性和创新性的意图。

第四,西夏人和党项民族的世界观思想顺应了唐宋以来中国思想界三教合一的发展趋势。

通过对《圣立义海》《十界心图注》等文献内容的分析可知,西夏人和党项民族试图对汉传佛教思想及儒学思想进行综合,反映出佛儒融合的思想趋势。综观唐宋时代的中国思想界,佛道儒"三教合一"是当时最主要的思想发展趋势。从这一角度来说,西夏人的世界观及其佛儒融合思想与中国思想发展的整体趋势是一致的,并且是其中的重要组成部分。

总体来看,党项民族的世界观是佛教与儒家思想融合的产物,并在很大程度上反映出官僚体制及社会阶层等西夏社会的现实情况。从佛教思想的角度来看,华严学的如来藏缘起说、天台宗的十界思想,以及佛性论、因果报应论等思想都被西夏思想界吸收和改造,进而成为党项民族世界观思想的重要理论渊源和依据。这也证明,西夏的佛教义学思想并非是囿于佛教思想界内部的单纯经院哲学,相反,这些思想在西夏思想家的体系化吸收和改造后,深刻地影响到党项民族和西夏人的世界观。可见,西夏政权及党项民族善于主动吸收外来先进文化以促进自身的发展,而对佛教及儒学思想文化的引进与综合正服务于这一时代主题。

通观《圣立义海》等书中反映的西夏人世界观思想,我们得到的总体认识是:西夏人虽然试图将佛教和儒家思想进行统一综合,但这种综合更多地表现为对佛教如来藏说、佛性说,以及儒家天地论、性善论的引用和杂糅。相比于唐宋中原思想界,西夏哲学虽然在理论的思辨性和创新性上尚待进步,但依然表现出鲜明的综合性和思辨性[1]。不可否认的是,从西夏人的世界观思想中,我们可以发现西夏人吸收先进文化并进行综合创新的积极尝试。而从这些思想的理论内涵来看,西夏思想文化并未脱离中原儒学和汉传大乘佛教的理论范围,也就是说,西夏思想文化是唐宋时代中原汉文化和中国思想文化的重要组成部分。同时,这种对中原汉文化的广泛吸收与综合改造,也促进了党项民族与汉民族之间的文化认同。

---

[1] 当然,由于历史上西夏文献的大量损毁和佚失,以及现存文献的不足(如《圣立义海》残缺较多,《番汉合时掌中珠》《三才杂字》等文献的记载过于简略等),以上的结论只是就现有的资料得出的。本书也期待新资料的发现与公布,可以对以上观点做进一步的补充和完善。

第四节　佛教与西夏民众的社会思想

本节所要探讨的是佛教对西夏人和党项民族社会思想的重要影响,这里所说的社会思想主要是指与西夏民众日常生活相关的信仰、伦理道德观念及风俗等。上文所述的西夏汉藏佛学思想,以及宇宙论、人性论等西夏官方哲学,都具有理论化、抽象化的特点,反映出佛教思想对西夏人哲学观念的影响,与帝王、官僚及高僧、儒者等上层知识分子的关系最为密切。相比之下,净土信仰、社会伦理道德观念等更能反映出佛教思想对西夏民众和社会的普遍影响。而通过对这些观念和社会思潮的探讨,有助于我们进一步了解佛教思想与西夏社会、宗教思想与文化认同之间的关系。

一、净土信仰与党项民族精神归宿的重建

(一)死后归宿的建立:对轮回转世与净土往生等观念的接受

在现存的西夏佛教文献中,有大量附于佛教经典后的发愿文,其内容多为记载印经原因、资助人并表达宗教和现实愿望的记录。这些发愿文是佛教信徒宗教情感和信仰需求的真实表达,可以集中反映出党项民族和西夏民众普遍性的佛教信仰和观念,净土信仰就是其中的重要内容①。根据信仰主尊及求生净土的不同,佛教净土信仰主要包括弥陀净土("西方净土")、弥勒净土("兜率内

---

① 参见孙昌盛《略论西夏的净土信仰》〔《宁夏大学学报》(哲学社会科学版) 1999 年第 2 期〕,该文主要利用《密咒圆因往生集》、西夏石窟壁画、发愿文等资料探讨了西夏净土信仰的概况;范立君《俄藏黑水城发愿文研究》(兰州大学 2011 年硕士学位论文),该文主要从文献学和历史学的角度探讨了黑水城西夏发愿文的内容、信仰特点与佛教的社会影响等内容。

宫""兜率天")、药师净土("东方净土")、华藏净土("华藏世界")
等,其中尤以弥陀净土和弥勒净土的影响力最大,信徒最众。从现
有的西夏佛教文献来看,佛教净土信仰被当时的西夏民众普遍接
受,并对西夏社会及民众的精神生活产生了重要影响。这些信仰
主要包括以下几类:

第一,西夏的弥陀净土信仰。

西方净土即弥陀净土是隋唐以来影响力最大的净土信仰,这
一信仰在西夏也广为传播,俄藏黑水城文献中就发现有西夏文译
本的《佛说阿弥陀经》、《圣大乘无量寿经》、《求生净土顺要论》(寂
照国师传译)、《西方净土十疑论注》(隋智𫖮述,北宋澄彧注,俄
ИНВ.No.6743,俄 ИНВ.No.708,俄 ИНВ.No.825,俄 ИНВ.
No.2324)[1],《往生净土偈》(辽朝思孝著,俄 TK323)、《弥勒上生
经讲经文》(俄 TK267)、《西方净土礼》(俄 B2.3)、《慈觉禅师劝化
集》(北宋宗赜著,内收多篇与净土信仰有关的文章,俄 TK132)等
众多与弥陀信仰有关的经论。除了反映净土信仰的佛教义学著作
外,现存的西夏时期佛经发愿文也是包括党项及汉族在内的西夏
民众净土信仰的最直接体现。

例如天盛八年(1156)夏仁宗母曹氏印施西夏文《阿弥陀经发
愿文》(俄 ИНВ.No.6518,俄 ИНВ.No.7123)称:

> 谨闻:成圆妙觉,观智本而无方;现相利生,摧迷山而道
> 显。今《阿弥陀经》者,大乘玄趣,文妙义赅,施救有情之道,
> 实为诸有所趋。因见如此广大利益,施主帝母乃发大愿,建造

---

[1] 孙伯君、韩潇锐:《黑水城出土西夏文〈西方净土十疑论〉略注本考释》,《宁夏社会科学》2012 年第 2 期。

弥陀佛殿一座,复刊印《弥陀经》三千卷,施与众人。谨愿:以此胜善,故皇先圣上居极乐佛宫,当今皇帝永驻须弥胜境。皇后千秋,圣裔蕃茂。文臣武将,福禄咸臻。法界含灵,往生净土。①

据此发愿文的内容可知,天盛八年夏仁宗的生母曹氏("施主帝母")建造了一座供奉阿弥陀佛的佛殿,并刊印散施《阿弥陀经》三千卷。愿文中所说的"极乐佛宫""净土"所指的就是《阿弥陀经》等经典所说的弥陀净土即西方净琉璃世界。这篇发愿文祈愿"故圣先皇"即已经逝世的西夏统治者,以及"法界含灵"(一切众生)都往生净土,这正显示出弥陀净土信仰在西夏统治阶层中的广泛流行。

又据安亮等印施《大方广佛华严经入不思议解脱境界普贤行愿品》发愿文称:

> 是故畅圆融宏略者,《华严》为冠;趣□乐玄猷者,净土惟先。伏法界一真之妙宗,仰弥陀六八之弘愿。今安亮等,愍斯威福,利彼存亡。届亡妣百日之辰,特命工印《普贤行愿品经》一□有八卷,绘弥陀主伴尊容七十有二帧,溥施有缘。②

从该发愿文的内容可知,名为安亮的佛教信徒为超度其亡母早生

---

① 聂鸿音:《西夏文〈阿弥陀经发愿文〉考释》,《宁夏社会科学》2009 年第 5 期,第 94—95 页。
② 俄罗斯科学院东方研究所圣彼得堡分所、中国社会科学院民族研究所、上海古籍出版社编:《俄藏黑水城文献》第 3 册,上海:上海古籍出版社 1996 年,第 233 页。

净土,而印施阿弥陀佛像七十二帧,并说"趣□乐玄猷者,净土惟先",反映出净土信仰的巨大影响力,及其对西夏丧葬习俗及来世观念的重要影响。

此外,黑水城遗址等地还出土了大量与净土信仰有关的西夏佛教绘画,其中,已经发表的七件相关绘画在内容上皆为表现弥陀净土信仰的《阿弥陀来迎图》①。而位于甘肃等地的敦煌莫高窟、安西榆林窟、东千佛洞、酒泉文殊山等石窟寺中都有西夏时期绘制的大量弥陀净土变壁画。这些佛教文物都说明阿弥陀佛及弥陀净土信仰在西夏民间具有广泛的影响力,这与中原地区的情况是相似的。

第二,西夏的弥勒净土与华藏、药师净土信仰。

弥勒净土信仰的主要内容是佛教徒信仰未来佛弥勒,并祈求死后往生弥勒所住的兜率天宫(兜率内院)即弥勒净土。在中国佛教的净土信仰中,该信仰的影响力仅次于弥陀净土信仰,在西夏同样具有重要的影响力,这在现存的西夏佛经发愿文中也有表现。如乾祐二十年(1189)夏仁宗印施《观弥勒菩萨上生兜率天经》发愿文(俄 TK58)称:

今《观弥勒菩萨上生经》者,义统玄机,道存至理。……闻名号则不堕黑暗边地之聚,若归依则必预成道授记之中。佛言未来修此众生,亦得弥勒摄受。感佛奥理,镂板斯经,谨于乾祐己酉二十年九月十五日,恭请宗律国师、净戒国师、大乘玄密国师、禅法师、僧众等,就大度民寺作求生兜率内宫弥

① 参见张元林:《从阿弥陀来迎图看西夏的往生信仰》,《敦煌研究》1996年第3期。

勒广大法会。烧结坛作广大供养,供奉大施食,并念佛诵咒,
读西番、番、汉藏经及大乘经典,说法作大乘忏悔,散施番、汉
《观弥勒菩萨上生兜率天经》一十万卷,汉《金刚经》《普贤行
愿经》《观音经》等各五万卷。暨饭僧、放生、济贫、设囚诸般
法事,凡七昼夜。所成功德,伏愿:一祖四宗证内宫之宝位,崇
考皇妣登兜率之莲台。①

就该发愿文的内容来看,有以下几点值得注意:首先,夏仁宗仁孝
以最高统治者的名义召集当时的宗律国师、净戒国师、大乘玄密国
师等最高级别佛教僧侣,于大度民寺主持"求生兜率内宫弥勒广大
法会",这与乾祐十五年仁宗皇帝"本命之年"庆祝法会的规模是相
当的②;其次,夏仁宗一次性印施十万卷《观弥勒菩萨上生兜率天
经》并散施臣民,根据目前发现的西夏佛教发愿文记载,这是一次
性印施数量最多的单本佛经。此外,仁宗还举行了烧结坛、诵经、施
食、放生等佛教法事活动。乾祐二十年(1189)夏仁宗仁孝即位整
五十周年,他举办"求生兜率内宫"法会及印施《观弥勒菩萨上生
兜率天经》等活动,固然有庆祝登基五十周年的意义,但此时他已
是六十五岁高龄,处于人生晚年(仁孝于五年后去世,终年七十岁),
这些求生净土世界的宗教活动无疑与夏仁宗相信因果业报、追求来
世解脱的观念有着更密切的关系。同时,这些活动也证明,相比于
其他净土信仰,夏仁宗对弥勒净土信仰("兜率内宫")更为重视。

---

① 俄罗斯科学院东方研究所圣彼得堡分所、中国社会科学院民族研究所、上
海古籍出版社编:《俄藏黑水城文献》第2册,上海:上海古籍出版社1996
年,第48页。
② 参见上文所引乾祐十五年夏仁宗印施的《佛说圣大乘三归依经》御制发
愿文。

又据天庆元年（1194）罗太后（夏仁宗皇后罗氏）印施西夏文
《仁王护国般若波罗蜜多经》发愿文（俄 И Н В .No683）称："以兹
胜善，伏愿护城神德至懿太上皇帝，宏福暗佑，净土往生。举大法
幢，遨游毗卢之华藏；持实相印，入主兜率之内宫。"[1] 该发愿文反
映的是夏桓宗天庆元年（1194），罗太后为纪念夏仁宗逝世一周年
而举办大型超度法会，以及印施大量《仁王经》的事情。其目的是
祈愿夏仁宗"净土往生"，而从"举大法幢，遨游毗卢之华藏；持实
相印，入主兜率之内宫"等句来看，这里的净土指的是弥勒净土即
"兜率内宫"，同时还与华严宗所宣扬的华藏净土世界（"毗卢之华
藏"）有关。此外，西夏民间刊印的《弥勒上生经讲经文》发愿文
（俄 TK267）中称："祝赞当今皇帝，圣寿万岁。文武官僚，禄位转
千高。愿万民修行在兜率天上，愿众生尽登彼［岸］。"[2] 反映的也
是对弥勒净土的信仰。

　　西夏时期的弥勒经变画现存较少，如文殊山万佛洞东壁现存
弥勒上生经变壁画一铺，内容表现弥勒菩萨及其所居兜率天宫的
情景。此外，肃北五个庙石窟（第 1 及 3 窟）保存有西夏时期弥勒
下生经变画两铺。此外，与药师佛崇拜有关的东方净土信仰在西
夏也有一定的流传，如敦煌莫高窟中就保存有西夏时期所绘制的 7
处药师经变画，榆林窟、东千佛洞、肃北五个庙石窟各 1 处 [3]。

　　与帝后等社会上层人物不同的是，普通民众对于弥陀、弥勒、

① 聂鸿音：《〈仁王经〉的西夏译本》，《民族研究》2010 年第 3 期，第 45 页。

② 俄罗斯科学院东方研究所圣彼得堡分所、中国社会科学院民族研究所、上
　海古籍出版社编：《俄藏黑水城文献》第 4 册，上海：上海古籍出版社 1996
　年，第 354 页。

③ 参见王艳云：《西夏晚期七大经变画探析》，首都师范大学 2003 年博士学位
　论文，第 33 页。

华藏等净土世界并没有具体的区分与偏好,而是笼统地将"净土""净方"等作为死后求生的彼岸世界。如天庆七年(1200)仇彦忠等印施《圣六字增寿大明陀罗尼经》发愿文(俄 TK135)称:"资荐亡灵父母及法界有情,同往净方。"[①]这也反映出佛教在不同社会阶层中的传播各有特点,抽象化、理论化的佛教义学多为具备较高文化水平的上层社会所接受,而下层普通民众所接受的主要是世俗化和简易化的佛教信仰。

以上文献反映出西夏民众广泛存在着佛教净土信仰,这也表明包括皇室贵族和普通百姓在内的西夏民众普遍相信来世和彼岸世界的存在。如在西夏帝后的发愿文中就常见有祈求西夏历代统治者("六庙祖宗""一祖四宗""艺祖神宗")超生净土世界的内容,而通过刊印佛经作为求生净土的功德,也反映了佛教的因果报应和转世轮回观念。对于党项民族来说,这正意味着对外来精神文化的吸收及其原有社会观念的改变。

(二)生命永恒的追求:以成佛证道为生命的终极目的之一

在对来世和彼岸世界的认识方面,西夏民众除了追求往生净土世界之外,还将成佛证道作为重要的人生目标,这在西夏佛经发愿文中也有大量的体现。但在成佛解脱的总目标之下,西夏人对于"成佛得道"具体内涵的认识不尽相同,这表现为:

一是将成佛证道与往生净土等同看待。

佛教认为,求生净土是证得菩提佛果的重要组成部分,众生在娑婆世界(指众生所居住的现实世界)很难得到诸佛的亲自教诲,

---

① 俄罗斯科学院东方研究所圣彼得堡分所、中国社会科学院民族研究所、上海古籍出版社编:《俄藏黑水城文献》第3册,上海:上海古籍出版社1996年,第173页。

因而需要先往生佛国净土,常见诸佛,这样更容易修成正果。《大乘起信论》就提出:

> 以住于此娑婆世界,自畏不能常值诸佛,亲承供养。惧谓信心难可成就,意欲退者,当知如来有胜方便,摄护信心。谓以专意念佛因缘,随愿得生他方佛土,常见于佛,永离恶道。如修多罗说,若人专念西方极乐世界阿弥陀佛,所修善根回向愿求生彼世界,即得往生。常见佛故,终无有退。若观彼佛真如法身,常勤修习,毕竟得生住正定故。①

这种思想在一般佛教信徒中的表现,则是将往生净土与成正觉等同看待。这种净土信仰在西夏颇为流行,如天盛十九年(1167)夏仁宗《佛说圣佛母般若波罗蜜多心经》御制后序(俄TK128)称:"仰凭觉荫,冀锡冥资。直往净方,得生佛土。永住不退,速证法身。又愿:六庙祖宗,恒游极乐。"②乾祐十五年(1184)夏仁宗《佛说圣大乘三归依经》御制发愿文(俄TK121)称:"伏愿:皇基永固,宝运弥昌。艺祖神宗,冀齐登于觉道;崇考皇妣,祈早往于净方。"③天庆二年(1195)罗太后印施《转女身经》发愿文(俄TK12)称:"伏愿:仁宗圣德皇帝,抛离浊境,安住净方。早超

---

① (梁)真谛译,高振农校释:《大乘起信论校释》,北京:中华书局1992年,第186页。

② 俄罗斯科学院东方研究所圣彼得堡分所、中国社会科学院民族研究所、上海古籍出版社编:《俄藏黑水城文献》第3册,上海:上海古籍出版社1996年,第77页。

③ 俄罗斯科学院东方研究所圣彼得堡分所、中国社会科学院民族研究所、上海古籍出版社编:《俄藏黑水城文献》第3册,上海:上海古籍出版社1996年,第52页。

十地之因,速满三身之果。"① 这些发愿文都将往生净土(净方)与证道成佛并列,反映出党项族统治者将两者共同视为获得来世解脱的标志。

　　此外,夏惠宗天赐礼盛国庆五年(1073)陆文政印施《夹颂心经》发愿文(俄 TK149)称:"愿随弥勒以当来,愿值龙华而相见。然后福沾沙界,利及□□。"② 这里所祈愿的"随弥勒以当来,值龙华而相见"是指与弥勒菩萨未来共同下生成佛,并于龙华会上得道解脱。天庆元年(1194)罗太后印施西夏文《仁王护国般若波罗蜜多经》发愿文称:"天下众臣,同登觉岸;地上民庶,悉遇龙华。"③ 这里的"悉遇龙华"也是指亲自参与弥勒佛下生的龙华盛会而成佛。严格来说,这些祈愿与求生兜率净土的目标不完全一样,前者是直接祈求获得最高佛果,后者则是希望取得成佛修行的方便途径。但这些思想的共同特点是,都将成佛视为具体的超越性存在,即取得佛的神通法身并安住于某一外在的净土世界,这种思想与中国传统的成仙思想具有相似性,而与中国大乘佛教思想不同④。

① 俄罗斯科学院东方研究所圣彼得堡分所、中国社会科学院民族研究所、上海古籍出版社编:《俄藏黑水城文献》第1册,上海:上海古籍出版社1996年,第292页。
② 俄罗斯科学院东方研究所圣彼得堡分所、中国社会科学院民族研究所、上海古籍出版社编:《俄藏黑水城文献》第3册,上海:上海古籍出版社1996年,第279页。
③ 引自聂鸿音:《〈仁王经〉的西夏译本》,《民族研究》2010年第3期,第45页。
④ 在中国禅宗及般若中观学等大乘佛教思想中,"净土世界"并非修行的最终目的,它更多被视为一种对得道状态或心灵超越境界的譬喻,或者只是作为解释和传授佛学义理的"权变之说",与真正的解脱觉悟之间还存在着很大的差距。

　　二是将成佛与具体的解脱境界对应,如"真如一心""十地境界"等。

　　如天盛四年(1152)刘德真印施《注华严法界观门》发愿文称:"道如尧舜之风,国等华严之境。总期万类,性反一真。"[1] 天庆三年(1196)罗太后印施《大方广佛华严经普贤行愿品》发愿文称:"四生悉运于慈航,八难咸沾于法雨。含灵抱识,普会真源矣。"[2] 这里的"一真""真源"与华严学的解脱思想有关,指的是对"真如一心"证悟而成佛解脱。夏仁宗《圣观自在大悲心总持并胜相顶尊总持》御制后序发愿文称:"伏愿:神考崇宗皇帝,超升三界,乘十地之法云;越度四生,达一真之性海。"[3] 这里所说的"乘十地法云"是根据《华严经》《十地经论》等经论所说的十地修行思想(即成佛修行的十个阶段),指取得最高的第十地果位即成佛。天盛十九年(1167)任得敬印施《金刚般若波罗蜜经》发愿文(俄 TK124)称:"尘刹蕴识,悉除有漏之因;沙界含灵,并证无为之果。"[4] 这里的"无为之果"即指涅槃成佛,这是中国佛教吸收道家的概念,将解脱涅槃格义为"无为"。

---

[1] 俄罗斯科学院东方研究所圣彼得堡分所、中国社会科学院民族研究所、上海古籍出版社编:《俄藏黑水城文献》第 4 册,上海:上海古籍出版社 1996 年,第 295 页。

[2] 俄罗斯科学院东方研究所圣彼得堡分所、中国社会科学院民族研究所、上海古籍出版社编:《俄藏黑水城文献》第 2 册,上海:上海古籍出版社 1996 年,第 372 页。

[3] 俄罗斯科学院东方研究所圣彼得堡分所、中国社会科学院民族研究所、上海古籍出版社编:《俄藏黑水城文献》第 4 册,上海:上海古籍出版社 1996 年,第 51 页。

[4] 俄罗斯科学院东方研究所圣彼得堡分所、中国社会科学院民族研究所、上海古籍出版社编:《俄藏黑水城文献》第 3 册,上海:上海古籍出版社 1996 年,第 71 页。

三是较为笼统地将成佛视为内心对佛性真理的觉悟,如"证菩提""证果"等。

如天庆二年(1195)罗太后印施《转女身经》发愿文称:"六趣四生咸舍生死,法界含识悉证菩提。"① 皇建元年(1210)李智宝印施《佛说大乘圣无量寿决定光明王如来陀罗尼经》发愿文(俄TK21)称:"伏愿三界九有咸获衣中之宝,六趣四生速证常乐之果。"② 此外,很多发愿文只是笼统地提出"成佛道",乾祐十五年(1184)袁宗鉴等印施《佛说金轮佛顶大威德炽盛光如来陀罗尼经》发愿文(俄TK129)则称:"蠢动含灵,法界存土,齐成佛道。"③

这些发愿文透露出这样的重要信息:即包括党项民族在内的西夏民众普遍将成佛证道作为今生及来世的终极目标,这虽然是西夏佛教信仰广泛流行的表现,但也反映出西夏人对生命永恒性的追求。

(三)精神慰藉的途径:以佛教功德为祈福禳灾的手段

除了往生净土、成佛证道等宗教信仰方面的愿望外,西夏佛经发愿文的另一个主要内容是祈福禳灾等世俗愿望,这与中原地区的佛经愿文在内容上是相同的,总体来看,这些世俗祈愿可以分为以下几类:

---

① 俄罗斯科学院东方研究所圣彼得堡分所、中国社会科学院民族研究所、上海古籍出版社编:《俄藏黑水城文献》第1册,上海:上海古籍出版社1996年,第292页。

② 俄罗斯科学院东方研究所圣彼得堡分所、中国社会科学院民族研究所、上海古籍出版社编:《俄藏黑水城文献》第2册,上海:上海古籍出版社1996年,第7页。

③ 俄罗斯科学院东方研究所圣彼得堡分所、中国社会科学院民族研究所、上海古籍出版社编:《俄藏黑水城文献》第3册,上海:上海古籍出版社1996年,第79页。

第一,祈求国家繁荣安定的护国愿望。

从西夏社会上层的帝王统治者到中下层的普通民众,普遍视佛法作为国家安定与和平繁荣的重要保障。在发愿文中,一方面可以见到大量对国家和平富足、政权稳固的祈求,另一方面君主作为国家的领导者和象征,关乎国家的安危,因此祈求君主长寿、皇室子嗣绵延也是西夏佛经发愿文的重要内容。如西夏建国初期的《大夏国葬舍利碣铭》中就称:"所愿者,保佑邦家,并南山之坚固,维持胤嗣,同春葛之延长。"①

此类愿文在西夏皇室的发愿文中最为常见,如天盛十九年(1167)《佛说圣佛母般若波罗蜜多心经》夏仁宗御制后序称:"万年社稷,永享升平;一德大臣,百祥咸萃。"②乾祐十五年(1184)夏仁宗《佛说圣大乘三归依经》御制发愿文称:"伏愿:皇基永固,宝运弥昌。……中宫永保于寿龄,圣嗣长增于福履。然后满朝臣庶共沐慈光,四海存亡俱蒙善利。"③乾祐二十年(1189)夏仁宗印施《观弥勒菩萨上生兜率天经》发愿文称:"伏愿:……历数无疆,宫闱有庆。不觳享黄发之寿,四海视升平之年。"④夏仁宗《圣观自在

---

① 史金波:《西夏佛教史略》附录一《大夏国葬舍利碣铭》,银川:宁夏人民出版社1988年,第231页。

② 俄罗斯科学院东方研究所圣彼得堡分所、中国社会科学院民族研究所、上海古籍出版社编:《俄藏黑水城文献》第3册,上海:上海古籍出版社1996年,第77页。

③ 俄罗斯科学院东方研究所圣彼得堡分所、中国社会科学院民族研究所、上海古籍出版社编:《俄藏黑水城文献》第3册,上海:上海古籍出版社1996年,第52页。

④ 俄罗斯科学院东方研究所圣彼得堡分所、中国社会科学院民族研究所、上海古籍出版社编:《俄藏黑水城文献》第2册,上海:上海古籍出版社1996年,第48页。

大悲心总持并胜相顶尊总持》御制后序发愿文（俄 TK165）称："又愿此善力,基业泰定,迩暇扬和睦之风;国本隆昌,终始保清平之运。延宗社而克永,守历数以无疆。四方期奠枕之安,九有获覆盂之固。"①

天庆元年（1194）罗太后印施西夏文《仁王护国般若波罗蜜多经》发愿文称："又皇图永驻,帝祚绵延,六祖地久天长,三农风调雨顺。家邦似大海之丰,社稷如妙高之固,四方富足,万法弥昌。"②天庆二年（1195）罗太后印施《转女身经》发愿文称："仍愿:龙图永霸,等南山而崇高;帝业长隆,齐北海而深广。皇女享千春之福,宗亲延万叶之祯。"③天庆三年（1196）罗太后印施《大方广佛华严经普贤行愿品》发愿文（俄 TK98）称："仍愿:罗图巩固,长临万国之尊;宝历弥新,永耀阎浮之境。"④

光定四年（1214）西夏文《金光明最胜王经》夏神宗御制发愿文称："守护国家,福智蓄集,世俗、胜义双全,现身、来世速益者,唯此《金光明王经》是也。今朕安坐九五,担万密事,如临深渊,如履薄冰。夜以继日,顺思远柔近能;废寝忘食,念国泰民安。……延请番汉法定国师译主等,重合旧经,新译疏本,与汉本仔细比较,

① 俄罗斯科学院东方研究所圣彼得堡分所、中国社会科学院民族研究所、上海古籍出版社编:《俄藏黑水城文献》第 4 册,上海:上海古籍出版社 1996 年,第 51 页。
② 聂鸿音:《〈仁王经〉的西夏译本》,《民族研究》2010 年第 3 期,第 45 页。
③ 俄罗斯科学院东方研究所圣彼得堡分所、中国社会科学院民族研究所、上海古籍出版社编:《俄藏黑水城文献》第 1 册,上海:上海古籍出版社 1996 年,第 292 页。
④ 俄罗斯科学院东方研究所圣彼得堡分所、中国社会科学院民族研究所、上海古籍出版社编:《俄藏黑水城文献》第 2 册,上海:上海古籍出版社 1996 年,第 372 页。

刻印流行,成万代平安。唯愿以此善根,常行德治,六合全和,□□道变,远传八荒。"① 该发愿文反映的是在西夏晚期西夏国受到蒙古不断进攻、国势日趋衰落的情况下,"如临深渊,如履薄冰"的统治者希望借助佛教及《金光明经》的力量达到国泰民安的护国目的。

此外,在朝臣及一般民众的发愿文中也有类似的祈愿,如人庆三年(1146)王善惠等刻施《妙法莲华经》发愿文(俄 TK11)称:"伏愿:皇基永固,同磐石之安;[帝寿无]疆,逾后天之算。凡隶有生之庶类,普□罔极之洪休。"② 天盛十九年(1167)西夏权臣任得敬印施《金刚般若波罗蜜经》发愿文(俄 TK129)称:"又愿:邦家巩固,历服延长,岁稔时丰,民安俗阜。"③ 乾祐十五年(1184)袁宗鉴等印施《佛说金轮佛顶大威德炽盛光如来陀罗尼经》发愿文称:"伏愿:天威振远,圣寿无疆,金枝郁茂,重臣千秋。"④ 这些发愿文也是西夏民众对统治者及西夏政权表示服从和拥护的反映。

第二,祈求除病禳灾、富贵平安等愿望。

通过刊印佛经等宗教功德来达到除病禳灾、长寿平安等世俗

---

① 史金波:《西夏佛教史略》附录一《西夏文泥金字〈金光明最胜王经〉发愿文译文》,宁夏:人民出版社 1988 年,第 282 页。

② 俄罗斯科学院东方研究所圣彼得堡分所、中国社会科学院民族研究所、上海古籍出版社编:《俄藏黑水城文献》第 1 册,上海:上海古籍出版社 1996 年,第 270 页。

③ 俄罗斯科学院东方研究所圣彼得堡分所、中国社会科学院民族研究所、上海古籍出版社编:《俄藏黑水城文献》第 3 册,上海:上海古籍出版社 1996 年,第 77 页。

④ 俄罗斯科学院东方研究所圣彼得堡分所、中国社会科学院民族研究所、上海古籍出版社编:《俄藏黑水城文献》第 3 册,上海:上海古籍出版社 1996 年,第 79 页。

愿望,也是西夏民众佛教信仰的重要内容,这在西夏佛经发愿文中有所体现。如天盛十九年(1167)任得敬印施《金刚般若波罗蜜经》发愿文称:"今者,灾迍伏累,疾病缠绵,日月虽多,药石无效。故陈誓愿,镂板印施,仗此胜因,冀资冥佑。傥或[天]年未尽,速愈沉疴;必若运数难逃,早生净土。"[1] 此文反映的是夏仁宗时著名权臣任得敬因"疾病缠绵""药石无效"而刊印散施《金刚经》,以此祈求疾病痊愈。天庆二年(1195)罗太后印施《转女身经》发愿文称:"仍愿……武职文臣,恒荣显于禄位;黎民士庶,克保庆于休祥。"[2] 天庆三年(1196)罗太后印施《大方广佛华严经普贤行愿品》发愿文称:"文臣武职等灵椿以坚贞,……兆民贺尧天之庆,万姓享舜日之荣。"[3] 其内容为希冀朝臣常保富贵地位、健康长寿,以及百姓吉祥太平等祈愿。由此可见,这些发愿文正反映出当时西夏人希望依靠佛教而去病禳灾、富贵长寿等思想[4]。同时,这也表明在西夏统治阶层及普通民众的精神世界中,针对现实中的战乱、灾难和疾病,佛教已经成为他们最重要的精神慰藉之一。

---

[1] 俄罗斯科学院东方研究所圣彼得堡分所、中国社会科学院民族研究所、上海古籍出版社编:《俄藏黑水城文献》第3册,上海:上海古籍出版社1996年,第77页。

[2] 俄罗斯科学院东方研究所圣彼得堡分所、中国社会科学院民族研究所、上海古籍出版社编:《俄藏黑水城文献》第1册,上海:上海古籍出版社1996年,第292页。

[3] 俄罗斯科学院东方研究所圣彼得堡分所、中国社会科学院民族研究所、上海古籍出版社编:《俄藏黑水城文献》第2册,上海:上海古籍出版社1996年,第372页。

[4] 从现存的西夏佛经发愿文来看,与往生净土、成佛证道及国家稳定昌盛等愿望相比,含有此类世俗愿望的发愿文数量是较少的。

　　通过对西夏佛经发愿文的上述分析,可知包括党项民族在内的西夏民众普遍存在着求生净土的信仰,反映出他们相信彼岸世界的存在,并且接受了佛教的因果报应和转世观念。西夏人对成佛证道的精神追求,表现出他们对生命永恒不朽的祈望;西夏人将佛教作为国泰民安、祈福禳灾的重要手段,说明他们将佛教作为对治疾病死亡、国家危难、外敌入侵等现实生活苦难的精神慰藉。由此可见,通过净土往生、因果业报、宗教功德等信仰的传播,佛教思想文化对于西夏人的精神生活产生了深刻而广泛的影响,佛教思想文化已经成为西夏民众社会观念的重要组成部分。这些例证也说明,作为宗教和精神文化的佛教思想与西夏社会之间存在着密切的联系。

二、佛教对西夏社会道德伦理准则的影响

(一)《正行集》与西夏人佛儒融合的立身准则

　　由上文的论述可知,净土往生、成佛证道等佛教思想已经成为西夏民众社会观念的重要组成部分。西夏佛教的影响更超越了宗教信仰的范围,而对西夏人的哲学观念产生了深刻的影响,这在《圣立义海》等文献中有鲜明的体现。除此之外,本书还将通过对西夏著作《正行集》等文献的分析解读,探讨佛教思想与西夏人立身准则之间的关系,即佛教对西夏民众和党项民族伦理道德观念的影响。

　　《正行集》(俄 ИНВ.No.146)为西夏文译本,1909 年出土于黑水城遗址,现藏俄罗斯科学院东方文献研究所。麻纸刊本,蝴蝶装,一卷,每半页 6 行,行 13 字。对于该书的题名,俄罗斯西夏学者戈尔巴乔娃和克恰诺夫将其译为《德行记》,并将此书与西夏曹道乐所编《德行集》混同;日本学者西田龙雄将其译为《德业集》,

并将其作为与曹道乐"《德行集》甲本"不同的"乙本"。中国学者聂鸿音在其《西夏文德行集研究》一书中接受了西田龙雄的看法,也将此书译为《德行集》,但他进一步指出该书与曹道乐本在内容上差异较大,认为此书可能为民间作品,属于西夏世俗文献,其中包含着儒家和佛教两种思想,并可能受到西夏华严禅思想的影响 ①。孙伯君则将此书名译为《正行记》,并提出此书为白云宗创始人白云清觉《正行集》的西夏文译本,属于佛教著作,并且刊刻于元代 ②。本书则研究认为,该书是西夏人对中原汉文著作的重新改写,并杂糅了佛儒思想,体现出西夏人"佛儒融合"的伦理道德观念。

　　此文从卷首开始至"又有四义,君及师傅、亲友、妻室也"一段,可以与现存的白云清觉《正行集》(收入元刊《普宁藏》及日本《续藏经》)大致对应,这部分的主要内容是阐述君子所具备的品德及立身处事的准则,其核心内容则是儒家的"忠、孝、仁、义、诚、敬"等内容,但西夏文译本与汉文原本之间存在着较大的差异。例如汉文原本为:"君子之体,德行以成之,孝敬以加之。"③ 西夏文本则为:"君子者,行忠孝,立信义,生爱敬,心计宽广,慈悲博大。"④ 西夏文译本在许多字句的阐述及部分内容上进行了增删或改易,例如将汉文本的"四十八等人"省略为"二十五等",对汉文本中的"三才""六艺"等概念进行了注释,并省略了原有的《尚书》《庄子》引文。最重要的是,西夏文译本的卷尾部分(从"君子者,不异

① 参见孙伯君:《西夏文〈正行集〉考释》,《宁夏社会科学》2011 年第 1 期。
② 孙伯君:《西夏文〈正行集〉考释》,《宁夏社会科学》2011 年第 1 期,第 92—93 页。
③ (宋)清觉述:《正行集》,《大藏新纂卍续藏经》第 63 册,第 735 页。
④ 聂鸿音:《西夏文德行集研究》,兰州:甘肃文化出版社 2002 年,第 9 页。

释门，类同道士”至卷终）与汉文本的内容及思想倾向间存在着很
大的差异，这段文字可以说属于西夏译者的创造性改写，并体现出
佛教对西夏社会伦理道德准则的影响①。西夏文译本的这部分录文
如下：

> 君子者，不异释门，类同道士，去恶依善，皆同一体。君子
> 者，不能染以色，逢怒不生嗔，人哂之不怒，赞之不喜，本初清
> 净，无秽无瑕，犹如白璧投诸泥中，莲花植于水中一般。观心
> 无常，循法无形，善恶依心，因缘变换。供诸方佛，如供自心。
> 心是自佛，佛是自心，心行佛行，则自佛是心，若本心知之，则
> 岂须远觅？悟道者，亦与彼一般。深明语义，则根本上不二。
> □典俗文，不言忠孝殊胜；十二部经，言去我相人相。慈悲乐
> 施者，佛法王法所说无异，去人我之法，尽皆一般。智者思忖，
> 然后觉昨非，乃略说此言者，立身之根本也。②

这段文字首先提出："君子者，不异释门，类同道士，去恶依善，
皆同一体。"是说在去恶从善的道德理想方面，君子与佛僧和道士
本质上一体而没有区别，这是明显的三教合一论。

"君子者，不能染以色，逢怒不生嗔，人哂之不怒，赞之不喜"一
句，是说君子不以外物和他人的评价而产生喜怒得失的情绪，这与

---

① 对此，孙伯君虽然撰文指出这段译文与汉文本不同，但并未探讨两者之间
　的具体思想差异，而且作者认为"No.146 西夏文的主体内容正与《普宁藏》
　所录白云宗祖师清觉的《正行集》一致"，即西夏译本反映的是宋元白云宗
　的思想。参见孙伯君《西夏文〈正行集〉考释》（《宁夏社会科学》2011 年第
　1 期）及《元代白云宗译刊西夏文文献综考》（《文献》2011 年第 2 期）。
② 聂鸿音：《西夏文德行集研究》，兰州：甘肃文化出版社 2002 年，第 10 页。

佛教的"心无所寂"和"不动心"等境界近似。而"本初清净,无秽无瑕,犹如白璧投诸泥中,莲花植于水中一般",则是根据佛教的莲花之喻形容人性本善。相比儒家的传统性善论,这里的"本初清净,无秽无瑕"更接近佛教佛性论的意义。其后"观心无常,循法无形,善恶依心,因缘变换"一句,则是对佛教"三界唯心"思想的阐述。

"供诸方佛,如供自心。心是自佛,佛是自心,心行佛行,则自佛是心,若本心知之,则岂须远觅?悟道者,亦与彼一般。深明语义,则根本上不二"一段,是说众生自身本有真如佛性,不必向心外求;若觉悟真心即是佛性,只要通过自心的修行就可成佛。这完全是南宗禅"即心即佛"的心性论思想,在禅宗经典《达摩大师血脉论》(简称《血脉论》)中就有与此相似的表述:

> 前佛后佛只言其心,心即是佛,佛即是心;心外无佛,佛外无心。若言心外有佛,佛在何处?心外既无佛,何起佛见?……众生颠倒,不觉不知自心是佛。若知自心是佛,不应心外觅佛。①

两者对比可知,西夏文《正行集》中这段话的原本出处可能正是《达摩大师血脉论》。《血脉论》为禅宗经典《少室六门》中的一篇(第六门),黑水城遗址出土的西夏文献中就有该经典的汉文抄本(俄 A6V)。该文献共 40 版,正面为西夏文写本《解释歌义》,背面抄写多种佛教经论,第 25 版即为《血脉论》的抄本,此外该卷还抄有《少室六门·心经颂》《金刚经》《大乘起信论》《究竟一乘圆

_____

① 《少室六门·血脉论》,《大正新修大藏经》第 48 册,第 373 页。

通心要》(辽通理大师集)等经论和禅宗著述①。可知该写本应为西夏僧人用于禅学修习的文献,这也反映出《血脉论》及其包含的禅宗心性思想在西夏佛教界流传较为普遍。

"□典俗文,不言忠孝殊胜;十二部经,言去我相人相。慈悲乐施者,佛法王法所说无异,去人我之法,尽皆一般"一句,是说儒家主张"忠孝"而佛教主张"去人我相",但在慈悲乐施和破除人我相对立等方面,两家所说相同。这实际上属于作者以佛解儒、援儒入佛思想的体现。"智者思忖,然后觉昨非,乃略说此言者,立身之根本也",是说创作此文的目的,就是让智者领悟其中的思想并作为立身的准则。而从其思想内涵来看,这一准则无疑是受到佛教深刻影响的"君子"准则。

相比之下,现存汉文本《正行集》的对应内容则为:

> 三教之说其义一同。儒教,则仁义礼智信,归于忠孝君父焉。释教,则慈悲救苦,归于化诱群迷焉。道教,则寂默恬澹,归于无贪无爱焉。有故三教之言可守而尊之,寻而究之。既洞其微,达其原,自然得圣人、贤人之道,善人、君子之行也。如此则佐国何忧乎? 阴阳不顺,风雨不时;百姓不安,人民不泰。治家则何忧乎? 兄弟不睦,六亲不和;礼乐不行,上下不正。余为此集,不敢深其意,饰其词,所贵匡导盲俗,垂于后世。言之不足,故为赞以申之。

> 赞曰:美哉君子,惟善则履。存忠存孝,不识其嗜。行不逾经,言不逾史。静默端庄,高导深旨。向善背恶,披心求理。

---

① 俄罗斯科学院东方研究所圣彼得堡分所、中国社会科学院民族研究所、上海古籍出版社编:《俄藏黑水城文献》第 5 册,上海:上海古籍出版社 1997 年,第 160—180 页。

贫则自乐,富亦好义。嗟乎斯人,实不容易。①

　　通观此段文字的主要内容,一是认为"三教之说其义一同",即儒家的"忠孝君父"、佛教的"化诱群迷"、道教的"无贪无爱"在基本意义上是相同的,进而提出"三教之言可守而尊之,寻而究之",即将三教的理论作为整体进行探究和实践,以此达到圣贤之道和君子之行。可见这里所说的是三教一体论,不但未突出佛教的特殊地位,而且有将儒家思想作为主体,而将佛教的修行实践归于儒家"君子之道"的倾向。

　　二是指出写作此集的目的在于解决"治国"和"治家"所遇到的困难,如自然灾害、六亲不和等,这明显是儒家"修齐治平"的人生理想,而与佛教"明心见性"、普度众生的解脱超越不同。而位于全文最后具有总结性质的赞文,所宣扬的也主要是儒家的忠孝("存忠存孝")、礼义("行不逾经,言不逾史")、安贫乐道("贫则自乐,富亦好义")等思想,而并无明显的佛教思想和名相概念。从此文的思想倾向来看,白云清觉在《正行集》中虽然主张圆通儒释道三教,但却是站在儒家思想为主体、忠孝君父为核心的思想立场上论证佛道思想与儒家思想的一致性。

　　通过对比西夏文译本和汉文原本,我们可以发现,西夏译者有意将汉文原本的内容进行了改写,并加入了与原文不同的佛儒融合思想。其显著差异在于,西夏文本将儒家的忠孝仁义等道德伦理内容与为人处事的社会实践相联系,但在人性论方面则采用了佛教的佛性说和"即心即佛"的修行论。也就是说,西夏文本将"君子"标准的最终实现归于佛教的"修心"与"成佛",在佛教思

①(宋)清觉述:《正行集》,《大藏新纂卍续藏经》第63册,第736页。

想为主体的立场上"援儒入佛",这与清觉原文中的"三教圆通"而"援佛入儒"的思想是不同的。

（二）《圣立义海》与《番汉合时掌中珠》中反映的西夏人立身准则

西夏译本《正行集》所反映的儒佛融合的伦理道德思想并非特例,在夏仁宗时期国家钦定的义书《圣立义海》中,就提出人生在世的使命及意义是去恶从善。具体来说,其中既包含了佛教的修善行、求善报,也包括儒家的成仁成圣思想,是儒佛思想的综合。如《圣立义海》"心性善恶"条说:"人修善行,则世间得正名,后世达乐道。行恶行,则现世人皆憎,后世受贫苦也。"[①] 这是从佛教的善恶因果业报及现实影响出发,指出人修善去恶的意义;"心王圣地"条则称:"正仪则如耕,解义则如种,习行仪则如除威,采果收藏簸扬者如做人、做事,皆使成信也。人依顺五常则实,察善道、德善名也。"[②] 这是指通过习礼读书,按照儒家的仁义礼智信五常修身立德。此外,该书还将儒家的"圣人""贤人""君子"等才性与佛教的"佛性""菩萨性""人性"等思想结合,提出了儒佛融合的人性论[③]。

夏仁宗乾祐二十一年(1190)刊印的著名字书《番汉合时掌中珠》中,也有大量条目涉及儒家的道德准则,并将孝道和仁义礼智信等作为重要的立身准则与伦理道德标准。如该书《人事下》章中,依次列举有"仁义忠信,五常六艺,尽皆全备,孝顺父母,六亲和

---

① [俄]克恰诺夫、李范文、罗矛昆:《圣立义海研究》,银川:宁夏人民出版社1995年,第62页。

② [俄]克恰诺夫、李范文、罗矛昆:《圣立义海研究》,银川:宁夏人民出版社1995年,第62页。

③ 参见本书第二章《西夏佛教思想与文化认同》第三节《佛教思想与党项民族的世界观》中的相关内容。

合"① 等条目,属于儒家所提倡的主要伦理道德和立身准则;还列
有"立身行道,世间扬名,行行禀德,国人敬爱,万人取则,堪为叹
誉"② 等条目,则是指儒家的人生目标,即所谓"立功,立名,立德"
的"三不朽"。

此外,该书在《人事下》的最后,依次列举了以下的条目:

　　凡君子者,不失于物,不累于己,能圆能方,岂滞一边。虽
然如此,世人□□,烦恼缠缚,争名趋利,忘本□□,逐物心动,
起贪嗔痴,以富为荣,以贫为丑,由此业力,三界流转。
　　远离三途,四向四果,资粮加行,十地菩萨,等觉妙觉,法
□□□,自受用佛,十他受用,三类化□。
　　证圣果已,昔因行愿,千变□□,八万四千,演说法门,于
迷有□,指示寂知,菩提涅槃,令交获则,六趣轮回,苦□□□,
□□□□,修行观心,得达圣道,□□□□。③

这段文字作为《人事》章和全书的最后部分,虽然在表面的形
式上只是一些词汇的排列,但它们在内在意义上彼此联系,实际上
是对西夏人及党项民族人生目标及归宿的论述。第一段首先提出
"君子"的标准,即能坚持原则而又处事灵活("能圆能方"),但随后
又指出世人因为贪图名利而被烦恼妄念束缚,并因此陷入因果报

---

① (西夏)骨勒茂才著,黄振华、聂鸿音、史金波整理:《番汉合时掌中珠》,银
　川:宁夏人民出版社1989年,第41页。
② (西夏)骨勒茂才著,黄振华、聂鸿音、史金波整理:《番汉合时掌中珠》,银
　川:宁夏人民出版社1989年,第56页。
③ (西夏)骨勒茂才著,黄振华、聂鸿音、史金波整理:《番汉合时掌中珠》,银
　川:宁夏人民出版社1989年,第71—75页。

应和三世轮回之中而不能解脱（"由此业力，三界流转"）；第二段则主要阐述了摆脱轮回之苦的途径，即按照佛教修行证得十地菩萨和佛的果位（"十地菩萨""自受用佛"），觉悟真理佛性（"等觉妙觉"）；第三段则主要是论述成佛证道之后，还应当普度众生，通过演说佛法让更多人证得菩提涅槃而解脱。这实际上是将佛教所说的成佛证道作为最终的人生归宿，与西夏佛经发愿文中所反映的情况是一致的。由此可见，《番汉合时掌中珠》所提出的立身准则主要是仁义忠信及孝道等儒家的伦理道德规范，而在人生目标和最终归宿上，则归本于佛教的成佛证道，这也是一种以佛教为主、佛儒融合的社会道德准则。

　　通过对上述文献的分析可知，这种以佛教为主、"援儒入佛"的道德准则在西夏出现较早，并在西夏社会普遍存在。它既是佛教思想深刻影响西夏社会的表现，也是西夏人及党项民族思想创新的体现。

（三）《慈觉禅师劝化集》与西夏佛教的孝道思想

　　现存的西夏佛教文献《慈觉禅师劝化集》（俄 TK132）一书也反映出西夏的佛儒融合思想以及佛教思想与儒家孝道观念的结合。该书为北宋净土宗、云门宗高僧宗赜的文集[1]，由宗赜弟子普惠编集。传世本已佚，其汉文宋刻本（北宋晚期刻本，相当于夏崇宗时期）1909 年发现于黑水城遗址，现存俄罗斯科学院东方文献研究所[2]。此刻本为蝴蝶装，共 45 页。收录文章十七篇：《莲池盛

---

[1] 参见李辉、冯国栋：《俄藏黑水城文献〈慈觉禅师劝化集〉考》，《敦煌研究》2004 年第 2 期。

[2] 俄罗斯科学院东方研究所圣彼得堡分所、中国社会科学院民族研究所、上海古籍出版社编：《俄藏黑水城文献》第 3 册，上海：上海古籍出版社 1996 年，第 82—126 页。

会录文》《念佛忏悔文》《念佛发愿文》《发菩提心文》《念佛防退方便》《净土颂》《戒酒肉文》《坐禅仪》《自警文》《在家修行仪》《事亲佛事》《豪门佛事》《军门佛事》《廛中佛事》《公门佛事》《人生未悟歌（二首）》等。书首另有北宋崇宁三年（1104）九月初八日崔振孙（题"朝请大夫前通判成德军府事上柱国赐紫金鱼袋崔振孙撰"）所作《慈觉禅师劝化集序》一篇。

　　该书的《事亲佛事》《豪门佛事》《军门佛事》《廛中佛事》《公门佛事》等篇，集中反映了宗赜提倡忠孝思想、融合佛儒思想的倾向。如《事亲佛事》一文首先论述了孝子在照顾父母起居饮食方面的要求，称：

　　　　夫孝子之事亲也，日以鸡鸣盥漱毕，敬念精诚，立于寝门之外。……父母欲寝，则相其茵席厚薄，必使安体；衾裯单复，务于适宜。寒则温衾，热则扇枕，俟其安寝，然后退宿，复思明日之事焉。[1]

　　作者之后又提出，在履行照顾父母饮食起居等孝行的同时，孝子还应该劝父母信仰佛教及读经坐禅。前者只是"世间之孝"，信佛修行才是"历劫无穷之孝"，其文称：

　　　　此犹世间之孝也，当念三途长夜，恶趣轮回，虽欲报恩，如何息苦。应于朝夕劝进父母归依三宝，发菩提心调伏贪嗔，不昧因果。批寻古教，瞻礼圣容，于佛禁戒随力奉持，发明大事

---

[1] 俄罗斯科学院东方研究所圣彼得堡分所、中国社会科学院民族研究所、上海古籍出版社编：《俄藏黑水城文献》第3册，上海：上海古籍出版社1996年，第106—107页。

因缘,修习念佛三昧。或行檀以助道,或宴坐以澄神,此皆未来成佛之因,历劫无穷之孝。事亲至此,不可有加也。①

也就是说,世间之孝只是暂时的,要想父母摆脱轮回的痛苦,只有劝进父母皈依佛教,去除贪嗔之心,了解因果报应,遵守佛教戒律,礼拜佛像,修习念佛、坐禅、布施等,这样才使父母具备了成佛的条件,这是无以复加的最高孝行。

这种将儒家孝道与佛教修习结合的思想在该书的其他篇章里也有反映。如《公门佛事》(指官僚信佛的要求)称:"一者回心向道,窃以公事无非佛事,公门即是佛门","二者忠君报国","三者孝养父母,世出世间以孝为本,现在父母即现在佛"②。这里将"国事"与"佛事"、"公门"与"佛门"、"现在父母"与"现在佛"相对应,也就是将忠君报国、孝养父母等同为佛教修行的内容;而"世出世间以孝为本"则将佛教和儒学的根本都统一于孝道思想。此外,《豪门佛事》(指富贵之家信佛要求)称:"发最上菩提之心,行杰出世间之孝","邻里亲知等心济惠,恩临奴仆各尽欢心,听于己心之余,供给所生父母。"③《廛中佛事》(指商贾信佛的要求)称:"先当归依三宝,发菩提心;孝养二亲,恳修斋戒,或禅林问道,或古教照

① 俄罗斯科学院东方研究所圣彼得堡分所、中国社会科学院民族研究所、上海古籍出版社编:《俄藏黑水城文献》第 3 册,上海:上海古籍出版社 1996 年,第 107 页。

② 俄罗斯科学院东方研究所圣彼得堡分所、中国社会科学院民族研究所、上海古籍出版社编:《俄藏黑水城文献》第 3 册,上海:上海古籍出版社 1996 年,第 115 页。

③ 俄罗斯科学院东方研究所圣彼得堡分所、中国社会科学院民族研究所、上海古籍出版社编:《俄藏黑水城文献》第 3 册,上海:上海古籍出版社 1996 年,第 108 页。

心。"① 主张将孝行与佛教修行并列;《军门佛事》(指军人信佛的要求)称:"一片丹心,常思报国。内则孝养父母,外则敬顺人员。亲近良朋,求闻己过。怖今生之流落,百事小心;思没后之沉沦,自求多福。"② 则将忠君报国、孝养父母与重视因果报应、信佛修福相并列。

由此可见,宗赜《慈觉禅师劝化集》所反映的主要是以孝为本、援佛入儒的三教合一思想,这也是北宋佛教界的重要思想之一。对比《慈觉禅师劝化集》与西夏文译本《正行集》的内容,可以发现两者在提倡孝行、主张佛儒融合方面的立场是一致的;但后者以佛为主、援儒入佛的立场则与北宋宗赜的思想不同。而从《慈觉禅师劝化集》在西夏流传的事实来看,西夏佛教界和思想界也受到北宋三教合一思想的重要影响,并且提倡佛教修行与儒家忠孝伦理的结合,这也是前述西夏佛儒融合的伦理道德准则产生的思想渊源。

(四)西夏社会伦理道德准则的特点

第一,以佛教为立身根本。

根据上述西夏文献《圣立义海》《番汉合时掌中珠》《正行集》等书的内容可知,西夏人普遍将儒家的忠孝仁义等道德标准作为实践层面的主要准则,而在理论化和抽象化的人性论方面则以佛教的佛性说和"即心即佛"的心性论为主,并将"君子"标准的最终

---

① 俄罗斯科学院东方研究所圣彼得堡分所、中国社会科学院民族研究所、上海古籍出版社编:《俄藏黑水城文献》第 3 册,上海:上海古籍出版社 1996 年,第 111 页。
② 俄罗斯科学院东方研究所圣彼得堡分所、中国社会科学院民族研究所、上海古籍出版社编:《俄藏黑水城文献》第 3 册,上海:上海古籍出版社 1996 年,第 110 页。

实现归于佛教的"修心",以成佛证道为人生目标及最终归宿。也就是说,西夏人及党项民族在思想立场上表现出以佛教为主体而"援儒入佛"的思想,并以佛教为立身根本。

第二,将儒家孝道思想与佛教思想相结合。

佛教中国化的一个重要标志就是将中国传统的孝道思想引入佛教,并作为佛教的重要思想之一,这种融合在南北朝时期就已经开始,至宋代则基本完成。通过对西夏文译本《正行集》内容的分析可知,西夏佛教界和思想界也存在着这种将儒家孝道与佛教相结合的思潮。此外,现存的西夏佛教文献中保存有多件宣扬孝行的《佛说父母恩重经》(俄 TK119,俄 TK120,俄 TK139,俄 TK240 等),其中,俄 TK119 号文献《佛说报父母恩重经》中还保存有 14 幅行孝连环画,前 8 幅画中有 7 条题榜:"[为父母]绕须弥山处""为父母割肉之处""为父母剜眼睛之处""为父母割心肝之处""为父母打骨处""为父母受刀轮之处""为父母吞铁丸之处",表现的是子女代父母承担痛苦及罪业惩罚,属于消极方面的孝行;后 6 幅画则有"为父母受持条戒""为父母供养三宝""为父母布施修福""为父母书写经典""为父母读诵经典""为父母忏悔罪愆"等 [1],表现的是子女代父母奉佛持戒以修福除罪,属于积极方面的孝行。此经属于中国人所撰的"疑伪经",但这并不影响它的广泛流传,这正是孝道思想与佛教深入融合的表现。由此可见,在佛儒思想融合方面,西夏思想界与中原思想界的主流趋势是一致的。

第三,在接受北宋佛教重要影响的同时保持了自身特点。

从北宋宗赜《慈觉禅师劝化集》与北宋白云清觉《正行集》等

---

[1] 俄罗斯科学院东方研究所圣彼得堡分所、中国社会科学院民族研究所、上海古籍出版社编:《俄藏黑水城文献》第 3 册,上海:上海古籍出版社 1996年,第 43 页。

书在西夏的翻译与流传,以及宗赜、白云清觉所处的时代等方面来看,西夏佛儒融合的伦理道德准则无疑受到北宋三教合一思想的重要影响。但与北宋佛教界突出重视孝道思想,以儒家思想为主体而三教合一等思想立场不同,西夏思想界更为重视佛教思想,试图建立一种以佛教思想为主体,儒家思想为辅助的伦理道德思想。这也是西夏佛教界和思想界追求思想文化独立性与创新性的体现。

综上所述,西夏社会所流行的净土往生观念、成佛证道等思想反映出佛教信仰对西夏人和党项民族的社会观念产生了深刻影响。佛教所宣扬的彼岸世界、灵魂转世、生命永恒、因果报应等思想已经成为上至帝王、下至普通民众的西夏社会观念。此外,西夏社会还受到北宋三教合一思想的影响,形成了以佛教心性论为主体、融合佛教修行论与儒家孝道思想的伦理道德准则。这一准则作为民众立身处世的原则性思想,也属于西夏社会观念的组成部分。除了中原佛教及儒家文化的影响之外,这些观念的形成也与当时的西夏社会现实有关,即顺应了西夏政权的等级社会现状、民众追求现世平安与死后终极解脱的精神需求等。而从文化交融的角度来说,西夏社会的佛儒融合世界观与伦理道德思想,及其与中原思想文化的一致性,既是当时中国思想界三教合一思潮的重要表现,也是中国文化"多元一体"化发展的重要例证。

第五节　西夏佛学思想对时代课题的解答

西夏政权和党项民族的发展历史一直伴随着对先进中原汉文化的主动引进和吸收,中原的儒家政治文化和佛教精神文化则是其中的主体。此外,西夏政权和党项民族还引入了藏传佛教文化、道教文化等精神文化。与此同时,西夏思想界还在引进继承的基础上进行了具有创新性与独特性的综合改造。这种对佛教思想文化的引进与综合创新，正是西夏政权和党项民族对其时代课题的重要解答：即利用佛教思想文化促进本民族精神文化的建设与发展，同时保持文化上的民族特色，并为现实层面的政权巩固、社会稳定提供思想依据。这种解答可以从以下几方面理解：

一、佛教圆融思想与汉文化的引进与融合

在西夏历史上，对汉文化的吸收引进一直是西夏政权促进其自身发展的重要途径。与此同时，以党项族为统治民族的西夏政权也试图保持本民族的文化传统，并在创新综合的基础上将自身文化传统与先进的汉文化相结合。这种引进与综合是西夏社会时代课题的内容之一，而西夏佛教思想正为此提供了解决的思路。这主要表现在以下个几方面：

（一）西夏佛教文化的引进与建设是吸收引进汉文化的重要组成部分。

西夏佛教文化的主体是中原大乘佛教文化[1]，即唐宋时代的中国佛教宗派及其思想。从现有的资料可知，西夏佛教界继承了中原地区的华严宗、净土宗、禅宗、天台宗、密宗等佛教宗派及其思想体系，西夏文《大藏经》主要是对汉文《大藏经》（北宋《开宝藏》）的选译，西夏流行的主要是汉译佛教经典[2]，也就是说，西夏佛教在整体上从属于唐宋中原大乘佛教的体系。佛教自两汉时代

---

[1] 此外，西夏政权还吸收了吐蕃的藏传佛教文化和回鹘的佛教文化，但与儒家文化和中原大乘佛教的广泛社会影响力相比，吐蕃和回鹘宗教文化的影响力有限，并局限于宗教领域。

[2] 参见史金波：《西夏佛教史略》第四章《西夏佛经》（第58—109页）及第七章《佛教宗派的影响》（第155—168页），银川：宁夏人民出版社1988年。

传入中国,经过南北朝以来的长期中国化,至唐代形成的中原大乘佛教已经融合中国传统的儒家思想文化,成为汉文化的重要组成部分。

佛教中国化的重要标志之一就是对忠孝伦理的提倡,并将其作为佛法的重要内容之一。从现存的西夏文献如《圣立义海》《德行集》《新集孝慈集》《新集锦合辞》等书中,我们不难发现中原儒家忠孝思想的普遍影响。而忠孝思想在西夏的流行,一方面是儒家文化影响的结果,另一方面也与中原大乘佛教的广泛流行有关,现存的西夏佛教文献《正行集》《慈觉禅师劝化集》等书正是佛教孝道思想的反映。此外,中国大乘佛教的僧伽制度、寺院建筑、葬仪等也受到汉文化的深刻影响。从这些方面来说,党项民族对唐宋大乘佛教文化的引进与尊崇,实际上就是对先进汉文化的引进与尊崇,这也是中原汉文化向心力与凝聚力的重要表现。

(二)佛学思想的"圆融"与党项民族的文化开放意识

在西夏政权所处的时代(北宋、南宋与辽、金时代),理学已经逐渐成为儒家思想文化的代表及中原思想界的主流。在政治上主张恢复"三纲五常"的伦理道德规范,稳定宋王朝的统治秩序;在文化上强调儒学"夷夏之辨"的传统,为北宋王朝对抗西夏和辽、金的侵扰而提供舆论和思想支持,这些也是理学思想兴起的重要历史背景[1]。也就是说,以理学为代表的儒家思想文化具有较浓的政治和民族色彩。与之相比,主张"众生平等""人人皆可成佛"的中国大乘佛教文化则是一种包容性更强的文化体系。

与西夏政权自建国初就大力引进中原政治文化(官僚体制、律法、礼仪制度等)不同的是,西夏对理学、经学等儒学思想文化的引

---

[1] 张岂之主编:《中国思想史》(下卷),西安:西北大学出版社2012年,第585页。

进与学习显得较为缓慢和滞后。实际上，直到后期的夏仁宗朝，西夏才较大规模地引入儒学，而且其内容仍然以章句训诂等为主，而在整个西夏历史上，儒学的影响力都逊于佛教①。但通观西夏佛教的内容，中原大乘佛教的义学思想在西夏佛教思想界占据了主体地位，华严学则是其中的代表。其原因在于，华严学思想以"圆融无碍"为主要特色，主张万法在本体上的统一性和互相融通性，真理界与现象界是一个圆满的整体。这实际上是一种深具包容性的思想，为不同文化、阶级、民族间矛盾的消解提供了理论依据，更有利于党项民族的发展。对此，西夏时期安亮施印《普贤行愿品经》发愿文（俄 TK142）中便称："是故畅圆融宏略者，华严为冠。"② 这与辽政权和契丹民族支持大力发展佛教思想文化、支持华严学发展的目的是相同的。

因此，西夏政权和党项民族选择佛教思想文化作为其精神文化的主体，正与其思想的圆融性、平等性和包容性有关。中国佛教文化的圆融特色在很大程度上超越了民族与政治的界限，可以为党项民族与汉族、契丹族等民族的并立提供理论上的支持。此外，从文化学习和文化认同的角度来说，对佛教思想的重视也反映出党项民族自身的文化开放意识。

（三）提倡佛教文化与多民族政权的巩固

从民族构成上看，西夏政权是一个以党项民族为主体、多民族

---

① 参见李华瑞：《论儒学与佛教在西夏文化中的地位》，杜建录主编：《西夏学》第一辑，银川：宁夏人民出版社 2006 年，第 22—27 页；李吉和、聂鸿音：《西夏番学不译九经考》，《民族研究》2002 年第 2 期。

② 俄罗斯科学院东方研究所圣彼得堡分所、中国社会科学院民族研究所、上海古籍出版社编：《俄藏黑水城文献》第 3 册，上海：上海古籍出版社 1996 年，第 233 页。

并存的国家。除居于统治地位的党项族外,西夏境内的主要民族还包括汉族、契丹、吐蕃(羌)、回鹘等民族,如西夏文献《新集碎金置掌文》便称:"弥药勇健行,契丹步履缓。羌多敬佛僧,汉皆爱俗文。回鹘饮乳浆,山讹[①]嗜荞饼。"[②]如何妥善地处理好境内各民族之间的关系,保证政权的稳定,无疑是西夏统治者需要解决的重要课题。从现有的资料看,除了政治控御与军事镇压之外,西夏政权所采取的主要措施是借助佛教文化以实现多民族政权的巩固。

唐宋时代,佛教不仅成为汉民族的主要宗教信仰之一,而且在契丹、吐蕃(羌)、回鹘等民族中也广泛传播流行。虽然这些民族在族源、语言、风俗等方面不尽相同,但在佛教信仰方面存在着一致性,而西夏境内各民族的宗教信仰也以佛教为主。因此,西夏政权向北宋求取《大藏经》、与辽朝开展佛教交流、迎请回鹘僧人翻译西夏《大藏经》以及引进吐蕃藏传佛教等行动,其目的正在于以佛教文化为桥梁,实现政权的巩固和境内各民族的团结。而且,党项民族的文化正是以佛教为媒介综合各民族文化的基础上发展形成的[③]。同时,佛教文化也在哲学思想、宗教信仰、观念习俗等方面促进了各少数民族与汉民族之间的文化认同。

---

① "山讹"又称"横山羌",生活于陕北横山一带,本为党项族一支,但从该文中可知,由于习俗及文化不完全相同,此部已经被西夏人视为另一民族。

② 引自聂鸿音、史金波:《西夏文本〈碎金〉研究》,《宁夏大学学报》(社会科学版)1995年第2期,第15页。

③ 对此,俄罗斯学者克恰诺夫在《关于西夏文文献〈圣立义海〉研究的几个问题》一文中指出:"在建立国家以前和建立国家时期,它已经是在汉族文化和藏族文化的强烈影响下作为佛教文化形成起来的。关于这一点也许还可以争论,但是西夏文化已经不单纯是作为唐古特人的文化,而是作为一个国家的文化,是借助于在其国内居住的各民族的文化,并在邻近各个国家和民族文化的影响下形成起来的。"([俄]克恰诺夫、李范文、罗矛昆:《圣立义海研究》,银川:宁夏人民出版社1995年,第24页)

事实上,西夏政权和党项民族对佛教思想的引进与尊崇,与佛教思想的包容性和开放性有着密切的关系。其目的则在于以佛教为主要途径,引进先进汉文化,巩固多民族政权,并发展本民族文化。从这些方面来说,对佛教思想的引进与尊崇正是对西夏社会时代课题的重要解答。

二、西夏佛教思想的独立创新与文化主体地位

佛教思想文化在西夏的精神文化中占据了主体地位,西夏佛教思想在很大程度上反映出西夏人和党项民族的创新性和独特性,这主要表现在以下几方面:

(一)佛学思想在党项民族思想文化的创新性和独特性方面最具代表性

西夏政权在190年的建国历史中,建构了完整的佛教思想体系。从现有资料来看,这一思想体系在内涵及影响力上均超过了西夏的儒学和道教等思想文化,是西夏人和党项民族最具代表性的思想文化创新成果。据不完全统计,现存的西夏佛教经典有近400种,数千卷册,占已发现西夏文献的绝大部分[①]。其中包含有大量反映西夏人思想创新的佛学著作,西夏人创作的儒学和道教著作无论在数量上与内容上都无法与之相比。由上文的分析可知,西夏佛教思想以心性论为核心主题,以华严学为义学思想的主体,并以心性论为基础实现了汉藏佛学思想的融会。在佛教思想的主要内容上,西夏佛教界以"真心"本体论为理论基础,以华严学和荷泽禅法的结合为主要的修行实践理论;西夏后期建构和发展了

---

① 参见史金波:《西夏文物的民族和宗教特点》,《中国历史文物》2005年第2期。

汉藏佛教兼容的思想体系,以"观心"为核心的大手印法等藏传佛教思想成为西夏佛教思想体系的重要部分。

这一佛教思想体系的独特性和创新性表现在以下几方面:一是西夏佛教界在引进吸收北宋中原佛教资源(以汉文《大藏经》为主)的同时,并未继承北宋以禅宗为主体的佛教思想体系,而是延续和复兴了唐代的华严学及佛教义学传统,并受到辽朝佛教尤其是华严学的重要影响,表现出一定的"重教轻禅"思想倾向。二是西夏佛教界虽然与辽朝相似,都继承了唐代华严学的理论体系及内在理路(以华严学为中心而融会天台、禅宗等思想),但又表现出与辽朝佛教的不同,如在唐代华严学流派的选择上以宗密思想而非澄观思想为主体,在对待唐代南宗禅的立场上重视宗密荷泽禅而非全面贬斥南宗禅等;这反映出与辽朝全面继承和复兴唐代华严学不同,西夏佛教界同时接受了五代宋初中原佛教的影响。三是西夏佛教界在引进中原汉传佛教思想的同时,还引进了吐蕃的藏传佛教思想,并在心性论("观心""本心")和修行论("无念""无住")方面顺应了西夏的华严学和荷泽禅思想传统,实现了汉藏佛教思想的兼容并重。此外,在佛经典籍的整理、修行仪轨的完善、寺院僧团组织的建立等方面,西夏佛教也建构了一套完整的制度体系,并与理论思想一起组成为独具特色的西夏佛教体系。这些例证都说明这样的事实:西夏佛教界一方面善于向北宋、辽朝及吐蕃等周边的政权与民族学习和引进先进的佛教文化,另一方面又进行了主动和有意识的综合与改造,建构了具有独特性和创新性的佛教思想体系,这正与党项民族和西夏政权对政治独立和文化个性的追求相一致。

(二)佛教在西夏人的哲学思想与精神生活中占据主体地位

西夏佛教的文化主体地位不仅体现在佛教思想文化本身的创

新上,还体现在佛教对西夏人哲学和世界观思想的深刻影响上。通过对《圣立义海》《正行集》《番汉合时掌中珠》等文献的解读与分析可知,在对物质世界的产生及本质的解释方面,西夏人主要采用了儒学的元气生化论,例如以阴阳二气的运动变化解释天地万物的创生;而在人性、祸福命运及善恶才性的起源及本质方面,西夏人则主要采用了佛教的如来藏缘起说、佛性说、因果业报等思想,例如以佛教的佛性思想和十界说解释人的"九品才性"等;而在伦理道德准则方面,西夏人和党项民族则提出了以佛教"修心"和"成佛"为最终目标、以儒家忠孝思想为重要内容的佛儒融合的道德准则。以人为本、重视人性论和伦理道德是中国传统思想文化的重要特点,西夏思想界采用佛儒结合的思想解释人性论、才性论及伦理道德等思想,一方面反映出佛教思想在西夏哲学思想和精神文化中的主体地位,另一方面也是党项民族对汉族文化认同的重要表现。

通过对西夏发愿文等文献的研究可知,佛教思想对一般西夏民众的精神生活和社会观念也产生了巨大影响。一是在对死后彼岸世界的认识方面,西夏人普遍将净土世界作为归宿;二是在生命永恒的追求方面,将成佛证道作为终极的目标;三是在现实世界的生活需要方面,将佛法作为祈福禳灾的主要手段等。这些思想都反映出,包括党项民族在内的西夏民众已经普遍接受了佛教的成佛、因果报应、轮回转世等观念,并将其融合为西夏社会观念的重要组成部分。同时,佛教思想也成为西夏人精神生活的重要支柱。

(三)以佛教为西夏社会道德教化的主要手段

不可否认的是,儒家文化也对西夏社会和党项民族产生了巨大的影响力,但这种影响主要限于政治文化领域,如官制、法律、礼乐制度等方面,也就是所谓的"王法";而在精神归宿和道德教化领域居于首要地位的则是佛教,即"佛法"。对此,《圣立义海》序中就提出:"佛法拯法化诸愚,王法设置断民事","佛法世典德行仪,王仪存于诗歌赋"[①]。也就是说,佛法发挥了教化普通民众的作用,并且是德行的标准;而儒家文化的作用则在于以制度和法律管理民事,以及诗词歌赋文学创作。从这一方面来说,西夏实际上采用的是一种"佛儒结合"的文化体系。现有的资料也显示,佛教思想是西夏道德教化与文化教育的主要内容之一。例如,作于夏仁宗乾祐二十三年(1192)的西夏文《新修太学歌》在描述了人才教育的重要性以及太学建筑的宏伟壮丽后,写道:"夙兴拱手念真善,住近纯佛圣处"[②],反映出佛学是西夏学校教育中的主要内容之一。这与中原地区以五经等儒家经典为主要教学内容的学校教育有着显著的差异,这是夏仁宗时期佛教高度发展并影响广及文化教育方面的证明。与此同时,夏仁宗虽然在即位后重视儒学,建立内学,尊孔子为"文宣帝",但这些崇儒行动多属于对儒家经学的初步学习;而对孔子的尊崇,更具有神化孔子的宗教性质。与此同时,从夏仁宗的御制发愿文及其在位期间的一系列大型佛事活动来看,佛教始终在党项统治者的精神领域占据主体地位。正如学者指出的,"儒家文化对西夏的影响正是主要表现在法典和公私生活诸方面,而对思想学说方面则远不如佛教的影响大"[③]。可以说作

①［俄］克恰诺夫、李范文、罗矛昆:《圣立义海研究》,银川:宁夏人民出版社1995年,第47页。

②《新修太学歌》汉译文引自聂鸿音:《西夏文〈新修太学歌〉考释》,《宁夏社会科学》1990年第3期,第9页。

③参见李华瑞:《论儒学与佛教在西夏文化中的地位》,杜建录主编:《西夏学》第一辑,银川:宁夏人民出版社2006年,第22—27页。

为精神文化主体的佛教文化与作为政治文化主体的儒家文化相辅相承,共同构成了西夏文化的主要内容。

(四)佛教对西夏社会风俗产生了重要影响

除了哲学思想和社会观念,佛教对西夏社会的深刻影响还表现在社会风俗上,如节日风俗和丧葬习俗等。在西夏建国之初,元昊就规定以春夏秋冬四季首月的初一为礼佛"圣节","曩霄五月五日生,国中以是日相庆贺。旧俗止重冬至,曩霄更以四孟朔为圣节,令官民礼佛,为己祈福"[1],将佛教节日作为全西夏社会的节俗。黑水城所出西夏文献中也有对西夏佛教节日的记载,如《圣立义海·九月之名义》中有:"月中宣善:九月十五,神圣聚日,兴禅事日,君德民孝,敬奉皇王。"而九月是丰收的季节,"蓄水结果:粳稻、大麦,春播灌水,九月收也","杂宝丰盛:九月草籽结果,兽畜满运"[2]。这说明在九月丰收时候,国家会举行与佛教活动有关的"禅事日",并借此向百姓宣扬"君德民孝,敬奉皇王"的忠孝思想。西夏诗歌《月月乐诗》中"十一月"部分则称:"土金年时刻敲响了鼓,人们纷纷向寺院走去。新年将到,国内黑头顶人和红脸汉子大摆宴席。"[3]是说在新年等重要节日,西夏人会在佛寺中举行祈福礼拜等庆祝活动。这些资料所展示的正是佛教文化对西夏民众节俗的重要影响。

党项民族在立国前长期过着游牧生活,其丧葬等习俗与中原

---

[1](清)吴广成:《西夏书事》卷十八,徐蜀编:《宋辽金元正史订补文献汇编》第2册,北京:北京图书馆出版社2004年,第13页。

[2][俄]克恰诺夫、李范文、罗矛昆:《圣立义海研究》,银川:宁夏人民出版社1995年,第53页。

[3][俄]克恰诺夫、李范文、罗矛昆:《圣立义海研究》,银川:宁夏人民出版社1995年,第19页。

地区存在着较大差异。而从现存的西夏史料来看,西夏人及党项民族普遍吸收了佛教的葬仪,如诵经超度、设水陆法会及火葬等,这在西夏佛经发愿文中都有所体现。如呱呱等印施《佛说父母恩重经》发愿文(俄TK120)称:"男儿呱呱等,遂以亡考中书相公累七至终,敬请禅师、提点、副判、承旨、座主、山林戒德、出在家僧众等七千余员,烧结灭恶趣坛各十座,开阐番汉《大藏经》各一遍,西番《大藏经》五遍。作法华、仁王、孔雀、观音、金刚、行愿经、乾陀、般若等会各一遍,修设水陆道场三昼夜,及作无遮大会一遍,圣容佛上金三遍,放神幡、伸静供、演忏法,救放生羊一千口。"① 由发愿文可知,在父亲去世后,呱呱以佛教仪式为亡父②举行葬礼,邀请众多高僧在"头七"内举办了烧结坛、读诵《大藏经》、作经会、办水陆道场、无遮大会、放生等规模宏大的佛事活动③。

① 俄罗斯科学院东方研究所圣彼得堡分所、中国社会科学院民族研究所、上海古籍出版社编:《俄藏黑水城文献》第3册,上海:上海古籍出版社1996年,第49页。

② 从"亡考中书相公"的名号及邀请七千余员僧众的能力可知,呱呱的父亲生前为西夏中书令,地位显赫,西夏的中书、枢密多为党项皇族嵬名氏担任,因此呱呱及其父可能也属于党项皇族。

③ 此外,安亮等印施《大方广佛华严经入不思议解脱境界普贤行愿品》发愿文(俄TK142)也称:"仍肇薨逝之辰,暨于终七,恒兴佛事,广启法筵。命诸禅法师、律僧、讲主,转大藏及四大部经,礼千佛与梁武忏法,演大乘忏悔,屡放神幡。数请祝寿僧诵《法华经》,常命西番众持《宝集偈》。……至终七之辰,诠义法师设药师琉璃光佛七佛供养,惠照禅师奉西方无量寿广大中围,西天禅师、提点等,烧结灭恶趣坛,刓六道法事。"(俄罗斯科学院东方研究所圣彼得堡分所、中国社会科学院民族研究所、上海古籍出版社编:《俄藏黑水城文献》第3册,上海:上海古籍出版社1996年,第233页)从该发愿文的内容可知,安亮在超度其亡母的一系列宗教仪式中,同时延请了党项、汉族僧人("禅法师、律僧、座主"及"祝寿僧")及吐蕃僧人("西番众"),并举办了显教的"礼千佛与梁皇忏法""药师琉璃光佛七佛供养",以及密教的"无量寿广大中围""烧结灭恶趣坛"等法事活动。

此外,《圣立义海》目录中"第十卷"专门列有"佛法、佛殿、法物、济法、济法殿"等名,并与"王法、诸司、勤事、恩赦、统军、战御、防攻器"并列,也反映出佛教是西夏国家生活的重要组成部分;而西夏启蒙字书《新集碎金置掌文》称:"和尚诵经契,斋毕待布施。道士祷星神,唱名示边隅。筵上乐人呼,丧葬巫客侍。"① 此项列于与食物有关的米、面、盐、油、耕牛等句之后,这表明在西夏人看来,佛教已经属于其日常生活的重要组成部分。

以上史料说明,佛教思想文化是西夏人及党项民族精神文化的主体,对党项民族的精神生活和社会观念产生了重要影响,并与儒家政治文化一起构成了西夏文化的主体。这正说明西夏的佛教思想文化并非只是一种形而上的理论思辨,或者是附属于佛教信仰的宗教思想,其在很大程度上是西夏人和党项民族建构自身文化体系的理论成果,以及显示自身独特性和创新性的文化标志。从这方面来说,西夏佛教思想体系的建构与完善正是对西夏社会时代主题的重要解答。

三、西夏佛教与党项民族的文化和政治自觉

西夏作为与北宋、南宋和辽、金王朝并立的少数民族政权,保障政治上的独立与稳固无疑是西夏统治者面临的首要问题。西夏的统治者已经自觉地认识到,建设具有民族个性的思想文化,可以为政权的巩固提供思想上的支持与依据,而佛教思想文化正是西夏政权和党项民族用以体现民族个性和政治独立的重要途径,这主要表现为:

---

① 聂鸿音、史金波:《西夏文本〈碎金〉研究》,《宁夏大学学报》(社会科学版)1995年第2期,第15页。

（一）对佛教的广泛参与和党项民族文化自觉性的彰显

10—12世纪与西夏并立的辽朝、高昌回鹘、吐蕃等少数民族政权,普遍将佛教作为主要的宗教信仰,但从现有的资料来看,党项、契丹、回鹘、吐蕃等各个民族对佛教的参与程度却不尽相同。以契丹民族和辽朝佛教为例,精通佛教义学思想的辽朝佛教高僧多为汉族,体现辽朝佛教思想创新的理论成果也主要是汉族高僧的著作,如鲜演《华严经谈玄决择》、道㲉《显密圆通成佛心要集》等;而从现存的辽朝佛教文献来看,契丹族僧人在数量及影响力上都远逊于汉族僧人。与契丹民族相比,党项民族在佛教文化的参与程度上明显更高。从已知的西夏佛教资料来看,西夏佛教僧团中有大量的党项族人,如夏崇宗时代的《重修护国寺感通塔碑》中就有"提举解经和尚臣药乜永诠""羌汉二众提举赐绯和尚王那征遇""汉众僧监赐绯和尚酒智清"等党项族僧官的题名,证明在西夏前期就存在着与汉族僧人等量齐观的党项族僧团,并且地位更高;而在西夏佛教题记、发愿文以及石窟寺题记中,我们也可以发现大量的党项族高僧的名字,如"鲜卑真义国师""寂照国师""救脱三藏鲁布智云国师""卧利华严国师""喻咩海印国师"等。这说明在信仰佛教的同时,党项民族在对佛教思想的理解与吸收方面更为深入,对于佛教主动参与的程度更高。

党项民族对佛教组织的广泛参与以及对佛教思想的深入理解,一方面体现出党项民族自身文化的发展与进步,另一方面则体现出党项民族在接受和改造汉文化方面的主动性与自觉性。这正是党项民族文化自觉的一种表现,即选择适合自身的文化体系,并进行综合和创新,从而将其融为自身文化的组成部分。

（二）佛学思想体系独特性与巩固民族政权的现实需要

通过上文的论述可知,在吸收引进北宋、辽朝、吐蕃佛教的同

时,党项民族和西夏思想界进行了有目的性的选择与综合。首先,
与北宋中原佛教相比,西夏佛教在理论义学方面更多地继承了唐
代的佛教传统,重视深具理论思辨的华严学等佛教义学宗派,这与
以禅宗为主流的北宋佛教有着较明显的差异。其次,西夏前期佛
教界在引进吸收北宋佛教的同时,也受到辽朝佛教的影响,显示出
建构综合性佛教体系的意图。但在如何对待禅宗思想的问题上,
西夏佛教界又表现出与辽朝佛教界的不同,即辽朝佛教界尊崇澄
观思想而贬抑南宗禅,而西夏则受到五代北宋中原佛教的部分影
响,接受了宗密融会禅教的思想及其荷泽禅法。第三,西夏后期
在引进藏传佛教的同时,有选择地推崇以心性论思想为核心的噶
举派大手印法等教法,呼应了西夏佛教界的心性论思想主题。而
在内在理路上,大手印法思想的引进与西夏华严学的传承发展有
着密切的关系,可见西夏对藏传佛教的引进与吸收也是有选择
性的。

　　从整个西夏政权的时代主题来看,对不同佛教思想流派的选
择与综合正是西夏佛教独特性的体现,而这也是党项民族的独立
意识和追求文化个性的反映。正如学者所指出的:"佛教在西夏学
说思想及民众信仰占据主导地位,则是其统治者刻意追求民族个
性,保持文化传统的现实反映。"①

　　综上所述,西夏人所建构的佛教文化及佛教思想体系具有鲜
明的独特性,这正是西夏政权和党项民族追求文化个性、巩固民族
政权的思想反映。这也再一次证明,追求思想文化上的个性与追

---

① 李华瑞:《论儒学与佛教在西夏文化中的地位》,杜建录主编:《西夏学》第
　一辑,银川:宁夏人民出版社 2006 年,第 227 页。

求政治上的自主,在某种程度上是相统一并互为因果的[①]。与此同时,这种独特佛教思想体系的出现,也是西夏政权对其社会时代课题("如何利用先进文化巩固民族政权")的解答。需要指出的是,虽然西夏政权及党项民族在主观上试图通过独特思想文化体系的建构以巩固政权,但由于其所引进和依据的主要文化资源是中原汉文化(中原大乘佛教文化和儒家文化),这也在客观上促进了党项民族和汉民族的民族融合和文化认同,并推动了以中原汉文化为主体的中国"多元一体"文化的进一步发展。

[①] 对此,俄罗斯学者克恰诺夫在西夏历史文化的研究中就曾指出:"我们也观察到这种现象,即教育、掌握现代先进文化水平,不仅使得人们对自己民族的文化产生更强烈的、更浓厚的兴趣,而且还会引起在文化范畴中自我肯定的向往和政治上的分立主义。"[俄]克恰诺夫、李范文、罗矛昆:《圣立义海研究》,银川:宁夏人民出版社1995年,第25页。

辽夏金元时代的
宗教思想与文化认同

袁志伟 著

下 册

中华书局

第三章　金朝佛道教思想与文化认同

第一节　金朝对辽宋宗教的继承与整合

一、佛道教与金朝社会的时代课题

金朝(1115—1234)是由来自东北地区的女真族所建立的北方少数民族政权。完颜阿骨打(金太祖)于1115年在上京会宁府建国,国号"大金"。此后历经金太宗完颜晟(1123—1135年在位)、金熙宗完颜亶(1135—1150年在位)、海陵王完颜亮(1150—1161年在位)、金世宗完颜雍(1161—1189年在位)、金章宗完颜璟(1189—1208年在位)、卫绍王完颜永济(1208—1213年在位)、金宣宗完颜珣(1213—1224年在位)、金哀宗完颜守绪(1124—1234年在位),共传十帝,享国一百二十年。金朝全盛时期的疆域东到日本海,东北到外兴安岭,包括今中国东北及俄罗斯远东部分地区;西北至今宁夏回族自治区,与西夏国接壤,包括今陕西省中部及西北的甘肃省、内蒙古自治区的部分地区;南至大散关和淮河一线,与南宋对峙。金朝先后定都上京会宁府(今黑龙江省哈尔滨市阿城区)、中都(今北京市)、南京(今河南省开封市),统治核心区域为今河北、山西、河南等华北地区。

金朝的统治民族女真族在族源上可以上溯至黑水靺鞨,居住在今黑龙江中下游地区,曾臣属于渤海国及辽朝,后于12世纪初逐渐强大。金朝于1125年灭辽,又于1127年灭北宋,入主中原,成为12—13世纪统治北方地区的重要少数民族政权。因此,在讨论辽夏金元时代北方地区的宗教思想、少数民族社会及其文化认同问题时,金朝宗教思想与女真民族的文化认同是其中重要的组成部分。

(一)金朝的时代课题:"主体文化的选择与社会秩序的重建"

辽夏金元时期北方各少数民族政权的思想界,都需要对其面对的主要政治、文化和社会问题做出理论上的回应或解答,也就是对"时代课题"的回应与解答。与契丹民族的辽政权、党项民族的西夏政权不同的是,女真民族不仅占据了原辽政权的统治地域,还占据了原属北宋政权的河南、河北、山东、关中等地区。与此同时,这也意味着金政权不仅管辖着原有的女真、契丹、蒙古等民族的聚居地,更需要统治和管理北方广大的汉民族聚居区。后者作为汉文化发展和传播的核心地域,在经济基础和文化积淀上不仅远高于女真民族原有的生活地区,而且也高于辽和西夏政权。因此,金政权和女真民族的时代课题可以理解为"主体文化的选择与社会秩序的重建",也就是"如何继承和吸收既有的辽宋先进文化以促进本民族发展与社会进步,并为政权的巩固提供理论支持"。

金政权在占据辽朝与北宋统治地域的基础上,也拥有了更多的文化资源可供选择和继承。与辽和西夏对中原大乘佛教的引进与吸收相比,金政权所重视和吸收的汉文化主要是儒家文化特别是儒家政治文化。但是以禅宗为代表的北宋中原大乘佛教文化、以全真教为代表的道教文化等中原宗教思想文化,也在金朝时代课题的解答过程中发挥了重要的作用,共同推进了女真民族的汉化进程,以及金政权境内的民族与文化认同。因此,本书有必要在文化与民族认同的视域下,考察金朝佛道教的思想内涵及其对金政权和女真民族时代课题的解答。

（二）"三教俱崇"：女真民族文明化进程下的金朝宗教格局

辽朝和西夏的主要宗教是佛教,佛教思想文化也成为辽和西夏精神文化的主要代表[①]。与此不同的是,入主中原的金政权在政治上继承与吸收了辽宋的制度和政治文化,在宗教领域则继承与融合了辽与北宋的佛教文化,并且在唐宋道教的基础上发展出全真教等新道教派别,由此形成了"三教并崇"的文化和宗教格局,这一格局的出现与女真民族的文明化进程也有着密切的关系。

就金朝女真民族自身的发展来说,伴随着金政权对原辽朝及北宋辖境的占领与管控,包括统治阶层和平民在内的大量女真人也随之入居中原地区,从而与汉民族与汉文化的接触日渐深入。自金熙宗以后,女真民族学习和吸收汉文化的深度和广度日渐加深,女真民族与汉民族的文化和民族认同程度也随之日益加深。如海陵王少年时曾就学于汉族名儒张用直,"渐染中国之风"[②];金世宗推崇儒学,翻译儒经,修建孔庙,完善科举制度,推动了金朝儒学的复兴;金章宗"属文为学,崇尚儒雅"[③],有着深厚的汉

---

① 儒家文化在辽夏的影响力主要限于政治领域,在民间的影响力有限;此外,辽和西夏境内虽然可以确定有道教的存在,但其影响力更为微弱。对此,参见本书第一章《辽朝佛教思想与文化认同》、第二章《西夏佛教思想与文化认同》中的相关内容。

②（宋）徐梦莘:《三朝北盟会编》卷二百四十二,上海:上海古籍出版社 1987 年,第 1740 页。

③（金）刘祁:《归潜志》卷十二《辩亡》,上海古籍出版社编:《宋元笔记小说大观》第 6 册,上海:上海古籍出版社 2001 年,第 6009 页。

文化修养。在这一学习和接受汉文化的过程中,以大乘佛教和道教为代表的中原宗教文化作为汉文化的重要组成部分,也受到金朝统治者的关注或接受,从而发挥了促进女真民族文明化的重要作用。

金熙宗时,女真统治者及贵族已经在很大程度上接受了佛教信仰。据当时出使金朝的洪皓记载:"胡俗奉佛尤谨,帝后见像设皆梵拜,公卿诣寺则僧坐上坐","贵游之家多为僧衣盂,甚厚";皇统二年(1142)太子济安出生,金熙宗又下诏度僧庆祝,"燕、云、汴三台普度,凡有师者,皆落发"[1]。海陵王也曾于正隆元年(1156)二月初八佛诞日"御宣华门观佛,赐诸寺僧绢五百匹、彩五十段、银五百两"[2]。

伴随着金世宗和章宗两朝的"盛世",金朝佛教也进入鼎盛时期,所谓"大定之初,天下鸿宁,释教大兴"[3],史书中可见很多有关皇帝临幸佛寺、举办佛事的记载。金世宗受其母亲贞懿皇后信仰佛教的影响,早年也崇信佛法,但即位后则对佛道等宗教采用了"敬而远之"的态度。据《金史》记载,金世宗称:"人多奉释、老,意欲徼福。朕早年亦颇惑之,旋悟其非。且上天立君,使之治民,若盘乐怠忽,欲以侥幸祈福,难矣。果能爱养下民,上当天心,福必报之。"[4] 但出于维护统治的考虑,他也有建寺巡幸、优礼名僧的举

---

① (宋)洪皓:《松漠纪闻》卷上,上海古籍出版社编:《宋元笔记小说大观》第3册,上海:上海古籍出版社2001年,第2798页。

② (元)脱脱等:《金史》卷五《海陵纪》,北京:中华书局1975年,第107页。

③ (金)张莘夫:《重修法云寺碑》,阎凤梧主编:《全辽金文》(中),第1689页。

④ (元)脱脱等:《金史》卷七《世宗纪中》,北京:中华书局1975年,第173页。

动：如世宗于大定二十六年（1186）三月癸巳，"香山寺成，幸其寺，赐名大永安，给田二千亩，栗七千株，钱二万贯"①。对于金初创立的全真教，金世宗也对其领袖人物丘处机、王处一给予召见和礼遇，据《全真教祖碑》载："伏遇世宗皇帝知先生道德高明，二十八年戊申二月，遣使访其门人，应命者邱与王也。命邱主万春节醮事，职高功。五月，见于寿安宫长松岛，讲论至道。圣情大悦，命居于宫庵。"②

　　章宗也对佛道二教对给予了礼遇，据《金史》记载，他于明昌元年（1190）六月，"奉皇太后幸庆寿寺"；明昌四年（1193）三月，"幸香山永安寺及玉泉山"③。据《释氏稽古略》载："金诏洞宗禅派万松长老于内殿说法。章宗躬亲迎礼，奉锦绮大僧祇衣诣座授施，后妃贵戚罗拜于前，各施珍财。建普度会，每岁设斋。后于承安二年，诏万松禅师住西山之仰山。"④章宗也曾接见优礼当时全真教的领袖人物王处一、刘处玄等人，《全真教祖碑》载："至承安丁巳六月，章宗再诏王处一至阙下，特赐号体玄大师，及赐修真观一所。十月召刘处玄至，命待诏天长观。"⑤

　　这些史事说明，金政权和女真统治者在整体上继承了辽朝和北宋的精神文化，对于儒学及佛道教都给予了支持，从而出现了"三教俱崇"的文化和宗教格局。这一方面与金政权的现实政治需

---

① （元）脱脱等：《金史》卷八《世宗纪下》，北京：中华书局1975年，第192页。
② （金）完颜寿：《全真教祖碑》，阎凤梧主编：《全辽金文》（中），第2453页。
③ （元）脱脱等：《金史》卷十《章宗纪二》，北京：中华书局1975年，第228页。
④ （明）觉岸编：《释氏稽古略》卷四，《大正新修大藏经》第49册，第897页。
⑤ （金）完颜寿：《全真教祖碑》，阎凤梧主编：《全辽金文》（中），第2453页。

要及辽宋文化的相对先进有关，另一方面也与女真民族自身的发展需求密切相关。

（三）"整顿伪滥"：金朝统治者对宗教的管控与利用

与金朝统治者对儒家文化的学习、接受及奉行的崇儒政策不同，金政权对佛道教在整体上采取了管控与利用并重的政策①，这种政策从金初立国一直持续到金末。就现有资料来看，从金太宗就已经开始接触佛教，但他并未崇信佛法，而是采取了抑裁佛教的态度。据《金史》记载，金太宗天会元年（1123）在上京时，"僧献佛骨，却之"；天会八年（1130）五月又下诏"禁私度僧尼"②。此后，金熙宗虽然有崇佛举动，但同样对佛教做了较为严格的法律限制，诏令："惟僧尼犯奸及强盗，不论得财不得财，并处死"③；海陵王则进一步强化了对佛教的限制，正隆元年（1156）十一月下令"禁二月八日迎佛"④，并强召僧人从军。

金世宗与章宗朝虽然是金朝佛道等宗教发展的鼎盛时期，但统治者依然未放松对佛道教的管控与约束，并多次下诏禁止民间滥建寺院、私自出家等。金世宗称："至于佛法，尤所未信。梁武帝为同泰寺奴，辽道宗以民户赐寺僧，复加以三公之官，其惑深矣"⑤，

---

① 参见王德朋：《金代佛教政策新议》，《世界宗教研究》2013 年第 6 期；刘浦江：《辽金的佛教政策及其社会影响》，《佛学研究》总第 5 期，1996 年；武玉环：《论金代女真的宗教信仰与宗教政策》，《史学集刊》1992 年第 2 期。

②（元）脱脱等：《金史》卷三《太宗纪》，北京：中华书局 1975 年，第 61 页。

③（宋）宇文懋昭撰，崔文印校证：《大金国志校证》卷十二《熙宗孝成皇帝四》，北京：中华书局 1986 年，第 174 页。

④（元）脱脱等：《金史》卷五《海陵纪》，北京：中华书局 1975 年，第 107 页。

⑤（元）脱脱等：《金史》卷六《世宗纪上》，北京：中华书局 1975 年，第 141 页。

表示出吸取辽亡教训、注意管控佛教的政治意图。因此，金世宗在即位之初，就于大定二年（1162）"诏免二税户为民"，其原因在于"初，辽人佞佛尤甚，多以良民赐诸寺，分其税一半输官，一半输寺，故谓之二税户。辽亡，僧多匿其实，抑为贱，有援左证以告者，有司各执以闻，上素知其事，故特免之"①，即通过剥夺寺院占有的人口和赋税，以此削弱寺院的经济实力及其独立性，达到稳定统治的目的。大定十四年（1174）金世宗又下诏："闻愚民祈福，多建佛寺，虽已条禁，尚多犯者，宜申约束，无令徒费财用"②，大定十八年（1178）三月又诏"禁民间无得创兴寺观"③，大定二十五年（1185）禁"农民避课役，为僧道者"④。对此，现存的金朝民间石刻文献中也有相关记载，据关昭素《重修陕州故硖石县大通寺碑记》载："世宗皇帝万机余暇，三教俱崇。虑佛宇以滥营，臧否易混；恐僧流而私度，隐恶难知。乃敕下诸道、州、府、县、镇、村、坊，应有敕额者，一切仍旧。无则便抑停废，才布条章，当明真伪。堕农者因兹而归业，为非者自此而潜踪，遂使玉石有分，兰蒿不杂者也。"⑤

金章宗即位后，继承和延续了世宗的宗教限制政策：禁止私建寺观、私度僧道，并限制僧道人士与上层贵族的交往。章宗于明昌

①（元）脱脱等：《金史》卷四十六《食货志一》，北京：中华书局1975年，第1033页。
②（元）脱脱等：《金史》卷七《世宗纪中》，北京：中华书局1975年，第161页。
③（元）脱脱等：《金史》卷七《世宗纪中》，北京：中华书局1975年，第170页。
④（元）脱脱等：《金史》卷四十六《食货志一》，北京：中华书局1975年，第1035页。
⑤（金）关昭素：《重修陕州故硖石县大通寺碑记》，阎凤梧主编：《全辽金文》（下），第2887页。

元年（1190）"制禁自披剃为僧道者""敕僧、道三年一试"①，对剃度出家行为和僧道人员进行严格限制和考核；明昌二年（1191），"敕亲王及三品官之家，毋许僧尼道士出入"②；承安元年（1196）"敕自今长老、大师、大德不限年甲，长老、大师许度弟子三人，大德二人，戒僧年四十以上者度一人。其大定十五年附籍沙弥年六十以上并令受戒，仍不许度弟子。尼、道士、女冠亦如之"③。

与此同时，金政权通过鬻卖僧道度牒和寺额等方式解决财政危机，也成为金朝的一项重要宗教政策。在遇到灾荒及战争，财政收入匮乏时，金朝中央政府往往通过售卖僧道的出家度牒和寺观名额获得财赋。自金世宗开始，这种政策逐渐常态化，据《金史》记载，金世宗大定五年（1165）"顷以边事未定，财用阙乏，自东、南两京外，命民进纳补官，及卖僧、道、尼、女冠度牒，紫、褐衣师号，寺观名额"④。对此，大定十三年（1173）《齐东镇行香院碑》也记载："至大定二载，以边戍未靖，……天子不忍复取于民。乃召有司，凡天下之都邑、山川若寺若院，而名籍未正，额非旧赐者，悉许佐助县官，皆得赐以新命。及四众之人，愿祝发求度者，亦如之。"⑤ 而在金后期的金章宗、卫绍王及金宣宗时期，官卖度牒寺额以弥补财政不足越来越频繁⑥。如金承安二年（1197）"尚书省奏，比岁北边调

---

① （元）脱脱等：《金史》卷九《章宗纪一》，北京：中华书局1975年，第213、
　　215页。
② （元）脱脱等：《金史》卷九《章宗纪一》，北京：中华书局1975年，第217页。
③ （元）脱脱等：《金史》卷十《章宗纪二》，北京：中华书局1975年，第239页。
④ （元）脱脱等：《金史》卷五十《食货志五》，北京：中华书局1975年，第
　　1124—1125页。
⑤ （金）吴格：《齐东镇行香院碑》，阎凤梧主编：《全辽金文》（中），第1642页。
⑥ 参见王德朋：《金代度僧制度初探》，《文史哲》2014年第2期。

度颇多,请降僧道空名度牒紫褐师德号以助军储,从之"①。

综上所述,金朝统治者基本上执行了以儒为主、"三教俱崇"的政策,但相比于辽和西夏政权,金朝统治者对佛道教也保持了"敬而不信"的理性态度,并注意从限制僧道数量、抑制寺观经济、维护政治统治等角度利用和管控宗教。金朝统治者试图在发挥宗教的辅助统治作用、避免宗教的消极作用间取得一个平衡点。对此,《金史》曾记载金章宗与大臣张暐的对话:"上复问曰:'僧道三年一试,八十而取一,不亦少乎?'对曰:'此辈浮食,无益有损,不宜滋益也。'上曰:'周武帝、唐武宗、后周世宗皆贤君,其寿不永,虽曰偶然,似亦有因也。'对曰:'三君矫枉太过。今不毁除、不崇奉,是为得中矣。'"②从中可知,张暐等汉族士大夫颇为反对统治者佞佛,并主张既不崇奉、又不毁除的"得中"政策,这实际上正是金朝统治者对待佛道等宗教的基本态度。金朝的上述宗教政策,在很大程度上反映出金政权对北宋儒家政治文化和制度的继承,以及对辽朝佞佛和北宋崇道消极作用的认识和借鉴。不过,虽然金朝统治者在宗教政策上并无对佛道等宗教的大力支持,但佛道教依然在金朝民众和女真民族中产生了巨大的影响力,并为金朝时代课题的解决提供了答案。

二、文献所见辽朝佛教在金朝的传承与递嬗

金前期佛教的发展趋势和主要特点之一,就是对原辽和北宋佛教的继承与融合。虽然辽朝佛教与北宋佛教都属于中原大乘佛教,以及对唐代佛教的选择性继承。但由于政治上的分裂,辽和北

①(元)脱脱等:《金史》卷十《章宗纪二》,北京:中华书局1975年,第241页。
②(元)脱脱等:《金史》卷一百六《张暐传》,北京:中华书局1975年,第2329页。

宋的佛教体系并不完全相同,前者以密宗和华严宗为主要宗派,体现出"显密圆融"和"重教轻禅""融禅入教"的佛学倾向;后者则以禅宗为主,体现出禅儒合一和"重禅轻教""融教入禅"的佛学倾向[①]。金朝在占有辽、北宋原统治地域的基础上,客观上促使南(北宋)北(辽)佛教融合,因此"金代的佛教继承了辽代和北宋两个系统并继续发展","作为金代佛教的经学研究,颇以华严宗学为重,但在实践方面却是以禅学为主"[②]。而从 10—14 世纪中国佛教及思想界的发展趋势来看,金朝南北佛教的融合实际上也是唐代以后中国佛教诸宗派融合和三教合一趋势的反映。

　　金朝佛教所出现的辽宋佛教交融的发展趋势,在现存的佛教史传、碑刻塔铭等文献记载中可以找到相关的例证。对此,本书将从以下三方面进行阐述:

(一)辽末禅宗的兴起及"禅教并重"

　　从现有的史料中可知,辽道宗时期燕京等地的禅宗已经逐渐兴起,并涌现出了通理恒策、通圆法颐、悟敏等"禅教并重"、华严宗、律宗与禅宗兼修的高僧,从而为金初北宋禅宗的北传、辽宋佛教的融合等奠定了一定的基础。

1. 通理恒策

　　恒策,俗姓王氏。据《大安山莲花峪延福寺观音堂记碑》记载,恒策七岁从宝峰寺崇谨出家,早年"《百法》[③]为业,十六启讲,后习性相,靡不圆通",即最初以唯识学为业,进而精通华严学(性)

---

① 参见本书第一章《辽朝佛教思想与文化认同》第三节《辽朝佛教思想的理论特点》中的相关阐述。

②［日］野山俊静著,方红象译:《辽金的佛教》,《黑龙江文物丛刊》1981 年创刊号,第 82 页。

③《百法论》即《大乘百法明门论》,唯识宗的主要论典之一。

和唯识学(相)。恒策又师从永泰寺守臻(华严学大师,曾注疏《释摩诃衍论》)进一步学习华严学,并被道宗皇帝及道宗母宗天皇太后"赐紫袍,号通理焉",可知他早年是以唯识和华严学闻名的义学高僧。后来通理恒策到辽南京(今北京市)大安山莲花峪,并与寂照大师、通圆法颐等人一起习禅,开启了辽晚期禅宗的复兴。据《大安山莲花峪延福寺观音堂记碑》载,道宗皇帝曾宣请恒策为内殿忏悔主、赐封检校司空,"五京缁侣闻风而至,龙象学徒日不减三千之数";恒策于寿昌四年(1098)圆寂,"度菩萨戒弟子一百五十余万,皇储已下及百官等八十余人,公主国妃已下等五十余人"①,可知他颇受辽朝统治者的重视,并在辽朝佛教界具有重要影响力。此外,俄藏黑水城西夏文献中发现有恒策所著《究竟一乘圆通心要》《无上圆宗性海解脱三制律》《立志铭心戒》等著作②,可知恒策在辽夏佛教界都具有较大的影响力。但是,从辽道宗的"重教轻禅"思想倾向③及现存恒策著作的内容来看,恒策受到辽朝统治者礼遇的原因并非是其习禅造诣,而是他在华严学、唯识学等方面的成就。

　　2.通圆法颐

　　法颐,俗姓郑氏,为辽道宗、天祚帝时高僧,辽南京良乡县人。据前述《大安山莲花峪延福寺观音堂记碑》记载,法颐"生而神俊,

---

① 《大安山莲花峪延福寺观音堂记碑》,向南、张国庆、李宇峰辑注:《辽代石刻文续编》,沈阳:辽宁人民出版社2010年,第287、288页。

② 参见冯国栋、李辉:《〈俄藏黑水城文献〉中通理大师著作考》,《文献》2011年第3期。

③ "重教轻禅"是辽朝佛教的显著特色,辽圣宗统和年间(983—1012),当时的著名佛学大师诠明再定经录时,就认为禅宗的根本经典《坛经》等是伪妄之作,不仅将其排除在经录之外,而且"全予焚除"。

性异常童","幼□佛乘,志乐出家"。出家后拜燕京开悟寺金刚大师为师,并以《花严》为业",可知他早年也属于华严学僧人。法颐后来在燕京紫金寺开坛,为信徒受忏灭罪,辽道宗皇帝"美其道风,愿一瞻礼","特赐紫袍、通圆之号"。后来法颐"因倦学肆,寻访山水",与通理大师恒策一起隐居燕京西大安山习禅。天祚帝时又被宣请为"内殿忏悔主",并加赐"特进守太师,辅国通圆大师"的称号,信众"步礼而来受忏灭罪者,日不减二十余万","五京三学龙象皆来奔凑",求皈依者以千万计①。乾统四年(1104)逝世,弟子遍布五京。由文中可知,法颐与恒策的佛学经历类似,也是以华严学等义学为业,后来隐居学禅,并成为华严宗和禅宗并弘的高僧。

3. 寂照大师

感禅师,号"寂照大师"。据金章宗承安五年(1200)吕卿云《蓟州葛山重修龙福院碑》载,辽道宗"大安间,有感禅师者,自东徂西,届于是院,喜其清幽而驻锡焉",可知这位感禅师属于游方的禅僧,其后受到道宗皇帝的礼遇,"道宗闻其名,召至禁中,廷访移晷,仍赐紫方袍,加号寂照大师"。感禅师还传禅法于辽中京等地的奚、霫等少数民族聚居地,"奚霫之人,旧号难化,师将入其部,或患之。师谓曰:'孔子不云乎? 言忠信,行笃敬,虽蛮貊之邦行矣。'"②他的弟子有引辞法师、左录大师圆亭及圆亭弟子善初、善元、善定等人。前述《大安山莲花峪延福寺观音堂记碑》称:"洎至康安二号,南宗时运,果有奇人来昌大旨。遂以寂照大师、通圆、通

---

①《大安山莲花峪延福寺观音堂记碑》,向南、张国庆、李宇峰辑注:《辽代石刻文续编》,沈阳:辽宁人民出版社2010年,第287页。

②(金)吕卿云:《蓟州葛山重修龙福院碑》,阎凤梧主编:《全辽金文》(中),第2074页。

理此三上人捷生间出"，"唯三上人乃曹溪的嗣，法眼玄孙，为此方宗派之原，传心之首者"①。将感禅师与通理恒策、通圆法颐三人并称为辽末禅宗的复兴者。文中并未提及他的师承、佛学宗趣及籍贯等信息，但从"重教轻禅"的辽道宗对他的礼遇，以及恒策与法颐的"禅教并重"思想来看，这位感禅师应当也是一位禅法与教宗兼修的僧人。

4. 悟敏

悟敏，辽末律宗领袖法均弟子，金初律宗高僧。悟敏为辽上京临潢府人，俗姓孙氏。据《补续高僧传·金悟敏悟铢二传戒大师传》记载，悟敏"幼聪警，十四著扫塔衣事佛。时普贤大师以有道征，见而奇之，录为弟子。携之入京，貌重言谦，洒扫应对，甚得其职"，随即师从当时的律宗领袖普贤大师（法均）②，并随侍入京传法，成为金元之际的律宗③代表人物。从"洎普贤示寂，从法兄裕

---

① 《大安山莲花峪延福寺观音堂记碑》，向南、张国庆、李宇峰辑注：《辽代石刻文续编》，沈阳：辽宁人民出版社 2010 年，第 286 页。

② 法均的另一重要弟子是法律。据《甘泉普济寺赐紫严肃大师塔铭》载："师讳法律，蓟州醴泉乡安固人也。幼出家于甘泉普济寺，礼均上人为师。……听习戒律为宗"，"皇统二年，奉宣开启普度，檀度僧尼二众，约十万余人。八年，又奉宣越本宗，上试十题，所答无不中理。选定充平州三学律主，改授精正大德牒。官讲满，特赐紫严肃大师牒"，大定六年（1166）去世，世寿六十八。（金）沙成之：《甘泉普济寺赐紫严肃大师塔铭》，阎凤梧主编：《全辽金文》（下），第 1594 页。

③ 就目前所见资料来看，金朝律宗主要继承自辽朝，并以法均大师的法脉为主。据《补续高僧传》卷十七《金悟敏悟铢二传戒大师传》载，"普贤为戒坛宗师第一世，普贤传窥，窥没而传敏，为第三世。赐紫服师号，所度之众，不减于乃祖若父。复得悟铢而传焉。绳绳不绝，律座益尊"〔（明）明河：《补续高僧传》卷十七《金悟敏悟铢二传戒大师传》，（梁）慧皎等：《高僧传合集》，上海：上海古籍出版社 1991 年，第 723 页〕。可知法均大师的律宗法脉在金朝的传承是：法均（普贤）—窥—悟敏—悟铢。

景习业,通《唯识论》,对众析义,辩若涌泉。宿学硕德无不叹息,以为不可及。敏未尝以是自多"一句可知,他师从法均学律后,进一步研学《唯识论》,对唯识学等佛教义学也颇为精通。随着辽末禅宗的兴起,悟敏对禅法也产生了较大的兴趣,"远近争挽说法,不顾而去。谒通理策公,又见寂照感公,密受指迪,所资益深。黜聪明堕肢体者又十年。而后出世,禅以自悦,戒以摄人",他先后参访辽末禅学代表人物通理圆策、寂照大师等人学禅,并以禅律并重作为自己的宗趣,"皇统元年入寂,寿八十五,夏六十五",卒于 1141 年,"主大道场凡二十二处,禀戒者逮五百万"①。由此可知,悟敏不仅是辽末金初具有重要影响力的律宗高僧,同时也是深受禅宗影响、禅律兼修的僧人。

从以上僧人的经历可知,虽然辽末燕京等地已经有习禅高僧,并且有禅法的传承,但相比于华严宗和密宗等"教宗",其规模及影响力都很有限,这与前述辽朝佛教"重教轻禅"的特点有着密切的关系。与此同时,上述僧人兼具禅宗和华严宗(唯识宗或律宗)高僧的身份,并主张"禅教并重",这在一定程度上扭转了辽朝佛教"重教轻禅"风气,从而为金初禅宗的北传及兴盛准备了条件。

(二)金初禅宗北传与"弃教入禅"

辽朝佛教界在禅教态度上主张"重教轻禅"及"融禅入教",这一方面是辽朝佛教对唐代中原大乘佛教选择性继承的结果,另一方面更与辽政权和女真民族追求文化和民族独立性的内在要求有关②。不过,随着辽政权的崩溃及北宋禅宗的北传,原辽朝境内有许

---

① (明)明河:《补续高僧传》卷十七《金悟敏悟铢二传戒大师传》,(梁)慧皎等:《高僧传合集》,上海:上海古籍出版社 1991 年,第 722—723 页。

② 参见本书第一章《辽朝佛教思想与文化认同》第五节《佛教思想对辽朝时代课题的解答》中的相关阐述。

多原以华严宗、唯识宗、律宗等"教宗"为业的僧人转学禅宗，"弃教入禅"或"改教为禅"。这在现存的金朝碑刻文献等中也有较多反映。

1. 白瀑院圆正

圆正，据皇统六年（1146）《大金燕京宛平县金城山白瀑院正公法师灵塔记》文称："师讳圆正，俗姓曹，中京乾州人"，为原辽中京府人。圆正生于辽道宗咸雍三年（1067），"龆龄礼当州大崇仙寺僧□□大师为师，十五具戒，始习律次，听《华严》大经"，"未久有超群之解，众推师愿为法主"。年少时学习华严学及律学，并颇有所得，成为精通华严学的义学僧人。不过，在辽末金初之际，圆正忽然改宗禅法，"一日，师忽闻同住僧唱苦声，而又省曰：'法离文字语言，讲亦奚为？'遂舍法席，遍历诸方，参寻禅德，往往赞师法器之人也"[①]。可知圆正认为证悟佛法不应该依靠语言讲说与文字考辨，因此放弃此前所学的华严学等经学，转而游历参访，学习禅法。圆正于辽末天祚帝乾统初建立"禅刹"，并有门人弟子崇贵等四十余人。

2. 洪山性圆

性圆，原辽中京道（金北京道）人，金中期禅宗僧人，据《圆公马山主塔记》记载，性圆俗姓马氏，"其先北京富庶县之豪族也"，"师年十一落发，二十九受具"。性圆早年也以华严学见长，"文章兼子美之奇，翰墨尽元章之美，《大藏》经论不啻万帙，览之殆遍。其于《华严》奥义尤为精通。敷衍玄微，开乎愚知，化所未化，觉所未觉，利物接人，德亦大焉"，属于以华严学为业，同时遍学佛教诸

---

① （金）希辩：《大金燕京宛平县金城山白瀑院正公法师灵塔记》，阎凤梧主编：《全辽金文》（中），第1330页。

经的义学僧人。"师一日忽有担板之悔，回视从来经学，徒为尘迹，遂弃筌蹄，往参阆山兰陵虎头老和尚。才一二岁，深有省悟"[①]，可知性圆否定了自己曾经研学的佛教"经学"，转向禅宗，师从兰陵虎头老和尚、仰山宝公禅师等人学习禅法，成为金初曹洞宗僧人。金初海陵王贞元三年（1155），性圆"又从仰山南游滏水，滏即仰山父母之邦也。于是建议宝公，谋于耆旧，卜道场之地创精舍，而起丛林，报曹洞之宗风，使学佛者知有顿门"[②]，随侍仰山宝公[③]南游山东等地，并帮助法宝选择地址创建寺院，以此弘扬曹洞禅门。大定二十二年（1182）终于安阳林县洪山，终年六十九，僧腊四十。

3. 普照寺慧洣

慧洣，原为辽南京（今北京市）涿州范阳人，关于其生平经历，据《大金普照禅寺洣公长老灵塔塔铭》记载：

> 师讳慧洣，俗姓吴氏，涿州范阳人也。幼而奇秀，不茹荤辛，出尘之姿，盖亦天赋。七岁，俾读书，聪慧异于常儿。年十二，启其母，志求出家。父母既许，遂依崇教寺行直为师。侍奉之余，听习《华严》大经为业，默通其义，真深器美之。而于皇统壬戌岁遇恩，始具戒，时年二十二矣。忽一日，究寻之次，叹曰："永嘉所谓分名别相，如算沙海，区区曷益？"适闻海慧、清慧二大士提祖佛印，自南方来，振扬玄风于燕台之上，乃辞直师，径造会中。顶谒一见，师资冥契，投诚问道，积有晦

[①]（金）张天祐：《圆公马山主塔记》，阎凤梧主编：《全辽金文》（中），第1771页。
[②]（金）张天祐：《圆公马山主塔记》，阎凤梧主编：《全辽金文》（中），第1771页。
[③] 即金海陵王时期的著名曹洞宗僧人大明法宝，曾住持今北京西山的仰山栖隐寺。

> 朔。一日，诣其室，清慧师竖起拂子，云："汝拟议，则丧身失命。"师豁然开悟，如桶底子脱。与之问答，如珠走盘，了无凝滞。遂密以宗印付师，复付一颂，有"针芥相投一句亲"之语。已而，二老师特奉诏住持会宁长庆禅寺，师亦参随诣彼。其清慧老人命师为侍首，朝夕谘参，温研不懈，尽得云门之宗旨也。……后届云中，参佛日显老。未几，命师为书记。室中相见，重蒙印可。遂令分座秉拂为众，欲嗣续曹洞之宗风。师默自念，始于佛觉晦堂处有所得，安敢负于初心哉！竟不受。①

由塔铭可知，慧浃法师出家后，先跟随崇教寺的行直法师学习华严学，"听习《华严》大经为业，默通其义，真深器美之"，并将华严宗作为自己的宗趣所在，这正是华严学作为辽朝佛教义学主体的反映。但是，随着金朝建立和原北宋禅宗的北传，金朝初年受戒（"皇统壬戌岁遇恩，始具戒"）后的慧浃开始接触禅宗思想。此后他逐渐对原来所学的华严学产生怀疑，所谓"永嘉所谓分名别相，如算沙海，区区曷益"②，是指慧浃批评以义理思辨和概念分析为主的佛教义学落入"计算海沙"的徒劳无益文字游戏中，对于解脱证道毫无益处。当时恰值"海慧③、清慧二大士提祖佛印，自南方来，振扬玄风于燕台之上"，即有海慧、清慧二位禅师从南方（这里

①（金）张公政：《大金普照禅寺浃公长老灵塔塔铭》，张焯：《云冈石窟编年史》，北京：文物出版社2006年，第263—264页。

② 唐代永嘉禅师玄觉在其《永嘉禅师证道歌》中提到："分别名相不知休，入海算沙徒自困"，以此批评唯识、天台、华严等教门的义学。

③ 海慧、清慧是宋金之际禅宗高僧，据《大明高僧传》记载，曾有海慧禅师下五台山而入燕京，并知名天下。可知海慧主要活动于原属北宋的山西五台山地区。

的南方是指相对于辽朝辖境的原北宋河北、山西等北方地区）来到金都燕京传播北宋云门宗禅法，慧浃随即前往拜师参学，并取得了二人的“印可”，作为得法的重要弟子而长期随侍清慧左右，“尽得云门宗旨”，成为金初云门宗的传人。此后，慧浃还曾参访云中（今山西省大同市）曹洞宗僧人“佛日显老”即下文所述西京华严寺慧明禅师，并且得到后者的青睐，“遂令分座秉拂为众，欲嗣续曹洞之宗风”。从这位慧浃禅师的塔铭中可知，金初云门宗、曹洞宗等北宋禅门已经传播到燕京（辽南京、金中都）和云中（辽金西京大同府）等原辽政权的主要统治地域，并产生了很大的影响；与此同时，以华严宗等为代表的辽朝佛教逐渐衰微，并逐渐被禅宗吸收融合。

4. 佛日圆照慧明

慧明，西京大同府蔚州灵丘县（今山西省大同市灵丘县）人，金末元初禅宗僧人。关于其生平经历，据《西京大华严寺佛日圆照明公和尚碑铭并序》载：

（引者注：慧明）诵练诗书，傍通黄老，渔猎子史，综核篇章。尝叹曰：“周孔名教，未穷有有之诠；庄老重玄，岂达空空之理？”稔闻西京崇玄寺崇业大师，籍甚一时，誉流四表，即从之落发，受满分戒。探赜经论，陶冶真宗；听习《华严》，备淹圆别。未周数载，幽致大通。事理匝于一尘，生佛融于当念。往复千变，动静一如。星罗心目之间，珠连文句之下。……仍念理居文表，道非语中，寻文难以证真，循指岂能识月？屡闻教外别传之旨，每欣离念见佛之谈，不历阶梯，径登觉地。遂决志游方，遍寻禅匠。初投冲虚昉公，次依松岩晖公。……后抵燕之庆寿，参海云老师，一见欣然，便通入室。老师左提右挈，痛下钳锤,棒喝交驰,迅机无滞。①

　　由上引碑文可知,这位慧明法师是金元之际临济宗高僧、北方佛教领袖海云印简禅师的高徒,临济宗僧人。由"诵练诗书,傍通黄老,渔猎子史,综核篇章"一句可知,慧明出家前就已熟悉儒道经典,具有较高的学识积累。后不满于儒道二家之说,而师从西京(今山西省大同市)崇玄寺崇业大师落发出家;由"听习《华严》,备淹圆别。未周数载,幽致大通"一句可知,慧明刚出家时也以华严学为业,其师崇业应当也是一位华严宗僧人。由"仍念理居文表,道非语中,寻文难以证真,循指岂能识月?屡闻教外别传之旨,每欣离念见佛之谈,不历阶梯,径登觉地"可知,慧明也不满于华严宗等佛教义学的文字考据、义理思辨和"渐修"法门,并希望转学"教外别传""当下解脱"的禅宗顿悟法门。此后慧明"决志游方,遍寻禅匠",先后参学于冲虚昉公、松岩晖公等禅师,最后师从金元之际著名禅宗领袖、燕京庆寿寺海云印简禅师,并成为其入室弟子。慧明又得到元世祖忽必烈及皇室的礼遇,先后住持燕京大庆寿寺、西京大华严寺等,成为金元之际北方临济宗的重要僧人。元至元七年圆寂,"俗寿七十二,僧腊四十五。嗣袭法道者七人:首曰昭冲,奉旨住大庆寿寺,承海云之道,为僧门总统;次曰义辩,住西京南关崇玄寺;次曰法钟,继住华严,堂构先业。余者各为一方法主"②。从慧明的经历可知,他也是一位"弃教入禅",并由华严改宗临济的僧人。这也反映出禅宗在金朝佛教中具有主体地位。但值得注意

————————

① (元)祥迈:《西京大华严寺佛日圆照明公和尚碑铭并序》,张焯:《云冈石窟编年史》,北京:文物出版社2006年,第288页。
② (元)祥迈:《西京大华严寺佛日圆照明公和尚碑铭并序》,张焯:《云冈石窟编年史》,北京:文物出版社2006年,第289页。

的是,从慧明早年研学《华严经》的事迹可知,一直到金朝末年,华严宗在原辽朝辖境内(如西京大同等地)依然传承不绝,并拥有较大影响力。

　　由上述几位禅师的经历可知,虽然辽末燕京等地已出现禅宗的复兴,但金朝禅宗的法脉传承主要来自北上燕京等地的北宋禅师。对此,据南宋初年出使金朝并滞留燕京多年的洪皓记载:"燕京兰若相望,大者三十有六,然皆律院,自南僧至,始立四禅,曰太平、招提、竹林、瑞像。"[①] 金朝禅宗兴起并受到统治者的重视,就与"南僧"至燕京传法有重要的关系。与此同时,伴随着禅宗的兴盛,许多原辽境内的华严宗、密宗、唯识宗等教门僧人则"弃教入禅",这也导致了金朝佛教义学宗派的逐渐衰落。

(三)华严宗等宗派在金朝北方地区的传续

　　虽然禅宗逐渐发展成为金朝佛教的主流,但辽境内原有的华严宗等义学宗派在金朝仍得到了传承与延续,并具有一定的影响力;而律宗、密宗和唯识宗等宗派则相对沉寂,或者湮没无闻。据金大定七年(1167)韩长嗣《兴中府尹银青改建三学寺及供给道粮千人邑碑》载:"圣朝既获辽土,设三学如故法。"[②] 可知金政权占据辽原有的统治区域后,对原有的辽朝佛教宗派及寺院组织等也进行了维持性的保护,这种统治者的保护与默许是辽朝佛教宗派得以在金朝继续传播的主要原因。目前很难梳理出金朝华严宗等宗派的具体传法谱系及支脉分布,这一方面是受限于文献资料的缺乏,另一方面更与辽朝佛教宗派的特点有关,即辽代华严宗、律宗、

---

① (宋)洪皓:《松漠纪闻》卷上,上海古籍出版社编:《宋元笔记小说大观》第3册,上海:上海古籍出版社2001年,第2798页。

② (金)韩长嗣:《兴中府尹银青改建三学寺及供给道粮千人邑碑》,阎凤梧主编:《全辽金文》(中),第1590页。

密宗等都缺乏如唐宋禅宗那样师承严格、讲究祖系的宗派组织形式,并多以松散学派的形式存在。因此,本书试通过对现存金朝华严宗僧人墓碑塔铭的初步梳理,窥探辽朝佛教宗派在金朝的传续情况。

1. 宝严大师

释名裕超,俗姓于氏,为原辽上京临潢府人。据大定二十八年(1188)《宝严大师塔铭志》记载,他于金海陵王天德三年(1151)"伏蒙东宫太后请住兴王寺,开演《大华严经》讲,聚徒二百余人……至正隆元年四月,□□□仕豪贵人等礼请,复开《大华严经》讲,徒满三百"[1],金世宗大定七年(1167)又获得"宝严大师"的德号。可知他与金帝海陵王、太后等皇室关系密切,并曾传华严学于金上京、中都等地区,是一位颇具影响力并弟子众多的华严宗高僧。而就其经历来看,宝严大师的法脉应当来自辽朝华严宗的传承。

2. 禀惠

据皇统七年(1147)《大金西京武州山重修大石窟寺碑记》记载,禀惠为金西京大同府石窟寺住持,"姓王氏,弘州永宁(引者注:今河北省阳原县)人。幼于天成县(引者注:今山西省天镇县)幽峰院出家受具。自十八岁讲《华严经》《摩诃演(衍)》论,辩析疑微,听者常数百人"[2],可知他是一位以华严学为业的义学僧人。金朝建立后,禀惠于金熙宗天眷元年(1138)"奉旨传菩萨戒",皇统三年(1143)又被"转运司定充本寺提点",可知此禀惠属于金初继续弘传华严学的义学僧人。

---

① 黑龙江省地方志编纂委员会:《黑龙江省志·文物志》,哈尔滨:黑龙江人民出版社1994年,第227—229页。
② (金)曹衍:《大金西京武州山重修大石窟寺碑记》,阎凤梧主编:《全辽金文》(中),第1385页。

3.惠寂

金末华严宗僧人。据元好问《华严寂大士墓铭》记载,惠寂姓王氏,西河阳城里人,"于佛书无不读,授《华严》《法界观》于汾州天宁宝和尚。父殁,乃祝发,居孝义之寿圣,时年已五十有一矣。崇庆初,以恩例得僧服,俄赐紫。遂主信公讲席,学者日盈其门"①。从中可知,惠寂出家后师从山西汾州天宁宝和尚学习华严宗经论,并且开席讲经,"学者日盈其门",产生了较大的影响力。金末战乱,惠寂"避兵南来,居汝州之普照,又迁南阳之鄂城","师以《华严》为业,手钞全经,日诵四帙为课",迁居河南后继续弘传华严学。"正大丙戌九月五日夜,说《世界成就品》,明日以偈示众,告以寂灭之意"②,于金哀宗正大四年(1227)逝世。惠寂有"传《法界观》"弟子祖登、法昌、福柔、尼了遇四人。由该墓铭可知,除了西京大同、燕京等原辽朝辖境,金朝境内原属北宋的山西汾州地区也有华严学的传布,其中提到的天宁寺自唐代以来就是重要的华严宗寺院,其华严学传承一直延续至金末。

4.法云

金末华严宗僧人,据元好问《坟云墓铭》记载,法云为山西"临汾人,姓刘氏。七岁不茹荤,十一岁出家于洪洞之圆明,师僧智真。受义学于广化僧慧,学禅于韶山义公","元光二年冬十二月夜中,僧给诣师求讲《法界观》"③,是一位兼通华严学和禅宗的僧人。

---

①(金)元好问:《华严寂大士墓铭》,阎凤梧主编:《全辽金文》(下),第3118页。

②(金)元好问:《华严寂大士墓铭》,阎凤梧主编:《全辽金文》(下),第3119页。

③(金)元好问:《坟云墓铭》,阎凤梧主编:《全辽金文》(下),第3120页。

5. 志玄、行秀、圜明与知拣

据元人熊梦祥《析津志》所收《宗原堂记》载：燕京宝集寺"大觉圆通大宗师守司空志玄，……一传而为领释教都总统传戒三学都坛主行秀；再传而为领诸路释教都总统三学都坛主圜明；继以领释教都总统开内三学都坛主开府仪同三师（司）光禄大夫大司徒邠国公知拣"[①]。从中可知，金朝中后期（自金章宗时期开始）至元初，以燕京地区的宝集寺等为中心，存在着一支重要的华严宗法脉传承，即志玄—行秀（与曹洞宗万松行秀同名）[②]—圜明—知拣。而且这些僧人大多具有守司空、大司徒、开府仪同三司、光禄大夫等显贵爵号，以及大宗师、释教都总统、三学都坛主等德号，证明他们在当时具有颇高的地位和影响力。

6. 谦公法师、崇业大师等

据房山云居寺《谦公法师灵塔铭》载，有谦公法师驻锡于燕京石经山云居寺，"看《华严经》百部，寸阴不辍"，并且有"经邑门徒，众仅数千"[③]，是一位有着较大影响力的华严学僧人。据前述《西京大华严寺佛日圆照明公和尚碑铭并序》记载，西京崇玄寺崇业大师"籍甚一时，誉流四表"，前述禅宗僧人慧明曾师从他落发出家，并且"听习《华严》，备淹圆别"[④]，可知该崇业大师也是金朝后期西京大同地区的一位华严宗高僧。另据《大金普照禅寺浃公长老灵

---

① （元）熊梦祥著，北京图书馆善本组辑：《析津志辑佚》，北京：北京古籍出版社 1983 年，第 71 页。

② 参见刘晓：《万松行秀新考——以〈万松舍利塔铭〉为中心》，《中国史研究》2009 年第 1 期，第 130 页。

③ 徐自强：《房山云居寺〈谦公法师灵塔铭〉》，《文物》1979 年第 1 期，第 75—76 页。

④ （元）祥迈：《西京大华严寺佛日圆照明公和尚碑铭并序》，张焯：《云冈石窟编年史》，北京：文物出版社 2006 年，第 288 页。

塔塔铭》记载：慧浃"依崇教寺行直为师。侍奉之余,听习《华严大经》为业,默通其义,直深器美之"①,可知这位崇教寺行直也是华严学僧人。

由此可见,金朝华严宗等"教宗"的地位虽然不如禅宗,并且处于衰落的趋势,但终金一朝,华严宗在山西、河北、河南及东北等北方地区依然持续传承,并具有较大的影响力。

综上所述,从现存的金朝佛教碑刻及僧人塔铭等文献中可知,辽与北宋政权灭亡、金政权建立后,北方地区的佛教宗派格局确实发生了明显变化,即辽宋佛教的融合与禅教宗派的递嬗。具体则表现为原北宋禅宗的北传和逐渐兴盛,原辽境内僧人的"弃教入禅",以及"禅教融合"下华严宗等"教宗"的传续等。这种融合与递嬗反映出金朝统治下的北方佛教结束了长期分裂,逐渐走向统一。与此同时,禅宗兴起并逐渐取得金朝佛教的主体地位,也反映出以北宋禅宗为代表的中原大乘佛教文化的优势与巨大影响力。

三、文物所见辽宋佛教在金初的融合

除了史传文献及金石碑刻中的文字记载,现存的金朝佛教雕塑、寺观建筑等宗教文物,也为我们提供了窥探金初辽宋宗教融合情况的重要信息。本书在此所关注并考查的大同善化寺大雄宝殿金代二十四诸天造像,就为我们了解金朝初年辽朝密宗、华严宗的传承演变、北宋天台宗等佛教宗派在原辽朝境内的传播等宗教情况,提供了文物方面的证据,值得进行深入的解读。

---

① (金)张公政:《大金普照禅寺浃公长老灵塔塔铭》,张焯:《云冈石窟编年史》,北京:文物出版社 2006 年,第 263 页。

（一）大同善化寺大雄宝殿与金塑二十四诸天像

善化寺位于山西省大同市城区，因坐落于明代府城南门内侧，当地俗称为南寺。据寺内碑文记载，该寺创建于唐代，唐玄宗时赐名为开元寺，五代后晋时更名大普恩寺，明正统十年（1445）改名善化寺。该寺现存建筑主要为金天会六年至皇统三年间（1128—1143）重建的天王殿、三圣殿及东西配殿、普贤阁，辽建金修的大雄宝殿及东西朵殿，以及近年复建的文殊阁、东西敞廊、腋门等建筑。该寺为第一批全国重点文物保护单位，在中国辽金建筑史及辽金佛教艺术史上具有重要的地位。善化寺山门内现存明塑四大天王像，三圣殿内现存金塑华严三圣像及金、明清石碑四通，大雄宝殿内现存辽塑五方佛像、金塑二十四诸天像及清代壁画等珍贵佛教文物。其中，大雄宝殿内的二十四诸天造像是该寺独有、最具研究价值的一组佛教彩塑，对于了解金初北方地区的辽宋佛教融合具有重要价值①。

所谓"诸天"，即佛教中的护法天神，如四大天王、大梵天王等等，在印度文化当中，天是神的别名，所以"诸天"亦称"诸神"或"尊天"。佛教中的诸天大多来自古印度的土著信仰，这些天神后

---

① 目前学术界对于这组造像的具体定名，特别是其宗教内涵的研究很少，因此有深入探讨的必要。有代表性的观点主要有：金维诺在其《中国古代佛雕——佛造像样式与风格》一书中列出了善化寺二十四诸天的具体名号（具体命名见下文，参见金维诺：《中国古代佛雕——佛造像样式与风格》，北京：文物出版社2002年，第136页）；金申则认为善化寺二十四诸天中包括风天、水天、火天、深沙大将、罗刹天、伊舍那天等天神（参见金申编著：《佛像真赝辨别》，上海：上海古籍出版社2007年，第14页）；柴俊泽认为在《诸天传》二十天之外，善化寺增加了焰摩天、毗纽天、鸠摩罗天、那罗延天等四天（参见柴泽俊、柴玉梅：《山西古代彩塑》，北京：文物出版社2008年，第64页）。但以上诸书只列出了诸天的名号，但无具体的考证，因此有必要做进一步研究。

来被佛教吸收而成为佛法的保护神。在佛教的宇宙观中,有情众生所住世界分为欲界、色界、无色界三部分,三界中又包含众多天界,每一天界中都有相应的天神,如大梵天、帝释天等等。此外还有专职天神如日天、月天、地天、水天、火天、风天等等,甚至包括罗刹、龙王等不属于天部的护法神也可被称为"诸天"。因此,在佛教中"诸天"是一个广义的概念,是众多护法天神的总称。

不过,具体到佛教寺院的诸天供养中,常见的诸天组合主要有四大天王、二十诸天和二十四诸天几种类型。目前中国佛教寺院中保存下来的诸天造像或壁画主要属于宋元时代及其后的时期,并且以"二十诸天"的造像组合居多。该诸天造像体系来自天台宗的金光明忏法,隋代天台智者大师依据《金光明经》等经典,制定了金光明忏法,并在供佛斋天的法会中供奉大梵尊天、帝释天、护世四王、金刚密迹、散脂大将、大辩才天等护法天神,但所供的具体天神、诸天数量及相应仪轨并未完全固定。

南宋时僧人行霆编撰《重编诸天传》,正式确立了后世较为流行的二十诸天供养体系,他依据《金光明经·鬼神品》等经典,选定二十位佛教传说中的诸神组成"二十诸天":即一大梵天、二帝释天、三多闻天王、四持国天王、五增长天王、六广目天王、七金刚密迹、八大自在天、九散脂大将、十大辩才天、十一大功德天、十二韦驮天神、十三坚牢地神、十四菩提树神、十五鬼子母、十六摩利支天、十七日宫天子、十八月宫天子、十九婆竭龙王、二十阎摩罗王[①]。此后,明末弘赞律师在其《斋天科仪》中,又增加了四位天神而组合成为"二十四诸天":即二十一紧那罗、二十二紫微大帝、二十三

---

①(宋)行霆述:《重编诸天传》,《大藏新纂卍续藏经》第 88 册,第 421—436 页。

东岳大帝、二十四雷神。紧那罗是古印度和佛教传说中的歌神,属于佛教"天龙八部"之一;后三位则来自中原的道教神灵体系,这正是元明时代中国佛道两教融合的反映。

善化寺大雄宝殿内现存辽金时代佛教造像三十三尊,正中为五方佛及弟子、胁侍菩萨造像九尊,坐北面南;二十四诸天造像位于五方佛两侧,沿大殿东西墙壁分两组相对排列,东西各十二尊,完成于金天会六年至皇统三年间(1128—1143)。这些造像立于青砖台座之上,泥塑彩绘,是金朝彩塑艺术的代表作之一。这些造像的完成时间早于南宋行霆《重编诸天传》的成书时间,其所表现的天神系统也与《重编诸天传》的"二十诸天"不尽相同,而且多出了四位天神的造像(并非后来明代所确定的紫微大帝、雷神等道教天神)。因此,善化寺大雄宝殿的二十四诸天属于另外一个特殊的诸天供养体系,并且与金初的佛教思想有着密切的关系。

对于这些造像的内容,据寺内现存的金皇统三年(1143)重修碑记《大金西京大普恩寺重修大殿记》(南宋朱弁作,以下简称《朱弁碑》)记载:"为诸佛萨埵,而天龙八部合爪掌围绕,皆选于名笔;为五百尊者,而侍卫供献各有仪物,皆塑于善工。"[1]可知朱弁将这些诸天造像统称为"天龙八部"或"侍卫",但可惜的是并没有记载每一尊天神像的具体名号,现存的佛教文献或碑志中也没有针对善化寺造像名号的专门记载,这就为今人研究其宗教内涵和历史价值带来了困难。金维诺在其《中国古代佛雕——佛造像样式与风格》一书中,对善化寺二十四诸天的名号和具体位置考证[2]

---

[1] (宋)朱弁:《大金西京大普恩寺重修大殿记》,张焯:《云冈石窟编年史》,北京:文物出版社2006年,第260页。

[2] 金维诺:《中国古代佛雕——佛造像样式与风格》,北京:文物出版社2002年,第136页。

如下：

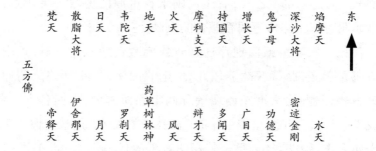

不过，通过对佛教典籍和图像资料的梳理，以及对这组造像的实地调查，本书认为上述定名值得商榷，其中存在着部分造像的定名错误、部分诸天名号与具体造像不匹配等问题。因此本书将善化寺二十四诸天的名号考定如下：

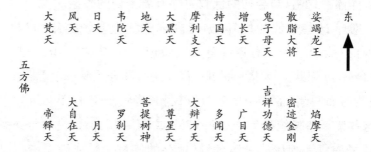

从这些造像所表现的诸天身份来看，大同善化寺内的二十四诸天像是一个不同于南宋及后世诸天像系统的独特组合，对于了解金初佛教特点，以及辽金佛教的融合等具有重要的意义。下文将结合相关的唐辽密教图像和仪轨记载、唐宋诸天崇拜的相关典籍等，对其具体名号试做考定。

（二）金塑二十四诸天造像具体名号的考定

下文将依照中国古代的"昭穆次序"，以最靠近北壁密教五方佛主尊的诸天像为起点，按照大雄宝殿东壁北起第一→大雄宝殿西壁北起第一，大雄宝殿东壁北起第二→大雄宝殿西壁北起第二的次序，依次对二十四尊造像的名号进行考证。

（1）大雄宝殿东壁北起第一尊：考定为大梵天造像（图3-1）

大梵天是古印度神话中和婆罗门教中的主神和创世神灵，后来与毗湿奴、湿婆并尊为印度教的三大主神。随着佛教的产生和发展，原属古印度婆罗门教的大梵天王被佛教吸收，并成为佛陀和佛教的保护者。梵天，意译为离欲或清静。他在佛教典籍里也被尊称为"横则统小千世界，竖则总上冠下"的"三界主"①。而在中国佛教中，大梵天王作为佛教的主要护持神和"天菩萨"，在唐宋以后的造像中常与帝释天一起侍立在释迦牟尼佛或毗卢遮那如来的左右。不过，目前所见的唐代密宗图像中，大梵天王主要是乘三鹅的二臂像与四臂像两种：前者或为与常人无异的一头双臂造型，或者是三头双臂造型；后者则是"四面，面有三目、四臂"②即身有四头，面上有三目，四臂上拿有长杆、莲花、净瓶等持物（图3-2），保留了较多的印度文化特点。

3-1　善化寺大梵天像③

①（宋）行霆述：《重编诸天传》，《大藏新纂卍续藏经》第88册，第422页。
②《图像抄》（高野山真别处圆通寺藏本），《大正新修大藏经》第91册《图像部三》，第48页。
③本书所列大同善化寺二十四诸天造像图片，引自冯骥才主编：《中国大同雕塑全集·寺观雕塑卷》下卷（北京：中华书局2010年），下引同此，不再重复标注。

图3-2　唐密大梵天图像①　　　　　图3-3　元代壁画梵天像②

随着佛教中国化的深入，宋以后的大梵天王多做身着衮冕的中土帝王形象（图3-3）。善化寺的大梵天王造像总高度为3.8米，在造型上为身穿衮服、头戴通天冠、叉手行礼的帝王形象，与宋以后中国佛教的汉化大梵天王式样吻合。

（2）大雄宝殿西壁北起第一尊：考定为帝释天造像（图3-4）

帝释天王，音译名为释迦因陀罗，意译为能天帝。帝释天王也来自婆罗门教和古印度的神话，他曾是婆罗门教的主神之一，后来与大梵天王一样被佛教吸收成为"天众"护法神。帝释天王在佛教经典中又被称为"统三十三天忉利天王"，即统领诸天界的主神。在唐代密宗图像中，帝释天王的形象是乘白象，"右手持杵，左手拳

①［日］心觉抄：《别尊杂记》（京都仁和寺藏本），《大正新修大藏经》第91册《图像部三》，第655页，图299。
②山西稷山青龙寺腰殿元代壁画中的大梵天像，作者自摄。

图3-4　善化寺帝释天像　　　图3-5　密宗帝释天图像[①]

安腰,着胄及天衣"[②]的印度王者造型(图 3-5);宋代以后帝释天
王则被女性化,多为身着大礼服的后妃形象,并且与男性帝王形象
的大梵天王成对组合出现(图 3-6　山西稷山青龙寺元代壁画帝释
天像,作者自摄)。善化寺大雄宝殿的大梵天王像总高 3.8 米,造型
为头戴凤冠、身穿礼服的女性后妃,左手结印、右手置腹前。此像
与前述大梵天王像东西并立于北壁五方佛主尊的两侧,证明此像
即为汉化的女性帝释天王造像。

　　(3)大雄宝殿东壁北起第二尊:考定为风天造像(图 3-7)

　　风天,唐代密宗所尊奉的护法"十二天"之一,也是密教金刚

①[日]心觉抄:《别尊杂记》(京都仁和寺藏本),《大正新修大藏经》第 91 册
　《图像部三》,第 589 页,图 291。

②[日]心觉抄:《别尊杂记》(京都仁和寺藏本),《大正新修大藏经》第 91 册
　《图像部三》,第 622 页。

图3-6　元代壁画帝释天像①　　　　　　图3-7　善化寺风天像

界曼陀罗的二十诸天之一。它来源于古印度神话中的风神②。在现存的唐密典籍中，记载其形象为"着甲胄，左手托胯，右手执独股头幢，幢上有绯幡"③，"着冠，冠系缯扬上，被甲，……右手竖拳持幢着幡，其幡端向左飘扬。左拳叉腰，向左遥视"④，即身着铠甲、手持幡幢的武士形象。该塑像总高3.85米，右手执木质长戟，左手握拳置腰间，面上有三目，为身着汉式甲胄的青年武士形象；该像的持物为后世补配，但从其手势可知原物应属枪、幢之类的长兵器

① 山西稷山青龙寺腰殿元代壁画中的帝释天像，作者自摄。
② 金维诺认为此像为散脂大将，但对比仪轨记载，西壁第十一尊造像当为散脂大将（详见下文），而此像造型与风天最为接近。
③《十二天供仪轨》，《大藏新纂卍续藏经》第59册，第220页。
④［日］心觉抄：《别尊杂记》（京都仁和寺藏本），《大正新修大藏经》第91册《图像部三》，第647页。

　　图3-8　唐密风天图像①　　　图3-9　善化寺大自在天像

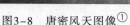

或持物。因此,该造像与唐密经典及图像(图3-8)中所示的"着甲胄,右手持长幡,左手叉腰"的形象基本吻合,可判断为风天造像。

　　(4)大雄宝殿西壁北起第二尊:考定为大自在天造像(图3-9)

　　大自在天,音译摩醯首罗,又称伊舍那天,即印度教第一主神湿婆。湿婆在印度神话中被认为是毁灭之神、苦行与舞蹈之神,在佛教中则被尊为护法天神。佛教经典称其为"三界尊极之主"②和三千大千世界之主,因在三千界中得大自在,故又称"大自在天"。其形象标志为:"东北方伊舍那天,旧云魔醯首罗天,亦云大自在天。乘黄丰牛,左手持劫波罗杯盛血,右手持三戟幢,浅青肉色,三目忿怒,二牙上出,髑髅为璎珞,头冠中有二仰月"③,即骑黄牛,手

——————

① 《十二天形象》,《大正新修大藏经》第95册《图像部七》,第586页,图5。
② (宋)行霆述:《重编诸天传》,《大藏新纂卍续藏经》第88册,第428页。
③ 《十二天供仪轨》,《大藏新纂卍续藏经》第59册,第220页。

图3-10　唐密大自在天图像①　　　图3-11　善化寺日天像

持三叉戟,脸上有三目,口中有二上出尖牙,颈戴骷髅璎珞。该造像总高 3.85 米,口中出獠牙,面有三目,红发直竖并束有骷髅璎珞,身出六臂并持金刚杵、戟、铃等物,与经典记载及相关仪轨图像(图 3-10)吻合,因此可判定为大自在天。

(5)大雄宝殿西壁北起第三尊:考定为日天造像(图 3-11)

日天,梵名音译阿尔底耶、须梨耶,意译为日天子、日宫天子,或宝光天子、宝意天子。日天源自古印度神话中的太阳神苏利耶,后被佛教吸收为"天众"护法神,并被认为是观音菩萨的化身之一。其形象为"两手各向奶持莲花,舒小指,乘车辂,驾赤五马,被

①[日]心觉抄:《别尊杂记》(京都仁和寺藏本),《大正新修大藏经》第 91 册《图像部三》,第 565 页,图 282。

图3-12　唐密日天图像① 　　　　图3-13　元代壁画日天像②

天衣"③（图3-12），即乘坐五马战车、手持莲花的太阳神。在中国佛
教中将日天改造为中土帝王的形象，以符合"日，太阳之释，人君之
像"④的寓意，这在宋元以后的诸天造像（图3-13　稷山青龙寺元
代壁画日天像，作者自摄）中比较常见。此塑像总高3.8米，为身
穿朝服、头戴通天宝冠、叉手而立的中年帝王形象，与上述的日天
造型一致。

①《图像抄》（高野山真别处圆通寺藏本），《大正新修大藏经》第91册《图像
　部三》，第48页，图121。
② 山西稷山青龙寺腰殿元代壁画中的日宫天子（日天）像，作者自摄。
③［日］心觉抄：《别尊杂记》（京都仁和寺藏本），《大正新修大藏经》第91册
　《图像部三》，第656页。
④［日］淳佑：《石山七集》，《大正新修大藏经》第89册《图像部一》，第
　173页。

（6）大雄宝殿东壁北起第三尊：考定为月天造像（图 3-14）

月天，梵名音译苏摩（光或月之意），意译为月宫天子、大白光神等。佛教中的月天来源于古印度神话中的月神，其形象为"赤发，右手当要侧持杖，上半月，乘三鹅"，即骑乘三鹅，手持上端为半月的宝杖（图 3-15）。日月天两者之间存在着对应关系，一般为成对出现：早期多为中年帝王与青年太子形象的组合，明以后则演变为男性帝王（日天）与女性后妃（月天）形象对应出现。该造像总高 3.8 米，为青年王者形象，身穿方心曲领朝服、头戴敬德冠，持笏板而立，服饰等级相比西壁相对的日天像较低，这符合唐宋时代日天（帝王）与月天（太子）的形象组合，因此可判定为月天。

（7）西壁北起第四尊：考定为罗刹天造像（图 3-17）

罗刹天，唐代密宗的护法十二天之一，在佛教中被视为诸罗刹鬼众的主神，是位列于天龙八部中的"鬼众"护法神。此外，罗刹天是与药叉大将并列的北方毗沙门天王属下的两部大将。其形象是："通身黄色，被甲发冠，冠缯二头飘上，目少忿怒观，右手当腰侧执刀，左手竖掌向左，屈名小指以大指押，面向右方。"[1] 即右手持刀、左手竖两指向前的形象。该塑像总高 4 米，为身穿铠甲、头戴盔的武将形象，其右手执刀剑，左手前伸（中间三指残断，应为竖指），与经典记载吻合，同时也与现存的唐密图像（图 3-18）基本一致。因此，可以判定该塑像为罗刹天。

（8）东壁北起第四尊：考定为韦陀天造像（图 3-19）

韦陀天，来源于古印度婆罗门教的战神，后被佛教吸收为护法神。中国佛教寺院中常见的韦陀神则另有起源，即护法天将韦琨

①《图像抄》（高野山真别处圆通寺藏本），《大正新修大藏经》第 91 册《图像部三》，第 47 页。

图3-14　善化寺月天像

图3-15　唐密月天图像①

图3-16　元代壁画月天像②

①《图像抄》（高野山真别处圆通寺藏本），《大正新修大藏经》第 91 册《图像部三》，第 48 页，图 122。

②山西稷山青龙寺腰殿元代壁画中的月宫天子（月天）像，作者自摄。

图3-17　善化寺罗刹天像

图3-18　唐密罗刹天图像①

图3-19　善化寺韦陀天像

图3-20　明代韦陀天像②

① [日] 心觉抄:《别尊杂记》(京都仁和寺藏本),《大正新修大藏经》第91册《图像部三》,第649页,图294。

② 中国美术全集编辑委员会编,金维诺分卷主编:《中国美术全集·绘画编·寺观壁画》,北京:文物出版社1988年,第130页,图130。

将军,据《重编诸天传》记载:"天神姓韦讳琨,南方天王八将之一臣也"①,可知他被认为是南方增长天王属下的八大天将之一。这位韦陀神自唐代开始被奉为佛教寺院的保护神,"自唐高宗已来,诸处伽蓝及建立熏修,皆设像崇敬,彰护法之功"②。唐宋以后,古印度的战神韦驮天与中国传说中"道宣梦感"的韦琨将军逐渐融合,形成今天汉传佛教寺院中常见的韦驮菩萨,即身着铠甲、手执金刚杵的青年武将形象(图3-20)。该塑像总高4米,身穿甲胄,左手托腰,右手持金刚杵,为青年武将的形象,与后世的韦陀菩萨形象完全一致,可以判定为韦陀天。需要指出的是,与前述的诸天不同,不论是韦陀天或韦琨天将,都不属于唐代密宗所崇奉的诸天,而是唐宋天台宗的"金光明道场"所供奉的诸天之一,即来自天台宗而非密宗的护法天神系统。

(9)西壁北起第五尊:考定为菩提树神造像(图3-21)

菩提树神,来源于古印度神话传说,"由此神守护如来成道之处菩提树,故以立其名"③,即守护菩提树的女天神。因为释迦牟尼曾在此树下历经七天七夜觉悟成佛,所以此树被称为"菩提树",意即觉悟证道之树。伴随着佛陀崇拜,菩提树神也升格为佛教的护法神,在《金光明经》中又被称为"道场菩提树神"。在佛教经典中多称其为"天女"或"女天",因此中国佛教中的菩提树神多以女性形象出现(图3-22)。该造像总高3.85米,为身穿袈裟、头戴宝冠、胸配璎珞的女性造型。从其手势来看,原来因持有菩提树枝等物,与上述中国化菩提树女神形象吻合,可判定为菩提树神。需要指出的是,该天神也来自天台宗金光明忏法的诸天系统,不属于密宗

①②(宋)行霆述:《重编诸天传》,《大藏新纂卍续藏经》第88册,第430页。
③(宋)行霆述:《重编诸天传》,《大藏新纂卍续藏经》第88册,第431页。

图3-21　善化寺菩提树神像　　图3-22　明代菩提树神像①

诸天崇拜的对象。

（10）东壁北起第五尊：考定为地天造像（图3-23）

地天，密宗十二天之一，来源于古印度婆罗门教中的大地女神，又名坚牢地神，据佛教典籍记载："字曰坚牢，能持大地令不倾毁，故言坚牢，此是女神也"②，即护持大地的女神。根据佛教传说，该神曾在释迦牟尼悟道成佛时护持作证，并且作为佛教的重要护法神，在佛陀说法时"常作宿卫，隐蔽其身，于法座下，顶戴其足"③。

① 北京海淀大慧寺明代菩提树神造像，中国寺观雕塑全集编辑委员会编，金维诺分卷主编：《中国寺观雕塑全集》第4卷《明清寺观造像》，哈尔滨：黑龙江美术出版社2005年，第150页，图217。

② ［日］觉禅集：《觉禅钞》（京都勤修寺藏本），《大正新修大藏经》第93册《图像部五》，第497页。

③ （宋）行霆述：《重编诸天传》，《大藏新纂卍续藏经》第88册，第431页。

图3-23　善化寺地天像　　　　　图3-24　唐密地天图像[1]

据唐密仪轨记载,有男地天和女地天两种形象:"男天肉色,左手奉钵盛花,右手向外;女天白肉色,右手折当心,左手亦当股"[2](图3-24)。该造像总高3.85米,服饰造型与菩提树神基本相同,也是身穿袈裟、头戴宝冠、胸配璎珞的女天神形象,其左手当股前伸,右手掌向外,与仪轨记载一致,因此可判定为地天。

（11）西壁北起第六尊：考定为尊星天造像（图3-25）

尊星天[3],又称尊星王,来源于古印度的星辰神,也与佛教密

①［日］心觉抄:《别尊杂记》(京都仁和寺藏本),《大正新修大藏经》第91册《图像部三》,第657页,图300。

②［日］觉禅集:《觉禅钞》(京都勤修寺藏本),《大正新修大藏经》第93册《图像部五》,第498页。

③金维诺认为此尊是风天,但就目前所见各种仪轨记载来看,风天多以武将形象出现(见上文),未见帝王形象的经典依据。

图3-25　善化寺尊星天像　　　图3-26　唐密木曜星图像①

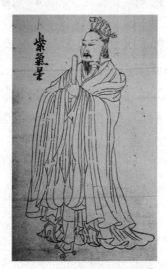

图3-27　唐密紫气星图像②

①《九曜等图像》,《大正新修大藏经》第95册《图像部七》,第741页,图4。
②《九曜等图像》,《大正新修大藏经》第95册《图像部七》,第747页,图10。

宗的北斗星辰崇拜有密切的关系,属于唐代密宗供奉的诸天之一。据唐密宗经典记载,尊星天"一身分五:一妙见,二日光,三月光,四北辰,五天一神"①,即妙见菩萨、日光菩萨、月光菩萨、北辰星神和天一神五神的集合,而且具有佛教菩萨信仰和中土道教北极大帝、天皇太一神信仰结合的特点,可以说是佛教中国化的产物。因此,在这种佛道合一思潮的影响下,唐宋以后多将尊星天塑造为帝王形象(图 3-26、图 3-27),以符合"尊星王,帝王也"②的神格。该塑像总高 3.75 米,为身穿朝服、头戴通天冠、双手执笏板的中年帝王形象,等级较高,与前述的日天造像近似,这也符合两者等同于"帝王"的身份。对比唐密仪轨记载及相关图像,可以判定此造像为尊星天。同时,也可知帝王形象的星神在唐代就已出现,这也是该造像的渊源与造型依据。

(12)东壁北起第六尊:考定为大黑天造像(图 3-28)

大黑天,梵名音译摩诃迦罗,意译为大胜夜天。大黑天是唐密胎藏界曼陀罗供养的诸天之一③,来源于古印度神话传说,或被认为是大自在天的化身,或被认为是坚牢地神的化身。据佛教经典记载,大黑天具备多种身份:一是斗战神,"大黑天明斗战神也,若祀彼神增其威德,举事皆胜"④;二是作为寺院供奉的厨神和火

---

① [日]觉禅集:《觉禅钞》(京都勤修寺藏本),《大正新修大藏经》第 93 册《图像部五》,第 397 页。

② [日]觉禅集:《觉禅钞》(京都勤修寺藏本),《大正新修大藏经》第 93 册《图像部五》,第 398 页。

③ 参见[日]觉禅集:《觉禅钞》(京都勤修寺藏本),《大正新修大藏经》第 93 册《图像部五》,第 523 页。

④ [日]心觉抄:《别尊杂记》(京都仁和寺藏本),《大正新修大藏经》第 91 册《图像部三》,第 607 页。

图3-28　善化寺大黑天像　　　图3-29　唐密大黑天图像①

神,"每日所炊饭上分供养此天"②。据《别尊杂记》等书记载,其形象为"身青黑色,火发上竖,极忿怒形,三面三目,开口二牙上出,有六臂,以髑髅为冠璎珞,以蛇为发鬘,耳铛臂钏,合手垂下向内,执剑横在膝上"③(图3-29),即身体青黑色,三头六臂,面有三目,红发直竖,面相忿怒,手持刀剑,与大自在天的形象近似。该造像总高3.75米,面色漆黑,表情忿怒,红发直竖,上身系披风,下身穿甲胄,左手前伸,右手持剑,这些特征与仪轨描述和图像吻合;区别在

---

① [日]心觉抄:《别尊杂记》(京都仁和寺藏本),《大正新修大藏经》第91册《图像部三》,第609页,图274。

② [日]觉禅集:《觉禅钞》(京都勤修寺藏本),《大正新修大藏经》第93册《图像部五》,第522页。

③ [日]心觉抄:《别尊杂记》(京都仁和寺藏本),《大正新修大藏经》第91册《图像部三》,第607页。

图3-30　善化寺大辩才天像　　图3-31　唐密辩才天图像①

于该造像将三面六臂简化为一面双臂，因此可以判定该造像为大黑天。

（13）西壁北起第七尊：考定为大辩才天造像（图3-30）

大辩才天，又名大辩才功德天、辩才天女、妙音天等，密宗所崇拜的诸天之一。该神来源于古印度神话传说，原为印度萨拉斯瓦蒂河（Sarasvati River）的河神，后在婆罗门教和印度教中成为掌管语言艺术和音乐的天神。根据佛教传说，该神具有法、词、义、乐四种无碍辩才，通晓世间一切语言及技艺，所以被称为辩才天或"大辩才天智慧主"，并位列佛教"天众"护法神之一。根据唐密仪轨记载，大辩才天有两种形象：一种是汉化的持琵琶天女形象，"着青色

①［日］心觉抄：《别尊杂记》（京都仁和寺藏本），《大正新修大藏经》第91册《图像部三》，第551页，图241。

图3-32　善化寺摩利支天像　　图3-33　唐密摩利支天图像①

野蚕衣,持琵琶右膝立"②;另一种是八臂或六臂女神形象,分别持弓、箭、刀、槊、斧、长杵、铁轮和罥索等(图3-31)。该塑像总高3.9米,身有六臂,头戴宝冠,胸前两臂合十行礼,其余四臂上举持物,属于六臂辩才天的形象,并且与唐密图像(图3-31)吻合,因此可判定为大辩才天造像。

（14）东壁北起第七尊:考定为摩利支天造像(图3-32)

摩利支天,密宗十二天及金光明道场诸天之一,"摩利支"意为"阳焰"或"威光",其得名原因是"此天不可见,不可捉,火不能

---

① [日]心觉抄:《别尊杂记》(京都仁和寺藏本),《大正新修大藏经》第91册《图像部三》,第631页,图285。

② [日]心觉抄:《别尊杂记》(京都仁和寺藏本),《大正新修大藏经》第91册《图像部三》,第548页。

烧,水不能漂,如阳炎故也"①。摩利支天来源于古印度神话中的光明女神,后来成为佛教"天众"护法神。与大辩才天类似,其形象也有两种:一种是中国化的持扇天女形象,另一种是三面、六臂(或八臂)、九眼、乘猪的形象,"其三面者,正面作黄金色微笑,左面黑色出舌颦眉,作大丑恶相令人怕怖,右面如同秋月圆满清净"②,左右手中分别执持罥索、弓、无忧树枝、线、金刚杵、针、钩、箭等物(图3-33)。该造像总高3.9米,为头戴宝冠、身穿天衣的六臂女神形象,在外形上与其对面的大辩才天像大同小异(不同处在于此像胸前合十的双手指尖向前,大辩才天则向上,持物也不同)。与仪轨和图像吻合,可判定为摩利支天像。

　　(15)西壁北起第八、第九尊,东壁北起第八、第九尊:考定为四天王造像(图3-34、图3-35、图3-36、图3-37)

　　四大天王作为佛教传说中著名的护法天神,在中国佛教造像和绘画等中很常见,他们也是唐代密宗所崇奉的诸天之一,其造型和持物等具有固定特征,易于辨识。善化寺大雄宝殿西壁北起第八尊可考定为北方多闻天造像(图3-34),该像总高3.76米,左手前伸托塔(塔已失),右手叉腰,与守护北俱卢洲的北方多闻天(梵名毗沙门)形象吻合,该神在唐代还被尊奉为护国天神并受到广泛崇拜。西壁北起第九尊造像可考定为西方广目天(图3-35),该像总高3.70米,左手上举持宝珠,右手缠一龙。与守护西牛贺洲的西方广目天(梵名毗留博叉,"广目"意为能以净天眼随时观察世界,护持人民)形象吻合。东壁北起第八尊造像考定为东方持国天(图3-36),该像总高3.76米,双手捧琵琶,与守护东胜神洲的东方持

①(宋)行霆述:《重编诸天传》,《大藏新纂卍续藏经》第88册,第432页。
②(宋)行霆述:《重编诸天传》,《大藏新纂卍续藏经》第88册,第432页。

图3-34　善化寺多闻天像

图3-35　善化寺广目天像

图3-36　善化寺持国天像

图3-37　善化寺增长天像

国天(梵名提头赖吒,"持国"意为保护众生、护持国土)形象吻合。
东壁北起第九尊造像考定为南方增长天(图3-37),该像总高3.70
米,右手持宝剑,左手前伸,其形象与守护南瞻部洲的南方增长天
(梵名毗留勒叉,"增长"意为能令众生增长善根,护持佛法)形象吻
合。这四尊造像在整体服饰上基本相同,皆为头戴五佛冠、身穿甲
胄的武将形象,并且与宋元时代之后中国寺院和佛教建筑中的四
大天王造像无异(图3-38、图3-39、图3-40、图3-41)[1]。

(16)西壁北起第十尊:考定为吉祥功德天造像(图3-42)

吉祥功德天,梵名音译"室利摩诃提毗耶",意为"功德"和"吉
祥",意译名为吉祥天女、大功德天,密宗崇奉的诸天之一。该神来
源于古印度婆罗门教,是神话传说中主神毗湿奴的配偶,后被佛教
吸收成为"天众"护法神,"能令众生成就众福,护持一切令足所
须,亦与大辩四王等拥护四方,令无灾祸"[2]。此外,该神在佛教传
说中还是鬼子母天的女儿。密宗经典中记载其形象为:"吉祥天女
眼目广大,颜貌寂静,首戴天冠,璎珞臂钏庄严,右作施愿手,左手
执开敷红莲花"[3],或"左手持宝珠,右手作与愿印,端正殊妙,天女
形也"[4]。该塑像总高3.72米,为胸佩璎珞、双手捧物(捧巾帕,帕上
应有持物,可能为宝珠或莲花)的慈祥天女形象,与经典记载及唐
密图像(图3-43)基本吻合。另外,该造像曾被认定为"诃利帝母"

① 北京居庸关云台元代石刻四天王像,见中国美术全集编辑委员会编,杨伯达
分卷主编:《中国美术全集·雕塑编·元明清雕塑》,北京:人民美术出版社
1988年,第12—15页,图12—15。
②(宋)行霆述:《重编诸天传》,《大藏新纂卍续藏经》第88册,第429页。
③[日]心觉抄:《别尊杂记》(京都仁和寺藏本),《大正新修大藏经》第91册
《图像部三》,第554页。
④《图像抄》(高野山真别处圆通寺藏本),《大正新修大藏经》第91册《图像
部三》,第43页。

图3-38　元代多闻天像　　　　　　图3-39　元代广目天像

图3-40　元代持国天像　　　　　　图3-41　元代增长天像

图3-42　吉祥功德天像　　　图3-43　唐密吉祥功德天图像[1]

（即鬼子母天的梵名），但与之相对的东壁第十尊造像即为鬼子母天（见下文考证），为同一护法天神塑造两尊造像于理不合，因此该像不可能是"诃利帝母"。实际上，这两尊造像之间存在着对应关系（即以鬼子母天和吉祥功德天的母女关系组合出现），因此可判定此塑像为吉祥功德天。

（17）东壁北起第十尊：考定为鬼子母天造像（图3-44）

鬼子母天，梵名音译为诃利帝母，或称诃利帝喃，意译为鬼子母、欢喜母、爱子母等。根据佛教传说，该神原为王舍城中专食人类子女的罗刹恶鬼，因生有五百鬼子，因此称为鬼子母，后受佛陀感化弃恶从善，并皈依佛法，成为佛教"天众"护法神。此外，她还

①《天部形象》，《大正新修大藏经》第95册《图像部七》，第601页，图10。

图3-44　鬼子母天像　　　　图3-45　唐密鬼子母天图像①

被认为是功德吉祥天和散脂大将的母亲,其神职是保护幼儿和使
妇女顺利生产的慈悲女神。因此,在印度及中国佛教中,鬼子母天
基本都以儿童围绕的女神形象出现(图3-45)。据密宗仪轨记载其
形象为"身白红色,天缯宝衣,头冠耳珰,白螺为钏,种种璎珞庄严
其身。坐宝宣台,垂下右足,于宣台两边傍膝各画二孩子"②。该塑
像总高 3.72 米,为头戴宝冠、身穿礼服的后妃形象,右侧还有一尊
背负小孩(头已毁)的鬼子造像,通高 1.4 米,与仪轨记载和图像吻
合,可判定为鬼子母天。

①[日]心觉抄:《别尊杂记》(京都仁和寺藏本),《大正新修大藏经》第 91 册
　《图像部三》,第 602 页,图 271。
②《图像抄》(高野山真别处圆通寺藏本),《大正新修大藏经》第 91 册《图像
　部三》,第 51 页。

图3-46　善化寺密迹金刚像　　　图3-47　唐密执金刚像①

（18）西壁北起第十一尊：考定为密迹金刚造像（图 3-46）

密迹金刚，又称金刚力士、金刚手、执金刚，因此神手中执金刚宝杵为武器而得名。该神来源于古印度婆罗门教，在神话传说中是毗纽天的侍卫，后成为随侍佛陀左右的重要护法神。从其起源上来说，密迹金刚神也被认为是印度佛教受到古希腊大力神赫拉克勒斯崇拜的影响而出现的神祇。据密宗经典记载："西方语夜叉为秘密，以其身口意速疾隐秘，难可了知，故旧翻或云密迹。或若浅略明义，秘密主即是夜叉主也，是金刚杵常侍卫佛。"② 因此该

---

① 《毗沙门天二十八使者图像》，《大正新修大藏经》第 95 册《图像部七》，第566 页，图 9。

② ［日］觉禅集：《觉禅钞》（京都勤修寺藏本），《大正新修大藏经》第 93 册《图像部五》，第 563 页。

图3-48　善化寺散脂大将像　　图3-49　唐密散脂大将图像①

神在密宗里又被称为金刚手秘密主、密迹金刚、夜叉主等。其形象为"露袒其身,怒目开口,遍体赤色,头上有髻,手中执杵,以跣双足"②,即肌肉发达、上身赤裸、面相忿怒、手持金刚杵的形象(图3-47)。该造像总高3.70米,上身袒露,左手握拳上举,右手持金刚杵触地,呈忿怒相,与仪轨及图像中描述的形象吻合,因此可判定为密迹金刚。

　　(19)东壁北起第十一尊:考定为散脂大将造像(图3-48)

　　散脂大将,梵名散脂修摩、散脂迦、僧慎尔药叉。在佛教传说中,散脂大将为鬼子母天的次子,或说是毗沙门天王之弟。该神也

①〔日〕心觉抄:《别尊杂记》(京都仁和寺藏本),《大正新修大藏经》第91册《图像部三》,第640页,图290。

②(宋)行霆述:《重编诸天传》,《大藏新纂卍续藏经》第88册,第427页。

是毗沙门天王属下的药叉大将之一,在四大天王统领的二十八部药叉大将中地位最高,为"二十八部众之司总","于十方世界覆护一切众生,为除衰恼患厄之事"[1]。其形象多为身着甲胄的武将,"右手持三叉戟,左手托腰"(图 3-49)。该塑像总高 3.80 米,为身穿甲胄、左手托腰、右手持物(已失,但从其姿势判断应是戟、矛之类长兵器)的武将形象,与仪轨记载吻合,因此可判定其为散脂大将造像[2]。

(20)西壁北起第十二尊:考定为焰摩天造像(图 3-50)

焰魔天,又名焰摩法王、阎摩罗王,即地狱之主阎罗王,是密宗崇奉的十二天之一。焰摩(阎魔罗、夜魔卢迦)为梵文音译,意为"遮止"(令人不再造恶)、"静息"(罪人知己罪而息诤)等。焰魔天来源于古印度神话中的冥界鬼王,后为佛教吸收为护法神,"总治一百四十地狱"[3]。据密宗经典《十二天供仪轨》中记载,其形象为"乘水牛,右手执人头幢,左手仰掌"[4],即骑牛、持人头杖的天神形象(图 3-51)。宋代以后,随着佛教中国化的发展,焰魔天作为地狱之主,多为身着衮冕的帝王形象(图 3-52)。该塑像总高 3.88 米,为头戴远游冠、身穿朝服、叉手行礼的中年帝王形象,与中国佛教的汉化阎罗王造型吻合,因此判定为焰魔天。

---

① (宋)行霆述:《重编诸天传》,《大藏新纂卍续藏经》第 88 册,第 428 页。

② 金维诺认为此像为深沙大将,但仪轨中记载深沙大将"头为火焰,口为血河,以骷髅为颈璎珞,以畜皮为衣",与此像造型不合;此外,深沙大将既不属于天台宗金光明道场诸天,也不在密宗的十二诸天之列。

③ (宋)行霆述:《重编诸天传》,《大藏新纂卍续藏经》第 88 册,第 435 页。

④《十二天供仪轨》,《大藏新纂卍续藏经》第 59 册,第 220 页。

图3-50　善化寺焰魔天像　　　　　图3-51　唐密焰摩天图像①

图3-52　元代阎罗王像②

①［日］心觉抄：《别尊杂记》（京都仁和寺藏本），《大正新修大藏经》第91册
　　《图像部三》，第648页，图293。
②山西晋城青莲寺宋代阎罗王彩塑造像，中国美术全集编辑委员会编，杨伯
　　达分卷主编：《中国美术全集·雕塑编·元明清雕塑》，北京：人民美术出版
　　社1988年，第32页，图33。

图3-53 善化寺娑竭龙王像　　图3-54 唐密水天像[1]

（21）东壁北起第十二尊：考定为娑竭龙王造像（图 3-53）

娑竭龙王，梵名婆伽罗或娑薛罗，意为"咸海"（即大咸海中的龙王）。该神来源于古印度神话传说中的八大龙王之一，后成为佛教"天龙八部"中的"龙众"护法神。此外，龙王也被称为"水天"，据唐密经典记载，水天"若作罥索则为龙主仙，于诸龙中而得自在"[2]，即龙王可以视为水天的另一种形象或化身，具备水天的神格。唐密图像中的水天即为手持罥索和宝剑、头上有龙蛇的形象（图 3-54）。伴随着佛教的中国化，娑竭龙王也与焰魔天、帝释天等的形象一样，被改造成中土帝王的造型。该塑像总高 3.62 米，为身

①《十二天形象》，《大正新修大藏经》第95册《图像部七》，第585页，图4。
②［日］心觉抄：《别尊杂记》（京都仁和寺藏本），《大正新修大藏经》第91册《图像部三》，第548页。

穿朝服、头戴梁冠（此像头冠无金蝉和珠翠，等级低于日天、尊星天和焰魔天的头冠），叉手行礼的中年王者形象，结合相关仪轨记载，可判定其为娑竭龙王造像①。

（三）善化寺诸天造像反映的金初辽宋佛教融合

大同地区②在辽代位列五京之一，作为陪都的西京大同府佛教兴盛，是辽境内重要的佛教中心之一。金朝占据大同地区后，继承了辽朝的五京制度，并且继续将这里作为陪都西京。虽然受到辽末战乱的破坏，但西京大同地区依然是金朝重要的地区行政和宗教中心。随着北方原属辽宋的统治地域被金朝占据，这些地区的原有宗教组织、辽宋的不同佛教宗派等，也势必在统一的金政权下进行更为广泛的交流、递嬗和融合。

由上文的考定可知，大同善化寺二十四诸天造像是一个独特的诸天供养系统，这一独特诸天组合的出现与金初大同地区及中国北方原辽朝统治地域的佛教演变有着密切的关系，在很大程度上是当时辽宋佛教宗派及佛学思想融合的反映。因此，本书将通过考察辽朝华严宗、密宗及宋朝天台宗在西京大同地区的传承与交融，从更深的宗教思想层面上解释善化寺独特的二十四诸天体系的产生原因；在此基础上，通过这些造像文物所提供的证据，进一步揭示金初北方地区辽宋佛教的整合与交融，更全面地理解金朝前期的宗教思想特色。

---

① 这两尊造像的服饰和造型接近，不易辨识。金维诺认为该像为焰魔天，而娑竭龙王造像为西壁第十二尊，与本书考订相反。但本书认为，焰魔天作为冥界之主和密宗十二天之一，其地位高于龙王，而从服饰尤其是头冠上（焰魔天为远游冠，娑竭龙王为梁冠）考察，西壁第十二尊造像等级高于东壁第十二尊造像，故做此推定。

② 本书所涉及的大同地区主要指辽金西京大同府所辖区域，具体包括今山西省大同市及朔州市所辖区域，在地理上大于今天大同市的行政区划范围。

1.善化寺诸天造像所反映的辽朝密宗传承

受到中原大乘佛教密宗和契丹民族原始萨满信仰的影响,密宗成为辽朝佛教最兴盛的宗派之一,并对包括皇室贵族和普通民众在内的辽朝民众产生了广泛影响①。大同作为辽朝的陪都西京,也保存了众多的佛教密宗遗迹和文物,如应县佛宫寺释迦塔中的辽塑密宗五方佛、八大菩萨和密宗经典②,大同善化寺中的辽塑密宗五方佛造像,大同华严寺的辽大康二年陀罗尼经幢,朔州地区的辽天庆八年陀罗尼经幢,朔州栖灵寺辽乾统五年陀罗尼经幢等密宗经幢,大同和朔州、河北张家口等原辽西京地区辽墓中发现的众多密教真言题记等③。其中,本书所讨论的大同善化寺大雄宝殿二十四诸天造像,就属于重要的辽朝密宗遗迹④。因此,金初重建善化寺并塑造二十四诸天造像时,有可能参照了该寺原有的密宗遗存,并且有密宗僧人参与造像的设计与建造,辽密在金朝可能也保

---

① 参见本书第一章《辽朝佛教思想与文化认同》,辽朝密宗的兴盛在现存的文献资料及文物中都有体现,前者表现为皇室尤其是帝王对密宗高僧的尊宠,后者则以民间陀罗尼经幢的建造为集中体现,如《全辽文》中的密教陀罗尼题记占全书所收文章的十分之一。而在佛学思想的层面则表现为密教经典的翻译,密宗高僧与密教学著作的涌现等。
② 参见阎文儒等:《山西应县佛宫寺释迦塔发现的〈契丹藏〉和辽代刻经》,《文物》1982年第6期。
③ 参见李树云:《大同辽代墓葬中的佛教因素》,郎保利主编:《而立集——山西大学考古专业成立30周年纪念文集》,北京:科学出版社2009年,第266—270页。
④ 梁思成等学者从建筑手法考证善化寺大雄宝殿为辽代建筑,目前这也成为学界的共识。而从造像风格和文献记载等方面推断,殿内供奉的主尊五方佛造像也可能为辽朝遗物。此外,据《朱弁碑》记载,金代初年善化寺"前日栋宇所仅存者,十不三四",而从建筑风格及技艺等方面考察,大雄宝殿即为寺内所幸存的辽代建筑。

持着一定的影响力①。

第一,善化寺诸天造像所反映的独特密宗诸天供养系统。

通过上文所考定的诸天造像名号可知,这里的二十四诸天同时包含了密宗的诸天崇拜体系和天台宗"金光明道场"的诸天系统。通过对比密宗《十二天供仪轨》等相关经典的记载,可知善化寺的二十四诸天中比较完整地包含了密宗所尊奉的"十二天",即作为密教修法保护神和供养对象的十二位重要护法天神,如《别尊杂记》就称:"伏惟十二天者,施威德于天上,司祸福于人间。云运命云官禄,任其拥护。依其冥鉴,若致丹诚,必垂玄应。"②此外,根据密宗金刚界或胎藏界仪轨的记载,十二天的排列方位为:外院东北方大自在天、东方帝释天、东南方火天、南方焰摩天、西南方罗刹天、西方水天、西北方风天、北方毗沙门天,内院四隅为上方梵天、下方地天、日天(配七曜)、月天(配二十八宿),中央则为本尊不动明王④(参见图3-55)。

图3-55　密宗十二天图③

①据《吕徵墓表》记载,金朝燕地豪族吕徵生前"平日诵浮图秘语万过,夜拜斗不辍,凡四十年",可知其信仰密教。参见任秀侠:《吕徵墓表考释》,《北京文博》2001年第4期,第63—65页。

②[日]心觉抄:《别尊杂记》(京都仁和寺藏本),《大正新修大藏经》第91册《图像部三》,第643页。

③[日]心觉抄:《别尊杂记》(京都仁和寺藏本),《大正新修大藏经》第91册《图像部三》,第644页,图1。

④参见《十二天供仪轨》,《大藏新纂卍续藏经》第59册,第220页。

　　伴随着唐代密宗在辽朝的传承,"十二天"的崇拜应当在辽朝密宗中继续存在。此外,善化寺二十四诸天中的风天、尊星天、大黑天、罗刹天等天就不见于"金光明道场"仪轨及《重编诸天传》中,属于唐代密宗所崇奉的天神。

　　需要指出的是,善化寺诸天像反映的"十二天"崇拜与唐密宗仪轨的记载不尽相同。首先,善化寺诸天系统中出现了"十二天供仪轨"中所没有的"尊星天",这应该是辽朝密宗在唐代密宗和中国本土星辰崇拜(如七曜、二十八宿供养,北斗、北辰星神崇拜等)的基础上所作的创新。其次,善化寺诸天系统中用神格相近的"大黑天"代替了"火天"。据唐密仪轨《图像抄》的记载,火天的形象为"身色深赤,鬓发皓白,苦行仙形,在火焰中"[1],即红肤白发、周身火焰围绕的老年仙人形象;善化寺二十四诸天像中并无类似的火天造像,但却塑造了具有火神与厨神神格的"大黑天"(大黑天为胎藏界诸天之一)。再次,善化寺诸天系统中并未出现经典的密宗"水天"形象,但以具有相似神格、更具中国化特色的娑竭龙王代替。

　　第二,善化寺诸天造像体现出的辽金密宗发展创新。

　　上述的独特之处正体现出辽朝及金初密宗自身的创新性特点。究其原因:

　　首先,辽朝密宗在整体上继承了唐代密宗的金刚界与胎藏界两大密法系统[2],并对其进行融合创新,从而使其在诸天护法神的崇拜仪轨上也具有综合金胎两部密法的特点。善化寺诸天造像

①《图像抄》(高野山真别处圆通寺藏本),《大正新修大藏经》第91册《图像部三》,第46页。
② 即以善无畏所传《大日经》为代表的胎藏界密法和以金刚智、不空所传的《金刚顶经》为代表的金刚界密法。

正是这种融合创新的表现,例如金刚界的"二十天"护法神系统中就有慧星天和荧惑天,胎藏界诸天中有"七曜"和"二十八宿"神,而且唐代密宗里有专门供养北斗星神的"北斗法"[①],辽朝密宗则将这些星辰崇拜综合为对"尊星天"的崇拜,并列入二十四诸天系统。此外,不属于唐密十二诸天而在善化寺造像中出现的大黑天、摩利支天、吉祥功德天以及持国、广目、增长天王等则属于胎藏界诸天,这些都反映出辽密的综合性特点。

其次,辽朝在唐代密宗的基础上新引入了无上瑜伽密法[②],辽慈贤所译的《妙吉祥平等秘密最上观门大教王经》就是这一类密法的经典。慈贤译《妙吉祥平等观门大教王经略出护摩仪》[③]仪轨经典中,就记载有护法"十天神",其中除了没有日月二天及星宿神外,其他诸天名号及方位布置都与唐密十二天相同。值得注意的是,此仪轨与唐密十二天的不同之处还在于,它将大黑天作为曼陀罗内隅的四大天王之一,从而突出了对大黑天的崇拜,这应该就是善化寺二十四诸天中出现大黑天造像的原因之一。

第三,善化寺诸天造像反映出的金前期辽密传承。

善化寺二十四诸天造像也是金朝密宗影响力的体现,反映出辽朝密宗在金朝的原辽朝辖境内继续传承。这可以从以下几方面得到证明:

首先,金初密宗的影响力虽远逊辽朝,但在大同地区依然流行。大同地区现存有大量陀罗尼经幢和僧人墓幢等金朝密宗遗

---

① 参见［日］心觉抄:《别尊杂记》(京都仁和寺藏本),《大正新修大藏经》第91册《图像部三》,第580页。

② 参见吕建福:《中国密教史》,北京:中国社会科学出版社1995年,第465页。

③ 参见(辽)慈贤译:《妙吉祥平等观门大教王经略出护摩仪》,《大正新修大藏经》第20册,第925—936页。

迹,前者如大同博物馆藏金大定二十年(1180)陀罗尼经幢,后者从现藏善化寺的金大定七年(1167)《善护大师塔铭并序》、大定十七年(1177)《普恩寺高僧院英师幢铭并序》和《普恩寺释迦院章师墓铭并序》、大定二十年(1180)《慧明真济大师塔铭》等可知①,这些僧人墓幢上都刻有《佛顶尊胜陀罗尼》或《大方等陀罗尼》等真言。由此判断,这些高僧应当为密宗信徒,或者是深受密宗影响的僧人。

其次,善化寺存在着较大的密宗僧人群体。值得注意的是,《普恩寺高僧院英师幢铭并序》和《普恩寺释迦院章师墓铭并序》所记载的墓主即英与法章皆为善化寺(金代称普恩寺)僧人,即英及其师义全、弟子行圆;法章及其师志捷(时为普恩寺二座),弟子性海、性江等人都列名于《朱弁碑》末重建善化寺的诸僧题名中②,为重建该寺殿宇和造像工程的参与者③。综合两篇墓铭和《朱弁碑》的记载,可知密宗在金前期的大同地区依然具有重要影响力。重建该寺的主持者圆满大师虽然在僧传等文献中未见记载,难以确知其宗派归属,但从当时大同密宗的流行情况以及善化寺僧人对密宗的重视来看,圆满大师应当也受到密宗的重要影响,这些证据进一步证明包括二十四诸天在内的善化寺造像的确是在密宗重要影响下的产物。

① 参见张焯:《云冈石窟编年史》,北京:文物出版社2006年,第259—263页。
② 参见《大金西京大普恩寺重修大殿记》,张焯:《云冈石窟编年史》,北京:文物出版社2006年,第261页。
③ 据《朱弁碑》及墓铭等记载,法章和即英于大定十六年(1176)去世,据善化寺重修完工(皇统三年,1143)三十三年,法章去世时六十七岁,即英去世时也当在六十以上,两人僧夏都是三十六年;而义全和志捷为两人师长,而且都是普恩寺(善化寺)僧人,因此四人尤其是义全和志捷都有可能直接参与该寺的重建和造像工程。

其次,《朱弁碑》的相关记载反映出密宗信仰的重要影响。《朱弁碑》描述了金初重修善化寺之后的佛教造像"脺容庄穆,梵相奇古。慈悯利生之意,若发于眉宇;秘密拔苦之言,若出于舌端"①,这里的"秘密拔苦之言",应当就是指密宗的陀罗尼真言等修行教法。唐代密宗将中国佛教诸宗派判为显密二教,认为自身教法"秘密"深奥,故自称"秘密宗"或"密教",唐宋以后"秘密"也成为密宗的专称②。碑记作者朱弁作为南宋时期的著名士大夫与佛教居士,曾在善化寺居住十四年之久;朱弁目睹了该寺重建的全过程并写作了这篇重修碑记③,以其佛学修养及经历来看,碑文中的描述应当是对善化寺造像密宗内涵和金初密教流行情况的真实反映。

综上所述,善化寺二十四诸天造像的出现与辽金时代大同地区及中国北方的密宗传承有密切的关系,它们一方面体现出辽朝密宗对唐代密宗的继承与创新,另一方面也是金朝辽密继续传承的文物见证。

2. 善化寺诸天造像所反映的金朝天台宗北传与影响

随着金政权在北方地区统治的确立,兴盛于北宋中原及江南地区的佛教宗派也开始传入大同等原辽朝统治地区,禅宗是其主要代表。如据前述普照寺慧浃及《大金普照禅寺浃公长老灵塔》碑铭的记载,金朝初年大同地区已有曹洞宗、云门宗等禅宗僧人活动。随着金前期社会的逐步稳定,原北宋天台宗也传入西京大同地区,从而出现了宋朝禅宗、天台宗与辽朝密宗、华严宗融合的新局面。

---

① 参见《大金西京大普恩寺重修大殿记》,张焯:《云冈石窟编年史》,北京:文物出版社 2006 年,第 260 页。
② 参见丁福保编纂:《佛学大辞典》,北京:文物出版社 1984 年,第 917 页。
③ 参见刑东风:《大同善化寺与朱弁碑》,《世界宗教研究》2009 年第 1 期。

第一,善化寺诸天造像的产生与宋朝天台宗北传有关。

由上文的考定可知,善化寺诸天造像中包含着唐宋天台宗"金光明道场"崇奉的部分天神,应当受到了后者的影响。天台宗金光明忏法作为宋朝护国消灾、修行祈福的主要忏法,同时带有民间性、功利性的世俗化色彩,因此在宋朝社会和佛教信徒中产生了较为广泛的影响力[1]。虽然金光明忏法传入西京大同地区的具体时间不可考,但不排除辽代已传入的可能性。据辽应历十年(960)《大都崇圣院碑记》记载,主持重修该寺的范阳僧人惠诚曾"礼惠华寺玉藏主为师,授以天台止观"[2],可知辽初在燕京地区有天台宗流传,但这只是唐代天台宗在辽境内的传续。与此同时,由于辽宋对立和辽朝书禁政策的阻碍等,北宋中原及江南的天台宗仪轨在辽境内广泛流行的可能性很小。因此,善化寺二十四诸天造像中所包含的天台宗诸天崇拜仪轨,应该主要与金初天台宗的北传有关。

第二,善化寺诸天像受到天台宗"金光明忏法"及其诸天崇拜的重要影响。

记载二十诸天内容的《重编诸天传》完成于南宋乾道九年(1173)[3],此前三十年善化寺造像已完成,因此该寺的二十四诸天像不可能以《重编诸天传》的诸天供养系统为具体依据,这也是善化寺诸天形象与后世诸天造像组合不同的原因之一。不过,虽然该书晚于善化寺诸天造像出现,但其内容主要是对北宋金光明忏法中诸天形象、神格和经典依据的考订和补充,所依据的资料多来

---

[1] 参见潘桂明、吴忠伟:《中国天台宗通史》,南京:凤凰出版社2008年,第525页。

[2](辽)王鸣凤:《大都崇圣院碑记》,阎凤梧主编:《全辽金文》(上),第50页。

[3](宋)行霆述:《重编诸天传》,《大藏新纂卍续藏经》第88册,第421页。

自早期的经典,因此需要考察北宋天台宗忏法中的相关诸天崇拜。就北宋天台宗忏法来说,知礼(960—1028)和遵式(964—1032)等人制定的金光明忏法诸天供养仪轨最为重要。遵式在其《金光明忏法补助仪》中所列的诸天为"功德大天、大辩、四王、梵、释、天龙八部圣众"①;知礼在其《金光明最胜忏仪》中则具体列出了十五位"一心奉请"的天神:大梵天王、三十三天(即帝释天)、护世四王(即四大天王)、金刚密迹、散脂大将、大辩天神、摩利支天、韦陀天神、坚牢地神、菩提树神、诃利帝喃鬼子母、大功德天等②。这其中就包括了善化寺诸天造像中的许多天神名号。

　　第三,善化寺诸天造像的出现与南宋使臣朱弁留居大同有关。

　　结合现有史料的考察和分析,善化寺诸天造像之所以受到宋朝天台宗的影响,主要归因于南宋使臣朱弁在大同善化寺的长期留居。朱弁信奉佛教,精于佛学,自号"观如居士",同时熟悉天台宗思想和教法仪轨。这里还涉及北宋晁说之(1059—1129)与天台宗的关系,晁说之信奉天台教法,自称"天台教僧"或"洧上老法华",并被《佛祖统纪》列为天台宗高僧明智中立的弟子③。朱弁是他的学生和侄女婿,知识和学问深受其影响,因此在佛教宗趣上也推崇天台宗④。朱弁作为使臣被金朝扣留后,曾在西京大普恩寺(大同善化寺)长期留居。据《朱弁碑》记载,朱弁与该寺住持圆满大师友善,并亲历了该寺的重建全过程。从寺僧请他撰写重建善化寺的碑文一事可知,该寺僧人对其颇为敬重。因此,作为殿堂和造像工程的重要参与者,极有可能是朱弁将天台宗的金光明忏法及

---

①(宋)遵式集:《金光明忏法补助仪》,《大正新修大藏经》第46册,第960页。

②(宋)知礼集:《金光明最胜忏仪》,《大正新修大藏经》第46册,第962页。

③(宋)志磐:《佛祖统纪》,《大正新修大藏经》第49册,第226页。

④ 参见刑东风:《大同善化寺与朱弁碑》,《世界宗教研究》2009年第1期。

诸天供养仪轨引入该寺，并且将其与原有的密宗诸天崇拜相结合，从而产生出大雄宝殿内独特的二十四诸天造像。对此，《朱弁碑》称善化寺诸天造像为"天龙八部"，实际上正是沿袭了天台宗金光明忏法中对诸天固有的统称。

综上所述，善化寺二十四诸天造像的形成与金初天台宗的北传有着密切的关系。它一方面是对西京大同佛教界原有辽朝密宗仪轨的继承，另一方面也是对北宋天台宗金光明忏法的引进与吸收。

3. 善化寺诸天造像所反映的金朝华严宗传承

在辽朝佛教中，华严宗是影响力仅次于密宗的重要宗派。与注重仪式仪轨的密宗相比，华严宗的影响力主要表现在义学理论方面。在现存的辽朝佛学著作中，华严学著作占据了绝大多数；辽朝佛教史上的著名高僧也大多精通华严学，如前述辽兴宗时的海山大师思孝、道宗时圆通悟理大师鲜演、显密圆通大师道㲀，辽道宗皇帝也对华严学颇有研学。此外，西京大同是辽境内重要的华严宗传播中心，崇奉华严宗的辽道宗皇帝就曾在西京大同专门建造皇家寺院华严寺，并"奉安诸帝石像、铜像"[①]，将其建设为兼具华严宗象征和皇家祖庙性质的佛教中心寺院。目前大同地区还遗存有较多的辽金华严宗遗迹：一是辽金华严宗寺院建筑，如大同华严寺（存辽金时代殿堂两座）、怀仁清凉山华严寺（存辽金时代佛塔一座）等；二是辽金华严宗造像（如华严三圣即毗卢遮那佛、文殊和普贤菩萨造像组合等），如应县木塔辽塑华严三圣造像、大同新荣区南堂寺辽华严三圣石像、善化寺三圣殿金塑华严三圣像等。

---

① （元）脱脱等：《辽史》卷四十一《地理志五》，北京：中华书局 1974 年，第506 页。

　　第一,善化寺诸天造像反映出辽朝华严宗"显密圆融"的特点。

　　辽朝佛教的重要特点是密宗与华严宗的融合[①],辽朝华严学僧人多研习密宗,密宗高僧如觉苑、道殿等人也精通华严学,并引用华严教义阐释密宗仪轨。除了经典文献中的记载,显密融合在现存的辽金佛教文物遗存中也有很多反映,如山西应县辽建佛宫寺释迦塔、大同辽金建筑善化寺、华严寺等都是密宗造像(五方佛)和华严宗造像(华严三圣)并存。以本书所讨论的善化寺为例,该寺的中轴线上主要有山门、三圣殿、大雄宝殿三座殿堂,而供奉华严宗主尊"华严三圣"的三圣殿则位于全寺中心,两侧又建有"文殊阁"和"普贤阁",都反映出华严宗的信仰体系及其佛学思想的影响,同时也证明金朝前期辽朝华严宗在大同等地区依然传承并具有较大影响力。与此同时,善化寺大雄宝殿内的造像布置则以密宗五方佛和诸天等为主,这种殿堂造像布置正是辽朝佛教"显密圆融"思想在金朝继续传承的反映。

　　第二,善化寺诸天造像与唐代华严宗忏法及诸天供养体系的关系。

　　受天台宗和密宗等影响,华严宗也建立了其自身的忏法和诸天供养体系。唐代华严宗祖师宗密就著有《圆觉经道场修证仪》,参照"金光明道场"等仪轨,设置了"至心奉请"的"圆觉会中诸天"。这些诸天护法神在善化寺诸天造像中也可以找到对应的造像,如"大梵天王"、"须弥山顶天主帝释"(即帝释天)、"护国四天王"、"持金刚神"(即密迹金刚)、"主地"(即地天)、"主火"(即火天)、"主风"(即风天)、"主水诸神"、"诸大龙王"(即娑竭龙王)、

_____

① 参见本书第一章《辽朝佛教思想与文化认同》第二节《辽朝华严学的内容与思想特点》中的相关内容。

"十方鬼王"（即罗刹天）等[①]。辽朝华严宗是对唐代华严宗的继承和复兴，其华严忏法及诸天崇拜体系必然受到唐代华严宗的重要影响。

第三，善化寺诸天造像反映出宋代华严宗忏法及诸天供养仪轨的影响。

宋代以后，随着佛教中国化和诸宗派融合趋势的进一步发展，北宋华严宗僧人更加重视忏法，并将其作为重要的修行实践之一[②]。如北宋华严宗代表人物之一的净源就有多部忏法著作，并且在其中列举有护法诸天的名号。如净源《首楞严坛场修证仪》及《华严普贤行愿修证仪》中就有"奉请诸天贤圣"："梵释四天王，天龙八部，日月天子，诸宫星曜，风雨神等，及此境内主执鬼神。此所住处护道场神，守正法等一切贤圣"[③]，以及执金刚神，主地、主林、主水、主火、主风、主夜等神[④]。宋代华严忏法中的"天龙八部"护法天神，与善化寺二十四诸天中的大部分天神身份相同或神格近似。值得注意的是，上述华严忏法中还将日月天子与诸宫星曜并列，表现出对星曜神的重视，这应当也是善化寺出现尊星天造像的原因之一。虽然目前史料中对于宋辽、宋金华严宗之间的具体交流情况缺乏详细的记载，但从辽与北宋之间佛学交流的频繁，特别是金朝建立后原辽宋佛教宗派交流的广泛程度推测，宋代华严宗对金

---

① （唐）宗密述：《圆觉经道场修证仪》，《大藏新纂卍续藏经》第74册，第381页。

② 参见王颂：《宋代华严思想研究》，北京：宗教文化出版社2008年，第275—283页。

③ （宋）净源编叙：《首楞严坛场修证仪》，《大藏新纂卍续藏经》第74册，第518页。

④ （宋）净源集：《华严普贤行愿修证仪》，《大藏新纂卍续藏经》第74册，第365页。

代华严宗和诸天供养体系的影响是存在的。

综上所述,善化寺诸天造像在很大程度上反映出辽朝华严宗"显密圆融"思想,以及唐宋华严宗忏法和诸天供养崇拜的影响。需要指出的是,由于华严宗自身的思想特点,其佛学侧重点主要在义理方面;唐宋华严宗的忏法则主要源自天台宗和密宗,并无十分系统完善的忏法体系,影响力是有限的。华严宗忏法中所"奉请"的诸天神虽然较多,但却没有形成一个如密宗和天台宗那样完整的供养体系和相应仪轨。不过,虽然辽宋华严宗思想及忏法对善化寺二十四诸天造像体系的形成影响较小(相比于唐辽密宗和宋代天台宗),但从相关史实的梳理中可以看出,金前期确实存在着原北宋与辽朝华严宗思想的交融和进一步整合。

4.善化寺造像是金朝对辽宋佛教继承和融合的文物反映

就善化寺二十四诸天造像形成的具体原因来说,它实际上是唐代密宗十二天供养和北宋知礼和遵式等人制定的金光明忏法诸天供养仪轨的结合,同时吸收了华严宗忏法的诸天崇拜而形成的。与此同时,这一独特的诸天造像系统正体现了金朝佛教辽宋融合、南北并重的特点。

第一,善化寺诸天造像是密宗十二天与《金光明最胜忏仪》十五天的结合。

由上文论述可知,知礼在其《金光明最胜忏仪》中具体列出了十五位"一心奉请"的天神:大梵尊天(大梵天王)、三十三天(帝释天)、护世四王(多闻天、持国天、广目天、增长天)、金刚密迹、散脂大将、大辩天神、摩利支天、韦陀天神、坚牢地神、菩提树神、诃利帝喃鬼子母、大功德天等[1]。如果将密宗十二天、尊星天和这里的十

----

[1](宋)知礼集:《金光明最胜忏仪》,《大正新修大藏经》第46册,第962页。

五天合在一起,除了重复的天神如梵天、帝释天之外,正好组成善化寺的二十四诸天。二十四诸天中的大梵天王、三十三天、四天王、密迹金刚等神属于佛教中的重要护法神,出现在很多经典中,因此他们在密宗和天台宗、华严宗中都受到崇奉;而娑竭龙王是《金光明经·鬼神品》所列护法神,又属于"天龙八部"中龙部的主神,因此在天台宗忏法的影响下,善化寺密宗十二天中的水天便以娑竭龙王代表。

增长天、广目天、持国天、金刚密迹、散脂大将、大辩天神、摩利支天、韦陀天神、菩提树神、鬼子母天、大功德天(吉祥功德天) 《金光明最胜忏仪》独有诸天	大梵天王、帝释天、多闻天(毗沙门天)、地天(坚牢地神) 《金光明最胜忏仪》和《十二天供仪轨》共有诸天	大自在天、火天(大黑天)、焰摩天、罗刹天、水天(娑竭龙王)、风天、尊星天、日天、月天 《十二天供仪轨》及密宗独有诸天

善化寺二十四诸天
大梵天、帝释天、大自在天、风天、罗刹天、韦陀天、尊星天、火天(大黑天)、日天、月天、地天(坚牢地神)、菩提树神、大辩才天、摩利支天、多闻天、增长天、广目天、持国天、金刚密迹、散脂大将、吉祥功德天、鬼子母天、焰摩天、水天(娑竭龙王)

第二,善化寺诸天造像是金朝佛教辽宋融合的重要例证。

虽然密宗、天台宗、华严宗等宗派的诸天信仰存在着共通之处,但各宗派也有其独特的天神供养。上述善化寺二十四诸天中的尊星天、大黑天、罗刹天、风天等即为密宗独有的诸天,并不见于金光明忏法的诸天体系;而韦驮天与菩提树神亦为天台宗"金光明忏法"中独有的诸天,不见于唐密仪轨的诸天供奉对象中。从这一角度来说,善化寺二十四天造像也可以视为金初密宗、天台宗和华严宗融合的产物,也是金朝佛教对辽宋佛教继承和融合的重要文物例证。

第三,善化寺诸天造像是金朝佛教进一步中国化的表现。

从上文的论述可知,善化寺诸天像的很多造型虽来自唐代密宗图像,但其具体形象又与唐密仪轨和图像不完全相同,最明显的特点是将原印度特色浓重的诸天造型进行中国化、人性化和简易化①,从而将异域特色浓厚的印度佛教诸天改造为符合中国人审美观念的中土诸神,这也是金朝佛教进一步中国化的表现。

综上所述,善化寺二十四诸天造像实际上是密宗十二天供养体系与天台宗《金光明最胜忏仪》诸天供养体系的结合,同时吸收了华严宗忏法的诸天信仰、密宗和中土道教的星辰信仰等,从而形成了独具特色的二十四诸天供养体系,并成为窥探金前期佛教发展及其特点的重要例证。这些造像的组合方式和宗教内涵直观地揭示出金朝对辽宋佛教的继承与融合,以及金前期佛教的诸宗派深入融合和中国化的发展特色。

通过本节对金朝宗教政策、文献所见的辽宋佛教整合和宗派递嬗、文物所见金初辽宋佛教思想融合等的论述可知,金朝佛教发展的趋势是结束10—12世纪中国北方地区长期的宗教与文化分裂,并由对立走向统一。与此同时,我们也可以发现,辽宋佛教的融合是金朝佛教思想界的主题之一。这种融合一方面反映出中原汉文化的核心地位及其巨大影响力,另一方面也反映出金政权通

---

① 例如,善化寺诸天造像多以中原帝王或武将形象代替原来多头多臂、骑乘各种神兽的诸天形象,如梵天、帝释天、日天、焰摩天等等;此外,还对印度的天神形象做了简化和人性化,比如将摩利支天的猪面和忿怒面省略,改造为慈悲的天女形象;将大黑天的六臂简化为两臂等。

过整合宋辽佛教、推进宗教和文化统一,进而满足政治和社会统一的现实需要。从这种意义上说,金朝佛教正是对金政权和女真民族时代课题的重要回应。即通过对辽宋宗教和精神文化的继承与整合,进而继承和吸收既有的辽宋先进文化;通过对作为中原先进文化组成部分的佛教文化的学习与吸收,促进女真民族的文明化与发展进步。

第二节　金朝禅宗与万松行秀的"禅教圆融"思想

一、金朝禅宗的法脉传承

金朝建立以后,随着辽宋佛教的整合和宗派递嬗,原北宋禅宗发展成为当时金境内最为兴盛的佛教宗派,"当是时,诸禅方以赀雄相夸,斋鼓粥鱼之声,殷然山谷间"[1]。在唐宋以来形成的禅宗"五家七宗"里,金朝"奄有区寰,北方禅派得五之三"[2],即形成了临济、曹洞、云门三家并立的格局,其中又以临济宗影响最大,曹洞宗和云门宗[3]其次。

---

[1](金)元好问:《清凉相禅师墓铭》,阎凤梧主编:《全辽金文》(下),第3116页。

[2]《王山十方圆明禅院第二代体公禅师塔铭并序》,解光启:《金〈太原交城县王山修建十方圆明院记〉与〈第二代体公禅师塔铭并序〉碑》,《五台山研究》2000年第2期,第32页。

[3]据学者考订,金朝云门宗以燕京大圣安寺为中心,主要法脉传承是:洪济琼(佛觉)—圆通广善—祖朗、圆照澄公—志奥,参见刘晓:《金元北方云门宗初探——以大圣安寺为中心》,《历史研究》2010年第6期,第70—77页。

（一）金朝临济宗的法脉传承

金朝临济宗主要是北宋临济宗的传承与发展，其法脉主要有三支：一是琅琊慧觉的法脉，二是杨岐方会再传弟子五祖法演的法脉，三是黄龙慧南的法脉。北宋临济宗分出的黄龙、杨岐二派在金朝都有传人，并且临济高僧往往入主皇家大寺，在金朝佛教史上产生了重要影响[①]。

1. 琅琊慧觉与虚明教亨法脉

对于金朝临济宗的传承，当时的名士赵秉文、元好问等人在相关的碑志文章中有所记载，如金末元好问在《太原昭禅师语录引》中曾提及临济宗法脉为："慈明与琅邪觉皆法兄弟，共扶临济一枝。慈明而下十余世，得玄冥颧禅师；琅邪而下亦十余世，得虚明亨禅师。玄冥风岸孤峻，无所许可，宁绝嗣而不传；虚明急于接纳，故子孙满天下，又皆称其家，如慈云海、清凉相、罗汉汴与法王昭公，皆是也。"[②] 其中提到的"慈明"是指北宋临济宗禅师石霜楚圆，"琅邪觉"是指北宋琅琊山慧觉广照禅师，两人都曾师从于汾阳善昭禅师。文中将楚圆后学玄冥颧禅师与慧觉后学虚明教亨禅师视为金朝临济宗的二大宗师，玄冥颧主要活动于金世宗时期。据史传记载，大定二十年（1180）正月，金世宗"敕建仰山栖隐禅寺，命玄冥颧公开山，赐田设会，度僧万人"[③]，可知玄冥颧是世宗朝具有重要影响力的禅宗高僧。但是玄冥颧"无所许可，宁绝嗣而不传"，以至于此支后继无人。对此，金章宗时赵秉文也在《题米元章修静语录

---

① 参见李辉：《金朝临济宗源流考》，《世界宗教研究》2011 年第 1 期，第 22—29 页。

②（金）元好问：《太原昭禅师语录引》，阎凤梧主编：《全辽金文》（下），第 3257 页。

③（元）念常集：《佛祖历代通载》卷二十，《大正新修大藏经》第 49 册，第 693 页。

引后》中述及当时金朝禅宗的各派情况："当元章^①时,云门、临济二派大兴,而今所言者乃如此","本朝临济一派,至颙公而绝,不传一人"^②。这里的"颙公"即元好问文中的"玄冥颙","临济一派至颙公而绝"是指临济宗的玄冥颙一支后继无人,并非指金朝临济宗的法脉完全断绝。

相比于玄冥颙,虚明教亨的弟子最多(如慈云海、清凉相、罗汉汴、法王昭公等),影响也较大。教亨,号虚明,俗姓王氏,济州任城人。七岁出家,得法于郑州普照寺宝公禅师,兴定三年(1219)圆寂,享年七十岁。据《虚明禅师塔铭》记载:"诸方知师得法,恳求出世,师亦知缘至,辄往应命。五坐道场:嵩山之戒坛,韶山之云门,郑州之普照,林溪之大觉,嵩山之法王。左丞相夹谷清臣请师住中都潭柘。……奉章庙旨主庆寿寺。"^③可知教亨得法后主要活动于河洛一带及燕京,并且受到金章宗皇帝礼遇,奉旨住持皇家寺院大庆寿寺。教亨的法脉远承自北宋琅琊山慧觉广照禅师,据元代《真定十方临济慧照玄公大宗师道行碑铭》记载:"琅琊觉传泐潭月,月传毗陵真,真传白水白,白传天宁党,党传慈照纯,纯传郑州宝,宝传竹林藏、庆寿亨、少林鉴。庆寿亨传东平汴、太原昭。"^④可知教亨为琅琊慧觉的五传弟子,而从教亨所处的时代及人物生平上推断,郑州宝以下的竹林藏、少林鉴及教亨的弟子东平汴、太

① 指北宋米芾(1051—1107),初名黻,后改芾,字元章。主要活动于宋神宗、宋哲宗和宋徽宗朝。
②(金)赵秉文:《题米元章修静语录引后》,阎凤梧主编:《全辽金文》(中),第2374页。
③《虚明禅师塔铭》,阎凤梧主编:《全辽金文》(下),第4052页。
④ 刘友恒、李秀婷:《〈真定十方临济慧照玄公大宗师道行碑铭〉浅谈》,《文物春秋》2007年第5期,第48页。

原昭等人应为金朝临济宗禅师。此外,文献中记载的教亨得法弟子还有如下几位:一是清凉宏相,据元好问《清凉相禅师墓铭》载,宏相"幼即弃其家为佛子,事沂州普照僧祖照。……闻虚明亨和尚住普照,道价重一时,乃尽弃所学而学焉"[1];二是告山赟禅师,也嗣法于虚明教亨,"于临济一枝,亭亭直上"[2]。综合以上文献可知,琅琊慧觉至虚明教亨一系的具体法脉传承为:琅琊慧觉—泐潭月—毗陵真—白水白—天宁党—慈照纯—郑州宝—庆寿亨(教亨)—东平汴(罗汉汴)、太原昭、慈云海、清凉宏相、法王昭公。

2. 金朝杨岐派的三支传承

临济宗杨岐派在金朝主要有天目齐至海云印简、佛鉴慧勤至圆盖、佛果克勤至圆性三支传承。

在金朝临济宗杨岐派的法脉中,最知名的是天目齐至海云印简一支。据元赵孟頫所撰《临济正宗之碑》载:临济宗"一传为兴化奖,再传为南院颙,三传为风穴沼,四传为首山念,又五传而为五祖演,演传天目齐,齐传懒牛和,和传竹林宝,宝传竹林安,安传海西堂容庵,容庵传中和璋,璋传海云大宗师简公"[3]。可知这支杨岐派的法脉传承为:五祖法演—天目齐—懒牛和—竹林宝—竹林安—容庵海—中和璋—海云印简。从时间上看,这里的竹林宝、竹林安、容庵海、中和璋应该是金朝临济宗僧人。其中最著名的是海云印简,他是金末元初禅宗高僧及北方佛教领袖之一。海云印简曾受到成吉思汗等蒙古统治者的礼遇和支持,蒙哥汗即位后命

---

① (金)元好问:《清凉相禅师墓铭》,阎凤梧主编:《全辽金文》(下),第3117页。

② (金)元好问:《告山赟禅师塔铭》,阎凤梧主编:《全辽金文》(下),第3134页。

③ (元)赵孟頫:《临济正宗之碑》,(元)念常集:《佛祖历代通载》卷二十二,《大正新修大藏经》第49册,第727页。

其"掌释教事"①,因而杨岐派海云印简一支在元初被奉为"临济正宗"。

另据《浑源州永安禅寺第一代归云大禅师塔铭》(蒙古定宗元年,1246)载:"容庵老人得临济之正派,以大手股本分炉搥锻炼,法子凡十有七人",这里的容庵老人即印简师祖容庵海。该塔铭还提及金元之际归云禅师志宣,字仲徽,师从容庵老人学习临济禅法,"容庵应命领燕山竹林,师参侍老人,日悟宗旨"②,后为元初浑源州永安禅寺第一代归云大禅师。

此外,据赵秉文《利州精岩禅寺盖公和尚墓铭》载:"临济自佛果沿而下之,至于佛日;自四明溯而上之,至于佛鉴。俱出于五祖演。而佛鉴传四华昺,昺传四明遶。遶为今北京松林北迁第一祖师。四明之孙,微公之子也。"③这里述及临济宗杨岐派在金朝的传承法脉,其中提到的"佛果"和"佛鉴"即北宋临济宗杨岐派法演禅师的两大弟子佛果克勤与佛鉴慧勤,这两支在金朝都有传承。

据上述赵秉文碑志可知,佛鉴慧勤一支的传承为:五祖法演—佛鉴慧勤—四华昺—四明遶—微公—精严圆盖。根据圆盖生卒时间推断,四明遶以下应当是金朝临济宗禅师。赵秉文称四明遶为"今北京松林北迁第一祖师",可知他应该是金末宋初由原北宋辖境北上燕京地区传法的临济宗人。这一系中生卒年较为清晰的是精严圆盖,据赵秉文所作墓铭可知,圆盖是永昌阜俗人,张姓,十九岁出家,二十岁弃律参禅,至北京谒微公求印证。大定六年(1166)

① (明)宋濂等:《元史》卷三《宪宗纪三》,北京:中华书局1976年,第45页。
② (元)陈时可:《浑源州永安禅寺第一代归云大禅师塔铭》,阎凤梧主编:《全辽金文》(下),第3711页。
③ (金)赵秉文:《利州精岩禅寺盖公和尚墓铭》,阎凤梧主编:《全辽金文》(中),第2384页。

开堂于精严禅寺,后继席松林灵感寺,"行竣而方,故学者遵其道而惮其律"①,是一位活动于金世宗时期,禅律并重的僧人。

　　据明河《补续高僧传》卷十二《圆性传》载:"佛果自西蜀来汴,以心印传佛日,佛日传广慧。"②可知佛果克勤一支的传承为:佛果克勤—佛日(圆证)—广慧通理。广慧通理即金朝圆性禅师,原辽朝顺州怀柔人,侯氏。九岁出家,十五受具戒,研习《唯识论》《大乘起信论》。金熙宗天眷(1138—1140)初,师从佛日禅师得法,并被海陵王赐号"广慧通理"。金世宗大定年间圆性入主燕京潭柘寺,并大兴土木整修寺院,设立寺规,大定十五年(1175)逝世,被视为金朝潭柘寺"中兴第一主"。传法弟子有善照、了奇、圆悟、广温、觉才、政言等人。

　　金朝文献中还记载有一些法脉师承不明但较为重要的临济宗僧人。如明昌六年(1195)党怀英《请照公和尚开堂疏》中的"济州普照寺照公和尚"祖照禅师,被尊称为"临济正宗,晦堂嫡派"③;元好问在《清凉相禅师墓铭》中也记载了数位驻锡登封清凉寺的临济宗僧人:琇公,"大定中,第一代琇公开荆棘立之";西岩德,"久之,西岩德来居。德,辈流中号为楚楚者,又屏山李公为之护持,苟可以用力";西溪,"盖又一再传,而得吾西溪师。西溪道行清实,临济一枝以北向上诸人,至推其余以接物,则又以为大夫士之贤而文者也"④。可知临济宗及杨岐派在金朝有着较大的影响力。

──────────

① (金)赵秉文:《利州精岩禅寺盖公和尚墓铭》,阎凤梧主编:《全辽金文》(中),第2384页。
② (明)明河:《补续高僧传》卷十二,《大藏新纂卍续藏经》第134册,第215页。
③ (金)党怀英:《请照公和尚开堂疏》,阎凤梧主编:《全辽金文》(中),第1515页。
④ (金)元好问:《清凉相禅师墓铭》,阎凤梧主编:《全辽金文》(下),第3116页。

（二）金朝曹洞宗的法脉传承

金朝曹洞宗是影响力仅次于临济宗的禅宗派别，就目前所见文献资料可知，金朝曹洞宗的法脉主要传自宋金之际的高僧希辩。对此，金大定十五年（1175）边元勋《王山十方圆明禅院第二代体公禅师塔铭并序》记载："本朝奄有区寰，北方禅派得五之三。于中镌谕未悟，唯青州一瓣香，云覆广被，非二派所及"[①]，可知金朝曹洞宗的奠基者为青州希辩。

1. 青州希辩

据《元一统志》载："希辩师，本江西洪州黄氏，族系甚大，且多文人，有闻于世者。始参云门临济，得法于鹿门觉公，至沂州礼芙蓉和尚印证授记，后住青社天宁。城破乃北来，人称之为青州和尚。天德初示化于仰山。"[②] 可知希辩为江西洪州（今江西省南昌市）人，俗姓黄氏，早年研学云门宗和临济宗禅法，后来师从北宋曹洞宗鹿门自觉禅师。北宋末年住于山东青州天宁寺，宋亡后北上燕京，长期驻锡并圆寂于燕京仰山栖隐寺[③]，因此后世多称其为"青州希辩"或"栖隐寺辩公"等。《元一统志》还记载："后有禅师希辩，宋之青州天宁长老也。耶律将军破青州，以师归燕，初置之中都奉恩寺。华严大众请师住持，服其戒行高古，以为潭柘再来。至金天会间退居太湖山卧云庵，既而隐于仰山栖隐寺。骠骑高居

---

① （金）边元勋：《王山十方圆明禅院第二代体公禅师塔铭并序》，解光启：《金〈太原交城县王山修建十方圆明院记〉与〈第二代体公禅师塔铭并序〉碑》，《五台山研究》2000年第2期，第32页。
② （元）孛兰肹等撰，赵万里校辑：《元一统志》卷一，北京：中华书局1966年，第24页。
③ 希辩在其所作《大金燕京宛平县金城山白瀑院正公法师灵塔记》中便自题为"仰山栖隐寺退居嗣祖比丘希辩"，阎凤梧主编：《全辽金文》（中），第1331页。

安以城北园并寺前沙井归之常住,天眷三年召师复住持,皇统初更赐寺名为大万寿,师再隐仰山,门人德殷续灯于万寿,三年而退居于医巫闾。"① 可知希辩在北宋末主要活动于山东青州地区,后因宋金之际的战乱动荡被掠至燕京,先后驻锡燕京奉恩寺、华严寺、栖隐寺、万寿寺等重要寺院,并传播曹洞宗禅法,成为金初燕京具有重要影响力的禅师。

　　此外,据大定五年(1165)释圆照《甘泉普济寺通和尚塔记》记载,有"云孙辩公,先参鹿门觉和尚,许为吾宗再来人;次侍芙蓉潮楷老,后方领众青社天宁",号为"洞山垂范""递代相承";"时会本朝抚定,来都城,所居奉恩、华严、万寿等寺,皆有成就"②,并收徒传授禅法,所记希辩经历基本相同。又据灵岩寺《净肃禅师道行碑》记载:"青州法祖渡江已来,至朔方,居万寿,立曹洞一宗,与圣安、竹林晦堂、佛日而鼎峙焉,故三派渊源,于今愈盛。"③ 可知希辩是金朝曹洞宗的奠基者和领袖人物,并且与金初云门宗代表人物圣安寺晦堂禅师、临济宗名僧竹林寺佛日禅师等齐名。

　　青州希辩弟子众多,又分出许多支脉,其中最重要、影响最大的是大明法宝一系,据大定二十七年(1187)徐铎《长清县灵岩寺才公禅师塔铭》记载:"自洞山既没之后,再传而得价,又九传而得辩,而大明承其嫡派,师受大明之密。"④ 可知青州希辩是洞山良价

---

① (元)孛兰肹等撰,赵万里校辑:《元一统志》卷一,北京:中华书局1966年,第24页。

② (金)释圆照:《甘泉普济寺通和尚塔记》,阎凤梧主编:《全辽金文》(中),第1577页。

③ 北京图书馆金石组编:《北京图书馆藏中国历代石刻拓本汇编》第48册《净肃禅师道行碑》,郑州:中州古籍出版社1989年,第128页。

④ (金)徐铎:《长清县灵岩寺才公禅师塔铭》,阎凤梧主编:《全辽金文》(中),第1892页。

禅师九传弟子,希辩的嫡传弟子则是大明法宝。综上所述,可知希辩一系的法脉传承主要为:青州希辩—大明法宝—王山觉体—雪岩善满—万松行秀①。

2. 大明法宝

希辩最重要的传法弟子是法宝,后世多称其为大明宝。据大定十四年(1174)翟炳撰《长清县灵岩寺宝公禅师塔铭》载:法宝为河北磁州人,俗姓武氏。先师从磁州祖荣长老学临济禅法,后"闻青州希辩禅师传洞下正法眼藏,演唱燕都万寿禅寺",于是北上师从希辩学曹洞禅法。希辩将其作为传法弟子,"辩以法衣,三颂付之"②。后法宝先后驻锡山东长清灵岩寺、燕京仰山栖隐寺、磁州大明寺等大刹,是金朝传承和复兴曹洞宗的重要僧人。弟子有长清灵岩寺住持惠才③、蔚州人山住持善恒、太原王山住持觉体、中都万寿寺住持圆俊、中都仰山住持性璘、磁州大明寺住持圆智等,其中最重要的是王山觉体禅师。

3. 王山觉体

据金朝边元勋《王山十方圆明禅院第二代体公禅师塔铭并序》及朱澜《太原交城县王山修建十方圆明禅院记》记载,觉体为

---

① 参见刘晓:《万松行秀新考——以〈万松舍利塔铭〉为中心》,《中国史研究》2009年第1期,第123—130页。

② (金)翟炳:《长清县灵岩寺宝公禅师塔铭》,阎凤梧主编:《全辽金文》(中),第1650页。

③ 据《长清县灵岩寺才公禅师塔铭》记载,惠才为原北宋睢阳人,出家后先学经论义学"取《上生》《肇论》《法界观》昼夜服习而身之",后遍游诸方,参访开封法云和、单父普照行通、中都万安浦涤、益都普照宗如、义州大明善住、单州普照道明、大舟延庆圆明等禅师,"洎山东、河朔诸尊宿,悉往参之"。(金)徐铎:《长清县灵岩寺才公禅师塔铭》,阎凤梧主编:《全辽金文》(中),第1891页。

太原交城人,俗姓郭氏,"师青州之嫡孙,磁州之骥子也",二十岁礼汾阳净慧为师,并得法名觉体。曾先后参访定林开禅师、浮图山平禅师、南京法云禅师、东平普照月禅师等人学禅,二十九岁至长清灵岩寺师从大明法宝,并随法宝先后驻锡长清灵岩寺、燕京仰山栖隐寺、磁州大明寺等地,"从此孜孜问道,不间寒暑,师事宝公"①。海陵王正隆五年(1160)返回山西,并驻锡交城王山十方圆明禅院、卦山天宁寺等,因此后世称其为"王山觉体"。觉体的重要弟子有雪岩慧满,再传弟子为金元之际著名的曹洞宗领袖万松行秀。

4. 万松行秀

据《万松舍利塔铭》等文献记载,行秀为河内人,俗姓蔡氏。"师生十有五年,恳求出家,父母不能夺",并通过试经得度出家;"明年,受具足戒。挑囊抵燕,历潭柘、庆寿,谒万寿、参胜默老人,复出见雪岩满公于磁州大明。公知法器,留之二年,言相契,径付衣钵,送之以颂",行秀受具足戒后赴燕京潭柘寺、庆寿寺、万寿寺等名刹参学,最后于磁州大明寺雪岩慧满处得法。泰和六年(1206)行秀"复受中都仰山栖隐禅寺请"住持仰山栖隐禅寺,并受到金章宗的接见和礼遇。金元之际"迨天兵南下,燕都不守,诸僧请师渡河。师曰:'北方人独不知佛法乎?'众竟遁去",当蒙古军队围攻金中都、众人劝行秀南逃时,他坚持留在城内,并相信可以在蒙古人中继续传法,让"北人知佛法"并得其庇护。事实证明,行秀的这一判断是正确的,此后他继续留居燕京万寿寺等处传法,"庚寅,御赐佛牙一,仍敕'万松老人焚香祝寿',重之不名也。后二

---

① (金)边元勋:《王山十方圆明禅院第二代体公禅师塔铭并序》,解光启:《金〈太原交城县王山修建十方圆明院记〉与〈第二代体公禅师塔铭并序〉碑》,《五台山研究》2000年第2期,第32页。

年,六师振旅,师率僧道朝行宫,奉旨蠲徭免役,天下赖之"。庚寅年(1230)蒙古窝阔台汗赐予行秀佛牙,并尊称其为"万松老人"。作为对蒙古统治者支持的回应,行秀也以燕京宗教领袖的身份,于1232年率领僧道代表赴行宫朝觐窝阔台汗,并得到豁免僧道徭役的诏令,成为当时北方的重要宗教领袖之一。行秀卒于元定宗贵由汗元年(丙午,1246),享年八十一岁。著名弟子有雪庭福裕、林泉从伦、至温、万寿长老洪倪[①]等人,俗家弟子则有耶律楚材、李纯甫等名士。

万松行秀著述颇丰,"编《祖灯录》六十二卷,又《净土》《仰山》《洪济》《万寿》《从容》《请益》等录,及文集、偈、颂,《释氏新闻》《药师金轮》《观音道场》三本,《鸣道集辩》《宗说心经》《风鸣》《禅悦》《法喜集》,并行于世"[②]。可惜的是,现存著作只有《从容录》和《请益录》两种。

5. 普济寺行通

除了上述诸禅师外,据《甘泉普济寺通和尚塔记》记载,希辩还有一位重要的嗣法弟子行通,"师法讳行通,俗姓张氏,云中天德人",辽金西京大同府人,"天会中,闻辩老唱法燕都,特来参侍。后从辩老至仰山,言下透脱,寻印证为洞宗第十一世。皇统中,辩老入灭,师继住持。数十载,凡事无巨细,悉依佛制"[③]。行通于金太宗

---

① 据元好问《寿圣禅寺功德记》载:洪倪"闻万松道价,裹粮千里,以巾侍自誓。松一见,即以座元处之。承事十五年,备极劳苦,他人无与比者。出世,住万寿"。(金)元好问:《寿圣禅寺功德记》,阎凤梧主编:《全辽金文》(下),第3209页。

② (元)李全:《万松舍利塔铭》,刘晓:《万松行秀新考——以〈万松舍利塔铭〉为中心》,《中国史研究》2009年第1期,第126页。

③ (金)释圆照:《甘泉普济寺通和尚塔记》,阎凤梧主编:《全辽金文》(中),第1577页。

天会年间至燕京,师从希辩,并被指定为曹洞宗第十一世继承人,以及仰山栖隐寺住持,成为金初燕京曹洞宗的领袖人物之一。

综上所述,就金朝禅宗的宗派格局来看,主要是临济宗、曹洞宗和云门宗三派鼎立发展,其中又以临济最盛,曹洞次之。就金朝禅宗的法脉传承来看,主要可以视为北宋禅宗的延续和传播:一是山东、河北、河南等地原有北宋禅宗的法脉传承,二是北上燕京等地的北宋禅师及其法脉传承。而就金朝禅宗重要僧人的籍贯来看,既有原北宋辖境内僧人,也有原辽辖境内僧人,反映出禅宗北传及其巨大影响力。结合前文所述金朝北方地区辽宋佛教的融合、原辽境内僧人的"弃教入禅",以及辽朝教门的衰落等,可知在宗派格局上,"重禅轻教""融教入禅"确实是金朝佛教的显著特点。

二、万松行秀的"禅教圆融"思想

金朝禅宗的兴盛并不意味着对原辽朝华严宗等佛学传统的完全摒弃。相反,在辽宋融合的佛教思潮之下,金朝禅宗思想也受到唐辽华严宗等义学思想的重要影响,即在思想主旨上主张禅教"圆融"而非"合一";在宗派观念和修行实践上以禅宗为主,在修证的本体依据和心性论上则以华严为主。对此,作为金朝禅宗思想主要代表的万松行秀"禅教圆融"思想就是很好的体现。

(一)万松行秀与其《从容录》和《请益录》

由上文的介绍可知,行秀是金朝曹洞宗的著名禅师及金朝禅宗的代表人物之一。行秀的"禅教圆融"思想主要体现在其现存的《从容录》与《请益录》两部著作中。因此,本书也将围绕这两部著作对行秀的"禅教圆融"思想进行解读。

《万松老人评唱天童觉和尚颂古从容庵录》(以下简称《从容

录》),据耶律楚材所作序文称:"吾宗有天童者颂古百篇,号为绝唱。予坚请万松评唱是颂,开发后学,前后九书,间关七年,方蒙见寄。"① 可知此书系行秀应其弟子耶律楚材的请求所作,内容是对北宋曹洞宗高僧天童正觉和尚(宏智禅师)所作的《颂古百篇》的评唱(注释)。据行秀在《评唱天童从容庵录寄湛然居士书》中自述:"万松昔尝评唱,兵革以来废其祖菅,迩来退居燕京报恩,旋筑蜗舍,榜曰从容庵。图成旧绪,适值湛然居士劝请成之。老眼昏华,多出口占,门人笔受。其间繁载机缘事迹,一则旌天童学海波澜,附会巧便,二则省学人检讨之功,三则露万松述而不作非臆断也。"② 可知此书是行秀多年来参究禅宗公案积累而成的文字禅著述,而且是其晚年思想成熟期的总结性著作。至于此书的写作目的,除了回应耶律楚材的请求之外,行秀还通过注释宏智的文字禅而阐发自己的禅学思想,并为学禅者提供修行理论的指导,正所谓"万松将诸家说底公案,一类相从,互为指注,令人易解也"③。

《万松老人评唱天童觉和尚拈古请益录》(以下简称《请益录》),该书是行秀继评唱天童正觉《颂古百篇》的《从容录》之后,模仿圆悟克勤《击节录》而写作的另一部文字禅著述。全书共两卷,成于金宣宗正大七年(1230)。此书"广征博引,述多作少;不限宗门,兼收并蓄;解释细微,开示绵密,是其显著的几个特色"④。

---

① (宋)正觉颂古,(元)行秀评唱:《万松老人评唱天童觉和尚颂古从容庵录》卷一,《大藏新纂卍续藏经》第67册,第376页。

② (宋)正觉颂古,(元)行秀评唱:《万松老人评唱天童觉和尚颂古从容庵录》卷一,《大藏新纂卍续藏经》第67册,第377页。

③ (宋)正觉拈古,(元)行秀评唱:《万松老人评唱天童觉和尚拈古请益录》卷下,《大藏新纂卍续藏经》第67册,第502页。

④ 段玉明:《万松行秀〈请益录〉研究》,《宗教学研究》2012年第2期,第97页。

不过,相比于六卷本的《从容录》,该书虽然篇幅较小,但在思想内容及佛学观点上更为精炼,同样是体现万松行秀佛学思想的重要著作。

《请益录》与《从容录》在思想内涵上都属于北宋的文字禅,即借助文字语言习禅、参禅,通过研习禅宗经典、参究祖师公案修行证道。对此,正如行秀在《从容录》第七十七则《仰山随分》中所说,这是"不执文字,不离文字,而为道用"①。仅从行秀著作的形式上看,金朝禅宗及其佛学是对北宋禅宗的继承;但从行秀禅思想的内涵上看,金朝禅宗及其佛学思想则体现出辽朝华严学的重要影响。万松行秀的禅思想也是金朝佛教继承和整合辽宋佛教的重要成果。

(二)"本乎一心":万松行秀的心性本体论思想

受到华严宗"真如一心"本体论思想的影响,行秀也秉持如来藏系统的"真心本觉"本体论思想,并将其作为修行的理论核心,以及会通"禅门"和"教宗"、合一儒释道"三教"的理论依据。

第一,"真如一心"的真心本体论。

行秀认为,佛教和世间出世间万法的本体是"真如一心"。对此,他在《从容录》第一则《世尊升座》中就开宗明义地提出:"儒道二教,宗于一气;佛家者流,本乎一心。圭峰道:元气亦由心之所造,皆阿赖耶识相分所摄。万松道:此曹洞正宗,祖佛命脉。枢机衔于口,转处幽微;绵丝吐于梭肠,用时绵密。"②

从中可知,行秀在心性本体论上深受华严宗五祖宗密的影响,

---

① (宋)正觉颂古,(元)行秀颂唱:《万松老人评唱天童觉和尚颂古从容庵录》卷五,《大藏新纂卍续藏经》第 67 册,第 430 页。
② (宋)正觉颂古,(元)行秀评唱:《万松老人评唱天童觉和尚颂古从容庵录》卷一,《大藏新纂卍续藏经》第 67 册,第 378 页。

认为儒道二教的本体是"元气",佛教的本体是"真如一心",但元气也不过是真如一心的变现("阿赖耶识相分所摄"),因此佛教才是三教的根本,三教应当合一于佛教。同时,"真如一心"的本体论也是曹洞宗修行理论的根据所在。对此,行秀在《从容录》第九十三则《鲁祖不会》援引《楞严经》解释"如来藏"时提出,"一心"就是"如来藏":《楞伽经》云:寂灭者名为一心,一心者名如来藏","有二种如来藏:一空如来藏,脱离一切烦恼;二不空如来藏,具过恒沙不思议佛法"[1]。

为了进一步说明"真如一心"的内涵,行秀还援引澄观等唐代华严宗大师的思想进行解释。对此,他在《从容录》第七十四则《法眼质名》中,就引澄观等人思想解释慧能提出的"无住为本"[2]:

> 《传灯》清凉国师答皇太子心要云:至道本乎其心,心法本乎无住,无住心体灵知不昧。安国师举《金刚经》云:应无所住而生其心。无所住者,不住色,不住声,不住迷,不住悟,不住体,不住用,而生其心者则是一切处而显一心。若住善生心则善现,若住恶生心则恶现,本心则隐没。若无所住,十方世界唯是一心也。……荷泽《显宗记》云:自世尊灭后,西天二十八祖共传无住之心,此无住本即以本分事名无住也。若以真妄融即,一有多种,二无两般。[3]

---

[1]（宋）正觉颂古,（元）行秀评唱:《万松老人评唱天童觉和尚颂古从容庵录》卷六,《大藏新纂卍续藏经》第 67 册,第 441 页。
[2] 原文为"举僧问法眼:承教有言,从无住本立一切法,如何是无住本。眼云:形兴未质,名起未名"。
[3]（宋）正觉颂古,（元）行秀评唱:《万松老人评唱天童觉和尚颂古从容庵录》卷五,《大藏新纂卍续藏经》第 67 册,第 427 页。

行秀在这里主要援引唐代华严宗的"真如一心"思想,将"无住为本"解释为超越色尘、执着和迷妄的"无所住"的真心本体,并且主张"十方世界唯是一心",将"真心"作为世间出世间的本体所在。同时,行秀认为此"真心"本体也是禅宗的核心思想("西天二十八祖共传无住之心")。文中将华严宗祖师澄观("清凉国师")与禅宗高僧神会("荷泽")等并举,也反映出行秀深受华严宗影响,并试图和会华严与禅宗的思想倾向。

第二,"真心本净"的修行论。

与"佛家者流,本乎一心"的思想相应,行秀也将"真心本净"的本体论思想作为修行论的理论支撑。对此,他在《请益录》第二十八则《楞严推心》中称:"万松道:真心本静,故不修禅定;妄想本空,故不断烦恼。"[①] 即在心性本体的染净问题上,持"真心本净"的真如缘起思想。行秀认为心性本体是纯净无染的,迷妄诸恶只是外在熏染,因此通过开发内在心性去除妄想烦恼、顿悟成佛也成为可能。在此基础上,行秀颇赞同禅宗祖师破除外在形式、方便修行的入世思想。如《从容录》第二十二则《岩头拜喝》中称:"天童颂道:一抬一捺看心行,便道怪得禅家不肯为人说破,元来都是心行。"[②] 即禅宗修行主要在于观念和思想上的实践;第七十则《进山问性》中则称:"须是无烦恼可断,无禅道可参,十二时中除着衣吃饭是闲用心处。"[③] 意为禅宗修行要破除参禅问道等外在的形式,

①(宋)正觉拈古,(元)行秀评唱:《万松老人评唱天童觉和尚拈古请益录》卷上,《大藏新纂卍续藏经》第 67 册,第 475 页。
②(宋)正觉颂古,(元)行秀评唱:《万松老人评唱天童觉和尚颂古从容庵录》卷二,《大藏新纂卍续藏经》第 67 册,第 393 页。
③(宋)正觉颂古,(元)行秀评唱:《万松老人评唱天童觉和尚颂古从容庵录》卷五,《大藏新纂卍续藏经》第 67 册,第 425 页。

在穿衣吃饭的生活日常中"用心"体悟佛法,从而开发心性。

第三,"真入世间"的修行实践。

这种"真心本净"与"方便用心"的思想,体现在具体的修行实践中,就是主张"真入世间",在俗世间的生活日用和普度众生的过程中实现觉悟证道。在行秀看来,"世间"就是"道场",并不存在"出世间"与"入世间"的区别。对此,《请益录》第七十七则《古德道场》中称:

> 湛然居士近于大万寿寺设水陆会,请万松小参,举:昔有跨驴人,问众僧何往。僧云:道场去。人云:何处不是道场?僧以拳殴之云:这汉没道理,向道场里跨驴不下。其人无语。人人尽道这汉有头无尾,能做不能当。殊不知却是这僧前言不副后语。汝既知举足下足,皆是道场。何不悟骑驴跨马,无非佛事。万松要断这不平公案,更与花判云:吃拳没兴汉,茆广杜禅和。早是不克己,那堪错怪他。道场唯有一,佛法本无多。留与阇黎道,护唵萨哩嚩。①

在这则公案的评唱中,行秀借"骑驴入道场"的公案说明"世间出世间不异"的思想。所谓"汝既知举足下足,皆是道场。何不悟骑驴跨马,无非佛事",即是说整个世间都是修行的场所,没有专门的"道场"可去;而"骑驴跨马"看似为与修行无关的生活日用,实际上也是解脱成佛的修行实践。因此"万松要断这不平公案",行秀总结说:"道场唯有一,佛法本无多",都统一于眼前当下

---

① (宋)正觉拈古,(元)行秀评唱:《万松老人评唱天童觉和尚拈古请益录》卷下,《大藏新纂卍续藏经》第67册,第495页。

的生活日用。他在《请益录》第七十九则《钦山三关》中所举的祖师事迹,正是入世修行的典型,"师云:澧州钦山文邃禅师,大慈受业,美容容,善谭论,常以剪刀星尺针线随身,与众裁缝。雪峰常以漆桶木杓护布随身,为众作饭头。岩头常以把鑺随身,为众治蔬圃"①。

此外,行秀还在《请益录》第三十则《石霜出世》中,就其师祖王山觉体的修行经历,对"真入世间"的入世修行给予了肯定。文称:

> 昔王山法祖侍磁州大明,勠力十年,躬为侍者。秘重深严,不见参学。一旦抽单,罔不疑怪。或问大明:侍者何往?明曰:诸方来诸方去,何介意哉?又问:参学何似?明曰:道有参学,栽他头角;道无参学,减他威光。一众方疑,或蒙印许。其后久隐西山,太原府府运两衙请住王山,创建禅席,皆号开堂出世也。万松谓此非出世间,真入世间也。这僧问真身还出世也无?此问真身无相,还能出现说法利生也无?此非问出尘世,正问入廛垂手时节也。石霜常举君臣父子,至尊严烈,深处禁宫,故云不出世也。②

该段评唱提到王山觉体禅师得法后,隐居山西太原府西山。后来他受当地官员邀请出山,并驻锡王山创建禅院传法。在行秀看来,这正是"说法利生""真入世间"的真修行("万松谓此非出

---

① (宋)正觉拈古,(元)行秀评唱:《万松老人评唱天童觉和尚拈古请益录》卷下,《大藏新纂卍续藏经》第67册,第496页。
② (宋)正觉拈古,(元)行秀评唱:《万松老人评唱天童觉和尚拈古请益录》卷上,《大藏新纂卍续藏经》第67册,第475页。

世间,真入世间也")。而深处山林、隐居遁世的所谓"出世"修行者,则如同深居禁宫中的帝王,并不值得提倡("石霜常举君臣父子,至尊严烈,深处禁宫,故云不出世也")。从本体论的角度说,因为"真身无相",所以并无出世入世的区别;而从具体的修证途径来说,应当"入廛垂手",即进入普通百姓居住的市镇,垂下慈悲之手普度众生,在尘世间修行解脱。

(三)"恒业华严":万松对辽朝华严学的继承与会通

由上文可知,在心性本体论方面,行秀对华严宗思想颇为重视,并表现出会通华严与禅宗的思想倾向。据史传记载,行秀对华严学有着深入的研究,"师于孔老庄周百家之学无不俱通,三阅藏教,恒业华严"①。这种"恒业华严"带来的思想影响,在行秀的著作中也有着鲜明地的体现。

第一,以经解颂:"试将华严经文,参我天童颂意。"

行秀在《从容录》和《请益录》中多次引用《华严经》《圆觉经》等华严经典中的经文或华严宗的名相概念,用以解释相关的禅宗公案。具体例证如下:

一是引用和转述《华严经》中的文句及思想。如《从容录》第七十四则《法眼质名》中,行秀引用《华严经》的《普贤行愿品》和《入法界品》的内容评唱"刹尘道会也处处普贤,楼阁门开也头头弥勒":

> 《华严普贤行愿品》佛说菩萨说,刹说众生说,三世一切说。又普眼不见普贤,见与不见俱普贤也。若不见处无,不名

①(明)净柱辑:《五灯会元续略》卷一,《大藏新纂卍续藏经》第80册,第456页。

普也。《入法界品》时弥勒菩萨前诣楼阁,弹指出声,其门即
开,命善财入。乃至悉见三千大千世界百亿四天下,兜率陀
天,一一皆有弥勒。又有颂云:弥勒真弥勒,化身千百亿。时
时示时人,时人皆不识。此皆立一切法之标榜也。①

又《请益录》第九则《玄沙过患》中称"《华严》普贤菩萨云:
我不见一法为大过失,毒于嗔者"②,说明修行中要去除嗔恚之心,
以免心性受遮蔽而不见佛法真谛。

二是引用转述《圆觉经》中的文句和思想。如《请益录》第
二则《卧轮伎轮》中,行秀引《圆觉经》文解释"妄心":"《圆觉经》
道:于诸妄心,亦不息灭。又道:末世众生,说病为法,是故名为可
怜愍者。"③ 又同书第四十一则《灵云露柱》引《圆觉经》解"真常流
注":"《圆觉经》道:潜续如命,为寿者相,诸方谓之命根不断。"④
行秀在《从容录》第六十四则《子昭承嗣》中,则引述《圆觉经》
《华严经》解释天童正觉的颂古文字,并引用华严宗的"月印万川"
思想解释"一心"本体与世界"万象"之间的体用关系,文称:

　　　师云:《圆觉序》道:心本是佛,由念起而漂沉,岸实不移,
　　因舟行而骛骤。《华严经》道:有一大经卷,量等三千界。在

---

① (宋)正觉颂古,(元)行秀评唱:《万松老人评唱天童觉和尚颂古从容庵录》
　　卷五,《大藏新纂卍续藏经》第67册,第428页。
② (宋)正觉拈古,(元)行秀评唱:《万松老人评唱天童觉和尚拈古请益录》卷
　　上,《大藏新纂卍续藏经》第67册,第466页。
③ (宋)正觉拈古,(元)行秀评唱:《万松老人评唱天童觉和尚拈古请益录》卷
　　上,《大藏新纂卍续藏经》第67册,第462页。
④ (宋)正觉拈古,(元)行秀评唱:《万松老人评唱天童觉和尚拈古请益录》卷
　　上,《大藏新纂卍续藏经》第67册,第480页。

一微尘中,一切尘亦然。有一明眼人破尘出经卷,利济一切众人。天童引两本大经,集成一联颂。拨万象者,且万象谁万象,独露谁独露。此现成公案,家法常存,谁更立门庭开户牖。华严宗三舟玩月各逐舟行,一道澄江千里孤应。[①]

三是转述华严宗的名相概念。行秀在《请益录》第三十六则《修山凡夫》中,就以华严宗的"圆觉"名相为喻,说明迷悟和凡圣之别:

> 故曰:圣人不会,情存一念悟,宁越昔时迷。故曰:圣人若会,即同凡夫,终日圆觉,而未尝圆觉。故曰:凡夫若知,即同圣人。宋孝宗皇帝注《圆觉经》,赐径山慈辩禅师。宝印作序,序中有曰:裴相云:终日圆觉而未尝圆觉者,凡夫也。具足圆觉而住持圆觉者,如来也。印乃倒其说曰:具足圆觉,住持圆觉者,凡夫也。终日圆觉,未尝圆觉者,如来也。万松道:正合修山主意。[②]

此外,行秀在《从容录》第三十七则《沩山业识》中提及《华严经》的义理,"师举:僧问云庵,《华严论》以无明住地烦恼,便为一切诸佛不动智,理极深玄绝难晓达",对此,他引用"华严十玄门"中的"秘密隐显俱成门"名相解释烦恼与真如佛性的关系,称"华严

---

① (宋)正觉颂古,(元)行秀评唱:《万松老人评唱天童觉和尚颂古从容庵录》卷四,《大藏新纂卍续藏经》第 67 册,第 420 页。

② (宋)正觉拈古,(元)行秀评唱:《万松老人评唱天童觉和尚拈古请益录》卷上,《大藏新纂卍续藏经》第 67 册,第 478 页。

宗名秘密隐显俱成门,又教中说十地菩萨,见性如隔罗谷观月"①。又《请益录》第五十六则《曹山出世》中称:"万松道:向住劫以后承当,佛已出世,会取也不? 如《华严经》,十方诸佛,劝不动地菩萨。道此诸法法性,若佛出世,若不出世,常住不异。教中唤作法尔不穷,因无始不穷。"②行秀在这里引用华严"教宗"的观点,解释诸佛"出世"与"常住"不异,以及诸法永恒的思想。同书第五十七则《云门无滞》提到:"殊不知佛事门中,不舍一法。故云:唤作三昧性海,俱备华严宗道法尔。本具宗门,唤作本来具足。"③即转述华严宗的"一即一切,一切即一"的法界缘起思想,解释佛法的圆融整体性。

第二,对澄观思想的重视:"以华严解禅。"

清凉国师澄观是唐代华严宗的主要代表人物之一,被尊为华严宗四祖;澄观及其思想也被辽朝华严宗视为华严学的主体,并在辽朝和西夏佛教界都产生了重要的影响④。受到辽朝华严学的影响,行秀在其著作中也多次引述澄观的思想。

一是"如来智慧德相"。行秀在《从容录》第六十七则《严经智慧》中,专门引述了清凉国师澄观的观点,并用来解释《华严经》中"众生如来智慧为妄想执着遮蔽"的问题:"举《华严经》云,我今普见一切众生具有如来智慧德相,但以妄想执着而不证得。"对此,万

①(宋)正觉颂古,(元)行秀评唱:《万松老人评唱天童觉和尚颂古从容庵录》卷三,《大藏新纂卍续藏经》第67册,第404页。
②(宋)正觉拈古,(元)行秀评唱:《万松老人评唱天童觉和尚拈古请益录》卷下,《大藏新纂卍续藏经》第67册,第487页。
③(宋)正觉拈古,(元)行秀评唱:《万松老人评唱天童觉和尚拈古请益录》卷下,《大藏新纂卍续藏经》第67册,第487页。
④参见本书第一章《辽朝佛教思想与文化认同》与第二章《西夏佛教思想与文化认同》中的相关内容。

行秀则在澄观《华严经疏》的基础上以华严学解禅,即"试将《华严经》文,参我天童颂意":

> 师云:《华严大疏》首尾,清凉大师科此段经名开因性,《普贤行愿疏》名开物性源。如何开耶?《出现品》云:佛子,无一众生而不具有如来智慧,但以妄想颠倒执着,而不证得(注云:凡夫妄想权小,执着颠倒,通上二种)。若离妄想,一切智自然智无碍智则得现前,便举一尘包含大千经卷之喻。前颂万象之中独露身,离念见佛,破尘出经,正是此科经也。又云:尔时如来以无障碍清净智眼普观法界一切众生,而作是言:奇哉奇哉,此诸众生,云何具有如来智慧,愚痴迷惑,不知不见。我当教以正道,令其永离妄想执着,自于身中得见如来广大智慧与佛无异。清凉《大疏》云:众生包性德而为体,揽智海以为源。但相变体殊,情生智隔。今令知心合体,达本忘情,故谈斯经而为显示。释曰:此则兼明众生迷真之由也。譬如福德智慧具足相貌之人,忽然梦见贫病苦身,即相变也。不见本身,即体殊也。执认云是我身,即情生也。不信自身福德端正,即智隔也。……试将《华严经》文,参我天童颂意。[1]

行秀在文中引用澄观《华严经疏》中的"开因性"与《普贤行愿疏》中的"开物性"等名相概念解释"如来智慧德相"的开显问题,又引用澄观《华严经疏》("清凉《大疏》")中的"众生包性德而为体,揽智海以为源。但相变体殊,情生智隔。今令知心合体,达本忘情,

---

[1](宋)正觉颂古,(元)行秀评唱:《万松老人评唱天童觉和尚颂古从容庵录》卷五,《大藏新纂卍续藏经》第67册,第422页。

故谈斯经而为显示"一句,解释众生迷妄不得解脱的原因,即未能证悟开显本体"真心"。

　　二是"帝网境界观"。《从容录》第四十则《云门白黑》中有天童正觉禅师的颂古文:"珠网相对,发百中而箭箭不虚,摄众影而光光无碍。"对此,行秀引用澄观《华严经疏》的内容进行解释,文称:"珠网相对,此颂乾峰答处宾主交参,问在答处,答在问处,百发百中。颂云门某甲在迟,智觉道:如人射地无有不中之理,交光相罗,事事无碍。颂乾峰怎么那,《华严疏》帝释殿贯珠成网,光影互现,重重无尽。"[1] 他在此说明,天童所颂的"珠网相对"即华严宗"十玄门"中的"因陀罗网境界门",这是以印度传说中帝释天宫的宝珠网为喻,说明佛教各法门和万法之间互相包含、重重无尽、圆融一体的境界。此外,《请益录》第八十七则《雪窦砂水》中也引用"华严十玄门"中的"因陀罗网境界门",说明佛法是包含三教和万法的圆融整体,文称:"万松道怎么也得,不怎么也得。正好帝网交罗,重重无尽。投子修颙禅师,嗣圆照大本,住颖州荐福日。欧阳文忠公因颖守,道师德业,备馔延师。遽问曰:浮图之教何为者?师乃款论,指妙挥微,优游于华藏法界之都,从容于帝网明珠之内。"[2]

　　三是"理圆言偏"。《从容录》第四十则中提到"观国师云:理圆言偏生理丧"[3],即说明了佛法真理与语言文字表达之间的微妙关系。行秀在《从容录》第四十七九则《洞山供养》中也引用了此

---

①（宋）正觉颂古,（元）行秀评唱:《万松老人评唱天童觉和尚颂古从容庵录》卷三,《大藏新纂卍续藏经》第 67 册,第 406 页。

②（宋）正觉拈古,（元）行秀评唱:《万松老人评唱天童觉和尚拈古请益录》卷下,《大藏新纂卍续藏经》第 67 册,第 500 页。

③（宋）正觉颂古,（元）行秀评唱:《万松老人评唱天童觉和尚颂古从容庵录》卷三,《大藏新纂卍续藏经》第 67 册,第 406 页。

句,用来解释"若不知有争解怎么道,若知有争肯怎么道",文称:"华严宗谓理圆言偏,言生理丧。此乃重玄复妙,兼带叶通,不偏枯,无渗漏底血脉也。"①

第三,对宗密思想的引用:"禅教不二。"

除了澄观思想之外,行秀也较为重视晚唐华严宗及禅宗代表人物宗密的思想。如《从容录》第四十五则《觉经四节》称:"举《圆觉经》云:居一切时不起妄念,于诸妄心亦不息灭。住妄想境不加了知,于无了知不辨真实。"对此,行秀在宗密("圭峰")注疏的基础上做了进一步的总结和发挥:

> 师云:圭峰科此一段,谓之妄心顿证,又名忘心入觉。万松下四个不字,谓不起不灭不知不辨。此四八三十二字,诸方皆为病,此处为药。且诸方病者,不起妄念。岂非焦芽败种,不灭妄心;岂非养病丧躯,不假了知;岂非暂时不在,如图死人不辨真实;岂非颟顸佛性,笼桶真如。②

此外,行秀在《从容录》第五十八则《刚经轻贱》中,也引用了宗密对《金刚经》的评判:"圭峰科此经为转罪成佛,此菩提烦恼不二,生死涅槃不二。"③《请益录》第三十五则《洞山休佛》又引宗密观点解释"墨中煤"的公案:"诸方皆谓如水作波,波即是水。雪粉

① (宋)正觉颂古,(元)行秀评唱:《万松老人评唱天童觉和尚颂古从容庵录》卷三,《大藏新纂卍续藏经》第 67 册,第 410 页。

② (宋)正觉颂古,(元)行秀评唱:《万松老人评唱天童觉和尚颂古从容庵录》卷三,《大藏新纂卍续藏经》第 67 册,第 408 页。

③ (宋)正觉颂古,(元)行秀评唱:《万松老人评唱天童觉和尚颂古从容庵录》卷四,《大藏新纂卍续藏经》第 67 册,第 416 页。

各异,墨煤性同。不是天童,分疏不下。忽若圭峰道:镕瓶盘钗钏为一金,搅酥酪醍醐为一味。"① 即借用宗密"镕瓶盘钗钏为一金,搅酥酪醍醐为一味"的譬喻,说明万法与真心之间的统一关系和体用关系。

综上所述,从《从容录》和《请益录》的内容来看,行秀在评唱注解禅宗公案和天童正觉的颂文时,大量引用了《华严经》和《圆觉经》文句,以及唐代华严宗祖师澄观和宗密的华严学注疏和名相概念(如"华严十玄门"思想)等,这反映出华严学思想对行秀产生了重要影响,印证了史传所记行秀"恒业华严"的事实。但从行秀对澄观思想的相对重视及其生平经历来看,这一"恒业华严"的思想倾向并非直接来自唐代佛教,而应该是在重视华严学的辽朝佛教影响下的结果。从这一角度来说,行秀对《华严经》和澄观、宗密华严思想的重视和引用,实际上可以视为他对辽朝华严学和佛学思想的继承与会通。

(四)"和会禅教":行秀对辽宋佛学的整合与融会

由上文可知,行秀在其解释禅门公案的文字禅著作中,大量引用《华严经》《圆觉经》等华严经典,以及澄观、宗密等唐代华严宗大师的著作与思想,这在很大程度上反映出辽朝华严学对行秀的重要影响。这也是行秀继承辽宋佛学,并融会华严与禅宗的"禅教圆融"思想的体现。除了对华严思想的重视之外,行秀还在《从容录》和《请益录》两书中更为直接地讨论了禅宗各派、禅门与教门、佛教与儒道的圆融关系,进一步阐明了其"和会禅教"的圆融思想。

---

① (宋)正觉拈古,(元)行秀评唱:《万松老人评唱天童觉和尚拈古请益录》卷上,《大藏新纂卍续藏经》第67册,第478页。

第一，"和会禅宗诸家"：主张禅宗各派的融会。

曾师从行秀学习禅法的耶律楚材盛赞其师是集禅宗五家的大成者，文称："云门之宗，悟者得之于紧俏，迷者失之于识情；临济之宗，明者得之于峻拔，迷者失之于莽卤；曹洞之宗，智者得之于绵密，愚者失之于廉纤。独万松老人得大自在三昧。决择玄微，全曹洞之血脉；判断语缘，具云门之善巧；拈提公案，备临济之机锋。沩仰、法眼之炉煿，兼而有之。"① 耶律楚材的文字中虽不乏溢美之词，但确实指出了行秀兼容并包禅宗各派思想的事实。就上述《从容录》和《请益录》两书的内容来说，天童正觉《颂古百篇》《拈古百篇》所选取的公案中，本来就包含了曹洞、临济、沩仰、云门、法眼等禅家各宗祖师的代表性公案。行秀在对这些公案及天童颂文进行解说评唱的同时，也体现出综合禅宗各家的思想倾向。

作为曹洞宗高僧，行秀自然将曹洞宗视为禅宗正统。他在《请益录》第四十四则《曹山父子》中称："曹洞正宗，于今鼎盛。"② 除曹洞禅之外，行秀对禅宗其他诸家也颇为欣赏：一是喜爱沩仰宗的家风，他在《请益录》第二十二则《沩山问仰》中称："万松常爱沩仰家风，父子投机，水乳和合。"③ 二是将云门中兴之祖雪窦重显与曹洞宗高僧天童正觉并立为禅门中的主要代表，他在八十七则《雪窦砂水》中称："雪窦天童，万松尝谓如孔门游夏。在吾法中，宗

① （元）耶律楚材著，谢方点校：《湛然居士文集》卷十三《万松老人万寿语录序》，北京：中华书局 1986 年，第 294 页。
② （宋）正觉拈古，（元）行秀评唱：《万松老人评唱天童觉和尚拈古请益录》卷上，《大藏新纂卍续藏经》第 67 册，第 481 页。
③ （宋）正觉拈古，（元）行秀评唱：《万松老人评唱天童觉和尚拈古请益录》卷上，《大藏新纂卍续藏经》第 67 册，第 472 页。

教之马鸣龙树也。"① 三是称赞临济禅"不贵言说"的宗风,他在第二十四则《临济宾主》中称:"盖临济宗风,当阳独露,全机大用,不贵言说。"②

第二,"和会南北二宗":主张慧能南宗与神秀北宗禅的融合。

与传统南宗禅对神秀北宗禅的贬抑不同,万松行秀对神秀及北宗禅给予了很高的评价。在《请益录》最后一则(第九十九则)《洞山钵袋》中,行秀首先用大量篇幅记录了北宗神秀国师(大通禅师)的事迹,并且"具录大通门下师胜资强",即收录了神秀主要弟子普寂、义福、一行、惟政等人的小传,称赞其"皆凡圣不测"。其后,他又针对渐修和顿修两门的争论,指出神秀禅法与南宗禅并不矛盾。文称:

> 圭峰抑为息妄修心宗。又云:就法有不变随缘二义,就人有顿悟渐修两门。二义显,则知一藏经论之旨归。两门开,则见一切贤圣之轨辙。达磨深意,实在斯焉。顿悟喻者,如人梦被枷锁,觉时还须脱枷锁乎。所以六祖道:本来无一物,何假拂尘埃。此洞山答处。渐修喻者,如水结冰,失灌溉洗濯之用,火日销镕,始还全用。所以大通道:时时勤拂拭,莫使惹尘埃。若就镜喻之,大鉴如镜本明本净,大通如昏垢须磨。以冰梦二喻,梦则悟不假修,冰则须销得用。③

---

① (宋)正觉拈古,(元)行秀评唱:《万松老人评唱天童觉和尚拈古请益录》卷下,《大藏新纂卍续藏经》第 67 册,第 500 页。
② (宋)正觉拈古,(元)行秀评唱:《万松老人评唱天童觉和尚拈古请益录》卷上,《大藏新纂卍续藏经》第 67 册,第 473 页。
③ (宋)正觉拈古,(元)行秀评唱:《万松老人评唱天童觉和尚拈古请益录》卷下,《大藏新纂卍续藏经》第 67 册,第 505 页。

从中可知,针对宗密将神秀北宗禅贬抑为"息妄修心宗",以及当时的顿渐之争,行秀表达了南北二宗、顿悟渐修平等的思想。他借用《大乘起信论》中的"一心开二门"的本体思想,将本体论上的"不变""随缘"二义与修行论上的"顿悟""渐修"对应,认为两者都统一于真心本体,只是通向同一解脱门的不同路径。

他还引用慧能、神秀的偈文,将顿悟比喻为噩梦忽醒,所以不须修行,渐悟则是以火融冰,需要长期修行。行秀进一步指出:

> 且教中有本性净,有离垢净。有如理智,有如量智。有即相解,有离相解。有真空,有妙有。有第一义谛,有世俗谛。乃至理事,性相,权实,顿渐,偏圆,遮照,存泯,君臣,父子,配属两宗,皎然可见。此虽涉情解,具择法眼者,不可不知。《宗镜录》云:入吾宗者,先须知有,然后保任。又头尾须得相称,不可理行有阙,心口相违。若入宗镜,理行俱圆。据宗镜断,大鉴只具一只眼,大通双眼圆明。何者? 大鉴具理而无行,谓本来常净,不假拂尘。大通已悟,须修拂尘镜朗。所以道:正虽正却偏,偏虽偏却圆。非久参洞上之宗者,未可与语。[1]

在本段中,行秀进一步引用"教宗"中的相关名相,如真空妙有、理事性相、权实偏圆等,用以说明顿渐不一不异的统一关系。值得注意的是,行秀还从"理"与"行"并重的角度评判慧能与神秀的禅法,认为慧能(大鉴)"具理而无行""只一只眼",而神秀(大通)则"理行俱圆""双眼圆明"。

---

[1] (宋)正觉拈古,(元)行秀评唱:《万松老人评唱天童觉和尚拈古请益录》卷下,《大藏新纂卍续藏经》第67册,第505页。

　　　　苟能明达心外无法,法外无心,心法既无,更欲教谁顿尽
邪?觉范判曰:二老,今古之宗师也。其随宜方便,自有意味,
初无优劣。然圭峰所答之词,正韩公所问之意,而语不失宗,
开廓正见。以密较之,晦堂所得多矣。万松道:到这里返观,
大鉴只具一只眼,原来尽大地是沙门一只眼,又唤作把定乾坤
眼,绵绵不漏丝毫,亦名顶门具金刚眼。大通双眼圆明,似锯
解秤锤,擘破虚空相似。大通且置于大鉴眼上。[①]

　　行秀在此从真心本体的角度,说明顿渐理行等都统一于心
法;又引用北宋觉范禅师的评价,认为慧能与神秀都是"今古之宗
师",并无优劣之分;最后提出应当融合慧能与神秀的修行思想,
"大通且置于大鉴眼上"。由此可见,行秀实际上具有"和会南北二
宗"的思想倾向,这与唐代华严宗四祖清凉澄观的思想也颇为相
似。对此,行秀在《请益录》第八十七则中就提到:"清凉观国师
判禅门南北两宗,不出顿教。"[②]结合行秀"恒业华严"的经历,以
及上文所述他对澄观思想的重视,可知这种"和会南北二宗"的思
想在很大程度上也受到澄观"禅教合一"及华严宗"圆融"思想的
影响。

　　第三,"禅门教意不殊":主张禅门与教门的圆融。

　　万松行秀"和会禅教"思想的主要内容之一,就是主张"禅教
一致",即禅宗和华严、天台、唯识等"教门"在修证本体依据、修行

---

① (宋)正觉拈古,(元)行秀评唱:《万松老人评唱天童觉和尚拈古请益录》卷
　下,《大藏新纂卍续藏经》第67册,第506页。
② (宋)正觉拈古,(元)行秀评唱:《万松老人评唱天童觉和尚拈古请益录》卷
　下,《大藏新纂卍续藏经》第67册,第500页。

目标等方面并无本质区别,所谓"悟有浅深,法无彼此"①。对此,行秀在《请益录》第二十五则《洞山宾主》中称:"洞云:宾主相去几何,待相去即向你道。隐云:长江水上波,正与法界观中海波喻合。或问:恁么则禅不出教意,向道教还出得禅意么? 或曰:禅教相去几何,恰道长江水上波。"② 这里借用华严宗法界观中的海波比喻,其意为禅(禅宗)与教(华严、天台、唯识等宗)如江水与江波的关系,本质相同,只是形式有别。

此外,行秀在《请益录》第六十七则《僧问睦州》中讨论"祖意教意是同是别"时,还提出了"禅门与教意不殊"的思想,文称:

> 西川座主欲改业,游方至襄州华严处,问:祖意教意是同是别? 严曰:如车二轮,如鸟两翼。主曰:将谓禅门别有奇特,元来不出教乘。遂回。后闻夹山盛化,遣小师驰问前语。夹山曰:雕沙无镂玉之谈,结草乖道人之意。小师回举似主。主乃赞叹遥礼曰:将谓禅门与教意不殊,元来有奇特事。万松道:也是承虚接响。僧问巴陵:祖意教意是同是别? 陵曰:鸡寒上树,鸭寒下水。僧问睦州:祖意教意是同是别? 州云:青山自青山,白云自白云。雪窦拈云:问既一般,答亦相似,争奈水乳不分,其中有自利利他,谩人自谩。若点检分明,管取解空第一。万松道:解用则利他自利,不会则谩人自谩。③

----

① (宋)正觉拈古,(元)行秀评唱:《万松老人评唱天童觉和尚拈古请益录》卷下,《大藏新纂卍续藏经》第67册,第494页。

② (宋)正觉拈古,(元)行秀评唱:《万松老人评唱天童觉和尚拈古请益录》卷上,《大藏新纂卍续藏经》第67册,第473页。

③ (宋)正觉拈古,(元)行秀评唱:《万松老人评唱天童觉和尚拈古请益录》卷下,《大藏新纂卍续藏经》第67册,第491页。

行秀在文中通过征引禅宗祖师语录而表达了如下思想:一方面禅门与教乘有别,不能说教乘包含禅门("禅门不出教乘"),不论是"鸡寒上树,鸭寒下水",还是"青山自青山,白云自白云",都指禅与教在修行的具体途径和宗门教法上有所不同;另一方面,禅门和教乘则都属于自利利他的修行解脱法门,在修行目标和本质上"水乳不分",因此"禅门与教意不殊",两者是"体同"而"用异"的关系。

第四,"藉教习禅":对辽朝佛教的回应与融合。

值得注意的是,行秀除了引经据典注释天童正觉的颂古文字禅,还回应了辽朝华严宗和密宗高僧道殿法师对南宗禅的批评。他在《从容录》第九则《南泉斩猫》公案的评唱中提到:"辽朝上人殿作《镜心录》,诃南泉辈杀生造罪。文首座作《无尽灯辩误》救云:古本以手作虚斩势,岂直一刀两断、鲜血淋迸哉。这两个批判古人,文公罪重,殿公罪轻。"[1]意即道殿法师批评"古人"南泉禅师斩猫杀生造罪的说法不实,实则也有"轻罪"。这也说明行秀对辽朝佛教比较熟悉,但并不赞同辽朝佛教界的"重教轻禅"思潮。

与此同时,行秀也认为在学习禅法的过程中离不开华严等教门思想的辅助。他在《请益录》第九十二则《大慈行说》中解释"说得一丈,不如行得一尺。说得一尺,不如行得一寸"时提出:"大慈示众,恐人唯尚空言,不务实行。高丽僧统义天曰:古之所谓禅者,藉教习禅者也。今之所谓禅者,离教而说禅者也。万松道:禅果可说可行乎。大慈可谓入草求人,真大慈也。"[2]行秀在这

---

① (宋)正觉颂古,(元)行秀评唱:《万松老人评唱天童觉和尚颂古从容庵录》卷一,《大藏新纂卍续藏经》第 67 册,第 383 页。

② (宋)正觉拈古,(元)行秀评唱:《万松老人评唱天童觉和尚拈古请益录》卷下,《大藏新纂卍续藏经》第 67 册,第 502 页。

里引用了北宋时高丽佛教领袖、华严宗高僧义天法师的说法,即教宗重实行,为了避免习禅变成口头"空言"的文字游戏,所以要依据教门的义理思想而辅助习禅("藉教习禅"),如此才能实现解脱证道。

由上可知,在禅宗内部各派的关系上,行秀主张禅宗内部曹洞、临济等各派的融合,慧能南宗禅与神秀北宗禅的和会;在禅宗与教门的关系上,万松行秀则持以禅宗为主、"和会禅教"的思想;在理论依据上,行秀采用的则是与华严宗类似的真心本体论和"一心二门"思想,并大量吸收了澄观等华严学匠的名相概念,这都是其"和会禅教""禅教圆融"思想的表现。

综上所述,结合辽朝佛教界的"重教轻禅"思想来看,行秀的以禅宗为主、"禅教圆融"的思想立场,在很大程度上可以视为对辽朝佛学思想进行整合与修正的反映。结合真心思想在辽朝佛教思想界的核心地位,以及辽朝华严宗的兴盛等来看,行秀思想中的真心本体论、对唐代华严思想特别是澄观思想的重视、"和会禅教"及兼容禅宗诸宗派等圆融思想,也是对辽朝佛学及其内在精神的继承与回应。而从宋辽金佛教发展趋势的角度来说,万松行秀的"禅教圆融"思想,也可以视为金朝佛教界继承整合辽宋佛教并进一步发展创新的思想体现。

三、金朝禅宗思想对金政权时代课题的回应

禅宗是金朝佛教的代表性宗派,万松行秀则是金朝禅宗的主要代表人物,因此通过对以万松行秀为代表的金朝禅宗思想的考察,也可以从中窥探到佛教对金政权时代课题的回应。而从思想内涵上看,这种回应主要体现为一种整合和"圆融"。就佛教内各宗派思想的整合来说,这主要体现为对辽宋佛教的继承与统合,对

此上文已有详细的阐述。而就佛教外各家思想的整合来说,则可以从以下几方面理解:

(一)"三教融合"思潮及其对"政治和思想统一"的回应

三教合一是唐宋以来中国思想界的主要发展趋势,而在三教关系上,北宋以来的佛教高僧就多主张以佛为主,佛儒结合,金朝佛教界也继承了这一思潮①。对此,行秀在其《请益录》第三十一则《雪峰古涧》中,就引北宋禅师及王安石等人的语录,证明佛教的优越性及三教合一的合理性。文称:

> 大慧杲《宗门武库》首篇云:王荆公一日问张文定公曰:孔子去世百年,生孟子亚圣,后绝无人,何耶? 文定公曰:岂无人,亦有过孔孟者。公曰:谁? 文定公曰:江西马大师,坦然禅师,汾阳无业禅师,雪峰岩头,丹霞云门。荆公意不甚解,乃问曰:何谓也? 文定曰:儒门淡薄,收拾不住,皆归释氏焉。公欣然叹服。后举似无尽,无尽抚几赏曰:达人之论也。遂援笔以纪之。故王荆公尝云:三代以前,圣贤多生吾儒中;三代以降,圣贤多生吾佛中。近代老青州,潭柘开山性和尚。韩相国昉,施学士宜生曰:二老若非事佛出家,皆王霸之器。是知颜孟之时,佛法未至。倘能事佛,必马鸣龙树之俦也。②

---

① 这种思潮的重要体现之一,就是佛教僧人兼学儒家和道家道教典籍,并吸收儒道思想解释佛学。如金朝禅师崇遐就"兼通禅律,至于孔圣、老氏之书亦尝留意,屡有著述,文翰俱奇"。(金)杨乃公:《定州创建圆教院碑》,阎凤梧主编:《全辽金文》(中),第2030页。

② (宋)正觉拈古,(元)行秀评唱:《万松老人评唱天童觉和尚拈古请益录》卷上,《大藏新纂卍续藏经》第67册,第476页。

行秀这里引北宋名臣张方平所说的"儒门淡薄,收拾不住,皆归释氏",王安石所说的"三代以前,圣贤多生吾儒中;三代以降,圣贤多生吾佛中"等著名言论,都在于说明佛教在唐宋时代的思想界已经占据了主体地位,并且发出了"颜孟之时,佛法未至。倘能事佛,必马鸣龙树之俦也"的感叹。此外,行秀还在《请益录》第十三则《云盖万户》中引佛印禅师语:"佛印垂诫云:教门衰弱要人扶,好慕禅宗莫学儒。只见悟心成佛道,未闻行脚读诗书。若教孔子超生死,争表瞿昙是丈夫。"[1] 即认为佛教具有相对于儒家的优越性。

　　值得注意的是,行秀的这些言论不仅是对佛教的称颂和推崇,同时也反映出主张佛教学习、吸收儒家思想的倾向,即希望佛教也可以发挥如孔孟思想一样的治国安邦的政治作用。对此,行秀主张佛教应当积极入世,他在《请益录》第十则《莲华不住》中称:"风穴拈云:若立一尘,家国兴盛。故天童拈起拄杖卓一下云:官不容针,私通车马。古人以向上路为本分事,以建化门头曲为今时。慈觉道:有为虽伪,弃之则功行不成。无为虽真,趣之则圣果难克。天童经事多矣。"[2] 这里引用五代宋初风穴延沼禅师的语录,意在说明要立足于尘世传播佛法,并可以使家国兴盛("若立一尘,家国兴盛");又引北宋慈觉禅师(即长芦宗赜禅师)的语录,说明应该通过"有为"的入世实践达到解脱的目的,追求纯粹"无为"真理的出世修行并不能得到佛果。这种三教合一并主张佛教入世实践、辅助家国兴盛的思想,无疑契合了金朝统治者希望维护国家政治和思想统一的重要诉求。

---

① (宋)正觉拈古,(元)行秀评唱:《万松老人评唱天童觉和尚拈古请益录》卷上,《大藏新纂卍续藏经》第 67 册,第 467 页。
② (宋)正觉拈古,(元)行秀评唱:《万松老人评唱天童觉和尚拈古请益录》卷上,《大藏新纂卍续藏经》第 67 册,第 466 页。

（二）"佛儒结合"思想及其对金朝儒学主体性的回应

儒学是金朝思想界的主体,因此佛教界也不得不主动或被动与儒学交流和融合。对此,行秀与赵秉文、李纯甫、元好问等金朝著名士大夫都有交往,元好问在《昺和尚颂序》中回忆称:"余往在南都,侍闲闲赵公、礼部杨公、屏山李先生燕谈,每及青州以来诸禅老,皆谓万松老人号称辩材无碍,当世无有能当之者。"[①] 耶律楚材也称"万松老人者,儒释兼备,宗说精通,辩才无碍"[②],可知行秀确实对儒家经典和思想颇为熟悉,并与金朝当时的儒家代表人物交往颇多。此外,行秀在其著作中对儒家经典也多有引用,如《从容录》第九则《南泉斩猫》评唱"此道未丧,知音可嘉"一句时,引用了大量儒家经典文句:

> 孔子云:天将丧斯文也。看他师资道合唱拍相随,无以为喻。《谥法》泉源流通曰禹,又受禅成功曰禹。《尚书·禹贡》导河积石至于龙门。《淮南子》共工氏强凶暴而与尧帝争功,力穷触不周山而死,天柱为之折,女娲炼五色石补天。《列子》阴阳失度名缺,炼五常之精曰补。[③]

此外,行秀在《从容录》第三则《东印请祖》中,引《尔雅》及郭璞注解释"枢"字:"郭璞注云,门扉枢也,流水不腐,户枢不蠹,言

---

① (金)元好问:《昺和尚颂序》,阎凤梧主编:《全辽金文》(下),第 3258 页。

② (宋)正觉颂古,(元)行秀评唱:《万松老人评唱天童觉和尚颂古从容庵录》卷一,《大藏新纂卍续藏经》第 67 册,第 376 页。

③ (宋)正觉颂古,(元)行秀评唱:《万松老人评唱天童觉和尚颂古从容庵录》卷一,《大藏新纂卍续藏经》第 67 册,第 383 页。

其活也。"① 第六则《马祖白黑》中引《周易》解释天童评唱中的"克家之子":"《周易·蒙卦》九二,子克家,能荷家业也。"② 第四十三则《罗山起灭》评唱天童颂"豹批雾而变文,龙乘雷而换骨",又引汉杨雄《杨子》、刘向《列女传》和任昉《述异记》中的相关典故进行解释③。第七十三则《曹山孝满》引用了《周易·乾卦》"九二见龙在田,利见大人"④。从中可见儒学的巨大影响力,以及行秀和金朝禅宗对儒家思想的吸收融合。

　　受儒家影响,行秀还在《从容录》第十五则《仰山插锹》中提到天童的"报恩不尽"思想:"是知君臣父子非特曹洞宗创立,沩仰父子已行此令。……伤嗟今古人几个知恩德,知有后如何断臂不觉痛,立雪不敢倦。所以万松老人来住报恩院。"⑤ 结合儒学在金朝思想界的主体地位来看,行秀对儒家思想的重视和引用,也反映出对金政权和政治统治的支持。

（三）"引道证佛"思想及其对全真教兴起的回应

　　天童正觉在颂古中引用大量道家名相,以儒道解释禅宗公案,他尤其重视《庄子》等书。行秀也继承了这一"引道证佛"的"佛道会通"思想,如天童正觉在《达摩廓然》里颂古"廓然无圣,

---

① （宋）正觉颂古,（元）行秀评唱:《万松老人评唱天童觉和尚颂古从容庵录》卷一,《大藏新纂卍续藏经》第67册,第380页。
② （宋）正觉颂古,（元）行秀评唱:《万松老人评唱天童觉和尚颂古从容庵录》卷一,《大藏新纂卍续藏经》第67册,第381页。
③ （宋）正觉颂古,（元）行秀评唱:《万松老人评唱天童觉和尚颂古从容庵录》卷三,《大藏新纂卍续藏经》第67册,第407页。
④ （宋）正觉颂古,（元）行秀评唱:《万松老人评唱天童觉和尚颂古从容庵录》卷五,《大藏新纂卍续藏经》第67册,第427页。
⑤ （宋）正觉颂古,（元）行秀评唱:《万松老人评唱天童觉和尚颂古从容庵录》卷一,《大藏新纂卍续藏经》第67册,第387页。

来机径庭,得非犯鼻而挥斤",使用了《庄子》书中的典故;行秀则引《庄子·徐无鬼》原文注释:"庄子过惠子之墓,顾谓从者曰:郢人垩漫其鼻端若蝇翼,使匠石斫之。"①第十则《台山婆子》引《庄子·外物》"宋元君蒙白龟";第六十二则《米胡悟否》引《庄子·骈拇》,第七十六则《首山三句》引《庄子·天地》中"象罔得玄珠"和《庄子·养生主》"庖丁解牛"的典故②;第二十三则《鲁祖面壁》则引《老子》"此言语道断,心行处灭……《道德经》谷神不死章云:玄牝之门是为天地根,绵绵若存。又曰:吾不知谁子,象帝之先。衲僧为言绵绵若存,不可一向断绝去也。象帝之先者,空劫以前佛未出世时也。"③

　　不过在行秀看来,虽然禅宗与道家老庄思想之间存在着相似性,具有融合的可能,但应当是以佛教为主、道家为辅;行秀所持的是"引道证佛"的态度,即道家思想只是佛禅思想的解说工具和注释。对此,《从容录》第七十六则《首山三句》中称:"今人见天童用庄子,便将老庄雷同至道,殊不知古人借路经过,暂时光景耳。忽有个出来道:庄子岂不知首山行履处。但向道:'月落三更穿市过'是外篇是内篇?"④其意在说明,天童正觉和万松行秀等禅师引用老庄思想的本意,并不是说佛教与老庄思想"雷同",老庄等同于佛陀的"至道";两者只是表面上相似而已。所谓"借路经过,暂时

①(宋)正觉颂古,(元)行秀评唱:《万松老人评唱天童觉和尚颂古从容庵录》卷一,《大藏新纂卍续藏经》第67册,第379页。
②(宋)正觉颂古,(元)行秀评唱:《万松老人评唱天童觉和尚颂古从容庵录》卷五,《大藏新纂卍续藏经》第67册,第384、419、429页。
③(宋)正觉颂古,(元)行秀评唱:《万松老人评唱天童觉和尚颂古从容庵录》卷一,《大藏新纂卍续藏经》第67册,第394页。
④(宋)正觉颂古,(元)行秀评唱:《万松老人评唱天童觉和尚颂古从容庵录》卷五,《大藏新纂卍续藏经》第67册,第429页。

光景",意即借用道家思想作为工具,更好地解说佛法。

值得注意的是,行秀在引用道家思想的同时,也表现出批评和融会道教的思想倾向。他在《请益录》第二则《卧轮伎轮》中提到:

> 近日有全真道士恳求教言道:弟子三十余年,打叠妄心不下。万松道:我有四问,举似全真辈。一问妄心有来多少时也?二问元来有妄心不?三问妄心作么生断?四问妄心断即是,不断即是?其人拜谢去不再来。黄山赵文孺亲觐圆通善国师,尝作颂曰:妄想元来本自真,除时又起一重尘;言思动静承谁力,子细看来无别人。公每遇先亡追荐之辰,手书佛经,笃信君子,近代无处其右者。他虽是个俗士,一期出语,顿超卧轮三十年体功。①

行秀在这里举全真道士向其问道,以及金朝著名文士、奉佛居士赵沨(字文孺)②与圆通善国师问法两个例子,意在论证"佛道合一"的合理性,即包括全真道、佛教禅宗在内的金朝思想界的核心理论命题都是心性论。更进一步来讲,行秀论证全真教与禅宗在本质上具有相通性,实质上也是对逐渐发展兴盛的金朝全真教的回应,以及促进佛道关系圆融,从而达到社会稳定的现实目的。

综上所述,对佛教各宗派及其思想进行整合,并重构统一的

---

① (宋)正觉拈古,(元)行秀评唱:《万松老人评唱天童觉和尚拈古请益录》卷上,《大藏新纂卍续藏经》第67册,第462页。
② 赵沨,山东东平人,字文孺,号黄山。金世宗大定二十二年进士,曾任礼部郎中等。善篆书,与党怀英齐名,时称"党赵"。

佛学思想体系,是金朝佛教思想界的主要任务所在。金朝佛教的整合与重构,在教内表现为对辽宋佛教体系的继承与统合:即宗派格局上承袭具有主体地位的北宋禅宗,同时传续、融合辽朝的华严宗等宗派,"改教为禅";佛学思想上继承辽朝华严学的真心本体论体系,融合华严宗与禅宗思想,"融教入禅";宗派关系上则主张禅门各派的融合,以及"禅宗"与"教门"的和会,"禅教一致"。金朝佛教由此形成了以禅宗为主体、华严宗等宗派为辅,以真心本体论为理论核心的佛教思想体系。与此同时,金朝佛教的整合与重构也表现在教外关系上,即佛教与儒家、道教(全真教)等三教思想的融合。以禅宗为代表的金朝佛教延续了唐宋以来的三教合一发展趋势,在佛儒关系上主张"佛儒融合",积极推动佛教入世,并发挥与儒家类似的"兴国辅政"作用;在佛道关系上则主张"引道证佛",论证佛教相对于全真教等道教门派的优越性。

　　金朝佛教思想界的这种整合与重构,一方面是唐宋以来中国思想界和佛教发展趋势的体现,即延续和深化三教合一的融合趋势,另一方面更是对金政权和女真民族时代课题的回应。对于后者来说,金朝佛教通过对辽宋佛教宗派的整合和统一,从而为金政权政治的稳定和统一提供了精神文化上的辅助。与此同时,金朝佛教通过建构继承辽宋但又不同于辽宋的新佛教思想体系,从而标志出了金政权和女真民族的文化特性。而作为中原汉文化重要组成部分的佛教文化,也和儒学、道教文化等共同推进了金朝社会和女真等民族的文明化。

第三节　金朝全真教及其三教会通思想

一、金朝道教与全真教的创立

金朝道教在北宋的基础上,兴起了王重阳创立的全真教、刘德仁创立的真大道、萧道珍创立的太一教等"新道教"派别[①]。其中理论成就最高、影响最大的则是王重阳创立的全真教。全真教虽创立于金世宗大定初,但其真正兴起则在金章宗明昌、承安年间,这与统治者的重视及社会经济、文化的发展密不可分。据金末元好问记载,金朝"明昌、承安间,文治已极。天子思所以敦本抑末,厚天下之俗,即以经明行修。……至于道家者流,洁己求志,有可以赞清净之化者,亦特征焉"[②],指出了金朝道教的发展与当时金政权统治的稳定、社会安定和文化的发展有着较为密切的关系。

王嚞(1112—1170),原名中孚,字允卿。入道后改名嚞,字知明,号重阳子,后世多称其为王重阳。王重阳为金朝京兆府咸阳(今陕西省咸阳市)人,曾应金朝武举,后出家修道。据现存的王重阳碑传及全真教史料记载,王重阳的创教经历颇为坎坷。王重阳于金大定元年(1161)出家后,先隐居于终南山南时村(今属西安市鄠邑区祖庵镇),并将其住地命名为"活死人"墓,"先生初离俗,忽一日自穿一墓,筑冢高数尺,上挂一方牌,写王公灵位。字下深

---

① 参见王德朋:《金代道教述论》,《中华文化论坛》2004年第3期。
② (金)元好问:《通玄大师李君墓碑》,阎凤梧主编:《全辽金文》(下),第3130页。

丈余,独居止二年余,忽然却填了"①。他在《活死人引子》诗中还自
称"活死人",道号"重阳子":"活死人兮王喆乖,水云别是一欢谐。
道名唤作重阳子,谑号称为没地埋。"② 大定三年(1163)王重阳又
迁至鄠县刘蒋村(今西安市鄠邑区祖庵镇),在此修道多年,但并未
得到旁人的认可,相反邻里多认为其言语行动疯癫,所以讥其为
"王害风"。对此,王重阳曾在《甘水镇图题》诗中写道:"谁识终南
王害风,长安街里任西东。闲来矫首沧溟上,钓出鲸鲵未是雄。"③
表达出在关中传道未成的遗憾,以及东出传道的意图。因此,王重
阳在大定七年(1167)烧毁所住刘蒋村茅庵,辞别众人,前往山东
传道。他在《烧庵》诗中曾自述:"茅庵烧了事休休,决有人人却要
修。便做惺惺诚猛烈,怎生学得我风流。"④ 同年王重阳到山东宁海
军,度化马钰及其妻孙不二,"先生两次以梨剖割,与夫妻分食之,
意欲俱化也。钰从化一年许,孙氏亦出家奉道";王重阳还赠马钰
诗:"一别终南水竹村,家无儿女亦无孙。三千里外寻知友,引入长
生不死门。"⑤ 可知他颇为看重马钰,并将其视为道门的继承人。此
后数年间,王重阳先后在宁海军(今山东省烟台市牟平区)、文登县
(今山东省威海市文登区)等地传道,并收谭处端(号长真子)、丘处

---

① (金)王喆:《重阳全真集》卷二,张继禹主编:《中华道藏》第 26 册,北京:
　　华夏出版社 2004 年,第 286 页。

② (金)王喆:《重阳全真集》卷二,张继禹主编:《中华道藏》第 26 册,北京:华夏
　　出版社 2004 年,第 286 页。

③ (金)王喆:《重阳全真集》卷二,张继禹主编:《中华道藏》第 26 册,北京:华夏
　　出版社 2004 年,第 288 页。

④ (金)王喆:《重阳全真集》卷二,张继禹主编:《中华道藏》第 26 册,北京:华夏
　　出版社 2004 年,第 285 页。

⑤ (金)王喆:《重阳全真集》卷二,张继禹主编:《中华道藏》第 26 册,北京:华夏
　　出版社 2004 年,第 289 页。

机(号长春子)、刘处玄(号长生子)、王处一(号玉阳子)、郝大通(号太古子)等五位重要弟子。他们与马钰(丹阳子)和孙不二(清静散人,马钰妻)合称为"全真七子",是王重阳的主要弟子及金朝全真教的代表人物。大定十年(1170)王重阳携马钰、谭处端、丘处机、刘处玄四弟子西返关中 ①,病逝于途中,归葬于关中京兆鄠县刘蒋庵(今陕西省西安市鄠邑区重阳宫)。

　　王重阳逝世后,马钰、刘处玄、丘处机等先后担任全真掌教。其中,马钰(1123—1183)掌教期间继续坚持王重阳清贫自守、勤朴苦修的教风,主要在中下层民众中传教。而刘处玄(1147—1203)和丘处机(1148—1227,即邱处机)掌教后,全真教的发展日益兴盛,并引起了金朝最高统治者的注意。据《全真教祖碑》载:"伏遇世宗皇帝知先生道德高明,二十八年戊申二月,遣使访其门人,应命者邱与王也。命邱主万春节醮事,职高功。五月见于寿安宫长松岛,讲论至道。圣情大悦,命居于宫庵",可知金世宗于大定二十八年(1188)多次召见全真教领袖人物丘处机和王处一等人;"至承安丁巳六月,章宗再诏王处一至阙下,特赐号体玄大师,及赐修真观一所。十月召刘处玄至,命待诏天长观" ②,金章宗也于承安二年(1197)召见优礼王处一和刘处玄等人,赐大师号及道观,可知金后期的全真教已经发展成为具有重要影响力的宗教组织。

　　对于全真教产生的原因,陈垣在其《南宋初河北新道教考》中提出,王重阳"乃别树新义,聚徒训众,非力不食,其始与明季孙夏

① 据全真教史料记载,王重阳自称其预知寿命大限,并且在《奏期》诗中曾自述:"害风害风旧病发,寿命不过五十八。两个先生决定来,一灵真性诚搜刷。"(金)王喆:《重阳全真集》卷二,张继禹主编:《中华道藏》第26册,北京:华夏出版社2004年,第285页。
② (金)完颜寿:《全真教祖碑》,阎凤梧主编:《全辽金文》(中),第2453页。

峰、李二曲、颜习斋之伦讲学相类,不属以前道教也。追儒门收拾不住,遂为道家扳去,然故汴宋遗民也,而录宋遗民者多忽之,岂入元以后有遗民,入金以后非遗民耶,可谓大忘也矣"[①]。也就是说,王重阳具有北宋遗民的身份,并与后世明末清初的李二曲、颜元等不仕清朝的汉族士大夫类似。在陈垣看来,全真教的兴起带有反对女真异族政权、保存汉文化的性质。

实际上,结合王重阳的生平和传教经历、全真教兴起后与金政权的合作等情况来看,全真教在事实上发挥了巩固金朝统治、维护金政权社会稳定、促进女真民族汉化的作用。而王重阳及其弟子丘处机等人的主要传教目的,也是为了扩大教派影响力,并发挥救世度人的重要社会作用。对此,正如金元之际李惟彦指出的:"此和其光同其尘,宁樗散其材、曳尾于涂而无闷者也。俾处乎文武成康之世,未必不出而仕之矣。若重阳长春,虽怀奇抱异,亦丁运之草昧,而不得不寄迹于黄冠。会太祖龙飞朔漠,长春能彻宸聪,虚宸宇,沃宸衷,以惠及生民,良有以焉。"[②] 也就是说,王重阳和丘处机并非是如庄子那样甘于隐居避世、不问政治的人。实际上王重阳受限于时运不济,所以只能以道士身份传教;而丘处机则抓住了蒙古兴起的机会,得到成吉思汗和蒙古帝国的大力支持,从而发挥了壮大全真教并惠及民众的目的。

从全真教的教理思想上来看,可以视为金朝道教与佛教、儒家思想融合的产物,同样反映出唐宋以来三教合一思潮的延续。从全真教的现实影响上看,全真教发挥了重要的政治和社会作用,可以视为金政权继承和吸收北宋道教文化及中原汉文化的产物。因

---

① 陈垣:《南宋初河北新道教考》,北京:中华书局1962年,第3页。
② (元)李惟彦:《重修上清宫宗派记》,王宗昱编:《金元全真教石刻新编》,北京:北京大学出版社2005年,第59页。

此,全真教的创立、发展与金政权及女真民族的时代课题有着重要的关系。作为唐宋中原道教文化重要组成部分的全真教,确实保存和延续了北宋中原地区的汉文化。更重要的是,迎合了金政权维护政治和思想统一、重建社会秩序的现实需要,以及推进女真民族文明化的文化需要。

二、王重阳的三教会通思想

以道教为主融合佛儒的三教会通思想,是王重阳道教思想的主要特点。他生前在山东传教时,就曾在文登建"三教七宝会""三教金莲会",在福山县立"三教三光会",在登州建"三教玉华会",在莱州起"三教平等会"等,将"三教合一"或"三教圆融"作为全真教早期的标志思想之一。除了创立"三教会"等传教组织,王重阳还以三教经书作为修证经典,"先生劝人诵《道德清净经》《般若心经》及《孝经》,云可以修证"[①]。对此,时人评价称:"凡立会必以三教名之者,厥有旨哉! 先生者,盖子思、达摩之徒与? 足见其冲虚、明妙、寂静、圆融,不独居一教也。"[②] 这里提到的"圆融",正体现出王重阳立教思想的主旨,即以道教为基础会通融合三教思想;而从思想与社会互动的角度来看,这种圆融思想也体现出全真教对金朝时代课题的思想回应。对此,可以从以下几方面理解:

(一)"三教一家":王重阳的三教圆融观

第一,在教理思想上主张三教相同,同根同源。

在王重阳看来,道、佛、儒三教理论相通,本质相同,都源出于

---

① (金)完颜寿:《全真教祖碑》,阎凤梧主编:《全辽金文》(中),第2453页。
② (金)完颜寿:《全真教祖碑》,阎凤梧主编:《全辽金文》(中),第2452页。

大"道",并以救度众生为目标,"三教者,是随意演化众生,皆不离于道也"。因此,三教可以说同根同源:"太上为祖,释迦为宗,夫子为科牌。"①王重阳在《孙公问三教》诗中也提出:"儒门释户道相通,三教从来一祖风。悟彻便令知出入,晓明应许觉宽洪。"②而就三教的差异来看,王重阳认为,虽然道、佛、儒书中体现的义理表面上有所差异,但在本质上都是玄妙大道真理的体现。对此,《全真教祖碑》亦称:"夫三教各有至言妙理:释教得佛之心者,达摩也,其教名之曰禅;儒家传孔子之家学者,子思也,其书名之曰《中庸》;道教通五千言之至理,不言而传,不行而列,居太上老子无为真常之道者,重阳子王先生也,其教名之曰全真。"③

　　第二,在修行途径上以三教为三乘。

　　王重阳认为道、佛、儒三教的教法都属于全真教修行的途径,并且属于"超三界之三乘",即通向解脱目标的三个平等和统一的门径。他在《金关玉锁诀》中就"三乘之法"解释说:

　　　　问曰:何者是三乘之法。诀曰:下乘者如新生孩儿,中乘者如小儿坐地,上乘者如小儿行走。若人通此三乘,便超三界:欲界、色界、无色界。是心性意显具三身:清静法身、圆满报身、三昧化身。三者各有显迹之神:第一会太上炼甲乙木,是虚坦会。老君着青衣,度三千青衣道士者,转青神黄卷三十六部《灵宝尊经》,留下九转丹、黄芽穿膝之法。绝国第二

―――――――――――

①（金）王喆:《重阳真人金关玉锁诀》,张继禹主编:《中华道藏》第26册,北京:华夏出版社2004年,第399页。

②（金）王喆:《重阳全真集》卷一,张继禹主编:《中华道藏》第26册,北京:华夏出版社2004年,第277页。

③（金）完颜寿:《全真教祖碑》,阎凤梧主编:《全辽金文》（中）,第2449页。

会释迦佛留下,炼南方丙丁火,身被烈火袈裟,三千赤子比丘僧人,留下十二部《大乘尊经》,射九重铁鼓之法,芦芽穿膝之法。龙华三会,夫子在鲁国之习学堂,炼西方庚辛金。三千白衣居士,留下十卷《论语》,并穿九曲明珠,芦芽穿膝之法。三教者,如鼎三足,身同归一,无二无三,三教者不离真道也。喻曰:似一根树生三枝也。①

王重阳在文中通过列举三教的名相概念,并采用譬喻的方式说明了三教之间统一不可分的关系:即三教都根源于大道("三教者,不离真道也"),彼此之间互相依存("如鼎三足""身同归一"),如同一棵树上生出的三枝("似一根树生三枝也")。他在《金关玉锁诀》中进一步解释说:"夫修行者,外有条大道教,内有正路,无人知处。大众前行三里,见三条大涧亦无底,怎生过去? 诀曰:三条大涧者,是三教三乘。起三尸,定三宝,超三界。向前又行三里见六条深沟,不能前进,是何门? 诀曰:是六度万行,六根清净,斩六贼,戒六欲,树六梯。"② 这里又引用佛教的三宝、三界、六度、六根、六贼等概念,意在说明三教的修行解脱方法也是彼此兼容互通的。

第三,在三教关系上主张"三教一家"。

据史传记载,王重阳在刘蒋村茅庵修道时,曾在屋四角各植海棠一株,寓意"使四海教风为一家"的宗教和社会理想。王重阳在《永学道人》诗中便称:"心中端正莫生邪,三教搜来做一家。义理

---

① (金)王喆:《重阳真人金关玉锁诀》,张继禹主编:《中华道藏》第26册,北京:华夏出版社2004年,第398页。
② (金)王喆:《重阳真人金关玉锁诀》,张继禹主编:《中华道藏》第26册,北京:华夏出版社2004年,第400页。

显时何有异,玄妙通后更无加。"[①] 此外,在《重阳全真集》中也可以见到许多他与佛教僧人和儒士交往、唱和酬答的诗词,如《赠刘蒋村僧定院主》中的刘蒋村僧定院主,《又秦渡坟院主僧觅》中的秦渡镇(今西安市鄠邑区秦镇,近祖庵镇)坟院主僧觅,《赠仁法师讲忏》和《僧净师求修行》中的京兆(长安)僧人仁法师、僧净,《题净业寺云版》中的终南山净业寺(今西安市长安区净业寺)僧人等,都属于与王重阳在关中修行时结识交往的佛教僧人;《赠释友号无名》中的山东治平寺无名和尚,则属于王重阳赴山东传道期间所结识的佛教僧人。此外,王重阳与当时京兆长安地区的儒家官员和士大夫也有不少往来,如《继赠王子容都院》中的王子容和阎学士,《赠学正来彦中》和《京兆来学正觅墨》中的京兆府官员、学正来彦中,《赠终南主簿赵文林》中的主簿赵文林等,可知王重阳在平日的修行实践中就颇注意与儒道人士的交流,并从中实践其"三教一家"的宗教理想。

(二)"真性不灭":佛道合一的心性论思想

在解脱修证的本体论方面,王重阳主要吸收了佛教的佛性论和真心本体论,主张佛道合一的"真性解脱",并以此为根基建立全真教"性命双修"的修证理论。正如王重阳在其《问禅道者何》诗中所说:"禅中见道总无能,道里通禅绝爱憎。禅道两全为上士,道禅一得自真僧。"[②] 也就是说,理想中的佛教与道教、禅宗与全真教的关系,正是"禅中见道""道里通禅"的互通,以及"禅道两全""道禅一得"的圆融。这种道禅的"互通"和"圆融"主要体现

---

① (金)王喆:《重阳全真集》卷一,张继禹主编:《中华道藏》第26册,北京:华夏出版社2004年,第280页。

② (金)王喆:《重阳全真集》卷一,张继禹主编:《中华道藏》第26册,北京:华夏出版社2004年,第278页。

如下：

第一，"明心见性"与"真性不乱"。

受到佛教特别是禅宗的影响[1]，王重阳推崇佛教的《金刚经》《般若波罗蜜多心经》等经典，并将其作为证道的关键经典之一。对此，他在《吕善友索金刚经偈》中称："金刚四句首摩诃，其次须寻六字歌。仗起慧刀开般若，能超彼岸证波罗。识心见性通真正，知汞明铅类蜜多。依得此中端的义，上腾碧落出娑婆。"[2] 其中的"仗起慧刀开般若""识心见性通真正"等正反映出王重阳心性论思想中包含的佛学背景，即通过吸收佛教般若学的"性空"思想及禅宗的"识心见性"思想，建构全真教的心性本体论。他在《重阳立教十五论》中说："性者，神也。命者，气也。性若见命，如禽得风，飘飘轻举，省力易成。"即对于修道者来说，"性命是修行之根本，谨紧锻炼矣"[3]。这里的"性命"与禅宗所说的"心性"本质相同，都是一种心性本体论。

在此基础上，王重阳将修道解脱的目标设定为心性的修证与提升，所谓"渊静以明志，德修而道行"，即开发内心的"真性"并使其永存不灭。在他看来，修道成仙就等同于"真性"显现，所谓"真性不乱，万缘不挂，不去不来，此是长生不死也"[4]。将传统道教追求的成仙"长生不死"改变为内心"真性"的开显和不执着于外物

---

① 对于王重阳思想与《般若波罗蜜多心经》的关系，参见［日］福井文雅：《佛教与全真教的成立》，《世界宗教研究》1996 年第 2 期，第 13—17 页。

②（金）王喆：《重阳全真集》卷一，张继禹主编：《中华道藏》第 26 册，北京：华夏出版社 2004 年，第 278 页。

③（金）王喆：《重阳立教十五论》，张继禹主编：《中华道藏》第 26 册，北京：华夏出版社 2004 年，第 272 页。

④（金）王喆：《重阳真人授丹阳二十四诀》，张继禹主编：《中华道藏》第 26 册，北京：华夏出版社 2004 年，第 392 页。

和烦恼的精神自由境界。对此,金人范怿在大定二十八年(1188)《重阳全真集序》中也概括说,王重阳的全真之道"大率诱人返醇返朴,静息虚凝,养亘出之灵物,见真如之妙性,识本来之面目,使复之于真常,归之于妙道也"①。这里的真常、妙性、本来面目、真如等都属于禅宗术语,而"真如妙性""真性不乱""万缘不挂""不著空见"等思想,实质上就是对禅宗"明心见性"心性论思想的吸收与融合。

王重阳对禅宗"明心见性"修行论思想的吸收融合,在其诗文中也有大量体现,如"无漏无为登正觉,不增不减证圆成。回光返照这里来,识心见性投玄旨"②等诗句。他在《任公问本性》诗中写道:"如金如玉又如珠,兀兀腾腾五色铺。万道光明俱未显,一团尘垢尽皆涂。频频洗涤分圆相,细细磨揩现本初。不灭不生闲朗耀,方知却得旧规模。"③这里的"如金如玉""尘垢皆涂"与"频频洗涤""细细磨揩",可以明显看出对北宗禅神秀思想及其"身是菩提树,心如明镜台,时时勤拂拭,莫使惹尘埃"偈句的借鉴与修证思想的继承。

第二,"自本自根"与"存养法身"。

王重阳主张存养"法身"即内心的真性。姬志真所撰《重阳祖师开道碑》称:"尝试论之,世人所谓得道者,必详其迹之所为;所谓得仙者,必议事之怪诞;所谓长生者,必欲留形住世而已。殊不知神变出异,幻感靡常,乃好奇者之所慕,诚道家之所谓狡狯也。

---

① (金)范怿:《重阳全真集序》,阎凤梧主编:《全辽金文》(中),第 1816 页。

② (金)王喆:《重阳全真集》卷十,张继禹主编:《中华道藏》第 26 册,北京:华夏出版社 2004 年,第 332 页。

③ (金)王喆:《重阳全真集》卷一,张继禹主编:《中华道藏》第 26 册,北京:华夏出版社 2004 年,第 277 页。

至于自本自根,自亘古以固存而不坏者,岂寻俗之所易见易知哉?祖师以来,传此而已。……祖师以此立本,以此应世。"① 这里也指出,王重阳认为追求肉体的长生只是"狡狯"和"怪诞",只有修持亘古长存的"自本自根"即内心的"真性"才能证道;而就全真教来说,这也是立教和传道应世的根本思想。

王重阳引用佛教的名相,将修道的"根本"称为"法身"。他在《立教十五论·第十四论养身之法》中称:"法身者,无形之相也。不空不有,无后无前,不下不高,非短非长。用则无所不通,藏之则昏默无迹。若得此道,正可养之。养之多则功多,养之少则功少。不可愿归,不可恋世,去住自然矣。"② 这一无形无相、不空不有、无所不通的"法身",正是佛教中所说的佛性与"真如一心"。

第三,"定心不动"与"清净无为"。

王重阳认为,"真心"或"真性"是人的本体本性,因此修道解脱的主要途径就是"修心""降心",即内在精神的提升与证悟。对此,《重阳真人授丹阳二十四诀》记载:"重阳真人云:出家若不降心,返接世缘,道德损矣。《性命书》云:洗心对越,乃万物之根蒂。经云:心生则性灭,心灭则性现也。心灭者是宝。经云:诸贤先求明心,心本是道,道即是心,心外无道,道外无心也。"③ 这里一方面将"心"与"性"对立,前者指人的执着迷妄状态(即佛教中的"染心"),后者指人的觉悟解脱状态(即佛教中的"真心""佛性"),因

---

① (元)姬志真:《重阳祖师开道碑》,张继禹主编:《中华道藏》第 27 册,北京:华夏出版社 2004 年,第 48 页。

② (金)王喆:《重阳立教十五论》,张继禹主编:《中华道藏》第 26 册,北京:华夏出版社 2004 年,第 272 页。

③ (金)王喆:《重阳真人授丹阳二十四诀》,张继禹主编:《中华道藏》第 26 册,北京:华夏出版社 2004 年,第 393 页。

此修道就是"降心""洗心",就是要灭除被贪欲执念污染的人心并开显道性("心生则性灭,心灭则性现");另一方面"道"或"道性"并不在心外,而是内涵于人心之中,所以只能反观内心,进行精神的修炼。

对于如何"降心",王重阳提出了"定心"说,他在《立教十五论·第八论降心》中称:

> 凡论［降］心之道,若常湛然,其心不动。昏昏默默,不见万物;冥冥杳杳,不内不外,无丝毫念想,此是定心,不可降也。若随境生心,颠颠倒倒,寻头觅尾,此名乱心也。速当剪除,不可纵放败坏道德,损失性命。住行坐卧常勤降,闻见知觉为病患矣。①

从中可知,所谓"降心"即降服心中的妄念,使"乱心"转为"定心"。"乱心"就是指精神烦恼昏乱的状态,以及随着感官和外界刺激,而沉溺放纵于各种贪欲、道德败坏的损失性命的行为;而"定心"则指湛然不动、无丝毫念想的清净精神状态。修道的主要方法,就是在日常生活的行住坐卧中时时注意"剪除乱心",保持"定心清净"。

王重阳在吸收佛教禅宗修行论的同时,还将上述的佛教思想与道教的名相对应,称之为"无为"和"清净"。对此,大定二十三年(1183)刘愚之《重阳教化集序》称:"夫全真之教妙矣!其道以无为为本,以清净为宗。其旨易知,其实易从"②,"重阳真人指先生

---

① (金)王喆:《重阳立教十五论》,张继禹主编:《中华道藏》第26册,北京:华夏出版社2004年,第272页。

② (金)刘愚之:《重阳教化集序》,阎凤梧主编:《全辽金文》(中),第1791页。

而诲之曰：……无所系则心不乱，心不乱则欲不生。无欲欲之，是无为也；无为为之，是清净也。以是而求道，何道之不达？以是而望仙，何仙之不为？"① 这种"定心不动""清净无为"的名相概念和解脱论思想，正体现出王重阳思想的"道佛合一"特点。

（三）"不著空见"与"心忘念虑"：道禅融合的修证方法

在禅宗心性论和"明心见性"解脱论的影响下，王重阳将修道成仙设定为内在精神的升华和证悟；与此同时，受到禅宗方便修行和生活禅等思想的影响，王重阳也反对传统道教的肉体长生不死和白日飞升的成仙思想，主张方便平常的入世修行。

第一，批判传统道教肉身不死、白日飞升的成仙论。

传统金丹道教主张通过服用丹药、辟谷、行房中术等方式，以期达到肉体长生不死或白日飞升成仙，王重阳否定和批判了这种成仙论。他在《立教十五论·第十五论离凡世》提出："离凡世者，非身离也，言心地也。身如藕根，心似莲花，根在泥而花在虚空矣。得道之人，身在凡而心在圣境矣。今之人，欲永不死而离凡世者，大愚不达道理也。"② 也就是说，所谓的出离尘世、羽化成仙，并非是肉体的飞升，而指的是心境的超脱。得道之人正如出淤泥而不染的莲花，身在凡尘而心入圣境；肉体终究会毁灭，那些追求肉体不死的人则是愚蠢至极。

第二，提出"心忘诸境""心忘念虑""不著空见"的三阶修证方法。

在具体的修证方法上，王重阳提出了"心忘虑念""心忘诸

---

① （金）刘愚之：《重阳教化集序》，阎凤梧主编：《全辽金文》（中），第1792页。
② （金）王喆：《重阳立教十五论》，张继禹主编：《中华道藏》第26册，北京：华夏出版社2004年，第272页

境""不著空见"的三阶说,从而将道家庄子思想与佛教般若思想结合。对此,他在《立教十五论·第十三论超三界》中提出:"欲界,色界,无色界,此乃三界也。心忘虑念即超欲界,心忘诸境即超色界,不著空见即超无色界。离此三界,神居仙圣之乡,性有玉清之境矣。"[1] 在佛教思想中,欲界、色界、无色界代指修行所达到的由低到高的不同境界,王重阳也借用了佛教三界说,并用其譬喻修行的不同阶段。与超越欲界、色界、无色界三界对应的则是"心忘虑念""心忘诸境""不著空见"的三种修证方法,前两者源自道家的庄子思想,而最高的"不著空见"则反映出佛教般若学的深刻影响。

　　王重阳所理解的终极解脱状态也与佛教禅宗的思想相似,即精神上达到超越执着染污的"清净",这也是成仙的状态。对此,大定二十三年(1183)王滋《重阳教化集后序》也称:"故因目是集为《好离乡》,将使学人,因文解义,离其所染著,离其所爱恋,遍离一切诸有;以至于离无所离之离,真清真静,无染无著,至实相境界。则举足下足,无非瑶池阆苑矣。"[2] 从文中可知,王重阳希望让学道者了解的是,成仙就是证悟"实相"的境界,就是"真清真静""无染无著"的精神状态。这里明显借鉴了佛教的"实相境界"解脱论及"双遣双非"的般若思想,"成仙"在思想实质上也就等同于悟入佛教非空非有的"般若中道"。

　　第三,提倡"平常日用之道"的入世修行。

　　在具体修行方法上,王重阳吸收借鉴了禅宗的方便修行思想,

---

[1]（金）王喆:《重阳立教十五论》,张继禹主编:《中华道藏》第26册,北京:华夏出版社2004年,第272页。

[2]（金）王滋:《重阳教化集后序》,阎凤梧主编:《全辽金文》(中),第1795页。

提出了"假打坐"和"真打坐"的修证方法,并主张突破外在修行形式的束缚。对此,他在《立教十五论·第七论打坐》中称:

> 凡打坐者,非言形体端然,瞑目合眼,此是假打坐也。真坐者,须要十二时辰,住行坐卧,一切动静中间,心如泰山,不动不摇,把断四门眼耳口鼻,不令外景入内。但有丝毫动静思念,即不名静坐。能如此者,虽身处于尘世,名已列于仙位。不须远参他人,便是身内贤圣。①

我们从这段文字中可以明显看到禅宗的影响,唐代慧能就曾提出:"一行三昧者,于一切时中,行住坐卧,常行直心是。……但行直心,于一切法,无有执著,名一行三昧","心不住法即流通,住即被缚。若坐不动是,维摩诘不合呵舍利弗宴坐林中"②。即提倡禅定应以修心为主,反对拘泥坐禅形式的修行思想。对比王重阳与慧能的以上言论,可知前者颇为熟悉《坛经》等禅宗经典,并继承吸收了其中的方便修行思想。在王重阳看来,形体上的打坐只是虚假的形式;真正的打坐应当是在日常生活的行住坐卧中屏除欲念干扰,保持精神的清净。

此外,王重阳还借鉴唐宋禅宗"平常心是道"的思想,主张将修道与日常生活紧密结合。他在《玉花社疏》中称:

> 诸公如要真修行,饥来吃饭,睡来合眼,也莫打坐,也莫学道,只要尘冗事屏除,只要心中清净两个字,其余都不是修行。

① (金)王喆:《重阳立教十五论》,张继禹主编:《中华道藏》第26册,北京:华夏出版社2004年,第272页。
② (唐)慧能著,郭朋校释:《坛经校释》,北京:中华书局1983年,第27—28页。

> 诸公各怀聪慧，每日斋场中细细省悟，庶几不流落于他门。行
> 功乃别有真功真行。晋真人云："若要真功者，须是澄心定意，
> 打叠神情，无动无作，真清真净，抱元守一，存神固气，乃是真
> 功也。若要真行者，须是修仁蕴德，济贫拔苦，见人患难，常行
> 拯救之心，或化诱善人，入道修行。所行之事，先人后己，与万
> 物无私，乃真行也。"伏愿诸公，早垂照鉴。①

从文中可知，王重阳理解的修行并不是拘泥于传统的"学道"或
"打坐"，而应该是在"饥来吃饭，睡来合眼"的生活日用中"屏除尘
冗事"，实现"心中清净"。因此，修道解脱也可以分为内在的"真
功"与外在的"真行"两个层面：前者是"无动无作，真清真净"，即
精神层面去除贪欲干扰的修养；后者是"修仁蕴德，济贫救苦"，即
在现实生活中救人行善的宗教实践。

对于全真道和禅宗的相似性，金元之际名士元好问在《紫虚大
师于公墓碑》中也称："予闻之今之人，全真道有取于佛、老之间，
故其憔悴寒饿，痛自黥劓，若枯寂头陀然。及其有得也，树林、水
鸟、竹木、瓦石之所感触，则能事颖脱，戒律自解，心光烨然，普照六
合，亦与头陀得道者无异。"②元好问将全真道的修行方法和解脱境
界，比附为佛教禅宗的心性论和自在得道，认为两者在戒律规范、
觉悟境界等方面是一致的（"与头陀得道者无异"）。而从上文所述
来看，王重阳的修行论思想的确可以视为禅道思想融合的结果。

（四）"忠孝修道"与"儒道同源"：对儒家思想的吸收融合

就心性本体论和修行实践论等思想来说，全真教大量吸收融

---

① （金）王喆：《玉花社疏》，阎凤梧主编：《全辽金文》（中），第1275页。
② （金）元好问：《紫虚大师于公墓碑》，阎凤梧主编：《全辽金文》（下），第3123页。

合了唐宋时代的禅宗思想,以至于时人视全真道士"与头陀得道无
异"。与此同时,在全真教信徒及奉道的儒家士大夫眼中,全真教
与儒家思想也存在着一致性。

　　全真教颇为重视儒家所提倡的孝道思想,并将忠孝作为证道
修行的重要途径之一。王重阳就将忠君和孝敬父母作为重要的修
行方法,他在《重阳真人金关玉锁诀》中说:"诀曰:第一先须持戒,
清静忍辱,慈悲实(十)善,断除十恶,行方便,救度一切众生,忠君
王,孝敬父母师资,此是修行之法。"① 其中列举的修行方法就包括
"忠君王"和"孝敬父母师资"等。此外,王重阳还曾列出五等神仙
的标准,而成为第五等最高"天仙"的标准就是:"孝养师长父母,
六度万行方便,救一切众生,断除十恶,不杀生,不食酒肉,邪非偷
盗,出意同天心,正直无私曲,名曰天仙。"② 这里所说的"天仙"实
际上就是具备儒家孝行和奉行佛教戒律和菩萨行的人。金人刘祖
谦在《终南山重阳祖师仙迹记》中也称:"今观终南山重阳祖师,始
于业儒,其卒成道。凡接人初机,必先使读《孝经》《道德经》,又教
之以孝谨纯一。及其立说,多引六经为证据。其在文登、宁海、莱
州,尝率其徒演法建会者凡五,皆所以明正心诚意、少私寡欲之理,
不主一相,不居一教也。"③ 这里将王重阳的全真教教义解释为以儒
家思想为基底的"儒道合一"思想,即以儒家《六经》和《孝经》等
为立论依据,以忠孝和正心诚意为核心。由此可见,王重阳主张儒

---

① (金)王喆:《重阳真人金关玉锁诀》,张继禹主编:《中华道藏》第26册,北
　京:华夏出版社2004年,第394页。
② (金)王喆:《重阳真人金关玉锁诀》,张继禹主编:《中华道藏》第26册,北
　京:华夏出版社2004年,第398页。
③ (金)刘祖谦:《终南山重阳祖师仙迹记》,阎凤梧主编:《全辽金文》(下),
　第2654页。

家和全真道在修行方法及理论依据上具有一致性，这也是典型的"儒道合一"思想。

综上所述，王重阳的道教思想鲜明地体现出道、佛、儒三教思想融合的特点。首先，在融合佛教禅宗思想的基础上，王重阳将"保全真性"作为修行目标和立教宗旨。他将内在的心性修炼作为解脱途径，强调通过反观内心真性、明心见性达到解脱；他将精神的超越作为成仙得道的解脱目标，将解脱的基础建立在对心性本体的证悟之上；他将生活日用与"定心静心"的修养结合，主张入世化和生活化的修行方法。其次，王重阳也注意吸收儒家思想，将忠君孝亲作为修行成仙的重要方法，并使全真教发挥了与儒家类似的"佐理帝王"即维护统治的作用。从思想与社会互动的角度来看，上述思想一方面是唐宋以来中国思想界三教合一思潮继续发展的体现，另一方面也是宗教思想顺应金朝社会和时代要求的产物。

三、重阳弟子对三教会通思想的继承与发展

后世将王重阳最主要的七位弟子马钰（丹阳子）、丘处机（号长春子）、谭处端（号长真子）、刘处玄（号长生子）、王处一（号玉阳子）、郝大通（号太古子）、孙不二（清静散人）等合称为"全真七子"，其中又丘处机、马钰、谭处端、刘处玄等四人影响最大，被认为是王重阳最重要的道法传人。对此，王重阳继承人马钰就曾自述："祖师引四人，谓丘、刘、谭、马也。"[①] 而在四人之中，又以丘处机成就和影响力最大，后人在追述全真教史时称：（王重阳）"得高第四人，曰

---

① （金）马钰：《丹阳真人语录》，张继禹主编：《中华道藏》第26册，北京：华夏出版社2004年，第407页。

丹阳、曰长真、曰长生、曰长春","至于礼聘两国,声驰四方,生能无欲,殁能不坏,惟长春师为然。师救物以仁,度人以慈,澹然无极,而众美从之"①。丘处机字通密,道号长春子,山东栖霞人,后师从在山东传教的王重阳,并成为随侍其左右的主要弟子。对此,据金泰和八年(1208)翰林学士陈大任《磻溪集》序载:

> 东州高士长春子丘公,世居登之栖霞。未冠一年,游昆仑山,遇重阳子王害风,一言而道合,遂师事之。王遗以诗,有:被余缓缓收纶线,拽入蓬莱永自由。其深入理窟可知已。久之,与同志马公、谭公、刘公,陪从重阳子游南京。识者目丘、刘、谭、马为林下四友。居无几,重阳子捐馆。四人护丧归殡终南,庐于墓次。服除,各议所之适。惟公乐秦陇之风,居磻溪庙六年,龙门山七年。丐食饮以度朝夕,声名籍甚。②

从中可知,王重阳曾作《赠丘处机》诗:"细密金鳞戏碧流,能寻香饵会吞钩。被余缓缓收轮线,拽入蓬莱永自由。"③他将丘处机视为自己的得意弟子,并对其传承教法及未来修道的成就表示出很高期许。在王重阳去世后,丘处机护送灵柩归葬陕西终南山刘蒋村故庵(今陕西省西安市鄠邑区重阳宫)。此后,他又先后在陕西宝鸡磻溪、陇县龙门山等地隐居苦修,声名渐盛,并继马钰和刘处玄

---

① (元)王鹗:《玄门掌教大宗师真常真人道行碑铭》,阎凤梧主编:《全辽金文》(下),第3473页。
② (金)丘处机:《磻溪集》序,张继禹主编:《中华道藏》第26册,北京:华夏出版社2004年,第594页。
③ (金)王嚞:《重阳全真集》卷二,张继禹主编:《中华道藏》第26册,北京:华夏出版社2004年,第288页。

之后成为全真教掌教。此外,丘处机还得到了金世宗、金章宗等金朝最高统治者的召见和礼遇,为全真教的发展取得了政治上的支持。据姬志真《长春真人成道碑》载,金世宗大定二十八年(1188)"世宗遣使征赴阙庭,掌行万春醮事。特旨住全真堂,屡承接见,问保安之道。真人谕以抑情寡欲,养气颐神,发明道德之宗,剖析天人之理。上大悦,而益敬之"①,"师以道德升闻,征赴京师,官建庵于万宁宫之西,以便咨访。夏五月,召见于长松岛。秋七月,复见,师剖析至理,进《瑶台第一层曲》,眷迁至渥"②。

　　在丘处机的传教生涯中,对其个人及全真教发展影响最大的事件,莫过于觐见成吉思汗以及与蒙古政权的合作。据《长春真人成道碑》记载,金朝末年成吉思汗遣使征召丘处机,"真人以天意所存,不辞而发轫。侍行者一十八人,皆丛林之杰出者。指程西北,跋涉艰虞,万里龙沙,继及行在"。他在觐见成吉思汗之后,得到蒙古统治者的大力支持,"特旨复燕,敕建长春宫,主盟玄教,天下之冠裳者咸隶焉",丘处机成为北方地区各道教门派的宗主和主要的宗教领袖人物。全真教也一跃成为当时北方道教的主流,"自是玄风大振,道日重明,营建者棋布星罗,参谒者云骈雾集,教门弘阐,古所未闻"③,"国朝启运之初,其门人丘长春首被征聘,仍付之道教,天下翕然宗之。由一以化百,由百以化千,由千以化万,虽十族之乡,百家之闾,莫不有玄学以相师授,而况大都大邑者哉"④。丘处机与蒙古政权的合作,为全真教在金元之际的大规模发展奠定了基础。

---

① (元)姬志真:《长春真人成道碑》,阎凤梧主编:《全辽金文》(下),第3521页。
② (元)陈时可:《长春真人本行碑》,张继禹主编:《中华道藏》第47册,北京:华夏出版社2004年,第126页。
③ (元)姬志真:《长春真人成道碑》,阎凤梧主编:《全辽金文》(下),第3522页。
④ (金)宋子贞:《顺德府通真观碑》,阎凤梧主编:《全辽金文》(下),第2830页。

　　此外,王处一、刘处玄等人也是受到金朝统治者重视和礼遇的全真教代表人物。据贞祐二年(1214)《宁海州玉虚观碑》载,王处一颇受金世宗、章宗二帝的礼遇:"神师玉阳公,大定丁未,世宗遣使乘传,迎致辇下,召于内殿,延问修真之道。就御果园建道院,给三品俸","章宗遣近侍征以安车,宣见于内阁,赐座问养生之道。师以无为清静、少私寡欲为对。复问教法、规仪、治国之道,师以雅对妙沃。帝心嘉叹诚实者久之,曰:'真修行人也!'留连抵暮方出。翌日,特旨赐紫衣,号体元大师。"[1] 刘处玄也曾受到金章宗的"上宾"礼遇,承安三年(1198)"章宗闻其道价铿鍧,乃遣使征之。鹤板蒲轮,接于紫宸,待如上宾。赐以琳宇,名曰修真。官僚士庶,络绎相仍。户外之履,无时不盈"[2]。

　　在全真教的教理思想,特别是三教关系和修证思想上,马钰、丘处机、刘处玄等人也基本继承了王重阳的三教会通思想,他们都主张佛道融合的心性本体论和修行论,论证全真教与儒家思想的一致性,并在一定程度上进行了改革和创新,进一步丰富完善了全真教教理。这可以从以下几方面理解:

(一)秉承王重阳的三教合一论

　　自王重阳之后,"三教合一"一直是全真教标榜的主要立教思想。对此,马钰、丘处机、刘处玄等人都有相关的论述。如马钰在《和霭戒师师父》词中称:"戒师和尚,可称吾徒,明禅悟道通儒。子细研穷正觉,并没差殊。温良恭俭让礼,生老病死苦嗟吁。当修进,炼木金水火,土证无余。三教门人省悟,忘人我,宜乎共处

---

[1] (金)国偁:《宁海州玉虚观碑》,阎凤梧主编:《全辽金文》(下),第2721页。

[2] (金)秦志安:《长生真人刘宗师道行碑》,阎凤梧主编:《全辽金文》(下),第2823页。

茅庐。物外玄谈句句,营养毗卢。常怀博施济众,气神和、丹结明珠。归兜率,向大罗蓬岛同居。"① 词中借赞颂"戒师和尚",表达了对融合道、佛、儒三家思想的"明禅悟道通儒"的赞同,当然,马钰的最终归依还在于道教。丘处机也持三教合一思想,他在《赠刘师鲁》诗中称"儒释道源三教祖,由来千圣古今同"②,《神光灿》词中则称:"推穷三教,诱化群生,皆令上合天为。"③ 其中都表现出主张三教同源、三教皆为圣人、三教修行目标相同("诱化群生")等观点。

据金泰和二年(1202)《长生真人至真语录序》载,长生子刘处玄"躬还故里,观住太微,笺注诸经,祖述三圣。以文章疏放,以翰墨嬉游。著编籍,演教法,遵释氏重轻之戒,造玄皇众妙之门,服宣父五常之行,缉田宅,发梨枣,申申如也"④。可知刘处玄在修行理论的建构中,也以道佛儒三教思想为理论依据("祖述三圣"),并将佛教戒律("释氏重轻之戒")、道家学说("玄皇众妙之门")、儒家伦理道德("宣父五常之行")结合起来。此外,长真子谭处端在其《三教》诗中也提出:"三教由来总一家,道禅清静不相差。仲尼直行通幽理,悟者人人跨彩霞。"⑤ 接替丘处机掌教全真的尹志平

---

① (金)马钰:《丹阳神光灿》,张继禹主编:《中华道藏》第 26 册,北京:华夏出版社 2004 年,第 488 页。

② (金)丘处机:《磻溪集》卷一,张继禹主编:《中华道藏》第 26 册,北京:华夏出版社 2004 年,第 600 页。

③ (金)丘处机:《磻溪集》卷五,张继禹主编:《中华道藏》第 26 册,北京:华夏出版社 2004 年,第 619 页。

④ (金)韩士倩:《长生真人至真语录序》,阎凤梧主编:《全辽金文》(下),第 2670 页。

⑤ (金)谭处端:《水云集》,张继禹主编:《中华道藏》第 26 册,北京:华夏出版社 2004 年,第 526 页。

（1169—1251，丘处机弟子）也持三教平等思想，他在《崞州南阳村紫微观和移剌中书陈秀玉韵》中称：“三教虽同人不同，既言西是必非东。目前便是分明处，了一真通不二宫”①，“弟子曰：佛说与吾说，无有异乎？师曰：以理即无异也。佛说、吾说、俗说，皆存妙理，只要自己心性上会得，则自然照见，恁时和心性也不要”②。

　　全真教教理上的这种三教合一特点，在金朝就已被时人视为全真教的标志性思想。对此，如金末兴定三年（1219）辛愿《陕州重修雪虚观碑》称：“今所谓全真氏，虽为近出，大能备该黄帝、老聃之蕴。然则涉世制行，殊有可喜者。其逊让似儒，其勤苦似墨，其慈爱似佛。至于块守质朴，澹无营为，则又类夫修混沌者。”③元好问在其《太古观记》中也转述了辛愿的上述观点：“辛愿之言曰：全真家，其谦虚似儒，其坚苦似墨，其修习似禅，其块然无营又似夫为浑沌氏之术。”④从中可知，当时的儒家士大夫不仅认为全真教中包含有佛教禅宗、儒家的思想，还包括了墨家和黄老道家的思想。

　　（二）“真如一心”的本体论

　　在心性本体论上，王重阳弟子依然秉持类似佛教的真心本体论。马钰在《赠醴泉县任公》文中称：“认正即心是佛，除心外、匪是良由。无别法，便澄心遣欲，捉住猿猴。心上纤毫不挂，更那堪、时复闲想骷髅。自是心忘境灭，真性优游。常常心怀恻隐，起真

①（元）尹志平：《葆光集》卷上，张继禹主编：《中华道藏》第26册，北京：华夏出版社2004年，第761页。

②（元）尹志平：《清和真人北游语录》，张继禹主编：《中华道藏》第26册，北京：华夏出版社2004年，第727页。

③（金）辛愿：《陕州重修雪虚观碑》，阎凤梧主编：《全辽金文》（下），第2765页。

④（金）元好问：《太古观记》，阎凤梧主编：《全辽金文》（下），第3216页。

慈、功行圆周。"① 可知他明确将禅宗的"即心是佛""澄心遣欲"与道家的"真性优游""心忘境灭"等思想相提并论。马钰在《赠骆先生刘石二先生》中又称:"常处真常常应,常静常在。真常真欢真乐,现真如、超越三界。"② 这里的"真常""真如"实际上就是佛教中的佛性思想。

刘处玄也主张"真我"的思想,并将其作为人的本性和修道的基础,他说:"复询:我者何也? 答曰:我者,真我者,人之性也。我道无形之道也,我善无为之善也,人皆谓不肖也。伪我者,人之恶也。伪道养身之道也,伪善有为之善也,人皆谓见肖也。真我者,无形之道则真也,无为之善则常也。伪我,则养身之道则假也,有为之善则憎也。经云:天下皆谓我道大似不肖,若肖久矣。明其真我不辩也。"③ 这里所说的"真我"既指道家所称的大道,也等同于佛教的佛性。

丘处机也吸收佛教的真心佛性和真如缘起思想,他视俗世的感官欲望为虚妄,内在的心性为真实本体,认为人因为受六尘污染而沉沦不得解脱。对此,丘处机在《长春丘真人寄西州道友书》称:"刹那悟道,须冯长劫炼磨;顿悟一心,必假圆修万行","性体虚空,方于正念"④,指出修道解脱的本体是"性体虚空"的真如一心。其弟子尹志平则称:"了心一法,越三乘妙体,果离生灭。万事知空

---

① (金)马钰:《丹阳神光灿》,张继禹主编:《中华道藏》第26册,北京:华夏出版社2004年,第485页。

② (金)马钰:《丹阳神光灿》,张继禹主编:《中华道藏》第26册,北京:华夏出版社2004年,第481页。

③ (金)刘处玄:《无为清静长生真人至真语录》,张继禹主编:《中华道藏》第26册,北京:华夏出版社2004年,第553页。

④ (金)丘处机:《长春丘真人寄西州道友书》,阎凤梧主编:《全辽金文》(中),第1741页。

非可取,慧性辉辉通彻","一点无相真如,澄澄湛湛,内外难分别。
要会玄元端的处,无纵迷情乖劣"①。这也是对佛教心性本体论的
继承。

由此可见,马钰、刘处玄、丘处机、尹志平等人都继承了王重阳
的心性本体论思想,即吸收佛教的真心本体论和禅宗的"即心即
佛"思想,将人修道解脱的基础设定为内在的精神性存在,反映出
佛道融合的特色。

(三)"融佛入道"的修行论

在具体的修证方法上,重阳弟子依然秉承了佛道融合的思路,
将佛教特别是禅宗的"明心见性"说与道家的"清净无为"说结合,
主张内在精神性的"内丹"修炼。对此,马钰、丘处机等人都有类
似的思想。

第一,"清净其心"的修行目标。

人为何要修道? 人为何有凡圣迷悟差别? 对此,即修道解脱目
标的解释上,重阳弟子进一步吸收采纳了佛教佛性论中"真心缘起
说",认为人本有清净真如一心,但受到外在贪爱欲念的污染,而堕
入轮回和烦恼中不得解脱。因此,需要通过去除贪欲污染,使人的
真心开显,重回清净的状态。对此,马钰直接引用佛教思想解释人
生的苦难原因,他说:"一切男女从无始已来为有,种种恩爱贪欲,
不出轮回世界。一切胎卵湿化,种种性相,皆因爱欲而生性命。性
因爱而生,命因欲而有,皆因爱欲而起逆顺,生嫉妒,从此轮回,绵
绵不断。法言欲净其土,当净其心。若心清净,轮回自息。"② 马钰

---

① (元)尹志平:《葆光集》卷中,张继禹主编:《中华道藏》第 26 册,北京:华
　夏出版社 2004 年,第 774 页。
② (金)马钰:《丹阳真人语录》,张继禹主编:《中华道藏》第 26 册,北京:华
　夏出版社 2004 年,第 406 页。

在此直接转述了佛教的轮回业报说,将人的轮回之苦归结为爱欲贪念对真性真心的污染,解脱则需要"清净其心"。丘处机也持类似的思想,他曾在《示众》诗中称:"性逐无边念,轮回几万遭。五行随变化,四大不坚牢。暂假因缘活,空贪岁月劳。不知身是患,徒竞物为高。在事虽能干,于身大没操。六尘飞冉冉,三界走嗷嗷。"①"六根谁是主,贪欲自招殃。一念色心动,百骸秋气伤。"② 即认为人由于六根带来的外在感官刺激与贪欲("六尘"),从而导致轮回之苦与烦恼堕落,因此世间万象是非永恒的短暂存在("五行随变化,四大不坚牢"),肉体欲望则成为修道的障碍("身是患")。从中可知,全真教对人生苦难的解释基本上承袭了佛教的思想。

第二,"明心见性"的修证思想。

重阳弟子继承了王重阳的佛道融合修行论,特别是吸收了禅宗"明心见性"的修证方法,将成道解脱设定为真心真性的开显,即内在精神的超越。对此,马钰等人也有着比较相似的论述。马钰在《赠宋何二先生》词中称:"舍家学道,争奈心魔,心中憎爱尤多","心念恶,罪皆因心造,怎免阎罗。奉劝专降心意,把胜心摧挫,如切如磋。心若死灰自是,神气冲和。真心无染无著,起慈心,更没偏颇。心念善,道皆因心造,超越娑婆。"③ 他在此认为解脱之道"皆因心造",凡圣之别在于"心念"善恶,因此修道的途径就是对治"心魔""专降心意""摧挫胜心",即通过精神的证悟消磨顽

---

① (金) 丘处机:《磻溪集》卷四,张继禹主编:《中华道藏》第 26 册,北京:华夏出版社 2004 年,第 610 页。

② (金) 丘处机:《磻溪集》卷四,张继禹主编:《中华道藏》第 26 册,北京:华夏出版社 2004 年,第 614 页。

③ (金) 马钰:《丹阳神光灿》,张继禹主编:《中华道藏》第 26 册,北京:华夏出版社 2004 年,第 486 页。

心、恶心,升起慈心、善心,达到"真心无染无著"的解脱状态。丘
处机及其弟子尹志平等人也对禅宗"明心见性"修行论做了吸收
与改造,丘处机提出:"常令一心澄湛,十二时中时时觉悟,性上不
昧,心定气和,乃真内日用。修仁蕴德,若己利他,乃真外日用。"①
这里的"真内日用"主要源自佛教所提倡的"明心见性"的精神修
证;而"真外日用"则指具体的行善宗教实践。尹志平也称:"学
道至识心见性得真空才是,要尽力行持。"②将佛教的"明心见性"
修证方法和"得真空"的解脱境界,与道教的"学道"和"证道"相
对应。

　　第三,"无念无我"的修证方法。

　　在"内求"的方法上,丘处机借鉴了禅宗"无念"的方法,他在
《磻溪集》中指出:"一念无生即自由,千灾散尽复何忧。不堪下劣
众生性,日夜奔驰向外求。"又同书中《示众三十七首》称:"像教
终难入,名言不可求。心中无杂念,境上得闲游。"③即得道解脱在
于精神上的"无杂念""无妄念",保持澄净状态。此外,丘处机主
张还应排除声色根尘即外在感官欲望的干扰,达到"无我"即出离
受欲望支配的假我,他在《修道二十首》中称:"眼耳离声色,身心

---

① (金)丘处机:《长春丘真人寄西州道友书》,阎凤梧主编:《全辽金文》(中),
　　第 1743 页。
② 尹志平还借用禅宗的"平常心"思想对此进行了进一步解释:"弟子曰:平
　　常是道邪? 师曰:平常即真常也。心应万变,不为物迁,常应常静,渐入真
　　道,平常是道也。世人所以不得平常者,为心无主宰,情逐物流,其气耗散
　　于众窍之中。……孔子说中道,亦平常之义。又有云:佛性元无悟,众生本
　　不迷,平常用心处,即此是菩提。不知常,妄作凶,知常则明。"(元)尹志平:
　　《清和真人北游语录》卷一,张继禹主编:《中华道藏》第 26 册,北京:华夏
　　出版社 2004 年,第 727 页。
③ (金)丘处机:《磻溪集》卷四,张继禹主编:《中华道藏》第 26 册,北京:华
　　夏出版社 2004 年,第 614 页。

却有无。自然通造化,何必论精粗","五眼元同体,三身共一枝。寸心无我后,圆觉照空时"①。刘处玄也将得道的方法解释为"忘邪念"和"念正道":"复询:忘者何也?答曰:忘者,念其道则忘于世也,念其正则忘于邪也,谓之迷悟也","经云:心生于物,死于物。达理明其枢机,则真忘念也,外无贪也"②。

　　由此可见,马钰、丘处机等人主张的精神修养论实际上来自佛教禅宗等的"明心见性"思想。对此,其弟子冯志亨在《创建重阳观记》中也称:"全真者,以开通为基,以见性为本,以养命为用,以谦和为德,以卑退为行,以俭约为常。"③正指出了这种佛道合一的思想特点。

　　第四,"清净无为"的得道境界。

　　作为金朝创立的新道教派别,全真教在吸收佛儒思想的同时,依然以道家思想作为立教的思想基础之一。在修行论方面,王重阳及其弟子较多延续了道家主张的"清净无为"说,同时以佛教思想解释这一道家的解脱境界。对此,《丹阳真人语录》中记载马钰的相关论述称:"夫道以无心为体,忘言为用,以柔弱为本,以清净为基。若施于人,必节饮食,绝思虑,静坐以调息,安寝以养气。心不驰则性定,形不劳则精全,神不扰则丹结。然后灭情于虚,宁神于极。可谓不出户庭,而妙道得矣。"④这里提到的"无心为体,忘言为用,柔弱为本,清净为基"基本上是对道家证道方法的概括与

①（金）丘处机:《磻溪集》卷四,张继禹主编:《中华道藏》第 26 册,北京:华夏出版社 2004 年,第 615 页。

②（金）刘处玄:《无为清静长生真人至真语录》,张继禹主编:《中华道藏》第 26 册,北京:华夏出版社 2004 年,第 554 页。

③（金）冯志亨:《创建重阳观记》,阎凤梧主编:《全辽金文》(下),第 2664 页。

④（金）马钰:《丹阳真人语录》,张继禹主编:《中华道藏》第 26 册,北京:华夏出版社 2004 年,第 405 页。

总结；但在"静坐以调息，安寝以养气""灭情于虚，宁神于极"的观点中，则又反映出佛教禅学的影响。此外，马钰也将道家的修证方法称为"无为"："无为者，不思不虑也。爱欲嗔怒，积畜利害，其间虽有为而常无为，虽涉事而常无事。何况专一清心，净意养气，全神飘游于逍遥之地，入于无何有之乡。"[①] 可知这种"无为"实际上是"无思无虑""宁静无欲"的精神状态，与佛教的"无念"思想近似。丘处机也称："盖清静则气和，气和则神王，神王则是神仙之本，本立而道生矣。此为内功，亦假外行"[②]，也就是将得道成仙设定为内在精神的清净。此外，他在《修道二十首》中提出："道因无事得，法为有心生"，"道自无为显，心因有法生。混元含万象，太一起虚名"，"有动缘无动，无为即有为。三光不照处，万象显明时"[③]。也就是将道家的"无为"概念与佛教的"非空非有"般若思想结合，用以解释得道的状态。

由上文可知，全真教的修道解脱论是佛道思想融合的产物，这在形式上颇类似于魏晋南北朝时代佛教中国化过程中的"格义"。但两者的差异在于，魏晋佛教的"格义"主要是以道家概念翻译解释佛教名相，而全真教则是以唐宋以后中国化的佛教思想进一步阐发和改造道教修行论，这也表现出金元时代中国佛道思想融合的深化发展。

（四）融生活日用为一体的入世修行

除了继续秉承教理方面的佛道融合、三教合一思想，全真弟

---

①（金）马钰：《丹阳真人语录》，张继禹主编：《中华道藏》第 26 册，北京：华夏出版社 2004 年，第 405 页。

②（金）丘处机：《学仙记》，阎凤梧主编：《全辽金文》（中），第 1750 页。

③（金）丘处机：《磻溪集》卷四，张继禹主编：《中华道藏》第 26 册，北京：华夏出版社 2004 年，第 615 页。

子还继承了王重阳的入世修行思想,将修道与日常生活结合,将农耕自养与修行悟道结合,这在马钰等人的修行思想中都有鲜明的体现。

第一,主张打破固定的修道形式。

马钰提出:"长要心定,行住坐卧,皆是行道。诸公休起心动念,疾搜性命,但能澄心遣欲,便是神仙。"[1] 即只要保持心定不为烦恼干扰,行住坐卧中都可以修道;他又在《赠乔李郭三仙》文中称:"修行之士,不在居山,勿劳环堵弯跧。何必驱驱来往,远远相参。休要持功打坐,又何须、耕种艰难。休劳苦,更不须出药,博换衣餐。看你留心何处,但无些染著,打破般般。好向廛中展手,乞觅余残。闲看浮名浮利,叹死生、灰了心间。忘尘念,管将来位列仙班。"[2] 也就是说,修道成仙的关键在于"忘尘念""心无染著",所以并无必要居山避世、持功打坐等。

第二,坚持贫穷以自守的道风。

与受到金朝统治者礼遇召见、逐渐走向社会上层传道的丘处机、刘处玄、王处一等人不同。马钰一直坚持着王重阳的清贫自守、禁欲苦修道风和下层传道路线。马钰称:"道人不厌贫,贫乃养生之本。饥则餐一钵粥,睡来铺一束草,缯缯缕缕以度朝夕,正是道人活计。故知清净一事,豪贵人不能得。"[3] 可知马钰将生活上的清贫与精神上的清净对应联系起来,认为修道之人就应当保

---

① (金)马钰:《丹阳真人直言》,张继禹主编:《中华道藏》第 26 册,北京:华夏出版社 2004 年,第 409 页。

② (金)马钰:《丹阳神光灿》,张继禹主编:《中华道藏》第 26 册,北京:华夏出版社 2004 年,第 486 页。

③ (金)马钰:《丹阳真人语录》,张继禹主编:《中华道藏》第 26 册,北京:华夏出版社 2004 年,第 406 页。

持生活的朴素清苦。《丹阳真人语录》载："至于巡门求乞,推来抢去,恰是道人日用家风也"①,在马钰看来,全真教的"家风"就是要坚持王重阳创教时期的"清贫自守":"不耻蓬头垢面,不嫌粝粮粗衣,不惭求乞做贫儿,不羡荣华富贵"②,并以此作为得道修行的重要途径。

第三,赋予"日用"修养心性和道德的内涵。

对于"日用"修行的内涵,马钰论述称:"汝等每日不可忘日用事,其日用有二:有外日用,有内日用。外日用者,大忌见他人之过,自夸己德,妒贤嫉能,起无明火、尘俗念,生胜众之心、人我是非,口辩憎爱。内日用者,休起狐疑心,长莫忘于内,若云游住坐,亦澄心遣欲,无挂无碍,不染不著,真清真净,逍遥自在。"③可知这里的"外日用"是指去除嗔恚、妒嫉、是非、骄矜等对外界人与事的消极心理,而"内日用"则指无烦恼执着的清净逍遥精神状态。

重阳弟子及全真教的这种入世修行方法实际上是对唐宋禅宗的入世修行论以及农禅并重生活方式的吸收,并以此对原有金丹道教等的符箓仪式进行了扬弃与改革。对此,金末元好问在《紫微观记》中也指出:"贞元、正隆以来,又有全真家之教。咸阳人王中孚倡之,谭、马、丘、刘诸人和之。本于渊静之说,而无黄冠襕褕之妄;参以禅定之习,而无头陀缚律之苦。耕田凿井,从身以自养,推有余以及之人。视世间扰扰者,差若省便,故堕窳之人翕然从

---

①（金）马钰:《丹阳真人语录》,张继禹主编:《中华道藏》第 23 册,北京:华夏出版社 2004 年,第 407 页。

②（金）马钰:《渐悟集》卷上,张继禹主编:《中华道藏》第 25 册,北京:华夏出版社 2004 年,第 502 页。

③（金）马钰:《丹阳真人直言》,张继禹主编:《中华道藏》第 26 册,北京:华夏出版社 2004 年,第 409 页。

之。"[①] 元好问在此准确地概括出全真教在具体修行实践中的三教合一特点,即继承传统道家清静无为思想("渊静之说")的同时摒弃禳灾法术等迷信仪式;在吸收佛教禅宗思想和农禅并重修道方式的同时,又改变了佛教严格的苦行戒律。

综上所述,就马钰、丘处机、刘处玄等重阳弟子的思想来看,王重阳所主张的三教合一思想立场、"禅道合一"的本体论、"入世方便"的修行论等,都在其弟子中得到了较好的传承与延续,从而形成了金朝全真教的主要思想体系。以全真教为代表的金元新道教思想,也与以禅宗为代表的中国大乘佛教思想,以及宋明理学思想等一起,成为唐宋以来中国思想界三教融合和思想综合的主要成果。

四、全真教对金朝时代课题的回应

金朝全真教的产生及其兴盛,与12—13世纪中国北方地区的民众与社会有着密切的关系。全真教提倡的"三教平等"与"三教合一"思想,具有突出的圆融性与开放性,从而有利于接纳金政权境内的佛、道、儒各家思想,并且为金朝不同民族与阶层的民众提供可能的精神支柱。因此,全真教的圆融思想在很大程度上适应了金政权的政治和文化需要,一方面有利于金朝社会的整合、统一与稳定,另一方面也适应了金政权境内汉民族与女真民族、统治民族与被统治民族之间消弭矛盾、圆融和谐的政治要求,这正是对金政权与女真民族"推进文明化与社会秩序重建"的时代课题的宗教思想回应。

此外,除了上述三教合一思想对金朝时代课题的回应之外,王重阳及其弟子的全真教思想及传教活动,还更为直接地体现出对

---

① (金)元好问:《紫微观记》,阎凤梧主编:《全辽金文》(下),第3217页。

金朝统治的合法性论证和支持；全真教通过参与平定叛乱、赈灾劝善等行动，协助金政权稳定了政治和社会秩序，从而为金朝"社会秩序重建和女真民族文明化"的时代课题提供了答案。对此，可以从以下几方面理解：

（一）全真教为金元少数民族政权的统治提供了合法性论证

全真教创立后不久，就受到金世宗、金章宗等统治者的重视和支持。金朝皇帝通过接见优礼王处一、刘处玄、丘处机等全真教领袖，扶植全真教为其所用，而后者也鲜明表示出拥戴金朝统治的态度。对此，可以丘处机《世宗挽词一首并引》为例，文称：

> 臣处机以大定戊申春二月，自终南召赴阙下，蒙赐以巾冠衫系，待诏于天长观。越十有一日，旨令处机作高功法师，主万春节醮事。夏四月朔，徙居城北官庵。越二日己巳，奉圣旨塑纯阳、重阳、丹阳三师像于官庵，彩绘供具，靡不精备。后五月十八日，召见于长松岛。秋七月十日，再召见，剖析天人之理，颇惬宸衷，薄暮言归。翌日，迫中使赐桃一盘。处机不食茶果十有余年，过荷圣恩，即啖一枚。中秋，以他事得旨，许放还山，仍赐钱十万。表而辞之。逮己酉岁春，途经陕州，遽承哀诏。时也风尘澒洞，天气苍黄，士庶官僚尽皆素服，处机虽道修方外，身处世间，重念皇恩，宁不有感。谨缀挽词一首，用表诚恳云。
>
> 哀诏从天降，悲风到陕来。黄河卷霜雪，白日翳尘埃。
> 自念长松晚，天恩再诏回。金盘赐桃食，厚德实伤哀。[①]

[①]（金）丘处机：《磻溪集》卷三，张继禹主编：《中华道藏》第26册，北京：华夏出版社2004年，第607页。

从中可知金世宗皇帝对丘处机给予了两次召见,"赐住官庵""旨令作高功法师""赐钱十万"和"圣旨塑纯阳、重阳、丹阳三师像"等隆重的礼遇,表现出对丘处机和全真教的重视和支持;而丘处机也以臣子的身份表达了忠君之意:"处机虽道修方外,身处世间,重念皇恩,宁不有感",表现出对金朝统治者及金政权的顺从与支持。此外,据金末贞祐二年(1214)《宁海州玉虚观碑》载,王处一也颇受世宗、章宗二帝重视,"世宗遣使乘传,迎致辇下,召于内殿,延问修真之道","章宗遣近侍征以安车,宣见于内阁,赐座问养生之道。师以无为清静,少私寡欲为对。复问教法、规仪、治国之道,师以雅对妙沃"①。从中可知,金章宗等金朝统治者多次召见王处一问对,其主要目的之一,就是询问"治国之道",实际上是希望全真教更好地发挥巩固金朝统治的作用。对此,重阳弟子及全真教徒在教理和思想上也做出了积极的回应。

第一,"佐理帝王":论证儒道政治作用的一致性。

全真教徒注意论证全真教和儒家思想的一致性,除了上述的本体论和修行论思想等之外,全真教还特别强调了该教与儒家相同的辅政作用,即维护金朝统治秩序的重要作用。对此,如天兴元年(1232)《终南山重阳祖师仙迹记》记载:"孔老之教,并行乎中国,根源乎至道。……天下无二道,圣人不两心。所以积行立功,建一切法,导迪人心,使之迁善远罪,洋洋乎大同之域,其于佐理帝王,一也。为老氏者曰:'吾宝慈俭',又曰'常善救物',与夫孔圣本仁祖义之说,若合符契。"②这里提到的"天下无二"之道和"圣人

————————

① (金)国偈:《宁海州玉虚观碑》,阎凤梧主编:《全辽金文》(下),第2721页。

② (金)刘祖谦:《终南山重阳祖师仙迹记》,阎凤梧主编:《全辽金文》(下),第2654页。

不两"之心,正是类似于儒家的"佐理帝王"之道和"仁义道德"之心,即维护统治者的权威和现实统治秩序。元人俞应卯在《鄠县秦渡镇重修志道观碑》中,也评价全真教称:"道之与儒,同此一理,儒之与道,同此一机。……由是观之,则祖师所修之道,宗师所继之志,既可以帝王之取法,则又足以致天下之治平。"[①]这里更为直接地指出,全真道与儒家最重要的共同之处,就在于"为帝王之取法"和"致天下之治平",即为君主提供统治经验和巩固统治秩序。

第二,"尊君亲上":表达对统治者的尊敬与服从。

自刘处玄和丘处机掌教全真之后,全真教的领袖人物吸取"不依国主则法事难立"的历史经验,纷纷接受金朝皇帝的征召、建庵、赐号等,从而宣示出全真教与金政权的合作。与此同时,全真教领袖也公开表示出对金朝统治者的尊敬与忠诚。如丘处机《进呈世宗皇帝》诗中写道:"九重天子人间贵,十极仙灵象外尊。试问一方终日守,何如万里即时奔。"[②]《中秋诗十五首》则称:"圣主登基万物安,仁风灭杀自朝端。邦君士庶皆修德,好放蟾光与众看。"[③]其内容都是对金朝帝王功德的歌颂。丘处机弟子冯志亨也在《敕建普天黄箓大醮碑》中称:"命纪其事,以光扬皇帝莫大之盛德","域中四大,帝居其一","作此辞章,纪皇帝神机妙用之功"[④],更直接地点明了全真教在神化皇权、宣扬统治者盛德等方面的重要作

①（元）俞应卯:《鄠县秦渡镇重修志道观碑》,张继禹主编:《中华道藏》第47册,北京:华夏出版社2004年,第192页。

②（金）丘处机:《磻溪集》卷二,张继禹主编:《中华道藏》第26册,北京:华夏出版社2004年,第602页。

③（金）丘处机:《磻溪集》卷二,张继禹主编:《中华道藏》第26册,北京:华夏出版社2004年,第605页。

④（金）冯志亨:《敕建普天黄箓大醮碑》,阎凤梧主编:《全辽金文》（下）,第2662页。

用。正如时人所说："故全真之教虽遗世独立,而尊君亲上之心常存,虽遐遁隐居,而爱人利物之仁愈切,即无思无为之诚,以显其有感有应之理。"① 也就是说,全真教虽然是以出世成道为目标的宗教组织,但"尊君亲上"并协助帝王维护统治秩序,也是其核心思想之一。

第三,"忠孝复礼":将忠孝思想作为修道途径。

以三教合一为特色的全真教思想,将践行儒家的忠孝思想也作为修道的重要途径,从而在教理上肯定了对金政权统治的服从。对此,金朝全真教代表人物都提出了相关的教理。如马钰在《立誓状外戒》中称:"专烧誓状,谨发盟言,遵依国法为先。"② 将遵守金朝的国法、服从统治作为重要的修道戒律。丘处机则称:"舍己从人,克己复礼,乃外日用。饶人忍辱,绝尽思虑,物物心休,乃内日用。"③ 将儒家的"克己复礼"作为修道手段,并对儒家的道德修养论进行了吸收与改造。刘处玄也称:"近有道之国,观无道之国;近有道之天下,观无道之天下。身孝则报父母之恩也,家善则如许君庞士也,乡行则怜贫爱老也,国清则万民丰足也,天下有道,则天下成熟也。"④ 这里主张修道者应当亲近"有道之国""有道之天下",并且要履行孝道。这里所指的"有道"国家与天下,只能是全真教所在的金政权。此外,"近"的具体要求还包括儒家的忠孝仁爱之

---

① (元)俞应卯:《鄠县秦渡镇重修志道观碑》,张继禹主编:《中华道藏》第47册,北京:华夏出版社2004年,第192页。

② (金)马钰:《丹阳神光灿》,张继禹主编:《中华道藏》第26册,北京:华夏出版社2004年,第479页。

③ (金)丘处机:《长春丘真人寄西州道友书》,阎凤梧主编:《全辽金文》(中),第1743页。

④ (金)刘处玄:《无为清静长生真人至真语录》,张继禹主编:《中华道藏》第26册,北京:华夏出版社2004年,第557页。

心,如报恩父母、怜贫爱老等。在以忠孝为准则的修道思想影响下,一些全真教道士确实表现出忠于金政权的"忠义"思想。如通玄大师李大方,金末战乱时"游骑至,拥老幼万人下山。君为门弟子元庆言:'吾将安归乎?朝家以我为有道者,猥以征书见及,宁当负之邪?而辈第往,勿念我为也。'乃策杖入深谷,卧大龛下,怡然而逝"①。从中可知,李大方将忠于金朝统治者与"有道者"等同,不愿归顺蒙古政权,最终以身殉而"不负朝家"。

(二)全真教为维护金朝统治秩序和社会安定发挥了重要作用

在金世宗、章宗等帝王的支持下,全真教发展成为遍及金朝境内、拥有严密组织和广泛影响力的宗教组织。对此,据元好问《紫微观记》载:金末全真教已"南际淮,北至朔漠,西向秦,东向海,山林城市,庐舍相望,什百为偶,甲乙授受,牢不可破。……五十七年以来,盖不可复动矣"②。因此,作为受到金政权管控和扶持的全真教,也与金朝统治者展开合作,协助金政权维护社会安定和统治秩序。

第一,"招抚盗贼":协助金政权平定叛乱,有利于金朝统治的延续。

随着蒙古南侵和金廷迁汴,金朝对山东河北等地的控制名存实亡,这些地区相继爆发了大规模的起义,而全真教则较为积极地协助金朝平定叛乱,延续了金朝在这些地区的统治。例如,金将仆散安贞在平定山东登州等地的红袄军起义过程中,便希望借助丘处机及全真教在当地的社会影响力,协助平定叛乱,劝降起义者。据陈时可《长春真人本行碑》记载:"贞祐甲戌之秋,山东乱,

---

① (金)元好问:《通玄大师李君墓碑》,阎凤梧主编:《全辽金文》(下),第3131页。
② (金)元好问:《紫微观记》,阎凤梧主编:《全辽金文》(下),第3217页。

驸马都尉仆散公将兵讨之。时登及宁海未服,公请师抚谕,所至皆投戈拜命,二州遂定。"① 可知丘处机选择与金军合作,并圆满完成了"抚谕"义军并劝降的任务,从而巩固了金朝在山东地区的统治。此外,丘处机弟子李志常也曾协助金军镇压山东即墨的义军,金末兴定二年(1218)"时盗贼蜂起,肆其剽掠,居民不安,日夜逃避。公不顾险难,捐躯全众,由是远近人皆义之。……师在即墨,与主帅保完孤城,以寡克众,皆出师之谋画"② 。此后,李志常又受邀协助金帅田琢平定山东益都等地的义军,"岁戊寅夏六月,闻长春师自登居莱,公促装往拜席下。师一见器许,待之异常。山东路转运使田琢器之,高其行,且闻昔在即墨,主帅黄掴副统咨公画,保完一城,以书邀至益都,待以宾礼"③ 。可知全真教领袖及道士在协助金政权平定叛乱、稳定统治秩序等方面,确实发挥了较大的作用。

第二,"劝善赈荒":通过慈善救济活动协助稳定社会秩序。

除了直接协助金军平定叛乱,全真教道士还通过赈灾救荒、收养鳏寡孤独、治病劝善等慈善行动,在一定程度上降低了饥荒、瘟疫等灾害的影响和破坏,进而稳定了社会秩序。如马钰弟子周全道在邠州(今陕西省彬州市)传教时,就在道观中收养残疾和鳏寡人士,并以儒家的孝悌等思想教化乡里民众:"师承命而行,卜庵玉峰山下,颐神养浩,积德累功,与人子言教之孝,与人弟言告之顺,

① (元)陈时可:《长春真人本行碑》,张继禹主编:《中华道藏》第47册,北京:华夏出版社2004年,第127页。
② (元)孟攀麟:《重修真常宫碑》,陈垣编纂,陈智超、曾庆瑛校补:《道家金石略》,北京:文物出版社1988年,第573—574页。
③ (元)王鹗:《玄门掌教大宗师真常真人道行碑铭》,陈垣编纂,陈智超、曾庆瑛校补:《道家金石略》,北京:文物出版社1988年,第578页。

贪者诲以廉,懦者谕以立,各因其根性浅深皆蒙启发。至于疲癃残疾茕独鳏寡而无告者,收养于庵中。由是闾里士庶日益敬仰,邻人为之迁善。"①

金朝末年,伴随着蒙古南侵和各地义军的此起彼伏,金境内的水旱蝗灾等也日益频发,全真教在赈灾方面则发挥出更大的作用。如丘处机弟子毛养素(颐真冲虚真人),就于金末天兴初年率领弟子赴山西祛除飞蝗,"当其晋境,飞蝗满地,民心悬急,师率王、叶辈,斋戒致祷,蝗悉飞去,竟不成灾,人以为灵应昭然,精诚所致,莫不尊敬之";他又赴陕西发粮救济饥民,"己亥,关洛荐饥,豪富闭籴,师悉发余粮均施困馁,赖以活者甚众,盖平昔乐于周急,以仁为己任如此"②。此外,全真道士李仲美(无欲观妙真人)在陕西旱灾时,劝富人捐粮救济饥民:"大安庚午,秦境大旱,居民阻饥。公谓其属曰:饿殍如此,安忍坐视。同邑赵三郎富甲关中,公诣其门,备诉田里艰棘之状。赵悟,乃发廪粟付公周赈。公与齐志道等昼夜春爨,以给贫病,日不减百人。"③

第三,"保境安民":发挥了保护民众、管理基层社会的重要作用。

在金末外敌入侵和盗贼蜂起的社会动荡中,全真教依靠长期发展形成的教团组织和信徒网络,成为具有巨大影响力和社会资源调动能力的社会组织。特别是在丘处机觐见成吉思汗并获得蒙

①（元）李道谦:《终南山全阳真人周尊师道行碑》,张继禹主编:《中华道藏》第47册,北京:华夏出版社2004年,第146页。

②（元）李国维:《颐真冲虚真人毛尊师蜕化铭》,张继禹主编:《中华道藏》第47册,北京:华夏出版社2004年,第173页。

③（元）何道宁:《终南山重阳万寿宫无欲观妙真人李公本行碑》,张继禹主编:《中华道藏》第47册,北京:华夏出版社2004年,第162页。

古政权的大力支持之后,全真教成为当时北方地区"保境安民"的重要力量。对此,《元史·释老传》称:"时国兵践蹂中原,河南、北尤甚,民罹俘戮,无所逃命。处机还燕,使其徒持牒招求于战伐之余,由是为人奴者得复为良,与濒死而得更生者,毋虑二三万人。"[①]元好问在其《紫微观记》中也称:"贞祐丧乱之后,荡然无纪纲文章,蚩蚩之民,靡所趋向,为之教者,独是家而已。"[②] 从中可知,全真教利用蒙古政权赋予的部分特权,在一定程度上发挥了保护民众免受战乱奴役的重要作用。此外,金元之际的全真教也成为可与严实、李全等地方军阀势力相并列的实力集团[③],时人称:"在金之季,中原版荡,南宋屡弱,天下豪杰之士,无所适从。时则有若东平严公,以文绥鲁。益都李公,以武训齐。而重阳宗师、长春真人,超然万物之表,独以无为之教化有为之士,靖安东华,以待真主而为天下式焉。有元之兴,鲁士以文辅太平之治,齐人以武致戡难之勋,长春真人最为先知天命之归,入觐太祖,功在宗庙,惠及万世,斯其尤盛者也。"[④] 从中可知,全真教在金元之际发挥了止乱治暴、教化民众的重要作用,甚至承担起代替政府主持地方行政,教化和管理社会基层组织的重要角色。

(三)全真教成为传播汉文化和联系社会各阶层的宗教纽带

由上文的论述可知,全真教的三教合一教理主要来自唐宋时代的佛教、道家道教和儒学思想。全真教的思想文化在本质上属于宋

---

① (明)宋濂等:《元史》卷二百二《释老传》,北京:中华书局1976年,第4525页。

② (金)元好问:《紫微观记》,阎凤梧主编:《全辽金文》(下),第3217页。

③ 参见李洪权:《金元之际全真教的政治参与和政治抉择》,《史学集刊》2013年第5期。

④ (元)陈绎曾:《增修集仙宫记》,陈垣编纂,陈智超、曾庆瑛校补:《道家金石略》,北京:文物出版社1988年,第783页。

元时代中原道教文化的重要组成部分,也是当时汉文化和中原宗教文化的重要代表。因此,金元时代全真教的传播和发展,在很大程度上发挥了传承汉文化、联系金朝社会各阶层的宗教纽带作用。

第一,全真教发挥了保存和传承汉文化的作用。

陈垣在《南宋初河北新道教考》文中曾提出,全真教等金朝新道教在很大程度上发挥了保存汉文化和文化思想上反抗异族统治的作用:"三教(引者注:全真、大道、太一)祖皆北方学者,而能以宽柔为教,与金元二代相始终,殆所谓化胡工毕,于以西升者耶,不然,何其适也。呜呼!自永嘉以来,河北沦于左衽者屡矣,然卒能用夏变夷,远而必复,中国疆土乃愈拓而愈广,人民愈生而愈众,何哉?此固先民千百年之心力艰苦培植而成,非倖致也。三教祖之所为,亦先民心力表现之一端耳。"[①]这里将全真教等金朝新道派的兴起和发展视为金境内汉民族保存自身文化的产物。虽然这一观点有进一步商榷的必要,但全真教在保存和传播中原汉文化中所发挥的重要作用却是不容置疑的。元好问在《清真观记》中,也就丘处机和全真教的重要性而评论称:"丘往赴龙庭之召,亿兆之命,悬于好生恶死之一言。诚有之,则虽冯瀛王之对辽主不是过。从是而后,黄冠之人十分天下之二,声焰隆盛,鼓动海岳,虽凶暴挚悍,甚愚无闻知之徒,皆与之俱化。衔锋茹毒,迟回顾盼,若有物掣之而不得逞。父不能诏其子,兄不能克其弟,礼义无以制其本,刑罚无以惩其末。所谓'全真'家者,乃能救之荡然大坏不收之后,杀心炽然如大火聚,力能扑灭之。"[②]从中可知,金元之际的全真教在很大程度上代替了儒家的地位("声势隆盛,鼓动海岳"),发挥了

---

① 陈垣:《南宋初河北新道教考》,北京:中华书局1962年,第4页。
②(金)元好问:《清真观记》,阎凤梧主编:《全辽金文》(下),第3221页。

稳定社会秩序("亿兆之命悬于好生恶死之一言")、实施道德教化("虽凶暴挚悍,甚愚无闻知之徒,皆与俱化")、宣扬礼义思想("救之荡然大坏不收之后,杀心炽然如大火聚,力能扑灭之")、提供民众精神支柱的重要作用。

第二,全真教通过与金朝不同阶层的宗教联系,成为联系汉与女真等民族的重要纽带。

全真教在金朝的不同阶层民众中都有着重要影响力,全真教道士与女真皇室贵族、汉族士大夫等也多有密切的交往。如通微真人蒲察道渊为女真贵族,随丘处机出家后,金朝"陇之州将多国朝贵族,稔知师门第,及慕其高洁,时来参拜"①,如:紫虚大师于道显"南渡后,道价重一时,京师贵游闻师名奔走承事,请为门弟子者不胜纪"②;通玄大师李大方"佩上清三洞秘箓,主盟秦、雍者余二十年","一时名士,如竹溪党公世杰、黄山赵公文孺、黄华王公子端,皆以道义缔交于君"③。元人王磐在《创建真常观记》中也描述称:"今也掌玄教者,盖与古人不相侔矣。居京师,住持皇家香火焚修,宫观徒众千百,崇墉华栋,连亘街衢。京师居人数十万户,斋醮祈禳之事,日来而无穷。通显士大夫洎豪家富室,庆吊问遗,往来之礼,水流而不尽。而又天下州郡黄冠羽士之流,岁时参请堂下者,踵相接而未尝绝也。小阙其礼则疵纇生,一不副其所望则怨怼作,道宫虽名为闲静清高之地,而实与一繁剧大官府无异

---

①(元)李道谦:《通微真人蒲察尊师传》,陈垣编纂,陈智超、曾庆瑛校补:《道家金石略》,北京:文物出版社1988年,第627页。

②(金)元好问:《紫虚大师于公墓碑》,阎凤梧主编:《全辽金文》(下),第3122页。

③(金)元好问:《通玄大师李君墓碑》,阎凤梧主编:《全辽金文》(下),第3130页。

焉。"①王磐虽然批评了某些道士过于世俗化的交际和牟利行为，但也指出普通民众及士大夫等与道士交往"日来而无穷""如水流而不尽""踵相接而未尝绝"，这都反映出包括全真教在内的金朝道教在社会各阶层中具有广泛的影响力。从这一角度来说，全真教也成为联系金朝不同社会阶层民众以及女真和汉民族的重要纽带。

　　第三，全真教通过为儒家士大夫提供避难所，发挥了促进儒道文化融合的作用。

　　受到官场政治变动、社会动乱等影响，有很多金朝士大夫出家为全真教道士②。如金末"河洛名士"孙伯英受高献臣谋反案影响，"变姓名，从外家，称道人王守素"，"时年四十许，困名场已久，重为世故之所摧折，稍取庄周、列御寇之书读之，视世味盖漠然矣"，因而出家"为黄冠师"③，将道教视为避祸和精神慰藉的途径。洞玄子史志经，"绛州翼城人，世习儒业"，金末"兴定辛巳，遁迹投玄，礼恒岳刘真常为师，师一见器之，事必谘委"④。宋道成于金章宗泰和三年（1203）以武功授紫微军万户，官至辅国上将军，但在金末"忽然悟之，世事浮薄，幻景短浅"，因遇丘处机弟子、陕右人冲虚大师李君，"屏妻弃孥，敬礼之而出家焉"，"自是毳衣粗饭，箪食瓢饮，乞

—————————

① （元）王磐：《创建真常观记》，张继禹主编：《中华道藏》第47册，北京：华夏出版社2004年，第199页。

② 参见申喜萍：《汉文化作为他者——以金元儒家与全真教的关系为例》，《孔子研究》2015年第5期。

③ （金）元好问：《孙伯英墓铭》，阎凤梧主编：《全辽金文》（下），第3121页。

④ （元）王鹗：《洞玄子史公道行录》，张继禹主编：《中华道藏》第47册，北京：华夏出版社2004年，第184页。

丐过日，甘分淡薄"①，舍弃官位而成为全真教道士。此外，因全真教所拥有的免役等特权，金元之际很多儒家士大夫为了避免为奴，逃避赋役，也纷纷出家为全真教道士。时人称："自天兵南牧，大夫士衣冠之子孙陷于奴虏者，不知其几千百人，壹入于道，为之主者，皆莫之谁何，而道之教益重。既占道家之籍，租庸调举不及其身，非有司所得拘，而道之教益盛。"②从中可知，全真教确实为相当多的儒家士大夫提供了免于奴役、赋役的避难所。与此同时，全真教道士通过与儒家士大夫的密切交流，也促使儒道文化进一步交流融合。对此，陈垣指出："夫全真家之好与士流接者，必其兼通儒学者也，即不通儒学，而于士流末务，如文字之属，必有一长，方足与世接。"③

综上所述，全真教的产生、传播和发展与金朝社会有着密切的关系。全真教以三教合一为显著特点的教理思想，回应了金政权追求思想和政治统一的诉求。作为宋元时代中原道教文化的重要代表，全真教也促进了汉文化在女真民族中的传播，并成为其精神文化的重要组成部分。全真教代表人物与金朝统治者的合作、对金政权政治合法性的论证、协助金政权平定叛乱、赈灾劝善等，都在维护金政权统治秩序和社会稳定方面发挥了重要的作用。全真教的广泛传播和巨大影响力，也成为联系金朝不同阶层与民族民众的宗教纽带。这些正是全真教思想对金朝时代课题提供的解答，即促进女真民族的汉化进程以及协助金政权进行社会和政治秩序的重建。

---

① （元）杨东：《重修怀吉马栏华阳观记》，王宗昱编：《金元全真教石刻新编》，北京：北京大学出版社 2005 年，第 151 页。

② （元）段成已：《创修栖云观记》，李修生主编：《全元文》第 2 册，南京：江苏古籍出版社 1999 年，第 217 页。

③ 陈垣：《南宋初河北新道教考》，北京：中华书局 1962 年，第 20 页。

第四节　金朝儒家士大夫的三教观

一、金朝儒学的三教合一特点及其思想独特性

（一）金朝统治者的崇儒政策

与辽朝、西夏等重视佛教思想，并将其视为精神文化主体的少数民族政权不同，金朝更多继承了北宋的政治制度与思想文化，并以儒学为其精神文化的主体。自金熙宗开始，金朝统治者都注意复兴儒学，以期进一步巩固统治。自金初开始，随着金朝政治和社会的稳定，金政权就注意恢复学校和科举制度。对此，金末元好问曾总结称："近代皇统、正隆以来，学校之制，京师有太学、国子学、县官饩廪，生徒不下数百人"，"若仕进之路，则以词赋、明经取士。豫此选者，多至公卿达官。捷径所在，人争走之。文治既洽，乡校、家塾弦诵之声相闻"①。金世宗和金章宗时期则是金朝儒学发展的鼎盛时代，金世宗"崇儒重道"并特别重视发展儒学，时人称"大定间，天子留意儒术，建学养士，以风四方。举遗湮，兴废坠，旷然欲以文治太平"②。对此，大定十七年（1177）申良佐《兴学赋并引》也记载："迨乎国朝抚定之后，专以文学取士"，"至正隆间，学者多困于征役，不暇修习"，"钦惟主上（引者注：金世宗）中兴以来，敦复文教，俾郡国俱修学校"③；金末王若虚《行唐县重修学记》也称："国家自承平以来，文治猥兴，下至僻邑，莫不有庙学以为教，其于

---

①（金）元好问：《寿阳县学记》，阎凤梧主编：《全辽金文》（下），第3150页。

②（金）党怀英：《重建郓国夫人殿碑》，阎凤梧主编：《全辽金文》（中），第1498页。

③（金）申良佐：《兴学赋并引》，阎凤梧主编：《全辽金文》（中），第1696页。

崇儒重道,不可谓不至。"①从中可知,金世宗对儒学和文教的重视,
以及金朝儒学的发展兴盛情况。

　　金章宗对儒学和文教也相当重视,据金卫绍王大安元年
(1209)《清丰县重修宣圣庙碑》载:"我国家累圣相承,其于学校
尤为留意。洪惟圣上,学本生知,智由天锡。观人文以化天下,丰
圣德以宜日。赞神化之丹青,启群圣之耳目。立太学以教于国,设
庠序以化于邑,以作成天下人才。"②从中可知,金世宗、章宗等统治
者设立太学、县学的主要目的,是"作天下人才",即培养用于巩固
统治的政治人才。此外,金章宗更鲜明地将儒学作为统治思想,并
以继承两汉三代道统的正统帝王自居。据赵秉文《驾幸宣圣庙释
奠颂》记载,金章宗即位第五年"秋八月,乃展礼于宣圣庙廷","都
人士子,鼓舞颂叹,以为此两汉三代之主,旷世一举。学士大夫,被
之声歌,垂之史册"③。女真族统治者亲赴孔子庙举行祭奠礼仪,令
当时的汉族士大夫和儒家学子颇受鼓舞,并将金章宗与两汉三代
以来的中原正统王朝帝王相提并论。究其原因,金朝皇帝的这一
举动,明确向汉族儒士传达出将儒学作为统治思想的信号,而这种
崇儒行动也反映出女真统治者巩固政权与稳定社会并促进女真民
族文明化的政治目的。

　　在金朝统治者的支持下,金朝儒学也得到了较大的发展,并在
整体上经历了金前期理学的衰微与延续、金后期理学的复兴等阶

---

① (金)王若虚:《行唐县重修学记》,阎凤梧主编:《全辽金文》(中),第
　2514页。
② (金)张献臣:《清丰县重修宣圣庙碑》,阎凤梧主编:《全辽金文》(下),第
　2703页。
③ (金)赵秉文:《驾幸宣圣庙释奠颂》,阎凤梧主编:《全辽金文》(中),第
　2325页。

段①。金前期儒学主要是唐辽经学和北宋二程洛学、王安石荆学等的继续传承；金后期儒学则受到金世宗与章宗朝崇儒政策的影响，开始体现出金朝自身的特色。究其原因，金世宗和金章宗时"国家承平既久，特以经术取人，使得参众论之所长，以求夫义理之真，而不专于传疏，其所以开廓之者至矣。而明道之说，亦未甚行。三数年来，其传乃始浸广，好事者往往闻风而悦之"②，可知金朝儒学的发展与"以经术取人"的科举制度有着密切的关系。而就北宋理学在金朝的传承流布来说，金儒李纯甫在其《鸣道集说》中称："伊川之学，今自江东浸淫而北矣。搢绅之士负高明之资者，皆甘心焉。予亦出入于其中几三十年，尝欲笺注其得失而未暇也。"③可知以程颢为代表的北宋理学思想在金初影响较小，至金后期才逐渐兴起。与此同时，南宋理学也在章宗朝以后逐渐北传，并为元代南北儒学的合流准备了条件。

儒学作为金朝思想文化的主流，也不可避免地与金朝佛道思想产生了交涉。因此，在考察佛道教思想与金朝社会的关系时，金朝儒家士大夫的三教观也是值得注意和研究的重要内容。与强调"辟佛老"的宋儒相比，金儒对佛道思想及三教关系多持较为宽容和温和的态度，并涌现出众多的奉佛士大夫。从总体上看，金朝士大夫的三教观体现出更具包容性和圆融性的三教合一特点，这实际上也是对金朝社会时代课题的思想回应。

_____

① 参见魏崇武：《金代理学发展初探》，《历史研究》2000 年第 3 期。

②（金）王若虚：《道学发源后序》，阎凤梧主编：《全辽金文》（中），第
　2503 页。

③（金）李纯甫：《鸣道集说》，（元）念常集：《佛祖历代通载》卷二十，《大正新
　修大藏经》第 49 册，第 699 页。

（二）金儒对"宋儒之弊"的批判及其思想独立性的体现

金初恢复科举后，考试内容主要是词赋和经义，而经义解释则以王安石的注疏为主。对此，元好问称："国初，因辽、宋之旧，以词赋、经义取士，豫此选者，选曹以为贵科，荣路所在，人争走之。传注则金陵之余波，声律则刘郑之末光。固已占高爵而钓厚禄。至于经为通儒，文为名家，良未暇也。"① 可知金初儒学的特点是"因辽宋之旧"，一方面延续了上承唐代的辽朝儒学，以传统的词赋经义为考试内容；另一方面则继承了北宋后期的理学，以王安石的"荆学"作为依据。但通观金朝儒学的发展过程，却出现了由因循宋儒旧说到批判宋儒旧说、由初期的继承延续为主到后期探索独立自得的思想转变。这种转变体现出金朝儒学思想界建构独立儒学体系和精神文化的诉求，同时也呼应了金政权追求政治和文化独立的时代课题。具体来说，金儒对"宋儒之弊"的批评主要体现在以下几点：

第一，批评辟佛老的宋儒实则流入佛老。

在金朝著名士大夫赵秉文、李纯甫、王若虚等人看来，宋儒虽然标榜"辟佛老"，但其理学思想实际上不近人情，空虚高远；宋儒在思想上更借鉴吸收了禅宗等佛老思想，这种儒学实质上与佛老二家的宗教思想无异。

赵秉文认为，宋儒的道德性命之说实为佛老思想，他在评价苏轼心性论时提出："但苏黄门言不思善恶，与夫李习之灭情以归性，近乎寒灰槁木，杂佛而言也。"② 李纯甫也认为，王安石、二程、苏轼以及朱熹、吕祖谦等两宋士大夫虽然以儒学家自居，实际上则盗取

---

① （金）元好问：《闲闲公墓铭》，阎凤梧主编：《全辽金文》（下），第2898页。
② （金）赵秉文：《中说并引》，阎凤梧主编：《全辽金文》（中），第2174页。

了佛教义理："诸儒阴取其说以证吾书,自李翱始,至于近代,王介甫父子倡之于前,苏子瞻兄弟和之于后"①,"儒者尝为佛者害,佛者未尝为儒者害"②。王若虚则认为两宋儒学的兴起其实与禅宗思想的影响密不可分,"战国诸子之杂说寓言,汉儒之繁文末节,近世士大夫参之以禅机、玄学,欲圣贤之实不隐,难矣"③,宋儒实际上是借用了禅宗的思想改造儒学,并遮蔽了儒学的实质,这也导致宋儒"名为排异端,而实流于其中,亦岂为无罪也哉"④。金末杨奂也对宋儒提出批评,并将王安石、苏轼等人视为受异端影响的学者:"异端蟠结于中国而不解者,以名士大夫主之也。故唐则萧瑀、王缙、白居易、裴休、梁肃也,宋则王安石、苏轼、黄庭坚、张商英也。故上而君臣,下而闾里,信之而不疑。"⑤

第二,批判宋儒"道德性命"之学落入空谈。

金朝名儒赵秉文评论北宋儒学称:"自王氏之学兴,士大夫非道德性命不谈,而不知笃厚力行之实,其弊至于以世教为俗学。而道学之弊,亦有以中为正位,仁为种性,流为佛老,而不自知。其弊反有甚于传注之学,此又不可不知也。且中庸之道何道也?天道也,大中至正之道也。典礼德刑,非人为之私也。且子以为外是别有所谓性与天道乎?吾恐贪高慕远,空谈无得也。"⑥这里指出以王安石为代表的北宋传注经学,只是崇尚"道德性命"之说的空谈,而未能践行"笃厚力行"的实践,实质上违背了儒学的真精神,而

①(金)李纯甫:《鸣道集说序》,阎凤梧主编:《全辽金文》(下),第2619页。
②(金)李纯甫:《辅教编》,阎凤梧主编:《全辽金文》(下),第2628页。
③(金)元好问:《内翰王公墓表》,阎凤梧主编:《全辽金文》(下),第2935页。
④(金)王若虚:《论语辨惑序》,阎凤梧主编:《全辽金文》(中),第2466页。
⑤(金)杨奂:《李状元事略》,阎凤梧主编:《全辽金文》(下),第2814页。
⑥(金)赵秉文:《性道教说》,阎凤梧主编:《全辽金文》(中),第2171—2172页。

所谓的"道学"和"贪高慕远"的宋儒,在思想实际上则与空虚的佛老之说无异。

此外,赵秉文还从学术史的角度评价了董仲舒、杨雄、王通、欧阳修和苏轼等人的儒学思想,认为诸子都只见"道之一端":"扬子曰:'五事系诸道德仁义礼。'避老氏而言也。韩子以仁义为定名,道德为虚位。避佛老而言也。言各有当而已矣。然自韩子言仁义而不及道德,王氏所以有道德性命之说也。然学韩而不至,不失为儒者;学王而不至,其弊必至于佛老,流而为申韩。"[1] 在他看来,北宋诸儒都有缺陷,驳杂不纯,而只有作为理学代表人物的周程才见"道之大全":"欧阳之学失之浅,苏氏之学失之深,杂而不纯何?曰:欧苏长于经济之变,如其常,自当归周程。"[2]

第三,批评宋儒解经繁琐之弊。

金朝儒学家认为北宋儒者"推明心术""剖析义理"的解经方法虽然深刻细腻,并取得了不少超过先儒的新见,但同时也存在着掺杂个人见解、过度解读的问题,以至于"旧说多失之不及,而新说每伤于太过"。对此,王若虚在其《论语辨惑序》中的评论很有代表性,他指出:"尝谓宋儒之议论,不为无功,而亦不能无罪焉。彼其推明心术之微,剖析义利之辨,而斟酌时中之权,委曲疏通,多先儒之所未到,斯固有功矣",这些可以说是宋儒之学的优点;与此同时,宋儒解经"至于消息过深,揄扬过侈,以为句句必涵气象,而事事皆关造化,将以尊圣人,而不免反累"[3],即宋儒的经典阐述存在着过度解读、繁冗支离的问题。王若虚又以宋儒对《论语》的解说

---

①（金）赵秉文:《原教》,阎凤梧主编:《全辽金文》(中),第 2169 页。
②（金）赵秉文:《性道教说》,阎凤梧主编:《全辽金文》(中),第 2171 页。
③（金）王若虚:《论语辨惑序》,阎凤梧主编:《全辽金文》(中),第 2465 页。

为例,称"解《论语》者有三过焉:过于深也,过于高也,过于厚也。圣人之言,亦人情而已,是以明白而易知,中庸而可久。学者求之太过,则其论虽美,而要为失其实,亦何贵乎此哉!"①也就是说,宋人的解经过于深奥并不切人情实际,而且因过度解读而失实失真。这种批评不仅是王若虚的个人观点,同时也是当时金朝士大夫的普遍认识。如元好问就称王若虚:"颇讥宋儒经学以旁牵远引为夸,而史学以探赜幽隐为功。谓天下自有公是,言破即足,何必呶呶如是?"②

赵秉文、李纯甫、王若虚等人作为金朝儒学的代表人物,他们对宋儒的相关批评,正体现出金朝儒者反对因循宋儒之说,试图提出新解并追求思想创新和独立的意识。这种思想独立性和创新性,在很大程度上可以代表金朝儒学思想界对待辽宋儒学遗产的总体态度。即在继承辽朝和北宋儒学的同时,对两者进行评判和选择,从而建构具有自身独立性的儒学思想体系。通观金朝儒学思想的独特性,不止体现在对宋儒的批评上,还鲜明地反映在金朝士大夫与宋儒不同的三教观上,对此下文将做进一步阐述。而从当时的政治和社会背景来看,这种探索儒学思想独特性的态度,也呼应了金政权对政治和思想文化独立的时代要求。

二、赵秉文的三教观

赵秉文(1159—1232),字周臣,号闲闲,磁州滏阳人,金朝著名儒学家和文学家。赵秉文在《学道斋记》中自述:"余七岁知读书,十有七举进士,二十有七与吾姬伯正父同登大定二十五年进士

---

① (金)王若虚:《论语辨惑总论》,阎凤梧主编:《全辽金文》(中),第2466页。
② (金)元好问:《内翰王公墓表》,阎凤梧主编:《全辽金文》(下),第2935页。

第"①,他于金大定二十五年(1185)中进士后,任官应奉翰林文字、户部主事、翰林撰修、翰林直学士、翰林侍讲学士、礼部尚书、翰林学士等,天兴元年(1232)卒,终年七十四岁。著有《易丛说》《中庸说》《太玄笺赞》等书,著作汇集为《滏水集》三十卷。

　　赵秉文在金朝文坛及儒学思想界都有重要影响力,时人多称颂其为儒学领袖。如王若虚称赵秉文为精通六经、诸子、道德文章卓著、名满四海的"巨儒":"公一代巨儒,德业文章,皆可师法。自少年名满四海间,平生著述,殆不可胜纪,而晚年益勤,心醉乎义理之学,六经百子,莫不讨论,迄今孜孜,笔不停缀。其所有发挥往圣而启迪来者,非特一书而止也。"②杨云翼在为赵秉文《滏水集》所作序中,则称其为"斯文主盟"和金朝正统儒学的代表,文称:"今礼部赵公实为斯文主盟,近自择其所为文章,厘为二十卷,过以见示。予披而读之,粹然皆仁义之言也。盖其学,一归诸孔孟,而异端不杂焉,故能至到如此。所谓儒之正、理之主,尽在是矣。天下学者,景附风靡,知所适从,虽有狂澜横流,障而东之,其有功吾道也大矣。"③元好问作为赵秉文弟子,赞颂其为"中国百年之元气""道德文章,师表一世"④,赵秉文作为"主盟吾道将四十年"的经学大师,"盖自宋以后百年,辽以来三百年,若党承旨世杰、王内翰子端、周三司德卿、杨礼部之美、王延州从之、李右司之纯、雷御史希颜,不可不谓之豪杰之士。若夫不溺于时俗,不汨于利禄,慨然以道德、仁义、性命、祸福之学自任,沉潜乎六经,从容乎百家。

---

① (金)赵秉文:《滏水集》卷十三《学道斋记》,《文津阁四库全书·集部》第1194册,北京:商务印书馆2006年,第427页。
② (金)王若虚:《扬子法言微旨序》,阎凤梧主编:《全辽金文》(中),第2504页。
③ (金)杨云翼:《闲闲老人滏水集序》,阎凤梧主编:《全辽金文》(中),第2432页。
④ (金)元好问:《赵闲闲真赞二首》,阎凤梧主编:《全辽金文》(下),第3273页。

幼而壮,壮而老,怡然涣然,之死而后已者,惟我闲闲公一人"①。

虽然杨云翼等人将赵秉文视为"一归诸孔孟而异端不杂"的纯儒和大师,但赵氏也被王若虚、全祖望等人视为佞佛者②。赵秉文虽然以儒学卫道士自居,但对佛学也颇有好感,并为佛道二家作过许多诗文。对此,元好问在其墓志中称:"公究观佛、老之说而皆极其指归。尝著论,以为害于世者,其教耳。又其徒乐从公游,公亦尝为之作文章,若碑志诗颂甚多。晚年录生平诗文,凡涉于二家者,不在也。"③可知赵秉文精于佛道二家义理,而且与二教人士交往频繁,常为佛道教徒写作碑志诗颂等文章,但晚年自编文集时却将这些文章删去。

据王若虚称:"赵闲闲本喜佛学,然方之屏山,颇畏士论,又欲得扶教传道之名,晚年自择其文,凡主张佛老二家者皆削去,号《滏水集》,首以中、和、诚诸说冠之,以拟退之原道性,杨礼部之美为序,直推其继韩、欧。然其为二家所作文,并其葛滕诗句另作一编,号《闲闲外集》。"④他将有关儒家道学的诗文,编为《滏水集》(二十卷),以示继承道统;同时将赞颂佛老的诗文另编为《闲闲外集》(已佚)。究其原因,即因为他害怕儒家士大夫的批评,又想得到"扶教传道"的大儒名声,此举还被时人讥为"藏头露尾"。全祖望在《宋元学案》中也称赵秉文为"佞佛"人,他评论说:"予初读其论学诸篇,所得虽浅,然知所趋向,盖因文见道者,其亦韩、欧之徒与? 及读论米芾临终事而疑之,则仍然佞佛人也。追取《归

① (金)元好问:《闲闲公墓铭》,阎凤梧主编:《全辽金文》(下),第2898页。
② 参见方旭东:《儒耶佛耶:赵秉文思想考论》,《学术月刊》2008年第12期。
③ (金)元好问:《闲闲公墓铭》,阎凤梧主编:《全辽金文》(下),第2901页。
④ (金)刘祁:《归潜志》卷九,上海古籍出版社编:《宋元笔记小说大观》第6册,上海:上海古籍出版社2001年,第5987页。

潜志》考之,乃知滏水本学佛,而袭以儒,其视李屏山,特五十步百步之差耳。虽然,犹知畏名教之闲,则终不可与屏山同例论也。"①由王若虚、全祖望等人的评论可知,作为金朝儒学代表人物的赵秉文,实质上却出入佛老,研习佛学,并对佛道教多有回护。那么,赵秉文到底是扶教的纯儒,还是佞佛者? 对此,本书将从以下几方面试做辨析:

(一)"绍学周程":赵秉文对北宋理想的继承

赵秉文对于人性、天理、修道等理学核心概念的看法,继承自北宋周敦颐、二程理学。因此,他也以传承和复兴周程理学为己任,将周敦颐和二程作为继承孔孟之学的正统②。对此,赵秉文在《性道教说》中称:"孟子之后,不得其传,独周、程二夫子,绍千古之绝学,发前圣之秘奥,教人于喜怒未发之前求之,以戒慎恐惧于不闻不见,为人道之要。此前圣之所未到,其最优者乎。"但是,他在赞颂周敦颐、二程的同时,也反对程门弟子对汉唐诸儒的否定:"其徒遂以韩、欧诸儒为不知道,此好大人之言也。后儒之扶教,得圣贤之一体者多矣。使董子、杨子、文中子之徒,游于圣人之门,则游、夏矣。使诸儒不见传注之学,岂能遂先毛、郑哉! 闻道有浅深,乘时有先后耳。"③ 在他看来,韩愈、欧阳修、董仲舒、杨雄等汉唐诸儒,都属于维护儒学的"扶教"人士,并且"得圣贤之一体";部分宋

---

① (清)黄宗羲原著,(清)全祖望补修,陈金生、梁运华点校:《宋元学案》卷一百《屏山鸣道集说略》,北京:中华书局1986年,第3326页。

② 王若虚在《道学发源后序》中亦称:"自宋儒发扬秘奥,使千古之绝学,一朝复续,开其致知格物之端,而力明乎天理人欲之辨。始于至粗,极于至精。皆前人之所未见,然后天下释然知所适从,如权衡指南之可信。其有功于吾道,岂浅浅哉?"(金)王若虚:《道学发源后序》,阎凤梧主编:《全辽金文》(中),第2503页。

③ (金)赵秉文:《性道教说》,阎凤梧主编:《全辽金文》(中),第2171页。

儒批评他们"不知道",实际上是夸大不实之词。

(二)"空虚非道":赵秉文对佛老思想的批评

赵秉文曾作《黄河九昭·通塞》,表达了他维护儒学、批判佛老等异端的态度,文称:"噫!圣道之荒芜兮,熟开明而别聪。……麾韩庄之倚门兮,排佛老之肖宫。回狂澜之既倒兮,障百川而朝东。"[1] 他认为佛老思想主要在以下几方面需要批评和纠正:

一是批评佛老未得"中正之天道"。赵秉文以"中庸之道"为标准,试图评判儒学与佛道学说的高低。他说:"夫道一而已,而教有别焉。有虚无之道,有大中之道。不断不常,不有不无,释氏之所谓中也。彼是莫得其偶,谓之道枢。枢始得乎环中,以应无穷,老庄之所谓中也。非吾圣人所谓大中之道也。其所谓大中之道者何也?天道也,即尧、舜、禹、汤、文、武、周、孔之道也。《书》曰:'执厥中。'《易传》曰:'易有太极。'极,中也,非向所谓佛老之中也。"[2] 在他看来,"尧、舜、禹、汤、文、武、周、孔之道"即天道和中正之道,而佛老则非中道。

二是批评佛老未得"人性才情之中"。赵秉文还围绕人性批评了佛老的偏颇,他提出:"性之难言也。何以明之?上焉者,杂佛老而言;下焉者,兼才性而言之也。佛则灭情以归性,老氏则归根以复命,非吾所谓性之中也。"[3] 赵秉文站在儒家理学的立场上,批评佛老在人性论上的偏执:他认为佛教和道家只看到人性中的"上性"即天命本体之性,但却忽视或否定了"情"与"才",以至于佛教"灭情以归性",道家"归根以复命",都去追求空虚高远的佛性或本根,从而有失偏颇。

---

① (金)赵秉文:《黄河九昭·通塞》,阎凤梧主编:《全辽金文》(中),第2180页。
② (金)赵秉文:《中说并引》,阎凤梧主编:《全辽金文》(中),第2174页。
③ (金)赵秉文:《性道教说》,阎凤梧主编:《全辽金文》(中),第2170页。

　　三是批评佛老思想未得"仁义道德之中"。赵秉文提出："道德性命之说，固圣人罕言之也，求其说而不得，失之缓而不切，则督责之术行矣。此老庄之后，所以有申韩也与？过于仁，佛老之教也；过于义，申韩之术也。仁义合而为孔子。孟子先性，荀卿后性，荀孟合而为孔子。"① 在他看来，孔孟思想在对待"仁义"方面做到了中正；而佛老则过于"仁"，即偏执于"仁"；申韩过于"义"，即偏执于"义"，因此儒学优于佛老和申韩思想。

　　四是批评佛老是脱离日用的"空虚非道"。赵秉文进一步从现实作用的角度，批评了佛道思想的脱离日用和虚无"非道"，他称："今夫清虚寂灭之道，绝世离伦，非切于日用，或行焉，或否焉，自若也。至于君臣、父子、夫妇、兄弟、朋友之大经，可一日离乎？故曰可离，非道也。"② 他以是否符合五伦纲常作为评判标准，将佛老思想视为脱离实际生活的"清虚之道"和"非道"。由此可见，赵秉文实际上对佛老之学也多有批评，并从心性论角度指出佛老思想存在着偏执，从实践角度指出佛老思想脱离实际。从这些论述来看，赵秉文在整体上依然以儒学为归依，并非是如王若虚、全祖望等人所说的"佞佛者"。

（三）"出入佛老"：赵秉文对佛道思想的态度

　　从史传记载及赵秉文现存的著作来看，他确实熟悉佛道二教的学说，属于思想上"出入佛老"的理学家。对此，元好问称："公究观佛、老之说而皆极其指归。尝著论，以为害于世者，其教耳。"③ 由此可知，赵秉文对佛道教采取"重其说，轻其教"的态度，即从学

---

① （金）赵秉文：《原教》，阎凤梧主编：《全辽金文》（中），第2169页。
② （金）赵秉文：《诚说》，阎凤梧主编：《全辽金文》（中），第2175页。
③ （金）元好问：《闲闲公墓铭》，阎凤梧主编：《全辽金文》（下），第2901页。

术角度认同佛学和道家的思想义理,但又从社会作用的角度批评其消极影响。

　　赵秉文在《答麻知几书》中自言:"谈道,吾敬常先生、王宾佐;谈禅,吾敬万松秀、玉泉政",可知他与当时禅宗领袖万松行秀等著名的佛道人士都有密切的往来;他又称:"足下又谓山林有至道,刍荛有至人,可隐可显。诚哉是言! 当今之世,岂必忘言如达摩、谈道如庄生,然后为得也"[1],透露出对佛教禅宗和老庄的修行论和人生观的赞许。就其佛学思想来说,赵秉文对佛教禅宗的心性论颇有心得,他在《无尽藏赋》中写道:"由是观之,方成方毁,方生方死。虽然,此犹有心于去来见在也。若其无心,则无此矣。且夫水不与风期,风来而水波;山不与月期,月照而山白。庸知夫性空真风,性空真月,是尚有极耶。然则声尘有尽,所以声声者无尽也;色尘有尽,所以色色者无尽也。"[2] 这里所赋的"无尽藏",就是佛教所说的真如心性,即成佛解脱的依据。文中提到的性空、声尘、色尘都属于佛家名相;而水风山月的譬喻,也源自佛教禅宗等对真心本体性的描述。而就道家思想来说,赵秉文对老庄思想也较为熟悉。他在《反小山赋并序》中称:"子以心为物役,智为众缘。不知无尘有尘,桎梏于一峰之玄也。空花悟大夫之梦,庭柏证祖师之禅。无一物之非我,君其问诸屏山之散仙。"[3] 其中既有道家的"心为物役""大夫之梦"等说法,也借用了"庭柏证祖师之禅"等禅门公案,反映出对佛道教思想,特别是二家解脱境界的仰慕,而赵秉文(屏山)也以"散仙"而自居。赵秉文在《蓬赋》中也表达了类似的

---

[1]（金）赵秉文:《答麻知几书》,阎凤梧主编:《全辽金文》(中),第 2355 页。
[2]（金）赵秉文:《无尽藏赋》,阎凤梧主编:《全辽金文》(中),第 2200 页。
[3]（金）赵秉文:《反小山赋》,阎凤梧主编:《全辽金文》(中),第 2192 页。

思想,文称:"逍遥乎无为之业,游戏乎寂灭之场。普天壤以遐观,吾又安知大小之与彭殇也。乱曰:是身虚空以为量兮,坚固不坏如金刚兮,孰为夭寿孰否臧兮,翠竹真如非青黄兮。枯木龙吟非宫商兮,眼如鼻口道乃将兮。"① 他在文中将道家庄子的逍遥境界、齐物思想,与佛教禅宗的寂灭解脱、缘起性空思想结合。由此可见,赵秉文确实是一位兼学儒、佛、道三教思想并"出入佛老"的儒家士大夫。

（四）"殊途同归":尊理学而融佛老

赵秉文在研学佛道二家思想的基础上,以相对温和的态度看待佛道思想。他对于佛道思想并非一概否定,而是试图以更加平等和公允的视角审视佛道教,在尊崇儒学特别是周程理学的同时,主张三教并存,儒佛道共融。

首先,赵秉文认为三教"殊途同归",都是天道的体现。对此,他在《中说并引》中提出:"佛老之说皆非与?曰:非此之谓也。天下殊途而同归,一致而百虑。殊途同归,世皆知之;一致百虑,未之思也。夫道一而已,而教有别焉。"② 这段文字鲜明提出,佛道思想与儒家思想在本质上都是"大道"的体现,都有体现天道的理论价值,三教的区别只在于具体教化方式和修证途径的区别。

其次,赵秉文认为三教可以并行不悖。王若虚在其《归潜志》中曾记载赵秉文对佛老的评论:"学佛老与不学佛老,不害其为君子。柳子厚喜佛,不害为小人;贺知章好道教,不害为君子;元徽之好道教,不害为小人。亦不可专以学二家者为非也。"③ 在赵秉

---

① （金）赵秉文:《蓬赋》,阎凤梧主编:《全辽金文》(中),第 2197 页。
② （金）赵秉文:《中说并引》,阎凤梧主编:《全辽金文》(中),第 2174 页。
③ （金）刘祁:《归潜志》卷九,上海古籍出版社编:《宋元笔记小说大观》第 6 册,上海:上海古籍出版社 2001 年,第 5988 页。

文看来,儒家士大夫是否学习佛老思想,并不会影响他成为合格的儒家"君子",还举柳宗元、贺知章等人为例,说明不能将是否学习佛道思想作为评判"君子"和"小人"的标准。赵秉文借此要表达的另一层思想是,儒家士人可以兼学佛道思想,三教思想可以并行不悖。

再次,赵秉文推崇三教合一的思想旨归。赵秉文赞许唐人"兼容并包"的学术气象,他说:"大抵唐贤虽见道未至,而有忠厚之气。至于宋儒,多出新意,务抵斥,忠厚之气衰焉。学圣人之门,岂以胜劣为心哉?"① 从中可知,他虽然认为唐人在儒学的精深方面不及宋儒,但在兼容并包佛老思想等方面却气象更宏大,超过了宋儒。

综上所述,赵秉文虽"出入佛老",熟悉佛道思想,但也站在儒家立场上批评了佛道思想的偏执及空虚。与此同时,他虽然以儒家"扶教"人士自诩,但也注意吸收佛道教思想,认为三教"殊途同归""并行不悖",都是天道的体现。因此,从赵秉文的三教观中,可以看出他在思想上追求以儒为主的"三教合一"。这与前述金朝佛教、道教思想界的三教合一思想是一致的,也与追求思想和政治统一的金朝时代课题有着重要的关系。

三、李纯甫的三教观

李纯甫(1177—1223),字之纯,号屏山居士,弘州襄阴(今河北省张家口市阳原县)人,金朝后期名儒及奉佛居士。他对儒学和佛教思想都有深入研究,据耶律楚材《屏山李居士鸣道集说序》记

①(金)赵秉文:《滏水集》卷十五《中说类解引》,《文津阁四库全书·集部》第1194册,北京:商务印书馆2006年,第450页。

载："居山年二十有九，阅《复性书》，知李习之亦二十有九参药山而退著书。大发感叹，日抵万松，深攻亟击。而退著书，会三圣人理性蕴奥之妙要，终指归佛祖而已。"① 可知李氏早年时学习儒学，但又师从万松行秀学习禅法，他还注解《首楞严》《金刚经》等佛教经典，并有许多佛学著述。李纯甫晚年将论性理及佛老二家的文章编为"内稿"，其他文章编为"外稿"，著有《楞严外解》《金刚别解》《鸣道集说》《中庸集解》《老子解》《庄子解》《屏山翰墨佛事》等，今仅存《鸣道集说》五卷及一些诗文。与赵秉文"以儒为主，会通三教"的思想不同的是，李纯甫"会三圣人理性之学，要终指归佛祖"，即融会儒、佛、道三家学说，最终将其统摄于佛学之下。因此，其思想可以反映出金朝奉佛士大夫的三教观。

（一）"居士"与"儒家子"：作为奉佛居士的儒家士大夫

李纯甫晚年曾在《重修面壁庵碑》（兴定四年，1220）中自述其儒学经历，文称："屏山居士，儒家子也。始知读书，学赋以嗣家门，学大义以业科举。又学诗以道意，学议论以见志，学古文以得虚名。颇喜史学，求经济之术；深爱经学，穷理性之说。"② 由此可见，李氏自号佛教居士，同时又自称"儒家子"；从其学习经历来看，他兼通文学、史学、经学，并以儒家士大夫自居，将儒学作为自己的学术和思想根基③。

---

① （元）耶律楚材：《屏山李居士鸣道集说序》，（元）念常集：《佛祖历代通载》卷二十，《大正新修大藏经》第 49 册，第 695 页。
② （金）李纯甫：《重修面壁庵碑》，阎凤梧主编：《全辽金文》（下），第 2616 页。
③ 对于李纯甫儒学思想的研究，参见霁虹、史野：《李纯甫儒学思想初探》，《社会科学战线》2006 年第 2 期；符云辉：《〈诸儒鸣道集〉述评》，复旦大学 2007 年博士学位论文。

在儒学之外,李纯甫早年便对道家和佛教著作产生了浓厚的兴趣,并取得了较高的佛学造诣。元好问称其"于书无所不窥,而于庄周、列御寇、左氏、《战国策》为尤长,文亦略能似之。三十岁后,遍观佛书,能悉其精微"[①],李纯甫本人也自述"偶于玄学似有所得,遂于佛学亦有所入"[②],并曾拜禅宗高僧万松行秀为师。耶律楚材在《楞严外解序》中称:"屏山儿时闻佛以手加额,既冠排佛,今复赞佛","今屏山信解入微,如理而说,岂直悔悟于前非,亦将资信于来者。且儿时喜佛者,生知宿禀也。既冠排佛者,华报蛊惑也。退而赞佛者,不远而复也"[③]。从中可知,李纯甫年幼时信仰佛教,成年后作为儒者一度排斥佛教,但中年后又成为精通佛学的佛教居士。此外,李纯甫对于当时主张儒佛合一的金朝士大夫也颇为赞许,他在《西岩集序》中称赞喜爱佛学的刘西岩为"豪杰之士":"观其为人,必傲世而自重者。颇喜浮屠,遂于性理之说,凡一篇一咏,必有深意。能道退居之乐,皆诗人之自得,不为后世议论所夺,真豪杰之士也。"[④]通过以上文献的记载可知,李纯甫也是一位出入佛老的儒家士大夫,但他对于佛教抱有更浓厚的信仰态度,因此主张以佛为主,圆融儒、佛、道三教思想。

(二)"佛无异端":批判宋儒、为佛教辩护

从李纯甫现存的文章中可知,他的主要学术目的之一就是批

---

① (金)元好问:《中州集作家小传·屏山李先生纯甫》,阎凤梧主编:《全辽金文》(下),第3351页。

② (金)李纯甫:《重修面壁庵碑》,阎凤梧主编:《全辽金文》(下),第2616页。

③ (元)耶律楚材:《湛然居士文集》卷十三《楞严外解序》,《文津阁四库全书·集部》第1195册,北京:商务印书馆2006年,第726页。

④ (金)李纯甫:《西岩集序》,阎凤梧主编:《全辽金文》(下),第2627页。

判宋儒的排佛论,并为佛教辩护。李纯甫针对北宋理学家批判佛教的《诸儒鸣道集》,专门著书进行了反驳,晚年集合为《鸣道集说》一书。李氏并不认同宋儒视佛教为"异端"的观点,他在《程伊川异端害教论辨》中提出:"吾读《周易》知异端之不足怪,读《庄子》知异端之皆可喜,读《维摩经》知其非异端也,读《华严经》始知无异端也。《周易》曰:夫道并行不相悖。或处或出,或默或语,殊途而同归,一致而百虑,虽有异端,何足怪耶!"[1]可知他认为以《维摩经》和《华严经》为代表的佛学并非异端,而且佛道教可以与儒学并行不悖,三者殊途同归,都是"大道"的表现。

　　此外,李纯甫出于对佛教的维护,一方面批评反佛者的无知,另一方面也批评佛教内部的分裂与衰落。他说:"儒佛之轩轾者,不唯佛者不读儒书之过,亦儒者不读佛书之病也"[2],"吾佛大慈,皆如实语,发精微之义于明白处,索玄妙之理于委曲中。学士大夫犹畏其高而疑其深,诬为怪诞,诟为邪淫,惜哉!龙宫海藏,琅函贝叶,无虑数千万言,顶之而不观,目之而不解。且数百年老师宿德,又各执其所见,裂于宗乘,泊于义疏,吾佛之意扫地矣。悲夫!"[3]在他看来,佛教思想博大精深,内容真实可信。佛教之所以受到误解和攻击,一方面是因为儒家士大夫畏于佛学经典高深而不能深入研学,反而诬蔑佛教为怪诞邪淫;另一方面则是因为佛教内部不团结,僧人各执己见,拘泥文字注疏,反而丧失了佛教的本意。

---

① (金)李纯甫:《程伊川异端害教论辨》,阎凤梧主编:《全辽金文》(下),第2621页。

② (金)李纯甫:《鸣道集说》,(元)念常集:《佛祖历代通载》卷二十,《大正新修大藏经》第49册,第698页。

③ (金)李纯甫:《重修面壁庵碑》,阎凤梧主编:《全辽金文》(下),第2616页。

（三）"阴取佛说"：将两宋儒学兴起归因于禅宗思想的影响

从李纯甫的著述及其相关言论可知，他所接触的佛学主要是金朝禅宗思想，因此他也将唐宋禅宗视为佛教的正宗，并认为两宋儒学的兴起也可以归因于禅宗思想的影响。对此，他在《重修面壁庵碑》中称：

> 有菩提达摩大士自西方来，孤唱教外别传之旨。……深于义学沙门，波及学士大夫，潜符密契不可胜数。其著而成书者，清凉得之以疏《华严》，圭峰得之以钞《圆觉》，无尽得之以解《法华》，颖滨得之以释《老子》，吉甫得之以注《庄子》，李翱得之以述《中庸》，荆公父子得之以论《周易》，伊川兄弟得之以训《诗》《书》，东莱得之以议《左氏》，无垢得之以说《语》《孟》，使圣人之道不堕于寂灭，不死于虚无，不缚于形器，相为表里如符券然。[①]

李纯甫认为菩提达摩所传的"教外别传之旨"是唐宋佛学的核心思想，华严宗祖师澄观、宗密等人注解《华严经》，李翱、王安石父子、二程等人注疏儒家经典，都在思想本质上得到了禅宗思想的影响和启发。李氏在此实际上是将禅宗思想视为主体，并认为禅宗思想与儒家之道在本质上相同；禅宗思想和佛学并非寂灭虚无之说，而是不被文字教条所束缚的真理。

李纯甫还在《鸣道集说序》中提出："诸儒阴取其说以征吾书，自李翱始，至于近代，王介甫父子倡之于前，苏子瞻兄弟和之于后。《大易》《诗》《书》《论》《孟》《老》《庄》，皆有所解。濂溪、

---

① （金）李纯甫：《重修面壁庵碑》，阎凤梧主编：《全辽金文》（下），第2616页。

涑水、横渠、伊川之学踵而兴焉。上蔡、龟山、元城、横浦之徒又从而翼之。东莱、南轩、晦庵之书蔓衍四出,其言遂大。"①李氏在此以类似学术史的方式,列举了自唐代李翱,到北宋荆学王安石父子,蜀学苏轼、苏辙兄弟,周敦颐(濂溪)、司马光(涑水)、张载(横渠)、程颐(伊川);南宋谢良佐(上蔡)、刘安世(元城)、杨时(龟山)、张九成(横浦)、吕祖谦(东莱)、张栻(南轩)及朱熹(晦庵)等两宋儒学的代表人物,并认为他们都受到佛学的重要影响。李纯甫在《鸣道集说》中反驳张载的辟佛言论时也提出:"自孔孟云亡,儒者不谈大道一千五百年矣,岂浮图氏之罪耶?至于近代始以佛书训释《老》《庄》,浸及《语》《孟》《诗》《书》《大易》,岂非诸君子所悟之道亦从此入乎。张子幡然为反噬之说,其亦弗仁甚矣。谓圣人不修而至,大道不学而知,夫子自道也与?"②也就是说,孔孟之后一千五百年儒学的衰微并非佛教的过错,相反宋代理学的兴起正得益于儒家对佛老思想的借鉴。从唐宋思想史的角度来看,宋明理学的兴起确实受到佛学的重要影响(如心性论、修养论等),李纯甫的这一观点是值得肯定的。

综上可知,李纯甫认为两宋诸儒的经学著述在思想上都采用了佛学特别是禅宗的内容,因此宋朝理学在整体上都可以视为禅宗影响之下的结果。这实际上也是在论证佛学高于儒学,并可以包含儒学于其中,三教思想可以圆融合一。

(三)"会三归一":以佛学为核心,融合三教思想

李纯甫以佛教为归依,视儒学与佛学为一体,他曾"著一书,合

---

① (金)李纯甫:《鸣道集说序》,阎凤梧主编:《全辽金文》(下),第2619页。
② (金)李纯甫:《鸣道集说》,(元)念常集:《佛祖历代通载》卷二十,《大正新修大藏经》第49册,第696页。

三家为一”①，目的则是实现“会三圣人理性之学，要终指归佛祖”
的三教合一理想，即主张以佛为主的“三教合一”，所谓“道冠儒
履，同入解脱法门；翰墨文章，皆是神通游戏”②。

　　李纯甫认为佛学高于儒学，佛学深远高广并可以包涵儒学，
“学至于佛则无可学者，乃知佛即圣人，圣人非佛；西方有中国之
书，中国无西方之书也”③。他又提出：“浮屠氏之书从西方来，盖距
中国数千万里。……重译而释之，至言妙理，与吾古圣人之心魄然
而合，顾其徒不能发明其旨趣耳。”④认为佛教所讲的“至言妙理”
与儒家圣人所提倡的根本精神相合，之所以有人认为儒道不同，是
因为儒者不能了解两者在本质上的共通之处。因此“儒佛之说为
一家，其功用之殊，但或出或处，或默或语，便生分别以为同异者，何
也？至如刘子翚之洞达、张九成之精深、吕伯恭之通融、张敬夫之醇
正、朱元晦之峻洁，皆近代之伟人也。想见方寸之地既虚而明，四通
六辟千变万化，其知见只以梦幻死生，操履只以尘垢富贵，皆学圣人
而未至者。其论佛老也，实与而文不与，阳挤而阴助之，盖有微意
存焉。唱千古之绝学，扫末流之尘迹，将行其说于世”⑤。在李纯甫
看来，朱熹、吕祖谦、张九成等理学家人固然是“近代之伟人”，但对
于佛学却没有深入的了解，其见识困于“梦幻生死”“尘垢富贵”等
“方寸之地”，因此无法看到佛老思想与儒家的一致性。

---

①（金）元好问：《中州集作家小传·屏山李先生纯甫》，阎凤梧主编：《全辽金
　　文》（下），第3351页。
②（金）李纯甫：《鸣道集说》，（元）念常集：《佛祖历代通载》卷二十，《大正新
　　修大藏经》第49册，第699页。
③（金）李纯甫：《重修面壁庵碑》，阎凤梧主编：《全辽金文》（下），第2616页。
④（金）李纯甫：《鸣道集说序》，阎凤梧主编：《全辽金文》（下），第2619页。
⑤（金）李纯甫：《鸣道集说》，（元）念常集：《佛祖历代通载》卷二十，《大正新
　　修大藏经》第49册，第699页。

　　因此，李纯甫在《程伊川异端害教论辨》中总结称："三圣人者同出于周，如日、月、星、辰之合于扶桑之上，如江、河、淮、汉之汇于尾闾之渊，非偶然也。其心则同，其迹则异，其道则一，其教则三。"在李纯甫看来，孔子、老子、释迦牟尼三圣人时代相同，儒佛道三教如日月星辰并立、江河淮汉入海同归，三家"其心则同，其迹则异；其道则一，其教则三"，即精神本质相同，都是大道的体现。具体来说，"孔子游方之内，其防民也深，恐其眩于太高之说，则荡而无所归，故约之以名教。老子游方之外，其导世也切，恐其昧于至微之辞，则塞而无所入，故示之以真理。不无有少龃龉者，此其徒之所以支离而不合也。吾佛之书既东，则不如此。大包天地而有余，细入秋毫而无间"①。儒家主要以"名教"礼仪制度来约束百姓使其从善，道家通过揭示道的真理去指导民众，而佛法则最为广大高明，可以包容儒道在内的所有世间真理。

　　由此可见，李纯甫在三教观上主张以佛为主，会通三教。他在《鸣道集说》文末反复表明其身为儒者的立场，并自述其"合三圣人之道"的学术理想，文称："仆与诸君子生于异代，非元丰元祐之党；同为儒者，无黄冠缁衣之私。所以呕出肺肝，苦相订正，止以三圣人之教不绝如发，互相矛盾痛入心骨。欲以区区之力，尚鼎足而不至于颠仆耳。或又挟其众也，哗而攻仆则鼎覆矣。悲夫！虽然仆非好辩也，恐三圣人之道支离而不合，亦不得已耳。"②对此，同为奉佛居士的耶律楚材颇赞誉李氏，称其"发辉孔圣隐幽不扬之道，将攀附游龙，骎骎乎吾佛所列五乘教中，人天乘之俗谛疆隅矣"，"鸣

―――――――――――

① （金）李纯甫：《程伊川异端害教论辨》，阎凤梧主编：《全辽金文》（下），第 2621—2622 页。

② （金）李纯甫：《鸣道集说》，（元）念常集：《佛祖历代通载》卷二十，《大正新修大藏经》第 49 册，第 699 页。

道诸儒又自贬屈,附韩欧之隘党,其计孰愈乎尊孔圣与释老鼎峙也耶"①。耶律楚材颇为赞同李纯甫的观点,即孔释老三圣平等,三教如鼎之三足,缺一不可;在他看来,李纯甫在对待三家思想上更具包容性和平等性,这远比韩愈、欧阳修及张载、二程等排佛者高明。而就奉佛的金朝士大夫来说,李纯甫的经历、思想及三教观,也颇能代表这些奉佛居士"以佛为主,圆融三教"的态度。

四、耶律楚材与元好问的三教观

耶律楚材与元好问是金元之际的著名儒家士大夫,两者的经历及思想也在当时的金朝士人中颇具代表性。在政治抉择上,前者由金仕元并成为蒙古政权初期重要的政治人物;后者则忠于金朝,以遗民的身份隐居不仕蒙古政权。在思想归依上,前者崇儒奉佛,主张"儒佛合一",推崇禅宗思想;后者则以儒者自居,批评释老,但也对佛道思想颇有涉猎。因此,耶律楚材与元好问的三教观,对于了解金朝的三教关系以及儒学思想界的三教合一思潮等,也具有重要意义。

(一)"湛然居士"耶律楚材的护教思想

耶律楚材,姓耶律氏,字晋卿,号湛然居士,为辽皇族东丹王八世孙。他是金元之际佛儒并重士大夫的典型代表,史载其学问广博,"其学务为该洽,凡星历、医卜、杂算、内算、音律、儒释、异国之书,无不通究"②。与此同时,楚材对佛学特别是禅宗思想最为推崇,他早年曾师从燕京大圣安寺住持圆照大师澄公学习佛法,后经

① (元)耶律楚材:《屏山李居士鸣道集说序》,(元)念常集:《佛祖历代通载》卷二十,《大正新修大藏经》第49册,第696页。
② (金)宋子贞:《中书令耶律公神道碑》,阎凤梧主编:《全辽金文》(下),第2841页。

澄公推荐"有万松老人者,儒释兼备,宗说精通,辩才无碍,君可见之"①,于是拜万松行秀为师,学习禅法。据行秀《领中书省湛然居士文集序》载:"湛然居士年二十有七受显诀于万松,其法忘生死,外身世,毁誉不能动,哀乐不能入。湛然大会其心,精究入神,尽弃宿学,冒寒暑,无昼夜者三年,尽得其道。"②可知耶律楚材从二十七岁时就得法于行秀,并且颇有造诣。行秀也将他作为"嗣法弟子",授以法衣和得法偈颂:"万松面授衣颂,目之为湛然居士从源。自古宗师,印证公侯,明白四知,无若此者。湛然从是自称嗣法弟子从源,自古公侯,承秉宗师,明白四知,亦无若此者。"③作为奉佛居士和禅宗弟子的耶律楚材,自然推崇佛学思想,并在佛教面对来自儒道的攻击时,极力为佛教辩护。

第一,批判宋儒和全真教,为佛教辩护。

耶律楚材主张的这种以佛为主、佛儒融合的思想,与前述的李纯甫可谓志同道合。他也认为儒家对佛教思想多有吸收("窃取"),但儒者却不愿承认,他说:"吾儒中喜佛乘者固亦多矣,其全信者鲜焉。或信其理而弃其事者,或信其理事而破其因果者……亦何异信吾夫子之仁义诋其礼乐,取吾夫子之政事舍其文学者耶。或有攘窃相似之语以谓皆出于吾书中,何必读经然后为佛,此辈尤可笑也。"④楚材曾尖锐地批评宋儒的排佛言论及排佛著作《诸儒

---

①（元）耶律楚材:《万松老人评唱天童觉和尚颂古从容庵录》序,《大藏新纂卍续藏经》第 67 册,第 376 页。

②（金）行秀:《领中书省湛然居士文集序》,阎凤梧主编:《全辽金文》(中),第 2411 页。

③（金）行秀:《领中书省湛然居士文集序》,阎凤梧主编:《全辽金文》(中),第 2411 页。

④（元）耶律楚材:《湛然居士文集》卷十三《楞严外解序》,《文津阁四库全书·集部》第 1195 册,北京:商务印书馆 2006 年,第 725 页。

鸣道集》,他说:"江左道学倡于伊川昆季,和之者十有余家,涉猎释老,肤浅一二。著《鸣道集》,食我园椹,不见好音。……诬谤圣人,聋瞽学者。噫! 凭虚气,任私情,一赞一毁,独去独取,其如天下后世何!"他认为批判佛教的宋儒实际上对于佛学并未深入了解,而且在窃取佛学思想的同时又诬蔑佛教,欺骗学者,实在与盗贼无异。与此同时,他颇赞同李纯甫为佛教辩护的观点,"昔余尝见《鸣道集》,甚不平之,欲为书纠其芜谬而未暇。岂意屏山先我著鞭,遂为序引,以针江左书生膏肓之病,为中原之士大夫有斯疾者,亦可以发药矣"①。

耶律楚材对当时受到蒙古统治者支持、发展迅速的全真教也颇多批评②。他在《西游录序》中,就将全真教乃至整个道教视为老子道家之学的异端邪说,"夫杨朱、墨翟、田骈文、许行之术,孔氏之邪也。西域九十六种,此方毗卢、糠瓢、白经、香会之徒,释氏之邪也。全真、大道、混元、太一、三张左道之术,老氏之邪也"③。究其原因,则与耶律楚材的护教思想有着密切的关系,他不满于全真教兴起后对佛教的批评以及侵夺佛寺财产等行为,因此对全真教颇有微词。

第二,"以佛治心":作为精神和理想依托的佛教思想。

行秀在《领中书省湛然居士文集序》中曾提到佛学思想对耶律楚材的重要影响,文称:"围闭京城,绝粒六十日。守职如恒,人无知者。以至扈从西征六万余里,历艰险,困行役,而志不少沮,跨

---

① (元)耶律楚材:《屏山李居士鸣道集说序》,(元)念常集:《佛祖历代通载》卷二十,《大正新修大藏经》第 49 册,第 695 页。
② 参见么书仪:《面对佛道二教的耶律楚材》,《文学评论》2000 年第 2 期。
③ (元)耶律楚材:《湛然居士文集》卷八《西游录序》,《文津阁四库全书·集部》第 1195 册,北京:商务印书馆 2006 年,第 684 页。

昆仑,瞰瀚海,而志不加大。容问其故,而曰:'汪洋法海涵养之力也。'"①从中可知,耶律楚材之所以能在蒙古军围困燕京绝粮时而泰然自若,在跟随蒙古大军西征过程中历尽艰险而坦然应对,都得益于佛法给予的精神涵养和力量,即"汪洋法海涵养之力"。而从耶律楚材的人生经历中可知,他确实是"以佛治心",也就是将佛法作为实现人生理想和道德修养的主要精神依托。

第三,"以佛治国":作为治国方略和统治思想的佛教思想。

耶律楚材主张佛儒思想的融合,他曾提出"以吾夫子之道治天下,以吾佛之教治一心""穷理尽性莫尚佛法,济世安民莫如孔教"等观点,认为佛教与儒家思想的结合,正可以解决出世与入世、治国与治心、追寻真理与救世安民等重要问题。此外,耶律楚材进一步认为,佛法不仅可以用于内在的治心,同样可以用于治国:"世谓佛法可以治心,不可以治国,证之于湛然正心修身、家肥国治之明效,吾门显诀,何愧于《大学》之篇哉!湛然尝以此诀忠告心友,时无识者,慨然曰:'唯屏山、闲闲可照吾心耳。'噫嘻!虽欲普慈兼济天下,后世末由也已。"②他将佛法之用与儒家《大学》中的"修齐治平"之功相对应,认为佛法与儒家在治心、治国方面的作用是一致的,而且名儒李纯甫、赵秉文也与他思想一致。从中可知,耶律楚材、李纯甫、赵秉文都主张"以佛治国",他们可以视为主张"佛儒融合"思想的金朝儒家士大夫代表。

(二)元好问对佛道二教的批评

元好问(1190—1257),字裕之,号遗山。太原秀容(今山西省

---

① (金)行秀:《领中书省湛然居士文集序》,阎凤梧主编:《全辽金文》(中),第2412页。
② (金)行秀:《领中书省湛然居士文集序》,阎凤梧主编:《全辽金文》(中),第2412页。

忻州市）人。曾师从儒学家郝天挺。他二十三岁时为避蒙古军南侵而举家迁居河南，后两中经义和词赋进士，任金朝儒林郎、权国史院编修官、尚书省掾、左司都事等职。金亡后隐居不仕，晚年致力于金朝史料特别是金朝作家文士作品的收集和整理，1257年病逝。与李纯甫、耶律楚材等人不同的是，元好问坚持儒学的主体地位，他一方面站在儒家名教的立场上对佛道思想多有批评，另一方面也赞许佛道二家思想的优点。因此他并非严格意义上的排佛儒者，也对佛道二教抱有相对平和与包容的态度。

第一，元好问对佛教的评判："有违孝道"与"坚不可破"。

元好问对佛教保持较为中立的态度，他一方面站在儒家礼教和道德伦理的基础上批评佛教不合孝道等，另一方面也指出佛学精深，佛教信徒精神可嘉。对于前者，例如元好问在《坟云墓铭》文中，就颇为赞许这位以践行儒家孝道而出名的佛教僧人，并评论说："世之桑门以割爱为本，至视其骨肉如路人。今师孝其亲乃如此！然则学佛者亦何必皆弃父而逃之，然后为出家邪？"[①] 表达出对佛教出家弃父母不孝行为的反对。同时元好问对佛教也不无赞许，称："浮屠氏之入中国千百年，其间才废而旋兴，稍微而更炽者，岂无由而然？天下凡几寺，寺凡几僧，以乡观乡，未必皆超然可以为天人师也。唯其死生一节，强不可夺；小大一志，牢不可破。故无幽而不穷，无高而不登，无坚而不攻。"[②] 将佛教兴盛的原因归结为追求解脱的远大理想、缜密广大的佛学理论、坚忍不拔的修行意志等，并表现出赞许的态度。

---

① （金）元好问：《坟云墓铭》，阎凤梧主编：《全辽金文》（下），第3120页。
② （金）元好问：《威德院功德记》，阎凤梧主编：《全辽金文》（下），第3203—3204页。

　　元好问虽然在思想上以儒学为归依,但日常与佛教僧人等也多有交往①,如与佛教诗僧嵩山少林寺木庵英禅师、嵩山草堂德禅师、河南龙兴寺汴禅师、嵩山清凉寺相禅师、相禅师弟子俊书记、聪上人(即刘秉忠)、五台山普安禅师等人都有诗赋唱和。不过,这种往来也仅限于诗赋等文学领域,佛教对元好问的影响始终是次于儒学的。

　　第二,对道教的评判:"虚妄怪乱"与"全真济民"。

　　元好问早年对道教颇不以为然,他在评述唐宋道教发展演变时称:"二三百年之间,至宣、政之季,而其敝极。黄冠之流,官给命书,以散郎与大夫之目,循历资级,无别省寺,凡冥报之所警,后福之所开,则视桑门所前有者而例举之。始欲为高而终为高所卑,始欲为怪而卒为怪所溺。其徒有高举远引者,亦厌而去之。"②他对北宋徽宗时期的道教评价最低,认为当时依附于皇权的"黄冠之流"表面高深实则卑劣,其教法也属于"乱力怪神"的迷信行为。

　　相比之下,元好问对全真教的评价较高,认为其吸收综合了道家和佛教的优点,并且扬弃了两家的缺陷,他在《紫微观记》中称赞全真教"本于渊静之说,而无黄冠禳襘之妄;参以禅定之习,而无头陀缚律之苦。耕田凿井,从身以自养,推有余以及之人。视世间扰扰者,差若省便然,故堕窳之人翕然从之"③。此外,元好问在《清真观记》中还肯定了全真教在金元之际救民济世中的重要作用:"呜呼!自神州陆沉之祸之后,生聚已久而未复其半。蚩蚩

---

① 关于元好问与佛教诗僧的往来,参见姚乃文《元好问与佛教》(《五台山研究》1986年第4期)及李正民、牛贵琥《试论佛教对元好问的影响》(《民族文学研究》2005年第3期)等文。

② (金)元好问:《紫微观记》,阎凤梧主编:《全辽金文》(下),第3217页。

③ (金)元好问:《紫微观记》,阎凤梧主编:《全辽金文》(下),第3217页。

之与居,泯泯之与徒,为之教者独全真道而已";但他又在同文中指出,社会稳定最终需要依靠儒家纲常秩序的恢复,而不是佛道宗教的兴盛,"尝试言之:圣人之忧天下后世深矣,百姓不可以逸居而无教,故为之立四民,建三纲五常。……由不可斯须离,至百世千世万世而不可变"①。

综上所述,耶律楚材与元好问的三教观并不相同,他们分别代表了金元之际奉佛居士和儒家本位者对待儒、佛、道三教思想的态度。但从整体上看,不论是耶律楚材的护教思想,还是元好问对佛道教优劣的综合评判,都反映出不同于宋儒而相对温和包容的三教观。这也反映出佛道教特别是禅宗和全真教在金朝社会中的巨大影响力,以及"三教圆融"和三教合一思想在金朝思想界得到的普遍认同。

五、金儒三教观对金朝时代课题的回应

金朝统治者将儒学思想作为统治思想的主要原因在于,相比与佛道教等宗教思想,儒家思想可以在巩固统治方面发挥更为重要的作用。以忠孝思想为代表的儒家道德伦理,无疑可以为金朝统治者的合法性提供更直接和有力的论证。因此,金朝帝王也特别重视忠孝节义思想的宣扬,金章宗时"今主上践祚之明年,敕修天下忠臣义士庙宇","不惟使后之继业者,不坠其家声,抑将使为人臣者,以道事君,措天下如贞观之治"②。这里的"以道事君"就鲜明地反映出儒家思想所体现的政治作用,及其对金朝时代课题的回应。本书则主要从宗教思想与民族和文化认同的角度,考察金

① (金)元好问:《清真观记》,阎凤梧主编:《全辽金文》(下),第3220页。
② (金)孙镇:《澄城县重修唐相国郑国文贞魏公庙碑》,阎凤梧主编:《全辽金文》(下),第2637页。

朝儒学与佛道教思想的关系,以及赵秉文、李纯甫、耶律楚材和元好问等金儒的三教观,从而揭示金朝儒学的"三教圆融"思想,及其对金政权"社会和文化秩序重建"的回应,这种回应主要体现在以下几方面:

第一,金儒通过对宋儒的批判,彰显出建构独立儒学思想体系的意图。

金朝儒家士大夫对宋儒之学颇多批评,从著名士大夫赵秉文、李纯甫、王若虚等人的评论可知:在解经的方法上,金儒认为宋儒存在着对儒家经典的过度解读、繁冗支离等问题;在思想的实践上,金儒认为北宋"道学"缺乏"笃厚力行"的实践,流于"贪高慕远"的空谈,实质上违背了儒学的真精神;在思想实质上,金儒批评宋儒之学不近人情,空虚高远,并且在思想上借鉴吸收了禅宗等佛老思想,因此辟佛老的宋儒实则流入佛老而不自知。金儒对宋儒的这些批评,不仅是学术观点上的不同,而且反映出金朝儒学界对思想独立性的追求;即金朝对辽朝和北宋的儒学并非简单因循旧说,而是批判性地选择继承。其最终目的,则是建构具有自身独立性的儒学思想体系,并与政治和文化的独立相辅相成。

第二,金儒主张以儒家思想为主,在批判佛老的同时融合佛老思想。

以儒家"扶教"者自诩的赵秉文,虽然批评佛老思想"空虚非道",但也"究观佛老之说而皆极其指归"[1],对于佛道思想颇为熟悉;元好问虽然批评佛教和全真道教"有违孝道""虚妄怪诞",但也承认两者思想上的精深,特别是在金元之际所发挥的稳定社会的作用,并与佛道二教人士有密切的交往。从其思想内涵上看,二

---

① (金)元好问:《闲闲公墓铭》,阎凤梧主编:《全辽金文》(下),第2901页。

人都属于批评佛老但又"出入佛老"的儒家士大夫。在唐宋以来中国思想界三教合一思潮的影响下,金朝士大夫往往兼学三教之说。如金初名士党怀英"其文章字画盖天性,儒、道、释,诸子百家之说,乃至图、纬、篆、籀之学,无不淹贯"[①];许昌任子山也将佛老之书视为养性安心之书,"手执《周易》一卷与佛老养性之书数册,以适吾性而已"[②]。

第三,金儒主张三教平等和"并行不悖",并注意探索佛儒思想的融合。

金朝士大夫的主流三教观是主张"三教圆融",与宋儒相比,金儒对待佛老二家的态度相对温和并具有包容性。赵秉文承认三教都是天道的体现,认为三教可以"殊途同归",并行不悖。奉佛居士李纯甫则主张"会三圣人理性蕴奥之妙要,终指归佛祖而已"[③],主张以佛为核心,融合儒佛道三教思想为一。耶律楚材通过批评宋儒和全真教等为佛教辩护,并主张"以佛治心""以佛治国"[④],他认为佛学可以作为国家治理和个人修养的主体思想。元好问也肯定了佛教和全真教教义思想的"坚不可破"及其"救世济民"的巨大社会影响力。

综上所述,金朝儒家士大夫对宋儒的批评及其"三教圆融"的三教观,从不同角度回应了金朝"主体文化选择与社会秩序重建"

---

① (金)赵秉文:《中大夫翰林学士承旨文献党公神道碑》,阎凤梧主编:《全辽金文》(中),第2251页。
② (金)赵秉文:《适安堂记》,阎凤梧主编:《全辽金文》(中),第2270页。
③ (元)耶律楚材:《屏山李居士鸣道集说序》,(元)念常集:《佛祖历代通载》卷二十,《大正新修大藏经》第49册,第695页。
④ (金)行秀:《领中书省湛然居士文集序》,阎凤梧主编:《全辽金文》(中),第2412页。

的时代课题。就前者来说,金朝思想界选择了儒学作为其主体文化,但金朝儒学并非是对宋辽儒学的简单因袭,而是在批判选择的基础上进行独特重构;就后者来说,金朝儒学界对佛道思想持宽容和融合的态度,试图建设以儒为主、"三教圆融"的思想体系,从而回应了金政权维护政治统一和文化独立、实现"文化秩序重建"的时代课题。

第五节 佛道教思想对金朝时代课题的解答

从金政权和女真民族发展的角度来说,金朝的佛教、道教和儒学思想在本质上是对唐宋中原汉文化的继承与发展。金朝灭亡后,也有汉族士大夫将接受汉文化的不彻底作为金朝亡国的主要原因,如金遗民刘祁在《辩亡》中称:"观金之始取天下,虽出于边方,过于后魏、后唐、石晋、辽,然其所以不能长久者,根本不立也"[1],这里所说的"根本"指的就是中原政治制度、儒学等汉文化;他进一步论述称:"大抵金国之政杂辽、宋,非全用本国法,所以支持百年。然其分别蕃汉人,且不变家政,不得士大夫心,此所以不能长久。向使大定后宣孝得位,尽行中国法,明昌、承安间复知保守整顿以防后患,南渡之后能内修政令,以恢复为志,则其国祚亦未必遽绝也。"[2]也就是说,金朝前期和中期的繁荣与女真统治者对汉文化的接受,以及对辽宋原有中原制度、人才的继承密不可分;而金朝的灭亡,则与金政权和女真民族后期未能完全采用中原制度文化有关。对此,金末士人也评价金朝"起艮维,据华夏,进用南

---

① (金)刘祁:《辩亡》,阎凤梧主编:《全辽金文》(下),第3659页。
② (金)刘祁:《辩亡》,阎凤梧主编:《全辽金文》(下),第3661页。

北豪杰之士,以致太平。百余年间,民物殷富。汉唐而下,良法善政,班班举行"①。

金朝之所以行"中国法",正是为了实现金政权的政治统一、社会稳定以及女真民族的文明化,即解决"主体文化选择与社会秩序重建"的时代课题,在这一过程,除了作为金朝主体文化的儒学,作为中原汉文化重要组成部分的佛教和道教思想也发挥了重要的作用。

一、宗教思想对金政权政治诉求的回应

(一)金朝佛道教为金政权提供了合法性论证

自汉魏两晋南北朝以来,中国宗教的发展就离不开统治者的支持,因此每一时代的主流宗教都自觉地选择与统治者合作。金朝的佛道教等主要宗教也不例外,都不约而同地为女真统治者和金政权进行了合法性论证。其具体表现为:

第一,"忠君奉国":佛道教人士表达对统治者的忠诚与服从。

金朝佛教的主流是禅宗,当时的著名禅师在开堂演法时多以"为国焚修,祝延圣寿"的方式,表达对金朝统治的忠诚与服从。如金初皇统九年(1149)《灵岩寺宝公开堂疏》中有"今请灵岩禅寺宝公长老开堂演法,为国焚修,祝延圣寿者"②;金世宗大定二十三年(1183)《灵岩寺涤公开堂疏》中写道:"今请涤公长老住持济南府十方灵岩禅寺,为国焚修,祝延圣寿者。……祝吾皇万岁之昌图,继古佛一乘之慧寿。"③

①(金)杨宏道:《窥豹集后序》,阎凤梧主编:《全辽金文》(下),第2850页。
②《灵岩寺宝公开堂疏》,阎凤梧主编:《全辽金文》(下),第3975页。
③《灵岩寺涤公开堂疏》,阎凤梧主编:《全辽金文》(下),第3981页。

作为金朝道教主流的全真教,也将践行忠孝思想作为其重要的修道途径,从而在教理上肯定了对金政权统治的服从。如全真教领袖马钰在其《立誓状外戒》中称:"专烧誓状,谨发盟言,遵依国法为先。"① 将遵守金朝的国法、服从统治作为重要的修道戒律。丘处机听闻金世宗死讯后,特作挽词致哀,词前长序以"臣处机"称:"处机虽道修方外,身处世间,重念皇恩宁不有感"②,这种称臣的身份以及对皇恩的感念,无不体现出全真教对金朝统治者的服从与尊重。《清虚大师把君道行录》载,全真道士把德伸晚年营建道观,"落成之后,每遇朔望,自总管以次官行香致礼,以赞颂天子万年之祝"③。正如时人所说:"故全真之教虽遗世独立,而尊君亲上之心常存;虽逶遁隐居,而爱人利物之仁愈切。"④ 也就是说,全真教虽以出世成道为目标,但实际上依然认同君臣关系,主动履行"尊君亲上"的世俗义务,从而为统治者服务。

第二,"佐理帝王":论证佛道在辅助金政权统治方面的作用。

金朝佛道教思想的一个显著特点,就是论证其与儒家政治作用的一致性,即佛道教同样发挥了辅助帝王统治、治国安民的重要作用。对此,如金泰和七年(1207)关昭素《重修陕州故硖石县大通寺碑记》称:"是知佛自法成,法从佛出,非佛无以助兴王化,非

---

① (金)马钰:《丹阳神光灿》,张继禹主编:《中华道藏》第 26 册,北京:华夏出版社 2004 年,第 479 页。

② (元)丘处机:《磻溪集》卷三,张继禹主编:《中华道藏》第 26 册,北京:华夏出版社 2004 年,第 607 页。

③ (元)陈楚望:《清虚大师把君道行录》,陈垣编纂,陈智超、曾庆瑛校补:《道家金石略》,北京:文物出版社 1988 年,第 628 页。

④ (元)俞应卯:《鄠县秦渡镇重修志道观碑》,张继禹主编:《中华道藏》第 47 册,北京:华夏出版社 2004 年,第 192 页。

法无以济度众生。"① 指明佛教在"襄助王化"方面的重要作用；天兴元年(1232)全真教碑刻《终南山重阳祖师仙迹记》则称："天下无二道，圣人不两心"，全真教与孔孟之学"其于佐理帝王，一也"② ；金人宋子贞《顺德府通真观碑》也称："夫道家者流，推老氏为始祖。……以之修身，则寿而康；以之齐家，则吉而昌；以之治国平天下，则民安而祚久长。"③ 可知全真教也自认为其立教宗旨与儒家无异，即可以发挥"治国""安民""平治天下"的政治作用。

第三，"三代正统"：儒学对金朝"正统"的论证。

金朝在接受北宋和辽朝儒学的同时，对宋辽儒学进行了批评与选择性继承。具体来说，金儒在继承辽宋传注经学的同时，又对以王安石等为代表的北宋经学进行了批评，认为宋儒在解经方法上过度解读，繁冗支离；他们在继承周程洛学的同时，也批评北宋的"道学"缺乏"笃厚力行"的实践，流于"贪高慕远"的空谈。这种对宋儒的批评，正反映出金朝思想界追求文化独立和创新的意图，以及为金朝的政治和文化正统做论证，即将金朝作为三代儒学"道统"和政治正统的代表④。这也是金朝统治者和女真民族接受汉文化与文化和民族认同深入发展的重要表现。

---

① (金)关昭素：《重修陕州故硖石县大通寺碑记》，阎凤梧主编：《全辽金文》(下)，第2686页。
② (金)刘祖谦：《终南山重阳祖师仙迹记》，阎凤梧主编：《全辽金文》(下)，第2654页。
③ (金)宋子贞：《顺德府通真观碑》，阎凤梧主编：《全辽金文》(下)，第2830页。
④ 章宗朝以后，金朝统治阶层还对德运和正统问题进行了长期的讨论，其主要目的就在于论证金朝统治的合法性。对此，时人称："正者，所以正天下之不正；统者，所以统天下之不一也。由不正与不一，然后正统之论兴；正统之论兴，然后德运之议定。"(金)黄裳：《德运议》，阎凤梧主编：《全辽金文》(下)，第2731页。

（二）金朝佛道教维护了金政权统治秩序的稳定

佛道等宗教除了为金政权的统治进行合法性论证、宣扬忠君奉国思想之外，还直接或间接地协助金政权平定叛乱、赈济灾荒等，从而发挥了巩固金政权统治、维护社会秩序的重要作用。

第一，"劝善赈荒"：通过慈善救济活动协助稳定社会秩序。

历史上的佛道教等宗教组织，在宗教活动之外一直承担着社会救济、赈灾救荒等慈善组织的责任，金朝佛道等宗教也不例外。如宋子贞《全真观记》载，全真道士巨阳子"独喜垦土积谷，以饭道众，岁遇凶荒，则尽推其羡余，以贷艰食，由是有声齐鲁间"[1]；李道谦《通微真人蒲察尊师传》记载蒲察道渊"适岁饥，师罄其所有振济，赖以全活者甚多"[2]；宋衜《通玄观记》则评价全真道士"今通都大邑，营垒村落，远及深山大泽，莫不黄冠峨峨，奠居相望。其日用，则凿井耕田，菲薄取足，推其余以济人"[3]。这些宗教组织通过赈灾救荒、收养鳏寡孤独、治病劝善等慈善行动，在一定程度上降低了饥荒、瘟疫等灾害的影响和破坏，有利于天灾战乱之后社会秩序的稳定和恢复，进而巩固了金政权的统治。

第二"保境安民"：发挥保护民众、管理基层社会的重要作用。

在政权更迭及外敌入侵之际，战争和抢劫暴乱等往往都会造成大量的民众伤亡和社会组织的破坏，这在社会动荡的宋金之际和金元之际表现得尤为明显。金朝佛道教虽然不具备武装力量，但依靠其长期发展形成的教团组织和信徒网络，及其重要的民众

---

① （元）宋子贞：《全真观记》，李修生主编：《全元文》第 1 册，南京：江苏古籍出版社 1999 年，第 180 页。

② （元）李道谦：《通微真人蒲察尊师传》，陈垣编纂，陈智超、曾庆瑛校补：《道家金石略》，北京：文物出版社 1988 年，第 627 页。

③ （元）宋衜：《通玄观记》，李修生主编：《全元文》第 5 册，南京：江苏古籍出版社 1999 年，第 173 页。

号召力和社会资源调动能力,往往也会成为当时举足轻重的社会力量,并且在一定程度上发挥了保境安民的重要作用。

对此,金元之际的全真教最具代表性,如丘处机觐见成吉思汗,获得蒙古政权的大力支持之后,全真教就成为当时中国北方"保境安民"的重要力量。丘处机在觐见成吉思汗东返途中,即"夜宣教语,谓众曰:今大兵之后,人民涂炭,居无室,行无食者,皆是也。立观度人,时不可失。此修行之先务,人人当铭诸心"①。将保护和救济难民、维护社会秩序作为"修行先务"。对此,元好问也称颂全真教"贞祐丧乱之后,荡然无纪纲文章,蚩蚩之民,靡所趋向,为之教者,独是家而已"②,肯定了全真教在当时所发挥的止乱治暴、教化民众和管理基层社会的重要作用。

第三,"招抚盗贼":通过协助金政权平定叛乱以维护其统治。

金朝末年,随着蒙古南进和金廷迁汴,金朝对山东河北等地的控制力大为降低,这些地区相继爆发了大规模的起义。以全真教为代表的宗教组织则较为积极地协助金军平定叛乱,延续了金政权在这些地区的统治。如金军在平定山东登州等地的红袄军起义过程中,便利用全真教在当地的巨大影响力协助其平定叛乱。对此,丘处机及其弟子李志常等人也接受了金朝将领的邀请,或出面劝降起义者,或直接协助金军守城平叛,协助金政权恢复了在山东地区的统治。时人也把全真教视为安定时局的重要实力集团,将丘处机和全真教与金元之际的河北、山东军阀"世侯"相提并论,称全真教"在金之季,中原版荡,南宋孱弱,天下豪杰之士,无所适

---

① (元)商挺:《大都清逸观碑》,陈垣编纂,陈智超、曾庆瑛校补:《道家金石略》,北京:文物出版社1988年,第614页。

② (金)元好问:《紫微观记》,阎凤梧主编:《全辽金文》(下),第3217页。

从。时则有若东平严公,以文绥鲁,益都李公,以武训齐,而重阳宗师、长春真人,超然万物之表,独以无为之教化有为之士,靖安东华,以待真主而为天下式焉"①。

综上所述,金朝佛道教人士对统治者所表达的忠诚与服从、对金政权统治合法性的论证、协助金政权平定叛乱和赈灾劝善等,都在维护金政权的统治秩序和社会稳定方面发挥了重要作用,在很大程度上满足了金政权的政治诉求,即政治稳定与社会秩序的重建,从而对金朝的时代课题提供了解答。

二、宗教思想对金朝社会诉求的回应

从金朝的发展历史来看,金政权的统治者以及包括女真民族在内的金朝民众,都试图淡化华夷界限,追求不同民族与社会阶层的圆融和统一,这可以视为金朝的主要社会诉求。从上文的论述可知,金朝的佛道宗教思想和儒学思想都对此进行了回应。

(一)三教合一思潮促进了金朝政治统一和社会秩序的稳定

金朝统治者一方面崇儒兴学,另一方面也对禅宗和全真教等宗教给予支持和礼遇,鼓励并支持三教共同发展,其目的则是实现政治与社会的稳定。对此,金朝佛道教及儒学思想界所主张的三教合一思想,正是对此诉求的主要回应。

第一,金朝佛道教提倡的"三教圆融"和"三教平等"思想,符合金朝稳定社会秩序的政治需要。

金朝思想界延续了唐宋以来的三教合一发展趋势,儒、佛、道

---

① (元)陈绎曾:《增修集仙宫记》,陈垣编纂,陈智超、曾庆瑛校补:《道家金石略》,北京:文物出版社1988年,第783页。

思想界普遍具有"三教圆融"和"三教平等"的思想。例如,以禅宗为代表的金朝佛教提倡"三教圆融",并综合北宋禅宗和辽朝华严宗以"和会禅教",吸收老庄道家思想以"引道证佛",论证佛儒思想的一致以"援儒入佛"。以全真教为代表的金朝道教也主张"三教一家",吸收禅宗心性论和修证方法而"以禅解道",援引儒家忠孝观和道德伦理论证"儒道合一"。以赵秉文、李纯甫、耶律楚材等为代表的金朝儒学家和士大夫也持有宽容开放的三教观,主张以儒学为主,吸收融合佛老二家思想;或提倡"以佛治心,以儒治国",体现出"三教平等"的圆融思想。

与此同时,金朝佛道教人士不仅关注宗教上的修行与解脱,还积极入世并希望发挥与儒家类似的"兴国辅政"作用。金朝思想界所提倡的"三教圆融"与"三教平等"思想,实际上是追求社会和谐与民众团结的思想反映。其现实作用则在于:一方面有利于金朝社会秩序和政治统治的稳定,另一方面也适应了金政权境内汉民族与少数民族、统治民族与被统治民族缓和矛盾、圆融和谐的政治要求。

第二,金朝儒佛道三教通过对忠孝思想的重视与践行,维护了金朝的道德伦理及社会秩序稳定。

在10—14世纪的中国主要少数民族政权中,契丹族建立的辽朝、党项族建立的西夏和女真族建立的金朝都接受了儒家的政治制度和思想文化。但与崇佛的辽夏政权相比,金政权则将儒学作为其思想文化的主体。与此同时,在唐宋以来三教合一的思想发展趋势下,儒家忠孝思想也为金朝佛道教所吸收,并成为金朝思想界的共识,从而维护了社会的基本伦理道德和金政权的统治。如大定四年(1164)《解州安邑县□篆□慈云院记》便称,佛教"上则善于国,以忠为主;内则善于家,以孝为主;外则善于师长,以身名为饰"①,即强调忠孝也是佛教的核心思想之一。

对此,金朝史料中可以见到很多僧人及道士践行儒家忠孝之道的记载,如金世宗时智崇禅师"父母既没,遂归里中,起庵于茔侧,及时进道,以为追荐"②,将佛教修行与儒家守孝结合;金末南阳灵山"弃家为佛子"的法云,出家后不仅继续奉养父母,而且践行了儒家的"三年守孝","遭岁饥,乃能为父母挽车,就食千里。母亡,庐墓旁三年,号哭无时。父殁亦然。山人谓之'坟云',旌其孝也"③;王山十方圆明禅院的觉体禅师,幼时误以为母亡,后"询诸耆旧,知母不死",最终寻得生母孝养,"菽水重欢,增辉桑梓。人谓师之孝,感动天而天弗违矣"④。全真教领袖刘处玄也称:"身孝则报父母之恩也,家善则如许君庞士也,乡行则怜贫爱老也,国清则万民丰足也,天下有道,则天下成熟也。"⑤积极提倡儒家的孝道和报恩思想。这些都表现出孝道思想已经被金朝三教人士共同推崇和奉行,这不仅是佛教进一步中国化的表现,同时也成为维护金朝统治和社会稳定的重要思想和道德伦理保证。

(二)佛道教思想成为凝聚金朝社会各阶层和民族的重要力量

与辽朝和西夏等少数民族类似的是,作为金朝建立者的女真

---

①(金)张瑜:《解州安邑县□篆□慈云院记》,阎凤梧主编:《全辽金文》(中),第1571页。

②(金)梁朗:《西庵院智崇禅师塔铭》,阎凤梧主编:《全辽金文》(中),第1708页。

③(金)元好问:《坟云墓铭》,阎凤梧主编:《全辽金文》(下),第3119页。

④(金)边元勋:《王山十方圆明禅院第二代体公禅师塔铭并序》,解光启:《金〈太原交城县王山修建十方圆明院记〉与〈第二代体公禅师塔铭并序〉碑》,《五台山研究》2000年第2期,第33页。

⑤(金)刘处玄:《无为清静长生真人至真语录》,张继禹主编:《中华道藏》第26册,北京:华夏出版社2004年,第557页。

民族也接受并信仰了来自中原地区的主要宗教,中原大乘佛教与道教成为金朝境内汉族与女真、契丹等民族的共同信仰,从而有助于消弭民族界限和社会矛盾。

第一,金朝佛教继承融合了辽宋佛教,并发挥了凝聚金政权境内各民族民众的重要作用。

佛教是包括汉族和契丹族在内的辽朝民众的主要宗教信仰,辽朝佛教的核心则是华严宗和密宗等中原大乘佛教宗派;以禅宗为代表的中原大乘佛教也是当时北宋民众的主要宗教信仰之一。金朝在占据辽和北宋中原地区的同时,也继承并融合了辽宋佛教,形成了以禅宗为主体,华严宗、净土宗、律宗等为辅的新佛教体系。从佛教信仰在金朝社会的普遍流行来看,佛教实际上已成为联系和凝聚汉族和女真、契丹等少数民族民众的重要宗教纽带,从而消弭了统治与被统治民族、主体民族与少数民族之间的对立与界限。据卫绍王大安二年(1210)陕西法门寺《金烛和尚焚身感应之碑》碑文末所列的助缘施主姓名,就有"武义将军前扶风县尉不木鲁胡鲁、忠□校尉本镇酒务都监女奚烈铁柱、承奉班本镇酒务同监吴何……宣武将军前扶风县尉术虎……武节将军乾州好畤县主簿夹谷撒合"[1]等,其中不仅包括女真和汉族官员,还有十余个邑社等近百名普通民众,这正反映出佛教对金朝各民族和不同阶层民众的凝聚作用。

第二,全真教通过在金朝不同阶层和民众中的传播,成为联系汉与女真等民族的宗教纽带。

全真教在金朝的不同民族和阶层中都有着重要影响力,全真教道士通过与女真皇室贵族和汉族士大夫之间的宗教法事、交游

---

[1] 李发良:《法门寺志》,西安:陕西人民出版社 2000 年,第 277—285 页。

交友等活动,在不同阶层和民众中发挥了重要影响力。例如:丘处机及全真道士颇注意与当时的女真贵族及汉族士大夫进行交往①,据陈时可《长春真人本行碑》载:"师既居海上,达官贵人敬奉者日益多,定海军节度使刘公师鲁、邹公应中二老,当代名臣,皆相与友。"② 丘处机弟子尹志平"游潍州,时龙虎完颜氏素豪倨,慕师道德,施囿地,创观曰玉清,率家人尊事之"③。

　　此外,据《终南山碧虚真人杨先生墓铭》记载,全真道士杨明真受"宦贵士流尊礼","承安、泰和间,徒众颇多归之。适陕右二统帅俱皇族,相继师礼焉。运使嘉议高公,忽病心痛,治莫能效,先生为布气按摩立愈,有诗十绝为谢"④;紫虚大师于道显"南渡后,道价重一时,京师贵游闻师名,奔走承事,请为门弟子者不胜纪"⑤;通玄大师李大方"佩上清三洞秘箓,主盟秦雍者余二十年","一时名士,如竹溪党公世杰、黄山赵公文孺、黄华王公子端,皆以道义缔交于君"⑥。这都反映出包括全真教在内的金朝道教在社会各阶层中具有较普遍的影响力,并成为联系当时不同社会阶层、民族的宗教纽带。

---

① 这在丘处机《磻溪集》中就有所反映。该集有《答京兆统军夹谷龙虎书召》《赠京兆府统军夹谷龙虎》诗词两首,是丘处机与京兆统军"夹谷龙虎"的唱和之作。夹谷龙虎即夹谷清臣,大定十二年(1172)夹谷清臣出为陕西路统军使,兼知京兆府事,二十六年(1186)改任西京留守。

② (元)陈时可:《长春真人本行碑》,张继禹主编:《中华道藏》第47册,北京:华夏出版社2004年,第127页。

③ (元)戈毂:《清和妙道广化真人尹宗师碑铭并序》,张继禹主编:《中华道藏》第47册,北京:华夏出版社2004年,第135页。

④ (金)刘祖谦:《终南山碧虚真人杨先生墓铭》,张继禹主编:《中华道藏》第47册,北京:华夏出版社2004年,第145页。

⑤ (金)元好问:《紫虚大师于公墓碑》,阎凤梧主编:《全辽金文》(下),第3122页。

⑥ (金)元好问:《通玄大师李君墓碑》,阎凤梧主编:《全辽金文》(下),第3130页。

第三,金朝佛道教发挥了重要的社会教化作用,并有利于社会秩序的稳定。

金朝佛道教注意论证和宣传其与儒家一致的"治国辅政"作用,事实上金朝佛道教确实发挥了重要的社会教化作用,即通过社会教化、维护伦理道德准则等以维护社会稳定。金末李俊民在《重修佛堂记》中称佛教:"不陵弱,不暴寡,不苦怯,皆如来慈悲之化。夫以易感之化,易难从之俗,亦救时之一助也。若夫化流天下,使人有士君子之行,如周家太平之时,其待木铎之政乎?"①认为佛教发挥了与周公孔子一样的传道、化俗、救时等社会作用。全真教也具有类似的社会功能,据《通微真人蒲察尊师传》载,丘处机高徒蒲察道渊,"里人无赖恶少辈,师以祸福之报劝谕之,不数年,其俗丕变"②;全真掌教尹志平赴晋陕弘教,"师德望既隆,所至风动云委,吏民瞻拜,至凶悍无赖辈,皆感化弭服"③。时人元好问虽对佛道教颇有微词,但也肯定和称赞全真教发挥的这种重要社会教化作用,称其"黄冠之人十分天下之二,声焰隆盛,鼓动海岳。虽凶暴鸷悍,甚愚无知之徒,皆与之俱化"④。

综上所述,金朝佛教对辽宋佛教宗派和儒道思想的整合统一、全真教对佛儒思想的兼容吸收、儒家士大夫对佛老思想的宽容和融合等,都体现出鲜明的三教合一思想特色。这种圆融性的三教

①（金）李俊民:《重修佛堂记》,阎凤梧主编:《全辽金文》（下）,第2536页。
②（元）李道谦:《通微真人蒲察尊师传》,陈垣编纂,陈智超、曾庆瑛校补:《道家金石略》,北京:文物出版社1988年,第627页。
③（元）王恽:《大元故清和妙道广化真人玄门掌教大宗师尹公道行碑铭并序》,陈垣编纂,陈智超、曾庆瑛校补:《道家金石略》,北京:文物出版社1988年,第689页。
④（金）元好问:《清真观记》,阎凤梧主编:《全辽金文》（下）,第3221页。

思想也为金朝政治的统一和社会秩序的稳定提供了宗教思想上的论证和支持,进而回应了金政权追求政治统一和社会稳定的社会诉求。

三、宗教思想对金朝文化诉求的回应

金人杨奂在其《正统八例总序》中称:"中国而用夷礼,则夷之;夷而进于中国,则中国之也。"[①] 也就是说,区分王朝正统性的主要标准是文化认同而非华夷民族之别。因此,金政权和女真民族必然要使自身的文化成为"中国之礼",即向中国文化与思想归依,这也是金朝统治者和女真民族汉化和文明化的重要途径。因此,金朝帝王对儒学的尊崇、对佛教禅宗和全真教等的优礼等,不仅是出于巩固统治和宗教信仰等方面的考虑,同时也在很大程度上反映出金政权和女真民族的文化诉求,即兼采众长,综合中原政治文化与宗教文化,吸取更多文化资源以建构女真民族的主体文化,进而促进本民族的文明化。

(一)金朝宗教思想是金政权建构独立文化体系的反映

从金朝佛、道、儒思想的具体内涵和特点来看,金朝思想界并非简单承袭北宋或辽朝原有的儒学和宗教思想,而是在选择性吸收并进行创新改造的基础上,建构了适应金政权需求和具有自身独特性的佛、道、儒思想体系。这在很大程度上也反映出金政权建构独立文化体系的内在诉求。

第一,金朝佛教建构了融合辽宋佛教思想的独立思想体系。

金朝佛教的发展整体上可以视为对辽宋佛教文化的整合与重

---

① 原文为"中国而用夷礼,则夷之夷而进于中国,则中国之也",标点断句有误,此处依据文意修改。参见(金)杨奂:《正统八例总序》,阎凤梧主编:《全辽金文》(下),第 2790 页。

构。具体来说,这种整合重构在教内表现为对辽宋佛教体系的继承与统合:即宗派格局上承袭具有主体地位的北宋禅宗,同时传续、融合辽朝的华严宗等宗派,并逐渐"改教为禅";佛学思想上继承辽朝华严学的真心本体论体系,融合华严宗与禅宗思想,实现"融教入禅";宗派关系上则主张禅门各派融合,以及"禅宗"与"教宗"的和会,达到"禅教一致"。由此形成了以禅宗为主体、华严宗等宗派为辅,以真心本体论为理论核心的独立佛教思想体系。

在教外关系上,金朝佛教的独立性则表现为对佛儒道三教思想的进一步融会:即在佛儒关系方面主张"佛儒合一",论证佛教与儒学在治国安民方面的一致;在佛道关系方面主张"引道证佛",借用道家思想阐释禅学义理,并以佛学为主体融会道家思想等。金朝佛教以上的"三教圆融"思想,都体现出其建构了与辽宋王朝不同并具有独立特色的佛教思想体系。

第二,金朝建构了以全真教为代表的新道教思想体系。

在北宋道教的基础上,金朝北方兴起了以全真教等为代表的"新道教"。全真教的教理思想也鲜明地体现出"三教一家"即道、佛、儒三教思想融合的特点。首先,全真教融合了佛教禅宗的心性论和修证论思想,全真教王重阳及其弟子等人,在心性论方面,将开发"真性"和"真心"作为主要的修行目标和立教宗旨;在修道论方面,将内在心性的修炼作为解脱途径,强调通过反观内心真性、明心见性达到解脱;在解脱目标上,则将对心性本体的证悟、内在精神的超越作为成仙得道的标志;在修行方式上,全真教也将生活日用与"定心静心"的修养结合,主张入世化和生活化的修行方法。其次,全真教也注意吸收儒家思想,如将忠君孝亲等儒家道德实践作为修行成仙的重要途径,并使全真教发挥了与儒家类似的"佐理帝王"即维护统治的作用。由此可见,全真教作为"新道教",

其"新"即在于在教理思想上对佛儒思想的深度融合,对唐宋以来三教合一思潮的积极回应,这也是金朝思想界追求文化独立性的体现。

第三,金朝建构了以"三教圆融"为特点、体现自身独特性的儒学思想。

金朝儒学在继承宋辽儒学的基础上,并非简单因袭旧说,而是尝试建构了具有自身特点的思想体系。从赵秉文、王若虚、李纯甫、元好问等人的儒学思想和三教观可知,金儒在继承北宋理学的同时也批判"宋儒之弊",即批评宋儒的解经方法繁冗而脱离实际,理学思想空虚而不近人情,"辟佛老"的同时"流于佛老而不自知"等,这些批评正体现出金朝儒学思想界试图摆脱对北宋儒学的因循并建构独立儒学体系的意图。

此外,相比于"辟佛老"的宋儒,金朝士大夫对佛道教的态度更为宽容和温和。从金儒的三教观可知,他们多主张在坚持儒学主体性的前提之下,吸收佛老思想的积极成分,从而建构"三教圆融"的儒学思想体系;赵秉文、李纯甫、耶律楚材等人主张"以佛治心,以儒治国",肯定佛教和道教在辅助统治、维护社会秩序、劝善赈灾等方面的积极作用,试图实现三教的共同发展。以上的思想主张都反映出金朝儒学具有自身的独特性。

(二)金朝佛道教文化推进了女真民族的汉化与文明化进程

金朝禅宗和全真教是唐宋中原宗教文化的延续和发展,也是10—14世纪辽夏金元时代中国宗教文化的重要代表。中原宗教文化在被女真民族接受的同时,逐渐成为其精神文化的重要组成部分,从而促进了汉文化在女真民族中的传播,并推进了女真族的汉化与文明化进程。

　　第一，女真民族通过信仰佛道教而接受了中原宗教文化。

　　金朝建立以后，中原大乘佛教逐渐成为包括女真族在内的金朝民众的主要宗教信仰，女真等民族在佛教信仰的影响下，也加速了汉化与文明化进程。金朝"贵戚望族多舍男女为僧尼"，现存的文献和碑刻中也有很多关于女真皇族出家的记载，如：《佛祖历代通载》记载大定十年（1170）"金国世宗真仪皇后出家为尼，建垂庆寺，度尼百人"①。《英公禅师塔铭》记载东京垂庆寺"其尼尽戚里贵人"②，即出家者的身份以女真贵族为主。《通慧圆明大师塔铭》载，金世宗母贞懿太后李氏奉佛，"一日谓所亲曰：吾闻诸瞿昙氏，天地之覆载，日月之照临，万物之生死，皆幻也，富贵于我何有哉？乃削发为比丘尼，依佛觉大禅师，受具戒"，"上诏以通慧圆明为号，赐紫衣以褒之"③。《鲁国大长公主墓志》载，金朝鲁国长公主次女出家"为尼，赐号遣悟大师"④。金末元初华严宗高僧龙川行育为"女真人，姓纳合氏。得度于宝应秀，受业于永安柔。量宇弘远，识鉴高明"⑤，也是出身于女真族的佛教高僧。

　　随着全真教的兴起，很多女真贵族也出家修道。如丘处机的

---

① （元）念常集：《佛祖历代通载》卷二十，《大正新修大藏经》第49册，第692页。
② 罗福颐辑：《满洲金石志》卷三《大清安寺英公禅师塔铭》，新文丰出版公司编辑部：《石刻史料新编》第一辑第23册，台北：新文丰出版公司1982年，第17305页。
③ 碑文见方殿春：《金代〈通慧圆明大师塔铭〉再证》，《北方文物》2007年第1期，第44页。
④ 北京市文物工作队：《北京金墓发掘简报》，《北京文物与考古》第1辑，1983年，第72页。
⑤ 《宣授扶宗弘教大师释源宗主江淮诸路都总摄鸿胪卿赠司空护法大师龙川和尚舍利塔志》，洛阳市地方史志编纂委员会编：《洛阳市志》卷十五《白马寺龙门石窟志》，郑州：中州古籍出版社1996年，第99页。

弟子孟志源就出身于女真贵族,据《重玄广德弘道真人孟公碑铭》记载,"其先本上京徒单氏","高祖母完颜氏,金源郡王希尹之妹。曾祖克宁,尚嘉祥县主,事熙宗、海陵、兴陵、道陵凡四朝。……略以金国名臣传考之,其家世可谓盛矣";他出家后颇受丘处机重视,并成为随其西行觐见成吉思汗的十八位弟子之一,"门人中选道行清实可以从行者,得十八人,公其一也"[①]。孟志源在丘处机去世后又担任知长春宫事、宫门提点、教门都提点等职,成为金元之际全真教的领袖之一。据《通微真人蒲察尊师传》记载,丘处机另一重要弟子蒲察道渊也为女真人,出身"燕都巨室",金世宗时入陕随丘处机学道,并在汧阳(今陕西省宝鸡市千阳县)石门筑全真堂,"以行其所受之道";与此同时,道渊借助其女真豪族的身份,逐渐向关陇女真贵族传播全真教,"陇之州将多国朝贵族,稔知师门第,及慕其高洁,时来参拜,师必以爱民崇道之语教之"[②]。由此可知,作为中原宗教重要组成部分的佛道教确实在女真等民族中得到了广泛的传播。

第二,佛道教促进了汉文化在女真族中的传播。

由前文论述可知,金朝佛道教文化的主要特点是"三教合一",中原儒佛道三教文化也融合成为统一的汉文化整体。因此,三教思想往往借助其中一教的传播而得到整体传播,三者都是中原汉文化的重要体现。现存史料中也记载有许多熟谙三教思想和汉文化的女真人,如:金朝密国公完颜寿就是一位对佛道儒三教思想颇有研究、汉化程度很深的女真皇族,元好问称其为"百年以来,

---

① (元)李鼎:《重玄广德弘道真人孟公碑铭》,陈垣编纂,陈智超、曾庆瑛校补:《道家金石略》,北京:文物出版社1988年,第553页。

② (元)李道谦:《通微真人蒲察尊师传》,陈垣编纂,陈智超、曾庆瑛校补:《道家金石略》,北京:文物出版社1988年,第627页。

宗室中第一流人也"①。完颜寿自幼学习汉文化,"少日师三川朱巨观学诗、龙岩任君谟学书,真积之久,遂擅出蓝之誉。于书无所不读,而以《资治通鉴》为专门";除儒学之外,"参禅于善西堂,名曰'祖敬'。自题写真有'枯木寒灰亦自神,应缘来观胙公身。只缘苦爱东坡老,人道前身赵德麟'之句"②;他还为王重阳作《全真教祖碑》,对于全真教义也很熟悉。金世宗大定年间的女真贵族字术鲁"日与羽流、禅客、诗人、逸士抨棋酌酒,抚琴分茶"③,也俨然是一位熟谙佛道二教思想的儒家士大夫。从时人对这些汉化女真贵族的记载中可知,对于中原佛道教文化的接受,与接受儒家文化一样,都是女真族汉化和文明化的重要标志。

第三,佛道教为女真民族及金朝民众提供了精神慰藉。

佛道教作为金朝社会的主要宗教信仰,也为包括女真族在内的金朝民众提供了祈福攘灾和临终关怀等精神慰藉。如:金世宗母"贞懿太后以内府金钱三十余万即东都建清安寺以祈冥福"④;出身契丹族的漆水郡夫人耶律氏"每早起□□□诵佛经,日旰方食"⑤。从中可知,伴随着诵读汉文佛教经典、修习汉化佛教仪轨等,女真民族进一步接受了汉民族的文化和生活方式,从而促进了其汉化和文明化进程。

---

① (金)元好问:《中州集作家小传·密国公寿》,阎凤梧主编:《全辽金文》(下),第3360页。

② (金)元好问:《如庵诗文序》,阎凤梧主编:《全辽金文》(下),第3235页。

③ (金)范怿:《掖县字术鲁园亭记》,阎凤梧主编:《全辽金文》(中),第1819页。

④ 罗福颐辑:《满洲金石志》卷三《大清安寺英公禅师塔铭》,新文丰出版公司编辑部:《石刻史料新编》第一辑第23册,台北:新文丰出版公司1982年,第17305页。

⑤ 梅宁华主编:《北京辽金史迹图志》(下),北京:北京燕山出版社2004年,第181页。

此外,成佛与往生净土也成为金朝民众的重要信仰,如元好问《南阳县太君墓志铭》记载,李氏"夫人自幼事西方,香火之具,未尝去其手。病且革,沐浴易衣,趣男女诵佛名,怡然而逝"[1]。忠武校尉任德懋"中岁之后,即置家事不问,惟日诵《般若》而已","临终遗命以所诵经内怀中。矿息定,家人发哀。良久复开目云:'经安在?'家如言奉之,怡然而逝"[2]。据《潞州录事毛君墓表》记载,潞州录事毛伯朋"衰经中,日颂佛书为课,迄于终制"[3],在为母守孝时将诵读经文作为表达孝心的主要方式。佛教净土信仰等宗教观念在金朝民众中的普遍传播,也在很大程度上促进了女真民族和汉民族在观念习俗上的趋同。

综上所述,从思想与社会互动的角度来看,金朝的宗教思想一方面是唐宋以来中国哲学和思想文化三教合一思潮发展的体现,另一方面也是宗教思想顺应金朝文化和社会需求的产物,即佛道教思想从不同角度回应了金朝"主体文化选择与社会秩序重建"的时代课题。这一时代课题的解答包含"建构体现自身独立性的主体文化""政治秩序的稳定和社会秩序的重建""女真民族的汉化与文明化"三个主要方面:就"建构体现自身独立性的主体文化"来说,金朝思想界虽然选择了儒学作为其主体文化,但并非是对宋辽儒学的简单因袭,而是在批判选择的基础上吸收佛道教文化,重构了具有自身独特性的"三教圆融"思想文化体系。就"政治秩序的稳定和社会秩序的重建"来说,具有自身独特性的金朝儒佛道思想体系,可以为金政权的政治独立提供理论基础和思想支撑;而金

---

① (金)元好问:《南阳县太君墓志铭》,阎凤梧主编:《全辽金文》(下),第3026页。
② (金)元好问:《忠武任君墓碣铭》,阎凤梧主编:《全辽金文》(下),第3088页。
③ (金)元好问:《潞州录事毛君墓表》,阎凤梧主编:《全辽金文》(下),第3084页。

朝佛道教对金政权合法性的论证、提倡"三教圆融"与"三教平等"思想、推行儒道德教化和社会救济等,也有利于金朝统治的稳定,以及不同社会阶层和民族矛盾的消解,从而实现金朝政治和社会"秩序"的重建。就"女真民族的汉化与文明化"来说,金朝统治者和女真民族接受了作为中原汉文化主要内容的儒佛道三教文化,这也使其更深入地吸收了汉民族的政治文化、生活方式及思想观念等,从而推进了女真民族的文明化和文化认同。

第四章　回鹘宗教思想与文化认同

第一节　高昌回鹘国和喀喇汗朝的时代课题

一、回鹘西迁与高昌回鹘国、喀喇汗朝的建立

回鹘，又称回纥，是唐宋时代活动于今中国北方地区的重要少数民族。回鹘民族的历史可以上溯至先秦时代的狄历，其名首见于《魏书·高车传》，称"袁纥"，隋朝则称之为韦护、乌护，唐初则称回纥，唐德宗时改称回鹘。回鹘民族原游牧于仙娥河（又名娑陵水，今蒙古国色楞格河）和温昆河（今蒙古国鄂尔浑河）流域，别支则游牧于中国新疆西部的金山（阿尔泰山）、伊犁河等地。回鹘民族先臣属于突厥汗国，公元745年回鹘首领骨力裴罗灭突厥，建立回纥汗国，此后称霸漠北，直至唐文宗开成五年（840）被黠戛斯灭亡。回鹘汗国灭亡后，部分回鹘部落西迁到了今新疆、甘肃河西走廊等地，并建立了高昌回鹘国、喀喇汗朝、甘州回鹘国 [①] 等民族政权。

---

① 按：其中，西迁新疆东部和河西走廊一带的回鹘部落建立的政权主要是高昌回鹘国和甘州回鹘国，李正宇、杨富学等学者曾提出，在11世纪前期敦煌地区曾存在着回鹘人建立的"沙州回鹘国"政权，但根据日本学者森安孝夫等人的研究，沙州（敦煌地区）的回鹘人从属于西州回鹘（高昌回鹘）政权的统治，独立的沙州回鹘王国实际上并不存在，对此，参见［日］森安孝夫著，梁晓鹏译：《沙州回鹘与西回鹘国》，《敦煌学辑刊》2000年第2期。

在这些回鹘民族建立的地方政权中,最重要的是高昌回鹘国(西州回鹘国)与喀喇汗朝(黑汗)政权。回鹘贵族庞特勤所率回鹘部落中的一支西迁至焉耆(今新疆维吾尔自治区焉耆县)、龟兹(今新疆维吾尔自治区库车市)一带。这支回鹘部落的首领仆固俊于唐咸通七年(866)攻占西州(今新疆维吾尔自治区吐鲁番市)、北庭(今新疆维吾尔自治区吉木萨尔县)、轮台(今新疆维吾尔自治区乌鲁木齐市)、伊州(今新疆维吾尔自治区哈密市)等重要城市,建立了以高昌地区(今新疆维吾尔自治区吐鲁番盆地)为中心的"高昌回鹘国",因其地原为唐西州治所,又称"西州回鹘"。高昌回鹘以高昌城(今新疆维吾尔自治区吐鲁番市高昌故城)为首都,另外将天山北麓的北庭(唐庭州)作为夏都,为王室夏季避暑之地。其疆域东起哈密力(今新疆维吾尔自治区哈密市),西至冰达坂(今新疆维吾尔自治区阿克苏北),北抵赤列河(今新疆维吾尔自治区伊犁河),南与吐蕃接壤。包括唐朝的伊州(伊吾)、西州、庭州三州以及焉耆、龟兹二都督府之地。西辽建立后,高昌回鹘名义上臣属于西辽,但内部仍保持独立。13世纪初成吉思汗灭西辽后,高昌回鹘王巴而术阿而忒的斤主动归顺蒙古,并被成吉思汗封为第五子,"遂诏其主亦都护第五子,与诸皇子约为兄弟,宠异冠诸国"[1],继续统治原有的领地,高昌回鹘保持了相对独立的地位,这使得西辽和元初的高昌回鹘延续了原有的宗教信仰、文化习俗和民族传统。高昌回鹘从9世纪中叶立国[2],历经五代、辽、北宋、金(西辽)、元等时

---

① (元)念常集:《佛祖历代通载》卷二十二《敕赐乞台萨里神道碑》,《大正新修大藏经》第49册,第727页。

② 对于高昌回鹘(西州回鹘)建国的具体年代,学术界存在着较大分歧,或认为始于公元840年庞特勤西迁安西,或认为以公元866年仆固俊攻取西州、轮台为建国标志等,但普遍认为高昌回鹘的建国时间在9世纪中叶。(转下页)

代,至 1285 年反元的海都叛军攻破高昌城、高昌王室东迁甘肃永
昌(今甘肃省武威市西北)为止,建国历史四百多年。甘州回鹘国
存在的时间较短,9 世纪中期迁至甘州(今甘肃省张掖市)的回鹘
部落先臣属于敦煌的归义军政权,9 世纪晚期才建立了独立的地方
政权,并成为河西地区较为重要的地方割据势力,至 1028 年为西
夏所灭。

　　喀喇汗朝,在汉文史书中称其为"黑汗王朝""黑韩王朝"等,
在中亚和西亚的穆斯林史书中则称其为"可汗王朝""伊利可汗王
朝""阿弗拉西亚勃王朝"等。喀喇汗朝也是由 840 年庞特勤率领
的西迁回鹘民族所建立的少数民族政权,其统治民族是回鹘族①。
庞特勤率领回鹘部落以七河地区②为根据地,此后又占领了今新疆
西部的伊犁河谷和喀什地区,建牙于巴拉沙衮(今吉尔吉斯斯坦托
克马克东南),自称可汗,建立了喀喇汗王朝。政权疆域最大时(以
1009 年为准)东北至天山北麓,与高昌回鹘国和辽朝接壤;北至巴
尔喀什湖,西至咸海和阿姆河,与花剌子模国和哥疾宁王朝接壤;
东南至和田地区,与吐蕃和高昌回鹘国相邻。

(接上页)参见[日]森安孝夫著,陈俊谋译:《关于回鹘的西迁》,《民族译
丛》1980 年第 1 期。

① 对于喀喇汗朝的起源及其主体民族,学术界存在着争议,主要存在着回鹘
说、样磨说、葛逻禄说、处月说等几种说法。对此,以魏良弢为代表的学者考
证认为,喀喇汗朝是由西迁至葛逻禄的回鹘民族建立的,王朝的汗族即统治
者是回鹘人,本书采用这一观点。相关论证参见魏良弢:《关于喀喇汗王朝
的起源及其名称》(《历史研究》1982 年第 2 期)和《关于喀喇汗朝起源的
几个问题》(《民族研究》2000 年第 4 期),以及魏良弢《中国历史·喀喇汗
王朝史·西辽史》(北京:人民出版社 2010 年)第二章中的相关内容。

② "七河"指流入巴尔喀什湖的七条河流,七河地区的范围包括巴尔喀什湖以
南、锡尔河以东、以楚河流域和伊塞克湖为中心的地区,大致包括今哈萨克
斯坦东南部、吉尔吉斯斯坦大部地区。

喀喇汗朝自公元 840 年建国,至 1212 年西部喀喇汗朝灭亡,建国历史三百七十多年。汗国历史大致可以分为以下几个时期[①]:

公元 840—1041 年是喀喇汗朝初建及逐步发展的时期:根据穆斯林史书中的传说,喀喇汗朝的开国者被称为毗伽阙·卡迪尔汗[②],他死后,长子巴兹尔即位为大汗,建都于巴拉沙衮;次子奥古尔恰克称为卡迪尔汗,驻于怛罗斯(今哈萨克斯坦塔拉兹),893 年迁驻喀什噶尔(今新疆维吾尔自治区喀什市)。公元 999 年喀喇汗朝阿尔斯兰汗纳赛尔攻占布哈拉,灭亡萨曼王朝,控制河中地区(今乌兹别克斯坦和哈萨克斯坦境内的阿姆河与锡尔河地区);11 世纪初(约 993 年至 1009 年间),卡迪尔汗玉素甫攻占于阗国,占领和田地区,汗国的版图达到极盛。从 10 世纪末开始,喀喇汗朝的统治者逐渐接受了伊斯兰教,伊斯兰教随之成为汗国的主要宗教信仰。

公元 1041—1141 年是东西喀喇汗朝分立发展时期:1041 年伊卜拉欣自称桃花石·博格拉喀喇汗,不再承认东部大汗的宗主权,并出兵占领河中地区,建都于撒马尔罕,独立的西部喀喇汗王朝建立,疆域包括中亚的河中地区和费尔干纳谷地西部;东部喀喇汗王朝则以喀什噶尔和巴拉沙衮为都,辖地包括七河地区、费尔干纳东部以及伊犁河谷、喀什噶尔、和田等地,喀喇汗朝自此正式分裂为东西两部分。东部王朝在布格拉汗哈桑统治时期(11 世纪末至 12 世纪初)达到鼎盛,西部喀喇汗朝则与塞尔柱王朝之间进行

---

① 参见魏良弢:《中国历史·喀喇汗王朝史·西辽史》第四章《政治史述略》,北京:人民出版社 2010 年,第 61—107 页。

② 魏良弢认为毗伽阙·卡迪尔汗可能就是汉文史书中所记载的西迁回鹘首领庞特勤。参见魏良弢:《中国历史·喀喇汗王朝史·西辽史》,北京:人民出版社 2010 年,第 63 页。

了长期的战争,最后沦为塞尔柱帝国的附庸。

公元 1141—1212 年是喀喇汗朝臣属于西辽、走向灭亡的时期:1132 年辽朝宗室耶律大石建立西辽,1134 年西辽占领七河地区并建都于巴拉沙衮(虎思斡耳朵),东部喀喇汗朝成为西辽的附庸;1141 年西辽军队在卡特万草原大败塞尔柱王朝军队,西部喀喇汗王朝随之也臣服于西辽。1211 年喀什噶尔的汗族举行暴动,杀死喀什噶尔汗穆罕默德·本·玉素甫,东部喀喇汗朝灭亡;1212 年花剌子模国王穆罕默德(摩诃末)占领撒马尔罕,处死苏丹奥斯曼,西部喀喇汗朝王朝灭亡。

喀喇汗朝为回鹘民族所建立的地方政权,并以伊斯兰教为主要宗教信仰,其统治疆域包括现今中国新疆及中亚地区的七河、河中(阿姆河、锡尔河流域)等地区。需要指出的是,喀喇汗朝的统治者都以中国君主自居,如王朝大汗阿里·伊本·哈桑及伊卜拉欣(西部王朝建立者)等人都自称为"桃花石·博格拉汗",并且在其发行的钱币上自称为"东方与中国之王"[1];喀喇汗朝思想家优素甫在其《福乐智慧》一书也将东部喀喇汗朝的统治者哈桑·伊本·苏莱曼称为"东方的帝王——马秦的君主"[2],其正式称号则为"桃花石·布格拉汗"。这里的"桃花石""马秦"等词都指中国[3],可以说,"喀喇汗王朝的统治者自认为是中国的国王,他们的

[1] 参见张广达:《关于马合木·喀什噶里的〈突厥语词汇〉与见于此书的圆形地图(上)》,《中央民族学院学报》1978 年第 2 期,第 40—42 页。
[2] 优素甫·哈斯·哈吉甫著,郝关中、张宏超、刘宾译:《福乐智慧》,北京:民族出版社 2003 年,第 5 页。
[3] 参见蒋其祥:《试论"桃花石"一词在喀喇汗朝时期使用的特点和意义》,《新疆大学学报》(哲学社会科学版)1986 年第 3 期。

王朝是中国的王朝,他们王朝统治的地域也是中国的领域"①。

二、回鹘民族政权所面对的时代课题

　　回鹘民族建立的喀喇汗朝和高昌回鹘国自建立以后,都面临着如何巩固政权、保持政治独立并促进社会发展的重要问题。如喀喇汗王朝建立后,为了自身的生存与发展,就与西邻的萨曼王朝、塞尔柱王朝、哥疾宁王朝以及东邻的于阗国等政权展开了争夺领土及财富的战争。特别是与中亚地区各政权间发生了长期的战争,对此,喀喇汗朝时期的著作《福乐智慧》一书也描述了当时的战争情况:"穆斯林相互敌视,自相残杀,异教徒却稳睡大觉,安享太平。"② 这里的"穆斯林"就是指同样信仰伊斯兰教的喀喇汗朝及中亚地区的萨曼王朝、塞尔柱王朝等政权。因此,巩固王朝的统治,并为国家的和平与发展寻找出路,就成为回鹘民族和汗国统治者必须要妥善处理的课题。

　　西迁回鹘民族建立政权以后,相对先进的定居农业开始占据社会经济的主要地位,但回鹘民族原有的游牧经济也得到了保留,如《福乐智慧》在讨论农民和牧人的价值时指出,农业和农民是百姓饮食的来源和最重要的经济支柱:"一切人都从他们那里获益,他们给人们赋予饮食的乐趣。一切能呼吸、知道饥饱之人,一切活人都需要他们。"③ 而牧人"管理牲畜全靠他们",他们也为社会生

---

① 魏良弢:《中国历史·喀喇汗王朝史·西辽史》,北京:人民出版社2010年,第53页。
② 优素甫·哈斯·哈吉甫著,郝关中、张宏超、刘宾译:《福乐智慧》,北京:民族出版社2003年,第842页。
③ 优素甫·哈斯·哈吉甫著,郝关中、张宏超、刘宾译:《福乐智慧》,北京:民族出版社2003年,第571页。

活提供了重要的物质产品,"饮食、衣服、战马和骑乘,连载畜驮牲也得他们供奉。奶酒、乳酪、毛、脂、酸奶和干酪,使居室舒适的毡毯也来自他们"①。如何使农业经济与游牧经济协调发展,是关乎回鹘民族社会经济发展的关键性问题。而从回鹘民族的角度来说,定居农业与先进的外来文化(如中原儒家文化、伊斯兰文化)关系密切,而游牧业则与回鹘民族原有的文化传统相连,因此,农牧经济的协调发展,在文化上就反映为外来先进文化与本民族原有文化之间的协调发展。

高昌回鹘国在地理上与辽朝、西夏等政权相邻,王国所辖的吐鲁番、北庭等地自魏晋时期开始就受到中原汉文化的深刻影响,因此高昌回鹘文化与中原汉文化的关系非常密切;而喀喇汗朝政权地处中亚和丝绸之路要冲,这里是中原汉文化、阿拉伯和波斯文化、印度文化等几大文化交融荟萃的地区,因此喀喇汗朝不可避免地受到这些先进文化的影响,并面临着对多元文化的选择性吸收。虽然在漠北回鹘汗国时期,回鹘民族就受到中原政治文化、大乘佛教文化及摩尼教文化的重要影响,并拥有本民族的文字,相对具有较高的文化水平,但回鹘民族的原有文化低于周边的伊斯兰文化和中原汉文化。因此,为了本民族的发展进步与文明化,在符合自身发展需要的前提下对不同的文化体系进行有选择的吸收继承,也就成为回鹘民族需要面对和解决的重要时代课题。

由此可见,高昌回鹘国与喀喇汗朝虽然是各自独立的民族政权,但都面对着同样的时代课题,即多元文化的吸收与社会秩序的重建。需要指出的是,在当时回鹘民族的历史环境中,阿拉伯、波

---

① 优素甫·哈斯·哈吉甫著,郝关中、张宏超、刘宾译:《福乐智慧》,北京:民族出版社2003年,第577页。

斯、中原思想文化等多以宗教文化为载体,表现为伊斯兰教、中原大乘佛教、摩尼教、景教等宗教思想文化。儒家文化中虽然也包含有宗教的成分,但儒学在整体上属于哲学而非宗教,具有更强的理性色彩。儒家文化对于家族血缘和忠君孝亲等道德伦理的强调,是与农耕经济和集权制国家相适应的;因此对儒家思想文化的引进与吸收,需要较发达的社会经济基础和较高的文化发展水平。相比之下,回鹘民族自身所处的较低社会发展水平(游牧经济为主)以及原有的宗教文化传统(原始萨满教信仰、漠北汗国时期所接受的摩尼教和佛教信仰),也决定了回鹘民族在接受汉文化等先进文化时,主要以宗教思想文化作为载体,这与契丹、党项等民族是相似的。

　　因此,回鹘民族选择何种宗教作为主要信仰,也就意味着接受何种宗教文化作为思想文化的主体;高昌回鹘和喀喇汗朝对于佛教、伊斯兰教的不同选择,也就意味着对其时代主题的不同解答方案。不过,佛教与伊斯兰教虽然提供了不尽相同的方案,但在时代课题的最终解决上却是一致的。探讨这种解答的具体内容(如佛教、伊斯兰教思想的文化与社会影响,回鹘民族宗教思想文化的特点与创新等),正是理解宗教思想与回鹘社会发展关系、回鹘与汉民族文化认同关系的关键。

第二节　佛教思想与高昌回鹘社会

一、佛教在高昌回鹘的传播发展

(一)佛教在高昌回鹘宗教信仰中的主体地位

　　自汉代开始,汉文化及佛教文化就开始在高昌地区广泛传播。

高昌地区原属车师国辖境(包括以高昌为中心的车师前国和以北庭为中心的车师后国),公元前 1 世纪,西汉大将李广利率领部队在高昌地区屯田,设立屯驻堡垒高昌壁;公元 327 年前凉王朝的张骏在此设立高昌郡;公元 450 年北凉沮渠安周灭车师,460 年阚伯周以高昌城(今新疆维吾尔自治区吐鲁番市东南高昌故城)为中心,建立了地方割据政权高昌王国,并先后经历了阚氏高昌、张氏高昌、马氏高昌、麴氏高昌四代政权。640 年唐朝攻灭麴氏高昌国后,在此设立西州。车师国时期,高昌地区主要流行小乘有部佛教;但自公元 4 世纪下半叶开始,尤其是麴氏高昌时期(499—640),高昌佛教逐渐转变为以中原大乘佛教为主,并成为与于阗并列的新疆古代大乘佛教的两大传播中心 [①]。

　　回鹘民族最早信仰原始宗教萨满教,8 世纪中叶,回鹘牟羽可汗从洛阳带来四位摩尼教僧侣,通过统治者的支持及与原有萨满教的斗争,摩尼教逐渐成为回鹘的国教 [②]。此外,景教也曾在回鹘民族中流行。不过,学术界普遍认为,佛教在漠北时期的回鹘民族中已经开始传播,并且产生了一定的影响力 [③]。高昌回鹘国境内的高昌、焉耆、龟兹、疏勒等国都是重要的佛教传播中心,有着繁荣的佛教文化和坚实的佛教信仰基础,公元 9 世纪回鹘民族西迁占据这一地区后,很快接受了佛教,佛教也取代摩尼教和景教等而成为该民族的主要宗教信仰。

----

① 参见陈世良:《从车师佛教到高昌佛教》,敦煌吐鲁番学新疆研究资料中心编:《吐鲁番学研究专辑》(乌鲁木齐),1990 年,第 140—146 页。

② 参见杨富学、牛汝极:《牟羽可汗与摩尼教》,《敦煌学辑刊》1987 年第 2 期。

③ 参见孟凡人《略论高昌回鹘的佛教》(《新疆社会科学》1982 年第 1 期)及杨富学《回鹘之佛教》(乌鲁木齐:新疆人民出版社 1998 年,第 19 页)等。

在探讨高昌回鹘国的早期佛教信仰情况时,敦煌写本 S6551 号讲经文提供了重要的资料,据张广达、荣新江等学者研究,该讲经文作于公元 930 年前后(后唐、后晋交替之际),完成地点则在高昌回鹘国("圣天可汗大回鹘国",即西州回鹘)①,其中有三段文字较为重要,A 段文称:

> 睹我圣天可汗大回鹘国,莫不地宽万里,境广千山,国大兵多,人强马壮。天王乃名传四海,得(德)布乾坤,卅余年国泰人安,早授(受)诸佛之记,赖蒙贤圣加持,权称帝主人王,实乃化生菩萨。……更有诸宰相、达干、都督、敕使、萨温、梅录、庄使、地略,应是天王左右,助佐金门,官僚将相等,莫[不]外匡国界,内奉忠勤,为主为君,无词(辞)晓夜。善男善女檀越,信心奉戒持斋,精修不倦。更有诸都统、毗尼法师、三藏法律、僧政、寺主、禅师、头陀、尼众、阿姨师等,不及一一称名,并乃戒珠朗耀,法水澄清,作人天师,为国中宝。②

此外,该讲经文显示,当时高昌回鹘的佛教徒还将佛教作为高于祆教、摩尼教、萨满教等宗教,唯一值得统治者和人民崇奉的宗教,B 段文字称:

> 门徒弟子言归依佛者,归依何佛?且不是磨(摩)尼佛,又

---

① 参见张广达、荣新江:《有关西州回鹘的一篇敦煌汉文文献——S6551 讲经文的历史学研究》,《北京大学学报》(哲学社会科学版)1989 年第 2 期。
② 张广达、荣新江:《有关西州回鹘的一篇敦煌汉文文献——S6551 讲经文的历史学研究》,《北京大学学报》(哲学社会科学版)1989 年第 2 期,第 24 页。引文中□表示原文献中的缺字,[ ]表示校补字,( )为前一字的正字。

不是波斯佛，亦不是火祆佛，乃是清净法身，圆满报身，千百亿化身释迦牟尼佛。……且如西天有九十六种外道，此间则有波斯、摩尼、火祆、哭神之辈，皆言我已出家，永离生死，并是虚诞，欺谩人天，惟有释迦弟子，是其出家，堪受人天广大供养。①

而在 C 段文字中，作者在发愿文中，首先祝福回鹘可汗天王及诸天公主、诸天特勤等统治者和王族，其次则祝福僧统大师，然后是诸宰相、都督、梅录等各级官僚，最后是诸寺毗尼、法律、僧政等僧官及僧众、尼众②。可知作为最高僧官的僧统（在回鹘文献中又称"都统"tutung，为"都僧统"简称）的地位仅次于可汗及王族，而在宰相及各级官僚之上，这也是高昌回鹘国尊崇佛教的表现。

（二）高昌回鹘对唐代佛教和藏传佛教的继承

高昌回鹘在信仰佛教的同时，还继承了当地原有的大乘佛教文化，高昌地区自南北朝时代开始就流行中原大乘佛教，而临近的龟兹、焉耆地区则有着悠久的小乘佛教历史。但就现有的资料来看，对于高昌回鹘佛教影响最大的则是高昌、北庭等地保留的唐代中原大乘佛教文化③，其次则是藏传佛教文化。前者表现在以下几方面：

---

① 张广达、荣新江：《有关西州回鹘的一篇敦煌汉文文献——S6551 讲经文的历史学研究》，《北京大学学报》（哲学社会科学版）1989 年第 2 期，第 24 页。
② 张广达、荣新江：《有关西州回鹘的一篇敦煌汉文文献——S6551 讲经文的历史学研究》，《北京大学学报》（哲学社会科学版）1989 年第 2 期，第 25 页。
③ 对此，陈国灿研究指出，高昌回鹘在文字、宗教、政治制度等方面继承了唐朝文化，参见陈国灿、伊斯拉非尔·玉苏甫：《西州回鹘时期汉文〈造佛塔记〉初探》，《历史研究》2009 年第 1 期。

第一,高昌回鹘继承了原有的唐代佛教寺院及佛教文献。

寺院是佛教信仰的传播中心及佛教文化的重要载体,以寺院为基地的僧团组织保障了佛教仪轨、教义等的传承,而寺院所藏的藏经等佛教文献则成为佛教思想文化的载体。从这些方面来说,高昌回鹘对原有唐代寺院的继承,可以在很大程度上视为对唐代佛教的继承,据《宋史·高昌国传》记载,北宋太平兴国六年(981)王延德出使高昌时,见到当时"佛寺五十余区,皆唐朝所赐额,寺中有《大藏经》《唐韵》《玉篇》《经音》等,居民春月多群聚遨乐于其间"①。此外,高昌回鹘国的夏都和另一佛教中心北庭也有大量的唐代寺院,据王延德所记,这里有高台寺,前身是唐贞观十四年建成、由中央政府赐额的"应运太宁之寺",此寺后来成为高昌回鹘的王家寺院。此外,北庭龙兴寺也是高昌地区的重要佛教中心,唐朝时该寺寺主法海曾以"北庭龙兴寺都维那"的身份参与义净设于长安的译场,并参与了《金光明最胜王经》的翻译及佛经勘定②。由此可知,唐代佛教对北庭及高昌地区的佛教产生了重要的影响。

第二,高昌回鹘继承了唐代的僧官体系。

以前述敦煌写本 S6551 号讲经文为例,其中出现了"都统、毗尼法师、三藏法律、僧政、寺主、禅师"及"僧统大师,诸寺毗尼、法律、僧政、法师、律师"③等僧官名称。其中,"都僧统"为高昌回鹘

①(元)脱脱等:《宋史》卷四百九十《高昌国传》,北京:中华书局1977年,第14112页。
② 参见方广锠、许培铃:《敦煌遗书中的佛教文献及其价值》,《西域研究》1996年第1期。
③ 张广达、荣新江:《有关西州回鹘的一篇敦煌汉文文献——S6551讲经文的历史学研究》,《北京大学学报》(哲学社会科学版)1989年第2期,第25页。

最高的僧官,其渊源可上溯至隋及唐初的州郡"统都"和"沙门都"等僧官制度。来源于中原地区的僧统和僧都官。北魏曾设立管理全国僧务的道人统、沙门统等僧官;隋朝建立后,隋文帝曾仿北齐的僧官制度,在中央立昭玄寺,置昭玄大统(一称大沙门统、国统)、昭玄统、昭玄都等僧官,在地方州郡设置统都、沙门都、断事、僧正等僧官,分别管理全国和地方僧尼事务;唐朝基本继承了隋朝的僧官制度,唐宪宗时又在中央设置僧录司和僧录,主管全国僧务。"僧政"即"僧正",为唐朝地方州郡的最高僧官,唐宪宗时设立,职责为主管一州僧务;"寺主"的职责为管理某一寺院的事务,在唐制中与"上座""都维那"并列为一寺的"三纲",可知高昌回鹘的这些僧官职衔也仿自唐朝。

　　需要指出的是,高昌回鹘的僧官体系受到晚唐敦煌沙州归义军政权僧官制度的重要影响,而与中原地区的僧官体系不完全一致,归义军时期敦煌教团将都僧统作为最高僧官,其下设法律、僧正、寺三纲等僧官[①];受此影响,高昌回鹘也在都僧统下设"毗尼""法律"等僧官,还将原为地方最高僧官的"僧正"一职降为教团僧官的最低一级。可见,高昌回鹘的僧官体系是对晚唐敦煌僧官制度的继承与改造。但从整体上看,敦煌僧官制度也属于唐代僧官制度的组成部分,因此可见,高昌回鹘僧官制度是以敦煌佛教制度为媒介,而对唐代僧官制度的继承与改造。

　　第三,高昌回鹘进行了唐译汉文佛经的翻译。

　　回鹘民族在接受中原大乘佛教的同时,还将汉译佛经进行了回鹘文的翻译,就目前发现的元代以前的回鹘文佛经来看,绝大

---

① 参见谢重光:《吐蕃占领期与归义军时期的敦煌僧官制度》,《敦煌研究》1991 年第 3 期。

多数译自汉文《大藏经》,许多回鹘文中还夹有汉文或用汉文数字编页①。与此同时,高昌回鹘国还出现了以胜光法师(Singqa Säli,10世纪左右)为代表的回鹘文翻译家,他翻译有《金光明最胜王经》《玄奘传》《千手千眼观世音菩萨广大圆满无碍大悲心陀罗尼经》《观身心经》等中原佛教经典,这些佛教著作的底本大都来自唐代的汉文佛经或佛学著作:如《金光明最胜王经》以唐朝义净汉译本为底本,《玄奘传》则是对唐彦悰、慧立所撰《大慈恩寺三藏法师传》的翻译。此外,在高昌回鹘流行最为广泛的《佛说天地八阳神咒经》等经典的底本也来自唐代中原地区,这正反映出唐代佛教对高昌回鹘的重要影响。对此,下文将做进一步的阐述。

　　高昌回鹘在接受中原大乘佛教的同时,也吸收引进了藏传佛教。随着公元8世纪中叶安史之乱的爆发,以及吐蕃对河西地区的占领,流行于吐蕃地区的藏传佛教也传入河西以及高昌地区,并与中原大乘佛教共同发展。自9世纪中叶开始,藏传佛教就开始在西迁高昌的回鹘民族中得到流传②。12世纪以后,藏传佛教的噶举派和萨迦派也传入高昌回鹘国,西夏后期的噶举派和萨迦派高僧大乘玄密帝师就曾到高昌传法,对此,据《大乘要道密集》所收《无生上师出现感应功德颂》称:"高昌国王迎师五百里,作密供养

---

① 参见张铁山:《回鹘文佛教文献中夹写汉字的分类和读法》,《西域研究》1997年第1期。

② 当时河西及高昌地区所流传的藏传佛教属于"前弘期佛教",即自从松赞干布兴佛(约始于7世纪中叶)到公元841年朗达玛灭佛两百年间的藏传密教;但从现有的资料来看,对高昌回鹘影响最大的是"后弘期"藏传佛教,即10世纪复兴后的藏传佛教,尤其是11世纪以后产生的噶举派、萨迦派等藏传佛教宗派,对高昌回鹘产生了重要影响,并开启了元朝高昌回鹘佛教以藏传佛教为主体的格局。

十遍生流行。送至万程河边降龙王,极能无生师处我赞礼。"①

而在元朝,随着忽必烈等蒙古统治者对藏传佛教的尊崇并奉之为国教,高昌回鹘也涌现出了大量藏传佛教名僧。从敦煌、吐鲁番等地出土的回鹘文文献看,有相当多的藏文佛教经典曾被译为回鹘文,藏传佛教噶举派等宗派的高僧也曾前往回鹘传法。而随着高昌回鹘归顺蒙古政权,包括藏传佛教在内的回鹘佛教对元朝藏传佛教也产生了重要的影响和推动作用,如大量回鹘族高僧进入元廷传播佛教、翻译佛经,回鹘佛教术语对蒙古佛教术语也产生了重要影响等,在某种程度上说,"人们甚至可以认为蒙元时代中原佛教的复兴与回鹘佛教不无关系。回鹘佛教通过僧侣直接传教或间接地通过其语言文字的影响力对蒙古佛教产生作用"②。自高昌回鹘国建立以后,中原大乘佛教就占据着高昌佛教的主体地位,虽然元朝以后藏传佛教的影响力逐渐上升,但从总体上说,其影响力仍逊于中原大乘佛教③。

由上可知,高昌回鹘佛教在整体上以中原大乘佛教为主体④,这对高昌回鹘佛教思想的内容及特点的形成具有重要影响。当然,高昌回鹘对唐代中原佛教文化的继承并非偶然,它一方面与高昌地区原有的佛教文化基础有关,另一方面也与五代北宋以后西北割据政权林立(如沙州归义军、甘州回鹘及西夏政权等)、高昌与中原地区的佛教交流受阻(高昌与中原王朝间存在着数量有限的

---

① 俞中元、鲁郑勇:《大乘要道密集评注》,西安:陕西摄影出版社1994年,第420页。

② [德]茨默著,桂林、杨富学译:《佛教与回鹘社会》,北京:民族出版社2007年,第36页。

③ 参见杨富学:《藏传佛教对回鹘的影响》,《西藏研究》2005年增刊。

④ 参见高士荣、杨富学:《汉传佛教对回鹘的影响》,《民族研究》2000年第5期。

遣使通贡活动,大规模的经济文化交流活动则很少)等原因有关,这些因素在很大程度上阻碍了高昌回鹘对五代、北宋中原佛教文化的深入吸收融合。但从回鹘民族建设独立文化体系的角度来说,高昌地区的唐代佛教遗存及其有别于北宋中原佛教的特点,正为回鹘民族建设具有民族个性的文化体系提供了思想资源,这是其积极意义所在。对此,下文将做进一步的论述。

需要指出的是,高昌回鹘在继承原有唐代佛教基础时,与当时的辽、北宋及西夏等政权也有一定程度的佛教文化交流,如北宋太祖乾德三年(965)十一月高昌回鹘可汗"遣僧法渊献佛牙、琉璃器、琥珀盏"[①],神宗熙宁元年(1068)七月"回鹘国可汗遣使来贡方物,且言乞买金字《大般若经》,诏特赐墨字《大般若经》一部"[②],值得注意的是,高昌回鹘以僧人为国使、求赐佛经等行动,实际上是将佛教交流与政治外交合一,这也是高昌回鹘佛教兴盛及其崇高社会地位的重要表现。而高昌回鹘僧人作为西夏前期佛教翻译的主持人和主要力量(如西夏安全国师白智光、国师白法信等),对于西夏佛教也产生了重要的影响[③]。这也说明,高昌回鹘与辽、西夏、北宋佛教界之间存在着较为密切的联系,10—14世纪的中国虽然存在着不同地方政权的分立,但当时的佛教界却是一个有机联系的整体。

(三)高昌回鹘佛教思想研究的主要文献

随着回鹘民族社会、历史、宗教信仰的演变,特别是高昌地区的回鹘民族改奉伊斯兰教后,原有的回鹘佛教文献遭到了大规模

---

① (元)脱脱等:《宋史》卷四百九十《高昌国传》,北京:中华书局1977年,第14110页。
② (清)徐松辑:《宋会要辑稿·蕃夷四》,北京:中华书局1957年,第7718页。
③ 参见史金波:《西夏佛教史略》,银川:宁夏人民出版社1988年,第79页。

销毁破坏。现在所知的回鹘佛教文献大多为近代以来出土的残篇
断简,且绝大多数为回鹘文与汉文佛经,高昌回鹘国自身的佛教著
作极为罕见,这对了解高昌回鹘佛教思想的内容与特点造成了很
大的困难。对于大部分回鹘佛教文献的具体年代,目前国内外学
术界尚不能给出完全确定的结论,只能从文法、版本、题记等方面
推断出这些文献的大致完成时间。从总体上看,现存的回鹘文献
从发现地域上可以分为吐鲁番(高昌回鹘国统治的中心区域)和敦
煌(以莫高窟出土文献为主)两大区域;时间上则大致以高昌回鹘
臣属蒙古政权为界,分为早期(10—12世纪)和晚期(13—14世
纪)两个阶段。在这些高昌回鹘佛教文献(包括早期回鹘佛教文献
的元代抄本)中,对于佛教思想研究具有重要价值的文献主要有以
下几种①:

1.《佛说天地八阳神咒经》

回鹘文名称为"Säkiz Yükmäk Yaruq Sudur",《佛说天地八阳
神咒经》是所发现数量最多的回鹘文佛经,目前可知的该经回鹘文
译本残卷共有186种,在吐鲁番、敦煌等地都有发现,现分别收藏
于英国伦敦大英博物馆、日本龙谷大学、俄罗斯圣彼得堡及中国北
京、中国乌鲁木齐等处,均为残卷。其中,现藏于大英博物馆的写
卷(旧编号Ch.0013,现编号Or.8212-104)保存最为完好,由斯坦
因发现于敦煌,该文献存466行,长约24.9英尺,卷子式,首部残
缺,字体为回鹘文写经体,似属10—11世纪的遗物;其次为日本龙

---

① 参见杨富学:《回鹘之佛教》第二章《回鹘之佛典翻译》,乌鲁木齐:新疆人
　民出版社1998年,第72—150页;耿世民:《回鹘文佛典与〈大白莲社经〉
　研究》,《中国佛学》编委会编:《中国佛学》第三十期,北京:中华书局2011
　年,第52—67页;牛汝极:《回鹘佛教文献——佛典总论及巴黎所藏敦煌回
　鹘文佛教文献》,乌鲁木齐:新疆大学出版社2000年。

谷大学藏本,由橘瑞超发现于吐鲁番雅尔湖附近,该文献存字 405 行,卷子式,卷首缺①。

　　回鹘文《佛说天地八阳神咒经》是以唐义净译本为底本翻译的。但自唐代开始,此经就被列入"疑伪部"佛经,学术界也普遍认为该经为中国人撰述的"伪经",中国历代的正统《大藏经》都未收录该经(《大藏新纂卍续藏经》第 87 册中收录有此经的汉文本)。据学者研究,该经的回鹘文译本翻译于公元 9 世纪回鹘西迁后不久,此后又经过多次的修改增订,时代最晚的刻本则是元朝中叶的"陈宁刊本"②。从所发现的大量《佛说天地八阳神咒经》残卷可知,该经曾在高昌回鹘国及河西地区广泛流传,因此对于研究高昌回鹘的佛教思想具有重要的价值,对此下文将做进一步论述。

　　2.《说心性经》

　　回鹘文名称为"Xin(köngül)tözin uqïttacï nom bitig",册子装写本,回鹘文草体书写,存 404 行,1907 年斯坦因于敦煌莫高窟发现此写本,现藏于英国伦敦大英博物馆,编号 Or.8212-108③。文末的题跋称:

　　　　404–405.wapšï baqšï yaratmïš 心 tözin oqïttačï nom bitiyu tügädi ::

　　　　善哉 sadu bolzun :: cisün bitidim ::

────────────────

① 参见杨富学:《回鹘之佛教》第二章《回鹘之佛典翻译》,乌鲁木齐:新疆人民出版社 1998 年,第 79—83 页。

② 参见冯家昇:《刻本回鹘文〈佛说天地八阳神咒经〉研究——兼论回鹘人对于〈大藏经〉的贡献》,《考古学报》第 9 册,1955 年。

③ 杨富学:《回鹘之佛教》,乌鲁木齐:新疆人民出版社 1998 年,第 115 页。

法乘创作的《说心性经》抄写完了。善哉！我祈苏尼抄写的。

据此可知，该文是由 Vapši Baγšï（wapši baqšï，法乘或法藏法师）所创作的。其中的 vapšï 一词，借用自汉语的"法师"，系汉人对高僧的尊称①。根据该写本的拼写法特点，可知其抄写年代为元代。目前学者多认为此经是现存唯一的回鹘佛教哲学著作，对研究高昌回鹘国早期的佛教思想具有重要的研究价值②。该文献中存在着很多回鹘文夹写汉字的现象，而且多处引用相当于汉文《首楞严经》和《华严经》的文句，而且从内容上看，它与中原禅宗经典《楞伽经》及《达摩大师观心论》等文献之间也存在着一定的联系。目前学术界对于此文献的来源及性质存在着较多争议，对此下文将做进一步介绍。

3.《弥勒会见记》

回鹘文名称为"Maitrisimit"，又译为《弥勒三弥底经》《弥勒下生经》。

20 世纪初，德国考察队在吐鲁番胜金口、木头沟等地发现了大量回鹘文《弥勒会见记》的残片，现存德国柏林。经德国学者 Annemarie von Gabain（葛玛丽）研究整理，这些残片可以分为 6 种写本，包括"胜金口本"二种，"木头沟本"二种，不详出土地二种。1959 年牧民在今新疆维吾尔自治区哈密市天山区板房沟乡发现了多达 608 叶的《弥勒会见记》写本，为目前所发现的最为完整

① [德]茨默著，桂林、杨富学译：《回鹘人的佛教写经》，《法源》第二十三期，2005 年。
② 参见杨富学、张田芳：《敦煌本回鹘文〈说心性经〉为禅学原著说》，《西南民族大学学报》（人文社会科学版）2018 年第 1 期。

的回鹘文《弥勒会见记》写本。

　　回鹘文《弥勒会见记》在性质上是一部表现未来佛弥勒生平及佛教教义的大型佛教文学作品(佛教原始剧本或说唱文学脚本)[①],内容包括一幕序文和二十五幕正文,在每幕正文前还有朱书标注的演出地点。回鹘文《弥勒会见记》发现后,国内外学者对其进行了广泛的研究,如德国学者 Peter Zieme(茨默)、Annemarie von Gabain(葛玛丽),国内学者耿世民、李经纬等都发表了相关论著[②]。对于该文献的成书时代,学术界认为德国藏本《弥勒会见记》可能译成于公元 9 至 10 世纪之间,而哈密本《弥勒会见记》则抄写于 1067 年("羊年闰三月")[③],属于高昌回鹘国前期的佛教作品。该文献第二十七品中的题记称:"内部精通佛法,外部精通十八明论的、在焉耆出生的圣月菩萨法师从印度语制成吐火罗语,出生在亦里巴力的智护法师(又)从吐火罗语译成突厥语的。"[④] 可知此书是由焉耆人圣月法师从印度语原本翻译为吐火罗语(古焉耆语),再由北庭的智护法师从古焉耆语翻译为突厥语(回鹘文)。

　　由于回鹘文《弥勒会见记》属于回鹘文原著,时代较早,内容丰富且保存较完整,因此在回鹘语言学、佛教文学、历史文化研究等方面都被视为最重要的文献之一。同时,该文献作为回鹘民族

① 耿世民:《回鹘文哈密本〈弥勒会见记〉研究》,北京:中央民族大学出版社 2008 年,第 1 页。
② 参见杨富学:《西域敦煌回鹘佛教文献研究百年回顾》,《敦煌研究》2001 年第 3 期。
③ 耿世民:《回鹘文哈密本〈弥勒会见记〉研究》,北京:中央民族大学出版社 2008 年,第 4 页。
④ 耿世民:《回鹘文哈密本〈弥勒会见记〉研究》,北京:中央民族大学出版社 2008 年,第 537 页。

弥勒净土信仰的产物,对于高昌回鹘佛教思想的研究也具有较高的价值。

4.《金光明最胜王经》

回鹘文名称为"Altun önglüg yaruq yaltrïqlï qopta kötrül-miš nom iligi atlï nom bitig"。该经的残卷在新疆及河西等地都有发现,1908 年德国勒柯克曾在吐鲁番获得该经的残卷 10 叶,现藏柏林;此外,德国柏林吐鲁番学研究中心还保存有数千片回鹘文《金光明经》的残片 ①,可知该经也是高昌回鹘社会较为流行的佛经之一。但最完整的写本由苏联学者马洛夫于 1910 年发现于甘肃酒泉文殊沟,该本宽 60.5 厘米,高 23 厘米,共 398 叶,每面以写经体书写文字 22—25 行,现存圣彼得堡俄罗斯科学院东方学研究所 ②。可以说,《金光明最胜王经》是目前已发现的回鹘文佛经中篇幅最大、保存较完整的文献之一。关于该经的翻译,经末的跋尾有明确记载:

> 时幸福的东方之伟大的桃花石国中洞彻大乘[与]小乘一切经的菩萨义净三藏从印度语译为汉语。时此五浊恶世之中别失八里后学胜光法师都统又从汉语译为突厥—回鹘语,定名为《金光明最胜王经》,写讫。善哉!善哉!祝福! ③

---

① 耿世民:《回鹘文〈金光明经〉研究——介绍拉施曼博士的新著〈回鹘文金光明经编目〉》,《新疆师范大学学报》(哲学社会科学版)2008 年第 3 期。

② 杨富学:《回鹘之佛教》第二章《回鹘之佛典翻译》,乌鲁木齐:新疆人民出版社 1998 年,第 83 页。

③ 引自[德]茨默著,桂林、杨富学译:《佛教与回鹘社会》,北京:民族出版社 2007 年,第 39 页。

这段跋文指出,此经的回鹘文译本以唐朝义净的《金光明最胜王经》汉译本为底本,译者为回鹘著名翻译家胜光法师(Šingqu Säli Tutung),他出生于别失八里(即北庭,今新疆维吾尔自治区吉木萨尔县),约生活在 10 世纪左右的高昌回鹘国。除《金光明最胜王经》外,目前还发现有他翻译的《玄奘传》《苟居士抄金刚经灵验记》等中原佛教著作,而从其译文可知,胜光法师精通回鹘文和汉文,具有很高的翻译水平,可以说是已知的高昌回鹘国早期最为重要的翻译大师[①]。

此外,该写本的末尾还有经书抄写者的题记,文称:"大清(国)康熙二十六年,鄙人我宝贝金刚沙为超度死去的父母, ……于 10 月 28 日吉日亲手抄写此经。"[②] 指出该文献抄写于康熙二十六年(1687),可知一直到清代中叶,河西地区还存在着精通回鹘文字的佛教教团。该经虽然为清代抄写,但它却是以高昌回鹘时期的回鹘文译本为底本,且内容完整,因此对于研究高昌回鹘的佛教思想也具有重要的价值。

5.《大唐大慈恩寺三藏法师传》(《玄奘传》)

回鹘文名称为 "bodïstw taïto samtso acarï-nïng yorïγ-ïn uqïtmaq atlïγ tsïïn cuïn tigma kwi nom bitig",译自汉文《大唐大慈恩寺三藏法师传》。原书为玄奘弟子慧立和彦悰为其师所作的传记,完成于655—658 年,共 10 卷。最完整的回鹘文写本 1930 年左右出土于吐鲁番地区,后被商人分拆出售,一部分售予国家图书馆,共 242 叶;一部售给法国吉美博物馆,约 123 叶;第三部分收藏于俄罗斯

---

① 参见耿世民:《试论古代维吾尔族翻译家胜光法师》,《民族翻译》2011 年第 1 期。

② 耿世民:《试论古代维吾尔族翻译家胜光法师》,《民族翻译》2011 年第 1 期,第 29 页。

圣彼得堡。该写本为梵夹式,长43厘米,宽18厘米,双面书写,每面27行[①]。此外,德国柏林也收藏有此书的残卷。

据北京藏本23叶背面的题记可知,该书也是由10世纪时的胜光法师翻译为回鹘文的,文称:

> 时幸福的、伟大的桃花石国中有慧立大师者,洞彻三藏,受教著为桃花石文,名叫彦悰法师扩展之,又别失八里人胜光法师都统再由桃花石文译为突厥文。[②]

回鹘文《玄奘传》虽然是汉文原著的译本,但由于篇幅较大,保存较好,因此在研究回鹘历史文化,特别是在语言文字、民族和地理学研究等方面有着重要的价值。

6.《慈悲道场忏法》

又称《启运慈悲道场忏法》,俗称《梁皇宝忏》或《梁皇忏》,南朝梁释宝唱集录。与汉文原本相比,回鹘文译本《慈悲道场忏法》增加了许多引自其他佛教经典的内容。根据题记可知,回鹘文译者为别失八里的昆村萨里都统(Küntsün Säli Tutung)。据德国学者茨默的研究,该文献时代可能属于12世纪末至13世纪初的西辽后期[③]。《慈悲道场忏法》作为中原佛教忏法的重要文献,其被译为回鹘文并在回鹘社会中流传,对于高昌回鹘佛教思想的研究也

---

① 杨富学:《回鹘之佛教》第二章《回鹘之佛典翻译》,乌鲁木齐:新疆人民出版社1998年,第90页。

② 引自杨富学:《回鹘之佛教》第二章《回鹘之佛典翻译》,乌鲁木齐:新疆人民出版社1998年,第91页。

③ [德]茨默著,桂林、杨富学译:《回鹘人的佛教写经》,《法源》第二十三期,2005年。

具有一定的参考意义。

此外,在回鹘佛教思想研究方面具有参考价值的回鹘佛教文献还有:

回鹘文《妙法莲华经》(《法华经》),以鸠摩罗什的汉译本为底本。《法华经》是天台宗的立宗经典和中原地区最流行的大乘佛典之一,在吐鲁番等地也出土了此经的许多回鹘文残卷。而在存世的 15 件回鹘文《法华经》写本中,《观世音菩萨普门品》则占三分之一。由此可见,高昌回鹘国普遍流行观世音信仰,这也是回鹘民族受到中原大乘佛教深刻影响的表现。

回鹘文《金刚般若波罗蜜多经》,回鹘文名字为"Qimqoqi"(汉文《金刚经》的音译),《金刚经》是中原地区流行最广的佛经之一,回鹘文本的翻译底本则可能是五代时期流行于敦煌地区的汉文本《梁朝傅大士诵金刚经》,因此该经可能是 9—10 世纪之间在敦煌译成的。20 世纪初德国考察队在吐鲁番地区获得此经的很多残卷,现收藏于柏林,在新疆吐鲁番博物馆也存有此经的残文(1980 年出土于柏孜克里克石窟)。

回鹘文《荀居士抄金刚经灵验记》,该写本是德国吐鲁番探险队于新疆吐鲁番西的交河故城发现的,文献现藏柏林德国国家图书馆,有学者研究认为该文献译成于 12 世纪下半叶的西辽末期,译者为交河胜泉都统(胜光法师),底本为《〈金刚经〉纂要刊定记》和《金刚般若波罗蜜经感应传·荀氏》[①]。从佛教思想的角度来说,这些文献都是回鹘民族《金刚经》崇拜信仰的反映。

佛教净土信仰是高昌回鹘佛教的主要信仰之一,除了前述的

---

① 参见洪勇明:《回鹘文〈荀居士抄金刚经灵验记〉》,《新疆大学学报》(哲学·人文社会科学版)2008 年第 5 期。

敦煌写本 S6551 号讲经文和回鹘文《弥勒会见记》之外,净土三大部经(即《佛说阿弥陀经》《观无量寿经》《佛说无量寿经》)的回鹘文译本在吐鲁番及敦煌地区都有发现。这些文献都是回鹘民族佛教净土信仰盛行的表现。

在以上的回鹘佛教文献中,《佛说天地八阳神咒经》和《金光明经》可以说是高昌回鹘最为流行的大乘佛教经典,而《说心性经》则是反映回鹘民族佛教哲学思想的重要文献,《弥勒会见记》和敦煌写本 S6551 号讲经文则是反映高昌回鹘净土信仰的代表著作,因此这些文献在探讨回鹘佛教思想的内容及特点方面都具有代表性。下文将通过对这些佛教文献的分析与解读,勾勒出高昌回鹘佛教思想的主要内涵和基本特点。

二、高昌回鹘佛教思想的内容与特点

(一)回鹘文《说心性经》及其思想

对于回鹘佛教文献《说心性经》的研究,国外学术界取得了较多的成果。早在 1948 年,德国学者 W.Ruben(鲁宾)就发表了题作 *Bir Uygur Filosofu Hakkinda*(《关于一个回鹘哲学家》)的论文 ①,1976 年日本学者庄垣内正弘也撰文研究了这一文献,该文献逐渐引起国内外学者的关注 ②。近年国内学术界对于回鹘文《说心性经》及其性质也有所探讨,阿里木·玉苏甫在其《回鹘文〈说心性经〉来源考》(《民族语文》2010 年第 1 期)和《论回鹘文〈说

① 参见杨富学:《西域敦煌回鹘佛教文献研究百年回顾》,《敦煌研究》2001 年第 3 期;张田芳:《敦煌本回鹘文〈说心性经〉探原》,兰州大学 2018 年博士学位论文。

②[日]庄垣内正弘:《ウイグル語写本·大英博物館蔵 Or.8212—108 について》,《東洋学報》57 卷,1976 年,第 272—254 页。

心性经〉来源》①等文中,通过语言学和文字学对勘,研究指出该经是一部回鹘文佛教哲学原著②。但对于该文献的内容及来源,学术界并未取得较为一致的看法③。虽然从文法等方面来看,《说心性经》抄写于元代,但 10—14 世纪的高昌回鹘佛教持续发展而未中断,而且作为"一部难得的回鹘文佛哲学原著"④,它在很大程度上可以反映出高昌回鹘佛学思想的某些特点,因此具有较高的研究价值。

《说心性经》存字 405 行,在内容上可以分为四部分:第一部分相当于总论,概述心性的重要性及其本体地位;第二部分分论洞见心性的途径即"三门",第三部分探讨如何觉悟心性的"三部法",这两部分相当于修证论;第四部分为结语。值得注意的是,该文献的回鹘文中存在着大量夹写汉字的现象(主要是重要的佛教术语,如"心""佛""定""智"等),这一方面表明作者精通汉文和中原大乘佛教的名相概念,另一方面说明作者引用或参考了汉文佛教文献来作为其立论根据。而从其内容来看,《说心性经》的作者主要是

---

① 张定京、阿不都热西提·亚库甫编:《突厥语文学研究——耿世民教授八十华诞纪念文集》,北京:中央民族大学出版社 2009 年,第 27—36 页。

② 此外,他在与帕提古力·麦麦提合撰的《敦煌回鹘写本〈说心性经〉中的夹写汉字现象》一文中进一步指出,该文献中有一种与其他回鹘佛教写本不同的内容,即出现有先写回鹘文、后夹写汉字的特殊情况,这从某种意义上可以证明该文献是回鹘文原著。参见阿里木·玉苏甫、帕提古力·麦麦提:《敦煌回鹘写本〈说心性经〉中的夹写汉字现象》,《西北民族大学学报》(哲学社会科学版)2010 年第 2 期。

③ 参见杨富学:《新世纪初国内回鹘佛教研究的回顾与展望》,《西夏研究》2013 年第 2 期。

④ 张铁山:《回鹘文佛教文献〈说心性经〉译释》,《中国少数民族文学与文献论集》编委会编:《中国少数民族文学与文献论集》,沈阳:辽宁民族出版社 1997 年,第 341 页。

以中原地区的禅宗文献为立论依据。通过该文献内容①的分析，我
们可以从中了解高昌回鹘佛教与中原禅宗之间的思想联系，以及
高昌回鹘佛教思想的理论特点。该文献的主要思想特点如下：

首先，"心"具有出生一切诸法和作为觉悟依据的本体地位。

从《说心性经》的题目可知，该文献的主要内容是对"心性"的
解说，"心性"也是该文献阐述的核心思想，文称（回鹘文转写前的
数字表示原行数）：

394–396.ančulayu ymäalqu nom qapïɣ-larï barča ačuq
ärmäz bolur. 心 tözingä tayansar alqu nom qapïɣlarï alqu barča
ačilur.anïüčün ötünürmn alqu tüzün-lär. 心 tözingä tayanzun-
lar.

若不依心性，一切法门不可尽开；若依心性，一切法门即
可尽开。是故我祈求所有圣人皆依心性。

2–3.tözkärsär m（ä）n käntü özüm. alqu partakčan-lar
tözünlär. köŋül-lüg 心-süztä ulatï-lär.alqu nomlar alqu barča
心-tin tuɣar ärip.

若探究（其究竟），我自己及所有凡人与圣人、有心者与无
心者，一切诸法皆生于心，又反过来依靠心。

340–341.ig burqurlar. 心 tözintä alqu nom-larïq sïɣurmïš-

① 本书在学者研究的基础上，试图对该文献做进一步的汉文还原。该文献
的回鹘文和汉译文主要参考了张铁山《回鹘文佛教文献〈说心性经〉译释》
（《中国少数民族文学与文献论集》编委会编：《中国少数民族文学与文献
论集》，沈阳：辽宁民族出版社1997年，第358—371页）一文中的研究成
果，下文引用译文时不再重复标注。需要指出的是，该译文主要是对回鹘文
的直译，而在不违背原意并符合佛教术语的前提下，本书对其进行了部分
订正。

ïn bilmiš üčün nomluq ätözlük.

因知心性可容一切法,便可知法身。

　　这里明确提出"一切诸法都生于心",以及心性可以包容一切
法,也就是将"心"作为万法本体,这是典型的"唯心"思想,也是中
原大乘佛教的共识之一。这种思想在禅宗文献中有很多表述,如
《坛经》便称:"故知一切万法,尽在自身中,何不从于自心顿现真
如本性。"[1] 据考为神秀所著的《破相论》(收入《少室六门》)也称:
"心者万法之根本,一切诸法唯心所生。若能了心,则万法俱备。"[2]
也就是将"本心"作为本体,这里的心实际上就是"佛性",而证悟
本心就是解脱成佛。此外,传为达摩所作的《悟性论》(收入《少室
六门》)也称:"八万四千法门,尽由一心而起。若心相内净,由如
虚空。"[3] 可见,《观心性经》与中原禅宗思想之间存在着相似性。
　　《说心性经》还提出,如果不能觉悟"心性",并且伴随着"无
明"的遮蔽,以及造作恶业,就会陷入六道轮回的痛苦,文称:

　　6.–10.bu 心 alqu nom-larqa töz bolmaq-ïntïn. bu oq 心-ni
yangïlsar 无明 üzä. Ördülüp azta ulatï nïzwanï-larïq küčläntürüp.
ädgü-li ayïγ-lï-ta ulatï qïlïnč-larïγ qïlïp. 六 yol-ta tägsinip kirlik
basudčï-tïn.turur tip atanïp.sansar tip tiyür-lär.bu oq 心-ni tuysar.
töz-inčä bolup.

　　因此心是一切法之性,若失此心,则生无明及贪婪烦恼增

---

①(唐)慧能著,郭朋校释:《坛经校释》,北京:中华书局 1983 年,第 58 页。
②《少室六门·破相论》,《大正新修大藏经》第 48 册,第 366 页。
③《少室六门·悟性论》,《大正新修大藏经》第 48 册,第 373 页。

胜,做善事与恶事,而在六道上流转变化,因恶业缘而出生,称为轮回。若领悟此心,即能成就性。

这实际上也是中原大乘佛教心性论的重要内容,并与如来藏思想关系密切。受到如来藏思想重要影响的唐代禅宗就有许多类似的说法,如敦煌写本禅宗文献《观心论》(北宗禅神秀的作品)便称:

> 一切众生由此三毒及以六贼,惑乱身心沉没生死,轮回六道受诸苦恼。[1]

> 心是众善之源,是万恶之主。《涅槃经》常乐由自心生,三界轮回六(道)亦从心起。心为出世之门户,心是解脱之关津。[2]

对比《说心性经》与《观心论》《悟性论》等禅宗文献的说法,可知在心性的本体地位方面,前者受到中原禅宗思想的重要影响。

其次,"自心即佛"的思想。

受到《涅槃经》"一切众生皆有佛性"及如来藏思想的影响,唐代禅宗普遍将众生所具有的清净"自心"作为"佛性"与"佛心",提出"自心即佛"的思想,这在《说心性经》中也有明显的反映,该文献称:

69-70.burqan bulsar ymä.anga burqan bolur mu.täginmäz

---

[1]《观心论》,《大正新修大藏经》第 85 册《古逸部》,第 1270 页。
[2]《观心论》,《大正新修大藏经》第 85 册《古逸部》,第 1273 页。

tngrim.özi ök burqan ärür.adïn-tïn burqan bulur ärmäz tip.

世尊，自身即是佛，不可从别处求佛。

63–64．如是 ymätïlγ-lar 心 yangïlmaq-ïntïn. taštïn sïngar burqan tiläyür-lär.qayu 时 tä yangïlmiš 心 amrïlsar.ol oq 心 burqan ärür adïnïn bolur ärmäz.

如是，因众生失其自心，自外求佛。何时迷失之心得安静。此心即佛，而非外求。

75–76.ärsär mundaq tip körgidmäk ärür.tuyunmaq-ïγ tilädäči kišilär.yanturu öz köngül-in baqsar ol oq köngül ol oq burgan ärür.

求觉悟之人应反观自心，此心即心，此心即佛。

作者在这里提出的观点在思想上接近于"自心即佛""心外无佛"等观点，后者常见于唐代禅宗文献中，如《达摩大师血脉论》（唐代南宗禅僧托名达摩的作品）中就反复强调"自心即佛"的思想：

> 佛是自心作得，因何离此心外觅佛，前佛后佛只言其心。心即是佛，佛即是心。心外无佛，佛外无心。若言心外有佛，佛在何处？心外既无佛，何起佛见？……众生颠倒，不觉不知自心是佛。若知自心是佛，不应心外觅佛。[1]
> 性即是心，心即是佛，佛即是道，道即是禅。[2]

我们从这种相似性中可以发现，在心为修行者解脱觉悟的最

---

① 《少室六门·血脉论》，《大正新修大藏经》第 48 册，第 373 页。
② 《少室六门·血脉论》，《大正新修大藏经》第 48 册，第 375 页。

终依据,以及"众生心"与"佛心"的统一关系等根本思想上,《说心性经》基本继承了中原禅宗的观点。

第三,"无生之性"与"六境本空"思想。

在阐述了心性的本体地位之后,《说心性经》的作者进一步探讨了心性及与之相关的"六境""诸法"的内涵。在该文作者看来,六境与诸法的本性都是"无生",也就是虚幻不实,没有固定不变的自性,这种说法秉承了中观般若学的基本观点,文称:

87–88．ančulayu ymä tïnlɣ-ar.ol oq köngül-ni yangïlïp sansar-ta tägsinmiš ärürlär.ol oq köngül-gä tayïnïp tuymïš k(ä)rgäk adïn nom-qa tayïnïp tuyayïn tisär.

众生失其自心,在轮回中变化,应依此心觉悟。

101–110. munčuq arïɣ tözinčä turup.nätäg täwrämädin turur ärsär. ančulayu ymä.öng ün id tadïg birïdïk nom tigli. altï atqanɣu-lar yügärü bolup. 心-gä tüšmiš ödtä.öz 心-gä alïnmasar. 心 toɣmaqsïz tözinčä turur. 六境 -lar ymä.öz tözinčä turur.toɣmaqsïz bolup.atqanɣu amrïlsar. 心-li atqanɣu-lï birkärü toɣmaqsïzta turur. birök munï-täg. bolmadïn kösünmiš-čä atqanɣu-nï 心-gä alïnïp.köngül-gä qawšur-sar.ol qawšurmaqsïz tözindä küčäyü tïldaq basudčï qïlip az öpkä-tä uladï nïzwanï-lar-ni turqurup qïlïnč qïlïp sansarta tägsinür-lär.

当色、声、香、味、触、法六境显现于心,而自心不变,心依其无生之性而存,六境也依其自性不变。心本不生,六境本静,心与六境本皆无生。若非此故,心中起境,境与心合,则因不合之性而生贪嗔等烦恼,造作恶业而轮回变化。

174–176.alqu adqanɣu-lar-nïközüngü-däki körkdäš-täg

uqup alqu igid saqïnč-lar-nï kök qalïq-taqï bulït-täg bilip. aldačï-sï yoq.alqulup yop-ïn uqup.

一切境如镜中影，一切妄想如空中云，得即是空。

在早期高昌回鹘国佛教文献敦煌写本 S6551 号讲经文(《佛说阿弥陀经》讲经文)中,也有反映这种"六境本空"思想的文字:

> 不同大乘执见,每生分别□心。不知五境本空,便言障人道果。声香味触本来空,空与不空总是空,法界无来本清净,都不关他空不空。①

也就是说,就外境而论,随心而起的诸法和"六境"都虚幻不实,由于六境和诸法都是因心而生,因此"无生之性"也可以视为是"心性"的重要内涵之一。对此,禅宗文献中也有相似的表述,如《悟性论》称:"知心是空,名为见佛。"②《血脉论》也称:"我心本来空寂,一切相貌皆是妄相"③,"不了自心本来空寂,妄执相及一切法"④。

与之类似,《说心性经》也认为本心"佛性"则不空,并且从"佛性"及"空性"的角度来说,一切诸法本质相同(都是"空性"佛性),佛与众生在本性上也平等无异。文称:

145–149.ymäpartakčan tüzün-tä uladï alqu nom-lar pütün

---

① 王重民等编:《敦煌变文集》下集,北京:人民文学出版社 1957 年,第 473 页。
②《少室六门·悟性论》,《大正新修大藏经》第 48 册,第 370 页。
③《少室六门·血脉论》,《大正新修大藏经》第 48 册,第 374 页。
④《少室六门·血脉论》,《大正新修大藏经》第 48 册,第 375 页。

心 tözlüg ärür.bu tïldaq-ïntïn m（ä）n käntü özüm alqu tïnlγ-
lar alqu burqan-lar birlä bir tözlüg ärür özli adïn-lï ymä bir
tözlüg ärür 心-li adqanγu-lï ymä tözlüg ärür.sansar nïrwan
一 tözlüg ärür.nïzwanï bodï tuymaq一 tözlüg ärür.közüngü-täki
körkdäš-täg.

凡人、圣人与诸法皆是心性。是故我、众生与诸佛皆是一
性,我性与他人之性皆是一性,心与境皆是一性,轮回与涅槃
皆是一性,烦恼与觉悟皆是一性。

对此,《悟性论》中也有相似的说法,文称:"平等法中,不见凡夫异
于圣人。经云:平等法者,凡夫不能入,圣人不能行。平等法者,唯
大菩萨与诸佛如来行也。……何以故。烦恼与涅槃,同是一性空
故。"[1] 也就是说,从"性空"的角度来说,凡与圣、烦恼与涅槃都是
平等的。

第四,以觉悟心性为解脱的标志。

在确立"本心"为诸法本体和修行依据之后,《说心性经》的作
者进一步提出,凡人与圣人、众生与佛菩萨的区别就在于能否证悟
"心性",文称:

25–29.bu 心-ni tuysar tüzün bolur.bu 心-ni yangïlsar sansar
bolur.bu 心-ni tuysar tüzün bolur. 三 ödki alqu burqan-lar-
qatanuqlaγuluq nom ärsär.bu 心-ni tanuqlamaq ärür.ačuqkizläkliq
nom-larïq nomlamaq-ï ärsär. bu 心-ni oqïdγalï nomlamïš ärür
佛-lar bu yir-tinčü-tä bälgürmäki ärsär.tuymaduq-lar-nïng 心 tözin

<hr/>

①《少室六门·悟性论》,《大正新修大藏经》第48册,第371页。

ačqali.

　　若迷此心,即成凡人;若悟此心,即成圣人。若失此心,即(不)得涅槃;若悟此心,即为圣人。证三世诸佛之法,即是证得此心;若诸佛出现于此世,即为不觉者开示证悟其心性。

　　31–34.alqu ödtä 心 birlä yurïr ärip. 心 tözin tuymadačï-lar ärsär.partakčan ärür-lär.köngül tözin tuyayïn tip oγrap. tüpükkinčä tuymadačiï-lar ärsär 菩萨 -lar ärür. 心 tözin tuyunup.näčäkätägi 心 tözintä sarïlïp turdačï-lar ärsär 佛 -lar ärür.bu 心 tözi toγdačï ärmäz. öčdäči ärmäz.bardačï ärmäz käldäči ärmäz.

　　若在一切世与心并行,而不觉心性者,即是凡人;若欲领悟心性,而不得彻悟者,即为菩萨.;若欲领悟心性,而在心性上安然处置者,即为佛。

　　304–305.burgan-larïq tanuq-laγuluq ärsär.tïnlγ-lar-taqï 心 tözin tanuqlamaq ärür. 佛

　　证佛即是证众生之心性。

　　这种将觉悟心性视为解脱成佛的思想,是中原大乘佛教修行论的基本观点之一,如《坛经》中就提出:"故知不悟,即是佛是众生;一念若悟,即众生是佛。"[1]《悟性论》也说:"解圣法者,名为圣人。解凡法者,名为凡夫。但能舍凡法就圣法,即凡夫成圣人矣。"[2] 既然觉悟与否取决于能否证悟心性,那么从修行论的角度说,修行者就应当向内开发自身本有的"心性"(佛性),从而实现解脱。《说心性经》称:

---

[1](唐)慧能著,郭朋校释:《坛经校释》,北京:中华书局1983年,第58页。
[2]《少室六门·悟性论》,《大正新修大藏经》第48册,第372页。

10–12. 智 üzä yrutup.süzülmäk-tä ulatï ädgü nom-lar üzä adrunu barïp. 定-lï 智-lï üzä küčländürüp. 三 kölüngü-täki-lär-ning käzikindä turup.arïq basudčïtïn turur tip atanïp.

　　以智慧明见(心性),分别清净及善法,加强定及智,由三乘顺序而生,称作借清净之力而生,觉悟而入涅槃。

此句经文提出,要通过定、智即定慧的力量去除无明,借助智慧(般若)明见心性。这种对定慧的强调,也反映出禅宗修行论思想的影响,定(禅定)与慧(智慧)并重是包括南北宗在内的唐代禅宗的普遍观点,如慧能《坛经》称:"我此法门,以定惠为本","以智惠观照,内外明彻识自本心,若识本心即是解脱"[①]。敦煌写本《观心论》也称:"但能摄心内照觉观常明。绝三毒永使消亡,六贼不令侵扰,自然恒沙功德种种庄严,无数法门悉皆成就。"[②] 也就是说,修行者应该以定慧为主要途径来明见心性。

　　此外,该文还强调通过"三门"而洞见心性真理,文称:

123–126.burqan-lar baqšï-lar tuymaduq tïnlγ-lar-nï bu 心-in tuydurqalï öküš tälim nom-lar nomlasar ymä.tünglüg ödïn-tïn kök qalïq-ïq körmiš-täg. qawïra-sïnča 三 türlüg qapïq üzä oqïdu birälim.

　　诸佛及诸师为了让不觉众生领悟此心,而讲说诸法经,我等如自天窗观天空,集中解说"三种门",希望以此(使修行者)坚定其自心。

---

① (唐)法海集:《南宗顿教最上大乘摩诃般若波罗蜜经六祖惠能大师于韶州大梵寺施法坛经》,《大正新修大藏经》第48册,第340页。
② 《观心论》,《大正新修大藏经》第85册《古逸部》,第1273页。

就三种门的内容来说,第一门是解说"诸法与心不同",这部分主要是说明"心"的本性就是般若"空性",在此基础上万法的本质相同,诸佛与众生的心性也平等无差别,这相当于是对心性本体的解说;第二门是解说"文字经典、妄念与真实诸法不融合",说明证悟心性不能执着于文字和外相,而要觉悟心性"空"与"不生"的本质;第三门是解说证悟心性的途径,也就是修行论。对此,《说心性经》所提出的修行方法主要是反观自心的禅观,通过思维而觉悟"心性本空""自心即佛"。从总体上看,"三种门"的修行论也来自中原禅宗的修行论。

在以上思想分析的基础上,对于回鹘文献《说心性经》的思想内涵与特点,我们可以得到以下几点认识:

首先,《说心性经》与唐代禅宗文献间存在着密切的关系,在整体上可以视为一部禅学思想著作。

通过上文分析可知,该文献在思想上与《少室六门》中的《血脉论》《悟性论》及神秀的《观心论》(相当于《少室六门》的《破相论》)等唐代禅宗文献的关系最为密切。因此可以推知,作者在写作时参考了大量的唐代禅宗文献,并且将其作为主要的立论根据。此外,该文献还引用了《首楞严经》《华严经》等重要的中原大乘佛教经典〔如第 48 行文:"yintämquruq üzätuyunurlar.t(ä)ŋ riburqan surungamï sudurta. 以空解悟,佛在《楞严经》中言"〕,并利用这些经文来论证心性的重要性。

其次,《说心性经》可以视为回鹘佛教界改造中原禅宗思想的创新著作。

需要指出的是,虽然《说心性经》具有中原禅宗的思想特点,但它并非完全是唐代禅宗文献的转译,或者说是某些重要经论的选择性抄录①。它在很大程度上也可以视为回鹘佛教学者在参考中原佛学著作基础上的再创作,例如,根据阿里木·玉素甫的研究,该文献中存在着有许多具有回鹘民族特色的文字,如该文第 350—354 行称:"inča qaltï — bölük käyikčilärdä. üzä bardačïlar oq birlä käyik atïp. ol aḍmïš käyikin alïp barïp.amïš oqïn yasïn. ol orunta tutup. kinki kišilärgä ïnča tip bitip qodsar. 犹如一品所讲的猎人用箭狩猎,猎人拿走打的猎物,射出的箭留在原地。"这些文字显示出作者对于回鹘民族文化的熟悉与重视②。

第三,《说心性经》反映出心性论也是高昌回鹘佛教界的思想主题。

从回鹘佛学思想的角度来说,《说心性经》为我们透露了以下的信息:从该文献的核心思想是中原佛教的心性论(佛性论、如来藏思想)及般若中观思想来看,它一方面反映出中原大乘佛教特别是唐代禅宗对高昌回鹘佛教思想界产生了重要的影响,另一方面则说明"心性论"也是高昌回鹘国佛教界的思想主题。这与唐宋以来中原佛教思想界的理论主题是一致的。

(二)敦煌写本 S6551 号讲经文与《弥勒会见记》中的净土思想

高昌及敦煌地区发现了大量与高昌回鹘佛教相关的古代文献,其中,前述的敦煌写本 S6551 号讲经文(以下简称 S6551 号讲经文)及回鹘文《弥勒会见记》就是重要的代表,它们对于研究高昌回鹘的佛教净土信仰具有重要的价值。就这两部文献的性质来

---

① 从《说心性经》的内容来看,该文献对中原禅宗经典及其名相概念的选择性抄录本身,也反映出该文献作者独特的禅学思想,以及试图对中原禅宗思想进行综合和创新改造的思想意图。

② 阿里木·玉苏甫:《回鹘文〈说心性经〉来源考》,《民族语文》2010 年第 1 期,第 61 页。

说，S6551号讲经文是由10世纪初居住于高昌回鹘国的汉僧所作的《佛说阿弥陀经》讲经文，内容为宣传佛教的弥陀与弥勒净土信仰，以及"三归""五戒""十善"等佛教思想。《弥勒会见记》则是反映弥勒信仰的回鹘文佛教作品，并具有佛教变文和说唱剧本等佛教文学的性质，主要内容为讲说弥勒的生平、成道过程、弥勒佛下生说法，以及佛教传说中的地狱及业报思想等[①]；同时，该文献也具有佛教经典的性质。具体来说，这两部文献中反映的净土思想包括以下几方面内容：

首先，反映出对弥勒净土信仰的特别重视，并将成佛与往生净土等同。

成佛解脱是佛教所追求的最重要修行目标，S6551号讲经文和《弥勒会见记》也将此作为最重要的宗教目的，如S6551号讲经文称：

> 诸佛国地之日，总是凡夫，皆因善知识，发露忏悔，得成佛果。过去诸佛已成佛，现[在]诸佛今成佛，未来诸佛当成佛。门徒弟子，既解忏悔，改往修来，未来世中，必定成佛，更莫生疑。[②]

就当时中原大乘佛教净土信仰的内容来说，净土世界主要包括弥勒净土（兜率天内院）和弥陀净土（西方净琉璃世界）两种。而高昌回鹘净土信仰的重要特点是以弥勒净土信仰为主[③]，并将其与成佛

[①] 参见耿世民：《回鹘文哈密本〈弥勒会见记〉研究》，北京：中央民族大学出版社2008年，第11页。

[②] 王重民等编：《敦煌变文集》下集，北京：人民文学出版社1957年，第463页。

[③] 弥陀净土信仰在回鹘民族中也得到了流行，如宣扬弥陀净土思想的《阿弥陀经》《无量寿经》等经典都有回鹘文译本发现。

等同。其中,回鹘文《弥勒会见记》是高昌回鹘国弥勒净土信仰的重要反映,虽然该书的原本可能属于小乘毗婆沙派的著作,在内容上与表现佛陀本生故事的《大庄严经》等经典接近,但其中却包含了大乘佛教的成佛以及弥勒净土等思想,实际上是塔里木盆地所流行的小乘和大乘佛教文化综合的产物①。哈密本回鹘文《弥勒会见记》敬章中的抄经发愿文就表现出对弥勒及往生兜率天的虔信,文称:

愿借此之力生在天上!当生在天上时,要生在兜率天弥勒菩萨的面前。当仁者弥勒菩萨从兜率天下来时,让我们及所有亲族也一起从兜率天下来。当弥勒菩萨得道时,让我们所有人也能得到授记。②

这段发愿文向我们透露出这样的信息:即在当时的高昌回鹘民众看来,弥勒及弥勒净土具有崇高的地位,他们一方面祈求往生弥勒净土与弥勒菩萨相见,另一方面也祈求与弥勒菩萨同时下生得道成佛。在他们看来,往生弥勒净土与成佛是统一的。

这种往生净土与成佛等同的思想在S6551号讲经文中也有体现,该文献的C段发愿文称:

诸僧统大师,伏愿琉璃殿内,高然(燃)般若诸(之)灯;阿耨池边,永赞无生之偈。……诸寺毗尼、法律、僧政、法师、律

① 参见耿世民:《回鹘文哈密本〈弥勒会见记〉研究》,北京:中央民族大学出版社2008年,第349页。
② 耿世民:《回鹘文哈密本〈弥勒会见记〉研究》,北京:中央民族大学出版社2008年,第14页。

师,诸僧众、尼众、阿姨师等,总愿龙花三会,同登解脱之床,贤劫数中,早证无为之果。诸忧婆塞、忧婆夷,伏愿善根日进,皆逢千佛之光,不退信心,亦值龙花三会。

欲识从前生长处,应知总在率陀(兜率)天。虽居欲界超凡位,晨昏每向圣王前,愿生正见除邪见,来生早坐紫金连(莲)。①

这里将上生兜率天与弥勒相见、值遇弥勒下生的“龙华三会”,与“解脱”得道和证得“无为之果”(成佛)相等同,也就是将往生弥勒净土与成佛等同。值得注意的是,S6551号讲经文以《佛说阿弥陀经》的讲解为主,但在发愿文中却强调了弥勒净土信仰,这也反映出弥勒净土信仰在高昌回鹘佛教中的重要地位。

此外,流行于高昌回鹘的《金光明最胜王经》也宣称,通过读诵此经,可以获得往生净土和成佛的功德,如第三《分别三身品》称:

若有善男子、善女人于此《金光明经》听闻信解,不堕地狱、恶鬼、傍生、阿苏罗道,常处人天,不生下贱,恒得亲近诸佛如来,听受正法,常生诸佛清净国土。②

按照佛教的说法,相比于污浊的人间,众生在净土世界中可以得到诸佛的亲自指导,并且免受世俗的污染,因此更容易取得佛果;但

---

① 张广达、荣新江:《有关西州回鹘的一篇敦煌汉文文献——S6551讲经文的历史学研究》,《北京大学学报》(哲学社会科学版)1989年第2期,第24页。
② (唐)义净译:《金光明最胜王经》卷二,《大正新修大藏经》第16册,第410页。

往生净土并不等于成佛,而只是成佛过程中的重要组成部分。因此,这种将往生净土与成佛等同的思想,实际上反映出高昌回鹘社会的普通佛教信徒对佛教修行方法简易化、世俗化的要求。

第二,将抄经、画像和"五戒""十善"等宗教修行作为实现解脱的途径。

S6551 号讲经文主张将"忏悔""三归""五戒""十善"等宗教修行作为往生净土和成佛的主要途径,具体来说,一是要求信徒抛弃"十恶",虔诚忏悔自己的罪恶。文称:

> 凡夫十恶未能抛,努力今朝须忏悔。称佛子。十(条)恶业最难言,百千万劫□(却)无缘。今日齐心须忏谢,刹般(那)命尽便生天。
>
> 门徒弟子,今日既来法会,大须努力,齐心合掌,与弟子忏悔十恶五□(逆)之罪,洗除垢秽,起□(皈)心净心,来世往生西方净土。连(莲)花化生,永抛三恶道,长得见弥陀。[1]

另一方面,该文则要求信徒接受佛教的"三归"(归依佛、法、僧三宝)和"五戒",并修行"十善"[2],以此实现成佛。文称:

> 忏悔已了,此受三归,复持五戒,便得行愿相扶,福智圆满,将永佛果,永晓(免)轮回。必受三归,免沉邪道,归依佛者,不随(堕)地狱。归依法者,不受鬼身。归依僧者,不作畜

---

① 王重民等编:《敦煌变文集》下集,北京:人民文学出版社 1957 年,第 463 页。
② 又称"十善业道",包括:一、不杀生,二、不偷盗,三、不邪淫,四、不恶口,五、不两舌,六、不妄语,七、不绮语,八、不贪,九、不嗔,十、不痴。

生。门徒弟子，受此三归，能不能？愿不愿？称佛名。①

总持十善，十恶休行，同梧（悟）真乘，断除邪见，普共未来，同城（成）佛果。为此因缘，念一切佛。②

《弥勒会见记》也提出，往生弥勒净土、与弥勒相见并成佛的主要途径是佛教的戒、定、慧等修行，文称：

持斋守八戒者、遵守在家人五戒者、持沙弥、沙弥尼和僧、尼戒者，将享受（未来）与弥勒佛会见的法乐。再有，依照释迦牟尼佛之法，修习经、律、论三宝和能清楚明白十八界、十二处本性者，将能从轮回中得到解救。③

也就是说，出家僧侣应当遵守“八戒”，在家居士应遵守“五戒”，同时学习佛教的经律论三藏，了解佛学义理，这是成佛解脱的主要方法。

另外，为了适应在普通民众中传播教义的需要，抄写佛经和绘制佛像也被高昌回鹘佛教界视为往生净土的重要途径，如哈密本《弥勒会见记》卷首的发愿文称：“我敬信三宝的优婆塞（麴）塔思·依干·都督与我的妻子土尊一起，为了将来能和弥勒佛会面，特让人画弥勒像一幅，并让人抄写《弥勒会见记》经书一部。”④ 施

---

① 王重民等编：《敦煌变文集》下集，北京：人民文学出版社1957年，第464页。
② 王重民等编：《敦煌变文集》下集，北京：人民文学出版社1957年，第471页。
③ 耿世民：《回鹘文哈密本〈弥勒会见记〉研究》，北京：中央民族大学出版社2008年，第415页。
④ 耿世民：《回鹘文哈密本〈弥勒会见记〉研究》，北京：中央民族大学出版社2008年，第12页。

主在发愿文中希望通过抄写佛经以及绘画弥勒佛像,以获得往生弥勒净土的宗教功德。这种借佛教功德祈求往生净土和解脱的思想,也是当时回鹘佛教信徒的普遍观念。

第三,重视人间和人的修行,具有佛教世俗化的特点。

高昌回鹘国净土信仰的另一个特点是重视人间和人的修行,这主要体现在其弥勒净土信仰中。《弥勒会见记》就将获得佛果的地点设定在人间,并且弥勒菩萨也是以人而非菩萨的身份修行成佛的。对此,该文献第十品《从兜率天下降人间》中提出:"在天界不能获得佛果。在三地狱界也不能获得佛果。在三界也不能获得佛果。只有生在赡部洲中部国才能获得佛果。所以我应生在中部国获得佛果。"[①] 佛教中的赡部洲(南赡部洲)指包括人类在内的有情众生所居住的世界,也就是人间。该文献进一步指出:"因为在所有轮回中间有名叫娑婆三千大千世界。那三千大千世界中有赡部洲,赡部洲中间有中部国,中部国中有翅头末城。为此我应生在那里。"[②] 可知弥勒下生的具体地方是位于人间而非天界的"翅头末城",这里的赡部州中部国应当是指佛教中的"中国"即人间的"中天竺"(中印度)。此外,该文献还写道:"尊者弥勒菩萨这样说道:绝对没有菩萨降生在天上的道理。我一定要(舍弃天身),下降人世托生。"[③] 这种"下降人世托生"的说法,一方面继承了释迦牟尼本生等佛传故事的传统模式,另一方面则强调菩萨必须以人的

---

① 耿世民:《回鹘文哈密本〈弥勒会见记〉研究》,北京:中央民族大学出版社2008年,第260页。

② 耿世民:《回鹘文哈密本〈弥勒会见记〉研究》,北京:中央民族大学出版社2008年,第262页。

③ 耿世民:《回鹘文哈密本〈弥勒会见记〉研究》,北京:中央民族大学出版社2008年,第269页。

身份在人世间经过努力修行才能取得佛果。这在一定程度上也反映出高昌回鹘佛教界对人及人世间的重视，这也是当时中国大乘佛教思想及佛教世俗化的反映。

（三）《佛说天地八阳神咒经》及其三教融合思想

回鹘文《佛说天地八阳神咒经》是目前存世最多的回鹘佛教文献，可以说"在众多的回鹘文佛教文献中，没有哪一部经典可与之相提并论"[①]。该经的回鹘文本存在着不同的版本[②]，但主要是以据传为唐义净汉译本（该经为中土撰述的"伪经"，并假托为唐朝义净所译）为底本翻译的。受限于回鹘文本《佛说天地八阳神咒经》相关资料的缺乏，本书将主要通过对敦煌本《佛说天地八阳神咒经》[③]思想的分析，来探讨回鹘佛教思想的特点。

第一，以心性论为思想核心，重视"自心"和"八识"的根本地位。

《佛说天地八阳神咒经》将佛教的"自心"和"八识"作为核心思想，即以心性论为思想主题。对于"自心"的本体作用，该经提出：

善男子，人之身心，是佛法器，亦是十二部大经卷也。无

---

① ［德］茨默著，桂林、杨富学译：《佛教与回鹘社会》，北京：民族出版社2007年，第51页。

② 参见［德］茨默著，桂林、杨富学译：《佛教与回鹘社会》，北京：民族出版社2007年，第52页；［日］小田寿典：《トルコ語本八陽経写本の系譜と宗教思想的問題》，《東方学》55号，1978年，第104—118页。

③《大正新修大藏经》第85册《疑似部》收录有该经义净汉译本的敦煌写本，从高昌回鹘与敦煌佛教界之间的密切关系（如对敦煌僧官制度的继承、在敦煌翻译回鹘文佛经等）来看，该敦煌写本在思想及内容上最接近回鹘文的翻译底本。

始以来,转读不尽,不损毫毛,如来藏经,唯识心见性者之所能知,非诸声闻凡夫所能知。善男子,读诵此经,深解真理,即知身心是佛法器。若醉迷不醒,不了自心是佛法根本,流转诸趣,堕于恶道,永沉苦海,不闻佛法名字。①

可知该经认为人的自心是修行和证悟佛法的根本,也就是修行的本体依据,这也是中原大乘佛教的普遍认识。

此外,该经还阐述了"八识"的意义,文称:

八者八识。云何名八识?眼是色识,耳是声识,鼻是香识,舌是味识,身是触识,意是分别识。六根是六识,含藏识,阿赖耶识,是名曰八识。明了分别八识根源,空无所得。即知两眼是光明天,光明天中,即现日月光明世尊。两耳是声闻天,声闻天中,即现无量声如来。两鼻是佛香天,佛香天中,即现香积如来。口是法味天,法味天中,即现法喜如来。身是卢舍那天,卢舍那天中,即现成就卢舍那佛,卢舍那镜像佛,卢舍那光明佛。意是无分别天,无分别天中,即现不动如来,大光明佛。心是法界天,法界天中,即现空王如来。含藏识天,演出《阿那含经》《大般涅槃经》。阿赖耶识天,演出《大智度论经》《瑜伽论经》。善男子,佛即是法,法即是佛,合为一相,即现大通智胜如来。②

---

① (唐)义净译:《佛说天地八阳神咒经》,《大正新修大藏经》第85册,第1423页。
② (唐)义净译:《佛说天地八阳神咒经》,《大正新修大藏经》第85册,第1424页。

这段文字在思想和概念上比较杂乱,从内容上看,该经认为六识对应于不同的诸天、诸佛,但其中似乎看不出等级高低的递进关系;而本因高于六识的"含藏识"却与《阿含经》《涅槃经》等经典对应,作为根本识的最高"阿赖耶识"却和《大智度论》《瑜伽论》等论书对应,而且这些经论在中原大乘佛教中也不占据最重要的位置。可以看出,该经编撰者在组织各种名相概念时具有随意性,可知其佛教理论思维水平有限。当然,这些理论上的瑕疵并不影响普通民众对该经的诵读和崇拜。

该经对"自心是佛法根本"的强调,鲜明地表现出对心性论的重视,而"八识"思想实际上也是心性论的重要组成部分。这些思想本身都说明,《佛说天地八阳神咒经》的编撰者将心性论作为其思想核心,这同时也是对隋唐以来中国佛教日益重视心性论的思潮的呼应。

第二,以明解空性般若为目的。

在修行论方面,《佛说天地八阳神咒经》将觉悟空性作为解脱的标志之一,该经在解释经名时称:

> 吾今为汝解说八阳之经者,八者分别也,阳者明解也,明解大乘空无之理,了能分别八识因缘空无所得。云何八识名为经,八阳名为纬,经纬相交,以成经教,故名八阳经。①

也就是说,该经的目的就是要"明解大乘空无之理",这里的"空理"也就是佛性。该经进一步提出,要通过觉悟六境皆空、了达心性而

---

① (唐)义净译:《佛说天地八阳神咒经》,《大正新修大藏经》第85册,第1424页。

解脱成佛：

> 若善男子善女人等，为诸众生讲说此经，深达实相，得甚
> 深理，即知身心佛身法心。所以能知，即是智慧。眼常见种种
> 无尽色，色即是空，空即是色，受想行识亦空，即是妙色身如
> 来。耳常闻种种无尽声，声即是空，空即是声，即是妙音声如
> 来。鼻常嗅种种无尽香，香即是空，空即是香，即是香积如来。
> 舌常了种种无尽味，味即是空，空即是味，即是法喜如来。身
> 常觉种种无尽触，触即是空，空即是触，即是智明如来。意常
> 思想能分别种种无尽法，法即是空，空即是法，即是法明如来。
> 善男子，观此六根显现人皆空。口常说之，若说善语，善法常
> 转，即成圣道。①

这里简要地阐述了六根（眼、耳、舌、鼻、身、意）与其所现六境（色、
声、香、味、触、法）皆空的道理，这些都是对大乘佛教基本理论的转
述，并无理论上的特别创新。

但值得注意的是，与许多印度撰述的佛教经典不同的是，该经
特别重视人及修行主体的作用，并将人视为万物中"最胜最贵者"，
文称：

> 夫天地之间，为人最胜最上者，贵于一切万物。人者，真
> 也正也。心无虚妄，身行正真。左丿为真，右乀为正，常行正

---

① （唐）义净译：《佛说天地八阳神咒经》，《大正新修大藏经》第 85 册，第
1423 页。

　　真,故名为人。是知人能弘道以润身,依道依人,皆成圣道。①

在这里,人被置于天地万物中最高的位置上,这与印度佛教所主张的"众生平等"的思想并不一致。在传统的佛教思想中,人与其他有情众生一起受到业报轮回的制约,其优越之处只在于具有"觉解"即理性思维能力,但并不具有特别尊贵的地位。实际上,《佛说天地八阳神咒经》的这一说法可以视为对中原传统人本思想的继承,并受到儒家"以人为本"的人学思想的重要影响,可以说该经正是佛教思想中国化的产物。

　　第三,表现出鲜明的佛儒融合思想,顺应了南北朝以来佛教中国化的思潮。

　　《佛说天地八阳神咒经》中糅合了许多中原儒学与道教的概念,这正是此经作为"中土撰述"的重要证明,同时也是中国佛教三教合一思想的重要表现。该经中包含有明显的儒家忠孝信义思想,文称:

　　　　若远行从军,仕官兴生,甚得宜利。门兴人贵,百子千秋,父慈子孝,男忠女贞,兄恭弟顺,夫妻和睦,信义笃亲,所愿成就。②

该经在解释婚媾时,也充斥着中原地区传统的阴阳思想,文称:

　　　　夫天阳地阴,月阴日阳,水阴火阳,女阴男阳。天地气合,一

---

① (唐)义净译:《佛说天地八阳神咒经》,《大正新修大藏经》第85册,第1422页。
② (唐)义净译:《佛说天地八阳神咒经》,《大正新修大藏经》第85册,第1423页。

切草木生焉。日月交通，四时八节明焉。水火相承，一切万物熟焉。男女允谐，子孙兴焉。皆是天之常道，自然之理，世谛之法。①

这种比附不仅在《佛说天地八阳神咒经》中有着突出的体现，在其他回鹘佛教文献中也有反映，如敦煌写本 S6551 号讲经文称：

> 夫五戒者，是成佛之良因，为人（入）圣之要略，三千威仪，八方细行，比丘有二百五十戒，丘尼五百戒，近事男，近是女，八戒十戒，并从五戒而生，天名五星，地名五岳，在道教为五行，在儒为五帝，在释为五戒。②

该文也将佛教的五戒（不杀、不偷盗、不邪淫、不妄语、不饮酒食肉）与五星、五岳、道教五行、儒家五帝③对应，属于三教合一思想的产物。自南北朝时代开始，中国佛教界就尝试将佛教的名相概念与中原地区传统的儒家、道家思想相对应，这是佛教中国化的重要表现之一。如反映中国传统五行、天人感应、五常等思想，调和佛道二教矛盾的疑伪经《提谓波利经》，就曾经在北朝时代的关中地区得到了广泛传播。此经把"五戒"比作"五常"，并把违犯"五戒"看作"不忠不孝"的行为予以谴责。据考证，此经为南朝宋孝武帝

---

① （唐）义净译：《佛说天地八阳神咒经》，《大正新修大藏经》第 85 册，第 1424 页。

② 王重民等编：《敦煌变文集》下集，北京：人民文学出版社 1957 年，第 465 页。

③ 对于"在道教为五行""在儒为五帝"的内容，原文没有解释，这里的"五行"当指"金木水火土"，而"五帝"当指儒家所尊崇的"黄帝、颛顼、帝喾、尧、舜"等五位上古帝王。

时中国僧人昙静在北魏首都平城撰写,在梁朝时已经被怀疑为伪经①,初唐时代则被认为是北魏沙门昙静伪造②,但此经在民间具有较大影响力,直至隋朝开皇年间(581—600)包括长安在内的关中一带"往往民间犹习《提谓》,邑义各持衣钵,月再兴斋,仪范正律,递相鉴检,甚具翔集云"③。与《提谓波利经》类似的《佛说天地八阳神咒经》也可以说是佛教中国化的重要产物,该经在高昌、河西等地区的流行,也说明中国化的大乘佛教对回鹘民族产生了重要影响。

此外,《佛说天地八阳神咒经》还承认了道教诸神的存在,该经提出:

> 若善男子善女人等,兴有为法,先读此经三遍。筑墙动土,安立家宅,南堂北堂、东厢西厢、厨舍密屋、门户井灶、碓硙库藏、六畜栏溷。日游月杀、大将军太岁、黄幡豹尾、五土地神、青龙白虎、朱雀玄武、六甲禁讳、十二诸神、土府伏龙,一切鬼魅皆悉隐藏,远屏他方,形销影灭,不敢为害,甚大吉利,得德无量。善男子,兴工之后,堂舍永安,屋宅牢固,富贵吉昌,不求自得。④

---

① 参见(梁)释僧祐撰,苏晋仁、萧炼子点校:《出三藏记集》卷五《新集疑经伪撰杂录》,北京:中华书局1995年,第225页。
② 参见(唐)道宣:《大唐内典录》卷四,《大正新修大藏经》第55册,第268页。
③ (唐)道宣:《续高僧传》卷一《释昙曜传》,《大正新修大藏经》第50册,第428页。
④ (唐)义净译:《佛说天地八阳神咒经》,《大正新修大藏经》第85册,第1423页。

这段文字将"太岁""土地神""青龙白虎""朱雀玄武""十二诸神""土府伏龙"等道教神灵与"一切鬼魅"等同,都视为安家建宅的妨碍,并强调念诵此经就可以使他们隐藏消灭,不敢为害,这实际上是对民间道教信仰的贬斥;但该经并未否定这些神灵的存在,因此在某种程度上也可以说是对道教信仰的融合。

最后,《佛说天地八阳神咒经》用大量的篇幅宣称,通过念诵此经可以获得消灾免难甚至解脱成佛的巨大功德,文称:

> 若闻此经信受不逆,即得解脱诸罪之难,出于苦海,善神加护,无诸障碍,延年益寿,而无横夭。以信力故,获如是福。何况有人尽能书写,受持读诵,如法修行。说其功德不可称、不可量、无有边际。寿终之后,并得成佛。①
>
> 善男子,若读此经一遍,如读一切经一部;若书写一卷,如书写一切经一部。其功德不可称、不可量,等空无有边际,如斯人等,即成就圣道。②

综上所述,《佛说天地八阳神咒经》的主要思想可以概括为:一是重视心性论,并将"自心"作为佛法的根本;二是将觉悟空性作为解脱成佛的标志;三是大量吸收中原传统的儒家及道教思想,并突出了对人及修行主体的重视。从总体上看,该经在心性论、修行论等方面浅显而并无创新,但这些思想却具有简易化的特点,正适应了在民间传播的需要。同时,该经的主要意义体

---

① (唐)义净译:《佛说天地八阳神咒经》,《大正新修大藏经》第85册,第1422页。
② (唐)义净译:《佛说天地八阳神咒经》,《大正新修大藏经》第85册,第1425页。

现在三教合一思想上,特别是对儒家忠孝、阴阳观念及重人思想的继承上,表现出佛儒道三教思想的综合性。从这种思想的简易化、世俗化和综合性来说,《佛说天地八阳神咒经》可以视为佛教中国化的产物。

透过该经的思想,我们可以对高昌回鹘国的佛教思想得到以下一些认识:一是高昌回鹘佛教界以心性论为思想主题,这在相关的其他文献中也有反映;二是高昌回鹘思想界存在着三教合一思潮,结合高昌、北庭地区原有的深厚汉文化基础,以及中原大乘佛教的长期流传来看,这种三教思想的融合是中原汉文化影响的结果[①]。而这些思想特点的产生,正与高昌回鹘对唐代中原佛教的继承有关,同时也说明,高昌回鹘佛教与中原佛教文化有着密切的联系和文化上的融通。

(四)高昌回鹘《金光明最胜王经》及其思想

现存的回鹘佛教文献中保留有多种《金光明最胜王经》的抄本与刻本,可知该经是高昌回鹘国较为流行的经典之一。自1908年回鹘文《金光明经》的残片发现开始,以德国为主的国外学者就开始了对该经的整理刊布和释读研究,目前学术界的相关研究主要集中于该经典的文字对勘、语法等语言学研究方面。对于其思想内容及理论特点,学术界的探讨则较少。

《金光明经》的汉译本主要有以下三种:一是昙无谶于北凉玄始年间(412—428)翻译的四卷本十八品《金光明经》,这是《金光明经》的较早译本,译出后产生了很大的影响,隋朝智者大师就曾

[①] 刘元春研究指出,《佛说天地八阳神咒经》在高昌回鹘的流传与汉晋以来汉文化在高昌地区的长期流传有着密切的关系。参见刘元春:《〈佛说天地八阳神咒经〉辨析——兼谈高昌回鹘佛教的社会文化意蕴》,《西域研究》1996年第1期。

注疏昙无谶译本《金光明经》,并撰有《金光明经玄义》及《金光明经文句》等;二是隋开皇十七年(597)大兴善寺沙门宝贵等增补编辑的八卷本《合部金光明经》,该本实际上是以昙无谶译本为主,综合梁真谛等译本删同补缺而成的,内容分二十四品;三是唐武周长安三年(703)义净重译的十卷本《金光明最胜王经》,内容分三十一品。相比其他译本,义净本在内容和体例等方面最为完备,因此成为后世流传最广的通行本,回鹘文《金光明最胜王经》也是以义净本为底本的①。就现在已知的回鹘文本《金光明最胜王经》文献来说,以甘肃酒泉文殊沟发现的回鹘文本《金光明最胜王经》刻本最为完整和重要②,从该文末尾的题记可知,回鹘文《金光明最胜王经》的翻译者是10世纪回鹘著名翻译家胜光法师。

甘肃本回鹘文《金光明最胜王经》共十卷:第一卷中包括萨埵太子饲虎的故事,以及不见于义净本的两个故事:一是温州治中张居道因女儿出嫁杀牲畜而获罪,并被阎王追索而将死,后发愿抄写《金光明经》而起死回生的故事;二是温州安固县某县丞妻久病不愈,后听从张居道劝告而诵读《金光明经》使疾病痊愈的故事。这两个故事虽然不见于义净的译本,但可见于《忏悔灭罪金光明经冥报传》(又名《金光明经传》,附于北凉昙无谶译四卷本《金光明经》,敦煌发现有该文献的较多写本)。此外,回鹘文本还多出了《四天王赞》和《八大圣地制多赞》(可能摘译自藏文经典),可知翻译者在保留汉文底本基本内容的同时,还进行了具有创造性的增

①［德］茨默著,桂林、杨富学译:《佛教与回鹘社会》,北京:民族出版社2007年,第39页。
②该文献为木刻本,镌刻于清康熙二十六年(1687),刻经地点为敦煌。由苏联学者马洛夫于1910年发现于甘肃酒泉文殊沟,共398叶,现存圣彼得堡俄罗斯科学院东方研究所。

补。第二卷现存 48 叶,内容包括第三《分别三身品》、第四《梦见金鼓忏悔品》前半部分;第三卷存 35 叶,缺第 1、3 叶,内容包括第四《梦见金鼓忏悔品》后部和第五《灭业障品》前半部分;第四卷共 74 叶,第 51、52 叶缺失,内容为第五品后半部和第六《净地陀罗尼品》;第五卷保存完好,存 30 叶,内容包括第七《莲花喻赞品》、第八《金胜陀罗尼品》、第九《重显空性品》、第十《依空满愿品》、第十一《四天王观察人天品》;第六卷共 30 叶,缺失 2 叶,内容为第十二《四天王护国品》;第七卷共 20 叶,缺第 1 叶,内容包括第十三《无染着陀罗尼品》、第十四《如意宝珠品》;第八卷共 38 叶,缺 1、26、27、28、30 等 5 叶,内容包括第十五品的一部分、第十六《大吉祥天女品》、第十七《大吉祥天女增长财物品》、第十八《坚牢地神品》、第十九《僧慎尔耶药叉大将品》、第二十《王法正论品》;第九卷共 31 叶,9 至 20 叶残缺,内容为第二十一《善生王品》、第二十二《诸天药叉护持品》、第二十三、二十四品的部分,以及第二十五《长者子流水品》;第十卷共 39 叶,第 1 至 4 叶残缺,内容为第二十六《舍身品》、第二十七《十方菩萨赞叹品》、第二十八《妙幢菩萨赞叹品》、第二十九《菩提树神赞叹品》、第三十《大辩才天女赞叹品》、第三十一《付嘱品》[①]。从整体上说,回鹘文本是对汉文本的完整翻译,其主要内容和思想也基本忠实于汉文原本。从内容上看,除了宣扬读诵此经可以获得四天王等诸天神的护佑之外,该经在思想上还表现出试图围绕般若学和心性论,对大乘佛教的基本义理进行综合统一的特点。这主要表现在以下几方面:

---

① 参见杨富学:《回鹘之佛教》第二章《回鹘之佛典翻译》,乌鲁木齐:新疆人民出版社 1998 年,第 83—86 页。

首先,该经将般若中道作为佛性和解脱的根本。

《金光明最胜王经》佛学思想的主体是以"第一义空"为核心的般若学,该经多次提到般若"中道",例如"如是法身三昧智慧,过一切相,不著于相,不可分别,非常非断,是名中道"①,从这方面来说,《金光明最胜王经》与《金刚经》等般若类经典的思想较为接近。具体来说,在本体论方面,该经提出般若空性是一切诸法的本质,如《灭业障品》称:

> 一切法空,如来所说无有我、人、众生、寿者,亦无生灭,亦无行法。善男子,一切诸法皆依于本,亦不可说。何以故? 过一切相故。若有善男子、善女人,如是入于微妙真理,生信敬心,是名无众生而有于本,以是义故,说于忏悔,灭除业障。②

该经进一步指出,般若空性即"第一义空"就是佛性,也是解脱的根据。如第二《如来寿量品》称:"如来了知有情及法,体性皆空,离空非有,空性即是真法身故,名为涅槃。"③ 也就是说,涅槃就是证得"离空非有"的般若空性,证悟空性是解脱的标志。对此,第六《最净地陀罗尼品》称:"菩提者不可说,心亦不可说,无色相、无事业,一切众生亦不可得。"④ 第九《重显空性品》也称:"了五蕴

---

① (唐)义净译:《金光明最胜王经》卷二,《大正新修大藏经》第16册,第409页。

② (唐)义净译:《金光明最胜王经》卷三,《大正新修大藏经》第16册,第414页。

③ (唐)义净译:《金光明最胜王经》卷一,《大正新修大藏经》第16册,第407页。

④ (唐)义净译:《金光明最胜王经》卷四,《大正新修大藏经》第16册,第418页。

宅悉皆空,求证菩提真实处。"① 认为证得菩提(觉悟)就是证悟般若空性。总之,《金光明最胜王经》是将般若空性作为全经的理论基础。

第二,该经认为心性具有般若空性和诸识的意义。

在《金光明最胜王经》中,心的意义包括两方面内容:一是作为客观空性真理的解脱之心,也被称为"菩提心"。对此,第六《最净地陀罗尼品》称:"菩提及心,同真如故,能证所证,皆平等故,非无诸法而可了知。……菩提心者,非过去、非未来、非现在。心亦如是,众生亦如是,于中二相实不可得。何以故? 以一切法皆无生故。"② 这里较为明确地指出,非空非有的般若空性也就是"菩提心"的本质,这里的"空性"即"心性"。

二是作为修行者的主观思维之心及七识、八识。对此,第三《分别三身品》中提出了"三心"的概念:

> 诸凡夫人未能除遣此三心故,远离三身,不能得至。何者为三? 一者起事心,二者依根本心,三者根本心。依诸伏道,起事心尽;依法断道,依根本心尽;依最胜道,根本心尽。起事心灭故,得现化身;依根本心灭故,得显应身;根本心灭故,得至法身。是故一切如来具足三身。③

---

① (唐)义净译:《金光明最胜王经》卷五,《大正新修大藏经》第16册,第424页。
② (唐)义净译:《金光明最胜王经》卷四,《大正新修大藏经》第16册,第418页。
③ (唐)义净译:《金光明最胜王经》卷二,《大正新修大藏经》第16册,第409页。

按照佛教的解释,这里的"起事心"指具有思维分别能力的第六识"意识",也就是人的主观思维;"依本心"则指第七识"末那识",也就是连接根本识与意识之间的"转识";"根本心"则指第八识"阿赖耶识",也就是佛性和解脱的最终依据。虽然该经未对"三心"的内涵做进一步的论述,但在思想内涵上已经与唯识学的八识说发生了联系。从总体上说,心性论仍然是该经思想的重要组成部分。

第三,该经存在大量陀罗尼密咒,反映出唐代密宗的影响。

除了般若思想之外,该经中还包含大量陀罗尼密咒,并将念诵密咒作为解脱成佛以及召唤诸神护持的重要途径。这种对密咒的重视,也是《金光明最胜王经》的重要特点。对此,该经第六《最净地陀罗尼品》就宣称,通过念诵十种陀罗尼可以达到成佛解脱的"十地"①;而第八《金胜陀罗尼品》②、第十三《无染着陀罗尼品》、第十四《如意宝珠品》等品中也有大量的陀罗尼密咒,经文还宣称这些密咒具有召唤天神护持、消灾灭罪的功能。《金光明经》成书时代较早,北凉玄始年间昙无谶就翻译出四卷十八品的《金光明经》,当时纯密(金刚界、胎藏界两部密法)尚未形成,经中的陀罗尼属于早期杂密的内容,但两者之间存在着承继关系。从唐代密宗在中原及少数民族地区的盛行来看,该经在高昌回鹘的流传也在一定程度上反映出唐密和中原大乘佛教的影响。

---

①(唐)义净译:《金光明最胜王经》卷四,《大正新修大藏经》第16册,第421页。

②(唐)义净译:《金光明最胜王经》卷五,《大正新修大藏经》第16册,第423页。

在修行的途径上,《金光明最胜王经》还主张十地思想①,这在第三《分别三身品》②、第六《最净地陀罗尼品》③等品中有集中的论述。"十地"修行思想在南北朝时随着《十地经论》(解释《华严经·十地品》的论书,印度世亲造)的流行和地论宗的兴起,而受到佛教界的重视;而南朝梁真谛在翻译《金光明经》时,就已经注意到该经中的十地思想。同时,"十地"思想作为《华严经》修行论的重要内容之一,也成为唐代华严宗的重要思想。从这一方面来说,《金光明最胜王经》在中原与高昌回鹘的流行,也与南北朝地论学和唐代华严宗有着思想上的联系。

第四,该经宣扬其具有"镇护国家"的现实功用。

"护国"思想虽然并不能称为严格意义上的佛学理论,但却是《金光明最胜王经》最重要的内容之一,这也是它被称为"镇护国家三大经"(另两部经为《法华经》《仁王经》)的原因所在。该经反复强调,读诵此经可以获得国家安定、百姓富足等种种利益。如该经第三《分别三身品》最末宣称,读诵此经可以使上至帝王统治者、下到普通百姓的全体国民远离各种灾祸、获得吉祥安乐:

> 若所在处,讲说如是金光明王微妙经典,于其国土有四种利益。何者为四? 一者国王军众强盛,无诸怨敌,离于疾病,

① 即佛教修行的十次第,《金光明最胜王经》中称其为:初地欢喜地,二地无垢地,三地明地,四地焰地,五地难胜地,六地现前地,七地远行地,八地不动地,九地善慧地,十地法云地。这与《十地经论》及《华严经》中的"十地说"基本相同。

② 参见(唐)义净译:《金光明最胜王经》卷二,《大正新修大藏经》第16册,第410页。

③ 参见(唐)义净译:《金光明最胜王经》卷四,《大正新修大藏经》第16册,第419页。

寿命延长,吉祥安乐,正法兴显。二者中宫妃后、王子诸臣和
悦无净,离于谄佞,王所爱重。三者沙门、婆罗门及诸国人修
行正法,无病安乐,无枉死者,于诸福田悉皆修立。四者于三
时中四大调适,常为诸天增加守护,慈悲平等,无伤害心,令诸
众生归敬三宝,皆愿修习菩提之行。是为四种利益之事。①

　　第五《灭业障品》也提出,如果有人读诵此经,四天王将会前
来护持,并且使该国具备勇健强大的军队:"若有国土讲宣读诵此
妙经王,是诸国主,我等四王常来拥护,行住共俱。其王若有一切
灾障及诸怨敌,我等四王皆使消殄,忧愁疾疫亦令除差。增益寿
命,感应祯祥,所愿遂心,恒生欢喜,我等亦能令其国中所有军兵悉
皆勇健。"②

　　此外,该经第十二《四天王护国品》、第十六《大吉祥天女品》、
第十七《大吉祥天女增长财物品》、第十八《坚牢地神品》、第十九
《僧慎尔耶药叉大将品》等品,也用大量篇幅宣扬诵读此经可以获
得四天王、吉祥天女、坚牢地神等各种神灵的保护。而《梦见金鼓
忏悔品》也称:"最胜《金光明》,能除诸恶业。若人百千劫,造诸极
重罪;暂时能发露,众恶尽消除。依此《金光明》,作如是忏悔;由
斯能速尽,一切诸苦业。"③总之,《金光明最胜王经》反复宣称自身
是"众经之王",读诵此经可以满足世俗上的安乐富贵和宗教上的
解脱成佛,这可以说是"无所不能"的宣说。

_____

① (唐)义净译:《金光明最胜王经》卷二,《大正新修大藏经》第16册,第411页。
② (唐)义净译:《金光明最胜王经》卷三,《大正新修大藏经》第16册,第
　417页。
③ (唐)义净译:《金光明最胜王经》卷二,《大正新修大藏经》第16册,第
　412页。

《金光明最胜王经》虽然在佛学理论上并无特别创新之处,但却包含了般若学("空性")、唯识学("三心")、华严学("十地")及密宗经咒等大乘佛教思想,从而使该经具有佛教诸宗思想综合的特点。而从该经在高昌回鹘国的广泛流行来看,高昌回鹘佛教界可能也存在着综合大乘佛教诸宗派思想,并统一佛教思想界的理论诉求。

(五)高昌回鹘佛教思想的理论特点

通过对以上回鹘佛教文献的分析,我们可以就高昌回鹘国佛教思想的理论特点得出以下几点认识:

第一,以心性论为佛学思想核心,并试图建立综合性的佛教思想体系。

从现有资料来看,高昌回鹘佛教思想界将心性论作为其核心思想。前述现存唯一的回鹘文佛学原著《说心性经》,就将"心性"作为理论主题,探讨了"心性"作为诸法根本和修行解脱依据("自心即佛")的本体地位。此外,高昌回鹘国最为流行的佛教经典《佛说天地八阳神咒经》也重视心性论,并强调了"自心"的重要作用以及"八识"的意义;心性论在《金光明最胜王经》中也占据着重要位置。值得注意的是,这些经论在探讨心性的内涵与本质时,都将般若空性("中道""空理""无生之性")视为根本,这与中原禅宗思想之间存在着一定的相似性,而与辽朝、西夏等佛教界的"真心"本体论存在着差距。与此同时,从这些文献的思想内容来看,都具有包容般若学、唯识学和禅学等思想的综合特点,这说明高昌回鹘佛教界也存在着佛教思想综合的趋势,这与唐宋以来中国佛教思想的发展趋势是一致的。

第二,净土信仰是最具影响力的佛教信仰,并且弥勒净土信仰受到特别尊崇。

从《弥勒会见记》、敦煌写本 S6551 号讲经文等文献中可知,包括僧侣和普通民众在内的佛教信徒普遍具有求生净土的信仰,而弥勒净土则受到特别的推崇,这在现存的其他回鹘佛教发愿文中也有大量的反映。高昌回鹘佛教界还将净土往生与成佛证道的终极宗教目标等同,可见净土信仰是高昌回鹘佛教界中最具影响力的佛教信仰。与此同时,自公元9世纪以后,中原地区的弥勒崇拜相对衰落,弥陀和西方净土信仰则成为中原净土信仰的主流。从这一方面来说,以弥勒崇拜为核心的净土信仰是高昌回鹘佛教思想独特性的重要体现。

第三,受到中原佛教三教合一思潮的重要影响,具有世俗化和简易化的思想倾向。

高昌回鹘在接受唐代中原大乘佛教的同时,还受到唐代佛教三教合一思潮的重要影响,这一方面表现为以《佛说天地八阳神咒经》为代表的疑伪经在高昌回鹘广泛流行。《佛说天地八阳神咒经》等疑伪经本身就是佛教中国化的产物,其中包含了许多儒家与道教思想,表现出三教合一的思想倾向;高昌回鹘民众对这些经典的接受和崇信,也反映出高昌回鹘三教合一思想的流行。另一方面,高昌回鹘的三教合一思潮还表现为中原传统忠孝思想与佛教的结合,如 S6551 号讲经文称:"诸天特勤,莫不赤心奉国,忠孝全身。"[1]《弥勒会见记》也在很多地方强调了对父母的报恩思想,例如文中写道:"是她(引者:指弥勒佛养母乔昙摩夫人)用自己的乳汁哺育了我,我以此身获得了佛果,为此她对我有恩。你听好,阿难陀,我要向乔昙摩夫人报恩。因为她(养育了)我的肉身,我则要

---

[1] 张广达、荣新江:《有关西州回鹘的一篇敦煌汉文文献——S6551 讲经文的历史学研究》,《北京大学学报》(哲学社会科学版)1989 年第 2 期,第24 页。

养育她的法身。"①

　　从佛教发展的角度来说,三教合一思潮也是中国佛教简易化与世俗化的产物,佛教与儒道思想(忠孝思想、神仙方术思想等)结合的重要目的之一,就是为了实现佛教在世俗社会中更广泛的传播,高昌回鹘佛教也是如此。此外,高昌回鹘佛教文献中还表现出重视人和人世间的思想(如《弥勒会见记》中提到的人间成佛思想等),这也是高昌佛教简易化和世俗化的重要表现。

　　综上所述,从高昌回鹘以中原大乘佛教思想为主体,并具有综合佛教诸宗派思想的理论诉求、简易化与世俗化的发展趋势、"三教合一"思潮的流行、净土信仰的广泛传播等方面来说,高昌回鹘佛教与中原佛教界在佛学思想主题、佛教发展趋势、信仰对象等方面都存在着一致性。同时,高昌回鹘与辽朝特别是西夏佛教界之间也存在着较为密切的联系②。这也说明,10—14世纪的中国佛教界是一个有机联系的整体,并为各民族的文化融通和认同提供了重要的文化基础。

三、佛教思想对高昌回鹘社会的影响

　　在高昌回鹘国四百多年的历史中,佛教始终是高昌回鹘民众最主要的宗教信仰,佛教在广泛传播的同时,佛教思想也不可避免地对回鹘社会产生了深刻影响,这种思想上的影响包括政治层面和社会观念两个主要的方面。与此同时,巩固政权、发展民族文化

---

① 耿世民:《回鹘文哈密本〈弥勒会见记〉研究》,北京:中央民族大学出版社2008年,第176页。

② 西夏前期,元昊等统治者为了发展佛教大量迎请"回鹘僧"至西夏传法译经,可以说回鹘佛教对西夏佛教贡献颇大。对此,可参见本书第二章《西夏佛教思想与文化认同》中的相关内容,以及史金波:《西夏佛教史略》,银川:宁夏人民出版社1988年,第64—79页。

等高昌回鹘社会的现实需要,也影响到高昌回鹘佛学体系的选择,及其佛教思想特色的形成,而从高昌回鹘社会与佛教思想的互动之中,我们也可以发现佛教思想为高昌回鹘国时代主题的解答所提供的方案。

（一）佛教思想对高昌回鹘国现实政治的影响

第一,佛教为统治者的正统性和合法性提供了论证。

在中原大乘佛教中,尊崇和保护佛教的统治者经常被佛教徒尊为"菩萨"与"佛",如北魏惠果禅师就称北魏皇帝为"当今如来"[1],以崇佛著称的南朝梁武帝也以"菩萨皇帝"自居。受此中原佛教传统的影响,高昌回鹘佛教界也将回鹘可汗及官僚视为"佛陀"和"菩萨",前引敦煌写本 S6551 号讲经文称:

> 睹我圣天可汗大回鹘国,莫不地宽万里,境广千山,国大兵多,人强马壮。天王乃名传四海,得（德）布乾坤,卅余年国泰人安,早授（受）诸佛之记,赖蒙贤圣加持,权称帝主人王,实乃化生菩萨。……即是无量寿佛为国王,观音势志（至）为宰相,药上药王作梅录,化生童子是百姓。[2]

高昌回鹘国的统治者在此被佛教徒赞颂为"化生菩萨""无量寿佛",而宰相等高级官僚则被称为"观音"和"大势至"菩萨,这无疑是利用佛教美化现实的统治。此外,在高昌回鹘国最为流行的

---

[1]（北齐）魏收:《魏书》卷一百一十四《释老志》,北京:中华书局 1974 年,第 3031 页。

[2] 张广达、荣新江:《有关西州回鹘的一篇敦煌汉文文献—— S6551 讲经文的历史学研究》,《北京大学学报》（哲学社会科学版）1989 年第 2 期,第 24—25 页。

《佛说天地八阳神咒经》中,也将现实的统治者视为"作民父母"的
"人王菩萨",文称:

> 人王菩萨,甚大慈悲。愍念众生,皆如赤子。下为人主,
> 作蓬民父母。顺于俗人,教于俗法,造作历日,须下天下,令知
> 时节,为有平满。①

高昌回鹘佛教界的这种将现实统治者视为"佛陀""菩萨"的
做法,实际上是继承了中原佛教的传统,并具有保护佛教和巩固统
治的政治意义。在中国传统的儒家政治文化中,帝王统治者的合
法性是以中原文化中心论及单一文化论为基础的;而佛教作为世
界性宗教,其"超民族的性格"比儒家文化更能提供一个"普世皇
权"的理论模范,从而为少数民族统治者提供统治的合法性论证。
而从高昌回鹘国的现实政治需要来说,佛教的支持无疑会对政权
的巩固发挥积极的影响。

第二,佛教促进了思想和政治的统一。

作为丝绸之路上的重要民族政权,高昌回鹘国存在着多种宗
教信仰,前引敦煌写本 S6551 号讲经文称:"且如西天有九十六种
外道,此间则有波斯、摩尼、火袄、哭神之辈,皆言我已出家,永离生
死,并是虚诳,欺谩人天,惟有释迦弟子,是其出家,堪受人天广大
供养。"②这里的波斯教指景教(即基督教聂斯脱里派),起源于叙利

---

① (唐)义净译:《佛说天地八阳神咒经》,《大正新修大藏经》第85册,第
　　1423页。
② 张广达、荣新江:《有关西州回鹘的一篇敦煌汉文文献——S6551讲经文
　　的历史学研究》,《北京大学学报》(哲学社会科学版)1989年第2期,第
　　24页。

亚,曾流行于波斯;摩尼教起源于波斯萨珊王朝,是漠北回鹘汗国时期的主要宗教;火祆教即波斯琐罗亚斯德教,早在高昌国(460—640)时期就已经传入高昌地区,并盛行于西域地区;哭教则指回鹘族的原始宗教萨满教,可知当时各种宗教在高昌回鹘国内都得到了流传,这在现存的高昌回鹘佛教遗迹及文物中也得到了反映。从这些宗教的并存情况来说,它们都是回鹘统治者宗教宽容政策的表现。与此同时,佛教则宣扬其具有超越其他宗教的至上性和唯一性,这也与高昌回鹘国的崇佛政策是一致的。高昌回鹘统治者一方面对多种宗教兼容并包,另一方面又将佛教作为主要的宗教信仰,这在很大程度上反映出以佛教思想统一高昌回鹘思想界的企图。由上文的论述可知,《佛说天地八阳神咒经》《金光明最胜王经》等流行于高昌回鹘的佛教文献都具有思想综合的特点,而回鹘佛教界可能也存在着统一思想界的理论要求。从现实作用来看,这种思想上的统一也会对政治统一产生促进作用。

第三,佛教宣扬的护国思想有利于政权的巩固。

自南北朝以来,佛教就寻求与世俗统治者的合作,它在佛教思想上的重要表现之一,就是对佛教护国作用的强调,以及祈求统治者、贵族、官僚等长寿、富贵。这在回鹘佛教文献中也有很多例证,如 S6551 号讲经文称:

> 即将已(以)此开赞《大乘阿弥陀经》所生功得(德),先用庄严可汗天王,伏愿寿同日月,命等乾坤,四方之戎虏来庭,八表之华夷启伏,奉为可汗天王念一切佛。诸天公主,伏愿云仙化(花)态,鹤质恒芳,长丞(承)圣主之恩,永沐皇王之宠,念佛。诸天特勤,奉愿命同松竹,不逢雕(凋)谢之灾;福等山河,永在圣天诸(之)后。……诸宰相,伏愿福齐海岳,寿对松椿,

永佐金门,长光圣代。诸都督、梅录、达干、敕使、庄使、萨温、
地[略],应是在衙诸官人等,总愿人人增禄位,各各保延年,官
职渐高迁,居家长安泰。

　　　大乘功得(德)最难量,先将因果奉天王,寿命延长千万
岁,福同日月放神光。①

　　作者在讲经文中,祈愿高昌回鹘国统治者可汗天王、王族的公
主、特勤,以及宰相、都督、梅录等官僚长寿、富贵安泰。哈密本回鹘
文《弥勒会见记》卷首的发愿文中也有类似的内容,文称:"我们要
把此功德首先转给登里·牟羽·翳·毗迦·阿斯兰·登里·回鹘
王 陛 下(tngri bögü il bilgä arslan tngri uyγur tärkänim qutïnga)。
愿被赞颂的十姓回鹘国、三十王子、九宰相及千万侍从千秋万代永
享治国之乐。"②回鹘佛教文献中还可以看到祈愿国家和平稳定、周
边民族臣服的文字,如 S6551 号讲经文称:"四远总来朝宝座,七州
安泰贺时康,现世且登天子位,未来定作法中王。"③总之,这些对统
治者长寿富贵、国家和平强盛等世俗愿望的祈愿文,反映出佛教信
徒对现实政治秩序的服从,以及与世俗统治者的合作。这既是佛
教受到高昌回鹘统治者尊崇的重要原因,也是佛教对现实社会产
生影响力的表现。

---

① 张广达、荣新江:《有关西州回鹘的一篇敦煌汉文文献——S6551 讲经文
　的历史学研究》,《北京大学学报》(哲学社会科学版)1989 年第 2 期,第
　24—25 页。
② 耿世民:《回鹘文哈密本〈弥勒会见记〉研究》,北京:中央民族大学出版社
　2008 年,第 13 页。
③ 张广达、荣新江:《有关西州回鹘的一篇敦煌汉文文献——S6551 讲经文
　的历史学研究》,《北京大学学报》(哲学社会科学版)1989 年第 2 期,第
　25 页。

此外,佛教对缓解现实社会中的统治者与被统治者的矛盾,也提供了一定的思想依据,如《弥勒会见记》中称:

> 再有,(所有)国王、贵人、名人、大官、家主,如能对国中百姓、奴婢和侍者不怒不吓,依法关怀者,他们所有人将依弥勒佛法,从所有痛苦中得到解脱。再有,(所有)生为侍者、奴婢、无权无势者,如能尽心伺候贵人及其夫人者,他们都将因弥勒佛之法从所有痛苦中得到解脱。①

从中可知,作者借弥勒佛之口,一方面劝说统治者和官僚贵族关爱百姓和奴婢,另一方面也要求百姓和奴婢忠心侍奉贵族统治者,并将其作为解脱痛苦和往生弥勒净土的手段,这无疑是试图利用佛教教义来调和社会矛盾。而从《弥勒会见记》在高昌回鹘社会中的广泛流行来看,这种带有调和色彩的佛教教义无疑具有消泯社会矛盾、巩固统治的作用,从而受到回鹘统治者和民众的欢迎。

(二)佛教思想对回鹘民族思想观念的影响

佛教作为高昌回鹘民众的主要信仰,对于回鹘民族及普通民众的思想观念也产生了重要影响,这种影响可以从以下几方面来理解:

第一,将成佛和往生净土作为重要的人生目标。

从现存的回鹘佛教文献可知,求生弥勒净土与成佛结合的思想不仅是佛教界内部的认识,同时也是信仰佛教的回鹘民众的普遍认识,如吐鲁番高昌故城佛寺遗址出土的回鹘文木杵(立于公元

---

① 耿世民:《回鹘文哈密本〈弥勒会见记〉研究》,北京:中央民族大学出版社2008年,第415—416页。

948 年）铭文称：

> 我们二人就恭恭敬敬地为修建一座寺庙而夯入一根 sat
> 木杵以为基础。但愿这一功德善业所产生的力量能使我们以
> 后与崇高的弥勒佛相会；但愿我们能从弥勒佛那里得到崇高
> 的成佛的胜因；但愿我们借助这一胜因所产生的力量，在永劫
> 间和三无量限中将六条解脱之路走完。但愿以后［重新］诞
> 生在一个佛国世界中！ ①

吐鲁番胜金口出土的汉文木杵（高昌回鹘时期，学术界考订立杵年
代为 983 年）铭文也称：

> 　　　□□□□养不失善心忆念之意引将弥勒下生之时弥勒会
> 　　　□□□□□从仆百人闻四谛法断绝三界烦恼根原证
> 得圣果
> 　　　□□□□□依处安至天上远权菩提一时成佛 ②

　　这两件木杵铭文为回鹘贵族建造佛寺时所立，从中可知，建寺
者希望通过建寺这一重要的宗教功德而往生弥勒净土（"与崇高的
弥勒佛相会""诞生在一个佛国世界中"及"引将弥勒下生之时弥
勒会"），并且解脱成佛（"得到崇高的成佛的胜因""至天上远权菩
提一时成佛"），这正是高昌回鹘国弥勒崇拜盛行，以及民众祈求往

---

① 杨富学：《回鹘之佛教》，乌鲁木齐：新疆人民出版社 1998 年，第 181 页；铭
　文年代的考证参见同书第 190 页。
② 杨富学：《回鹘之佛教》，乌鲁木齐：新疆人民出版社 1998 年，第 196 页。

生净土和成佛等观念的表现。哈密本回鹘文《弥勒会见记》的抄写者也在发愿文中称:"愿由此功德,塔海·伊干获得佛果。愿由此功德,我麴·塔思·依干都督与我母亲一起获得佛果。"[1] 该文献《敬章》中的抄经发愿文也称:"我恳求把我的身体作为委托物交付(给弥勒菩萨),我以所有世之身顶礼膜拜他。"[2]

求生净土与成佛的观念广泛流行于高昌回鹘民众中,对他们来说,成佛与往生净土已经不单是宗教信仰,更具有人生终极目标的意义。同时,这些思想观念也反映出回鹘民族对天堂地狱和轮回报应等观念的接受,如《佛说天地八阳神咒经》中便宣称:"若善男子善女人等,父母有罪,临终之日,当堕地狱,受无量苦。其子即为读诵此经七遍,父母即离地狱而生天上,见佛闻法,悟无生忍,以成佛道。"[3] 可知净土和成佛,与天堂和地狱世界等观念紧密相连。从这方面来说,佛教思想也影响到回鹘民族的世界观思想。也就是说,佛教的宇宙模式在很大程度上被回鹘民族所接收,并成为回鹘民众世界观的组成部分。

第二,佛教思想适应了回鹘民族的现实需要和原有文化传统。

回鹘民族对中原大乘佛教的接受,也意味着对中原宗教思想文化的接受。伴随着佛教的传播,回鹘民族的原有文化传统也不可避免地受到中原文化的深刻影响。但我们发现,佛教文化一方面改变了回鹘民族原有的文化传统,另一方面也在很多方面适应

---

[1] 耿世民:《回鹘文哈密本〈弥勒会见记〉研究》,北京:中央民族大学出版社2008年,第196页。

[2] 耿世民:《回鹘文哈密本〈弥勒会见记〉研究》,北京:中央民族大学出版社2008年,第40页。

[3]（唐）义净译:《佛说天地八阳神咒经》,《大正新修大藏经》第85册,第1423页。

了该民族的现实需要和文化习惯,表现出回鹘民族接受佛教文化
时的主动性和创新性。而从《佛说天地八阳神咒经》及《金光明
最胜王经》的思想中,我们可以对这种"顺应"与影响有更具体的
理解。

作为高昌回鹘国最为流行的佛教经典,《佛说天地八阳神咒
经》除了宣说消灾增福的功用之外,对中原传统殡葬、婚媾迷信的
批判也是其中重要的内容。该经借佛及无碍菩萨之口,批评了中
原地区传统的"卜问望吉",并将卜日、择墓地等风俗视为荒诞和
信邪。

一是对于中原殡葬习俗中"择日""厌镇"等活动的批判。
文称:

> 人之在世,生死为重。生不择日,时至即生;死不择日,时
> 至即死,何因殡葬即问良辰吉日。然始殡葬,殡葬之后,还有妨
> 害,贫穷者多,灭门者不少。……又使邪师厌镇,说是道非,谩求
> 邪神拜饿鬼,却福招殃自受苦。如斯人皆返天时逆地理,背日月
> 之光明没暗室,违正道之广路,恒寻邪径,颠倒之甚也。[1]

既然生与死的时间都不是人能够选择的,所以也就没有必要在下
葬时选择"良辰吉日",否则家人还是不免灾祸和贫穷;至于求助于
厌胜镇压等邪法(指道教的法术),以及崇拜邪神饿鬼,更是违背天
时地理的"颠倒"和"邪路",最后只能是自找苦吃。

二是对中原婚俗中"择日"的批判。该经认为,即使夫妻五行

---

[1] (唐)义净译:《佛说天地八阳神咒经》,《大正新修大藏经》第85册,第
1423页。

不相克、选择吉日举行婚礼,但现实仍然是夫妻富贵偕老的少,贫穷生离死别的多,因此婚媾择日也毫无意义。文称:"一切凡夫,皆以婚媾为亲。先问相宜,后取吉日,然始成亲。成亲之后,富贵偕老者少,贫穷生离死别者多。一种信邪,如何而有差别。"[①]如果以今人的眼光来看,这些批评在整体上可以说是正确的,相比于中原传统的风水和择日等迷信思想,其中不乏理性精神和积极意义。

　　但是《佛说天地八阳神咒经》一方面秉承佛教的传统精神,批评中原迷信风俗,另一方面又用佛经崇拜取代前者,宣扬通过诵念此经便可实现殡葬、婚媾吉利。文称:

> 善男子,日日大好日,月月大好月,年年大好年,实无间隔。但辨即须殡葬,殡葬之日,读此经七遍,甚大吉利,获福无量,门荣人贵,延年益寿,命终之日,并得成圣道。善男子,殡葬之地,莫问东西南北,安稳之处,诸人爱乐,鬼神爱乐。即读此经三遍,便以修荣,安置墓内,永无灾障,家富人兴,甚大吉利。[②]

　　《佛说天地八阳神咒经》提出,在殡葬中不必选择所谓的"吉日",任何年月日都是吉日;也不必刻意选择墓地以求吉利,只要下葬时读诵此经就能保佑死者升天成佛,生者长寿富贵。该经同时认为,结婚时不必讲究夫妻之间的五行相克、年纪不同等,也不必履行繁琐的礼仪,只要读诵此经三遍作为礼仪,就可以获得吉利,文称:

---

① (唐)义净译:《佛说天地八阳神咒经》,《大正新修大藏经》第85册,第1424页。
② (唐)义净译:《佛说天地八阳神咒经》,《大正新修大藏经》第85册,第1423页。

　　善男子,欲结婚亲,莫问水火相克,胎胞相厌,年纪不同,唯看禄命书,知福德多少,以为眷属。呼迎之日,即读此经三遍,而以成礼。此乃善善相因,明明相属,门高人贵,子孙兴盛,聪明利智,孝敬相承,甚大吉利。[①]

《佛说天地八阳神咒经》在此对中原传统"卜问望吉"等风俗提出了尖锐批判,并主张读经以求福。从宗教层面上说,这无疑是站在佛教的立场上宣扬佛教高于儒、道的优越性和主体地位。但从社会层面来说,这也揭示了迷信和陋习对当时民众社会生活的危害。

　　而结合高昌回鹘国的社会现实和此经的广泛流行来看:回鹘民族在接受中原先进文化的同时,中原地区的迷信和陋习也对其产生了一定的影响。此外,《佛说天地八阳神咒经》虽然也宣传读经求福等迷信思想,但与"卜问望吉"等活动相比,在浪费社会财富、阻碍日常生活等方面的危害程度相对较轻。而在生产力水平较低、需要借助宗教以祈福禳灾的前提下,回鹘民族对该经的崇奉,在某种程度上可以说是对中原文化中消极成分的抵制。这也说明,相比于以较高经济水平为基础的中原儒家思想,佛教思想更适合于物质和精神文明发展较低的回鹘民族,这也正是佛教文化对回鹘民族现实需要的顺应。

　　回鹘民族原为游牧民族,以自然崇拜和巫术为内容的萨满信仰曾经是回鹘民族原有文化的重要组成部分[②]。中原大乘佛教的传入一方面取代了萨满教的地位,另一方面也在某些思想上顺应了

---

① (唐)义净译:《佛说天地八阳神咒经》,《大正新修大藏经》第 85 册,第 1424 页。

② 参见杨富学:《回鹘宗教史上的萨满巫术》,《世界宗教研究》2004 年第 3 期。

原有的萨满信仰。以流行于高昌回鹘的《金光明最胜王经》为例，该经第十五《大辩才天女品》中记载有"大辩才天女说洗浴法坛场咒"，讲述用三十二种香药粉末煮水，并且对香水施咒，然后用此水沐浴，并配合读诵《金光明最胜王经》文，以此可以获得去病消灾、延年益寿、富贵吉祥等等不可思议的功德①。文称："若有病苦诸众生，种种方药治不差；若依如是洗浴法，并复读诵斯经典。……所有患苦尽消除，解脱贫穷足财宝。四方星辰及日月，威神拥护得延年；吉祥安隐福德增，灾变厄难皆除遣。"② 该经中所宣扬的咒水沐浴等法术，具有浓厚的巫术色彩，这与回鹘民族原有的萨满信仰无疑具有一定的相似性，并在一定程度上顺应了回鹘民族原有的生活习俗。

　　从这些佛教思想所反映的社会背景来看，《佛说天地八阳神咒经》及《金光明最胜王经》等经典的流行，不仅与这些经典宣传的消灾祈福等宗教功能有关，同时是回鹘民族适应自身现实需要和文化传统而进行选择吸收的结果，这正是佛教思想与高昌回鹘社会互动的反映。

　　第三，佛教思想为回鹘民族提供了精神慰藉。

　　对于普通民众来说，宗教信仰最大的功用之一，就是为安抚现实生活中的苦难而提供精神的慰藉。民众往往将健康长寿、平安富足的希望寄托在宗教上，宗教思想也借此而对社会生活和民众的思想观念产生深刻影响。佛教信仰与高昌回鹘民众的关系也是如此，在现存的回鹘佛教文献中就有许多祈求平安幸福等世俗愿

---

① 参见（唐）义净译：《金光明最胜王经》卷七，《大正新修大藏经》第16册，第434页。

② （唐）义净译：《金光明最胜王经》卷七，《大正新修大藏经》第16册，第435页。

望的文字,如《弥勒会见记》卷首的发愿文称:"我们愿把画像、抄经的功德首先转给天上的梵天、帝释和四天王。借此功德之力,愿他们的天威增大。保护我们的国家和城市,让其内无疾病,外无敌人,五谷丰登,全体人民幸福。"① 敦煌写本 S6551 号讲经文也称:"兵戈不起,疫疠休生。五谷丰登,一人一乐业。"② 这里所说的"内无疾病"与"疫疠休生""外无敌人"与"兵戈不起""五谷丰登"等愿望,实际上正是回鹘民众面对现实生活中的疾病、战乱及饥荒时,希望从佛教中获得精神安慰。从这一角度来说,《佛说天地八阳神咒经》及《金光明最胜王经》的流行,也与这些经典提供的精神安慰有关,如《佛说天地八阳神咒经》称:"若有众生,忽被县官拘执,盗贼牵挽,暂读此经三遍,即得解脱。若有善男子善女人,受持读诵,为他书写《八阳经》者,投入水火,不被焚漂;或在山泽,虎狼猛兽屏迹不敢。善神卫护,成无上道。"③ 官僚的欺压、盗贼的侵扰、水火灾难、野兽攻击,这些都是普通民众现实生活中经常遇到的灾难,当他们无力进行反抗时,求助于佛教信仰而消灾免难无疑成为重要的精神慰藉。《金光明最胜王经》中也专门记载有诊断和疾病治疗的简单方法(如第二十四《除病品》)④,以及通过诵经忏悔、咒语巫术以去除疾病的方法,在一定程度上满足了回鹘民众除病除灾的现实和精神要求。

---

① 耿世民:《回鹘文哈密本〈弥勒会见记〉研究》,北京:中央民族大学出版社 2008 年,第 12 页。

② 王重民等编:《敦煌变文集》下集,北京:人民文学出版社 1957 年,第 465 页。

③(唐)义净译:《佛说天地八阳神咒经》,《大正新修大藏经》第 85 册,第 1423 页。

④ 参见(唐)义净译:《金光明最胜王经》卷九,《大正新修大藏经》第 16 册,第 447 页。

由此可见，佛教思想为高昌回鹘国提供了巩固和统一政权、维护现实政治秩序的理论支撑；并且在高昌回鹘民众的人生终极目标设定、顺应现实生活需要和原有文化传统、提供精神慰藉等方面发挥了主导作用。这些例证都说明，佛教思想对高昌回鹘社会产生了深刻的影响，并成为其社会思想的重要组成部分。

（三）佛教思想对高昌回鹘国时代课题的解答

通过上文的分析可知，佛教思想对高昌回鹘政治的影响主要包括：对政权正统性与合法性的论证，为思想和政治统一提供理论支持，宣扬护国思想以巩固统治等。而从高昌回鹘政权自身发展的角度来说，这些思想无疑有利于这一以回鹘民族为主体的多民族国家的巩固。对此，如前述 S6551 号讲经文中还提到："遂得葛禄、药摩、异貌达但，竟来归伏，争献珠金；独西乃纳驼马，土蕃送宝送金；拔悉密则元是家生，黠戛私则本来奴婢。"[1]可知当时高昌回鹘国境内及周边生活着葛禄（葛逻禄，Qarluq）、药摩（样磨，Yaghma）、达但（鞑靼，Tatar）、独西（突骑施，Türgish）、土蕃（吐蕃）、拔悉密（Basmil）、黠戛私（黠戛斯，Qirghiz）等诸多民族。其中，从"葛禄、药摩、异貌达但，竟来归伏"，"拔悉密则元是家生，黠戛私则本来奴婢"可知，葛逻禄、样磨、鞑靼、拔悉密、黠戛斯为高昌回鹘国境内生活或管控的民族，而从"独西乃纳驼马，土蕃送宝送金"可知，突骑施（西突厥别部，活动于楚河和伊犁河流域）、吐蕃为高昌国境外表示臣服的民族。这些民族在风俗习惯及宗教信仰上不尽相同，如吐蕃民族自唐初开始就信仰佛教；摩尼教、祆教在南北朝时期就已经传入西域地区，并影响到游牧于西北和漠北地区

---

① 张广达、荣新江：《有关西州回鹘的一篇敦煌汉文文献——S6551 讲经文的历史学研究》，《北京大学学报》（哲学社会科学版）1989 年第 2 期，第 24 页。

的回鹘等民族;而6世纪末景教已经在中亚的突厥部落中流行,在辽金时代还在鞑靼的乃蛮部、克烈部中广泛传播。此外,很多民族原有的萨满教信仰也得到了保留。

因此,面对辖境内及周边多民族并存的现实,如何利用宗教稳定统治,就成为高昌回鹘政权必须解决的问题。对此,高昌回鹘统治者一方面通过对景教、摩尼教、祆教、萨满教等各种宗教的兼容并包,从而实现了联系和笼络各民族的目的,进而稳定了高昌回鹘国的统治;另一方面,则通过尊崇佛教并利用佛教的"菩萨国王"和护国思想,以及具有综合性和统一性的佛学思想体系,以此实现政权的稳定与统一,并且加速了集权制国家的发展进程。也就是说,佛教思想极大地促进了高昌回鹘国政治秩序的稳定与重建。从这一方面来说,佛教思想正为"如何保持民族政权的独立与发展"这一时代课题提供了解答。

而在回鹘民族的思想观念与文化方面,佛教思想的影响主要表现为:成佛和往生净土成为回鹘民众的重要人生目标,佛教思想为回鹘民族提供了精神慰藉,佛教思想顺应了回鹘民族的现实需要和原有文化传统等方面。佛教思想之所以会产生如此重要的影响,其原因正在于回鹘民族将佛教思想文化,特别是中原大乘佛教文化作为建设民族文化的重要思想资源[①]。同时,回鹘民族对于外来的宗教文化并非只有单纯的学习与引进,他们还根据自身的需要对其进行了具有自身特色的改造与创新。这表现在,高昌回鹘佛教界一方面对中原大乘佛教的经典与宗派进行了有选择的吸收

[①] 这从现存的大量回鹘佛教文献中可以得到证明,德国学者茨默曾指出:"在现知的回鹘文文献中,除了有限的世俗作品外,大部分都是宗教性作品,其中又以翻译作品居多。"[德]茨默著,桂林、杨富学译:《佛教与回鹘社会》,北京:民族出版社2007年,第83页。

与继承,如《佛说天地八阳神咒经》与《金光明最胜王经》的流行,
就与回鹘民族自身的文化传统及现实需要有关;另一方面,高昌回
鹘佛教界还对来自中原和印度等地的佛经进行了创造性改译与摘
编[①],反映出回鹘民族在文化方面的自觉与创新。回鹘民族正是利
用佛教思想建立了具有民族个性与创新性的独立文化体系,而这
种文化体系也成为回鹘民族政治独立的重要支撑。可以说,这正
是对"如何吸收外来先进文化建设独立的民族文化体系,并实现政
权的独立与发展"这一时代课题的解答。

第三节　伊斯兰教思想与喀喇汗朝社会

一、喀喇汗朝的伊斯兰教与传世著作

(一)伊斯兰教东渐及在喀喇汗朝的传播

公元 8 世纪初,伴随着阿拉伯人对中亚地区的征服,伊斯兰
教也在中亚地区得到广泛传播,并逐渐完成了中亚地区的伊斯兰
化[②]。而在唐天宝十年(751)的怛罗斯之战中,虽然中亚与阿拉伯
联军打败了唐朝高仙芝的军队,但此役却阻止了阿拉伯人及伊斯
兰教的继续东进。伊斯兰教传入中国新疆地区并大规模传播的历
史,则开始于 10 世纪前期喀喇汗王朝对伊斯兰教的接受。

喀喇汗朝前期,中亚的河中等地区由信奉伊斯兰教的萨曼王

---

① 例如,杨富学研究指出:"早期的回鹘文译经少有严格意义上的译作,一般
都是摘译与编译,至于内容的增减,更是极为常见的现象。在我们已发现的
回鹘文文学作品中,大多都是编译。"参见杨富学:《佛教与回鹘讲唱文学》,
《普门学报》第 26 期,2005 年,第 6 页。
② 魏良弢:《阿拉伯进入中亚与中亚伊斯兰化的开始》,《新疆大学学报》(哲
学·人文社会科学版)2005 年第 3 期。

朝统治,受到萨曼王朝穆斯林贵族的影响,喀喇汗朝的统治者也逐渐接受了伊斯兰教。萨图克·布格拉汗是第一位接受伊斯兰教的喀喇汗朝统治者。据《喀什噶尔史》等资料的记载,萨图克为喀喇汗朝大汗巴泽尔的次子,当时的副汗奥古尔恰克的侄子。他早年在喀什噶尔生活时,结识了信仰伊斯兰教的萨曼王朝流亡贵族纳斯尔(被任命为阿图什地区的地方长官),在纳斯尔的宣传及引导下,萨图克秘密接受了伊斯兰教,教名为阿不都·克里木,成为虔诚的穆斯林,一些王室成员在其影响下也改宗伊斯兰教①。萨图克在纳斯尔和萨曼王朝穆斯林的支持下发动政变,从其叔父手中夺取了汗位,并成为喀喇汗朝历史上最早接受伊斯兰教的统治者。

萨图克·布格拉汗卒于回历344年(955—956),其子穆萨(穆萨·阿尔斯兰汗·本·阿不都·克里木)即位后,出兵占领巴拉沙衮,成为喀喇汗朝的大汗(阿尔斯兰汗)。穆萨用强制手段推行伊斯兰教,他于960年宣布伊斯兰教为国教,同年有20万帐"突厥人"接受伊斯兰教,喀喇汗朝自此正式成为伊斯兰王朝;而伴随着伊斯兰教的传播,伊斯兰文化也逐渐成为喀喇汗朝思想文化的主流。

需要指出的是,喀喇汗朝接受伊斯兰教和伊斯兰文化有其历史及社会环境的必然性。首先,喀喇汗朝政权一方面受到辽、高昌回鹘、西夏等少数民族政权的阻隔,与中原地区缺少直接的文化与经济交流,从而影响了喀喇汗朝对中原大宗教文化和儒家文化的深入引进和吸收;另一方面喀喇汗朝在地理上与已完成伊斯兰化

① 对于喀喇汗朝接受伊斯兰教的历史,参见华涛:《萨图克布格拉汗与天山地区伊斯兰化的开始》,《世界宗教研究》1991年第3期;《中国新疆地区伊斯兰教史》编写组:《中国新疆地区伊斯兰教史》上册,乌鲁木齐:新疆人民出版社2000年;魏良弢:《喀喇汗王朝史稿》,乌鲁木齐:新疆人民出版社1986年。

的中亚地区毗邻,更易于接受伊斯兰文化的影响。其次,喀喇汗朝作为回鹘民族建立的政权,处于由游牧经济向定居农耕经济过渡的阶段,尚不具备儒学思想文化全面传播的经济和社会条件,而回鹘民族原有的萨满信仰、佛教和摩尼教传统,也使其更易于接受宗教思想文化。最后,喀喇汗朝接受伊斯兰教与其巩固政权的现实政治需要有着密切的关系,从萨图克·布格拉汗接受伊斯兰教及利用伊斯兰教夺取政权的历史可知,喀喇汗朝统治者已经自觉认识到伊斯兰教在巩固政权方面的积极作用。可以说,喀喇汗朝和高昌回鹘对于伊斯兰文化和中原大乘佛教文化的不同选择,在本质上都是其社会现实需要的反映。

(二)《福乐智慧》——喀喇汗朝伊斯兰思想文化的代表成果

建国近四百年的喀喇汗朝在历史上也曾取得了较多文化成果,但由于历史原因,保存至今的思想文化著作仅有以下三部:一是优素甫·哈斯·哈吉甫的《福乐智慧》(完成于1069年),二是马赫穆德·喀什噶里的《突厥语大词典》(用阿拉伯文写于巴格达,作于1072—1074年),三是阿合买提·玉克乃克的《真理的入门》(劝诫性长诗,作于约12世纪末至13世纪初)。其中,《福乐智慧》是现存的喀喇汗朝最重要的思想文化著作,它在形式上是一部回鹘语长诗,由两篇序言、八十五章正文和三章附篇组成,现存一万三千二百九十行诗文。该书对于研究喀喇汗朝前期的宗教、哲学、伦理学及社会思想都具有重要的价值,可以视为反映喀喇汗朝伊斯兰教思想及回鹘民族思想文化的主要成果之一。

《福乐智慧》的回鹘文原本已经失传,现存有三种古代手抄本:一是"维也纳本",又称赫拉特本,1439年用回鹘文抄写于今阿富汗赫拉特城,1474年发现于伊斯坦布尔,现存维也纳国立图书馆,内容残缺较多;二是"开罗本",14世纪上半叶用阿拉伯文苏鲁斯

体抄写,1896 年发现于开罗,现存开罗凯地温图书馆,该抄本现存
5400 个双行,但内容上仍然有较多残缺;三是"费尔干纳本",又称
纳曼干本,12 世纪末或 13 世纪上半叶用阿拉伯文纳斯赫体抄写,
1913 年发现于费尔干纳地区纳曼干城的私人藏书室中,现存乌兹
别克斯坦科学院东方学研究所。费尔干纳抄本现存 6095 个双行,
是迄今发现的最完整和最古老的抄本。土耳其学者热西特·拉赫
麦特·阿拉特在对现存三种版本综合校勘的基础上,于 1947 年出
版了该书的拉丁字母转写本,并成为目前国际学术界研究《福乐智
慧》所依据的主要版本。此外,1959 年阿拉特出版了土耳其语的散
文体译本,1983 年 C. H. 伊万诺夫出版了该书的俄文全译本,罗伯
特·丹柯夫的英文译本也在同年出版。1979 年新疆人民出版社出
版了耿世民和魏萃一的《福乐智慧》汉文节译本,1984 年北京民族
出版社出版了《福乐智慧》的拉丁字母标音转写和现代维吾尔语诗
体今译合刊本,1986 年北京民族出版社出版了郝关中、张宏超、刘宾
的《福乐智慧》汉文诗体全译本 ①(这也是本书所依据的译本)。

　　对于《福乐智慧》作者的生平,现存的汉文和阿拉伯文、波斯
文等史料中都未见记载,但从该书的两篇序言及正文中的部分诗
句中,我们可以窥探出作者生平的大致梗概:《序言之一》称:"作
者是出生于巴拉萨衮的一位虔诚信士,他在喀什噶尔写成此书,并
奉献给东方的君主桃花石·布格拉汗。布格拉汗十分敬重他,推
崇他,赐予他'哈斯·哈吉甫——御前侍臣'的官职。" ②

　　《序言之二》的记载相对更为详细,文称:

---

① 参见优素甫·哈斯·哈吉甫著,郝关中、张宏超、刘宾译:《福乐智慧·译者
序》,北京:民族出版社 2003 年,第 9—11 页。
② 优素甫·哈斯·哈吉甫著,郝关中、张宏超、刘宾译:《福乐智慧·序言之
一》,北京:民族出版社 2003 年,第 3 页。

　　如今再说本书的作者,他卓有才华,是人间英士。他品德高尚,智慧超群,内慧而外美,生活幸福。他是位完美崇高的隐士,虔诚而博学,纯净如玉。他在虎思斡耳朵诞生,出身名门,语言可做凭据。他为了撰写这部诗作,离乡背井,飘泊四处。写好了初稿,拟定了顺序,最后在喀什噶尔编撰完毕。他在汗王宫廷诵读了此书,得到桃花石·布格拉汗的赏识。大汗尊崇他,赐予他锦袍,作为对他智慧的酬仪。又给他赐予"侍臣"的称号,让他做了自己的辅弼。自此后人们对他满怀敬意,称他为优素甫·哈斯·哈吉甫。①

　　从这篇序言及书中的相关内容可知,此书的作者是喀喇汗朝前期的优素甫(Yusuf,又译为优素福、玉素甫等),出生于巴拉沙衮(哈萨克斯坦托克马克),他同时是一位虔诚的伊斯兰教徒。优素甫在东部喀喇汗朝的首都喀什噶尔(今新疆维吾尔自治区喀什市)完成此书后,将其献给当时的东部喀喇汗朝大汗"桃花石·布格拉汗"(哈桑·本·苏莱曼),并被授予"哈斯·哈吉甫"(御前侍臣)的称号,因此后人称《福乐智慧》的作者为优素甫·哈斯·哈吉甫。

　　据该书附篇之三《笔者优素甫·哈斯·哈吉甫对自己的告诫》记载,作者在文中自述称:"当此回历四百六十二年,我竭尽全力完成了诗章。写作此书花费了一十八月。"② 可知此书完成于回历462年(1069—1070),写作历时一年半。而在该书第十一章《论书

① 优素甫·哈斯·哈吉甫著,郝关中、张宏超、刘宾译:《福乐智慧·序言之二》,北京:民族出版社2003年,第10—11页。
② 优素甫·哈斯·哈吉甫著,郝关中、张宏超、刘宾译:《福乐智慧》,北京:民族出版社2003年,第860页。

名的含义和笔者的晚景》中,作者自述说:"如今六十岁向我频频呼唤,如果大限未满,我定会向它走去","六十岁召唤我,我还能干得何事?"① 可知作者完成此书时已经年近六十岁,则作者的生年可能在公元 1019—1020 年之间;但对于作者的卒年,现存的文献中未见记载,现在新疆喀什还保存有他的陵墓。

《福乐智慧》原名 "Kutadgu Bilik",意为"赋予(人)幸福的知识"。该书围绕国王"日出"、大臣"月圆"、大臣之子"贤明"、隐士"觉醒"四个人物展开,以诗歌的形式记载了日出王与月圆、贤明、觉醒等人之间的对话。作者设计的这几个人物有着深刻的寓意,他们分别代表了"正义""幸运""智慧"和"知足"等思想,这也是全书要表达的主要思想。对此,该书的序言也做了简要的交代,《序言之一》指出:

> 这部巨著建立在四块伟大而珍贵的基石之上。它们一为"正义",一为"幸运";一是"智慧",一是"知足"。作者为它们各取了一个突厥语名字。"正义"取名为"日出",让他当了国王;"幸运"取名为"月圆",让他当了大臣;"智慧"取名为"贤明",做了大臣的儿子;"知足"取名为"觉醒",做了大臣的宗亲。他们以问答的方式进行了辩论。②

此外,该书《序言之二》指出:"再说此书包涵的内容,四样珍品构成其基础:一是'正义',以诚为本,一是'幸运',意味幸福;

---

① 优素甫·哈斯·哈吉甫著,郝关中、张宏超、刘宾译:《福乐智慧》,北京:民族出版社 2003 年,第 51 页。
② 优素甫·哈斯·哈吉甫著,郝关中、张宏超、刘宾译:《福乐智慧·序言之一》,北京:民族出版社 2003 年,第 3 页。

一是'智慧',价值崇高,一是'知足',伴随着欢愉。"① 可知《福乐智慧》一书的主要内容就是借四位人物的对话来讨论"正义""幸运""智慧"和"知足"的内涵与价值;其中,"正义""幸福""知足"分别与诚实、幸福和快乐相关,而智慧则被赋予崇高的地位。对于《福乐智慧》的核心思想,优素甫本人在第十一章《论书名的含义和笔者的晚景》中也提到:

> 我把书名叫做《福乐智慧》,愿它为读者引路,导向幸福。
> 这日出象征着公正法度,这月圆代表了欢乐幸福。
> 然后我又讲到大臣贤明,他代表了智慧,提高人的价值。
> 最后我又讲到修道士觉醒,赋予他以"来世"的含义。②

这些诗文显示,作者写作《福乐智慧》的主要目的是为现实生活服务,并希望通过对以上四种思想的阐述,为提高人们的精神境界和道德水平提供理论指导。从这一角度来说,该书不仅是一部文学长诗,更是一部深具思想性的哲学与伦理学著作。而从这种指导现实生活和精神修养的作用来看,该书的思想也具有世俗性特点,并不能完全等同于宗教思想著作。但优素甫作为虔诚的伊斯兰教徒,使得全书的内容和思想受到伊斯兰教思想的深刻影响,而从这种影响中,我们正可以窥探出宗教思想与喀喇汗朝社会之间的密切联系,并借此探讨伊斯兰教思想文化对喀喇汗朝时代课题所提供的解决思路。因此,下文将主要以《福乐智慧》一书为中心,对

---

① 优素甫·哈斯·哈吉甫著,郝关中、张宏超、刘宾译:《福乐智慧·序言之二》,北京:民族出版社 2003 年,第 11 页。
② 优素甫·哈斯·哈吉甫著,郝关中、张宏超、刘宾译:《福乐智慧》,北京:民族出版社 2003 年,第 50 页。

喀喇汗朝思想文化的内容与特点,以及伊斯兰教思想和时代主题
的关系等问题进行探讨。

二、喀喇汗朝的思想文化体系

(一)《福乐智慧》反映的世界观与人性论思想

　　《福乐智慧》一书中包含着丰富的哲学思想,虽然该书在性质
上并非宗教思想著作,而以讨论治国方略与道德伦理为主,但优素
甫作为"虔诚信士"和"隐士",伊斯兰教思想也被作为全书哲学思
想,特别是其世界观思想的理论基础。同时,作者还讨论了人的本
性问题,提出了独具特色的人性论思想。

　　第一,"神创说""四要素说"及其意义。

　　在对物质世界的基本认识方面,即世界的起源、背后根据等方
面,《福乐智慧》以伊斯兰教的神学思想为主体。对此,作者在全书
第一章"对至尊至大的真主的赞颂"中,就提出真主是万物的根源
和本体,文称:

> 我以真主的名义开始讲述,是他创造、养育、赦宥了万物。
> 他创造了苍天、大地、日月和夜晚,创造了白昼、岁月、时
> 间和万物。
> 他意欲什么,就创造了什么,说一声"有"而万物齐备。
> 你是独一的,无人与你相等,宇宙万物中,唯你无始无极。
> 你的真一非万物所能包涵,你创造了万物,万物皆属于你。
> 创造物证明你创造了一切,你创造的两世,证明你的真
> 一。①

---

① 优素甫·哈斯·哈吉甫著,郝关中、张宏超、刘宾译:《福乐智慧》,北京:民
族出版社 2003 年,第 1—3 页。

也就是说,时间、空间和包括动植物在内的世界和万物都是由真主创造的,从这一方面来说,真主是宇宙的根源;而从"万物即真主存在的证明"这一说法来看,真主同时也是万物背后的本体,真主等同于存在。此外,真主也是精神本体以及真理的本体,作者提出:"你明鉴人之内外,是自在的真理,你远离我眼外,却近在我心底。"[1]可见,这是典型以真主为宇宙本体的神学思想,而其思想渊源则可以上溯至希腊哲学中的新柏拉图主义,以及古罗马和中世纪的基督教神学思想。

与真主的永恒和唯一相对的是世界万物、生命和人世间的虚幻无常。作者指出:"被创造的万物都会消失,唯独造物主威力无边。生命好比清风,一闪即过,有谁能抓住它,不让它飞散?莫为幸运而得意,它有来有往,莫轻信你的幸福,它来而复返。"[2]与尘世的虚幻相同的是,人世间的喜乐、贵贱、苦甜等事,也都是相对和短暂的,作者自述称:"世界的情形就是这样,以理性去观察,会打开它的门户。乐即是悲,喜即是愁,贵即是贱,甜即是苦。"[3]这种对现实世界相对性和短暂性的认识,是与真主唯一、永恒的神学思想统一的。但与纯粹的神学著作不同的是,优素甫并没有进一步详细论证真主的本体性和至上性,而是很快将视线转向对"正义""知足"等道德伦理思想和政治思想的讨论上,这说明作者更为关注"人"而非"神"。

---

[1] 优素甫·哈斯·哈吉甫著,郝关中、张宏超、刘宾译:《福乐智慧》,北京:民族出版社2003年,第2页。

[2] 优素甫·哈斯·哈吉甫著,郝关中、张宏超、刘宾译:《福乐智慧》,北京:民族出版社2003年,第95—96页。

[3] 优素甫·哈斯·哈吉甫著,郝关中、张宏超、刘宾译:《福乐智慧》,北京:民族出版社2003年,第838页。

　　在物质世界的具体构成上,作者还提出了四要素说,即生物由火、水、气、土四种基本物质构成,文称:"四位同伴 ① 于我,好似四种要素,四要素组合,才能构成生命","三者为火,三者为水,三者为气,三者为土,由此构成了宇宙" ②。与此相应的是,人的身体内也包含四种"体素",它们的和谐或矛盾决定着人的健康与疾病,《福乐智慧》指出:"让我讲给你体素的成份,它们由红黄黑白四色构成。它们互不相容,势不两立,一类靠近一类即发生纷争","为调理体素,人应使用智慧,何物与体素相宜,方可食用不忌" ③,为了保证健康,人们必须按照与体素相应的原则选择饮食。虽然这种"四要素"说部分承认了现实世界的客观性与物质性,在某种程度上可以视为泛神论基础上的自然哲学 ④,但从整体上看,它们附属于真主创造世界的神创说,是伊斯兰教神学思想的组成部分。

　　从"神创说"与"四要素说"来看,在对世界的根本认识上,《福乐智慧》坚持了神学思想的宗教立场,这既是优素甫·哈斯·哈吉甫个人宗教信仰的反映,同时也是伊斯兰教思想作为喀喇汗朝思想界主体的重要表现。

---

① 指先知的四位同伴,即 632 年穆罕默德逝世后的最初四位继任者,被称为"四大哈里发":阿布·伯克尔、欧麦尔·伊本·哈塔卜、奥斯曼·伊本·阿凡和阿里·伊本·艾比·塔利卜。

② 优素甫·哈斯·哈吉甫著,郝关中、张宏超、刘宾译:《福乐智慧》,北京:民族出版社 2003 年,第 11、22 页。

③ 优素甫·哈斯·哈吉甫著,郝关中、张宏超、刘宾译:《福乐智慧》,北京:民族出版社 2003 年,第 604 页。

④ 参见阿布都秀库尔·穆罕默德依明著,马德元译:《〈福乐智慧〉中的自然哲学观念》,《新疆大学学报》(哲学社会科学版)1990 年第 4 期;蔡灿津:《〈福乐智慧〉对世界的二重观点》,《中央民族学院学报》1992 年第 2 期。

第二，来世、报应观及其意义。

在对待灵魂和死后世界的有无方面，《福乐智慧》秉承了伊斯兰教思想和当时民众的传统观念，即认为人死后灵魂不灭，在现实世界之外还存在着天堂与地狱等死后世界，灵魂的归宿则是或者升入天堂，或者堕入地狱。文称："灵魂飞走了，空留躯壳，只有真主知道它飞向哪里。它若去天堂，福乐无穷，它若去地下，灾难无已。两个去处，它必居其一，它将会复活，永生不死。"①灵魂不灭与死后世界的存在被佛教、伊斯兰教、基督教等各大宗教普遍接受，同时也是当时宗教思想界及一般民众的普遍观念，这在社会发展水平较低、宗教思想盛行的喀喇汗朝社会也不例外，这也是《福乐智慧》中出现此类思想的历史环境。

此外，《福乐智慧》书中还宣扬因果报应思想，文称："人生仿佛是一场大梦，你做了什么，都有报应"，"在今世这块田地里耕作，播种什么，来世便将什么收获"②。也就是说，人在今世的善恶行为都会在来世产生相应的结果，为善受赏，为恶受惩。因此，《福乐智慧》提出，人们必须在有限的今世积累善行，这样才能在来世取得好的果报：

今生行善，你不会有损失，来世必有好处，请信我言。
你在今生作恶而享乐，来世将受罪，后悔难言。
行善之人在今生卑贱，来世他无憾，会百事如愿。

---

① 优素甫·哈斯·哈吉甫著，郝关中、张宏超、刘宾译：《福乐智慧》，北京：民族出版社2003年，第204页。
② 优素甫·哈斯·哈吉甫著，郝关中、张宏超、刘宾译：《福乐智慧》，北京：民族出版社2003年，第460、618页。

坏人干坏事,报应是悔恨,要行善不疲,与坏人为敌。①

　　这种因果报应观实际上也属于宗教思想的范畴,《福乐智慧》对因果报应的强调,其主要目的就是为了巩固对真主的虔诚信仰,并宣扬行善的益处,这与伊斯兰教信仰是一致的。此外,伊斯兰教的"命定"思想也在《福乐智慧》一书中有体现,如"世间万物都有命定,呼吸的次数都有一定。日月回环,生命也有来去,消逝的岁月把你送入坟茔"②。而在论述皈依真主的重要性时,《福乐智慧》一书也表露出浓厚的厌世思想:

　　　　这世界好比监牢,切莫迷恋,愿你把天国乐土默默追寻。
　　　　丢开这虚幻的尘世,寻求来世,你不抛弃这尘世,它会抛弃你。③

　　这种厌世思想的哲学基础就是上述的神创说,即真主永恒唯一、现实世界虚幻不实的世界观思想。但从思想渊源上说,这也与早期佛教所宣扬的"诸法无常"及三界虚妄的思想近似④,这一方面与回鹘民族原有的佛教信仰有关,另一方面也反映出优素甫受

①　优素甫·哈斯·哈吉甫著,郝关中、张宏超、刘宾译:《福乐智慧》,北京:民族出版社 2003 年,第 124、125、126 页。
②　优素甫·哈斯·哈吉甫著,郝关中、张宏超、刘宾译:《福乐智慧》,北京:民族出版社 2003 年,第 165 页。
③　优素甫·哈斯·哈吉甫著,郝关中、张宏超、刘宾译:《福乐智慧》,北京:民族出版社 2003 年,第 399 页。
④　对此,郎樱在其《试论〈福乐智慧〉中的佛教思想》(《新疆社会科学》1986年第 1 期)一文中,曾从苦谛、死亡观、"无常"观念、因果论等方面探讨了佛教思想对《福乐智慧》的影响。

到伊斯兰教苏非主义禁欲思想的重要影响①。

第三,三品人性论与中原儒家文化的影响。

与世界观思想方面浓厚的宗教神学色彩不同,《福乐智慧》在人性论的认识上更多受到中原儒家思想的影响,这主要体现在该书在讨论人性的内涵时,明确地将人性分为"天赋善性""中性""天赋恶性"三类,并强调后天教化对人性的塑造作用。

作者在第十八章《日出王向月圆讲述正义的实质》中指出,有一类人天生具有善的人性,即"天赋善性":"国王说:好人分为两类,一类径直与善道相通;他们一生下即是好人,专走正道,行为端正";另有一部分人善恶品性的形成主要靠后天的学习效仿,即具有"中人之性":"一类靠效仿成为好人,与坏人为伍,也会沾染劣行;一类是靠效仿成为坏人,若有好人为伴,也能改邪归正";第三类人则是天生具有恶的秉性,他们拥有无法改变的"天赋恶性":"世上的坏人也分为两类,莫将这两类在一起混同。其中一类是天生的歹徒,此类人至死也难改其秉性。"对于天赋的"善性"与"恶性",作者认为是后天无法改变的,他总结说:"先天而生的天赋秉性,只有死亡能把它撼动。"② 这与孔子提出的"中人以上,可以语上也;中人以下,不可以语上也"③"唯上知与下愚不移"④ 的人性论

① 对于《福乐智慧》与苏非主义思想关系的研究,参见帕林达:《〈福乐智慧〉中所反映的早期苏非》,《西北民族研究》2006 年第 3 期;乌丽亚·米吉提、刘成群:《从法拉比政治图式到苏非式信仰——〈福乐智慧〉的"两世"并重及其偏转》,《北方民族大学学报》(哲学社会科学版)2011 年第 1 期。

② 优素甫·哈斯·哈吉甫著,郝关中、张宏超、刘宾译:《福乐智慧》,北京:民族出版社 2003 年,第 119—120 页。

③ 杨伯峻译注:《论语译注·雍也篇第六》,北京:中华书局 1980 年,第 61 页。

④ 杨伯峻译注:《论语译注·阳货篇第十七》,北京:中华书局 1980 年,第 181 页。

思想是一致的,而西汉儒学思想家董仲舒也曾提出过"性三品说",将人性分为天生纯善的"圣人之性"、"有善质而未能善"的"中民之性",以及天生性恶的"斗筲之性"①。

而针对兼具为善或为恶可能性的"中人",《福乐智慧》强调了后天社会活动对其为善为恶的影响以及社会道德教化的重要性,作者特别强调了执政者在引导"中民"为善中的重要性:

> 国君若善良,人民就正直,人民会习性善良,风气端正。
> 坏人得了势,好人即会消失,好人执了政,坏人即会绝踪。
> 倘若牧民者品德善良,臣民也都会品行端正。
> 假如伯克们个个公正,必然人民富足,国家升平。②
> 国君怎样对待礼法,庶民也效法他的习性。
> 一国之主走什么路径,臣民们也都紧步其后尘。③

作者在这里强调了君主在道德教化中的表率作用,以及德治思想。对此,孔子早已经指出了统治者在百姓教化中的决定性作用:"君子之德风,小人之德草。草上之风,必偃。"④而董仲舒等人也主张,对于具有天赋"性恶"的人,道德教化无用,只能使用刑罚手段管理他们;而对于大部分具有"中民之性"的普通百姓来说,他们虽

---

① 参见(清)苏舆撰,钟哲点校:《春秋繁露义证·深察名号篇》,北京:中华书局1992年,第284—310页。

② 优素甫·哈斯·哈吉甫著,郝关中、张宏超、刘宾译:《福乐智慧》,北京:民族出版社2003年,第121、122页。

③ 优素甫·哈斯·哈吉甫著,郝关中、张宏超、刘宾译:《福乐智慧》,北京:民族出版社2003年,第279页。

④ 杨伯峻译注:《论语译注·颜渊篇第十二》,北京:中华书局1980年,第129页。

然拥有为善的潜质,但需要通过后天的教化,特别是统治者的道德教化才能为善。从《福乐智慧》对人性的三等划分,以及通过社会教化使人弃恶从善等思想中,我们正可以发现它与中原儒家思想之间的相似性。

在人性的具体内容方面,《福乐智慧》还提出了以下观点,一是认为善德即人性:"所谓人性,就是善德,善德好比衣食,缺了不行"[1];二是正直为人性:"人为了得福,需要正直,正直即包涵着人性的意思"[2];三是智慧为人性:"有智慧的人处事必有人性,有知识的人乃是人类的精英"[3]。这些说法都是从善性的角度探讨人性的内容,而将知识和智慧视为人性的说法,在思想渊源上则反映出柏拉图和亚里士多德哲学思想的影响[4]。从这些说法中,我们也可以看出,作者认为只有善的本性才可以称为真正的"人性"。因此,从整体上看《福乐智慧》的人性论是一种"性善论"。

综上所述,在对客观世界的起源、本体等方面,《福乐智慧》主要接受了伊斯兰教的神创说,带有鲜明的宗教神学色彩;而在对人性本质的认识方面,《福乐智慧》则受到中原儒家思想的深刻影响,同时还吸收了古希腊哲学思想的养分,具有较浓厚的理性色彩。在优素甫看来,人性论思想是从属于神创说的,三品人性也属于神创的内容,这两者之间并不存在矛盾,但他没有对此类形而上学问

---

① 优素甫·哈斯·哈吉甫著,郝关中、张宏超、刘宾译:《福乐智慧》,北京:民族出版社 2003 年,第 219 页。

② 优素甫·哈斯·哈吉甫著,郝关中、张宏超、刘宾译:《福乐智慧》,北京:民族出版社 2003 年,第 118 页。

③ 优素甫·哈斯·哈吉甫著,郝关中、张宏超、刘宾译:《福乐智慧》,北京:民族出版社 2003 年,第 372 页。

④ 参见郎樱:《试论〈福乐智慧〉的多层文化结构》,《中央民族学院学报》1987 年第 1 期。

题做进一步的论证,而是将主要的篇幅用在阐述伦理道德观和政治思想上。这说明《福乐智慧》的作者只是试图用伊斯兰教思想来解释真理和美德的天赋来源,并以此融合伊斯兰教思想、中原儒家思想和希腊哲学思想,从而进行综合性的文化创造。

(二)以"智慧""善德""知足"为核心的道德伦理思想

《福乐智慧》一书中包含着深刻而丰富的伦理道德思想,作者试图通过对"智慧""知识"及"善德"的强调与赞颂,为喀喇汗朝社会发展及道德风气的改善提供思想指导。其具体思想包括以下几方面:

第一,"智慧"与"知识"为核心的价值观。

智慧观和知识观是《福乐智慧》一书中的重要思想之一[①],该书第六章名为《论人类的价值在于知识和智慧》,就明确将知识放在最重要的位置,并将获取知识和智慧作为践行善德、实现人生价值的主要途径。文称:

> 须知知识极为高尚,理智极为珍贵,这二者使真主的仆民高大完美。
>
> 谁若有了智慧,谁就受到尊崇,谁若有了知识,就能获得高位。
>
> 有智者理解一切,有知者洞悉一切,有智有知的人,事事心愿可遂。

[①] 对于《福乐智慧》知识观和智慧观的专门讨论,参见刘渊:《〈福乐智慧〉中关于"知识、智慧"论述的归纳与辨析》,《新疆大学学报》(哲学·人文社会科学版)2007年第3期;赵霞:《〈福乐智慧〉中关于知识和智慧的论述》,《新疆大学学报》(哲学·人文社会科学版)2011年第5期;陈永杰:《从知识到智慧:〈福乐智慧〉的通达幸福之路》,《新疆社会科学》2012年第6期。

　　知识的意义为何？ 知识为你作答：有了知识,身上的疾病
就会消退。

　　办理任何事情,都要依靠智慧,须用知识驾驭时间,莫让
它荒废。①

　　一切善事全都得益于知识,有了知识,好比找到了上天的
阶梯。②

也就是说,具有智慧和知识是人价值的主要体现,智慧和知识在获
得崇高的社会地位、治愈疾病及实现现实愿望等方面具有决定性
的作用,拥有知识是为人处世和行善的主要途径。《福乐智慧》一
书中往往将"智慧"与"知识"相提并论,但两者在内涵上是有着区
别的。

　　一是来源不同。作者在书中反复说明,知识主要来源于后天
的学习："人类生而无知,学而知之,学得了知识,事事成功。刚出
生之人,没有知识,人类靠学习而成为上品。"③ 而智慧来自真主的
天赋,先天具有,非后天学习可得,文称："智慧非人类学习所取得,
是真主造人时赋予的天性。除智慧而外的一切美德,人都可以从
学习中找寻"④,"知识和才德可以学得,心灵和智慧却是天成","世
人靠学习增长知识,再勤奋也学不到智慧心灵。心智全靠真主赐

---

① 优素甫·哈斯·哈吉甫著,郝关中、张宏超、刘宾译:《福乐智慧》,北京:民
　族出版社 2003 年,第 23、24 页。
② 优素甫·哈斯·哈吉甫著,郝关中、张宏超、刘宾译:《福乐智慧》,北京:民
　族出版社 2003 年,第 31 页。
③ 优素甫·哈斯·哈吉甫著,郝关中、张宏超、刘宾译:《福乐智慧》,北京:民
　族出版社 2003 年,第 226 页。
④ 优素甫·哈斯·哈吉甫著,郝关中、张宏超、刘宾译:《福乐智慧》,北京:民
　族出版社 2003 年,第 226 页。

予,天生的智慧,必有表征"①。

二是两者的具体内容不同。智慧指天赋的理性、善性与智力,而知识则指对事物的具体理性认识。对于知识,作者指出:"知识好比炼丹炉,物质纳于其中;智慧好比王宫,财富集于其中"②,"知识使人区别于牲畜,人类借知识而占据优势"③,可知这里说的是一般意义上的"知识",即对一般事物的感性与理性认识;而其价值主要在于满足人们的现实利益。从这些方面来看,《福乐智慧》的"知识观"立足于实用性之上,并将知识视为满足现实需要和人生理想的主要途径。

智慧则等同于人类的理性认知能力与天赋善性,文称:"智慧是人类行动的制约,它秉性端正,办事有准律。"④ 即智慧为更高级的理智与理性。作者还指出,智慧以正义仁善为本,"有智者行为正直,语言优美,处事为人以正义为根本","智慧处事顺理,从不乖戾,它从无机心,而待人以诚"⑤。也就是说,智慧就是人的本质善性,这种智慧观与前述的《福乐智慧》人性论思想是一致的。

三是等级高低不同。正由于智慧和知识具有先天具备与后天学习、天赋理性与具体认识的区别,因此智慧的地位和重要性要

----

① 优素甫・哈斯・哈吉甫著,郝关中、张宏超、刘宾译:《福乐智慧》,北京:民族出版社 2003 年,第 243、244 页。
② 优素甫・哈斯・哈吉甫著,郝关中、张宏超、刘宾译:《福乐智慧》,北京:民族出版社 2003 年,第 44 页。
③ 优素甫・哈斯・哈吉甫著,郝关中、张宏超、刘宾译:《福乐智慧》,北京:民族出版社 2003 年,第 246 页。
④ 优素甫・哈斯・哈吉甫著,郝关中、张宏超、刘宾译:《福乐智慧》,北京:民族出版社 2003 年,第 245 页。
⑤ 优素甫・哈斯・哈吉甫著,郝关中、张宏超、刘宾译:《福乐智慧》,北京:民族出版社 2003 年,第 249、248 页。

高于知识。作者指出："它（智慧）的处所是高贵的人脑,由于它珍贵,高踞于头颅"①,"要让知识做伯克,智慧做君主"②,作者在此比喻说,智慧高居头顶,并且拥有君主的崇高地位,这正是智慧崇高地位的体现。

可见,《福乐智慧》将智慧视为天赋的理性,并且是人的本性,这与古希腊柏拉图等哲学家的天赋理性和知识的思想具有相似性;而在对知识的认识上,该书则强调了后天学习和经验的重要性,从而具有先天理性和后天经验并重的特点。

第二,以"善德"为中心的道德伦理要求。

《福乐智慧》特别强调善行和美德的重要性,并将拥有美德和实践善行作为人生的主要目的,作者指出："世人凭借两种事物得以不朽,一是美好的语言,一是善行","你若想做今生来世的主人,办法只有一条,就是多兴善举","谁若行为善良,即是永生;谁若行为邪恶,虽生犹死"③。《福乐智慧》所指的善行既包括对统治者的要求,即爱民、仁政与公平法制;也包括对普通民众的要求,即诚信、救济等;既包括宗教意义上的虔信、修行,也包括世俗意义上的善行、美言,可以说是一个综合性的概念。就善德的具体内容来说,书中较多提到的主要是以下几种:

一是"智慧":《福乐智慧》提出,美德以智慧为根本,文称："有

① 优素甫·哈斯·哈吉甫著,郝关中、张宏超、刘宾译:《福乐智慧》,北京:民族出版社2003年,第245页。
② 优素甫·哈斯·哈吉甫著,郝关中、张宏超、刘宾译:《福乐智慧》,北京:民族出版社2003年,第691页。
③ 优素甫·哈斯·哈吉甫著,郝关中、张宏超、刘宾译:《福乐智慧》,北京:民族出版社2003年,第27、33、766页。

智慧之人是人中上品,智慧乃一切美德的根本。"①智慧在这里被等同于人本质的善性,它是一切美德的根基,具有道德本体的意义。

　　二是"美言":"人总有一死,语言会长留人世,伴随着嘉言懿语,你也会得到永生","你若想求得永生,万古不朽,智者啊,愿你具有嘉言懿行"②。也就是说,留下有益于世人并被人所传颂的学说与名言,是实现人生价值的重要方面,这与中原儒家所说的"立言"以不朽的思想是一致的。

　　三是"知足":《福乐智慧》提出,知识是实现快乐和幸福的门径,文称:"知足之人即是幸福的帝王","真主降给你什么,都要知足,知足乃是信主的表征","请听知足之人讲说什么,他因为知足而得到了福乐"③。可见,这里的"知足"具有相信命定、不妄为的意义,具有约束恶行的作用,这与伊斯兰教的宗教教义是一致的。

　　四是"正直真诚":正直与诚实也是重要的美德,文称:"善德即意味着真诚正直,细想起来,人生的含义也如此","正直是本钱,善行是利息,这利息会给你带来永恒的乐趣","正直,知耻和善良秉性,三者兼有则福乐无穷"④。

　　五是"利人":《福乐智慧》提出,善德的重要表现是为他人谋利而不计较个人的得失,文称:"若问善德的秉性,它不顾自己,专利于他人。……它不求利己,只为他人造福,造福于他人,而不求

---

①　优素甫·哈斯·哈吉甫著,郝关中、张宏超、刘宾译:《福乐智慧》,北京:民族出版社2003年,第244页。
②　优素甫·哈斯·哈吉甫著,郝关中、张宏超、刘宾译:《福乐智慧》,北京:民族出版社2003年,第27页。
③　优素甫·哈斯·哈吉甫著,郝关中、张宏超、刘宾译:《福乐智慧》,北京:民族出版社2003年,第284、489页。
④　优素甫·哈斯·哈吉甫著,郝关中、张宏超、刘宾译:《福乐智慧》,北京:民族出版社2003年,第766、358、223页。

回赠。"① 这是从善德实践与现实效果方面来说的。

六是"虔信"：对真主的虔诚信仰也是善德的重要组成部分，文称："要珍惜信仰，莫将这世界看重，博学者啊，只有信仰能抬高你的身份。"②《福乐智慧》所刻画的隐士觉醒的形象，实际上就代表了"虔信"，反映出伊斯兰教思想的重要影响。此外，美德还包括勇敢、宽厚、慷慨等。

总之，《福乐智慧》的"智慧""知识"与"善德"思想是统一的。智慧的天赋善性性质，为美德提供了本体论方面的前提；而拥有知识与美德，都属于实现人生价值的标志，作者对它们的强调，目的在于为现实的道德教化提供思想指导。而从思想渊源上说，天赋理性的智慧观可以视为作者对伊斯兰教思想的接受，而后天经验性的知识观与美德思想，则体现了作者的现实关怀。从《福乐智慧》书中对两者的并重来看，可知此书的重要目的之一，就是利用伊斯兰教思想为喀喇汗朝的道德教化等现实需要服务。

（三）以"开明专制"为主要内涵的政治思想

优素甫创作《福乐智慧》的重要目的之一，就是希望借助此书为喀喇汗朝的现实政治提供理论指导。对此，该书序言指出："此书对于人们大有用处，特别是对安邦治国的君主。人君应具备什么条件，哲人在书中均有论述"③，"秦人称它为《帝王礼范》，马秦人称它为《治国南针》，东方人称它为《君王美饰》，伊朗人称它为

---

① 优素甫·哈斯·哈吉甫著，郝关中、张宏超、刘宾译：《福乐智慧》，北京：民族出版社2003年，第117页。

② 优素甫·哈斯·哈吉甫著，郝关中、张宏超、刘宾译：《福乐智慧》，北京：民族出版社2003年，第796页。

③ 优素甫·哈斯·哈吉甫著，郝关中、张宏超、刘宾译：《福乐智慧·序言之二》，北京：民族出版社2003年，第8页。

《突厥语诸王书》,还有人称它为《喻帝箴言》,突朗人则称之为《福乐智慧》"①。可见,为君主帝王提供治国的经验与方法,正是此书的中心思想之一。具体来说,《福乐智慧》提出了以下重要政治思想:

第一,"忠君"与"正统"——对君主集权的肯定。

从《福乐智慧》的序言及作者的自述可知,该书是献给东部喀喇汗朝大汗桃花石·布格拉汗的,作者在第四章《对明丽的春天和伟大的布格拉汗的赞颂》中,将布格拉汗比喻为春天,并写下了众多颂词,如:

> 如今桃花石·布格拉汗君临天下,祝他福乐无边。
>
> 宗教的尊严,国家的栋梁,民族的华冠,教典的象征!
>
> 时运赋予你社稷和宝座,愿真主使你的宝座和幸福永存。②
>
> 千万双手为你奉献了名贵礼物,我只有《福乐智慧》可资奉献。
>
> 别人的礼品转眼会消失,我的礼品却会传之永恒。
>
> 书上写了可汗的神圣名字,它将万古流芳,啊,福乐国君!
>
> 愿他的臣民生活在幸福欢乐之中,愿他长寿千年,活到鲁格曼③的年龄④。

---

① 优素甫·哈斯·哈吉甫著,郝关中、张宏超、刘宾译:《福乐智慧·序言之一》,北京:民族出版社2003年,第2页。

② 优素甫·哈斯·哈吉甫著,郝关中、张宏超、刘宾译:《福乐智慧》,北京:民族出版社2003年,第15、16页。

③ 鲁格曼为伊斯兰传说中的先知,寿命极长,并有起死回生术,传说他活了一千岁。

④ 优素甫·哈斯·哈吉甫著,郝关中、张宏超、刘宾译:《福乐智慧》,北京:民族出版社2003年,第18、19页。

虽然其中不乏溢美之词,但从这些颂词中,我们可以发现一个基本的事实,即作者优素甫忠于喀喇汗朝政权及布格拉汗的统治,并且他希望通过此书为喀喇汗朝的现实政治提供理论指导。

首先,《福乐智慧》从血缘出身等方面肯定了君主的正统性。作者借大臣贤明之口论述"国君应具备的条件"时指出:"首先,国君的身世要纯正高贵,要英勇无畏,有狮子的勇气","父亲是君主,儿子天生是君主,儿子应当有父亲的胆识"①,"身世优越,即天生优越,优越之人,出人头地"②。可见《福乐智慧》将出身与血统视为君主获得合法统治地位的前提和主要因素之一。此外,《福乐智慧》作为深受伊斯兰教思想影响的著作,还提出了类似"君权神授"的说法,作者借隐士觉醒与日出王的讨论而提出:"伯克们乃是真主所派定,人民善良,伯克也和气。"③将世俗的君主视为真主的代理人。从现实作用来说,这种血缘正统论和君权神授论为喀喇汗朝的统治者提供了政治权力的合法性论证,实际上是对世袭制的君主集权制度的肯定,并具有巩固统治、稳定政治秩序的现实作用。

其次,将"忠君"作为臣属和民众的重要伦理道德之一。作者通过刻画日出王及大臣月圆、贤明的形象,表达了鲜明的"忠君"思想,如"为国君效力要忠贞不渝,建立了功劳,会百事顺遂"④,

① 优素甫·哈斯·哈吉甫著,郝关中、张宏超、刘宾译:《福乐智慧》,北京:民族出版社 2003 年,第 260 页。
② 优素甫·哈斯·哈吉甫著,郝关中、张宏超、刘宾译:《福乐智慧》,北京:民族出版社 2003 年,第 262 页。
③ 优素甫·哈斯·哈吉甫著,郝关中、张宏超、刘宾译:《福乐智慧》,北京:民族出版社 2003 年,第 769 页。
④ 优素甫·哈斯·哈吉甫著,郝关中、张宏超、刘宾译:《福乐智慧》,北京:民族出版社 2003 年,第 85 页。

"遵从圣旨是百姓的义务,无论你是贵人,还是庶黎。对国君本人及其言语均应遵奉,哪怕他出身于买来的奴隶"①,强调百姓应当服从君主政令并为君主忠诚服务。而大臣应具备的重要条件之一也是忠诚,即"勤勉、谨慎又忠心耿耿",在道德伦理思想方面,作者甚至将忠诚作为人的本性来看待,认为"忠诚乃是人性的根本"②;忠诚也是人情的标志:"你瞧,人情的标志共有两个,一是仁爱忠诚,一是慷慨施赠"③。可见,"忠诚"被《福乐智慧》视为人必须拥有的美德与善性,从而使"忠君"不仅成为臣属和百姓应当遵守的政治义务,而且成为全社会应当遵守的伦理道德规范,这就为君主权力的稳定和政权的巩固提供了道德思想上的保障。不过,大臣对君主的"忠诚"并不是无条件的,《福乐智慧》还强调了现实利益在君臣关系中的重要性,他将君臣关系比喻为商贩和货主的关系,文称:"君王啊,臣仆与国君的关系,就如同商贩和货主的关系","因此臣仆和国君之间,如同合伙经商,利益相关。国君给臣仆财物,美言相勉,臣仆为国君把自身奉献"④。可见,在君臣关系方面,《福乐智慧》也考虑到现实利益的重要性,而非仅仅要求臣民无条件服从君主。

最后,强调君臣间存在着严格的高低等级,并且不可逾越。《福乐智慧》提出:"臣子地位再高终归是臣子,他只是为国王效力

---

① 优素甫·哈斯·哈吉甫著,郝关中、张宏超、刘宾译:《福乐智慧》,北京:民族出版社 2003 年,第 650 页。

② 优素甫·哈斯·哈吉甫著,郝关中、张宏超、刘宾译:《福乐智慧》,北京:民族出版社 2003 年,第 260 页。

③ 优素甫·哈斯·哈吉甫著,郝关中、张宏超、刘宾译:《福乐智慧》,北京:民族出版社 2003 年,第 793 页。

④ 优素甫·哈斯·哈吉甫著,郝关中、张宏超、刘宾译:《福乐智慧》,北京:民族出版社 2003 年,第 388、389 页。

的奴仆。国君再小他仍是国君,国王的名分高于臣仆的名分。"① 也就是说,君位高于臣位,这是不允许僭越的原则,这与中原政治思想中的"君为臣纲"等"君臣之道"思想也是接近的。

第二,"法制"与"公平"——对君主专制的限制。

《福乐智慧》的作者虽然支持君主专制政治,但对于君主专制的消极影响也有着较深刻的认识,他借日出王之口批评了君主的淫威和专制残暴:"切莫与三件事情接近——烈火、洪水和显赫的国君。"② 作者同时也告诫统治者不可施行酷政,肆意妄为,否则一定会导致自己的灭亡:"残暴的国君使国祚衰败,人民岂能长久忍受暴政","暴君毁坏了多少宫廷,到头来自己冻馁丧生"③。作者在肯定君主的权力及统治合法性的同时,还在政治思想和执政原则等方面对君主提出了具体的要求,希望以此限制君主的专制统治,保证国家政权稳固和人民生活安定。对此,《福乐智慧》将"正义"与"公平"作为君主统治和国家政治中最重要的原则,并将法制作为实现国家稳定的主要政治手段④。

首先,《福乐智慧》认为良好的法制是实现国家稳定的主要制

---

① 优素甫·哈斯·哈吉甫著,郝关中、张宏超、刘宾译:《福乐智慧》,北京:民族出版社 2003 年,第 527 页。
② 优素甫·哈斯·哈吉甫著,郝关中、张宏超、刘宾译:《福乐智慧》,北京:民族出版社 2003 年,第 528 页。
③ 优素甫·哈斯·哈吉甫著,郝关中、张宏超、刘宾译:《福乐智慧》,北京:民族出版社 2003 年,第 270 页。
④ 学术界对《福乐智慧》一书中的"法制"思想给予了较多的关注,并取得了较多的学术成果,参见买买提明·玉素甫著,张宏超、刘宾译:《〈福乐智慧〉与玉素甫·哈斯·哈吉甫的哲学社会学思想》,《民族文学研究》1984 年第 3 期;吴昌年:《论〈福乐智慧〉的政治法律思想》,《新疆社会科学》1986 年第 2 期;蔡灿津:《试述〈福乐智慧〉中的法制思想》,《新疆社科论坛》1991 年第 6 期。

度保证。对于法制的重要性,作者借日出王与大臣月圆、贤明的对话而指出:"法制要完善,莫将它败坏,幸运的金带将系在你腰里","明君啊,莫要制订酷法,制订了酷法,当不成君主"①,"良法使国运昌盛,人民兴旺,暴政使国祚衰微,天下不宁"②。也就是说,良好的法律制度在维护君主权力和国家稳定方面具有决定性的作用。而国君在建立合理法制的同时,需要在思想上保持清醒和警觉,避免政策失误及暴政的出现,《福乐智慧》指出:"清醒和法制是国家基石,又是治国的钥匙和缰绳","清醒和良法是社稷之本,由此二者,社稷将永存"③。此外,合理的刑罚也被认为是法制的重要内容,即通过刑罚约束暴力,以及使人改邪归正,文称:"国君靠刑罚治国执政,庶民靠刑罚端正品行","对于坏人要施行刑罚,民间的污秽靠刑罚洗清"④。

　　其次,《福乐智慧》将"正义"与"公平"视为治理国家时的主要政治原则。对于"正义"与"公平"在国家政治中的重要性,作者指出:"须知正义乃社稷之基石,君王正直,才能生存下去","社稷的基础建于正义之上,正义之道乃社稷的根柢。君主对人民执法公平,定会实现愿望,万事如意"⑤。也就是将"正义"和"公平"作

---

① 优素甫·哈斯·哈吉甫著,郝关中、张宏超、刘宾译:《福乐智慧》,北京:民族出版社2003年,第195页。
② 优素甫·哈斯·哈吉甫著,郝关中、张宏超、刘宾译:《福乐智慧》,北京:民族出版社2003年,第270页。
③ 优素甫·哈斯·哈吉甫著,郝关中、张宏超、刘宾译:《福乐智慧》,北京:民族出版社2003年,第268页。
④ 优素甫·哈斯·哈吉甫著,郝关中、张宏超、刘宾译:《福乐智慧》,北京:民族出版社2003年,第281页。
⑤ 优素甫·哈斯·哈吉甫著,郝关中、张宏超、刘宾译:《福乐智慧》,北京:民族出版社2003年,第112页。

为最重要的治国原则,同时,公平正义也是法制的核心精神,作者
以日出王及太阳比喻这种法制:"我的法度和太阳一样,普及万民
而不分彼此。"[1] 即法制要具有不分贵贱、全民平等的普遍性。对
此,《福乐智慧》一书多次指出,君主在执政时坚持正义与公平的
原则,就可以实现良好法制,最终实现社会的公平与正义以及国家
的稳定。文称:"国君若心地公正,推行良法,社稷将永固,传之永
恒"[2],"要想使王权高位锦上添花,必须行事正直,执法公平"[3],
"哪位国君持法公正,国家将昌盛,福星照临"[4],"执法应以正义为
基石,社稷因礼法而鼎立人间"[5]。

　　最后,《福乐智慧》还提出"真主面前君民平等"的思想。该
书不仅强调君主施政应该公平正义,同时还从伊斯兰教的教义出
发,认为君主和臣民都是真主的仆民,因此并无高低贵贱之分。作
者借隐士觉醒写给日出王的书信而提出:"我们两人都是真主的仆
民,履行仆民职责,我俩平等。奴仆信奉奴仆于理不当,子民礼拜
子民实属荒唐。"[6] 这种说法不仅表达了类似"上帝面前人人平等"
的思想,而且也具有蔑视世俗权威、限制君主权力的现实意义。

---

① 优素甫・哈斯・哈吉甫著,郝关中、张宏超、刘宾译:《福乐智慧》,北京:民
　族出版社 2003 年,第 113 页。
② 优素甫・哈斯・哈吉甫著,郝关中、张宏超、刘宾译:《福乐智慧》,北京:民
　族出版社 2003 年,第 270 页。
③ 优素甫・哈斯・哈吉甫著,郝关中、张宏超、刘宾译:《福乐智慧》,北京:民
　族出版社 2003 年,第 62 页。
④ 优素甫・哈斯・哈吉甫著,郝关中、张宏超、刘宾译:《福乐智慧》,北京:民
　族出版社 2003 年,第 268 页。
⑤ 优素甫・哈斯・哈吉甫著,郝关中、张宏超、刘宾译:《福乐智慧》,北京:民
　族出版社 2003 年,第 687 页。
⑥ 优素甫・哈斯・哈吉甫著,郝关中、张宏超、刘宾译:《福乐智慧》,北京:民
　族出版社 2003 年,第 483 页。

　　第三,"智慧"与"善政"——巩固君主统治的根本保证。

　　除了法制与公平正义等政治要求外,《福乐智慧》还提出了
"善政"的政治思想,即认为具备知识和智慧是合格君主的必备条
件,用知识和智慧治民也是"善政"的重要内容,只有实行"善政",
才是君主统治和政权稳定的根本保证。对此,《福乐智慧》一书中
有大量的论述:

> 　　御世者借智慧去统治世界,治人者靠知识去治理庶黎。
> 　　用智慧能把世上的歹徒绞绝,用知识能把人间的动乱
> 平息。
> 　　为了统治世界,就该有智慧,为了治理人民,就该有知识。[①]
> 　　国君以知识引导庶黎,国君以智慧处理国事。[②]
> 　　国君治民应当运用知识,没有知识,智慧也无用。[③]

在这里,"智慧"和"知识"不仅是君主应该具有的美德,更是处理
具体政务中必备的条件。而相比于单纯依靠武力和刑罚的暴政,
用"智慧"与"知识"治国无疑属于"善政"。同时,《福乐智慧》对
君主"善政"的内容还提出了许多具体设想,主要包括:

　　一是亲贤远佞,尊重学者。《福乐智慧》指出,在官员臣属的任
用方面,"亲贤远佞"是君主施行仁政、保证国家稳定的重要原则,

---

① 优素甫·哈斯·哈吉甫著,郝关中、张宏超、刘宾译:《福乐智慧》,北京:民
族出版社 2003 年,第 32、33 页。
② 优素甫·哈斯·哈吉甫著,郝关中、张宏超、刘宾译:《福乐智慧》,北京:民
族出版社 2003 年,第 261 页。
③ 优素甫·哈斯·哈吉甫著,郝关中、张宏超、刘宾译:《福乐智慧》,北京:民
族出版社 2003 年,第 263 页。

文称:"对作恶的坏人,要避之远远,对善良之人,要多多亲近"①,
"对好人要器重,委以重任,对坏人莫接近,把他摒弃"②。而对于国
家和君主来说,最重要的"贤者"则是有知识的学者,君主应当亲
近他们,并委以重任,文称:"英明的君主若喜爱知识,必定把学者
们引为知己"③,"学者、哲人是另一个阶层,他们用知识为世人将道
路指明","要十分爱戴他们,尊重其意见,或多或少学其知识,探讨
钻研"④,"对有智慧之人要多多亲近,要听学者之言,酬报其情"⑤。
作者提出,君主应当与学者为友,尊重学者并听取他们的意见,因
为学者是"智慧"和"知识"的代表,因此尊重学者本身就是用"智
慧"和"知识"治国的组成部分,这实际上是一种"智者治国"的
思想。

　　二是在国家的建设管理方面,《福乐智慧》主张文治与武功并
重。文称:"武功可以把江山开创,文治方可使国家兴旺。血染战
刀能使国君夺得社稷,挥毫泼墨能使国库金银充溢。无论是过去,
无论是来日,这二者乃是国家的支柱","社稷多靠战刀创建,文治
方可使人心愿实现"⑥。与此相应的是,在官僚制度建设方面,《福乐

---

① 优素甫·哈斯·哈吉甫著,郝关中、张宏超、刘宾译:《福乐智慧》,北京:民
　　族出版社2003年,第186页。
② 优素甫·哈斯·哈吉甫著,郝关中、张宏超、刘宾译:《福乐智慧》,北京:民
　　族出版社2003年,第195页。
③ 优素甫·哈斯·哈吉甫著,郝关中、张宏超、刘宾译:《福乐智慧》,北京:民
　　族出版社2003年,第37页。
④ 优素甫·哈斯·哈吉甫著,郝关中、张宏超、刘宾译:《福乐智慧》,北京:民
　　族出版社2003年,第560页。
⑤ 优素甫·哈斯·哈吉甫著,郝关中、张宏超、刘宾译:《福乐智慧》,北京:民
　　族出版社2003年,第681页。
⑥ 优素甫·哈斯·哈吉甫著,郝关中、张宏超、刘宾译:《福乐智慧》,北京:民
　　族出版社2003年,第353页。

智慧》主张君主要对文武官员给予平等的对待和重视,如此才能实现国家的全面发展,文称:"一是文臣,执笔手上,一是武将,手握刀枪。这二者整肃国家的纪纲,二者结合形成无敌的力量","你瞧,得天下者凭借刀枪,御天下者凭借文治兴邦"①。

三是提倡富民和保民。《福乐智慧》指出,君主的利益与百姓的利益是统一的,只有先实现百姓的富裕,才能实现国家和君主的富足。文称:"他治理人民,使他们富裕,靠人民富裕,来卫护自己"②,"敛财需要人民富足,要人民富足,须法制公正"③;"莫为自己谋利,要为百姓谋利,你的利益即寓于百姓利益之中","国人的财富即是伯克的财富,取之于此或彼,随你所欲"④。这种思想与中原儒家所宣扬的"保民而王""民富则君富"等民本政治思想无疑具有相似之处。

总之,法度健全,知人善任,没有暴政,保民富民,则被《福乐智慧》视为政治清明的标准,对此,作者借赞颂日出王而说:"他又建立了良好的法度,量人之才而加以任用。消灭了国内的暴政酷法,纠正了自身的不良行径。法度健全,国内大治,社稷巩固,君王欢欣。"⑤

① 优素甫·哈斯·哈吉甫著,郝关中、张宏超、刘宾译:《福乐智慧》,北京:民族出版社2003年,第316页。
② 优素甫·哈斯·哈吉甫著,郝关中、张宏超、刘宾译:《福乐智慧》,北京:民族出版社2003年,第37页。
③ 优素甫·哈斯·哈吉甫著,郝关中、张宏超、刘宾译:《福乐智慧》,北京:民族出版社2003年,第273页。
④ 优素甫·哈斯·哈吉甫著,郝关中、张宏超、刘宾译:《福乐智慧》,北京:民族出版社2003年,第695、719页。
⑤ 优素甫·哈斯·哈吉甫著,郝关中、张宏超、刘宾译:《福乐智慧》,北京:民族出版社2003年,第237页。

综上所述,《福乐智慧》提出了"血缘正统""忠君"、君臣名位不可逾越等政治思想,希望以此确立稳定的君主专制制度,从而保证政令的有效推行及国家的统一。同时,《福乐智慧》还设定了以"公平""正义"为核心的政治原则,以及以"法制"为主的统治手段,希望以此合理地规范君主的权力,保证政治清明和国家的稳定。此外,作者还提出了"亲贤""文武并重""富民"等一系列具体的"善政"要求,以保证人民生活幸福及社会矛盾的缓和。可见,《福乐智慧》有着丰富而系统的政治思想,但与受伊斯兰教思想深刻影响的哲学思想和道德伦理思想相比,《福乐智慧》的政治思想更多地受到中原政治思想的影响(如"忠君""富民""血缘正统"等),以及古希腊政治学的影响(如对"公平""正义""法制"的强调),具有很强的现实性。

(四)喀喇汗朝思想文化的特点

第一,受到伊斯兰教文化的重要影响,并以伊斯兰教思想为理论基础。

通过上文的论述可知,在对客观世界的起源、万物背后的本体依据、现实世界的虚幻不实等方面的认识上,《福乐智慧》主要接受了伊斯兰教的神创说,并带有鲜明的宗教世界观。而在伦理道德方面,作者则将智慧视为真主的天赋善性,将虔信真主和禁欲作为重要的美德;甚至在宗教色彩最淡薄的政治思想方面,该书也提出了"王权真主授予"的思想,这都反映出伊斯兰教思想的深刻影响。此外,《福乐智慧》书中的"知识观""智慧观"及"法制""公平正义"等思想,虽然渊源自古希腊哲学,但作者接受这些思想的媒介却是伊斯兰哲学及伊斯兰教学者的著述,特别是接受了法拉比(阿尔法拉比乌斯,约870—950)、伊本·西拿(阿维森纳,980—

1037）等伊斯兰哲学家的影响①。从这些方面来说，伊斯兰教思想在该书中发挥了理论基础的作用。同时，这在很大程度上也是以伊斯兰教思想为主体的喀喇汗朝思想界的反映。

　　第二，宗教信仰与经世致用思想并重，反映出回鹘民族的现实需要。

　　从《福乐智慧》的整体思想来看，虽然其中的哲学思想、道德伦理思想受到伊斯兰教的深刻影响，但在政治思想等方面却追求实际功用和社会价值，表现出鲜明的世俗化和理性色彩，这主要表现为该书的"两世并重"思想。

　　《福乐智慧》借大臣贤明与隐士觉醒之间关于出仕与隐修的讨论，展示出积极入世、经世致用的世俗思想与消极出世、独善其身的宗教思想之间的矛盾，文称："活着就应为黎民带来好处，倘若想叫你的名声永留人间。如果你不能为世人造福，你活着的标志谁能看见。"②这在某种程度上可以视为受儒家影响的政治思想与伊斯兰教禁欲主义之间的矛盾。对此，《福乐智慧》提出"两世并重"，试图调和出世与入世之间的矛盾，文称："真主赐给仆民双耳和双眼，好将今生来世细听和细看。又赐给仆民两只手臂，一只抓今生，一只抓来世。"③对来世解脱的宗教目标和经世致用的今世目标兼容并重，正是优素甫创作《福乐智慧》一书的重要目的，他

---

① 参见乌丽亚·米吉提、刘成群：《从法拉比政治图式到苏非式信仰——〈福乐智慧〉的"两世"并重及其偏转》，《北方民族大学学报》（哲学社会科学版）2011年第1期。

② 优素甫·哈斯·哈吉甫著，郝关中、张宏超、刘宾译：《福乐智慧》，北京：民族出版社2003年，第436页。

③ 优素甫·哈斯·哈吉甫著，郝关中、张宏超、刘宾译：《福乐智慧》，北京：民族出版社2003年，第471页。

在全书的末章就自述称:"此乃信仰之路和今世之路,愿你循此路而行,莫要迷误。你若求今生,这就是正道,你若求来世,这就是坦途。愿你尽仆民之责,真主会佑你,二者均可企求,莫走第三条路。"①

可以说,对"两世"的并重是《福乐智慧》全书的思想基调。该书的哲学思想、道德伦理思想、宗教思想,以及政治思想、社会思想等都是围绕这一主题展开探讨的,这既是喀喇汗朝思想文化体系的重要特点,也是回鹘民族现实需要的反映:即一方面将伊斯兰教作为国教和精神支柱,另一方面又吸收伊斯兰文化为喀喇汗朝的政治与社会发展服务。

第三,表现出包容多元文化的开放性与综合性。

从《福乐智慧》的诗歌形式及词汇使用、宗教与哲学思想、所引用的传说与史诗②等方面来说,该书都受到伊斯兰文化的重要影响;书中的哲学、政治学、伦理学等思想也受到法拉比、伊本·西拿等穆斯林思想家的重要影响。此外,书中所吸收的古希腊的伦理学与政治学思想,实际上也是通过穆斯林思想家的翻译与传承(即"百年翻译运动"③),以伊斯兰文化的形式存在

① 优素甫·哈斯·哈吉甫著,郝关中、张宏超、刘宾译:《福乐智慧》,北京:民族出版社2003年,第844页。
② 参见王家瑛:《〈福乐智慧〉与伊斯兰文化》,《哲学研究》1990年第2期。
③ 阿拉伯百年翻译运动,又称"翻译运动",是阿拉伯帝国建立后开展的翻译介绍古希腊、罗马和波斯、印度等东西方思想文化典籍的大规模学术活动。"百年翻译运动"的鼎盛时期为阿拔斯王朝前期,约公元830—930年的百年时间。期间古希腊各学科的全部重要著作和大部分较次要的典籍都被译成了阿拉伯文,并得到了校勘、整理和注释,其中包括亚里士多德、柏拉图等人的大部分著作,以及托勒密、毕达哥拉斯和希波克拉底等人的重要著作,古希腊的文化遗产借此得以较完整地保存。期间还涌现出了铿迭、侯奈因·本·易司哈格、撒比特·本·古赖、欧麦尔·本·塔巴里等著名翻译家,其后还出现了法拉比、伊本·西拿等融会东西方哲学思想的重要思想家。

的①。因此,伊斯兰文化可以说是该书的主要思想资源。

与此同时,《福乐智慧》还受到中原思想文化,特别是儒家人性论及政治思想的重要影响。例如在对人性本质的认识方面,《福乐智慧》接受了中原儒学思想中的"性三品说"以及"王者教化"等思想;而在政治思想方面,该书还继承了中原文化中的"忠君""富民""君臣名位不可逾越"等政治思想。可以说,《福乐智慧》在吸收伊斯兰教思想、中原儒家思想和古希腊哲学思想的基础上,进行了综合性的文化创造②,并建立了独具特色的思想体系。此外,与辽、西夏、高昌回鹘的大乘佛教文化相比,喀喇汗朝的伊斯兰教思想文化具有更浓厚的世俗化色彩,与现实政治及民众生活的结合也更为紧密。这在很大程度上正是伊斯兰教得以在新疆地区广泛传播,并取代佛教文化的思想与文化原因之一。

从《福乐智慧》的思想内容来看,喀喇汗朝的思想文化体系是伊斯兰文化、中原汉文化、希腊文化多元交融和创新的产物。同时,这种中西宗教思想文化的综合创新,也开启了伊斯兰教中国化的早期尝试,在中国"多元一体"文化的发展中具有积极的意义。

三、《福乐智慧》所提供的时代课题解决思路

喀喇汗朝建立后面临着以何种文化体系为主体的选择,即接受中原儒家文化和大乘佛教文化,抑或伊斯兰教文化的选择。而这种文化选择的最主要目的,则是试图在综合创新的基础上,建构

---

① 参见魏良弢:《阿拉伯进入中亚与中亚伊斯兰化的开始》,《新疆大学学报》(哲学·人文社会科学版)2005年第3期。
② 参见郎樱:《试论〈福乐智慧〉的多层文化结构》,《中央民族学院学报》1987年第1期;刘宾:《〈福乐智慧〉与东西方思想史背景》,《西域研究》1994年第1期。

一种独立和有序的思想文化体系,并为政权的稳定提供理论支撑,
以及为喀喇汗朝时代课题的解决提供方案。而从《福乐智慧》一
书的思想内容来看,回鹘民族选择了伊斯兰教思想文化作为喀喇
汗朝思想文化的主体,并以中原儒家文化为辅,从而为其文化和社
会秩序的重建提供了以下理论方案:

（一）伊斯兰教思想与喀喇汗朝文化体系的建构

第一,理性人生观、道德观与思想秩序的规范。

从《福乐智慧》书末作者的自述来看,当时的喀喇汗朝社会似
乎出现了宗教信仰缺失、道德沦丧的社会危机,如信仰不虔诚:"不
做礼拜,以酒洗面之人,如今被称作英雄,掌握权柄"[1],"昔日清真
寺甚少,礼拜者众多,如今寺院多了,礼拜者寥若晨星"[2];重视物
质利益,唯利是图:"人们都做了金钱的奴隶,谁有银子,就向谁屈
躬","人们为金钱而沆瀣一气,有谁为真主而正道直行"[3];缺乏诚
信和忠诚:"商人们不再讲究信誉,工匠们不再忠告后生","忠诚消
失了,不义继之而来,可信可靠之人,稀罕如异珍"[4];缺乏等级尊
卑观念和礼仪:"卑者无礼貌,尊者无知识,狂悖者泛滥,温顺者绝
踪"[5]。实际上,这些道德问题正是社会经济快速发展、社会剧烈转

---

[1] 优素甫·哈斯·哈吉甫著,郝关中、张宏超、刘宾译:《福乐智慧》,北京:民
族出版社2003年,第839页。

[2] 优素甫·哈斯·哈吉甫著,郝关中、张宏超、刘宾译:《福乐智慧》,北京:民
族出版社2003年,第841页。

[3] 优素甫·哈斯·哈吉甫著,郝关中、张宏超、刘宾译:《福乐智慧》,北京:民
族出版社2003年,第841、840页。

[4] 优素甫·哈斯·哈吉甫著,郝关中、张宏超、刘宾译:《福乐智慧》,北京:民
族出版社2003年,第840页。

[5] 优素甫·哈斯·哈吉甫著,郝关中、张宏超、刘宾译:《福乐智慧》,北京:民
族出版社2003年,第840页。

型之际的产物,是回鹘民族由游牧向定居生活转化、回鹘社会由部落联盟政权向封建制集权国家转化的反映。对于政权组织封建化和社会经济进一步发展的喀喇汗朝政权来说,如何防止社会风气败坏也是需要面对和解决的重要问题。

对此,《福乐智慧》的作者试图通过提倡伊斯兰教和重振伦理道德来改变混乱的社会风气。例如,该书将拥有美德和获得美名作为人生的目的和生活的根本,一是强调为人正直是生活幸福的主要保证:"人若正直,生活就会美满,生活美满,就会幸福绵绵"[①],"人若要企求生活的欢乐,行为正直,才能够如愿;人若要企求发财致富,持身以正,方可获得福缘;人若要企求高官厚禄,正道直行,才能够实现"[②];二是强调获得美名是生活的意义所在:"人总有一死,声名却不逝,有了美名,生活才有意义","美名乃生活之本,愿你去追求,莫败坏你的名声,要流芳千古"[③]。总之,《福乐智慧》将美德和善行作为获得幸福生活的主要途径,这种思想无疑具有规范社会秩序、净化社会风气的积极意义。

第二,伊斯兰教与精神归宿的安顿。

《福乐智慧》一书的作者优素甫·哈斯·哈吉甫是虔诚的伊斯兰教徒,在他看来,虔诚的信仰和皈依真主无疑是人生和精神的归宿。他在《论书名的含义和笔者的晚景》一章中自述称:

① 优素甫·哈斯·哈吉甫著,郝关中、张宏超、刘宾译:《福乐智慧》,北京:民族出版社 2003 年,第 358 页。

② 优素甫·哈斯·哈吉甫著,郝关中、张宏超、刘宾译:《福乐智慧》,北京:民族出版社 2003 年,第 175—176 页。

③ 优素甫·哈斯·哈吉甫著,郝关中、张宏超、刘宾译:《福乐智慧》,北京:民族出版社 2003 年,第 581 页。

　　　他创造了我,又创造了我的心灵,使我获得了正道,心底
充实。我本在长夜中,他照亮了长夜,我本在黑夜中,他降下
了旭日。我本在迷途中彷徨,是他指明了道路,他若不佑助
我,我会堕入火狱。真主选拔、区分了我,又擢升了我,是他把
我从迷途中救出。①

　　这些诗句虽然充满了宗教忏悔的意味,但我们从中可以看到,伊斯
兰教无疑发挥了精神支柱的重要作用。此外,作者还借隐士觉醒
之口表达了以信仰真主为精神寄托的思想:"真主即是我心愿和
希望的寄托,我日夜祈祷的真主,即是我的欢乐。"② 而从《福乐智
慧》的论述中可知,信仰真主在很大程度上也成为消除灾祸的精神
慰藉,文称:"哪一位仆民虔信真主,灾祸的大门必对他紧关。"③ 此
外,伊斯兰教所宣扬的因果报应、末日审判等思想,也在一定程度
上对现实生活中的恶行起到精神约束的积极作用。可见,伊斯兰
教思想为回鹘民族和喀喇汗朝民众提供了精神归宿,这对于提高
回鹘民族的道德文化水平,以及保障社会秩序的稳定都具有积极
的意义。
　　第三,以伊斯兰文化为基础而建构民族本位文化。
　　上文已经指出,从《福乐智慧》的思想渊源来说,该书可以视
为伊斯兰文化、中原儒家文化、希腊文化等多元文化与回鹘民族固

① 优素甫·哈斯·哈吉甫著,郝关中、张宏超、刘宾译:《福乐智慧》,北京:民
　族出版社2003年,第53页。
② 优素甫·哈斯·哈吉甫著,郝关中、张宏超、刘宾译:《福乐智慧》,北京:民
　族出版社2003年,第621页。
③ 优素甫·哈斯·哈吉甫著,郝关中、张宏超、刘宾译:《福乐智慧》,北京:民
　族出版社2003年,第172页。

有文化的综合①。对于《福乐智慧》一书所具有的文化综合特征,特别是儒家政治文化与喀喇汗朝本土文化的综合,该书的序言就指出:"此书极为尊贵,它以秦地哲士的箴言和马秦学者的诗篇装饰而成。……秦和马秦的哲士、学者一致认为,在东方各地,在突厥斯坦各族中,从来没有人用布格拉汗的语言(回鹘语)、突厥人的辞令编撰过一部比它更好的书。"②这里的秦地就指中原地区,而马秦则指喀喇汗朝所辖的中国西北等地区③。可见,当时人认为此书本身是中原文化与喀喇汗朝本土文化融合与创新的产物。

此外,《福乐智慧》一书还可以看到波斯文化及印度文化的影响,前者主要表现为对波斯史诗及传说故事的大量引用,如书中多次将伊朗帝王诺希尔旺(萨珊波斯王朝第十九代君主)视为名君的标准④,还多次提到查哈克、法里东、凯斯拉、鲁斯台模等伊朗史诗中的人物,甚至包括恺撒、斯堪德尔(亚历山大)等古希腊和罗马的名人。印度文化的影响除了表现为对佛教思想的吸收外,还包括对天文学等思想文化的吸收,如第五章《论七曜和黄道十二宫》中就引用了源自印度的天文学知识,包括对七曜(土星、木星、火星、

---

① 对此,学术界的认识是一致的,参见郎樱:《试论〈福乐智慧〉的多层文化结构》,《中央民族学院学报》1987年第1期;刘宾:《〈福乐智慧〉与东西方思想史背景》,《西域研究》1994年第1期;魏良弢:《〈福乐智慧〉与喀喇汗王朝的文化整合》,《西域研究》2000年第3期。
② 优素甫·哈斯·哈吉甫著,郝关中、张宏超、刘宾译:《福乐智慧·序言之一》,北京:民族出版社2003年,第2页。
③ 参见蒋其祥:《试论"桃花石"一词在喀喇汗朝时期使用的特点和意义》,《新疆大学学报》(哲学社会科学版)1986年第3期。
④ 文称:"如若不信,请看诺希尔旺大帝,他持法公允,人民得以富裕,在美好时代,留下美好的声望。"优素甫·哈斯·哈吉甫著,郝关中、张宏超、刘宾译:《福乐智慧》,北京:民族出版社2003年,第41页。

太阳、金星、水星、月亮）及黄道十二宫的记载①。

　　同时,《福乐智慧》并没有抛弃回鹘民族原有的文化传统,书中大量引用了回鹘民族原有的格言警句②。据学者统计,该书引用的回鹘及突厥诸民族的诗歌、箴言、谚语等有二百五十多处③。《福乐智慧》序言的作者就借对此书的赞颂,表达出对于喀喇汗朝民族文化的自信,文称:"作者使用汗国的语言,撰写此书于布格拉时代。……每个国家的贤人哲士,各依其国俗将它称呼:秦人称它为《帝王礼范》,马秦人称它为《社稷知己》;东方人对它十分推崇,把它称做《君王美饰》;突朗人称它为《福乐智慧》,伊朗人称它为《诸王之书》。……哎,赏识这部奇书的人们,为它以突厥语撰就而惊叹的人士。"④而《福乐智慧》一书中体现的东西方文化元素,正反映出作者优素甫吸收多元先进文化并建构回鹘民族本位文化的思想意图。同时也说明,喀喇汗朝思想界已经清晰地认识到,建立独立而具有民族个性的文化体系,对于国家和民族的发展具有重要的推动作用。

　　对于社会发展水平较低的回鹘民族来说,伊斯兰教的思想文

---

① 文称:黄道十二宫"三者属春天,三者属夏天,三者属秋天,三者为冬天所有。三者为火,三者为水,三者为气,三者为土,由此构成了宇宙"。优素甫·哈斯·哈吉甫著,郝关中、张宏超、刘宾译:《福乐智慧》,北京:民族出版社2003年,第22页。

② 例如该书称:"有句突厥格言讲到了这点,望你读读它,牢记心头:有智的人,智慧和他为伴,无知者的名字,受人诅咒。"优素甫·哈斯·哈吉甫著,郝关中、张宏超、刘宾译:《福乐智慧》,北京:民族出版社2003年,第45页。

③ 郎樱:《试论〈福乐智慧〉的多层文化结构》,《中央民族学院学报》1987年第1期。

④ 优素甫·哈斯·哈吉甫著,郝关中、张宏超、刘宾译:《福乐智慧》,北京:民族出版社2003年,第7页。

化也承担了先进文明载体的作用。《福乐智慧》对"美德""智慧"和"知识"的推崇,以及对虔信真主的重视,集中表现为具有宗教色彩的"两世并重"思想,反映出作者试图利用伊斯兰思想文化为喀喇汗朝的道德教化和文化秩序重建提供理论指导;并以伊斯兰教为媒介,建构具有包容性和创新性的民族本位文化。这正是喀喇汗朝提倡伊斯兰思想文化的现实意义所在,同时也是对回鹘社会时代课题,即"如何吸收外来先进文化建设独立的民族思想文化体系"的解答。

(二)伊斯兰文化、儒家文化与喀喇汗朝统治秩序的重建

首先,围绕君主集权以加强对民族国家的凝聚。

喀喇汗朝建立后,回鹘民族原有的分封制依然存在,大汗与副汗在巴拉沙衮和喀什噶尔的东西分治最终导致了汗国的分裂。此外,喀喇汗朝本身属于一个多民族的国家,除了统治民族回鹘族之外,汗国境内还居住着葛逻禄、突骑施、样磨、处月、古斯、粟特等民族。因此,如何保证国家的统一与稳定,并对国内各民族进行有效的统治,就成为喀喇汗朝统治者需要解决的首要政治问题。在政治思想方面,喀喇汗朝思想界吸收了中原儒家的政治思想,以及伊斯兰教的宗教思想;试图通过强化君主集权,并对君主权力进行合理限制,以此实现多民族国家的巩固与统一,这也是《福乐智慧》一书的重要目的①。《福乐智慧》提出,为了实现国家的和平稳定和社会发展,一方面要保证臣民对君主政令的服从,并履行缴税、战争等义务:"一是要他们对诏谕毕恭毕敬,你诏示什么,都应遵照办理;二是要他们不得抗缴国库的赋税,英主啊,要令其按时缴纳赋租;三

① 对此,刘志霄在《11 世纪维吾尔社会思想与〈福乐智慧〉》(《西域研究》1994 年第 1 期)一文中指出:《福乐智慧》提出了以信仰、秩序、法制、道德为基轴的社会行为规范,最终目的则是以此重整喀喇汗朝的社稷。

是要他们和你的敌人为敌,你喜欢谁,他们也将谁爱护。"① 另一方面,应当以君主为中心,规定好社会各阶层的义务,以此保证社会运行的有效稳定。对此,《福乐智慧》规定了学者、教士、商人、工匠、农夫、牧民、士兵、臣仆等社会各阶层民众的义务,文称:"此外还有济济的学者贤士,让他们为黎民传授知识。还有教规巡检应有强力,巡游民间,将邪恶剪除。让商人们保管好自己的储存,让工艺匠人们传艺给学徒。让农夫们精心种好稼禾,让牧人们繁衍增殖牲畜。下面该说到将士和臣仆,……要他们面对豺狼、敌寇,严阵以待,对敌人是死神,对朋友是知己。"② 可见,这些思想主张的目的都在于建构一个以君主开明专制为核心的稳定社会秩序。此外,上文已经提到,《福乐智慧》强调"忠君"并宣扬"君权神授",肯定血缘出身的正统性以及君臣名位的不可逾越。这些思想都为喀喇汗朝统治者提供了政治权力的合法性论证,反映出对世袭君主制及君主集权的支持,从而发挥了巩固统治、稳定社会秩序的重要作用。

其次,强调法制和善政以缓和社会矛盾。

上文指出,《福乐智慧》在支持君主集权政治的同时,还设计了限制君主权力、保持社会稳定的方案。具体来说,该书一方面将公正平等的法制视为实现国家稳定的手段,并劝诫统治者说:"你要正道直行,执法公正,只有如此,社稷才能鼎力长久","欲使社稷的基石巩固坚牢,你就应在执法时恪守公道"③;另一方面则将君主的

---

① 优素甫·哈斯·哈吉甫著,郝关中、张宏超、刘宾译:《福乐智慧》,北京:民族出版社 2003 年,第 723 页。

② 优素甫·哈斯·哈吉甫著,郝关中、张宏超、刘宾译:《福乐智慧》,北京:民族出版社 2003 年,第 724 页。

③ 优素甫·哈斯·哈吉甫著,郝关中、张宏超、刘宾译:《福乐智慧》,北京:民族出版社 2003 年,第 674 页。

"善政"作为政权长治久安的保证,作者优素甫在书中反复劝诫君主要实行爱民保民的仁政,文称:"你若君临庶民,权大无比,应以你的言行多做好事"①,"臣民是羊群,君主是牧人,牧人对羊群要宽厚宏仁"②,"要博学多智,爱护人民,要知足不贪,心地宏仁","要时时处处多兴善举,要知耻知礼,富有温情"③。

再次,通过伊斯兰教信仰保证社会秩序的稳定。

除了"公平正义""法制""善政"等政治思想之外,《福乐智慧》还试图利用伊斯兰教的虔信真主和善恶报应思想实现对君主专制权力的约束。这种"以真主约束君主"的思想在全书中有许多明确的论述,一是从消极的方面告诫君主,如果实施了虐民的暴政将难逃真主的审判,作者借隐士觉醒之口说:"倘若你国中有一个饥民,真主将问你之罪,不加原宥"④,"倘若你不医治他们的病患,你就会对庶民犯下罪愆。真主将在来世向你问罪,你要准备回答,快把罪过赎免"⑤;二是从积极的方面劝说君主,通过施行善政会获得来世的好报:"要执法公正,对人民公平,最后审判日,会有好报应"⑥,"聪明

① 优素甫·哈斯·哈吉甫著,郝关中、张宏超、刘宾译:《福乐智慧》,北京:民族出版社 2003 年,第 34 页。
② 优素甫·哈斯·哈吉甫著,郝关中、张宏超、刘宾译:《福乐智慧》,北京:民族出版社 2003 年,第 190 页。
③ 优素甫·哈斯·哈吉甫著,郝关中、张宏超、刘宾译:《福乐智慧》,北京:民族出版社 2003 年,第 262 页。
④ 优素甫·哈斯·哈吉甫著,郝关中、张宏超、刘宾译:《福乐智慧》,北京:民族出版社 2003 年,第 674 页。
⑤ 优素甫·哈斯·哈吉甫著,郝关中、张宏超、刘宾译:《福乐智慧》,北京:民族出版社 2003 年,第 683 页。
⑥ 优素甫·哈斯·哈吉甫著,郝关中、张宏超、刘宾译:《福乐智慧》,北京:民族出版社 2003 年,第 185 页。

睿智而贤哲的明君,今生和来世都会获得幸运"①。

总之,《福乐智慧》对喀喇汗朝的政治与社会秩序重建提供了系统的方案:一方面通过强调"忠君""君权神授""正统"以及臣民的服从,设计了以世袭君主为核心的集权政治体制,希望以此避免国家和民族的分裂;另一方面又提出了"法制""公平正义""善政"以及"以真主约束君主"等思想,设计了约束君主权力、缓解社会矛盾的方案,以此保证政治的清明和社会的安定,从而为喀喇汗朝提供了政治和社会秩序重建的方案,并对喀喇汗朝的时代课题("如何实现政权独立与社会发展")做出了解答。

综上所述,喀喇汗王朝和高昌回鹘国的宗教思想表现出两种不同的文化类型:即西亚和波斯的伊斯兰教文化,以及中原的大乘佛教文化。两者在整体上都是回鹘民族文化的组成部分②,并表现出同一民族的不同政权在文化选择上的差异。虽然两个政权所采用的具体解决方案不尽相同,但在回鹘社会时代课题的最终解答上却是一致的。从佛教思想与高昌回鹘社会的互动,以及《福乐智慧》为喀喇汗朝提供的文化与社会秩序重建方案中,我们再一次看到了这样的事实:即独立而统一的思想文化体系与独立自主的

---

① 优素甫·哈斯·哈吉甫著,郝关中、张宏超、刘宾译:《福乐智慧》,北京:民族出版社 2003 年,第 263 页。

② 对此,《福乐智慧》汉译本译者指出:"喀喇汗朝的文学由于受到伊斯兰教影响,从阿拉伯和波斯文化中吸收了较多的营养;而高昌回鹘文学则接受了佛教和摩尼教影响,汉文化的痕迹更为鲜明。但是,这两种类型的文学具有共同的来源和共同的传统,使用共同的语言,在漠北时期都曾接受过中原文化的影响,具有同一的文化心理特征。因此,这两部分文学依旧是同一民族的文学。《福乐智慧》便是在这种新型文化模式的土壤中孕育而成的。"优素甫·哈斯·哈吉甫著,郝关中、张宏超、刘宾译:《福乐智慧》译者序,北京:民族出版社 2003 年,第 3 页。

政治体系互为表里,从回鹘民族政权及社会发展的角度来说,前者属于精神文化领域的保障,而后者则属于政治制度领域的保障;而在建构这种双重保障体系的过程中,佛教思想与伊斯兰教思想无疑发挥了重要的作用。同时,喀喇汗朝思想界以伊斯兰思想文化为基础,对中原儒家政治思想等中原文化进行了融合创新,开启了伊斯兰思想中国化的尝试,并为元明清时代伊斯兰文化与中原汉文化的进一步交流融合提供了重要的理论借鉴。从这种意义上来说,喀喇汗朝的思想文化也可以视为中国"多元一体"文化的重要组成部分。

第五章 元朝宗教的多元统一与文化认同

第一节 "崇教抑禅":元朝对汉地佛教的南北整合

一、元朝的时代课题与宗教政策

元朝(1271—1368)是中国历史上由蒙古族建立的大一统王朝。1206年铁木真统一蒙古各部,号成吉思汗(1206—1227年在位),建立大蒙古国。此后不断对外扩张,逐渐攻灭中国南北方及中亚等地的政权。1218年蒙古灭契丹后裔建立的西辽,高昌回鹘等回鹘族地方政权也归附大蒙古国统治;1227年灭党项族建立的西夏,成吉思汗也在灭夏前夕去世,后被元世祖忽必烈追封庙号为"太祖"。此后,大蒙古国政权历经太宗窝阔台汗(1229—1241年在位)、定宗贵由汗(1246—1248年在位)、宪宗蒙哥汗(1251—1259年在位)等统治者。1234年蒙古联合南宋最终灭亡女真族建立的金朝,统一北方。1246年凉王阔端招降吐蕃地方政权,1253年忽必烈攻灭云南大理国。1260年忽必烈即大汗位(1260—1294年在位),建元"中统"。

1271年忽必烈发布《建国号诏》,改国号为"大元",正式建立元朝,并建都大都(今北京市)。1276 年南宋幼帝上表降元,1279年元朝最终攻灭南宋流亡政权,结束了自唐末以来中国近四百年的南北对峙、各民族政权长期并存的分裂和战乱局面。此后,元朝历经成宗铁穆耳(1294—1307 年在位)、武宗海山(1307—1311 年在位)、仁宗爱育黎拔力八达(1311—1320 年在位)、英宗硕德八剌(1320—1323 年在位)、泰定帝也孙铁木儿(1323—1328 年在位)、文宗图帖睦尔(1328—1332 年在位)、惠宗妥欢帖睦尔(元顺帝,1333—1370 年在位)等皇帝。1368 年朱元璋建立明朝后攻占大都,元朝灭亡。此后元朝统治者后裔退居漠北,政权仍以"大元"自称,史称北元。

元朝疆域空前广大,"自封建变为郡县,有天下者,汉、隋、唐、宋为盛,然幅员之广,咸不逮元。汉梗于北狄,隋不能服东夷,唐患在西戎,宋患常在西北。若元,则起朔漠,并西域,平西夏,灭女真,臣高丽,定南诏,遂下江南,而天下为一。故其地北逾阴山,西极流沙,东尽辽左,南越海表。盖汉东西九千三百二里,南北一万三千三百六十八里,唐东西九千五百一十一里,南北一万六千九百一十八里,元东南所至不下汉、唐,而西北则过之,有难以里数限者矣"①。

(一)元朝所面对的时代课题:文化与政治秩序的重建与统一

　　建立了空前统一帝国的元朝统治者和文化相对落后于宋金夏主体民族的蒙古民族,同样面对着维护帝国政治和思想统一以及推进蒙古民族文明化的时代课题。在这一点上,元朝的蒙古民族与辽朝的契丹民族、西夏的党项民族、金朝的女真民族、高昌回鹘

---

① (明)宋濂等:《元史》卷五十八《地理志一》,北京:中华书局1976 年,第1345 页。

和喀喇汗朝的回鹘民族等并无本质上的区别。但不同的是,蒙古统治者所面对的是一个民族构成、文化传统和思想信仰更为复杂和多元的帝国,除统治民族蒙古和主体民族汉族之外,还包括女真、党项、藏、畏吾儿(回鹘)、契丹等主要民族,以及阿儿浑、哈剌鲁、康里、钦察、阿速、斡罗斯等众多少数民族。他们信奉汉传佛教、藏传佛教、道教、伊斯兰教、基督教、原始萨满教等不同的宗教;使用着汉语、蒙古语、藏语、回鹘语等不同的语言和文字。这些民族在语言、习俗、宗教信仰和思想文化上存在着的巨大差异,导致他们在文化认同上产生了分离与隔阂;而自唐末以来近四百年众多少数民族政权与中原汉族政权的政治分立,也在很大程度上阻碍了文化上的认同和统一。

首先,对于元朝统治者来说,他们面对的首要课题是如何维护这一民族和文化空前多元的帝国的政治统一和社会稳定。要实现这一目的,除了军事上的征服和政治上的管制,还需要依靠思想文化上的统一以及文化上的认同,进而达到臣民的服从和官吏的忠诚。不可否认的是,相较于行政与军事管控,思想文化的统一与认同是维护政权统一和稳定更为持久和深厚的基础。

其次,对于包括元朝统治者在内的蒙古民族来说,他们需要解决的另一项重要时代课题是实现自身的文明化。在统治和管理汉、藏、女真、回鹘等具有较先进文明的民众的过程中,他们需要主动或被动地接受先进文明,特别是以汉文化为核心的中原文化,进而实现消除文化隔阂、巩固统治和社会稳定的目的,最终走向民族和文化的融合认同。这种从文化分立、学习到文化融合、认同,是10—14世纪的辽、夏、金、高昌回鹘、喀喇汗朝、大理和元朝等少数民族建立的政权所共同经历和参与的历史进程。但相比于这一时段的其他民族政权,元朝对上述时代课题的解答,还具有更为深远和重要的历史意义：即结束自 10 世纪唐朝灭亡以来中国的长期政治分裂和文化分立，阶段性地完成"多元一体"大一统国家的民族和文化认同。

元朝统治者虽然接受了儒家的政治文化和中原的政治制度，但在实现各少数民族与汉民族文化认同的过程中，宗教思想和文化仍然发挥着主要作用。蒙古政权和元朝统治者在征服扩张、统一中国的过程中，也对所征服地区的主要宗教进行了继承与整合。伴随着对金朝、西夏、吐蕃、高昌回鹘、南宋等政权的征服和统一，蒙古统治者也对各政权原有的主要宗教进行了有选择的继承、扶持和整合，以达成巩固征服地域统治、促进帝国统一的目的。这种扶持、继承与整合，主要包括以下三大进程：

一是通过对原金朝佛教"禅教二门"的扶持与整合、全真教与佛教格局的调整等，以达到巩固北方地区及汉、女真等民族的统治；二是通过对原南宋禅宗的管控和南北禅教的融合交流，以实现南北方汉地宗教和政治的统一；三是通过对藏传佛教的扶持和尊崇，以统合原吐蕃、西夏、高昌回鹘等政权的宗教与民族，最终实现对帝国境内广大地域和多元民族的政治和文化统一。

因此，本书将元朝宗教思想放在 10—14 世纪中国"宗教思想与文化认同"这一宏观背景中进行考察，重点探讨元朝对金朝和南宋佛教、西夏和回鹘佛教、吐蕃藏传佛教、金朝全真教等多元宗教思想的一体化整合过程，以及元朝"多元一体"宗教思想格局的内涵，进而揭示多元宗教对元朝时代课题的解答、对大一统国家的民族融合和文化认同的促进作用等，这些正是本章所要讨论的主要内容。

（二）大蒙古国政权和元朝统治者对多元宗教的包容与并弘

成吉思汗建立大蒙古国政权后，就对佛道教等各种宗教采取了宽容和尊重的态度。对此，《至元辩伪录》所载成吉思汗诏令称，太祖成吉思汗"军国虽烦留心觉路,首颁恩诏护持佛门:大圣神化不可测量,所在形仪无得损坏。随处寺宇所有田地,水浇上地、水碾、水磨、寺用什物,凡是佛底并令归还莫得侵占,大小科役铺马只应并休出者。出家僧人是佛弟子,与俺皇家子子孙孙,念经告天助修福者,凡是僧人去住自在休遮当者。有歹人每倚着气力搔扰佛寺,奏将名姓来者"①。可知成吉思汗曾下令保护佛像和寺院的土地财产,并免除僧人的差役等;而其目的则是采取实用而非信仰的态度,让佛教徒"念经告天助修福",即发挥为蒙古统治者祈福的功利作用。对于成吉思汗对待各宗教的实用性态度,时人记载称:"因为不信宗教,不崇奉教义,所以,他没有偏见,不舍一种而取另一种,也不尊此而抑彼;不如说,他尊敬的是各教中有学识的、虔诚的人",成吉思汗同时从法律(札撒)上要求后继者"对各教一视同仁,不分彼此"②。

　　成吉思汗以后的大蒙古国历任大汗也基本上执行了这种宽容并弘的宗教政策。随着被征服地域和民族的扩大,伊斯兰教和基督教也得到蒙古统治者的尊重,据《多桑蒙古史》记载,天主教传教士鲁不鲁克留居蒙古宫廷期间,"曾见蒙哥及皇族对于基督教、伊斯兰教、佛教典礼悉皆参加","除蓄养珊蛮或巫师外,兼赡养此三教之教师。冀能借此确可求福免灾,并未思及宗教尚有其他目的。三教之徒皆努力求新入教者于蒙古人之中,尤盼皇帝之信仰。惟蒙哥谨守成吉思汗遗教,对于任何宗教,待遇同等,无所偏袒"③。

---

① (元)祥迈:《辩伪录》卷三,《大正新修大藏经》第 52 册,第 765—766 页。
② [伊朗]志费尼著,何高济译:《世界征服者史》(上册),呼和浩特:内蒙古人民出版社 1980 年,第 29 页。
③ [瑞典]多桑著,冯承钧译:《多桑蒙古史》,北京:中华书局 1962 年,第 264 页。

　　虽然大蒙古国时期的统治者支持佛教、道教、伊斯兰教、基督教等多元宗教的并存发展,但佛教却逐渐取代萨满教成为蒙古统治者的主要宗教信仰。金朝禅宗领袖海云印简就得到了成吉思汗、窝阔台汗等蒙古大汗的优礼。窝阔台汗时期有西域僧人那摩与其兄一起投奔蒙古,贵由汗对那摩以师礼相待,蒙哥汗更"尊那摩为国师,授玉印,总天下释教"①,表现出蒙古统治者对佛教的日益重视。

　　在元朝开创者忽必烈的支持下,以藏传佛教为代表的佛教获得了"国教"的地位,并成为此后元朝多元统一宗教体系的主体。对此,据元人张伯淳《至元辩伪录序》所载忽必烈的赞佛言论称:"故我皇金言喻辞曰:譬如五指皆从掌出,佛门如掌余皆如指。"②将佛教和其他宗教比作手掌和手指的关系,佛教则具有宗教主体和包容各教的重要地位。此外,据法洪撰《敕建帝师殿碑》载:"皇元启运北天,奄荒区夏。世祖皇帝旧神武之威,致混一之绩。思所以去杀胜残,跻生民于仁寿者,莫大释氏。故崇其教以敦其化本。"③可知元世祖忽必烈扶持佛教作为国教的主要目的,在于利用佛教实现臣民的服从和帝国统治的巩固。

　　元朝宗教的发展或衰落也与统治者的扶持或压制有着直接的关系,从而深刻反映出统治者的施政意图。对此,《元史·释老传》说:"释、老之教,行乎中国也,千数百年,而其盛衰,每系乎时君之好恶。"④而在元朝建立之后,出于政治统治和经济利益等方面的考

①(明)宋濂等:《元史》卷一百二十五《铁哥传》,北京:中华书局1976年,第3075页。

②(元)祥迈:《辩伪录》卷一,《大正新修大藏经》第52册,第751页。

③(元)念常集:《佛祖历代通载》卷二十二,《大正新修大藏经》第49册,第732页。

④(明)宋濂等:《元史》卷二百二《释老传》,北京:中华书局1976年,第4517页。

虑,统治者对各大宗教的管控也逐渐加强。从忽必烈开始,各宗教原有的免赋特权逐渐被取消,忽必烈于中统四年(1263)下诏规定:"也里可温、答失蛮、僧、道种田入租,贸易输税",次年又重申:"儒、释、道、也里可温、达失蛮等户,旧免租税,今并征之。"① 自此僧人、道士、伊斯兰教士和基督教士等宗教人士在大蒙古国时期取得的免税等特权逐步被取消和收回。此外,元政府还在制度上限制了佛道等宗教组织的无序扩张,规定"诸弃俗出家,不从有司体覆,辄度为僧道者,其师答五十七,受度者四十七,发元籍"②。忽必烈之后的元朝统治者继续了对各宗教征税及打击非法宗教的政策,如武宗至大二年"是年禁白莲社,毁其祠宇,以其人还隶民籍。中书省臣言:宣政院奏免僧、道、也里可温、答失蛮租税。臣等议,田有租、商有税,乃祖宗成法,令宣政院一体奏免,非制也。有旨,依例征之"③。这些政策反映出元朝统治者力图将各宗教的发展归于中央的统一管理之下,从而巩固帝国的政治统一和稳定。

从总体上看,在大蒙古国和元朝统治者的管控之下,虽然佛教、道教、伊斯兰教、基督教等宗教都得到了较大的发展和传播,但相比之下,佛教却拥有最广泛的影响力、最深厚的信众基础和最悠久的传播历史。蒙古统治者虽然对上述宗教都持宽容态度,但却最为支持佛教,特别是藏传佛教的发展,并逐渐确立了"崇教抑禅""以藏统汉""汉藏圆融""崇佛抑道"等宗教政策,并试图建立以佛教为主体的多元统一宗教体系。其目的则是统合原金、西夏、南宋、吐蕃、回鹘等政权的主流宗教为一体,从而为大一统的元

① (明)宋濂等:《元史》卷五《世祖纪二》,北京:中华书局1976年,第95页。
② (明)宋濂等:《元史》卷一百五《刑法志五》,北京:中华书局1976年,第2684页。
③ (宋)志磐:《佛祖统纪》卷四十八,《大正新修大藏经》第49册,第435页。

政权提供宗教和思想上的论证和支持。

二、大蒙古国政权对北方佛教的继承与整合

　　蒙古攻灭金朝、统一北方地区之后,为了使原金朝民众更好地接受新政权的统治,蒙古统治者继续扶持原金朝主流宗教佛教和全真教的发展,并根据政治上的实际需要,对这些宗教进行了重新整合。其中,就佛教来说,蒙古统治者在灭金之初,仍然支持作为金朝佛教主体的禅宗的发展;但随着北方统治的稳定和统一南北方的现实需要,元朝皇帝忽必烈及其后继者则逐步确立了"崇教抑禅"的政策,压制禅宗并大力支持华严宗等教门的发展,并建构了"教禅并立"的汉地佛教宗派格局。在继承并整合金朝佛教的基础上,蒙古统治者逐步完成了对北方佛教的重新整合和统一,并为元朝统一南北方汉地佛教提供了重要基础。

　　宋元时代,时人多将汉地佛教分为禅、教、律三家,如元人方回称:"佛法入中国以来,僧吾齐民,寺吾胜壤,日以益夥,吾未易数计。然其法不过析而为三:有禅僧,有律僧,有讲僧。故其寺亦三:曰禅寺,曰律寺,曰教寺。"[①]但就金元之际北方佛教的发展状况来说,实际上的佛教格局则是禅门(禅宗五家)和教门(华严、唯识、天台等宗派)的并立,并且以禅宗为主流。金朝"禅门"五家中,以临济、曹洞宗最盛;金朝"教门"则以华严、唯识宗等为主,影响力则远不及禅宗。其中,华严宗在辽朝曾具有佛教主体宗派地位,至金元时代还具有较大影响力,是中国北方"教门"的主要代表;金朝唯识、天台等宗在北方地区的影响很小,见于僧传碑记的学僧也寥

---

① (元)方回:《建德府兜率寺兴复记》,《桐江续集》卷三十六,《文津阁四库全书·集部》第1197册,北京:商务印书馆2006年,第690页。

寥无几。此外,若就金元时代禅教律三家的整体情况来说,律宗最为衰微,正如时人评论所说,"若三宗鼎列,而律最微者,在僧为难能故也"①。因此,蒙古统治者灭金后所面对的金朝佛教,主要是以临济和曹洞宗为代表的禅宗和教门的华严宗;他们对"禅教二门"的态度,也经历了从"尊崇禅宗"到"崇教抑禅"的转变。

(一)"尊崇禅宗":金元之际蒙古政权对北方禅宗的扶持。

出于巩固对北方地区的统治,以及笼络原金朝士大夫和奉佛民众等目的。金元之际蒙古政权的成吉思汗、窝阔台汗、贵由汗、蒙哥汗、忽必烈等统治者都支持原金朝禅宗的发展,临济宗海云印简及其弟子子聪(刘秉忠)、曹洞宗万松行秀及其弟子雪庭福裕等禅宗僧人,都得到了蒙哥汗和忽必烈等人的支持和礼遇。在此背景下,大蒙古国及元初的临济宗在北方地区得到了进一步发展,俨然成为当时北方禅宗和佛教的主体,并出现了北方寺院"革律为禅"的现象②。

据元仁宗至大二年(1309)赵孟頫奉敕所撰《临济正宗之碑》记载,金元临济宗的法脉传承为:"自能后禅分为五,唯师(引者注:海云印简)所传号为正宗。一传为兴化奖,再传为南院颙,三传为风穴沼,四传为首山念,又五传为五祖演,演传天目齐,齐传懒牛和,和传竹林宝,宝传竹林安,安传海西堂容庵,容庵传中和璋,璋传海云大宗师简公。……师住临济院,能系祖传以正道统,佛法盖

---

① (元)刘仁本:《定海县真修寺事迹记》,《羽庭集》卷六,《文津阁四库全书·集部》第1220册,北京:商务印书馆2006年,第102页。
② 据耶律楚材记载,当时"太原开化寺革律为禅","平阳净名院革律为禅","戊子(拖雷监国元年,1228)之春,宣差刘公从立与其僚佐高从遇辈,疏请奥公和尚为国焚修,因革律为禅","癸巳年(窝阔台汗五年,1233),平州行省塔本奉皇太弟令旨,革州中之开元律寺为禅,请师(引者注:海云印简)主持"等。

至此而中兴焉。"其中简要列述了自慧能立宗之后至海云印简之际的临济宗法脉传承,其中,"竹林宝—竹林安—容庵海—中和璋—海云印简"一系大致为金朝临济宗的法脉。该碑又称:"师之大弟子二人:曰可庵朗、赜庵儇。朗公度莘庵满及太傅刘文贞,儇公度西云大宗师安公。师以文贞公机智弘建,使事世祖皇帝。"①可知海云之后元朝临济宗的正统法脉传承为:海云印简—可庵智朗(传法莘庵满、刘秉忠)及赜庵儇—西云安,其中智朗为海云印简法嗣,大庆寿寺住持;而海云印简再传弟子西云安也受到元成宗、武宗等皇帝的优礼,加封荣禄大夫、大司空,是元朝中期复兴临济宗的重要僧人②。

　　作为金元之际临济宗关键人物的海云印简,早年曾得到成吉思汗下旨保护,并与窝阔台汗、贵由汗等蒙古大汗关系密切,1251年蒙哥汗即位后又令"以僧海云掌释教事"③。在蒙古统治者的支持之下,海云印简一度成为当时北方地区禅宗的领袖人物,甚至号为"天下禅宗之首"。因此,通过梳理海云印简及其弟子子聪(刘秉忠)等人与蒙古统治者的交往,也有助于了解蒙古政权对当时北方禅宗和佛教的支持和整合。

---

① (元)念常集:《佛祖历代通载》卷二十二,《大正新修大藏经》第49册,第727页。

② 据赵孟頫《临济正宗之碑》载:"元贞元年成宗有诏,迎西云住天都大庆寿寺。进承清问,经历三朝;发扬玄言,得诸佛智;悬判三乘,如一二数。由是临济之道愈扩而大。今皇帝钦承祖武,独明妙心,刻玉为印,以赐西云。其文曰:临济正宗之印。独加师荣禄大夫大司空,领临济一宗事,仍诏立碑临济院。"(元)念常集:《佛祖历代通载》卷二十二,《大正新修大藏经》第49册,第727页。

③ (明)宋濂等:《元史》卷三《宪宗纪三》,北京:中华书局1976年,第45页。

1. 海云印简与蒙古统治者的交往

海云印简（1202—1257），山西岚谷宁远（今山西省岚县）人，俗姓宋氏，八岁时出家，礼中观沼公为师。印简与大蒙古国政权诸汗交往情况如下：

第一，海云印简获得成吉思汗的礼遇和保护。据海云印简本传记载，蒙古大将木华黎攻略金朝北方地区的过程中，海云印简与其师被木华黎送往燕京，并得到成吉思汗下旨礼遇和保护。"国王将中观及师分拨直隶，成吉思皇帝载中观于黄犊轻车。……经年至赤城，舍于郎中张公宅。使臣太速不花并麻赖，传成吉思皇帝圣旨道：与摩花理国王，尔使人来说底老长老小长老，实是告天的人，好与衣粮养活者，教做头儿多收拾那般人在意，告天不拣阿谁，休欺负，交达里罕行者。"[1] 从中可知，成吉思汗之所以命令木华黎（"摩花理国王"）对海云印简师徒（"老长老小长老"）"好与衣粮养活者"，是因为在成吉思汗看来，他们具有类似于蒙古萨满的身份和作用（"告天的人"），可以为蒙古统治者祈福禳灾。这也反映出蒙古政权支持佛教等宗教的初衷，是出于为统治者服务和巩固统治的现实功利目的，这种宗教态度也为此后的蒙古统治者所继承。木华黎奉诏对中观海云师徒"大加恩赐"，并赐号中观为"慈云正觉大禅师"，海云印简为"寂照英悟大师"（蒙古大汗及权贵则尊称海云为"小长老"）。中观圆寂后，海云印简赴燕京大庆寿寺师从中和璋公学禅得法。此后海云印简先后住持兴州仁智寺、沫阳兴国寺、燕京大庆寿寺等，"皆太师国王及诸重臣之命"，"所需皆官给"[2]。

---

[1]（元）念常集：《佛祖历代通载》卷二十一，《大正新修大藏经》第49册，第703页。

[2]（元）念常集：《佛祖历代通载》卷二十一，《大正新修大藏经》第49册，第703页。

成吉思汗去世后,其遗孀也以师礼对待海云,如丁酉年(1237)正月"太祖皇帝二皇后以光天镇国大士号奉师",乙巳年(1245)海云"奉六皇后旨,于五台为国祈福",成为受到蒙古汗廷及贵族权臣礼遇的上层僧人。

第二,海云印简与窝阔台汗、贵由汗和蒙哥汗的交往。成吉思汗去世之后,海云印简继续得到大蒙古国政权窝阔台汗、贵由汗、蒙哥汗等人的礼遇,与皇室宗王的关系也颇为密切。在太宗窝阔台汗时期,海云印简在蒙古政权中的重要地位,从"建议袭封孔子衍圣公"及"谏阻考试僧道"二事中可见一斑。

金天兴二年(1233)蒙古攻陷金都汴京城后,"师以袭封事为言于大官人",即建议蒙古统治者续封原金朝衍圣公、孔子第五十一代孙孔元措为衍圣公,延续孔子祭祀。据海云印简传载:"师为其言曰:孔子善稽古典,以大中至正之道,三纲五常之礼,性命祸福之原,君臣父子夫妇之道,治国齐家平天下,正心诚意之本。自孔子至此袭封衍圣公凡五十一代。凡有国者使之袭承,祀事未尝有缺。大官闻是言,乃大敬信,于是从师所言,命复袭其爵以继其祀事。师复以颜孟相传孔子之道,令其子孙不绝。及习周孔儒业者为言,亦皆获免其差役之赋,使之服勤其教为国家之用。"① 可知海云印简提出这一建议的主要理由是,礼遇孔子后裔是继承中华"道统"的表现,这一举措可以为蒙古政权的现实统治增加合法性的支持;他也借此指出蒙古统治者延续儒家文化、纲常伦理和中原治国之道的必要性。这也是海云印简的积极入世态度及儒佛融合思想的表现。

---

① (元)念常集:《佛祖历代通载》卷二十一,《大正新修大藏经》第49册,第704页。

此外，海云印简为了维护佛教利益，还谏阻了蒙古统治者"裁汰僧道"的行动。乙未年（1235）"朝廷差札忽笃侍读选试经僧道"，即通过举行考试裁汰不识字、无法看读佛经的僧人。对此，当时北方曹洞宗领袖万松行秀等邀请海云印简出面应对此事，万松"长老叹曰：自国朝革命之来，沙门久废讲席，看读殊少。乃同禅教诸老宿请师董其事"，海云印简则与负责考试僧道的厦里丞相据理力争，劝说蒙古统治者收回成命："厦里丞相以忽都护大官人言，问师曰：今奉圣旨，差官试经。识字者可为僧，不识字者，悉令归俗。师曰：山僧不曾看经，一字不识。丞相曰：既不识字，如何做长老？师曰：方今大官人还识字也无？于时外镇诸侯皆在，闻师之言皆大惊异。丞相复曰：必竟如何？师曰：若人了知此事通明佛法，应知世法即是佛法，道情岂异人情。古之人亦有起于负贩者，立大功名于世，载于史册，千载之下凛然生气。况今圣明天子在上，如日月之照临，考试僧道如经童之举，岂可以贤良方正同科国家。宜以兴修万善，敬奉三宝，以奉上天，永延国祚可也。"[①]可知海云印简谏阻"考试僧道"的主要理由：一是说明佛教修行高低，与是否识字读经并无直接关系；二是说明僧道与儒家的科举考试不同，主要强调僧人的作用在于为蒙古政权和统治者祈福禳灾，即"兴修万善敬奉三宝，以奉上天永延国祚"，这依然是在重申成吉思汗圣旨中肯定僧道为"告天的人"，具有为统治者祈福祝祷的积极作用。最终窝阔台取消了考试，"蒙圣旨，悉依太祖皇帝存济，听僧如故"。

贵由汗即位后对海云印简待以师礼，"颁诏命师统僧"，任命其为北方汉地佛教领袖，又"赐白金万两，师于昊天寺建大会为国祈

---

① （元）念常集：《佛祖历代通载》卷二十一，《大正新修大藏经》第49册，第703页。

福。太子合赖察请师入和林,延居太平兴国禅寺,尊师之礼非常";辛亥年(1251)蒙哥汗即位后,依然延续了贵由汗的任命,"命师复领天下僧事,蠲免差役,悉依旧制"①。贵由汗和蒙哥汗选择海云担任汉地佛教领袖,其主要目的则是借助其威望与影响力管控北方汉地佛教,进而获得汉地佛教信徒及臣民的支持和服从。

第三,海云印简与忽必烈的交往。忽必烈未即汗位前就与海云印简有着较为密切的交往,史载他曾向海云印简咨询关于治国理念和策略等重要问题。早在窝阔台汗时期的壬寅年(1242),"护必烈大王请师赴帐下问佛法大意",而海云印简则携子聪(时为海云的书记侍者,后还俗改名刘秉忠)同来,并且向忽必烈陈述了"治国安天下"的对策。史载海云印简"初示以人天因果之教,次以种种法要开其心地,王生信心,求授菩提心戒。时秉忠书记,为侍郎刘太保也";忽必烈则向其咨询最为关心的治国策略问题:"佛法中有安天下之法否?"他以"重视民生人心"和"崇儒求贤"作答:"若论社稷安危,在生民之休戚。休戚安危皆在乎政,亦在乎天;在天在人,皆不离心。……又宜求天下大贤硕儒,问以古今治乱兴亡之事,当有所闻也。"②此外,海云印简又借机宣扬佛教在儒释道三教之中的独尊地位,以及在治国安民方面的重要作用:"王又问:三教何教为尊?何法最胜?何人为上?师曰:诸圣之中吾佛最胜,诸法之中佛法最真,居人之中唯僧无诈,故三教中佛教居其上,古来

①(元)念常集:《佛祖历代通载》卷二十一,《大正新修大藏经》第49册,第704页。
②(元)念常集:《佛祖历代通载》卷二十一,《大正新修大藏经》第49册,第704页。

之式也。由是太后遵祖皇圣旨，僧居上首，仙人不得在僧之前。"①可知海云印简与忽必烈之间的这次问对，主要目的有二：一是劝说忽必烈重视民生民意以得民心，崇儒求贤并接受儒家政治文化，以此实现汉地臣民的支持和拥护；二是宣扬佛教的优越性，特别是在当时佛教与全真教的竞争中，为佛教争取优先地位。

　　据史料记载，相比于其他蒙古统治者，忽必烈对海云印简更为尊宠，并以师礼相待："王以珠祓金锦无缝大衣，奉以师礼。"又请海云印简为太子取名"真金"："帝诞生太子，诏海云国师摩顶立名。奏云：世间最尊贵，无越于真金。"②后又命太子拜海云印简为师："帝召东宫云：海云是汝师，居住金田宜加崇饰，由是鼎新庆寿大刹。"③海云印简去世后，忽必烈依然表示出对他的崇敬，如至元四年（1267）修建大都新城时，因为海云印简的墓塔阻碍了城墙的修筑，"监筑者谋毁海云国师塔，两雄相合，奏帝欲去其塔。帝云：海云高僧，筑城围之，贵僧之德千古不磨"④。从海云印简与忽必烈的上述交往中，可知在忽必烈看来，海云印简一方面是具有告天祈福能力的宗教领袖，另一方面更具有汉族谋臣和汉文化传播者的身份。

　　2. 子聪（刘秉忠）与忽必烈的交往

　　子聪（刘秉忠）是海云印简的重要弟子，后在海云印简的举

①（元）念常集：《佛祖历代通载》卷二十一，《大正新修大藏经》第49册，第704页。

②（元）念常集：《佛祖历代通载》卷二十二，《大正新修大藏经》第49册，第722页。

③（元）念常集：《佛祖历代通载》卷二十二，《大正新修大藏经》第49册，第723页。

④（元）念常集：《佛祖历代通载》卷二十二，《大正新修大藏经》第49册，第723页。

荐下成为忽必烈的重要汉人谋士,后还俗任官,改名刘秉忠(字仲晦)。他参与了忽必烈的一系列"行汉法"改革、元初典章制度的创立及元大都的设计建造等,成为推动蒙古统治者接受汉文化和儒家政治制度的重要人物之一,同时他对蒙古统治者佛教政策的施行也产生了一定影响。

第一,子聪(刘秉忠)在海云的引荐下成为忽必烈谋臣。据王磐所作刘秉忠神道碑文记载,子聪(刘秉忠)为北方汉族世家出身,"先世仕辽,多显贵",后从天宁寺虚照禅师出家为僧,因其"知经书工翰墨,命掌书记"。后来游历云中(今山西省大同市),此时"被召北觐"[①] 的海云印简刚好路过云中,"闻公博学多艺能,求相见。既见,约公俱行。公不可,海云固要之,不得已遂行",子聪(刘秉忠)作为书记侍者随同海云一起觐见忽必烈,"既至,谒今上于潜邸,一见应对称旨,自是屡承顾问"[②],子聪(刘秉忠)以其才智获得了忽必烈的认可,从此以谋臣的身份参与蒙古政权的政治活动。而据赵孟頫《临济正宗之碑》记载,"师(引者注:海云印简)以文贞公(引者注:刘秉忠谥文贞)机智弘建,使事世祖皇帝。当是时君臣相得,策定天下,深功厚德,祖于元元,卒为佐命之臣,皆自此贤之也"[③]。可知子聪(刘秉忠)入仕蒙古政权,海云印简在其中发挥了重要的推荐作用。

第二,子聪(刘秉忠)成为忽必烈汉人谋臣集团的核心人物之一。子聪(刘秉忠)以僧人身份参与了元初的官制、朝仪、国号等重

---

① 即前述 1242 年忽必烈邀请海云印简北上和林,"问佛法大意"。

②(元)念常集:《佛祖历代通载》卷二十一,《大正新修大藏经》第 49 册,第 706 页。

③(元)念常集:《佛祖历代通载》卷二十二,《大正新修大藏经》第 49 册,第 727 页。

要政治制度的制定,据王磐所撰神道碑文记载,"庚申岁春,上正位宸极,创定朝仪,立官制,改元建号,一切所当施设时物之宜,皆公所草定"①,这证明子聪(刘秉忠)已成为忽必烈汉族谋臣集团中的核心人物之一。直至元朝建立后的至元元年(1264),忽必烈才下诏命其还俗,"命僧子聪同议枢密院事,诏子聪复其姓刘氏,易其名秉忠"②,"特授光禄大夫太保,参预中书省事"③。至元四年(1267)刘秉忠作为总负责人,主持营建元朝的新首都大都城。此外,他依然以佛教徒的立场,经常劝说忽必烈在征伐过程中"仁爱止杀",减少对民众的杀戮,"上神武英断,每临战阵前无坚敌,而中心仁爱。公尝赞之,以天地好生为德,佛氏以慈悲济物为心。方便救护,所全活者,不可胜计"④。忽必烈对子聪(刘秉忠)颇为倚重,视其为心腹重臣。他在诏书中称:"刘秉忠气刚以直,学富而文。虽晦迹于空门,每潜心于圣道。朕居藩邸,卿实宾僚。侧闻高谊,逾二十年;出游遐方,几数万里。迨予嗣服,须汝计安。……宜从师位,兼总政机。"⑤至元十一年(1274)子聪(刘秉忠)病卒后,忽必烈也颇为哀伤,下诏赠其官仪同三司、太傅,谥文贞,并在诏书中表达出他与刘秉忠之间君臣相知的密切关系:"朕嗣服而伊始,卿尽力以居多,盖得卿实契于朕心,而独朕悉知于卿意。"⑥

①(元)念常集:《佛祖历代通载》卷二十一,《大正新修大藏经》第49册,第706页。
②(宋)志磐:《佛祖统纪》卷四十八,《大正新修大藏经》第49册,第433页。
③(元)念常集:《佛祖历代通载》卷二十一,《大正新修大藏经》第49册,第706页。
④(元)念常集:《佛祖历代通载》卷二十一,《大正新修大藏经》第49册,第706页。
⑤(宋)志磐:《佛祖统纪》卷四十八,《大正新修大藏经》第49册,第434页。
⑥(元)念常集:《佛祖历代通载》卷二十一,《大正新修大藏经》第49册,第707页。

第三,子聪(刘秉忠)对忽必烈的佛教政策产生了较大影响。从子聪(刘秉忠)的碑传等文献记载可知,他自1242年成为忽必烈谋士,直至至元元年(1264)受诏还俗的二十多年间,一直是以临济宗僧人的身份为忽必烈出谋划策。值得注意的是,这也是蒙古统治者施行扶持禅宗政策的阶段。而元朝建立后,忽必烈也逐渐改变了扶持北方禅宗的政策,开始施行"崇教抑禅"和扶持教门宗派的政策。从中可知,大蒙古国诸大汗及忽必烈在金元之际所施行的扶持禅宗的汉地佛教政策,除了管控和利用原金朝佛教的用意之外,也在一定程度上受到兼具汉人谋臣和临济宗禅僧身份的海云印简、子聪(刘秉忠)等人[1]的影响。

3. 蒙古统治者扶持北方禅宗的意义

第一,禅宗发挥了巩固原金朝地域统治的作用。从海云师徒与大蒙古国历任大汗及元世祖忽必烈的交往经历可知,蒙古统治者扶持禅宗、尊崇禅僧海云印简等,除了"告天祈福"的宗教需要之外,还与巩固原金朝地域的统治有着密切关系。如贵由汗和蒙哥汗"命海云主释教",管理北方佛教;命海云弟子至温管理中原佛教,"总摄关西五路、河南南京等路、太原府路、邢洛磁怀孟等州僧尼之事"[2],都在于利用禅宗及其领袖在北方地区的重要影响力以

---

① 当时有许多临济宗僧人参与到忽必烈的汉人谋臣群体中,除上述的子聪(刘秉忠)和海云印简等外,海云印简弟子至温也具有类似的身份。据元人虞集《敕赐佛国普安温禅师塔铭》载:至温十五岁时成为曹洞宗万松行秀的侍者和得法弟子,他与子聪(刘秉忠)"少时相好","刘公厌世,故思学道,师(引者注:至温)劝之为僧",子聪"既而为世祖知,遇侍帏幄,为谋臣,荐师(引者注:至温)可大用。得召见,与语大悦,将授以官,弗受"。(元)念常集:《佛祖历代通载》卷二十二,《大正新修大藏经》第49册,第728页。
② (元)念常集:《佛祖历代通载》卷二十二,《大正新修大藏经》第49册,第728页。

管控宗教,并促进民众对蒙古政权的服从与认同。

　　第二,禅宗成为蒙古统治者接受和吸收汉文化的重要媒介。从上文可知,海云印简曾向窝阔台、忽必烈等人提出尊崇孔子、重视民生、崇儒求贤等治国方略,其弟子子聪(刘秉忠)则以僧人身份成为忽必烈的重要谋臣,并且是"行汉法"汉化改革及元初政治制度的主要制定者之一。这些禅宗僧人及其信徒作为当时汉族谋臣集团的重要成员,为蒙古政权治理汉地、巩固统治乃至统一中国等方面都提供了重要的支持。而从蒙古民族接受并认同汉文化的意义上说,以海云印简等为代表的北方汉地佛教领袖,在接受蒙古政权统治的前提下,劝说其统治者接受和深入吸收儒家政治制度、治国理念和汉地佛道教等宗教信仰,也推动了蒙古民族对中原汉文化的接受和认同;而以忽必烈为代表的元朝统治者也通过招揽儒士、遵行汉法[1],以及支持汉地佛教、优礼海云印简和子聪(刘秉忠)等方式,表现出对中原汉文化的尊重,从而使忽必烈及元政权获得了汉族士大夫及汉地民众的服从和认可。从这种互动关系来看,原金朝禅宗一方面为大蒙古国和元政权提供了宗教上的支持,另一方面也成为蒙古统治者接受和认同汉文化的重要媒介,并为其后元朝佛教及多元宗教的进一步统一提供了经验和基础。

(二)"崇教抑禅":元朝统治者对华严宗等教门的扶持

　　虽然金元之际的蒙古诸大汗都注意保护和扶持北方禅宗,延续了其自金朝以来的佛教主体地位,并给予禅宗高僧海云印简以

---

[1] 对此可以忽必烈为代表,宪宗蒙哥汗即位后,忽必烈在受命掌管漠南汉地军国庶事的同时,广泛延揽儒士。1252年,儒士张德辉与元好问等面觐忽必烈,请求其接受"儒教大宗师"的尊号,并蠲免儒户兵赋,这也为忽必烈所接受。这些崇儒政策在很大程度上使忽必烈及蒙古政权获得了汉族士大夫及汉地民众的认可,从而巩固了蒙古政权对汉地的统治。

北方佛教领袖的地位。但需要指出的是,这只是蒙古统治者管理原金朝地域、统一北方宗教的阶段性政策。伴随着北方地区统治的稳固、统一南方地区和宗教的现实需要,以及元朝皇室皈依藏传佛教等,元政权对待汉地佛教的政策也由"尊崇禅宗"转变为"崇教抑禅"。

第一,忽必烈确立"崇教抑禅"的汉地佛教政策。

忽必烈在即汗位后,接受并皈依藏传佛教,尊萨迦派领袖八思巴为帝师,逐渐确立了以藏传佛教为核心的佛教体系。与此同时,忽必烈则对汉地佛教改行"崇教抑禅"的方针,这也成为忽必烈之后元朝宗教政策的重要内容①。

据元人姚燧记载:"至元八年,侍读徒单公履欲行贡举,知上于释崇教抑禅,乘是隙言:儒亦有是科,书生类教,道学类禅。"②可知忽必烈在至元八年(1271)前就已经确立了"崇教抑禅"的佛教政策。结合前文所述可知,北方佛教领袖、临济宗高僧海云印简卒于1257年,其弟子子聪(刘秉忠)则于至元元年(1264)还俗任官,不再以禅宗僧人身份参与政治决策。1264年平定阿里不哥之乱后,忽必烈就开始了攻灭南宋的战争准备,并于至元五年(1268)全面发动灭宋之战。与此同时,忽必烈及其皇后于1253年从八思巴受灌顶,中统元年(1260)又封八思巴为国师,"任中原法主,统天下教门"。由此可见,忽必烈"崇教抑禅"政策的制定,一方面与其扶持藏传佛教有关,另一方面也与攻灭南宋、统一南北方佛教的现实政治需要有关。

---

① 参见陈高华:《元成宗与佛教》,《中国史研究》2014年第4期。
② (元)姚燧:《牧庵文集》卷十五《董文忠神道碑》,《文津阁四库全书·集部》第1205册,北京:商务印书馆2006年,第752页。

第二,扶持以华严宗为主的北方教门。

从现有的记载来看,虽然忽必烈曾优礼禅宗高僧,并向其询问佛法大意,但并不认同禅宗的教义。对此,《佛祖历代通载》中记载了他对顿教(禅宗)的理解:"帝闻五教义。帝云:顿教即心是佛诸佛境界,凡夫不修如何得到。"① 即认为禅宗所追求的"即心即佛"境界并非一般人能够轻易达到的,而且需要实修才能获得,这实际上是对禅宗"空谈心性"的批评与否定。因此,相比于禅宗,重视实修的汉地教门以及藏传佛教更符合忽必烈的要求。

忽必烈于至元八年(1271)改国号为"大元",建立元朝。同年召集汉地佛教"禅教二门"的代表高僧"禅教师德",前往燕京进行辩论。以万松行秀弟子雪庭福裕等为代表的北方禅宗高僧出席了这次辩论,这标志着"崇教抑禅"政策的基本确立。从现有史料来看,忽必烈在北方地区施行的"崇教抑禅"政策,主要是给予龙川行育、真觉国师文才等北方华严宗高僧更高的礼遇,"帝诏讲华严大德于京城大寺开演,彰显如来之富贵","帝设大会,七处放光,显示华严七处之玄旨"② 。与此同时,则相对冷落禅宗僧人,但并未采取严厉措施压制禅宗。

忽必烈之所以对北方禅宗采用温和的"崇教抑禅"政策,一方面是由于北方禅宗服从和支持忽必烈的统治,并且在当时依然具有巨大影响力,因此需要继续对其加以利用;另一方面也与北方禅宗主张"禅教一致"的融合态度、禅教关系较为融洽有关。对于后者,海云印简的言论颇具代表性,史载:"李帅问曰:尔既为僧,禅耶教

---

① (元)念常集:《佛祖历代通载》卷二十二,《大正新修大藏经》第49册,第724页。
② (元)念常集:《佛祖历代通载》卷二十二,《大正新修大藏经》第49册,第723页。

耶？师（引者注：海云印简）曰：禅教乃僧之羽翼也，如国之用人，必须文武兼济。李曰：然则必也从何而住？师曰：二俱不住。"[①] 可知海云印简虽为北方临济宗领袖，但对"禅教二门"持平等和融合的态度，认为两者缺一不可。这也颇能代表北方禅宗僧人的普遍态度。

第三，"崇教抑禅"成为元朝管理汉地佛教的基本政策。

伴随着对南宋的征服和统一，元朝统治者表现出更明显的压制禅宗、抬高华严宗等教门宗派的倾向。在统治者的支持下，以华严宗为代表的元朝"教门"获得了巨大发展，时人对此称："时禅学浸微，教乘益盛，性相二宗，皆以大乘并驱海内。"[②] 此后，"崇教抑禅"也成为元朝管理包括南宋故地在内的汉地佛教的基本政策，元世祖忽必烈之后的元成宗等皇帝也继续了"崇教抑禅"的佛教政策。元成宗嗣位后，除了继续尊崇藏传佛教萨迦派，在汉地佛教宗派中同样重视华严宗。元初华严宗领袖人物、白马寺住持文才被成宗授予"真觉国师"号，获得了超过临济宗海云印简、曹洞宗雪庭福裕等元初禅宗领袖的恩宠和地位。文才弟子宝严（大万圣祐国寺住持）、了性（成宗所建万宁寺住持）、法洪（白马寺大德法主）等出自白马寺的华严宗僧人也都得到元成宗的优礼。

此外，元朝统治者对华严宗等教门的尊崇，还表现为对山西五台山"文殊道场"的尊崇及华严宗寺院的营造。历史上的五台山（清凉山）自北魏以后就成为汉地佛教的著名圣地，并被中国佛教徒附会为文殊菩萨道场；而自唐代以后，这里还成为华严宗的传播中心之一。元朝统治者对五台山的重视，也与其"崇教抑禅"政策

①（元）念常集：《佛祖历代通载》卷二十一，《大正新修大藏经》第49册，第702页。

②（元）念常集：《佛祖历代通载》卷二十二，《大正新修大藏经》第49册，第732页。

有关。据祥迈《辩伪录》记载,忽必烈在蒙哥汗时期的攻宋之战期间,"回至六盘山,令庵主温公为教门统摄。聚集天下名僧于清凉山,建百日胜会享供文殊大圣,官给所需,绝瑞嘉祥不能备纪"①。可知忽必烈在即汗位之前,就已经注意到五台山(清凉山)在汉地佛教中的重要性,并组织僧人在此为蒙古统治者祈福。忽必烈在确定"崇教抑禅"政策后,还在华严宗僧人的建议下在五台山大建佛寺。据《佛祖历代通载》记载:"帝问拣坛主(引者注:元初华严宗高僧知拣)云:何处为最上福田?回奏云:清凉。帝云:真佛境界。乃建五大寺为世福田","帝于五台运工建寺,有涧无水,兴工之日,段张沿涧觅水,突然涌出,给济不乏"②。忽必烈之后的元朝皇帝在延续"崇教抑禅"政策的同时,继续在五台山营造寺院,并且试图将其建设为华严宗的重要传播中心。大德元年(1297)元成宗因"世祖尝以五台绝境欲为佛寺而未果,帝继志建寺,赐名万寿佑国寺,命真觉国师文才主之"③,建造了作为华严宗重要传播中心的五台山佑国寺,并由当时的华严宗领袖文才住持。至大元年(1308)元武宗"发军千五百人,修五台山佛寺";泰定三年(1326)元泰定帝"建殊祥寺于五台山,赐田三百顷"。可知终元朝一代,统治者都重视对五台山"佛教圣地"的营造,这也可以视为其重视教门、"崇教抑禅"政策的表现之一。

(三)"华严复兴":元朝华严宗的法脉传承

在元朝佛教界看来,当时的"教门"主要指天台宗、华严宗(贤首宗)、唯识宗(慈恩宗)三家。对此,《佛祖历代通载》记载:"教自

①(元)祥迈:《辩伪录》卷四,《大正新修大藏经》第52册,第774页。
②(元)念常集:《佛祖历代通载》卷二十二,《大正新修大藏经》第49册,第724页。
③(宋)志磐:《佛祖统纪》卷四十八,《大正新修大藏经》第49册,第435页。

隋唐之后,传者各宗其说,遂派而为三:由止观之门,观假而悟空,观空而趣中,以入于实相者,为天台宗。会缘入实,即俗而明真者,为贤首宗。穷万有之数,昭一性之玄,有空殊致而同归乎中道者,为慈恩宗。"[1] 而在元朝帝王"崇教抑禅"政策的支持下,"性相二宗皆以大乘并驱海内"[2],即北方教门的主要宗派是华严宗("性宗")和唯识宗("相宗");两者相比之下,"相学之流囿于名数,滞于殊途,蔽情执之见,惑圆顿之旨"[3],因唯识宗教义艰深晦涩,影响力要小于华严宗。相比之下,华严宗在晚唐和辽朝的北方佛教中具有主体地位[4],并在金朝保持着较大的影响力,金元之际北方地区依然存在着众多的华严学僧,这都使元初华严宗的复兴具备了深厚基础和有利条件。而从元朝汉地佛教"教门"的发展情况来看,也以华严宗最受统治者重视,发展最为兴盛,这可以视为自唐辽以后华严宗的再次复兴。

就目前所见史料记载,金元之际及元初存在着大量研习华严宗的僧人,其中不乏如行育、文才、知拣等受到元帝优礼的高僧,这是"华严复兴"的重要表现之一。而就元朝华严宗的法脉传承来说,目前可考的主要有大都宝集寺及洛阳白马寺二支:

1. 大都宝集寺和崇国寺的华严法脉传承

据学者研究及相关文献记载,元大都的华严宗以宝集寺、崇国

[1](元)念常集:《佛祖历代通载》卷二十二,《大正新修大藏经》第49册,第730页。

[2](元)念常集:《佛祖历代通载》卷二十二,《大正新修大藏经》第49册,第732页。

[3](元)念常集:《佛祖历代通载》卷二十二,《大正新修大藏经》第49册,第732页。

[4]参见本书第一章《辽朝佛教思想与文化认同》第二节《辽朝华严学的内容与思想特点》。

寺为传播中心①。其中宝集寺的华严传承最为悠久，其起始时间可
追溯自辽朝。史载："辽统和间，沙门彦珪大开讲筵。继者彦琼、
宗景，克弘圆顿之教。重熙间，慧鉴以左街僧录检校文章应制大
师，赐紫金。传妙大师思愿尝命较试经典，通慧圆照大师、崇禄大
夫检校司空智遍，皆振其道于天会之时。大定间，沙门澄晖重兴寺
宇，行业昭著。翰林学士承旨党文献公为题诸扁榜。"②从中可知，
辽朝宝集寺的华严传承和重要僧人为：彦珪—彦琼、宗景（辽圣宗
统和年间，983—1012）—慧鉴（辽兴宗重熙年间，1032—1055）；
至金朝则有传妙大师思愿、通慧圆照大师智遍（金太宗天会年间，
1123—1137）—澄晖（金世宗大定年间，1161—1189）等人。

　　元朝宝集寺的华严法脉传承则始于金末的圆通大师志玄，据
《宗原堂记》载："大觉圆通大宗师守司空志玄，当承安间，统领教
门。暨归国朝，行业高峻，王侯将相，争趋下风，世称长公。"③可知
志玄曾于金章宗承安年间（1196—1200）担任僧官，归附蒙古政权
后则受到了蒙古权贵的支持和礼遇。关于元朝大宝集寺的传承，
《宗原堂记》记载为："一传而为领释教都总统传戒三学都坛主行
秀；再传而为领诸路释教都总统三学都坛主圆明；继以领释教都
总统开内三学都坛主开府仪同三师（司）光禄大夫大司徒邠国公知
拣。至元二十二年，世祖皇帝建圣寿万安寺于新都，诏拣公开山主
之，仍命同门圆融清慧大师妙文主领祖刹，修治弊坏。后至者，或

① 参见杨维中：《元代大都以宝集寺为核心的华严宗传承考述》，《佛学研究》
　 2017年第2期。
② （元）熊梦祥著，北京图书馆善本组辑：《析津志辑佚》，北京：北京古籍出版
　 社1983年，第71页。
③ （元）熊梦祥著，北京图书馆善本组辑：《析津志辑佚》，北京：北京古籍出版
　 社1983年，第71页。

久或速,缘尽而止,咸称其选。至正三年,晋宁则堂仪公彼(被)诏主寺,提纲挈维,靡不经意。"① 从中可知,自志玄以下的元朝华严宗法脉传承为:志玄—行秀—圜明—知拣、妙文—则堂仪公、德谦②等。这里提到的行秀(与曹洞宗高僧万松行秀同名)、圜明、知拣、妙文等人都属于元朝华严宗的重要僧人,其中知拣颇受忽必烈优礼,他被加封为"大司徒""邠国公",曾参与《至元法宝勘同总录》编纂,又于至元二十二年(1285)被诏入主大都大圣寿万安寺,是元朝华严宗宝集寺法脉中最为知名的僧人。妙文是另一位受到忽必烈礼遇的华严宗僧人,史传称其为"京师大宝集寺妙文讲主",他与知拣都师从于宝集寺圜明,"世祖闻其道召见之,顾谓侍臣曰:福德僧也,诏居宝集","师独大弘方等,振以圆宗"③,也是当时重要的华严宗僧人。

　　元朝大都地区的另一支华严宗传承为崇国寺隆安善选及其法脉,据元人危素《大元敕赐大崇国寺坛主空明圆证大法师隆安选公特赐澄慧国师传戒碑》记载,善选生于金大定十五年(1175),礼本乡真觉法师为师,学习华严要旨;后闻燕京永庆寺正法藏大师"素通清凉国师义疏",于是入京求学其门下。蒙古攻占金中都燕京后,善选在耶律楚材推荐下先后住持悯忠寺、崇国寺,并曾住持宝集寺弘传华严宗和律学,参与弘法寺所藏金代《大藏经》经版的校

① (元)熊梦祥著,北京图书馆善本组辑:《析津志辑佚》,北京:北京古籍出版社 1983 年,第 71 页。

② 另据《佛祖历代通载》记载,知拣还有一弟子德谦("都崇恩福元谦讲主"),"受华严圆顿之宗于故大司徒万安坛主拣公之门,拣以公博学多能,甚器重。初以诏居万宁寺后,又以诏居崇恩寺。万宁成宗所创,崇恩武宗所创也。两居大寺,前后一纪,道德简于宸衷,流声洋于海隅"。(元)念常集:《佛祖历代通载》卷二十二,《大正新修大藏经》第 49 册,第 731 页。

③ (元)念常集:《佛祖历代通载》卷二十二,《大正新修大藏经》第 49 册,第 732 页。

勘补刻。善选"度门徒二百余人,其知名者通辩大师定学、雄辩大师定义、通理大师道明、崇教大师慧英、寂照大师定志、广慧大师祖璋、圆照大师恒迁"①,这些弟子都属于元朝弘传华严宗的重要僧人。元顺帝至正二十三年(1363),善选在朝廷官员的奏请下被追封为"澄慧国师",可知终元朝一代,善选及其弟子后学等都具有较大的影响力。

2. 洛阳白马寺的华严法脉传承

在元大都之外,最重要和知名的华严宗弘传中心是洛阳白马寺及山西五台山大万圣佑国寺等寺院,并且出现了"行育—文才、慧觉、慧印—法洪、宝严、了性"一系的华严法脉传承,其中又以扶宗弘教大师行育和真觉国师文才的影响力最大。白马寺华严法脉的主要人物如下:

永安善柔

洛阳白马寺华严法脉的开创者是行育,他的华严学则传自永安善柔。据《奉圣州法云寺柔和尚塔铭》载,善柔俗姓董,"七岁事永安寺广行大师,能默诵《金刚》《楞严》诸经,二十悟华严奥旨,二十八受法广严寺传戒大师",可知善柔的华严学宗趣源于读经自悟,但其中提到的"广严寺传戒大师"应是其华严学的师承所在。他在蒙哥汗时代已成为具有重要影响力的华严宗高僧,"深惟静念,孤征独诣,道益闳以肆。宪宗闻其名,号曰弘教通理大师,命主清凉大会于台山"②。此后,"释教都总统、宝集坛主秀公慕其德,聘

① (元)危素:《危太朴文集续集》卷三《善选传戒碑》,新文丰出版公司编辑部编著:《元人文集珍本丛刊》第7册,台北:新文丰出版公司1985年,第529页。
② (元)程文海:《雪楼集》卷二十一《奉圣州法云寺柔和尚塔铭》,《文津阁四库全书·集部》第1206册,北京:商务印书馆2006年,第463页。

摄华严讲席于京师",善柔在宝集寺行秀的荐举下进入燕京弘扬华严宗,从而与上述的大都宝集寺华严法脉发生了联系。此外,善柔"又传菩萨三聚净戒于佛子山及蔚罗、黄楼诸刹。自是日与所度弟子定慧、和纯、顺遇等七人,嗣法弟子扶宗弘教大师行育等二十余人,讲演秘乘,敷析本统,昭揭天下"①。从中可知,善柔不仅是华严宗学匠,同时还兼传律学和密宗,这与辽朝佛教"显密圆融"的教风颇为相似,同时也呼应了元初藏传佛教的传播与兴盛。善柔在燕京期间还主持补刻了存于弘法寺的金朝《大藏经》经板,"尝闻弘法寺《大藏经》板之阙,勒而补之,极校雠之善",晚年住持奉圣州水西、法云二寺,去世于元世祖至元六年(1269)。

龙川行育,白马寺住持,第一任释源宗主。

据《龙川和尚塔志》记载,行育为女真人,姓纳合氏。"得度于宝应秀,受业于永安柔","永安柔"即上述华严宗名僧善柔。元初行育"辩謇缁黄,世祖皇帝赐赤僧伽梨,加扶宗弘教大师之号。江南叛命,诏令总摄江淮诸路僧事"②,这里的"辩謇缁黄"是指行育作为汉地佛教代表之一,参与了宪宗蒙哥汗八年(1258)与全真教围绕《老子化胡经》的佛道辩论,并获赐"扶宗弘教大师"的称号。元朝灭南宋后,忽必烈又任命他为"总摄江淮诸路僧事",代表元政权管理江南地区的佛教③。行育不仅得到了帝王的赏识,并且与帝师八思巴和刘秉忠等人也有着较为密切的关系,"帝师拔思八

---

① (元)程文海:《雪楼集》卷二十一《奉圣州法云寺柔和尚塔铭》,《文津阁四库全书·集部》第1206册,北京:商务印书馆2006年,第463页。
②《宣授扶宗弘教大师释源宗主江淮诸路都总摄鸿胪卿赠司空护法大师龙川和尚舍利塔志》,洛阳市地方史志编纂委员会编:《洛阳市志》第15卷《白马寺·龙门石窟志》,郑州:中州古籍出版社1996年,第100页。
③ 参见朱丽霞:《白马寺与元朝帝师关系述略》,《西藏研究》2008年第2期。

甚器重之,一时贤贵,如太保刘文贞公之辈,皆引为友辅"①。行育晚年的主要工作,是在帝师八思巴、胆巴国师和太子真金的支持和资助下修复白马寺,但工程未完而卒,被授予"扶宗弘教大师释源宗主""江淮诸路都总摄""鸿胪卿赠司空护法大师"等封号。从其经历可知,行育在忽必烈及帝师八思巴等的支持和赏识下,成为当时汉地佛教的领袖人物之一。这既与其个人的才学能力和际遇有关,也与元朝统治者"崇教抑禅"、扶持华严宗等教门的政策密不可分。

仲华文才,第二任释源宗主,真觉国师,五台山佑国寺首任住持。

《佛祖历代通载》《大明高僧传》《补续高僧传》等文献中都收录有文才的传记。据《佛祖历代通载》所载本传,文才在行育圆寂后,作为法嗣继承了行育的白马寺释源宗主之位,"佛教之兴始于洛阳白马寺,故称释源,其宗主(引者注:第一代释源宗主龙川行育)殁,诏以师继之"②。元成宗即位后,文才还在帝师的推荐下,被皇帝指定为皇家寺院五台山万圣佑国寺的开山住持,"诏师以释源宗主兼居佑国"③;成宗还赐文才金印及"真觉国师"封号(这是元朝统治者授予汉地佛教僧人的最高封号之一)。文才在五台山

---

① 《宣授扶宗弘教大师释源宗主江淮诸路都总摄鸿胪卿赠司空护法大师龙川和尚舍利塔志》,洛阳市地方史志编纂委员会编:《洛阳市志》第15卷《白马寺·龙门石窟志》,郑州:中州古籍出版社1996年,第100页。

② (元)念常集:《佛祖历代通载》卷二十二《大正新修大藏经》第49册,第725页。

③ 文称:"世祖尝以五台绝境,欲为佛寺而未果也。成宗以继志之孝,作而成之,赐名大万圣佑国寺。以为名山大寺,非海内之望,不能尸之,诏求其人于帝师迦罗斯巴。会师自洛阳来见帝师,喜曰:佑国寺得其人矣,诏师以释源宗主兼居佑国。"(元)念常集:《佛祖历代通载》卷二十二《大正新修大藏经》第49册,第725页。

佑国寺弘传华严宗,其弟子继续住持该寺,这也使佑国寺成为元朝华严宗的另一重要传法中心。文才的著作主要有《悬谈详略》五卷、《肇论略疏》三卷、《惠灯集》二卷等,"皆内据佛经,外援儒老托譬取类",即采用"三教合一"的理路,通过融合儒道学说阐发华严学,这也是宋金元时代中国佛学思想界所采用的主要方法。

　　一行慧觉,白马寺住持,第三任释源宗主。

　　据法洪撰《故释源宗主宗密圆融大师塔铭》载,慧觉为"姑臧人,父仕西夏为显官,夏亡易服为苾刍",可知他是具有西夏遗民身份[①]的河西人。西夏国后期的佛教以藏传佛教为主流,受此影响,慧觉早年出家后也研习"密乘"。后"闻先宗主赠司空护法大师(引者注:行育)传一乘圆极之说,风偃秦洛,负笈从之",从河西到洛阳,师从行育研习华严学,并且颇受行育器重,"托而以腹心之寄,手足之助"[②];此后慧觉留居中原,并协助行育修复洛阳白马寺。至元二十二年(1285)"世祖皇帝诏海内德望校经于燕,公从护法以见,赐宗密圆融大师之号"[③],可知慧觉还曾陪同行育一起赴燕京参与忽必烈授意的汉藏佛经对勘整理工作,以及《至元法宝勘同总录》的编纂,并受到忽必烈的礼遇,受赐"宗密圆融大师"的封号。真觉国师文才去世后,元成宗"诏以公为宗主",慧觉继任为第三代释源宗主,使白马寺"百废具修,寺以大治",他也是元初融合河

----

① 参见崔红芬:《僧人"慧觉"考略——兼谈西夏的华严信仰》,《世界宗教研究》2010年第4期。

②(元)法洪:《故释源宗主宗密圆融大师塔铭》,洛阳市地方史志编纂委员会编:《洛阳市志》第15卷《白马寺·龙门石窟志》,郑州:中州古籍出版社1996年,第102页。

③(元)法洪:《故释源宗主宗密圆融大师塔铭》,洛阳市地方史志编纂委员会编:《洛阳市志》第15卷《白马寺·龙门石窟志》,郑州:中州古籍出版社1996年,第102页。

西佛教与中原汉地佛教的重要代表,其著作现存有《华严忏仪》一
书①。

　　法洪,白马寺住持,第四任释源宗主。

　　据元人许有壬撰《敕赐故光禄大夫大司徒释源宗主洪公碑铭》
载,法洪俗姓刘氏,陇西巩昌成州(今甘肃省陇南市成县)人,"年
十二窥释氏内外典有契,遂辞亲礼州之兴化寺武公总摄而祝发"。
真觉国师文才住持洛阳白马寺期间,法洪也前往求学,并被文才视
为法脉继承人:"时真觉国师松堂公居大白马寺,公往依之。松堂
沙门上辈负海内之望,与语大见器异,留侍左右。为之发扬宗旨,
周密微妙。遂能穷极法源,卒嗣其业","松堂喜曰:是必能大吾教
矣"②。元成宗大德年间"总统司请为释源白马寺长讲,号大德法
主";元仁宗皇庆二年(1313)第三任"释源宗主"慧觉去世后,仁
宗皇帝"宣政臣奏旨起公住持白马寺,未几赐号释源宗主",法洪继
任为白马寺第四任释源宗主③。元英宗即位后,"即授公荣禄大夫、
司徒。已而进阶光禄,加大司徒,刻银为印,食一品禄"。法洪还作
为北方教门的代表人物,统领江南地区传播华严等教门的"官讲
所","领江淮官讲凡三十所,于是贵幸莫比矣"④。法洪受到元朝诸

────────

①　参见白滨:《元代西夏一行慧觉法师辑汉文〈华严忏仪〉补释》,杜建录主
　　编:《西夏学》第一辑,银川:宁夏人民出版社2006年,第76—80页。

②　(元)许有壬:《至正集》卷四十七《敕赐故光禄大夫大司徒释源宗主洪公碑
　　铭》,《文津阁四库全书·集部》第1215册,北京:商务印书馆2006年,第
　　202页。

③　据《佛祖统纪》及《元史》记载,元英宗至治元年(1321)"以僧洪为释源宗
　　主,授荣禄大夫",这可能是在仁宗之后,英宗对法洪的再次赐号。(宋)志
　　磐:《佛祖统纪》卷四十八,《大正新修大藏经》第49册,第436页。

④　(元)许有壬:《至正集》卷四十七《敕赐故光禄大夫大司徒释源宗主洪公碑
　　铭》,《文津阁四库全书·集部》第1215册,北京:商务印书馆2006年,第
　　202页。

帝的优礼和"贵幸莫比",也是元朝统治者扶持教门、"崇教抑禅"政策的重要表现。

幻堂宝严,佑国寺第二任住持。

据《佛祖历代通载》卷二十二《故荣禄大夫司徒大玉山普安寺住持幻堂严讲主塔铭》载,宝严字士威,号幻堂,他是真觉国师文才的法嗣。宝严少年时就"与其弟金,剃染从师",跟随文才"传贤首宗教"。此后宝严与其弟一直随侍文才左右,"及真觉以诏居大白马寺,公与金从至洛汭;及居大万圣佑国寺,又从至台山",文才殁后"诏以公继其位"[1],宝严先后住持五台山佑国寺、大普安寺等。宝严去世之后,"诏以金继公居佑国寺",宝严之弟金即元朝佑国寺第三任住持。

大林了性

据《佛祖历代通载》卷二十二《五台山大普宁寺弘教大师性讲主塔铭》载,了性俗姓武氏,号大林,师从于真觉国师文才,"始遇真觉国师,启悟初心","后从真觉至台山,真觉殁北游燕蓟"。文才去世后先后住持万宁寺、五台山普宁寺等寺院,"会万宁既建,诏公居之。至大中太后创寺台山,寺曰普宁。以兹擅天下之胜,住持之寄,非海内之望,莫能胜之,故以命公。公居此山十有余年而殁"[2],至治元年(1321)殁于五台山普宁寺。可知了性也属于受到元朝皇室礼遇的重要华严宗僧人。

需要指出的是,上述的大都宝集寺、崇恩寺、洛阳白马寺、五台山佑国寺等处只是元朝华严宗传播的几处重镇,而元朝华严宗僧

①(元)念常集:《佛祖历代通载》卷二十二,《大正新修大藏经》第49册,第734页。
②(元)念常集:《佛祖历代通载》卷二十二,《大正新修大藏经》第49册,第734页。

团和法脉也不限于上述两支。随着元朝"崇教抑禅"政策的实施以及北方教门的南传,元朝后期的江南地区也出现了许多华严宗学僧。例如,据《释氏稽古略续集》记载,绍兴地区有别峰大同法师"究清凉宗旨于春谷法师,精四法界观于古怀肇公。见晦机熙公深有悟入,见中峰禅师,托以弘扬贤首之教,特书偈赞清凉像付之。……仍侍春谷分座,讲《华严》大经。延祐间屡住净土寺、景德东塔、宝林诸刹。然宝林乃清凉国师肄业之地也,师居之而来学者甚众。至正初赐佛心慈济妙辨之号,并金襕法服"[1],其中提到的别峰大同、春谷、古怀肇公等人都属于江浙地区弘传华严宗的僧人,并且"来学者甚众",这也反映出元朝江南地区华严宗等教门的兴盛和华严"复兴"之势。

由上可知,大都宝集寺和洛阳白马寺(五台山佑国寺)二系的华严宗领袖人物如行育、文才、知拣、法洪等人,都受到元朝帝王的优礼,获赐"国师""国公""大司徒"等显贵封号,在整体上获得了高于禅宗僧人的宗教地位。这正是元朝统治者扶持华严宗、"崇教抑禅"政策的重要体现。从"禅教二门"的地位上说,华严宗在元朝实现了形式上的"复兴",即作为"教门之首"的宗派地位和相较之前的影响力提升。但在教义理论方面,元朝华严宗代表人物并未留下具有突出创新性和重要影响力的义学著作;在教义教理上则主要因循唐代华严祖师旧说,延续了自唐宋以来的"禅教合一"与三教合一思想,这些都使元朝华严宗的发展缺乏内在的思想动力和理论吸引力。因此,随着元政权的崩溃,入明以后的华严宗再次沉寂,并成为禅宗的附庸。

---

[1]（明）幻轮编:《释氏稽古略续集》卷二,《大正新修大藏经》第49册,第923页。

而从宗教与政治、思想、社会互动的深层原因上看,这种以华严宗为代表的教门"复兴",实际上是在元朝最高统治者的扶持和管控下,在整合南北佛教和巩固统治的现实要求下,对于元朝汉地佛教进行整合和统一的重要举措之一,即对元朝时代课题(巩固统治并统一宗教思想和社会)的一种解答。

三、元政权对南方佛教的管控与整合

元世祖忽必烈在至元八年(1271)改国号为"大元",同时针对汉地佛教确立了"崇教抑禅"的宗教政策。但与对待北方禅宗的温和态度不同的是,忽必烈在攻灭南宋后,对以禅宗为主的原南宋佛教采取了更严格的管控措施,并表现出更鲜明的"崇教抑禅"态度。其目的则是消弭南宋禅宗的独立性和主体地位,建构在元政权控制下的统一佛教体系①,以此巩固中国南北方的政治统一和社会稳定。元朝攻灭南宋之后,采取了一系列"崇教抑禅"及"以藏统汉"的宗教政策,以期实现对南方汉地佛教的管控和整合。对此,则以至元二十五年(1288)"禅教廷诤"的发生,以及江南官讲所、江南释教总统所和行宣政院等机构的设立为代表。

(一)"禅教廷诤":忽必烈主持的江南佛教"禅教二门"宫廷辩论

江南禅宗与教门之间的"禅教廷诤"②,是元初忽必烈管控和

① 这一佛教体系的内容,不仅包括"崇教抑禅"的统一汉地佛教,还包括"以藏统汉,汉藏圆融"的大佛教格局,对于后者下文将做进一步论述。
② 对于此次"禅教廷诤"的过程及史事,学术界已有较多探讨,参见李辉:《至元二十五年江南禅教廷诤》,《浙江社会科学》2011年第3期;陈高华:《元代江南禅教之争》,黄正建主编:《隋唐辽宋金元史论丛》第二辑,上海:上海古籍出版社2012年,第350—360页;周清澍:《论少林福裕和佛道之争》,姚大力、刘迎胜主编:《清华元史》第一辑,北京:商务印书馆2011年,第38—73页。

整合南方佛教以及实施"崇教抑禅"政策的标志性事件之一。元朝攻灭南宋、统一南方地区之后，通过设立江南释教总统所等措施对江南禅宗进行了压制与分化，同时利用江南地区的禅教寺院归属之争，支持教门将部分寺院"易禅为教"[①]。而在"禅教二门"的地位问题上，元政权则通过至元二十五年（1288）的"禅教廷诤"辩论，由皇帝裁定了"教先禅后"的结果，使教门冠于禅宗之上。"禅教廷诤"的具体经过和内容如下：

第一，"禅教廷诤"的缘起。

据《佛祖历代通载》记载，"戊子春，魔事忽作，教徒潜毁禅宗。师（引者注：杭州径山寺云峰妙高禅师）闻之叹曰：此宗门大事，吾当忍死以争之，遂拉一二同列趋京。有旨大集教禅廷辩"[②]。可知此次"禅教廷诤"的起因是江南的教门攻击禅宗。因此，至元二十五年（1288）正月十九日，"江淮释教都总统杨辇真迦集江南禅教朝觐登对"[③]，由杨琏真伽召集江南禅教的代表人物到大都"朝觐"，并在宫廷中进行禅教高低的辩论。杨琏真伽虽然是名义上的召集人，但他实际上是奉忽必烈之命执行抑制江南禅宗、扶持教门的政策。禅宗方面的代表人物是杭州径山寺住持云峰妙高（《通载》中称为"云峰"）、灵隐寺住持虎岩净伏；教门方面的代表人物是杭州仙林慈恩寺住持枯岩德荣（《佛祖历代通载》中称为"仙林"）、天台

---

① 如当时有僧人性澄奏请将天台宗祖庭国清寺由禅寺改回天台教寺，性澄"因天台国清实台宗讲寺，后易为禅，乃不远数千里走京师，具奏寺之建置，颠末旧制之由。元世祖赐玺书复之"。（明）如惺：《大明高僧传》卷一，《大正新修大藏经》第50册，第902页。
② （元）念常集：《佛祖历代通载》卷二十二，《大正新修大藏经》第49册，第721页。
③ （元）念常集：《佛祖历代通载》卷二十二，《大正新修大藏经》第49册，第720页。

宗的云梦允泽(《佛祖历代通载》中称为"上竺")等人①。并由作为
元政府管理宗教事务的最高长官"泉总统"(即畏兀儿人乞台萨
里,时任释教都总统、总制院长官总制使等职务②)现场为忽必烈进
行翻译、传旨及提问。

　　第二,"禅教廷诤"的辩论内容。

　　《佛祖历代通载》卷二十二中对此次廷诤辩论的内容有着详细
的记载。此次"禅教廷诤"的第一阶段是忽必烈与径山寺云峰妙
高就禅宗教义进行问对。忽必烈问:"禅以何为宗?"妙高以禅宗
的根本教义即佛性本体论回答:"禅也者,净智妙圆体本空寂。"显
然忽必烈未能理解,于是让妙高进一步解释("再说")。妙高"复
奏云:非见闻觉知之所可知,非思量分别之所能解"。对于本来就
不甚了解禅宗教义,并且持"崇教抑禅"态度的忽必烈来说,这一
回答似乎有敷衍之嫌,于是"又传圣旨令更说"。妙高见忽必烈不
能理解和认可禅宗的心性本体论,只好列数禅宗自迦叶开始的西
天二十八祖、自菩提达摩至五祖弘的简要世系,通过展示祖统的悠
远证明禅宗的合法性。但忽必烈显然对此不以为然,"传圣旨云再
举一遍";妙高又简述慧能及南岳怀让、马祖道一、百丈怀海、黄檗
希运、临济喝、德山棒、周金刚等南宗禅高僧的简要事迹及公案,并
称:"秀归河北,自称六祖。然而知解未亡,犹滞名相,故流于相宗,
是以教盛西北。能受正传于曹溪,是以禅盛东南。谓之南能北秀,

---

① 以上几位江南禅教的代表人物都与杨琏真伽有着密切的关系,如云梦允
　　泽就曾协助杨琏真伽盗掘南宋陵。参见李辉:《至元二十五年江南禅教廷
　　诤》,《浙江社会科学》2011 年第 3 期。

② 对于"泉总统"的身份考证,见李辉《至元二十五年江南禅教廷诤》,《浙
　　江社会科学》2011 年第 3 期;陈高华《元代江南禅教之争》,黄正建主编:
　　《隋唐辽宋金元史论丛》第二辑,上海:上海古籍出版社 2012 年,第 350—
　　360 页。

此教禅所由分也"①。将禅教之分说成"南能北秀"之别,明显带有对北方教门的贬低。最后妙高将禅宗的教义总结为"传心印法,见性成佛":"谓之教外别传,传此心也,印此法也。达磨西来不立文字,直指人心见性成佛。传此心也,印此法也。"②从上述问对内容可知,虽然妙高对忽必烈的四次发问都进行了较为充分的回答,但显然禅宗的教义和妙高的才学并未打动忽必烈。

"禅教廷诤"的第二阶段是禅门代表妙高禅师与教门代表仙林寺住持德荣(文中简称其为"仙林""林")之间的辩论。双方辩论的焦点是所谓"不立文字,教外别传"这一命题是否成立,这也是"禅教二门"的主要教义分歧之一。德荣对此颇不以为然,称:"南方众生多是说谎,所以达磨西来不立文字,正恐伶俐的说谎,贪着语言文字,故有直指之语"③,将禅宗所宣扬的"不立文字,直指人心"贬低为对说谎不诚的"南方众生"的权变。接下来,妙高与德荣在忽必烈榻前"传圣旨持论",德荣针对妙高所说的释迦牟尼传教"中间未尝谈一字"提出质疑:"既是不谈一字,五千余卷自何而来?"妙高则以禅宗机锋公案之语作答:"一代时教如标月指,了知所标毕竟非月。林云:汝禅宗得法有多少人?答云:从上佛祖天下老和上,尽恒河沙莫穷其数。林云:即今是谁?答云:当面蹉过。林云:在什么处?答云:含元殿上更觅长安。"④这种禅宗式的隐晦

①(元)念常集:《佛祖历代通载》卷二十二,《大正新修大藏经》第49册,第720页。
②(元)念常集:《佛祖历代通载》卷二十二,《大正新修大藏经》第49册,第721页。
③(元)念常集:《佛祖历代通载》卷二十二,《大正新修大藏经》第49册,第721页。
④(元)念常集:《佛祖历代通载》卷二十二,《大正新修大藏经》第49册,第721页。

回答显然是以唯识为宗的德荣无法应对的,所以"林无语"。此时忽必烈支持德荣继续发问:"汝讲主家,莫看面皮,何得向远远说来?"。"林遂问:如何是禅? 答以手打一圆相。林云:何得动手动脚? 答云:只这一圈子便透不过,说甚千经万论",对于妙高打"圆相"的手势动作和机锋禅语,"林无语"①。

　　从《佛祖历代通载》所记的两人辩论可知,教门的德荣主要从经典依据、教义合法性等方面质疑禅宗,而禅门的妙高则以反问、偈语、手势动作等禅宗特有的方式回应;妙高这种"不立文字"、发挥随意的禅宗式回答,并不需要教门式的严格经典依据和逻辑论证,巧妙避开了对方的问难,并且使德荣在语言上无法做进一步追问②。

　　第三,"禅教廷诤"的结果。

　　忽必烈见教门在语言上无法折服禅门,于是用佛教与全真教辩论中的办法考验妙高,他说:"俺也知尔是上乘法,但得法底人,入水不溺,入火不烧,于热油锅中教坐,汝还敢么?"妙高答:"不敢

_____

① (元)念常集:《佛祖历代通载》卷二十二,《大正新修大藏经》第49册,第721页。

② 《佛祖历代通载》同卷对此次论辩内容还有相对简略的记载:"戊子春,魔事忽作,教徒潜毁禅宗。师闻之叹曰:此宗门大事,吾当忍死以争之,遂拉一二同列趋京。有旨大集教禅廷辨。上问:禅以何为宗? 师奏:净智妙圆体本空寂,非见闻觉知思虑分别所能到。宣问再三。师历举西天四七东土二三,达磨诸祖南能北秀,德山临济棒喝因缘。大抵教是佛语,禅是佛心,正法眼藏,涅槃妙心,趣最上乘,孰过于禅。词指明辩余二千言。又宣进榻前,与仙林诸教徒返复论难。林问:禅宗得法几人? 师云:从上佛祖天下老和上,尽恒河沙莫穷其数。林云:只这是谁? 师云:含元殿上更觅长安。又问:如何是禅? 师打一圆相,林不省。师曰:只这一圈透不过,说甚千经万论。林辞屈。"(元)念常集:《佛祖历代通载》卷二十二,《大正新修大藏经》第49册,第722页。

奉圣旨。"忽必烈问："为甚不敢？"妙高答："此是神通三昧，我此
法中无如是事。"① 对于妙高如此诚恳的回答，忽必烈只好下旨说：
"如何都无输赢。"德荣却说："道不敢便是输。"但遭到忽必烈斥
阻，并说："不妨会得好。"即主张禅教平等并和解。于是德荣"乃
体圣意"，"奏云：夫禅之与教本一体也，禅乃佛之心，教乃佛之语。
因佛语而见佛心，譬之百川异流同归于海，到海则无异味。又如
我万万岁皇帝，坐镇山河天下一统，四夷百蛮随方而至"②。德荣结
合譬喻说明了"禅教一体"的平等关系，并借此赞颂了忽必烈的功
业，缓解了禅教辩论"无分输赢"的尴尬局面。于是"上大悦，众喙
乃熄"，而"禅宗按堵如初"③，维持了之前的地位。

　　但是，不同史料对此次廷诤的结果有着不同的记载，据上引
《佛祖历代通载》及《补续高僧传》记载，最终结果是"教门辞穷"，
禅宗取得了辩论的胜利；《补续高僧传》甚至称忽必烈因此"深
信"禅宗，"上大悦，自是使讲徒不复有言于禅，而当世之主遂深信
于禅"④。但《佛祖统纪》的记载则相反，文称："二十五年正月十九
日，江淮释教都总统杨琏真佳集江南教禅律三宗诸山至燕京问法。
禅宗举云门公案，上不悦。云梦泽法师说法称旨，命讲僧披红袈裟
右边立者。于是赐斋香殿，授红金襕法衣，赐以佛慧玄辩大师之

---

① （元）念常集：《佛祖历代通载》卷二十二，《大正新修大藏经》第 49 册，第
　　721 页。
② （元）念常集：《佛祖历代通载》卷二十二，《大正新修大藏经》第 49 册，第
　　721 页。
③ （元）念常集：《佛祖历代通载》卷二十二，《大正新修大藏经》第 49 册，第
　　723 页。
④ （明）明河：《补续高僧传》卷十八《云峰妙高禅师传》，《大藏新纂卍续藏经》
　　第 77 册，第 381 页。

号,使教冠于禅之上者自此。"① 从中可知,忽必烈对妙高用公案等
应答"不悦",这与《佛祖历代通载》中的问对记载吻合,结合忽必
烈"崇教抑禅"的明显态度,因此他最终裁定"使教冠于禅之上"应
当是合理的。

　　此外,据元人刘仁本称:"佛宗有三:曰禅,曰教,曰律。禅尚
虚寂,律严戒行,而教则通经,释典作其筌蹄者也。自入中国,历代
以来三宗之传,齐驱并驾。至我朝世皇因嘉木杨喇勒智入觐希旨,
升教居禅之右,别赐茜衣以旌异之,实予其能讲说义文,修明宗旨
也。"② 从中可知,元世祖忽必烈确立了"教先禅后"("升教居禅之
右")的地位排次。之所以出现上述不同的廷诤结果记载,应与文
献作者的宗派立场有关。《佛祖历代通载》作者释念常是禅宗临
济宗杨岐派僧人,《补续高僧传》所依据的资料则是禅僧妙高的塔
铭或行状,因此在记述中都存在着偏袒回护禅宗的可能;《佛祖统
纪》的作者志磐则是天台宗僧人,刘仁本为元末儒家士大夫,后两
者的立场相对更为中立。结合忽必烈压制禅宗的倾向以及元朝在
江南实施的一系列"崇教抑禅"措施,可知"教冠于禅"更符合实际
的情况③。

　　由上可知,至元二十五年的这次"禅教廷诤"鲜明地反映出忽
必烈的"崇教抑禅"态度。但与蒙哥汗及元初的"佛道之争"(佛
教与全真道论辩)不同的是,忽必烈虽然裁定了"教冠于禅"的结

---

① (宋)志磐:《佛祖统纪》卷四十八,《大正新修大藏经》第 49 册,第 435 页。
② (元)刘仁本:《送大璞玘上人序》,《羽庭集》卷二,《文津阁四库全书·集
　　部》第 1220 册,北京:商务印书馆 2006 年,第 90 页。
③ 对此,陈高华研究指出:"这次廷辩旨在贯彻忽必烈崇教抑禅的意图,这是
　　至元八年以来既定的方针,所以其结果只能是'升教居禅之右',压低禅宗,
　　提高佛教其他宗派的地位。"陈高华《元代江南禅教之争》,黄正建主编:
　　《隋唐辽宋金元史论丛》第二辑,上海:上海古籍出版社 2012 年,第 354 页。

果,但对于江南禅宗并未给予严厉的惩罚或打击,而是采取优礼教门高僧、开设官讲所等较为宽容和温和的措施,以扶持教门,引导禅宗和教门的融合,进而建立汉地佛教"崇教抑禅""禅教合一"的新格局。

(二)"北教南传":江南官讲所的设立与北方教门南传

在"禅教廷净"发生的同一年(至元二十五年,1288),元政权采用更为实际的措施"崇教抑禅"以支持江南教门发展:一是以江南"教不流通"为名,派遣北方教门僧人到江南传教,史载"帝平宋已,彼境教不流通,天下拣选教僧三十员往彼说法利生,由是直南教道大兴"①;二是在江淮地区设置教寺"御讲三十六所"以传播教门佛学,"至元二十五年,诏江淮诸路立御讲三十六所,务求其宗正行修者分主之"②,"有诏选高行僧三十员开讲于江南诸郡,择名刹以居之"③。据现存碑志文献等可知,这些北来教僧及其所传教学以华严学和唯识学为主,并在江南等地建立起一些作为传法基地的教门寺院,从而促进了"北教南传"和汉地佛教的"禅教合一"。据现存文献可知,较为重要的元朝北来教僧和江南教寺如下:

1. 云岩志德与金陵天禧寺唯识讲席

天禧寺(原长干寺,今南京大报恩寺)是金陵(今南京市)的著名大寺之一,元世祖至元二十五年(1288),有山东云岩志德法师来此传唯识学,该寺也随之改为传播唯识宗的教寺。据史传记载:释

① (元)念常集:《佛祖历代通载》卷二十二,《大正新修大藏经》第49册,第723页。
② (明)如惺:《大明高僧传》卷二《金陵天禧寺沙门释志德传》,《大正新修大藏经》第50册,第907页。
③ (元)张铉:《至大金陵新志》卷十一下《祠祀志·寺院》,《文津阁四库全书·史部》第492册,北京:商务印书馆2006年,第39页。

志德号云岩,山东东昌(今山东省聊城市)人。曾师从真定(今河北省正定县)龙兴寺法照禧法师学习"慈恩宗旨",至元二十五年(1288)"世祖召见赐宴并紫方袍,命主天禧旌忠二刹,日讲《法华》《华严》《金刚》《唯识》等疏三十一年,特赐佛光大师之号"[①]。志德被选为江淮御讲所僧人,并受命住持金陵天禧寺和旌忠寺,开讲华严、唯识、天台等教门佛学,"奉诏开度于金陵天禧寺,说经训徒,传慈恩之教"[②]。此后元朝天禧寺的唯识讲席一直持续不绝,在云岩志德之后,还有来自山东的儒公以及方山、退庵无公等僧人继续在天禧寺传唯识教学。

2. 灵岩泉公与江西临江天宁寺唯识讲席

据元人危素《天宁寺碑》载:"江南版图归于元,至元间,有旨命讲师三十有六即列郡诸寺大开讲席,灵岩泉公实来临江,改大天宁寺,易禅为教,所讲以《唯识论》为宗。"[③]可知在江西临江也设有北来教僧的讲席,并由来自北方的灵岩泉公弘传唯识学,原禅宗寺院临江天宁寺也"易禅为教",改为传播北方唯识宗的教寺。

3. 贤首宗讲主与平江府华严讲席

据《平江府承天觉庵梦真禅师传》载:"元世祖至元间,有贤首宗讲主,奏请江南两浙名刹,易为华严教寺。奉旨南来,抵承天。次日师(引者注:梦真禅师)升座,博引《华严》旨要,纵横放肆。问析诸师,论解纤微,若指诸掌。讲主闻所未闻,大沾法益,且谓:承

---

①(明)如惺:《大明高僧传》卷二《金陵天禧寺沙门释志德传》,《大正新修大藏经》第50册,第907页。

②(元)张铉:《至大金陵新志》卷十一下《祠祀志·寺院》,《文津阁四库全书·史部》第492册,北京:商务印书馆2006年,第39页。

③(元)危素:《天宁寺碑》,李修生主编:《全元文》第48册,南京:江苏古籍出版社1999年,第347页。

天长老尚如是,矧杭之巨刹大宗师耶。因回奏,遂寝前旨。"[①]从中可知,元世祖时有华严宗僧人("贤首宗讲主")奉旨来平江府(今江苏省苏州市)传播华严教学,并拟将江南两浙的禅宗名寺改为"华严教寺"。虽然苏州承天寺的觉庵梦真禅师通过展示其华严学造诣,使这位讲主折服并取消寺院"易禅为教"的奏议;但从这一记载可知,当时苏州地区也存在着北来传播华严宗的教僧和讲席寺院。

4. 北溪智延与高邮兴化华严讲席

据元人黄溍《北溪延公塔铭》载,北溪智延法师为云州(今山西省大同市)人,奉旨到高邮兴化(今江苏省兴化市)传播华严宗教法,"被旨南迈,主长生御讲于兴化,大弘圆顿之教。一音所及,随类得解,人以为一佛出世"[②]。可知兴化存在着奉旨而来的华严教僧的讲席,而住持者北溪智延所传的华严教法("圆顿之教")在当地也取得了很大的影响力。北溪智延后北归,住持燕京名刹大庆寿寺,并被元仁宗赐号"佛心普慧大禅师"。

5. 吉祥普喜与镇江普照寺讲席

据《大明高僧传》载,释普喜,号吉祥,山东人。"精究慈恩相宗,研习唯识师地因明等论,元至元二十五年薛禅皇帝创立江淮御讲之所,普照居其一也,诏师主之。升座外日诵《华严》大经,以十卷为常课",圆寂后建塔于丹徒雩山,"镇江之民多有图像,随处祠之,称为吉祥佛云"[③]。可知吉祥普喜是一位以唯识宗("慈恩相宗")

---

① (清)超永编:《五灯全书》卷四十九《平江府承天觉庵梦真禅师传》,《大藏新纂卍续藏经》第 82 册,第 158 页。

② (元)黄溍著,王颋点校:《黄溍集》卷四十一《荣禄大夫大司空大都大庆寿禅寺住持长老佛心普慧大禅师北溪延公塔铭》,杭州:浙江古籍出版社 2013 年,第 1012 页。

③ (明)如惺:《大明高僧传》卷二《镇江普照寺沙门释普喜传》,《大正新修大藏经》第 50 册,第 908 页。

为主业,兼通华严等宗的北方教僧,并且作为忽必烈(薛禅皇帝)所选定的御讲所人选,在镇江普照寺建立了教门讲席,并且在这一地区取得了广泛的信众支持。

6. 释源宗主法洪与江南官讲所

忽必烈之后的元朝统治者在江南地区继续执行"崇教抑禅"政策,并将官讲所的设立进一步制度化。据许有壬《释源宗主洪公碑铭》载,前述白马寺第四任释源宗主、华严宗高僧法洪,在元英宗时被授予授光禄大夫、大司徒等官衔,"刻银为印,食一品禄。承制总选名僧,校雠三藏书,领江淮官讲凡三十所,于是贵幸莫比矣"①。从中可知,元英宗时代江淮地区依然存在着三十处官讲所,并且具有统一的领导和管理者;这也说明"北教南传"作为元政权的重要宗教措施,具有制度性的保障和固定化的常设机构,延续时间也很长。

由上引史料可知,作为管控江南佛教的"崇教抑禅"政策的重要内容,忽必烈及其后的元朝统治者确立了江南官讲所制度,并通过选派北方教门僧人前往江南地区的重要城市及寺院开设讲席,实现了华严宗和唯识宗等教门在南方的"流通"和发展,从而达到压制禅宗、扶持教门,进而统一南北方佛教的目的。虽然"崇教抑禅"政策并未从根本上削弱禅宗在汉地佛教中的主体地位②,但确实在很大程度上改变了南宋时期"禅宗兴盛,教律衰微"的情况。

---

① (元)许有壬:《至正集》卷四十七《敕赐故光禄大夫大司徒释源宗主洪公碑铭》,《文津阁四库全书·集部》第 1215 册,北京:商务印书馆 2006 年,第 202 页。

② 现存元代江南地方志《大德昌国州志》《延祐四明志》《至顺镇江志》《至正金陵新志》等都对各地佛教寺院有详细记载,大体上可以看出,各地佛寺仍是禅、教、律鼎立,和前代相比没有明显的变化。参见陈高华:《元代江南禅教之争》,黄正建主编:《隋唐辽宋金元史论丛》第二辑,上海:上海古籍出版社 2012 年,第 357 页。

元政权的这一汉地佛教政策一方面促进了北方华严宗、唯识宗等在南方的延续和复兴,另一方面也推进了"禅教合一"汉地佛教统一格局的形成。

(三)元政权整合汉地南北方佛教的意义

综上所述,伴随着大蒙古国和元政权攻灭金和南宋、统一中国南北方的过程,蒙古统治者也对汉地佛教进行了重新整合和统一,以适应巩固统治的现实需要。这种整合和统一分为两个阶段:

第一阶段为大蒙古国政权时期(1214—1271),时间从蒙古攻占金中都(金贞祐二年,蒙古成吉思汗九年,1214)至忽必烈改国号为"大元"(元世祖至元八年,1271)前的半个多世纪,这是蒙古统治者扶持禅宗、禅教并重的阶段。成吉思汗及其继任者窝阔台汗在攻占北方地区的过程中接触到汉地禅宗等宗教,并确立了对各宗教宽容和保护的政策;1234年蒙古灭金后,出于巩固原金朝地区统治的目的,贵由汗、蒙哥汗和忽必烈都注意扶持原金朝的主体宗教禅宗,并将临济宗海云印简等人扶持为北方汉地佛教的领袖,延续了原金朝以禅宗为主体的佛教格局。

第二阶段为元政权时期,从元朝建立至灭亡(1271—1368)的近百年时间,这是元朝统治者"崇教抑禅"、扶持教门的阶段。忽必烈出于削弱南宋禅宗影响、巩固南北方统治、实现汉地佛教统一等目的,确立了"崇教抑禅"的汉地佛教政策,并通过优礼华严宗僧人、举行江南"禅教廷诤"、确立"教先禅后"位次、设立江南佛教管控机构(江南释教总统所、行宣政院、江南官讲所等)等措施,相对削弱了南方禅宗的影响力,并扶持华严宗等教门在江南的传播与发展,进而建构"禅教合一"的统一汉地佛教体系。

在元政权的管控和整合之下,两宋以来汉地佛教以禅为先的

"禅教律"官方位次改变为以教为先的"教禅律"①位次。元朝施行的"崇教抑禅"政策虽然并未从根本上改变禅宗在汉地佛教中的主体地位,但确实在很大程度上改变了两宋以来的汉地佛教格局,并确立了在元政权管控之下"教禅律三宗"鼎立、"禅教合一"的"多元一体"化佛教格局。元朝对南北方汉传佛教的多元整合与其巩固统治和促进统一的政治策略是一致的:一方面教禅律三宗的鼎立更利于元朝的"分而治之",另一方面汉地佛教应置于元政权的统一管控之下。"崇教抑禅"政策及确立汉地佛教的新格局,是元政权对宗教多元整合的重要举措之一,与调整汉地佛道教格局的"崇佛抑道"、尊崇藏传佛教的"以藏为主,藏汉圆融"等措施,都成为元政权和元朝宗教对其时代课题的解答。

第二节　"崇佛抑道":元朝对汉地佛道教格局的调整

一、元朝全真教的流变

王重阳于金初创立全真教以后,该教日益发展壮大,至金元之际和大蒙古国政权时期,随着全真教领袖丘处机与蒙古政权的合作,成吉思汗、窝阔台等蒙古统治者大力支持全真教发展,使其一度成为北方地区最显赫的教派之一。对此,元人高鸣说:"夫全真之教兴,由正隆以来,仅百余载。以九流家久且远视之,宜若滥觞而未浸也。今东尽海,南薄汉淮,西北历广漠,虽十庐之聚,必有香

① 对此,时人提及江南宗教时,多称"教禅律三宗",如元仁宗于延祐三年(1316)"设水陆大会于金山,命江南教禅律三宗诸师说法"。(宋)志磐:《佛祖统纪》卷四十八,《大正新修大藏经》第49册,第435页。

火一席之奉。"①但从蒙哥汗之后，蒙古统治者采取了一系列措施压制全真教发展，并使其呈现逐渐衰落之势。综观全真教在元朝的流变及其内在原因，则与蒙古统治采取"崇佛抑道"政策、调整佛道教地位和汉地宗教格局有着密切关系，这些政策也是元政权实现对全国宗教的有效管控和统一，进而维护帝国稳定和政治统一的重要措施。

（一）"盛极而衰"：蒙古统治者对全真教的优遇和压制

金兴定三年（1219）正在征讨花剌子模国的成吉思汗派遣刘仲禄等人前往山东，征召当时的全真教掌教丘处机前往西域相见。丘处机在先后拒绝南宋和金朝的征召之后，对于成吉思汗的召命却欣然接受，于1220年启程"万里西行"，两年后才在大雪山（今阿富汗兴都库什山）下与成吉思汗见面，为其讲解养生之道和治国之术，并受到成吉思汗的赏识和优礼。成吉思汗赋予丘处机随处立观传教、免除教门赋役等特权，全真教随之在北方汉地得到了"道门开辟，未有如今日之盛"的巨大发展，"长春师父尝言：千年以来，道门开辟，未有如今日之盛。然师父谦让，言之未尽。上自黄帝、老子以来，未有如今日之盛，天运使然也"②。1227年丘处机去世后，继任掌教尹志平、李志常等人继续得到窝阔台汗和地方权贵的支持和优遇，至蒙哥汗时期（1251—1259）全真宫观遍布北方，其势力达到鼎盛。对此，全真道士姬志真也称，其时"学徒所在，随立宫观，往古来今未有如是之盛也"③，"虽遐荒远裔，深山大泽，皆

①（元）高鸣：《清虚宫重显子返真碑铭》，陈垣编纂，陈智超、曾庆瑛校补：《道家金石略》，北京：文物出版社1988年，第476页。
②（元）尹志平：《清和真人北游语录》卷一，张继禹主编：《中华道藏》第26册，北京：华夏出版社2004年，第728页。
③（元）姬志真：《终南山栖云观碑》，阎凤梧主编：《全辽金文》（下），第3515页。

有其人"①。

但全真教的快速扩张和势力壮大,以及与佛教的冲突,也引起了蒙古统治者的注意和不满。以全真教散布诋毁佛教的《老子化胡经》及侵夺佛教寺产等事件为起因,元朝全真教和佛教之间在蒙哥汗四年(甲寅,1254)和八年(戊午,1258)、元世祖至元十八年(1281)先后进行了三次"佛道之争",而全真道在历次论诤中俱败,并被处以烧毁伪经和经版、退还佛教寺产、道士剃发为僧等严厉处罚。全真教也随之逐渐衰落,不复金元之际的鼎盛之势。

(二)"和光同尘":入元之后全真教门的逐渐堕落

随着金元之际全真教的空前发展和势力壮大,部分全真教徒也不可避免地出现"坐享其福""纵心乖行"等违背教理戒律的堕落现象。对此,当时的掌教尹志平就指出:"大众不可不深知,亦不可不深戒。近见吾徒,坐享其福,多所纵心,渐乖善行者,是生业之后端也,去道益远。夫人性本去道不远,止缘多世嗜欲所溺,则难复于道","目今门人,虽功德未至者,便安受其福。如心上用功,念念在道,或勤劳接待者,庶可消得。如或不然,反丧其本"②。可知当时的许多全真教徒确实存在着修行无功、嗜欲享受、坐享其成等堕落问题。

元朝建立后,忽必烈及其后的元朝统治者一方面尊崇藏传佛教为国教,另一方面施行"崇佛抑道"政策以压制全真教,这也使其失去了政治上的优势和扶持。与此同时,入元之后全真教内德高望重的高道也已不多见。当时教内上层人物多热衷于结交"通

①(元)姬志真:《南昌观碑》,阎凤梧主编:《全辽金文》(下),第3530页。
②(元)尹志平:《清和真人北游语录》卷一,张继禹主编:《中华道藏》第26册,北京:华夏出版社2004年,第728页。

显士大夫"和"豪家富室",教徒也以宫观宏丽而非道行品德为尚。对此,翰林学士虞集就曾指出:"今为道家之教者,为宫殿楼观门垣,各务极其宏丽。象设其所事神明而奉祠之,其言曰为天子致福延寿,故法制无所禁,惟其意所欲为。自京师至外郡邑,有为是者多以来告而求识焉,大抵侈国家宗尚赋予之盛,极其土木营缮之劳而已。"[①] 从中可知,元朝全真教已不复其初创时的清贫苦修、道德为尚,而沦为以土木营造、宫观壮丽相夸耀,以神灵祭祀为修道。元末刘信在《钧州十方长春观重建玄元殿碑》文中,也指出了金末以降全真的变化和堕落:"予维道家者流,源于黄帝,浚于老子,大辟于金季之全真氏。……百年以来,独步中夏。虽有佛教,莫克与敌。呜呼盛哉! 然以予观,近日之风大有不同者。以隐为高则长往而不返,以和为通则同流而合污,其失皆类乎隘而不恭者。"[②] 作者认为全真教徒在金朝初创时取得了超越佛教、"独步中夏"的成就和影响力,但在入元以后却日渐世俗化和堕落。他们或者追求"以隐为高",实际上却是消极避世;或者标榜"以和为通",实际上却与世俗"同流合污"。

全真教在政治上的失势和宗教修行上的堕落,都是其入元衰落的主要表现。而这种衰颓的"近日之风"的出现,一方面是其势力壮大之后日趋世俗化的反映,另一方面也与金元之际全真教教理思想变化有着密切的关系。

(三)"变更法度":元朝全真教教理思想的变化

金元之际的全真教不仅在教团、道观、信徒等方面得到了空前

---

① (元)虞集:《道园学古录》卷四十六《紫虚观记》,胡道静、陈耀庭、林万清主编:《藏外道书》第35册,成都:巴蜀书社1994年版,第401页。

② (元)刘信:《钧州十方长春观重建玄元殿碑》,王宗昱编:《金元全真教石刻新编》,北京:北京大学出版社2005年,第212页。

的发展扩张,同时在教义理论方面也进行了相应的调整,即"变更法度"。自丘处机掌教开始,全真教逐渐修正了王重阳创教时期的"禁欲苦修""清贫自守"的"清净无为"修行论,并主张"变应随时""求积功行"的"有为"教理。尹志平等继任者则继承了这一思想,从而为全真教的扩张发展提供了教理支撑。

第一,丘处机提出的"有为无为一"修证思想。

丘处机主持全真教后,针对全真教进一步发展的现实要求,对全真教教理进行了从"无为"到"有为"的改变。丘处机提出:"大抵修真慕道,须凭积行累功。若不苦志虔心,难以超凡入圣。或于教门用力,大起尘劳;或于心地下功,全抛世事。但克己存心于道,皆为致福之基。"① 这里所说的"于心地下功,全抛世事",即禁欲苦修、清虚内省、屏绝俗务、清贫自守等,属于王重阳、马钰等人所主张的修道方法,也是全真教早期的主要教理;而"于教门用力,大起尘劳",则主要指修宫建观、耕田凿井、济世度人、管理教务等发展壮大"教门"的事务,它们虽属外在的"尘劳",但也是通向成道解脱的重要"功行"。在丘处机看来,在不违背"克己存心于道"修行总原则的前提下,"于教门用力"的外在"有为"和"于心地下功"的内在"无为",都是"修真慕道""积行累功"的得道途径,都是"致福之基"。

对于"有为"和"无为"修证方法的关系,丘处机还提出了"有为无为一"的思想。对此,尹志平转述称:"师父曰:有为无为一而已,于道同也。如修行人,全抛世事,心地下功,无为也;接待兴缘,求积功行,有为也。心地下功,上也,其次莫如积功累行,二者共出

①(元)丘处机:《长春丘真人寄西州道友书》,张继禹主编:《中华道藏》第27
　　册,北京:华夏出版社2004年,第82页。

一道。人不明此,则不能通乎大同。故各执其一,相为是非。殊不知一动一静,互为体用耳。"[①] 也就是说,"心地下功,全抛世事"的"无为"和"接待兴缘""积功累行"的"有为",两者都是道的体现("于道同也"),是"互为体用"的一体关系("有为无为一而已"),实际上并未高下之分。这种"无为有为一"的修行思想,正是丘处机从修证理论上对全真教根本教理"法度"的变更,从而为全真教在金元之际的扩张发展提供了教义理论方面的基本依据。

第二,尹志平等人的"变应随时""大行有为"思想。

丘处机去世后,尹志平接替其成为全真教掌教,他在思想上也继承了丘处机的"有为无为一"思想,并强调"变应随时""大行有为",进一步推动了全真教教理由"无为"向"有为"的变更。尹志平号"清和真人",是金元之际具有重要影响力的全真教领袖之一,史称其"传长春师之道,嗣掌天下大教,重辟玄门,宣演正派,如景星、丹凤,争先睹之为快也。内则脱履抠衣者不下千计,外则送供请事者不远千里,道价德馨被于夷夏,天下翕然推尊之,诚一代之宗匠也"[②]。

对于丘处机教法与全真教初创期王重阳、马钰教法之间的不同,尹志平认为这是出于现实形势而"不得不然",他说:"如全真教门,丹阳师父教法与长春师父甚有不同,亦不得不然耳。"[③] 对此,尹志平借用《周易》的"随时"思想和丘处机的"有为无为,其道则

---

① (元)尹志平:《清和真人北游语录》卷一,张继禹主编:《中华道藏》第26册,北京:华夏出版社2004年,第731页。

② (元)尹志平:《清和真人北游语录》序,张继禹主编:《中华道藏》第26册,北京:华夏出版社2004年,第725页。

③ (元)尹志平:《清和真人北游语录》卷四,张继禹主编:《中华道藏》第26册,北京:华夏出版社2004年,第748页。

一"的思想进行了解释,他认为:"国家并用文武,未始阙其一,治
则文为用,乱则武为用,变应随时,互为体用,其道则一也。教门之
时用,何独异于此。此吾闻于长春师父。"①《清和真人北游语录》
中记载:"义州朝元观会众夜话,话及教门法度更变不一事。师
曰:《易》有云:随时之义大矣哉。谓人之动静,必当随时之宜。如
或不然,则未有不失其正者。丹阳师父以无为主教,长生真人无为
有为相半。至长春师父,有为十之九,无为虽有其一,犹存而勿用
焉。道同时异也。"②从中可知,面对全真教内部对于"教门法度变
更"的质疑,尹志平主要用"变应随时"进行解释,将马钰("丹阳
师父")掌教时的无为主教、刘处玄("长生真人")掌教时的"无为
有为相半",到丘处机("长春师父")时的"有为"主教("有为十之
九")这一教理的变化原因,解释为针对外部环境改变而做的适时
合理调整。

第三,"教门法度变更"对元朝全真教的影响。

丘处机和尹志平等人对全真教法度的变更,对入元之后的全
真教产生了深刻影响,这主要体现为:首先,从金元之际全真教的
发展扩张来说,这种"变更法度""有为主教"的积极意义在于为全
真教徒积极应对世务提供了指导思想③,适应了金元之际全真教的
现实发展和教团扩张。但是,全真教领袖对于"有为功行"的过分
强调,即热衷于营造宫观和增加田产、扩张教团和信徒、诋毁佛教

① (元)尹志平:《清和真人北游语录》卷二,张继禹主编:《中华道藏》第26
　册,北京:华夏出版社2004年,第739页。
② (元)尹志平:《清和真人北游语录》卷二,张继禹主编:《中华道藏》第26
　册,北京:华夏出版社2004年,第739页。
③ 参见李洪权:《全真教与金元北方社会》,吉林大学2008年博士学位论文,
　第12页。

和侵夺寺产等行为,也直接导致了佛教徒的抗争以及蒙古统治者的防范和不满,最终使得全真教屡受压制,失去了政治上的优势。其次,从全真教内部的修证实践来说,这种由"清净无为"变为"功行有为"的修证方法,也从根本上影响了全真教原有的"清净无为"的立教宗旨和"清贫寡欲"的修行戒律,导致全真教徒在入元之后腐化堕落,以及与世俗逐利者"同流合污",从而加剧了全真教的衰落。

值得注意的是,元世祖忽必烈在推行"崇佛抑道"、压制全真教发展的同时,转而扶持作为南方道教代表的天师道,施行"分而治之"的宗教管控策略。忽必烈于至元十三年(1276)就召见天师道第三十六代天师张宗演,并赐以"玉芙蓉冠""组金无缝衣",并赐银印,令其主领江南道教;同时还授予张宗演弟子张留孙"玄教宗师"号,并留其"随侍阙下"。此后张留孙继续得到元朝统治者的优礼,元成宗加其号为"玄教大宗师"、同知集贤院道教事;元武宗加号"大真人"、知集贤院;元仁宗又加号"辅成赞化保运玄教大宗师"、开府仪同三司等。此外,真大道、太一教等道教诸派领袖也都得到元朝统治者的召见和加封道号。由此可见,元朝统治者对全真教的压制,在很大程度上是出于对其势力过大的防范与不满,因此采取"崇佛抑道""分而治之"的政策予以压制和管控。而从元政权所面对的时代课题来说,"崇佛抑道"政策的施行以及对全真教的压制,深层原因则在于对汉地佛道教格局的调整,进而建立统一圆融的宗教体系,并巩固帝国的政治稳定和统一。对此,下文将做进一步论述。

二、全真教与佛教的"佛道之争"

金元之际全真教在蒙古统治者的支持下得到了空前发展,"及大朝得天下,河东始定,民人小康,州郡村落间大兴道教"①。全真教在扩张过程中,出现了部分道士诋毁佛教、侵夺寺产等现象,并与当时的汉地佛教教团发生了较为尖锐的矛盾,从而引发了蒙哥汗及元世祖忽必烈时期的三次"佛道之争"。全真教与佛教的"佛道之争"表面上以教义论辩为形式,但实际上则是二教政治地位和现实经济利益竞争和冲突的反映。而从蒙古统治者举行论辩并进行最终裁决来看,这种"佛道之争"在本质上则是蒙古和元朝政权调整汉地佛道教格局、管控和统一全国宗教的重要举措。

(一)蒙哥汗四年的"佛道之争"

1."佛道之争"的实质:经济利益和政治地位之争

虽然全真教与佛教发生三次论辩的直接起因都与道士散布《老子化胡经》等诋毁佛教的"伪经"有关,但造成佛道矛盾的主要原因则是全真教对佛教寺院田产等的侵占,其实质是经济利益之争;进而上升为更重要的政治优势地位之争,这也是出现"佛道之争"的深层原因。

现存有关全真教与佛教"佛道之争"的史料中,对于全真教和汉地佛教的寺产之争等有大量记载,如据祥迈《辩伪录》等佛教史传记载,丘处机时全真教就开始抢占佛寺,损毁佛像。"西京天城毁夫子庙为文成观,景州夺龙角山贾先生改为冲虚观,后僧欲争,丘公移书从乐居士文过饰非。平谷县水谷寺正殿三身,皆刘鸾绝手,悉打涧中,改观居之。太原府丘公弟子宋德芳占净居山,穿石作洞改为道院,立碑树号。相州黄华山隋唐古刹,碑刻存焉,道士占定。混源西道院本崇福寺,道士占讫。滦州下县数座佛殿,道士

---

① (元)王纲:《重修通玄观碑记》,王宗昱编:《金元全真教石刻新编》,北京:北京大学出版社2005年,第117页。

拆讫并毁佛像。檀州黍谷山灵岩寺,昔是邹衍吹律之处,堂殿廊庑
悉皆完足。全真贾志卒、王志钦倚着丘公气力,荡除佛像,塑起三
清,石幢子推入涧中,有底田园占佃为主,改名大同观。檀州木林
寺正殿悬壁,壬子年全真许知观拆毁塑像,改立三清,号为天宝万
寿宫。良乡县东南张谢村兴禅寺,地土枣树林檎园并外白地,丘公
弟子孔志童强占种佃,欺侮尼众。如此等例略有数百。"掌教李志
常也"纵群下之剽夺,任私情之毁撤,打佛像而安老像,废菩萨而作
天尊"①。雪庭福裕在佛道论辩中也称:"道士欺谩朝廷,辽远倚着
钱财壮盛,广买臣下取媚人情。恃方凶慢占夺佛寺,损毁佛像打碎
石塔。玉泉山白玉石观音像先生打了,随处石幢先生推倒,占植寺
家园果梨栗水土田地。大略言之,知其名者可有五百余处。"② 从这
些记载可知,全真教对佛教寺产的侵夺是两者产生尖锐矛盾的主
要原因之一,而从第二、三次"佛道之争"的起因来看,也与全真教
未能履行承诺退还寺产等有着直接的关系。

2. "佛道之争"的诱因:对全真教诋毁佛教的申诉

全真教与佛教"佛道之争"的直接诱因是全真教雕印散发《老
子化胡经》和《老子八十一化图》等"伪经",对佛教进行诋毁贬低。
因此,蒙哥汗四年(1254)冬,以中原禅宗领袖、少林寺长老雪庭福
裕为首的汉地佛教代表向蒙哥汗申诉,告发全真教"伪妄"和"欺
谩朝廷"。

据元朝祥迈所撰《辩伪录》记载:"时少林长老裕公建寺鹊林,
皇上钦仰。因见其本谤讪佛门,使学士安藏献呈阿里不哥大王诉
其伪妄。大王披图验理阅实甚虚,乃奏天子备陈诈冒,破灭佛法,

---

① (元)祥迈:《辩伪录》卷三,《大正新修大藏经》第 52 册,第 766、767 页。
② (元)祥迈:《辩伪录》卷三,《大正新修大藏经》第 52 册,第 768 页。

败伤风化。天子未详真伪,俾召少林长老及道士李志常于大内万安阁下,共丞相钵刺海亲王贵戚等,译语合刺合孙并学士安藏,帝御正座对面穷考,按图征诘。"① 可知对于全真教"谤讪佛门"的行为,最早由汉地禅宗领袖雪庭福裕(当时住持大蒙古国都城和林兴国寺)通过回鹘人安藏(八思巴弟子,后为宣政院长官)向宗王阿里不哥申诉,进而由阿里不哥奏告蒙哥汗,"备陈诈冒,破灭佛法,败伤风化"。从中可知,此次佛教方面的控诉首先取得了宗王阿里不哥的支持,但蒙哥汗"未详真伪",因此召集双方领袖人物至都城和林宫殿中辩论。又据至元二十二年(1285)《圣旨焚毁诸路伪道藏经之碑》记载,宪宗朝佛道辩论和"焚毁道藏伪经始末"情况是:"昔在宪宗皇帝朝,道家者流出一书,曰《老君化胡成佛经》及《八十一化图》,镂板传布,其言鄙陋诞妄,意在轻篾释门而自重其教。罽宾大师、兰麻总统、少林长老福裕,以其事奏闻,时上居潜邸。宪宗有旨,令僧道二家同诣上所辩析。二家自约,道胜则僧冠首而为道,僧胜则道削发而为僧。"② 可知向蒙哥汗申诉者除了雪庭福裕,还有来自印度的僧人"罽宾大师"等蒙古宫廷中的上层佛教人物,而且作为宗王的忽必烈也参与了这次辩论。

　　3. 佛道论辩的内容:《老子化胡经》的真伪

　　关于此次辩论的具体内容,念常《佛祖历代通载》及祥迈《辩伪录》等元朝僧史都有详细记载,主要是佛教方代表雪庭福裕与全真教代表李志常围绕《老子化胡经》《八十一化图》及其所载事迹的真伪等展开辩论。祥迈《辩伪录》文称:"少林因曰:道士欺负国

①(元)祥迈:《辩伪录》卷三,《大正新修大藏经》第52册,第768页。
②(元)念常集:《佛祖历代通载》卷二十一,《大正新修大藏经》第49册,第708页。

家敢为不轨。今此图中说李老君生于五运之前,如此妄言从何而得?且《史记》老子与孔子同时出衰周之际,故唐初秀才胡曾咏史诗云:七雄戈戟乱如麻,四海无人得坐家,老氏却思天竺住,便将徐甲去流沙。此则周末时人明矣,何乃妄构此说谩昧主上乎?志常曰:此是下面歹人做来,弟子实不知也。少林又曰:老子既是大贤,宜当佐国安民匡君不逮,何乃坐视乱亡西去流沙忍而不救乎?自己家乡而不能整,且欲远化羌胡,不亦谬哉?此同头上火烧而不能却,且欲远救他山之火,纵是愚人亦知迂诞。志常拱默无言,面赧汗出。"① 从中可知,雪庭福裕通过引用《史记》等正史及唐人诗词,论证老子生于"五运之前"之说的虚妄;又论证经文中记载的老子弃中原家乡不救却西行至天竺"远化羌胡",难以成立而实属荒谬。对此,李志常自知理亏,"面赧汗出"而无言以对。而对于雪庭福裕称全真教道士"欺负国家敢为不轨""妄构此说谩昧主上"等"图谋不轨"的严厉斥责,李志常只能以"此是下面歹人做来,弟子实不知也"推脱。

4."佛道之争"的结果:全真教落败服输

雪庭福裕在论证"老子化胡成佛"之说的虚妄荒诞后,进一步控诉全真教道士"欺谩朝廷""占夺佛寺田地""损毁佛像"等恶行。雪庭福裕提出,全真教侵占的佛寺、果园、田地等"大略言之,知其名者可有五百余处,今对天子悉要归还。而志常情愿吐退别无酬答。少林又曰:此《化胡图》本是伪造,若不烧板难塞邪源。志常唯言情愿烧却,更无伸说"② 。对于全真教侵夺佛教的寺产,以及诋毁佛教的《老子化胡经》和《八十一化图》,李志常表示"情愿

────────────

①(元)祥迈:《辩伪录》卷三,《大正新修大藏经》第52册,第768页。
②(元)祥迈:《辩伪录》卷三,《大正新修大藏经》第52册,第768页。

退吐烧却"。而针对佛道二教的论辩内容,蒙哥汗也宣布道教的化胡图书"既是说谎道人新集,不可行之",进而判定全真教落败,"帝谓群臣曰:道士理短不敢酬答也"①。蒙哥汗五年(1255)蒙哥汗正式颁布裁决论诤的圣旨:"分付那摩大师者,那造假经底先生,布只儿为头,众断事官一处当面对证,倒时决断罪过要轻重,那摩大师识者。又毁坏释迦佛像及观音像,改塑李老君底,却教那先生依前旧塑释迦观音之像,改塑功了却分付与和尚每者。那坏佛的先生依理要罪过者,断事官前立下证见,交那摩大师识者。若是和尚每坏了老子塑着佛像,亦依前体例要罪过者。即乙卯年九月二十九日,君脑儿里行此圣旨。"②即下诏由那摩大师和断事官负责,命令全真教修复损毁的佛像,并"焚伪经","还佛寺三十七所"。第一次"佛道之争"以全真教落败告一段落。

此后,因全真道士张志敬、樊志应等人对于退还寺产等"妄欲支吾不肯分付"③,因此蒙哥汗六年(丙辰,1256)五月,由那摩大师和雪庭福裕为首,以及奉福亨长老(燕京奉福寺禅师德亨)、统摄温庵主(燕京资圣寺统摄至温)、开觉迈长老(滦州开觉寺禅师祥迈)、大名津长老(大名府禅师明津)、资福朗讲主(燕京资福寺讲主善朗)等汉地禅教代表,再次向蒙哥汗申诉,提出要与李志常等全真教道士"共对朝廷""大行辩论",但李志常等人"怯不敢去",因此这次佛道辩论实际上并未举行。

(二)蒙哥汗八年忽必烈主持的"佛道之争"

1.第二次"佛道之争"的起因:佛道二教的寺产纠纷。

第一次"佛道之争"结束后,因全真道士"不肯分付"退还之

---

① (元)祥迈:《辩伪录》卷三,《大正新修大藏经》第52册,第768页。
② (元)祥迈:《辩伪录》卷三,《大正新修大藏经》第52册,第769页。
③ (元)祥迈:《辩伪录》卷三,《大正新修大藏经》第52册,第769页。

前的部分寺产,并且继续有侵占佛教寺产的情况发生,因此那摩大师与雪庭福裕再向蒙哥汗申诉。蒙哥汗八年(戊午,1258)蒙哥汗委托驻守开平的宗王忽必烈负责此事,并在开平宫殿中举行了佛道二教的第二次大规模辩论。史载:"宪宗末年,僧道士有诤,各为违言以相危,上命聚讼于和林剖决真伪"[1],"今上皇帝(引者注:元世祖忽必烈)承前圣旨事意,普召释道两宗。少林长老为头众和尚每,张真人为头众先生每,就上都宫中大阁之下,座前对论"[2]。可知此次参与辩论的佛道双方代表是少林寺雪庭福裕禅师和新任全真掌教张志敬。此外,佛教方面还有那摩国师、八思巴国师及汉地禅教僧人、吐蕃、回鹘、大理等地僧人,共计三百余人参加;全真教方面则有张志敬、樊志应、魏志阳等二百多人参加;此外,还有包括丞相在内的蒙汉官员二百多人列席辩论,"共为证义",可谓规模空前。

　　2. 佛道论辩的主要内容:忽必烈和八思巴对全真教的问难

　　第二次佛道论辩主要依然是对《老子化胡经》及其所记事迹真伪进行论辩,佛道二教人士关于"老子化胡"说及相关教义的辩论内容与第一次论辩基本相同。但祥迈《辩伪录》中还详细记录了忽必烈、八思巴等人对全真道士的问难,这是此次论辩中最值得注意的部分。其中颇能反映出当时忽必烈及八思巴等世俗和宗教领袖"崇佛抑道"的态度,特别是对汉地政治文化中"夷夏之防"观的不满和轻视,以及构建超越汉地传统的大一统帝国的意图。

　　首先,忽必烈对中原帝王合法性和唯一性的否定。

　　据《辩伪录》载,全真道士在辩论中拿出《史记》等文献作为证

---

①(元)念常集:《佛祖历代通载》卷二十二,《大正新修大藏经》第49册,第728页。
②(元)祥迈:《辩伪录》卷三,《大正新修大藏经》第52册,第771页。

据,但忽必烈并不以为然。"帝曰:此是何人之书? 道曰:此是汉地自古已来有名皇帝,集成底《史记》,古今为凭。帝问:自古皇帝唯汉地出耶? 他处亦有耶? 道曰:他国亦有。又问:他国皇帝与汉地皇帝都一般么? 道曰:一般。又问:既是一般,他国皇帝言语,汉地皇帝言语,都一般中用么? 答曰:都中使用。帝曰:既中使用,老子他处不曾行化,而这《史记》文字主张老子化胡不是说谎文字,那这般《史记》都合烧了,不可凭信。道士并无一答。"① 忽必烈在此征询了以下问题:皇帝是否是汉地独有? 中原之外的其他国家是否也有皇帝? 他国皇帝与汉地皇帝是否一样具有合法性? 两者的言语是否都具有权威性? 也就是说,忽必烈否定了全真教以汉地统治者("汉地皇帝言语")作为唯一合法性的论证,认为中原之外的少数民族统治者和君主也具有同等的地位和权威。其言外之意则是,反对以中原皇帝为唯一的权威和合法性依据,进而表明蒙古等少数民族统治者也拥有与汉地相同的正统性与合法性。

其次,八思巴认为天竺史籍和汉地史籍具有同等权威性。

《佛祖历代通载》载:"道士又持《史籍》诸书以进,欲出多说侥幸取胜。帝师板的达㘄合师八(引者注:即帝师八思巴)曰:此是何书? 道曰:前代帝王之书。上曰:汝今持论教法,何用攀援前代帝王? 帝师曰:我天竺亦有此书,汝闻之乎? 对曰:未也。帝师曰:我为汝说天竺频婆罗王赞佛偈曰:天上天下无如佛,十方世界亦无比,世间所有我尽见,一切无有如佛者。当其说是语时,老子安在? 道者不能对。"全真道士将中原史书等作为论证"老子化胡"的证据,但在八思巴看来,印度的史籍和"帝王之书"与中原"帝王之书"拥有同等地位,他进而引用天竺频婆罗王的赞佛偈论证佛的伟

①(元)祥迈:《辩伪录》卷三,《大正新修大藏经》第 52 册,第 771 页。

大和"老子化胡"的虚妄。其意在说明,汉地史书并非唯一的凭信依据,而印度史籍具有相同甚至更高的权威性。八思巴进而用《史记》和《道德经》中无"老子化胡"之事,让道士理屈词穷。文称:"帝师又问:汝《史记》有化胡之说否?曰:无。又问:老子所传何经?曰:《道德经》。曰:此外更有何经?曰:无。《道德经》中有化胡事否?曰:无。帝师曰:《史记》中既无,《道德经》中又无,其为伪妄明矣,道者辞屈。"① 从中可知,八思巴作为吐蕃人和藏传佛教领袖,同样认为汉地史籍并不具有唯一的权威性,这与忽必烈的思想是一致的。对于全真道士引用汉地《史记》等论证"老子化胡"的虚妄,姚枢当场总结说:"守隅曲士难论大方,只为执着汉儿《史记》,自语相违,向者前言都是《史记》,敢不凭信。既西天史记如此言之,则佛是圣也,今已输了犹更折证,道士默然。"② 也就是说,全真道士只是执着于汉地的《史记》,但其中却没有"老子化胡"的凭据;但天竺的史记却能证明佛是圣人,道士对此"言既无据,面赧词穷"。忽必烈和八思巴的上述问难,实际上都是对中原传统政治文化中"夷夏之防"观念的否定。

3. 第二次"佛道之争"的结果

由忽必烈主持的第二次"佛道之争"依然以全真教的再次失败告终,全真教被判罚焚毁伪经45部,归还所侵占的佛寺237处,"焚伪经四十五部,天下佛寺为道流所据者二百三十七区,至是悉命归之"③。面对全真教在辩论中的理屈词穷,忽必烈也表现出对全

---

① (元)念常集:《佛祖历代通载》卷二十一,《大正新修大藏经》第49册,第708页。

② (元)祥迈:《辩伪录》卷四,《大正新修大藏经》第52册,第772页。

③ (元)念常集:《佛祖历代通载》卷二十一,《大正新修大藏经》第52册,第708页。

真道士的轻视乃至鄙夷①。此外,忽必烈依据辩论开始时的约定,命令以樊志应为首的 17 位道士② 削发为僧,"帝曰:道士出言掠虚,即依前约脱袍去冠一时落发。当时正抗论者一十七名"③,"上命如约行罚,遣近臣脱欢将道者樊志应等十有七人,诣龙光寺削发为僧"④。而在将这些道士遣送至燕京"堕剃须发"的同时,还将"道士星冠袍服挂在长竿,普令晓谕",将全真教的落败公示于众。此外,忽必烈下令将全真教"所占寺宇山林水土四百八十二处,并令分付释家。洎燕京奉福寺长春宫所占虚皇大阁,却分付与金灯长老。上件《八十一化》等伪经及有雕底板木,并令烧却。并天下碑刻之文塑画之像,道家无底尽与铲除","时戊午年七月十一日行张真人既听读讫,乃使人就云台观追取说谎伪经《化胡经》《八十一化图》等板木,及随处宫观有底伪经,辇载到燕京,于大悯忠寺正殿之西南,面对百官并与烧却,万寿谏和尚与下火云"⑤。可以说,全真

---

① 据《辩伪录》载,忽必烈在辩论中提出要让道士验明"入火不烧":"帝问张真人曰:你心要持论否。张真人曰:不敢持论。上曰:你每常说,道士之中多有通达禁咒方法,或入火不烧,或白日上升,或摄人返魂,或驱妖断鬼,或服气不老,或固精久视,如此方法今日尽显出来。张真人并无酬答。"(元)祥迈:《辩伪录》卷四,《大正新修大藏经》第 52 册,第 772 页。

② 包括大都天长观道士十二名:道录樊志应、道判魏志阳、提点霍志融、讲师周志立、讲师周志全、讲师张志柔、讲师李志和、讲师卫志益、讲师张志真、讲师申志贞、讲师郭择善、待诏马志宁,以及真定府神霄宫讲师赵志修、西京开元观讲师张志明、平阳路玄都观讲师李志全、代阳胜宁观讲师石永玉、抚州龙兴观主于志申等。(元)祥迈:《辩伪录》卷四,《大正新修大藏经》第 52 册,第 775 页。

③(元)祥迈:《辩伪录》卷四,《大正新修大藏经》第 52 册,第 772 页。

④(元)念常集:《佛祖历代通载》卷二十一,《大正新修大藏经》第 49 册,第 708 页。

⑤(元)祥迈:《辩伪录》卷四,《大正新修大藏经》第 52 册,第 772 页。

教经过此次"佛道之争",彻底失去了之前所拥有的政治优势,而佛教则取得了蒙古统治者的支持,以及"佛先道后"的宗教地位。

　　而从这次论诤的内容来看,全真教失败的原因,除了《老子化胡经》本身的"伪妄"和侵夺寺产的事实之外,还与其"夷夏之防"观念有着密切关系。相比于佛教,包括全真教在内的汉地道教普遍带有"重华夏而轻夷狄"的思想,这在南北朝时期的佛道之争中表现尤为明显 [①];贬低佛教和非汉族"夷狄"的"老子化胡"说自然会引起忽必烈、八思巴等人的强烈不满和厌恶。因此,忽必烈等蒙古统治者在"佛道之争"中偏袒佛教并打压全真教,实际上也反映出这样的事实:即已入主中原的蒙古统治者需要确立对汉地统治的政治合法性,并获取汉地民众在思想上的认同和服从;而相比于道教,佛教的超民族性和包容性更能满足蒙古统治者的这一现实要求。

（三）至元十八年的"佛道之争"

　　经过蒙哥汗八年（1258）的"佛道之争"后,全真教已失去蒙古统治者的优礼和政治上的优势。忽必烈即汗位之后,皈依藏传佛教并继续实施"崇佛抑道"政策,使得"中统建元,释教大盛" [②],以藏传佛教为首的佛教也成为元朝地位最高的宗教。但全真教与佛教的冲突及寺产纠纷并未完全平息,据《佛祖历代通载》等文献记载:"道教提点甘志泉所据吉祥院其一也,据而弗归。至元十七年夏四月,僧人复为征理。长春宫道流谋害僧录广渊,聚徒持挺欧击僧众,自焚廪舍,诬广渊遣僧人纵火,且声言焚米三千九百余石,他

---

① 如南朝齐道士顾欢著《夷夏论》,提出"佛非东华之道,道非西夷之法",尊道贬佛,并在当时引发了规模浩大的佛道之争,史称"夷夏之辨"。

②（元）念常集:《佛祖历代通载》卷二十二,《大正新修大藏经》第 49 册,第 728 页。

物称是。事达中书省,辩其诬,甘志泉、王志真款伏。诏遣枢密副史孛罗及诸大臣覆按,无异词。志泉、志真就诛,剭刖流窜凡十人,仍征所声言米物,如其数归之僧众。"①从中可知,大都长春宫的全真教提点甘志泉占据佛教吉祥院未归还,聚众殴打僧人,并且"自焚廪舍"后诬陷僧录广渊纵火;其结果则是甘志泉等人伏法,并被处以死刑、剭刖、流放等惩罚。此事发生后的第二年,即至元十八年(1281),佛道二教又围绕《老子化胡经》和《八十一化图》等"伪经"而展开第三次佛道之争,它实际上是前两次矛盾冲突的延续和善后。

　　元世祖至元十八年(辛巳,1281)八思巴弟子胆巴国师"得道藏《化胡经》并《八十一化图》,幻惑妄诞。师乃叹曰:以邪惑正如此者。遂奏闻。召教禅大德及翰林承制等,诣长春宫辩证"②。可知此事的起因是之前本应全部销毁的"道家伪经尚存",胆巴则将此事奏告忽必烈,揭发全真教未能履行之前销毁伪经及经板的承诺。另据至元二十二年(1285)《圣旨焚毁诸路伪道藏经之碑》记载:"十八年九月,都功德使司脱因小演赤奏言:往年所焚道家伪经板本化图,多隐匿未毁。其《道藏》诸书类,皆诋毁释教,剽窃佛语,宜皆甄别。"③可知佛教方面不满于全真教对本应焚毁的《老子化胡经》和《八十一化图》等伪经板多"隐匿未毁",同时还要求对《道藏》中大量诋毁佛教的道书做进一步的甄别销毁。对此,忽必烈并未如之前两次举行佛道辩论,而是直接下令元廷的高级行政

①(元)念常集:《佛祖历代通载》卷二十一,《大正新修大藏经》第49册,第709页。
②(元)念常集:《佛祖历代通载》卷二十二,《大正新修大藏经》第49册,第726页。
③(元)念常集:《佛祖历代通载》卷二十一,《大正新修大藏经》第49册,第709页。

官员和"禅教二门"僧人代表,会同正一教、全真教、大道教等各道教派别的领袖,共同前往燕京全真教的基地长春宫进行查证。"上命枢密副史与前中书左丞文谦、秘书监友直、释教总统合台萨哩、太常卿忽都于思、中书省客省使都鲁、在京僧录司教禅诸僧及臣等。诣长春宫无极殿,偕正一天师张宗演、全真掌教祁志诚、大道掌教李德和、杜福春暨诸道流,考证真伪。"①

对于这次甄别道书的结果,据《圣旨焚毁诸路伪道藏经之碑》记载:"虽卷帙数千,究其本末,惟《道德》二篇为老子所著,余悉汉张道陵、后魏寇谦之、唐吴筠、杜光庭、宋王钦若辈撰造演说,凿空架虚,罔有根据,诋毁释教,以妄自尊崇。"②又据《至元十八年圣旨》称:"除《道德经》是老子真实经旨,其余皆后人造作演说,多有诋毁释教偷窃佛语。"③即认定除老子《道德经》为真经外,其余道书都是后人撰写的"伪经",从而否定了整部《道藏》的合法性。与此同时,忽必烈又令道教正一派天师张宗演、全真掌教祁志诚、大道掌教李德和、杜福春等人将道经"试之于火",诸人"皆求哀请命,自称伪妄不敢试验",并且奏告"《道藏》经内除老子《道德经》外,但系后人捏合不实文字,情愿尽行烧毁了"④,逼迫道教各派首领承认《道藏》经文为"伪经"。

最终忽必烈下旨:除《道德经》外,"说谎做来的《道藏》经文

---

① (元)念常集:《佛祖历代通载》卷二十一,《大正新修大藏经》第49册,第709页。

② (元)念常集:《佛祖历代通载》卷二十一,《大正新修大藏经》第49册,第709页。

③ (元)念常集:《佛祖历代通载》卷二十一,《大正新修大藏经》第49册,第708页。

④ (元)念常集:《佛祖历代通载》卷二十一,《大正新修大藏经》第49册,第708页。

并印板,尽行烧毁了者"①,"诏谕天下道家诸经可留《道德》二篇,其余文字及板本化图,一切焚毁,隐匿者罪之。民间刊布诸子医药等书,不在禁限。今后道家者流其一遵老子之法,如嗜佛者削发为僧,不愿为僧者,听其为民。乃以十月壬子集百官于悯忠寺,焚《道藏》伪经杂书,遣使诸路俾遵行之"②。此次"佛道之争"的结果是由元朝皇帝命百官集合于燕京悯忠寺观看焚毁《道藏》伪经,并且下令全国烧毁除《道德经》外的所有《道藏》经文,这对于全真教的声誉和政治地位又是一次沉重的打击。对于元世祖忽必烈"显正摧邪,命除《道德经》外余皆焚毁,以绝其妄"③的举措,佛教界颇为感激,并赞颂忽必烈为护持佛法、居功至伟的"圣主"④。正是在"圣主"忽必烈的支持下,佛教最终取得了对全真教的压倒性胜利,全真教也由此失去政治优势,不复金元之际的鼎盛局面⑤。与此同时,

①(元)念常集:《佛祖历代通载》卷二十一,《大正新修大藏经》第49册,第708页。
②(元)念常集:《佛祖历代通载》卷二十一,《大正新修大藏经》第49册,第709页。
③(元)念常集:《佛祖历代通载》卷二十二,《大正新修大藏经》第49册,第723页。
④ 文称:"圣天子匡济真图翼扶大法之功至矣,概诸圣不可有加矣。于以凿含灵之耳目,开正途之荒秽,使般若之光永乎无际劫,遍满恒河妙界。延洪圣寿于无疆,衍绵储君之福利,鼎祚于亿万年之久。"(元)祥迈:《辩伪录》卷五,《大正新修大藏经》第52册,第777页。
⑤ 需要指出的是,全真教虽然失去了政治特权,但并未遭到如金朝时的禁罢处罚,忽必烈及其继任者也并未完全排斥全真教,如:至元二十八年(1291)全真掌教张志仙代元廷"持香诣东北海岳、济渎致祷";至大三年(1310)元廷还为全真教的"五祖七真十八真人"加封徽号,表明全真教又得到了一定程度的重视;元顺帝至元六年(1340)全真名道井德用被召入京。以上事例说明,全真教虽在元初遭到统治者的打击并失去政治优势,但仍在元帝国的宗教体系中得到延续和发展。

忽必烈也借"佛道之争"而推行了"崇佛抑道"的宗教政策,从而实现了对汉地佛道格局的管控和调整。

三、"佛道之争"与汉地宗教格局的调整

元初的"佛道之争"不仅是全真教与佛教的政治地位之争、寺产之争、经济利益之争,同时也是忽必烈"崇佛抑道"政策的重要体现,它在本质上是蒙古统治者调整汉地宗教格局、加强对全国宗教的管控和统一的重要举措。对此,可以从以下几方面理解:

(一)对汉人的政治独立倾向和文化优越意识的压制

从上述"佛道之争"的内容可知,全真教作为产生于中原汉地的宗教,在得到成吉思汗等蒙古统治者的扶持之后,日益发展壮大,并表现出明显的"夷夏之防"观念和文化优越意识。从上述第二次"佛道之争"中忽必烈、八思巴等人对全真道士的诘难,可知蒙古政权的世俗和宗教领袖,对于《老子化胡经》等伪经和全真道士在辩论中体现出的汉人文化优越意识和"夷夏之防"颇为反感和不满。散布《老子化胡经》的全真道士认为中原道教优于外来佛教,天竺佛教源自中原道教,并且将汉地帝王的言论和史书作为具有权威性和唯一性的论据等,这些都体现出汉人在文化上的自我优越感,即以中原政权为尊,以少数民族政权为卑;以汉族为文明华夏,以少数民族为落后蛮夷。这当然是身兼少数民族和佛教徒双重身份的忽必烈和八思巴等人所不能接受和意欲否定的。

而在二教辩论中,全真教的政治独立倾向也是佛教方面所攻击的重要内容,即批评全真教蔑视国家、妄图灭除其他宗教而独尊。对此,雪庭福裕就在第一次佛道辩论中反复强调,全真教道士"欺负国家敢为不轨""妄构此说谩昧主上""欺谩朝廷"等,意指全真教对蒙古政权不忠,欺骗统治者并具有摆脱朝廷控制的野心。

而祥迈在《辩伪录》一书开篇也批评全真教对皇权的蔑视和妄自尊大，文称："道士无识蔑视国家，欺以朔方之居，肆其私臆之辩。丘处机妄言诏上，李志常矫饰媚时，萃逋役之罪徒，集排释之伪典。"①而且在佛教方面看来，全真教散布《八十一化图》以诋毁佛教的真正目的，就是要灭除其他宗教而独尊，如祥迈称："详此图也，意欲剪除百氏独擅一宗。掩牺轩之圣功，灭释孔之洪范。元恶大憝世人不知，虽有穷之乱夏政，王莽之欺汉庭，未足过也。若非主上明圣朗鉴无惑，孰能察辩真伪目识是非。由是特下明诏拣定虚实，万载凶栽一时而拔。"②佛教所指斥的上述政治上的不忠、文化上的偏见、宗教上的独立倾向，也是忽必烈等蒙古统治者对全真教不满、防范并进行压制的主要原因所在。

从上文的论述可知，在忽必烈等统治者看来，全真教所表现出的政治不忠、妄自尊大、独立倾向，以及汉人的文化优越意识和"夷夏之防"，确实不利于蒙古政权对汉地的管控以及统治的稳定。对此，蒙古统治者必然要采取相应的措施严加防范和管控。从这一角度来说，全真教在历次"佛道之争"中落败，失去蒙古统治者的信任和政治优待，正是元世祖忽必烈打击压制汉人的文化优越意识和政治独立倾向、加强对汉地的宗教和政治管控、强化集权统治的体现。

（二）扶持佛教与整合统一元朝佛教界的政治需要

自成吉思汗开始，蒙古政权的历任统治者对所征服的中原汉地、河西、回鹘、吐蕃等地区的佛教、道教、伊斯兰教等宗教，多持宽容和保护态度。而伴随着忽必烈接受藏传佛教并封萨迦派八思巴

---

①（元）祥迈：《辩伪录》卷一，《大正新修大藏经》第 52 册，第 752 页。
②（元）祥迈：《辩伪录》卷一，《大正新修大藏经》第 52 册，第 753 页。

为国师和帝师,佛教成为元帝国的国教。在此背景下,忽必烈施行
"崇佛抑道"政策,袒护和扶持佛教,全真教在"佛道之争"中必然
处于劣势。对此,正如《元史·释老传》所说:"元兴,崇尚释氏,而
帝师之盛,尤不可与古昔同语。维道家方士之流,假祷祠之说,乘
时以起,曾不及其什一焉。"[①] 全真教的"崇道抑佛"和"老子化胡"
说,在论证"道高于佛"的优越性时,却凸显出中原旧有的"华夷之
防"观念,从而给蒙古统治者统治中原的合法性带来了挑战。而佛
教所主张的众生平等、华夷等同,特别是藏传佛教赋予元朝统治者
的"转轮王"身份,无疑为超越华夷界限的多民族大帝国提供了更
有力的合法性论证。

　　从这一方面来说,蒙古统治者举行佛道论辩并"崇佛抑道"的
重要目的,就是借此壮大佛教力量,并促进帝国内部各地佛教的统
一。例如,蒙哥汗四年(1254)的第一次"佛道之争"中,佛教方面
十七位"对道士持论师德",就包括汉地佛教曹洞宗领袖雪庭福裕,
以及来自燕京等地的奉福寺德亨、资圣寺至温、开觉寺祥迈等九
位"禅门"僧人,龙川行育、蜀川元一等八位来自华严宗、唯识宗、
律宗等"教门"的僧人[②];此外还有那摩国师等西域僧人参加,可以
说是蒙古政权境内佛教界的第一次联合。而在蒙哥汗八年(1258)
的第二次"佛道之争"中,佛教方面的代表包括:北方禅宗领袖
雪庭福裕("少林长老为头众"),"禅门"代表圆福寺从超、奉福寺
德亨、开觉寺祥迈、大名府禅师明津,"教门"代表龙门行育、燕京
资福寺善朗等汉地"禅教二门"代表;来自西域的那摩国师、藏传

①（明）宋濂等:《元史》卷二百二《释老传》,北京:中华书局1976年,第
　4517页。
②（元）念常集:《佛祖历代通载》卷二十二,《大正新修大藏经》第49册,第
　719页。

佛教领袖八思巴国师,以及来自吐蕃的"西蕃国师"、原西夏地区的"河西国僧"、原大理国的"大理国僧"等,总计"三百余僧"①。这相当于当时蒙古政权辖境内各地佛教界代表的大型集会,雪庭福裕或当时只是"国师"的八思巴显然没有广泛召集全帝国佛教界代表的能力,其实际召集人则是代表蒙古大汗的宗王忽必烈。而从忽必烈借助佛道辩论以召集和联合蒙古政权各地佛教代表的举措来看,"崇佛抑道"与"佛道之争"也体现出蒙古统治者重新调整宗教格局、统一帝国境内佛教界乃至宗教界的政治意图。

(三)削弱全真教的政治地位和社会影响力

　　金元之际,全真教在北方地区广泛传播,"今东尽海,南薄汉淮,西北历广漠,虽十庐之聚,必有香火一席之奉"②,庞大的教团组织、数量巨大的信徒和众多宫观田产,无疑使全真教具有了"鼓动海岳"的巨大力量,这不能不引起蒙古统治者的注意和防范。全真教在大蒙古国初期能够获得"道门开辟,未有如今日之盛"的发展机遇,一方面与蒙古统治者的支持密不可分,另一方面则与蒙古统治者对中原汉地的相对轻视有关。成吉思汗、窝阔台汗及贵由汗大都持"蒙古本位主义"③,将蒙古草原地区作为"立国根本",而将中原视为征收财赋的对象。但自蒙哥汗时期开始,中原地区的重要性逐渐上升。特别是对于负责管理汉地的忽必烈来说,中原地区是其取得汗位及统治帝国的根本所在。因此,全真教在北方地区的空前发展、巨大影响力及其带有的"夷夏之防"思想,无疑与

---

① (元)祥迈:《辩伪录》卷三,《大正新修大藏经》第 52 册,第 771 页。
② (元)高鸣:《清虚宫重显子返真碑铭》,陈垣编纂,陈智超、曾庆瑛校补:《道家金石略》,北京:文物出版社 1988 年,第 476 页。
③ 参见李洪权:《全真教与金元北方社会》,吉林大学 2008 年博士学位论文,第 77 页。

蒙古统治者的政治合法性诉求及现实利益发生了冲突。在此背景下，"佛道之争"成为蒙古统治者压制和削弱全真教、整顿汉地宗教格局，进而巩固对中原汉地统治的重要契机。

忽必烈借助"佛道之争"，一方面削弱了全真教的经济实力，判罚"天下佛寺为道流所据者二百三十七区，至是悉命归之"①，"并所占寺宇山林水土四百八十二处，并令分付释家"②；另一方面则公开宣布除《道德经》之外的《道藏》皆为"伪经"，对全真教乃至整个道教处以"命除《道德经》外余皆焚毁，以绝其妄"③的惩罚；并且树立《圣旨焚毁诸路伪道藏经之碑》，颁布圣旨命全国各地执行，"并天下碑刻之文塑画之像，道家无底尽与铲除"④。虽然元政权并未明令禁绝全真教，但这些举措象征着元政权对全真教政治优势地位及其教义教理权威性的剥夺。与此同时，忽必烈出于笼络原南宋地区民众以及"分而治之"的政治考虑，先后召见和加封南方天师道首领张宗演及其弟子张留孙，以及具有较大影响力的真大道教、太一教等道教诸派领袖，以此改变全真教在元初道教中的独尊地位。

从上述举措可知，元朝统治者借助"佛道之争"和相应的"崇佛抑道"措施，以国家权力削弱了全真教在中原汉地的政治和社会影响力，进而将包括全真教、正一教等在内的汉地道教纳入元朝中央政权的统一管控之下。因此，元朝的"崇佛抑道"政策及全真教的兴

① （元）念常集：《佛祖历代通载》卷二十一，《大正新修大藏经》第49册，第708页。
② （元）祥迈：《辩伪录》卷四，《大正新修大藏经》第52册，第772页。
③ （元）念常集：《佛祖历代通载》卷二十二，《大正新修大藏经》第49册，第723页。
④ （元）祥迈：《辩伪录》卷四，《大正新修大藏经》第52册，第772页。

衰流变,在本质上也是元政权重新整合汉地佛道教格局、加强宗教管控、统一宗教界,进而巩固帝国统一和稳定的政治意图的反映。

第三节 "藏汉圆融":元朝对汉藏佛教的管控与统一

在蒙古政权建立之初以及征服西夏的过程中,蒙古统治者可能已经接触到藏传佛教[①]。但在1227年成吉思汗灭西夏时,蒙古统治者对作为西夏国教的藏传佛教(以噶举派为主)尚无关注;直至1247年(贵由汗二年)窝阔台汗次子凉王阔端与萨迦派领袖萨迦班底达举行凉州会盟、吐蕃归附蒙古之后,藏传佛教才逐渐引起蒙古统治者的重视,藏传佛教各派也积极与蒙古大汗及各宗王建立联系,以寻求蒙古世俗权力的庇护和支持[②]。

忽必烈取得蒙古汗位之前,已经逐渐认识到藏传佛教对于管控青藏地区乃至巩固统治的重要作用。他于1253年召见萨迦派领袖八思巴,并从其皈依了藏传佛教(受灌顶佛戒)。此后八思巴与忽必烈建立了密切关系,并成为忽必烈在汗位竞争中的坚定支

[①] 据藏传佛教史料记载,在凉州会盟之后,藏传佛教中的蔡巴噶举、萨迦派、噶当派等派别的宗教领袖都与蒙古统治者进行了接触和联系,参见才让:《蒙元统治者选择藏传佛教信仰的历史背景及内在原因》,《西北民族大学学报》(哲学社会科学版)2004年第1期。

[②] 据西藏史籍《贤者喜宴》记载:"蒙哥汗在位之时,吐蕃的许多译师和高僧前往(朝廷),为了各自的联系方便,他们寻找各自的官长。止贡巴和藏郭莫巴找蒙哥皇帝本人,萨迦巴和拉德雄巴找阔端,蔡巴找薛禅皇帝,达隆巴找阿里不哥,雅桑、帕竹、汤卜赤三家找旭烈兀,这样分成了十一组。"(明)巴卧·祖拉陈瓦著,黄颢、周润年译注:《贤者喜宴——吐蕃史译注》,北京:中央民族大学出版社2010年。

持者。因此,忽必烈即位之后对八思巴及藏传佛教萨迦派大加尊崇,封八思巴及其继承者为"大元帝师",并确立了藏传佛教(萨迦派)的国教地位。而在宗教政策上,忽必烈及其后的元朝统治者一方面对汉地佛教采取"崇教抑禅"、扶持教门华严宗等义学宗派的政策,另一方面则独尊藏传佛教萨迦派,试图建立以藏传佛教为核心、"汉藏圆融"的统一佛教体系[①]。对此,元人虞集曾总结元朝佛教的状况称:"我国朝秘密之兴,义学之广,亦前代之所未有,此其大略也。"[②](" 秘密"指藏传佛教,"义学"指华严宗等汉地佛教"教门")元朝通过建立这一以藏传佛教为核心、"藏汉圆融"的佛教体系,借以重新整合和统一自唐宋以来各地方政权分立的佛教,进而为元帝国的"大一统"提供思想和宗教支撑。

一、作为宗教统一和政权神圣性象征的元朝帝师

元政权在建构以藏传佛教为核心、"藏汉圆融"的统一宗教体系的过程中,帝师制度的设立具有重要的作用和象征意义,帝师与皇帝成为元朝宗教和世俗权力的两大代表。帝师还与宣政院机构相结合,对于管理西藏地方事务及全国宗教事务发挥了重要作用。正如《元史·释老传》所指出的:"元起朔方,固已崇尚释教。及得西域,世祖以其地广而险远,民犷而好斗,思有以因其俗而柔其人,乃郡县土番之地,设官分职,而领之于帝师。乃立宣政院,其为使

---

① 对此,能仁《元代"藏—汉"佛教体制的形成》(《佛学研究》2017 年第 2 期)一文指出:随着元、明、清多民族统一国家的建立和发展,在宗教与社会层面,也俨然形成一种"藏—汉"佛教体制的意识形态。忽必烈建立"藏—汉"佛教体制,在政治层面将汉地佛教整个纳入藏传佛教下进行统一管理。在政治层面,通过控制宣政院重要人员任用,以为节制;在宗教层面则以从帝师受戒的方式,将汉地佛教僧众纳入"藏—汉"佛教体制框架中。
②《佛祖历代通载》序,《大正新修大藏经》第 49 册,第 477 页。

位居第二者,必以僧为之,出帝师所辟举,而总其政于内外者,帅臣以下,亦必僧俗并用,而军民通摄。于是帝师之命,与诏敕并行于西土。百年之间,朝廷所以敬礼而尊信之者,无所不用其至。虽帝后妃主,皆因受戒而为之膜拜。"[1]但帝师的教权并未凌驾于皇权之上,而是作为元朝最高皇权的辅助,并在巩固元朝统治和宗教、政治的统一方面发挥了重要作用。

(一)忽必烈对八思巴的尊宠及"晋封帝师"

元朝统治者对藏传佛教给予了前所未有的尊崇,时人称:"唐宋间始闻有秘密之法,典籍虽存犹未显行于世,国初其道始盛西鄙。统元中天子以大萨思迦法师有圣人之道,尊为帝师,于是秘密之法日丽乎中天,波渐于四海。精其法者皆致重于天朝,敬慕于殊俗。"[2]以萨迦派为主的藏传佛教取得了"日丽乎中天,波渐于四海"的至高地位和全国性的影响力,以帝师为代表的藏传佛教领袖也获得了"致重于天朝,敬慕于殊俗"的尊显地位,通观历史上中原王朝统治者对待佛教的态度,这种尊崇确实颇为罕见。

藏传佛教之所以能够取得元朝"国教"的地位,首先与忽必烈对萨迦派领袖八思巴的尊宠密不可分。据翰林学士王磐所作八思巴《行状》载:"癸丑,师年十五。世祖皇帝龙德渊潜,师知真命有归,驰驿径诣王府。"[3]1253年(癸丑)年仅15岁的萨迦派新任法主八思巴就敏锐地认识到忽必烈的政治前途,因此主动前往觐见,

---

①(明)宋濂等:《元史》卷二百二《释老传》,北京:中华书局1976年,第4520—4521页。

②(元)念常集:《佛祖历代通载》卷二十二,《大正新修大藏经》第49册,第732页。

③(元)念常集:《佛祖历代通载》卷二十一,《大正新修大藏经》第49册,第707页。

以期取得这一帝国未来统治者的支持；而"世祖宫闱东宫皆秉受戒
法，特加尊礼"，八思巴成功取得了时为宗王的忽必烈及其王室成
员的信任和师礼相待。此后，在忽必烈争夺汗位、建立元朝和统一
中国的进程中，八思巴坚定地站在忽必烈一方，给予其宗教上的支
持。忽必烈也以尊崇地位和宗教权力回报八思巴，该《行状》又载
"世祖皇帝登极，建元中统，尊为国师，授以玉印。任中原法主，统
天下教门"，可知忽必烈在中统元年（1260）取得汗位之后，便封八
思巴为"国师"，并赋予其统领汉地佛教（"中原法主"）和教门宗派
的权力。自此萨迦派八思巴取代了原临济宗海云印简的地位，而
藏传佛教也凌驾于汉地佛教之上。

　　忽必烈在至元八年（1271）改国号为"大元"前，命八思巴"制
大元国字"，"朝省郡县遵用，迄为一代典章"；而在正式建立元朝
后，忽必烈又晋封八思巴为"皇天之下、大地之上、西天佛子、化身
佛陀、创制文字、辅治国政、五明班智达八思巴帝师"[1]，并且"更赐
王印，统领诸国释教"[2]，赋予八思巴统领元帝国所有佛教宗派的
权力以及帝国最高宗教领袖的地位。至元十一年（1274）忽必烈
建都大都（今北京市）后，帝师八思巴在形式上获得了类似于帝王
的礼遇："皇上专使召之，岁抄抵京。王公宰辅士庶离城一舍，结大
香坛，设大净供，香华幢盖，大乐仙音，罗拜迎之。所经衢陌皆结五

---

[1] 元顺帝时德辉重编的《敕修百丈清规》中，八思巴帝师的尊号则是"皇天
之下一人之上开教宣文辅治大圣至德普觉真智佑国如意大宝法王西天佛
子大元帝师"。（元）德辉重编：《敕修百丈清规》卷二，《大正新修大藏经》
第48册，第1117页。

[2] （元）念常集：《佛祖历代通载》卷二十一，《大正新修大藏经》第49册，第
707页。

彩,翼其两傍。万众瞻礼,若一佛出世。"①八思巴去世之后,元英
宗还仿效汉地对孔子的祭祀,于至治元年(1321)"诏各路立帝师
殿",并"追谥曰:皇天之下一人之上开教宣文辅治大圣至德普觉真
智佑国如意大宝法王西天佛子大元帝师班弥怛拔思发"②。

(二)帝师是元朝统治者建构以藏传佛教为首的统一宗教体系的象征

元朝帝师不仅是元政权管理西藏事务及全国佛教的代言人,
同时也具有重要的政治和宗教象征意义。首先,元朝皇帝作为实
际上的全国宗教最高领袖,对包括佛教在内的所有宗教拥有最高
的决策权;但在政治和宗教政策的制订和实施上,帝师往往会对元
朝帝王产生重要的影响③。作为管理全国佛教的宗教领袖,帝师也
发挥了提供决策施政和制定典章的咨询作用。对此,据法洪《敕建
帝师殿碑》载:元世祖忽必烈就"以帝师拔思发有圣人之道,屈万
乘之尊,尽师敬之节。咨诹至道之要,以施于仁政。……其政治之
隆而仁覆之远,固元首之明,股肱之良,有以致之。然而启沃天衷,

---

① (元)念常集:《佛祖历代通载》卷二十一,《大正新修大藏经》第49册,第
707页。

② (元)念常集:《佛祖历代通载》卷二十二,《大正新修大藏经》第49册,第
732页。

③ 如帝师八思巴的重要弟子胆巴,就在帝师的支持下反对中书省"征僧道税
粮"的政策,并劝说皇帝收回了政令。胆巴"奏曰:昔成吉思皇帝有国之日,
疆土未广,尚不征僧道税粮。今日四海混同,万邦入贡,岂因微利而弃成规。
倘蠲其赋则身安志专,庶可勤修报国。上曰:师与丞相完泽商议。奏曰:此
谋出于中书省官,自非圣裁他议何益。上良久曰:明日月旦,就大安阁释
迦舍利像前修设好事,师宜早至。翌日师登内阁,次帝师坐,令必阇赤朗宣
敕旨。顾问师曰:今已免和上税粮,心欢喜否?师起谢曰:天下僧人咸沾
圣泽"。(元)念常集:《佛祖历代通载》卷二十二,《大正新修大藏经》第49
册,第726页。

克弘王度,寔赖帝师之助焉"①。

自元世祖忽必烈册封八思巴为帝师后,元朝历代皇帝都册封
有帝师,并且其人都出自萨迦派。据《元史·释老传》及西藏史籍
《萨迦世系史》《红史》《汉藏史集》记载,终元一代共有十四位帝
师:一、八思巴·洛追坚赞(1235—1280),二、仁钦坚赞(《元史》作
亦邻真,1238—1282),三、达玛巴拉(《元史·释老传》作答儿麻
八剌乞列,《元史》本纪作答儿麻八剌剌吉塔,1268—1286),四、
意希仁钦(《元史·释老传》作亦摄思连真,《元史》本纪作"亦摄
思怜",1286—1291 年任帝师),五、扎巴俄色(《元史·释老传》作
乞剌斯八斡节儿,《元史》本纪作合剌斯八斡节而,1291—1303 年
任帝师),六、仁钦坚赞(《元史》作辇真监藏,1304—1305 年任帝
师),七、桑结贝(《元史》作相家班,1305—1314 年任帝师),八、贡
噶洛追坚赞贝桑布(《元史·释老传》作公哥罗古罗思监藏班藏卜,
1299—1327),九、旺曲坚赞(《元史》作旺出儿监藏,1322—1325
年代摄帝师),十、贡噶勒贝炯乃坚赞贝桑布(《元史》作公哥列思八
冲纳思监藏班藏卜,1308—1330),十一、仁钦扎西(《元史》作辇真
吃剌失思),十二、贡噶坚赞贝桑布(《佛祖历代通载》作公哥儿监藏
班藏卜,1310—1353),十三、喇钦索南洛追(1358 年入京任帝师,
1332—1366),十四、喃迦巴藏卜(故元摄帝师,1372 年降明)。此
外,八思巴的重要弟子胆巴国师,圆寂后还被元仁宗追封为"大觉
普慈广照无上帝师"②。除册封帝师外,元朝统治者还曾授予藏传佛

① (元)念常集:《佛祖历代通载》卷二十二,《大正新修大藏经》第 49 册,第
　732—733 页。
② 参见陈庆英、仁庆扎西:《元朝帝师制度述略》,《西藏民族学院学报》1984
　年第 1 期;陈庆英:《元代帝师制度及其历任帝师(下)》,《青海民族学院学
　报》(社会科学版)1991 年第 2 期;赵改萍:《元朝对藏传佛教的管理》,《内
　蒙古社会科学》2009 年第 1 期。

教其他宗派领袖"国师"等封号[①],以此显示"藏先汉后"、以藏传佛教为佛教核心的意图,但帝师作为全国佛教乃至宗教界的名义领袖,则是元朝宗教统一的主要象征。

(三)帝师及藏传佛教为元政权提供了神圣性和合法性的宗教论证

元朝统治者"护持教法"的主要目的是为现实统治服务,以实现"混一区宇"并巩固政权。以八思巴为代表的藏传佛教领袖也深谙佛教与政治的合作关系,因此主动为统治者"祝延圣寿",宣传"以教护国",利用宗教为元政权提供了神圣性与合法性论证。

蒙古政权建立之后,一直伴随着军事征服和对外扩张,先后攻灭西夏、金朝、大理、西辽,招降吐蕃和高昌回鹘,并建立了包括四大汗国在内,地域横跨中亚、西亚和东欧的大蒙古帝国。忽必烈继承汗位、建立元朝之后,其主要军事征服对象则是当时最为富庶的南宋政权。而在元朝灭宋统一中国的过程中,帝师八思巴也表示出极大的支持。据王磐所作八思巴《行状》称:"时则天兵飞渡长江,竟成一统。虽主圣臣贤所致,亦师阴相之力也"[②],将对南宋的军事征服描述为忽必烈政治军事力量与八思巴宗教力量相结合的结果。元朝灭宋之后,八思巴随即向忽必烈上《贺平江南表》:"陛下之福德使社稷安宁,江山一统,奋转轮之威,合四洲为一。须弥山之上所有众神睹此,亦当疑惑浊世何以竟有如此伟业。知此福业之果已成,众生唯愿享陛下之福荫,具足圆满。能使天下众生享

---

① 如蒙哥汗时封噶玛噶举派领袖噶玛拔希为国师,元文宗至顺二年(1331)授予回鹘裔藏传佛教僧人必兰纳识里(又译必剌忒纳失里、毗奈耶室利)"普觉圆明广照弘辩三藏国师"封号等。

②(元)念常集:《佛祖历代通载》卷二十一,《大正新修大藏经》第49册,第707页。

受知此安乐者,先前帝王中未曾有过。颂扬陛下子育黎民、亘古所无之欢悦声,扰如铙钹击响。伏愿陛下圣心喜乐,众生亦得欢悦。"① 将忽必烈对中国的统一赞颂为前所未有的伟业功绩;还将其等于佛教的"普度众生",即为天下众生带来安乐和福德。这正是借用佛教的教义对元朝征服扩张的合理性说明。

而作为"教主"的帝师,在统治者和民众眼中也具有"祈福禳灾"的力量和"为国祝祷"的宗教义务。如在忽必烈攻灭南宋,以及元成宗平定西北宗王叛乱的过程中,都可以见到帝师及国师等为元朝祈祷的记载,如元成宗时"海都军马犯西番界",胆巴国师就建议向"摩诃葛剌"(大黑天)祈祷,"于是建曼拿罗依法作观,未几捷报至,上大悦"②,这实际上是借助藏传佛教的宗教信仰对元政权进行"神灵加持"的神圣性宣传。

二、帝师制度对元朝佛教的融合与统一作用

自 10 世纪以后,中国南北方相继出现了辽金与两宋政权的并立,西北地区则先后出现了高昌回鹘、喀喇汗朝和西夏、西辽等少数民族建立的地方政权。与此同时,中国佛教也形成了两宋佛教、辽金佛教、回鹘佛教、西夏佛教、吐蕃佛教等不同的佛教体系。元朝统一中国之后,如何使这些不同的佛教体系得到统一,进而巩固元帝国的政治统一和社会稳定,就成为元朝统治者需要面对的重要课题。对此,元政权以藏传佛教为媒介,通过以帝师管理汉地、吐蕃、河西、回鹘等全国佛教,建立帝师与元帝国境内各地佛教代

---

① 原载《萨迦五祖集》,译文引自陈庆英:《元代帝师制度及其历任帝师(下)》,《青海民族学院学报》(社会科学版)1991 年第 2 期,第 15 页。

② (元)念常集:《佛祖历代通载》卷二十二,《大正新修大藏经》第 49 册,第726 页。

表的宗主或师徒关系,在金、南宋和西夏、回鹘等遗民中传播藏传佛教,组织汉藏佛经校勘等,在很大程度上促进了元朝佛教的融合和统一。

(一)"中原法主":帝师对汉地佛教的管控和"汉藏融合"

元朝帝师一方面作为元朝"国教"的代表和全国佛教领袖,发挥了宗教统一的象征意义;另一方面也具有总管全国释教和"中原法主"的身份,拥有管理包括汉藏佛教在内全国佛教的权力,这在事实上促进了汉藏两大佛教体系的交流与融合。对此,可从以下方面理解:

一是帝师作为佛教界领袖参与"佛道之争",促进了元朝佛教界的联合和统一。

1258年(戊午),年仅二十岁的八思巴就作为藏传佛教的主要代表,与西域僧那摩国师、噶玛噶举派领袖噶玛拔希、北方禅宗领袖雪庭福裕、华严宗领袖行育等汉地"禅教二门"代表,以及"河西国僧"(西夏)、"大理国僧"等"三百余僧"[1],以及奉佛士大夫和高级官员代表刘秉忠("太保聪公")等人,共同参与了佛教与全真教的大辩论,"释道订正化胡经,宪宗皇帝诏师剖析是非,道不能答,自弃其学,上大悦"[2],获得了蒙哥汗及忽必烈的赏识。与此同时,借助"佛道之争",也使八思巴与当时蒙古政权境内各地的佛教界建立了广泛联系,这成为元初帝师管理和统一全国佛教的重要基础。

二是帝师作为"中原法主",确立了统领汉地佛教"禅教二门"的宗主地位。

忽必烈在中统元年(1260)取得汗位之后,封八思巴为"国

---

[1](元)祥迈:《辩伪录》卷三,《大正新修大藏经》第52册,第771页。

[2](元)念常集:《佛祖历代通载》卷二十一,《大正新修大藏经》第49册,第707页。

师"，并赋予其统领汉地佛教和教门宗派的权力，"世祖皇帝登极，建元中统，尊为国师，授以玉印。任中原法主，统天下教门"[1]，这种权力和地位也为八思巴之后的元朝帝师所继承。在现存史料中可见多件颁给内地寺院的元朝帝师法旨，如1301年帝师乞剌思八斡节儿颁给郑州大觉禅寺的法旨，1301年帝师乞剌思八斡节儿颁给灵寿祁林院的法旨，1321年帝师公哥罗古罗思监藏班藏卜颁给浚县天宁寺的法旨等[2]。这些法旨或附于皇帝圣旨之后一同颁行，或依皇帝圣旨"体例"颁行，反映出元朝帝师确实拥有管控汉地佛教的实际权力。而八思巴等元朝帝师所拥有的凌驾于汉地佛教之上的地位和权力，也有利于对元朝境内佛教的全面管制和统一[3]。

三是元政权派驻帝师弟子及藏传佛教僧人为江南释教总摄（总统），促进汉藏佛教的融合。

元政权灭南宋之后，对于一直以来拥护和服务于南宋政权，并为南宋统治阶层和汉族民众广泛信仰的佛教禅宗，元朝统治者也采取了相应的措施加以管控和统一。在灭宋第二年（至元十四年，1277）初，忽必烈就"诏以僧亢吉祥、怜真加、加瓦并为江南总摄，掌释教，除僧租赋，禁寺宇者"[4]，即委派三位藏传佛教和北方汉地僧人作为元中央政权的代表和当地最高宗教长官"总摄""总统"，

[1]（元）念常集：《佛祖历代通载》卷二十一，《大正新修大藏经》第49册，第707页。
[2] 参见蔡美彪：《元代白话碑集录》（修订版），北京：中国社会科学出版社2017年，第47、77页。
[3] 参见［日］中村淳：《クビライ時代初期における華北仏教界—曹洞宗教団とチベット仏僧パクパとの関係を中心として》，《駒沢史学》54号，1999年，第79—97页。
[4]（明）宋濂等：《元史》卷九《世祖纪九》，北京：中华书局1976年，第188页。

前往原南宋的统治中心地域——江南地区管理当地佛教。值得注意的是,这三位僧人都与帝师八思巴有着密切的关系:亢吉祥即前述的龙川行育,为女真贵族出身的北方教门(华严宗)领袖人物,"帝师拔思八甚器重之"[①];"怜真加"即杨琏真伽,为西夏裔的藏传佛教僧人,八思巴弟子;"加瓦"即加瓦巴,可能为藏族或党项族的藏传佛教僧人。其后的江南释教总统也多为帝师八思巴弟子及藏传佛教僧人,如至元末的江浙释总统沙罗巴为党项族,也是帝师八思巴弟子,藏传佛教萨迦派僧人。而上述释教总统的女真、党项和藏族等民族出身,也在一定程度上反映出元朝统治者对原南宋民众的防范和管控。直至忽必烈统治晚期,随着江南地区统治的基本稳定,才出现汉族及当地僧人出任的释教总统(苑吉祥,法号一山,浙江台州人,临济宗僧人)[②]。

元朝统治者授予帝师包括汉藏佛教在内的全国佛教管理权,以及派遣帝师八思巴弟子担任管控南宋佛教的江南释教总统等措施,都反映出忽必烈等元朝统治者力图融合汉地南北佛教、汉藏佛教,最终促进元帝国宗教和政治统一的意图。

(二)"皈依帝师":藏传佛教对河西回鹘佛教的融合统一

从现有史料可知,元朝的藏传佛教僧官、译师中有很多人来自西夏故地河西及高昌回鹘等地。从上述蒙古政权和元朝时期的"佛道之争"、汉藏佛经勘对等重大事件中,也可以见到关于"河西国僧"和"回鹘僧"的记载。实际上,在被蒙古政权统治之前,西夏

---

① 《宣授扶宗弘教大师释源宗主江淮诸路都总摄鸿胪卿赠司空护法大师龙川和尚舍利塔志》,洛阳市地方史志编纂委员会编:《洛阳市志》第15卷《白马寺·龙门石窟志》,郑州:中州古籍出版社1996年,第100页。
② 对于历任元朝江南释教都总统的考证,参见赖天兵:《关于元代设于江淮/江浙的释教都总统所》,《世界宗教研究》2010年第1期,第67页。

与高昌回鹘[①]已经有藏传佛教传播。而从现有资料可知,藏传佛教噶举派是西夏政权后期佛教的主流,西夏的国师制度和藏传佛教也对元政权的藏传佛教政策产生了重要影响[②]。西夏政权灭亡后,原西夏佛教僧人则以"河西国僧"等身份继续成为藏传佛教的重要传播者;他们还与元朝的回鹘裔僧人通过"皈依帝师"、担任宣政院官员、翻译佛经等途径,参与了元朝宗教事务的管理和统一佛教体系的建构。对此,可以下述几位西夏裔和回鹘裔的"帝师弟子"为代表:

一是八思巴弟子、回鹘人乞台萨里。据元人所撰《敕赐乞台萨里神道碑》载,高昌回鹘统治者亦都护由于"最先归附"蒙古政权,因此被成吉思汗授予"第五子"的称号,"宠异冠诸国";与此同时,大量回鹘人也随之进入蒙古政权服务,"自是有一才一艺者,毕效于朝"[③]。乞台萨里就是其中颇具代表的人物,他早年就曾学习佛法,"受浮图法[④]于智全末利可吾坡地沙,圆通辨悟",后来"又从国师八思马(引者注:即八思巴)学密乘,不数月尽通其书,旁达诸国及汉语",成为帝师八思巴的弟子,并具有通晓多种语言和汉文典

---

① 高昌回鹘在接受蒙古政权的统治之前,就已接触到吐蕃地区的佛教,并有许多回鹘人皈依藏传佛教。参见才吾加甫:《元明时期的新疆藏传佛教》,《西域研究》2007 年第 3 期。

② 例如西夏最早授予藏传佛教高僧"国师"和"帝师"封号,这成为元朝帝师制度的渊源之一。参见本书第二章《西夏佛教思想与文化认同》第二节《西夏佛教思想的内容与理论特点》。

③ 文称:"太祖皇帝既受天命,略定西北诸国。回鹘最强,最先附。遂诏其主亦都护第五子,与诸皇子约为兄弟,宠异冠诸国。自是有一才一艺者,毕效于朝。"(元)念常集:《佛祖历代通载》卷二十二,《大正新修大藏经》第 49 册,第 727 页。

④ 这里的"浮图法"应当是指以中原大乘佛教为基础的高昌回鹘佛教。

籍的才能，"诸经史百家，若阴阳历数图纬方技之说，靡不精诣"[①]。但拥有行政才能的乞台萨里并未成为僧人，而是在八思巴"勉事圣君"的建议下出任元朝官员。他于至元十二年（1275）被任命为主管佛教事务的宣政院长官和"释教都总统"，至元二十一年（1284）又受诏为"中顺大夫、集贤馆学士、兼太史院事"，第二年则升任尚书右丞、平章政事；"成宗即皇帝位，明年春以翊戴功加守司徒，大德三年复拜平章政事"[②]，成为元世祖、成宗两朝的重要高级官员。

二是八思巴弟子、西夏裔僧人沙罗巴。据《佛祖历代通载》所载本传称，沙罗巴为"河西之人"，即西夏裔遗民，早年师从"上师着栗赤学佛氏法，善吐番文字，颇得秘密之要"，即追随藏传佛教僧人学习密教，这也反映出当时藏传佛教在西夏的兴盛和广泛流行。沙罗巴师从帝师八思巴出家，"依帝师发思巴剃染为僧，学诸部灌顶之法"，并成为八思巴的侍者和翻译官，"世祖皇帝尝受教于帝师发思巴，诏师译语，辞致明辨，允惬圣衷，诏赐大辩广智法师"。他还曾出任江浙、福建等地的释教总统，成为具有重要影响力的元初西夏裔僧人和藏传佛教译师，"河西之人，尊其道而不敢名，止称其氏"[③]。

三是回鹘裔比丘尼舍蓝蓝八哈石。舍蓝蓝为高昌人，八岁时舍蓝蓝"从其亲至京师，入侍中宫真懿顺圣皇后"，成为侍奉元朝皇

[①]（元）念常集：《佛祖历代通载》卷二十二，《大正新修大藏经》第49册，第727、728页。

[②]（元）念常集：《佛祖历代通载》卷二十二，《大正新修大藏经》第49册，第728页。

[③]（元）念常集：《佛祖历代通载》卷二十二，《大正新修大藏经》第49册，第729页。

后和太后的重要内侍,元成宗即位后"以侍从既久,勤劳之多,诏礼帝师迦罗斯巴斡即儿为师,剃染为尼",成为帝师弟子、萨迦派比丘尼,但依然以僧尼身份侍奉太后。此后她"出入宫掖数十余年,凡历四朝事三后,宠荣兼至",历经元世祖、成宗、武宗、仁宗、英宗、泰定帝、天顺帝、文宗等八帝,一直受到皇室的宠信,在宫廷中具有重要影响力。值得注意的是,舍蓝蓝对藏传佛教、汉传佛教和回鹘佛教都很重视,史载她晚年退居宫外后,"以黄金缮写番字藏经《般若八千颂》《五护陀罗尼》十余部,及汉字《华严》《楞严》,畏吾字《法华》《金光明》等经二部",即分别用黄金缮写了藏文("番字")密教经典、汉文("汉字")华严宗和禅宗经典、回鹘文("畏吾字")汉传佛教经典(《法华经》《金光明经》)。此外还"于吐蕃五大寺、高昌国旃檀佛寺、京师万安等,皆贮钞币,以给然(燃)灯续明之费"①,即选择西藏、高昌回鹘和京师大都的主要佛寺为布施对象。舍蓝蓝之所以有如此安排,一方面与其个人经历和佛学师承等有关,她是"其地好佛,故为苾刍者多"的高昌回鹘遗民,也是藏传佛教帝师弟子,同时长期生活并圆寂于汉地的京师大都;另一方面这也反映出当时元朝佛教界"汉藏圆融",以及统一回鹘和汉藏佛教界宗教的情况。

除上述诸人外,见于元朝史籍的著名回鹘佛教徒还有安藏(翰林学士)、阿鲁浑萨里(乞台萨里子,集贤院学士,帝师八思巴弟子)、迦鲁纳答思(翰林学士,帝师八思巴弟子)、必兰纳识里(赐号"普觉圆明广照弘辩三藏国师",元成宗时帝师弟子)等人,他们或作为官员参与元政权的行政管理和经典翻译,或聘为佛教国师,都

---

① (元)念常集:《佛祖历代通载》卷二十二,《大正新修大藏经》第49册,第735页。

受到元朝统治者的器重。

从上述诸人的经历事迹可知,他们作为高昌回鹘、西夏等被征服地区的遗民,都属于在当时具有重要影响力但并非统治民族的"色目人"。他们能够成为元政权的高级行政官员、宗教界领袖或宫廷高级内侍,并取得元朝统治者倚重的重要原因之一,在于他们共同信仰藏传佛教,或与八思巴等元朝帝师建立了师徒关系,从而得到帝师的举荐和元朝帝王的信任。值得注意的是,部分汉地佛教领袖也通过与帝师建立联系,从而得到元政权的支持,如前述北方华严宗领袖龙川行育就颇受帝师八思巴倚重,并与元朝高级官员和显贵建立了良好关系,"帝师拔思八甚器重之,一时贤贵,如太保刘文贞公之辈,皆引为友辅"[①];龙川行育也是在帝师八思巴、胆巴国师和太子真金等元朝僧俗领袖的支持和资助下,才得以完成洛阳白马寺的修复。

(三)"法宝勘同":元世祖时期的汉藏佛经勘对及其圆融意义

元世祖忽必烈晚年曾下诏对汉藏文《大藏经》进行过一次系统的整理和勘对(主要是以藏文经典勘对汉文经典),参与者庆吉祥则将勘对成果整理为《大元至元法宝勘同总录》。这也是元初融合统一汉藏佛教,进而推动全国佛教统一的重要事件,同时具有重要的象征意义。据《佛祖历代通载》记载:"帝见西僧经教与汉僧经教,音韵不同,疑其有异,命两土名德对辩,一一无差。帝曰:积年疑滞,今日决开,故有《法宝勘同》。"[②]《大元至元法宝勘同总录》

---

① 《宣授扶宗弘教大师释源宗主江淮诸路都总摄鸿胪卿赠司空护法大师龙川和尚舍利塔志》,洛阳市地方史志编纂委员会编:《洛阳市志》第15卷《白马寺·龙门石窟志》,郑州:中州古籍出版社1996年,第100页。

② (元)念常集:《佛祖历代通载》卷二十二,《大正新修大藏经》第49册,第724页。

序文也称：元世祖皇帝"搜遗访阙，有教必申。念藏典流通之久，蕃汉传译之殊，特降纶言，溥令对辩。"① 可知此次大规模汉藏佛经勘对的起因，是忽必烈怀疑两者所述佛法内容不同，随之产生对经典"真伪"的怀疑。

据序文记载，忽必烈对此事颇为重视，"特旨宣谕臣佐，大集帝师、总统、名行师德，命三藏义学沙门庆吉祥，以蕃汉本参对，楷定大藏圣教"②，并下令由"释教总统合台萨里召西番板底答帝师拔合思八高弟、叶琏国师湛阳宜思、西天扮底答尾麻啰室利、汉土义学亢理二讲主、庆吉祥及畏兀儿斋牙答思、翰林院承旨旦压孙、安藏等，集于大都"③。校勘从至元二十二年（1285）春至二十四年（1287）夏，前后三年时间中，在庆吉祥等人主持下，诸人"各秉方言，精加辩质"，并且"科题总目，号列群函，标次藏乘，互明时代，文咏五录，译综多家"④。从内容上说，该书分"总标年代括人法之宏纲""别约岁时分记录之殊异""略明乘藏显古录之梯航""广列名题彰今目之伦序"四部分⑤，对东汉明帝永平十八年（75）到至元二十二年（1285）一千两百多年间的 194 位传译者和 1440 部经律论，总计 5586 卷佛教经典进行了整理和勘对。从中国汉藏文佛典

---

① （元）庆吉祥等集：《大元至元法宝勘同总录》卷一，《乾隆大藏经》第 150 册，北京：中国书店 2009 年，第 98 页。

② （元）庆吉祥等集：《大元至元法宝勘同总录》序，《乾隆大藏经》第 150 册，北京：中国书店 2009 年，第 94 页。

③ （元）庆吉祥等集：《大元至元法宝勘同总录》卷一，《乾隆大藏经》第 150 册，北京：中国书店 2009 年，第 98 页。

④ （元）庆吉祥等集：《大元至元法宝勘同总录》卷一，《乾隆大藏经》第 150 册，北京：中国书店 2009 年，第 98 页。

⑤ （元）庆吉祥等集：《大元至元法宝勘同总录》卷一，《乾隆大藏经》第 150 册，北京：中国书店 2009 年，第 99 页。

的首次大规模勘对这一角度说,确实是"晋宋之弘兴,汉唐之恢阐,未有盛于此也"①的重要工作。

　　据本书卷首所列的编修、执笔、校勘、校证、译语、证义、证明诸人的衔名可知,参与此次勘对的僧人和官员共计 29 人。其中汉族僧人 15 位(主要是华严宗等教僧),以庆吉祥为首,包括元初华严宗领袖、白马寺住持行育及其弟子慧觉等人;还包括藏族僧人 6 人、回鹘族(畏兀儿)僧人 5 人、印度僧人 1 人、蒙古族 1 人②。其中包括藏传佛教代表、帝师八思巴弟子叶琏国师、汉地佛教代表华严宗龙川行育和庆吉祥,以及回鹘佛教代表安藏、乞台萨里(二人都皈依藏传佛教萨迦派,为帝师巴思八弟子)等人。从这一人员组成上看,这次勘对并非是仅限于汉藏佛教界的一次经典整理,更透露出元朝统治者融合统一汉、藏、回鹘佛教的重要意图。

　　综上所述,藏传佛教萨迦派领袖八思巴通过为忽必烈提供政治和宗教支持、参与元初的"佛道之争"等,获得了元朝统治者的尊崇。而元朝帝王通过建立帝师制度、确立藏传佛教为"国教",也将帝师作为名义上的帝国最高佛教领袖,以及元政权管理和统一全国佛教的代言人。而在元政权管控和笼络被征服民族精英以巩固统治,统一西夏、高昌回鹘和汉、藏等地宗教的过程中,帝师也成为联系和统领中原汉地、江南、吐蕃、河西、回鹘等各地方佛教界代表和宗教领袖的中心人物,并成为元朝统治者管控全国宗教的重要中介。从这些方面来说,元朝以藏传佛教为主、"汉藏圆融"的佛教体系,也在很大程度上发挥了联系蒙古与汉、藏、回鹘、党项等民

————————————

① (元)庆吉祥等集:《大元至元法宝勘同总录》卷一,《乾隆大藏经》第 150 册,北京:中国书店 2009 年,第 98 页。

② 参见索朗桑姆:《〈至元法宝勘同总录〉研究》,中央民族大学 2015 年硕士学位论文。

族的宗教纽带作用,并促进了各民族与汉族的思想与文化认同。

三、宣政院制度及其对全国佛教的统一管控

(一)宣政院的设立与统一元朝宗教的意义

　　为了便于管理元帝国广大疆域内的宗教事务,忽必烈于至元元年(1264)设立总制院;至元二十五年(1288)又"改释教总制院为宣政院,秩从一品,印用三台,以尚书右丞相桑哥兼宣政使"①。宣政院作为元朝创设的重要宗教管理机构,其职能主要是"掌释教僧徒及吐蕃之境而隶治之",即管理全国佛教事务及西藏地区的政务。此外,为了进一步加强对各地佛教的管控力度,元政权还在地方设立了行宣政院,成为中央宣政院的分支机构,所谓"在朝廷曰宣政院,在诸道曰行宣政院,遐方置之,奉行宣政院事",见于文献记载的则有江南行宣政院、福建行宣政院、西藏行宣政院等三处。宣政院最高长官宣政院使多由中书省长官或帝师担任,并采用了"僧俗并用"的选官原则,"其为使位居第二者,必以僧为之,出帝师所辟举,而总其政于内外者,帅臣以下,亦必僧俗并用,而军民通摄"②,其目的则是兼顾世俗权力与宗教权力的平衡,从而更利于元朝统治者对宗教最高管理权的掌握和集中。

　　除了管理全国佛教和西藏地区的政治作用之外,宣政院制度还与帝师制度配合,成为元政权整合境内不同地域和民族佛教、统一佛教界的重要措施。对此,元人已指出:"宋金两朝南北殊风,而封释官秩颇存典故,然犹遵律印信未闻。迨我皇元世祖皇帝混一海宇,条纲制度一出睿思,谓以俗制于僧,殊失崇敬。谕天下设立

---

① (明)宋濂等:《元史》卷十五《世祖纪十二》,北京:中华书局1976年,第317页。
② (明)宋濂等:《元史》卷二百二《释老传》,北京:中华书局1976年,第4520页。

宣政院,僧录、僧正、都纲司,赐以印信,行移各路,主掌教门,护持教法。"① 可知元朝设立宣政院、建立新的僧纲制度的目的,正是要消除宋金两朝百年来的制度和宗教分立,实现疆域与宗教的融合"混一"。

(二)江南释教总统所的设立与裁废

"僧总统"或"释教总统"一职出现于元初,史载元世祖忽必烈最早对八思巴"授以玉印,任中原僧总统",负责管理"天下释教"。而在中央设置释教总统所的同时,地方各路也设立了诸路释教总统所。如至元二十八年(1291),元朝"以陇西四川总摄辇真术纳思为诸路释教总统"② 等。至元十四年(1277)(灭南宋后的第二年),忽必烈又设立管理原南宋地区佛教的行政机构——江南诸路释教总统所,并指派八思巴弟子、藏传佛教僧人杨琏真伽、北方华严宗领袖行育等人为总统。但这一机构并未很好地发挥其管控江南佛教、巩固统治的作用,释教都总统杨琏真伽等人盗掘南宋帝陵,结党受贿,"使江淮之民愁怨载路"。对此,八思巴弟子沙罗巴指出:"时僧司虽盛,风纪寖蔽,所在官吏既不能干城遗法,抗御外侮,返为诸僧之害。桂蠹乘痈,虽欲去之,莫能尽也,颓波所激,江南尤甚。"③

元成宗即位后,于元贞元年(1295)任命沙罗巴出任江南释教都统,整顿江南僧政。据《佛祖历代通载》载,沙罗巴"以诏授江浙

---

① (元)念常集:《佛祖历代通载》卷二十二,《大正新修大藏经》第49册,第729页。

② (明)宋濂等:《元史》卷十六《世祖纪十三》,北京:中华书局1976年,第344页。

③ (元)念常集:《佛祖历代通载》卷二十二,《大正新修大藏经》第49册,第729页。

等处释教总统,既至,削去烦苛,务从宽大,其人安之。既而改授福建等处释教总统",他还建议元廷裁撤江南等地的释教总统所,"夫设官愈多则事愈烦,今诸僧之苦,盖事烦而官多也,十羊九牧,其为苛扰可胜言哉! 建言罢之。以闻,诏罢诸路总所。议者称其高"①。在沙罗巴等人的建议下,以及元政权对江南等地的统治稳定后,元成宗于大德三年(1299)五月,下令罢江南诸路释教总统所,此后不再复置。由此可知,江南诸路释教总统所的设立与裁废,是元政权管控原南宋地区宗教的产物,其最终目的则是巩固军事征服和统一的成果,并强化对江南等地区的政治控制。

(三)江南"行宣政院"的设立

"行宣政院"主管江浙佛教事务,始立于元世祖忽必烈至元二十八年(1291),此后直至元朝灭亡,期间历经数次裁撤和复设,前后存在时间约 63 年②。"行宣政院"实际上属于管理全国宗教事务的中央宣政院在江浙地区的分支机构,并且具有一定的管理江南地区佛教事务的独立权力。行宣政院成立的背景是,前述江南释教都统杨琏真伽因盗掘南宋帝陵、贪污官物等事激起江南民怨,并于至元二十八年(1291)被检举撤职。随后元朝设立新的宗教管理机构——行宣政院,其长官由俗人而非僧人担任,"管理江南诸省地面僧寺功德词讼等事"。大德三年(1299)元成宗裁撤江南诸路释教总统所后,行宣政院便成为元朝管理江南地区宗教事务的主要机构。

行宣政院作为代表元政权管理江南宗教的机构,发挥了笼络

---

① (元)念常集:《佛祖历代通载》卷二十二,《大正新修大藏经》第 49 册,第729 页。

② 关于江浙行宣政院设立的历史,参见邓锐龄:《元代杭州行宣政院》,《中国史研究》1995 年第 2 期。

江南佛教代表人物、统一南方宗教界的重要作用。如学者研究,据现存元代文献的不完全统计,从元成宗大德七年到元顺帝至正末年(1303—1368),接受宣政院任命而住持名刹大寺的佛教名僧有38人,其中得到封号的有19人。这些僧人不限于"禅教二门",但以南方的禅宗僧人受封最多,如月江正印被赐号为"佛心普鉴禅师",楚石梵琦受赐号为"佛日普照慧辩禅师",千岩元长受赐号为"佛慧国鉴大元普济大禅师"等。当时接受元朝赐号的禅师也大都以此为荣,并被时人记入碑传中。元朝统治者及行宣政院通过住持任命、赐号、赐法衣等行动,实际上拥有了管控江南佛教的最高权力,并向南方宗教界及民众宣示了中央政权的合法性;而南方禅教领袖对这些任命和赐号的接受,也表现出原南宋宗教界对元政权的认可和服从。

由此可见,元朝在江淮、江浙等原南宋地区派驻僧总统,设立释教总都统所和行宣政院等机构,其主要职能就是管控和统一南方佛教,以及贯彻执行"以藏统汉""崇教抑禅"的宗教政策,最终在精神文化上消除南宋政权的影响,在政治上获得南方宗教界和民众的合法性认同,最终巩固元政权的统一和稳定。

综上所述,元朝在圆融和统一汉地南北佛教、藏传佛教、回鹘佛教、河西(西夏)佛教等不同佛教体系,巩固元政权的统一和政治稳定的过程中,帝师制度和宣政院制度发挥了重要作用。对此,可以从以下方面理解:

首先,帝师制度和宣政院制度是元朝建构统一佛教体系、巩固大一统帝国的重要举措。伴随着帝师制度和宣政院制度的设立,南北方汉地、吐蕃、河西、回鹘等地佛教统归于中央政权管理,藏传佛教的地位也居于汉地佛教"禅教二门"之上,由此形成了以藏传佛教为核心("国教")、"藏汉圆融"的佛教体系。这一佛教体系作为元政权整合和统一原金、南宋、吐蕃、回鹘、大理等"诸国释教"的结果,也为元朝的政治统一、社会稳定及民族和文化认同提供了宗教信仰和思想文化上的支持。

其次,帝师制度和藏传佛教是元政权合法性和神圣性的象征。忽必烈设立帝师制度、宣政院制度和扶持藏传佛教萨迦派,及其后元朝统治者对藏传佛教的尊崇,实际上是将以八思巴等为代表的帝师和藏传佛教作为宣扬元政权合法性和神圣性的重要象征。八思巴等人也通过其实际行动(为忽必烈及元朝帝王提供政治决策咨询及宗教上的"祝延圣寿"、祝祷平叛战争胜利等)和理论著述(如八思巴创作《彰所知论》将元朝帝王神化为"转轮圣王"和"世界君主"),为元朝统治者、元政权及其统一战争提供了合法性论证。从这些作用上来说,藏传佛教和帝师制度为元朝的统治稳定和政治统一提供了宗教方面的重要论证和支撑。

再次,藏传佛教和帝师成为维系和统一被征服地区民众的重要宗教纽带。八思巴等帝师作为元朝佛教界领袖,通过宗教事务的管理(与宣政院配合管理西藏和全国佛教事务)、传法对象的扩大(吸收原有地方政权的精英遗民为帝师弟子和藏传佛教信徒)[1]、教规制订和经典整理(如八思巴制订《出家授近圆羯磨仪范》,勘对整理汉藏佛经并编纂《至元法宝勘同总录》)等,发挥了融合和统一元政权各地方佛教的实际作用。对此,西夏、回鹘及汉地的精英人物(前述乞台萨里、安藏、沙罗巴等人)和宗教领袖(如前述北方华严宗领袖龙川行育,编纂《佛祖历代通载》的江南

---

[1] 据《汉藏史集》记载,八思巴在内地时剃度的汉地、印度、西夏、蒙古、高丽、畏兀儿、合申等比丘、比丘尼、沙弥、沙弥尼等多达四千四百二十五人。参见达仓宗巴·班觉桑布著,陈庆英译:《汉藏史集》,拉萨:西藏人民出版社1986年,第224—227页。

禅僧念常等人）通过"皈依帝师"和改宗藏传佛教、接受帝师和宣政院的统领和管控，也成为元朝"藏汉圆融"统一佛教体系的重要组成部分。

从宗教思想对元朝时代课题的解读来说，元朝统治者通过建立这一以藏传佛教为核心、"藏汉圆融"的佛教体系，重新整合和统一了自唐宋以来辽金、两宋、西夏、高昌回鹘、吐蕃等各地方政权分立的佛教，从而为大一统帝国提供了思想和宗教的支撑，进而促进了元帝国境内各民族的文化和政治认同。

第四节　宗教思想界对元朝时代课题的论证

蒙古政权和元朝在征服西夏、金朝、吐蕃、大理及南宋等政权，逐步统一中国的过程中，也对这些政权的佛教、道教等主流宗教进行了有意识的整合与利用，从而为政治上的统一和稳定提供了宗教方面的支撑。在这一整合过程中，蒙古统治者先后通过支持全真教和北方禅宗的政策，以继承和整合金朝佛道等宗教；通过施行"崇教抑禅"和"崇佛抑道"政策，重新调整汉地宗教格局；通过扶持藏传佛教萨迦派、设立帝师制度和宣政院制度，建构了以藏传佛教为首、"汉藏圆融"的统一佛教体系，赋予佛教"国教"地位。而其最终目的，则是将原金朝、南宋、吐蕃、西夏、回鹘和大理等政权的宗教统一置于元政权的管控之下，实现元帝国政治和宗教思想的双重统一，以及被征服地区民众对元政权的服从和认同。

与此同时，元朝宗教思想界也对元政权的统治合法性、元朝宗教和政治的"大一统"进行了论证。这在元朝藏传佛教帝师八思巴，禅宗僧人念常、德辉、祥迈，华严宗僧人文才，天台宗和净土宗僧人怀则、天如则，以及奉佛居士刘谧等人的经论、史传、义疏等论著中都有明显的体现,反映出当时宗教思想界对于结束长期政治分立,实现政治、宗教和文化统一的元朝时代课题的思想回应。

一、佛教思想界对元朝统治者合法性的论证

蒙古统治者一直支持佛教的发展,特别是元世祖忽必烈更将以藏传佛教为核心的佛教树立为国教,并优礼藏汉佛教领袖。对此,元朝佛教思想界的代表人物也在史传经疏等著述中表达了对忽必烈等元朝帝王"护法之功"的感激,并赞颂其为统治世界的"转轮圣王"、继承中华道统的"正统帝王"、教权与皇权合一的"当今如来"。此外,元朝佛教思想界还注意宣扬佛教协助"王化""为国祝祷""祝延圣寿"等巩固元政权统治的现实价值等。元朝佛教思想界通过上述论证,在宗教思想上表明了佛教界与元朝帝王合作、服从元政权统治,以及协助元朝巩固政治和宗教统一的意图。

(一)八思巴《彰所知论》所论证的"世界君主"模式

藏传佛教和帝师八思巴在得到元世祖忽必烈尊崇的同时,也着力论证了忽必烈及其统治的神圣性和合法性,将其描述为佛教传说中的"转轮圣王"。至元四年(1267)"世祖皇帝用帝师班言,置白伞盖于御座之上,以镇邦国。仍置金轮于崇天门之右,铁柱高数丈,以铁緪四系之,以表金转轮王统制四天下,皆从帝师之请也"①。从中可知,忽必烈接受了八思巴的建议,将自己与佛教传说中的"金转轮王"联系起来,并借此显示其统治的正统性和神圣性。八思巴受封帝师之后,还应忽必烈太子真金(后追尊为"裕宗皇帝")之请创作了《彰所知论》一书,作为弘传藏传佛教核心教

---

① (元)熊梦祥著,北京图书馆善本组辑:《析津志辑佚》,北京:北京古籍出版社 2001 年,第 214 页。

义、论证元朝帝王统治合法性的重要说明。对此,据该书末的题记载:"《彰所知论》者,乃先皇裕宗皇帝,圣明观照,神智睿鉴。愍邪见之炫惑,伤正涂之壅底。劝请帝师法王,利乐有情故。阐扬至觉真理,原始要终,修习次第之大旨也。"① 念常在《佛祖历代通载》中也称:"今兹《彰所知论》,乃裕宗潜邸时请师所说也,大旨约标器情道果无为五法,总摄一切所知,故名此论。……苟非具大智辩穷法实相,其孰能明空劫邻虚之细大,昭然如庵摩勒果观于掌中哉。"②

第一,《彰所知论》对大乘佛教基本教义的宣说。

《彰所知论》题为"元帝师发合思巴造,宣授江淮福建等处释教总统法性三藏弘教佛智大师沙罗巴译"③。可知此书主要由帝师八思巴口授,其弟子沙罗巴记录并译写为汉文。全书正文分为五品:第一《器世界品》:"谓器世界所成之体,即四大种,种具生故",主要论述物质世界的形成及其本体,相当于藏传佛教中的宇宙生成论;第二《情世界品》:"谓情世界总有六种:一者地狱,二者饿鬼,三者傍生,四者人,五者非天,六者天",主要论述"有情众生"(即具有思维觉知能力、"情识真心"的众生)的种类和内涵,其中最主要的是解说人类产生后的传说历史;第三《道法品》:"复次道者,谓彼少欲知足,具种性者,身心远离种种群杂,住近事戒等",主要讲说"四念住""八正道""三界""三十六道品"等佛教基本教义;第四《果法品》("复次果者,如上所说三十七品菩提分法,为

---

① (元)发合思巴造,(元)沙罗巴译:《彰所知论》卷下,《大正新修大藏经》第32册,第236页。
② (元)念常集:《佛祖历代通载》卷一,《大正新修大藏经》第49册,第490页。
③ (元)发合思巴造,(元)沙罗巴译:《彰所知论》卷上,《大正新修大藏经》第32册,第226页。

自解脱轮回发心")和第五《无为法品》("复次无为法者,有其三种:一虚空,二择灭,三非择灭")主要解说大乘佛教解脱论的基本教义。

第二,《彰所知论》所建构的兴隆佛教诸国王统。

值得注意的是,八思巴在描述佛教宇宙论中的"情世间"(即人类世界)时,特别列举了印度传说中的"五转轮王"及其后至释迦牟尼的释迦族世系,紧接着列述了"依法兴教"的"别种王",即印度、西域乃至中国境内各信仰佛教、弘扬佛法的国家和国王。文称:"又别种王依法兴教。如来灭度后二百年,中印土国有王名曰无忧法王,于赡部提王,即多分中结集时而为施主,兴隆佛教。后三百年,赡部西北方有王名曰割居尸割,三结集时而为施主,广兴佛教。梵天竺国、迦湿弥罗国、勒国、龟兹国、捏巴辣国、震旦国、大理国、西夏国等诸法王众,各于本国兴隆佛法。"① 此外,八思巴还较为详细地列举了吐蕃的古代王统,其目的则在于说明萨迦派的正统地位②。

第三,《彰所知论》将忽必烈视为统治世界的"转轮圣王"。

八思巴在《彰所知论》中将蒙古统治者也纳入兴隆佛教的圣王序列,并且将忽必烈称颂为佛教中的"转轮圣王"。《彰所知论》称:"北蒙古国,先福果熟生王,名曰成吉思。始成吉思从北方王多音国,如铁轮王。彼子名曰斡果戴,时称可罕,绍帝王位,疆界益

---

① (元)发合思巴造,(元)沙罗巴译:《彰所知论》卷上,《大正新修大藏经》第32册,第231页。

② 对此,八思巴称:"如来灭度后千余年,西番国中初有王曰呀乞栗赞普。……西番王种至今有在,斑弥达等翻译译主善知识,众广多有故,教法由兴。"(元)发合思巴造,(元)沙罗巴译:《彰所知论》卷上,《大正新修大藏经》第32册,第231页。

前。有子名曰古伟,绍帝王位。成吉思皇帝次子名朵罗,朵罗长子名曰蒙哥,亦绍王位。王弟名曰忽必烈,绍帝王位,降诸国土,疆界丰广,归佛教法,依法化民,佛教倍前光明炽盛。帝有三子:长曰真金,丰足如天,法宝庄严;二曰厖各辣,三曰纳麻贺。各具本德,系嗣亦尔,兹是始从释迦王种至今王种。"① 从中可知,八思巴赞颂忽必烈皇帝所统治的国土疆域的广大,以及按照佛法教化管理臣民("归佛教法,依法化民")、使"佛教倍前光明炽盛"的崇教功德,并将忽必烈作为从释迦族至今的正统王种继承者。与此同时,八思巴还将忽必烈视为佛教中统治世界的"转轮圣王":"转轮王出依法化民,下减之时婆伽梵出拔济众生,增减时间独觉出世,令诸有情而作福田。"② 这实际上是借助佛教教义赋予元朝帝王以统治合法性。

由上可知,八思巴作为元帝国的宗教领袖,他创作《彰所知论》的主要目的,就是借助佛教"转轮圣王"传说和相关教义论证忽必烈及蒙古统治者不仅是中国的合法君主,也是整个人类世界的圣王;这实际上是用宗教思想对其正统性和神圣性的论证。八思巴利用佛教思想进行的上述论证,也透露出如下的信息:即相比于儒家的"纲常伦理"与"夷夏之防",忽必烈等蒙古统治者更愿意采用"佛法"神化皇权并教化臣民。究其原因,佛教所提倡的众生平等和宏大世界观,也在思想上突破了传统儒家政治文化"贵华夏轻夷狄"的观念以及汉族中心论的界限,更有利于论证少数民族君主对中原的合法性统治,并且为元帝国的对外扩张提供理论

---

① (元)发合思巴造,(元)沙罗巴译:《彰所知论》卷上,《大正新修大藏经》第32册,第231页。
② (元)念常集:《佛祖历代通载》卷一,《大正新修大藏经》第49册,第489页。

依据①。

（二）《佛祖历代通载》所论证的"中华道统帝王"和"当今如来"模式

禅宗等汉传佛教在获得蒙古统治者保护和支持的同时，也为元朝帝王提供了与藏传佛教类似的政权合法性论证，但其方式则是借助南北朝以来的中原佛教传统，将蒙古大汗和元朝帝王论证为继承"中华道统"的正统帝王和教权皇权合一的"当今如来"。对此，可以《佛祖历代通载》一书中的论证为代表。该书作者为元朝中后期临济宗僧人、嘉兴祥符禅寺住持华亭念常。此书作为中国历史上重要的佛教史记，在体例形式上受到传统纪传体史书和南宋志磐《佛祖统纪》的影响。据虞集序记载，念常因为不满于《佛祖统纪》"书事无法，识者病焉"的缺陷，因此"动司马撰书之志"而重新编纂佛教史记，"乃取佛祖住世之本末，说法之因缘，译经弘教之师，衣法嫡传之裔，正流旁出散圣异僧。时君世主之所尊尚，王臣将相之所护持。论驳异同参考讹正，二十余年始克成编，谓之佛祖历代通载，凡二十二卷"②。念常作为禅宗临济宗僧人，全书着重于收录禅宗僧人事迹，突显禅宗祖系，但更侧重于彰显"时君世主之所尊尚，王臣将相之所护持"，其现实目的则是论证元朝统治者是符合中华道统的合法统治者，以及护持佛法的"明君圣主"和"当今如来"。其具体表现如下：

① 对此，正如学者研究指出的，八思巴在《彰所知论》中"把印度、汉地、大理、西夏、吐蕃、蒙古的王统并列起来，认为都是兴盛佛教的法王，这就打破了儒家千年来宣扬的中原正统论，为蒙古统一中国、对外扩张提供了思想理论根据。"参见陈庆英：《元代帝师制度及其历任帝师（上）》，《青海民族学院学报》（社会科学版）1991年第1期，第44页。
②《佛祖历代通载》序，《大正新修大藏经》第49册，第477页。

第一,向元朝帝王忽必烈和宗教领袖帝师八思巴致敬。

念常虽为江南禅宗僧人,但曾于元英宗至治三年(1323)北上燕京缮写金字经书,并曾师从当时的帝师①学习密法("帝师命坐授食,闻大喜乐密乘之要")②。他在书中对元世祖忽必烈和元朝首位帝师八思巴大加赞颂:对于忽必烈,念常称颂其为以弘扬佛教为己任、功业超越唐尧虞舜、堪为万世表率的伟大帝王:"今观《弘教集》,载世祖皇帝实录百余篇。字字句句,以弘教为己任……万机之暇不离念佛念法念僧,苟非大圣慈念群生特垂化迹,能如是邪?使唐虞再世,亦无以加矣,猗欤盛哉!敬录于前,以晓来学云"③,"钦惟世祖圣德神功文武皇帝,道契佛心,德超义圣,弘护大教。赐以皇天之下一人之上西天佛子大元帝师玺篆,宠优其尊师重道,岂特为万世帝王之彝典耶"④。对于帝师八思巴,念常则称其为开创一代典章的佛教领袖:"迨我皇元混一区宇,万邦咸宁,敬崇佛乘,礼请法王上师萨思迦大斑弥达发思巴惠幢吉祥贤为帝师。广兴好事,诏制大元国字,师独运摹画作成,称旨即颁行,朝省郡县遵用,迄为一代典章。"⑤

---

① 这里所说的帝师应为元英宗时第八任帝师贡噶洛追坚赞贝桑布,《元史·释老传》称"公哥罗古罗思监藏班藏卜"。

② (明)觉岸:《华亭梅屋常禅师本传通载序》,(元)念常集:《佛祖历代通载》,《大正新修大藏经》第49册,第477页。

③ (元)念常集:《佛祖历代通载》卷二十二,《大正新修大藏经》第49册,第725页。

④ (元)念常集:《佛祖历代通载》卷一,《大正新修大藏经》第49册,第490页。

⑤ (元)念常集:《佛祖历代通载》卷一,《大正新修大藏经》第49册,第490页。

　　第二,论证忽必烈和元朝帝王的道统地位。

　　《佛祖历代通载》一书的主要内容是依照"往古帝王"世系论述"教门隆替",全书列述了自盘古、三皇五帝至元末的帝王世系,并以此为纲,择要摘录佛教入华之后的重要事件、帝王奉佛事迹、著名高僧传记、重要中土佛教著述及其观点等。据该书《凡例》所载,全书包括:

> 　　世祖皇帝玉音一百段,出《弘教集》,实帝师大臣钦承对旨,谨置于编。帝师所说《彰所知论》,冠于篇者,尊之也。吾佛世尊未生以前时代,本不与书,欲便初学,卷自太古始。往古帝王,即位改元崩殂及僭国之主,宰臣护教尊法者,略见始末,余不书。帝王于圣教御制赞序及大臣硕儒撰述,其间有关大教者,皆具载焉。僧道对析论辨,详收始末以备参考。教门隆替,并依史籍编录,使来学知有自焉。诸祖事实,备载于示寂之年,仿先经终义之例。屏山居士《鸣道集说》凡二百一十七篇,今录一十九篇,盖彰其识见耳。教门事要,异同讹正略加考定,据诸传记撼集,不以私臆谬加论辨,或恐繁失于冗,简失于陋,以俟博雅之士改而正之。太史公《史记》称,黄帝三十八年命风后定甲子,始因而编之,随年列为横历于上。[1]

从中可知,全书将以忽必烈为首的元朝帝王与三皇五帝等中华历代"明君圣主"并列,实际上就是肯定元朝统治者的"道统"合法性。此外,念常以忽必烈的护法言论("玉音百段")为首,其次则摘

----

[1]（元）念常集:《佛祖历代通载》卷一,《大正新修大藏经》第49册,第478页。

录八思巴所作《彰所知论》的"器世界"与"情世界"两章(其内容为论证忽必烈为佛教中的"转轮圣王"),称其为"灿昏涂迷惑之真灯也",表示出对元朝皇帝和帝师的服从、敬意与赞颂。而从全书的这些体例编纂和内容安排上,也可以看出念常重编佛教史记以论证元朝皇帝的"中华正统帝王"地位和政治合法性的用意 ①。

第三,论证忽必烈的"当今如来"身份。

念常《佛祖历代通载》所记史事的年代下限为元顺帝元统元年(1333),虽然该书在时间跨度上涵盖了元朝历代皇帝,内容上包括元朝各帝的"弘教"史事,但元世祖一朝则占据了其中的绝大部分。念常把忽必烈的护教言论"玉音百段"专门列入书中,在元朝"佛道论辩""教门事要""诸祖事实"等史事记载中,也特别突出了忽必烈的护教功绩。这也反映出忽必烈作为帝国统治者和元朝宗教的实际领袖,在制定宗教政策、整合佛道格局、统一元朝宗教等方面所发挥的关键作用。

念常在论证忽必烈及元朝统治者"中华正统帝王"身份的同时,还将元朝帝王等同于教主和"佛",延续了宣扬"皇帝即是如来"、肯定教权统一于皇权这一南北朝以来中国化佛教的传统 ②。对此,念常摘引华严宗僧人宝集寺知拣、蜀僧元一等与忽必烈的对话,用来说明忽必烈的"当今如来"身份。"帝问拣坛主:何处有佛? 拣云:我皇即是佛。帝云:朕如何是佛? 拣云:杀活在于手,乾

---

① 这也是念常不满于《佛祖统纪》的主要原因所在,所谓"书事无法,识者病焉",实际上是指南宋人志磐所编的《佛祖统纪》无法为元朝统治者的合法性提供论证。

② 对此,北魏第一任"道人统"法果首倡皇帝"即是当今如来,沙门宜应尽礼",并称"我非拜天子,乃是拜佛耳",开启了中国佛教界肯定教权合一于皇权的政治传统。(北齐)魏收:《魏书》卷一百一十四《释老志》,北京:中华书局 1974 年,第 3031 页。

坤掌上平"①,"蜀僧元一游西天,回朝帝,帝问云:西天佛有么? 元
一奏云:当今东土生民主,何异西天悉达多"②。此外,念常在《佛祖
历代通载》中也将忽必烈视为受到佛祖"受记"护佑、"怨敌自退"
的"天命统治者"③,并宣扬忽必烈具有"与佛同寿""古佛示现"等
神迹,如称:"释迦如来住世七十九年,帝至七十九岁。乃云:与佛
同寿,不为夭矣","帝灵驾经宣德,现大圆光周遍天界,合境僧俗悉
皆瞻礼,盖显古佛示现之作用耳"④。

　　由此可见,念常编纂《佛祖历代通载》的主要目的,就是以史传
著作的形式论证元朝帝王的统治合法性,并借用中国化佛教"皇帝即
是如来"的思想模式肯定教权与皇权的合一,以此回报元朝统治者对
佛教的护持之功,并从佛学思想方面回应元政权的政治合法性需要。

(三)《敕修百丈清规》中论证的"祝寿报恩"与"阴翊王化"

　　《敕修百丈清规》一书是大智寿圣禅寺住持德辉奉元惠宗(元
顺帝)圣旨,对唐代百丈怀海禅师所制定的《禅门规式》的重编,据
元统三年(1335)圣旨称:

　　　　更为各寺里近年将那清规增减不一,教百丈山德辉长老

---

① (元)念常集:《佛祖历代通载》卷二十二,《大正新修大藏经》第49册,第722页。
② (元)念常集:《佛祖历代通载》卷二十二,《大正新修大藏经》第49册,第722页。
③ 文称:"世祖皇帝潜龙时,出征西国,好生为任,迷径遇僧,开途受记。由是光宅天下统御万邦,大弘密乘尊隆三宝","帝御北征,护神现身阵前,怨敌自退"。(元)念常集:《佛祖历代通载》卷二十二,《大正新修大藏经》第49册,第723页。
④ (元)念常集:《佛祖历代通载》卷二十二,《大正新修大藏经》第49册,第723、725页。

重新编了,教龙翔寺笑隐长老校正归一,定体行的,执把圣旨
与了也。皇帝为教门的上头,教依着这校正归一的清规体例
定体行,者么道是要天下众和尚每得济的一般。你众和尚每
体着皇帝圣心,兴隆三宝,好生遵守清规,修行办道。专与上
位祈福祝寿,报答圣恩,弘扬佛法者。①

从中可知,重编《百丈清规》是出于元朝统治者的授意,元顺帝希
望以此整顿和规范佛教戒律,规范僧人的修行生活("遵守清规,修
行办道"),其最终目的则是使佛教僧人"祈福祝寿,报答皇恩",即
更好地为皇帝和元政权服务。对此,德辉也通过重编《百丈清规》
表达了佛教界对元政权的服从和支持,这可以该书中的"祝寿法
事"和"报恩法事"清规为代表。

首先,德辉将《祝厘章》(为皇帝祝寿法事的规式)列为全书
第一章,并解释说:"钦惟国朝优遇尤至,特蠲赋役使安厥居,而期
以悉力于道。圣恩广博天地莫穷,必也悟明佛性以归乎至善,发挥
妙用以超乎至神,导民于无为之化,跻世于仁寿之域。以是报君,
斯吾徒所当尽心也。"②明确指出佛教徒应当对元朝统治者的特别
"优遇"和"广博圣恩"心怀感恩,并以修行归善、教化民众、为君主
祝寿等方式为统治者服务和"报恩"。

对此,《百丈清规》中规定的"祝寿法事"主要有以下几类:一
是在"圣节"即皇帝生日,寺院要专门建立"金刚无量寿道场"、诵
经拈香以"祝延今上皇帝圣寿万安,金刚无量寿";二是在"景命四

---

① (元)德辉重编:《敕修百丈清规》卷一,《大正新修大藏经》第 48 册,第
　　1110 页。
② (元)德辉重编:《敕修百丈清规》卷一,《大正新修大藏经》第 48 册,第
　　1112 页。

斋日"（即月旦、月望、初八、廿三四斋日）进行"祝赞"，寺院集众登
殿、唱经诵咒以"祝延今上皇帝圣寿万安"；三是"旦望藏殿祝赞"，
即于每月初一、十五两日，集合僧众在储藏佛经的"藏殿"绕旋行
道，"称念摩诃佛母圣号，端为祝延今上皇帝圣寿万安"；四是"每
日祝赞"，即僧众在斋、粥二时下堂后，登殿为皇帝祝寿。此外，在
千秋节即皇太子生日，要集合僧众上殿"讽诵《大佛顶万行首楞严
神咒》，称扬圣号，敬祝皇太子睿算千秋"；在善月即每年的正、五、
九月，"每日鸣大钟登殿，看经祝赞终月而毕"[1]。

　　其次，德辉将《报恩章》（为去世的帝后举行祝祷法事的规式）
列为全书第二章，并解释称："圣朝崇佛，世祖而下咸各建寺，谓由
佛应身以御天下，化仪既终复归佛位。在京官寺，于是设圣容具佛
坛场，月以五祭。设奠展礼如生，而致夫羹墙之思。洪惟圣化所
被，与佛之教流于无垠。而吾徒沐恩波濡圣泽，可不知所自而思所
报效焉。"[2] 从中可知，德辉将元朝皇帝视为佛的化身（"佛应身"），
将皇帝的统治视为佛的度化（"化仪"），因此要求佛教徒不仅要为
在世的元朝皇帝祝寿，同时也要为去世的帝王"应身佛"进行祭
祀，并在发生各种灾害时为国为君祝祷禳灾。

　　与此相应，《百丈清规》中列举的"报恩法事"主要有"国忌法
事"和"禳灾祈祷"两类：前者规定寺院应在"国忌日"即皇帝去世
后的忌辰，集合僧众"诵《大佛顶万行首楞严神咒》，称扬圣号"[3]；

①（元）德辉重编：《敕修百丈清规》卷一，《大正新修大藏经》第48册，第
　　1114页。
②（元）德辉重编：《敕修百丈清规》卷一，《大正新修大藏经》第48册，第
　　1114页。
③（元）德辉重编：《敕修百丈清规》卷一，《大正新修大藏经》第48册，第
　　1115页。

后者则指通过举行法事和诵经咒祛除各种自然灾害,包括针对洪涝的祈晴、针对旱灾的祈雨雪、针对蝗灾的遣蝗、针对日月蚀异常天象的祈祷等。此外,列为第三章的《报本章》则规定了佛降诞、佛成道涅槃、帝师涅槃等三大法事活动的"规式",即对佛教教主释迦牟尼和元朝帝师"报本"感恩的法事,其中又以祭奠帝师拔合斯八(八思巴)的活动最具元朝特色。《百丈清规》规定在八思巴忌辰日,寺院应在法座上敬安帝师牌位,并"严备香花灯烛茶果珍羞供养"①,而后鸣钟集合众僧共同礼拜。这也反映出帝师是元朝宗教统一的象征,以及藏传佛教在元朝佛教中处于核心地位。

从德辉重编《百丈清规》的上述内容可知,对于元朝佛教徒来说,最重要的教门清规并非是佛教内部的修行规式和戒律仪轨,而是为当朝帝王祝寿、为已故帝王和帝师祭奠、为国家祈福禳灾等规式。也就是说,在元朝统治者和佛教界领袖看来,除了宗教上的修行解脱,佛教的主要价值在于发挥"体用双修,阴翊王化"的辅助统治作用。

(四)元朝宗教界为统治者所做的"祷祝圣寿"

在成吉思汗、忽必烈等蒙古统治者看来,包括佛教僧人在内的各种宗教人士都是"告天的人"②,他们的主要作用之一就是为统治者祝寿祈福③。成吉思汗在圣旨中免除全真教的赋役时,所提到

---

① (元)德辉重编:《敕修百丈清规》卷一,《大正新修大藏经》第48册,第1117页。

② (元)念常集:《佛祖历代通载》卷二十一,《大正新修大藏经》第49册,第703页。

③ 据《佛祖历代通载》记载,"阿合麻丞相奏:天下僧尼颇多混滥,精通佛法可允为僧,无知无闻宜令例俗。胆巴师父奏云:多人祝寿好?多人生怒好?帝云:多人祝寿好。其事乃止"。(元)念常集:《佛祖历代通载》卷二十二,《大正新修大藏经》第49册,第725页。

的唯一原因就是"丘神仙应有底修行底院舍等,系逐日念诵经文告天底人每,与皇帝祝寿万万岁者"①;窝阔台南征北还路过燕京的全真教长春宫,"皇后嫔妃幸长春宫,降香设斋,特赐三洞四辅道经一藏,令旦望看读,为国焚修,与民祈谷者"②,命令全真掌教尹志平等为蒙古皇族"祈福祝寿"。此外,在乃马真后和海失迷后称制时期发给全真教的懿旨中,均有"与皇帝、皇后、太子、诸王、诸子告天念经,祈福祝寿万安"③的指示。

　　元朝宗教界除了按照统治者的要求"祷祝圣寿",也主动论证"为国祝祷"的合理性。如元朝禅宗僧人楚石梵琦禅师和昙芳守忠禅师等人,在上堂讲法时首先要为皇帝及帝师祝寿,文称:"端为祝延:今上皇帝圣躬万岁万万岁陛下,恭愿乃圣乃神,乃武乃文,四海咸歌有道;自西自东,自南自北,八方尽乐无为。次拈香云:此一瓣香,奉为皇天之下一人之上西天佛子大元帝师大宝法王,资培福慧。"④元朝智彻禅师在《禅宗决疑集》篇首也首先祝赞皇帝和国家:"以兹善利,祝愿今上圣明帝主,以四海为家,万民为子,皇纲大振,众国来朝,德誉名扬,十方归顺,不施刑政,坐致太平,福寿无疆,山河一统,金枝挺秀,玉叶联芳,永播尧风,长辉舜日。"⑤元朝净土宗僧人普度在《庐山莲宗宝鉴》开篇首先感激元帝对该书

①（元）丘处机:《长春真人西游记》卷下,张继禹主编:《中华道藏》第47册,北京:华夏出版社2004年,第22页。

②（元）李志全:《清和演道玄德真人仙迹之碑》,陈垣编纂,陈智超、曾庆瑛校补:《道家金石略》,北京:文物出版社1988年,第539页。

③《北极观懿旨碑》,陈垣编纂,陈智超、曾庆瑛校补:《道家金石略》,北京:文物出版社1988年,第486页。

④（元）楚石梵琦:《楚石梵琦禅师语录》卷二十,《大藏新纂卍续藏经》第71册,第562页。

⑤（元）智彻述:《禅宗决疑集》,《大正新修大藏经》第48册,第1014页。

的认可,并以"齐心念佛"为帝后皇室等祝寿祈福:"自晋至今仅乎千载,感斯恩耀,遐方异域,若贤若愚,皆从化焉。悉以齐心念佛,仰祝皇帝圣寿万安,天下太平,法轮常转,熙熙然舜日尧风,即此世界为极乐世界也","镂板已遂毕工,所集洪因,端为祝延皇帝圣寿万安,皇太后皇后齐年,太子诸王千秋,文武官僚高增禄位,皇图永固,佛日光辉,凡曰见闻同成佛道"①。

　　综上所述,蒙古统治者在扶持藏传佛教、汉地佛教及全真教等宗教的同时,佛道宗教界也对元朝帝王的统治进行了合法性论证。这主要体现为对元朝皇帝正统身份的论证,以及通过祝寿报恩表达对皇权的服从和认可两方面。对于前者,藏传佛教帝师八思巴为忽必烈等元朝统治者提供了佛教"转轮圣王"的世界君主模式,而汉地禅宗念常、德辉等人则将元朝君主与中原历朝的正统帝王并列,论证其继承中华政治"道统"的身份;此外,汉地佛教界继续宣扬"皇帝即是当今如来"的观念,将元朝帝王与佛陀等同,肯定皇权与教权的合一。对于后者,元朝宗教界则普遍履行"告天者"的义务,即为皇帝"祝寿祈福",为国家"祝祷禳灾"。他们一方面借用儒家思想中的"报恩"观念,强调佛教徒对皇帝的服从和祝祷义务;另一方面则通过禳灾法事、劝化民众等方式,强调佛教在巩固政治统治和社会稳定中的重要作用。而从蒙古统治者与佛道宗教界的密切关系和互动来说,上述论证不仅是宗教思想界服从和支持元政权的表现,同时也是元朝政治与宗教互相利用的思想映射。

---

① (元)普度编:《庐山莲宗宝鉴》,《大正新修大藏经》第47册,第304,303页。

二、宗教思想界对三教思想统一的论证

对于蒙古统治者和元政权来说,需要解决的首要问题是如何保证统治的稳固和政治上的统一;元朝宗教界的服从和统一,则成为政治统一的重要支撑和辅助。因此,元朝在支持汉藏佛教、道教等发展的同时,也注意通过"崇佛抑道""汉藏圆融"等宗教政策的施行,宣政院、江南释教总统所等宗教管理机构的设立,以及创设帝师制度、组织汉藏佛经对勘、建造寺塔等举措,宣示元朝统治者对宗教的最高管理权。与此同时,元朝宗教界也延续了唐宋以来的三教合一思潮,对宗教思想的统一进行了论证,从而呼应了元政权对于政治"大一统"的现实需要及时代课题的解答。

(一)以心性论作为统一宗教思想的理论基础

就现有的元朝宗教文献来看,包括佛道教在内的汉地宗教界依然延续了唐宋以来的思想融合趋势,并以心性论为基础论证三教思想的统一。如前文所述,金朝的儒佛道代表人物都注意论证三教思想的统一;全真教作为三教合一思潮的产物,就吸收了佛教禅宗"即心即佛"的心性论和"明心见性"的修行论,并以其为基础改造为全真教的心性本体论[①]。元朝佛教的禅宗、华严宗、天台宗、净土宗等宗派,也都围绕真心本体和"唯心"思想进行思想的会通。具有代表性的例证如下:

第一,元朝华严宗对"真如一心"和般若思想的会通。

在蒙古统治者支持下,元朝华严宗呈现出复兴之势,并出现了行育、文才等华严学高僧;而在元朝华严学理论著作方面,则以文

[①] 参见本书第三章《金朝佛道教思想与文化认同》第三节《金朝全真教及其三教会通思想》。

才所著《肇论新疏》较具代表性并较有新意。该书的主要特色在
于,运用唐代华严学的"真如一心"思想来解说会通后秦僧肇《肇
论》(含《不真空论》《物不迁论》《般若无知论》《涅槃无名论》四
论)中的般若学思想。据文才自述:"嗟呼姚秦迄唐二百余载,历
贤首清凉圭山贤圣之僧,皆援之以断大义,独不为发挥其曲要以召
方来,致令诸说凿枘纷纶,莫知所以裁之之正。乃因暇日谨摭诸先
觉之说,别为训解以授座下。"① 在文才看来,《肇论》虽然是澄观
("清凉")、宗密("圭山")等唐代华严宗祖师阐发教义的重要依据
之一,但却没有运用华严思想系统阐发解释《肇论》的注疏;他的
目的就是要以华严"训解"《肇论》,进而会通华严与般若思想。而
这种"会通"的理论基础则是作为本体的"真如一心",例如文才在
注释《肇论·宗本义》章时称:"四论所崇曰宗,本谓根本,通法及
义,法有通别。通者,即实相之一心。中吴净源法师云:然兹四论,
宗其一心。然四论虽殊,亦各述此一心之义也。别者,即四论所宗
各殊,所以尔者,非一心无以摄四法,非四法无以示一心,即一是四
即四是一。"② 也就是说,《肇论》四篇所阐述的"实相""般若"等
佛法,本质上都是"真如一心"的表现,是真心本体的别与用。因
此《不真空论》《物不迁论》《般若无知论》《涅槃无名论》等四论
其实都是在阐发"真如一心",所谓"总括六合之事,以为灵鉴之
心,未有一法非心也"③。可见文才对《肇论》的注疏,只是进一步强
调了"真如一心"的本体地位,这也是元朝佛教思想界围绕心性论
统合佛教各宗思想的重要表现。

　　第二,以"唯心净土"为基础的元朝"禅教融合"。

---

① (元)文才述:《肇论新疏》卷上,《大正新修大藏经》第45册,第201页。
② (元)文才述:《肇论新疏》卷上,《大正新修大藏经》第45册,第201页。
③ (元)文才述:《肇论新疏》卷下,《大正新修大藏经》第45册,第241页。

　　净土信仰与禅宗、天台宗、华严宗等的融合是唐宋时代汉地佛教的重要特点之一。净土信仰在元朝也颇为兴盛,禅宗、天台宗等"禅教二门"则在心性本体论的基础上,围绕"唯心净土"思想和念佛法门等进行了"禅净合一""台净合一"的会通融合。

　　元朝"禅教二门"普遍持"唯心净土"思想,即将传统的净土往生信仰与心性本体论结合,将"明心见性"与"往生净土"等同。对此,元朝天台宗僧人怀则《净土境观要门》(元武宗至大三年,1310)就称:"一切世间中,莫不从心造。是则极乐依报国土、宝树宝地宝池、弥陀海众正报之身、三十二相等,皆是我心本具,皆是我心造作,不从他得,不向外来。能了此者方可论于即心观佛,所以得云唯心净土本性弥陀。"[1] 天如则在其《净土或问》中也称:"所谓十方微尘国土者,惟吾心中之土也。三世恒沙诸佛者,惟吾心中之佛也。知此则知无一土不依吾心而建立,无一佛不由吾性而发现","诸刹诸尘,尘尘皆唯心之极乐也;一尘一佛,佛佛皆本性之弥陀也"[2]。在他们看来,所谓"净土"就在每个人都具有的"自心自性"之中,通往净土世界的途径就是开发内在的佛性,这与禅宗的"明心见性""自性成佛"的修行解脱论并无本质的不同。

　　此外,元朝佛教界也将"念佛"视为"禅教二门"共同的修行法门,将修习往生净土作为佛教各宗派的共同归宿。对此,禅僧悟勤在《净土或问序》中称:"参禅余所不去,念佛亦非去者。禅主见性,佛念离尘。窃谓念佛一门实为禅教共履之通途。"[3] 指出了念佛是"禅教合一"的重要途径;该书进一步提出:"乃佛乃祖,在教在禅,皆修净业,同归一源。入得此门,无量法门悉皆能入","余尝

①(元)怀则述:《净土境观要门》,《大正新修大藏经》第47册,第290页。
②(元)天如则:《净土或问》,《大正新修大藏经》第47册,第294、295页。
③(元)天如则:《净土或问》,《大正新修大藏经》第47册,第292页。

闻一老宿言曰:合五家之宗派,尽天下之禅僧,悟与未悟,无有一人不归净土者"①,也就是将净土信仰作为所有教门和禅宗所追求的共同归宿。这里所说的"念佛一门实为禅教共履之通途""皆修净业,同归一源""无有一人不归净土"等观点,都明显反映出元朝佛教的"禅净合一""禅教合一"及各宗思想的进一步融合。

（二）《三教平心论》和《辩伪录》对三教合一思想的论证

元朝奉佛居士刘谧所著《三教平心论》是反映元朝宗教界三教合一思想的重要文献之一。该书一方面批评"辟佛者",为佛教辩护②,另一方面也主张以佛教为主体的"三教合一"。该书在很大程度上反映出元朝佛教思想界和奉佛士大夫阶层的主流看法。

首先,该书认为"三教之意皆归于善",三教可以会通于"归善"。刘谧称:"大抵儒以正设教,道以尊设教,佛以大设教。观其好生恶杀,则同一仁也;视人犹己,则同一公也;征忿窒欲,禁过防非,则同一操修也;雷霆众聩,日月群盲,则同一风化也。由粗迹而论,则天下之理不过善恶二涂,而三教之意无非欲人之归于善耳。故孝宗皇帝制《原道辩》曰:以佛治心,以道治身,以儒治世。诚知心也身也世也,不容有一之不治,则三教岂容有一之不立。"③在他看来,佛儒道三教在仁("好生恶杀")、公("视人犹己")、操修("窒欲防非")、风化(即教化民众)等方面是一致的,本质上都是教人为善,三教在此基础上可以并行不悖。从这一角度来说,佛教也发挥

①（元）天如则:《净土或问》,《大正新修大藏经》第47册,第293页。
② 刘谧在文中反驳了唐傅弈、韩愈、欧阳修及程颐、程颢、朱熹、张载等人的反佛言论。并说:"夫释氏之说,既非儒者所能穷,亦非儒者所能及,孰谓其可毁哉。韩愈毁之,不知佛者也;先儒毁之,效韩愈者也。"（元）刘谧:《三教平心论》,《大正新修大藏经》第52册,第792页。
③（元）刘谧:《三教平心论》,《大正新修大藏经》第52册,第781页。

了劝善治国的重要作用。刘谧论证称："今之以佛为师者，默则诚语则善，所到劝人拙恶而趋善。其人以此相化，克己斋戒，好生止杀，称诵佛经，悛心改行，为仁为慈，为孝为廉，为恭为顺。盖日有迁善而不自知者，则不素餐兮，亦孰大于是哉！"[1]

其次，三教虽可会通为一，但彼此之间仍有广狭高低之别。刘谧认为，从三教所发挥的终极作用（"以极功论"）及流传范围、教义内涵、施用对象等方面来看，三教依然有高低、广狭之别。就三教的流行范围来说，佛教远比儒家、道教广大："故尝试譬之，儒教之所行者，中国也；道教之所行者，天上人间也；佛教之所行者，尽虚空遍法界也。……此三教广狭之辨也"；就三教修习者所涉及的时间跨度来说，佛教更为久远深刻："学儒者死而后已，盖百年间事也；学道者务求长生，盖千万年也；学佛者欲断生死湛然常住，盖经历尘沙劫数无有穷尽也。……此三教久近之辨也"[2]；而就三教所发挥的终极作用（"极功"）来说，儒家"可以致君，可以泽民，可以安国家而立社稷，可以扶世教而致太平，功成身老，名在青史"，学道教者"可以尸解，可以飞升，可以役鬼神而召风雨，可以赞造化而立玄功，寿量无穷快乐自在"，而学佛者"超诸方便成十力，还度法界诸有情，佛之极功如此而已"[3]，相比之下佛教的境界则更为高远和广大。最后，刘谧站在"优佛教而劣儒道"的立场上，提出"三教未尝不合为一也"，但这种合一是以佛教为中心的"合一"，是儒道二教合于佛教。刘谧称："谓三教可合而为一，则若儒若道，皆可诱而进之于佛。"[4]

① （元）刘谧：《三教平心论》，《大正新修大藏经》第52册，第785页。
② （元）刘谧：《三教平心论》，《大正新修大藏经》第52册，第782—783页。
③ （元）刘谧：《三教平心论》，《大正新修大藏经》第52册，第782页。
④ （元）刘谧：《三教平心论》，《大正新修大藏经》第52册，第784页。

　　此外,祥迈《辩伪录》一书也提出了三教平等和归一的思想,
该书是禅宗僧人祥迈奉元世祖之命所作,其内容则是对至元十八
年及蒙哥汗时期"佛道之争"的总结。对此,据祥迈弟子贵吉祥所
作《辩伪录序》称,祥迈"切见全真道士者丘处机、李志常、史志经、
令狐璋等,学业庸浅,识虑非长,并为鄙辞,排毁正法,击兹布鼓,窃
比雷门,使中下之流咸生邪见。钦奉薛禅圣明皇帝发大悲心,愍其
盲聋,恐堕泥犁,敕令制斯论耳"①。祥迈除了记载元初佛道论净的
史事,以及批判否定道教的史传和教义②,同时也认为佛教与儒家
(孔子思想)、道家(老子思想)三教和佛孔老"三圣人"平等,并且
在"扶皇化"即发挥政治辅助作用方面,三教可以并立会通。但在
祥迈看来,这种归一是以佛为主,与儒家和道家而非道教的并立,
祥迈称:"夫三圣人教列于中国,犹鼎足而峙以扶皇化。夫子之言
仁义者,轨于不道之士也。老子之守谦退者,息于躁竞之徒也。释
氏之谈性命者,欲令返源也。"③之所以会出现元朝佛道的分歧和争
论,主要是由于晚近出现的全真教未能继承老子思想的真谛,并且
丢失了道家原有的思想精髓,文称:"晚世道士专尚夸诞,以谲诡不
经为奇异,以诳妄不真为妙门,弃二篇之醇浓,杂三张之秽术。王

─────────

① (元)祥迈:《辩伪录》卷一,《大正新修大藏经》第52册,第752页。
② 祥迈在书中列举并批判了道教史传的"妄立天尊伪""偷佛经教伪""创立
　劫运年号伪""随代为帝王师伪""老子出灵宝三洞伪""周文王时为柱下
　史伪"等,此外还批判了产生于汉魏时代的传统金丹道"合气之术"("合
　气为道伪"),称其:"或有合气而为道,父子聚尘。或有夺精而采神,男女混
　杂。扣齿谓之天鼓,咽津谓之醴泉。呼男根为金茎,只图强劲;呼女窍为玉
　户,潜隐丑名。呼童女为真人,呼交构为龙虎。婴儿姹女,铅汞丹炉。故曰:
　开命门抱真人,婴儿回龙虎戏。"(元)祥迈:《辩伪录》卷一,《大正新修大
　藏经》第52册,第761页。
③ (元)祥迈:《辩伪录》卷三,《大正新修大藏经》第52册,第765页。

害风以颠狂为至德,不识道之渊源;丘处机以行鸢为神奇,失全真之要妙。"①

由上可知,刘谧《三教平心论》和祥迈《至元辩伪录》对"三教"关系的论证,都主张以佛教为中心而会通儒道,并在佛教本位的立场上使儒道归一于佛,这也与忽必烈等元朝统治者扶持佛教并建构以佛教为中心的统一宗教体系和思想体系的意图相呼应。

(三)八思巴《根本说一切有部出家授近圆羯磨仪范》的佛教融合意义

《根本说一切有部出家授近圆羯磨仪范》一书署名"元拔合思巴集",即帝师八思巴所撰著,其主要内容是对"出家白众僧仪范""初作仪范(剃发授衣)""出家仪范(授三归依)""授沙弥律仪轨范""授具足戒仪范""三衣仪范""示钵仪范""守持波怛罗仪范""屏教师仪范""授近圆戒初作仪范""授近圆根本仪范""次依世间喻说仪范"等十二类僧人戒律仪轨的规定。而就该书的成书目的来说,《根本说一切有部出家授近圆羯磨仪范》的主要意义在于规范整合元朝佛教界的戒律仪轨,进而达到统一佛教界的目的。对此,《佛祖历代通载》记载:"帝命帝师云:去佛遥远僧戒全亏,可选诸路高僧,赐红黄大衣,传授萨婆多部大戒。帝云:菩萨戒本,但解法师语者,皆得传受。乃印造一千部,流通散施,普令大地众生皆奉如来宝戒。"②可知此书的编纂是出于忽必烈的授意,并由八思巴应忽必烈之命于至元七年(1270)完成。

因此,该书的序文也极力赞颂忽必烈的文治武功和护法功德:"大元御世第五主,宪天述道仁文义武大光孝皇帝登极也,天资福

①(元)祥迈:《辩伪录》卷三,《大正新修大藏经》第52册,第765页。
②(元)念常集:《佛祖历代通载》卷二十二,《大正新修大藏经》第49册,第724页。

慧,谛信内乘,普使万邦,咸归一化。虽敷天垂拱而至治无垠,眷支那弘道而在躬不息。欲以自佛相承,师资继踵,迄今不替。正戒仪范,为拳拳从善之行人,俾一一恒持于净戒,精练三业,坚守四仪。此实圣皇匡正佛法之睿旨也。"①从中可知,忽必烈如此注意佛教戒律的规范和推行,一方面是出于整肃佛教僧人戒律的需要("正戒仪范,为拳拳从善之行人,俾一一恒持于净戒"),另一方面则是出于护持和传播佛教的目的("普令大地众生皆奉如来宝戒")。但忽必烈的最终目的则是"普使万邦,咸归一化",即巩固元帝国的统一和政治稳定;在忽必烈看来,推崇佛教正是实现这一政治目的的重要途径。

而据该序文可知:"爰有洞达五明法王大士萨思迦扮底达,名称普闻上足苾刍拔合思巴,乃吾门法主,大元帝师。道德恢隆,行位叵测,援兹仪范,衍布中原。令通解三藏比丘,住思观演说正本。翻译人善三国声明,辩才无碍。含伊罗国翰林承旨弹压孙传华文,译主生缘北庭都护府,解二种音,法词通辩。诸路释门总统合台萨哩都通(引者注:即释教都统乞台萨里),暨翰林学士安藏,总以诸国言诠,奉诏译成仪式。"②从中可知,除了作者八思巴之外,这部规范元朝佛教界戒律仪轨著作的"主译者"是乞台萨里、安藏等人,他们都是来自"北庭都护府"即原高昌回鹘国地区。这也在一定程度上反映出,该书是元朝统治者和八思巴借助佛教规范、整合和统一原汉地、吐蕃及回鹘等地佛教的产物。

---

①(元)拔合思巴集:《根本说一切有部出家授近圆羯磨仪范》,《大正新修大藏经》第 45 册,第 905 页。

②(元)拔合思巴集:《根本说一切有部出家授近圆羯磨仪范》,《大正新修大藏经》第 45 册,第 905 页。

综上所述,元朝宗教思想界在整体上都具有思想综合的特点,这在禅宗、华严、净土等汉传佛教中表现为佛教诸宗派的融合,如"禅教合一"和"禅净合一"思想的流行;在奉佛居士及佛教史家中表现为儒佛道思想的"三教合一";在藏传佛教中则表现为对汉藏佛学和戒律仪轨等的统一。这种宗教思想的综合与统一趋势,一方面是中国思想史发展的整体趋势所在,另一方面也是对元政权政治和社会统一的思想回应。

三、元朝"多元一体"宗教格局的建构及其意义

元朝是疆域空前广大、民族和文化空前多元的大一统帝国。元政权和蒙古统治者一方面要实现巩固政权统治和维系帝国统一的目的,同时也需要完成思想和文化的统一,进而实现民众对元政权的政治认同。不可否认的是,思想文化上的统一与认同是维护帝国统一和稳定更为持久和深厚的基础,而宗教则是实现元朝思想文化统一和认同的重要途径。因此,蒙古统治者在征服扩张、统一中国的过程中,也对金朝、南宋、西夏、吐蕃、高昌回鹘、大理、西辽(喀喇汗朝)等地方政权的原有主流宗教进行了有选择的继承、扶持与整合,从而初步形成了以佛教为主体,道教、伊斯兰教等宗教共同发展的"多元一体"宗教格局。这种"多元一体"的宗教新格局,具体包括元朝宗教体系、宗教管理、宗教思想文化的"多元一体"等几个方面。其重要意义在于,元朝宗教的"多元一体"格局与元帝国的多民族国家统一相辅相成,共同结束了公元10—13世纪两宋政权与辽、金、西夏、喀喇汗朝、大理等少数民族政权的长期政治分立,以及由此带来的宗教与思想文化分立,从而推动了中国历史上民族融合与文化认同的深入发展。

（一）宗教体系的"多元一体"：构建"以佛为主，多教并弘"的宗教体系

在大蒙古国政权的成吉思汗、窝阔台汗、蒙哥汗等诸汗时期，蒙古统治者以其原有的萨满信仰为主，并未确立正式的"国教"。忽必烈取得汗位并建立元朝后，则明确将以藏传佛教为核心的佛教树立为元朝的国教。据元朝史传所载，忽必烈评判当时元帝国的各主要宗教称："帝对诸师曰：我国家依着佛力光阐洪基，佛之圣旨敢不随奉"，"今先生言道门最高，秀才人言儒门第一，迭屑人奉弥失诃言得生天，达失蛮叫空谢天赐与，细思根本，皆难与佛齐。帝时举手而喻之曰：譬如五指皆从掌出，佛门如掌，余皆如指。不观其本，各自夸炫，皆是群盲摸象之说也"①。从中可知，忽必烈认为佛教是元朝的护国宗教，道教（"道门"）、儒教（"儒门"）、基督教（"迭屑人"②）、伊斯兰教（"达失蛮"③）等宗教都无法与佛教相比。他还以手掌和五指比喻佛教与道教、儒教、基督教、伊斯兰教等宗教的关系，即佛教是根本和主体，其他宗教则是枝节和附属。当然，忽必烈选择佛教作为元朝国教，并非只是出于个人喜好或信仰原因，实际上这也与佛教在元帝国境内的实际影响力有关。就元帝国境内宗教的整体情况来说，佛教在吐蕃、西夏、高昌回鹘和大理等地方政权中本就拥有"国教"或主体宗教的地位，在金朝、南宋也是最具影响力、信众最多的宗教。相比之下，道教、伊斯兰教、

---

① （元）祥迈：《辩伪录》卷三，《大正新修大藏经》第 52 册，第 770 页。

② 迭屑，元代基督教聂思脱里派修士的称谓；波斯语 Tarsa 的元代音译，意为虔诚信神者。

③ 达失蛮，元代伊斯兰教士称号。或作答失蛮、大石马，宋代文献曾译作打厮蛮。源自中亚地区伊斯兰教徒对教师、神学家（Dānish-mand）的尊称，波斯语"有知识者"之意。

基督教在当时的信众数量、传播范围与社会影响力等方面都无法与佛教相提并论①。因此，忽必烈选择佛教为主体以建构统一的宗教体系，从本质上说也是元朝统治者在对帝国各主要宗教实力进行考量和选择的基础上，对既有宗教格局的继承、利用和整合。

　　当然，元朝"多元一体"宗教体系的形成，并非宗教界自身发展的结果，而是蒙古统治者直接干预和管控下的产物：首先，在金元之际，蒙古政权优礼全真教丘处机及临济宗海云印简等汉地宗教领袖，采取"佛道并崇"政策支持原金朝佛道教的发展，以此巩固对北方地区及汉、女真等民族的统治；其次，在大蒙古国后期和元初，蒙古统治者采取"崇佛抑道"政策，借助"佛道之争"削弱全真教、扶持佛教发展②，进而调整汉地的佛道教势力格局，以达到进一步巩固对中原地区的统治、将汉地建设成为帝国"根本"的目的；再次，在元初灭南宋之后，元世祖忽必烈采取"崇教抑禅"政策，通过举行"禅教廷诤"、设置江南释教总统所、行宣政院、江南官讲所等措施，对原南宋禅宗进行管控和压制，促进南方禅宗和北方教门的融合，进而实现中国南北方的宗教和政治统一；最后，自忽必烈开始直至终元朝一代，统治者坚持"藏汉圆融"的宗教政策，通过

① 在忽必烈及元政权的大力支持下，元朝佛教取得了很大发展，史载元世祖至元二十八年"宣政院上：天下寺院四万二千三百十八区，僧尼二十一万三千一百四十八人"。（宋）志磐：《佛祖统纪》卷四十八，《大正新修大藏经》第 49 册，第 435 页。

② 对于忽必烈在佛道之争中对佛教的祖护和支持，汉地佛教界也颇为感激，如大都报恩禅寺林泉从伦奉旨于大都大悯忠寺焚烧《道藏》伪经，并向忽必烈"谢恩拈香"。"此香端为祝延大元世主当今皇帝圣躬万岁万岁万万岁，伏愿：金轮与法轮同转，福越三祇；舜日共佛日齐明，寿延亿劫。……幸得皇天开眼，恭惟我大元世主圣明皇帝陛下，辟邪归正，去伪存真，恐众生永堕迷津，令万姓咸登觉路。雪冤已竟，感谢皇恩，粉骨碎身莫能酬报。"（元）祥迈：《辩伪录》卷五，《大正新修大藏经》第 52 册，第 778 页。

设立帝师制度和宣政院制度统领全国佛教,鼓励河西、回鹘和汉地精英皈依藏传佛教等途径,建构以藏传佛教为主、"汉藏圆融"的统一佛教体系,以统合原吐蕃、西夏、高昌回鹘和中原汉地的宗教与民族,最终实现元帝国的政治、宗教和文化统一。

(二)宗教管控的"多元一体":皇帝与教主、皇权与教权的合一

　　元政权所建立的以佛教为主的"多元一体"宗教体系,其实际最高领导者并非帝师等宗教界领袖,而是元朝皇帝本人。元朝统治者以宗教保护者和"教主"身份自居,通过选择帝师等宗教代理人、设立宣政院等宗教管理机构、颁布实施宗教政策等,成为元帝国佛教、道教、伊斯兰教等宗教的实际最高掌控者。元朝宗教管理上的"多元一体",也就是这种皇权与教权的统一,政治与宗教权力由元朝帝王统一掌控。对此,以忽必烈为代表的元朝统治者与宗教界共同构造出"皇权"与"教权"统一的"皇帝教主"模式,这在元朝史料中有很多体现:

　　一是元朝统治者以虔诚佛教徒和"护持佛法"[①]的佛教保护者自居。据《佛祖历代通载》等文献记载,"帝(引者注:即元世祖忽必烈)以佛教为心"[②],"帝大内皆以真言梵字为严饰,表行住坐卧不离舍佛法也","帝问众臣僚:每日还不放闲也无? 众臣僚无对。帝乃袖中出数珠示之,内外百官皆归至善"[③]。

---

① 据《佛祖历代通载》记载,忽必烈"一日云:三人护法,二已去了,惟朕一人,当今佛法愈隆愈盛"。(元)念常集:《佛祖历代通载》卷二十二,《大正新修大藏经》第49册,第724页。

② (元)念常集:《佛祖历代通载》卷二十二,《大正新修大藏经》第49册,第724页。

③ (元)念常集:《佛祖历代通载》卷二十二,《大正新修大藏经》第49册,第723页。

　　二是元朝统治者宣扬以佛教治国。如忽必烈就公开宣称他是通过佛教来治理国家的,"帝尝召群臣云:朕以本觉无二真心治天下国家,如观海东青取天鹅,心无二故。帝每斋日,以南天竺佛钵置七宝珍羞,澄湛观心,广修供养","帝设大会,阇黎佛声响亮。帝曰:如是佛音声,多少众生生善心"①。

　　三是元朝统治者借助佛教安抚和管控被征服地区。如至元十三年(1276)正月元军进入杭州,南宋恭帝及太后出降。在如何对待宋主的问题上,忽必烈就借助佛教而表示出宽容的态度,即命令南宋恭帝、太后及宋室宫人全部出家为僧尼。史载:"宋主以王位来归,学佛修行,帝大悦,命削发为僧宝焉";"宋主毳衣圆顶,帝命往西土讨究大乘,明即佛理";"宋太后削发为尼,诵经修道,帝深加敬仰,四事供养";"帝宣宋室二宫人至,皆祝发为尼。帝云:三宝中人也。命归山学佛修行,供送衣粮"②。从中可知,忽必烈一方面命令原南宋皇帝和后妃剃发出家,并送往吐蕃或山中"学佛修行",这实际上也是相对宽容的另一种监管形式;另一方面又给予他们形式上的礼遇和物质保障,以示优待和仁慈。这不失为一种借助佛教安抚原南宋臣民、巩固统治、争取人心的对策。此外,忽必烈还设置江南释教都统所和行宣政院等机构,派遣河西僧杨琏真伽出任江南释教总统,以此管控江南地区佛教,进而达到巩固对原南宋地区的统治的目的。

　　四是元朝统治者利用佛教宣示统治的正统性。如南宋恭帝于至元十三年(1276)一月向元朝投降后,三月忽必烈就遣使至明州

①(元)念常集:《佛祖历代通载》卷二十二,《大正新修大藏经》第49册,第724页。
②(元)念常集:《佛祖历代通载》卷二十二,《大正新修大藏经》第49册,第724页。

（今浙江省宁波市）迎奉阿育王寺的舍利至上都开平府华严寺供奉，同年九月又迁供至燕都圣寿万安寺，以此显示统一南宋为"天命所归"的合理性①。

从中可知，忽必烈等元朝帝王在采用儒家政治制度的同时，也继承了自南北朝以来中原王朝处理政教关系的经验，即利用佛教等主流宗教教化民众，辅助统治，并确立"皇帝即是如来"的教主身份，从而建构了以皇帝为中心、政治与宗教权力合一的管控体系。

（三）宗教思想文化的"多元一体"：解答巩固元朝"大一统"的时代课题

虽然元朝佛教、道教及伊斯兰教、基督教等宗教存在着教义思想上的显著差别，但元朝宗教界在接受统治者优礼和支持的同时，也积极地为元朝时代课题的解答提供支持，即从宗教思想上论证元朝统治的合法性、宗教思想和政治统一的必要性，以此巩固元政权的统治稳定和政治统一。对此，如上文所述，元朝宗教思想界从不同层面解答了元朝的时代课题，这主要表现在：

第一，在宗派思想格局上，元朝宗教界形成了以佛教为中心、"汉藏圆融"的宗教思想体系。元朝统治者扶持的藏传佛教及萨迦派成为元朝地位最高的宗教，藏传佛教通过在原西夏、高昌回鹘及中原汉地的传播，以及吸收这些地区的上层遗民皈依藏传佛教或

---

① 对此，据宋濂《四明阿育王山广利禅寺碑铭》记载，至元十三年（1276）春三月，"世祖命使者奉塔至开平龙光华严寺，寻迁燕都圣寿万安寺，集僧尼十万于禁庭、太庙、青宫及诸官署，建置十六坛场，香灯花幡之奉，备极尊崇。世祖亲幸临之，夜有瑞光从坛发现，贯烛寺塔相轮之表，又自相轮分金色光，东射禁中，晃耀夺目。世祖大悦，命僧录怜占加送塔南还，更赐名香金缯，诏江浙省臣、郡长吏增治舍利殿宇。"（明）宋濂著，黄灵庚编辑点校：《宋濂全集》第2册，北京：人民文学出版社2014年，第1126页。

师从萨迦派帝师(如河西僧杨琏真伽、沙罗巴,回鹘裔安藏、乞台萨里,汉地僧人行育、念常等人),建立了以藏传佛教帝师为中心的统制体系和"汉藏圆融"的思想体系,这也有助于逐渐消弭这些地区的宗教和思想差异,从而推进中原汉地与吐蕃、西夏、高昌回鹘等地的政治统一与思想文化认同。

第二,在思想主题上,元朝宗教思想界主张并践行了教义思想上的圆融统一。元朝佛教"禅教二门"、道教全真教等主流宗教,在唐宋三教合一思潮的基础上,将"真如一心""即心即佛"等心性论思想作为各自教义所依据的本体思想,并在解脱目标、修行途径、三教关系等方面走向进一步的融合和会通,从而为元朝的政治统一和思想文化认同提供了理论依据。

第三,在服从和支持元政权上,元朝宗教界都对元朝统治者的政治合法性进行了论证。对此,藏传佛教领袖八思巴借用佛教传说,为忽必烈和元朝统治者提供了"转轮圣王"和世界君主的合法性模式;念常、祥迈、德辉等汉地僧人则将元朝皇帝尊为中华"道统帝王"[1] 和"当今如来",提供了中原王朝所采用的皇权与教权合一的"皇帝教主"模式。此外,元朝宗教界普遍将对元朝皇帝的祝寿祈福、为国祝祷禳灾等法事作为主要的宗教活动,宣扬"报恩"和忠君思想,对民众进行"劝善"教化,这些都为元朝统治者和元政权提供了合法性支持,也有利于促进社会稳定和民众的政治服从。

---

[1] 元朝佛教史传普遍将支持佛教的历任蒙古统治者视为中原帝王道统的继承者,如祥迈在《辩伪录》中称:"大辽则倾国奉佛,金朝则始终崇释,大元启祚,眷意法门。太祖则明诏首班,弘护兹道;太宗则试经、造寺、雕补藏经;谷与罕则令僧扈从,恒诵佛经;蒙哥皇帝则供僧书经,高营宝塔;今上皇帝则饭僧建刹,造像镕金,舍广大之珍财,诵无上之藏教,以拔合思八为国之师。"(元)祥迈:《辩伪录》卷四,《大正新修大藏经》第52册,第774页。

第四,在文化体系建构上,元朝宗教也为蒙古民族的文明化和各民族统一提供了文化支持。以藏传佛教为主体的佛教文化为蒙古民族的文明进步和元帝国文化体系的建构发挥了重要作用。例如,忽必烈命帝师八思巴创制蒙古文新字(八思巴字),并作为帝国的官方语言文字[①],对于蒙古民族和元朝的语言文字学产生了重要影响,同时"对元朝将众多的民族统一为一个大帝国和消除或减少民族间语言文字上的隔阂具有重要的政治意义"[②]。此外,伴随着藏传佛教在元朝的兴盛发展,藏传佛教也逐渐为蒙古民族所接受、信仰并被奉为主要宗教,为明清时代蒙古民族与藏族、汉族等进一步的民族融合和文化认同提供了重要的宗教途径和文化纽带。

(四)元朝宗教"多元一体"格局的初步形成及其文化认同意义

综上所述,在辽夏金元时代中国各少数民族与汉民族的融合和文化认同过程中,宗教及其思想文化发挥了重要作用;特别是在联系和融合汉族与契丹、女真、回鹘、蒙古、吐蕃等民族的过程中,中原大乘佛教和藏传佛教发挥了主要作用。需要指出的是,宋辽

---

① 对此,据《元史》载:"中统元年,世祖即位,尊为国师,授以玉印。命制蒙古新字,字成上之。其字仅千余,其母凡四十有一。其相关纽而成字者,则有韵关之法;其以二合三合四合而成字者,则有语韵之法;而大要则以谐声为宗也。至元六年,诏颁行于天下。诏曰:'朕惟字以书言,言以纪事,此古今之通制。我国家肇基朔方,俗尚简古,未遑制作,凡施用文字,因用汉楷及畏吾字,以达本朝之言。考诸辽、金,以及遐方诸国,例各有字,今文治浸兴,而字书有阙,于一代制度,实为未备。故特命国师八思巴创为蒙古新字,译写一切文字,期于顺言达事而已。自今以往,凡有玺书颁降者,并用蒙古新字,仍各以其国字副之。'"(明)宋濂等:《元史》卷二百二《释老传》,北京:中华书局1976年,第4518页。

② 陈庆英:《元代帝师制度及其历任帝师(上)》,《青海民族学院学报》(社会科学版)1991年第1期,第45页。

夏金元时期从政治分立、文化独立到民族融合、文化认同的历史演进过程,是 10—14 世纪的汉族、契丹、女真、党项、回鹘、蒙古、吐蕃等民族所共同经历和参与的历史进程,但其中的内在思想文化发展主线,则是各民族对以中原大乘佛教为核心、包括道教和藏传佛教等在内的宗教思想文化的接受和信仰,进而通过宗教文化而接受、学习和认同汉文化。而就元朝时期的宗教思想与文化认同来说,元政权对其时代课题的解答,即对元帝国政治和宗教思想的统一、对多元宗教的一体化整合、建构"多元一体"宗教思想格局等重要历史性举措,也在客观上结束了自 10 世纪唐朝灭亡以来中国长期的政治和文化分裂,初步构建了大一统国家的民族和文化认同,进而为明清时代的民族融合和文化认同,以及"多元一体"中华文化的进一步发展与创新,提供了政治制度、宗教信仰、文化习俗、思想观念和历史经验等方面的重要基础。

第六章　宗教思想与中华文化的 "多元一体"

第一节　宗教思想文化与辽夏金元 时代课题的解答

公元 10—14 世纪的辽夏金元时代,中国历史上的契丹、党项、女真、回鹘、蒙古等民族相继建立了辽、西夏、金、元及高昌回鹘、喀喇汗朝等重要民族政权,并在经济生活上由游牧业经济和迁徙生活向农业经济和定居生活转变,在文化上由较为原始的游牧文化向更为先进的农耕文化过渡。在这种社会和文化剧烈转变的过程中,各民族政权面临着"重建社会秩序"和"重建文化秩序"的时代课题,即如何吸收外来先进文化以促进本民族的文明化,并建立具有自身个性的民族文化,以及如何维护各民族政权的政治统一,实现社会的稳定与发展。而在这一时代课题的解答过程中,以佛教为代表的宗教思想文化发挥了主要作用。各民族政权以宗教及其思想文化为媒介,建构了多元化的文化体系,并为民族政权提供了理论支持,这可以从以下几方面来理解:

一、辽夏金元宗教思想是各民族巩固政权的文化支撑

（一）统一的宗教思想文化体系是辽夏金元政治和文化统一的理论反映

第一，辽朝以华严学为中心，建立了"显密融合"的统一佛教体系。

佛教是辽朝的主要宗教信仰，辽朝统治者和契丹民族借助统一与综合性佛教思想体系的建构，为其政治与文化的统一提供了理论依据，这主要表现为对华严、密教圆宗的提倡与"显密圆融"思想文化体系的建立。对此，辽道宗耶律洪基以契丹族最高统治者的身份提倡华严圆宗思想，他一方面推崇华严宗并"颁行《御制华严经赞》"①，另一方面亲自命觉苑注疏密宗经典《大日经义释》，命法悟等人注释显密思想融合的《释摩诃衍论》，而《释摩诃衍论》对华严、唯识、密宗思想的杂糅综合，实际上正为诸宗思想和佛教界的思想统一提供了权威经典（被视为龙树菩萨的作品）方面的依据②。此外，辽朝密教高僧也依据华严判教思想，视密教为"圆宗"。如觉苑提出，以《大日经》为代表的胎藏界密法是"总能含摄一切大小性相诸法"③的"圆宗"；道殿也继承了这一判教说，将密教解

---

① （元）脱脱等：《辽史》卷二十二《道宗纪二》，北京：中华书局1974年，第267页。

② 对此，法悟在《赞玄疏》中称："此论也，总十轴之妙释，穷五分之微诠。百亿契经，说示尽皆符会；一代时教，包罗无所阙疑。了自心之智灯，照本论之释镜。其功也大，讵可得而言矣。"（辽）法悟：《释摩诃衍论赞玄疏》卷一，《大藏新纂卍续藏经》第45册，第839页。

③ （辽）觉苑：《大日经义释演密钞》卷一，《大藏新纂卍续藏经》第23册，第531页。

释成"密圆":"合云圆宗有二,一显圆二密圆。……今神变疏钞,曼荼罗疏钞,类彼显圆,判斯密教亦是圆宗。"[1]此外,道宗赐予当时名僧的德号多为"圆通""诠圆""通圆"等,这都反映出契丹统治者和辽朝佛教界试图利用佛教建立一种"圆融"统一的思想体系。而从思想上说,辽朝佛教界在外在形式上主张华严与密宗的"显密圆融",而在内在佛教理论上则以华严学的"真心"思想为本体论依据。从辽朝佛学著作的内容可知,真如一心的本体思想受到鲜演、法悟、觉苑等辽朝佛教高僧的普遍推崇,同时也是道宗用以统一思想界的核心理论。可以说,辽朝佛教界正是以真心思想为基础,建立了融会华严、密宗、天台、唯识、禅宗等思想的综合性思想体系,从而为辽朝社会的文化和政治统一提供了理论支撑。

第二,西夏佛教界建构了汉藏佛学思想并重的综合思想体系。

西夏前期佛教以中原大乘佛教(汉传佛教)为主,特别是以华严宗和禅宗为主体;而后期则引入了藏传佛教(噶举派和萨迦派),并得到西夏统治者的特别重视,从而出现了汉藏佛教在西夏社会的兼容并重。而从西夏后期佛教思想的内容来看,当时的西夏思想界也建立了统一汉藏佛学思想的独立思想体系。与辽朝佛教界相似的是,心性论也是西夏佛教思想界的核心理论命题,西夏佛教界以此为基础对中原大乘佛教思想(华严和禅宗为主)和藏传佛教思想进行了融合。在本体论上,西夏汉藏佛教宗派都将心性论作为理论核心,如西夏大手印法重视"本心"佛性及"观心"修法,而西夏华严学则将"真心"思想作为理论核心,两者虽然在"心"的具体内涵上不完全一致(大手印法之心以般若学的真空自性为主要

---

[1]（辽）道殿集：《显密圆通成佛心要集》卷上,《大正新修大藏经》第46册,第994页。

内涵,华严学之心则属如来藏说的真如一心),但在思想的基本内涵上都是将心性论作为理论主体。在修行论上,西夏大手印法以"无念"为主要的禅修方法,这与唐代南宗禅特别是荷泽禅思想间存在着一致性。从这种思想内涵上说,西夏后期的佛教思想界存在着汉藏佛教思想并存和互相融合的情况①,说明西夏佛教界有选择性地对中原大乘佛教和藏传佛教思想资源进行了整合与重构,这既是西夏佛教思想的创新及特色,也是其政治独立和文化个性的思想反映。

第三,金朝思想界建构了综合辽宋宗教和儒佛道"三教圆融"的思想体系。

金朝宗教整体上可以视为对辽宋宗教文化的整合与重构,入主中原的金政权在政治上继承与吸收辽宋制度和政治文化、尊崇儒学的同时,在宗教领域也继承与发展了辽与北宋的佛教文化,并且在唐宋道教的基础上发展出全真教等新道教派别,由此形成了"三教并崇"并统一于金政权之下的宗教和思想文化格局。具体来说,这种整合重构在教内表现为对辽宋佛教体系的继承与统合:即宗派格局上承袭具有主体地位的北宋禅宗,同时传续、融合辽朝的华严宗等宗派,并逐渐"改教为禅";佛学思想上继承辽朝华严学的真心本体论体系,融合华严宗与禅宗思想,实现"融教入禅";宗派关系上则主张禅门各派融合,以及"禅教二门"的和会,达到"禅教一致"。由此形成了以禅宗为主体,华严宗等宗派为辅,以真心本体论为理论核心的独立佛教思想体系。与此同时,金朝新出现的全真教等道教派别,也主张"三教一家"等圆融思想,在心性

━━━━━━━━

① 这在元初慧觉《华严忏仪》中有较明显的表现,除了书中对藏传佛教思想的吸收融会之外,其西夏华严学传承谱系也显示出这样的情况,即西夏后期的华严学传承者多为显密兼通的高僧。

论、修证论等方面吸收和借鉴禅宗思想,形成了融合三教思想的新道教。

第四,回鹘宗教思想界也具有综合多元宗教的思想倾向。

就回鹘民族来说,高昌回鹘政权一方面对佛教、摩尼教、景教等多种宗教兼容并包,另一方面又将佛教作为主要的宗教信仰,在某种程度上反映出以佛教思想统一思想界的企图。而《佛说天地八阳神咒经》《金光明最胜王经》等流行于高昌回鹘的佛教文献都具有佛教、道教和儒家思想综合的特点,反映出高昌回鹘佛教界也存在着建构统一思想体系的意图。而从《福乐智慧》一书的内容可知,喀喇汗朝思想界试图以伊斯兰教思想为理论基础,建构融合伊斯兰文化、中原儒家政治文化以及古希腊哲学思想的综合思想体系,表现出统一思想界的努力及鲜明的文化个性。

第五,元朝佛教界建构了"汉藏圆融"、多元统一的宗教思想体系。

伴随着大蒙古国及元朝对西夏、金朝、高昌回鹘、吐蕃、南宋等地方政权的征服与统一,忽必烈等蒙古统治者一方面对汉地宗教进行了重新整合,采取"崇教抑禅"政策并扶持教门华严宗等义学宗派;采用"崇佛抑道"等政策并压制全真教,从而建立了"教先禅后""佛先道后"、佛道教并存发展的汉地宗教新格局。另一方面,元朝帝王独尊藏传佛教萨迦派,设立帝师制度和宣政院制度,建立了以藏传佛教为核心、"汉藏圆融"并统摄全国佛教的统一宗教体系。对此,元人虞集曾总结元朝佛教的状况称:"我国朝秘密之兴,义学之广,亦前代之所未有,此其大略也。"① 元朝通过建立这一以

———————

① 这里的"秘密"指藏传佛教,"义学"指华严宗等汉地佛教"教门"。《佛祖历代通载》序,《大正新修大藏经》第49册,第477页。

藏传佛教为核心、佛教为主体,道教、伊斯兰教等并存发展的多元统一宗教体系,重新整合和统一了自唐宋以来辽金、两宋、西夏、高昌回鹘、吐蕃等各政权分立的宗教体系,为大一统帝国提供了思想和宗教的支撑。

总之,辽夏金元时代的辽、西夏、高昌回鹘、喀喇汗朝、元朝等政权都以宗教思想文化为主体,建立了以思想综合为基础、具有统一性的思想文化体系。从现实作用来看,这种统一思想文化体系的建设对各民族政权的政治统一及社会秩序的稳定都具有重要的促进作用,进而促进了各少数民族与汉族的文化和政治认同。

(二)独特宗教思想体系的建构为辽夏金元政权的巩固提供了理论依据

第一,辽朝佛教的"重教轻禅"思想及其与北宋佛教的差异。

虽然辽朝佛教在整体上属于中原大乘佛教的组成部分,但与北宋佛教界以禅宗为主体的情况不同,辽朝佛教界只是将禅宗思想作为华严思想之下、与天台和唯识宗并列的附属宗派思想来看待。而在禅教关系方面,辽朝佛教界普遍主张"重教轻禅""融禅入教",并对"偏执禅教"的做法进行了尖锐批评[1]。例如,鲜演、志福、法悟等人一方面主张"止观双运""定慧双修"的修行方法,特别是澄观的"事理双照"论即华严观法;另一方面提出只有按照华严宗"事观""理定"双运的观法,才能实现禅定与义理修行的"圆畅",即融

---

[1] 例如,辽朝鲜演作为佛教诸宗融合论者,认为偏执于禅定而无视义理的"痴禅",以及纠缠于名相而轻视禅定的行为,这两者都是"病",他说:"差乎近代,多落此科。诵禅歌毁于法筵,虚寻名相说理性。非于塔寺,狂认福田,妄立宗途,误惑含识,断除佛种,良足悲哉。凡佛真子,当须屏远。"(鲜演述:《大方广佛华严经谈玄决择》卷二,《大藏新纂卍续藏经》第8册,第7页)而法悟和志福同样继承了澄观"融禅入教"的主张,批评了偏执于义理的"局见者"和偏执于禅定的"偏修者"。

禅宗入华严之教。在对待禅宗的立场上,辽朝密宗高僧觉苑也表明了同样的批评态度①,并试图以"阿字菩提心"而"和会南北二宗同入法界字门",即用密宗融会禅宗,融禅宗入密教②;而作为佛教保护者的辽道宗皇帝也持相同的看法③。由此可知,"重教轻禅"和"融教入禅"是辽朝思想界的普遍认识,同时也是辽朝佛教独特性的重要表现。辽朝佛教界还对唐代华严思想进行了有选择的继承,其中,唐代华严四祖澄观的思想得到特别重视,而作为唐代华严学重要组成部分的法藏、宗密思想的影响则相对较小,这表现出辽朝佛教界借澄观思想而强化华严思想的主体地位,并坚持以华严为主"融禅入教"的思想立场。辽朝佛教界的以上特点,正是辽政权和契丹民族标示其文化个性以及独立政治地位的思想表现。

第二,西夏佛教的"禅教并重"思想及其与辽宋佛教的差异。

西夏佛教界虽然与辽朝佛教界存在着较多的相似性,但也表

---

① 觉苑认为禅宗虽然讲空法和"不著相",但不从"有相"入门而企图直入"空相",结果却是着于空法;而且禅宗的顿悟思想和对佛教经学的轻视,又助长了俗僧不习佛教义学的风气。他说:"著是空法多生异见等者。如上凡观察时,先从有相入于无相,若不从有相直尔入空,即失大悲万行,依何方便而得入空。若著如是空法,多生异见。颇见今时僧俗之流,不能广披教藏,闻说顿宗,便拨次第,不依门庭,又顺懒恣染恚之心,展转学习,如犬橹吠。"(辽)觉苑:《大日经义释演密钞》卷十,《大藏新纂卍续藏经》第23册,第657页。

② 文称:"若但从阿字菩提心,不假长阿等行之次第,直趣暗字大空之理,即是顿顿,失于圆顿之道理也。以我禅师造此义释,弘阐秘藏,意为和会南北二宗,同入法界字门。"(辽)觉苑:《大日经义释演密钞》卷十,《大藏新纂卍续藏经》第23册,第657页。

③ 据觉苑称:"故我天祐皇帝……须示佳句曰:欲学禅宗先趣圆,亦非著有离空边;如今毁相废修行,不久三途在目前。乐道之流宜书诸绅尔,故曰著是空等。"(辽)觉苑:《大日经义释演密钞》卷十,《大藏新纂卍续藏经》第23册,第657页。

现出自身的特点和独立性。首先,与辽朝特别尊崇澄观思想相比,西夏佛教界更为重视宗密思想,尤其是宗密融合华严与禅宗的思想,这在《解行照心图》及《洪州宗师教仪》等文献中有较明显的反映,并与五代和北宋初年北方佛教思想界的特点存在着一致性[①]。由此可见,与辽朝全面继承澄观思想、较多保持唐代华严学的思想特色不同,西夏在一定程度上接受了五代北宋中原佛教的影响。其次,在对待禅宗的立场上,与辽朝基本否定和贬斥南宗禅的立场不同,西夏佛教界继承和发展了以宗密为代表的荷泽禅思想,将其作为禅宗思想的主流,并依据华严学的真心思想改造了唐代的南宗禅思想,这在《解行照心图》及西夏文《洪州宗师教仪》等文献中也有明显的反映。由此可见,西夏佛教思想界在吸收引进中原佛教思想的同时,对于华严宗和禅宗的具体思想流派做出了不同于辽宋的选择性继承。西夏后期更在"禅教并重"思想的基础上,建构了融会藏传佛教思想的新体系。这种兼具独特性和创新性的佛教思想构建,正是西夏在与辽宋等政权的竞争中,追求独立政治地位的反映。

第三,金朝宗教的"三教并崇"思想及其对辽宋宗教思想的继承与改造。

从金朝佛、道、儒思想的具体内涵和"三教并崇"的思想特点来看,金朝思想界并非简单承袭北宋或辽原有的儒学和佛道宗教

[①] 对于五代及北宋佛教界的华严学与禅宗的融合现象,以及对宗密思想的重视,魏道儒研究指出:"宋代禅宗各派僧人多方面创用华严学,是华严学说在两宋思想界保持一定活力的重要原因。宋代士人直接阅读华严典籍极少,基本通过禅典籍和禅僧的传教接受唐代华严学的遗产。存在于禅学中的华严教理,是他们接受华严学的内容。从一定意义上说,他们接受的是禅化的华严学,是澄观,特别是宗密之后的华严学。"魏道儒:《中国华严宗通史》,南京:凤凰出版社2008年,第201页。

思想,而是在选择性吸收、适应自身要求的前提下进行了改造,并建构了具有自身独特性的儒、佛、道思想体系。这在很大程度上也反映出金政权建构独立文化体系的内在诉求。金朝佛教虽承袭了辽宋佛教的基础,但却以禅宗为主流(临济与曹洞禅为主)而"重教轻禅",辽朝华严与密宗并盛的宗派格局未能得到延续。在北宋道教的基础上,金朝建构了以全真教为代表的新道教思想体系,其教理思想鲜明体现出"三教一家"即道与佛、儒二教思想融合的特点。其"新"即在于教理思想上对佛儒思想的深度融合,对唐宋以来三教合一思潮的积极回应。金朝宗教思想的独特性,还表现为宗教思想界对佛儒道三教思想的进一步融会:如金朝禅宗代表人物万松行秀在佛儒关系方面主张"佛儒合一",论证佛教与儒学在治国安民方面的一致;在佛道关系方面主张"引道证佛",借用道家思想阐释禅学义理,并以佛学为主体融会道家思想。全真教创始人王重阳也主张"三教一家""三教平等",并吸收改造了禅宗的心性论与修证论,以及儒家的忠孝观念。以上宗教格局及思想特点的出现,都反映出金朝建构了不同于辽宋王朝并具有自身独特性的宗教思想体系。

此外,金朝建构了以"三教圆融"为特点、体现自身独特性的儒学思想。金朝儒学在继承宋辽儒学的基础上,并非简单因袭旧说,而是尝试建构了具有自身特点的思想体系。从赵秉文、王若虚、李纯甫、元好问等人的儒学思想和三教观中可知,金儒在继承北宋理学的同时也批判"宋儒之弊",即批评宋儒的解经方法繁冗而脱离实际,理学思想空虚而不近人情,"辟佛老"的同时"流于佛老而不自知",这些批评正体现出摆脱对北宋儒学的因循、建构独立儒学体系的意图。这些儒学思想也是金朝思想界追求文化独立性的体现。

　　第四,高昌回鹘佛教界重视般若学和弥勒信仰,并表现出与同时期中原佛教的差异。

　　高昌回鹘佛教虽然在整体上是对唐宋中原大乘佛教的继承与发展,但从佛学思想的主题来说,相比同时代的宋辽金佛教,高昌回鹘佛教界更为重视般若中观学的心性论。例如,回鹘佛教文献《说心性经》《佛说天地八阳神咒经》《金光明最胜王经》等经论在探讨心性的内涵与本质时,都将般若空性("中道""空理""无生之性")视为根本,这与中原禅宗思想之间存在着一定的相似性,而与辽朝、西夏等佛教界的"真心"本体论存在着差距。而从《弥勒会见记》、敦煌写本 S6551 号讲经文等文献中可知,弥勒净土信仰受到僧俗民众的特别推崇,并成为高昌回鹘佛教界中最具影响力的净土信仰;与此同时,唐代以后中原地区的弥勒崇拜相对衰落,弥陀和西方净土信仰则成为中原净土思想的主流。从这一方面来说,以弥勒崇拜为核心的净土信仰也是高昌回鹘佛教个性的重要体现。高昌回鹘佛教界对来自中原和印度等地的佛经进行了创造性改译与摘编,也反映出回鹘民族在文化方面的自觉与创新。此外,回鹘民族建立的喀喇汗朝将伊斯兰教作为主体宗教,与信仰佛教的辽、夏、金和高昌回鹘相比,具有更鲜明的文化个性和独特性,并在宗教哲学及信仰方面都与中原宗教思想存在着差异。

　　第五,元朝确立了具有自身特色、以藏传佛教为主体的多元统一宗教格局。

　　元朝在统一中国并建立大帝国的过程中,继承和延续了金与南宋的汉传佛教(禅宗、华严宗等)、吐蕃藏传佛教、西夏和高昌回鹘佛教、全真教和天师道等汉地道教,以及伊斯兰教("达失蛮")、基督教("也里可温")等多元宗教。但与辽金等统治汉地或入主中原的少数民族政权不同的是,元朝选择和扶持藏传佛教而非中原大乘佛教作为"国教"。元朝统治者虽以佛教为主体宗教,但同时支持道教、伊斯兰教、基督教等多元宗教的并立发展;虽采用儒家政治制度并支持儒学、褒封孔孟等圣贤,但又主张以"佛法治国";虽确立并实施了"崇教抑禅""扶持教门"和"崇佛抑道"等宗教政策,但并未严厉压制禅宗、全真道等的发展。这些都是元政权为适应现实统治需要而采用的宽容宗教措施,并体现出元朝宗教不同于辽夏金宋宗教的独特性。

由上可知,契丹、党项、女真、回鹘、蒙古等民族在接受中原大乘佛教、藏传佛教及伊斯兰教的同时,自觉地按照自身需要而进行了有选择的继承和发展。因此可以说,各民族政权利用宗教思想文化建构了具有民族个性与创新性的文化体系,同时也为其政治与社会的统一提供了文化支持。

（三）宗教思想文化发挥了巩固统治与维护国家稳定的现实作用

第一,宗教思想为辽夏金元等少数民族政权的合法性提供了理论论证。

自南北朝时代以来,中国佛教界就通过将统治者视为"当今如来""菩萨皇帝"和"教主"等,从而为统治者的合法性提供了论证,并以此谋求世俗政权的支持以促进自身的发展,如北魏佛教高僧惠果禅师就称北魏皇帝为"当今如来"①,西魏北周时代长安高僧道安在其《二教论》中也说"君为教主""皇帝之尊,极天人之义;王者之名,尽霸功之业"②。这种宗教与皇权的紧密结合也是中国佛道等宗教的重要特点。而通过对辽夏金元时代各主要少数民

---

① （北齐）魏收:《魏书》卷一百一十四《释老志》,北京:中华书局1974年,第3031页。

② （唐）道宣:《广弘明集》卷八,《大正新修大藏经》第52册,第141页。

族政权佛道教和伊斯兰教思想的考察,我们也可以普遍见到宗教思想界为世俗统治者提供的合法性论证。

辽朝高僧觉苑就将辽道宗皇帝称为"密教司南"[1],道殿则在《显密圆通成佛心要集》中称其为"菩萨国王"[2],这说明辽道宗在辽朝佛教界确实具有教主的地位。高昌回鹘统治者也被僧人称为"化身菩萨",如 S6551 号讲经文称:"睹我圣天可汗大回鹘国,……天王乃名传四海,得(德)布乾坤,卅余年国泰人安,早授诸佛之记,赖蒙贤圣加持,权称帝主人王,实乃化生菩萨。"[3] 可见,将世俗君主与佛菩萨等同的政治意义,正在于借助佛教信仰而树立世俗统治者的权威。金朝佛道教也注意宣扬自身在"佐理帝王"即辅助金政权统治方面的重要作用。如金泰和七年(1207)关昭素《重修陕州故硖石县大通寺碑记》称:"是知佛自法成,法从佛出,非佛无以助兴王化,非法无以济度众生。"[4] 指明佛教在"襄助王化"方面的重要作用;天兴元年(1232)全真教碑刻《终南山重阳祖师仙迹记》则称:"天下无二道,圣人不两心",全真教与孔孟之学"其于佐理帝王,一也"[5],即道教同样可以发挥"治国""安

---

[1] (辽)释觉苑:《神变加持经义释演密钞序》,阎凤梧主编:《全辽金文》(上),第 444 页。

[2] 文称:"今居末法之中,得值天佑皇帝(引者注:辽道宗尊号)菩萨国王,率土之内流通二教。"(辽)道殿集:《显密圆通成佛心要集》,《大正新修大藏经》第 46 册,第 1004 页。

[3] 王重民等编:《敦煌变文集》下集,北京:人民文学出版社 1957 年,第 461 页。

[4] (金)关昭素:《重修陕州故硖石县大通寺碑记》,阎凤梧主编:《全辽金文》(下),第 2686 页。

[5] (金)刘祖谦:《终南山重阳祖师仙迹记》,阎凤梧主编:《全辽金文》(下),第 2654 页。

民""平治天下"的政治作用。

元朝宗教界则为蒙古统治者提供了"世界君主"及"皇帝即是如来"等政治合法性和正统性的论证。藏传佛教界和帝师八思巴在得到元世祖忽必烈尊崇的同时,着力论证了忽必烈及其统治的神圣性和合法性,八思巴在《彰所知论》等著作中就将忽必烈描述为佛教传说中的"转轮圣王"(统治世界并兴隆佛教的圣王)。忽必烈也接受八思巴的建议,将自己与佛教传说中的"金转轮王"联系起来,以此显示其统治的正统性和神圣性[1],并具有超越民族界限的权威。也就是说,相比于儒学思想,佛教思想更有利于少数民族统治者论证统治中国的合法性及权力的神圣性。

除了辽夏金元和高昌回鹘的佛道教外,伊斯兰教在喀喇汗朝也发挥了类似的作用,如《福乐智慧》提出了类似"君权神授"的说法,提出:"伯克们乃是真主所派定,人民善良,伯克也和气。"[2] 将世俗的君主视为真主的代理人。从现实作用来说,这种"君权神授论"与佛教的"转轮王模式"一样,都为各民族政权的统治者提供了政治权力的合法性论证。

第二,辽夏金元宗教思想界普遍提倡"忠君护国"思想。

中国历史上宗教为世俗权力服务的另一个重要表现,就是宗教界对自身"忠君护国"作用的强调,这在现存的辽夏金元及高昌回鹘的宗教文献中也有普遍表现。辽夏金元宗教界将为君主"祈

---

[1] 至元四年(1267)"世祖皇帝用帝师班言,置白伞盖于御座之上,以镇邦国。仍置金轮于崇天门之右,铁柱高数丈,以铁絙四系之,以表金转轮王统制四天下,皆从帝师之请也。"(元)熊梦祥著,北京图书馆善本组辑:《析津志辑佚》,北京:北京古籍出版社2001年,第214页。

[2] 优素甫·哈斯·哈吉甫著,郝关中、张宏超、刘宾译:《福乐智慧》,北京:民族出版社2003年,第769页。

福祝祷"作为重要的宗教活动。在现存的佛教经论、注疏、发愿文等文献中,一方面可以见到大量对国家和平富足、政权稳固的祈求,如回鹘佛教文献敦煌写本 S6551 号讲经文就称:"四远总来朝宝座,七州安泰贺时康,现世且登天子位,未来定作法中王"①,即祈愿国家和平稳定,周边民族臣服。另一方面,君主作为国家的领导者和象征,关乎国家的安危,因此祈求君主长寿、皇室子嗣绵延也是愿文中的重要内容。如辽圣宗开泰二年(1013)王桂撰《佛顶尊胜陀罗尼石幢记》称:"奉为神赞天辅皇帝、齐天彰德皇后万岁,亲王公主千秋,文武百僚恒居禄位。风调雨顺,海晏河清,一切有情,同沾利乐"②,即祈求国泰民安,以及统治者的长寿。西夏建国初期的《大夏国葬舍利碣铭》中也称:"所愿者,保佑邦家,并南山之坚固,维持胤嗣,同春葛之延长。"③反映喀喇汗朝思想文化的著作《福乐智慧》一书,也将"忠君"作为臣属和民众的重要伦理道德之一,提出:"为国君效力要忠贞不渝,建立了功劳,会百事顺遂","遵从圣旨是百姓的义务,无论你是贵人,还是庶黎。对国君本人及其言语均应遵奉,哪怕他出身于买来的奴隶"④。强调百姓应当服从君主政令,并为君主忠诚服务;而大臣应具备的重要条件之一也是忠诚。

---

① 王重民等编:《敦煌变文集》下集,北京:人民文学出版社 1957 年,第472 页。

②(辽)王桂:《佛顶尊胜陀罗尼石幢记》,阎凤梧主编:《全辽金文》(上),第169 页。

③ 史金波:《西夏佛教史略》附录一《大夏国葬舍利碣铭》,银川:宁夏人民出版社 1988 年,第 231 页。

④ 优素甫·哈斯·哈吉甫著,郝关中、张宏超、刘宾译:《福乐智慧》,北京:民族出版社 2003 年,第 85、650 页。

　　金元佛道教人士也表达了"忠君奉国"即对统治者的忠诚与服从。金朝著名禅师在开堂演法时多以"为国焚修,祝延圣寿"的方式,表达对金朝统治的忠诚与服从,如金初皇统九年(1149)《灵岩寺宝公开堂疏》中有"今请灵岩禅寺宝公长老开堂演法,为国焚修,祝延圣寿者"①。而作为金朝道教主流的全真教,也将践行忠孝思想作为其重要的修道途径,并在教理上肯定了对金政权统治的服从。如全真教领袖马钰在其《立誓状外戒》中称:"专烧誓状,谨发盟言,遵依国法为先。"②将遵守金朝的国法、服从统治作为重要的修道戒律。正如时人所说:"故全真之教虽遗世独立,而尊君亲上之心常存;虽遐遁隐居,而爱人利物之仁愈切。"③也就是说,全真教虽以出世成道为目标,但实际上依然要履行"尊君亲上"的世俗义务,为统治者服务。元朝禅宗僧人德辉在作为佛门规式的《敕修百丈清规》中,就将《祝厘章》(为皇帝祝寿法事的规式)列为全书第一章,明确指出佛教徒应当对元朝统治者的特别"优遇"和"广博圣恩"心怀感恩,并以修行归善、教化民众、为君主祝寿等方式为统治者服务和"报恩"④。元朝宗教界除了按照统治者的要求"祷祝圣寿",也主动论证"为国祝祷"的合理性。如元朝禅宗僧人楚石梵琦禅师和昙芳守忠禅师等人,在上堂讲法时首先要为皇帝

---

① 《灵岩寺宝公开堂疏》,阎凤梧主编:《全辽金文》(下),第3975页。

② (金)马钰:《丹阳神光灿》,张继禹主编:《中华道藏》第26册,北京:华夏出版社2004年,第479页。

③ (元)俞应卯:《鄠县秦渡镇重修志道观碑》,张继禹主编:《中华道藏》第47册,北京:华夏出版社2004年,第192页。

④ 文称:"钦惟国朝优遇尤至,特蠲赋役使安厥居,而期以悉力于道。圣恩广博天地莫穷,必也悟明佛性以归乎至善,发挥妙用以超乎至神;导民于无为之化,跻世于仁寿之域。以是报君,斯吾徒所当尽心也。"(元)德辉重编:《敕修百丈清规》卷一,《大正新修大藏经》第48册,第1112页。

及帝师祝寿："端为祝延今上皇帝:圣躬万岁万万岁,陛下恭愿,乃圣乃神,乃武乃文,四海咸歌有道;自西自东,自南自北,八方尽乐无为。"① 这些都表现出对元政权的忠诚与服从。

总之,这些对统治者长寿安康和国家富强等世俗要求的祈愿,以及对"忠君"的强调,正是辽夏金元宗教界"忠君护国"思想的体现。它有利于强化信徒对现实政治秩序的服从,进而发挥了巩固统治的现实作用,从而实现了宗教与政治的合作与互动。

第三,宗教思想对民族和社会矛盾的消解发挥了一定的作用。

辽夏金元等少数民族政权对佛教的崇信,在很大程度上也与佛教思想的"超民族性"有关。佛教提倡的"众生平等"及其本身具有的外来文化属性,相比于强调"华夷之辨"、汉民族色彩浓厚的儒家思想来说,更利于民族矛盾的缓解。与此同时,佛教和伊斯兰教等宗教都具有"劝善"和教化民众的作用,也有利于缓解现实社会中统治者与民众之间的矛盾,维持社会的稳定。例如,金朝宗教界就注意论证和宣传其重要的社会教化作用,即宗教通过"教化人心"可以保证社会公正和稳定。金末李俊民在《重修佛堂记》中称佛教:"不陵弱,不暴寡,不苦怯,皆如来慈悲之化。夫以易感之化,易难从之俗,亦救时之一助也。若夫化流天下,使人有士君子之行,如周家太平之时,其待木铎之政乎?"② 认为佛教发挥了与周公、孔子一样的传道、化俗、救时作用。全真教也发挥了类似的教化作用,元好问也称全真教"黄冠之人十分天下之二,声焰隆盛,鼓动海岳。虽凶暴鸷悍,甚愚无知之徒,皆与之俱化"③。此外,高昌回

① (元)楚石梵琦:《楚石梵琦禅师语录》卷二十,《大藏新纂卍续藏经》第71册,第 562 页。
② (金)李俊民:《重修佛堂记》,阎凤梧主编:《全辽金文》(下),第 2536 页。
③ (金)元好问:《清真观记》,阎凤梧主编:《全辽金文》(下),第 3221 页。

鹘佛教文献《弥勒会见记》中称："（所有）国王、贵人、名人、大官、家主，如能对国中百姓、奴、婢和侍者不怒不吓，依法关怀者，他们所有人将依弥勒佛法，从所有痛苦中得到解脱。再有，（所有）生为侍者、奴婢、无权无势者，如能尽心伺候贵人及其夫人者，他们都将因弥勒佛之法从所有痛苦中得到解脱。"①可知，该文作者借弥勒佛之口，一方面劝说统治者和官僚贵族关爱百姓和奴婢，另一方面也要求百姓和奴婢忠心侍奉贵族统治者，并将其作为解脱痛苦和往生弥勒净土的手段。

伊斯兰教思想也发挥了类似的作用，如《福乐智慧》就提出了"以真主约束君主"的思想，一是从消极的方面告诫君主：如果实施了虐民的暴政，将难逃真主的审判："倘若你国中有一个饥民，真主将问你之罪，不加原宥"②；二是从积极的方面劝说君主，通过施行善政会获得来世的好报："要执法公正，对人民公平，最后审判日，会有好报应。"③从上述思想来看，佛道教和伊斯兰教的教义都发挥了缓解不同民族和社会阶层矛盾的积极作用，从而有利于各民族政权和社会的稳定。

以上例证说明，宗教思想文化并非单纯的思想或信仰，内涵丰富且具有独特性的宗教思想也不仅是纯粹的理论思辨系统。可以说，具有独立性与统一性的宗教思想文化体系，对于辽、西夏、金、高昌回鹘、喀喇汗朝和元朝的政治统一、王权的巩固和社会的稳

---

① 耿世民：《回鹘文哈密本〈弥勒会见记〉研究》，北京：中央民族大学出版社2008年，第415—416页。

② 优素甫·哈斯·哈吉甫著，郝关中、张宏超、刘宾译：《福乐智慧》，北京：民族出版社2003年，第674页。

③ 优素甫·哈斯·哈吉甫著，郝关中、张宏超、刘宾译：《福乐智慧》，北京：民族出版社2003年，第185页。

定,都具有重要的理论支撑作用及现实意义。对此,正如陈寅恪在《隋唐制度渊源略论稿》中讨论苏绰为宇文泰创建官制时指出的："适值泰以少数鲜卑化之六镇民族窜割关陇一隅之地,而欲与雄据山东之高欢及旧承江左之萧氏争霸,非别树一帜,以关中地域为本位,融冶胡汉为一体,以自别于洛阳、建邺或江陵文化势力之外,则无以坚其群众自信之心理。"①因此,独立的文化体系是稳定政权及强化民族自信的重要保障,而辽夏金元政权的宗教思想文化正发挥了这种作用。这种通过自我文化体系的建构以凸显政治和文化上的民族性与主体性,进而巩固现实统治和社会秩序的措施,也是对辽夏金元等民族政权所面对的"社会秩序重建"和"如何建构民族本位文化以巩固民族政权"这一时代课题的解答。

二、宗教思想文化促进了辽夏金元时代少数民族的文明进步

10—14世纪的契丹、党项、女真、回鹘、蒙古等民族,通过吸收中原汉文化等先进文明,促进了自身的文明化和社会发展进步。其中,佛教等宗教思想文化对于各民族的文明化,特别是各民族思想文化的发展进步起到了巨大的推动作用,并成为辽、西夏、金、元及高昌回鹘、喀喇汗朝等政权建设多元文化的重要思想资源。这主要可以从以下几方面理解:

(一)宗教思想文化为辽夏金元时代各民族的发展提供了主要思想资源

第一,中原大乘佛教文化是各少数民族精神文化建设的主要文化资源。

---

① 陈寅恪:《隋唐制度渊源略论稿　唐代政治史述论稿》,北京:生活·读书·新知三联书店2001年,第20页。

　　通观 10—14 世纪的辽夏金元等民族政权,普遍将中原大乘佛教作为主要的宗教信仰,而契丹、党项、女真、蒙古和回鹘等民族也广泛接受了佛教信仰,并以中原大乘佛教文化等为资源,创造了各具特色的宗教思想和精神文化。

　　首先,中原佛教经典是各民族构建自身宗教思想文化的主要载体。辽夏金元等少数民族政权普遍对汉文《大藏经》及中土佛学著述进行了引进与翻译,以此为其精神文化的建构发展提供了理论资源。辽金王朝虽然创制了本民族的文字(如契丹大小字、女真文等),但其通用语言文字则是汉语和汉字,佛教经典继承和采用了唐宋时代的汉文《大藏经》,辽金王朝雕印的《契丹藏》和《金藏》也是汉文《大藏经》的翻刻与补充。元朝虽以藏传佛教为国教,并创制了八思巴蒙古文,但以汉文和汉字《大藏经》为基础的中原佛教经典依然是元朝佛教文化的主要理论依据之一。此外,以党项民族为例,西夏政权自创建伊始,就将引进汉文《大藏经》作为重要的官方行动。元昊等西夏统治者曾五次向宋朝"求经"(即赎买或求取汉文《大藏经》),第一次为宋仁宗天圣八年(1030)"定难军节度使、西平王赵德明遣使来献马七十匹,乞赐佛经一藏"[①];最后一次则是宋神宗熙宁五年(1072)夏惠宗秉常向宋"遣使进马赎《大藏经》,诏赐之而还其马"[②];与此同时,党项民族有选择地对汉文《大藏经》进行"番译"即西夏文转译,完成了总数八百二十部、

---

①（宋）李焘撰,上海师范大学古籍整理研究所、华东师范大学古籍整理研究所点校:《续资治通鉴长编》卷一百九"天圣八年十二月丁未",北京:中华书局 2004 年,第 2549 页。

②（元）脱脱等:《宋史》卷四百八十六《夏国传下》,北京:中华书局 1977 年,第 14009 页。

三千五百七十九卷的西夏文《大藏经》①。而从目前出土的高昌回鹘文佛教文献来看,绝大部分都是以汉文佛经为底本的翻译作品②。

其次,各民族政权的思想界继承了中原大乘佛教的理论思想。如辽朝佛教在唐朝佛教的基础上,继承了唐代佛教的义学传统及华严宗、密宗、唯识宗等宗派思想,并在选择继承与融合创新的基础上,建设了以华严学为主体、"显密圆融"的思想文化体系。而从《圣立义海》《正行集》等西夏思想著作来看,中原佛教思想(佛性论、如来藏缘起说)也是其思想文化体系的重要组成部分。金朝佛教界则同时继承了辽朝和北宋的佛教系统,建设了以中原大乘佛教(曹洞宗和临济宗最盛)为主体宗教、佛道儒三教并弘的思想文化体系。此外,回鹘民族也将佛教思想文化特别是中原大乘佛教文化作为建设本民族文化的重要思想资源,这从现存的回鹘文献中也可以得到证明③,可以说中原大乘佛教文化也是高昌回鹘政权的主要思想文化资源。

第二,藏传佛教文化是党项、回鹘、吐蕃、蒙古等民族思想文化的重要组成部分。

藏传佛教文化对于辽夏金元时代的吐蕃、党项、回鹘、蒙古等民族也产生了重要的影响,并成为各民族的重要精神文化资源之一。首先,藏传佛教经过后弘期的发展,于11至12世纪之际已经

① 参见史金波:《西夏佛教史略》第四章《西夏佛经》、第七章《佛教宗派的影响》,银川:宁夏人民出版社1988年,第58—110、155—167页。
② 参见杨富学:《回鹘之佛教》,乌鲁木齐:新疆人民出版社1998年,第148页。
③ 德国学者茨默曾指出:"在现知的回鹘文文献中,除了有限的世俗作品外,大部分都是宗教性作品,其中又以翻译作品居多。"这里的翻译作品主要就是对中原大乘佛教文献的回鹘文翻译。[德]茨默著,桂林、杨富学译:《佛教与回鹘社会》,北京:民族出版社2008年,第83页。

形成了较为完整的佛教思想体系,并出现了以噶玛噶举和萨迦派为代表的佛教宗派①;而西夏后期佛教(自夏仁宗朝开始)的显著特点就是藏传佛教噶举派和萨迦派的广泛流行②。西夏对藏文佛经的翻译、帝师制度的设立,以及众多藏传佛教高僧受封帝师、国师的史实,证明藏传佛教文化也成为党项民族重要的思想文化资源之一。

其次,高昌回鹘国在接受中原大乘佛教的同时,也大量吸收引进了藏传佛教文化。随着8世纪中叶安史之乱的爆发,以及吐蕃对河西地区的占领,流行于吐蕃地区的藏传佛教也传入河西以及高昌地区,并与中原大乘佛教共同发展。自9世纪中叶开始,藏传佛教就开始在西迁高昌的回鹘民族中得到流传,高昌回鹘也出现了众多藏传佛教僧人。从敦煌、吐鲁番等地出土的回鹘文佛教文献来看,有相当多的藏文佛教经典曾被译为回鹘文,藏传佛教噶举派等宗派的高僧曾前往回鹘传法,这说明藏传佛教文化也成为高昌回鹘佛教思想文化的重要组成部分。

再次,伴随着元朝统治者对藏传佛教的尊崇及帝师制度的设立,藏传佛教文化成为蒙古民族精神文化的主要组成部分之一。以藏传佛教为主体的佛教文化为元帝国文化体系的建构做出了重要贡献,并为蒙古民族的文明化和各民族统一提供了文化支持。例如,忽必烈命帝师八思巴创制蒙古文新字(八思巴字),并作为帝

---

① 参见王森:《西藏佛教发展史略》,北京:中国藏学出版社2010年,第67—154页。
② 参见史金波《西夏佛教史略》(银川:宁夏人民出版社1988年)及《西夏的藏传佛教》(《中国藏学》2002年第1期)、陈庆英《西夏与藏族的历史、文化、宗教关系试探》(《藏学研究论丛》编委会:《藏学研究论丛》第5辑,拉萨:西藏人民出版社1993年)、孙昌盛《试论在西夏的藏传佛教僧人及其地位、作用》(《西藏研究》2006年第1期)等文。

国的官方语言文字①，就对蒙古民族和元朝的语言文字学产生了重要影响，同时"对元朝将众多的民族统一为一个大帝国和消除或减少民族间语言文字上的隔阂具有重要的政治意义"②。此外，伴随着藏传佛教在元朝的兴盛发展，藏传佛教也逐渐为蒙古民族所接受、信仰并被奉为主要宗教，为明清时代蒙古民族与藏族、汉族等进一步的民族融合和文化认同提供了重要的宗教途径和文化纽带。

第三，伊斯兰文化对回鹘民族的精神文化产生了深刻影响。

由于回鹘民族本身社会发展水平的限制，伊斯兰教的思想文化也在很大程度上发挥了先进文明载体的作用。伴随着伊斯兰教的传播，伊斯兰文化也成为喀喇汗王朝思想文化的主流。从《福乐智慧》的诗歌形式及词汇使用、宗教与哲学思想、所引用的传说与史诗等方面来说，该书都受到伊斯兰文化的重要影响③。而书中所吸收的古希腊伦理学与政治学思想，实际上也是通过穆斯林思想家的翻译与传承（"百年翻译运动"），以伊斯兰文化的形式存在

---

① 对此，据《元史》载："中统元年，世祖即位，尊为国师，授以玉印。命制蒙古新字，字成上之。其字仅千余，其母凡四十有一。其相关纽而成字者，则有韵关之法；其以二合三合四合而成字者，则有语韵之法；而大要则以谐声为宗也。至元六年，诏颁行于天下。诏曰：朕惟字以书言，言以纪事，此古今之通制。我国家肇基朔方，俗尚简古，未遑制作，凡施用文字，因用汉楷及畏吾字，以达本朝之言。考诸辽、金，以及遐方诸国，例各有字，今文治浸兴，而字书有阙，于一代制度，实为未备。故特命国师八思巴创为蒙古新字，译写一切文字，期于顺言达事而已。自今以往，凡有玺书颁降者，并用蒙古新字，仍各以其国字副之。"（明）宋濂等：《元史》卷二百二《释老传》，北京：中华书局1976年，第4517页。

② 陈庆英：《元代帝师制度及其历任帝师（上）》，《青海民族学院学报》（社会科学版）1991年第1期，第45页。

③ 参见王家瑛：《〈福乐智慧〉与伊斯兰文化》，《哲学研究》1990年第2期。

的①。从《福乐智慧》一书所反映的思想内涵来看,伊斯兰教思想及伊斯兰文化可以视为喀喇汗朝的主要思想文化资源之一。

由此可见,契丹、党项、女真、回鹘、蒙古等民族接受中原大乘佛教、藏传佛教、道教和伊斯兰教等宗教文化,并不仅仅是出于信仰方面的需要,同时还与建设具有独立个性的民族文化、巩固民族政权、促进本民族的文明进步等现实需求有着密切关系。

（二）宗教思想文化对辽夏金元时代各民族的理论思维产生了深刻影响

首先,宗教思想文化塑造了辽夏金元时代各民族的哲学思想。

由前文的论述可知,佛教、伊斯兰教及其中蕴涵的哲学思想,在很大程度上也成为契丹、党项、女真、回鹘和蒙古等民族哲学思想的代表。具体来说,在对物质世界及其起源的认识即宇宙论方面,佛教所提出的四大说、三界说、天堂地狱及伊斯兰教的神创说等思想被各民族广泛接受;而在对人类起源及人本性的认识即人性论方面,佛教的如来藏缘起说、佛性论等思想也在很大程度上成为各民族思想界解释人性的主要理论依据。以党项民族为例,在人类产生方面,代表西夏官方思想的辞书《圣立义海》就运用佛教思想做出了如下解释:人的"身"即肉体由"地、水、风、火"四大基质构成（"地、水、火、风,依四大成身也"）②;而人心由五蕴组成:"依大蕴荫:色、受、想、行、识,依五蕴诸法皆集,善恶才艺显现"③,

---

① 参见魏良弢:《阿拉伯进入中亚与中亚伊斯兰化的开始》,《新疆大学学报》（哲学·人文社会科学版）2005年第3期。

② ［俄］克恰诺夫、李范文、罗矛昆:《圣立义海研究》,银川:宁夏人民出版社1995年,第62页。

③ ［俄］克恰诺夫、李范文、罗矛昆:《圣立义海研究》,银川:宁夏人民出版社1995年,第62页。

即人的心理活动及认识主要来自色、受、想、行、识五蕴的集合变
化,而善恶才性也由此显现。而在人性产生的认识上,《圣立义海》
主要采用了佛教的业报缘起说及如来藏缘起说,认为人本来具有
纯善的"真实性"(即清净无染的佛性或善性),而恶性则来源于烦
恼及后天性气的熏染①,这实际上接近于佛教的如来藏缘起说。此
外,以喀喇汗朝和回鹘民族为例,从《福乐智慧》一书所反映的思
想来看,在客观世界的起源、万物背后的本体依据、物质世界的性
质等哲学问题的认识上,喀喇汗朝思想界主要接受了伊斯兰教的
神创说,并带有鲜明的宗教世界观色彩;而在伦理道德方面,《福乐
智慧》则将智慧视为真主的天赋善性,将虔信真主和禁欲作为重要
的美德,这都反映出伊斯兰教思想的深刻影响。可以说,伊斯兰教
思想在很大程度上已经成为喀喇汗朝和回鹘民族哲学思想,特别
是世界观思想的重要理论来源之一。

　　第二,宗教思想文化提升了辽夏金元时代各民族的思辨能力。

　　不可否认的是,作为宗教思想文化重要组成部分的宗教哲学
思想,其中包含着深刻的理论思辨性,特别是华严宗、唯识宗、天
台宗等中原大乘佛教思想,其理论体系丰富深奥,逻辑思维缜密
细致;而契丹、党项、女真、蒙古等少数民族对这些义学思想的接
受与研习,本身就是其思辨能力提升的重要表现。以契丹民族的
佛学思想为例,辽道宗耶律洪基在《释摩诃衍论御解》中,就运用
华严学的总义、别义,天台宗的第一义谛、真俗二谛,唯识学的能
入、所入等三对名相,将该论的三十三门内容进行了归纳总结和
概述,将十六门归为"所入""第一义谛"和"总义",另十六门归

---

① 原文为:"依真实性:人本有真净性,生后方依因缘烦恼,染诸种性气也。"
　　[俄]克恰诺夫、李范文、罗矛昆:《圣立义海研究》,银川:宁夏人民出版社
　　1995年,第62页。

为"能入""真俗二谛"和"别义"①。这种对华严、天台、唯识学名相概念的综合运用,以及对众多法门的总结归纳,表现出精深的佛学素养和哲学思辨性,这正是契丹民族(以契丹统治者和贵族为代表)理论思辨能力提升的表现。西夏思想界也围绕佛性思想和如来藏缘起说而对儒佛思想进行了融合和创新:通观《圣立义海》所反映的世界观思想,可知西夏思想界在宇宙论方面主要是以儒学的元气论为依据,而在人性论方面则选择如来藏说及业感缘起说等佛教思想作为主要资源,但又未完全固守一说,而是综合了儒佛二家思想,形成了气本论与缘起说并存的"二元论"宇宙论与人性论②。此外,《圣立义海》还将儒家的"九品才性论"与佛教的"十界"思想结合。这正是西夏思想界兼采各家思想融合创新的表现,同时也反映出党项民族在理论综合与创新方面的较高思辨能力。

第三,宗教思想文化深化了各民族对客观世界的认识。

相比于契丹、党项、回鹘、女真、蒙古等民族对客观世界的原始认识("万物有灵"的萨满信仰等),佛教与伊斯兰教对于客观世界的认识更具理论性和系统性。首先,以契丹民族为例,在对宇宙及世界的认识上,契丹民族就吸收了佛教的"四大部州"说,用"南赡部州"称呼辽国,如重熙四年(1035)《张哥墓志》、重熙十三年(1044)《沈州无垢净光舍利塔石函记》、重熙十四年(1045)《沈州卓望山无垢净光塔石棺记》等文中都有"南赡部州大契丹国""南

①(辽)法悟:《释摩诃衍论赞玄疏》卷一,《大藏新纂卍续藏经》第45册,第831页。
②参见袁志伟:《〈圣立义海〉与西夏"佛儒融合"的哲学思想》,《宁夏大学学报》(人文社会科学版),2015年第3期。

赡部州大辽国"等称谓①。

其次,在对宇宙生成过程的认识上,西夏思想界吸收融会了儒学的"元气说"和佛教的"四大说",将世界的产生解释为某些基本物质运动结合的结果。《圣立义海》《新集碎金置掌文》等书就根据这种元气生化论来解释世间万物的起源,文称:"天地世界初,日月尔时现。明暗左右转,热冷上下合。"②描述了阴阳二气和合产生万物的过程;同时,《圣立义海》还采用佛教的四大说,认为地、水、火、风四种基质和合构成万物:"诸物为载:诸物众生,一切成四大体,依大地为载。"③这都反映出佛教理论思想在很大程度上深化和拓展了党项民族对客观世界的理论认识。

再次,从帝师八思巴所著《彰所知论》的思想内容来看,佛教宇宙观也是吐蕃民族对世界起源和存在的主要认识,并在很大程度上被元朝官方所认可和推行。该书第一《器世界品》(解释佛教的世界观)就提出:"谓器世界所成之体,即四大种,种具生故",论述了以"四大缘起"为基础的宇宙生成论及其本体;第二《情世界品》则主要论述了"有情众生"(即具有思维觉知能力、"情识真心"的众生)的种类和内涵,以及人类产生后的帝王世系和历史,并采用佛教六道轮回说解释"情世界"的结构:"谓情世界总有六种:一者地狱,二者饿鬼,三者傍生,四者人,五者非天,六者天。"④

① 向南编:《辽代石刻文编》,石家庄:河北教育出版社 1995 年,第 200、237、239 页。
② 聂鸿音、史金波:《西夏文本〈碎金〉研究》,《宁夏大学学报》(社会科学版)1995 年第 2 期,第 15 页。
③ [俄]克恰诺夫、李范文、罗矛昆:《圣立义海研究》,银川:宁夏人民出版社 1995 年,第 57 页。
④ (元)发合思巴造,(元)沙罗巴译:《彰所知论》卷上,《大正新修大藏经》第 32 册,第 228 页。

此外,佛教的四大说(四要素说)对于喀喇汗朝思想界也产生了重要影响,《福乐智慧》一书就用四要素说解释物质世界的具体构成,认为万物由火、水、气、土四种基本物质构成:"四要素组合,才能构成生命","三者为火,三者为水,三者为气,三者为土,由此构成了宇宙"①。可以说,佛教和伊斯兰教等思想文化确实被各主要少数民族思想界所接受和认同,与此同时,宗教思想也在哲学和理论思维等方面提升了这些民族的思维水平,进而促进了其精神文化的发展进步。

(三)宗教思想文化为辽夏金元时代各民族和民众提供了精神支柱

首先,宗教思想为各民族民众提供了重要的人生目标与精神归宿。

佛教宣扬的成佛证道、净土往生、来世善报,以及伊斯兰教宣扬的升入天堂等思想,既是宗教信仰的重要内容,也是宗教修行的主要目标。在信仰这些宗教的民众看来,宗教修行目标往往等同于人生目标,并被作为重要的精神归宿,从而对他们的现实生活和社会观念产生了重要影响。这在信仰佛教的辽夏金元各民族民众及信仰伊斯兰教的喀喇汗朝民众中都有突出的反映。

信仰佛教的契丹、女真、党项、回鹘、蒙古和汉族民众,普遍将往生净土与成佛作为重要的人生目标和终极追求,这在现存的经幢记和发愿文等中有大量的表现。如辽清宁五年(1059)《秦晋国大长公主墓志铭》记载,辽景宗长女耶律观音女崇信佛教,并"薰修胜因,回向于佛道"②,也就是将成佛得道作为重要的精神目标;

---

① 优素甫·哈斯·哈吉甫著,郝关中、张宏超、刘宾译:《福乐智慧》,北京:民族出版社2003年,第11、22页。

② 郑绍宗:《契丹秦晋国大长公主墓志铭》,《考古》1962年第8期,第430页。

为了实现这些宗教目标,诵经、持戒、饭僧等佛教修行也成为辽朝民众日常生活的重要组成部分。天盛十九年(1167)夏仁宗《佛说圣佛母般若波罗蜜多心经》御制后序称:"仰凭觉荫,冀锡冥资。直往净方,得生佛土。永住不退,速证法身。又愿:六庙祖宗,恒游极乐。"[1] 可知净土与成佛也是党项民族的重要观念。从现存的回鹘佛教文献可知,成佛与往生净土思想也是高昌回鹘民众的普遍认识,如吐鲁番高昌故城佛寺遗址出土的回鹘文木杵(立于948年)铭文称:"我们二人就恭恭敬敬地为修建一座寺庙而夯入一根sat 木杵以为基础。但愿这一功德善业所产生的力量能使我们以后与崇高的弥勒佛相会;但愿我们能从弥勒佛那里得到崇高的成佛的胜因。"[2] 佛道教作为金朝社会的主要宗教信仰,也为包括女真族在内的金朝民众提供了临终关怀等终极归宿。如:金世宗母"贞懿太后以内府金钱三十余万,即东都建清安寺以祈冥福"[3],契丹族的漆水郡夫人耶律氏"每早起□□□诵佛经,日旰方食"[4]。在各民族佛教信徒的心目中,佛教所宣扬的成佛证道与往生净土已经不单是宗教信仰,更具有人生终极目标及追求生命永恒的意义。而伴随着诵读汉文佛教经典、奉行汉化佛教仪式、求生西方净土等宗教

---

[1] 俄罗斯科学院东方研究所圣彼得堡分所、中国社会科学院民族研究所、上海古籍出版社编:《俄藏黑水城文献》第3册,上海:上海古籍出版社1996年,第77页。

[2] 引自杨富学:《回鹘之佛教》,乌鲁木齐:新疆人民出版社1998年,第181页;铭文年代的考证参见同书第190页。

[3] 罗福颐:《满洲金石志》卷三《大清安寺英公禅师塔铭》,新文丰出版公司编辑部:《石刻史料新编》第一辑第23册,台北:新文丰出版公司1982年,第17305页。

[4] 梅宁华主编:《北京辽金史迹图志》(下),北京:北京燕山出版社2004年,第181页。

活动,各少数民族也进一步接受了汉民族的文化和生活方式,从而促进了其汉化和文明化进程。

此外,伊斯兰教宣扬的虔信真主和追求天国的思想也具有相似的作用,《福乐智慧》作者就表达了以信仰真主为精神寄托的思想,并祈求死后升入天国:"这世界好比监牢,切莫迷恋,愿你把天国乐土默默追寻。"[1]可见,伊斯兰教思想也为回鹘民族和喀喇汗朝民众提供了人生目标和精神归宿。

其次,宗教信仰发挥了祈福禳灾的精神抚慰作用。

对于普通民众来说,宗教信仰最大的功用之一,就是为安抚现实生活苦难而提供精神的慰藉。由于社会发展水平较低,当时各民族的民众往往将祈福禳灾、健康长寿、平安富足的希望寄托在宗教上。如:会同五年(942)辽太宗耶律德光"闻皇太后不豫,上弛入侍,汤药必亲尝。仍告太祖庙,幸菩萨堂,饭僧五万人"[2];而秦晋国大长公主病重弥留之际,"诸孙在旁,恻恻恳祷,焚香祝无边佛,设供饭无遮僧"[3],也就是通过焚香拜佛、祷告、饭僧以祈求亲人病愈。现存的西夏佛经发愿文也反映出当时西夏人希望依靠佛教而去病禳灾、富贵长寿等思想,如天盛十九年(1167)任得敬印施《金刚般若波罗蜜经》发愿文称:"今者,灾迍伏累,疾病缠绵,日月虽多,药石无效。故陈誓愿,镂板印施,仗此胜因,冀资冥佑。倘或[天]年未尽,速愈沉疴;必若运数难逃,早生净土。"[4]据大定十五

---

① 优素甫·哈斯·哈吉甫著,郝关中、张宏超、刘宾译:《福乐智慧》,北京:民族出版社 2003 年,第 399 页。

②(元)脱脱等:《辽史》卷四《太宗纪下》,北京:中华书局 1976 年,第 52 页。

③ 郑绍宗:《契丹秦晋国大长公主墓志铭》,《考古》1962 年第 8 期,第 430 页。

④ 俄罗斯科学院东方研究所圣彼得堡分所、中国社会科学院民族研究所、上海古籍出版社编:《俄藏黑水城文献》第 3 册,上海:上海古籍出版社 1996 年,第 77 页。

年（1175）《唐国公主祈嗣施资颂》记载，金朝唐国公主与驸马都尉镇国上将军，为祈求子嗣"施赀金，命山野陛座推轮饭僧毕，焚香作礼"①。现存的回鹘佛教文献中也有许多类似的祈愿文字，如《弥勒会见记》卷首的发愿文称："我们愿把画像、抄经的功德首先转给天上的梵天、帝释和四天王。借此功德之力，愿他们的天威增大。保护我们的国家和城市，让其内无疾病，外无敌人，五谷丰登，全体人民幸福。"②从《福乐智慧》的论述中可知，信仰真主在很大程度上也成为喀喇汗朝民众希冀消除灾祸的精神慰藉，文称："哪一位仆民虔信真主，灾祸的大门必对他紧关。"③上述例证都表明，在辽、西夏、金、高昌回鹘、喀喇汗朝等政权的统治阶层及各族民众中，针对于现实中的战乱、灾难和疾病，宗教思想都发挥了重要的精神慰藉作用。

再次，宗教思想发挥了规范道德伦理的约束作用。

宗教思想中虽然包含着大量迷信成分，但其中的劝善、因果报应等思想也对信仰者的现实行为产生了积极的约束作用，宗教戒律也在很大程度上具备了道德伦理准则的性质。例如，西夏思想界就提出了一种以佛教为主、佛儒融合的社会道德准则：即将佛教的"修心"与"成佛"作为"君子"的标准，用佛教的修行与戒律约束一般民众的社会活动。对此，西夏文《正行集》提出："君子者，不异释门，类同道士，去恶依善，皆同一体。"④西夏字典《番汉合时

① 北京图书馆金石组编：《北京图书馆藏中国历代石刻拓本汇编》第46册《唐国公主祈嗣施资颂》，郑州：中州古籍出版社1996年，第120页。
② 耿世民：《回鹘文哈密本〈弥勒会见记〉研究》，北京：中央民族大学出版社2008年，第12页。
③ 优素甫·哈斯·哈吉甫著，郝关中、张宏超、刘宾译：《福乐智慧》，北京：民族出版社2003年，第172页。
④ 聂鸿音：《西夏文德行集研究》，兰州：甘肃文化出版社2002年，第10页。

掌中珠》虽以仁义忠信及孝道等儒家伦理道德规范为立身准则，但在人生的目标和最终归宿上，则归本于佛教的成佛证道[①]。而在唐宋以来三教合一思想发展趋势下，儒家孝道思想也为辽夏金元佛道教所吸收，并成为宗教思想界的共识，从而维护了社会的基本伦理道德和现实政权的统治。如金大定四年（1164）《解州安邑县□篆□慈云院记》便称，金朝佛教"上则善于国，以忠为主；内则善于家，以孝为主；外则善于师长，以身名为饰"[②]，即忠孝也是佛教所强调的核心思想之一。元朝宗教界也着力宣扬"报恩"和忠君思想，对民众进行"劝善"教化，以此规范民众的"忠孝"道德伦理和政治上的服从。元僧德辉就将《祝厘章》（为皇帝祝寿法事的规式）列为《百丈清规》的第一章，明确指出佛教徒应当对元朝统治者的特别"优遇"和"广博圣恩"心怀感恩，并以修行归善、教化民众、为君主祝寿等方式为统治者服务和"报恩"[③]。此外，反映喀喇汗朝思想的《福乐智慧》一书中宣扬了类似佛教的因果报应思想："你在今生作恶而在享乐，来世将受罪，后悔难言。行善之人在今生卑贱，来世他无憾，会百事如愿。"[④]这种对因果报应的强调，其主要目的就在于劝诫人们以"为善去恶"为人生目标。总之，佛道教和伊斯兰教思想为辽夏金元和高昌回鹘、喀喇汗朝民众提供了人生目标和精神归宿，并发挥了精神抚慰和道德约束的积极作用，从

---

① 参见袁志伟：《西夏人的佛儒融合思想及其伦理道德观》，《西北大学学报》（哲学社会科学版）2015年第4期。

② （金）张瑜：《解州安邑县□篆□慈云院记》，阎凤梧主编：《全辽金文》（中），第1571页。

③ （元）德辉重编：《敕修百丈清规》卷一，《大正新修大藏经》第48册，第1112页。

④ 优素甫·哈斯·哈吉甫著，郝关中、张宏超、刘宾译：《福乐智慧》，北京：民族出版社2003年，第125页。

而在很大程度上具有了精神支柱的意义。

综上所述,中原大乘佛教文化、藏传佛教文化、道教、伊斯兰教文化等宗教思想文化是契丹、党项、女真、回鹘、蒙古等民族建设本民族思想文化体系的主要资源。宗教思想文化在哲学思想、理论思辨、道德伦理等方面促进了各民族的文明进步,并在很大程度上发挥了精神支柱的作用,从而为各民族及其政权的社会和文化秩序重建提供了思想保证。从这些方面来说,辽夏金元时代中国各主要民族及其政权吸收宗教思想所建构的思想文化,正是对"文化秩序的重建"即"如何吸收外来先进文化以促进本民族的发展及社会进步"这一时代课题的解答。

三、宗教思想文化推动了各民族政权的社会与文化秩序重建

综观 10—14 世纪的宗教思想与辽夏金元社会的关系,可知上述主要少数民族及其政权的宗教思想文化,在整体上是对各民族"社会和文化秩序重建"这一时代课题的解答,即解决"如何吸收先进文化以促进本民族的发展与社会进步,并为各民族政权的巩固和统一提供理论支持"。

首先,宗教及其思想文化推动了各民族的社会和思想文化进步,并且是思想与社会互动的产物。

从现实作用来说,宗教思想文化在辽夏金元社会及契丹、党项、女真、回鹘、蒙古等民族的发展进步中发挥了重要作用,独立的宗教思想文化体系也成为辽夏金元政权政治和文化独立的思想支撑和象征,并在思想界的统一、统治者的合法性论证、社会和民族矛盾的消解、政权的巩固等方面,为"社会秩序的重建"提供了理论解答。同时宗教文化促进了各民族的文明进步,佛教、道教、伊斯兰教等宗

教思想文化成为建设各民族独立文化体系的主要思想资源,并在各民族哲学思想的塑造、理论思辨的提升、精神支柱的树立等方面发挥了巨大作用,从而为"文化秩序的重建"提供了理论解答。

从这种时代课题解答的角度来说,10—14世纪各主要少数民族的宗教思想具有与政治社会紧密结合和世俗化的思想倾向,其思想内涵、理论特点的产生在很大程度上是对各民族政权现实社会需要的回应。辽夏金元等政权的宗教思想所体现的创新性与独立性,以及宗教对这些民族政治、文化、社会生活和习俗的广泛影响,都说明当时的宗教思想文化并非只是脱离实际的理论学说,或者是附属于宗教信仰的空洞说教,它实际上是当时各民族政权社会存在及社会需要的产物,并对各民族的社会生活产生了深刻的影响。

其次,宗教文化推动了辽夏金元时代多元文化体系的形成,并为10—14世纪中华文化的"多元一体"发展奠定了基础。

围绕当时的时代课题,契丹、党项、女真、回鹘、蒙古等各民族及其政权对中原大乘佛教思想文化、藏传佛教思想文化、道教文化及伊斯兰教思想文化等进行了有选择性的吸收与继承,并进行了融合与创新,从而建构了凸显文化民族性与主体性的思想文化体系。与以儒学思想文化为主体的两宋中原文化相比,以佛教文化为主体的辽夏金元和高昌回鹘文化,以及以伊斯兰教文化为主体的喀喇汗朝文化,使辽夏金元时代的中国思想界呈现出"多元一体"的文化格局。由于辽夏等少数民族政权的压力,出于现实政治等方面的考虑,北宋思想界普遍出现了排斥佛教和道教等宗教思想、重振儒学的思潮,如张载、二程等北宋理学家,都将"辟佛老""去二氏之病"作为重要的思想任务,北宋儒学家石介也在其《中国论》中指出,当时思想界最迫切的任务就是抵御瓦解"中国之

常道"的佛教①。但从多元文化的交流与融合来看,这在某种程度
上也是对外来文化及多元文化的排斥与自我封闭。与此同时,各
少数民族政权利用佛教、伊斯兰教等宗教文化建构本民族文化体
系的行动,促成了多元文化体系的出现,在很大程度上弥补了当时
中原地区文化内敛和封闭的不足;各民族的宗教文化与儒家文化
共同促成了 10—14 世纪中国文化多元繁荣的格局,并为中华文化
多元一体化的进一步发展奠定了基础。

第二节　宗教思想与辽夏金元文化的
"多元一体"

　　辽夏金元等民族政权利用宗教思想建构了具有自身特色的思
想文化体系,这也使 10—14 世纪的中国文化呈现出多元性与丰富
性。与此同时,各民族及其政权的宗教思想文化也表现出鲜明的
共性和统一性。契丹、党项、女真、回鹘、蒙古等民族对以中原大乘
佛教文化为主的中原汉文化的接受与认同,以及西夏、蒙古政权对
汉藏佛教文化的融合统一等,都推动了以汉文化为主体的"多元一
体"中华文化的进一步发展。

一、辽夏金元时代的中国宗教思想界
是彼此联系的有机整体

　　契丹、党项、女真、回鹘、蒙古等民族思想文化的共同性,以及
各民族文化"多元一体"的关系,不仅表现为各民族普遍将中原大

---

① 石介认为,佛教"灭君臣之道,绝父子之情,弃道德,悖礼乐,裂五常,迁四民
　　之常居,毁中国之衣冠,去祖宗而祀夷狄"。(宋)石介著,陈植锷点校:《徂
　　徕石先生文集》卷十《中国论》,北京:中华书局 1984 年,第 116 页。

乘佛教文化等宗教文化等作为吸收引进的共同资源,以及在宗教发展趋势上的一致,还表现为宗教思想理论主题上的一致性。通过共同宗教思想的建构和交流,各民族及其政权的宗教思想界也组成了彼此联系的有机整体,从而促进了这些民族的文化统一和认同。这主要可以从以下几方面理解:

(一)各民族政权的宗教思想界普遍重视"真心思想"与心性论的探讨

从现存的辽夏金元时代佛教经论等宗教文献来看,以"佛性论""真心论"等为核心的心性论思想,都是辽夏金元及高昌回鹘等宗教思想界所关注和讨论的理论核心。与此同时,心性论思想也成为汉藏佛教、道教等论证思想圆融,并用以统一宗教思想界的基础理论。

首先,辽朝佛教思想界以华严宗真心思想实现"显密圆融"。

辽朝鲜演、志福、法悟、觉苑、道殿等显密佛教大师无以华严学的真心思想作为建立思想体系、组织诸法、融会各宗思想的理论核心。如鲜演就以"真心"作为统一思想的基础理论,将"一心"和"无障碍法界"即真心思想作为华严宗的核心概念[1];鲜演、法悟、志福等人融会唯识宗、天台宗思想的主要理论也是真心思想(如"摄五教为一教""十识说"及"第一义谛法界为宗"等观点);而在辽朝密宗方面,觉苑也提出了"心曼荼罗"等真心本体思想,认为

---

[1] 对此,鲜演称"今我华严正以无障碍法界为宗"〔(辽)鲜演述:《大方广佛华严经谈玄决择》卷二,《大藏新纂卍续藏经》第8册,第6页〕,他对"真心"与"无障碍法界"的重视在逻辑上是统一的,两者实质上都反映出对主观心性本体的重视。鲜演的意图是在华严宗的立场上,以这一内在的心性本体来融合统一天台、唯识和禅宗等宗派的理论,在这一点上他继承了澄观以及宗密的思想。

"漫（曼）荼罗是一切众生本觉自心"[1]；而道㲻对"真心"的重视则集中体现为"五法界观"学说,他将"无障碍法界观"作为统摄四法界观的"总法界观",实质上就是将四法界观统一于"一心"[2]。这些思想主张都表明,辽朝佛教思想界普遍将以"真心"思想为核心的心性论作为融合佛教诸宗派进而统一思想界的主要理论。

第二,西夏佛教也以华严学心性论为核心融会天台宗及禅宗等宗派思想。

据前文所述,西夏佛教思想界也将华严学的"真如一心"心性论作为理论的核心,这在现存的西夏佛学思想文献中有很多反映,如《三观九门枢钥》就以"一心"为统摄三大观法的思想核心,《诸法一心定慧圆满不可思议要门》则围绕"真心"思想组织其修行论并阐述定慧平等及四种智慧等理论,《解行照心图》及《洪州宗师教仪》等文献也普遍承认真心的本体地位。可以说,西夏佛教界延续了中原佛教特别是以华严学为主体的"心性论"思想,并围绕"一心"思想而建立了综合禅宗、华严宗等佛学理论的宗教思想体系[3]。

第三,金朝宗教界以佛教心性论为基础进行"禅教圆融"和佛道思想的会通。

在继承辽宋"三教圆融"的佛教思潮之下,作为金朝佛教主体的禅宗思想也以心性论为基础而进行禅教的"圆融":即在宗派观

---

① （辽）觉苑:《大日经义释演密钞》卷三,《大藏新纂卍续藏经》第23册,第567页。
② 参见（辽）道㲻集:《显密圆通成佛心要集》卷上,《大正新修大藏经》第46册,第991—993页。
③ 参见袁志伟:《西夏华严禅思想与党项民族的文化个性》,《青海民族研究》2017年第1期。

念和修行实践上以禅宗为主,在修证的本体依据和心性论上则以
华严为主,从万松行秀《请益录》和《从容录》等著作中,就可以看
到他对"真如一心"等思想的重视。此外,金朝全真教也大量吸收
融合了唐宋禅宗的心性本体论和修行实践论等思想,以至于时人
视全真道士"与头陀得道无异"。全真教创立者王重阳就注意吸收
佛教的佛性论和真心本体论,主张佛道合一的"真性不灭"和"真
性解脱",并以此为根基建立全真教"性命双修""不著空见"的修
证理论。

第四,元朝佛教界以心性论为基础而会通佛教诸宗和儒佛道
三教。

就现有的元朝宗教文献来看,包括佛道教在内的汉地宗教界
依然延续了唐宋以来的三教合一思想融合趋势,并以心性论为基
础论证三教思想的统一。例如,元初华严宗领袖、真觉国师文才
在其《肇论新疏》中,就运用华严宗的"真如一心"思想,对华严
学教理和般若思想进行会通①。元朝天台宗僧人怀则《净土境观
要门》、天如则《净土或问》等净土著作,也主张在心性本体论的
基础上,围绕"唯心净土"思想和念佛法门等,将传统的净土往生
信仰与心性本体论结合,将"明心见性"与"往生净土"等同,其目
的则在于进行"禅净合一""台净合一""教禅合一"的思想会通
融合。

第五,心性论是高昌回鹘佛教界的思想主题。

高昌回鹘佛教界也以"心性论"及其相关问题的探讨作为佛
学思想的主题,这在现存的回鹘佛教文献中也有明显的表现:以
目前所知唯一的回鹘文佛学原著《说心性经》为例,该经论将心性

① 参见(元)文才述:《肇论新疏》卷下,《大正新修大藏经》第45册,第241页。

作为探讨主题,即主张"心性"具有诸法根本和修行解脱依据("自心即佛")的本体地位。此外,在高昌回鹘国最为流行的佛教经典《佛说天地八阳神咒经》及《金光明最胜王经》等中原大乘佛教经典中,心性论也占据着重要位置(如对"自心""八识"的探讨等)。可知高昌回鹘佛教界的核心思想也是与中原大乘佛教相同的心性论(佛性论、如来藏思想)及般若中观思想,这与同时代的辽宋金佛教界在思想主题上也是基本一致的。

此外,辽夏金元时代的宗教思想普遍存在修证理论与方法的简易化、入世化倾向。唐宋以来,伴随着佛教中国化的深入发展,中国佛道等宗教也出现了修行理论和方法的简易化和入世化趋势,并成为中国宗教界的重要思想主题之一。禅宗、密宗和净土宗的兴起、全真教等新道教的产生等也是这一思潮发展的反映。这种思想趋势在辽、西夏、金和高昌回鹘佛教界中也有共同的表现。以辽朝为例,"显密圆融"即华严和密宗思想的结合正是修证理论和方法简易化的代表。觉苑的"不思议秘密法界缘起"观行与道殿的"准提法门"虽然是融合华严思想的密教法门,但从辽朝华严宗的角度来看,也可以说是华严宗在宗教实践方面吸收了密宗的易行修证方法,反映出华严思想由繁琐的经院哲学向更加入世化的宗教修行理论的转移;这种转移既反映了佛教各宗派相融合的思想趋势,同时也揭示出华严学思想和密宗思想发展的另一条路径,即以显密融合为形式的新华严思想和密宗思想,这也可以说是辽朝佛教简易化的重要成果。金朝佛教禅宗的广泛流行及其以"文字禅"为主要内容的禅学理论,在很大程度上也是佛学思想入世化的反映。此外,高昌回鹘国的佛教净土思想也反映出普通佛教信徒对佛学简易化、入世化的要求。这一方面表现为高昌回鹘佛教界将往生净土与成佛等同的思想,另一方面则表现为"入世成佛"

的思想,以及对人及人世间的重视等①。

(二)辽夏金元时代的宗教思想都具有思想综合的特点

佛道儒三教思想的会通融合是唐代以来中国思想界的重要主题,在此背景下,以佛教为代表的宗教思想界内部也出现了各宗派思想的会通,这在辽夏金元等民族政权的宗教思想中也有着鲜明的反映。

第一,辽朝宗教界建立了以华严学为中心、"显密圆融"的思想体系。

在吸收中原佛教思想文化的基础上,辽朝形成了综合显教义学和密教修行的"显密圆融"佛教思想体系。辽朝佛教思想界的代表人物既推崇和彰显华严宗和密宗的突出地位,又强调各宗派思想的"圆融"综合,这在鲜演、觉苑、道殿等辽朝高僧的著作中都有鲜明的体现。辽朝佛教界一方面继承了晚唐以来华严思想发展的内在理路,即对主观心性的日益重视,以及试图围绕"真心"思想组织诸法、和会诸宗的意图;另一方面,辽朝华严宗的鲜演、法悟、志福等人都主张将禅宗纳入华严学之内,"用禅门禅心之旨,开华严佛证之门"②,并以"一心(真心)"为基础而统一禅宗和华严宗思想,反映出"融禅入教"思想倾向。可以说,"和会诸宗"既是辽朝华严宗的基本精神,也是辽朝佛教思想界的基本精神。

---

① 如哈密本《弥勒会见记》提出弥勒菩萨应舍弃天身,下降人世托生,而后才能成就佛果。这种"下降人世托生"的说法一方面继承了释迦牟尼本生等佛传故事的传统模式,强调菩萨必须以人的身份在人世间经过努力修行才能取得佛果;另一方面也是大乘佛教入世和方便思想的反映。

② (辽)鲜演述:《大方广佛华严经谈玄决择》卷二,《大藏新纂卍续藏经》第8册,第19页。

　　第二,西夏宗教界建立了"禅教圆融"和"汉藏圆融"的思想体系。

　　受到唐代和辽朝佛教的影响,西夏佛教界也站在华严"教门"的立场上,对禅宗、天台宗等宗派的思想进行了融合。如《三观九门枢钥》就以"一心"思想融会天台观法,与鲜演等人的观点相似;而《解行照心图》则继承了辽朝道殿的思想,以"见性""安心"和"修万行"为证悟"真心"佛性的主要途径,表现出"禅教圆融""融禅入教"的立场。西夏后期进一步引进了以噶举派、萨迦派为主的藏传佛教,并形成了"汉藏圆融"的共同繁荣局面[①]。例如,据一行慧觉《华严忏仪》记载,西夏后期的华严学传承者多为显密兼通的高僧,这正是西夏汉藏佛教思想融合的表现[②];同时,西夏佛教界也出现了禅宗思想与噶举派大手印思想的融合会通,从而形成了汉藏佛教融合的新体系。

　　第三,金朝宗教界建立了以佛教思想为核心、"三教圆融"的宗教思想体系。

　　对佛道儒三教思想进行整合并重构统一的思想体系,也是金朝思想界的主要任务所在,这突出表现为佛教与儒家、道教(全真教)等的思想融合。例如,作为金朝禅宗思想主要代表的万松行秀,在其《请益录》《从容录》等禅学著作中就主张以禅宗为主"和会禅教",包括"和会禅宗诸家",即南宗禅"五宗七家"的融会;"和会南北二宗",即慧能南宗禅与神秀北宗禅的融合;"禅门教意不殊",即禅门与教宗的圆融等。此外,以王重阳、马钰、丘处机等为

---

① 参见史金波:《西夏佛教史略》,银川:宁夏人民出版社 1988 年,第 43—57 页。

② 参见崔红芬:《僧人"慧觉"考略——兼谈西夏的华严信仰》,《世界宗教研究》2010 年第 4 期。

代表的全真教领袖,也主张"三教同源""祖述三圣",吸收融合佛教的真如缘起论和禅宗的修证论思想。金朝奉佛士大夫赵秉文、李纯甫等人则重视佛教对儒家思想的理论借鉴价值,主张三教思想的平等和"归一"。

第四,高昌回鹘佛教界具有综合中原大乘佛教和藏传佛教的思想倾向。

从现存的高昌回鹘佛教文献中,也可以看到诸宗思想融合的倾向,如《佛说天地八阳神咒经》《金光明最胜王经》等经典都具有包容般若学、唯识学和禅学等思想的综合特点,这说明高昌回鹘佛教界也试图对中原大乘佛教的各种理论进行综合吸收,这与唐宋以来中国佛教发展的理论趋势是一致的。同时,高昌回鹘佛教也存在着中原大乘佛教和藏传佛教、显教和密教共存共荣的现象[1]。从高昌回鹘以中原大乘佛教思想为主体,并具有佛教思想综合与世俗化的趋势,以及汉藏佛教并行等方面来说,高昌回鹘佛教与中原佛教界的思想主题是一致的。

第五,元朝宗教界建构了以藏传佛教为主体、"汉藏圆融""崇教抑禅""崇佛抑道"的统一宗教思想体系。

从整体上看,元政权建构了以佛教为主体、多元宗教并存发展的宗教格局。在统治者的尊崇和支持下,通过藏传佛教在原西夏、高昌回鹘及中原汉地的传播,以及吸收这些地区上层裔民皈依藏传佛教或师从萨迦派帝师(如河西僧杨琏真伽、沙罗巴,回鹘裔安藏、乞台萨里,汉地僧人行育、念常等人),建立了以藏传佛教帝师为中心的统制体系和"汉藏圆融"的思想体系。此外,通过"崇教抑禅"政策以及对汉地佛教(禅教)格局的调整,"崇佛抑

① 参见孟凡人:《略论高昌回鹘的佛教》,《新疆社会科学》1982年第1期。

道"政策及对汉地佛道教格局的调整等,元政权建立了以皇帝为最高教主、以藏传佛教为核心、以佛教为"国教"的多元统一宗教体系。这也有助于逐渐消弭原有被征服地区的宗教、思想和文化差异,从而推进中原汉地与吐蕃、西夏、高昌回鹘等地的政治统一与思想文化认同。

(三)辽夏金元时代普遍存在着佛儒思想融合及"三教合一"思潮

　　唐宋时代的中原大乘佛教是佛教中国化的主要成果,其重要特点之一就是融合了中原传统的儒道思想,形成了三教合一的中国化宗教思想体系。其中,作为佛教与中国政治传统和现实统治互动的成果,儒家的孝道等道德伦理思想也成为"佛儒融合"思想的主要内容之一。而伴随着中原大乘佛教在辽、西夏、金、高昌回鹘和元朝民众中的广泛传播,孝道思想及三教合一思潮也成为辽夏金元宗教思想界的共同主题。

　　第一,提倡孝道思想是辽朝佛教的重要特点之一。

　　从现有辽朝佛教史料可知,辽朝民众普遍将与佛教相关的建造经幢、刊刻密教真言等作为表达孝行的重要手段,如天庆元年(1111)《奉为先内翰侍郎太夫人特建尊胜陀罗尼幢记》就明确表达了孝道思想:"伏以欲报昊天鞠育之鸿恩,惟仗诸佛宣传之密教。刻之贞琰,树于先茔。"[①] 乾统十年(1110)《朔州李谨建幢记》记载了李谨对父母亲人的哀思和报恩之情:"观夫法幢高树,空增不侍之悲;神咒明刊,愿报罔极之德。"[②] 通观这些经幢记文,其主要内容都是借建造经幢表达对父母师长的哀思与孝心,祈求亡故亲人

――――――――――

① 《奉为先内翰侍郎太夫人特建尊胜陀罗尼幢记》,阎凤梧主编:《全辽金文》(上),第796页。

② 《朔州李谨建幢记》,阎凤梧主编:《全辽金文》(上),第794页。

解脱轮回苦难；或认为刊刻密教经咒真言是报答父母养育之恩的重要方式。这既是辽朝密教兴盛的表现，同时也反映出中国固有的孝道观念与佛教思想的深入结合。

第二，西夏思想界建立了佛儒融合的伦理道德观念。

通过对《圣立义海》《番汉合时掌中珠》等西夏文献内容的分析可知，西夏人和党项民族试图对汉传佛教思想和儒学思想进行综合和重构，并形成了儒家气本论与佛教缘起说并存的"二元"宇宙论与人性论。例如，西夏思想界在人性论方面将儒家的"九品才性"说与佛教的"六凡四圣"十界说结合，在伦理道德观方面将儒家的"性善论"与佛教的"佛性论"结合等。同时，宣扬孝行的《父母恩重经》《慈觉禅师劝化集》等中土伪经和佛学著作也广泛流行于西夏社会，这些都反映出佛儒融合思想在西夏的盛行。可知西夏思想界也拥有佛儒融合、重视孝道的思想观念，并具有"三教合一"的思想发展趋势。从这一角度来说，西夏思想界与唐宋中国思想界的发展趋势也是一致的。

第三，金朝佛道儒思想界都具有三教会通的思想主题。

从金朝禅宗、全真教及儒家士大夫的著述中可知，以禅宗为代表的金朝佛教延续了唐宋以来的三教合一思想发展趋势，在佛儒关系上主张"佛儒融合"，积极推动佛教入世并发挥与儒家类似的"兴国辅政"作用；在佛道关系上则主张"引道证佛"，论证佛教相对于全真教等道教门派的优越性。例如，金朝禅宗代表行秀的禅思想中，明显体现出对"真如一心"本体论和唐代澄观思想的重视，以及和会"禅教二门"、兼容佛教诸宗派的圆融思想，同时行秀还主张"佛儒融合""引道证佛"，这些都可以视为金朝佛教界"三教融合"思潮的重要表现。金朝全真教思想也鲜明体现出道、佛、儒三教思想融合的特点，王重阳等人在教理思想上主张三教平等、同根同源,在修行途径上以三教为"三乘",在三教关系上主张"三教一家"。例如,王重阳在其《问禅道者何》诗中就说:"禅中见道总无能,道里通禅绝爱憎。禅道两全为上士,道禅一得自真僧。"[①]禅宗与全真教的关系正是"禅中见道""道里通禅"的互通,以及"禅道两全""道禅一得"的圆融。

此外,高昌回鹘在接受唐代中原大乘佛教的同时,也受到唐代佛教三教合一思潮的重要影响,这一方面表现为以《佛说天地八阳神咒经》为代表的中土疑伪经的流行[②],高昌回鹘民众对这些中国化经典的接受,在很大程度上就是对三教合一思想的接受;另一方面,高昌回鹘三教合一思潮还表现为中原传统忠孝思想与佛教的结合,如敦煌写本 S6551 号讲经文提到:"诸天特勤,莫不赤心奉国,忠孝全身"[③],《弥勒会见记》也在很多地方强调了对父母的报恩思想[④]。这些思想的出现,也说明高昌回鹘佛教与中原佛教文化有着密切的联系。需要指出的是,虽然喀喇汗朝思想界与辽、西夏、高昌回鹘和中原思想界的联系较少,但喀喇汗朝也围绕伊斯兰教思想对中原儒家文化、大乘佛教文化等中原文化进行了吸收与

---

① (金)王喆:《重阳全真集》卷一,张继禹主编:《中华道藏》第 26 册,北京:华夏出版社 2004 年,第 278 页。

② 《佛说天地八阳神咒经》等疑伪经本身就是佛教中国化的产物,其中包含了许多儒家与道教思想,表现出三教合一的思想倾向;而《佛说天地八阳神咒经》在高昌回鹘的流传,也与汉晋以来汉文化在高昌地区的长期流传有着密切的关系。参见刘元春:《〈佛说天地八阳神咒经〉辨析——兼谈高昌回鹘佛教的社会文化意蕴》,《西域研究》1996 年第 1 期。

③ 王重民等编:《敦煌变文集》下集,北京:人民文学出版社 1957 年,第 461 页。

④ 文称:"是她(引者:指弥勒佛养母乔昙摩夫人)用自己的乳汁哺育了我,我以此身获得了佛果,为此她对我有恩。你听好,阿难陀,我要向乔昙摩夫人报恩。因为她(养育了)我的肉身,我则要养育她的法身。"(耿世民:《回鹘文哈密本〈弥勒会见记〉研究》,北京:中央民族大学出版社 2008 年,第 176 页)

融合,并具有思想综合及世俗化的特点,这与当时中国思想界的基本精神也是一致的。

二、辽夏金元宗教文化是中国宗教文化的重要组成部分

10—14世纪先后出现的辽、西夏、金、元及高昌回鹘、喀喇汗朝等少数民族建立的政权虽然在政治上具有独立性,但各民族及其政权所接受和信仰的中原大乘佛教(汉传佛教)、藏传佛教、道教及伊斯兰教等宗教,都属于这一时期中国宗教文化的重要组成部分,并且具有以中原大乘佛教文化和汉文化为中心、"多元一体"的重要特点。对此,可以从以下方面理解:

(一)辽夏金元和高昌回鹘都以中原大乘佛教为主体或主要宗教

第一,佛教是辽朝的主要宗教,并且是唐宋华严宗和密宗的重要组成部分。

佛教不仅是辽朝的主要信仰,佛教思想同时也成为契丹民族思想文化的重要组成部分,而华严学和密宗思想则集中代表了契丹民族在佛教思想文化方面的理论成果。辽朝佛教思想界一方面继承了唐代华严宗、密宗以及唯识宗、律宗等的主要经典(如澄观《华严经疏》和《华严经随疏演义钞》、温古《大日经疏》等)、义学体系(华严学、唯识学及密宗义理等)、修行仪轨等;另一方面也继承和发展了唐代佛教的心性论(华严宗的"真如一心"思想等)、修行论(华严法界观、密宗的观想修证等)等佛学理论,它们在整体上都属于唐宋时代中国化佛学理论体系的有机组成部分。而从上述思想特点以及辽朝统治者对佛教的重视、辽朝民众对佛教的广泛信仰等方面来看,辽朝佛教既是对唐代佛教的继承与发展,同时也是中原大乘佛教的延续和复兴。

第二,西夏的主体宗教是中原大乘佛教和藏传佛教,前者则是对唐宋华严宗和禅宗的继承与发展。

西夏一方面接受了唐代北方佛教及辽朝佛教的影响,即以华严学为代表的佛学思想体系①;另一方面也学习和引进了两宋的佛教文化(以禅宗思想为主),同时对两者进行了综合与创新②。但从西夏佛教的主要内容来看,则是唐宋华严宗、禅宗等佛教思想的向外传播及进一步发展创新。以作为西夏佛教界义学主体的西夏华严学来说,据元初西夏裔僧慧觉法师《华严忏仪》记载,其中的"大夏国弘扬华严诸师"列举了九位西夏国传承华严宗的祖师,并自视为传承了唐代华严学脉③。此外,西夏佛教界也更为重视以宗密为

① 综合黑水城等地出土的西夏佛教经典来看,《华严经》是现存数量最多的西夏佛经之一,而宗密、澄观、法藏等唐代华严学祖师的著作也占有重要的地位。参见俄罗斯科学院东方研究所圣彼得堡分所、中国社会科学院民族研究所、上海古籍出版社编:《俄藏黑水城文献》第6册《叙录》,上海:上海古籍出版社2000年,第1—66页。

② 从内容上看,西夏禅宗是一种附属于华严宗的华严禅,这与辽朝佛教的情况是接近的;但西夏同时受到北宋禅宗的影响,更为重视宗密的禅思想。参见〔俄〕索罗宁《禅宗在辽与西夏:以黑水城出土〈解行照心图〉和通理大师〈究竟一乘圆明心义〉为例》(怡学主编:《辽金佛教研究》,北京:金城出版社2012年,第294—319页)、束锡红《西夏禅宗文献的多样性和禅教的融合》(马明达主编:《暨南史学》第六辑,广州:暨南大学出版社2009年,第211—221页)等文。

③ 该书卷四十二中列有西域(印度)、东土(唐朝)和大夏(西夏)传译《华严经》和华严宗的祖师名称,慧觉在"次东土传译华严诸师"中列晋觉贤三藏法师,唐于阗实叉难陀法师和日照三藏法师,分别为六十卷及八十卷等版本《华严经》的翻译者;"次东土正传华严诸师"中列"第三祖造法界观帝心法顺法师""第四祖造十玄门云华智俨法师""第五祖造探玄记贤首法藏法师""第六祖造大疏钞清凉澄观法师""清凉门下得如来知见者三十八大师等千余法师""第七祖造华严纶贯注观文圭峰宗密禅师""造观注记者广智大师"等唐宋华严宗大师。参见(元)慧觉辑:《大方广佛华严经海印道场十重行愿常遍礼忏仪》卷四十二,《大藏新纂卍续藏经》第74册,第356页。

代表的华严禅思想以及弥陀净土信仰等,这些都反映出西夏对中原大乘佛教的选择性继承。

第三,金朝的主要宗教是佛教禅宗和全真教,两者都是对唐宋中原宗教文化的继承与发展。

金朝建立以后,随着辽宋佛教的整合和禅教之间的势力递嬗,原北宋禅宗延续和发展为金朝最为兴盛的佛教宗派,史载“当是时,诸禅方以赀雄相夸,斋鼓粥鱼之声,殷然山谷间”[1]。在唐宋以来形成的禅宗“五家七宗”里,金朝“北方禅派得五之三”[2],即形成了临济、曹洞、云门三家并立的格局,其中又以临济宗影响最大,曹洞宗和云门宗[3]其次。此外,在北宋中原道教的基础上,金朝兴起了王重阳创立的全真教、刘德仁创立的真大道、萧道珍创立的太一教等“新道教”派别[4],其中理论成就最高、影响最大的则是王重阳创立的全真教,这些道教派别虽然在思想教义上有所差异,但都属于唐宋中国道教的进一步发展与演化。

第四,高昌回鹘佛教在整体上是对原有唐代佛教的继承与发展。

高昌回鹘所在的西州(高昌)、庭州(北庭)等地原属唐朝的统治地域,当地也存在着大量的唐代佛教遗存,如始建于唐代的寺院(应运太宁之寺、龙兴寺等唐代佛教寺院)、源自唐代的中原佛教经

[1]（金）元好问:《清凉相禅师墓铭》,阎凤梧主编:《全辽金文》(下),第3116页。

[2]《王山十方圆明禅院第二代体公禅师塔铭并序》,解光启:《金〈太原交城县王山修建十方圆明院记〉与〈第二代体公禅师塔铭并序〉碑》,《五台山研究》2000年第2期,第32页。

[3]参见刘晓:《金元北方云门宗初探——以大圣安寺为中心》,《历史研究》2010年第6期。

[4]参见王德朋:《金代道教述论》,《中华文化论坛》2004年第3期。

典(唐代官赐《大藏经》等佛教文献),以及自唐代延续而来的僧官体系(都统、僧统、毗尼法师、三藏法律、僧政、寺主、禅师①等僧官系统),高昌回鹘佛教正是对当地原有唐代佛教的继承与发展。虽然元代以后藏传佛教在高昌回鹘的影响力逐渐上升,但其影响力仍逊于当地原有的中原大乘佛教②。可以说,自高昌回鹘国建立以后,继承自唐朝的中原大乘佛教就占据着高昌佛教的主体地位。

第五,元朝在继承和整合汉藏佛教、道教等多元宗教文化的基础上,建构了以佛教为主体、多元统一的宗教体系。

元朝在建立疆域空前大帝国的同时,也继承了被征服地区民众原有的宗教。自成吉思汗开始,蒙古统治者基本上秉持宗教宽容政策,允许藏传佛教、中原大乘佛教(汉传佛教)、道教及伊斯兰教、基督教等多种宗教的存在和传播,在扶持佛教为主体宗教的同时鼓励多元宗教的发展并存。虽然忽必烈等元朝帝王最终选择皈依和支持藏传佛教,并以佛教为"国教",但这一"国教"的主体依然是原金、南宋、西夏、高昌回鹘等所信仰的中原大乘佛教。而在信众数量、社会影响力及思想理论创新等方面,中原大乘佛教显然比藏传佛教、道教、伊斯兰教、基督教等更具优势。而在元政权对多元宗教进行整合的过程中,也极大地促进了汉藏佛教文化的圆融、佛道儒三教合一思想的深化,以及伊斯兰教、基督教等外来宗教文化与中华文化的融合和统一。

---

① 参见张广达、荣新江:《有关西州回鹘的一篇敦煌汉文文献——S6551讲经文的历史学研究》,《北京大学学报》(哲学社会科学版)1989年第2期,第25页。

② 参见杨富学:《藏传佛教对回鹘的影响》,《西藏研究》2005年增刊,第60—63页。

（二）佛教思想文化成为联系各民族思想界的宗教文化纽带

第一，华严学在辽夏金元的佛教义学思想中具有重要地位和影响力。

在辽、西夏等少数民族政权的佛教思想中，唐代华严学都被作为义学思想的主体，特别是澄观、宗密的思想受到辽夏佛教界的推崇 [①]，并被作为立论的重要依据。与此同时，华严学的流行也促进了各民族政权思想界之间的密切交流。以辽夏佛教为例，黑水城出土的西夏佛教文献中就有许多辽朝高僧的佛学著作，典型的辽朝华严学著作便有鲜演的《华严经谈玄决择》、法悟的《释摩诃衍论赞玄疏》；与华严禅思想有关的著作有通理恒策的《究竟一乘圆通心要》《无上圆宗性海解脱三制律》《立志铭心戒》[②] 等，可以说辽朝佛教的主要宗派，特别是华严宗的著作都在西夏得到了翻译与流传，这正表现出西夏与辽朝佛教思想之间的相似性和紧密联系，即都以华严学为佛教义学思想的主体。金朝佛教虽以禅宗为主，但华严学作为佛教义学和"教门"的主体，依然得到了延续和传播。而在经历了金朝的相对沉寂之后，元朝华严宗作为"教门"的主要代表之一，在忽必烈"崇教抑禅"政策的支持下，出现了继唐辽时代之后的再次"复兴"。元初相继出现了龙川行育、真觉国

---

① 对此，日本学者吉田睿礼指出："辽朝佛教思想的倾向随时代而变化，但是其思想基础始终是华严学，特别是以澄观的华严思想为中心。澄观的华严思想对宋朝的佛教发展影响巨大，在高丽和西夏亦然，可以说这是当时中国大陆佛教发展的整体倾向"，辽、夏、高丽、日本佛教思想界的"共同点是澄观的华严思想是佛教思想的中心"（［日］吉田睿礼：《辽朝佛教与其周边》，《佛学研究》总第 17 期，2008 年，第 242 页）。但需要指出的是，就西夏华严学的内容来看，宗密的思想更受重视。

② 参见冯国栋、李辉：《〈俄藏黑水城文献〉中通理大师著作考》，《文献》2011 年第 3 期。

师文才、慧觉等华严宗高僧，并形成了燕京奉福寺、洛阳白马寺、五台山佑国寺等传教中心；而伴随着元政权的"北教南传"政策和江南官讲所的设立，华严宗在原南宋地区也得到了较为广泛的传播。从上述史事来说，华严学在辽夏金元时代的佛教义学和"教门"思想中具有主体性地位，并在很大程度上发挥了联系各民族政权佛学思想界的纽带作用。

此外，唐代密宗在辽夏及高昌回鹘等少数民族政权中也有着重要的影响力。从密宗教义仪轨与各民族原有萨满信仰之间的相似性来说，密宗的流行实际上反映出各民族对本民族文化的有意识保留与传承。而密宗的广泛流行，也有助于消除彼此间的文化隔阂。

第二，禅宗思想普遍流行并逐渐为各民族所接受，成为重要的宗教思想纽带。

伴随着辽、西夏、高昌回鹘等少数民族政权接受中原大乘佛教，特别是金元王朝入主中原后，作为唐宋佛教主体的禅宗也逐渐流行于各民族政权中，并对西夏、金朝和高昌回鹘佛教界产生了重要影响。北宋佛教的主体是禅宗，辽晚期禅宗也逐渐在燕京等地兴起；金朝在占据辽朝辖境及北宋中原地区的同时，也继承并融合了辽宋佛教，形成了以禅宗为主体，华严宗、净土宗、律宗等为辅的新佛教体系。此外，禅宗对于西夏民族和宗教思想界也产生了重要影响，唐代荷泽禅和北宋禅宗著作不仅流行于西夏境内，从西夏后期的藏传佛教大手印法著作中也可以看到大量与禅宗相似的名相与理论。而从回鹘文《说心性经》等文献可知，高昌回鹘佛教界也大量吸收了唐代禅宗的心性论、修行论等思想理论与概念。从佛教信仰和禅宗在辽夏金元社会的普遍流行来说，禅宗也发挥了联系和凝聚汉族和女真、契丹等少数民族民众的思想纽带作用,并在很大程度上消弭了不同民族和社会阶层的对立和界限①。

第三,藏传佛教思想成为融合党项、吐蕃、蒙古、回鹘与汉地民众的重要宗教力量。

元朝建立后,藏传佛教也成为维系和统一被征服地区民众的重要宗教力量。忽必烈将藏传佛教和帝师作为全国宗教统一的象征,并且试图借助以帝师八思巴为核心的宗教管控体系,凝聚和融合帝国境内的众多民族和民众。对此,以八思巴为代表的藏传佛教帝师通过宗教事务管理(与宣政院配合管理西藏和全国佛教事务)、传法对象的扩大(吸收原有地方政权的精英遗民为帝师弟子和藏传佛教信徒)、理论创作和经典整理(汉藏佛经整理和《至元法宝勘同总录》的编纂)等,发挥了融合和统一元政权各地方宗教的重要作用。例如西夏裔僧杨琏真伽和沙罗巴(两人为帝师八思巴重要弟子)、回鹘裔僧必兰纳识里(赐号“普觉圆明广照弘辩三藏国师”,元成宗时帝师弟子)成为元朝佛教界的高级僧侣;回鹘裔的乞台萨里(平章政事,八思巴弟子)、阿鲁浑萨里(乞台萨里子,集贤院学士,八思巴弟子)、迦鲁纳答思(翰林学士,八思巴弟子)等人则成为元政权的高级官员;金朝女真贵族后裔、元初北方华严宗领袖龙川行育,西夏裔白马寺住持慧觉、《佛祖历代通载》编纂者、江南禅宗僧人念常等人也与八思巴等帝师关系密切。从中可知,西夏、回

---

① 陕西法门寺《金烛和尚焚身感应之碑》碑文末所列的助缘施主姓名有“武义将军前扶风县尉不木鲁胡鲁、忠□校尉本镇酒务都监女奚烈铁柱、承奉班本镇酒务同监吴何……宣武将军前扶风县尉术虎……武节将军乾州好畤县主簿夹谷撒合”等,其中不仅包括女真和汉族官员,还有十余个邑社等近百名普通民众,这正反映出佛教对金朝当地各族和不同阶层民众的凝聚作用。参见李发良:《法门寺志》,西安:陕西人民出版社2000年,第277—285页。

鹘以及金、南宋的遗民和精英人物,或通过"皈依帝师"和改宗藏传佛教,或接受帝师和宣政院的统领和管控等,得以进入元朝中央政府或得到元朝统治者的任用,从而促进了原有地方政权民众对元政权的服从与认同,进而巩固了元朝的宗教和政治统一。

综观契丹、党项、女真、蒙古和回鹘等民族的宗教思想文化,可知它们在整体上是辽夏金元时期中国宗教思想文化的重要组成部分,这种共同的宗教文化也为元朝及明清时代中国宗教思想界的统一提供了理论基础、制度与人才等方面的准备。

三、辽夏金元宗教思想发展大势是由"多元分立" 走向"圆融一体"

虽然 10—13 世纪的中国在政治上出现了辽、夏、金、高昌回鹘等少数民族政权与两宋政权的并立局面,但包含这些政权在内的中国宗教思想界却是一个有机联系的整体,元朝的建立及其对政治和宗教的统一,则进一步强化了中国宗教思想界的整体性。辽夏金元时期中国宗教思想的发展也呈现出"禅教合一""汉藏圆融"及"三教合一"等特点,以及由"多元分立"走向"圆融一体"的发展大势。

(一)辽夏金及回鹘佛教界出现了由"重教轻禅"到"禅教合一"的思想转变

虽然辽、西夏、金及高昌回鹘等政权建立了各具特色、不同于两宋政权的佛教思想体系,但受中原大乘佛教的影响,10—13 世纪北方佛教界也出现了由华严学为主、"重教轻禅"的思想格局,向以禅宗思想为主、"禅教合一"的思想格局转变。

第一,辽朝佛教界出现了从"重教轻禅"到禅宗兴起的发展趋势。

　　虽然辽朝佛教界主要继承了唐代的佛教传统,以华严宗和密宗为主体,但与北宋佛教界之间也存在着一定联系,这表现为北宋禅宗对辽朝佛教产生了一定影响,如志福在其《通玄钞》中就引用了北宋禅宗文献《景德传灯录》的内容,即"信州常禅师参六祖"[①]及"唐相国杜鸿渐问无住禅师庭树鸦鸣"的公案[②]。虽然《通玄钞》对《景德传灯录》的引用仅有两处,在全书中所占比例很小,且在现存的辽朝佛教文献中也属于孤例(鲜演、法悟及密宗大师觉苑、道殿等人的著作中都未见对北宋禅宗文献的引用),但它确实证明北宋禅宗对辽朝佛教,特别是辽后期佛教产生了一定的影响力。与此同时,辽朝晚期的道宗、天祚帝时期,禅宗在燕京等地取得了较大的发展,并且出现了通理、通圆、寂照等禅宗高僧[③],这些都在一定程度上呼应了其后金朝禅宗的兴盛,并为北方幽云地区和东北地区禅宗的发展准备了条件。

　　第二,西夏佛教界形成了华严和禅宗并重、"禅教合一"的佛教思想格局。

　　相比于辽朝佛教界,西夏佛教界更多受到北宋中原禅宗的影响,更为重视宗密"禅教合一"的华严禅思想,并且对晚唐荷泽禅法也给予了较多的关注,这可以在《解行照心图》等文献中得到反映;而西夏后期流行的"大手印法",则以"无念""无住"禅观为主要修行途径,与中原禅学尤其是唐代荷泽禅的思想一致[④]。这些都

---

① (辽)志福:《释摩诃衍论通玄钞》卷二,《大藏新纂卍续藏经》第46册,第127页。

② (辽)志福:《释摩诃衍论通玄钞》卷二,《大藏新纂卍续藏经》第46册,第127页。

③ 参见黄春和:《辽燕京禅宗传播史迹考述》,《佛学研究》总第8期,1999年。

④ 参见袁志伟:《西夏大手印法与禅宗关系考——以〈大乘要道密集〉为中心》,《陕西师范大学学报》(哲学社会科学版)2016年第6期。

反映出唐代禅宗对西夏佛学思想的重要影响,并与西夏佛教界流行的禅思想相呼应。而从时代上看,大手印法的流行主要在西夏后期,这也说明西夏佛教界后期更多地接受了中原禅宗的影响,并逐渐形成了"禅教合一"的思想格局。

第三,金朝佛教建构了以禅宗为主、华严宗等"教门"为辅的佛教思想体系。

金朝在占有辽和北宋原统治地域的基础上,也在整体上继承了辽和北宋的佛教传统,客观上促使南(北宋)北(辽)佛教融合。对此,正如学者指出的,"作为金代佛教的经学研究,颇以华严宗学为重,但在实践方面却是以禅学为主"[1]。这种"南北融合"实际上正是"禅教融合",在教内表现为对辽宋佛教体系的继承与统合:即宗派格局上承袭具有主体地位的北宋禅宗,同时传续、融合辽朝的华严宗等宗派,"改教为禅";佛学思想上则继承辽朝华严学的真心本体论体系,融合华严宗与禅宗思想,"融教入禅";宗派关系上则主张禅门各派的融合,以及"禅宗"与"教宗"的和会,"禅教一致"。由此形成了以禅宗为主体、华严宗等宗派为辅,以真心本体论为理论核心的佛教思想体系。

第四,元朝对汉地佛教进行了"崇教抑禅""禅教合一"的整合与统一。

蒙古政权在灭金并占据北方地区之后,依然延续了金朝的佛教政策,支持临济宗等禅宗派别的发展。但元朝建立及灭南宋之后,忽必烈则采取了一系列措施"崇教抑禅"并促进"教禅融合",以期实现对南方地区佛教的管控和整合。这可以至元二十五年

---

[1]［日］野山俊静著,方红象译:《辽金的佛教》,《黑龙江文物丛刊》1981年创刊号,第82页。

（1288）"禅教廷诤"的发生、江南释教总统所和行宣政院等机构的设立、江南官讲所的设置等为代表。忽必烈曾以江南"教不流通"为名，派遣北方教门僧人到江南传教，"帝平宋已，彼境教不流通，天下拣选教僧三十员往彼说法利生，由是直南教道大兴"[①]；并在江淮地区设置"御讲三十六所"以传播教门佛学，"至元二十五年，诏江淮诸路立御讲三十六所，务求其宗正行修者分主之"[②]。这些措施虽然并未改变禅宗在南方佛教中的主体地位，但却促进了元朝佛教的"北教南传"和汉地南北方佛教的整合和统一。

此外，从现存的《说心性经》等高昌回鹘佛教文献可知，以般若学为基础的心性论和禅学思想也成为高昌回鹘佛学思想的重要内容，这与中原禅宗思想之间存在着相似性。这也说明，至迟在高昌回鹘后期，中原禅宗思想也成为高昌佛学的主要组成部分之一。

由上可知，在辽、西夏和高昌回鹘政权的后期，禅宗思想已流行并逐渐兴盛。此后，伴随着金朝佛教对辽朝佛教及北宋禅宗思想体系的综合，初步形成了"融教入禅""禅教合一"的思想格局。元朝对禅教关系和南北方佛教格局的调整，则进一步促进了汉地佛教思想的统一。从整体上看，辽夏金元时代的"禅教合一"趋势与唐宋时代禅宗兴起并逐渐成为中国佛教主流的发展大趋势一致。同时，这也是各民族及其政权的佛教思想界与中原佛教界逐渐融合，并由多元分立走向统一的思想反映。

[①]（元）念常集：《佛祖历代通载》卷二十二，《大正新修大藏经》第49册，第723页。

[②]（明）如惺：《大明高僧传》卷二，《大正新修大藏经》第50册，第907页。

（二）辽夏金元时代汉藏佛教的共荣与融合推动形成了多元统一的中国宗教体系

首先，西夏和高昌回鹘的藏传佛教促进了元朝"汉藏圆融"佛教体系的形成。

相比于元政权和蒙古民族，西夏和高昌回鹘更早接受了藏传佛教，并在汉藏佛教圆融方面进行了初步尝试，从而为元朝"汉藏圆融"佛教体系的建构准备了条件，这表现为：一是西夏为元朝藏传佛教的兴盛奠定了重要的制度基础——"帝师"制度，西夏最早设立帝师制度，并封藏传佛教高僧为帝师，这成为元朝崇奉藏传佛教并封萨迦派领袖为帝师的渊源[①]；二是从佛教思想的融合创新方面来说，党项民族对中原大乘佛教和藏传佛教的兼容并包，为元朝汉藏佛教思想的圆融提供了理论准备；三是党项族藏传佛教僧人杨琏真迦、杨暗普、沙罗巴等人，成为推动元朝藏传佛教发展的重要高僧。因此，可以说西夏藏传佛教为元朝藏传佛教的流行与发展奠定了制度、理论与人才基础。

藏传佛教在高昌回鹘的传播，也为元朝藏传佛教的发展传播培养了人才。前述的安藏、乞台萨里、阿鲁浑萨里、迦鲁纳答思和舍蓝蓝、必兰纳识里等大量信仰藏传佛教的回鹘族官员和僧人进入蒙古宫廷，推动了藏传佛教的传播发展。回鹘佛教术语对蒙古佛教术语产生了重要影响，在某种程度上说，"人们甚至可以认为蒙元时代中原佛教的复兴与回鹘佛教不无关系。回鹘佛教通过僧侣直接传教或间接地通过其语言文字的影响力对蒙古佛教产生作

---

① 参见邓如萍：《党项王朝的佛教及其元代遗存——帝师制度起源于西夏说》，《宁夏社会科学》1992年第5期；史金波：《西夏的藏传佛教》，《中国藏学》2002年第1期；孙昌盛：《试论在西夏的藏传佛教僧人及其地位、作用》，《西藏研究》2006年第1期。

用"①。可以说,西夏、高昌回鹘佛教界对汉传佛教与藏传佛教的并弘,为元朝汉藏佛教的融合与共荣提供了理论借鉴;而西夏、高昌回鹘国的藏传佛教,也成为蒙古民族接受藏传佛教的重要媒介,并对元朝统治者产生了重要影响,从而推动了13—14世纪元朝佛教的兴盛与统一。

其次,藏传佛教在元朝建构多元统一宗教体系的过程中发挥了重要作用。

忽必烈在征服和统一北方地区的过程中,藏传佛教萨迦派领袖八思巴通过提供政治和宗教支持、参与元初的"佛道之争"等,获得了元朝统治者的尊崇。而元朝帝王通过建立帝师制度、确立藏传佛教为"国教",也将帝师作为名义上的帝国最高佛教领袖,以及元政权管理和统一全国佛教的代言人。在元政权管控和笼络被征服民族精英以巩固统治,统一西夏、高昌回鹘、金、南宋等地宗教的过程中,藏传佛教和帝师也成为联系和统领中原汉地、江南、吐蕃、河西等各地方佛教代表人物的重要途径,以及元朝统治者控制全国宗教的重要中介。从实现元帝国政治、宗教和民族统一的方面来说,藏传佛教以及"汉藏圆融"的佛教体系,在很大程度上发挥了联系蒙古与汉、藏、回鹘、党项等民族的宗教纽带作用,并促进了元朝各少数民族与汉民族的思想与文化认同。

而在新疆地区,回鹘民族建立的喀喇汗朝率先将伊斯兰教作为国教,并实现了汗国的伊斯兰化。以此为开端,新疆地区的伊斯兰教逐渐取代佛教并取得传播优势。同时,喀喇汗朝思想界还以伊斯兰思想为基础,对中原儒家文化等进行了融合创新,开启了伊

———————
① [德]茨默著,桂林、杨富学译:《佛教与回鹘社会》,北京:民族出版社2007年,第36页。

斯兰教思想中国化的尝试,并为元朝伊斯兰文化与中原文化的交流与融合提供了重要的理论借鉴,促进了元朝多元宗教文化的传播发展与统一融合。

综上所述,从辽夏金元及高昌回鹘、喀喇汗朝等民族政权的宗教发展趋势来看,10—14世纪的中国宗教思想文化是由分立发展、各具特色走向兼容并包、综合统一的过程,或者说是由"多元分立"走向"圆融一体"的发展过程。而在重视心性论、宗派思想融合、修证理论简易化和世俗化、提倡孝道和三教合一思潮等方面,各少数民族政权与中原宗教思想界的理论主题也是一致的。华严宗、禅宗等中原大乘佛教思想被辽夏金元宗教思想界所接受和信仰,藏传佛教在党项、回鹘、吐蕃、蒙古和汉族民众中的传播,也在很大程度上发挥了联系各民族思想界的纽带作用,这些都促进了"多元一体"佛教思想文化格局的形成。因此,从宗教思想文化的角度来说,辽夏金元时代是"多元一体"中华文化进一步丰富和发展的重要时期,10—14世纪的中国文化本质上也是"多元一体"的文化。

第三节　宗教思想与辽夏金元时代的民族与文化认同

中国多民族统一国家的形成与发展,始终伴随着中原和边疆地域民众、汉族与少数民族文化的碰撞、交流与融合。在这个过程中,各民族民众不仅创造了多元灿烂的民族文化,同时还在不断探索文化认同的途径和方式,并在文化认同的基础上形成了民族的认同与融合。宗教思想文化作为汉族和各少数民族文化的重要组成部分,在中华民族的文化认同过程中发挥了重要作用。10—14世纪的辽夏金元时代是中国历史上民族融合的重要时期,中国相继出现了辽、西夏、金、高昌回鹘、喀喇汗朝及元朝等少数民族建立的重要政权,以及汉族建立的两宋政权。契丹、党项、女真、回鹘、蒙古和汉族民众普遍将佛教等宗教作为主要的宗教信仰,共同的宗教信仰和由此形成的宗教共同体促使各民族形成了共同的宗教文化和观念习俗,进而推动了各民族形成文化和民族上的认同。辽夏金元时代的宗教思想文化,正是这种"宗教文化认同与民族文化认同统一"的典型案例。

一、共同宗教文化是各民族文化认同与融合的文化基础

虽然契丹、党项、女真、回鹘、蒙古和汉族民众在族源、语言、风俗等方面不尽相同,但在宗教信仰和思想文化方面则存在着一致性,即都将佛教作为主要宗教信仰,并将佛教文化作为建构自身思想文化体系的主要资源。这种共同的宗教文化也为各民族的文化认同提供了文化基础,这可以从以下几方面理解:

(一)佛教思想提供了消泯民族界限和"华夷之防"的理论依据

首先,佛教思想超越了儒家传统"夷夏观"和"正统观"的狭隘性。

"夷夏观"和"正统观"是中原传统政治文化和儒家政治思想中的重要观念,用"华夏"和"蛮夷"区分中原汉族和周边少数民族,并以汉族政权为"正统",少数政权为"伪",其中存在着明显的民族偏见和狭隘性①。自南北朝以来,汉族政权的统治者和思想家往往利用少数民族的"夷狄"身份否定其政权的合理性,并以此彰

①对此,梁启超在其《新史学·论正统》一文中就指出,中国历史上"正统"的重要标准之一就是"以中国种族为正,而其余为伪也"。参见梁启超著,吴松、卢云昆、王文光、段炳昌点校:《饮冰室文集点校》第3集,昆明:云南教育出版社2001年,第1640页。

显汉族政权的正统,这在两宋时代表现得尤其突出[①];这些观念实际上对民族文化的认同产生了一定的消极影响。而与强调"华夷之防"的儒学相比,佛教所宣扬的"人人皆有佛性""人人皆可成佛"的佛性论、"众生平等"的业报和缘起论,则在很大程度上打破了种族和阶级的界限。在佛教信仰者的视域下,汉族与少数民族拥有共同的"众生"身份,以及作为佛教信徒("居士"与"僧尼")修行佛法的平等权利,因此其民族和阶层差异也被相对淡化或消解。

此外,佛教哲学如华严学所提倡的"圆融法界""事理无碍"等思想,则从哲学层面为不同民族间矛盾对立的消泯提供了理论依据,即从"法界圆融"的平等角度来看,不同民族与文化的差异都有其内在本质的统一性。可以说,佛教及其思想文化确实可以为各少数民族政权的稳定和民族认同提供理论依据。这是自南北朝以来佛教就受到少数民族及其政权所接受的重要思想原因,也是辽夏金元及高昌回鹘等政权推崇佛教思想的深层原因。

其次,佛教等宗教思想为少数民族提供了入主中原的政治合法性。

辽夏金元等少数民族政权的统治者都注意利用佛教论证其统治的合法性,这在各民族政权的政治与宗教互动中都有明显的表现,尤其以元朝佛教与政治的关系最具代表性。元朝佛教思想界在感恩忽必烈等元朝帝王"护法之功"的同时,也赞颂其为统治世界的"转轮圣王"、继承中华道统的"正统帝王",以及教权与皇权合一的"当今如来"。例如,藏传佛教领袖、帝师八思巴就为忽必烈等

[①] 参见葛兆光:《宋代"中国"意识的凸显——关于近世民族主义思想的一个远源》,《文史哲》2004 年第 1 期;刘扬忠:《北宋的民族忧患意识及其文学呈现》,《长江学术》2006 年第 4 期。

元朝帝王提供了佛教"转轮圣王"的世界君主模式,而汉地禅宗念常、德辉等人则将元朝君主与中原历朝的正统帝王并列,论证其继承中华政治"道统"的身份。此外,汉地佛教界还着力宣扬"皇帝即是当今如来"的观念,将出身少数民族的帝王与佛陀等同,肯定皇权与教权的合一。因此,相比于儒家的"纲常伦理"与"君臣之义",辽、西夏、元朝等政权的统治者更愿意采用"佛法"教化和统治帝国的臣民。究其原因,佛教所提倡的众生平等和宏大世界观,也在思想上突破了传统儒家政治文化中"夷夏之防"和华夏中心论的界限,更有利于论证少数民族君主对中原的合法性统治,并且为政权的对外扩张提供了理论依据[1]。

再次,佛教世界观打破了传统"中国四夷"的地理与文化观的局限。

自先秦时代以来,以汉族聚居的中原地区为"中国"、周边少数民族聚居地为"四夷"或"边地",就成为汉族知识分子的重要地理和文化观念[2]。如北宋思想家石介著有《中国论》,提出"居天地之中者曰中国,居天地之偏者曰四夷",并主张理清汉族与少数民族的地理边界,使"四夷处四夷,中国处中国,各不为乱"[3]。但受到佛

---

[1] 对此,正如学者研究所指出的,八思巴在《彰所知论》中把少数民族"王统并列起来,认为都是兴盛佛教的法王,这就打破了儒家千年来宣扬的中原正统论,为蒙古统一中国,对外扩张提供了思想理论根据"。陈庆英:《元代帝师制度及其历任帝师(上)》,《青海民族学院学报》(社会科学版)1991年第1期,第44页。

[2] 参见陈连开:《论中国历史上的疆域与民族》,《中央民族学院学报》1981年第4期;陈玉屏:《略论中国古代的"天下"、"国家"和"中国"观》,《民族研究》2005年第1期。

[3] (宋)石介著,陈植锷点校:《徂徕石先生文集》卷十《中国论》,北京:中华书局1984年,第116页。

教世界观的影响,党项、契丹、回鹘等民族常将佛教流行地区称为
"中国"。例如,在西夏后期的佛经题记中,"中国"往往指佛教盛行
的地区,而非中原王朝。如桓宗天庆元年(1194)《仁王护国般若
波罗蜜多经》发愿文中便将吐蕃族高僧玄密国师称为"中国大乘
玄密国师"①,此外,还有诸如"西番中国法师禅巴"之类的吐蕃族
僧人题名,这里的"中国"实际上是就代指崇信佛教的吐蕃地区②。
而辽道宗所作《银佛背铭》文中"愿后世生中国"③的"中国",应当
也是指佛国而非中原地区④。回鹘佛教文献《弥勒会见记》中则提
出,未来佛弥勒要下生在人间,具体地方是"赡部州中部国"的"翅
头末城"⑤,可知这里的"中国"(中部国)是指佛教中的"中国"即
"中天竺"。在元朝的"佛道之争"中,忽必烈及八思巴也试图通过
否定中原帝王的权威性与唯一性、焚毁《老子化胡经》、压制全真教
等措施,突破传统儒家和道教所秉持的"华夷之防"观念,建立具

---

① 孙昌盛:《西夏文佛经〈吉祥遍至口和本续〉题记译考》,《西藏研究》2004
年第 2 期。

② 对此,史金波研究指出:"'中国'二字在这里不是指中原地区的王朝,也不
是指距中原地区很近的西夏王朝,而是专指吐蕃民族。在黑水城的很多佛
教文献作、译者题款前冠有'中国'二字者,都不是党项人,而是吐蕃人。"
(史金波:《西夏的藏传佛教》,《中国藏学》2002 年第 1 期,第 40 页)虽然这
些僧人多为吐蕃族,但与"番"或"西番"并列的"中国"并不一定等同于代
表族属的"西番"(吐蕃)或"番"(党项),而主要与"佛教之国"对应。

③ 陈述辑校:《全辽文》卷二《银佛背铭》,北京:中华书局 1982 年,第 33 页。

④ 从道宗皇帝对佛教的崇信及深厚的佛学造诣来看,这里的"中国"应当指
佛国"中天竺"。参见张其凡、熊鸣琴:《辽道宗"愿后世生中国"诸说考
辨》,《文史哲》2010 年第 5 期;杨晓春:《中国和"印度"》,《学术研究》2005
年第 5 期。

⑤ 耿世民:《回鹘文哈密本〈弥勒会见记〉研究》,北京:中央民族大学出版社
2008 年,第 262 页。

有世界性的广阔天下观。

这种广阔"中国观"的积极意义是,打破了汉族和中原地区的"独尊"地位,并将各少数民族政权平等地纳入"中国"的范围,这无疑有利于少数民族政权及大一统王朝的政治稳定和政权统一,进而促进各民族之间的交融和文化认同。

（二）共同的宗教信仰和思想文化成为促进各民族融合的重要文化纽带

印度佛教自两汉时代传入中国后,经过南北朝隋唐以来的长期中国化发展,融合了中国传统的思想文化及思维方式,已经成为华夏文化的重要组成部分。因此,契丹、党项、女真、回鹘、蒙古等民族对中原佛教及其思想文化的接受与崇信,也就成为其吸收引进汉文化的重要途径。一方面体现出各民族自身文化的发展与进步,另一方面则体现出各民族接受中原先进精神文化的主动性与自觉性,这也是各民族进行文化认同的重要表现。

第一,中原大乘佛教思想成为联系各少数民族与汉族的理论纽带。

10—14世纪辽夏金元等少数民族政权的宗教思想界,普遍将佛教华严学或禅学作为义学思想的主体[1]。如辽朝、西夏和元朝佛教思想界都将华严宗作为最重要的义学宗派,并将唐代澄观、宗密等人的思想作为理论核心。此外,中原禅宗思想也流行于西夏、辽朝、高昌回鹘等少数民族政权,并且成为金朝佛教的主体和元朝佛教的主要组成部分。从思想文化的共同性来看,各民族政权通过选择性地继承中原大乘佛教的不同流派及其思想文化而彼此

---

[1] 参见［日］吉田睿礼:《辽朝佛教与其周边》,《佛学研究》总第17期,2008年。

联系。辽夏和北宋、金与南宋、高昌回鹘与中原的宗教思想界从而有机联系为一体,并成为辽夏金元时代中国佛教思想的重要组成部分。从文化认同的角度来看,中原大乘佛教思想正发挥了联系各少数民族与汉族、辽夏金元政权与两宋政权思想界的理论纽带作用。

第二,藏传佛教成为融合党项、回鹘、吐蕃、蒙古和汉族民众的重要宗教力量。

藏传佛教也是中国佛教的重要组成部分,自 12 世纪开始藏传佛教通过西夏和高昌回鹘等向中国北方和中原地区传播。自西夏后期的夏仁宗朝开始,藏传佛教的萨迦派、噶举派开始大规模传入西夏,并成为西夏后期最盛行的佛教宗派;包括党项族和汉族在内的西夏民众也普遍信仰藏传佛教,以至于"时西北之俗,笃信密乘"[1]("密乘"即藏传密教)。高昌回鹘也曾大量引入藏传佛教,众多藏密经典被翻译为回鹘文,藏传佛教高僧如大乘玄密帝师等人还曾到高昌传法[2]。而伴随着元朝统治者对藏传佛教的尊崇和帝师制度的设立,藏传佛教也在元帝国境内广泛流行,并成为联系河西、回鹘、吐蕃及原金和南宋地区民众的重要宗教信仰,从而成为进一步联系和统一各民族的重要宗教力量。

第三,全真教通过在金元王朝不同阶层和民众中的传播,成为

---

[1]《故释源宗主宗密圆融大师塔铭》,洛阳市地方史志编纂委员会编:《洛阳市志》第 15 卷《白马寺·龙门石窟志》,郑州:中州古籍出版社 1996 年,第100 页。

[2] 记载大乘玄密帝师生平的《无生上师出现感应功德颂》称:"高昌国王迎师五百里,作密供养十遍生流行。送至万程河边降龙王,极能无生师处我赞礼。"（俞中元、鲁郑勇:《大乘要道密集评注》,西安:陕西摄影出版社 1994年,第 420 页),相关考证参见陈庆英:《大乘玄密帝师考》,《佛学研究》总第9 期,2000 年。

沟通汉、女真、蒙古等民族的宗教途径。

　　全真教在金元王朝的不同民族和阶层中都有着重要影响力，全真教一方面深入民间广泛传播，另一方面也积极进入金元政权上层传教。全真教道士通过与女真和蒙古皇室贵族、汉族士大夫的宗教法事、交游结友、收度信徒等活动，在金元政权的不同阶层和民众中都产生了重要影响力。如丘处机作为全真教领袖，就曾得到金世宗、金章宗及蒙古成吉思汗、窝阔台汗等两朝最高统治者的优礼，并与女真、蒙古和汉族权贵高官、地方势力代表等建立了密切和广泛的联系。又如全真道士、紫虚大师于道显"南渡后，道价重一时，京师贵游闻师名，奔走承事，请为门弟子者不胜纪"①。这都反映出，以全真教为代表的道教在金元社会各阶层中具有较普遍的影响力，并成为当时沟通不同社会阶层和民族的重要宗教途径。

　　第四，宗教交流也成为各民族间和平交往的重要方式。

　　佛教作为汉、契丹、党项、回鹘、女真、蒙古等民族共同信仰的宗教，在各民族及其政权的和平交往中也发挥了桥梁作用。西夏和高昌回鹘将僧人、佛像、佛经作为献给辽朝的重要贡物，一方面与辽朝统治者笃信佛法、佛教盛行有关，更重要的则是借用佛教促进两国之间的和平交往。如辽道宗清宁三年（1057）西夏毅宗谅祚"遣使进回鹘僧、金佛、《梵觉经》"②，寿昌元年（1095）"夏国进贡多叶佛经"；辽圣宗统和十九年（1001）"回鹘进梵僧、名

---

① （金）元好问：《紫虚大师于公墓碑》，阎凤梧主编：《全辽金文》（下），第3122页。
② （元）脱脱等：《辽史》卷一百一十五《西夏传》，北京：中华书局1974年，第1527页。

医"①。佛经的翻译与交流也促进了各民族之间的和平交往。从佛教经典的引进与翻译、佛教僧人的交流等方面来说,高昌回鹘与辽朝和西夏佛教界之间也存在着较为密切的联系②。如回鹘高僧白法信及白智光先后作为主持人参与西夏的译经活动③,而在西夏后期,党项族统治者还迎请吐蕃族高僧来西夏弘法,并封以"国师""帝师"的称号,如贤觉帝师波罗显胜、慧宣帝师和大乘玄密帝师等三位帝师,觉照国师法狮子等④。这种以宗教活动为主的和平交往,也促进了各民族之间的互信、文化认同和融合。

(三)以中原大乘佛教为代表的宗教文化成为各民族实现文化认同的共同资源

10—14 世纪佛教在各民族中得到了广泛流行,并成为辽夏金元等少数民族政权的主体或主要宗教。而在契丹、党项、女真、回鹘、蒙古等民族所吸收引进的汉文化中,中原佛教文化是其中的重要组成部分,具体包括中原大乘佛教的神灵崇拜、修行仪轨及宗教哲学思想等。这一时期汉文化以宗教思想文化的形式,表现出重要的凝聚力和向心力,从而促进了各民族对汉文化的接受和认同。

第一,辽朝佛教界表现出对唐代高僧及佛教著作的特别重视。

---

① (元)脱脱等:《辽史》卷十四《圣宗纪五》,北京:中华书局 1974 年,第 156 页。

② 西夏前期,元昊等统治者为了发展佛教,大量迎请"回鹘僧"至西夏传法译经,可以说回鹘佛教对西夏佛教贡献颇大。对此,参见本书第二章《西夏佛教思想与文化认同》第一节中的相关内容。

③ 参见史金波:《〈西夏译经图〉解》,《文献》1979 年第 1 期。

④ 参见陈庆英:《西夏与藏族的历史、文化、宗教关系初探》,《藏学研究论丛》编委会:《藏学研究论丛》第 5 辑,拉萨:西藏人民出版社 1993 年,第 1—55 页;史金波:《西夏的藏传佛教》,《中国藏学》2002 年第 1 期;孙昌盛:《试论在西夏的藏传佛教僧人及其地位、作用》,《西藏研究》2006 年第 1 期。

　　辽朝佛教作为中原大乘佛教（汉传佛教）的重要组成部分,其主要经典、佛学理论、信仰体系、修证仪轨等都源自唐代佛教,而辽朝华严宗、密宗及唯识、律宗等宗派的理论依据则大多为唐代高僧的著作。其中,唐代华严宗四祖澄观的著作及其思想受到辽朝佛教界的特别重视,如鲜演在其《华严经谈玄决择》一书中就对澄观赞叹不已:"清凉大师……言言调契于佛心,字字无乖于经意"[①],"玩诸师之各别,势若星分;仰疏主之孤圆,形同月满"[②],表现出对澄观及其思想的特别尊崇;而华严学高僧志福、法悟甚至密宗高僧觉苑、道殿等人的著作中都大量引用了澄观的观点,并且将澄观思想作为立论的根据。此外,唐代华严宗法藏、宗密,密宗高僧不空、一行,天台宗创始人智顗,唯识宗创始人玄奘等人,都成为辽朝佛教各宗派所尊崇的祖师。这都反映出契丹民族对中原大乘佛教文化的尊崇与认同。

　　第二,西夏宗教界表现出对中原佛教思想及佛教圣地的尊崇。

　　西夏佛教义学的主流是源自唐宋佛教的华严学,以及与之密切相关的华严禅思想。如元初西夏裔僧慧觉法师所辑《华严忏仪》卷四十二中就列有西域（印度）、东土（唐朝）和大夏（西夏）传译《华严经》和华严宗的祖师名称,显示出西夏对唐代及宋初华严学的继承[③]。而唐代华严宗和禅宗祖师宗密则受到西夏佛教界的特别推崇,宗密著作的汉文及西夏文刊本是目前所发现的数量最多的

①（辽）鲜演述:《大方广佛华严经谈玄决择》卷六,《大藏新纂卍续藏经》第8册,第87页。

②（辽）鲜演述:《大方广佛华严经谈玄决择》卷六,《大藏新纂卍续藏经》第8册,第88页。

③参见（元）慧觉辑:《大方广佛华严经海印道场十重行愿常遍礼忏仪》卷四十二,《大藏新纂卍续藏经》第74册,第356页。

西夏时期华严学文献①。此外,西夏也流行着对中原佛教圣地五台山的崇拜②,李德明、元昊等西夏统治者曾数次派人前往山西五台山供佛,还仿照山西五台山而在贺兰山中建立"北五台山",并建有"大清凉寺"等寺院③。这些例证都反映出党项民族和西夏民族对中原佛教及其思想文化的尊崇,并且认同西夏佛教为中原大乘佛教的组成部分。

第三,金朝全面接受和认同了中原儒佛道三教文化。

金朝全面承袭了作为汉族思想文化主要内容的儒佛道三教文化,女真民族也通过对上述文化的接受和深入学习而逐渐融入汉民族。如密国公完颜寿就是一位对儒佛道三教思想颇有研究、汉化程度很深的女真皇族,元好问称其为"百年以来,宗室中第一流人也"④。完颜寿自幼学习汉文化,"少日师三川朱巨观学诗、龙岩任君谟学书,真积之久,遂擅出蓝之誉。于书无所不读,而以《资治通鉴》为专门";除儒学之外还修习禅学,"参禅于善西堂,名曰'祖敬'⑤;他还为王重阳作《全真教祖碑》,对于全真教义也很熟悉。金世宗大定年间的女真贵族字术鲁"日与羽流、禅客、诗人、逸士抨

① 参见马格侠:《西夏地区流传宗密著述及其影响初探》,《宁夏社会科学》2007 年第 3 期。

② 参见杨富学:《西夏五台山信仰斠议》,《西夏研究》2010 年第 1 期。

③ "北五台山大清凉寺"某僧的题名屡见于西夏佛教文献中,如天庆二年(1195)西夏僧人智广、慧真所集《密咒圆因往生集》题记中有"北五台山大清凉寺出家提点沙门慧真编集",西夏僧人慧忠翻译的《解释道果语录金刚句记》中也有"北山大清凉寺沙门慧忠译"的题名。

④ (金)元好问:《中州集作家小传·密国公寿》,阎凤梧主编:《全辽金文》(下),第 3360 页。

⑤ (金)元好问:《如庵诗文序》,阎凤梧主编:《全辽金文》(下),第 3235 页。

棋酌酒,抚琴分茶"①,也俨然是一位熟谙佛道二教思想的儒家士大夫。从时人对这些汉化女真贵族的记载中可知,女真民族对中原佛道教文化和儒家文化的接受和认同,一方面极大促进了女真民族的文明化,另一方面也加速了女真民族的汉化和民族融合。

第四,高昌回鹘对唐宋中原大乘佛教的继承与尊崇。

由前文所述可知,中原大乘佛教是高昌回鹘佛教的主体,汉译佛经及其回鹘文译本也在高昌回鹘境内得到广泛流传。与此同时,中原佛教和唐代高僧也受到回鹘佛教界的尊崇。例如,高昌回鹘翻译家胜光法师就以唐朝义净译《金光明最胜王经》为底本,将此经译为回鹘文,该经题记称:"时幸福的东方之伟大的桃花石国中洞彻大乘[与]小乘一切经的菩萨义净三藏从印度语译为汉语。时此五浊恶世之中别失八里后学胜光法师都统又从汉语译为突厥——回鹘语。"②这里的桃花石国就是指中国及中原地区③,而"桃花石国"前被冠以"幸福的东方之伟大的"的赞颂词,唐朝义净法师前则冠以"洞彻大乘[与]小乘一切经的菩萨"的称号,表现出对中原王朝及汉地佛教的向往与尊崇。此外,唐朝慧立、彦悰撰写的《大慈恩寺三藏法师传》也被胜光法师译为回鹘文,反映出玄奘在回鹘社会中的重要影响力。

第五,元朝统治者对汉地佛教宗派的支持及佛教圣地的尊崇。

忽必烈等元朝统治者在皈依藏传佛教萨迦派的同时,也支持和尊崇汉传佛教,试图建构"汉藏圆融"的统一佛教体系,并以其

---

① (金)范怿:《掖县孛术鲁园亭记》,阎凤梧主编:《全辽金文》(中),第1819页。

② [德]茨默著,桂林、杨富学译:《佛教与回鹘社会》,北京:民族出版社2007年,第39页。

③ 参见吴志根:《关于"桃花石"》,《江汉论坛》1979年第2期。

为"国教"。元朝帝王在支持华严宗等教门的同时,还对作为中国佛教圣地和"文殊道场"的山西五台山给予了尊崇和大力营造。据祥迈《辩伪录》记载,忽必烈在蒙哥汗时期的攻宋之战期间,就已经注意到五台山("清凉山")在汉地佛教中的重要性,并组织僧人在此为蒙古统治者祈福,史载忽必烈"回至六盘山,令庵主温公为教门统摄。聚集天下名僧于清凉山,建百日胜会享供文殊大圣,官给所需,绝瑞嘉祥不能备纪"①。元朝诸帝确立和执行"崇教抑禅"政策后,还在藏传佛教僧人建议下在五台山大建佛寺②,并且试图将其建设为重要的佛教圣地和华严宗传播中心。这也反映出元朝统治者和蒙古、西藏民众对中原大乘佛教文化的接受与尊崇。

综上所述,首先,辽夏金元时代的宗教文化在为各民族政权提供共同信仰及文化资源的同时,成为弥合民族界限、消除民族矛盾、促进民族文化认同的重要理论依据和交流载体。其次,对于各少数民族来说,汉文化在宗教文化的层面表现出特别的向心力和凝聚力;因此,各少数民族对中原佛教文化的学习与尊崇,在很大程度上就是对先进汉文化的学习与尊崇,而这种共同的文化资源也提供了少数民族与汉民族之间实现文化认同的重要基础。再次,辽夏金元佛教思想的共同特点是强调"圆融"与综合,其现实意义在于:通过对禅教、显密、汉藏等佛教思想的综合,逐渐消除不同思想体系之间的界限,从而形成了一种"宗教文化共同体",即各民族政权的思想界在宗教思想文化上形成了具有共同性、彼此联系

---

① (元)祥迈:《辩伪录》卷四,《大正新修大藏经》第 52 册,第 774 页。

② "上(引者注:忽必烈)谓师(引者注:胆巴国师)曰:师昔劝朕五台建寺,令遣侍臣伯颜司天监苏和卿等相视山形,以图呈师。师曰:此非小缘,陛下发心寺即成就。"(元)念常集:《佛祖历代通载》卷二十二,《大正新修大藏经》第 49 册,第 726 页。

的整体,这也为辽夏金元时代各民族的文化认同提供了理论依据。

二、共同宗教文化塑造了各民族共同的观念与习俗

中原大乘佛教(汉传佛教)、藏传佛教等中国宗教文化被辽夏金元时代的汉、契丹、党项、女真、回鹘、蒙古等民族所共同接受和信仰,共同的宗教文化不仅影响到各民族的上层理论思想,还深刻影响到各民族民众的观念与习俗,进而从社会观念等层面更为广泛和深入地促进了这一时期的民族与文化认同。这主要表现在以下几方面:

(一)佛教等宗教为各民族提供了共同的精神支柱及宗教观念

这里所说的宗教观念,是指如佛教的轮回转世、因果报应、成佛证道、往生净土等观念,这些观念被辽夏金元时代的各民族所接受和信仰,一方面反映出佛教等宗教文化已经成为汉、契丹、党项、回鹘、女真、蒙古等民族共同的精神支柱;另一方面则表现出各民族在宗教观念以及生活和习俗等方面的趋同。这种共同宗教观念和习俗的趋同,也成为各民族之间文化认同的重要组成部分。

第一,轮回转世、因果报应观念被各民族普遍接受。

佛教思想深刻影响到辽夏金元时代各民族对生命的认识,其主要表现就是"轮回转世"观念被各族民众所普遍接受。以辽朝为例,据辽道宗咸雍七年(1071)《为亡父母造幢记》文称:"特建《尊胜陀罗尼》幢子一坐于此茔内。亡过父母先亡等,或在地狱,愿速离三途;若在人间,愿福乐百年"[1],这里的"地狱""三途""人间"所反映的就是佛教的轮回与报应思想。以高昌回鹘为例,在回鹘文译本《金光明最胜王经》的前言中,就有温州治中张居道及安

---

[1]《为亡父母造幢记》,阎凤梧主编:《全辽金文》(上),第751页。

固县丞妻因杀生而遭受报应、身染重病的故事①。而在金元时代的佛教发愿文与史传文献中,也可以发现民众对轮回和因果等观念的普遍接受。

第二,各民族普遍将佛教的往生净土思想与死后归宿相联系。

将往生净土作为死后归宿的观念,在信仰佛教的契丹、党项、女真、回鹘等民族中也广泛流行。如辽道宗咸雍五年(1069)《萧阁妻耶律骨欲迷已娘子墓志铭》文记载,契丹贵族耶律氏去世后,亲属建造经幢以祈祷死者往生净土:"仍于窀穸之前匠梵幢一所,庶期沾一尘,覆一影。或往生于慈氏天宫,或托质于弥陀佛国。"②净土信仰也广泛流行于党项和回鹘民族中,如乾祐二十年(1189)夏仁宗在《观弥勒菩萨上生兜率天经》发愿文中称:"伏愿:一祖四宗,证内宫之宝位;崇考皇妣,登兜率之莲台。"③祈祷西夏历代统治者("一祖四宗")④都能往生净土,反映出净土信仰在党项民族中的巨大影响⑤。成佛与往生净土也成为金朝民众的重要信仰,如元好问《南阳县太君墓志铭》载,李氏"夫人自幼事西方,香火之具,

---

① 这两则宗教故事不见于通行的汉文本《金光明最胜王经》中,仅见于敦煌写本 P.2099《忏悔灭罪金光明传》,参见[德]茨默著,桂林、杨富学译:《佛教与回鹘社会》,北京:民族出版社 2007 年,第 41 页。

②《萧阁妻耶律骨欲迷已娘子墓志铭》,刘凤翥、唐彩兰、青格勒编著:《辽上京地区出土的辽代碑刻汇辑》,北京:社会科学文献出版社 2009 年,第164 页。

③ 俄罗斯科学院东方研究所圣彼得堡分所、中国社会科学院民族研究所、上海古籍出版社编:《俄藏黑水城文献》第 2 册,上海:上海古籍出版社 1996年,第 48 页。

④ 即西夏建国前的太祖李继迁(追封)、太宗李德明(追封),及建国后的景宗元昊、毅宗谅祚、惠宗秉常等五位帝王。

⑤ 参见孙昌盛:《略论西夏的净土信仰》,《宁夏大学学报》(哲学社会科学版)1999 年第 2 期。

未尝去其手。病且革,沐浴易衣,趣男女诵佛名,怡然而逝"[1];潞州录事毛伯朋"衰绖中,日颂佛书为课,迄于终制"[2],在为母守孝时将诵读经文作为表达孝心的主要方式。就回鹘民族来说,除了反映弥勒净土思想的《弥勒会见记》之外,宣传往生弥陀净土的主要经典《阿弥陀经》《无量寿经》《观无量寿经》都有回鹘文译本传世[3]。佛教净土信仰等宗教观念在各族民众中的普遍传播,也在很大程度上促进了少数民族和汉民族在观念习俗上的趋同。

第三,成佛等解脱思想盛行于各民族民众中。

"成佛"思想实际上是对生命永恒的追求,与"往生净土"思想同属于追求死后超越性归宿的观念。以契丹民族为例,据《秦晋国大长公主墓志铭》记载,契丹皇族秦晋国大长公主"恻恻恳祷,焚香祝无边佛,设供饭无遮僧……薰修胜因,回向于佛道"[4],即祈求通过供佛饭僧,积累功德而成佛。以党项民族为例,党项统治者夏仁宗在其御制发愿文中称:"伏愿:神考崇宗皇帝,超升三界,乘十地之法云;越度四生,达一真之性海。"[5]这里的"乘十地法云"就是指取得最高的第十地果位即成佛。而据吐鲁番出土的高昌回鹘时期的木杵文称:"从仆百人闻四谛法,断绝三界烦恼根原,证得圣

---

①(金)元好问:《南阳县太君墓志铭》,阎凤梧主编:《全辽金文》(下),第3026页。
②(金)元好问:《潞州录事毛君墓表》,阎凤梧主编:《全辽金文》(下),第3084页。
③[德]茨默著,桂林、杨富学译:《佛教与回鹘社会》,北京:民族出版社2007年,第45页。
④郑绍宗:《契丹秦晋国大长公主墓志铭》,《考古》1962年第8期,第430页。
⑤《圣观自在大悲心总持并胜相顶尊总持御制后序发愿文》,俄罗斯科学院东方研究所圣彼得堡分所、中国社会科学院民族研究所、上海古籍出版社编:《俄藏黑水城文献》第4册,上海:上海古籍出版社1997年,第51页。

果，……至天上远权菩提一时成佛。"① 也反映出成佛证道思想在回鹘民族中的流行。

　　佛教的轮回报应、净土往生、成佛证道等观念被契丹、党项、女真、回鹘、蒙古等民族普遍接受，这是佛教深刻影响各民族社会的重要表现。需要指出的是，从南北朝开始，佛教的上述观念已经融入中原地区和汉族民众的日常观念与信仰之中②，而伴随着中原大乘佛教及其思想在辽夏金元政权中的传播，它们也成为各少数民族与汉族共同的宗教和社会观念。因此，从宗教与民众精神生活和观念信仰的关系来看，佛教在很大程度上已经成为辽夏金元时代包括汉族在内各民族的共同精神支柱；同时，这些观念与信仰上的共同点也成为各民族文化认同的重要组成部分。

（二）佛教等宗教文化塑造了各民族相同或相近的生活习俗

　　宗教文化的影响力不仅体现在理论思想与宗教信仰上，还体现在对民众现实生活习俗的影响上，契丹、党项、女真、回鹘、蒙古等民族接受中原大乘佛教等宗教信仰后，其原有的生活习俗也受其影响而发生了改变，并在很大程度上出现了趋同。这可以下述几方面为例：

　　首先，受佛教影响的火葬习俗普遍流行于辽夏金元政权的民众之中。

　　受到佛教"毗荼"（火葬）葬法的影响，辽夏金元政权的民众普遍流行"火葬"葬俗。以辽墓为例，火葬墓在考古发现的辽墓中占

---

① 杨富学：《回鹘之佛教》，乌鲁木齐：新疆人民出版社 1998 年，第 196 页。
② 这在现存的南北朝佛教史传，以及唐宋时代的传奇、小说、诗词等文学作品中都有大量的体现。

据很大比例,具体形式包括真容骨灰葬[1]及以罐、棺、床以及龛等盛殓或放置骨灰,这类墓葬遍布辽朝全境[2]。而包括契丹族和汉族在内的辽朝民众普遍接受了这一葬俗,反映出佛教对契丹民族和辽朝人生活习俗的巨大影响[3]。此外,伴随着佛教在西夏的广泛传播,火葬也成为党项民族和西夏人的主要葬俗[4]。与此同时,在佛教及周边少数民族葬俗的影响下,宋金元时代火葬也普遍流行于中原等地区[5],并且被佛教和非佛教信徒所广泛接受。这一做法虽然受到儒家士大夫的强烈批判,但在民间却蔚然成风,屡禁不止,这也反映出各民族受佛教影响而在葬俗上的趋同。

其次,各民族普遍将佛事活动作为葬礼的重要组成部分。

将佛事活动引入葬礼在汉民族和中原地区早已有之,这一习俗也随着佛教的传播而影响到辽夏金元时代的少数民族民众,如:出身于契丹皇族的耶律骨欲迷已去世后"日饭苾刍不减数十人,敬

---

[1] 真容骨灰葬是按照死者的外貌,用木、石等材料雕造成偶像,内部则填充死者骨灰。这种葬俗起源于唐代,是佛教偶像崇拜和中国传统葬俗的结合,例如在辽宁法库的契丹贵族萧袍鲁墓室中就发现有石雕真容头像,可知契丹民族也采用了这一葬俗。参见冯永谦:《辽宁法库前山辽萧袍鲁墓》,《考古》1983 年第 7 期。

[2] 霍杰娜:《辽墓中所见佛教因素》,《文物世界》2002 年第 3 期。

[3] 参见杨晶:《辽代火葬墓》,陈述主编:《辽金史论集》第三辑,北京:书目文献出版社 1987 年,第 213—219 页;霍杰娜:《辽墓中所见佛教因素》,《文物世界》2002 年第 3 期。

[4] 王伟、马克华:《从武威西郊林场西夏墓谈西夏的主体葬俗——火葬》,《兰州学刊》2000 年第 4 期。

[5] 学术界普遍认为,佛教仪及少数民族葬俗的影响是宋元时代中原火葬盛行的重要原因,参见徐吉军:《论宋代火葬的盛行及其原因》,《中国史研究》1992 年第 2 期;朱熙瑞:《宋代的丧葬习俗》,《学术月刊》1997 年第 2 期;刘春德:《宋代火葬的盛行及其对"华夷之辨"观念的挑战》,《广西右江民族师专学报》2005 年第 5 期。

设道场,精诵神咒,分阅贝典,仅逾半稔,登登不绝,引卷还秩,难可胜计"①,举办了饭僧、诵经、诵密咒等规模宏大的佛事活动,并将其作为葬礼的重要组成部分。而党项贵族"中书相公"去世后,其子"敬请禅师、提点、副判、承旨、座主、山林戒德、出在家僧众等七千余员,烧结灭恶趣坛各十座,开阐番汉《大藏经》各一遍,西番《大藏经》五遍。作法华、仁王、孔雀、观音、金刚、行愿经、乾陀、般若等会各一遍"②,也将佛教的讲经、结坛、法会等超度亡灵的佛事活动作为葬礼的主要内容。金元皇室贵族去世后多举行佛教法事"追荐冥福",据《敕修百丈清规》记载,元朝僧人需要在"国忌日"即皇帝去世后的忌辰,集合僧众"诵《大佛顶万行首楞严神咒》,称扬圣号"③。此外,记载超度亡者等忏悔仪式的经典如《慈悲道场忏法》等被翻译为回鹘文并广泛流传,说明葬礼佛事活动也存在于回鹘民族中。

再次,佛教节日及其活动成为辽夏金元时代各族民众的重要节俗。

随着佛教在中国的传播和流行,自南北朝以后佛诞日等宗教节日就逐渐成为汉地普通民众的重要节俗,辽夏金元时代也是如此。佛诞日是辽、西夏、金、元及两宋政权民众所共同庆祝的重要节日,每年都会举办纪念佛祖诞辰的"浴佛"、"行佛"游行等活动。

---

①《萧闍妻耶律骨欲迷已娘子墓志铭》,刘凤翥、唐彩兰、青格勒编著:《辽上京地区出土的辽代碑刻汇辑》,北京:社会科学文献出版社2009年,第164页。

②《佛说父母恩重经发愿文》,俄罗斯科学院东方研究所圣彼得堡分所、中国社会科学院民族研究所、上海古籍出版社编:《俄藏黑水城文献》第3册,上海:上海古籍出版社1996年,第48页。

③(元)德辉重编:《敕修百丈清规》卷一,《大正新修大藏经》第48册,第1117页。

例如,据《契丹国志》记载,辽俗四月八日为佛诞日,这也是包括契丹族在内僧俗民众的共同节日,每到此日政府"放僧尼、道士、庶民行城一日为乐"[1],为此还组织了"太子诞圣邑"之类的专门邑社。金朝皇帝海陵王也于正隆元年(1156)二月初八佛诞日"御宣华门观佛,赐诸寺僧绢五百匹、彩五十段、银五百两"[2]。西夏建国之初,元昊就规定以春夏秋冬四季首月的初一为礼佛"圣节",将佛教节日作为全西夏社会的节俗,史载"旧俗止重冬至,曩霄更以四孟朔为圣节,令官民礼佛,为己祈福"[3]。

(三)宗教促进了忠君孝亲观念在各民族中的普及和认同

佛教传入中国后经历了长期"中国化"的历程,而儒家忠孝观念与佛教思想的深入结合就是其"中国化"的重要表现。伴随着中原大乘佛教在辽夏金元及高昌回鹘等政权民众中的传播,忠孝观念也深刻影响到各民族的宗教思想界,并成为汉族与各少数民族民众普遍认同的重要社会观念。

首先,各少数民族政权及其宗教界普遍宣扬"忠君报恩"思想。

从现有文献可知,辽夏金元时代的佛道教思想界普遍宣扬"忠君报恩"思想,并将其作为自身教义的主要内容之一。如辽朝初年高僧谦讽就曾提出:"夫人入仕,则竭忠以事君,均赋以利国,平征以肃民;出家,则庄严以奉佛,博施以待众,斋戒以律身。尽此六者,可谓神矣!"[4]将从政忠君利国和出家修身奉佛结合和等同起

---

[1]（宋）叶隆礼撰,贾敬颜、林荣贵点校:《契丹国志》卷二十七《岁时杂记》,上海:上海古籍出版社1985年,第251页。

[2]（元）脱脱等:《金史》卷五《海陵纪》,北京:中华书局1975年,第107页。

[3]（清）吴广成:《西夏书事》卷十八,徐蜀编:《宋辽金元正史订补文献汇编》第2册,北京:北京图书馆出版社2004年,第13页。

[4]（辽）王正:《重修范阳白带山云居寺碑》,阎凤梧主编:《全辽金文》(上),第53页。

来,都作为人生在世的主要准则。金朝僧侣也以"为国焚修,祝延圣寿"表达"忠君报国"思想,如金世宗大定二十三年(1183)《灵岩寺涤公开堂疏》中写道:"今请涤公长老主持济南府十方灵岩禅寺,为国焚修,祝延圣寿者。……祝吾皇万岁之昌图,继古佛一乘之慧寿"①;金朝全真教领袖马钰则在其《立誓状外戒》中称:"专烧誓状,谨发盟言,遵依国法为先。"②将遵守金朝"国法"、服从统治作为重要的修道戒律。元朝宗教界人士也自觉履行其"告天者"义务,即为皇帝"祝寿祈福",为国家"祝祷禳灾"。他们一方面借用儒家思想中的"报恩"观念,强调佛教徒对皇帝的服从和祝祷义务;另一方面则通过禳灾法事、劝化民众等方式,强调佛教在巩固政治统治和社会稳定中的重要作用。

其次,各少数民族政权民众普遍将佛教功德与"孝道"思想相结合。

宣扬"孝道"是汉代以来儒家的重要思想和汉族民众普遍遵行的社会观念,中国化佛教也将"孝行"与"修行"结合,鼓励信徒对亲人"行孝",这在辽夏金元时代也有鲜明的表现。如宣扬孝行的疑伪经《佛说父母恩重经》就在西夏广泛流传③,金朝史料中可以见到很多僧人及道士践行孝道的记载,如:金世宗时智崇禅师

---

① 《灵岩寺涤公开堂疏》,阎凤梧主编:《全辽金文》(下),第3976页。
② (金)马钰:《丹阳神光灿》,张继禹主编:《中华道藏》第26册,北京:华夏出版社2004年,第479页。
③ 在俄藏黑水城文书中就包括数种版本的《佛说父母恩重经》,参见俄罗斯科学院东方研究所圣彼得堡分所、中国社会科学院民族研究所、上海古籍出版社编:《俄藏黑水城文献》第3册,上海:上海古籍出版社1996年,第43—45页。

"父母既没,遂归里中,起庵于茔侧,及时进道,以为追荐"①,将佛教
修行与儒家守孝结合;照公禅师受戒后"乃归受业寺即谷山禅寺
也,因得省亲以全孝道"②;金末南阳灵山僧人法云出家后不仅继续
奉养父母,而且践行了儒家的"三年守孝","山人谓之'坟云',旌
其孝也"③;全真教领袖刘处玄也称:"身孝则报父母之恩也,家善
则如许君庞士也,乡行则怜贫爱老也,国清则万民丰足也,天下有
道,则天下成熟也"④,积极提倡儒家的孝道和报恩思想。这些都表
现出孝道思想已经被辽夏金元时代宗教界和世俗民众共同推崇和
奉行,这不仅是佛教进一步中国化的表现,同时也成为各民族文化
认同的重要内容。

再次,少数民族民众接受中原大乘佛教及其思想文化的同时,
也加速了其汉化与文明化进程。

在现存的辽夏金元宗教文献中,可以看到很多契丹、女真、党
项族民众出家的记载。例如,史载金朝众多女真族皇亲国戚出家
为僧尼,如:东京垂庆寺"其尼尽戚里贵人"⑤,世宗母贞懿太后李
氏奉佛,"削发为比丘尼,依佛觉大禅师,受具戒","上诏以通慧圆

①(金)梁朗:《西庵院智崇禅师塔铭》,阎凤梧主编:《全辽金文》(中),第
1708页。
②(清)徐宗幹:《济宁州金石志》卷三《照公禅师塔铭》,新文丰出版公司编
辑部:《石刻史料新编》第一辑13册,台北:新文丰出版公司1982年,第
9517页。
③(金)元好问:《坟云墓铭》,阎凤梧主编:《全辽金文》(下),第3119页。
④(金)刘处玄:《无为清静长生真人至真语录》,张继禹主编:《中华道藏》第
26册,北京:华夏出版社2004年,第557页。
⑤罗福颐:《满洲金石志》卷三《大清安寺英公禅师塔铭》,新文丰出版公司编
辑部:《石刻史料新编》第一辑第23册,台北:新文丰出版公司1982年,第
17305页。

明为号,赐紫衣以褒之"①。大定十年(1170)"金国世宗真仪皇后出家为尼,建垂庆寺,度尼百人"②。金朝鲁国长公主次女出家"为尼,赐号遣悟大师"③。随着全真教的兴起,很多女真贵族也随之出家修道,如丘处机的弟子孟志源就出身女真贵族,"其先本上京徒单氏",并在丘处机去世后担任教门都提点等职④,成为金元之际全真教的领袖人物之一。中原大乘佛教文化作为汉文化的重要组成部分,契丹、女真、党项等民族在接受汉传佛教信仰、教义理论和修行仪轨的同时,实质上也加速了其汉化和文明化进程。

综上所述,以佛教等为代表的宗教文化成为汉、契丹、党项、女真、回鹘、蒙古等民族的共同文化,塑造了各民族共同的观念与习俗,成为各民族认同与融合的共同文化基础。对此,正如钱穆所指出的:"在古代观念上,四夷与诸夏实在有一个分别的标准,这个标准,不是'血统'而是'文化'。所谓'诸侯用夷礼则夷之,夷狄进于中国则中国之',此即是以文化为华夷分别之明证,这里所谓文化,则只是一种'生活习惯与政治方式'。"⑤而佛教等宗教正为各少数民族提供用以"认同"和"融合"的生活习惯与思想观念。因此,宗教文化的认同正是辽夏金元时代文化认同的重要内容之一,并进一步促进了"多元一体"中华文化的形成与发展。

---

① 碑文见方殿春:《金代〈通慧圆明大师塔铭〉再证》,《北方文物》2007年第1期,第44页。

② (元)念常集:《佛祖历代通载》卷二十,《大正新修大藏经》第49册,第692页。

③ 北京市文物工作队:《北京金墓发掘简报》,《北京文物与考古》第1辑,1983年,第72页。

④ (元)李鼎:《重玄广德弘道真人孟公碑铭》,陈垣编纂,陈智超、曾庆瑛校补:《道家金石略》,北京:文物出版社1988年,第553页。

⑤ 钱穆:《中国文化史导论》,北京:商务印书馆1994年,第41页。

三、结论:宗教思想文化认同与民族和文化认同的统一

第一,从思想与社会的互动关系来看,辽夏金元时代各民族的宗教思想文化本质上是对其时代课题的解答与反映。

辽夏金元及高昌回鹘、喀喇汗朝等政权的宗教思想与当时各民族社会之间存在着互动关系。这种互动可以从两方面理解:首先,从社会存在对宗教思想的影响来说,各民族的宗教思想在本质上是对各少数民族时代课题的解答,即为"如何吸收先进文化以促进本民族发展与社会进步,并为民族政权的巩固提供理论支持"这一课题提供思想文化方面的解决方案,这正是各民族宗教思想发展演变的主要社会动因。

综合前文的论述可知,相比于儒家文化,佛教等宗教思想文化在精神文化领域更能适应少数民族的现实需要,并被作为辽夏金元时代各民族思想文化的主体。契丹、党项、女真、回鹘、蒙古等民族在吸收汉藏佛教、道教和伊斯兰教等宗教文化的基础上,建构了具有民族个性、独立统一的思想文化体系。它们既是各民族思想文化创新的代表与主要成果,也是宗教思想对各民族社会现实需求的回答,即为各民族政权的巩固、政治和社会稳定提供理论支撑[1]。其次,从宗教思想对各少数民族发展的影响来说,佛教等宗教

---

[1] 宗教文化在一定程度上与少数民族政权的政治和文化独立互为表里,俄罗斯学者克恰诺夫在西夏历史和宗教文化的研究中就曾指出:"我们也观察到这种现象,即教育、掌握现代先进文化水平,不仅使得人们对自己民族的文化产生更强烈的、更浓厚的兴趣,而且还会引起在文化范畴中自我肯定的向往和政治上的分立主义。"([俄]克恰诺夫、李范文、罗矛昆:《圣立义海研究》,银川:宁夏人民出版社1995年,第25页)这种政治独立和文化独特性的结合,在某种程度上阻碍了民族间的文化认同,后者在尚未完成中国化的外来宗教文化中表现尤为突出,这值得我们进一步反思和借鉴。

思想文化极大地促进了各民族社会和文化秩序的重建。在现实政治方面，宗教思想通过神化君主、宣扬正统而为统治者提供了合法性论证，并通过提倡忠孝报恩等思想以巩固政权，提倡圆融平等思想以缓解社会和民族矛盾，从而为各民族政权的政治和社会稳定发挥了积极作用，并提供了社会秩序重建的方案。在精神观念方面，宗教文化作为各民族建设自身思想文化体系的主要资源，塑造了各民族的独特哲学思想，提升了各民族思想界的理论思维水平，提供了各民族的精神归宿和人生目标，发挥了作为民众精神支柱与道德准则等重要作用，从而提供了文化秩序重建的方案。佛教等宗教思想发挥的上述重要作用，正是对辽夏金元时代各民族社会时代课题的解答。

第二，从各民族宗教思想文化的发展进程来看，辽夏金元时代是"多元一体"中华文化进一步丰富和发展的重要时期。

辽夏金元时代的宗教思想文化是由契丹、党项、女真、回鹘、吐蕃、蒙古等少数民族与汉族共同创造的，通观10—14世纪中国的主要民族与宗教思想，我们可以得到这样的认识：首先，除了政治文化之外，在契丹、党项、女真、回鹘、蒙古等民族接受的中原汉文化中，中原大乘佛教（汉传佛教）文化占据了主体地位。其次，各民族对融合了儒道思想文化的中原大乘佛教文化的接受，实际上就是对汉文化的接受，这反映出以中原汉文化为主体的中华文化的巨大凝聚力与向心力。第三，宗教文化代表了各民族精神文化的重要成果与特色，在各民族的理论思想、民众观念和生活习俗等方面，佛教等宗教文化的影响力大于作为汉族精神文化主体的儒家文化的影响力。第四，宗教文化一方面推动了各少数民族多元文化体系的建立，另一方面又推动了统一的中华文化的形成。伴随着三教合一思潮在宋辽金元政权思想界的广泛流行，西夏和元朝佛教的"汉藏圆融",金元宗教的"禅教合一"和"佛道会通",以及喀喇汗朝和元朝伊斯兰教与汉文化的交流,汉藏佛教、道教、伊斯兰教等宗教思想与儒家思想和汉文化进行了更深入的交融会通,并反映出中国思想文化的理性化发展趋势。

从辽夏金元时代中国思想文化的发展趋势及其内涵来看,各民族政权的宗教思想文化在很大程度上反映出各民族的文化个性,同时在思想资源、理论主题、信仰观念等方面也表现出鲜明的共性。这也说明,10—14世纪的中国宗教思想文化是以汉文化为主体,包括汉文化和少数民族文化在内的"多元一体"中华文化的重要组成部分。

第三,从各少数民族与汉民族文化认同的内涵来看,宗教思想文化认同是辽夏金元时代民族和文化认同的主要内容。

从10—14世纪的中国历史来看,虽然当时中国相继出现了辽、西夏、金、元及高昌回鹘、喀喇汗朝、大理等少数民族建立的政权,并先后与中原的北宋和南宋政权并立存在。但在以宗教文化为主要内涵的汉文化影响下,契丹、党项、女真、回鹘等民族普遍将中原大乘佛教、道教等中国化宗教或汉地宗教作为主要宗教信仰。以宗教信仰和文化为形式的佛道等宗教,也成为汉文化向周边少数民族传播的重要桥梁。借助宗教的形式,汉文化的哲学、文学、文字、建筑、绘画、雕塑及观念、习俗等也在各少数民族中得到广泛传播。契丹、党项、女真、回鹘、蒙古等民族依托对中原大乘佛教以及藏传佛教等的共同信仰,开展了广泛的交流与互动,进而产生了密切的联系和融通,宗教文化因此也发挥了联系各民族的精神纽带作用。此外,喀喇汗朝和元朝对伊斯兰教文化与中原文化的融合,以及元朝对多元宗教的一体化整合等,都为明清时期更加广泛和深入的民族和文化认同提供了思想文化基础。可以说,10—14

世纪中国的各民族及其政权形成了一个有机联系的宗教思想文化共同体,而这种整体性文化格局的出现,正是各民族之间由矛盾对立走向融合认同的重要表现。

中原宗教文化是"多元一体"中华文化的主要组成部分之一,而少数民族对中原宗教文化的认同,本身就是各少数民族与汉族之间文化认同的重要内容。由前文的论述可知,这种认同包括:一是宗教信仰的认同,即各民族都将佛教等宗教作为共同的宗教信仰;二是理论思想的认同,各民族思想界都将宗教思想理论作为各自理论体系的主体或重要组成部分,从而联系成为一个有机的思想整体;三是观念习俗的认同,共同宗教文化塑造了各民族共同的观念和生活习俗;四是道德伦理的认同,共同宗教思想塑造了各民族共同的道德伦理。从这些方面来看,宗教文化的认同是辽夏金元时代中国民族和文化认同的主要内容之一。

第四,从宗教与文化认同的关系上看,宗教文化是推动辽夏金元时代各民族实现文化认同和民族融合的主要文化动力。

从前文所述辽夏金元时代的史实中可知,相比于非宗教文化,宗教信仰和文化成为推动这一时期中国文化认同和民族融合的主要力量。共同的宗教文化和信仰极大促进了少数民族对中原汉文化的认同,并成为各少数民族之间相互融通及其与汉民族之间文化认同的重要基础。这主要体现为:一是宗教发挥了汉文化传播桥梁的作用,中原大乘佛教文化等宗教文化成为各民族认同的共同文化基础;二是宗教有助于消解民族歧视与族群界限,佛教思想对"华夷之辨""中华四夷"等狭隘民族观和文化观的修正与超越,在很大程度上消解了少数民族与汉民族间文化认同的障碍;三是宗教发挥了联系各民族的文化纽带作用,汉、契丹、党项、女真、回鹘、蒙古等民族共同信仰中原大乘佛教及"三教合一""汉藏圆融"

的中国化佛教,各民族宗教思想界在信仰对象、理论主题、思想体系等方面彼此联系,进而促进了各民族在文化上的融合和统一;四是各民族广泛引进并深入吸收了包括宗教文化在内的先进汉文化资源,并在创新改造的基础上促进了本民族的汉化、文明化和社会发展进步,这种学习与创新本身也体现出中华文化的先进性、开放性与包容性。

总之,佛教等宗教文化与儒家文化共同成为促进中国各民族融合统一的文化基础,而宗教思想文化则是辽夏金元时代各民族实现文化认同的主要推动力。对于辽夏金元时代宗教思想与文化认同的探讨,可以使我们更清晰地认识到宗教思想文化在中国历史上促进文化认同和民族融合中的重要作用,更深刻地了解中华文化的开放性与包容性,更全面地理解中华文化的"多元一体"内涵。与此同时,也为我们进一步探讨中国历史上及当前的宗教与文化认同、民族融合等问题,提供了重要的历史经验和理论参考。

参考文献

一、古籍文献

（汉）班固著,（唐）颜师古注：《汉书》,北京：中华书局 1962 年。

（梁）释僧祐撰,苏晋仁、萧炼子点校：《出三藏记集》,北京：中华书局 1995 年。

（梁）释慧皎撰,汤用彤校注：《高僧传》,北京：中华书局 1992 年。

（梁）真谛译,高振农校释：《大乘起信论校释》,北京：中华书局 1992 年。

（北齐）魏收：《魏书》,北京：中华书局 1974 年。

（隋）智顗说,（隋）灌顶记：《观音玄义》,《大正新修大藏经》第 34 册,台北：新文丰出版公司 1983 年修订版（以下版本同）。

（隋）智顗述：《修习止观坐禅法要》,《大正新修大藏经》第 46 册。

（唐）澄观：《大方广佛华严经疏》,《大正新修大藏经》第 35 册。

（唐）澄观述：《大方广佛华严经随疏演义钞》,《大正新修大藏经》第 36 册。

（唐）澄观撰,（唐）宗密注：《答顺宗心要法门》,《大藏新纂卍续藏经》第 58 册,石家庄：河北佛教协会 2006 年（以下版本同）。

（唐）澄观别行疏,（唐）宗密随疏钞：《大方广佛华严经普贤行愿品别行疏钞》,《大藏新纂卍续藏经》第 5 册。

（唐）道宣：《大唐内典录》，《大正新修大藏经》第 55 册。

（唐）道宣：《续高僧传》，《大正新修大藏经》第 50 册。

（唐）法藏述：《华严经探玄记》，《大正新修大藏经》第 35 册。

（唐）法藏述：《华严一乘教义分齐章》，《大正新修大藏经》第 45 册。

（唐）法藏集：《华严经传记》，《大正新修大藏经》第 51 册。

（唐）慧能著，郭朋校释：《坛经校释》，北京：中华书局 1983 年。

（唐）裴休问，（唐）宗密答：《中华传心地禅门师资承袭图》，《大藏
　　新纂卍续藏经》第 63 册。

（唐）实叉难陀译：《大方广佛华严经》，《大正新修大藏经》第 10 册。

（唐）义净译：《佛说天地八阳神咒经》，《大正新修大藏经》第 85 册。

（唐）义净译：《金光明最胜王经》，《大正新修大藏经》第 16 册。

（唐）湛然述：《金刚錍》，《大正新修大藏经》第 46 册。

（唐）宗密注：《注华严法界观门》，《大正新修大藏经》第 45 册。

（唐）宗密述：《禅源诸诠集都序》，《大正新修大藏经》第 48 册。

（唐）宗密述：《大方广圆觉修多罗了义经略疏》，《大正新修大藏经》
　　第 39 册。

（唐）宗密述：《原人论》，《大正新修大藏经》第 45 册。

（唐）宗密述：《圆觉经道场修证仪》，《大藏新纂卍续藏经》第 74 册。

（辽）慈贤译：《妙吉祥平等秘密最上观门大教王经》，《大正新修大
　　藏经》第 20 册。

（辽）道㲂集：《显密圆通成佛心要集》，《大正新修大藏经》第 46 册。

（辽）法悟：《释摩诃衍论赞玄疏》，《大藏新纂卍续藏经》第 45 册。

（辽）觉苑：《大日经义释演密钞》，《大藏新纂卍续藏经》第 23 册。

（辽）希麟集：《续一切经音义》，《大正新修大藏经》第 54 册。

（辽）鲜演述：《大方广佛华严经谈玄决择》，《大藏新纂卍续藏经》
　　第 8 册。

（辽）志福：《释摩诃衍论通玄钞》，《大藏新纂卍续藏经》第 46 册。

（宋）道原纂：《景德传灯录》，《大正新修大藏经》第 51 册。

（宋）洪皓：《松漠纪闻》，上海古籍出版社编：《宋元笔记小说大观》
　　第 3 册，上海古籍出版社 2001 年。

（宋）净源集：《华严普贤行愿修证仪》，《大藏新纂卍续藏经》第
　　74 册。

（宋）净源编叙：《首楞严坛场修证仪》，《大藏新纂卍续藏经》第
　　74 册。

（宋）戒珠：《别传心法议》，《大藏新纂卍续藏经》第 57 册。

（宋）李焘撰，上海师范大学古籍整理研究所、华东师范大学古籍整
　　理研究所点校：《续资治通鉴长编》，北京：中华书局 2004 年。

（宋）欧阳修撰，（宋）徐无党注：《新五代史》，北京：中华书局 1974 年。

（宋）清觉述：《正行集》，《大藏新纂卍续藏经》第 63 册。

（宋）司马光编著，（元）胡三省音注：《资治通鉴》，北京：中华书局
　　1963 年。

（宋）行霆述：《重编诸天传》，《大藏新纂卍续藏经》第 88 册。

（宋）叶隆礼撰，贾敬颜、林荣贵点校：《契丹国志》，上海：上海古籍
　　出版社 1985 年。

（宋）宇文懋昭撰，崔文印校证：《大金国志校证》，北京：中华书局
　　1986 年。

（宋）周敦颐著，陈克明点校：《周敦颐集》，北京：中华书局 1990 年。

（宋）知礼集：《金光明最胜忏仪》，《大正新修大藏经》第 46 册。

（宋）志磐：《佛祖统纪》，《大正新修大藏经》第 49 册。

（宋）遵式集：《金光明忏法补助仪》，《大正新修大藏经》第 46 册。

（宋）张载著，章锡琛点校：《张载集》，北京：中华书局 1978 年。

（宋）正觉颂古，（元）行秀评唱：《万松老人评唱天童觉和尚颂古从

容庵录》,《大藏新纂卍续藏经》第 67 册。

（宋）正觉拈古,（元）行秀评唱:《万松老人评唱天童觉和尚拈古请
　　益录》,《大藏新纂卍续藏经》第 67 册。

（西夏）骨勒茂才著,黄振华、聂鸿音、史金波整理:《番汉合时掌中
　　珠》,银川:宁夏人民出版社 1989 年。

（金）马钰:《丹阳真人语录》,张继禹主编:《中华道藏》第 26 册,北
　　京:华夏出版社 2004 年(以下版本同)。

（金）马钰:《丹阳神光灿》,张继禹主编:《中华道藏》第 26 册。

（金）刘处玄:《无为清静长生真人至真语录》,张继禹主编:《中华道
　　藏》第 26 册。

（金）刘祁:《归潜志》,上海古籍出版社编:《宋元笔记小说大观》第
　　6 册,上海:上海古籍出版社 2001 年。

（金）丘处机:《磻溪集》,张继禹主编:《中华道藏》第 26 册。

（金）谭处端:《水云集》,张继禹主编:《中华道藏》第 26 册。

（金）王喆:《重阳全真集》,张继禹主编:《中华道藏》第 26 册。

（金）王喆:《重阳立教十五论》,张继禹主编:《中华道藏》第 26 册。

（金）王喆:《重阳真人金关玉锁诀》,张继禹主编:《中华道藏》第
　　26 册。

（元）拔合思巴集:《根本说一切有部出家授近圆羯磨仪范》,《大正
　　新修大藏经》第 45 册。

（元）德辉重编:《敕修百丈清规》,《大正新修大藏经》第 48 册。

（元）发合思巴造,（元）沙罗巴译:《彰所知论》,《大正新修大藏经》
　　第 32 册。

（元）怀则述:《净土境观要门》,《大正新修大藏经》第 47 册。

（元）慧觉辑:《大方广佛华严经海印道场十重行愿常遍礼忏仪》,
　　《大藏新纂卍续藏经》第 74 册。

（元）李道谦：《甘水仙源录》，张继禹主编：《中华道藏》第 47 册。

（元）刘谧：《三教平心论》，《大正新修大藏经》第 52 册。

（元）念常集：《佛祖历代通载》，《大正新修大藏经》第 49 册。

（元）普度编：《庐山莲宗宝鉴》，《大正新修大藏经》第 47 册。

（元）庆吉祥等集：《大元至元法宝勘同总录》，《乾隆大藏经》第 150 册，北京：中国书店 2009 年。

（元）脱脱等：《宋史》，北京：中华书局 1977 年。

（元）脱脱等：《辽史》，北京：中华书局 1974 年。

（元）脱脱等：《金史》，北京：中华书局 1975 年。

（元）天如则：《净土或问》，《大正新修大藏经》第 47 册。

（元）文才述：《肇论新疏》，《大正新修大藏经》第 45 册。

（元）惟则会解，（明）传灯疏：《楞严经圆通疏》卷五，《大藏新纂卍续藏经》第 12 册。

（元）祥迈：《辩伪录》，《大正新修大藏经》第 52 册。

（元）耶律楚材著，谢方点校：《湛然居士文集》，北京：中华书局 1986 年。

（元）尹志平：《葆光集》，张继禹主编：《中华道藏》第 26 册。

（元）尹志平：《清和真人北游语录》，张继禹主编：《中华道藏》第 26 册。

（元）智彻述：《禅宗决疑集》，《大正新修大藏经》第 48 册。

（明）巴卧·祖拉陈瓦著，黄颢、周润年译注：《贤者喜宴——吐蕃史译注》，北京：中央民族大学出版社 2010 年。

（明）觉岸编：《释氏稽古略》，《大正新修大藏经》第 49 册。

（明）净柱辑：《五灯会元续略》，《大藏新纂卍续藏经》第 80 册。

（明）明河：《补续高僧传》，《大藏新纂卍续藏经》第 77 册。

（明）如惺：《大明高僧传》，《大正新修大藏经》第 50 册。

（明）宋濂等：《元史》，北京：中华书局 1976 年。

（清）超永编：《五灯全书》，《大藏新纂卍续藏经》第 141 册。

（清）黄宗羲原著，（清）全祖望补修，陈金生、梁运华点校：《宋元学案》，北京：中华书局 1986 年。

（清）苏舆撰，钟哲点校：《春秋繁露义证》，北京：中华书局 1992 年。

（清）吴广成辑，龚世俊等校证：《西夏书事校证》，兰州：甘肃文化出版社 1995 年。

（清）徐松辑：《宋会要辑稿》，北京：中华书局 1957 年。

（清）张鉴撰，龚世俊等校点：《西夏纪事本末》，兰州：甘肃文化出版社 1998 年。

阿合买提著，魏萃一译：《真理的入门》，乌鲁木齐：新疆人民出版社 1981 年。

麻赫穆德·喀什噶里著，何锐等译：《突厥语大词典》，北京：民族出版社 2002 年。

优素甫·哈斯·哈吉甫著，郝关中、张宏超、刘宾译：《福乐智慧》，北京：民族出版社 2003 年。

［日］觉禅集：《觉禅钞》（京都勤修寺藏本），《大正新修大藏经》第 93 册。

［日］心觉抄：《别尊杂记》（京都仁和寺藏本），《大正新修大藏经》第 91 册。

［高丽］义天集：《新集圆宗文类》，《大藏新纂卍续藏经》第 58 册。

［高丽］义天录：《新编诸宗教藏总录》，《大正新修大藏经》第 55 册。

二、研究专著

［日］羽溪了谛著，贺昌群译：《西域之佛教》，北京：商务印书馆

1956 年。

王重民等编:《敦煌变文集》,北京:人民文学出版社 1957 年。

张曼涛主编:《现代佛教丛刊·中国佛教史论集》(宋辽金元编),台
北:大乘文化出版社 1957 年。

陈垣:《南宋初河北新道教考》,北京:中华书局 1962 年。

[瑞典]多桑著,冯承钧译:《多桑蒙古史》,北京:中华书局 1962 年。

[伊朗]志费尼著,何高济译:《世界征服者史》,呼和浩特:内蒙古人
民出版社 1980 年。

白寿彝:《中国伊斯兰史存稿》,银川:宁夏人民出版社 1983 年。

陈述辑校:《全辽文》,北京:中华书局 1982 年。

[日]高峰了州:《华严思想史》,台北:弥勒出版社 1983 年。

耿世民:《维吾尔族古代文化和文献概论》,乌鲁木齐:新疆人民出
版社 1983 年。

丁福保编纂:《佛学大辞典》,北京:文物出版社 1984 年。

[法]戴密微著,耿昇译:《吐蕃僧诤记》,兰州:甘肃人民出版社
1984 年。

舒焚:《辽史稿》,武汉:湖北人民出版社 1984 年。

[苏]威廉·巴托尔德著,罗致平译:《中亚突厥史十二讲》,北京:中
国社会科学出版社 1984 年。

[日]安部键夫著,宋肃瀛、刘美崧、徐伯夫译:《西回鹘国史的研
究》,乌鲁木齐:新疆人民出版社 1985 年。

刘志霄:《维吾尔族历史》,北京:民族出版社 1985 年。

魏良弢:《喀喇汗王朝史稿》,乌鲁木齐:新疆人民出版社 1986 年。

魏良弢:《西辽史研究》,银川:宁夏人民出版社 1987 年。

陈垣编纂,陈智超、曾庆瑛校补:《道家金石略》,北京:文物出版社
1988 年。

金维诺主编:《中国美术全集·绘画编·寺观壁画》,北京:文物出版社 1988 年。

史金波:《西夏佛教史略》,银川:宁夏人民出版社 1988 年。

北京图书馆金石组编:《北京图书馆藏中国历代石刻拓本汇编》,郑州:中州古籍出版社 1989 年。

祝启源:《唃厮啰——宋代藏族政权》,西宁:青海人民出版社 1988 年。

山西省文物局、中国历史博物馆主编:《应县木塔辽代秘藏》,北京:文物出版社 1991 年。

蔡灿津:《〈福乐智慧〉哲学思想初探》,北京:东方出版社 1992 年。

郎樱:《福乐智慧与东西方文化》,乌鲁木齐:新疆人民出版社 1992 年。

周伟洲:《西北民族史研究》,郑州:中州古籍出版社 1994 年。

俞中元、鲁郑勇:《大乘要道密集评注》,西安:陕西摄影出版社 1994 年。

[俄]克恰诺夫、李范文、罗矛昆:《圣立义海研究》,银川:宁夏人民出版社 1995 年。

吕建福:《中国密教史》,北京:中国社会科学出版社 1995 年。

向南编:《辽代石刻文编》,石家庄:河北教育出版社 1995 年。

杨富学、牛汝极:《沙州回鹘及其文献》,兰州:甘肃文化出版社 1995 年。

俄罗斯科学院东方研究所圣彼得堡分所、中国社会科学院民族研究所、上海古籍出版社编:《俄藏黑水城文献》(第 1—6 册),上海:上海古籍出版社 1996—2000 年。

洛阳市地方史志编纂委员会编:《洛阳市志》,郑州:中州古籍出版社 1996 年。

［日］木村清孝著,李惠英译:《中国华严思想史》,台北:东大图书股份有限公司 1996 年。

余太山主编:《西域通史》,郑州:中州古籍出版社 1996 年。

高永久:《西域古代民族宗教综论》,北京:高等教育出版社 1997 年。

金宜久主编:《伊斯兰教》,北京:宗教文化出版社 1997 年。

李兴化等:《中国伊斯兰教史》,北京:中国社会科学出版社 1998 年。

李修生主编:《全元文》,南京:江苏古籍出版社 1998 年。

杨富学:《回鹘之佛教》,乌鲁木齐:新疆人民出版社 1998 年。

冯友兰:《中国哲学史》,上海:华东师范大学出版社 2000 年。

韩萌晟编:《党项与西夏资料汇编》,银川:宁夏人民出版社 2000 年。

刘立千:《印藏佛教史》,北京:民族出版社 2000 年。

李申:《中国儒教史》,上海:上海人民出版社 2000 年。

《中国新疆地区伊斯兰教史》编写组编著:《中国新疆地区伊斯兰教史》,乌鲁木齐:新疆人民出版社 2000 年。

［日］竺沙雅章:《宋元佛教文化史研究》,东京:汲古书院 2000 年。

陈明达编著:《应县木塔》,北京:文物出版社 2001 年。

高永久:《西域古代伊斯兰教综论》,北京:民族出版社 2001 年。

梁启超著,吴松、卢云昆、王文光、段炳昌点校:《饮冰室文集点校》,昆明:云南教育出版社 2001 年。

杨曾文、方广锠编:《佛教与历史文化》,北京:宗教文化出版社 2001 年。

张畅耕主编:《辽金史论集》第六辑,北京:社会科学文献出版社 2001 年。

盖之庸编著:《内蒙古辽代石刻文研究》,呼和浩特:内蒙古大学出版社 2002 年。

聂鸿音:《西夏文德行集研究》,兰州:甘肃文化出版社 2002 年。

谢继胜:《西夏藏传绘画:黑水城出土西夏唐卡研究》,石家庄:河北
　　教育出版社 2002 年。

阎凤梧主编:《全辽金文》,太原:山西古籍出版社 2002 年。

梅宁华主编:《北京辽金史迹图志》,北京:北京燕山出版社 2003 年。

热依汗·卡德尔:《〈福乐智慧〉与维吾尔文化》,呼和浩特:内蒙古
　　人民出版社 2003 年。

王尧、王启龙、邓小咏:《中国藏学史(1949 年前)》,北京:民族出版
　　社、清华大学出版社 2003 年。

杨富学:《回鹘文献与回鹘文化》,北京:民族出版社 2003 年。

杨志玖:《元代回族史稿》,天津:南开大学出版社 2003 年。

慈怡编著:《佛光大辞典》,北京:北京图书馆出版社 2004 年。

杜建录主编:《二十世纪西夏学》,银川:宁夏人民出版社 2004 年。

贾敬颜:《五代宋金元人边疆行记十三种疏证稿》,北京:中华书局
　　2004 年。

罗福苌、罗福颐集注,彭向前补注:《宋史夏国传集注》,银川:宁夏
　　人民出版社 2004 年。

徐蜀编:《宋辽金元正史订补文献汇编》,北京:北京图书馆出版社
　　2004 年。

张云:《唐代吐蕃史与西北民族史研究》,北京:中国藏学出版社
　　2004 年。

李范文主编:《西夏通史》,银川:宁夏人民出版社 2005 年。

史金波:《史金波文集》,上海:上海辞书出版社 2005 年。

王宗昱编:《金元全真教石刻新编》,北京:北京大学出版社 2005 年。

耿世民:《新疆历史与文化概论》,北京:中央民族大学出版社
　　2006 年。

张国庆：《辽代社会史研究》，北京：中国社会科学出版社 2006 年。

张焯：《云冈石窟编年史》，北京：文物出版社 2006 年。

中国国家图书馆编，任继愈主编：《国家图书馆藏敦煌遗书》，北京：
　北京图书馆出版社 2006 年。

［德］茨默著，桂林、杨富学译：《佛教与回鹘社会》，北京：民族出版
　社 2007 年。

史金波：《西夏社会》，上海：上海人民出版社 2007 年。

沈卫荣、中尾正义、史金波主编：《黑水城人文与环境研究——黑水
　城人文与环境国际学术讨论会文集》，北京：中国人民大学出版
　社 2007 年。

张岂之主编，朱汉民分卷主编：《中国思想学说史》（宋元卷），桂林：
　广西师范大学出版社 2007 年。

柴泽俊、柴玉梅：《山西古代彩塑》，北京：文物出版社 2008 年。

耿世民：《回鹘文哈密本〈弥勒会见记〉研究》，北京：中央民族大学
　出版社 2008 年。

马小鹤：《摩尼教与古代西域史研究》，北京：中国人民大学出版社
　2008 年。

潘桂明、吴忠伟：《中国天台宗通史》，南京：凤凰出版社 2008 年。

汤用彤：《隋唐佛教史稿》，武汉：武汉大学出版社 2008 年。

魏道儒：《中国华严宗通史》，南京：凤凰出版社 2008 年。

王颂：《宋代华严思想研究》，北京：宗教文化出版社 2008 年。

杨圣敏：《回纥史》，桂林：广西师范大学出版社 2008 年。

余英时：《宋明理学与政治文化》，长春：吉林出版集团有限责任公
　司 2008 年。

张广达：《文书、典籍与西域史地》，桂林：广西师范大学出版社
　2008 年。

刘凤翥、唐彩兰、青格勒编著：《辽上京地区出土的辽代碑刻汇辑》，北京：社会科学文献出版社2009年。

刘建丽：《中国西北少数民族通史》（辽、宋、西夏、金卷），北京：民族出版社2009年。

金申：《佛教美术丛考续编》，北京：华龄出版社2010年。

王森：《西藏佛教发展史略》，北京：中国藏学出版社2010年。

吴天墀：《西夏史稿》，北京：商务印书馆2010年。

向南、张国庆、李宇峰辑注：《辽代石刻文续编》，沈阳：辽宁人民出版社2010年。

赖永海主编：《中国佛教通史》，南京：江苏人民出版社2010年。

孟宪实、荣新江、李肖主编：《秩序与生活：中古时期的吐鲁番社会》，北京：中国人民大学出版社2011年。

张国庆：《佛教文化与辽代社会》，沈阳：辽宁民族出版社2011年。

梁思成：《中国古建筑调查报告》，北京：生活·读书·新知三联书店2012年。

怡学主编：《辽金佛教研究》，北京：金城出版社2012年。

张岂之主编：《中国思想史》，西安：西北大学出版社2012年。

许地山：《道教史》，北京：商务印书馆2015年。

刘辉：《金代儒学研究》，北京：中国社会科学出版社2017年。

张方：《金元全真道》，郑州：中州古籍出版社2018年。

钟海连：《金元之际全真道兴盛探究——以丘处机为中心》，南京：江苏人民出版社2018年。

卿希泰、詹石窗主编：《中国道教通史》，北京：人民出版社2019年。

吴桂兵：《中古丧葬礼俗中佛教因素演进的考古学研究》，北京：科学出版社2019年。

马娟：《元代伊斯兰教研究》，上海：上海古籍出版社2020年。

三、研究论文

冯家昇:《刻本回鹘文〈佛说天地八阳神咒经〉研究——兼论回鹘
　　人对于〈大藏经〉的贡献》,《考古学报》第 9 册,1955 年。

耿世民:《佛教在古代新疆和突厥、回鹘人中的传播》,《新疆大学学
　　报》1978 年第 2 期。

张广达:《关于马合木·喀什噶里的〈突厥语词汇〉与见于此书的
　　圆形地图(上)》,《中央民族学院学报》1978 年第 2 期。

史金波:《〈西夏译经图〉解》,《文献》1979 年第 1 期。

吴志根:《关于"桃花石"》,《江汉论坛》1979 年第 2 期。

[德] 葛玛丽著,耿世民译:《高昌回鹘王国(公元 850 年—1250
　　年)》,《新疆大学学报》(社会科学版)1980 年第 2 期。

任继愈:《论儒教的形成》,《中国社会科学》1980 年第 1 期。

王静如:《敦煌莫高窟和安西榆林窟中的西夏壁画》,《文物》1980
　　年第 9 期。

陈连开:《论中国历史上的疆域与民族》,《中央民族学院学报》
　　1981 年第 4 期。

[日] 野上俊静著,方红象译:《辽金的佛教》,《黑龙江文物丛刊》
　　1981 年创刊号。

孟凡人:《略论高昌回鹘的佛教》,《新疆社会科学》1982 年第 1 期。

任继愈:《儒教的再评价》,《社会科学战线》1982 年第 2 期。

任继愈:《朱熹与宗教》,《中国社会科学》1982 年第 5 期。

阎文儒等:《山西应县佛宫寺释迦塔发现的〈契丹藏〉和辽代刻
　　经》,《文物》1982 年第 6 期。

史金波:《西夏佛教新证四种》,《世界宗教研究》1983 年第 3 期。

陈庆英、仁庆扎西:《元朝帝师制度述略》,《西藏民族学院学报》
　　1984年第1期。

买买提明·玉素甫著,张宏超、刘宾译:《〈福乐智慧〉与玉素甫·哈
　　斯·哈吉甫的哲学社会学思想》,《民族文学研究》1984年第
　　3期。

黄颢:《藏文史书中的弭药(西夏)》,《青海民族学院学报》(社会科
　　学版)1985年第4期。

蒋其祥:《试论"桃花石"一词在喀喇汗朝时期使用的特点和意
　　义》,《新疆大学学报》(哲学社会科学版)1986年第3期。

郎樱:《试论〈福乐智慧〉中的佛教思想》,《新疆社会科学》1986年
　　第1期。

史金波:《西夏佛教的流传》,《世界宗教研究》1986年第1期。

吴昌年:《论〈福乐智慧〉的政治法律思想》,《新疆社会科学》1986
　　年第2期。

朱子方:《辽代的萨满教》,《社会科学辑刊》1986年第6期。

郎樱:《试论〈福乐智慧〉的多层文化结构》,《中央民族学院学报》
　　1987年第1期。

杨富学、牛汝极:《牟羽可汗与摩尼教》,《敦煌学辑刊》1987年第
　　2期。

杨晶:《辽代火葬墓》,陈述主编:《辽金史论集》第三辑,北京:书目
　　文献出版社1987年,第213—219页。

方立天:《略谈华严学与五台山》,《五台山研究》1988年第1期。

李锡厚:《论辽朝的政治体制》,《历史研究》1988年第3期。

荣新江:《敦煌文献和绘画反映的五代宋初中原与西北地区的文化
　　交往》,《北京大学学报》(哲学社会科学版)1988年第2期。

张国庆:《辽代契丹贵族的天灵信仰与祭天习俗》,《北方文物》

1988 年第 4 期。

张广达、荣新江：《有关西州回鹘的一篇敦煌汉文文献—— S6551
讲经文的历史学研究》,《北京大学学报》(哲学社会科学版)
1989 年第 2 期。

张云：《论吐蕃文化对西夏的影响》,《中国藏学》1989 年第 2 期。

阿布都秀库尔·穆罕默德依明著,马德元译：《〈福乐智慧〉中的自
然哲学观念》,《新疆大学学报》(哲学社会科学版)1990 年第
4 期。

李冀诚：《西藏佛教萨迦派及其"道果教授"》,《中国藏学》1990 年
第 4 期。

聂鸿音：《西夏文〈新修太学歌〉考释》,《宁夏社会科学》1990 年第
3 期。

王月珽：《论耶律楚材的宗儒重禅》,《内蒙古大学学报》(哲学社会
科学版)1990 年第 4 期。

杨曾文：《唐宋文殊菩萨信仰和五台山》,《五台山研究》1990 年第
1 期。

陈庆英：《元代帝师制度及其历任帝师(上)》,《青海民族学院学报》
(社会科学版)1991 年第 1 期。

陈庆英：《元代帝师制度及其历任帝师(下)》,《青海民族学院学报》
(社会科学版)1991 年第 2 期。

华涛：《萨图克布格拉汗与天山地区伊斯兰化的开始》,《世界宗教
研究》1991 年第 3 期。

李范文：《西夏官阶封号表考释》,《社会科学战线》1991 年第 3 期。

李冀诚：《藏传佛教噶举派的"大手印法"》,《西藏民族学院学报》
(社会科学版)1991 年第 2 期。

谢重光：《吐蕃占领期与归义军时期的敦煌僧官制度》,《敦煌研究》

1991 年第 3 期。

[美]邓如萍著,聂鸿音、彭玉兰译:《党项王朝的佛教及其元代遗存——帝师制度起源于西夏说》,《宁夏社会科学》1992 年第 5 期。

石世梁、克珠群佩:《"大手印"与"那饶六法"记述》,《中国藏学》1992 年第 2 期。

徐吉军:《论宋代火葬的盛行及其原因》,《中国史研究》1992 年第 2 期。

史金波:《西夏文六祖坛经残页译释》,《世界宗教研究》1993 年第 3 期。

黄凤岐:《辽代契丹族宗教述略》,《社会科学辑刊》1994 年第 2 期。

刘宾:《〈福乐智慧〉与东西方思想史背景》,《西域研究》1994 年第 1 期。

刘志霄:《11 世纪维吾尔社会思想与〈福乐智慧〉》,《西域研究》1994 年第 1 期。

[日]西胁隆夫著,张武军译:《论〈福乐智慧〉的结构和形式》,《西域研究》1994 年第 1 期。

邓锐龄:《元代杭州行宣政院》,《中国史研究》1995 年第 2 期。

罗矛昆:《〈圣立义海〉与西夏人的哲学思想》,李范文主编:《首届西夏学国际学术会议论文集》,银川:宁夏人民出版社 1995 年,第 188—194 页。

雷生霖:《河北蔚县小五台山金河寺调查记》,《文物》1995 年第 1 期。

聂鸿音、史金波:《西夏文本〈碎金〉研究》,《宁夏大学学报》(社会科学版)1995 年第 2 期。

方广锠、许培铃:《敦煌遗书中的佛教文献及其价值》,《西域研究》

1996 年第 1 期。

［日］福井文雅：《佛教与全真教的成立》,《世界宗教研究》1996 年第 2 期。

河北省文物研究所等：《河北宣化辽张文藻壁画墓发掘简报》,《文物》1996 年第 9 期。

黄震云：《论辽代宗教文化》,《民族研究》1996 年第 2 期。

卢梅、聂鸿音：《藏文史籍中的木雅诸王考》,《民族研究》1996 年第 5 期。

刘浦江：《辽金的佛教政策及其社会影响》,《佛学研究》总第 5 期,1996 年。

刘元春：《〈佛说天地八阳神咒经〉辨析——兼谈高昌回鹘佛教的社会文化意蕴》,《西域研究》1996 年第 1 期。

宋德金：《辽朝正统观念的形成与发展》,《传统文化与现代化》1996 年第 1 期。

张践：《元代宗教政策的民族性》,《世界宗教研究》1996 年第 4 期。

张元林：《从阿弥陀来迎图看西夏的往生信仰》,《敦煌研究》1996 年第 3 期。

张铁山：《回鹘文佛教文献中夹写汉字的分类和读法》,《西域研究》1997 年第 1 期。

荣新江：《西域史研究的回顾与展望》,《历史研究》1998 年第 2 期。

黄春和：《辽燕京禅宗传播史迹考述》,《佛学研究》总第 8 期,1999 年。

孙昌盛：《略论西夏的净土信仰》,《宁夏大学学报》(哲学社会科学版)1999 年第 2 期。

陈庆英：《西夏及元代藏传佛教经典的汉译本——简论〈大乘要道密集〉(〈萨迦道果新编〉)》,《西藏大学学报》(社会科学版)2000 年第 2 期。

陈庆英:《大乘玄密帝师考》,《佛学研究》总第 9 期,2000 年。

高士荣、杨富学:《汉传佛教对回鹘的影响》,《民族研究》2000 年第
　　5 期。

[日]森安孝夫著,梁晓鹏译:《沙洲回鹘与西回鹘国》,《敦煌学辑
　　刊》2000 年第 2 期。

魏崇武:《金代理学发展初探》,《历史研究》2000 年第 3 期。

魏良弢:《〈福乐智慧〉与喀喇汗王朝的文化整合》,《西域研究》
　　2000 年第 3 期。

魏良弢:《关于喀喇汗朝起源的几个问题》,《民族研究》2000 年第
　　4 期。

郭康松:《辽朝夷夏观的演变》,《中国史研究》2001 年第 2 期。

李进新:《新疆宗教演变的基本特点》,《新疆社会科学》2001 年第
　　5 期。

蓝吉富:《〈显密圆通成佛心要集〉初探》,杨曾文、方广锠编:《佛教
　　与历史文化》,北京:宗教文化出版社 2001 年,第 471—480 页。

朋·乌恩:《耶律楚材儒释道观评析》,《内蒙古社会科学》2001 年
　　第 2 期。

谢继胜:《吐蕃西夏历史文化渊源与西夏藏传绘画》,《西藏研究》
　　2001 年第 3 期。

杨富学:《西域敦煌回鹘佛教文献研究百年回顾》,《西域研究》
　　2001 年第 3 期。

张畅耕等:《契丹仁懿皇后与应州宝宫寺释迦塔》,张畅耕主编:
　　《辽金史论集》第六辑,北京:社会科学文献出版社 2001 年,第
　　103—126 页。

张国庆:《辽代燕云地区佛教文化探论》,《民族研究》2001 年第
　　2 期。

赵荣织:《论伊斯兰教在新疆兴起的社会根源》,《西域研究》2001年第 3 期。

白文固:《金代官卖寺观名额和僧道官政策探究》,《中国史研究》2002 年第 1 期。

霍杰娜:《辽墓中所见佛教因素》,《文物世界》2002 年第 3 期。

李吉和、聂鸿音:《西夏蕃学不译九经考》,《民族研究》2002 年第 2 期。

史金波:《西夏的藏传佛教》,《中国藏学》2002 年第 1 期。

陈庆英:《〈大乘要道密集〉与西夏王朝的藏传佛教》,《中国藏学》2003 年第 3 期。

李进新:《论吐鲁番地区佛教的衰亡和伊斯兰教的兴起》,《新疆师范大学学报》(哲学社会科学版)2003 年第 2 期。

聂鸿音:《西夏译〈诗〉考》,《文学遗产》2003 年第 4 期。

聂鸿音:《大度民寺考》,《民族研究》2003 年第 4 期。

田卫疆:《试析高昌回鹘内部的三次宗教传入及其后果》,《西北民族研究》2003 第 1 期。

才让:《蒙元统治者选择藏传佛教信仰的历史背景及内在原因》,《西北民族大学学报》(哲学社会科学版)2004 年第 1 期。

葛兆光:《宋代"中国"意识的凸显——关于近世民族主义思想的一个远源》,《文史哲》2004 年第 1 期。

刘浦江:《德运之争与辽金王朝的正统问题》,《中国社会科学》2004 年第 2 期。

孙昌盛:《西夏文佛经〈吉祥遍至口和本续〉题记译考》,《西藏研究》2004 年第 2 期。

唐希鹏、李缓:《五台山沙门道殿与密教中国化》,《西南民族大学学报》(人文社会科学版)2004 年第 4 期。

王德朋：《金代道教述论》，《中华文化论坛》2004 年第 3 期。

张国庆：《论辽代家庭生活中佛教文化的影响》，《北京师范大学学报》（社会科学版）2004 年第 6 期。

陈玉屏：《略论中国古代的"天下"、"国家"和"中国"观》，《民族研究》2005 年第 1 期。

马娟：《试析元代汉人对伊斯兰教的"解读"——以定州〈重建礼拜寺记〉碑为例》，《世界宗教研究》2005 年第 1 期。

史金波：《西夏文物的民族和宗教特点》，《中国历史文物》2005 年第 2 期。

魏良弢：《阿拉伯进入中亚与中亚伊斯兰化的开始》，《新疆大学学报》（哲学·人文社会科学版）2005 年第 3 期。

杨曾文：《少林雪庭福裕和元前期的佛道之争》，《法音》2005 年第 3 期。

白滨：《元代西夏一行慧觉法师辑汉文〈华严忏仪〉补释》，杜建录主编：《西夏学》第一辑，银川：宁夏人民出版社 2006 年，第 76—80 页。

陈爱峰、杨富学：《西夏与辽金间的佛教关系》，杜建录主编：《西夏学》第一辑，银川：宁夏人民出版社 2006 年，第 31—35 页。

高华平：《〈全辽文〉与辽代佛教》，《郑州大学学报》（哲学社会科学版）2006 年第 5 期。

霁虹、史野：《李纯甫儒学思想初探》，《社会科学战线》2006 年第 2 期。

李华瑞：《论儒学与佛教在西夏文化中的地位》，杜建录主编：《西夏学》第一辑，银川：宁夏人民出版社 2006 年，第 22—27 页。

刘扬忠：《北宋的民族忧患意识及其文学呈现》，《长江学术》2006 年第 4 期。

孙昌盛：《试论在西夏的藏传佛教僧人及其地位、作用》，《西藏研究》2006 年第 1 期。

朱海：《西夏孝观念研究——以〈圣立义海〉为中心》，《宁夏社会科学》2006 年第 3 期。

才吾加甫：《元明时期的新疆藏传佛教》，《西域研究》2007 年第 3 期。

符云辉：《〈诸儒鸣道集〉述评》，复旦大学 2007 年博士学位论文。

刘扬忠：《辽朝"中国"化的历史进程及其文学书写》，《华夏文化论坛》第二辑，2007 年。

马格侠：《西夏地区流传宗密著述及其影响初探》，《宁夏社会科学》2007 年第 3 期。

热依汗·卡德尔：《〈福乐智慧〉与北宋儒学》，《民族文学研究》2007 年第 2 期。

任宜敏：《元代宗教政策略论》，《文史哲》2007 年第 4 期。

张国庆、阚凯：《辽代佛教赈灾济贫活动探析》，《内蒙古社会科学》2007 年第 3 期。

方旭东：《儒耶佛耶：赵秉文思想考论》，《学术月刊》2008 年第 12 期。

［日］吉田睿礼：《辽朝佛教与其周边》，《佛学研究》总第 17 期，2008 年。

李洪权：《全真教与金元北方社会》，吉林大学 2008 年博士学位论文。

［日］松森秀幸：《日本关于辽代佛教的研究》，《佛学研究》总第 17 期，2008 年。

魏道儒：《辽代佛教的基本情况和特点》，《佛学研究》总第 17 期，2008 年。

温金玉：《辽金律宗发展大势》，《世界宗教文化》2008 年第 4 期。

杨富学、王书庆：《关于摩诃衍禅法的几个问题》，杜文玉主编：《唐史论丛》第十辑，西安：三秦出版社 2008 年，第 228—247 页。

张国庆：《论佛教对辽代经济的负面影响》，马永真、王学俭、钱荣旭主编：《论草原文化》第五辑，呼和浩特：内蒙古教育出版社 2008 年，第 437—453 页。

朱丽霞：《白马寺与元朝帝师关系述略》，《西藏研究》2008 年第 2 期。

陈国灿、伊斯拉菲尔·玉苏甫：《西州回鹘时期汉文〈造佛塔记〉初探》，《历史研究》2009 年第 1 期。

冯大北：《金代官卖寺观名额考》，《史学月刊》2009 年第 10 期。

樊丽沙、杨富学：《西夏境内的汉僧及其地位》，《敦煌学辑刊》2009 年第 1 期。

黄杰华：《黑水城出土藏传佛教实修文书〈慈乌大黑要门〉初探》，《中国藏学》2009 年第 3 期。

刘达科：《佛禅与辽金文人》，《江苏大学学报》（社会科学版）2009 年第 6 期。

刘晓：《万松行秀新考——以〈万松舍利塔铭〉为中心》，《中国史研究》2009 年第 1 期。

聂鸿音：《西夏文〈阿弥陀经发愿文〉考释》，《宁夏社会科学》2009 年第 5 期。

束锡红：《西夏禅宗文献的多样性和禅教的融合》，马明达主编：《暨南史学》第六辑，广州：暨南大学出版社 2009 年，第 211—221 页。

尤李：《辽代佛教研究评述》，《中国史研究动态》2009 年第 2 期。

张迎胜：《佛教与西夏文字的创制》，《兰州学刊》2009 年第 3 期。

阿里木·玉苏甫：《回鹘文〈说心性经〉来源考》，《民族语文》2010

年第 1 期。

崔红芬：《僧人"慧觉"考略——兼谈西夏的华严信仰》，《世界宗教研究》2010 年第 4 期。

陈晓伟：《辽以释废：少数民族社会视野下的佛教》，《世界宗教研究》2010 年第 1 期。

李灿、侯浩然：《西夏遗僧一行慧觉生平、著述新探》，杜建录主编：《西夏学》第六辑，上海：上海古籍出版社 2010 年，第 176—190 页。

李华瑞：《关于西夏儒学研究中的几个问题》，杜建录主编：《西夏学》第六辑，上海：上海古籍出版社 2010 年，第 109—115 页。

赖天兵：《关于元代设于江淮／江浙的释教都总统所》，《世界宗教研究》2010 年第 1 期。

刘晓：《金元北方云门宗初探——以大圣安寺为中心》，《历史研究》2010 年第 6 期。

聂鸿音：《〈仁王经〉的西夏译本》，《民族研究》2010 年第 3 期。

［俄］K.J. 索罗宁：《西夏佛教的"真心"思想》，杜建录主编：《西夏学》第五辑，上海：上海古籍出版社 2010 年，第 163—172 页。

杨富学：《西夏五台山信仰斠议》，《西夏研究》2010 年第 1 期。

杨富学、张海娟：《新世纪初国内西夏佛教研究的回顾与展望》，杜建录主编：《西夏学》第六辑，上海：上海古籍出版社 2010 年，第 226—241 页。

张其凡、熊鸣琴：《辽道宗"愿后世生中国"诸说考辨》，《文史哲》2010 年第 5 期。

赵永春：《试论辽人的"中国"观》，《文史哲》2010 年第 3 期。

陈高华：《元代内迁畏兀儿人与佛教》，《中国史研究》2011 年第 1 期。

冯国栋、李辉:《〈俄藏黑水城文献〉中通理大师著作考》,《文献》2011 年第 3 期。

耿世民:《试论古代维吾尔族翻译家胜光法师》,《民族翻译》2011 年第 1 期。

李辉:《金朝临济宗源流考》,《世界宗教研究》2011 年第 1 期。

李辉:《至元二十五年江南禅教廷诤》,《浙江社会科学》2011 年第 3 期。

刘景云:《西夏文〈十界心图注〉考》,杜建录主编:《西夏学》第八辑,上海:上海古籍出版社 2011 年,第 90—98 页。

孙伯君:《西夏文〈正行集〉考释》,《宁夏社会科学》2011 年第 1 期。

孙伯君:《元代白云宗译刊西夏文文献综考》,《文献》2011 年第 2 期。

周清澍:《论少林福裕和佛道之争》,姚大力、刘迎胜主编:《清华元史》第一辑,北京:商务印书馆 2011 年,第 38—73 页。

陈高华:《元代江南禅教之争》,黄正建主编:《隋唐辽宋金元史论丛》第二辑,上海:上海古籍出版社 2012 年,第 350—360 页。

陈永杰:《从知识到智慧:〈福乐智慧〉的通达幸福之路》,《新疆社会科学》(哲学·人文社会科学版)2012 年第 6 期。

段玉明:《万松行秀〈请益录〉研究》,《宗教学研究》2012 年第 4 期。

[俄]索罗宁:《禅宗在辽与西夏:以黑水城出土〈解行照心图〉和通理大师〈究竟一乘圆明心义〉为例》,怡学主编:《辽金佛教研究》,北京:金城出版社 2012 年,第 294—319 页。

王善军:《从石刻资料看辽代世家大族与佛教的关系》,王善军:《阳都集》,北京:中国社会科学出版社 2012 年,第 36—54 页。

［日］野上俊静著，杨曾文译：《辽朝与佛教》，怡学主编：《辽金佛教研究》，北京：金城出版社 2012 年，第 5—23 页。

陈永革：《论辽代佛教的华严思想》，《西夏研究》2013 年第 3 期。

李洪权：《金元之际全真教的政治参与和政治抉择》，《史学集刊》2013 年第 5 期。

李洪权：《论金元时期全真教对孝道伦理的维护》，《贵州社会科学》2013 年第 6 期。

孙伯君：《鲜演大师〈华严经玄谈决择记〉的西夏译本》，《西夏研究》2013 年第 1 期。

王德朋：《金代度僧制度初探》，《文史哲》2014 年第 2 期。

陈高华：《元成宗与佛教》，《中国史研究》2014 年第 4 期。

李玉用：《论元代南方地区全真道教的新发展——以儒佛道三教融合为视角》，《求索》2014 年第 3 期。

马娟：《元代伊斯兰教与佛道之关系初探——以回回诗人与僧道之关系为例》，《世界宗教研究》2015 年第 4 期。

申喜萍：《汉文化作为他者——以金元儒家与全真教的关系为例》，《孔子研究》2015 年第 5 期。

孙颖新：《西夏文〈诸法一心定慧圆满不可思议要门〉考释》，《宁夏社会科学》2016 年第 5 期。

蒋青：《圆融与会通：万松行秀禅学思想研究》，南京大学 2017 年硕士学位论文。

孙伯君：《藏传佛教"大手印"法在西夏的流传》，杜建录主编：《西夏学》第十四辑，兰州：甘肃文化出版社 2017 年，第 139—150 页。

杨维中：《元代大都以宝集寺为核心的华严宗传承考述》，《佛学研究》2017 年第 2 期。

高丽杨：《试论王重阳对时代精神的融摄与金元全真旨趣的形成》，《中华文化论坛》2018 年第 9 期。

王颂：《十一世纪中国北方广泛流行的华严禅典籍与人物》，《世界宗教文化》2018 年第 4 期。

杨富学、张田芳：《敦煌本回鹘文〈说心性经〉为禅学原著说》，《西南民族大学学报》（人文社会科学版）2018 年第 1 期。

高福顺：《辽代佛学教育运行机制述论》，任爱君主编：《契丹学研究》第一辑，北京：商务印书馆 2019 年，第 80—99 页。

管仲乐：《房山石经研究》，东北师范大学 2019 年博士学位论文。

刘远：《辽代燕云地区民间佛事活动与社会秩序——以〈辽代石刻文编〉为例》，赵令志主编：《民族史研究》第十五辑，北京：中央民族大学出版社 2019 年，第 19—36 页。

孙伯君：《西夏文〈三观九门枢钥〉考补》，《宁夏社会科学》2019 年第 4 期。

王德朋：《20 世纪 50 年代以来辽代佛教研究述评》，《史学月刊》2019 年第 8 期。

张海娟：《2011—2018 年国内西夏佛教文献研究综述》，《西夏研究》2019 年第 2 期。

朱建路：《元代北方临济宗的法脉传承》，《法音》2020 年第 3 期。

张文良、贾学霄：《日本近一百年来的佛教研究》，《西南民族大学学报》（人文社会科学版）2021 年第 6 期。